CURSO DE DIREITO CIVIL BRASILEIRO

Direito das Coisas

4

CB130976

www.editorasaraiva.com.br/direito
Visite nossa página

Sobre a autora

Detentora de inúmeros prêmios desde os tempos de seu bacharelado na PUCSP, Maria Helena Diniz tem brilhante carreira acadêmica, com cursos de especialização em Filosofia do Direito, Teoria Geral do Direito, Direito Administrativo, Tributário e Municipal.

Além de parecerista, é autora de mais de trinta títulos publicados pelo selo Saraiva Jur, tendo traduzido consagradas obras do direito italiano e escrito mais de cem artigos em importantes revistas jurídicas nacionais e internacionais. Todas as suas obras têm alcançado excelente aceitação do grande público profissional e universitário, como a prestigiada coleção *Curso de direito civil brasileiro* (8 volumes), que é maciçamente adotada nas faculdades de Direito de todo o País. Igual caminho têm seguido seus outros títulos:

- *A ciência jurídica*
- *As lacunas no direito*
- *Atualidades jurídicas* (em coordenação — 7 volumes)
- *Código Civil anotado*
- *Código Civil comentado* (em coautoria)
- *Comentários ao Código Civil v. 22*
- *Compêndio de introdução à ciência do direito*
- *Conceito de norma jurídica como problema de essência*
- *Conflito de normas*
- *Dicionário jurídico* (4 volumes)
- *Dicionário jurídico universitário*
- *Direito civil no século XXI* (em coordenação — esgotado)
- *Direito fundacional*
- *Lei de Introdução às Normas do Direito Brasileiro interpretada*
- *Lei de Locações de Imóveis Urbanos comentada*
- *Lições de direito empresarial*
- *Manual de direito civil*
- *Norma constitucional e seus efeitos*
- *O estado atual do biodireito*
- *Sistemas de registro de imóveis*
- *Sucessão do cônjuge, do companheiro e outras histórias* (em coordenação)
- *Tratado teórico e prático dos contratos* (5 volumes)

É incontestável a importância do trabalho desta autora, sem dúvida uma das maiores civilistas do nosso tempo.

A Editora

Maria Helena Diniz

Mestre e Doutora em Teoria Geral do Direito e Filosofia do Direito pela PUCSP. Livre-docente e Titular de Direito Civil da PUCSP por concurso de títulos e provas. Professora de Direito Civil no curso de graduação da PUCSP. Professora de Filosofia do Direito, de Teoria Geral do Direito e de Direito Civil Comparado nos cursos de pós-graduação (mestrado e doutorado) em Direito da PUCSP. Coordenadora do Núcleo de Pesquisa em Direito Civil Comparado nos cursos de pós-graduação em Direito da PUCSP. Professora Emérita da Faculdade de Direito de Itu. Membro benemérito do Instituto Sílvio Meira, Membro da Academia Paulista de Direito (cadeira 62 – patrono Oswaldo Aranha Bandeira de Mello), da Academia Notarial Brasileira (cadeira 16 – patrono Francisco Cavalcanti Pontes de Miranda), do Instituto dos Advogados de São Paulo e do Instituto de Direito Comparado Luso-Brasileiro. Presidente do Instituto Internacional de Direito.

CURSO DE DIREITO CIVIL BRASILEIRO

Direito das Coisas

4

35ª edição
Revista e atualizada
3ª tiragem
2021

saraiva jur

ISBN 978-85-536-0769-3 obra completa

DADOS INTERNACIONAIS DE CATALOGAÇÃO NA PUBLICAÇÃO (CIP)
ANGÉLICA ILACQUA CRB-8/7057

Diniz, Maria Helena

Curso de direito civil brasileiro – volume 4 : direito das coisas / Maria Helena Diniz. – 35. ed. – São Paulo: Saraiva Educação, 2021.
722 p.

Bibliografia
ISBN 978-65-5559-037-1 (impresso)

1. Direito civil. I. Título.

20-0463 CDD 340
CDU 347

Índice para catálogo sistemático:

1. Direito civil

saraiva EDUCAÇÃO | saraiva jur

Av. Paulista, 901, 3º andar
Bela Vista – São Paulo – SP – CEP: 01311-100

SAC | sac.sets@saraivaeducacao.com.br

Direção executiva Flávia Alves Bravin
Direção editorial Renata Pascual Müller
Gerência de projetos e produção editoriais Fernando Penteado

Planejamento Josiane de Araujo Rodrigues

Novos projetos Sérgio Lopes de Carvalho
Dalila Costa de Oliveira

Edição Clarissa Boraschi Maria (coord.)
Deborah Caetano de Freitas Viadana

Produção editorial Daniele Debora de Souza (coord.)
Daniela Nogueira Secondo
Rosana Peroni Fazolari

Arte e digital Mônica Landi (coord.)
Camilla Felix Cianelli Chaves
Claudirene de Moura Santos Silva
Deborah Mattos
Guilherme H. M. Salvador
Tiago Dela Rosa

Projetos e serviços editoriais Kelli Priscila Pinto
Laura Paraíso Buldrini Filogônio
Marília Cordeiro
Nicoly Wasconcelos Razuk

Diagramação Markelangelo Design e Projetos Editoriais
Revisão Simone Silberschimidt
Capa Casa de Ideias / Daniel Rampazzo
Produção gráfica Marli Rampim
Sergio Luiz Pereira Lopes
Impressão e acabamento EGB Editora Gráfica Bernardi Ltda.

Data de fechamento da edição: 3-11-2020

Dúvidas? Acesse www.editorasaraiva.com.br/direito

Nenhuma parte desta publicação poderá ser reproduzida por qualquer meio ou forma sem a prévia autorização da Saraiva Educação. A violação dos direitos autorais é crime estabelecido na Lei n. 9.610/98 e punido pelo art. 184 do Código Penal.

CL 606743 CAE 736335

Mãe querida,

Obrigada por saber ser gente;

Obrigada pela mãe maravilhosa que foi;

Obrigada por ter sido uma pessoa tão especial;

Obrigada pelo amor incondicional;

Obrigada por ter ensinado a força da humildade;

Obrigada pelo magnífico exemplo de vida;

Obrigada pela formação moral e cristã, que me deu, fazendo de mim a pessoa que sou hoje.

Ser sua filha foi um privilégio que Deus me deu.

À minha mãe, com todo meu amor e enorme saudade, por ter feito minha alma cantar, proporcionando uma vida bem vivida e feliz, e pela preciosa lição de que sem dignidade de caráter e sem luta por um ideal é impossível vencer.

Índice

Capítulo IV
Direitos reais sobre coisas alheias

Prefácio

Neste livro procuramos estudar o direito das coisas sob uma feição nitidamente didática, tendo um único objetivo: proporcionar ao estudante de direito uma visão global do complexo de normas jurídicas disciplinadoras das relações jurídicas concernentes à posse ao direito real pleno, que abrange a propriedade, tendo por objeto coisa imóvel, móvel e bens incorpóreos, suscetíveis de apropriação exclusiva pelo homem e aos direitos reais sobre coisas alheias que implicam restrições à propriedade alheia, em benefício de seu titular.

Não tivemos a pretensão de esgotar todas as questões relativas aos direitos reais, de modo que este livro está longe de ser um tratado completo sobre o assunto.

No desenvolvimento dos temas selecionamos aspectos dotados de validade geral, com o escopo de conseguirmos um apanhado sintético que não omitisse as linhas essenciais de cada um dos institutos jurídicos. Eis o motivo por que não nos ativemos a longas referências históricas, sem embargo da grande valia do estudo das transformações por que passaram tais instituições para a sua exata compreensão concreta. Consideramos que mais importante do que isso seria verificar a utilização desses institutos, tendo-se em vista a realidade social presente.

Oferecemos, de um modo simples, objetivo e claro, a base informativa necessária para que aquele que se inicia no estudo dos direitos reais possa desenvolver, com proveito, a capacidade de interpretar as normas de direito civil e de efetuar pesquisas científicas e práticas na seara do direito das coisas, tendo por base orientações teóricas vigentes.

Maria Helena Diniz

CAPÍTULO I

INTRODUÇÃO AO DIREITO DAS COISAS

1. Conceito, classificação e conteúdo do direito das coisas

Direito das coisas vem a ser um conjunto de normas que regem as relações jurídicas concernentes aos bens materiais ou imateriais suscetíveis de apropriação pelo homem[1].

Infere-se deste conceito que o direito das coisas visa regulamentar as relações entre os homens e as coisas, traçando normas tanto para a aquisição,

1. Este conceito baseou-se na definição de Clóvis Beviláqua, contida na sua obra *Código Civil dos Estados Unidos do Brasil* (9. ed., Rio de Janeiro, 1953, v. 9, obs. 1 ao art. 485 do CC de 1916): Direito das Coisas "é o complexo das normas reguladoras das relações jurídicas referentes aos bens corpóreos e ao direito autoral". Ricardo Fiuza (*Novo Código Civil comentado*, 3. ed., São Paulo, Saraiva, 2004) pondera que a nova denominação que pretende atribuir ao Livro III da Parte Especial, substituindo a vetusta expressão "DIREITO DAS COISAS", atende aos anseios e postulações dos mais renomados doutrinadores, a exemplo de Joel Dias Figueira Júnior, que ofereceu o seguinte subsídio ao seu trabalho: "Há muito o Título do Livro II do nosso Código Civil 'Direito das Coisas' sofre severas críticas da doutrina contemporânea, ao procurar demonstrar que a expressão utilizada afigura-se restritiva e incompatível com a amplitude do próprio Livro, à medida que trata da posse (considerada como um fato socioeconômico potestativo e não como um direito real), assim como regula todos os direitos reais. Por outro lado, a palavra 'coisas' denota apenas uma das espécies de 'bens' (gênero) da vida, razão pela qual seria manifesta atecnia jurídica continuar conferindo a um dos Livros do Código Civil o Título de Direito das 'coisas', uma vez que regula as relações fáticas e jurídicas entre sujeitos e os bens da vida suscetíveis de posse e direitos reais". Assim, considerando que o Código Civil de 2002 primou por conferir a melhor terminologia aos institutos jurídicos, títulos, capítulos e seções, apresenta-se manifestamente procedente a sugestão de Joel, impondo-se a correção desse lapso, conferindo ao Livro III a denominação adequada: "DA POSSE E DOS DIREITOS REAIS".

o exercício, a conservação e a perda de poder dos homens sobre esses bens como para os meios de sua utilização econômica[2].

Contudo, percebe-se que nem todos os bens interessam ao direito das coisas, pois o homem só se apropria de bens úteis à satisfação de suas necessidades. De maneira que se o que ele procura for uma coisa inesgotável ou extremamente abundante, destinada ao uso da comunidade, como a luz solar, o ar atmosférico, a água do mar etc., não há motivo para que esse tipo de bem seja regulado por norma de direito, porque não há nenhum interesse econômico em controlá-lo. Logo, só serão incorporadas ao patrimônio do homem as coisas úteis e raras que despertam as disputas entre os homens, dando, essa apropriação, origem a um vínculo jurídico, que é o domínio[3].

O direito das coisas compreende tanto os bens materiais (móveis ou imóveis) como os imateriais, ou seja, os direitos autorais, uma vez que o legislador pátrio preferiu considerá-los "como modalidade especial de propriedade, isto é, como propriedade imaterial, segundo Kohler, ou intelectual, conforme a terminologia de Escarra e Dabin"[4]. Incluímos a propriedade literária, científica e artística no direito das coisas, embora haja uma tendência doutrinária que a classifica entre os direitos de personalidade, sem contudo desconhecermos seu cunho moral, inerente à personalidade do autor, que está intimamente ligado às questões pecuniárias[5]. Trata-se de bem imaterial de caráter patrimonial[6].

---

2. *Vide* o que dizem a respeito: Lafayette, *Direito das coisas*, 2. ed., Rio de Janeiro; Orlando Gomes, *Direitos reais*, 6. ed., Rio de Janeiro, Forense, 1978, p. 9; Sebastião José Roque, *Direito das coisas*, São Paulo, Ícone, 1994, p. 13-20; Rui Geraldo Camargo Viana, O panorama dos direitos reais no novo Código Civil, *Simpósio sobre o novo Código Civil brasileiro* (coord. Pasini, Lamera e Talavera), São Paulo, 2003, p. 51-74; Arnaldo Rizzardo, *Direito das coisas*, Rio de Janeiro, Forense, 2003; Luís Paulo Cotrim Guimarães, *Direito civil*, Rio de Janeiro, Elsevier, 2007, p. 117-229; Mário A. Konrad e Sandra L. N. Konrad, *Direito civil 2*, Coleção Roteiros Jurídicos, São Paulo, Saraiva, 2008, p. 47-137; Luciano de Camargo Penteado, *Direito das coisas*, São Paulo, Revista dos Tribunais, 2008; Fábio V. Figueiredo e Brunno Pandori Giancoli, *Direito civil*, Coleção OAB Nacional, São Paulo, Saraiva, 2009, v. 1, p. 154-90; Gustavo Tepedino, *Comentários ao Código Civil* (coord. Antonio Junqueira de Azevedo), São Paulo, Saraiva, 2011, v. 14; Sílvio Luís F. da Rocha, *Direitos reais*, São Paulo, Malheiros, 2010; Guilherme C. N. Gama, *Direitos reais*, São Paulo, Atlas, 2011.
3. Silvio Rodrigues, *Direito civil*, 2. ed., São Paulo, Max Limonad, v. 5, p. 13.
4. *Vide* Barros Monteiro, *Curso de direito civil*, 18. ed., São Paulo, Saraiva, 1979, p. 243.
5. Clóvis, *Código Civil*, v. 3, p. 184; Barros Monteiro, op. cit., p. 244 e 1.
6. Serpa Lopes, *Curso de direito civil*, 2. ed., Freitas Bastos, p. 42.

Os autores têm classificado o direito das coisas do seguinte modo:

a) direito das coisas clássico: é oriundo do direito romano, tendo por objetivo estudar a propriedade, as servidões, a superfície, a enfiteuse, o penhor e a hipoteca;

b) direito das coisas científico: compreende a mesma matéria do clássico, porém com âmbito bem mais amplo, graças ao trabalho da doutrina; e

c) direito das coisas legal: aquele regulado pela legislação, que se preocupa com a situação jurídica da propriedade numa dada época e lugar. Na elaboração deste livro ater-nos-emos a este tipo de direito das coisas[7].

O conteúdo do direito das coisas está contido no Código Civil, no Livro III da Parte Especial. Os arts. 1.196 a 1.510 abrangem a posse, a propriedade e os *direitos reais sobre coisas alheias*, tanto os de *gozo* (enfiteuse – CC, art. 2.038; CC de 1916, arts. 678 a 694), superfície, servidão, usufruto, uso, habitação, concessão de uso especial para fins de moradia (CC, arts. 1.225, XI, e 1.473, VIII e § 2º), concessão de direito real de uso, laje e legitimação de posse (CC, arts. 1.225, XII, acrescentado pela Lei n. 11.481/2007 e XIII, acrescentado pela Lei n. 13.465/2017 – e 1.473, IX e § 2º e Lei n. 13.465/2017, arts. 25 a 27) como os de *garantia* (penhor, anticrese, hipoteca e alienação fiduciária para o fiduciário) e, ainda, os de *aquisição* (o compromisso ou promessa irrevogável de venda) alienação fiduciária para o fiduciante (CC, arts. 1.368-B, 1.417 e 1.418; Dec.-Lei n. 58, de 10-12-1937; Dec. n. 3.079, de 15-9-1938; Lei n. 649, de 11-3-1949; Lei n. 6.014, de 27-12-1973; Lei n. 4.380, de 21-8-1964, art. 69; Lei n. 6.766, de 19-12-1979, arts. 25 a 36).

O *sumário* a seguir, com suas subdivisões, indicará todo o campo do direito das coisas:

7. *Vide* esta classificação em Barros Monteiro, *Curso de direito civil*, cit., v. 3, p. 6-7.

Quadro Sinótico

<table>
<tr><td>1. POSSE</td><td colspan="4">• a) classificação – CC, arts. 1.196 a 1.203.
• b) aquisição – CC, arts. 1.204 a 1.209.
• c) efeitos – CC, arts. 1.210 a 1.222.
• d) perda – CC, arts. 1.223 e 1.224.
• e) proteção – CPC/2015, arts. 554 a 568.</td></tr>
<tr><td rowspan="6">2. PROPRIEDADE</td><td colspan="4">• a) Propriedade em geral – CC, arts. 1.228 a 1.237.</td></tr>
<tr><td rowspan="5">• b) Propriedade imóvel</td><td rowspan="3">• 1. Aquisição</td><td colspan="2">• Registro do título – CC, arts. 1.245 a 1.247, 1.275, parágrafo único, e 1.227.</td></tr>
<tr><td>• Acessão (CC, art. 1.248)</td><td>• formação de ilhas – CC, art. 1.249.
• aluvião – CC, art. 1.250.
• avulsão – CC, art. 1.251.
• álveo abandonado – CC, art. 1.252.
• construções e plantações – CC, arts. 1.253 a 1.259.</td></tr>
<tr><td colspan="2">• Usucapião – CC, arts. 1.238 a 1.244.
• Direito hereditário – CC, arts. 1.784 e s.</td></tr>
<tr><td>• 2. Direitos de vizinhança</td><td colspan="2">• uso anormal da propriedade – CC, arts. 1.277 a 1.281.
• árvores limítrofes – CC, arts. 1.282 a 1.284.
• passagem forçada – CC, art. 1.285.
• águas – CC, arts. 1.288 a 1.296.
• limites entre prédios e direito de tapagem – CC, arts. 1.297 e 1.298.
• direito de construir – CC, arts. 1.299 a 1.313.
• passagem de cabos e tubulações – CC, arts. 1.286 e 1.287.</td></tr>
<tr><td colspan="3">• 3. Perda – CC, arts. 1.275 e 1.276.</td></tr>
</table>

2. **PROPRIEDADE**	• *c*) Propriedade móvel	• Aquisição e perda	• Ocupação – CC, art. 1.263. • Descoberta – CC, arts. 1.233 a 1.237. • Tesouro – CC, arts. 1.264 a 1.266. • Especificação – CC, arts. 1.269 a 1.271. • Confusão, comistão e adjunção – CC, art. 1.272 a 1.274. • Usucapião – CC, arts. 1.260 a 1.262. • Tradição – CC, arts. 1.267 e 1.268.
	• *d*) Condomínio	• Direitos e deveres dos condôminos – CC, arts. 1.314 a 1.322. • Administração do condomínio – CC, arts. 1.323 a 1.326. • Condomínio necessário – CC, arts. 1.327 a 1.330. • Condomínio edilício – CC, arts. 1.331 a 1.358. • Condomínio de lotes – CC, art. 1.358-A. • Multipropriedade imobiliária • Loteamento fechado • Fundo de investimento	
	• *e*) Propriedade resolúvel – CC, arts. 1.359 e 1.360. • *f*) Propriedade literária, científica e artística – Lei n. 9.610/98.		
3. **DIREITOS REAIS SOBRE COISAS ALHEIAS**	• *a*) Direitos reais de gozo ou fruição	• 1. Enfiteuse – CC de 1916, arts. 678 a 694, e novo CC, art. 2.038. • 2. Superfície – CC, arts. 1.369 a 1.377.	
		• 3. Servidões prediais	• Constituição – CC, arts. 1.378 e 1.379. • Exercício – CC, arts. 1.380 a 1.386. • Extinção – CC, arts. 1.387 a 1.389.
		• 4. Usufruto	• Disposições gerais – CC, arts. 1.390 a 1.393. • Direitos do usufrutuário – CC, arts. 1.394 a 1.399. • Obrigações do usufrutuário – CC, arts. 1.400 a 1.409. • Extinção – CC, arts. 1.410 e 1.411.

3. **DIREITOS REAIS SOBRE COISAS ALHEIAS**	*a*) Direitos reais de gozo ou fruição	5. Uso – CC, arts. 1.412 e 1.413. 6. Habitação – CC, arts. 1.414 a 1.416. 7. Concessão de uso especial para fins de moradia – CC, 1.225, XI. 8. Concessão de direito real de uso – CC, art. 1.225, XII. 9. Laje – CC, arts. 1.225, XIII, 1.510-A a 1.510-E – acrescentados pela Lei n. 13.465/2017; Dec. n. 9.310/2018, arts. 58 a 62. 10. Legitimação de posse – Lei n. 13.465/2017, arts. 25 a 27.		
	b) Direitos reais de garantia (CC, arts. 1.419 a 1.430)	1. Disposições gerais – CC, arts. 1.419 a 1.430.		
		2. Penhor	Constituição – CC, arts. 1.431 e 1.432. Direitos do credor pignoratício – CC, arts. 1.433 e 1.434. Obrigações do credor pignoratício – CC, art. 1.435.	
			Espécies	Penhor rural – CC, arts. 1.438 a 1.446. Penhor industrial e mercantil – CC, arts. 1.447 a 1.450. Penhor de direitos e títulos de crédito – CC, arts. 1.451 a 1.460. Penhor de veículos – CC, arts. 1.461 a 1.466. Penhor legal – CC, arts. 1.467 a 1.472.
			Extinção – CC, arts. 1.436 e 1.437.	
		3. Anticrese – CC, arts. 1.506 a 1.510.		
		4. Hipoteca	Disposições gerais – CC, arts. 1.473 a 1.488. Hipoteca legal – CC, arts. 1.489 a 1.491. Registro – CC, arts. 1.492 a 1.498. Extinção – CC, arts. 1.499 a 1.501. Hipoteca de vias férreas – CC, arts. 1.502 a 1.505.	
		5. Alienação fiduciária – CC, arts. 1.361 a 1.368-A; Lei n. 4.728, de 14-7-1965, art. 66-B, §§ 1º a 6º, com alterações introduzidas pela Lei n. 10.931, de 2-8-2004, e art. 4º da Lei n. 6.071, de 3-7-1974.		
	c) Direito real de aquisição: o compromisso ou promessa irrevogável de venda (CC, arts. 1.417 e 1.418; Decreto-Lei n. 58, de 10-12-1937; Decreto n. 3.079, de 15-9-1938; Lei n. 649, de 11-3-1949; Lei n. 6.014, de 27-12-1973; Lei n. 4.380, de 21-8-1964, art. 69; Lei n. 6.766, de 19-12-1979, arts. 25 a 36); alienação fiduciária (CC, art. 1.368-B) e legitimação fundiária (Lei n. 13.465/2017, arts. 23 e 24)			

Quadro Sinótico

1. CONCEITO DE DIREITO DAS COISAS	• Direito das coisas é um conjunto de normas que regem as relações jurídicas concernentes aos bens materiais e imateriais suscetíveis de apropriação pelo homem.	
2. CLASSIFICAÇÃO	• *a*) Direito das coisas clássico • *b*) Direito das coisas científico • *c*) Direito das coisas legal	
3. CONTEÚDO	• *a*) Posse • *b*) Propriedade • *c*) Direitos reais sobre coisas alheias	• 1. De gozo (enfiteuse, superfície, servidão, usufruto, uso, habitação; concessão de uso especial para fins de moradia e concessão de direito real de uso). • 2. De garantia (penhor, anticrese, hipoteca e alienação fiduciária). • 3. De aquisição (promessa irrevogável de venda).

2. Distinção entre direitos reais e pessoais

Em primeiro lugar, é preciso esclarecer que se o direito das coisas disciplina relações jurídicas que dizem respeito a bens que podem ser apropriados pelo ser humano, claro está que ele inclui tão somente os "direitos reais"[8], expressão esta que foi preconizada por Savigny[9] e que vem sendo aceita pela maioria da doutrina e dos Códigos.

A determinação do conceito do direito real traz consigo uma série de problemas concernentes às suas relações com o direito pessoal, no sentido de se verificar se constituem dois institutos idênticos ou de natureza diversa.

Trata-se de questão relativamente recente, pois no direito romano clássico não houve qualquer preocupação em elaborar uma teoria dos direitos reais, uma vez que, criado pela prática, a sua primeira manifestação foi de poder e não de direito. De modo que não se falava em direitos, mas em ações; consequentemente, a *actio* precedeu o *ius*[10], tanto que os termos *jus*

---

8. Lafayette Rodrigues Pereira (*Direito das coisas*, 2. ed., Rio de Janeiro, § 1º) escreve que o direito real "é aquele que afeta a coisa direta e imediatamente sob todos ou sob certos aspectos e a segue em poder de quem quer que a detenha".

9. Savigny, *Sistema del diritto romano attuale*, trad. de Scialoja, v. 1, § 53, p. 346.

10. Miguel Maria de Serpa Lopes, op. cit., p. 9-14; Cogliolo, *Filosofia do direito privado*, Lisboa, 1915, § X, p. 118. Puig Brutau (*Fundamentos de derecho civil;* derecho de cosas, Barcelona, Bosch, 1953, v. 3, p. 7) pondera: "A *actio* é a atividade autorizada que se desenvolve na busca de um interesse. Este é suscetível de consistir na dominação total ou parcial de um objeto determinado, caso em que a *actio* opera e atua *in rem*, ou pode exercitar-se em face de outro sujeito de direito".

in re e *jus ad rem*, utilizados para distinguir os direitos reais dos pessoais, surgiram no século XII por influência do direito canônico. Com isso consolidou-se a noção de *jus in re* como categoria distinta da *obligatio*, sendo que o *jus ad rem* passou a ser tido como uma espécie jurídica híbrida por interpor-se entre o *jus in re* e a *obligatio*, criando uma espécie de zona cinzenta entre aquelas duas relações[11]. Caracteriza-se o *jus in re* por um poder imediato sobre a coisa, e o *jus ad rem* pela atribuição ao titular de um poder sobre ela bem maior do que a obrigação[12].

O direito moderno passou a consagrar essa distinção, que tem sofrido críticas de *concepções monistas* ou *unitárias*, que pretendem identificar os direitos reais com os pessoais.

Dentre as teses unitárias temos:

a) teoria *personalista*: é a que tem como sequazes Ferrara, Ortolan, Ripert, Planiol e Windscheid, que argumentam que o direito é uma "proportio hominis ad hominem" e não uma relação jurídica entre a pessoa e a coisa, tendo por ideia basilar o ensinamento de Kant[13] de que não se pode aceitar a instituição de uma relação jurídica diretamente entre a pessoa do sujeito e a própria coisa, já que todo direito, correlato obrigatório de um dever, é necessariamente uma relação entre pessoas. Passaram, então, esses autores, a considerar o "direito real" como uma "obrigação passiva universal", ou seja, como um dever geral de se abster de qualquer ingerência no bem que está em poder de alguém, que se individualiza toda vez que alguém o desrespeita[14].

Para os personalistas três são os elementos constitutivos do direito real: o sujeito ativo, o sujeito passivo e o objeto. Exemplificativamente, no direito de propriedade o sujeito ativo é o proprietário, o passivo, toda a coletividade, e o objeto, a coisa sobre a qual recai o direito. Assim, estamos diante de uma obrigação de conteúdo negativo, em que a coletividade deve respeitar o direito do proprietário e abster-se da prática de atos lesivos a esse direito[15].

---

11. Serpa Lopes, op. cit., p. 15.

12. Castán Tobeñas, *Derecho civil español y foral*, 9. ed., Madrid, 1957, v. 2, p. 81.

13. Kant, *Principes métaphysiques du droit*, trad. Tissot, p. 88.

14. Orlando Gomes, *Direitos reais*, 6. ed., Rio de Janeiro, Forense, 1978, p. 11. Esta concepção revela-se nitidamente no título do livro de um de seus adeptos, H. Michas, *Le droit réel considerée comme une obligation passivement universelle*, Paris, 1900.

15. *Vide* W. Barros Monteiro, op. cit., v. 3, p. 9; Planiol, *Traité élémentaire de droit civil*, 7. ed., Paris, 1915, t. 1, n. 2.518 e s. Essa teoria da obrigação passiva universal sofre críticas, pois a obrigação passiva universal de não perturbar o exercício do direito pelo ti-

Demogue, adepto dessa teoria, ressalta uma ligeira diferença de intensidade, pois entende que a eficácia *erga omnes* do direito real é mais enérgica e forte do que a que se manifesta no direito pessoal; daí empregar as expressões "direito absoluto" e "relativo". O primeiro (real) é oponível contra todos e o segundo (pessoal), apenas contra uma ou algumas pessoas determinadas[16];

b) teoria *monista-objetivista* ou *impersonalista*: é aquela que procura a despersonalização do direito, materializando-o ou patrimonializando-o, transformando as obrigações num direito real sobre a respectiva prestação, com exclusão do devedor. Gaudemet e Saleilles[17] afirmam que a obrigação contém em si um valor econômico que independe da pessoa do devedor, sendo que o direito real extrairia seu valor patrimonial dos bens materiais e o direito pessoal, da subordinação de uma vontade que se obriga a agir ou a abster-se. Com isso essa teoria concebe o direito real e obrigacional

---

tular existe igualmente no âmbito dos direitos obrigacionais (Manoel Ignácio Carvalho de Mendonça, in *Introdução aos direitos reais*, Rio de Janeiro, 1915). Ginossard, in *Droit réel, propriété et créance* (Paris, 1960), entende que tanto os direitos reais como os pessoais teriam por objeto uma prestação positiva ou negativa; logo tudo entraria na propriedade, sendo o crédito propriedade de coisas incorpóreas e devendo ser universalmente objeto de obrigação passiva universal. Tal afirmação sofreu severas objeções de Pugliese (Diritti reali, in *Enciclopedia del diritto*, v. 12, p. 770): "*a*) a obrigação passiva universal não pode ser considerada como elemento integrante nem da propriedade nem do crédito; *b*) a conduta omissiva não coincide com a obrigação de respeitar o direito do titular da propriedade; *c*) no direito real de gozo a obrigação não é só do proprietário mas também de terceiros; *d*) os ônus reais não se confundem com os direitos reais de gozo porque só têm, em dado momento, um sujeito passivo ou porque não compreendem, no conteúdo, uma ou várias faculdades de gozo". Kelsen (*Teoria pura do direito*, 2. ed., 1962, v. 1, p. 252-3) critica a distinção entre direitos reais e direitos pessoais, porque o direito sobre uma coisa é um direito em face de pessoas, pois todos estão obrigados a suportar, a não impedir ou não dificultar esse direito.

16. Demogue, *Notions fondamentales du droit privé*, p. 405 e s. *Vide*, ainda, Serpa Lopes, op. cit., p. 21; W. Barros Monteiro, op. cit., v. 3, p. 9. Kelsen (op. cit., v. 1, p. 255) afirma: "a distinção entre direitos reflexos relativos e absolutos não é feliz, já que também os chamados 'direitos absolutos' são meramente relativos, pois apenas consistem na relação de uma pluralidade de indivíduos com um determinado indivíduo. O direito reflexo de propriedade não é um direito absoluto, é o reflexo de uma pluralidade de deveres de um número indeterminado de indivíduos em face de um e mesmo indivíduo com referência a uma coisa, diferentemente do direito de crédito que é apenas o reflexo de um dever de um determinado indivíduo em face de outro indivíduo também determinado. A relação secundária com uma coisa determinada não é limitada aos direitos reais, pois também pode existir nos chamados direitos pessoais, como quando alguém por um contrato de venda se obrigou a transferir para a propriedade de outrem um bem determinado móvel ou imóvel".

17. Gaudemet, *Étude sur le transport de dettes à titre particulier*, Paris, 1898, p. 30 e s.; Saleilles, *Théorie générale de l'obligation*; W. Barros Monteiro, op. cit., p. 10.

numa só noção, sem contudo identificá-los. Assimila-os procurando encontrar em ambos a mesma natureza[18].

É preciso deixar bem claro que essas teorias monistas não encontraram acolhida em nosso direito positivo, que consagra a já tradicional distinção entre direito real e direito pessoal feita pela *teoria clássica* ou *realista*; esta caracteriza o *direito real* como uma relação entre a pessoa (natural ou jurídica) e a coisa, que se estabelece diretamente e sem intermediário, contendo, portanto, três elementos: o sujeito ativo, a coisa e a inflexão imediata do sujeito ativo sobre a coisa e o *direito pessoal*, como uma relação entre pessoas (*proportio hominis ad hominem*), abrangendo tanto o sujeito ativo como o passivo e a prestação que ao primeiro deve o segundo. Para Bonnecase, o direito real traduz apropriação de riquezas, tendo por objeto um bem material, sendo oponível *erga omnes*, e o direito pessoal tem por objeto uma prestação de serviço (um ato ou uma abstenção), vinculando sujeito ativo e passivo[19].

Sem embargo da aceitação dessa dicotomia não chegaram os civilistas a um critério único para assinalar os traços distintivos do direito real e pessoal.

De tudo o que foi exposto, assinalamos as seguintes diferenças entre direitos reais e pessoais:

---

18. Serpa Lopes, op. cit., p. 21.

19. W. Barros Monteiro, op. cit., p. 11; De page, *Traité élémentaire*, v. 1, n. 127, que pertencem ao grupo dos exegetas. A concepção econômica do grupo clássico está representada por Bonnecase (*Elementos de derecho civil*, México, t. 1, n. 591-594 e t. 2, n. 39-40), que define o direito real como "*una relación de derecho en virtud de la cual una cosa se encuentra, de una manera inmediata y exclusiva, en todo o en parte, sometida al poder de apropiación de una persona. El derecho de crédito es una relación de derecho por virtud de la cual la actividad económica o meramente social de una persona es puesta a disposición de otra, en la forma positiva de una prestación por proporcionarse, o en la forma negativa de una abstención por observar*" (n. 591). Ross, in *Sobre el derecho y la justicia* (Buenos Aires, EUDEBA, 1963, cap. VII, p. 185): "Os direitos reais, pelo seu conteúdo, são direitos sobre uma coisa, por isso dotados de proteção *in rem* e os pessoais são direitos sobre uma pessoa, tendo proteção *in personam*. Essa terminologia não é muito certa, porque as expressões *in rem* e *in personam* se referem tanto ao conteúdo do direito como à sua proteção. Seria preferível uma expressão para o conteúdo e outra para a diferença de proteção. Quanto ao conteúdo dos direitos patrimoniais pode-se distinguir entre 'direito de disposição' e 'direito de pretensão'; o primeiro seria um conceito sociológico que define uma situação jurídica em relação ao efeito econômico, e o segundo, um conceito jurídico que expressaria deveres jurídicos, mediante os quais esses efeitos se concretizam. E quanto à proteção teríamos proteção *in rem* e proteção *in personam* de modo que o direito de disposição está dotado de proteção *in rem* e o de pretensão de proteção *in personam*". Sobre direitos reais e pessoais: Goffredo Telles Júnior, *Iniciação na ciência do direito*, São Paulo, Saraiva, 2001, p. 305-10, 323-30.

1) Em relação ao *sujeito de direito*:

Nos direitos pessoais há dualidade de sujeito: o ativo (credor) e o passivo (devedor), identificados no instante em que se constitui a relação jurídica.

Nos direitos reais há um só sujeito; para a escola clássica é o ativo[20]. O sujeito ativo é determinado, por ser o titular do direito, mas o passivo é determinável, visto que sua identificação somente dar-se-á no momento em que se der a violação do direito. E, para a teoria unitária, o passivo, por ser o direito real *erga omnes*, isto é, se opõe a quem quer que seja, havendo uma relação jurídica entre o titular e toda a humanidade, obrigada passivamente a respeitar o direito do sujeito ativo[21].

2) Quanto à *ação*:

Quando violados, os direitos pessoais atribuem ao seu titular a ação pessoal que se dirige apenas contra o indivíduo que figura na relação jurídica como sujeito passivo, ao passo que os direitos reais, no caso de sua violação, conferem ao seu titular ação real contra quem indistintamente detiver a coisa[22].

3) Quanto ao *objeto*:

O objeto do direito pessoal é sempre uma prestação positiva (de dar, de fazer) ou negativa (de não fazer) do devedor e o do direito real pode ser coisas corpóreas ou incorpóreas, pois tem por escopo a apropriação de riquezas. Há uma aderência do direito real à coisa a que se refere, ensina Fábio Ulhoa Coelho[23].

Os direitos reais não criam obrigações para terceiros. Afirma Orlando Gomes, a esse respeito, que, quando muito, pode-se admitir, com os partidários da teoria personalista, que os direitos reais geram uma obrigação passiva universal, consistente no dever geral de abstenção da prática de qualquer ato que os atinja. Alguns, no entanto, importam, para certas pessoas, a necessidade jurídica de não fazer algo. Portanto, nesses casos, negativa

---

20. Demolombe (*Cours de Code de Napoléon*; Traité de la distinction des biens, Paris, v. 9, n. 464) escreve que o direito real "*est celui qui crée entre la personne et la chose une rélation directe et immédiate; de telle sorte qu'on n'y trouve qui deux éléments, savoir: la personne, qui est le sujet actif du droit, et la chose, qui en est l'objet*".

21. A grande maioria dos autores adota a primeira posição. Maria Lígia Coelho Mathias; *Direito civil – direitos reais*, São Paulo, Atlas, 2005, p. 3.

22. Daibert, *Direito das coisas*, 2. ed., Forense, 1979, p. 18-9; Silvio Rodrigues, *Direito civil*, 2. ed., Max Limonad, v. 5, p. 18-9.

23. Fábio Ulhoa Coelho, *Curso de direito civil*, São Paulo, Saraiva, 2006, v. 4, p. 9.

será a obrigação. Ante essa sua fisionomia indaga-se a possibilidade da existência dos direitos reais *in faciendo*. Trata-se da *obrigação "propter rem"* (*"ob rem, in rem scriptae*), que Santiago Dantas, em sua tese *O conflito da vizinhança e sua composição*, considera como uma categoria intermediária entre o direito real e o pessoal, e que consiste nos direitos e deveres de natureza real que emanam do domínio ou dos *iura in re aliena*. Existe essa obrigação quando o titular do direito real é obrigado, devido a sua condição, a satisfazer certa prestação. São obrigações *propter rem*: a do condômino, de contribuir para a conservação da coisa comum; a do proprietário, de concorrer para as despesas de construção e conservação de tapumes divisórios; a do proprietário, enfiteuta ou usufrutuário, de concorrer para as despesas com a demarcação de prédios confinantes, aviventação de rumos apagados e renovação de marcos destruídos; a do proprietário do prédio serviente, de fazer obras para conservar a servidão, a do dono de um prédio sobre o qual se constitui renda, que deve ser paga no caso de transmissão *causa mortis* ou *inter vivos* etc.

4) Em relação ao *limite*:

O direito pessoal é ilimitado, sensível à autonomia da vontade, permitindo, pelo princípio do *numerus apertus*, criação de novas figuras contratuais que não têm correspondente na legislação; daí a categoria dos contratos nominados e inominados, ou melhor, típicos e atípicos.

O direito real, por sua vez, não pode ser objeto de livre convenção; está limitado e regulado expressamente por norma jurídica, constituindo essa especificação da lei um *numerus clausus*[24] (CC, art. 1.225, I a XII).

Eis por que é comum falar que no direito real há "imposição de tipos", com o que se quer dizer que as partes não podem, por si mesmas, mediante estipulação, criar direitos reais com conteúdo arbitrário, mas que estão vinculadas aos "tipos jurídicos" que a norma jurídica colocou à sua disposição.

5) Quanto ao *modo de gozar os direitos*:

O direito pessoal exige sempre um intermediário, que é aquele que está obrigado à prestação. Assim, o comodatário, para que possa utilizar a coisa emprestada, precisa que, mediante contrato, o proprietário do bem (como-

---

24. Espínola, *Posse e propriedade*, Rio, 1956, p. 16-7. Inadmissível é a teoria de Roca Sastre (*Derecho hipotecario*, Barcelona, 1948, v. 2, p. 203), que pretende transportar do direito obrigacional para o real a imitação da categoria dos contratos nominados e inominados: direitos reais nominados e inominados.

dante) lhe entregue este, assegurando-lhe o direito de usá-lo com a obrigação de restituí-lo dentro de certo prazo[25]. Impossível é o exercício direto porque depende do consentimento da outra parte, pois limita sua liberdade. Já o direito real supõe o exercício direto entre o titular e a coisa, desde que esta possa estar a sua disposição.

O direito real concede ao titular um gozo permanente e o pessoal extingue-se no momento em que a obrigação é cumprida, sendo, portanto, transitório[26]. É um direito sobre coisa que não quer intermediação, para que o seu titular exerça seu direito sobre ela.

6) Em relação ao *abandono*:

O abandono é característico do direito real, podendo o seu titular abandonar a coisa, nos casos em que não queira arcar com os ônus. P. ex.: quando o exercício de uma servidão exigir realização de obras necessárias ao seu uso e conservação, o dono do prédio serviente poderá exonerar-se dessa incumbência abandonando a propriedade ao dono do dominante (CC, art. 1.382 combinado com o art. 1.380). Tal não pode ocorrer quanto ao direito de crédito[27].

7) Quanto à *extinção*:

Os direitos creditórios extinguem-se pela inércia do sujeito: os reais conservam-se até que se constitua uma situação contrária em proveito de outro titular[28].

8) Em relação à *sequela*:

O direito real segue seu objeto onde quer que se encontre (*jus persequendi*). Em virtude da *ambulatoriedade* decorrente da aderência direta do vínculo à coisa, o direito de sequela é a "prerrogativa concedida ao titular do direito real de pôr em movimento o exercício de seu direito sobre a coisa a ele vinculada, contra todo aquele que a possua injustamente ou seja seu detentor"[29]. O mesmo não se pode dizer do direito pessoal.

---

25. Orlando Gomes, op. cit., p. 14.
26. Daibert, op. cit., p. 19-20; Orlando Gomes, op. cit., p. 15.
27. Serpa Lopes, op. cit., p. 30; Caio Mário da Silva Pereira, *Instituições de direito civil*, Rio de Janeiro, Forense, 1978, p. 11.
28. Caio M. S. Pereira, op. cit., p. 11.
29. Serpa Lopes, op. cit., p. 29; Rigaud (*Le droit réel*, Toulouse, 1912, p. 264) destaca o direito de sequela como um atributo do direito real ao afirmar: "*pour nous, le droit de suite c'est droit qui suit et vincule la chose entre quelques mains qu'elle soit, partout où elle se trouve. Il est évident que le droit personnel ayant son point immédiat d'incidence sur la per-*

9) Quanto à *usucapião*:

Pode-se afirmar que é modo de aquisição de direito real e não de direito pessoal[30].

10) Em relação à *posse*, sabemos que só o direito real lhe é suscetível, por ser a posse a exterioridade do domínio; embora haja direitos reais que não comportam posse, como os que recaem sobre o valor da coisa, v. g., a hipoteca, em virtude da posse com todos os seus consectários continuar com o sujeito passivo, e os de propriedade literária, artística e científica por ser incorpórea[31].

11) Quanto ao *direito de preferência*, observa Orlando Gomes[32] que este é restrito aos direitos reais de garantia, consistindo no privilégio de obter o pagamento de uma dívida com o valor de bem aplicado exclusivamente à sua satisfação, ou seja, a responsabilidade da obrigação concentra-se sobre determinado bem do patrimônio do devedor. Em caso de inadimplemento tem o credor o direito sobre tal bem, afastando os demais credores que tenham direito pessoal contra o devedor. Ou seja, o credor pignoratício ou hipotecário tem preferência sobre os quirografários ou comuns.

---

sonne même du débiteur et non sur la chose, ne peut par lui même suivre cette chose, à laquelle le créancier n'a pas un droit direct". Vide Gustavo Tepedino, op. cit., p. 31.

30. Caio M. S. Pereira, op. cit., p. 11.
31. Serpa Lopes, op. cit., p. 31; Carvalho de Mendonça, op. cit., p. 85.
32. Orlando Gomes, op. cit., p. 17-8. O privilégio é, na lição de Washington de Barros Monteiro (*Curso*, cit., v. 3, p. 15), um direito de prelação conferido por lei em atenção à causa do crédito. No mesmo sentido Lomonaco, *Istituzioni di diritto civile*, 2. ed., p. 213.

Quadro Sinótico

DISTINÇÃO ENTRE DIREITOS REAIS E PESSOAIS

1. TEORIAS SOBRE A DISTINÇÃO ENTRE DIREITOS REAIS E PESSOAIS	• *a*) Teses unitárias	• 1. Teoria personalista	• Para esta teoria todo direito é uma relação entre pessoas, sendo o direito real uma obrigação passiva universal (Ferrara, Ortolan, Ripert, Planiol, Windscheid). • Demogue, adepto dessa teoria, acrescenta uma ligeira diferença relativa à eficácia, sendo que o direito real passa a ser absoluto e o pessoal, relativo.
		• 2. Teoria monista-objetivista ou impersonalista	• Procura essa teoria despersonalizar o direito, patrimonializando-o. Afirma que a obrigação tem um valor econômico que independe do devedor, sendo que o direito real extrai seu valor patrimonial dos bens materiais e o pessoal, da subordinação de uma vontade que se obriga a fazer ou não fazer (Gaudemet, Saleilles).
	• *b*) Teoria clássica ou realista (adotada pelo nosso direito positivo)	• 1. Direito real possui três elementos	• Sujeito ativo. • Coisa. • Inflexão imediata do sujeito ativo sobre a coisa.
		• 2. Direito pessoal	• Relação entre pessoas, tendo sujeito ativo, passivo e prestação.

2. DIFERENÇAS ENTRE O DIREITO REAL E O PESSOAL	• *a*) Quanto ao sujeito de direito	• Direitos pessoais – há sujeito ativo e passivo. • Direitos reais – segundo a teoria clássica há apenas o ativo.
	• *b*) Quanto à ação	• Direito pessoal – ação pessoal contra determinado indivíduo. • Direito real – ação real contra quem detiver a coisa, sendo oponível *erga omnes*.
	• *c*) Quanto ao objeto	• Direito pessoal – prestação. • Direito real – coisas corpóreas e incorpóreas.
	• *d*) Quanto ao limite	• Direito pessoal – é ilimitado. • Direito real – é limitado.
	• *e*) Quanto ao modo de gozar o direito	• Direito pessoal – exige intermediário. • Direito real – supõe exercício direto entre o titular e a coisa.
	• *f*) Quanto ao abandono – este é característico do direito real.	
	• *g*) Quanto à extinção	• Direito pessoal – extingue-se pela inércia. • Direito real – conserva-se até que haja uma situação contrária em proveito de outro titular.
	• *h*) Quanto ao direito de sequela ele é uma prerrogativa do direito real. • *i*) Quanto à usucapião, que é modo de aquisição de direito real e não de direito pessoal. • *j*) Quanto à posse, somente o direito real é suscetível a ela. • *k*) Quanto ao direito de preferência, este é restrito aos direitos reais de garantia.	

3. Conceito, caracteres fundamentais e classificação dos direitos reais

O direito real é, na lição de Washington de Barros Monteiro, "a relação jurídica em virtude da qual o titular pode retirar da coisa, de modo exclusivo e contra todos, as utilidades que ela é capaz de produzir".

Sinteticamente os *caracteres jurídicos* do direito real são:

a) oponibilidade *erga omnes*;

b) seu titular possui direito de sequela e de preferência;

c) adere imediatamente ao bem corpóreo ou incorpóreo, sujeitando-o, de modo direto, ao titular;

d) obedece ao *numerus clausus*, pois é estabelecido pelo Código Civil e leis posteriores, não podendo ser criado por livre pactuação;

e) é passível de abandono;

f) é suscetível de posse;

g) a usucapião é um de seus meios aquisitivos.

A *classificação dos direitos reais* deve ser elaborada segundo o critério da extensão de seus poderes. De forma que a propriedade seria o núcleo do sistema dos direitos reais devido estar caracterizada pelo direito de posse, uso, gozo e disposição. A posse aparece como exteriorização do domínio. Os demais direitos reais formam categorias distintas conforme atinjam o *jus disponendi, utendi* ou *fruendi*.

A enfiteuse tem por característica o fato do direito de posse, uso, gozo e disposição estar sujeito a restrições originárias do direito de outrem, absorvendo, portanto, quase toda substância do domínio.

A categoria dos *direitos reais de garantia*: a propriedade fiduciária (CC, arts. 1.361 a 1.368-A), gerada pela alienação fiduciária em garantia em relação ao fiduciário (Lei n. 4.728/65, art. 66 – ora revogado pela Lei n. 10.931/2004 –, com alterações do Dec.-Lei n. 911/69 e da Lei n. 10.931/2004, art. 4º da Lei n. 6.071/74 e art. 22 da Lei n. 9.514/97, com alteração da Lei n. 11.481/2007) e, ainda, cessão fiduciária de direitos creditórios oriundos de contrato de alienação de imóveis (Leis n. 4.728/65, art. 66-B, § 3º, e n. 9.514/97), o penhor e a hipoteca, que visam o valor da coisa na proporção do débito garantido, afetando o *jus disponendi*, que se encontra gravado. Igualmente o ônus real oriundo do compromisso ou promessa irrevogável de compra e venda, denominado *direito real de aquisição*, atinge o direito de disposição, de modo que, quando o devedor aliena o bem que prometeu vender, o comprador, ao adquiri-lo, subordina-se à obrigação de dar a escritura definitiva. Pelo art. 1.368-B do CC (acrescentado pela Lei n. 13.043/2014), a legitimação fundiária (Lei n. 13.465/2017, arts. 23 e 24) e a alienação fiduciária em garantia gera para o fiduciante, seu cessionário ou sucessor, o *direito real de aquisição* do bem móvel ou imóvel.

O usufruto e a anticrese são direitos de usar e gozar do bem, sem disposição.

E, finalmente, tínhamos os *direitos limitados a certas utilidades da coisa*: servidões, uso, habitação, superfície[33], concessão de uso especial para fins de moradia, concessão de direito real de uso e os direitos oriundos da imissão provisória na posse quando concedida à União, aos Estados, ao Distrito Federal, aos Municípios ou às entidades delegadas e respectiva cessão e promessa de cessão (CC, arts. 1.225, XIII, e 1.473, XI, acrescentados pela MP n. 700/2015). Visto que, segundo a Lei n. 6.766/79, art. 26, § 3º, com redação da MP n. 700/2015, "Admite-se a cessão da posse em que estiverem provisoriamente imitidas a União, os Estados, o Distrito Federal, os Municípios e suas entidades delegadas, o que poderá ocorrer por instrumento particular, ao qual se atribui, no caso dos parcelamentos populares, para todos os fins de direito, caráter de escritura pública, não se aplicando o art. 108 do Código Civil", tais direitos não mais pertencem a esse rol diante do fato de a vigência da MP n. 700/2015 ter sido cancelada (Ato Declaratório do Congresso Nacional n. 23/2016). Atualmente temos nessa categoria: servidões, uso, habitação, superfície, concessão de uso especial para fins de moradia, concessão de direito real de uso, a legitimação da posse (Lei n. 11.977/2009 – PMCMV –, art. 59; Lei n. 13.465/2017, arts. 25 a 27); haven-

---

33. Classificação feita por W. Barros Monteiro (op. cit., v. 3, p. 8 e 14) e por Serpa Lopes (op. cit., p. 38-40).

do registro do imóvel no Cartório Imobiliário, hipótese em que gera direito real em favor do possuidor direto para que o use para fins de moradia e o direito real de laje (CC, art. 1.225, XIII, acrescentado pela Lei n. 13.465/2017).

A fim de cristalizar melhor essas categorias reais, elaboramos o seguinte gráfico[34]:

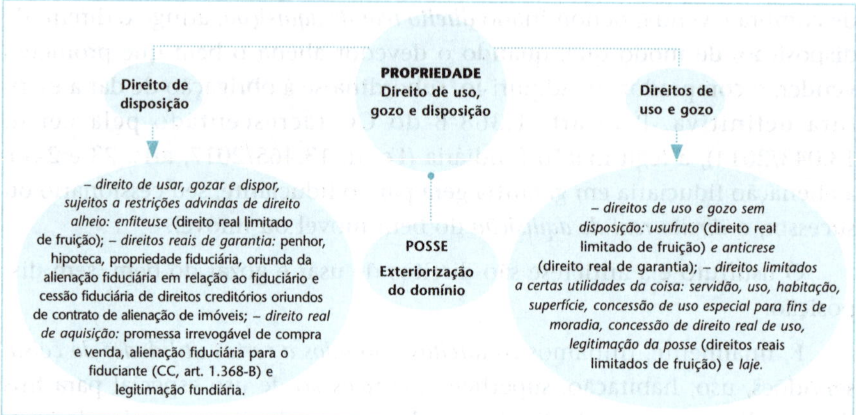

Quadro Sinótico

1. CONCEITO DE DIREITO REAL	• É, na lição de Washington de Barros Monteiro, "a relação jurídica em virtude da qual o titular pode retirar da coisa, de modo exclusivo e contra todos, as utilidades que ela é capaz de produzir".
2. CARACTERES JURÍDICOS DO DIREITO REAL	• Oponibilidade *erga omnes*. • Direito de sequela e de preferência do titular. • Aderência imediata ao bem. • Obedece ao *numerus clausus*. • Passível de abandono e posse. • Usucapião é meio aquisitivo de direito real.

---

34. Serpa Lopes, op. cit., p. 40. *Vide* Benjamin Garcia de Matos, *Direitos reais sobre coisas móveis – propriedade, usufruto, uso e penhor*, Rio de Janeiro, Forense, 2002.
Silvio Meira, *Instituições de direito romano*. IASP, 2017, p. 243-56, 283-305 e 312-25.

3. CLASSIFICAÇÃO DO DIREITO REAL	• Direito de posse, uso, gozo e disposição: propriedade. • Exteriorização do domínio: posse. • Direito de posse, uso, gozo e disposição sujeitos a restrição oriunda de direito alheio: enfiteuse. • Direitos reais de garantia: penhor, hipoteca, alienação fiduciária em relação ao fiduciário, que gera propriedade fiduciária e cessão fiduciária de direitos creditórios oriundos de contratos de alienação de imóveis. • Direito real de aquisição: promessa irrevogável de venda, alienação fiduciária em garantia para o fiduciante e a legitimação fundiária. • Direito de usar e gozar do bem sem disposição: usufruto e anticrese. • Direito limitado a certas utilidades do bem: servidão, uso, habitação, superfície, concessão de uso especial para fins de moradia, concessão de direito real de uso, direitos oriundos da imissão provisória na posse concedida a pessoa jurídica de direito público e respectiva cessão e promessa de cessão, legitimação da posse e direito real de laje.

4. Objeto dos direitos reais

Segundo Serpa Lopes[35], para que os bens possam ser considerados como objeto do direito precisam ter os seguintes pressupostos:

a) devem ser representados por um objeto capaz de satisfazer um interesse econômico;

b) devem ser suscetíveis de gestão econômica autônoma; e

c) devem ter capacidade para ser objeto de uma subordinação jurídica.

Obedecendo a tais requisitos, o objeto dos direitos reais pode abranger, em função do tempo, coisas presentes e futuras. As presentes são as que já pertencem ao patrimônio do titular e as futuras, as que não pertencem. Só aparentemente a coisa é futura, porque, na verdade, o objeto é atual. Tal ocorre, por exemplo, na venda aleatória *emptio spei*, onde se vende a esperança ou a probabilidade das coisas existirem[36], pois um dos contratantes assume o risco em torno da existência da coisa, ajustando um preço, que será devido integralmente, mesmo que nada se produza (CC, art. 458), sem que haja culpa do devedor. Assim, se alguém comprar de um pescador, por preço certo, os peixes que vierem de sua rede, toma o risco de não ser apanhado nenhum peixe e de pagar o preço integral, se agiu com habitual diligência[37]. O objeto do contrato é atual, pois não é o peixe, mas o próprio lanço da rede[38].

Entendemos que não se justifica restringir o objeto dos direitos reais aos bens corpóreos (móveis ou imóveis), uma vez que há coisas imateriais

---

35. Serpa Lopes, op. cit., p. 40.
36. Serpa Lopes, op. cit., p. 41; W. Barros Monteiro, op. cit., 5. ed., 1967, v. 5, p. 77.
37. Silvio Rodrigues, *Direito civil*, 3. ed., Max Limonad, v. 3, p. 148.
38. Caio M. S. Pereira, *Instituições de direito civil*, 4. ed., Rio de Janeiro, Forense, 1978, p. 61.

de caráter patrimonial que são suscetíveis de constituir um objeto jurídico, como as produções do espírito no domínio das letras, artes, ciências e indústria, e que são uma forma especial de propriedade[39].

Muito controvertida é a questão de saber se os direitos subjetivos, dada a sua natureza imaterial, são suscetíveis de um direito real.

Orlando Gomes[40] admite a existência de direitos sobre direitos. É possível que o usufruto e o penhor possam ser objeto de outro direito real. Discute-se, porém, sobre a possibilidade de ter um direito por objeto um direito pessoal. Admitido, continua esse civilista, que o usufruto e o penhor podem recair em créditos, que são direitos pessoais, nenhuma dúvida subsiste para uma resposta afirmativa. Desde que o poder do titular se exerça diretamente sobre um crédito, sem intermediário, como se exerce sobre uma coisa corpórea, o direito é de natureza real.

Já Clóvis, Ferrara, Barassi e Serpa Lopes entendem que é impossível que um direito tenha por objeto outro direito[41].

Quadro Sinótico

OBJETO DO DIREITO REAL	• *a*) Pressupostos	• Devem ser representados por um objeto capaz de satisfazer interesses econômicos. • Suscetíveis de gestão econômica autônoma. • Passíveis de subordinação jurídica.
	• *b*) Bens	• Presentes e futuros. • Corpóreos e incorpóreos.

39. *Vide* Orlando Gomes, *Direito das coisas*, cit., p. 18. Tais bens incorpóreos constituem um direito da personalidade, porém com caráter patrimonial, razão pela qual as normas do direito das coisas a eles se dirigem, excluindo de seu âmbito os bens imateriais incapazes de uma existência jurídica autônoma, por estarem ligados intimamente a uma pessoa, como é a vida, a honra ou a liberdade (Serpa Lopes, op. cit., v. 6, p. 42).

40. Orlando Gomes, op. cit., p. 18.

41. Clóvis, *Teoria geral do direito civil*, 2. ed., Rio de Janeiro, 1928, § 31, p. 216-8; Ferrara, *Trattato di diritto civile*, p. 414; Barassi, *Diritti reali e possesso*, v. 1, n. 50; Serpa Lopes, op. cit., p. 42-50.

5. Noções gerais sobre a sub-rogação real

Não se confunde a sub-rogação real com a sub-rogação do direito obrigacional. Na sub-rogação real, o elemento subjetivo permanece o mesmo; substitui-se, necessariamente, a coisa, objeto de uma relação jurídica que sobre ela criou uma *destinação certa*, quando, por qualquer razão, ela não puder desempenhar sua finalidade ou objetivo[42]. P. ex.: se for comprovadamente impossível a manutenção do bem de família nas condições em que foi instituído, ante a onerosidade de sua preservação, poderá o magistrado, a requerimento dos interessados, autorizar a sub-rogação do bem que o constitui em outro, ouvido o instituidor e o Ministério Público, visto que realizaria melhor seus fins. Sub-roga-se, então, num outro imóvel adquirido com o produto de sua venda, mantendo, assim, a continuidade patrimonial com o característico de sua destinação[43] específica (CC, art. 1.719), suportando, então, o mesmo encargo e gerando as mesmas consequências jurídicas.

Para Marc Lauriol[44] seus requisitos essenciais são:

a) equivalência entre o valor passivo desaparecido e o valor ativo que o vai substituir, para que seja possível ao novo bem suprir o desequilíbrio oriundo do desaparecimento do anterior;

---

42. Serpa Lopes, op. cit., p. 71-2.
43. Serpa Lopes, op. cit., p. 72.
44. M. Lauriol, *La subrogation réelle*, Paris, 1954, v. 1, n. 230, p. 239.

b) nexo de causalidade entre um e outro, isto é, que a introdução da nova coisa no patrimônio seja um efeito da que existia e que desapareceu.

O Código Civil brasileiro não destinou um capítulo à sub-rogação real, mas a regulamentou em várias disposições, que, exemplificativamente, passamos a transcrever:

a) Art. 1.659, I – excluem-se da comunhão parcial, "os bens que cada cônjuge possuir ao casar, e os que lhe sobrevierem, na constância do casamento, por doação ou sucessão, e os sub-rogados em seu lugar".

b) Art. 1.659, II – consideram-se excluídos da comunhão parcial "os bens adquiridos com valores exclusivamente pertencentes a um dos cônjuges em sub-rogação dos bens particulares".

c) Art. 1.753, § 1º – em relação aos bens de órfãos, "os objetos de ouro e prata, pedras preciosas e móveis serão avaliados por pessoa idônea e, após autorização judicial, alienados, e o seu produto convertido em títulos, obrigações e letras de responsabilidade direta ou indireta da União ou dos Estados, atendendo-se preferentemente à rentabilidade, e recolhidos ao estabelecimento bancário oficial ou aplicado na aquisição de imóveis, conforme for determinado pelo juiz" (*vide* Decs.-Leis n. 2.611/40, art. 2º, e 3.077/41, art. 1º, e Lei n. 1.869/53).

d) Art. 1.425, § 1º – no que concerne aos princípios gerais dos direitos reais de garantia, estabeleceu que, "nos casos de perecimento da coisa dada em garantia, esta se sub-rogará na indenização do seguro, ou no ressarcimento do dano, em benefício do credor, a quem assistirá sobre ela preferência até seu completo reembolso".

e) Art. 1.911 e parágrafo único – dispõe que "a cláusula de inalienabilidade, imposta aos bens por ato de liberalidade, implica impenhorabilidade e incomunicabilidade. No caso de desapropriação de bens clausulados, ou de sua alienação, por conveniência econômica do donatário ou do herdeiro, mediante autorização judicial, o produto da venda converter-se-á em outros bens, sobre os quais incidirão as restrições apostas aos primeiros".

O mesmo se pode dizer do Decreto-Lei n. 6.777, de 8 de agosto de 1944, que dispõe sobre a sub-rogação de imóveis gravados ou inalienáveis, estabelecendo no art. 1º que "na sub-rogação de imóveis gravados ou inalienáveis, estes serão sempre substituídos por outros imóveis ou apólices de dívida pública", acrescentando no art. 2º que, se a sub-rogação for requerida "mediante permuta por apólices de dívida pública, o juiz mandará vender o imóvel em leilão, ressalvando ao interessado o direito de conservá-lo livre, desde que, antes de assinado o auto de arrematação, ofereça, em substituição, apólices de valor igual ou superior ao do maior lanço acima da avaliação, ou ao desta, na falta de licitante"[45].

Quadro Sinótico

SUB-ROGAÇÃO REAL	• *a*) Conceito	• Substituição necessária da coisa, que é objeto de uma relação jurídica que sobre ela criou uma destinação certa, quando, por qualquer motivo, ela não puder desempenhar sua finalidade.
	• *b*) Pressupostos	• 1. Equivalência entre o valor passivo desaparecido e o ativo que o substituiu. • 2. Nexo de causalidade entre um e outro.
	• *c*) Disposições legais	• CC, arts. 1.659, I e II, 1.719, 1.753, § 1º, 1.425, § 1º, 1.911 e parágrafo único. • Decreto-Lei n. 6.777/44, arts. 1º e 2º.

45. *Vide* Serpa Lopes, op. cit., p. 71-9. Prevê a sub-rogação real: CC, art. 1.449.

CAPÍTULO II
DA POSSE

1. Origem da posse

Não há um entendimento harmônico a respeito da origem da posse como estado de fato legalmente protegido.

Diversas versões são conhecidas; no entanto, podem ser sintetizadas em dois grupos representados pela teoria de Niebuhr, adotada por Savigny e pela teoria propugnada pelo jurista Ihering.

A teoria de Niebuhr defende a tese de que a posse surgiu com a repartição de terras conquistadas pelos romanos. Terras essas que eram loteadas, sendo uma parte dos lotes – denominados *possessiones* – cedida a título precário aos cidadãos e a outra destinada à construção de novas cidades. Como os beneficiários não eram proprietários dessas terras, não podiam lançar mão da ação reivindicatória para defendê-las das invasões. Daí o aparecimento de um processo especial, ou seja, do interdito possessório, destinado a proteger juridicamente aquele estado de fato.

Já a teoria aceita por Ihering explica o surgimento da posse na medida arbitrária tomada pelo pretor, que, devido a atritos eclodidos na fase inicial das ações reivindicatórias, outorgava, discricionariamente, a qualquer dos litigantes, a guarda ou a detenção da coisa litigiosa. Todavia, essa situação provisória foi-se consolidando em virtude da inércia das partes; como consequência disso, aquele que tivesse sido contemplado com a medida provisória, determinada pelo pretor, passava a não ter mais qualquer interesse no prosseguimento da ação reivindicatória, uma vez que sua situação praticamente já lhe assegurava o domínio. A parte contrária, ante a posição inferior a que ficara relegada, interessava-se também pela pretensão de ver decidida a reivindicatória, pois a situação de fato declarada em favor do antagonista por si só já tornava praticamente inoperantes quaisquer meios de prova a seu favor.

Com o passar dos tempos substituiu-se a medida discricionária do pretor por critérios mais justos e lógicos, de maneira que aquela situação de fato provisória, reconhecida, de modo arbitrário, a qualquer dos litigantes, passou a beneficiar aquele que melhores provas oferecesse na fase inicial da reivindicatória, outorgando-lhe a coisa litigiosa até o julgamento definitivo da ação. Com isso as partes se desinteressavam, uma vez que, com a robustez da prova produzida, a situação tornava-se quase definida em favor daquele que merecia ficar com o bem em caráter provisório. Assim sendo, o antagonista, não dispondo de outras provas senão daquelas já utilizadas e antevendo o malogro de sua pretensão, também se omitia de efetivar outras diligências para o prosseguimento da referida ação. Em tais circunstâncias, o estado de fato estabelecido consolidava-se e, embora a questão da propriedade ficasse em suspenso, o objetivo estava alcançado em parte com a retenção jurídica do bem.

Aos poucos aquele processo preliminar da ação reivindicatória foi tomando o caráter de ação de mérito, redundando, afinal, num autêntico processo declaratório do estado de fato existente, com o escopo não só de declará-lo, mas também de garanti-lo e defendê-lo juridicamente. Assim a posse, embora sendo um simples estado de fato, valorizou-se sobremaneira com o bafejo de legalidade que a alcançou, passando a merecer proteção jurídica por meio de ação própria[1]. Era a posse, para essa concepção, uma consequência do processo reivindicatório.

Quadro Sinótico

ORIGEM DA POSSE	• *a*) Teoria de Niebuhr	• A posse surgiu com a distribuição, a título precário, de terras conquistadas pelos romanos, passando a ser um estado de fato protegido pelo interdito possessório.
	• *b*) Teoria de Ihering	• A posse é consequência do processo reivindicatório.

1. Sobre a origem da posse *vide*: Savigny, *Traité de la possession en droit romain*, 7. ed., p. 178; Ihering, *Du rôle de la volonté dans la possession*, Paris, 1891, p. 107; Washington de Barros Monteiro, *Curso de direito civil*, 18. ed., Saraiva, 1979, v. 3, p. 21-3; Monier, *Manuel élémentaire de droit romain*, v. 1, p. 384 e s.

2. Conceito de posse e seus elementos constitutivos

Árdua é a tarefa de definir a "posse", devido à ambiguidade desse termo. Deveras, o vocábulo "posse" é, às vezes, empregado em *sentido impróprio* para designar:

a) A "propriedade", pois é comum na linguagem popular afirmar-se: "A possui uma casa". Nesta frase não se está dizendo que A é possuidor, mas sim proprietário. Convém esclarecer que não é apenas o leigo que, inadvertidamente, emprega o termo nessa acepção, pois a nossa Constituição de 1891, cuja redação é das mais perfeitas, em seu art. 69, § 5º, prescrevia: "São cidadãos brasileiros os estrangeiros que possuírem bens imóveis no Brasil". Isto é assim porque a posse pretende exprimir o conteúdo da propriedade.

b) A "condição de aquisição do domínio", já que na era romana só se obtinha o domínio com a tradição, que consistia na entrega da posse pelo alienante ao adquirente. No direito brasileiro o alienante só pode transferir o domínio ao adquirente com a transcrição no Registro de Imóveis e além disso não se adquire *res nullius* sem ocupação.

c) O "domínio político", uma vez que no direito internacional público fala-se em possessão de um país. Camões emprega o vocábulo "posse" nesse sentido, em sua obra *Os Lusíadas*, Canto III, estrofe 103, ao escrever: "Para vir possuir a nobre Espanha".

d) O "exercício de um direito", significado este que está contido em nosso Código Civil no art. 1.547, concernente à posse do estado de casados para os que passavam ou passam como tais aos olhos do mundo.

e) O "compromisso do funcionário público" de exercer com honra sua função. É nessa acepção de assumir um cargo que em direito administrativo se fala em posse de um funcionário e que a Constituição de 1891 empregava o termo "empossar", referindo-se ao Presidente da República, no seu art. 44, sendo que na Constituição vigente, no art. 78, figura a expressão "tomar posse".

f) O "poder sobre uma pessoa", pois no direito de família é comum dizer "posse dos filhos" para designar o poder que o pai tem sobre estes: de tê-los em sua companhia, de reclamá-los de quem os detenha[2].

Quanto ao seu *sentido técnico* ou *próprio*, temos duas grandes escolas que procuraram delimitá-lo. São elas:

a) Teoria subjetiva

A *teoria subjetiva*, de Savigny, define a posse como o poder direto ou imediato que tem a pessoa de dispor fisicamente de um bem com a intenção de tê-lo para si e de defendê-lo contra a intervenção ou agressão de quem quer que seja[3].

Logo, para esta concepção, dois são os elementos constitutivos da posse: o *corpus* e o *animus rem sibi habendi*. O *corpus* é o elemento material que se traduz no poder físico sobre a coisa ou na mera possibilidade de exercer esse contato, ou melhor, na detenção do bem ou no fato de tê-lo à sua disposição. O *animus domini* consiste na intenção de exercer sobre a coisa o direito de propriedade. De maneira que, se houver apenas o *animus*, a posse será tida como um fenômeno de natureza psíquica que não interessará ao direito e, se houver tão somente o *corpus*, ter-se-á mera detenção, ou seja, "posse natural" e não jurídica.

---

2. *Vide* Tito Fulgêncio, *Da posse e das ações possessórias*, 5. ed., Forense, 1978, v. 1, p. 7-8.
3. Savigny, *Traité de la possession*, § XIV, p. 209 e s.: "*Toutes admettent qu'on est en possession d'une chose lorsqu'on a la possibilité, non seulement d'en disposer soi même physiquement, mais encore de la défendre contre toute action étrangère*". Adepto dessa teoria, Stolfi, *Diritto civile*, Torino, 1926, v. 2, t. 1, n. 5, p. 9. Fábio Ulhoa Coelho, Dos elementos da posse no direito comparado, *Justitia*, *46*:77-100.

Percebe-se que essa teoria é subjetiva, porque acentua o elemento intencional como caracterizador da posse, embora firme que a posse civil resulta da conjunção dos elementos *corpus* e *animus*[4]. Como consequência, para essa doutrina, são tidos como meros detentores: o locatário, o comodatário, o depositário, o mandatário, enfim, todos os que, por título análogo, tiverem poder físico sobre certos bens. Não gozam tais pessoas de uma proteção direta, assim, se forem turbados no uso e gozo da coisa que está em seu poder deverão dirigir-se à pessoa que lhes conferiu a detenção, a fim de que esta, como possuidora que é, invoque a proteção possessória[5].

Portanto, pela teoria subjetiva é inadmissível a posse por outrem, porque não podemos ter, para terceiro, a coisa com o desejo de que seja nossa[6], pois se não há vontade de ter a coisa como própria, haverá apenas detenção.

Ensina-nos Orlando Gomes[7] que, como os romanos dispensavam a proteção possessória aos titulares de certos direitos que não podiam ter o *animus domini*, Savigny criou uma terceira categoria de posse – a *posse derivada* – ao lado da posse natural e civil. Estavam nesse terceiro tipo: o credor pignoratício, o precarista e o depositário de coisa litigiosa. Limitado era o poder dessas pessoas porque a causa que lhes conferia poder sobre a coisa não era translativa de domínio. Contudo, razões especiais fizeram com que o pretor lhes concedesse proteção possessória, para que pudessem conservar o bem que lhes fora confiado. Assim, devido à causa especial da tradição, foram considerados como possuidores, apesar de não poderem manifestar a vontade de ter o bem como se fosse seu. Tratava-se de uma posse anônima.

Para Savigny a posse é, sem dúvida, um fato que se converte em direito, porque a lei o protege.

Em linhas gerais, para a teoria subjetiva:

a) a posse só se configura pela união de *corpus* e *animus*;

b) a posse é o poder imediato de dispor fisicamente do bem, com o *animus rem sibi habendi*, defendendo-a contra agressões de terceiros;

---

4. Savigny, op. cit., § IX, p. 101 e s.; Serpa Lopes, *Curso de direito civil*, 2. ed., Freitas Bastos, 1962, v. 6, p. 107-8.
5. Orlando Gomes, *Direitos reais*, 6. ed., Rio de Janeiro, Forense, 1978, p. 29 e 37.
6. Daibert, *Direito das coisas*, 2. ed., Rio de Janeiro, Forense, 1979, p. 31.
7. Orlando Gomes, op. cit., p. 28.

c) a mera detenção não possibilita invocar os interditos possessórios, devido à ausência do *animus domini*[8].

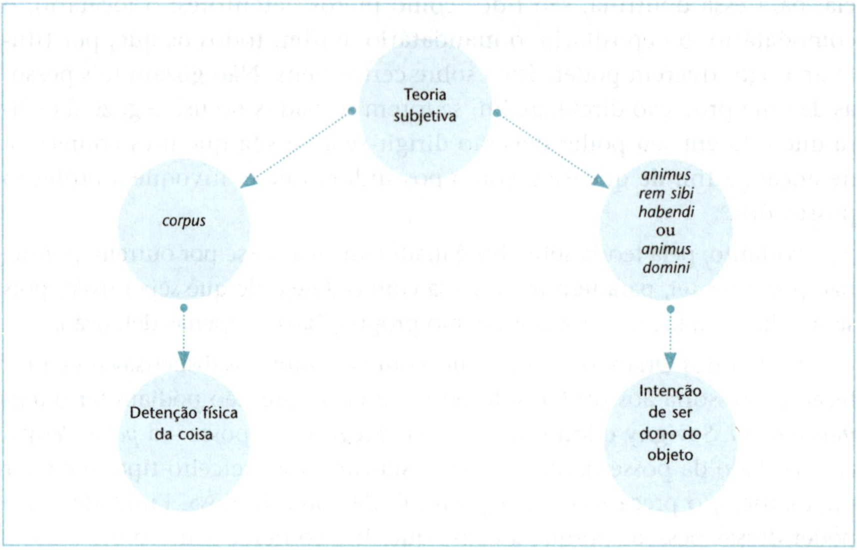

Essa teoria de fundamento subjetivista marcante teve grande receptividade nas legislações do século XIX. Atualmente não condiz com a mentalidade jurídica moderna, não merecendo ser acolhida pelo mundo do direito. Apesar disso, fácil é perceber alguns resquícios dessa concepção em certas legislações; até o nosso Código Civil não conseguiu desvencilhar-se totalmente dessa doutrina, como se pode verificar no confronto entre os arts. 1.204 e 1.223, alusivos à aquisição e perda da posse.

b) Teoria objetiva

A *teoria objetiva*, de Ihering, por sua vez, entende que para constituir a posse basta o *corpus*, dispensando assim o *animus* e sustentando que esse elemento está ínsito no poder de fato exercido sobre a coisa ou bem. Para ele, pondera Washington de Barros Monteiro, o *corpus* é o único elemento visível e suscetível de comprovação, estando vinculado ao *animus* do qual

8. *Vide* Daibert, op. cit., p. 33.

é manifestação externa[9]. O objetivismo dessa teoria, ou melhor, a dispensa da intenção de dono, na caracterização da posse, permite considerar como possuidores o locatário, o comodatário, o depositário etc.[10].

Essa doutrina, ao mesmo tempo que separa a posse da propriedade, coloca a relação possessória ao serviço integral da propriedade. Diz ela: a propriedade sem a posse é um tesouro sem a chave para abri-lo, ou uma árvore frutífera sem os meios que possibilitem a colheita de seus frutos. Logo, a posse reveste-se, nessa teoria, de grande importância prática para o proprietário, uma vez que este só poderá utilizar-se economicamente da coisa que lhe pertence se tiver a posse. O proprietário pode usar ele mesmo do destino econômico do bem (utilização imediata ou real) ou, então, cedê-lo, onerosa (locação, venda ou permuta) ou gratuitamente (comodato, doação) a outras pessoas (utilização mediata ou jurídica). Todas essas hipóteses pressupõem a posse, que representa um postulado absoluto da ideia de propriedade, sendo, portanto, uma exteriorização do domínio, apresentando-se ora como condição do nascimento de um direito, ou seja, como um ponto de transição momentânea para a propriedade, ora como fundamento de um direito, porque o possuidor tem o direito de se prevalecer dela até que a terceira pessoa com melhor direito venha tomá-la.

Para Ihering o que importa é o uso econômico ou destinação socioeconômica do bem, pois qualquer pessoa é capaz de reconhecer a posse pela forma econômica de sua relação exterior com a pessoa. Um claro exemplo de tudo nos é fornecido pelo próprio Ihering, quando afirma: se encontrarmos num bosque um feixe de lenha devidamente amarrado, está evidente, devido à situação da própria coisa, que ele está sob a posse de alguém e que não podemos nos apossar dele sem cometermos um furto; diferentemente ocorre, se nos depararmos com um maço de cigarros tombado, que denuncia abandono ou perda porque não é ali o seu lugar adequado, onde cumpre sua destinação econômica. Igualmente, se virmos alguns materiais junto a uma construção, apesar de ali não se encontrar o possuidor, exercen-

---

9. Ihering, El fundamento de la protección posesoria, Caps. XI e XII, in *La posesión*, 1ª parte, p. 207 e s.; *Teoria simplificada da posse*, São Paulo, Edipro, 1998; W. Barros Monteiro, op. cit., p. 19.

10. *Vide* Caio Mário da Silva Pereira, *Instituições de direito civil*, 3. ed., Rio de Janeiro, Forense, 1978, v. 4, p. 24; R. Limongi França, *A posse no Código Civil*, São Paulo, Bushatsky, 1964; Moreira Alves, *Posse – estudo dogmático*, Rio de Janeiro, Forense, 1990; Ugo Natoli, *Il possesso*, Milano, Giuffrè, 1992; Antenor Batista, *Posse, possessória, usucapião e ação rescisória*, São Paulo, Ed. Juarez de Oliveira, 2004.

do poder sobre a coisa, a circunstância das obras e dos materiais indica a existência da posse de alguém[11].

São seus elementos constitutivos: o *corpus*, exterioridade da propriedade, que consiste no estado externo, normal das coisas, sob o qual desempenham a função econômica de servir e pelo qual o homem conhece e distingue quem possui e quem não possui, e o *animus* que já está incluído no *corpus*, indicando o modo como o proprietário age em face do bem de que é possuidor.

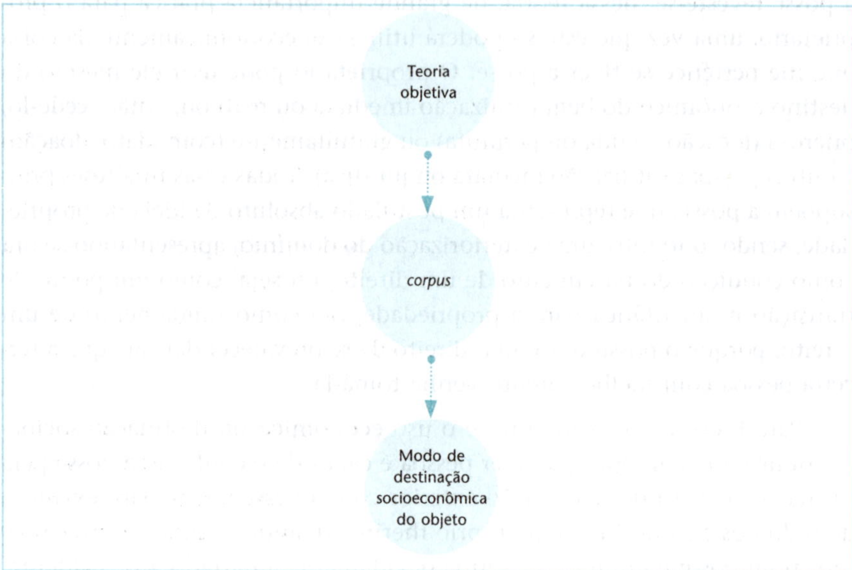

Assim sendo, na definição de Ihering a posse é a exteriorização ou visibilidade da propriedade, ou seja, a relação exterior intencional, existente normalmente entre o proprietário e sua coisa.

Para essa escola:

a) a posse é condição de fato da utilização econômica da propriedade;

b) o direito de possuir faz parte do conteúdo do direito de propriedade;

c) a posse é meio de proteção do domínio; e

---

11. Ihering, *Oeuvres choisies*, Paris, 1893, v. 2, p. 234, 217 e 220. *Vide* comentários a respeito de Serpa Lopes, op. cit., p. 111-2; Orlando Gomes, op. cit., p. 30-1; Roberto Bolonhini Jr., A posse segundo a teoria de Von Ihering e o Código Civil brasileiro, *Direito*, *1*:179-98; Antonio Hernandez Gil, *Función social de la posesión*, Madrid, 1969; *La posesión*, Madrid, Espasa-Calpe, 1987, t. 2.

d) a posse é uma rota que conduz à propriedade[12], reconhecendo, assim, como veremos, logo mais, a posse como um direito.

O Código Civil brasileiro acolheu esta última doutrina, se bem que não chega a conceituar diretamente a posse, mas, pela definição que dá ao possuidor no seu art. 1.196, vê-se que "a posse" é o exercício, pleno ou não, de fato dos poderes constitutivos do domínio ou somente de alguns deles, como no caso dos direitos reais sobre coisas alheias, hipótese em que recebe a denominação de "quase posse", que vem desde os romanos. Logo, tradicionalmente, a posse propriamente dita só se refere à propriedade, sendo a "quase posse" o exercício de outros direitos reais, desmembramentos do domínio, que deste se destacam e param em outras mãos, como as servidões, o usufruto etc. Contudo, esta distinção só tem mero valor histórico; nada há no Código a esse respeito e nem se coaduna com o nosso sistema[13].

Na sistemática de nosso direito civil a posse não requer nem a intenção de dono nem o poder físico sobre o bem, apresentando-se como uma relação entre a pessoa e a coisa, tendo em vista a função socioeconômica desta. Daí a razão pela qual o Projeto de Lei n. 699/2011 pretende alterar a redação do art. 1.196, para a seguinte: "Considera-se possuidor todo aquele que tem poder fático de ingerência socioeconômica, absoluto ou relativo, direto ou indireto, sobre determinado bem da vida, que se manifesta através do exercício ou possibilidade de exercício inerente à propriedade ou outro direito real suscetível de posse". Com isso, diz Joel Dias Figueira Júnior, o art. 1.196 "acompanhará a própria orientação legislativa do novo Código Civil, em sintonia com a Constituição Federal, no que concerne às teorias sociológicas da função social da propriedade. Vale registrar que foram as teorias sociológicas da posse, a partir do início do século XX, na Itália com Silvio Perozzi, na França com Raymond Saleilles e na Espanha com Antonio Hernandez Gil, que não só colocaram por terra as célebres teorias objetiva e subjetiva de Ihering e Savigny, como também tornaram-se responsáveis pelo novo conceito desses importantes institutos no mundo contemporâneo, notadamente a posse como exteriorização da propriedade (sua verdadeira 'função social'). Ade-

---

12. Silvio Rodrigues, *Direito civil*, 2. ed., São Paulo, Max Limonad, v. 5, p. 32.

13. Ver o que dizem a respeito W. Barros Monteiro, op. cit., p. 19-20, e Lafayette, Direito das coisas, § 17, e o que dizemos no item 3 deste Capítulo concernente ao *Objeto da posse*. Pelo Conselho da Justiça Federal – CJF, no Enunciado n. 492, aprovado na IV Jornada de Direito Civil: "A posse constitui direito autônomo em relação à propriedade e deve expressar o aproveitamento dos bens para o alcance de interesses existenciais, econômicos e sociais merecedores de tutela".

mais, o conceito traz em seu bojo o principal elemento e característica da posse, assim considerado pela doutrina e jurisprudência, o poder fático sobre um bem da vida, com admissibilidade de desmembramento em graus, refletindo o exercício ou possibilidade de exercício de um dos direitos reais suscetíveis de posse. Assim, evoluiu-se no conceito legislativo de possuidor, colocando-o em sintonia com o conceito de posse, em paralelismo harmonizado com o direito de propriedade, como sua projeção no mundo fatual. Entendo que a revisão desse dispositivo, impossível de ter sido feita durante a tramitação do Projeto 634, face aos óbices regimentais, faz-se mister em face da importância desse instituto, de repercussão no mundo fático e jurídico e a manifesta necessidade de uma perfeita compreensão do fenômeno possessório, a partir do próprio texto legal". Sobre essa proposta, contida no Projeto de Lei n. 6.960/2002 (atual PL n. 699/2011), assim se manifestou o Parecer Vicente Arruda: "O artigo define o que é a posse. A proposição objetiva modificar essa definição, acrescentando a ela outros dados que considera uma definição mais moderna do instituto da posse. Acresce à definição termos como 'poder fático de ingerência socioeconômica', que, acreditamos, ao invés de definir melhor tornam completamente obscura a redação do artigo. Não vislumbramos nenhum motivo apresentado na justificação para acolher essa modificação, razão do voto pela rejeição".

Caracteriza-se a posse como a exteriorização da conduta de quem procede como normalmente age o dono[14]. O possuidor é, portanto, o que tem o pleno exercício de fato dos poderes constitutivos de propriedade ou somente de alguns deles, como no caso dos direitos reais sobre coisa alheia, como o usufruto, a servidão etc.

O Conselho da Justiça Federal, na III Jornada de Direito, interpretando os arts. 1.196, 1.205 e 1.212 do Código Civil de 2002, entendeu, no Enunciado 236: "Considera-se possuidor, para todos os efeitos legais, também a coletividade desprovida de personalidade jurídica" e, na VI Jornada de Direito Civil, aprovou o Enunciado n. 563: "O reconhecimento da posse por parte do Poder Público competente anterior à sua legitimação nos termos da Lei n. 11.977/2009 constitui título possessório", apresentando a seguin-

14. Caio M. S. Pereira, op. cit., p. 26. O art. 1.784 do Código Civil prescreve que o herdeiro tem a posse no mesmo instante em que ocorre a morte do dono dos bens. Caso de posse sem *corpus* e sem *animus*. Suponha-se que faleça, na Europa, alguém que tenha bens no Brasil, sem que ninguém saiba de sua morte; por força de lei seus herdeiros entram na posse desses bens no momento em que se deu o óbito.

te justificativa: "No âmbito do procedimento previsto na Lei n. 11.977/2009, verifica-se que o Poder Público municipal, ao efetuar cadastramento dos possuidores no momento da demarcação urbanística, emite documento público que atesta a situação possessória ali existente. Tal reconhecimento configura título possessório, ainda que anterior à legitimação da posse".

Não esgota o Código Civil pátrio, no seu art. 1.196, o conceito de posse, porque em seguida, nos arts. 1.198 e 1.208, acrescenta-lhe dois complementos de natureza explicativa.

Com efeito, estatui o art. 1.198: "Considera-se detentor aquele que, achando-se em relação de dependência para com outro, conserva a posse em nome deste e em cumprimento de ordens ou instruções suas"[15].

O conceito que aí se traduz é o do "fâmulo da posse", "gestor da posse" (Enderman), "detentor dependente" (Strohal) ou "servidor de posse" (Bekker) em relação ao dono.

O "fâmulo da posse" é aquele que, em virtude de sua situação de dependência econômica ou de um vínculo de subordinação em relação a uma outra pessoa (possuidor direto ou indireto), exerce sobre o bem não uma posse própria, mas a posse desta última e em nome desta, em obediência a uma ordem ou instrução. Aquele que assim se comportar em relação à coisa e à outra pessoa, presumir-se-á detentor, até prova em contrário (CC, art. 1.198, parágrafo único). Tem apenas *posse natural*, que se baseia na mera detenção, não lhe assistindo o direito de invocar a proteção possessória, uma vez que, neste caso, afastado está o elemento econômico da posse. Mas entendeu o Conselho da Justiça Federal – CJF, no Enunciado n. 493, aprovado na V Jornada de Direito Civil, que: "O detentor (art. 1.198 do Código Civil) pode, no interesse do possuidor, exercer a autodefesa do bem sob seu poder". É o que ocorre com empregados ou prestadores de serviços em geral (p. ex., motorista, empregada doméstica, cozinheira, faxineira), almoxarifes, caseiros, administradores, diretores de empresa, bibliotecários, amigo hospedado numa casa etc., que, por presunção *juris tantum*, são considerados detentores de bens so-

---

15. Artigo muito próximo ao do art. 855 do BGB, que reza: "Quando alguém exerce o poder de fato sobre uma coisa em proveito de outro, em razão do ofício que desempenha em sua casa ou indústria ou por motivo de outra situação do mesmo gênero, que o obriga a se conformar com as ordens que recebe dele, relativamente à coisa, só este último é possuidor". Sobre o direito alemão *vide* Enneccerus, Kipp e Wolff, *Tratado*; derecho de cosas, v. 1, § 36; José Carlos Moreira Alves, A detenção no direito civil brasileiro, in *Posse e propriedade*, coord. Cahali, São Paulo, Saraiva, 1987, p. 1-31.

bre os quais não exercem posse própria[16] (*RT*, *541*:207, *560*:167, *575*:147, *589*:142, *778*:300; *JTACSP*, *79*:106). Trata-se de uma mera custódia, como diz Pothier, que não gera direitos. A relação de detenção vincular-se-á, portanto, à maneira pela qual a pessoa se comporta perante o bem, pertencente a outrem, e presumir-se-á, até prova em contrário, no instante em que se iniciar sua dependência para o verdadeiro possuidor da coisa, passando a conservar a posse daquele bem em nome deste, em cumprimento de suas ordens.

Acrescenta o art. 1.208, 1ª parte, de nosso Código Civil: "não induzem posse os atos de mera permissão ou tolerância"[17].

A permissão, como pondera Francisco Eduardo Loureiro, "exige conduta positiva do possuidor, que, sem perda do controle e da vigilância sobre a coisa, entrega-a voluntariamente a terceiro para que este a tenha momentaneamente".

Os atos de mera permissão são oriundos de uma anuência expressa ou concessão do dono, sendo revogáveis pelo concedente: podem ser exercidos por convenção das partes, como a permissão de abertura de janela para o prédio do concedente, fechável à sua requisição, a recepção de um hóspede, cedendo, temporariamente o uso de um quarto etc. Não se confundem nem com a outorga nem com a cessão de direito. Há, sem dúvida, uma licença, mas o termo "mera" adverte que o concedido não é um direito para o concessionário, não é parcela alguma dos direitos do senhor da coisa, senão uma autorização revogável por aquele que a concedeu.

---

16. *Vide* Enneccerus, Kipp e Wolff, op. cit., p. 34; Orlando Gomes, op. cit., p. 43-4.

Pelo Conselho da Justiça Federal, no Enunciado n. 301 (aprovado na IV Jornada de Direito Civil): "É possível a conversão da detenção em posse, desde que rompida a subordinação, na hipótese de exercício em nome próprio dos atos possessórios".

17. As raízes desse preceito vieram da sabedoria romana falando no Digesto, Livro 41, Título II, pela sentença de Paulo na Lei 41: "O que em razão de amizade entra no prédio do amigo não parece que o possui; porque não entrou com intenção de possuí-lo, ainda que esteja no prédio". *Vide*, Código Civil italiano, art. 1.144; Salvatore Patti, *Profili della tolleranza nel diritto privato*, Napoli, 1978; *RT*, *328*:478, *530*:231, *588*:213; *RJTJSP*, *60*:43. "Meros atos de tolerância do proprietário de fazenda contígua à propriedade que se vinha beneficiando de desvio de energia elétrica não configuram servidão" (1º TARJ, *ADCOAS*, 1981, n. 74.988).

"Se a trilha constitui simplesmente um atravessadouro de gado, cavaleiro ou pedestre, de uma das propriedades para outra, sendo certo que nenhuma delas é encravada e ambas limítrofes, podendo o vizinho passar de uma para outra, sem atravessar a propriedade do outro, constitui-se em atravessadouro que traduz atos de tolerância de um proprietário a particular e não o serviço de um fundo a outro fundo. A passagem por essas trilhas, sem qualquer obra de conservação, permitida ou tolerada pelo proprietário, não induzindo a posse, nos termos do art. 497 [hoje art. 1.208] do Cód. Civ., não enseja a prescrição aquisitiva, podendo ser cercada a qualquer momento pelo dono da terra" (1º TARJ, *ADCOAS*, 1982, n. 81.648).

A tolerância, na lição de Francisco Eduardo Loureiro, "é o comportamento de inação, omissivo, consciente ou não do possuidor, que, mais uma vez sem renunciar à posse, admite a atividade de terceiro em relação à coisa ou não intervém quando ela acontece".

Os atos de mera tolerância representam uma indulgência pela prática do ato que, na realidade, não cede direito algum, mas, tão somente, retira a ilicitude do ato de terceiro, sem o consenso prévio do possuidor, que, sem renunciar sua posse, mantém, ante aquela atividade, um comportamento omisso, consciente ou não. Por outras palavras, consistem nas relações de boa vizinhança ou familiaridade que, tacitamente, permitem que terceiros façam na propriedade alheia aquilo que não teriam direito de fazer, como passar pelo jardim de uma casa ou pelos atalhos de uma fazenda[18].

Estes atos tolerados ou meramente permitidos constituem uma das formas, no sentido romano, de concessão benévola e revogável, não induzindo, portanto, posse. Não gera também a posse a "detenção independente", ou seja, sem relação de dependência do detentor para com o possuidor, decorrente da segunda alínea do art. 1.208 do Código Civil ("... assim como não autorizam a sua aquisição os atos violentos, ou clandestinos, senão depois de cessar a violência ou a clandestinidade") e do art. 1.224 desse mesmo diploma legal ("só se considera perdida a posse para quem não presenciou o esbulho, quando, tendo notícia dele, se abstém de retornar a coisa, ou, tentando recuperá-la, é violentamente repelido").

Perante o direito brasileiro, para que haja posse, além dos elementos constitutivos apontados por Ihering, deve conter, como ato jurídico que é:

a) sujeito capaz (pessoa natural ou jurídica);

b) objeto (coisa: corpórea ou incorpórea);

c) uma relação de dominação entre o sujeito e o objeto, um *ter* da coisa por parte do sujeito[19].

Faltando qualquer dessas notas, não se poderá falar em relação possessória.

---

18. Tito Fulgêncio, op. cit., v. 1, n. 11; Francisco Eduardo Loureiro, *Código Civil comentado* (coord. Peluso), Barueri, Manole, 2008, p. 1107.

19. Astolfo Rezende, *Manual do Código Civil*, v. 7, n. 9, p. 36; Marco Aurelio S. Viana, *Teoria e prática do direito das coisas*, São Paulo, Saraiva, 1983; R. Limongi França, As teorias da posse no direito positivo brasileiro, in *Posse* (coord. Cahali), p. 663 e s.; Rodolfo Sacco, *Il possesso*, 1988; Gert Kummerow, *Bienes y derechos reales*, Venezuela, 1997, p. 100-62; Sebastião José Roque, *Direito das coisas*, cit., p. 21-52; STF, Súmula 487.

Quadro Sinótico

CONCEITO E ELEMENTOS CONSTITUTIVOS DA POSSE	• *a*) Sentidos impróprios	• Propriedade. • Condição de aquisição do domínio. • Domínio político. • Exercício de um direito. • Compromisso de funcionário público. • Poder sobre uma pessoa.	
	• *b*) Sentidos técnicos ou próprios	• 1. Teoria subjetiva de Savigny	• *Conceito* – posse é o poder imediato que tem a pessoa de dispor fisicamente de um bem com a intenção de tê-lo para si e de defendê-lo contra a agressão de quem quer que seja. • *Elementos*: • 1) *corpus* e • 2) *animus domini*.
		• 2. Teoria objetiva de Ihering	• *Conceito* – posse é a exteriorização do domínio, ou seja, a relação exterior intencional, existente, normalmente, entre o proprietário e sua coisa. • *Elementos* – para que haja posse basta o *corpus*; o *animus* está ínsito no poder de fato exercido sobre a coisa; o que importa é a destinação econômica do bem.

3. Objeto da posse

Podem ser objeto de posse todas as coisas que puderem ser objeto de propriedade, sejam elas corpóreas (salvo as que estão fora do comércio) ou incorpóreas (com exceção da propriedade literária, artística e científica, segundo alguns autores), pois na nossa legislação civil não está a posse limitada aos bens corpóreos.

Poder-se-á até dizer que quanto aos bens corpóreos de domínio particular, ainda que gravados com cláusula de inalienabilidade, podem ser objeto de posse por parte de outra pessoa além do proprietário. É o caso da locação, do arrendamento, pois, apesar de inalienável, o bem pode ser alugado ou arrendado e, assim, o locatário e o arrendatário terão a posse direta. Entretanto, esses bens gravados de inalienabilidade só poderão ser possuídos por outrem quando o proprietário lhes conferir essa posse direta[20], ou seja, o uso e gozo.

Controvertida é a questão de saber se podem ser os bens acessórios possuídos separadamente da coisa principal. Entendemos que isso não é possível, quando eles forem partes integrantes do bem principal, de tal modo que não possam ser destacados sem que haja uma alteração em sua substância[21].

Quanto à posse das coisas coletivas convém distinguir as universalidades de fato das de direito. As primeiras, uma vez que compostas de objetos que são individualmente passíveis de posse, esta recai sobre cada um deles. As segundas, apesar de serem, para a grande maioria dos autores, uma abstração jurídica, todos os seus elementos componentes, considerados de modo isolado, podem ser objeto de posse, pois consistem em direitos patrimoniais[22].

---

20. Sobre a posse direta *vide* o item Modalidades da posse. *Vide*, também, Daibert, op. cit., p. 53-4.
21. Orlando Gomes, op. cit., p. 40.
22. Ensinamento de Orlando Gomes, op. cit., p. 40.

A posse de direitos, por sua vez, tem sido motivo de grande desentendimento doutrinário. Há correntes que entendem que nosso Código Civil reconhece a posse apenas dos direitos reais; outras, diversamente, admitem que ele atribui posse tanto aos direitos reais como aos pessoais.

Há autores que aceitam tão somente a posse dos *direitos reais de fruição*: o uso, o usufruto, a habitação e as servidões, havendo discrepância no que concerne à enfiteuse[23].

Há quem diga que são passíveis de posse o penhor e a anticrese, que são *direitos reais de garantia*, excluída a hipoteca, pois ela não coloca a coisa sob o poder material do credor, vinculando, apenas, a coisa ao pagamento de uma dívida; não se estabelece, assim, nenhuma posse por parte do credor hipotecário.

Isto é assim porque podem ser objeto de proteção possessória tanto as coisas corpóreas como as incorpóreas (direitos), sendo a posse a visibilidade do domínio; os direitos suscetíveis de posse são apenas aqueles sobre os quais é possível exercer um poder ou um atributo dominial. À posse desses direitos reais designa-se comumente *quase posse*[24], com o que não concordamos, pois não há qualquer distinção terminológica em nossa legislação, a respeito da posse de bens corpóreos e dos incorpóreos.

Bastante discutível é a questão da posse dos *direitos pessoais*.

Já nos fins do século passado Ruy Barbosa escreveu uma monografia a esse respeito, *Posse dos direitos pessoais*, por ocasião da demissão pelo governo de vários professores da Faculdade de Engenharia do Rio, afastando-os de suas cátedras. A defesa dos referidos mestres era bastante difícil, pois ainda não havia mandado de segurança. Esse renomado jurista defendeu a tese de que cabia ação possessória, porque havia direito de posse ligado à coisa, uma vez que o professor não poderia exercer seu direito senão numa escola. Assim, o direito a um cargo só poderia ser exercido apenas em determinado lugar. Ante essa ideia nossos autores ampliaram a proteção possessória a todos os direitos. A posse, que era exteriorização de um direito real, passou a sê-lo dos direitos em geral.

Os adeptos da posse dos direitos pessoais procuraram justificar sua tese nas seguintes normas:

---

23. Orlando Gomes, op. cit., p. 40-1.
24. Caio Mário da Silva Pereira, op. cit., p. 27.

a) Art. 1.196 do Código Civil, que se refere ao exercício pleno ou não de algum dos poderes inerentes ao domínio, ou propriedade, incluindo, dessa forma, os direitos pessoais, porque a propriedade vai além dos direitos reais sobre coisas corpóreas.

b) Art. 1.547 do Código Civil e o Decreto-Lei n. 7.485/45, que se referem à *posse do estado de casado*, à *posse do estado de cônjuges* e à *posse do estado de filho*[25].

Hodiernamente, com a amplitude reconhecida ao mandado de segurança, que tem por escopo a proteção de direitos líquidos e certos (CF, art. 5º, LXIX), a maioria de nossos civilistas, dentre eles Clóvis Beviláqua, Serpa Lopes, Carvalho Santos, Tito Fulgêncio, Astolfo Rezende, Washington de Barros Monteiro, opõem-se, frontalmente, a esse entendimento, alegando que só os direitos reais podem ser defendidos pelas ações possessórias[26].

Consideram tais autores como definitivas as refutações feitas por Clóvis aos argumentos dos partidários da posse dos direitos pessoais, que são as seguintes[27]:

a) o vocábulo "propriedade" figurava também no projeto primitivo de sua autoria e nem por isso tinha ele a intenção de filiá-lo ao sistema dos que ampliam a posse aos direitos pessoais;

b) nenhum outro dispositivo se depara no Código do qual se infira a extensão da posse àqueles direitos, pois os arts. 1.196 e 1.204, referem-se apenas a direitos reais;

c) a propriedade, bem como os seus desmembramentos, são direitos reais; os direitos pessoais jamais foram desmembrados do domínio.

---

25. Serpa Lopes, op. cit., p. 150; W. Barros Monteiro, op. cit., p. 24. Dentre os sequazes da posse dos direitos reais: Lino Leme, Pacheco Prates, Lacerda de Almeida etc. CPC/2015, arts. 613 e 617.

26. Clóvis Beviláqua, *Código Civil*, v. 3, p. 10, e *Direito das coisas*, v. 1, p. 47; Carvalho Santos, *Código Civil interpretado*, v. 7, p. 22; Tito Fulgêncio, op. cit., p. 48; Astolfo Rezende, *A posse e sua proteção*, p. 1-53; W. Barros Monteiro, op. cit., p. 26; Serpa Lopes, op. cit., p. 151. A defesa dos direitos pessoais inerentes ao exercício da função pública e à tutela possessória dos interesses individuais lesados por Administração Pública processa-se mediante mandado de segurança, que substitui, com vantagens, os interditos possessórios (Orlando Gomes, op. cit., p. 43). Interessante é a obra de José Carlos Moreira Alves, Posse de direitos no Código Civil brasileiro de 2002, *RTDC*, *49*: 107-16.

27. Clóvis, *Comentários ao Código Civil*, v. 3, p. 10, e *Direito das coisas*, v. 1, § 14, p. 47.

Washington de Barros Monteiro[28] assinala alguns, dentre outros, direitos pessoais que não são tutelados pelos interditos possessórios, que passamos a transcrever:

a) direitos de família e relações obrigacionais;

b) direitos decorrentes de contrato de fornecimento de energia elétrica;

c) garantia de permanência de determinada ligação telefônica (*AJ*, *70*:53, *104*:378);

d) neutralização de efeitos da violação de um contrato (*RT*, *55*:259, *118*:139, *135*:752);

e) direito do autor de se reintegrar na exploração de um negócio (*RT*, *177*:199, *209*:234, *280*:722, *300*:638; *RF*, *123*:479, *169*:263);

f) resolução de contenda entre componentes de sociedade irregular (*RT*, *179*:123, *251*:572);

g) direito de reaver determinada licença de automóvel (*RT*, *159*:169); e

h) direito de obrigar uma das partes contratantes ao cumprimento das obrigações oriundas de convenção de natureza pessoal.

Em que pesem a tais opiniões, autores existem como Messineo, aos quais nos filiamos, que propugnam a posse dos *direitos pessoais patrimoniais* ou *de crédito*, como os do locatário, comodatário, depositário etc., porque esses titulares encontram-se numa relação direta com a coisa, para que possam utilizá-la economicamente, de maneira que se praticam atos de gozo direto da coisa alheia precisam ter meios para protegê-la[29].

Vicente Ráo[30] reforça esta tese quando nos ensina que os direitos suscetíveis de posse são:

a) o domínio, ou melhor, a propriedade;

b) os direitos reais que dela se desmembram e subsistem como entidades distintas e independentes; e

c) os demais direitos que, fazendo parte do patrimônio da pessoa, podem ser reduzidos a valor pecuniário.

A propósito lembra Orlando Gomes que se Ihering afirmou que a posse é a exteriorização do domínio, não se lhe podem aplicar os *direitos pessoais*

---

28. W. Barros Monteiro, op. cit., p. 25-6.

29. Messineo, *Manuale di diritto civile e commerciale*, apud Orlando Gomes, op. cit., p. 41.

30. Vicente Ráo, *Posse dos direitos pessoais*, p. 59.

extrapatrimoniais; assim só por força de expressão ou abuso de linguagem se pode falar em propriedade do emprego, do cargo ou do nome.

Portanto, a solução do problema traz em si a determinação da expressão "direitos pessoais", que designa "direitos obrigacionais"; estes podem ter ou não conteúdo patrimonial. De modo que são suscetíveis de posse apenas os direitos obrigacionais, cujo exercício se liga à detenção de um bem[31].

Paira, ainda, no ar uma dúvida a respeito da viabilidade do uso das ações possessórias na defesa de direitos pessoais em que não cabe o mandado de segurança. P. ex.: suponhamos o caso de um aluno do 3º ano de Direito que tenha sua matrícula cancelada em virtude de nulidade do exame vestibular, que havia passado despercebida. Qual seria sua defesa? Caberia ou não ação possessória? A discussão sobre seu direito é muito difícil, pois se o estudante impetrar mandado de segurança perdê-lo-á, uma vez que não há direito líquido e certo. Há uma simples aparência de direito, que é a posse. Ora, como Ihering proclama que se deve respeitar como se direito fosse toda situação constituída que tem aparência de um direito, há quem conclua pela possibilidade de proteção possessória desse direito pessoal. Trata-se da teoria do respeito à situação constituída[32].

No entender de Ebert V. Chamoun (Exposição de Motivos do Projeto de CC), não há posse de direito, visto ser inconcebível a posse de uma coisa incorpórea, pois os efeitos da posse estão vinculados essencialmente à existência de uma coisa. A quase posse comprometeria, segundo esse jurista, os fundamentos doutrinários do conceito de posse. Nem mesmo a servidão, continua ele, justificaria a posse de direitos, pois o objeto da posse não é o direito de servidão, mas o imóvel serviente. Em que pese essa opinião, é de se observar, entretanto, que, pelo Código Civil de 2002 (art. 1.197), a sistemática até aqui seguida pela jurisprudência e por boa parte da doutrina terá que se modificar, isto porque ao tratar da posse direta refere-se tanto à derivada do direito real como à do direito pessoal. O que seria de boa política legislativa, pois se não se admitir proteção possessória aos direitos pessoais, como defender uma situação de fato consolidada ou uma situação de direito aparente que merece ser protegida e que não possui um remédio para sua proteção, já que o mandado de segurança só defende direitos líquidos e certos?

---

31. Orlando Gomes, op. cit., p. 43.
32. Agostinho Alvim, *Direito das coisas* (apostila).

Quadro Sinótico

OBJETO DA POSSE	• *a*) Coisas corpóreas, salvo as que estiverem fora do comércio, ainda que gravadas com cláusula de inalienabilidade. • *b*) Coisas acessórias se puderem ser destacadas da principal sem alteração de sua substância. • *c*) Coisas coletivas. • *d*) Direitos reais de fruição: uso, usufruto, habitação e servidão (há dúvidas quanto à enfiteuse). • *e*) Direitos reais de garantia: penhor, anticrese, excluída a hipoteca. • *f*) Direitos pessoais patrimoniais ou de crédito.

4. Natureza da posse

Bastante controvertido é o tema concernente à natureza da posse. Seria ela um fato ou um direito?

Divide-se a doutrina em três correntes.

A primeira sustenta que a *posse é um fato*, sendo seus sequazes Windscheid, Trabucchi, Pacificci-Mazzoni, Dernburg, Bonfante, Van Wetter, Voet, De Filipis, Donellus, Cujacius[33].

A segunda, amparada por Savigny, Merlin, Lafayette, Wodon, Namur, Domat, Ribas, Laurent, Pothier, entende que a *posse é um fato e um direito*[34]. Para essa concepção, considerada em si mesma (em sua essência) ela seria um fato e quanto aos efeitos por ela produzidos – a usucapião e os interditos – um direito, incluindo-se, devido a sua dupla natureza, no rol dos direitos pessoais, porque para essa escola subjetivista os interditos possessórios pertencem à teoria das obrigações, com ações *ex delicto*, que têm por fundamento a posse que é, por sua vez, condição necessária para a existência das mencionadas ações.

A terceira corrente, encabeçada por Ihering, Teixeira de Freitas, Cogliolo, Demolombe, Molitor, Stahl, Ortolan, Puchta, afirma que a posse

---

33. Windscheid, *Pandette*, v. 2, § 150, apud Caio M. S. Pereira, op. cit., p. 29; Van Wetter, *Cours élémentaire de droit romain*, v. 1, p. 294; Alberto Trabucchi, *Istituzioni di diritto civile*, Padova, Milano, 1993, p. 413.

34. Savigny (*Traité de la possession en droit romain*, 7. ed., Paris, 1866, t. 1, § 5º, p. 25) pondera: "*Ainsi elle (la possession) est à la foi un fait et un droit, par elle-même c'est un fait, par ses conséquence elle rassemble à un droit, et cette double nature est infiniment importante pour tout ce qui concerne cette matière*". No mesmo sentido Wodon, *Traité théorique et pratique de la possession*, v. 1, p. 14.

é um direito. Ou, como prefere Ihering, é o interesse juridicamente protegido, uma vez que é condição da econômica utilização da propriedade. Seria a posse a instituição jurídica tendente à proteção do direito de propriedade[35], pertencendo ao âmbito do direito das coisas, entre os direitos reais[36].

A grande maioria de nossos civilistas reconhece a posse como um direito, havendo divergência de opiniões no que concerne a sua natureza real ou pessoal.

Já Clóvis Beviláqua entende que a posse é estado de fato protegido pela lei em atenção à propriedade, de que constitui manifestação exterior; isto porque, na sua opinião, não se pode considerar a posse como um direito real, uma vez que ela não figura na enumeração do art. 1.225 do Código Civil, que é taxativa em virtude do *numerus clausus*. Para Ebert Vianna Chamoun, a posse é um poder ou estado de fato que alguém exerce sobre uma coisa cujo conteúdo é, exclusivamente, econômico, visto que se relaciona com o aproveitamento do bem, considerado como objeto de satisfação das necessidades humanas. Deixa, esse autor, bem claro que é um estado de fato apenas no sentido de prescindir da existência de um título jurídico. Há, diz ele, um direito à proteção da posse; por aparentar uma situação jurídica regular, o possuidor tem um comportamento semelhante ao de quem exerce poder peculiar ao domínio, comportando-se como se fosse titular de um direito real[37].

---

35. Ihering, *Oeuvres*, v. 2, p. 244; Demolombe (*Cours de Code Napoléon*, 4. ed., Paris, 1870, t. 9, n. 479, p. 366 e s.) a considera como um direito, embora evoque, para tanto, fundamentos diversos dos de Ihering.

36. Clóvis, *Direito das coisas*, v. 1, p. 42. Trata-se para Beviláqua de um direito especial. Maria Ligia Coelho Mathias (*Direito civil*, op. cit., p. 13), comentando a posição de Beviláqua, salienta que a posse não é direito pessoal, por não estabelecer liame obrigacional para o possuidor em face de terceiros ou do proprietário; nem direito real por não gerar efeito *erga omnes*, visto que sucumbe perante o proprietário. O Código de Processo Civil, no art. 73, § 1º, requer citação de ambos os cônjuges para ações que versem sobre direitos reais imobiliários, acrescentando, no § 2º, que na possessória, a participação do cônjuge do autor ou do réu apenas é indispensável nos casos de composse ou de ato por ambos praticados. O que revela, segundo o autor, a natureza especial da posse, visto que, se fosse direito real, a presença dos cônjuges seria obrigatória.

37. Clóvis, op. cit., v. 1, p. 43; W. Barros Monteiro, op. cit., p. 21; Silvio Rodrigues, op. cit., p. 34. Ebert Vianna Chamoun, *Exposição de Motivos do Projeto de Código Civil*, art. 1.226.

Entendemos, como Daibert, que a posse é um direito real, posto que é a visibilidade ou desmembramento da propriedade. Pode-se aplicar o princípio de que o acessório segue o principal, sendo a propriedade o principal e a posse, o acessório, já que não há propriedade sem a posse. Nada mais objetivo do que integrar a posse na mesma categoria jurídica da propriedade, dando ao possuidor a tutela jurídica. O nosso legislador andou bem em adotar a tese de Ihering, porque se não há propriedade sem posse, dar proteção a esta é proteger indiretamente aquela; se a propriedade é direito real, a posse também o é; se a posse for ofendida, ofende-se também o domínio, daí o motivo pelo qual se deve proteger a posse na defesa da propriedade[38].

Partindo, ainda, do princípio contido no art. 1.197 do nosso Código Civil, de que a tutela possessória do possuidor direto abrange a proteção contra o indireto nos arts. 1.210 e 1.212 do Código Civil e nos arts. 554 e s. do Código de Processo Civil, vemos que o caráter jurídico da posse decorre da própria ordem jurídica que confere ao possuidor ações específicas para se defender contra quem quer que o ameace, perturbe ou esbulhe[39].

Encontramos na posse todos os caracteres do direito real tais como:

a) seu exercício direto, sem intermediário;

b) sua oponibilidade *erga omnes*; e

c) sua incidência em objeto obrigatoriamente determinado[40]. Devido à posição da "posse" na sistemática do nosso direito civil, não há, pois, nenhum obstáculo a sua qualificação como direito real[41].

---

38. Daibert, op. cit., p. 50. Pode-se afirmar que *posse é direito*, pois, ante o tridimensionalismo, direito é fato, valor e norma.

39. Caio M. S. Pereira, op. cit., p. 30. A nossa jurisprudência aceita a opinião de Ihering ao considerar a posse como um direito real, ao exigir a outorga uxória para ajuizamento de interditos relacionados com bens imóveis. Daibert, op. cit., p. 47. *Vide* o disposto, a esse respeito, no nosso Código de Processo Civil, art. 73, §§ 1º e 2º.

40. Orlando Gomes, op. cit., p. 38; Caio M. S. Pereira, op. cit., p. 31.

41. Enneccerus, Kipp e Wolff (*Tratado;* derecho de cosas, v. 1, § 2º) qualificam a posse de "direito real provisório" para distingui-la da propriedade que é "direito real definitivo".

Quadro Sinótico

NATUREZA DA POSSE	• *a*) Posse é um fato: Windscheid, Trabucchi, Van Wetter, Cujacius etc.	
	• *b*) Posse é um fato e um direito	• Savigny, Lafayette, Domat, Wodon, Ribas, Laurent, Pothier etc.
	• *c*) Posse é um direito	• Ihering, Teixeira de Freitas, Cogliolo, Demolombe, Stahl, Ortolan, Puchta etc. • Para a maioria de nossos civilistas é um *direito real* devido ao seu exercício direto, sua oponibilidade *erga omnes* e sua incidência em objeto obrigatoriamente determinado.

5. Suas modalidades

A posse apresenta-se na ordem jurídica como um todo unitário; não obstante, o próprio ordenamento jurídico traça normas a respeito do seu *caráter*, que vem a ser a modalidade pela qual a relação possessória se apresenta na vida jurídica.

As modalidades variam de acordo com as relações consideradas, determinando a classificação da posse[42], que tem grande importância prática no que concerne à sua eficácia.

A classificação da *posse* em *direta* e *indireta* tem por escopo determinar, em relação às pessoas, a extensão da garantia possessória e suas consequências jurídicas[43].

Apesar da natureza exclusiva da posse, que faz com que não possa haver sobre um bem mais de uma posse, admite nosso legislador, com base na doutrina de Ihering, o desdobramento da relação possessória no que concerne ao seu exercício, o que não acarreta perda da posse, porquanto o proprietário que concede a posse a outrem conserva o direito de exercer poderes inerentes ao domínio[44].

Pelo art. 1.196 do Código Civil brasileiro é "possuidor todo aquele que tem de fato o exercício, pleno ou não, de algum dos poderes inerentes à propriedade".

---

42. Tito Fulgêncio, op. cit., v. 1, p. 27.
43. Tito Fulgêncio, op. cit., v. 1, p. 28; João Cesar Guaspari Papaleo, Posse indireta no direito brasileiro, *Revista de Direito Comparado Luso-Brasileiro*, *3*:234-60, 1984.
44. Orlando Gomes, op. cit., p. 54.

Os vários poderes do domínio ou da propriedade que, em regra, estão reunidos na pessoa de um titular podem estar distribuídos entre diversas pessoas, segundo o disposto no art. 1.197 do mesmo diploma legal, que assim reza: "A posse direta, de pessoa que tem a coisa em seu poder, temporariamente, em virtude de direito pessoal, ou real, não anula a indireta, de quem aquela foi havida, podendo o possuidor direto defender a sua posse contra o indireto".

Conclui-se desta disposição legal que:

1º) Não se trata de posse do fâmulo.

2º) Há duas posses paralelas e reais: a do possuidor indireto que cede o uso do bem e a do possuidor direto que o recebe, em virtude de direito real, ou pessoal, ou de contrato. P. ex.: no usufruto, o usufrutuário tem o uso e gozo da coisa frutuária, portanto *posse direta* porque a detém materialmente; já o nu proprietário tem a *posse indireta* (*mediata ou autônoma*), porque concedeu ao primeiro o direito de possuir, conservando apenas a nua propriedade, ou seja, a substância da coisa. Fácil é perceber que somente a teoria objetiva de Ihering possibilitaria esse desdobramento, pois para que haja posse basta que se proceda em relação ao bem como o faz o proprietário, já que a posse é visibilidade do domínio. Assim, o possuidor direto, que o recebe numa destinação econômica, utiliza-o como o faria o proprietário[45].

3º) Esse artigo abrange todos os casos em que a posse de uma coisa passa a outrem em virtude de obrigação ou direito[46], real ou pessoal, tais como: o usufrutuário, o credor pignoratício, o locatário, o arrendatário, o comodatário, o depositário, o testamenteiro, o inventariante etc.

4º) Há necessidade de uma certa relação jurídica entre o possuidor direto e o indireto.

5º) As posses direta e indireta coexistem. De modo que a direta é sempre *temporária*, baseia-se numa relação transitória de direito. Assim a posse direta do locatário existe enquanto durar a locação. Extin-

---

45. Caio M. S. Pereira, op. cit., p. 36; Hedemann, *Derechos reales*, § 6º; Tito Fulgêncio, op. cit., n. 23; *RT*, *503*:121.

46. Caio M. S. Pereira, op. cit., p. 36; W. Barros Monteiro, op. cit., p. 28.

ta a locação, o proprietário, que era possuidor indireto, readquire a posse direta. A posse direta é, ainda, *derivada (imediata ou subordinada)*, porque procede de alguém que, no exemplo dado, seria o locador, exigindo sempre um intermediário.

6º) O possuidor direto, quando molestado, pode usar dos interditos possessórios (*RT*, *321*:535), até mesmo contra o possuidor indireto (*RT*, *569*:96; *190*:846), não se permitindo a este, sob nenhum pretexto, por sua própria autoridade, reapoderar-se do bem, contra a vontade do possuidor direto[47]. Contudo, o possuidor indireto, que concede a outrem, temporariamente, o exercício da posse, como conserva a posse, ainda que indiretamente, também goza da proteção possessória, podendo defender-se contra turbações de terceiros, porém não contra o próprio possuidor direto[48] (p. ex., art. 22, II,

47. *RT*, *159*:785, *172*:121, *294*:421, *152*:683, *181*:702, *188*:767, *190*:846, *199*:307, *212*:469, *489*:166, *241*:650, *258*:547, *288*:700, *298*:548, *326*:556; *AJ*, *60*:176, *88*:201, *114*:154; W. Barros Monteiro, op. cit., p. 28.

48. *RT*, *177*:676, *RF* *122*:185. W. Barros Monteiro, op. cit., p. 29. O art. 1.197 do nosso Código Civil teve por base o art. 868 do BGB, que consagra a distinção entre posse mediata e imediata. O Projeto de Lei n. 699/2011 alterará a redação do art. 1.197, que terá o seguinte teor:

"A posse direta dos bens, mesmo que em caráter temporário e decorrente de direito pessoal ou real, não anula a posse indireta de quem foi havida, podendo, qualquer um deles, agir em sua defesa, inclusive por ato praticado pelo outro possuidor".

Quanto ao artigo 1.197, diz Joel Dias Figueira Júnior que, "sem maiores dificuldades, percebe-se que o legislador deixou de acolher, nesse dispositivo, a orientação da doutrina dominante das últimas décadas, diferentemente do que fez em tantas outras passagens do NCC. Na verdade, a redação desse artigo apresenta-se bastante truncada, o que dificulta sensivelmente a sua aplicabilidade e compreensão, valendo ressaltar que problemas de ordem prática, sobretudo por se tratar de artigo de larga aplicabilidade, certamente surgirão". A redação proposta oferece clareza e, consequentemente, maior compreensão ao intérprete no tocante à tipologia da posse em face da incidência dos graus do poder fático sobre o mesmo bem da vida, e, da mesma forma, a respectiva classificação como manifestação deste poder e os efeitos em sede de tutela interdital e sua titularidade. Mas pelo Parecer Vicente Arruda a respeito dessa proposta que estava contida no PL n. 6.960/2002 (atual PL n. 699/2011): "O art. 1.197 do NCC, tal qual o CC/16, garante a defesa da posse pelo possuidor direto contra a do possuidor indireto, o que já é consagrado em nosso direito. Não há necessidade de acrescentar, como propõe o PL, que ambos os possuidores podem defender a posse contra terceiros. Ademais admite o autor da proposta que a posse direta dos bens pode ter caráter definitivo e decorrer de outro direito que não o direito real ou pessoal, pois fala em 'posse direta dos bens, mesmo que em caráter temporário e decorrente de direito pessoal ou real'. Tal não é possível, já que não sendo temporária a posse, não há que se falar em posse direta ou indireta, mas tão somente em posse". O Código Civil suíço, no seu art. 920, assim regula essa matéria: *"Lors que le possesseur remet la chose à un tiers pour lui conférer soit un droit de servitude ou de gage, soit un*

da Lei n. 8.245/91). Deveras, pelo Enunciado 76 do Conselho da Justiça Federal (aprovado nas Jornadas de Direito Civil de 2002): "O possuidor direto tem direito de defender a sua posse contra o indireto e este contra aquele (art. 1.197, *in fine*, do novo Código Civil)".

Quanto à simultaneidade do exercício da posse, temos uma outra modalidade de posse, concebida pelo art. 1.199 do Código Civil, que dispõe: "Se duas ou mais pessoas possuírem coisa indivisa, poderá cada uma exercer sobre ela atos possessórios, contanto que não excluam os dos outros compossuidores"[49]. Estamos diante da *composse*, também designada compossessão ou posse comum, sendo necessários dois pressupostos: pluralidade de sujeitos e coisa indivisa ou em estado de indivisão.

De modo que a coisa indivisa pode ser possuída em comum desde que o exercício do direito de posse de um não prejudique o igual direito do outro, ou, como pondera Lafayette, cada compossuidor só pode exercer sobre a coisa atos possessórios que não excluam a posse dos demais compossuidores, conforme prescreve o art. 1.314 e parágrafo único do Código Civil.

Aponta esse mesmo jurista[50] os seguintes casos de composse:

a) entre cônjuges, consorciados pelo regime da comunhão universal de bens, e entre conviventes havendo união estável (*RT*, *665*:129);

b) entre herdeiros, antes da partilha do acervo;

c) entre consócios, nas coisas comuns, salvo se se tratar de pessoa jurídica; e

d) em todos os casos em que couber a ação *communi dividundo*.

Caio Mário da Silva Pereira[51], ante essas hipóteses, observa que é por força de convenção ou a título hereditário que duas ou mais pessoas se tornam possuidoras do mesmo bem, embora, por quota ideal, exercendo cada uma sua posse sem embaraçar a da outra. Logo, se uma perturbar o desen-

---

droit personnel, tous deux en ont la possession. Ceux qui possèdent à titre de propriétaire ont une possession originaire, les autres une possession dérivée"; Gondim Neto, *Posse indireta*, Rio de Janeiro, 1972. O *jus possidendi* é o direito à posse, oriundo do direito da propriedade, sendo atributo do domínio. É o direito do titular da propriedade de possuir o que é seu. O *jus possessionis* é o direito de posse, que advém da posse, compreendendo o poder do possuidor sobre a coisa e sua defesa pelo interdito possessório. É a lição de Washington de Barros Monteiro, *Curso*, cit., v. 3, p. 32.

49. Nesse mesmo sentido o art. 866 do BGB; *RT, 497*:103, *489*:94, *578*:215, *572*:112. *Vide*: CC, art. 1.211.

50. Lafayette, *Direito das coisas*, 2. ed., § 7º, p. 18.

51. Caio M. S. Pereira, op. cit., p. 38.

volvimento da composse, a outra poderá lançar mão dos interditos possessórios contra a primeira[52].

Gentile e Monteil[53] esclarecem que, perante terceiros, cada compossuidor representa a posse dos seus consortes. Nas suas relações externas, portanto, os compossuidores agem como se fossem um único sujeito, uma vez que não interessa a estranhos a indagação da causa do estado de comunhão nem a apuração do valor da quota de cada comunheiro.

É mister distinguir a composse *pro indiviso* da *pro diviso*.

Tem-se a *composse "pro indiviso"* quando as pessoas, que possuem em conjunto um bem, têm uma parte ideal apenas. P. ex.: três pessoas têm a posse de um terreno, porém, como não está determinada qual a parcela que compete a cada uma, cada uma delas passa a ter a terça parte ideal (*RT*, *226*:450, *311*:534, *533*:210, *578*:213).

A *composse "pro diviso"* ocorre quando, embora não haja uma divisão de direito, já existe uma repartição de fato, que faz com que cada um dos três compossuidores já possua uma parte certa. Faz-se uma partilha aritmética, distribuindo-se um imóvel às três pessoas, de maneira que cada uma delas toma posse do terreno que corresponde à sua parte, embora o imóvel ainda seja indiviso. O exercício da composse permite essa divisão de fato para proporcionar uma utilização pacífica do direito de posse de cada um dos compossuidores[54].

A composse é, em regra, temporária, porém com a instituição do regime de divisão dos edifícios em planos horizontais (CC, art. 1.331, §§ 1º a 5º), estabeleceu-se, ao lado da propriedade exclusiva sobre as unidades autônomas, a propriedade em comum sobre o solo e partes de uso comum (*hall* de entrada, corredores, elevadores, teto etc.). Para que o prédio possa exercer sua destinação econômica, este condomínio não pode cessar; consequentemente a composse sobre essas partes de uso de todos do edifício de apartamentos é perpétua, no sentido de que não se extingue enquanto existir o referido edifício[55].

---

52. *Vide* Astolfo Rezende, *A posse e sua proteção*, v. 2, p. 117; *RT, 139*:224, *241*:237, *258*:501; *RF*, *103*:81, *166*:262. *Vide*: CC, art. 1.211.

53. Gentile, *Il possesso*, p. 175; Monteil, *Il possesso*, p. 92, citados por Caio M. S. Pereira, op. cit., p. 38; *JB*, *159*:259; *Ciência Jurídica*, *19*:96; *ADCOAS*, 1980, n. 69.294, TJPR.

54. *Vide* W. Barros Monteiro, op. cit., p. 81, e Serpa Lopes, op. cit., p. 100; *RT*, *158*:181, *180*:597, *174*:135, *176*:656, *177*:725, *185*:313, *188*:622, *241*:237, *257*:515, *272*:535, *300*:607, *598*:202, *401*:183, *429*:273, *497*:103, *373*:85, *734*:347.

55. Essas ideias são de Caio M. S. Pereira, op. cit., p. 39; *Condomínio e incorporação*, n. 34; *Propriedade horizontal*, n. 26.

Salvo este caso, termina a composse:

a) pela divisão de direito, amigável ou judicial, da coisa comum; com isso cessa a compossessão, mas a posse continua, cada pessoa passando a possuir a parte certa;

b) pela posse exclusiva de um dos sócios que exclua, sem oposição dos demais, uma parte dela[56].

Do exposto verifica-se que a composse não se confunde com a dualidade de posse: a direta e a indireta, porque nesta última o possuidor fica privado da utilização imediata da coisa e na composse todos podem utilizá-la diretamente, desde que uns não excluam os outros[57].

Analisada sob o ângulo que permite reconhecer seus vícios objetivos, a *posse* pode ser: *justa* ou *injusta*.

A *posse justa*, segundo o art. 1.200 do Código Civil, é aquela:

a) que não é violenta, ou seja, a que não se adquire pela força física ou violência moral;

b) que não é clandestina, isto é, que não se estabelece às ocultas daquele que tem interesse em conhecê-la; e

c) que não é precária, por não se originar do abuso de confiança por parte de quem recebe a coisa com o dever de restituí-la[58].

A *posse injusta* é aquela que se reveste de algum dos vícios acima apontados, ou melhor, de violência (p. ex. invasão, com emprego de força física, de terra produtiva), de clandestinidade (p. ex. invasão na calada da noite, às escondidas, sem emprego de violência de um imóvel para mudar cerca, apropriar-se de parte do terreno) ou de precariedade (p. ex. não devolução de imóvel dado em comodato, no término do contrato)[59].

---

56. Caio M. S. Pereira, *Instituições de direito civil*, cit., v. 4, p. 39.

57. *Vide* W. Barros Monteiro, op. cit., p. 81; Daibert, op. cit., que, na p. 78, faz menção a este pensamento de Orlando Gomes.

58. Tito Fulgêncio, op. cit., n. 32; Caio M. S. Pereira, op. cit., p. 32; Planiol, Ripert e Boulanger, *Traité élémentaire de droit civil*, v. 1, n. 2.780 e 2.783; Marty e Raynaud, *Droit civil*, v. 2, n. 21 e s.; Serpa Lopes, op. cit., p. 135; *RT*, *341*:303, *567*:142, *739*:425 e *791*:230.

59. Sobre tais vícios *vide* Clóvis, *Cód. Civil com.*, v. 3, obs. ao art. 489; Pothier, *Oeuvres*, v. 9, ns. 20, 25 e 29, p. 273 e s.; Silvio Rodrigues, op. cit., p. 39-41; Daibert, op. cit., menciona as sanções legais impostas ao precarista, nas p. 70 e 71; Marcus Vinicius Rios Gonçalves, *Dos vícios da posse*, São Paulo, Ed. Juarez de Oliveira, 1998; *RJTJSP*, *3*:143; *RT*, *507*:138, *759*:374; *Ciência Jurídica*, *71*:90 e 136, *74*:102. São, p. ex., possuidores precaristas: o comodatário, o inquilino ou o depositário que, findo o contrato, se recusa a devolver o bem emprestado, alugado ou depositado. Há decisão descaracterizando a posse do promitente comprador como precária (*RT*, *567*:142). A posse clan-

A posse injusta, apesar dos vícios que tem, "pode ser defendida pelos interditos, não contra aquele de quem se tirou, pela violência, clandestinidade ou precariedade, mas contra terceiros que eventualmente desejem arrebatar a posse para si"[60].

Além disso, o art. 1.208, *in fine*, do Código Civil prescreve que não autorizam a aquisição da posse os atos violentos ou clandestinos, senão depois de cessada a violência ou a clandestinidade[61].

Sob o prisma da *subjetividade* pode-se classificar a posse em: *posse de boa-fé* e *posse de má-fé*.

Contempla e define o art. 1.201 e parágrafo único do Código Civil a *posse de boa-fé* do seguinte modo: "É de boa-fé a posse, se o possuidor ignora o vício, ou o obstáculo que impede a aquisição da coisa. O possuidor com justo título tem por si a presunção de boa-fé, salvo prova em contrário, ou quando a lei expressamente não admite esta presunção".

Ocorre, portanto, esta posse quando o possuidor está convicto de que a coisa, realmente, lhe pertence, por ter, p. ex., entendido que lhe foi doada, quando, na verdade, lhe foi cedida em comodato, ignorando que está prejudicando direito de outrem. Tanto é assim que segundo o art. 1.202 perde a posse de boa-fé "este caráter desde o momento em que as circunstâncias façam presumir que o possuidor não ignora que possui indevidamente", seguindo, assim, a sistemática do direito francês, diversa do italiano, em conformidade com o qual a boa-fé somente cessa desde o momento em que se opõe contra o possuidor a demanda judicial, que lhe cientifica dos vícios da posse ou da disputa da coisa[62]. A doutrina tem apontado como circunstâncias presuntivas de má-fé: citação judicial; usufruto sobre o imóvel possuído; nulidade do título; confissão do possuidor de que nunca teve título etc.

---

destina advém do emprego de meio insidioso, sem que o possuidor legítimo o perceba, por ex., como diz Orlando Gomes (*Direitos reais*, cit., p. 53), é a daquele que à noite muda cerca divisória para apropriar-se de parcela do terreno vizinho.

Pela Súmula 619 do STF: "a ocupação indevida de bem público configura mera detenção, de natureza precária insuscetível de retenção ou indenização por acessões e benfeitorias".

60. W. Barros Monteiro, op. cit., p. 29. Nesse mesmo sentido Bonfante, *Corso di diritto romano*, v. 3, p. 208.

61. Voltaremos a comentar esse artigo no final deste item.

62. Tito Fulgêncio, op. cit., p. 43. Sobre a noção de boa-fé recomendamos a leitura das seguintes obras: Serpa Lopes, op. cit., p. 138 e s.; Caio M. S. Pereira, op. cit., p. 33 e Ideia de boa-fé, *RF*, *72*:25; Yseux, *Droits de possesseur de bonne foi*, Paris, 1894; Gorphe, *Le principe de la bonne foi*, Paris, 1928, p. 130 e s.; Lyon Caen, De l'évolution de la notion de bonne foi, *Rev. Trim.*, 1946, p. 45 e s.; Montel, *Il possesso di buona fede*, Cedam, 1935; José Rogério Cruz e Tucci, Da posse de boa-fé e os embargos de retenção por benfeitorias, in *Posse e propriedade*, coord. Cahali, São Paulo, Saraiva, 1987, p. 609-21.

Assim presume-se que tem essa posse o possuidor com justo título, que é aquele que tem aparência de ser hábil para transferir o domínio ou a posse, mas que, por apresentar algum vício, não se presta àquela finalidade. Presunção esta que é *juris tantum*, pois, aparecendo prova em contrário, desautoriza o possuidor, e, ainda, se em razão de lei – em certos casos – tal presunção não for admitida, como é o caso do esbulhador violento[63].

A *posse de má-fé* é aquela em que o possuidor tem ciência da ilegitimidade do seu direito de posse, em virtude de vício ou obstáculo impeditivo de sua aquisição[64], na qual, entretanto, se conserva. Como já vimos (CC, art. 1.202), começa desde o momento em que as circunstâncias façam presumir tal conhecimento.

Quanto a essas circunstâncias presuntivas de má-fé, ensinam os doutos[65] que, apesar de serem variáveis, podem ser reduzidas:

a) à confissão do possuidor de que não tem e nunca teve título;

b) ao fato de ter o possuidor, em seu poder, instrumento repugnante à legitimidade de sua posse, como a venda de pai a filho, sem anuência dos demais e do cônjuge do alienante; venda de imóvel por instrumento particular levada a efeito por absolutamente incapaz, sem representação; compra pelo testamenteiro de bens da testamentaria;

c) à violência no esbulho ou a outros atos proibidos por lei; e

d) à nulidade manifesta do título.

Cumpre fazer uma ressalva a respeito deste último item, ou seja, à validade do título, devido às controvérsias que existem entre os autores sobre o assunto.

A propósito convém recordar, a título ilustrativo, como o fez Tito Fulgêncio[66], um caso resolvido pela Relação de Minas, em que um indivíduo havia

---

63. Tito Fulgêncio, op. cit., p. 42; Daibert, op. cit., p. 72; Caio M. S. Pereira, op. cit., p. 34. O justo título não se confunde, portanto, com o título legítimo, pois este apresenta todos os requisitos subjetivos, objetivos e formais, sendo, por isso, apto a servir de *titulus adquirendi* de propriedade. Segundo os Enunciados do Conselho da Justiça Federal (aprovados na IV Jornada de Direito Civil): a) n. 302 "Pode ser considerado justo título para a posse de boa-fé o ato jurídico capaz de transmitir a posse *ad usucapionem*, observado o disposto no art. 113 do Código Civil"; e b) n. 303 "Considera-se justo título para presunção relativa da boa-fé do possuidor o justo motivo que lhe autoriza a aquisição derivada da posse, esteja ou não materializado em instrumento público ou particular. Compreensão na perspectiva da função social da posse".

64. Caio M. S. Pereira, op. cit., p. 33; Serpa Lopes, op. cit., p. 142; *RT*, *563*:229, *601*:154.

65. Tito Fulgêncio, op. cit., p. 43 e s.

66. Tito Fulgêncio, op. cit., p. 44.

comprado de outro um imóvel, recebendo do tabelião o traslado da escritura revestido de todas as formalidades, inclusive assinatura das partes contratantes, entrando, assim, pacificamente, na posse, guardando-a por vários anos.

Posteriormente, verificou-se que o traslado não era fiel, uma vez que a escritura lançada nas notas não continha a assinatura do vendedor, então falecido. Com isso, os herdeiros tentaram reivindicatória, dando-lhes o Tribunal ganho de causa, reconhecendo, contudo, a boa-fé do comprador, para os efeitos legais, isto porque até o ajuizamento da causa, o erro de fato, que se deu, foi, indubitavelmente, de natureza a fazer descansar nesse homem a crença de que era possuidor legítimo e até proprietário da coisa.

À vista disso parece, pois, que sobre esse tema não se podem traçar regras que sejam *a priori* inflexíveis.

Quanto aos seus efeitos, a posse pode ser: *ad interdicta* ou *ad usucapionem*.

A *posse "ad interdicta"* é a que pode amparar-se nos interditos ou ações possessórias, na hipótese de ser ameaçada, turbada, esbulhada ou perdida. Devendo ser para tanto uma posse justa[67] (p. ex., a do locatário).

Dá-se a *posse "ad usucapionem"* quando der origem à usucapião da coisa, desde que obedecidos os requisitos legais (*RT, 790*:216)[68].

Quanto à sua idade, a posse pode ser distinguida em *posse nova*, ou de força nova (CPC, art. 562), e *posse velha*, ou de força velha (CPC/2015, arts. 558, parágrafo único, e 561, III). É *nova* se tiver menos de ano e dia, sendo admissível pedido de liminar, e *velha* se possuir mais de ano e dia (*RT, 498*:169; *753*:410), sem possibilidade de pleitear liminar, para recuperação *incontinenti* da posse. Esclarece Luís Paulo Cotrim Guimarães: "É certo que a defesa possessória continuará vigorando para aquelas posses com mais de ano e dia, desde que adotado o procedimento *comum ordinário*, não sendo admitida, assim, nem *medida liminar* nem pedido de *tutela antecipatória*, uma vez que o procedimento previsto para as possessórias é especial – incompatível com a tutela de antecipação – exigindo requisitos específicos, entre eles, ser a ação de força nova" (art. 561 do CPC/2015; *RT, 799*:254).

Esse prazo é importante porque contra a posse nova pode o titular do direito lançar mão do desforço imediato (CC, art. 1.210, § 1º) ou obter a reintegração liminar em ação própria (CPC/2015, arts. 560 e s.) ou, ainda, a concessão da tutela antecipada. Entretanto, se velha for a posse, o possuidor terá a proteção dos interditos possessórios, até que o órgão judicante o convença da existência de um direito melhor do que o seu[69].

---

67. W. Barros Monteiro, op. cit., p. 32; Silvio Rodrigues, op. cit., p. 48.

68. Silvio Rodrigues, op. cit., p. 48; Caio M. S. Pereira, op. cit., p. 35.

69. Daibert, op. cit., p. 80; W. Barros Monteiro, op. cit., p. 33; Mário Muller Romiti, Posse

Temos, ainda, quanto ao desempenho de atividade laborativa: a *posse-trabalho* (*pro labore*) ou produtiva, que é a obtida mediante prática de atos que possibilitem o exercício da função social da propriedade, visto que nela há construção de morada ou investimentos econômicos, e a *posse improdutiva*, se o possuidor em nada investir, tornando o imóvel inútil, por não ser explorado.

Graficamente, temos:

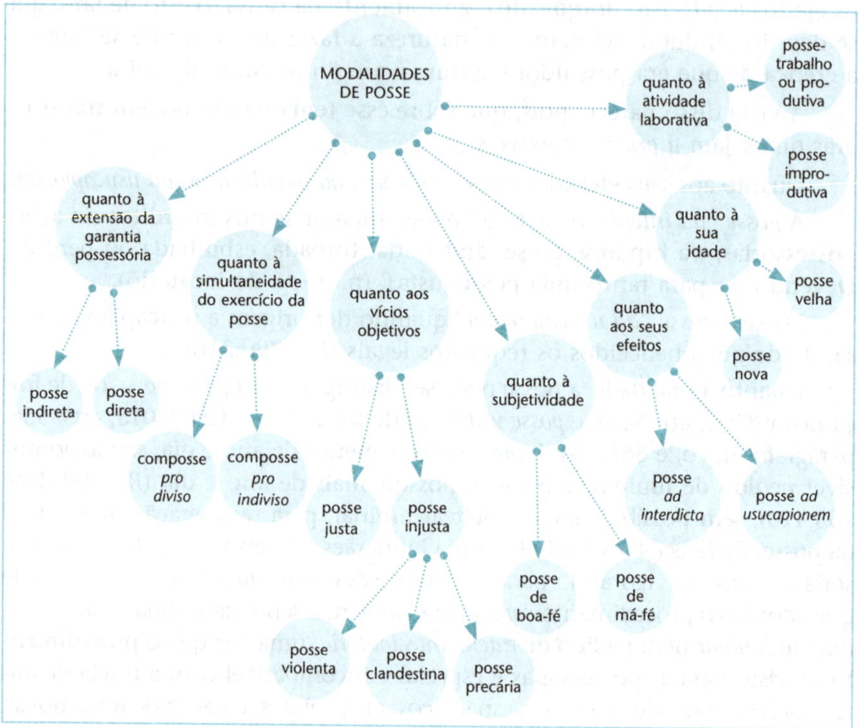

de ano e dia, *A Tribuna*, Santos, 13 out. 1986, p. 16; Luís Paulo Cotrim Guimarães, *Direito civil* – Lei de Introdução – parte geral e direito das coisas, Rio de Janeiro, Elsevier, 2007, p. 136. Há quem ache admissível a tutela antecipada na possessória fundada em posse velha, visto que o rito é o comum, sumário ou ordinário, por ser promovida depois de ano e dia (Clito Fornaciari Júnior, Da tutela antecipada nas possessórias fundadas na posse velha, *Revista do IASP*, *14*:171-79. Roberto Senise Lisboa, *Manual elementar de direito civil*, São Paulo, Revista dos Tribunais, 2002, v. 4, p. 59) distingue na posse civil: a *posse sem apreensão*, que se transfere por meio de sucessão hereditária, pois com o óbito do autor da herança, os bens do espólio, desde logo, transferem-se aos seus herdeiros, sem que haja apreensão; e *posse sem intenção*, decorrente de lei, que coloca um bem em poder de alguém para a satisfação de seus interesses. P. ex.: a do credor pignoratício. O Código Civil de 2002 suprime no seu texto a posse de menos ou a de mais de ano e dia previstas no de 1916 (arts. 507, 508, 521 e 523), mas o CPC (p. ex. art. 558) a elas faz menção, logo estarão mantidas por força do art. 2.043 do vigente Código Civil.

Finalmente, para encerrarmos este item, é de bom alvitre fazermos uma menção ao *princípio geral sobre a continuidade do caráter da posse* que está firmado no art. 1.203 do Código Civil: "salvo prova em contrário, entende-se manter a posse o mesmo caráter com que foi adquirida" (*RT*, *531*:115).

Esta disposição legal contém uma presunção *juris tantum*, no sentido de que a posse guarda o caráter de sua aquisição. Quer isso dizer que se uma posse começou violenta, clandestina ou precária presume-se ficar com os mesmos vícios que irão acompanhá-la nas mãos dos sucessores do adquirente. Do mesmo modo se adquirida de boa-fé ou de má-fé, direta ou indireta, entende-se que ela permanecerá assim mesmo, conservando essa qualificação. Daí a máxima dos romanos de que "ninguém pode mudar, por si só, a causa de sua posse" (*nemo si ipsi causam possessionis mutare potest*).

Criando essa norma, nosso legislador teve em mente evitar que se mude sem mais e sem menos o título ou a causa da posse; assim o possuidor a título de compra não pode, arbitrariamente, invocar o título de herdeiro; quem tem posse para interditos não pode a seu bel-prazer transformá-la em posse qualificada para usucapião; o mero detentor não pode fazer de sua detenção uma posse verdadeira.

Contudo, sendo *juris tantum*, tal presunção admite prova em contrário. De modo que, se o adquirente a título clandestino ou violento provar que sua clandestinidade ou violência cessaram há mais de ano e dia, sua posse passa a ser reconhecida (CC, art. 1.208), convalescendo-se dos vícios que a maculavam. O mesmo não ocorre com a posse precária, isto porque a precariedade não cessa nunca.

Pode, ainda, o possuidor mudar o título ou a causa da posse tendo base em fundamento jurídico. P. ex.: se possui como arrendatário e depois vem a adquirir o prédio, passando a possuí-lo como dono. Uma posse injusta pode tornar-se justa se o possuidor que obteve o bem pela violência ou clandestinidade vier a comprá-lo ou a herdá-lo do desapossado. Trata-se, no dizer de alguns autores, como Darcy Bessone, da *interversão do título*.

Portanto, pelo Enunciado n. 237 do Conselho da Justiça Federal, aprovado na III Jornada de Direito Civil: "É cabível a modificação do título da posse – *interversio possessionis* – na hipótese em que o até então possuidor direto demonstrar ato exterior e inequívoco de oposição ao antigo possuidor indireto, tendo por efeito a caracterização do *animus domini*".

Situação inversa pode ocorrer se alguém obtém posse justa em virtude de contrato de locação, recusando-se posteriormente a restituir o bem, caso em que se transforma em possuidor injusto[70].

70. Sobre esse princípio *vide* Caio M. S. Pereira, op. cit., p. 33; Silvio Rodrigues, op. cit., p. 40-4; Tito Fulgêncio, op. cit., p. 44-5; Darcy Bessone, *Direitos reais*, São Paulo, Saraiva, 1988, p. 271. *RSTJ*, *143*:370: "Segundo ensinamento de nossa melhor doutrina, nada impede que o caráter originário da posse se modifique, motivo pelo qual o fato de ter havido no início da posse da autora um vínculo locatício não é embaraço ao reconhecimento de que, a partir de determinado momento, essa mesma mudou de natureza e assumiu a feição de posse em nome próprio, sem subordinação ao antigo dono e, por isso mesmo, com força *ad usucapionem*".

Quadro Sinótico

1. CARÁTER DA POSSE	É a modalidade pela qual a relação possessória se representa na vida jurídica.			
2. MODALIDADES DA POSSE	1. Quanto à extensão da garantia possessória (CC, arts. 1.196 e 1.197)	*a*) Posse indireta	É a daquele que cede o uso do bem.	
		b) Posse direta	É a daquele que recebe o bem, para usá-lo ou gozá-lo, em virtude de contrato, sendo, portanto, temporária e derivada.	
	2. Quanto à simultaneidade do exercício da posse (CC, art. 1.199: composse)	*a*) Conceito	Ocorre quando duas ou mais pessoas possuem coisa indivisa desde que o exercício da posse de uma não prejudique o da outra.	
		b) Espécies	1. Composse *pro diviso*	Ocorre quando há uma divisão de fato, embora não haja a de direito, fazendo com que cada um dos compossuidores já possua uma parte certa, se bem que o bem continua indiviso.
			2. Composse *pro indiviso*	Dá-se quando as pessoas que possuem em conjunto o bem têm uma parte ideal apenas, sem saber qual a parcela que compete a cada uma.
	3. Quanto aos vícios objetivos	*a*) Posse justa	É a que não é violenta, clandestina ou precária (CC, art. 1.200).	
		b) Posse injusta	É aquela que se reveste dos vícios acima apontados.	

2. MODALIDADES DA POSSE	4. Quanto à subjetividade	*a*) Posse de boa-fé	Quando o possuidor está convicto de que a coisa realmente lhe pertence (CC, art. 1.201, parágrafo único).
		b) Posse de má-fé	É aquela em que o possuidor tem ciência da ilegitimidade de seu direito de posse, em razão de vício ou obstáculo impeditivo de sua aquisição (CC, art. 1.202).
	5. Quanto aos seus efeitos	*a*) Posse *ad interdicta*	É a que se pode amparar nos interditos, caso for ameaçada, turbada, esbulhada ou perdida.
		b) Posse *ad usucapionem*	Quando der origem à usucapião da coisa desde que obedecidos os requisitos legais.
	6. Quanto à sua idade (CPC, arts. 558, parágrafo único, e 561, III)	*a*) Posse nova se tiver menos de ano e dia. *b*) Posse velha se contar com mais de ano e dia.	
	7. Quanto à atividade laborativa	*a*) Posse produtiva. *b*) Posse improdutiva.	
3. PRINCÍPIO GERAL SOBRE O CARÁTER DA POSSE	Pelo art. 1.203 do Código Civil há presunção *juris tantum* de que a posse guarda o mesmo caráter de sua aquisição, salvo se, p. ex., o adquirente a título clandestino ou violento provar que sua clandestinidade ou violência cessaram há mais de ano e dia, caso em que a posse passa a ser reconhecida (CC, art. 1.208), já o mesmo não se pode dizer do vício da precariedade.		

6. Modos aquisitivos da posse

Quanto aos meios aquisitivos da posse, o nosso Código, apartando-se do sistema de grande síntese do Código alemão, art. 854, passou, no seu art. 1.204, para possibilitar a fixação do momento exato da aquisição da posse, principalmente para os efeitos de usucapião[71], a prescrever que "adquire-se a posse desde o momento em que se torna possível o exercício, em nome próprio, de qualquer dos poderes inerentes à propriedade". A aquisição da posse dar-se-á pela obtenção do poder de ingerência socioeconômica sobre uma coisa, que excluirá a ação de terceiro, mediante o emprego de interditos possessórios.

Didaticamente, poder-se-á classificar os modos de aquisição da posse em originários e derivados. Distinção esta que reveste grande importância, e que é muito bem assinalada por Silvio Rodrigues, cujo pensamento reputamos conveniente resumir. Se sua aquisição for originária, a posse, sendo nova, apresenta-se sem os vícios que a maculavam em mãos do antecessor. Por outro lado, se sua aquisição se der por meio derivado, o adquirente vai recebê-la com todos os vícios que a inquinavam nas mãos do transmitente (CC, arts. 1.203 e 1.206)[72].

A *aquisição originária da posse* realiza-se independentemente de translatividade, sendo, portanto, em regra, unilateral, visto que independe da anuência do antigo possuidor, ou seja, efetiva-se unicamente por vontade do adquirente sem que haja colaboração de outrem[73].

---

71. Orlando Gomes, op. cit., p. 58.
72. Silvio Rodrigues, op. cit., p. 55-6.
73. Serpa Lopes, op. cit., p. 153; Silvio Rodrigues, op. cit., p. 55; Caio M. S. Pereira, op. cit., p. 46-7. Apesar de o Código Civil de 2002 não conter dispositivo similar ao do art. 493 do Código de 1916, utilizamo-lo didaticamente.

São *modos aquisitivos originários* da posse:

a) *a apropriação do bem* pela qual o possuidor passa a ter condições de dispor dele livremente, excluindo a ação de terceiros e exteriorizando, assim, seu domínio. Essa apreensão é, no nosso entender, *unilateral*, pois recai sobre coisas sem possuidor atual por terem sido abandonadas (*res derelictae*) ou por não serem de ninguém (*res nullius*) ou sobre bens de outrem, porém, sem o consentimento deste, por meio dos vícios da violência e clandestinidade, desde que cessados a mais de ano e dia. A apreensão se revela em relação aos bens móveis pela ocupação (art. 1.263), e quanto aos imóveis pelo seu uso[74];

b) *o exercício do direito* (CC, arts. 1.196 e 1.204), que, objetivado na sua utilização econômica, consiste na manifestação externa do direito que pode ser objeto da relação possessória (servidão, uso). Assim, se alguém, em terreno alheio, construir um aqueduto, utilizando-o sem oposição do proprietário, está exercendo a posse de uma servidão, pois com o decurso do prazo legal adquirida estará essa posse, podendo, então, o adquirente, protegê-la mediante interditos possessórios. Por outras palavras, ter exercício do direito é poder usá-lo, gozando de suas vantagens[75]; isto porque a disponibilidade é o ato mais característico da exteriorização do domínio. Logo, adquire-se a posse de modo unilateral, pelo fato de se dispor da coisa. P. ex.: se uma pessoa dá em comodato coisa pertencente a outrem, essa circunstância indica que essa pessoa se encontra no exercício de um dos poderes inerentes ao domínio, o de disposição, portanto, fácil é deduzir que adquiriu a posse do bem, uma vez que já a desfrutava[76].

A *aquisição derivada da posse* requer a existência de uma posse anterior, que é transmitida ao adquirente, em virtude de um título jurídico, com a anuência

---

74. W. Barros Monteiro, op. cit., p. 34-5; Silvio Rodrigues, op. cit., p. 53-4; Caio M. S. Pereira, op. cit., p. 49; Ihering, *Fundamento de los interdictos posesorios*, Cap. X; Tito Fulgêncio, op. cit., n. 45; Astolfo Rezende, *A posse e sua proteção*, v. 1, p. 307 e s.; Lafayette, op. cit., § 10, p. 25. Súmula n. 619 do STJ. A ocupação indevida de bem público configura mera detenção, de natureza precária, insuscetível de retenção ou indenização por acessões e benfeitorias.

75. Caio M. S. Pereira, op. cit., p. 49; Silvio Rodrigues, op. cit., p. 54; W. Barros Monteiro, op. cit., p. 35-6.

76. W. Barros Monteiro, op. cit., p. 36; Silvio Rodrigues, op. cit., p. 54; *RT*, *176*:175; J. M. Carvalho Santos, *Cód. Civil interpretado*, t. 7, p. 57.

do possuidor primitivo, sendo, portanto, bilateral[77]. Assim, pode-se adquirir a posse por qualquer um dos modos aquisitivos de direitos, ou seja, por atos jurídicos gratuitos ou onerosos, *inter vivos* (compra e venda, dação em pagamento, permuta etc.) ou *causa mortis* (testamento, legado etc.). Qualquer que seja a natureza do ato, haverá transferência da posse do antigo para o novo possuidor[78]. Exige-se, ainda, para que se possa adquirir a posse, a aplicação, do art. 104, que estabelece os requisitos para a validade dos negócios jurídicos em geral: capacidade do agente, objeto lícito e forma prescrita ou não defesa em lei.

São *modos aquisitivos derivados* da posse:

a) A *tradição*, que é a entrega ou transferência da coisa, sendo que, para tanto, não há necessidade de uma expressa declaração de vontade; basta que haja a intenção do *tradens* (o que opera a tradição) e do *accipiens* (o que recebe a coisa) de efetivar tal transmissão[79].

Três são as espécies de tradição: a efetiva ou material, a simbólica ou ficta e a consensual.

A tradição efetiva ou material é a que se manifesta por uma entrega real do bem, como sucede quando o vendedor passa ao comprador a coisa vendida[80].

A tradição simbólica ou ficta é uma forma espiritualizada da tradição, substituindo-se a entrega material do bem por atos indicativos do propósito de transmitir posse. P. ex.: basta ao possuidor de um apartamento entregar suas chaves a outrem para que haja transferência de posse do mencionado imóvel[81].

A tradição consensual apresenta-se sob duas formas: *traditio longa manu* e *traditio brevi manu.*

Isto é assim porque às vezes não é preciso que o adquirente ponha a mão na própria coisa, como uma fazenda de grande extensão, para ser tido como possuidor; basta que ela esteja à sua disposição. Se ninguém a detém, efetua-se a *traditio longa manu.* Além disso, quando uma pessoa que já tem,

---

77. De Page, *Traité*, v. 5, n. 852; Silvio Rodrigues, op. cit., p. 55; Caio M. S. Pereira, op. cit., p. 50.
78. W. Barros Monteiro, op. cit., p. 36.
79. Enneccerus, Kipp e Wolff, op. cit., § 9º. *Vide* CC, art. 1.229.
80. Orlando Gomes, op. cit., p. 59; Caio M. S. Pereira, op. cit., p. 50; Digesto, Livro 41, Tít. I, fr. 34, refere-se a ela com a seguinte expressão: "*de manu in manum translatio possessionis*".
81. Orlando Gomes, op. cit., p. 59; Caio M. S. Pereira, op. cit., p. 51.

por exemplo, a posse direta da coisa, como o locatário ou depositário, adquire o seu domínio, não precisa devolvê-la ao antigo dono para que este lhe faça a entrega (tradição real); para tanto basta a demissão voluntária da posse pelo transmitente, caso em que se tem a *traditio brevi manu*[82]. Assim o possuidor de uma coisa em nome alheio passa a possuí-la como própria[83].

b) O *constituto possessório* (art. 1.267, parágrafo único; *RT*, *754*:245) ou cláusula *constituti*, que é, exatamente, o contrário da *traditio brevi manu*, pois ocorre quando o possuidor de um bem (imóvel, móvel ou semovente) que o possui em nome próprio passa a possuí-lo em nome alheio.

É uma modalidade de transferência convencional da posse, onde há conversão da posse mediata em direta ou desdobramento da posse, sem que nenhum ato exterior ateste qualquer mudança na relação entre a pessoa e a coisa. Opera-se tal fenômeno mediante dois atos jurídicos simultâneos: um, de transferência da posse de um possuidor antigo a um novo possuidor, e outro, de conservação da posse pelo antigo possuidor em nome do novo adquirente (reserva de usufruto, locação etc.). P. ex.: A vende a B a casa ou relógio de que é proprietário, ficando convencionado que A permanecerá com o objeto alienado, não mais como proprietário, mas como locatário, de modo que o possuidor antigo, que tinha posse plena e unificada, passa a ser possuidor direto, ao passo que o novo proprietário se investe na posse indireta[84].

---

82. Caio M. S. Pereira, op. cit., p. 51; Serpa Lopes, op. cit., p. 159.

83. Orlando Gomes, op. cit., p. 60.

84. W. Barros Monteiro, op. cit., p. 37; Orlando Gomes, op. cit., p. 60; Caio M. S. Pereira, op. cit., p. 51-2; *RT*, *184*:744; Serpa Lopes, op. cit., p. 160. Dá-se o constituto possessório quando alguém, alienando coisa sua, a detém em seu poder a título de locatário ou de comodatário, por exemplo. Assim, o adquirente terá, tão somente, a posse indireta do bem, durante o tempo em que vigorar o constituto. Há uma variação no *animus* do alienante, que conservará o *corpus* do bem por ele possuído. O constituto possessório tem grande valia no *leasing, leasehold, working capital* (para obter rapidamente capital de giro) e *leaseback*. O Projeto de Lei n. 699/2011 visa alterar a redação do art. 1.204, incluindo o *constituto possessório*.

Sobre cláusula *constituti*: *RT*, *500*:222, *478*:75; *RSTJ*, *106*:357, *36*:473; *Lex – TACSP*, *199*:158.

"Apelante que se insurge contra a procedência do pedido de reintegração de posse fundado na prova de exercício de melhor posse pelos autores. Demonstração da assunção pelos autores da posse dos lotes em tela por meio de cláusula *constituti* inserida no instrumento de compra e venda. Aplicação por analogia do parágrafo único do art. 1.267 do novo CC para a transmissão de posse pelo constituto possessório. Prova dos autos que demonstra não ter o apelante cultivado a área em tela e tampouco recebido a posse da gleba por cessão. Posse nova sem justo título e injusta que não merece proteção

Cornil[85] esclarece que o objetivo da cláusula *constituti* foi evitar ao possuidor o ônus de uma tradição, para, em seguida, ter o adquirente necessidade de restituir a coisa assim recebida. Deve ser por isso expressa ou resultar logicamente das cláusulas estipuladas, logo não pode ser presumida. Mas, excepcionalmente, poder-se-á admitir o *constitutum tacitum* conforme às circunstâncias do caso concreto. Embora o atual Código Civil apenas admita a cláusula *constituti* como forma aquisitiva da posse de bem móvel, em que pese a opinião contrária, não vemos por que não acatá-la, em caráter excepcional, como constituto tácito, por aplicação analógica do art. 1.267, parágrafo único, em relação ao imóvel, diante do disposto no art. 1.196 do Código Civil, visto que não se refere à translatividade de propriedade, prevista no Código Civil, nos arts. 1.227 e 1.245, mas à tradição ficta de posse, que em caso de esbulho poderá ser defendida pela ação de reintegração.

Esclarece-nos o Enunciado n. 77 do Conselho da Justiça Federal (aprovado na I Jornada de Direito Civil de 2002) que: "A posse das coisas móveis e imóveis também pode ser transmitida pelo constituto possessório".

Pretendendo dar uma solução a isso, o Projeto de Lei n. 699/2011 propõe, para o art. 1.204, a seguinte redação: "Adquire-se a posse de um bem quando sobre ele o adquirente obtém poderes de ingerência, inclusive pelo constituto possessório", alcançando assim tanto os móveis como os imóveis. Observa a respeito Joel Dias Figueira Júnior que "o dispositivo em tela tinha a seguinte redação quando da remessa do anteprojeto à Câmara dos Deputados: 'Adquire-se a posse quando se obtém o poder sobre uma coisa (art. 1.235), inclusive pelo constituto possessório'. Na primeira votação pela Câmara, através de subemenda do relator Ernani Satyro, o dispositivo ganhou a redação atual, não tendo sido atingido por qualquer outra espécie de modificação seja da parte do Senado Federal, seja da parte da Câmara dos Deputados, no período final da tramitação do projeto. Em primeiro lugar, a posse não se adquire pelo 'exercício' do poder, mas pela obtenção do poder de fato ou poder de ingerência socioeconômica sobre um determinado bem da vida que, por sua vez, acarreta a abstenção de terceiros, em relação a este mesmo bem (fenôme-

possessória. Ausência de elementos que neguem o exercício de posse anterior da vendedora dos lotes, de forma tal a tornar ineficaz a cláusula *constituti*. Indenização por prejuízos e por benfeitorias. Falta de comprovação. Procedência da reintegração de posse que se mantém. Recurso desprovido" (TJRJ, 5ª Câm. Cível, ACi n. 2009.001.64353-RJ, rel. Des. Cristina Tereza Gaulia, j. 17-11-2009; *BAASP*, *2673*:612-13).

85. Cornil, *Traité de la possession dans le droit romain*, Paris, 1905, § 12, p. 45. *Vide AJ*, *65*:300.

no dialético). Portanto, basta que se adquira o poder em relação a determinado bem da vida e que o titular deste poder tenha ingerência potestativa socioeconômica sobre ele, para que a posse seja efetivamente adquirida. Ademais, para se adquirir posse, não se faz mister o exercício do poder, basta a possibilidade de exercício. Não se pode prescindir é da existência do poder de ingerência. Em segundo lugar, é importante fazer a referência ao instituto jurídico do constituto possessório neste art. 1.204, excluído acertadamente do atual art. 1.205 do Código Civil, que versa apenas sobre os sujeitos da aquisição (diferentemente do que se verificava no CC/16, art. 494, que mesclava formas distintas de aquisição), mas eliminado sem razão do dispositivo em questão, para não se correr o risco de fazer crer (erroneamente), aos mais afoitos, que ele teria desaparecido do sistema material. Por outro lado, a sua não inclusão neste dispositivo, por si só, não teria o condão de suprimi-lo do sistema, sobretudo porque aparece mencionado em outros dispositivos do Livro dos Direitos Reais, como também, na qualidade de instituto jurídico milenar, por si só, transcende tal circunstância. Essa sugestão apresenta boa técnica, sendo de todo conveniente que exista previsão específica a respeito do constituto possessório, prevenindo-se quaisquer dúvidas sobre tão importante matéria". Sem embargo disso, o Parecer Vicente Arruda rejeitou essa proposta contida no Projeto de Lei n. 6.960/2002 (atual PL n. 699/2011), nos seguintes termos: "Ao contrário do CC/16, que enumerava os meios pelos quais se adquiria a posse, o NCC evoluiu limitando-se a afirmar que ela é adquirida 'desde o momento em que se torna possível o exercício, em nome próprio, de qualquer dos poderes inerentes à propriedade'. Isso não quer dizer que os modos aquisitivos da posse, enumerados nos arts. 493 e 494 do CC/16, entre os quais o 'constituto possessório', deixaram de existir sob a égide do Código Civil de 2002, daí porque é desnecessária menção expressa àquele instituto. Tendo rejeitado a redação proposta ao art. 1.196, não há como aprovar a proposta de dizer que 'adquire-se a posse de um bem quando sobre ele o adquirente obtém poderes de ingerência'".

c) A *acessão*, pela qual a posse pode ser continuada pela soma do tempo do atual possuidor com o de seus antecessores. Essa conjunção de posses abrange a *sucessão* e a *união*[86].

Aberta a *sucessão*, a posse da herança adquire-se *ope legis*, ou seja, desde logo, assim que passar aos herdeiros legítimos ou testamentários, sem

86. Orlando Gomes, op. cit., p. 61. *RT*, *596*:182, *611*:222, *604*:56, *675*:99, *JTJ*, *206*:149, *205*:265, *179*:197.

necessidade de que haja qualquer ato seu (CC, art. 1.784)[87]. Nessa transmissão *causa mortis* os herdeiros ou legatários tomam o lugar do *de cujus*, continuando a sua posse, com os mesmos caracteres (vícios, sejam eles objetivos ou subjetivos, ou qualidades), como efeito direto da sucessão universal ou singular (CC, art. 1.206) e como decorrência lógica da norma contida no art. 1.203 do Código Civil, segundo a qual, "salvo prova em contrário, entende-se manter a posse o mesmo caráter com que foi adquirida"[88]. Essa sucessão de posses é necessária ou imperativa, pois, de acordo com o art. 1.207, 1ª parte, "o sucessor universal continua de direito a posse do seu antecessor". Essa aquisição a título universal ocorre quando o objeto da transferência é uma universalidade, como um patrimônio, ou parte alíquota de uma universalidade[89].

A *união* se dá na hipótese da sucessão singular (compra e venda, doação, dação, legado), ou melhor, quando o objeto adquirido constitui coisa certa ou determinada[90]. O adquirente, nessa aquisição da posse a título singular, constitui para si uma nova posse, embora receba uma posse de outrem. Isto porque a posse do sucessor singular é pessoal, nascendo, portanto, desligada da posse do alienante. Todavia, está o adquirente autorizado pelo art. 1.207, 2ª parte, a unir, se quiser, ou se lhe convier, sua posse à do seu antecessor. Em regra, o direito de somar posses visa adquirir a propriedade pela usucapião. P. ex.: Se o seu antecessor já tinha posse contínua e pacífica por 5 anos, o adquirente terá o benefício da usucapião ordinária se também possuir o bem imóvel, contínua e pacificamente, por outros 5 anos (CC, arts. 1.242, *caput*, e 1.243)[91].

---

87. Caio M. S. Pereira (op. cit., p. 52) esclarece que os romanos não conheceram esta modalidade aquisitiva que se originou do direito consuetudinário, ou seja, do chamado *droit de saisine*, em virtude do qual o servo morto deixava de devolver a posse da coisa ao seu senhor, imitindo nela o seu sucessor: "*Le mort saisit le vif*". De Page, *Traité*, v. 5, n. 852; Lafayette, *Direito das coisas*, § 12, n. 3.

88. Sobre o assunto *vide* Serpa Lopes, op. cit., p. 160-1; Caio M. S. Pereira, op. cit., p. 52. Pelo Enunciado do Conselho da Justiça Federal – CJF n. 494: "A faculdade conferida ao sucessor singular de somar ou não o tempo da posse de seu antecessor não significa que, ao optar por nova contagem, estará livre do vício objetivo que maculava a posse anterior" (aprovado na V Jornada de Direito Civil).

89. Silvio Rodrigues, op. cit., p. 56.

90. Silvio Rodrigues, op. cit., p. 56; Caio M. S. Pereira, op. cit., p. 52; W. Barros Monteiro, op. cit., p. 38-9.

91. Orlando Gomes, op. cit., p. 61-2; Silvio Rodrigues, op. cit., p. 57. *Vide*: *RT*, *764*:212, *596*:182.

Assim podemos representar graficamente a aquisição da posse:

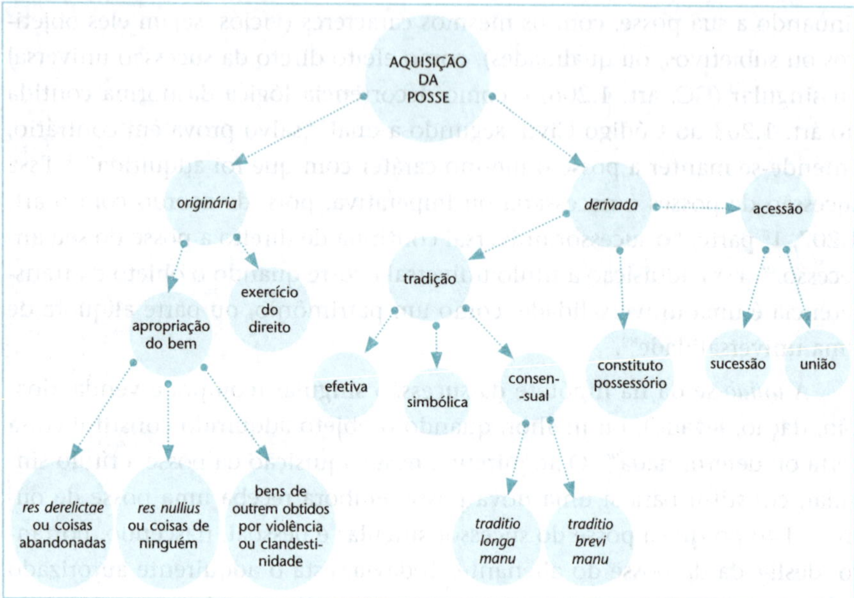

Finalmente, se se considerar subjetivamente a aquisição da posse, pelo art. 1.205, I e II, do Código Civil, poderá ela efetivar-se:

a) *pela própria pessoa que a pretende* desde que se encontre no pleno gozo de sua capacidade de exercício ou de fato e *que pratique o ato gerador da relação possessória*, instituindo a exteriorização do domínio[92];

b) *por representante legal* (pais, tutor ou curador) *ou procurador* (*representante convencional*, munido de mandato com poderes especiais) *do que quer ser possuidor*, caso em que se requer a concorrência de duas vontades: a do representante e a do representado. É necessário que o representante queira adquirir a posse para o representado e que este tenha o intuito de possuir o que o outro detém. Já na representação legal e na procuração geral ínsita está a vontade do representado[93];

92. Orlando Gomes, op. cit., p. 60; W. Barros Monteiro, op. cit., p. 36; Caio M. S. Pereira, op. cit., p. 47.
93. Orlando Gomes, op. cit., p. 60.

c) *por terceiro sem procuração ou mandato*, caso em que a "aquisição da posse fica na dependência da ratificação da pessoa em cujo interesse foi praticado o ato". No momento em que a pessoa, para quem a posse foi adquirida, vier a ratificar o ato praticado pelo gestor, ela passará a assumir as obrigações dele oriundas. Tal ratificação terá efeito *ex tunc*. Se não houver essa ratificação, o gestor (CC, arts. 861 a 875) deverá responder, pessoalmente, pelo ato que praticou, perante aqueles com quem o efetivou, arcando com todas as consequências e com as eventuais indenizações das perdas e danos[94].

Além disso, urge lembrar que, pelo art. 1.209 do Código Civil, para quem adquirir posse de imóvel há presunção *juris tantum* de que também será possuidor dos bens móveis que nele estiverem. Trata-se do fenômeno da *extensão da posse*, apontado por Orozimbo Nonato (*RT*, *391*:135, *RF*, *166*:181, *138*:136; *115*:76).

94. Orlando Gomes, op. cit, p. 60-1. Ver o que dizem a respeito Caio M. S. Pereira, op. cit., p. 48; Montel, *Il possesso*, p. 221; Matiello, *Código Civil comentado*, São Paulo, LTr, 2004, p. 747.

Quadro Sinótico

MODOS AQUISITIVOS DA POSSE	1. Aquisição originária	*a*) Conceito: é a que independe de translatividade.		
		b) Modos	CC, arts. 1.196, 1.204 e 1.263.	
	2. Aquisição derivada	*a*) Conceito: é a que requer existência de uma posse anterior, ou seja, que é transmitida ao adquirente.		
		b) Modos	1. Tradição	• Efetiva ou real. • Simbólica ou ficta. • Consensual: *Tradictio longa manu*; *Tradictio brevi manu*
			2. Constituto possessório – CC, art. 1.267, parágrafo único.	
			3. Acessão	• Sucessão – CC, arts. 1.784, 1.206 e 1.207 (1ª parte). • União – CC, art. 1.207 (2ª parte).
	3. Quem pode adquirir (CC, art. 1.205, I e II)	• Própria pessoa que a pretende. • Representante ou procurador de quem quer possuir. • Terceiro sem procuração.		

7. Perda da posse

À primeira vista parece ser ocioso discriminar os modos de perda da posse, isto porque, sendo a relação possessória a visibilidade do domínio, perdida estará a posse sempre que o possuidor não exerça ou não possa exercer poder inerente à exteriorização da propriedade[95]. Contudo, o legislador pátrio, nos arts. 1.223 e 1.224 do Código Civil, entendeu não ser de relevância determinar circunstanciadamente as causas em virtude das quais se perde a posse, optando por critérios genéricos, deixando ao aplicador a tarefa de analisar, no caso *sub judice*, a ocorrência, ou não, da perda da posse.

Assim, didaticamente, *perde-se a posse da coisa*:

a) *Pelo abandono*, quando o possuidor, intencionalmente, se afasta do bem com o escopo de se privar de sua disponibilidade física e de não mais exercer sobre ela quaisquer atos possessórios. P. ex.: quando alguém atira na rua um bem que lhe pertence com o propósito de se desfazer dele.

É bom lembrar que nem sempre o abandono da posse acarreta abandono de propriedade. P. ex.: se se jogarem objetos no quintal da própria casa ou se se atirarem objetos ao mar para salvar navio do naufrágio, pois nestes casos não há intenção de não mais desejar as coisas como suas, de modo que o dono desses bens tem o direito de recuperá-los.

---

95. Orlando Gomes, op. cit., p. 63; *RT*, *526*:106. Para melhor elucidar a questão, diante da omissão do atual Código Civil na determinação das causas da perda da posse, adaptamos o previsto no art. 520 do Código de 1916 e no art. 1.275 do novo diploma legal.

Igualmente, no que concerne à casa de campo ou da praia, o fato de seu dono se ausentar, temporariamente, não acarreta perda de posse, porque não há nenhuma resolução de abandonar a posse do imóvel, pois a desocupação do bem em certos períodos alternados representa fenômeno natural de sua utilização. Ao contrário, caracterizado estará o abandono de um imóvel se seu possuidor se ausentar indefinidamente sem deixar representante, desinteressando-se da coisa pela sua não utilização[96].

É possível ainda que ocorra a perda da posse da coisa por abandono do representante, se o possuidor, tendo ciência da infidelidade do preposto, abstém-se de reaver o bem ou é impedido ao tentar fazê-lo[97].

b) *Pela tradição,* que além de meio aquisitivo da posse pode acarretar sua extinção, pois por intermédio dela o tradente (*tradens*) ou transmitente perde a posse ao ter a intenção de transferi-la e o adquirente (*accipiens*) adquire-a. É uma perda por transferência. Equivalente a tradição, para os bens imóveis, é o assento do título no respectivo registro[98].

c) *Pela perda da própria coisa*, que se dá quando for absolutamente impossível encontrá-la, de modo que não mais se possa utilizá-la economicamente. É o que ocorre, por exemplo, com o possuidor de um pássaro que escapou da gaiola, de uma joia que caiu no fundo do mar. O possuidor vê-se privado da posse sem querer[99]. Porém, se alguém perder uma joia dentro de casa não chega a perder sua posse, de modo que se vier a encontrá-la não readquire a sua posse, continua a ter a mesma posse que nunca chegara a perder. Mas, se a perda se der na rua, a situação muda de figura; enquanto for procurada a joia, perdida não estará sua posse; se, entretanto, houver desistência da busca do bem tem-se a posse como perdida[100].

---

96. A negligência do possuidor induz perda da posse, *RT*, *275*:257. Sobre o abandono *vide* W. Barros Monteiro, op. cit., p. 73; Cunha Gonçalves, *Tratado de direito civil*, v. 3, p. 567; Silvio Rodrigues, op. cit., p. 61; Caio M. S. Pereira, op. cit., p. 55; Tito Fulgêncio, op. cit., n. 279; *RT*, *324*:363; *RJTJSP*, *22*:84.

97. Enneccerus, Kipp e Wolff, op. cit., § 15; Lafayette, op. cit., § 16, citados por Caio M. S. Pereira, op. cit., p. 56.

98. Tito Fulgêncio, op. cit., n. 281; Caio M. S. Pereira, op. cit., p. 56; W. Barros Monteiro, op. cit., p. 73-4.

99. Silvio Rodrigues, op. cit., p. 61; Orlando Gomes, op. cit., p. 63-4.

100. Carvalho Santos, *Código Civil interpretado*, v. 7, p. 239, apud W. Barros Monteiro, op. cit., p. 74.

O dono de título ao portador perdido ou furtado, todavia, poderá obter novo título em juízo e impedir que sejam pagos a outrem capital e rendimentos (CC, art. 909)[101].

d) *Pela destruição da coisa* decorrente de evento natural ou fortuito, de ato do próprio possuidor ou de terceiro. Para que a destruição da coisa acarrete perda da posse é preciso que a inutilize definitivamente, impossibilitando o exercício do poder de utilizar, economicamente, o bem por parte do possuidor. A sua simples danificação não implica perda da posse, pois mesmo que haja prejuízo econômico a coisa preenche sua destinação.

Com o perecimento do objeto há extinção do direito, seja quando desaparece na sua substância (p. ex.: morte de um animal pelo raio, incêndio do prédio provocado pelo próprio possuidor ou por terceiro), seja quando perde suas qualidades essenciais ou seu valor econômico (p. ex.: imóvel que foi invadido permanentemente pelo mar), seja quando se confunde com outra, de modo que não se possa distinguir (p. ex.: confusão, comistão, adjunção e avulsão)[102].

e) *Pela sua inalienabilidade*, por ter sido colocada fora do comércio por motivo de ordem pública, de moralidade, de higiene ou de segurança coletiva[103], não podendo ser, assim, possuída porque é impossível exercer, com exclusividade, os poderes inerentes ao domínio[104]. Acrescenta, a respeito, Caio Mário da Silva Pereira que nem sempre isso ocorre, porque a inalienabilidade é, frequentemente, compatível com a cessão de uso ou posse alheia[105].

f) *Pela posse de outrem*, ainda que contra a vontade do possuidor se este não foi manutenido ou reintegrado em tempo competente. Assim é, porque a posse é exclusiva: firmada a nova, opera-se a extinção da anterior.

---

101. Sobre esta questão *vide* os ensinamentos de W. Barros Monteiro, op. cit., p. 76-8; *RT*, *505*:112, *496*:87, *448*:115, *230*:351, *256*:181, *341*:201, *350*:545, *132*:195, *170*:602, *161*:849; *RF*, *101*:72, *109*:51; *RTJ*, *95*:787; *Juriscível*, *94*:219; Código Civil, arts. 1.233 e 447.
102. Caio M. S. Pereira, op. cit., p. 54-5; W. Barros Monteiro, op. cit., p. 74.
103. W. Barros Monteiro, op. cit., p. 74.
104. Orlando Gomes, op. cit., p. 66.
105. Caio M. S. Pereira, op. cit., p. 57.

A inércia do possuidor, turbado ou esbulhado no exercício de sua posse, deixando escoar o prazo de ano e dia, acarreta perda da sua posse, dando lugar a uma nova posse em favor de outrem[106].

g) *Pelo constituto possessório*, que acarreta perda da posse, pois o possuidor, em razão da cláusula *constituti*, altera a relação possessória, passando a possuir em nome alheio aquilo que possuía em seu próprio nome. A sua conduta, esclarece Caio Mário da Silva Pereira[107], em relação ao bem, permanece materialmente inalterável, conservando-a *corpore*; porém a *affectio tenendi* extingue-se em relação a ele próprio e nasce em nome do adquirente. Sendo, desse modo, simultaneamente, meio aquisitivo da posse, por parte do adquirente, e de perda, em relação ao transmitente.

Perde-se a posse dos direitos:

a) *Pela impossibilidade de seu exercício* (CC, art. 1.196), isto porque a impossibilidade física ou jurídica de possuir um bem leva à impossibilidade de exercer sobre ele os poderes inerentes ao domínio[108] (CC, art. 1.223). Desde que a posse é a visibilidade da propriedade, deve ser declarada perdida quando o possuidor não tem mais o poder de se conduzir *ut dominus gessisse*. É o que se tem, por exemplo, quando se perde o direito de posse de uma servidão de passagem se o prédio dominante ou serviente foi destruído; quando se renuncia ao direito à servidão; quando se faz cessão de prédio próprio a outrem; quando ato de terceiro, que se opõe à sobrevivência da posse, impede o exercício da servidão, por ter tapado o caminho, e o possuidor não age em defesa de sua posse, deixando que se firme essa impossibilidade etc.[109].

b) *Pelo desuso,* de modo que, se a posse de um direito não se exercer dentro do prazo previsto, tem-se, por consequência, a sua perda para o titular[110]. P. ex.: o desuso de uma servidão predial por 10 anos consecutivos põe fim à posse do direito (CC, art. 1.389, III)[111].

---

106. *Vide* W. Barros Monteiro, op. cit., p. 75; Orlando Gomes, op. cit., p. 67; Caio M. S. Pereira, op. cit., p. 55.

107. Caio M. S. Pereira, op. cit., p. 56; *RJTJSP*, *14*:88; *RT*, *504*:161, *568*:76.

108. W. Barros Monteiro, op. cit., p. 76.

109. Exemplos de Carvalho Santos transcritos por Daibert, *Direito das coisas*, cit., p. 139.

110. Caio M. S. Pereira, op. cit., p. 57.

111. W. Barros Monteiro, op. cit., p. 76.

Há *perda de posse para o possuidor que não presenciou o esbulho* (CC, art. 1.224):

a) quando, tendo notícia do esbulho, o possuidor se abstém de retomar o bem, abandonando seu direito, pois não se mostrou visível como proprietário em razão do seu completo desinteresse;

b) quando, tentando recuperar a sua posse, fazendo uso, p. ex., do desforço imediato (CC, art. 1.210, § 1º) for, violentamente, repelido por quem detém a coisa e se recusa, terminantemente, a entregá-la[112]. Apesar de frustrada esta tentativa de retomada da posse, que acarretará sua perda, o esbulhado poderá, ainda, valer-se da reintegração de posse, para recuperá-la.

Em suma, perde-se a posse da coisa, mesmo contra a vontade do possuidor, quando houver privação de sua disponibilidade física, não mais podendo exercer sobre ela qualquer ato possessório ou os poderes inerentes ao domínio (CC, arts. 1.223 e 1.196). Se a posse é a visibilidade da propriedade, deve ser declarada perdida quando o possuidor não tiver mais o poder de se conduzir *ut dominus gessisse*. É o que se tem, como vimos, quando o possuidor abandona ou perde a coisa; quando houver destruição do bem por evento natural ou fortuito, por ato do próprio possuidor ou de terceiro; quando se renuncia ao direito à servidão ou quando não age o possuidor em defesa de sua posse esbulhada etc.

---

112. Ensinava Clóvis Beviláqua, *Código Civil*, obs. ao art. 522, que o legislador usou a expressão "ausente", no sentido vulgar, designando aquele que não estava presente. Mais preciso a respeito é o atual Código Civil, no art. 1.224, ao prescrever que "só se considera perdida a posse para quem não presenciou o esbulho, quando, tendo notícia dele, se abstém de retornar a coisa, ou, tentando recuperá-la, é violentamente repelido", visto que o termo *ausente* do art. 522 do Código Civil de 1916 não era empregado no sentido técnico-legal do art. 463 desse mesmo diploma legal.

Quadro Sinótico

<table>
<tr><td rowspan="3">PERDA DA POSSE</td><td>• 1. Perda da posse da coisa</td><td>• a) Pelo abandono.
• b) Pela tradição.
• c) Pela perda da própria coisa.
• d) Pela destruição da coisa.
• e) Pela sua inalienabilidade.
• f) Pela posse de outrem.
• g) Pelo constituto possessório (CC, art. 1.267, parágrafo único).</td></tr>
<tr><td>• 2. Perda da posse dos direitos</td><td>• a) Impossibilidade de seu exercício (CC, art. 1.196).
• b) Pelo desuso (CC, art. 1.389, III).</td></tr>
<tr><td colspan="2">• 3. Perda da posse para o possuidor que não presenciou o esbulho (CC, art. 1.224).</td></tr>
</table>

8. Efeitos da posse

Os efeitos da posse são as consequências jurídicas por ela produzidas, em virtude de lei ou norma jurídica[113].

Discrepam os nossos civilistas quanto à sua discriminação, mas ante o caráter analítico e didático da sistematização desses efeitos operada por Clóvis Beviláqua, pareceu-nos preferível adotá-la na explanação deste tema.

Para este jurista sete são os efeitos da posse: I – o direito ao uso dos interditos; II – a percepção dos frutos; III – o direito de retenção por benfeitorias; IV – a responsabilidade pelas deteriorações; V – a posse conduz à usucapião; VI – se o direito do possuidor é contestado, o ônus da prova compete ao adversário, pois que a posse se estabelece pelo fato; VII – o possuidor goza de posição mais favorável em atenção à propriedade, cuja defesa se completa pela posse[114].

Passamos a analisá-los:

---

113. Silvio Rodrigues, op. cit., p. 67; Marco Aurelio S. Viana, op. cit., p. 27-40; Álvaro Antônio S. B. de Aquino, *A posse e seus efeitos*, São Paulo, Atlas, 2000.

114. Clóvis, *Direito das coisas*, v. 1, p. 59; *Código Civil*, cit., v. 3, p. 24. Álvaro Antônio S. Borges de Aquino, *A posse e seus efeitos*, cit.; Lúcio Flávio de V. Naves, *Posse e ações possessórias no novo Código Civil*, Rio de Janeiro, Forense, 2003; Donaldo Armelin, A tutela da posse no novo Código Civil, *O novo Código Civil – estudos em homenagem a Miguel Reale*, São Paulo, LTr, 2003, p. 951-80. Laura Beck Varela, A tutela da posse entre abstração e autonomia: uma abordagem histórica, *A reconstrução do direito privado* (org. Judith Martins-Costa), São Paulo, Revista dos Tribunais, 2002, p. 789-842; Teori Albino Zavascki, A tutela da posse na Constituição e no projeto do novo Código Civil, *A reconstrução do direito privado*, cit., p. 843-61; Cláudio A. Soares Levada, Os efeitos da posse em relação aos frutos e a responsabilidade pela perda ou deterioração da coisa no Código Civil de 2002, *Revista da Escola Paulista da Magistratura*, 2:53-77, 2003; Antenor Batista, *Posse, possessória, usucapião e ação rescisória*, São Paulo, Ed. Juarez de Oliveira, 2004; Flavio Tartuce, *O novo CPC e o direito civil*, São Paulo, Método, 2015, p. 281-308.

A) *O possuidor tem o poder de invocar os interditos possessórios*, ou seja, de propor ações possessórias, que seguem rito especial, quando for ameaçado, molestado ou esbulhado em sua posse, para repelir tais agressões e continuar na posse (CC, art. 1.210; CPC, art. 178, III; Lei n. 9.099/95, art. 3º, IV; *ADCOAS*, 1980, n. 70.041, TJSC). Para Ihering[115] três são os fundamentos desses interditos: *a*) proteção da pos-

---

115. Interessantes são as lições de Ihering a esse respeito, in *Fundamento dos interdictos possessórios*, trad. Adherbal de Carvalho, 2. ed., Rio de Janeiro, 1908; *Oeuvres choisies*, v. 2, p. 217, e de Darcy de Arruda Miranda, Dos interditos de reintegração e de manutenção de posse, *Revista do Curso de Direito da Universidade Federal de Uberlândia*, *9*:185 e s., 1980; Paulo Tadeu Haendchen, *Ação de reintegração e manutenção de posse*, Coleção Saraiva de Prática do Direito, n. 5, 1985; Luís Paulo C. Guimarães, Existem tantos interditos possessórios?, *Jornal da Defensoria Pública do MS*, n. 1, 1995; Marco Aurelio S. Viana, *Das ações possessórias*, Coleção Saraiva de Prática do Direito, n. 8, 1985; Cláudia A. Simardi, *Proteção processual da posse*, São Paulo, Revista dos Tribunais, 1998; Gleydson K. Lopes de Oliveira, *Ações possessórias*, São Paulo, Juarez de Oliveira, 2001; Joel Dias Figueira Júnior, *Posse e ações possessórias – fundamentos da posse*, Curitiba, Juruá, 1996, v. 1; Martinho Garcez Neto, *Temas atuais de direito civil*, Rio de Janeiro, Renovar, 2001, p. 369-412; Rogério M. de Lima, Das ações possessórias, habilitação e restauração de autos no novo CPC. Lei n. 13.105/2015, *Revista Síntese – Direito civil e processual civil*, *102*:99-109. Segundo o *BAASP*, *2983*:3: Em relação às principais mudanças atinentes às ações possessórias diretas, observa Flávio Tartuce que: "O novo CPC manteve a estrutura relativa à ação de força nova (com cabimento de liminar e rito especial) e à ação de força velha (sem cabimento de liminar, mas com tutela e procedimento comum). Também foi mantida a natureza dúplice das ações possessórias diretas (art. 556) e a sua fungibilidade total (art. 554). Como novidade, temos a possibilidade de pedido petitório, reivindicatório de propriedade, em face de terceiro, dentro de uma ação possessória (art. 557). Cabe destacar, ainda, a preocupação em relação às demandas possessórias coletivas, que envolvem um considerável número de pessoas. Merece relevo, assim, o art. 556 do novo CPC, segundo o qual no litígio coletivo pela posse de imóvel, quando o esbulho ou a turbação afirmado na petição inicial houver ocorrido há mais de ano e dia, o juiz, antes de apreciar o pedido de concessão da medida liminar, deverá designar audiência de mediação, a realizar-se em 30 dias. Como se nota, a lei passou a admitir uma liminar em ação de força velha, quando o atentado à posse tiver mais de um ano e um dia. Essa previsão quebra com a nossa tradição, e não deixa de causar perplexidade. O mesmo comando, em seus parágrafos, estabelece procedimentos a respeito da realização de audiência de mediação, para tentar resolver o dilema, o que vem em boa hora"; *RT*, *580*:29, *482*:109, *490*:99, *495*:195, *537*:80, *581*:216, *582*:213, *583*:183 e 242; *RJTJSP*, *62*:137, *39*:129, *43*:127, *60*:114; TJSP, *ADCOAS*, 1981, n. 78.236, e 1982, n. 86.380: "Sem a desconstituição do negócio jurídico celebrado não se pode buscar a reintegração de posse sob fundamento de esbulho, pois, apoiada a posse em pré-contrato, enquanto não rescindido este, dita posse deve ser havida como embasada em justo título, não havendo amparo legal para a reintegração".

O STJ declarou, em 2016, a legitimidade do particular no ajuizamento de ação possessória para garantir seu acesso a um bem público de uso comum do povo, para tanto fundamentou-se no art. 1.199 do Código Civil, segundo o qual "se duas ou mais pessoas possuírem coisa indivisa, poderá cada uma exercer sobre elas atos possessórios, contanto que não excluam os dos demais possuidores". Assim sendo, entendeu

se por ser ela a exteriorização do domínio; *b*) proteção da posse por meio de ações especiais para facilitar a defesa da propriedade, dispensando o proprietário de ter de provar seu direito em cada caso; *c*) proteção da posse, concebida desse modo, favorece o não proprietário, porém trata-se de um inconveniente inevitável, não se podendo abrir mão dele ante as muitas vantagens resultantes da instituição e por ser aquela situação excepcional, pois o normal é estar a posse a serviço do legítimo proprietário. Logo, protege-se a posse e, por via oblíqua, a propriedade. Urge lembrar, ainda, que o Juizado Especial Cível tem competência para conciliação, processo e julgamento das causas cíveis de menor complexidade, assim consideradas as ações possessórias sobre bens imóveis de valor não excedente a 40 vezes o salário mínimo (Lei n. 9.099/95, art. 3º, I e IV).

O direito pátrio admite as seguintes ações para a defesa da relação possessória:

a) *Ação de manutenção de posse* é o meio de que se pode servir o possuidor que sofrer turbação a fim de se manter na sua posse (CC, art.

---

que a via pública seria o objeto da composse e que, por isso, qualquer ato de esbulho que sobre ele se praticasse poderia ser reclamado tanto pelo poder público como por particular (Processo n. 1.582.176, publicado em 30-9-2016).

São ações possessórias: a de manutenção de posse, a de reintegração de posse e o interdito proibitório. As demais estão apenas relacionadas com a posse.

Pela Súmula vinculante do STF 23: "A justiça do trabalho é competente para processar e julgar ação possessória ajuizada em decorrência do exercício do direito de greve pelos trabalhadores da iniciativa privada".

O CPC, art. 554, *caput*, admite a transmudação de uma ação em outra, ou seja, fungibilidade das ações possessórias, se uma for proposta em vez de outra o juiz conhecerá o pedido e dará a proteção legal, ante o princípio da instrumentalidade das formas, que requer desapego ao rigor formal.

Pelo Enunciado n. 63 do Fórum Permanente de Processualistas Civis: "No caso de ação possessória em que figure no polo passivo grande número de pessoas, a ampla divulgação prevista no § 3º do art. 568 contempla a inteligência do § 3º do art. 301, com possibilidade de determinação de registro de protesto para consignar a informação do litígio possessório na matrícula imobiliária respectiva" (CPC/2015, arts. 554, § 3º, e 301).

Pelo Enunciado n. 178 do Fórum Permanente de Processualistas Civis: "O valor da causa nas ações fundadas em posse, tais como as ações possessórias, os embargos de terceiro e a oposição, deve considerar a expressão econômica da posse, que não obrigatoriamente coincide com o valor da propriedade".

Pela Súmula n. 637 do STJ: "O ente público detém legitimidade e interesse para intervir, incidentalmente, na ação possessória entre particulares, podendo deduzir qualquer matéria defensiva, inclusive, se for o caso, o domínio".

1.210, 1ª parte, e CPC, arts. 560 a 566), receber indenização dos danos sofridos e evitar reincidência (CPC, art. 555) ou, ainda, se de má-fé o turbador, remover ou demolir construção ou plantação feita em detrimento de sua posse.

A turbação é "todo ato que embaraça o livre exercício da posse, haja, ou não, dano, tenha, ou não, o turbador melhor direito sobre a coisa"[116]. A turbação pode ser de fato ou de direito. A de fato consiste na agressão material dirigida contra a posse, como rompimento de cercas, abertura de picadas. A de direito é a que opera judicialmente, quando o réu contesta a posse do autor, ou por via administrativa, quando, p. ex., houver decisão das autoridades, fixando largura a uma estrada, em detrimento da utilização da coisa[117]. Distingue-se, ainda, a turbação em direta e indireta, sendo a direta aquela que se exerce imediatamente sobre o bem que é o objeto da posse, como, p. ex., se o réu abrir um caminho no terreno do autor. A indireta, por sua vez, é praticada fora da coisa, mas recai sobre ela, produzindo efeitos nocivos à sua posse; exemplificativamente, se, em razão de palavras do turbador, o possuidor deixa de conseguir inquilino para seu prédio[118]. Finalmente, os atos turbativos podem ser positivos, se resultarem da prática de atos materiais equivalentes ao exercício da posse sobre a coisa por parte do turbador, como o corte de árvores ou implantação de marcos, ou negativos, se impedirem o possuidor de praticar certos atos, dificultando sua posse[119].

O possuidor que sofre embaraço na sua posse, sem contudo perdê-la, propõe a ação de manutenção de posse, provando a existência da posse e a turbação (CPC, art. 561, I e II); sem discutir a qualidade do direito do turbador nem a natureza ou profundidade do dano[120], requerendo ao magistrado a expedição do competente mandado de manutenção (CPC, arts. 562 e 563).

Quando a turbação é nova, com menos de ano e dia, dar-se-á a manutenção liminar, sem audiência da outra parte (*inaudita altera pars*),

---

116. Orlando Gomes, op. cit., p. 91.

117. W. Barros Monteiro, op. cit., p. 45; Caio M. S. Pereira, op. cit., p. 67; Ruggiero e Maroi, *Istituzioni*, v. 1, § 126; Raviart, *Actions possessoires et bornages*, n. 125.

118. Classificação proposta por Camara Leal, in *Comentários ao Código de Processo Civil*, p. 17 e s. *Vide* W. Barros Monteiro, op. cit., p. 45.

119. Camara Leal, op. cit.; Orlando Gomes, op. cit., p. 91; Lafayette, op. cit., n. 19, p. 51-2; *Ciência Jurídica*, *44*:127, *27*:131, *25*:81; *JB*, *158*:130, *161*:154.

120. Caio M. S. Pereira, op. cit., p. 66. Súmula 487 do STF; *RT*, *506*:123, *499*:122, *524*:203, *529*:206, *530*:231, *556*:221, *573*:252, *578*:232, *638*:226, *648*:116, *699*:138, *709*:93, *718*:177, *721*:133, *745*:319 e 383; *772*:261, *814*:291; *RF*, *206*:192; *RJTJSP*, *60*:108; *RJE*, *1*:123 e 207; *JTACSP*, *269*:146; *Ciência Jurídica*, *82*:138, *79*:129, *74*:114 e *65*:110; *Bol. AASP*, *1945*:107, *2727*:5963, *3034*:9; *RSTJ*, *107*:228.

porém, contra as pessoas jurídicas de direito público, há necessidade de prévia audiência dos respectivos representantes judiciais (CPC, arts. 558, parágrafo único, e 562, parágrafo único)[121]. Na ação de força velha apenas se admite a tutela provisória de urgência antecipada (CPC, arts. 294, parágrafo único, e 300).

É mister salientar que as normas processuais sobre a manutenção de posse são as relativas ao rito *comum* em caso de ação de força velha ou ao Juizado Especial conforme o valor da causa (LJE, art. 3º, IV) ou ao *especial*, sendo ação de força nova (CPC, art. 558, parágrafo único). Entretanto, na lição de Donaldo Armelin, "o autor implementando os requisitos do art. 273 – hoje arts. 294, parágrafo único, e 300 – do CPC poderá fazer jus a uma antecipação de tutela com a mesma amplitude daquela que lhe adviria mediante a liminar inserida no rito especial da possessória".

Outrora, se a posse datasse de menos de ano e dia, ninguém seria mantido senão contra quem não tivesse melhor posse. Havia, portanto, uma disputa de preferência. Era tida como a melhor posse: *a*) a fundada em justo título; *b*) a mais antiga na falta do título, ou sendo os títulos iguais; e *c*) a atual, sendo da mesma data. Se impossível essa apuração, por serem todas duvidosas, o órgão judicante determinava o sequestro do bem, até que, em decisão definitiva, se demonstrasse qual a melhor (CC de 1916, art. 507, parágrafo único).

"Quando mais de uma pessoa se disser possuidora, manter-se-á provisoriamente a que tiver a coisa, se não estiver manifesto que a obteve de alguma das outras por modo vicioso" (CC, art. 1.211). A posse provisória da coisa disputada, deferida pelo juiz, havendo dúvida, àquele que, no momento, a tem em mãos, sem ter feito uso de violência ou sem que haja precariedade ou clandestinidade, gerará a ele as obrigações de depositário, até que haja decisão definitiva na ação possessória.

---

121. Pontes de Miranda, *Comentários ao Código de Processo Civil*, v. 6, p. 54; Donaldo Armelin, A tutela, cit., p. 970; Joel Dias Figueira Júnior, *Liminares nas ações possessórias*, São Paulo, Revista dos Tribunais, 1995, p. 175. Todavia, há entendimento de que, "ainda que a ação possessória seja intentada além de 'ano e dia' da turbação ou esbulho, e, em razão disso, tenha seu trâmite regido pelo procedimento ordinário (CPC, art. 924 – hoje art. 558, parágrafo único), nada impede que o juiz conceda a tutela possessória liminarmente, mediante antecipação de tutela, desde que presentes os requisitos autorizadores do art. 273, I ou II, bem como aqueles previstos no art. 461-A – atuais arts. 498, parágrafo único, e 538 – e parágrafos, todos do CPC" (Enunciado n. 238 do Conselho da Justiça Federal, aprovado na III Jornada de Direito Civil). "Na falta de demonstração inequívoca de posse que atenda à função social, deve-se utilizar a noção de 'melhor posse', com base nos critérios previstos no parágrafo único do art. 507 do CC/1916" (Enunciado n. 239 do Conselho da Justiça Federal, aprovado na III Jornada de Direito Civil).

Clóvis ensina-nos que não cabe a manutenção de posse para proteger servidões não aparentes, devido à ausência de sinais visíveis, salvo quando os respectivos títulos provieram do possuidor do prédio serviente, ou daquele de quem este o houve, casos em que se distinguem da mera tolerância (CC, art. 1.213). Caberá tal ação se estas servidões se apresentarem de modo ostensivo[122].

Dúvidas existem quanto à contagem do prazo de ano e dia nesta ação, quando múltiplos forem os atos turbativos, praticados pela mesma pessoa, formando, no conjunto, a turbação de que se queixa o lesado. Há civilistas que mandam computar o prazo do primeiro ato de turbação[123]; outros entendem que dos últimos se deve contar o lapso extintivo.

Melhor será distinguir:

a) se há um, dentre eles, que importe, realmente, em privação da posse, daí correrá o prazo;

b) se há vários atos distintos, sem nexo de causalidade entre eles, cada um será autônomo, para efeito de contagem;

c) se há atos sucessivos, ligados entre si, há apenas uma turbação, e contar-se-á do último deles o prazo para efeito de ser admitido o rito sumário[124].

No art. 1.210, § 1º, do Código Civil há um resquício de justiça privada; trata-se, em caso de turbação, da legítima defesa da posse, em que o possuidor molestado, seja ele direto ou indireto, pode reagir, pessoalmente ou por sua própria força, contra o turbador, desde que tal reação seja incontinenti ou sem demora e se dirija contra ato turbativo real e atual, mediante emprego de meios estritamente necessários para manter-se na posse (CC, arts. 1.210, § 1º, e 188, I). Essa autodefesa só pode ser exercida contra o próprio autor da turbação e não contra terceiros. Assim sendo, se a assistência do Estado revelar-se tardia ou não puder ser oportunamente invocada, o possuidor poderá reagir para manter-se na posse molestada, evitando excessos, seguindo o princípio do *moderamen inculpatae tutelae*, ou seja, da moderação da legítima defesa (*RT*, *693*:370)[125].

---

122. Clóvis, *Comentários ao Código Civil*, v. 3, ao art. 509; Mendes Pimentel, servidão de trânsito, *RF*, *40*:296; STF, Súmula 415.

123. Raviart, op. cit., n. 337.

124. Tito Fulgêncio, op. cit., n. 208; Caio M. S. Pereira, Turbações sucessivas, *RF*, *63*:116; W. Barros Monteiro (op. cit., p. 47) apresenta elucidativos exemplos ministrados, a respeito, por Vicente Ráo.

125. W. Barros Monteiro, op. cit., p. 56-7; Serpa Lopes, op. cit., n. 122, p. 202-3. O direito alemão no art. 859 do BGB e o suíço no art. 926 do Código Civil regulam do mesmo modo a legítima defesa possessória. *RT*, *523*:331, *484*:142.

b) *Ação de reintegração de posse* é a movida pelo esbulhado, a fim de recuperar posse perdida em razão de violência, clandestinidade ou precariedade (CC, art. 1.210, 1ª parte; CPC, arts. 560 a 566; *Bol. AASP*, *1864*:289, *1866*:42; *EJSTJ*, *11*:57, *12*:58, *13*:147, *14*:73, *15*:142, *20*:171; *RT*, *495*:207, *600*:212, *560*:167, *591*:222, *665*:129, *688*:101, *710*:89, *720*:123, *722*:168, *745*:375, *754*:245, *769*:169, *778*:302, *777*:397, *779*:264; *791*:230 e 231, *798*:267, *756*:244, *748*:252, *771*:251, *811*:243, *810*:430, *803*:352, *804*:401, *805*:277; *Ciência Jurídica*, *35*:76, *37*:247, *41*:93, *42*:84, *38*:155, *50*:114, *62*:315, *65*:153 e 265, *66*:92, *79*:139, *80*:294, *81*:63 e 98, *83*:89, *84*:107; *RSTJ*, *105*:239; *JB*, *158*:255 e 274, *163*:251, *150*:267, *162*:211, *163*:329, *170*:325; *ADCOAS*, 1983, ns. 89.809, 90.709; *JTACSP*, *115*:129; *RJE*, *1*:136, 73, 226 e 110, *3*:5 e 21, *4*:18, 21 e 25; *RJTJSP*, *6*:147; *BAASP*, *2657*:1769-02, *2710*:1936-18; Súmula STJ n. 564) e pleitear indenização pelas perdas e danos (CPC, art. 555).

Como se vê, o esbulho é o ato pelo qual o possuidor se vê despojado da posse, injustamente, por violência, por clandestinidade e por abuso de confiança. De maneira que é esbulhador: estranho que invade casa deixada por inquilino; o comodatário que deixa de entregar a coisa dada em comodato findo o prazo contratual (*RT*, *536*:174, *570*:153); o locador de serviço, dispensado pelo patrão, que não restitui a casa que recebera para morar[126] (*RT*, *532*:158, *550*:129).

---

126. Exemplos dados por W. Barros Monteiro, op. cit., p. 48; Lucas Abreu Barroso, A demonstração da função social da propriedade como pressuposta da concessão de tutela de urgência em ação possessória, in *A outra face do Poder Judiciário*, coord. Giselda Hironaka, Belo Horizonte, Del Rey, 2005, p. 276-91. *Vide RT*, *160*:771, *151*:249, *177*:676, *153*:211, *159*:787, *166*:719, *180*:340, *181*:387, *197*:378, *200*:394, *207*:492, *226*:386, *254*:463, *241*:639, *291*:677, *349*:350, *278*:292, *302*:529, *322*:443, *404*:203, *292*:209, *303*:172, *518*:107, *519*:110, *525*:104, *532*:107, *537*:56, *330*:562, *343*:416, *165*:761, *171*:327, *178*:771, *180*:629, *187*:704, *207*:195, *212*:314, *220*:171, *224*:134, *282*:853, *344*:478, *236*:428, *237*:198, *253*:460, *293*:640, *298*:658, *326*:678, *461*:200, *338*:332, *339*:396, *340*:318, *347*:398, *348*:405, *349*:471, *350*:485, *526*:105, *538*:109, *540*:117, *546*:104, *435*:77, *456*:204, *487*:95, *490*:74, *555*:123, *558*:207, *572*:136, *579*:142, *586*:125, *589*:171, *593*:162; *RF*, *97*:685, *106*:501, *151*:249, *158*:299, *167*:212; *JTACrimRS*, *18*:374; *RTJ*, *43*:14; *JB*, *161*:192 e 197. Sobre a dificuldade de qualificação jurídica do ato ofensivo (turbação, esbulho ou ameaça), *RT*, *41*:365, *44*:606, *56*:855, *415*:116, *495*:185, *522*:73, *393*:175. Proteção possessória das servidões: *RT*, *174*:701, *146*:275, *165*:301, *194*:829, *204*:510, *220*:395, *376*:155, *208*:171, *285*:667, *308*:627, *318*:545, *320*:449, *353*:352, *435*:186, *448*:206, *403*:378, *409*:374, *413*:336, *422*:166, *516*:75, *569*:193, *579*:110, *585*:101.

Súmula n. 76 do TJSP: "É da competência do foro da situação do imóvel o processamento e julgamento de ação de rescisão contratual c.c. reintegração de posse ajuizada pela CDHU, ante o prescrito no art. 95 – hoje art. 47, § 1º – do CPC".

Pode o possuidor intentar ação de reintegração ou de indenização não só contra o esbulhador, mas também contra terceiro, que recebeu a coisa esbulhada, sabendo que o era (CC, art. 1.212), por ser receptador de bem esbulhado, devido a sua má-fé ao adquiri-la do esbulhador. Por isso, entendeu o enunciado n. 80 do Conselho da Justiça Federal (aprovado nas Jornadas de Direito Civil) que: "É inadmissível o direcionamento de demanda possessória ou ressarcitória contra terceiro possuidor de boa-fé, por ser parte passiva ilegítima, diante do disposto no art. 1.212 do novo Código Civil. Contra o terceiro de boa-fé cabe tão somente a propositura de demanda de natureza real", pois deverá restituir a coisa, mas não terá o dever de indenizar qualquer prejuízo.

Se o esbulho datar de menos de ano e dia essa ação recebe também a designação de *ação de força nova espoliativa*, iniciando-se pela expedição do mandado liminar, a fim de reintegrar o possuidor imediatamente (*JB*, *161*:199, 203 e 240). Se é de mais de um ano e dia temos a *ação de força velha espoliativa*, na qual o magistrado fará citar o réu para que ofereça sua defesa, confrontando as suas provas com as do autor, decidindo quem terá a posse[127] (*JB*, *161*:241),

---

Defesa da posse no comodato: *RT*, *132*:173, *236*:418, *198*:136, *166*:719, *326*:556, *207*:492, *358*:318, *388*:334, *426*:143, *457*:255, *458*:230, *571*:149, *575*:173; *JB*, *161*:140 e 170. "A utilização da área com autorização do proprietário não caracteriza turbação ou esbulho, objetos da proteção possessória, configura comodato, por prazo indeterminado, cuja rescisão depende de notificação prévia" (1º TARJ, *ADCOAS*, 1982, n. 86.248). Súmula n. 41, de 8 de outubro de 2008, da Advocacia-Geral da União: "A multa prevista no artigo 15, inciso I, alínea 'e', da Lei n. 8.025/90, relativa à ocupação irregular de imóvel funcional, será aplicada somente após o trânsito em julgado da ação de reintegração de posse, ou da ação em que se discute o direito à aquisição do imóvel funcional". Defesa da posse no arrendamento por reintegração: *RT*, *170*:208, *292*:665, *294*:421, *345*:490, *520*:177, *131*:229, *177*:741, *318*:496, *348*:350, *374*:179, *409*:187, *423*:102. Em contrário: *RT*, *443*:289, *504*:229, *556*:168, que entendem que a ação cabível é o despejo. Reintegração de posse e terreno de marinha: *JB*, *161*:207. Sobre esbulho: *vide* CP, art. 161, § 1º, I e II.

"Embargos de terceiro – Mandado de reintegração de posse – Ocupação irregular de área pública – Inexistência de posse – Direito de retenção não configurado. 1. Posse é o direito reconhecido a quem se comporta como proprietário. Posse e propriedade, portanto, são institutos que caminham juntos, não havendo de se reconhecer a posse a quem, por proibição legal, não possa ser proprietário ou não possa gozar de qualquer dos poderes inerentes à propriedade. 2. A ocupação de área pública, quando irregular, não pode ser reconhecida como posse, mas como mera detenção. 3. Se o direito de retenção depende da configuração da posse, não se pode, ante a consideração da inexistência desta, admitir o surgimento daquele direito advindo da necessidade de se indenizar as benfeitorias úteis e necessárias, e assim impedir o cumprimento da medida imposta no interdito proibitório" (STJ, REsp 556.721/DF, rel. Min. Eliana Calmon, Segunda Turma, j. 15-9-2005, *DJ*, 3-10-2005, p. 172).

127. Caio M. S. Pereira, op. cit., p. 69; *JTACSP*, *83*:30; *RT*, *495*:207; Súmula 15 do TJSP.

sendo, ainda, cabível a tutela provisória de urgência antecipada (CPC, arts. 294, parágrafo único, e 300). Nada obsta, segundo o Enunciado n. 238 do Conselho da Justiça Federal, que haja concessão de tutela possessória liminarmente, mediante antecipação da tutela, desde que preenchidos os requisitos do Código de Processo Civil, arts. 273, I ou II, 461-A e parágrafos – hoje arts. 294, parágrafo único, 300, 311, I, 498, parágrafo único, e 538. Ambas as ações seguem o procedimento comum depois da contestação (CPC, art. 566), distinguindo-se apenas no fato de que só na de força nova espoliativa cabe o mandado liminar *inaudita altera pars*[128] (CPC, arts. 558, parágrafo único, e 562).

Há julgado entendendo que, "não sendo a possessória ação real, improcede a alegação de prescrição pelo decurso do prazo entre o ato esbulhativo e sua propositura" (TAMG, *JB*, *161*:143).

A alegação de propriedade ou de outro direito sobre a coisa, na pendência de ação possessória, não obsta a manutenção ou reintegração da posse (CC, art. 1.210, § 2º; Súmula 487 do STF; *RT*, *506*:59 e 123, *499*:122, *524*:203, *344*:125, *304*:759, *507*:194, *489*:99, *526*:226; *JTACSP*, *72*:246), se a pretensão for deduzida em face de terceira pessoa. O Código Civil de 2002 atém-se à posse na ação possessória, mas outros direitos poderão nela ser alegados, como, p. ex., o de propriedade, porém a decisão fundar-se-á, tão somente, na posse. O julgamento da posse não pode prejudicar-se pela invocação da propriedade, se a posse for disputada a título de domínio. É possível a exceção de domínio quando as partes não conseguem provar satisfatoriamente sua posse, que disputam a título de domínio (*RTJ*, *91*:594). Assim, p. ex., se o réu esbulhador se defender alegando ser dono da coisa esbulhada (*exceptio dominii* ou *exceptio proprietatis*), seu argumento não será levado em conta porque não lhe assiste, ainda que sob alegação de propriedade, molestar posse alheia (CC, art. 1.210, § 2º; CPC, art. 557). Cabe ao proprietário do bem defender seu domínio contra quem, injustamente, o possua mediante ação de reivindicação[129]. A posse, por sua vez, merece proteção legal por si mesma, inde-

---

128. Ver o que diz sobre o assunto W. Barros Monteiro, op. cit., p. 49; LJE, art. 3º, IV; *JB*, *165*:232.

129. O Projeto de Lei 699/2011 alterará o art. 1.210, o § 2º será o § 3º, e passará a ter a seguinte redação: "Se a coisa móvel ou título ao portador houverem sido furtados ou perdidos, o possuidor poderá reavê-los da pessoa que o detiver, ressalvado a esta o direito de regresso contra quem lhos transferiu. Sendo o objeto comprado em leilão público, feira ou mercado, o dono, que pretender a restituição, é obrigado a pagar ao possuidor o preço pelo qual o comprou". Trata-se de sugestão de Joel Dias Figueira Júnior para manter no ordenamento jurídico a "proteção das vindicatórias da posse, colocando-as no devido lugar, isto é, nos 'efeitos da posse' e não no capítulo da 'per-

pendentemente da alegação da propriedade. O juízo possessório (*jus possessionis* – no qual o possuidor pretende exercer o direito de posse) independe do petitório (*jus possidendi* – no qual o proprietário requer o respeito ao seu direito de possuir). Não se deve cogitar, em regra, em matéria de *ius posses-*

---

da da posse', como se encontrava, equivocadamente, inserido no CC de 1916. A exclusão das ações vindicatórias da posse do sistema legislativo representaria um retrocesso e, por conseguinte, um prejuízo manifesto ao jurisdicionado." O Parecer Vicente Arruda concluiu, ao analisar o Projeto de Lei n. 6.960/2002 (atual PL n. 699/2011), que continha essa proposta, pela manutenção do texto: "O autor visa reinserir no NCC o art. 521 do CC/16, que foi expurgado pelo novo Código em razão de tratar-se de norma processual regulamentada pelo CPC/73 que, nos arts. 907 a 913 (sem correspondentes no CPC/2015), regula a 'Ação de Anulação e Substituição de Títulos ao Portador'". *Vide* Donaldo Armelin, A tutela, cit., p. 956; Orlando Gomes, op. cit., p. 93; Hedemann, *Derechos reales*, v. 2, p. 69; Sílvio de S. Venosa, *Direito civil*, São Paulo, Atlas, 2003, v. V, p. 134-5; Caio M. S. Pereira, op. cit., p. 70-1; Fábio Ulhoa Coelho, *Curso*, cit., v. 4. p. 44; STF, Súmula 487. A Lei n. 6.820/80 não revogou o art. 505 (art. 1.210, § 2º, do novo CC) do Código Civil de 1916, que tem idêntica redação, mas a 2ª parte do art. 923 do Código de Processo Civil/73, e este artigo, em sua primeira alínea, só se referia às ações possessórias em que a posse fosse disputada a título de domínio, logo, se a questão sobre o julgamento da posse a favor do proprietário era de ordem material e não processual, não houve derrogação daquele artigo do Código Civil. *Vide*, ainda, 1º TARJ, *ADCOAS*, 1982, n. 82.534: "Embora na pendência do processo possessório não se possa intentar ação de reconhecimento de domínio – art. 923 do CPC (hoje art. 557), com a redação que lhe deu a Lei 6.820, de 1980 –, permanece válida a norma do art. 505 (art. 1.210, § 2º, do novo CC), parte final, do Cód. Civ., segundo a qual, na interpretação da jurisprudência predominante do STF – Súm. 487 –, 'será deferida a posse a quem evidentemente tiver o domínio, se com base neste for ela disputada'. Se o réu contesta a posse do autor, alegando ser proprietário do bem a que se refere, a matéria terá que ser apreciada como prejudicial da pretensão ajuizada, cabendo, por isso, a declaração incidental para solução da controvérsia que ocorreu no curso do processo – arts. 5º e 325 (sem correspondentes no CPC/2015) do CPC. A posse não é apenas o poder físico imediato sobre a coisa, mas a exterioridade do exercício de um direito. Tem-na, portanto, o proprietário, como decorrência do exercício do direito de propriedade, salvo se a perdeu ou transferiu a terceiro por um dos modos previstos em lei"; e TAMG, *ADCOAS*, 1983, n. 90.833: "Ao eliminar a segunda parte do art. 923 (hoje art. 557) do CPC, a Lei 6.820/80 revogou, por igual, a parte final do art. 505 (art. 1.210, § 2º, do novo CC) do Cód. Civ. O esbulhador deve, antes de mais nada, restituir. Esta norma deve informar a decisão da lide em sede possessória".

Pesquisa: "A tradição do Direito luso, tal como espelhado no Código ou Ordenações Philipinas", "inadmitia a exceção de domínio em matéria possessória, como se vê nas regras insertas no Livro III, Títulos 40, § 2º; 48, § 1º; 78, § 3º; Livro IV, Título 48, e seu § 1º" (*vide*, ainda, *BAASP*, *1903*:62).

As Ordenações consagraram a regra segundo a qual o esbulhador deve, antes de mais nada, restituir.

Consulte: *RT*, *785*:422.

Pelo Enunciado n. 65 do Fórum Permanente de Processualistas Civis: "O art. 571 do projeto não obsta a cumulação pelo autor de ação reivindicatória e de ação possessória, se os fundamentos forem distintos" (CPC/2015, art. 557).

sionis, que é um instituto jurídico autônomo, protegido por ações especiais, com a defesa do domínio, que é objeto de outra defesa processual. Observa Donaldo Armelin que a supressão da *exceptio proprietatis*, além de evitar a "procrastinação da prestação da tutela jurisdicional em tema de posse, resultante de inserção no pleito de matéria a ela alheia", fará com que o litígio possessório fique adstrito ao *ius possessionis*, afastando a questão alusiva ao domínio, dando "maior efetividade à tutela possessória". E pelo enunciado n. 78 do Conselho da Justiça Federal (aprovado nas Jornadas de Direito Civil de 2002): "tendo em vista a não recepção, pelo novo Código Civil, da *exceptio proprietatis* (art. 1.210, § 2º), em caso de ausência de prova suficiente para embasar decisão liminar ou sentença final ancorada, exclusivamente, no *ius possessionis*, deverá o pedido ser indeferido e julgado improcedente, não obstante eventual alegação e demonstração de direito real sobre o bem litigioso". E, pelo enunciado n. 79 (aprovado naquelas Jornadas) o Conselho da Justiça Federal entendeu que: "A *exceptio proprietatis*, como defesa oponível às ações possessórias típicas, foi abolida pelo Código Civil de 2002, que estabeleceu a absoluta separação entre os juízos possessório e petitório".

Pelo art. 1.210, § 1º, do Código Civil brasileiro, o esbulhado pode restituir-se, por sua própria força, à posse do bem, por meio do *desforço imediato*. Ao exercer tal direito, o possuidor deverá agir pessoalmente, assumindo toda a responsabilidade, embora possa ser ajudado por amigos e serviçais, empregando todos os meios necessários, inclusive armas, até conseguir recuperar sua posse, reação esta que deverá ser imediata, ou assim que lhe for possível agir, e proporcional, pois não poderá ir além do indispensável à restituição da posse, ou seja, não poderá colocar a vida e integridade física alheia em risco. Carvalho Santos nos dá um exemplo a respeito: se alguém encontrar o ladrão de sua capa, dias depois do furto, apesar do lapso de tempo decorrido, assiste-lhe o direito de fazer justiça pelas próprias mãos, se a polícia não estiver presente. Entretanto, se após a consumação do esbulho já transcorreu certo prazo o melhor mesmo é se socorrer das vias judiciais[130].

---

130. W. Barros Monteiro, op. cit., p. 57-8; Carvalho Santos, *Cód. Civil interpretado*, v. 7, p. 141. "No desforço possessório, a expressão 'contanto que o faça logo' deve ser entendida restritivamente, apenas como a reação imediata ao fato do esbulho ou da turbação, cabendo ao possuidor recorrer à via jurisdicional nas demais hipóteses" (Enunciado do CJF n. 495, aprovado na V Jornada de Direito Civil). Sobre desforço imediato: *RJM, 30*:147; *97*:100; *RT, 595*:349; *RJ, 182*:120. Será respeitada aos silvícolas a posse das terras onde se achem permanentemente localizados, com a condição de não as transferirem (como previu o Dec. n. 10.652/42, ora revogado pelo Decreto n. 11/91 e preveem a Lei n. 5.371/67, art. 6º, e a CF, art. 231). *RT, 523*:331.

c) *Interdito proibitório* é a proteção preventiva da posse ante a ameaça de turbação ou esbulho, prevista no art. 1.210, 2ª parte, do Código Civil, segundo o qual, o possuidor que tenha justo receio de ser molestado na posse, poderá impetrar ao juiz que o segure da violência iminente. Nesse mesmo sentido os arts. 561 a 567 do Código de Processo Civil. Assim, o possuidor direto ou indireto ameaçado de sofrer turbação ou esbulho, previne-os, obtendo mandado judicial para segurar-se da violência iminente. Tal interdito proibitório só produz seus efeitos depois de julgado por sentença. Procedente a ação, o magistrado proíbe o réu de praticar o ato, sob pena de pagar multa pecuniária, inclusive perdas e danos, em favor do próprio autor ou de terceiro (p. ex.: uma instituição filantrópica).

Para propor esta ação basta que o autor tenha um receio fundado ou justo de que a violência virá, pouco importando a intenção do réu em praticar ou não a turbação ou o esbulho[131], evitando, dessa forma, a consumação do fato não querido.

d) *Nunciação de obra nova* é a ação que, seguindo o procedimento comum (CPC, arts. 318 a 512), visa impedir que o domínio ou a posse de um bem imóvel seja prejudicada em sua natureza, substância, servidão ou fins, por obra nova no prédio vizinho (CPC, art. 47, § 1º, *in fine*). P. ex., é proibido por lei (CC, art. 1.301) abrir na construção vizinha janela a menos de metro e meio; desviar, o dono do prédio superior, águas de um córrego que há anos é utilizada pelo proprietário de imóvel rural[132].

Pelo CPC, art. 555, parágrafo único, o autor da ação possessória pode requerer imposição de medida adequada para evitar novo esbulho ou turbação ou cumprir-se a tutela provisória ou final, p. ex. desfazimento de construção ou plantação.

131. W. Barros Monteiro, op. cit., p. 49-50; Orlando Gomes, op. cit., p. 95-6; Caio M. S. Pereira, *Instituições de direito civil*, cit., p. 71; Pontes de Miranda, op. cit., v. 13, p. 316; Câmara Leal, *Comentários ao Código de Processo Civil*, Forense, v. 5, n. 55 e s.; *RT*, *494*:152, *565*:170, *334*:464, *571*:225, *462*:245, *510*:126, *557*:213, *513*:139, *544*:237, *532*:63, *592*:167, *518*:118, *527*:85, *556*:220, *434*:253, *320*:201, *604*:116, *702*:99, *705*:175, *721*:191, *722*:173, *778*:321, *785*:232, *737*:398, *771*:193 e 242, *786*:465, *792*:293, *795*:292, *797*:263, *796*:292 e *803*:257; *RSTJ*, *123*:258; *RJTJSP*, *12*:73, *56*:135; *JTACSP*, *88*:20; *ADCOAS*, 1982, ns. 82.393, 87.314, 87.315, 82.925, e 1983, n. 91.083; *JB*, *134*:264, *158*:79 e 173; *Ciência Jurídica*, *79*:131, *39*:127, *13*:67, *10*:106, *5*:127; *Bol. AASP*, *1942*:21, *1819*:4, *1839*:93, *2727*:1985-03; *RJE*, *3*:7 e 27, *4*:8; *EJSTJ*, *14*:68. Súmula 228 do STJ: "É inadmissível o interdito proibitório para proteção de direito autoral". *Vide*: CPC, arts. 294, parágrafo único, 300, 558, parágrafo único, e 562; LJE, art. 3º, IV.

132. W. Barros Monteiro, op. cit., p. 55: "por obra nova se deve entender não só a construção, mas qualquer ato material prejudicial ao proprietário ou possuidor"; Orlan-

Só cabe essa ação se a obra contígua está em vias de construção; se já estiver concluída ou na fase final de conclusão, como na da pintura, descabe tal remédio possessório (*RT, 501*:113, *490*:68, *320*:232), que visa suspender a obra[133], até que haja sua demolição, se efetivamente prejudica a posse ou a propriedade do nunciante. Isto porque seu principal objetivo é o embargo à obra, ou seja, impedir sua construção, mesmo que a obra não acarrete dano atual, bastando que permita antever algum resultado turbativo se vier a completar-se; eis por que há cominação de multa para o caso de reinício ou de reconstrução[134], bem como condenação em perdas e danos[135]. Tudo isso estava previsto pelo revogado Código de Processo Civil/73, art. 936, I, II e III, e pode ser considerado, ante as normas que regem a responsabilidade civil.

e) *Ação de dano infecto* é uma medida preventiva utilizada pelo possuidor, que tenha fundado receio de que a ruína ou demolição ou vício de construção do prédio vizinho ao seu venha causar-lhe prejuízos, para obter, por sentença, do dono do imóvel contíguo caução que garanta a indenização de danos futuros.

---

do Gomes, op. cit., p. 96; Rita Gianesini, *Ação de nunciação de obra nova*, São Paulo, Revista dos Tribunais, 1994; Pinto Ferreira, *Da ação de nunciação de obra nova*, Coleção Saraiva de Prática do Direito, n. 20, 1986; "A ação de nunciação de obra nova não é ação real imobiliária. Sua natureza é de ação pessoal, e não real, uma vez que, de igual modo, são conceituados os direitos subjetivos de vizinhança que ela também visa a assegurar numa de suas manifestações" (*RT, 594*:105); *BAASP, 2896*:12. "Nunciação de obra nova. Paralisação na construção de imóvel. Proposição de medida cautelar inominada, objetivando a atribuição de efeito suspensivo a apelação contra sentença que julgara improcedente a nunciação, e a retomada imediata das obras sob pena de deterioração do bem. Não cabimento. Matéria preclusa, porque não houve recurso da decisão que, aparentemente, recebeu a apelação apenas no efeito suspensivo. Ausência de fato novo, não cabendo tomar por tal o laudo da perícia, anterior à sentença apelada, circunstância que não abre caminho à tutela cautelar nessa fase". *RT, 132*:182, *187*:746, *247*:410, *261*:290, *505*:74, *416*:128, *490*:68, *501*:113, *500*:224, *510*:106, *554*:86, *556*:104, *534*:113, *584*:72, *539*:81, *523*:124, *518*:88 e 114, *545*:109, *563*:200, *547*:75, *558*:207, *552*:75, *525*:103, *574*:95, *589*:224, *594*:105, *533*:61, *566*:81, *576*:62, *561*:105, *538*:202, *578*:188, *571*:226, *548*:253, *679*:165, *650*:62, *693*:118, *700*:150 e 158, *718*:101 e 110, *722*:160, *756*:270, *760*:302, *757*:237, *778*:321, *801*:252, *823*:258, *825*:352, *827*:321, *832*:271, *836*:328 e *844*:221; *RF, 227*:179; *RTJ, 109*:576; *RJTJSP, 81*:184, *65*:152; *ADCOAS*, 1982, n. 82.655, e 1982, n. 90.321; *JB, 130*:295; *Ciência Jurídica, 79*:131, *49*:164; *Bol. AASP, 1966*:96, *2721*:5918; *JSTJ, 10*:260.

133. W. Barros Monteiro, op. cit., p. 55; *RT, 228*:232, *296*:270, *388*:163, *391*:155, *303*:486, *300*:519, *337*:301, *345*:426, *383*:184, *254*:518, *277*:225, *278*:289; *RF, 121*:417, *164*:180, *192*:235; Orlando Gomes, op. cit., p. 96.

134. Caio M. S. Pereira, op. cit., p. 72; De Page, op. cit., n. 880.

135. Orlando Gomes, op. cit., p. 97.

Essa ação não é propriamente uma ação possessória, mas sim cominatória, ante sua finalidade puramente acautelatória. Apesar disso é tida, pelos autores, como medida possessória, haja vista que compreende a proteção do possuidor[136]. O art. 1.280 do nosso Código Civil menciona o direito do possuidor e do proprietário "a exigir do dono do prédio vizinho a demolição, ou a reparação deste, quando ameace ruína, bem como que lhe preste caução pelo dano iminente", reforçando este direito ante o disposto no art. 1.277: "o proprietário ou o possuidor de um prédio tem o direito de fazer cessar as interferências prejudiciais à segurança, ao sossego e à saúde dos que o habitam, provocadas pela utilização de propriedade vizinha". Assim, para exercer seu direito judicialmente, o possuidor deve lançar mão do procedimento comum se a causa for de valor não excedente a 60 vezes o do salário mínimo ou da tutela de urgência (CPC, arts. 300 a 310) uma vez que constitui, sem dúvida, mais uma forma de proteção possessória[137] e, ainda, do procedimento do Juizado Especial Cível se versar sobre imóvel de valor não excedente a 40 salários mínimos (Lei n. 9.099/95, art. 3º, I, II e IV).

f) *Ação de imissão de posse* é a que tem por escopo a aquisição da posse pela via judicial[138]. Ação esta que foi contemplada no Código de Processo Civil pátrio de 1939, no art. 381, que prescrevia caber esse remédio: "I – aos adquirentes de bens, para haverem a respectiva posse, contra alienantes ou terceiros, que os detenham; II – aos administradores e demais representantes das pessoas jurídicas de direito privado, para haverem dos seus antecessores a entrega dos bens pertencentes à pessoa representada; III – aos mandatários, para receberem dos antecessores a posse dos bens do mandante".

Embora nosso Código de Processo Civil/73 não a tenha previsto de modo específico, Washington de Barros Monteiro[139] acreditava que ela não

---

136. Orlando Gomes, op. cit., p. 97-8; Caio M. S. Pereira, op. cit., p. 71-2; *JB*, *151*:237; *RT*, *805*:404, *814*:338.

137. *Vide* comentários de Daibert, op. cit., p. 109-10; *RT*, *536*:146.

138. Oliveira Filho, A ação da imissão de posse como modo judicial de aquisição de posse, *RF*, *104*:362; Ovídio A. Baptista da Silva, *Ação de imissão de posse*, São Paulo, Revista dos Tribunais, 1997; W. Barros Monteiro, op. cit., p. 52; *RT*, *44*:606, *343*:370, *456*:103, *501*:134, *511*:115, *522*:193, *477*:101, *514*:81, *567*:65, *506*:98, *568*:192, *569*:166, *559*:225, *590*:232, *515*:226, *587*:219, *583*:102, *528*:110, *507*:117, *554*:97, *564*:67, *562*:109; *RJTJSP*, *85*:115, *57*:85, *58*:97, *87*:260, *102*:280, *73*:91, *61*:91, *83*:308, *12*:158, *34*:23, *58*:97, *70*:197, *85*:115; *JTACSP*, *44*:146, *63*:196, *28*:151 e 169; *RTJ*, *91*:171; *RF*, *227*:135.

139. W. Barros Monteiro, op. cit., p. 51; *ADCOAS*, 1983, n. 90.937, 1982, n. 82.641, e TJSC 1982, n. 86.238: "A ação de imissão na posse muito embora o atual CPC (o de 1973) a tenha retirado de entre as possessórias, é cabível como ação específica do proprietário adquirente que pleiteia a posse direta".

desapareceu, sendo que o autor poderia propô-la desde que imprimisse ao feito o rito comum (ação ordinária de imissão de posse), que objetivaria a obtenção da posse nos casos legais.

Ante a omissão legislativa, poder-se-á postular a ação de imissão de posse (CPC, art. 806, § 2º): *a*) se se tratar de bens móveis, aplica-se, conforme o valor da causa, o rito do art. 3º, I, da Lei n. 9.099/95 e se tiver a causa valor superior aos consignados no artigo acima citado, pelo rito comum (CPC, art. 318 e s.); *b*) se se tratar de bem imóvel de valor não superior a 40 salários mínimos, pelo procedimento do Juizado Especial Cível (Lei n. 9.099/95, art. 3º, I e IV) e se superior, pelo procedimento comum dos arts. 318 e seguintes do Código de Processo Civil[140].

Entendemos que se tem como pressuposto a titularidade do direito à posse, que foi violado, é ação possessória[141].

Não se confundia a ação de imissão com a imissão da posse ou imissão na posse, previstas nos arts. 625 e 879, I, do Código de Processo Civil/73, bem como com a imissão de posse da coisa expropriada e com a imissão de posse em favor do locador para retomada do prédio locado a que se referia o Decreto-Lei n. 9.669, de 29 de agosto de 1946, art. 10, § 2º (revogado pela Lei n. 1.300/50). Na atual Lei do Inquilinato (Lei n. 8.245/91), para tal situação vem prevista a ação de despejo[142].

g) *Embargos de terceiro senhor e possuidor*, pelos arts. 674 a 681 do Código de Processo Civil, é o processo acessório que visa defender os bens daqueles que, não sendo parte numa demanda, sofrem turbação ou esbulho em sua posse, ou direito, por efeito de penhora, depósito, arresto, sequestro, venda judicial, arrecadação, arrolamento, inventário, partilha, busca e apreensão de coisa ou outro ato de apreensão judicial.

Podem lançar mão desse remédio processual tanto o proprietário como o possuidor (p. ex. locatário, usufrutuário compromissário – comprador), a

140. Esta é a opinião de Dyle Campello da Conceição, resumida por Daibert, op. cit., p. 114. *Vide*: *RJTJSC*, *8*:271; *RJ*, *169*:101. M. Ligia C. Mathias (*Direito civil*, op. cit., p. 31) exemplifica: Se "A" compra um imóvel "B" e este nega-lhe o ingresso no prédio adquirido, "A" poderá propor contra ele imissão de posse, pois no instante em que adquiriu o bem, passou a ter direito à posse, e como não tinha posse anterior, não poderá mover a reintegração de posse. Tal ação é própria para os que pretenderem haver a posse dos bens que adquiriram, contra quem os detiver.

141. Nesse mesmo sentido, Daibert, op. cit., p. 111 e 113.

142. Essas observações foram feitas por W. Barros Monteiro, op. cit., p. 51-2. *Vide* Lei n. 9.099/95, art. 3º, III.

qualquer tempo antes da sentença final, do processo principal, ou no processo de execução, até 5 dias, depois da arrematação, adjudicação ou alienação por iniciativa particular, e, no cumprimento de sentença, porém antes da assinatura da respectiva carta (CPC, art. 675)[143].

h) *Ação publiciana*, ação petitória, que se funda na propriedade, mas também tem por escopo a proteção da posse da pessoa que veio a adquirir o bem por usucapião. Na lição de Nelson Nery Jr. e Rosa Maria de Andrade Nery, essa ação tem por finalidade a retomada da posse por

---

143. *Vide* art. 19, I e II, da Lei n. 6.830/80, que revogou tacitamente o Decreto-Lei n. 960, art. 42. *RJTJSP*, *76*:94, *38*:121, *60*:56, *80*:71, *153*:40, *155*:80; *RTJ*, *81*:608, *97*:817, *100*:401, *104*:870, *102*:231; *RT*, *272*:320, *457*:61, *539*:126, *549*:123, *561*:216, *562*:119, *541*:268, *537*:112, *537*:136, *569*:103, *570*:127, *659*:185, *721*:147, *711*:131, *710*:85, *797*:409, *756*:193, *796*:369, *739*:234, *804*:239, *808*:265, *817*:254, *801*:160; *RF*, *133*:425; *JTACSP*, *57*:59; *JB*, *130*:275; *RJE*, *4*:11; STF, Súmula 621; STJ, Súmulas 84 e 134; Súmula 52, de 3 de setembro de 2010, da Advocacia Geral da União: "É cabível a utilização de embargos de terceiros fundados na posse decorrente do compromisso de compra e venda, mesmo que desprovido de registros"; W. Barros Monteiro, op. cit., p. 53; José Horácio C. Gonçalves Pereira, *Dos embargos de terceiro*, São Paulo, Atlas, 2002; Rodolfo da Costa Manso R. Amadeo, *Embargos de terceiro*, São Paulo, Atlas, 2006. Pelo Enunciado da ENFAM n. 54: "A ausência de oposição de embargos de terceiro no prazo de 15 dias prevista no art. 792, § 4º do CPC/2015 implica preclusão para fins do art. 675, *caput*, do mesmo Código".

Enunciado n. 184 do Fórum Permanente de Processualistas Civis: "Os embargos de terceiro também são oponíveis na fase de cumprimento de sentença e devem observar, quanto ao prazo, a regra do processo de execução".

Enunciado n. 186 do Fórum Permanente de Processualistas Civis: "A alusão à 'posse' ou ao 'domínio' nos arts. 692, 693 e 696 deve ser interpretada em consonância com o art. 689, *caput*, que, de forma abrangente, admite os embargos de terceiro para afastar constrição ou ameaça de constrição sobre bens que possua ou sobre quais tenha 'direito incompatível com o ato constritivo' (arts. 674, 677, 678 e 681, *caput*, do CPC/2015)".

Enunciado n. 191 do Fórum Permanente de Processualistas Civis: "O prazo de quinze dias para opor embargos de terceiro, disposto no § 4º do art. 808, é aplicável exclusivamente aos casos de declaração de fraude à execução; os demais casos de embargos de terceiro são regidos pelo prazo do *caput* do art. 690 (art. 792, § 4º, *caput*, e 675, *caput*, do novo CPC, respectivamente)".

Pelo CJF: Enunciado 132: O prazo para apresentação de embargos de terceiro tem natureza processual e deve ser contado em dias úteis.

Enunciado 133: É admissível a formulação de reconvenção em resposta aos embargos de terceiro, inclusive para o propósito de veicular pedido típico de ação pauliana, nas hipóteses de fraude contra credores.

Enunciado 134: A apelação contra a sentença que julga improcedentes os embargos ao mandado monitório não é dotada de efeito suspensivo automático (art. 702, § 4º, e 1.012, § 1º, V, CPC). (Aprovados na II Jornada de Direito Processual Civil)

Sobre *ação publiciana*: Nelson Nery Jr. e Rosa Maria de Andrade Nery, *Comentários ao Código de Processo Civil*, São Paulo, RT, 2006, p. 919.

quem a perdeu, mas com fundamento no fato de já haver adquirido a propriedade pela usucapião. Tal ação segue o procedimento comum.

Provada, em juízo, a procedência dos embargos, expedir-se-á, por ordem do juiz, mandado de manutenção ou reintegração de posse.

B) *O possuidor tem direito à percepção dos frutos* (*fructuum perceptio*), que são utilidades que a coisa periodicamente produz, cuja percepção se dá sem detrimento de sua substância.

Classificam-se os frutos, quanto à sua origem, em: naturais (que se renovam periodicamente, devido à força orgânica da própria natureza; p. ex., cria dos animais, colheitas); industriais (que são devidos em virtude do engenho humano, ou seja, da atuação do homem sobre a natureza; p. ex., produção de uma fábrica) e civis (que são rendas oriundas da utilização de coisa frugífera, como juros, dividendos e aluguéis)[144].

Em relação a sua percepção, que é o ato material pelo qual o possuidor se torna proprietário dos frutos, dividem-se em: pendentes (quando unidos à coisa principal); percebidos (quando colhidos); estantes (quando armazenados para venda); percipiendos (quando deviam ter sido, mas ainda não foram colhidos) e consumidos (quando, ante sua utilização pelo possuidor, não mais existem)[145].

Pelo art. 1.214 do Código Civil, o *possuidor de boa-fé* tem direito, enquanto ela durar, aos frutos percebidos, equiparando-se ao dono, uma vez que possui o bem, conforme ensinamento de Lafayette[146], com a convicção do proprietário, já que tem em mãos um título jurídico, como compra e venda, ocupação e direito hereditário, ainda que viciado. Pode, portanto, usar e gozar da coisa, retirando dela todas as vantagens. A boa-fé deve existir no momento da percepção. Os frutos naturais e industriais são considerados colhidos e percebidos no instante em que são separados, e os civis são reputados percebidos dia por dia (*de die in diem* – CC, art. 1.215), assim sendo a renda, obtida com a fruição do bem, será calculada proporcionalmente aos dias de duração da posse. Apesar disso não terá direito aos frutos pendentes nem aos colhidos antecipadamente, devendo restituí-los, deduzidas, é claro, as despesas de produção e custeio (*fructus intelliguntur deductis impensis*).

---

144. W. Barros Monteiro, op. cit., p. 64.

145. Orlando Gomes, op. cit., p. 71; W. Barros Monteiro, op. cit., p. 65; Cláudio Antônio Soares Levada, Os efeitos da posse em relação aos frutos e a responsabilidade pela perda ou deterioração da coisa no Código Civil de 2002, *Revista da Escola Paulista da Magistratura*, *2*:53-76.

146. Lafayette, *Direito das coisas*, § 57, citado por W. Barros Monteiro, op. cit., p. 65; Fábio Ulhoa Coelho, *Curso*, cit., v. 4, p. 34.

Explica-nos Orlando Gomes[147], com muita propriedade, que o possuidor de boa-fé não tem direito aos frutos pendentes, no momento em que cessa sua boa-fé, porque eles são parte integrante da coisa principal e que não pode adquirir os frutos colhidos com antecipação porque seriam pendentes no momento em que cessou sua boa-fé. De modo que o possuidor de boa-fé terá, somente, direito aos frutos percebidos e às despesas da produção e custeio dos frutos pendentes e dos colhidos antecipadamente (CC, art. 1.214, parágrafo único).

Pontifica Silvio Rodrigues que, no art. 1.214 do Código Civil, o legislador se defronta com dois interesses conflitantes: de um lado, o do possuidor de boa-fé, que, na persuasão de ser sua a coisa, a explorou dando-lhe o destino econômico a que estava afetada; e, de outro, o interesse do proprietário negligente, que permitiu a subtração daquilo que lhe pertencia e levou mais de ano e dia para reagir. Ante tais posições antagônicas preferiu amparar o interesse do possuidor de boa-fé, por ser o mais próximo do interesse social.

Em regra, com a citação inicial ou com a litiscontestação, a posse de boa-fé passa a ser de má-fé, porque a partir desse instante, ante os elementos probatórios apresentados pela parte contrária, o demandado passa a ter ciência dos vícios que maculam sua posse, perdendo direito aos frutos[148], devendo ser restituídos os frutos então pendentes, com dedução das mencionadas despesas de manutenção e custeio, assim como os colhidos, fraudulentamente, por antecipação[149], a fim de que não se locuplete à custa alheia o adversário a quem vai ser entregue a coisa (CC, art. 1.214, parágrafo único).

O art. 1.216 pune o dolo, a malícia e a má-fé, pois o *possuidor* de má-fé, a partir do instante em que se configurar o estado subjetivo que macula a sua posse, responde por todos os prejuízos que causou pelos frutos colhidos e percebidos, bem como pelos que, por culpa sua, deixou de perceber; tem, porém, direito às despesas de produção e custeio, a fim de se evitar enriquecimento ilícito, mas não tem direito a quaisquer frutos[150].

C) O possuidor tem direito à indenização das benfeitorias, que são obras ou despesas efetuadas numa coisa para conservá-la, melhorá-la ou embelezá-la, bem como o *direito de retenção* (CPC, art. 917, IV e § 5º; *RT*, *653*:187, *662*:178, *681*:91; *RJTJSP*, *130*:314; *JSTJ*, *60*:255), que é o direito que tem

147. Orlando Gomes, op. cit., p. 71-3.

148. W. Barros Monteiro, op. cit., p. 65; Antonio Motta, *La malafede*, p. 27; *RT*, *148*:693; Silvio Rodrigues, op. cit., p. 85.

149. Clóvis, *Comentários ao Código Civil*, v. 3 (ao art. 511); Caio M. S. Pereira, op. cit., p. 61.

150. *Vide* os comentários que tecem sobre o assunto W. Barros Monteiro, op. cit., p. 66-7; Orlando Gomes, op. cit., p. 73; *RT*, *115*:176.

o devedor de uma obrigação de reter o bem alheio em seu poder, para haver do credor da obrigação as despesas feitas em benefício da coisa.

O *jus retentionis* é um meio direto de defesa que a lei, excepcionalmente, concede ao possuidor para, por meio de embargos de retenção, conservar em seu poder coisa alheia além do momento em que a deveria devolver, como garantia de pagamento das despesas feitas com o bem, apuradas mediante perícia avaliatória (*RT*, *604*:201, *653*:187; *JTA*, *100*:361). Permite que o possuidor se oponha à restituição da coisa até ser pago, o que se justifica em razão da equidade, que não se compraz com o fato de o possuidor devolver o bem para somente depois ir reclamar o que lhe é devido[151].

O *possuidor de boa-fé*, privado do bem em favor do reivindicante ou evictor, tem, pelo art. 1.219 do Código Civil, direito de ser indenizado das benfeitorias necessárias (que são as que visam conservar a coisa ou evitar que ela se deteriore – CC, art. 96, § 3º) e úteis (que pretendem aumentar ou facilitar o uso do bem – CC, art. 96, § 2º); de levantar ou retirar (*ius tollendi*), se não lhe forem pagas, desde que não danifique a coisa, as voluptuárias (que, segundo o art. 96, § 1º, do CC, são as de mero deleite ou recreio, que não aumentam o uso habitual da coisa, ainda que a tornem mais agradável ou sejam de elevado valor) e de exercer o direito de retenção, pelo valor das benfeitorias necessárias ou úteis (CPC, art. 917, IV e § 5º; *RT*, *755*:234, *653*:187, *681*:91; *RJTJSP*, *130*:314; STF, Súmula 158). O meio processual para o exercício do *jus retentionis* seria o dos embargos de retenção, mas se, no curso da ação possessória, não forem alegadas, nem provadas as benfeitorias, a defesa por esse mecanismo ficará inibida, porém nada obsta a que se recorra, para obter indenização, às vias ordinárias, em ação autônoma, sob pena de haver enriquecimento sem causa (*JTACSP*, *100*:186; *RT*, *627*:88).

Apresenta-nos Washington de Barros Monteiro alguns casos em que nossa jurisprudência tem admitido o *jus retentionis*. São eles: *a*) em favor do

151. Daibert, op. cit., p. 127; Clóvis, *Direito das coisas*, v. 1, p. 104; Silvio Rodrigues, op. cit., p. 88; Caio M. S. Pereira, op. cit., p. 62; *RT*, *207*:222, *213*:218, *458*:231, *593*:228, *456*:88, *389*:171, *451*:265, *306*:702, *533*:151, *521*:251, *576*:227, *580*:191, *556*:170, *521*:132, *588*:134, *589*:221; *RTJ*, *80*:769, *96*:704; *RJTJSP*, *70*:79, *87*:39; *JTACSP*, *85*:336; *JB*, *158*:118. "Prova quanto à realização de benfeitorias na coisa dada em comodato. Direito de retenção. Art. 1.219 do CC. Pretensão de compensação das benfeitorias com aluguéis, em virtude da não restituição do imóvel no prazo da notificação. Possibilidade. Esbulho possessório. Apuração por liquidação de sentença por arbitramento. Reforma da sentença. Provimento parcial da apelação" (TJRJ-1ª Câm. Cível, ACi n. 2009.001.46416-São João de Miriti/RJ, rel. Des. Camilo Ribeiro Rulière, j. 17-11-2009; *BAASP*, *2673*:612-16).

empreiteiro-construtor[152]; *b*) em favor do locatário contra o senhorio, se não convencionou o contrário em cláusula contratual, exigindo-se expresso consentimento do locador para as benfeitorias úteis[153], porém o direito de retenção não pode ser oposto ao adquirente do imóvel locado[154]. Reconhecido o direito de retenção por benfeitorias realizadas pelo inquilino, a notificação para desocupar o imóvel, dentro do prazo marcado pela sentença, deve ser precedida do depósito do *quantum* arbitrado[155]; *c*) em favor do credor a título de conserto do objeto vendido com reserva de domínio, mesmo com relação ao vendedor[156].

Esclarece o enunciado n. 81 do Conselho da Justiça Federal (aprovado nas Jornadas de Direito Civil de 2002): "O direito de retenção previsto no art. 1.219 do CC, decorrente da realização de benfeitorias necessárias e úteis, também se aplica às acessões (construções e plantações), nas mesmas circunstâncias".

O *possuidor de má-fé* (CC, art. 1.220; *RT*, *473*:59, *587*:190, *588*:95) só é ressarcido do valor das benfeitorias necessárias, executadas para a conservação da coisa, uma vez que o proprietário seria forçado a fazê-las, se estivesse na posse da coisa, devido ao princípio de que ninguém deve enriquecer sem causa. Encontrando feitas essas benfeitorias, é justo que pague o que se despendeu com elas[157]. Não faz jus à indenização das benfeitorias úteis, perdendo-as em favor do proprietário, que as recebe gratuitamente, como compensação pelo tempo em que ficou privado de sua posse[158], não lhe sendo dado levantar as voluptuárias nem reter o bem para forçar o pagamento da indenização[159].

---

152. *RF*, *128*:343, *146*:328; *RT*, *216*:315, *247*:234, *266*:215, *273*:292.
153. *RF*, *88*:144, *125*:508; *RT*, *184*:197, *321*:190, *322*:511.
154. *RT*, *230*:444, *236*:469, *240*:204, *244*:552, *248*:233, *299*:311, *300*:463, *318*:520 e Súmula 158.
155. *RT*, *176*:600.
156. *RT*, *150*:124, *199*:268, *291*:191, *238*:401, *291*:720; W. Barros Monteiro, op. cit., p. 68 e notas 13, 14, 15, 16 e 17; Sílvio de Salvo Venosa, *Direito civil*, São Paulo, Atlas, 2003, v. V, p. 110-1. Em se tratando de arrendamento rural, o arrendatário, no término do contrato, terá direito à indenização das benfeitorias necessárias e úteis. Quanto às voluptuárias, somente será indenizado se sua construção for expressamente autorizada pelo arrendador. É conferido o direito de retenção até o recebimento da indenização (*vide* Lei n. 4.504/64, art. 95, e Decreto n. 59.566/66, art. 25).

    Vide: CPC, arts. 916, §§ 4º e 5º, e 1.012.
157. Orlando Gomes, op. cit., p. 75.
158. W. Barros Monteiro, op. cit., p. 69. Há decisão que admite retenção em caso de má-fé – *RT*, *587*:120.
159. Orlando Gomes, op. cit., p. 75; *AJ*, *92*:286; Serpa Lopes, op. cit., p. 220.

"As benfeitorias compensam-se com os danos, e só obrigam ao ressarcimento se ao tempo da evicção ainda existirem" (CC, art. 1.221). É possível a compensação entre o crédito do possuidor relativo às benfeitorias e o do retomante concernente à reparação dos prejuízos sofridos pela coisa, desde que o *quantum* dos valores das benfeitorias e o dos danos ao bem sejam apurados pericialmente. Além disso, o retomante da posse da coisa deverá pagar indenização do valor de benfeitoria já existente por ocasião da evicção.

Quanto à indenização das benfeitorias, convém esclarecer que cabe, pelo art. 1.222, 1ª parte, do Código Civil, ao reivindicante (postulante ou autor da demanda recuperatória), obrigado a indenizar benfeitorias ao possuidor de má-fé, optar entre o seu valor atual e o seu custo. Clóvis e a jurisprudência entendiam que o possuidor deveria receber exatamente o que despendeu[160]. Para Carvalho Santos seria mais justa a indenização pelo valor atual. Mas o critério legal deverá ser seguido, logo o devedor da indenização terá a opção de pagar as benfeitorias feitas pelo possuidor de má-fé pelo seu valor atual ou pelo seu custo. A perícia, seja qual for a preferência do reivindicante, fixará o *quantum* a ser pago, exceto se houver entre as partes algum acordo nesse sentido, que poderá incluir até mesmo a compensação a que se refere o art. 1.221 do Código Civil. O reivindicante que tiver de pagar indenização de benfeitorias ao possuidor de boa-fé o fará pelo seu valor atual (CC, art. 1.222, 2ª parte), ou seja, pela expressão econômica que aquelas benfeitorias tiverem, no mercado, por ocasião do pagamento. Logo, o possuidor de boa-fé fará jus ao valor atual e não apenas do que despendeu ao fazê-las. Logo, o proprietário reivindicante não poderá, nesta última hipótese, optar pelo valor de custo. Jones Figueirêdo Alves e Mário Luiz Delgado esclarecem que "se por algum motivo, o valor atual de mercado for comprovadamente inferior ao valor gasto pelo possuidor de boa-fé na edificação das benfeitorias, poderá ele exigir que o proprietário lhe indenize pelo custo. O direito de opção de que trata o art. 1.222 deve ser interpretado a favor do possuidor de boa-fé"[161].

---

160. Clóvis, *Código Civil*, v. 3, p. 42; *RT*, *183*:284, *207*:555, *273*:331, *98*:499, *303*:454, *321*:646, *340*:122, *481*:206, *511*:252, *500*:217; *RTJ*, *70*:785, *60*:719, *61*:432, *66*:755; *RF*, *151*:188.

161. Carvalho Santos, *Código Civil interpretado*, v. 7, p. 231; Jones F. Alves e Mário Luiz Delgado, *Código Civil anotado*, São Paulo, Método, 2005, p. 603; *RF*, *243*:179; *RT*, *314*:236, *352*:188, *361*:126, *601*:154, *563*:221; W. Barros Monteiro, op. cit., p. 69-70; Matiello (*Código Civil*, cit., p. 758) observa que se houver diminuição do seu valor, com base na estimativa atual, não atingindo o *quantum* do que gastou, o possuidor não poderá reclamar o valor do custo original, logo nem sempre a indenização prevista em favor do possuidor de boa-fé lhe assegurará o reembolso total das despesas feitas.

D) *O possuidor tem responsabilidade pela deterioração e perda da coisa*, sendo que o de *boa-fé* não responde pela perda ou deterioração da coisa, a que não der causa (CC, art. 1.217); condenado a restituí-la, fá-lo-á no estado em que ela se encontre, se não procedeu com culpa ou dolo. Isto porque se considera como proprietário e como tal não deve prestar contas de seus atos[162], a não ser que concorra propositadamente para que se dê a deterioração ou a perda do bem.

O de *má-fé*, conforme o disposto no art. 1.218 do Código Civil, responde, ressarcindo os danos, pela perda e deterioração, mesmo se advindas de força maior ou caso fortuito, mas poderá exonerar-se dessa responsabilidade se demonstrar que esses fatos se verificariam de igual modo, ainda que estivesse o bem em poder do reivindicante[163].

E) *O possuidor pode adquirir a propriedade* pela posse continuada, ou seja, *pela usucapião*, sobre a qual falaremos no momento oportuno.

F) *O ônus da prova compete ao adversário do possuidor*, quando o direito deste for contestado. Não provando o autor o seu direito, deve ser mantida a posse do réu[164].

G) *O possuidor goza, processualmente, de posição mais favorável*, em atenção à propriedade, cuja defesa se completa pela posse.

Além disso, o possuidor do imóvel o será também dos móveis e dos objetos que nele estiverem, até prova contrária (CC, art. 1.209), e a pessoa que tiver a coisa será mantida até que se resolva a questão, atendendo-se ao critério preambular da melhor posse, como possuidora provisoriamente, não estando manifesto que a obteve viciosamente, se mais de uma pessoa se disser possuidora (CC, art. 1.211). O possuidor a título provisório passará, então, a assumir as obrigações de depositário.

---

162. W. Barros Monteiro, op. cit., p. 70; Clóvis, op. cit., v. 3, p. 38.

163. W. Barros Monteiro, op. cit., p. 70. Interessante é o trabalho de Renato D. F. de Moraes (A função social da posse, in *Direito civil, direito patrimonial* e *direito existencial* (coord. Tartuce e Castilho), São Paulo, Método, 2006, p. 571-98) no sentido de que a posse, por ser um desmembramento da propriedade, possui função social, consagrada indiretamente nos arts. 183 e 191 da CF/88.

164. *RT*, *182*:214, *188*:202, *242*:403, *276*:630; *RF*, *167*:97.

Quadro Sinótico

EFEITOS DA POSSE	• 1. Invocar interditos possessórios	• *a*) Ação de manutenção de posse (turbação)	• CPC, arts. 560 a 566. • CC, art. 1.210.
		• *b*) Ação de reintegração de posse (esbulho)	• CC, arts. 1.210, §§ 1º e 2º, e 1.212. • CPC, arts. 560 a 566.
		• *c*) Interdito proibitório	(Ameaça de turbação ou esbulho) • CPC, arts. 567 e 568. • CC, art. 1.210, 2ª parte.
		• *d*) Nunciação de obra nova	• Quando a posse é prejudicada na substância por obra nova em prédio contíguo (CPC, arts. 318 a 512).
		• *e*) Ação de dano infecto	• Quando ruína, demolição ou vício de construção em prédio vizinho causa prejuízo na posse.
		• *f*) Ação de imissão de posse	• Visa aquisição de posse por via judicial.
		• *g*) Embargos de terceiro	• Visa defender os bens daquele que sofre turbação ou esbulho em sua posse ou direito em razão de ato de apreensão judicial (CPC, arts. 674 e s.).
		• *h*) Ação publiciana	• Pretende a retomada da posse por quem a perdeu, com fundamento no fato de já haver adquirido a propriedade pela usucapião (Nelson Nery Jr. e Rosa Maria de Andrade Nery).
	• 2. Direito à percepção dos frutos	• *a*) Possuidor de boa-fé	Tem: • Direito aos frutos percebidos (CC, art. 1.214).

EFEITOS DA POSSE	2. Direito à percepção dos frutos	*a*) Possuidor de boa-fé *b*) Possuidor de má-fé (CC, art. 1.216)	• Direito às despesas da produção e custeio dos frutos pendentes e dos colhidos antecipadamente, que deverão ser restituídos (CC, art. 1.214 e parágrafo único). • Não tem direito aos frutos. • Responde por todos os prejuízos que causou pelos frutos colhidos e percebidos e pelos que por culpa sua deixou de perceber. • Tem direito às despesas de produção e custeio dos frutos.
	3. Direito à indenização das benfeitorias e direito de retenção	*a*) Possuidor de boa-fé (CC, arts. 1.219 e 1.222)	• Direito de ser indenizado, pelas benfeitorias necessárias e úteis. • Direito de levantar as voluptuárias. • Direito de retenção, pelo valor das benfeitorias necessárias ou úteis.
		b) Possuidor de má-fé (CC, arts. 1.220 e 1.222)	• Direito de ser indenizado pelas benfeitorias necessárias. • Não tem direito às úteis. • Não pode levantar as voluptuárias. • Não tem direito de retenção.
	4. Responsabilidade pela deterioração e perda da coisa	*a*) Possuidor de boa-fé (CC, art. 1.217)	• Não responde pela perda ou deterioração da coisa a que não der causa.
		b) Possuidor de má-fé (CC, art. 1.218)	• Responde pela perda e deterioração.
	• 5. Posse conduz à usucapião. • 6. Ônus da prova compete ao adversário do possuidor, quando for contestado o direito deste. • 7. O possuidor goza, processualmente, de posição mais favorável. • 8. CC, art. 1.209. • 9. CC, art. 1.211.		

CAPÍTULO III

Da Propriedade

1. Noções gerais sobre propriedade

A. Breve notícia histórica do direito de propriedade

Inicialmente, procuraremos situar a propriedade em sua evolução histórica, pois, conforme nos ensina Theodor Sternberg, impossível seria a análise dos problemas jurídicos sem a observância do seu desenvolvimento através dos tempos[1].

No início das civilizações as formas originárias da propriedade tinham uma feição comunitária. P. ex.: entre nossos indígenas, ao tempo da descoberta do Brasil, havia domínio comum das coisas úteis, entre os que habitavam a mesma oca, individualizando-se, tão somente, a propriedade de certos móveis, como redes, armas e utensílios de uso próprio. O solo, por sua vez, era pertencente a toda a tribo e isso, temporariamente, porque nossos índios não se fixavam na terra, mudavam de cinco em cinco anos[2].

Mas é no direito romano que vamos encontrar a raiz histórica da propriedade.

Na era romana preponderava um sentido individualista de propriedade, apesar de ter havido duas formas de propriedade coletiva: a da *gens* e a da família. Nos primórdios da cultura romana a propriedade era da cidade ou *gens*, possuindo cada indivíduo uma restrita porção de terra (1/2 hectare), e só eram alienáveis os bens móveis. Com o desaparecimento dessa pro-

1. Sternberg, *Introducción a la ciencia del derecho*, 2. ed., Barcelona, Ed. Labor, 1930, p. 32.
2. Observação de Clóvis Beviláqua, transcrita por Daibert, in *Direito das coisas*, 2. ed., Rio de Janeiro, Forense, 1979, p. 144.

priedade coletiva da cidade, sobreveio a da família, que, paulatinamente, foi sendo aniquilada ante o crescente fortalecimento da autoridade do *pater familias*. A propriedade coletiva foi dando lugar à privada, passando pelas seguintes etapas, que Hahnemann Guimarães assim resume: 1º) propriedade individual sobre os objetos necessários à existência de cada um; 2º) propriedade individual sobre os bens de uso particular, suscetíveis de ser trocados com outras pessoas; 3º) propriedade dos meios de trabalho e de produção; e 4º) propriedade individual nos moldes capitalistas, ou seja, seu dono pode explorá-la de modo absoluto[3].

Na Idade Média, a propriedade sobre as terras teve papel preponderante, prevalecendo o brocardo *nulle terre sans seigneur*[4]. Inicialmente, os feudos foram dados como usufruto condicional a certos beneficiários que se comprometiam a prestar serviços, inclusive, militares. Com o tempo a propriedade sobre tais feudos passou a ser perpétua e transmissível apenas pela linha masculina. Havia distinção entre os fundos nobres e os do povo, que, por sua vez, deveria contribuir onerosamente em favor daqueles, sendo que os mais humildes eram despojados de suas terras[5].

Ensaiou-se em nossa organização jurídica o sistema feudal, no começo de nossa colonização, com a transitória implantação das capitanias hereditárias, que exerceu influência em nossos costumes, embora não tenha subsistido na ordem jurídica, que se amoldou ao regime romano[6].

O feudalismo só desapareceu do cenário jurídico mundial com o advento da Revolução Francesa em 1789.

Hodiernamente, a configuração da propriedade depende do regime político. Assim, por exemplo, na extinta URSS, no âmbito da economia privada, admitia-se a propriedade exclusiva sobre os bens de consumo pessoal e a propriedade usufrutuária de bens de utilização direta (o indivíduo tem

---

3. Hahnemann Guimarães, A propriedade, *Rev. de Direito Contemporâneo*, *3*:8-10, 1957; Serpa Lopes, *Curso de direito civil*, 2. ed., Freitas Bastos, p. 233-4; Pacchioni, *Corso di diritto romano*, v. 2, p. 195; Eduard Cuq, *Manuel de droit romain*, p. 245 e s.; Von Mayr, *Historia del derecho romano*, p. 175; Arangio Ruiz, *Istituzioni di diritto romano*, p. 180 e s.; Silvio Meira, *Instituições de direito romano*, 2. ed., São Paulo, Max Limonad, n. 132 a 137; Francisco Amaral, Subsídios para a história do direito de propriedade no Brasil, *Revista Brasileira de Direito Comparado*, n. 35, p. 165 a 182.

4. Brugi, *Instituciones de derecho civil*, p. 177.

5. Daibert, op. cit., p. 147; Washington de Barros Monteiro, *Curso de direito civil*, São Paulo, Saraiva, 1978, v. 3, p. 86.

6. *Vide* Caio Mário da Silva Pereira, *Instituições de direito civil*, Forense, 1978, v. 4, p. 81.

propriedade sobre sua casa, móveis, dinheiro ou valores mobiliários), ao passo que na seara da economia pública, os bens de produção são socializados (minas, águas, meios de transportes, indústrias etc.)[7]. Nos países do Ocidente subsiste a propriedade individual, embora sem o conteúdo idêntico de suas origens históricas, pois a despeito de seu caráter absoluto vem sofrendo certas restrições.

Ao lado das restrições voluntárias ao direito de propriedade, como a superfície, as servidões, o usufruto ou as cláusulas de inalienabilidade, impenhorabilidade ou incomunicabilidade[8], há limitações oriundas da própria natureza do direito de propriedade ou de imposição legal, p. ex., preservação do meio ambiente (CF, art. 225 e parágrafos), do patrimônio histórico, prevendo-se inclusive o tombamento (CF, art. 216 e parágrafos); proteção de áreas indígenas (CF, art. 231); restrição relativa aos direitos de vizinhança etc., com o escopo de coibir abusos e impedir que o exercício do direito de propriedade acarrete prejuízo ao bem-estar social, permitindo desse modo o desempenho da função social da propriedade, preconizado pela nossa CF, arts. 5º, XXIII, 184, 185, parágrafo único, 186, 182, § 2º, e 170, III, e pela Lei n. 10.257/2001, arts. 1º a 4º. A socialização do direito está expressa na Carta Magna. A *função social da propriedade* é imprescindível para que se tenha um mínimo de condições para a convivência social. A Constituição Federal, no art. 5º, XXII, garante o direito de propriedade, mas requer, como vimos, que ele seja exercido atendendo a sua função social. Com isso, a função social da propriedade a vincula não só à *produtividade do bem*, como também aos reclamos da *justiça social*, visto que deve ser exercida em prol da coletividade. Fácil é perceber que os bens, que constituem objeto do direito de propriedade, devem ter uma utilização voltada à sua destinação socioeconômica. O princípio da função social da propriedade está atrelado, portanto, ao exercício e não ao direito de propriedade. Em consonância com o comando constitucional, o Código Civil, no art. 1.228, §§ 1º a 5º, afasta o individualismo, coibindo o uso abusivo da propriedade, que deve ser utilizada para o bem comum.

---

7. Washington de Barros Monteiro, op. cit., p. 87; Caio M. S. Pereira, op. cit., p. 83.
8. Caio M. S. Pereira (op. cit., p. 103-5) esclarece que: inalienabilidade é a restrição temporária ou vitalícia consistente em recusar ao beneficiado o poder de dispor da coisa; impenhorabilidade visa estabelecer que o bem gravado não pode ser objeto de penhora por dívidas contraídas pelo seu titular, visando o bem à sua qualidade de garantia dos credores; e incomunicabilidade é a cláusula segundo a qual o bem permanece no patrimônio do beneficiado, sem constituir coisa comum ou patrimônio comum, no caso de casar-se sob regime de comunhão de bens. Acrescenta que essas restrições voluntárias só produzirão efeito se provierem de doação ou testamento e se constarem do registro público.

Condicionada está a convivência privada ao interesse coletivo, visto que a propriedade passa a ter função social, não mais girando em torno dos interesses individuais do seu titular. Como diz Miguel Reale, "a propriedade é como Janus bifronte: tem uma face voltada para o indivíduo e outra para a sociedade. Sua função é individual e social". O atendimento ao princípio da *função social da propriedade* requer não só que o uso do bem seja efetivamente compatível à sua destinação socioeconômica, p. ex., se este for imóvel rural, nele dever-se-á exercer atividade agrícola, pecuária, agropecuária, agroindustrial ou extrativa, mas também que sua utilização respeite o meio ambiente, as relações de trabalho, o bem-estar social e a utilidade de exploração. Enunciado do Conselho da Justiça Federal n. 507: "Na aplicação do princípio da função social da propriedade imobiliária rural deve ser observada a cláusula aberta do § 1º do art. 1.228 do Código Civil, que, em consonância com o disposto no art. 5º, inciso XXIII, da Constituição de 1988, permite melhor objetivar a funcionalização mediante critérios de valoração centrados na primazia do trabalho" (aprovado na V Jornada de Direito Civil). Deve haver, portanto, uso efetivo e socialmente adequado do bem sobre o qual recai a propriedade. Busca-se equilibrar o direito de propriedade como uma satisfação de interesses particulares, e sua função social, que visa atender ao interesse público e ao cumprimento de deveres para com a sociedade. Logo, a propriedade, como diz Ebert V. Chamoun, sem deixar de ser um *jus* (direito subjetivo), passa a ser um *munus* (direito-dever), desempenhando uma função social. A propriedade está, portanto, impregnada de socialidade e limitada pelo interesse público. Por tal razão prescreve, por exemplo, o art. 1.228, § 1º, do Código Civil que "o direito de propriedade deve ser exercido em consonância com as suas finalidades econômicas e sociais e de modo que sejam preservados, de conformidade com o estabelecido em lei especial, a flora, a fauna, as belezas naturais, o equilíbrio ecológico e o patrimônio histórico e artístico, bem como evitada a poluição do ar e das águas", acrescentando no § 2º que "são defesos os atos que não trazem ao proprietário qualquer comodidade, ou utilidade, e sejam animados pela intenção de prejudicar outrem", vedando, assim, atos emulativos e o abuso do direito de propriedade. Pelo Enunciado n. 49 do Conselho da Justiça Federal (aprovado nas Jornadas de Direito Civil de 2002) a norma do art. 1.228, § 2º, do Código Civil de 2002, "interpreta-se restritivamente, em harmonia com o princípio da função social da propriedade e com o disposto no art. 187 da mesma lei". Proibidos estão, portanto, os atos emulativos e o abuso do direito de propriedade, por isso, o proprietário, antes de exercer seu direito, deverá verificar a legitimidade de seu interesse, evitando qualquer prejuízo a terceiro. A propriedade recebe, no Código Civil vigente, uma abordagem peculiar, que releva seu sentido no mundo contemporâneo, mantendo sua natureza de direito real (art. 1.225, I) pleno sobre algo, perpétuo e exclusivo (CC, arts. 1.228, *caput*, e 1.231), porém não ilimitado, por estar seu exercício condicionado ao pressuposto de que deve ser socialmente útil. Reprimido está, juridicamente, o exercício antissocial do direito de propriedade. O proprietário deverá conformar o exercício do seu direito ao bem-estar social, sem que isso venha a negar seu domínio e sem que o Estado venha a impor os fins a que a gestão de bens privados deva perseguir. O exercício do domínio deve ser instrumento de cooperação social e de consecução de finalidades públicas. Por isso, diz Barassi, com acerto, que a função social da propriedade na forma *jurídico-positiva* seria a instrumentalidade da propriedade dos bens de produção e, na forma *jurídico-negativa*, uma limitação aos poderes do proprietário para atender aos interesses sociais, como saúde pública, cultura, economia popular, segurança nacional, higiene etc. A sociedade deve extrair benefícios do exercício do direito de propriedade. A propriedade pertence, portanto, mais à seara do direito público do que à do direito privado, visto ser a Carta Magna que traça seu perfil jurídico. Urge fazer com que se cumpra a função social da propriedade, criando condições para que ela seja economicamente útil e produtiva, atendendo ao desenvolvimento econômico e aos reclamos de justiça social[9]. O exercício do direito de propriedade deve desempenhar uma fun-

---

9. Silvio Rodrigues, *Direito civil*, 2. ed., Max Limonad, v. 5, p. 103, 107 e 108; Caio M. S. Pereira, op. cit., p. 85; Antônio Chaves, Evolução, natureza e fundamento do direito de propriedade, *Revista Trimestral de Direito Privado*, *1*:95-111, 1970; Celso A. Bandeira de Mello, Novos aspectos da função social da propriedade no direito público, *RDP*, *84*:39-45; Luciana Françoso Rodrigues, *A função social da propriedade imóvel no direito civil comparado*, dissertação de mestrado defendida na PUCSP em 1996; Volney Zamenhof de Oliveira Silva, A propriedade em face da ordem constitucional brasileira, *Revista de Estudos Jurídicos*, UNESP, *5*:9-36; Antônio José de Mattos Neto, Função social da propriedade agrária: uma revisão crítica, *RDC*, *76*:72; Glauber M. Talavera, A função social como paradigma dos direitos reais limitados de gozo ou fruição sobre coisa alheia, in *Temas atuais de direito civil na Constituição Federal*, São Paulo, Revista dos Tribunais, p. 277 a 325; Elimar Szaniawski, Aspectos da propriedade imobiliária contemporânea e sua função social, *Revista de Direito Privado*, São Paulo, Revista dos Tribunais, *3*:126-56; Miguel Reale, *O Projeto do novo Código Civil*, São Paulo, Saraiva, 1999, p. 155; Barassi, *La proprietà nel nuovo Codice Civile*, 2. ed., p. 82; Daniela C. L. Di Sarno, Função social da propriedade, *Estatuto da cidade*, São Paulo, 2001, p. 72-82; Nadia Somekh, Função social da propriedade e da cidade, *Estatuto da cidade*, cit., p. 83-91; Antonio Cláudio M. L. Moreira, Plano diretor e função social da propriedade urbana, *Estatuto da cidade*, cit., p. 147-64; Erik Frederico Gramstrup, Por uma definição dogmático-constitucional da função social da propriedade, *Cadernos de direito civil e constitucional*, *2*:93-109; Laura Beck Varela, Das propriedades à propriedade: construção de um direito, in *A reconstrução do direito privado* (org. Judith Martins-Costa), São Paulo, Revista dos Tribunais, 2002, p. 730-

ção social no sentido de que a ordem jurídica confere ao seu titular um poder em que estão conjugados o interesse do proprietário e o do Estado ou o social. Por isso, o órgão judicante deverá procurar, na medida do possível, harmonizar a propriedade com sua função social.

B. Fundamento jurídico do domínio

Há grande divergência entre os autores sobre a questão da legitimidade da propriedade.

Alguns, como Grócio, pretendem encontrar o fundamento da propriedade na *ocupação* de bens ainda não apropriados por ninguém, e que alargaria o domínio do homem sobre a natureza, convertendo os objetos da natureza em valores econômicos ou culturais, enriquecendo o patrimônio da nação. Contudo, a ocupação não justifica o domínio, porque este só pode

---

62; Laura Beck Varela e Marcos de Campos Ludwig, Da propriedade às propriedades: função social e reconstrução de um direito, in *A reconstrução*, cit., p. 763-88; Isabel Vaz, *Direito econômico das propriedades*, Rio de Janeiro, Forense, 1993; Pietro Perlingieri, *Introduzione alla problematica della proprietà*, Napoli, Jovene. s.d.; Carlos Alberto Bittar e Carlos Alberto Bittar Filho, *Direito civil constitucional*, São Paulo, Revista dos Tribunais, 2003, p. 150-60; Wagner Costa Ribeiro e outros, *Patrimônio ambiental brasileiro*, São Paulo, Ed. USP, 2004; Washington Carlos de Almeida, *Direito de propriedade – limites ambientais no Código Civil*, Barueri, Manole, 2006; Guilherme J. Purvin de Figueiredo, *A propriedade no direito ambiental*, São Paulo, Revista dos Tribunais, 2008; Getúlio Targino Lima, *Propriedade – crise e reconstrução de um perfil conceitual*, São Paulo, SRS, 2009; Luís Portella Pereira, *A função social da propriedade urbana*, Porto Alegre, Síntese, 2003; Marcus Tullius L. F. dos Santos, O constitucionalismo econômico: estudo sobre o princípio da propriedade privada e o da função social da propriedade, *Direito e Liberdade*, Revista da ESMARN, v. 4, p. 267-86; Sílvio Luis Ferreira da Rocha, *Função social da propriedade pública*, São Paulo, Malheiros, 2005; Rogério G. Leal, *A função social da propriedade e da cidade no Brasil*, Porto Alegre, 1998; Bartolomeu Bueno, A função social da propriedade rural e urbana, *Justilex*, *45*:24-5, 2005; Paulo Dias de M. Ribeiro, A função social da propriedade, *Revista Brasileira de Direito Comparado*, *38*:121-34; Lucas A. Barroso, A demonstração da função social da propriedade como pressuposto da concessão de tutela de urgência em ação possessória, *A realização do direito civil*, Curitiba, Juruá, 2011, p. 175 a 188; Luciano B.; Timm e Renato V. Caovilla, Propriedade e desenvolvimento: análise pragmática da função social, *Fundamentos do Direito Civil Brasileiro* (org. Everaldo A. Cambler), São Paulo, Millennium, 2012, p. 197 a 220; Altino P. Soares Pereira, O direito de propriedade, o bem-estar social, *Doutrinas essenciais – obrigações e contratos* (coord. Tepedino e Fachin), São Paulo, Revista dos Tribunais, 2011, v. II, p. 1203-09; Orlando Gomes, Significado da evolução contemporânea do direito de propriedade, *Doutrinas essenciais*, cit., p. 1267-80. Sobre patrimônio cultural brasileiro: CF, art. 216, V; Lei n. 3.924/61, arts. 1º a 3º. Sobre prazo de adesão ao Programa de Regularização Tributária Rural: Lei n. 13.606/2018, com alteração da Lei n. 13.630/2018. Sobre proteção da vegetação nativa: Lei n. 12.651/2012 com as alterações da Lei n. 12.727/2012. Os §§ 3º a 5º do art. 1.228 do CC também revelam a função social da propriedade.

surgir ante uma lei que o organize e que inclua a ocupação entre os modos aquisitivos da propriedade. Além do mais, muitas das propriedades atuais são originárias da violência, quer na esfera interna quer na internacional, e não da ocupação[10].

Outros lhe deram a *lei* por fundamento, como Montesquieu, Hobbes, Benjamin Constant, Mirabeau, Bentham. Entretanto, insuficiente é essa teoria porque não se pode fundar a propriedade na vontade do legislador que a cria, pois a mesma poderia ser levada a suprimi-la[11].

Para a teoria da especificação preconizada pelos economistas, Locke, Guyot, Mac Culloch, o trabalho seria o único criador de bens, consistindo no título legítimo da propriedade, que não seria uma mera apropriação do bem da natureza, mas a transformação desse objeto por meio da forma que o homem, com seu trabalho, daria à matéria bruta[12].

Planiol[13] critica essa concepção dizendo que o trabalho deve ser recompensado com o salário e não com o objeto por ele produzido. Há ainda o inconveniente apresentado pela divisão do trabalho, pois o trabalho de várias pessoas concentrado na produção de uma coisa daria origem a múltiplas propriedades sobre o mesmo bem, acarretando dificuldades. Radbruch[14] aponta o fato de que essa doutrina da propriedade coletiva dos trabalhadores leva à espoliação do proprietário dos meios de produção, de que não participou com seu trabalho.

Ante todas essas críticas não hesitamos em afirmar que a corrente doutrinária mais sólida a esse respeito é a *teoria da natureza humana*, segundo a qual a propriedade é inerente à natureza do homem, sendo condição de sua existência e pressuposto de sua liberdade. É o instinto da conservação que leva o homem a se apropriar de bens seja para saciar sua fome, seja para satisfazer suas variadas necessidades de ordem física e moral. A natureza humana é de tal ordem que ela chegará a obter, mediante o domínio privado, um melhor desenvolvimento de suas faculdades e de sua atividade. O homem, como ser racional e eminentemente social, transforma seus atos de apropriação em direitos que, como autênticos interesses, são assegurados pela sociedade, mediante normas jurídicas, que garantem e promovem a defesa individual, pois é imprescindível que se defenda a proprieda-

10. *Vide* W. Barros Monteiro, op. cit., p. 82-3.
11. W. Barros Monteiro, op. cit., p. 83.
12. W. Barros Monteiro, op. cit., p. 83.
13. Planiol, *Traité élémentaire de droit civil*, 12. ed., v. 1, p. 793, citado por W. Barros Monteiro, op. cit., p. 84.
14. Radbruch, *Filosofia do direito*, v. 2, p. 31, citado por W. Barros Monteiro, op. cit., p. 84.

de individual para que a sociedade possa sobreviver. Sendo o homem elemento constitutivo da sociedade, a defesa de sua propriedade constitui defesa da própria sociedade[15].

Assim, a propriedade foi concebida ao ser humano pela própria natureza para que possa atender às suas necessidades e às de sua família. Por todas essas razões, pela sua função social e pelo serviço que presta às sociedades civilizadas, justifica-se, plenamente, a existência jurídica da propriedade[16].

C. Conceito e elementos constitutivos da propriedade

Ao elaborarmos, em páginas anteriores, a classificação dos direitos reais, colocamos a propriedade em posição privilegiada, pois é ela a relação fundamental do direito das coisas, abrangendo todas as categorias dos direitos reais, girando em seu torno todos os direitos reais sobre coisas alheias, sejam direitos reais limitados de gozo ou fruição, sejam os de garantia ou de aquisição[17]. Isto é assim porque a propriedade, que é o mais amplo direito de senhorio sobre uma coisa, como ensinam Windscheid e Brinz[18], apresenta-se como unidade de poderes que podem ser exercidos sobre uma coisa e não como uma soma ou um feixe de faculdades distintas, cada uma das quais suscetível de desmembrar-se do todo para surgir como direito fracionado. A propriedade é a plenitude do direito sobre a coisa; as diversas faculdades, que nela se distinguem, são apenas manifestações daquela plenitude. Entre a propriedade e os direitos reais sobre coisa alheia, há uma relação de tal ordem que estes são projeções daquela, que não perde nenhuma de suas características pelo fato de se constituírem os demais. Daí falarem os alemães em "elasticidade da propriedade", uma vez que extintos os

---

15. Daibert, op. cit., p. 157; Silvio Rodrigues, op. cit., p. 99; Serpa Lopes, op. cit., p. 252; René Gonnard, *La propriété dans la doctrine et dans l'histoire*, Paris, 1943, p. 56; W. Barros Monteiro, op. cit., p. 84; Laurent, *Principes de droit civil*, p. 9-107; Cunha Gonçalves, *Tratado de direito civil*, v. 11, p. 170.

16. Planiol e Ripert, *Traité pratique de droit civil français*, Paris, 1926, v. 3; Gustavo Tepedino, Contorni della proprietà nella Costituzione brasiliana del 1988, *Rassegna di Diritto Civile, 1*:96-119, 1991.

17. *Vide* o que diz a respeito Serpa Lopes, op. cit., p. 225-6; Sebastião José Roque, *Direito das coisas*, cit., p. 53-8; Goffredo Telles Jr., *Iniciação na ciência do direito*, São Paulo, Saraiva, 2001, p. 311-8.

18. Brinz, *Lehrbuch der Pandekten*, Lípsia, 1884-1892, v. 1, p. 470; Windscheid, *Diritto delle pandette*, v. 2, p. 114-5, n. 2, citados por Miguel Reale, *Nos quadrantes do direito positivo*, Ed. Michalany, 1960, p. 331.

direitos limitados (usufruto, anticrese, hipoteca etc.) readquire ela sua antiga plenitude[19].

Antes de procedermos à conceituação da propriedade, seria de bom alvitre verificarmos o *sentido etimológico* do termo "propriedade".

Para uns o vocábulo vem do latim *proprietas*, derivado de *proprius*, designando o que pertence a uma pessoa. Assim, a propriedade indicaria, numa acepção ampla, toda relação jurídica de apropriação de um certo bem corpóreo ou incorpóreo. Outros entendem que o termo "propriedade" é oriundo de *domare*, significando sujeitar ou dominar, correspondendo à ideia de *domus*, casa, em que o senhor da casa se denomina *dominus*. Logo, "domínio" seria o poder que se exerce sobre as coisas que lhe estiverem sujeitas. Percebe-se que, no direito romano, a palavra *dominium* tinha um sentido mais restrito do que a "propriedade", indicando a primeira tudo que pertencia ao chefe da casa, mesmo que se tratasse de um usufruto, e tendo a segunda uma acepção mais ampla, abrangendo coisas corpóreas ou incorpóreas. Apesar da distinção que há entre esses dois termos, emprega-se, comumente, tanto o vocábulo "propriedade" como "domínio" para designar a mesma coisa, uma vez que entre eles não há diferença de conteúdo. Outrossim, o nosso Código Civil de 1916, em vários casos, empregou diferentemente essas palavras, o mesmo não fazendo o Código Civil vigente, que preferiu o termo *propriedade*[20].

Árdua é a tarefa de *conceituar* a propriedade, pois, como observa Vittuci[21], é impossível enumerar a infinita gama dos poderes do proprietário, já que alguns deles podem faltar sem que por isso se desnature o direito de propriedade. Como, então, devem proceder os civilistas para definir o domínio?

Scialoja[22] apresenta-nos três soluções:

a) reduzir a propriedade aos seus elementos essenciais positivos (direito de usar, gozar, dispor e reivindicar);

---

19. M. Reale, op. cit., p. 331; *vide* Enneccerus, Kipp e Wolff, *Tratado de derecho civil*, v. 1, t. 3, p. 298; Pontes de Miranda, *Tratado de direito privado*, Rio de Janeiro, 1955, v. 11, p. 10; Andreas von Tuhr, *Derecho civil*, 1947, v. 2, t. 1, p. 77.

20. Sobre a etimologia ver: Serpa Lopes, op. cit., p. 231-2; Diego, *Inst. de derecho civil español*, Madrid, 1941, v. 1, p. 312-3; W. Barros Monteiro, op. cit., p. 88; Tobeñas, *Derecho civil español*, 9. ed., Madrid, 1957, v. 2, § 38, p. 60-2. Empregamos indistintamente, nesta obra, os termos propriedade e domínio.

21. Vittuci, Proprietà, in *Nuovo Digesto Italiano*, v. 17.

22. Scialoja, *Teoria della proprietà nel diritto romano*, v. 1, p. 272-3.

b) destacar o elemento genérico da vontade do proprietário relativamente ao bem, de modo que a propriedade seja a exteriorização da vontade livre do proprietário; e

c) evidenciar o momento estático da relação jurídica da propriedade, ou seja, o elemento da pertinência da coisa ao proprietário, sem qualquer preocupação com a possível manifestação da vontade do homem sobre a coisa.

Parece-nos que o critério mais acertado é o primeiro, que tem por base o conteúdo da propriedade, ao enunciar os poderes do proprietário. Esta foi a solução adotada pelo nosso Código Civil, que, apesar de não ter definido propriedade, no seu art. 1.228, *caput*, descreve o seu conteúdo, ao prescrever: "o proprietário tem a faculdade de usar, gozar e dispor da coisa, e o direito de reavê-la do poder de quem quer que injustamente a possua ou detenha"[23]; fornecendo, dessa forma, subsídios para a elaboração de um conceito.

Poder-se-á definir, analiticamente, a propriedade, como sendo o direito que a pessoa natural ou jurídica tem, dentro dos limites normativos, de usar, gozar e dispor de um bem, corpóreo ou incorpóreo, bem como de reivindicá-lo de quem injustamente o detenha[24].

Esses seus elementos constitutivos correspondem ao *jus utendi, fruendi* e *abutendi* e à *rei vindicatio* dos romanos. A propriedade não é a soma desses atributos, ela é direito que compreende o poder de agir diversamente em relação ao bem, usando, gozando ou dispondo dele[25]. Esses elementos podem concentrar-se num só indivíduo, caso em que a propriedade é plena, ou desmembrar-se, quando se transfere a outrem um de seus atributos, como na constituição do direito real de usufruto, em que o proprietário tem o domínio eminente, embora o uso da coisa passe ao conteúdo patrimonial

23. Na mesma linha: BGB, art. 903; Cód. Civil suíço, art. 641. Outros códigos como o francês (art. 544) e o austríaco (art. 354) preferiram definir a propriedade.

24. Tito Fulgêncio (*Direitos de vizinhança*, n. 1, p. 7) apresenta-nos a seguinte definição: "propriedade é o direito que tem uma pessoa de tirar diretamente da coisa toda a sua utilidade jurídica"; Clóvis (*Direito das coisas*, v. 1, § 34) define-a como "o poder assegurado pelo grupo social à utilização dos bens da vida psíquica e moral", e Lacerda de Almeida (*Direito das coisas*, v. 1, § 8) conceitua-se do seguinte modo: "é o direito real que vincula à nossa personalidade uma coisa corpórea sob todas as suas relações". Para Scialoja, op. cit., *"la proprietà è un rapporto de diritto privato, pel quale una cosa, come pertinenza di una persona, è completamente soggetta alla volontà di questa in tutto ciò che non sia vietato da diritto pubblico o dalla concorrenza dell'altrui diritto"*.

25. Caio M. S. Pereira, op. cit., p. 90-1.

de outra pessoa, que terá o domínio útil. O proprietário poderá até perder a disposição do bem, por força de inalienabilidade oriunda de lei ou de sua própria vontade[26].

A fim de melhor elucidarmos nosso conceito, passaremos à análise desses elementos constitutivos do domínio.

O *direito de usar* da coisa é o de tirar dela todos os serviços que ela pode prestar, sem que haja modificação em sua substância[27]. O titular do *jus utendi* pode empregá-lo em seu próprio proveito ou no de terceiro, bem como deixar de utilizá-lo, guardando-o ou mantendo-o inerte. Usar do bem não é apenas retirar vantagens, mas também ter o bem em condições de servir[28]. O *jus utendi* é o direito de usar a coisa, dentro das restrições legais, a fim de se evitar o abuso do direito[29], limitando-se, portanto, ao bem-estar da coletividade.

O *jus fruendi* exterioriza-se na percepção dos frutos e na utilização dos produtos da coisa[30]. É o direito de gozar da coisa ou de explorá-la economicamente. Reforça esse atributo da propriedade o disposto no Código Civil no art. 92 – a existência do acessório supõe a do principal – e no art. 1.232 – o dono do principal sê-lo-á do acessório, pois "os frutos e mais produtos da coisa pertencem, ainda quando separados, ao seu proprietário, salvo se, por preceito jurídico especial, couberem a outrem"; é o que sucede no uso, na habitação, no usufruto, na locação e também no caso de posse, na hipótese do art. 1.214 desse mesmo diploma legal.

O *jus abutendi* ou *disponendi* equivale ao direito de dispor da coisa ou poder de aliená-la a título oneroso (venda) ou gratuito (doação), abrangendo o poder de consumi-la e o poder de gravá-la de ônus (penhor, hipoteca, servidão etc.) ou de submetê-la ao serviço de outrem[31].

---

26. Observações de Caio M. S. Pereira, op. cit., p. 91.
27. Vareilles-Sommières (La définition et la notion juridique de la propriété, *Rev. Trim.*, 1905, p. 443 e s.), ao conceituar a propriedade, abrange apenas o atributo do *jus utendi* ao dizer *"c'est le droit en vertu duquel une personne peut en principe tirer d'une chose tous ses services"*.
28. Caio M. S. Pereira, op. cit., p. 92.
29. De Page, *Traité élémentaire de droit civil*, v. 5, n. 910, e Mazeaud e Mazeaud, *Leçons de droit civil*, v. 2, n. 1.336.
30. W. Barros Monteiro, op. cit., p. 91, e Caio M. S. Pereira, op. cit., p. 92; Silvio Rodrigues, op. cit., p. 94.
31. Sá Pereira, *Manual Lacerda*, v. 8, n. 4; Lafayette, *Direito das coisas*, § 25; Caio M. S. Pereira, op. cit., p. 93; Daibert, op. cit., p. 153-4.

Sugestivos e esclarecedores são os exemplos de Mourlon[32], de que usar de uma casa é habitá-la, dela gozar, alugá-la e dela dispor: demoli-la ou vendê-la; usar de um quadro é utilizá-lo na decoração de uma casa, dele gozar é exibi-lo numa exposição a troco de dinheiro e dele dispor é destruí-lo ou aliená-lo ou, ainda, doá-lo.

E, finalmente, *rei vindicatio* é o poder que tem o proprietário de mover ação para obter o bem de quem injustamente o detenha, em virtude do seu direito de sequela, que é uma das características do direito real[33].

D. Caracteres da propriedade

Ante todas as ideias aqui expendidas pode-se atribuir, num certo sentido, ao direito de propriedade, *caráter absoluto* não só devido a sua oponibilidade *erga omnes*, mas também por ser o mais completo de todos os direitos reais, que dele se desmembram, e pelo fato de que o seu titular pode desfrutar e dispor do bem como quiser, sujeitando-se apenas às limitações impostas em razão do interesse público ou da coexistência do direito de propriedade de outros titulares[34] (CC, art. 1.228, §§ 1º e 2º).

Claro está que o seu caráter absoluto não se apresenta com a feição que revestia no direito romano, devendo ser entendido dentro do âmbito em que a norma jurídica permite seu movimento e desenvolvimento. É nesse sentido que deve ser entendido o art. 1.231 do Código Civil pátrio, ao prescrever que a "propriedade presume-se plena e exclusiva, até prova em contrário", cabendo ao contestante o ônus da prova de não ser a propriedade absoluta, por existir alguma limitação legal em prol daquele que a alega[35].

Esse mesmo dispositivo legal nos dá o outro caráter do domínio: sua *exclusividade*, em virtude do princípio de que a mesma coisa não pode per-

---

32. Mourlon, *Répétitions écrites sur le Code Civil*, v. 1, p. 737, citado por W. Barros Monteiro, op. cit., p. 91.

33. Daibert, op. cit., p. 154; *ADCOAS*, 1983, ns. 90.935, 90.287 e 90.538; *Bol. AASP*, *1396*:137; *EJSTJ*, *13*:145; *Ciência Jurídica*, *71*:136; *RTJ*, *99*:804; *RT*, *779*:298, *762*:234.

34. W. Barros Monteiro, op. cit., p. 89-90; Bonfante, *Corso di diritto romano*, v. 2, p. 199; Orlando Gomes, *Direitos reais*, 6. ed., Forense, 1978, p. 99.

35. Serpa Lopes, op. cit., p. 251-2. A esse respeito dispõe o art. 544 do Código Civil francês: *"La propriété est le droit de jouir et de disposer des choses de la manière la plus absolue, pourvu qu'on n'en fasse pas un usage prohibé par les lois ou par les règlements"*.

tencer com exclusividade e simultaneamente a duas ou mais pessoas. O direito de um sobre determinado bem exclui o direito de outro sobre o mesmo bem. Convém esclarecer que no caso do condomínio não desaparece essa exclusividade, porque os condôminos são, conjuntamente, titulares do direito. O condomínio implica uma divisão abstrata da propriedade, pois cada condômino possui uma quota ideal do bem[36].

Em razão da sua natureza de direito real, exclusivo é o domínio porque o direito de seu titular é exercido sem concorrência de outrem, podendo excluir terceiros da utilização da coisa, manifestando-se, assim, a oponibilidade *erga omnes* como um atributo da exclusividade[37]. A *plenitude* da *propriedade* decorre da liberdade que o proprietário tem de usá-la como lhe aprouver, acatando as restrições legais, evitando a sua utilização abusiva e atendendo à sua função socioeconômica.

A característica da *perpetuidade* do domínio resulta do fato de que ele subsiste independentemente de exercício, enquanto não sobrevier causa extintiva legal ou oriunda da própria vontade do titular[38], não se extinguindo, portanto, pelo não uso.

Tal perpetuidade não significa que um bem deve pertencer sempre ao mesmo titular, visto que os homens duram, em regra, menos do que os bens de que são donos. Compreende sua perpetuidade a possibilidade de sua transmissão, que é até um dos meios de tornar durável a propriedade, por um lapso de tempo indefinido, uma vez que o adquirente é o sucessor do transmitente, a título singular ou universal, recebendo todos os seus direitos sobre a coisa transmitida[39].

A estes caracteres Orlando Gomes[40] acrescenta o da *elasticidade*, pois o domínio pode ser distendido ou contraído, no seu exercício, conforme lhe adicionem ou subtraiam poderes destacáveis.

---

36. Almachio Diniz, *Direito das coisas*, p. 94; Silvio Rodrigues, op. cit., p. 98; Gustavo Tepedino, *Multipropriedade imobiliária*, São Paulo, Saraiva, 1993.
37. W. Barros Monteiro, op. cit., p. 90; Silvio Rodrigues, op. cit., p. 96; Serpa Lopes, op. cit., p. 254; Barassi, *Proprietà e comproprietà*, Milano, Giuffrè, 1951; Ramponi, *La comunione di proprietà o comproprietà*, Torino, UTET, 1922; Ionasco, *La copropriété d'un bien*, Paris, 1930; Espínola, *Posse, propriedade, compropriedade ou condomínio, direitos autorais*, Rio de Janeiro, 1956.
38. W. Barros Monteiro, op. cit., p. 90; Silvio Rodrigues, op. cit., p. 98.
39. Cunha Gonçalves, *Tratado de direito civil*, 2. ed., v. 11, t. 1, n. 1.646.
40. Orlando Gomes, op. cit., p. 100.

E. Objeto da propriedade

Inicialmente, poder-se-á dizer que pode ser objeto da propriedade tudo aquilo que dela não for excluído por força da lei.

Podem ser objeto do domínio os *bens corpóreos* (móveis ou imóveis).

Se a propriedade recair sobre coisas móveis nenhuma dificuldade há, uma vez que além de serem suscetíveis de perfeita individualização que possibilita determinação específica, ocupam, no espaço, um lugar definido, podendo ser materialmente isolados[41].

Porém, se a propriedade for imobiliária surge a questão de se saber qual é sua extensão, isto porque, apesar de poder ser delimitada horizontalmente, confinando-se entre vizinhos, grande é a controvérsia quanto à sua extensão vertical ante a importância da propriedade do espaço aéreo e do subsolo[42], posto que o poder do titular de um imóvel estende-se além do espaço de limites determinados na superfície da terra. Mas qual será o limite do seu domínio ao correspondente espaço aéreo e subsolo?

Os romanos não estabeleciam nenhum limite à extensão vertical da propriedade como se pode ver nesse princípio que vigorava entre eles: "aquele que é dono do solo, dono é até o céu e até o centro da terra".

Essa ilimitada extensão da propriedade, admitida na Idade Média, passou ao direito moderno por influência do art. 552 do Código de Napoleão[43].

Contra esse estado de coisas insurgiram-se o Código Civil alemão, que, numa posição bem mais realista, no seu art. 905, limita a extensão vertical da propriedade ao interesse do proprietário, e o Código Civil suíço, que, no art. 667, pressupõe tal projeção vertical limitada à utilidade do aproveitamento.

Nosso Código Civil conjugou, em seu art. 1.229, ambas as concepções, ao prescrever que "a propriedade do solo abrange a do espaço aéreo e subsolo correspondentes, em altura e profundidade úteis ao seu exercício, não podendo o proprietário opor-se a atividades que sejam realizadas, por terceiros, a uma altura ou profundidade tais, que não tenha ele interesse legítimo em impedi-las".

De maneira que o titular da propriedade imobiliária pode edificar arranha-céus, levantar antenas de captação de ondas hertzianas (Lei n. 6.938/81,

41. Orlando Gomes, op. cit., p. 102.
42. Orlando Gomes, op. cit., p. 102.
43. Orlando Gomes, op. cit., p. 109.

art. 9º, VII; CF, arts. 5º, XIV, 225 e 220) para obter informação, exercendo o direito de ser comunicado e o dever de informar etc. Pode impedir que em seu terreno haja qualquer construção de seu vizinho, ou colocação de postes que possibilitam a passagem de fios telegráficos, telefônicos ou condutores de energia elétrica, que lhe causem dano ou perigo[44], tendo direito de excluir tudo que interfira com o aproveitamento da coisa.

Não pode impedir que um avião passe por sobre sua casa ou a colocação de cabos aéreos de energia elétrica ou, ainda, que perfurem o subsolo para instalação de condutos subterrâneos de serviço de utilidade pública (CC, art. 1.286) ou de metrô, pois não tem nenhum interesse em impugnar a realização de trabalhos que se efetuem a uma certa altura e a profundidade tal que não acarrete risco para sua segurança[45].

Por outro lado, o proprietário do imóvel tem sua liberdade de construir em terrenos urbanos limitada às exigências do poder público que, conforme sua localização, pode impor altura à sua construção, recuo do alinhamento, bem como impedir certo tipo de edificação, como sucede nos bairros residenciais[46].

No que concerne ao subsolo, convém esclarecer que, quanto às minas, jazidas, recursos minerais, energia hidráulica e monumentos arqueológicos, pelo Código de Mineração, art. 84, pelo Código Civil, art. 1.230, e pela Constituição Federal, art. 176 (com alteração da EC n. 6/95), passaram a ter autonomia jurídica, incorporando-se ao patrimônio da União[47]. Deveras, dispõe o art. 1.230 e parágrafo único do Código Civil que "A propriedade do solo

---

44. Carvalho Santos, *Código Civil interpretado*, v. 7, p. 304; *RT, 380*:163; W. Barros Monteiro, op. cit., p. 93; Caio M. S. Pereira, op. cit., p. 97; Celso A. P. Fiorillo, *O direito de antena em face do direito ambiental do Brasil*, São Paulo, Saraiva, 2000, p. 121-89. O art. 1.229 do Código Civil estabelece que o critério de utilidade definirá o limite do proveito normal do solo, logo, pelo princípio da razoabilidade, o proprietário não pode se opor, se na construção de nova obra não lhe advém qualquer dano. A respeito, consulte: Nelson e Rosa Nery, *Código Civil*, SP, RT, nota 3 ao art. 1.229; Nelson Kojranski, Os "tirantes" e a propriedade vizinha, *Tribuna do Direito*, maio, 2013, p. 6.

45. W. Barros Monteiro, op. cit., p. 93; Orlando Gomes, op. cit., p. 112-3. *Vide* Lei n. 7.029/82, sobre alcooldutos; Código Civil, arts. 404 e 405 (sobre perdas e danos); Código de Águas, arts. 96 a 98; Decreto-Lei n. 852/38, art. 10.

46. W. Barros Monteiro, op. cit., p. 4.

47. W. Barros Monteiro, op. cit., p. 93; Código de Águas (Decreto n. 24.643/34), art. 145; Decreto-lei n. 3.236/41, sobre propriedade das jazidas de petróleo – ora revogado pela Lei n. 2.004/53; Lei n. 2.004/53, relativa ao monopólio do petróleo, ora revogada pela Lei n. 9.478/97; Lei n. 1.310/51, sobre uso e exploração de minérios para produção de energia atômica; Lei n. 12.276/2010, que autoriza a cessão onerosa pela União à Petrobras do exercício de atividades de pesquisa e lavra de petróleo, gás natural e outros hidrocarbonetos fluidos; e Código de Mineração, arts. 14 a 35.

não abrange as jazidas, minas e demais recursos minerais, os potenciais de energia hidráulica, os monumentos arqueológicos e outros bens referidos por leis especiais. O proprietário do solo tem o direito de explorar os recursos minerais de emprego imediato na construção civil, desde que não submetidos a transformação industrial, obedecido o disposto em lei especial".

Tudo o que se incorpora ao solo, desde que não possa ser retirado sem destruição de sua substância, bem como tudo que se empregar no imóvel visando sua exploração, aformoseamento ou comodidade constitui sua parte integrante. Trata-se da acessoriedade, pela qual pertencem ao proprietário da coisa principal os seus frutos, produtos e benfeitorias (CC, art. 1.232).

Assim, se o objeto do direito de propriedade recai sobre bens corpóreos deve-se ater a três princípios: o da corporiedade ou materialização, o da individualização e o da acessoriedade. De forma que tal objeto deverá ter valor econômico materializado, individualmente determinado, com todos os seus acessórios[48].

Admitimos os *bens incorpóreos* como objeto da propriedade, pois em face de nosso ordenamento jurídico a propriedade imaterial é regulada como uma relação de domínio do mesmo teor de um bem corpóreo. O Código Civil pátrio de 1916, nos arts. 649 a 673, colocou a propriedade artística, literária e científica como parte integrante do direito das coisas; o mesmo se pode dizer da já revogada Lei n. 5.988/73, que derrogou esses dispositivos ao regular os direitos autorais regidos atualmente pela Lei n. 9.610/98; a própria Constituição Federal admite a propriedade imaterial ao situá-la no mesmo plano da propriedade sobre coisas corpóreas, estabelecendo no art. 5º, XXIX, que "a lei assegurará aos autores de inventos industriais privilégio temporário para sua utilização, bem como proteção às criações industriais, à *propriedade* das marcas, aos nomes de empresas e a outros signos distintivos, tendo em vista o interesse social e o desenvolvimento tecnológico e econômico do País" (Lei n. 9.279/96), e declarando no inc. XXVII desse mesmo artigo que aos autores de obras literárias, artísticas e científicas pertence o direito *exclusivo* de utilizá-las, publicá-las e reproduzi-las. Esse direito é transmissível por herança, pelo tempo que a lei fixar[49].

Tanto as coisas corpóreas como as incorpóreas podem ser objeto do domínio desde que apropriáveis pelo homem, que, como sujeito da relação

48. Orlando Gomes, op. cit., p. 102 e 113; Serpa Lopes, op. cit., p. 256.

49. Comentários de Serpa Lopes, op. cit., p. 256. Já o direito alemão restringe o objeto da propriedade às coisas corpóreas (Enneccerus, Kipp e Wolff, *Derecho de cosas*, v. 1, § 51, p. 301).

jurídica, poderá exercer sobre elas todos os poderes dentro dos limites impostos pela ordem jurídica.

F. Espécies de propriedade

Em face da *extensão do direito* do seu titular a propriedade pode ser:

a) *plena*, quando todos os seus elementos constitutivos se acham reunidos na pessoa do proprietário[50], ou seja, quando seu titular pode usar, gozar e dispor do bem de modo absoluto, exclusivo e perpétuo, bem como reivindicá-lo de quem, injustamente, o detenha;

b) *restrita ou limitada*, quando se desmembra um ou alguns de seus poderes que passa a ser de outrem, caso em que se constitui o direito real sobre coisa alheia. Assim, no usufruto, limitada é a propriedade do nu proprietário, porque o usufrutuário tem sobre a coisa o uso e gozo. Limitado é o domínio gravado com cláusula de inalienabilidade, já que o seu proprietário privado está do direito de dispor do bem[51].

Quanto à *perpetuidade* do domínio temos:

a) *propriedade perpétua* – a que tem duração ilimitada, ou seja, durará enquanto o proprietário tiver interesse por ela; e

b) *propriedade resolúvel* ou revogável – a que encontra, no seu título constitutivo, uma razão de sua extinção, ou seja, as próprias partes estabelecem uma condição resolutiva (CC, arts. 1.359 e 1.360). É o que se dá no fideicomisso (CC, art. 1.951), com a propriedade do fiduciário (CC, arts. 1.361 a 1.368-A) e na retrovenda (CC, arts. 505 a 508) com o domínio do comprador[52].

G. Responsabilidade civil do proprietário

Ao exercer os seus poderes sobre a coisa, o titular do domínio pode causar prejuízo ou dano tanto aos bens pertencentes a terceiros como à inte-

---

50. Lafayette, *Direito das coisas*, v. 1, p. 82. É também designada, por alguns autores, de *propriedade alodial*.
51. Silvio Rodrigues, op. cit., p. 101.
52. Orlando Gomes, op. cit., p. 103-4; Silvio Rodrigues, op. cit., p. 101; Fábio Ulhoa Coelho, *Curso*, cit., v. 4, p. 62.

gridade física de alguém, caso em que deve ser responsabilizado por esses atos ilícitos, tendo o dever de indenizar essas pessoas.

Essa responsabilidade civil do proprietário rege-se, concomitantemente, por normas inspiradas na teoria clássica da responsabilidade, fundada na culpa (CC, art. 927) e por normas inferidas da moderna teoria objetiva da responsabilidade, que elimina o conceito subjetivo, para fundá-la na ideia de que o risco da coisa deve ser suportado pelo seu proprietário, pelo simples fato de ser ele o titular do domínio (CC, art. 927, parágrafo único).

Claro está que o proprietário não poderá ser responsabilizado se não houver nexo de causalidade entre o dano causado pela coisa e a sua conduta. Deve haver, pelo menos, um vínculo entre o prejuízo ocasionado pela coisa e o comportamento (ação ou omissão) do seu titular, que deve ser o autor imediato ou indireto do referido dano.

Respondem pelos danos causados por animais ou por coisas inanimadas tanto o seu proprietário como seus detentores ou possuidores, pois a obrigação de indenizar decorre da negligência na direção do bem (CC, art. 936).

Os donos de animais deverão ressarcir todos os prejuízos que estes porventura causarem a terceiros, porque têm a obrigação de guarda. Porém, essa sua responsabilidade é uma presunção *juris tantum*, cabendo-lhes provar, para se eximirem do pagamento da indenização, que vigiavam os animais cuidadosamente, que os animais foram provocados pelo ofendido ou que o fato se deu por força maior ou caso fortuito.

O uso de coisas inanimadas pode originar acidentes lesivos ao patrimônio e à integridade física de terceiro. A responsabilidade do seu proprietário não obedece a um princípio único.

O proprietário é responsável pelos prejuízos causados pela coisa, quando esta é um instrumento que deve controlar, evitando, ante sua periculosidade, que seu uso cause dano a outrem; e como a utiliza para multiplicar sua força ou mobilidade, a coisa é, por isso, tida como um prolongamento exterior de sua pessoa.

Assim, por exemplo, em face dos frequentes danos ocasionados por automóvel, trem e avião, há normas especiais que regulam as consequências que decorrem desses atos, impondo aos seus proprietários, de acordo com o grau de periculosidade, o dever de indenizar.

O automóvel, o trem e o avião podem causar dano tanto a seus condutores e passageiros, caso em que a responsabilidade é contratual, como a estranhos, sendo, então, a responsabilidade delitual.

A responsabilidade por dano causado na integridade física ou patrimonial de alguém tem por base a presunção de culpa, estabelecida no fato de que lhe incumbe guardar e fiscalizar o funcionamento da coisa. Pode decorrer do comportamento do próprio proprietário ou de outrem, hipótese em que se aplicam os princípios concernentes à culpa *in eligendo* e *in vigilando*.

A responsabilidade das estradas de ferro pertence ao domínio extracontratual no que diz respeito aos danos que a exploração de suas linhas acarreta aos proprietários marginais.

Quanto às aeronaves, a responsabilidade das companhias de navegação aérea é regida pela teoria do risco ou da responsabilidade objetiva.

O proprietário responde também pelos prejuízos resultantes de coisas não perigosas. Duas são as situações em que se configura essa responsabilidade: *a*) queda de coisas colocadas, em lugar indevido, numa casa, caso em que a indenização independe da culpa do proprietário ou morador (CC, art. 938); e *b*) ruína de edifício ou construção, hipótese em que a obrigação de indenizar condiciona-se ao fato de provir a ruína da falta de reparos necessários (CC, art. 937)[53].

H. Tutela específica do domínio

Várias são as medidas defensivas da propriedade.

Quando o proprietário for totalmente privado de seu bem poderá retomá-lo de quem quer que injustamente o detenha, por meio da *ação de reivindicação*, devido ao seu direito de sequela (CPC, art. 47).

Para tanto o proprietário deverá provar sua propriedade, oferecendo não só prova do assento (se se tratar de reivindicação de bem imóvel) do título translativo no registro imobiliário competente, como também da cadeia sucessória, pela apresentação de títulos aquisitivos registrados durante o período no qual um dos transmitentes adquirira a coisa por usucapião, ainda que não tivesse justo título nem boa-fé, já que para usucapir somam-se as posses; se a do proprietário atual for havida de possuidores há mais de quinze anos (CC, art. 1.238), dúvida não há de que o bem lhe pertence[54]. Deve ainda individualizar a coisa, mencionando todos os elementos que a

53. Este é o ensinamento de Orlando Gomes, op. cit., p. 248-54. *Vide* o que dizemos a respeito no nosso *Curso de direito civil brasileiro*, v. 7.

54. Orlando Gomes, op. cit., p. 257; W. Barros Monteiro, op. cit., p. 94; Lafayette, op. cit., § 82. A ideia do significado da reivindicatória está contida na seguinte fórmula: *res ubicumque sit pro domino suo clamat* (onde quer que se encontre a coisa, ela clama pelo seu dono).

tornem conhecida. Precisa, ainda, demonstrar que a coisa reivindicada se encontra na posse do réu, pouco importando que essa posse seja de boa ou de má-fé, em nome próprio ou de outrem[55].

O efeito da ação reivindicatória é fazer com que o possuidor restitua o bem com todos os seus acessórios. Se impossível essa devolução por ter perecido a coisa, o proprietário terá direito de receber o valor da coisa se o possuidor estiver de má-fé.

A ação de reivindicação, exercitável *adversus omnes*, ou melhor, a pretensão reivindicatória é imprescritível (*RT, 346*:512), porém se a coisa reivindicada já foi usucapida pelo possuidor, não mais poderá ser proposta pelo antigo proprietário que perde seu domínio[56] (*RJTJSP, 14*:186, *12*:88, *27*:25, *7*:97, *9*:60; *RTJ, 96*:1270; *RT, 493*:110, *577*:122; *Ciência Jurídica, 21*:224).

O proprietário que, apesar de conservar o bem em seu poder, sofre turbação no exercício de seu direito, poderá propor *ação negatória* para defender seu domínio[57], sendo frequentemente empregada para solucionar conflito de vizinhança. Visa provar a plenitude da propriedade, que não sofre quaisquer

---

55. W. Barros Monteiro, op. cit., p. 94; *JB, 162*:88; *Ciência Jurídica, 36*:90.

56. Orlando Gomes, op. cit., p. 258; Paulo Tadeu Haendchen e Rêmolo Letteriello, *Ação reivindicatória*, Saraiva, 1985; Ney de Mello Almada, Reivindicatória imobiliária: execução, *RT, 760*:95; Marco Aurélio S. Viana, *Da ação reivindicatória*, Coleção Saraiva de Prática do Direito, São Paulo, Saraiva, n. 11, 1986; *RJTJSP, 9*:61, *15*:154, *27*:220, *52*:175 e 217, *31*:30, *37*:59, *78*:89, *70*:189, *71*:156; *128*:214, *136*:185, *141*:170, *146*:183; *RF, 238*:178, *201*:208, *207*:213, *210*:253, *225*:181, *227*:193, *216*:207, *217*:176, *218*:178, *222*:186, *214*:154; *RT, 473*:76, *495*:197, *358*:455, *384*:122, *378*:195, *396*:166, *487*:96, *476*:86, *502*:59, *503*:122, *384*:178, *392*:205, *342*:286, *475*:73, *474*:89, *482*:273, *341*:164, *492*:69, *500*:108, *505*:184; *657*:153, *681*:91, *703*:103, *713*:221, *720*:89, *762*:234, *779*:298, *784*:234; *RTJ, 106*:1010, *92*:1286, *99*:804. "É carecedor da ação reivindicatória aquele que a postula sem a perfeita identificação da coisa e sem a descrição de todos os seus elementos caracterizadores, mormente quando o título dominial acostado à inicial denuncia tratar-se de imóvel não destacado, não dividido e não demarcado, inserido em um todo, possuído, em condomínio, por outros proprietários. Cabível, no caso, seria o direito de o autor pedir a divisão da propriedade, se o módulo local o permitir" (TJMG, *ADCOAS*, 1982, n. 84.368). "É perfeitamente cabível a reivindicatória para quem, sendo proprietário do imóvel, não é citado na ação de usucapião intentada por pseudoposseiro, pois a sentença declaratória do usucapião não faz coisa julgada contra o proprietário, sendo tal sentença nula *pleno jure*" (TJSC, *ADCOAS*, 1982, n. 85.582).

Súmula n. 4, de 5 de abril de 2000, da Advocacia Geral da União: "Salvo para defender o seu domínio sobre imóveis que estejam afetados ao uso público federal, a União não reivindicará o domínio de terras situadas dentro dos perímetros dos antigos aldeamentos indígenas de São Miguel e de Guarulhos, localizados no Estado de São Paulo, e desistirá de reivindicações que tenham como objeto referido domínio".

57. Hedemann, *Derechos reales*, p. 236-9.

restrições de ônus reais ou direitos reais (CC, art. 1.231), como, p. ex., enfiteuse, servidão ou usufruto, repelindo pretensão indevida restritiva ao direito do proprietário. Na *ação confessória* o promovente almeja obter o reconhecimento de uma servidão ou aduzir ao direito de propriedade um *plus* em relação à propriedade vizinha, reconhecendo um direito sobre esta[58].

Para dissipar dúvidas concernentes à titularidade do domínio, poderá o proprietário lançar mão da *ação declaratória* (*RT*, *279*:540, *273*:296; CPC, art. 19, I). Havendo incerteza sobre a propriedade, o seu titular, mesmo estando na posse, poderá valer-se dessa ação para obter, por meio de sentença, a declaração da existência do referido direito real. Tal decisão atingirá tão somente os que foram partes no processo. A pretensão do titular a essa declaração não prescreve, por ser corolário do direito potestativo da propriedade[59].

Pode o titular do domínio mover *ação de indenização por prejuízo causado por ato ilícito*, por exemplo, se perder uma casa em razão de sua destruição por um caminhão desgovernado por imprudência do motorista.

Tem direito à *indenização por dano proveniente de ato lícito* como quando sofre limitações em seu direito por exigência de interesse social ou quando perde o bem em razão de desapropriação.

Faz jus ainda à *indenização* quando sua propriedade é diminuída em virtude de *um acontecimento natural*, como no caso de avulsão[60] (CC, art. 1.251).

Se ocorrer inexatidão registrária, o proprietário poderá pleitear *retificação do registro imobiliário*.

---

58. Orlando Gomes, op. cit., p. 259; Sílvio de S. Venosa, *Direito civil*, cit., v. V, p. 267.

59. *RT*, *189*:269, *279*:540, *273*:296; Pontes de Miranda, *Tratado de direito privado*, t. 14, p. 11; Sílvio de Salvo Venosa, *Direito civil*, cit., v. V, p. 266.

60. Orlando Gomes, op. cit., p. 260-1; Pontes de Miranda, op. cit., p. 81; Gert Kummerow, op. cit., p. 163 a 186 e 246 a 268. A ação de divisão e a demarcatória também podem ser promovidas pelos titulares da propriedade.

Quadro Sinótico

NOÇÕES GERAIS SOBRE PROPRIEDADE

<table>
<tr><td rowspan="4">A. BREVE NOTÍCIA HISTÓRICA DA PROPRIEDADE</td><td>• a) Período romano</td><td colspan="2">A propriedade coletiva foi dando lugar à individual, apresentando a seguinte evolução:
• 1. Propriedade individual sobre os objetos necessários à existência de cada um.
• 2. Propriedade individual sobre os bens de uso particular suscetíveis de ser trocados com outras pessoas.
• 3. Propriedade dos meios de trabalho e de produção.
• 4. Propriedade individual nos moldes capitalistas; seu titular podia explorá-la de modo absoluto.</td></tr>
<tr><td>• b) Idade Média</td><td colspan="2">• Distinguia-se entre os fundos nobres e os do povo. Estes deveriam contribuir onerosamente em favor daqueles.</td></tr>
<tr><td rowspan="2">• c) Era contemporânea (configuração da propriedade depende do regime político)</td><td>• Antiga URSS</td><td>• propriedade exclusiva sobre os bens de consumo pessoal;
• propriedade usufrutuária de bens de utilização direta;
• bens de produção são socializados.</td></tr>
<tr><td>• Países do Ocidente</td><td>• propriedade individual com restrições voluntárias e legais, para que seja possível o desempenho da função social da propriedade.</td></tr>
<tr><td>B. FUNDAMENTO JURÍDICO DO DOMÍNIO</td><td colspan="3">• a) Teoria da ocupação de Grócio.
• b) Teoria que funda o domínio na lei (Montesquieu, Bentham, Hobbes).
• c) Teoria da especificação (Locke, Guyot, Mac Culloch), para a qual o trabalho seria o único criador de bens, consistindo no título legítimo da propriedade.
• d) Teoria da natureza humana, segundo a qual o fundamento da propriedade é a natureza humana, pois é o instinto de conservação que leva o homem a se apropriar de bens para saciar sua fome e para satisfazer suas necessidades de ordem física e moral. É esta teoria a que melhor fornece o fundamento da propriedade.</td></tr>
</table>

C. CONCEITO E ELEMENTOS CONSTITUTIVOS DA PROPRIEDADE	• *a*) Conceito	• Direito de propriedade é o direito que a pessoa natural ou jurídica tem, dentro dos limites normativos, de usar, gozar e dispor de um bem, corpóreo ou incorpóreo, bem como de reivindicá-lo de quem injustamente o detenha.
	• *b*) Elementos constitutivos	• 1. *Jus utendi* é o direito de tirar do bem todos os serviços que ele pode prestar, sem que haja alteração em sua substância. • 2. *Jus fruendi* é o direito de perceber os frutos e de utilizar os produtos da coisa. • 3. *Jus abutendi* ou *disponendi* é o direito de dispor da coisa ou de poder aliená-la a título oneroso ou gratuito, abrangendo o poder de consumi-la e o poder de gravá-la de ônus ou submetê-la ao serviço de outrem. • 4. *Reivindicatio* é o poder que tem o proprietário de mover ação para obter o bem de quem injustamente o detenha.
D. CARACTERES DA PROPRIEDADE	• *a*) Caráter absoluto	• Devido a sua oponibilidade *erga omnes*, por ser o mais completo de todos os direitos reais e pelo fato de que o seu titular pode desfrutar do bem como quiser, sujeitando-se apenas às limitações legais impostas em razão do interesse público ou da coexistência do direito de propriedade de outros titulares (CC, art. 1.231).
	• *b*) Caráter exclusivo	• Em razão do princípio de que a mesma coisa não pode pertencer com exclusividade e simultaneamente a duas ou mais pessoas.
	• *c*) Caráter perpétuo	• Porque o domínio subsiste independentemente de exercício, enquanto não sobrevier causa extintiva legal ou oriunda da própria vontade do titular.
	• *d*) Caráter elástico	• Porque a propriedade pode ser distendida ou contraída no seu exercício, conforme se lhe adicionem ou subtraiam poderes destacáveis.
E. OBJETO DA PROPRIEDADE	• *a*) Bens corpóreos móveis e imóveis (CC, arts. 1.229 e 1.232; Cód. de Mineração, art. 84; e CF, art. 176). • *b*) Bens incorpóreos (Lei n. 9.610/98; CF, art. 5º, XXIX e XXVII).	

F. ESPÉCIES DE PROPRIEDADE	• *a*) Quanto à extensão do direito do titular	• 1. Propriedade plena	• Quando todos os elementos constitutivos se acham reunidos na pessoa do proprietário.
		• 2. Propriedade restrita	• Quando se desmembram um ou alguns de seus poderes que passam a ser de outrem.
	• *b*) Quanto à perpetuidade do domínio	• 1. Propriedade perpétua	• É a que tem duração ilimitada.
		• 2. Propriedade resolúvel	• É a que encontra no seu próprio título constitutivo uma razão de sua extinção, ou seja, as próprias partes estabelecem uma condição resolutiva.
G. RESPONSABILIDADE CIVIL DO PROPRIETÁRIO	• *a*) Responde objetiva ou subjetivamente pelos prejuízos, se houver nexo de causalidade entre o dano causado pela coisa e sua conduta. • *b*) Responde subjetivamente por danos causados por animais de sua propriedade, porque há presunção *juris tantum* de que tem obrigação de guardá-los e fiscalizá-los. • *c*) Responde pelos prejuízos causados por coisa que ante sua periculosidade deve ser controlada por ele. O automóvel, trem e avião podem causar dano tanto a seus condutores e passageiros, caso em que a responsabilidade é contratual, como a estranhos, sendo, então, sua responsabilidade delitual. A responsabilidade das estradas de ferro pertence ao domínio extracontratual no que concerne aos danos que a exploração de suas linhas acarreta aos proprietários marginais. Quanto às aeronaves, a responsabilidade das companhias de navegação aérea é regida pela teoria do risco ou responsabilidade objetiva. • *d*) Responde pelos danos ocasionados por coisas não perigosas.		
H. TUTELA ESPECÍFICA DO DOMÍNIO	• *a*) Ação de reivindicação para retomar o bem de quem injustamente o detenha. • *b*) Ação negatória se sofrer turbação no exercício de seu direito. • *c*) Ação declaratória para dissipar dúvidas concernentes ao domínio. • *d*) Ação de indenização por prejuízo causado por ato ilícito. • *e*) Ação de indenização quando sua propriedade é diminuída em razão de um acontecimento natural como no caso de avulsão.		

2. Propriedade imóvel

A. Da aquisição da propriedade imobiliária

a.1. Classificação dos modos de adquirir

A aquisição da propriedade consiste, nas palavras de Ruggiero e Maroi, na personalização do direito num titular[61].

61. Ruggiero e Maroi, *Istituzioni di diritto privato*, v. 1, § 110. *Vide* Lei estadual paulista n. 10.705/2000 sobre imposto de transmissão *causa mortis* e doações e Lei municipal paulista n. 13.107/2000 sobre imposto sobre transmissão *inter vivos* de bens imóveis. Sobre imóvel rural: vide art. 10 do Decreto n. 4.449/2002, com as alterações do Decreto n. 7.620/2011. *Vide*: Lei n. 11.977/2009 (alterada pelas Leis n. 12.424/2011, 12.693, 13.173/2015 e 13.274/2016), regulamentada pelo Decreto n. 7.499/2011 (alterado pelo Decreto n. 9.597/2018); Lei n. 10.931/2004, arts. 4º, 5º e 8º, com a redação da Lei n. 12.024/2009, art. 4º, §§ 6º e 7º (com a redação da Lei n. 12.655/2012); Lei n. 12.844/2009, arts. 2º, sobre o Programa Minha Casa Minha Vida; Leis n. 12.249/2010, n. 12.424/2011, n. 13.274/2016 e n. 13.342/2016, que ajustam o Programa Minha Casa Minha Vida (PMCMV) ao alterar alguns dispositivos da Lei n. 11.977/2009; Resolução n. 194, de 12 de dezembro de 2012, do Fundo de Desenvolvimento Social (FDS) e Resolução n. 214/2016 do Conselho Curador de Desenvolvimento Social, que aprovam o Programa Minha Casa Minha Vida – Entidades – PMCMV–E; Lei n. 9.514/97, arts. 26-A, 27, § 9º, 30, parágrafo único, 37-A, parágrafo único, com a redação da Lei n. 13.465/2017; Instrução Normativa n. 45, de 8 de novembro de 2012, do Ministério das Cidades, que regulamenta a Resolução n. 183/2011 (ora revogada pela Resolução n. 194/2012) do Conselho Curador do Fundo de Desenvolvimento Social – CCFDS, que cria o Programa Minha Casa Minha Vida – Entidades – PMCMV–E, com a utilização dos recursos da União previstos no inciso II do art. 2º da Lei n. 11.977, de 7 de julho de 2009; Portarias Interministeriais n. 326/2009 (revogada pela Portaria n. 395/2011 – a qual também encontra-se revogada por força da Portaria Interministerial n. 229/2012) dos Ministérios das Cidades e da Fazenda, sobre o Programa Nacional da Habitação Rural – PNHR, integrante do Programa Minha Casa Minha Vida (PMCMV) n. 484/2009, que define condições para implementação do PMCMV para municípios de até 50.000 habitantes; e n. 580/2012; Portaria do Ministério das Cidades n. 595/2013, sobre os parâmetros de priorização e sobre o pro-

---

cesso de seleção dos beneficiários do Programa Minha Casa Minha Vida; Portaria Interministerial n. 97/2016, que dispõe sobre o Programa Nacional de Habitação Rural – PNHR, integrante do Programa Minha Casa Minha Vida – PMCMV, para os fins que especifica; Portaria do Ministério das Cidades n. 313/2010, que estabelece diretrizes gerais e cronograma para habilitação de entidades privadas sem fins lucrativos no âmbito das Ações de Apoio à Produção Social da Moradia e Prestação de Serviços de Assistência Técnica para Habitação de Interesse Social, ambas executadas com recursos do Fundo Nacional de Habitação de Interesse Social – FNHIS e do Programa Habitacional Popular – Entidades – Minha Casa Minha Vida – PHP-E, com recursos do Fundo de Desenvolvimento Social – FDS; Portaria do Ministério das Cidades n. 368/2010, que dispõe sobre aquisição e alienação de imóveis, sem prévio arrendamento, no âmbito do Programa Minha Casa Minha Vida (PMCMV); Resolução n. 166, de 15 de setembro de 2010, que altera a Resolução CCFDS n. 141, de 10 de junho de 2009, que regulamenta o Programa Habitacional Popular – Entidades – Minha Casa Minha Vida, do Fundo de Desenvolvimento Social – FDS; Portaria n. 618, de 14 de dezembro de 2010, do Ministério das Cidades, que dispõe sobre o processo de seleção de entidades privadas sem fins lucrativos, com vistas à indicação de beneficiários para os imóveis oriundos do Fundo do Regime Geral de Previdência Social destinados ao Programa Minha Casa Minha Vida; Resolução n. 172, de 17 de dezembro de 2010, do Conselho Curador do Fundo de Desenvolvimento Social, que estabelece o Plano de Metas e as diretrizes gerais para a aplicação dos recursos alocados ao FDS pela Lei n. 11.977, de 7 de julho de 2009, para o exercício de 2011, no Programa Habitacional Popular – Entidades – Minha Casa Minha Vida; Instrução Normativa n. 68 (com a redação da IN n. 1/2011), de 28 de outubro de 2010, do Ministério das Cidades, que altera a Instrução Normativa n. 36, de 15 de julho de 2009, que regulamenta o Programa Habitacional Popular – Entidades – Minha Casa Minha Vida, do Fundo de Desenvolvimento Social – FDS; Instrução Normativa n. 16/2011, do Ministério das Cidades – ora revogada pela Instrução Normativa n. 2/2015, que regulamenta o Programa Habitacional através do Poder Público – PRÓ-MORADIA. Pelo art. 38, parágrafo único, da Lei n. 10.741/2003 (Estatuto do Idoso), com a redação da Lei n. 12.419/2011, há prioridade aos idosos para adquirir unidades residenciais térreas nos programas nele mencionados. A Lei n. 12.418/2011, por sua vez, altera o inciso I do *caput* do art. 38 do Estatuto do Idoso, impondo reserva de pelo menos 3% das unidades residenciais em programas habitacionais públicos ou subsidiados com recursos públicos para atendimento aos idosos. A Portaria MCIDADES n. 59, de 16 de fevereiro de 2011 (alterada pela Portaria n. 546/2011), dispõe sobre as diretrizes gerais para aquisição e alienação de imóveis por meio da transferência de recursos ao Fundo de Arrendamento Residencial – FAR, no âmbito do Programa Nacional de Habitação Urbana – PNHU, integrante do Programa Minha Casa Minha Vida – PMCMV. A Portaria n. 363, de 11 de agosto de 2011 (com a redação da Portaria n. 160/2016), do Ministério das Cidades (cujo art. 4º foi alterado pela Portaria n. 542/2011 do Ministério das Cidades), dispõe sobre as operações de crédito com recursos do Fundo de Garantia do Tempo de Serviço – FGTS, contratadas no âmbito do Programa Nacional de Habitação Urbana – PNHU, integrante do Programa Minha Casa Minha Vida – PMCMV, para os fins que especifica. A Portaria Interministerial n. 96/2016, dos Ministérios das Cidades, da Fazenda e do Planejamento, Orçamento e Gestão dispõe sobre as operações com recursos transferidos ao Fundo de Desenvolvimento Social – FDS, contratadas no âmbito do Programa Nacional de Habitação Urbana – PNHU, integrante do Programa Minha Casa Minha Vida – PMCMV. A Portaria n. 325, de 7 de julho de 2011, do Ministério das Cidades dispõe sobre as diretrizes gerais para aquisição e alienação de imóveis por meio da transferência de recursos ao Fundo de Arrendamento Residencial – FAR, no âmbito do Programa Nacional de Habitação Urbana – PNHU, integrante do Programa Minha Casa Minha Vida – PMCMV (revoga a Portaria MCIDADES n. 93/2010). A Portaria Interministerial n. 409, de 31 de agosto de 2011 (com alteração da Portaria Interministerial n. 98/2016), dos Ministérios das Cidades, Fazenda e Planejamento, Orçamento e Gestão dispõe sobre as operações de crédito com recursos do Fundo de Garantia do Tempo de Serviço – FGTS, contratadas no âmbito do Programa Nacional de Habitação Urbana – PNHU, integrante do Programa Minha Casa Minha Vida – PMCMV. A Portaria Interministerial n. 464/2011, dos Ministérios das Cidades, da Fazenda e do Planejamento (arts. 2º, 4º e 8º com a redação da Portaria Interministerial n. 237/2014), dispõe sobre operações com recursos transferidos ao Fundo de Desenvolvimento Social contratadas no âmbito do PNHU, integrante do PMCMV. A Portaria n. 465, de 3 de outubro de 2011 (com as alterações das Portarias n. 238/2012 e 300/2012), do Ministério das Cidades dispõe sobre as diretrizes gerais para aquisição e alienação de imóveis por meio da transferência de recursos ao Fundo de Arrendamento Residencial – FAR, no âmbito do Programa Nacional de Habitação Urbana – PNHU, integrante do Programa Minha Casa Minha Vida – PMCMV. Portaria n. 406, de 2 de setembro de 2011, do Ministério das Cidades (alterada pela Portaria n. 593/2012 e em seu art. 6º pela Portaria n. 543/2011 do Ministério das Cidades) regulamenta o Programa Nacional de Habitação Rural – PNHR, integrante do Programa Minha Casa Minha Vida – PMCMV, para os fins que especifica. A Portaria n. 594, de 13 de dezembro de 2012, do Ministério das Cidades, publicação consolidada da Portaria n. 406, de 2 de setembro de 2011, que regulamenta o Programa Nacional de Habitação Rural – PNHR, integrante do Programa Minha Casa, Minha Vida – PMCMV, para os fins que especifica, determinada pelo art. 6º da Portaria n. 593, de 13 de dezembro de 2012. A Instrução Normativa n. 45, de 8 de novembro de 2012, do Ministério das Cidades, regulamenta a Resolução n. 183/2011, do Conselho Curador do Fundo de Desenvolvimento Social – CCFDS, que cria o Programa Minha Casa Minha Vida – Entidades – PMCMV–E, com a utilização dos recursos da União previstos no inciso II do art. 2º da Lei n. 11.977, de 7 de julho de 2009. A Portaria Interministerial n. 531, de 10 de novembro de 2011, do Ministério das Cidades, dispõe sobre as condições da oferta pública de recursos no âmbito do Programa Minha Casa Minha Vida em municípios com população de até 50.000 (cinquenta mil) habitantes, integrante do Programa Nacional de Habitação Urbana – PNHU, para os fins que especifica. A Portaria n. 547, de 28 de novembro de 2011, do Ministério das Cidades (com as alterações das Portarias n. 228/2012 e 163/2015 do Ministério das Cidades), trata das diretrizes gerais do Programa Minha Casa Minha Vida para municípios com população de até 50.000 (cinquenta mil) habitantes, no âmbito do Programa Nacional de Habitação Urbana – PNHU. A Portaria n. 595, de 18 de dezembro de 2013, do Ministério das Cidades, dispõe sobre os parâmetros de priorização e o processo de seleção dos beneficiários do Programa Minha Casa Minha Vida – PMCMV. A Resolução Recomendada n. 132, de 2 de março de 2012, do Conselho das Cidades, que recomenda alteração da Portaria n. 610/2011, dispõe sobre os parâmetros de priorização e o processo de seleção dos beneficiários do Programa Minha Casa Minha Vida – PMCMV. A Portaria Interministerial n. 561, de 28 de dezembro de 2011, define a remuneração da Caixa Econômica Federal, pelas atividades exercidas no âmbito do Programa Nacional de Habitação Urbana – PNHU, subprograma do Programa Minha Casa Minha Vida – PMCMV, originados do aporte de recursos da União ao Fundo de Arrendamento Residencial – FAR, nos termos do art. 2º, II, e do art. 18 da Lei n. 11.977, de 7 de julho de 2009. A Instrução Normativa n. 49, de 29 de dezembro de 2011, do Ministério das Cidades, dispõe sobre condições e prazos para adesão ao Sistema Nacional de Habitação de Interesse Social – SNHIS e para elaboração dos Planos Habitacionais de Interesse Social, nos casos de municípios com população limitada a cinquenta mil habitantes. A Resolução n. 194, de 12 de dezembro de 2012, do FDS, aprova o Programa Minha Casa, Minha Vida – Entidades – PMCMV–E. A Portaria n. 24, de 18 de janeiro de 2013, do Ministério das Cidades, dispõe sobre divulgação, publicidade e identidade visual do Programa Minha Casa, Minha Vida – PMCMV. A Portaria n. 89, de 6 de fevereiro de 2013, do Ministério das Cidades, institui a necessidade de autorização do Ministério das Cidades para a realização de eventos de assinatura de contratos, visitas a obras e inaugurações de empreendimentos no âmbito do Programa de Aceleração do Crescimento – PAC, inclusive do Programa Minha Casa, Minha Vida – PMCMV. A Portaria Interministerial

n. 78, de 8 de fevereiro de 2013, inclui os agricultores familiares beneficiários do Programa Nacional de Reforma Agrária – PNRA, entre os possíveis beneficiários do Programa Nacional de Habitação Rural – PNHR, integrante do Programa Minha Casa, Minha Vida – PMCMV. A Portaria do Ministério das Cidades n. 112/2013 dá nova redação ao subitem 15.4 do Anexo I e do Anexo IX da Portaria n. 547/2011 (convertida na Lei n. 12.608/2012) sobre as diretrizes gerais do PMCMV em municípios com população de até 50.000 habitantes, no âmbito do PNHR. A Portaria do Ministério das Cidades n. 120/2013, sobre delegação de competência à Secretaria Nacional de Habitação para celebração dos termos de adesão para atendimento aos dispositivos legais do Programa Minha Casa, Minha Vida. A Portaria n. 168, de 12 de abril de 2013, do Ministério das Cidades, com a redação das Portarias n. 518/2013 e 176/2014 do Ministério das Cidades, dispõe sobre as diretrizes gerais para aquisição e alienação de imóveis com recursos advindos da integralização de cotas no Fundo de Arrendamento Residencial – FAR, no âmbito do Programa Nacional de Habitação Urbana – PNHU, integrante do Programa Minha Casa, Minha Vida – PMCMV. A Portaria n. 194, de 30 de abril de 2013, do Ministério das Cidades, regulamenta o Programa Nacional de Habitação Rural – PNHR, integrante do Programa Minha Casa, Minha Vida – PMCMV, para os fins que especifica. A Portaria n. 230, de 21 de maio de 2013, do Ministério das Cidades, dá nova redação à Portaria n. 24, de 18 de janeiro de 2013, do Ministério das Cidades, que dispõe sobre a divulgação, publicidade e identidade visual do Programa Minha Casa, Minha Vida – PMCMV. A Resolução BACEN n. 4.273/2013 altera anexo da Resolução n. 4.223/2013, sobre termos e condições de financiamento para aquisição de móveis e eletrodomésticos pelo público do PMCMV. Resolução do CCFGTS n. 723/2013, sobre Programa Carta de Crédito Associativo e Programa de Apoio à Produção de Habitações. A Portaria n. 595, de 18 de dezembro de 2013, do Ministério das Cidades, dispõe sobre os parâmetros de priorização e sobre o processo de seleção dos beneficiários do Programa Minha Casa, Minha Vida – PMCMV. A Portaria n. 11, de 14 de janeiro de 2014, do Ministério das Cidades, aprova o Manual de Identidade Visual do Programa Minha Casa, Minha Vida – PMCMV. A Portaria n. 27, de 19 de março de 2014, do Instituto Chico Mendes de Conservação da Biodiversidade, regulamenta a utilização de recursos florestais para construção de residências para famílias beneficiárias de Reservas Extrativistas, Reservas de Desenvolvimento Sustentável e Florestas Nacionais no âmbito do Programa Minha Casa, Minha Vida. A Portaria n. 263, de 15 de maio de 2014, do Ministério das Cidades, altera a Portaria n. 363/2013, que dispõe sobre as diretrizes gerais para aquisição e alienação de imóveis com recursos advindos da integralização de cotas no Fundo de Arrendamento Residencial, no âmbito do Programa Nacional de Habitação Urbana, integrante do Programa Minha Casa, Minha Vida em municípios com população até 50.000 habitantes. Pela Lei n. 11.977, art. 82-D (acrescentado pela Lei n. 12.722/2012), no âmbito do PMCMV, no caso de empreendimento construído com recursos do Fundo de Arrendamento Residencial (FAR), poderá ser custeada a edificação de equipamentos de educação, saúde e outros complementares à habitação, inclusive em terrenos de propriedade pública. A Lei n. 12.793/2013, com a alteração da Lei n. 12.868/2013, dispõe sobre financiamento de bens de consumo duráveis a beneficiários do PMCMV. IN do Ministério das Cidades n. 39/2014, com alteração da IN n. 3/2015 e da IN n. 9/2016, regulamenta PMCMV-E e altera a IN n. 14/2008 sobre Programa Crédito Solidário. A Res. n. 200/2014 do Conselho Curador de Desenvolvimento Social aprova o Programa Minha Casa, Minha Vida – Entidades – PMCMV-E. Resolução n. 4.393, de 19 de dezembro de 2014. Dispõe sobre a cobertura do risco de crédito e dos custos operacionais das operações de financiamento de bens de consumo duráveis destinados às pessoas físicas do Programa Minha Casa, Minha Vida (PMCMV), de que trata a Lei n. 12.868, de 15 de outubro de 2013. Portaria Interministerial n. 1.947, de 27 de novembro de 2014, do Ministério da Justiça, institui Grupo de Trabalho Interministerial com a finalidade de promover o acesso das populações indígenas à construção ou reforma de habitações, no âmbito do Programa Minha Casa, Minha Vida – PMCMV.

Resolução Recomendada n. 173, de 3 de dezembro de 2014, do Conselho das Cidades, recomenda ao Ministério das Cidades e à Caixa Econômica Federal a criação de uma força-tarefa com o objetivo de realizar um diagnóstico detalhado das dificuldades específicas de execução dos ritos processuais no Programa Minha Casa, Minha Vida – Entidades. Ato Declaratório Interpretativo n. 6, de 10 de junho de 2015, da SRFB, define que a empresa construtora contratada para construir unidades habitacionais no âmbito do Programa Minha Casa, Minha Vida (PMCMV) fica impedida de optar pelo regime de pagamento unificado de tributos equivalente a 1% (um por cento) da receita mensal auferida relativa ao contrato de construção, caso nesse contrato esteja prevista unidade habitacional, ainda que apenas uma, de valor superior ao limite estabelecido na legislação. Portaria do Ministério das Cidades n. 163/2016 (com alteração da Portaria n. 321/2016) aprova o Manual de Instruções para Seleção de Beneficiários do PMCMV. Consulte: Portarias Interministeriais n. 96/2016; 99/2016; 158/2016 (com a redação da Portaria n. 179/2016); 160/2016; Instrução Normativa do Ministério das Cidades n. 14/2016; Portarias do Ministério das Cidades n. 115/2016; 169/2016; 172/2016, que regulamenta o Programa Nacional de Habitação Rural integrante do PMCMV, 178/2016 e 179/2016. *Vide* Lei n. 13.439/2017, regulamentada pelo Decreto n. 9.084/2017, sobre o Programa Cartão Reforma, que tem por escopo a concessão de subvenção periódica para: a) aquisição de material de construção, destinado à reforma, à ampliação ou à conclusão de unidades habitacionais de grupos familiares com renda mensal de até R$ 2.811,00; b) fornecimento de assistência técnica; e c) custos operacionais do Programa Cartão Reforma que estejam a cargo da União; Portaria n. 269/2017 do Ministério das Cidades sobre diretrizes para elaboração de projetos e aprova as especificações mínimas da unidade habitacional e as especificações urbanísticas dos empreendimentos destinados a aquisição e alienação com recursos advindos da integralização de cotas no FAR e a contratação de operações com recursos transferidos ao Fundo de Desenvolvimento Social – FDS, no âmbito do PMCMV; Portaria n. 268/2017 do Ministério das Cidades que regulamenta o Programa Nacional de Habitação Rural, integrante do PMCMV; Portaria n. 488/2017 do Ministério das Cidades sobre distrato de contratos de beneficiários de unidades habitacionais produzidas com recursos provenientes da integralização de cotas no FAR, no âmbito do PNHU, integrante do PMCMV; Portaria n. 267/2017 do Ministério das Cidades sobre condições gerais para aquisição de imóveis com recursos da integralização de cotas no FAR no âmbito do PNHU do PMCMV; Portaria do Ministério das Cidades n. 627/2017 divulga propostas habilitadas para aquisição de imóveis com recursos da integralização de cotas do FAR, no âmbito do PNHU, integrante do PMCMV; Lei n. 12.024/2009, com alterações da Lei n. 13.970/2019 sobre tributação das receitas das empresas construtoras no PMCMV.

A Lei n. 12.424/2010 acrescentou o art. 73-A à Lei n. 11.977/2009 (alterada pela MP n. 561/2012), afastando a aplicação dos arts. 1.647 e 1.649 do Código Civil, autorizando a celebração de contratos independentemente de autorização do cônjuge no PMCMV ou em programas de regularização fundiária de interesse social, promovidos pela União, Estados, Distrito Federal ou Municípios, excetuados os casos que envolvam recursos do FGTS, em que o beneficiário seja a mulher, enquanto chefe de família, permitindo não só o assento no Registro de Imóveis, sem a exigência de documentos relativos a eventual cônjuge, como também a resolução em perdas e danos dos prejuízos sofridos pelo cônjuge, oriundos da aplicação deste dispositivo legal. A Lei n. 13.590/2018 altera o § 5º do art. 3º da Lei n. 11.977/2009, para atribuir à Caixa Econômica Federal a corresponsabilidade pela execução do trabalho técnico e social pós-ocupação dos empreendimentos implantados no âmbito do PMCMV.

A Lei n. 13.865/2019 altera a Lei n. 6.015/73. acrescentando art. 247-A para dispensar o habite-se na averbação de construção residencial urbana unifamiliar de um só pavimento finalizada há mais de 5 anos em área ocupada predominantemente por população de baixa renda, inclusive para o fim de registro ou averbação decorrente de financiamento à moradia.

Pelos arts. 1.227, 1.238 a 1.259 e 1.784 do Código Civil brasileiro adquire-se a propriedade imóvel pelo registro do título no Cartório de Registro de Imóveis, pela usucapião, pela acessão e pelo direito hereditário.

De Page[62] classifica a aquisição do domínio quanto à sua procedência em: originária e derivada.

Tem-se a aquisição originária quando o indivíduo faz seu o bem sem que este lhe tenha sido transmitido por alguém, não havendo qualquer relação entre o domínio atual e o anterior, como sucede na acessão e na usucapião[63].

Diz-se derivada a aquisição quando houver transmissibilidade de domínio, por ato *causa mortis* ou *inter vivos*. Tal se dá no direito hereditário e em negócio jurídico seguido de registro.

Esta transmissão poderá ser a título singular ou universal.

Será a título singular quando o novo titular assume a condição jurídica do antecessor, sem, contudo, se sub-rogar na totalidade dos seus direitos, pois a aquisição tem por objeto coisas individualizadas. Ocorre, em regra, nos negócios jurídicos *inter vivos*[64], se bem que, como no caso dos legados, pode originar-se de ato *mortis causa*.

Na sucessão universal o novo proprietário sucede o anterior em todos os seus direitos e obrigações; essa transmissão se dá por meio de atos *causa mortis*, em que o herdeiro (legítimo ou testamentário) ocupa o lugar do *de cujus*[65].

Apesar de Planiol[66] considerar essa classificação desprovida de interesse, reputamo-la importantíssima, pois em face da relação entre o sucessor e o antecessor, em que a situação deste exerce grande influência na do primeiro, têm-se as seguintes consequências práticas:

a) Se a propriedade foi adquirida originariamente, incorpora-se no patrimônio do adquirente em toda sua plenitude, da forma que ele quiser. Se adquirida por modo derivado é transmitida com os mesmos caracteres ou restrições que tinha nas mãos do antecessor[67], de maneira que se a propriedade era resolúvel o adquirente não pode

---

62. De Page, *Traité*, v. 6, n. 1.

63. W. Barros Monteiro, op. cit., p. 101; Silvio Rodrigues, op. cit., p. 110.

64. Orlando Gomes, op. cit., p. 135; Caio M. S. Pereira, op. cit., p. 110. O art. 156, II, da Constituição Federal estabeleceu a competência municipal para instituir imposto sobre transmissão *inter vivos*, a qualquer título, por ato oneroso, de bens imóveis, por natureza ou por acessão física.

65. Lafayette, op. cit., v. 1, p. 93 e nota 9; Caio M. S. Pereira, op. cit., p. 110.

66. Planiol, Traité élémentaire, cit., v. 1, n. 2.561.

67. Orlando Gomes, op. cit., p. 134.

tê-la plena. Se sobre o bem recair uma servidão, o comprador não pode desprezar esse ônus real[68].

b) Se se obtiver o bem mediante aquisição originária não se vai precisar comprovar a legitimidade do direito do antecessor, o que se deverá fazer se o adquirir de modo derivado[69].

Passemos à análise de cada um deles, salvo os modos de aquisição *causa mortis*, disciplinados pelo direito das sucessões.

Quadro Sinótico

AQUISIÇÃO DA PROPRIEDADE IMOBILIÁRIA	• *a*) Conceito	• Aquisição da propriedade consiste na personalização do direito num titular.	
	• *b*) Classificação	• 1. Aquisição originária	• Dá-se quando o indivíduo faz seu o bem sem que este lhe tenha sido transmitido por alguém: acessão e usucapião.
		• 2. Aquisição derivada	• Dá-se quando houver transmissibilidade, a título singular ou universal do domínio por ato *causa mortis* (direito hereditário) ou *inter vivos* (registro).

a.2. Aquisição pelo registro do título

No art. 1.227, o Código Civil brasileiro estabeleceu como um dos meios aquisitivos da propriedade imóvel o registro do título de transferência no Cartório de Registro Imobiliário competente (CC, arts. 1.245 a 1.247; Lei n. 6.015/73, arts. 167, I, 168 e 169; Lei n. 7.433/85; Dec. n. 93.240/86; e STF, Súmulas 74 (não mais vigorante) e 139), declarando no art. 1.245 que a propriedade transfere-se, por ato entre vivos, com o registro do respectivo título translativo. Devem ser, portanto, registrados os seguintes negócios jurídicos: compra e venda, troca, dação em pagamento, doação, transação em que entre imóvel estranho ao litígio[70].

---

68. Silvio Rodrigues, op. cit., p. 111.

69. Silvio Rodrigues, op. cit., p. 111; W. Barros Monteiro, op. cit., p. 102; Sebastião José Roque, *Direito das coisas*, cit., p. 59-64; Fátima Cristina S. Gerstenberger e Otto G. Gerstenberger Junior, *Vade mecum de direito imobiliário*, Rio de Janeiro, Forense, 2004.

70. Orlando Gomes, op. cit., p. 138. *Vide* Lei n. 6.015/73 (com as alterações da Lei n. 12.424/2011), art. 167, I, n. 3, 18, 29, 30, 31 e 32; Lei n. 6.739/79, Lei n. 11.977/2009

Logo, os negócios jurídicos, em nosso sistema jurídico, não são hábeis para transferir o domínio de bem imóvel. Para que se possa adquiri-lo, além do acordo de vontades entre adquirente e transmitente é imprescindível o registro do título translativo na circunscrição imobiliária competente (Leis n. 6.015, de 31-12-1973; 6.140, de 28-11-1974; 6.216, de 30-6-1975, e 7.433, de 18-12-1985), sendo necessária, como se vê, a participação do Estado por intermédio do serventuário que faz esse registro público sem o qual não há transferência de propriedade[71].

Deveras, preceitua o art. 1.245, § 1º, do Código Civil que "enquanto não se registrar o título translativo, o alienante continua a ser havido como dono do imóvel". Antes do registro só há mero direito pessoal (*RT*, *184*:73).

Seguiu nossa lei a esteira do direito germânico (BGB, arts. 873, 891 e 892), que proclama a necessidade do assento para a aquisição do domínio de bem imóvel, sendo que só será proprietário aquele em cujo nome se encontra registrado o imóvel, ou seja, o que constar dos livros cadastrais. De forma que a chave do sistema alemão é o *cadastro* de toda propriedade imobiliária. Sem a adoção de livros fundiários rigorosamente escriturados não há que se falar em domínio, pois o mero registro não tem efeito aquisitivo[72].

Como Sá Pereira, podemos afirmar que o sistema brasileiro ainda se acha bem longe do alemão, uma vez que, entre nós, o registro é uma presunção *juris tantum* da aquisição da propriedade imobiliária (CC, arts. 1.227, 1.247 e

---

sobre PMCMV, nos arts. 37 a 41 recomenda que os registradores de imóveis implantem um sistema de registro eletrônico, e Código Civil, art. 108; TJRJ, *ADCOAS*, 1980, n. 70.268; TARJ, *ADCOAS*, 1981, n. 74.832; *RT*, *593*:90. *Vide* Lei n. 10.169/2000, que estabelece normas gerais para a fixação de emolumentos relativos aos atos praticados pelos serviços notariais e de registro. Pelo enunciado n. 87 do STJ (aprovado nas Jornadas de Direito Civil de 2002): "Considera-se também título translativo, para fins do art. 1.245 do novo Código Civil, a promessa de compra e venda devidamente quitada (arts. 1.417 e 1.418 do CC e § 6º do art. 26 da Lei n. 6.766/79)". *Vide:* Provimento n. 89/2019 da Corregedoria Nacional da Justiça regulamenta o CNM, o sistema de Registro Eletrônico de imóveis (SREI).

71. W. Barros Monteiro, op. cit., p. 104; Orlando Gomes, op. cit., p. 137; Marcello A. S. de Melo, *Teoria geral do registro de imóveis*, Porto Alegre, Fabris 2016. Na França e na Itália (CC, art. 922) o simples contrato tem o condão de transferir a propriedade. *Vide* Sebastião José Roque, *Direito das coisas*, cit., p. 201-5; Nicolau Balbino Filho, A eficaz trajetória do direito imobiliário registral brasileiro de 1846 ao século XXI. *O direito civil no século XXI* (coord. M. Helena Diniz e Roberto S. Lisboa), São Paulo, Saraiva, 2003, p. 471-96; Regnoberto M. de Melo Jr., *Lei de registros públicos*, Rio de Janeiro, Freitas Bastos, 2003, p. 322 e s.; Daniel Aureo de Castro, *Direito imobiliário*, Coleção Prática do Direito n. 15, São Paulo, Saraiva, 2009, p. 117-130; M. H. Diniz, Direito registral imobiliário: uma breve análise, *Revista do advogado 145*:141-150.

72. Caio M. S. Pereira, op. cit., p. 113; W. Barros Monteiro, op. cit., p. 105; Serpa Lopes, *Tratado dos registros públicos*, v. 1, n. 17; Hedemann, *Derechos reales*, §§ 9º e s.; Enneccerus, Kipp e Wolff, *Derecho de cosas*, v. 1, §§ 26 e s.

1.245, § 2º; Enunciado n. 502 do CJF), e não *juris et de jure*, em face da não existência do cadastro em nosso meio jurídico; assim, se o teor do registro não for verdadeiro, o interessado poderá pleitear a retificação ou anulação. E, cancelado o registro, o proprietário poderá reivindicar o bem de raiz, independentemente da boa-fé ou do título do terceiro adquirente. Logo, enquanto não se promover, por meio de ação própria, a decretação de invalidade do registro e seu cancelamento, o adquirente é considerado como dono do imóvel[73] (CC, art. 1.245, § 2º). Além do mais, entre nós, não há a exigência do direito alemão de que as partes interessadas no registro estipulem contrato para que se o opere; basta o negócio jurídico que cria a obrigação de transferir o domínio ou que serve de causa à transmissão[74].

Nosso direito registrário estendeu esse registro aos atos judiciais, como julgados, pelos quais, nas ações divisórias, se puser termo à indivisão; sentenças que, nos inventários e partilhas, adjudicarem bens de raiz em pagamento das dívidas de herança, a fim de permitir aos condôminos e herdeiros a disponibilidade do imóvel. Tem o registro o caráter de ato declaratório de sua disponibilidade de modo que essas pessoas podem, com o ato judicial, dispor de suas partes, não funcionando, portanto, como ato transmissor do domínio[75]. Apesar de a Lei n. 6.015/73, art. 167, I, ns. 23 e 24, sujeitar a registro apenas os julgados que puserem termo ao estado de indivisão do imóvel, nossa jurisprudência e doutrina não dispensam do assento as divisões e partilhas amigáveis, convencionadas por escritura pública[76], uma vez que o n. 23 do art. 167, I, da Lei n. 6.015/73 se refere também a atos jurídicos *inter vivos* que dividirem imóveis.

---

73. W. Barros Monteiro, op. cit., p. 441 e 105; Soriano Neto, *Publicidade material do Registro Imobiliário*, p. 200; Caio M. S. Pereira, op. cit., p. 116; Euler Bueno, *Efeitos da transcrição no regime do Código Civil brasileiro*, p. 30; M. Helena Diniz, *Sistemas de registro de imóveis*, São Paulo, Saraiva, 1992, *Código Civil anotado*, São Paulo, Saraiva, 2005, comentários ao art. 1.247. *Vide* Lei n. 6.015/73, arts. 250, 252 e 259.

74. Orlando Gomes, op. cit., p. 142. "É relativa a presunção de propriedade decorrente do registro imobiliário, ressalvado o sistema Torrens" (Enunciado n. 503 do CJF, aprovado na V Jornada de Direito Civil).

    Pelo Enunciado n. 624 da VIII Jornada de Direito Civil: "A anulação do registro prevista no art. 1.247 do Código Civil não autoriza a exclusão dos atos invalidados do teor da matrícula".

75. *Vide* Lei n. 6.015/73, art. 167, I, n. 23 e 24; W. Barros Monteiro, op. cit., p. 107-8. "Do leilão, mesmo que negativo, a que se refere o art. 27 da Lei n. 9.514/1997, será lavrada ata que, subscrita pelo leiloeiro, poderá ser averbada no registro de imóveis competente, sendo a transmissão da propriedade do imóvel levado a leilão formalizada mediante contrato de compra e venda" (Enunciado n. 511 do CJF, aprovado na V Jornada de Direito Civil).

76. *RT, 80*:224; W. Barros Monteiro, op. cit., p. 108; Clóvis Beviláqua, *Direito das coisas*, v. 1, p. 147 e s.

E, finalmente, pelo art. 167, I, n. 26, da Lei n. 6.015, submetem-se ao registro a arrematação e as adjudicações feitas em vendas judiciais (leilões públicos) e não às arrematações, realizadas em leilões privados ou públicos ou às vendas feitas pela Administração Pública[77]. Esse preceito legal tem por escopo fazer com que esses atos se tornem públicos, evitando fraude, pois ensina Lafayette que o executado pode iludir a boa-fé de terceiro e alienar-lhe o imóvel excutido ou adjudicado a outrem[78].

Exige-se, igualmente, no sistema jurídico brasileiro, o registro *lato sensu*: *a*) das sentenças de separação, de divórcio e de nulidade ou de anulação de casamento, quando, nas partilhas, houver imóveis ou direitos reais sujeitos a registro (Lei n. 6.015/73, art. 167, II, 14); *b*) da aquisição da propriedade por meio da usucapião extrajudicial ou da sentença proferida em ação de usucapião (Lei n. 6.015/73, art. 167, I, 28); *c*) da carta de adjudicação de terreno adquirido a prestações (CPC, art. 877, §§ 1º e 2º, e Dec.-Lei n. 58/37, com as modificações da Lei n. 6.015/73); *d*) da certidão dos atos constitutivos da companhia, passada pelo registro do comércio, para que haja transferência dos bens com que o subscritor tiver contribuído para a formação do capital social (Lei n. 6.404/76, art. 98, § 2º); *e*) dos imóveis incorporados às sociedades por ações da administração indireta da União (Dec.-Lei n. 807/69)[79]; e *f*) dos demais atos arrolados no art. 167, I, da Lei n. 6.015/73.

Para completar essas normas dispõe o Código Civil no art. 1.246 que o "registro é eficaz desde o momento em que se apresentar o título ao oficial do registro, e este o prenotar no protocolo", protocolo este que constitui a chave do registro geral, destinando-se ao apontamento de todos os títulos apresentados diariamente para serem registrados (Lei n. 6.015/73, art. 174). É o número de ordem do título no livro do protocolo que vai determinar a prioridade do título e a preferência do direito real (art. 182 do mesmo diploma legal). É desse apontamento, diz Walter Ceneviva, que se assinala a entrada em cartório do título, dando origem ao começo da oponibilidade aos terceiros e à publicidade[80]. "O registro encontra disciplina no princípio *tem-*

---

77. Caio M. S. Pereira, op. cit., p. 119. *Vide* Lei n. 6.015/73, art. 167, I, 26.

78. W. Barros Monteiro, op. cit., p. 108; Lafayette, *Direito das coisas*, § 50.

79. *Vide* W. Barros Monteiro, op. cit., p. 107-9. Sobre Cadastro de Imóveis Rurais: IN da SRFB n. 1.467/2014.

80. W. Barros Monteiro, op. cit., p. 109; Walter Ceneviva, *Lei dos Registros Públicos*, São Paulo, Saraiva, 1979, p. 372 e 390. Se houver duas transcrições do mesmo imóvel,

pus regit actum; é sujeito à lei vigente ao tempo da apresentação do título, pouco importando a data do contrato" (TJSP, *JB*, *25*:172).

Surgindo a falência ou insolvência do alienante entre a prenotação do título e seu registro por atraso do oficial ou dúvida julgada improcedente (Lei n. 6.015/73, arts. 203 e 215), far-se-á, não obstante, o assento exigido, que retroage, nesse caso, à data da prenotação. Acrescenta o art. 215 da Lei n. 6.015/73 que nulos serão os registros efetuados após a sentença de abertura de falência ou do termo legal nela fixado, salvo se a apresentação tiver sido feita anteriormente, nos moldes do art. 182 dessa mesma lei. O adquirente, assim que for notificado da falência ou da insolvência do alienante, deverá depositar o preço em juízo (CPC, art. 539 e §§ 1º a 4º). A Lei de Falências (Lei n. 11.101/2005), no art. 129, VII, estatui que não produzem efeitos relativamente à massa, tenha ou não o contratante conhecimento do estado de crise econômico-financeira do devedor, seja ou não intenção deste fraudar credores, os registros de direitos reais ou de transferência de propriedade por ato *inter vivos*, por título gratuito ou oneroso, ou a averbação relativa a imóveis realizados após a decretação da falência, salvo se tiver havido prenotação anterior[81].

A Lei n. 6.015/73, em seus arts. 182 e s., regula o processo de registro, sendo necessária para que o assento seja efetivo a perfeita individuação do imóvel transmitido, com a indicação de todas as suas características, para que terceiros não o confundam com outro pertencente ao mesmo transmitente[82].

A Lei n. 6.015/73, em seus arts. 277 e s., disciplina o assento do imóvel rural no Sistema Torrens[83], mas, apesar disso, esse registro não se incorporou plenamente à realidade jurídica brasileira; raros são os casos de sua

---

prevalece a mais antiga, enquanto não for invalidada por ação competente (*RT*, *154*:311, *179*:138).

81. W. Barros Monteiro, op. cit., p. 110; Walter Ceneviva, op. cit., p. 458; Código de Processo Civil, art. 593.

82. W. Barros Monteiro, op. cit., p. 110.

83. Outrora era o Registro Torrens admitido pelo Decreto n. 451-B, de 1890, regulamentado pelo Decreto n. 955-A, de 1890 e revogado pelo Decreto n. 11/91. Como nosso Código Civil de 1916 a ele não se referiu muitos entenderam que não mais se admitia o Sistema Torrens no direito brasileiro. Porém a Lei orçamentária n. 3.446/17, no seu art. 1º, n. 40, proclamou sua vigência, tendo o Código de Processo Civil de 1939, arts. 457 a 464, mantidos pelo de 1973 ora revogado, disciplinado esse registro (W. Barros Monteiro, op. cit., p. 444). Pelo CPC/2015, reger-se-ia por procedimento comum e por lei especial: Lei n. 6.015/73, arts. 277 e s. Consulte: M. Helena Diniz, *Sistemas de registro de imóveis*, São Paulo, Saraiva, 2004. *Vide* Lei n. 6.739/79, sobre matrícula e registro de imóvel rural.

aplicação, salvo no Estado de Goiás, onde teve alguma aceitação[84]. Supõe-se que esse fato decorra da sua difícil e complexa sistemática, visto que cada registro requer ação judicial que pode assumir o caráter de contenciosa, reivindicatória do imóvel que se quer registrar, além do seu elevado custo com publicação de editais, custas e outras despesas[85]. Só o proprietário tem legitimação para o requerer, mediante comprovação de seu domínio (Lei n. 6.015/73, art. 278, I)[86]. E seu título, uma vez levado a assento no Registro Torrens, goza de valor absoluto, ficando a coberto de quaisquer protestos, reclamações, reivindicações e evicções, como se estivesse revestido com o manto da intangibilidade[87].

Do exposto verifica-se que os efeitos do registro do título são:

a) *Publicidade*, conferida pelo Estado por meio de seu órgão competente, o registro imobiliário. Essa publicidade tem por fim tornar conhecido o direito de propriedade, pois, como escreve Lafayette, a deslocação do domínio de uma pessoa para outra carece de uma manifestação visível, de um sinal exterior, que ateste e afirme aquele ato diante da sociedade. Se o domínio obriga a todos, pode ser oposto a todos, importando, assim, que todos conheçam suas evoluções, a fim de se prevenir fraudes que a má-fé de uns, protegida pela clandestinidade, pode preparar em prejuízo da boa-fé de outros[88].

b) *Legalidade* do direito do proprietário, uma vez que o oficial só efetua o registro do título quando não encontra quaisquer irregularidades[89] nos documentos apresentados.

c) *Força probante*, que se funda na fé pública do registro, pois presume-se (CC, art. 1.245, § 2º) pertencer o direito real à pessoa em cujo nome se fez o assento.

d) *Continuidade*, já que constitui o registro um dos modos derivados de aquisição do domínio, prende-se ele ao anterior; se o imóvel não es-

---

84. W. Ceneviva, op. cit., p. 570-1; João Afonso Borges, *O Registro Torrens no direito brasileiro*, prefácio.

85. W. Ceneviva, op. cit., p. 570; José Mário Junqueira de Azevedo, *Do registro de imóveis*, p. 7.

86. W. Ceneviva, op. cit., p. 571.

87. W. Barros Monteiro, op. cit., p. 444; *RF*, *99*:718; *AJ*, *107*:194.

88. W. Barros Monteiro, op. cit., p. 106; Caio M. S. Pereira, op. cit., p. 117; Nicola Coviello, *Trascrizione*, v. 1, p. 2; Lacerda de Almeida, *Direito das coisas*, v. 1, p. 194; Lafayette, op. cit., p. 127.

89. Caio M. S. Pereira, op. cit., p. 117.

tiver registrado no nome do alienante ou transmitente, não poderá ser levado a assento em nome do adquirente. Urge providenciar primeiro o registro em nome daquele para depois efetuar o deste[90].

e) *Obrigatoriedade*, por ser o registro indispensável à aquisição da propriedade imobiliária *inter vivos* (CC, arts. 1.227 e 1.245), devendo ser efetivada no cartório da situação do imóvel. Se se tratar de bens situados em várias comarcas, o registro deve ser feito em todas elas. O desmembramento da comarca não requer, porém, repetição de registro já efetuado no novo cartório (Lei n. 6.015/73, art. 169)[91].

f) *Retificação* ou *anulação* (CC, art. 1.247), porque o registro não é imutável; se o seu teor não exprimir a realidade jurídica ou a verdade dos fatos, pode ser modificado, ou até mesmo anulado, ante pedido do prejudicado e com audiência da parte interessada. Essa retificação encontra-se regulamentada nos arts. 213 e 216 da Lei n. 6.015/73, sendo inadmissível, por exemplo, substituir o nome do adquirente pelo de outro indivíduo ou um imóvel por outro, mediante o processo administrativo. A *anulação* (CC, art. 1.247) poderá dar-se desde que provocada pelo interessado, para que o Judiciário se manifeste, declarando a invalidade do registro, que só produzirá efeitos, se cancelado tal assento, mediante averbação, assinada pelo oficial, seu substituto legal ou escrevente autorizado, que declarará o seu motivo determinante e o título em razão do qual foi feito (Lei n. 6.015/73, art. 248).

De todos esses o seu efeito básico é o *constitutivo*, pois sem ele o direito de propriedade não nasce.

---

90. W. Barros Monteiro, op. cit., p. 106; JTJ, *Lex*, *261*:251 e *267*:624.
91. W. Barros Monteiro, op. cit., p. 106; Orlando Gomes, op. cit., p. 142.

Quadro Sinótico

<table>
<tr><td rowspan="5">AQUISIÇÃO DA PROPRIEDADE IMOBILIÁRIA PELO REGISTRO DO TÍTULO (CC, ARTS. 1.227, 1.245 E 1.247; LEIS N. 6.015/73, 6.140/74 E 6.216/75)</td><td colspan="2">• 1. Estão sujeitos ao registro no respectivo Cartório de Registro de Imóveis os títulos translativos da propriedade por ato inter vivos, porque os negócios jurídicos não são hábeis para transferir o domínio de bem imóvel, sendo necessária a participação do Estado por intermédio do serventuário, que faz esse Registro Público, sem o qual não há transferência de propriedade. O mesmo se diga dos atos referidos na Lei n. 6.015/73, arts. 167, I, n. 23, 24, 26, 28 e 277 e s., e na Lei n. 6.404/76, art. 98, § 2º.</td></tr>
<tr><td colspan="2">• 2. O registro só produz efeitos a partir da data em que se apresentar o título ao oficial do Registro e este o prenotar no protocolo (CC, art. 1.246; Lei n. 6.015/73, arts. 174 e 182).</td></tr>
<tr><td colspan="2">• 3. Em caso de falência ou insolvência do alienante observar-se-á o disposto no art. 215 da Lei n. 6.015 e art. 129, VII, da nova Lei de Falências.</td></tr>
<tr><td colspan="2">• 4. Processo de registro está previsto nos arts. 182 e s. da Lei n. 6.015.</td></tr>
<tr><td>• 5.Efeitos</td><td>• Constitutivo.
• De publicidade.
• De legalidade do direito do proprietário.
• De força probante (CC, art. 1.245, § 2º).
• De continuidade.
• De obrigatoriedade (CC, arts. 1.227 e 1.245).
• De retificação ou anulação (Lei n. 6.015, arts. 213 e 216; CC, art. 1.247).</td></tr>
</table>

a.3. Aquisição por acessão

a.3.1. Conceito e modalidades

Clóvis Beviláqua conceitua a acessão (CC, art. 1.248) como "o modo originário de adquirir, em virtude do qual fica pertencendo ao proprietário tudo quanto se une ou se incorpora ao seu bem"[92].

A acessão vem a ser o direito em razão do qual o proprietário de um bem passa a adquirir o domínio de tudo aquilo que a ele adere[93].

Orlando Gomes, baseado em Barassi, entende que a acessão é uma al-

92. Clóvis, *Código Civil*, obs. ao art. 536; Sebastião José Roque, *Direito das coisas*, cit., p. 65-76.
93. Marcello Caetano da Costa, Das acessões e das benfeitorias, *RDCiv*, 5:79, 1978.

teração quantitativa ou qualitativa da coisa, ou melhor, é o aumento do volume ou do valor do objeto da propriedade devido a forças externas[94].

O Código Civil contempla, no art. 1.248, cinco formas de acessão, no que concerne à propriedade imóvel: I – pela formação de ilhas; II – por aluvião; III – por avulsão; IV – por abandono de álveo; e V – por plantações ou construções.

Percebem-se aí duas modalidades de acessão: *a*) a *natural* que se dá quando a união ou incorporação da coisa acessória à principal (*accessio cedit principali*) advém de acontecimento natural. A formação de ilhas, o aluvião, a avulsão e o abandono de álveo constituem casos desse tipo de acessão, pois se produzem de modo espontâneo sem que haja qualquer intervenção humana; e *b*) a *industrial* ou *artificial*, quando resulta de trabalho do homem. Pertencem a essa modalidade as plantações e as construções de obras[95].

Em todas essas formas de acessão há necessidade de dois requisitos: *a*) a conjunção entre duas coisas, até então separadas; e *b*) o caráter acessório de uma dessas coisas, em confronto com a outra. A coisa acedida é a principal, e a acedente, a acessória[96].

Com isso surgem dois problemas jurídicos: o da atribuição do domínio da coisa acedente à principal e o das consequências patrimoniais decorrentes da acessão.

A primeira questão encontra sua solução na regra de que o acessório segue o principal. O proprietário do principal o será do acessório, devido a um fundamento de ordem prática, ante a inconveniência de destacar o que acede, tanto econômica como juridicamente, pois é preferível atribuir a propriedade do todo ao dono da coisa principal a estabelecer um condomínio indesejado e de difícil administração, dada a grande desproporção entre os valores dos quinhões de cada um dos condôminos. Daí a aceitação de que a aquisição da propriedade da coisa acedente deve operar-se em favor do dono do prédio a que adere[97].

---

94. Orlando Gomes, op. cit., p. 146.
95. Orlando Gomes, op. cit., p. 147; W. Barros Monteiro, op. cit., p. 112.
96. W. Barros Monteiro, op. cit., p. 112. Expressivas a respeito são as seguintes palavras de Coelho da Rocha, *Instituições de direito civil português,* Rio de Janeiro, 1907, v. 2, § 417: "O modo pelo qual o dono da coisa principal adquire a propriedade de outra, por ser acessório, chama-se acessão".
97. Orlando Gomes, op. cit., p. 121; Mazeaud e Mazeaud, *Leçons de droit civil,* v. 2, n.

E o segundo problema, como veremos mais adiante, submete-se ao princípio que veda o enriquecimento indevido, que procura remediar a injustiça da primeira solução, conferindo, ao proprietário desfalcado, sempre que for possível, a indenização que lhe cabe[98].

a.3.2. Acessões naturais

Destaca-se dentre as acessões naturais a *formação de ilhas* (CC, art. 1.248, I) em correntes comuns ou particulares, em virtude de movimentos sísmicos, de depósito paulatino de areia, cascalho ou fragmentos de terra, trazidos pela própria corrente, ou de rebaixamento de águas, deixando descoberto e a seco uma parte do fundo ou do leito[99]. Pertencerão essas ilhas, conforme o prescrito no art. 23, §§ 1º e 2º, do Código de Águas, e no art. 1.249, I a III, do Código Civil, ao domínio particular, ou seja, aos proprietários ribeirinhos, desde que se observem as seguintes regras:

1ª) Se as ilhas se formam no meio do rio serão distribuídas aos terrenos ribeirinhos, na proporção de suas testadas, até a linha que dividir o álveo em duas partes iguais. Segundo o art. 9º do Código de Águas, o álveo é a superfície que as águas cobrem sem transbordar para o solo natural e ordinariamente enxuto. E a divisão do rio que banha duas ou mais propriedades é feita por uma linha mediana imaginária, em sentido longitudinal, que corta o álveo ao meio. Assim, até o meio do álveo, pertence a ilha ao proprietário ou proprietários fronteiros da margem esquerda e a outra metade ao proprietário ou proprietários da margem direita. P. ex.: se nascer uma ilha num rio que atravessa os domínios de "A", "B" e "C", cada um receberá a porção que surgiu de seu lado, conforme demonstra o seguinte gráfico[100]:

1.588; Caio M. S. Pereira, op. cit., p. 120; Silvio Rodrigues, op. cit., p. 116; Barbero, *Sistema istituzionale del diritto privato*, v. 1, n. 508, p. 727; Serpa Lopes, op. cit., p. 383; Gert Kummerow, op. cit., p. 187 a 214.

98. Silvio Rodrigues, op. cit., p. 116-7.

99. Caio M. S. Pereira, op. cit., p. 121; W. Barros Monteiro (op. cit., p. 112) esclarecia que quando a ilha surgia no mar cumpria distinguir se a emersão ocorria ou não em águas territoriais, cujos limites eram traçados pelo Decreto-Lei n. 1.098, de 25 de março de 1970 (ora revogado pela Lei n. 8.617/93), art. 1º. Pertencendo essa matéria ao direito internacional público, se aparecesse a ilha nas águas territoriais seria ao país banhado por essas águas e em alto-mar, ao primeiro ocupante. E na p. 113 ensinava que se situava fora do âmbito do direito civil a acessão de ilhas formadas no curso de rios navegáveis ou que banhassem mais de um Estado. Tais correntes são públicas (CF, art. 20, III), e pelo Código de Águas, art. 23, idêntico caráter terão as ilhas que, por acaso, aparecem em seus álveos, pertencendo aos Estados limítrofes (Dec. n. 21.235/32) – ora revogado pelo Decreto n. 99.999/91.

100. Daibert, op. cit., p. 184-5; Caio M. S. Pereira, op. cit., p. 121; Barassi, *I diritti reali*, p. 345; Orlando Gomes, op. cit., p. 150.

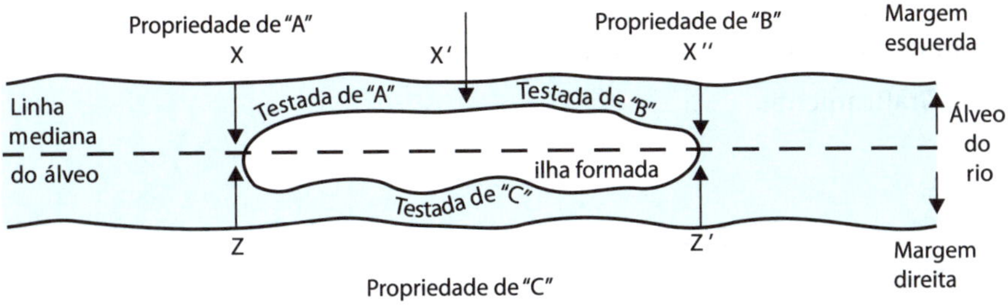

De modo que o proprietário "A" terá na ilha formada a extensão proporcional à sua testada, que corresponde à área compreendida entre x e x' até a linha mediana do álveo. O proprietário "B" terá a área da ilha compreendida entre x' e x" até a linha do meio do álveo, e o "C" terá o domínio da área que se encontra entre z e z' até a linha que corta o álveo ao meio.

2ª) Se as ilhas surgirem entre a linha mediana do rio e uma das margens, serão tidas como acréscimos dos terrenos ribeirinhos fronteiros desse mesmo lado, nada lucrando os proprietários situados em lado oposto. P. ex.:

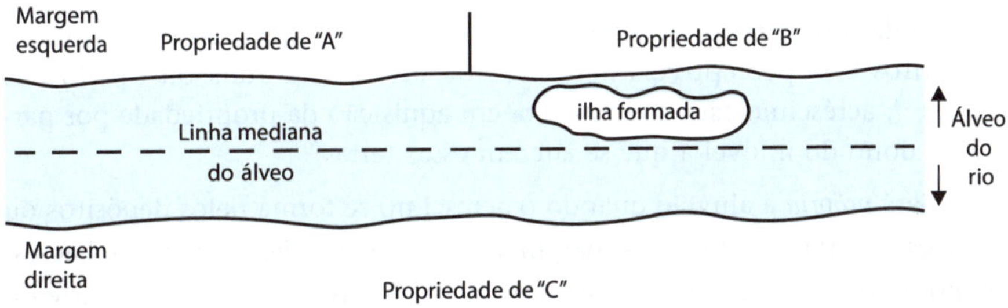

A acessão da ilha formada, neste caso, pertencerá exclusivamente ao proprietário "B", da margem esquerda[101].

3ª) Se um braço do rio abrir a terra, a ilha que resultar desse desdobramento continua a pertencer aos proprietários à custa de cujos terrenos se constituiu. Se o rio for público, a ilha formada pelo desdobramento do novo braço perten-

101. Daibert, op. cit., p. 185; Caio M. S. Pereira, op. cit., p. 121. Se a ilha nascer no mar, será necessário averiguar se tal se deu, ou não, em águas territoriais, cujos limites estão delineados na Lei n. 8.617/93, art. 13. Se estiver em águas territoriais, pertencerá ao país banhado por elas, se não o estiver será tida *res nullius*, pertencendo àquele que primeiro vier a ocupá-la. É a lição de Washington de Barros Monteiro, *Curso*, cit., v. 3, p. 109.

cerá ao domínio público, mediante prévia indenização ao proprietário que foi prejudicado (Código de Águas, art. 24 e parágrafo único)[102].

Graficamente:

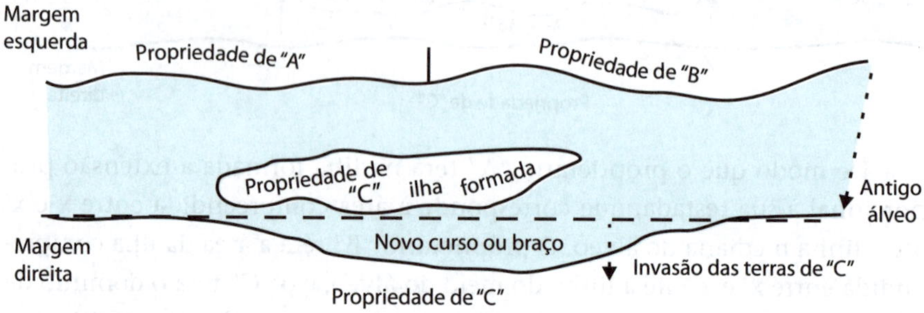

A ilha é de propriedade exclusiva de "C" porque o rio, ao criar novo braço na margem direita, invadiu o terreno de "C", formando uma ilha, diminuindo seu domínio[103].

Dá-se a acessão com a *aluvião* (CC, art. 1.248, II), quando há acréscimo paulatino de terras às margens de um rio ou de uma corrente, mediante lentos e imperceptíveis depósitos ou aterros naturais ou desvio das águas[104]; acréscimo este que importa em aquisição da propriedade por parte do dono do imóvel a que se aderem essas terras[105].

Será *própria* a aluvião quando o acréscimo se forma pelos depósitos ou aterros naturais nos terrenos marginais do rio. E *imprópria* quando tal acréscimo se forma em razão do afastamento das águas que descobrem parte do álveo[106].

Conforme o art. 1.250 do Código Civil, os acréscimos que, sucessiva e imperceptivelmente, se formaram por depósitos ou aterros naturais ou pelo desvio das águas dos rios, pertencem aos donos dos terrenos marginais, sem indenização. Porém, de acordo com os arts. 16 e 17 do Código de Águas não

---

102. Caio M. S. Pereira, op. cit., p. 121; W. Barros Monteiro, op. cit., p. 114; *RF*, *163*:248; *RT*, *233*:151.
103. *Vide* Daibert, op. cit., p. 186.
104. Orlando Gomes, op. cit., p. 151; Caio M. S. Pereira, op. cit., p. 121.
105. Ruggiero e Maroi, *Istituzioni di diritto privato*, v. 1, § 110.
106. Orlando Gomes, op. cit., p. 151.

mais pertencem aos proprietários marginais aqueles acréscimos formados nas margens de águas públicas ou dominiais. Tal aluvião é tida como bem público dominial, se não estiver destinada ao uso comum ou se por algum título não for do domínio particular (art. 16, § 1º, do Código de Águas – Dec.-Lei n. 24.643/34). Pertence ela ao proprietário marginal se se formar à margem das correntes comuns ou das correntes públicas de uso comum.

Acrescenta o art. 18 do Código de Águas que, "quando a aluvião se formar em frente a prédios pertencentes a proprietários diversos, far-se-á a divisão entre eles, em proporção à testada que cada um dos prédios apresentava sobre a antiga margem". O art. 1.250, parágrafo único, do Código Civil contém prescrição idêntica. E o proprietário do imóvel de onde saíram as porções de terra, que, por fato da natureza, se acrescentaram ao de outro, não terá direito a nenhuma indenização, visto que o evento se deu de modo paulatino e vagaroso, tornando impossível a apreciação da quantidade acrescida em imóvel alheio. Washington de Barros Monteiro[107] observa que o poder público autorizado por esse mandamento poderá impedir a formação de ilhas e de depósitos de terrenos aluviais, mediante dragagem e limpeza das margens.

Colin e Capitant[108] ensinam que constituída estará a aluvião desde que os aterros ultrapassem o nível da água, na época das grandes cheias.

O proprietário que se beneficiar com a aluvião oriunda de desvio de águas de um rio não está obrigado a ressarcir aquele que suportou o refluxo. Este deverá suportar o dano sozinho.

Não se considerava como terreno aluvial o solo descoberto pela retração de águas dormentes (aluvião imprópria), como lagos e tanques; por isso o art. 539 do revogado Código Civil estatuía que os donos dos terrenos confinantes não os adquiriam, como não perdiam os que as águas invadissem[109]. Isto era assim porque com o recuo das águas não havia acréscimo paulatino ou lento, formado por depósito de materiais arrastados pelas correntes, contrariando assim a definição de acessão[110]. Entretanto, se o lago ou lagoa fosse

---

107. W. Barros Monteiro, op. cit., p. 115; Matiello, *Código Civil*, cit., p. 784.
108. Colin e Capitant, *Cours élémentaire de droit civil français*, 11. ed., v. 1, p. 939, citado por W. Barros Monteiro, op. cit., p. 116.
109. Orlando Gomes, op. cit., p. 151; Caio M. S. Pereira, op. cit., p. 122.
110. Daibert, op. cit., p. 188; W. Barros Monteiro, op. cit., p. 116.

pertencente ao domínio particular, claro estaria que o proprietário marginal adquiriria as terras oriundas da retração das águas[111].

Igualmente, não se consideram como aluvião os aterros artificiais ou acréscimos de terras feitos pelo proprietário ribeirinho para alterar a conformação periférica de seu imóvel, sem prejuízo de terceiros. Se causar dano a alguém deverá ressarci-lo na forma do direito comum[112]. A esse respeito sugestivas são as palavras de Brugi[113]: "a aluvião é obra da natureza e não do trabalho humano, não podendo, pois, ser produzida artificialmente".

A *avulsão* (CC, art. 1.248, III), por sua vez, se dá pelo repentino deslocamento de uma porção de terra por força natural violenta (p. ex., uma correnteza), desprendendo-se de um prédio para se juntar a outro[114], conforme dispõem os arts. 1.251 do Código Civil, 1ª parte, e 19 do Código de Águas.

O proprietário do imóvel desfalcado perderá a parte deslocada; mas lhe será lícito exigir indenização, dentro do prazo decadencial de um ano. Como houve desprendimento repentino de terra, que, rapidamente, por fato da natureza, se acresce a imóvel alheio, sua ocorrência é suscetível de constatação visual imediata; por isso o proprietário lesado poderá pleitear indenização àquele que tirou proveito. O *quantum* indenizatório deverá ter por base a extensão do acréscimo ocorrido. Cabe a propriedade ao dono do prédio favorecido, mediante o pagamento do seu respectivo valor ao proprietário reclamante (CC, art. 1.251, e Código de Águas, art. 20), que, contudo, não terá direito a outras indenizações, pois o deslocamento avulsivo advém de acontecimento natural, e ninguém responde pelo fortuito[115]. Mas, se o dono do imóvel que sofreu a avulsão não reclamar aquela indenização dentro do prazo decadencial de um ano, perderá o direito de recebê-la e o pro-

---

111. W. Barros Monteiro, op. cit., p. 116.

112. Caio M. S. Pereira, op. cit., p. 122.

113. Brugi, *Instituciones de derecho civil*, p. 225, citado por W. Barros Monteiro, op. cit., p. 116.

114. Caio M. S. Pereira, op. cit., p. 122; W. Barros Monteiro, op. cit., p. 117. Não configurará avulsão se o acréscimo se der por fato humano, p. ex., por explosão provocada na margem de um rio.

115. Caio M. S. Pereira, op. cit., p. 123; W. Barros Monteiro, op. cit., p. 117; Mazeaud e Mazeaud, *Leçons de droit civil*, v. 2, n. 1.608; Aubry e Rau, *Cours de droit civil*, v. 2, § 203; Matiello, *Código Civil*, cit., p. 785. Não mais se justifica a opção, admitida outrora pelo dono do prédio favorecido, entre a remoção da parte acrescida e o pagamento da indenização. Se há aderência, a remoção é impraticável e, se não há, a parte incorporada deve aceder, pagando-se a indenização cabível.

prietário do prédio favorecido adquirirá a propriedade do acréscimo, sem efetuar qualquer pagamento a título indenizatório. E, se se recusar ao pagamento dessa indenização, o dono do prédio a que se juntou a porção de terra deverá permitir a remoção da parte acrescida (CC, art. 1.251, parágrafo único) sob pena de haver enriquecimento indevido ou de sofrer ordem judicial para que aquela retirada se dê. Como se vê, o dono do prédio acrescido deverá optar entre o pagamento da fração de terra deslocada em seu proveito ou concordar com a sua remoção.

O dono do imóvel que sofre a avulsão tem, portanto, o prazo de decadência de um ano (CC, art. 1.251, *in fine*; Código de Águas, art. 20) para reclamar o fato; se não o fizer dentro desse lapso de tempo perderá o direito de receber a indenização[116] e o proprietário do prédio favorecido adquirirá a propriedade do acréscimo, sem efetuar qualquer pagamento.

O art. 543 do Código Civil de 1916 combinado com o art. 21 do Código de Águas prescrevia que, quando a avulsão fosse alusiva a coisa insuscetível de aderência natural, aplicar-se-ia o disposto quanto às coisas achadas. Assim, não constituíam avulsão as coisas que, por força natural violenta, fossem levadas a um imóvel vizinho, sem que se processasse qualquer consolidação, conservando toda a sua individualidade. Tais coisas seriam consideradas como achadas, devendo ser restituídas ao legítimo dono, cabendo, ainda, àquele que as devolvesse uma indenização pelas despesas com sua conservação. Exemplificativamente, se um furacão atirasse telhas, madeiras etc. ao terreno contíguo, não tínhamos avulsão, cabendo ao dono desse terreno indenização por despesas feitas com essas coisas que viessem ter à sua propriedade[117]. Diante da omissão do Código Civil, nessa hipótese, dever-se-á aplicar o art. 1.234, combinado com o art. 21 do Código de Águas.

Barassi[118] apresenta-nos uma forma diferente de avulsão que se sujeita à mesma disciplina jurídica. Trata-se de incorporação que resulta de desmoronamento de morros.

Finalmente, tem-se a acessão natural por *abandono de álveo* (CC, art. 1.248, IV) por um rio que seca ou que se desvia em virtude de fenômeno

116. W. Barros Monteiro, op. cit., p. 117; Caio M. S. Pereira, op. cit., p. 123.
117. W. Barros Monteiro, op. cit., p. 117-8; Daibert, op. cit., p. 190; Sá Pereira, op. cit., v. 8, p. 195.
118. Barassi, op. cit., p. 316, citado por W. Barros Monteiro, op. cit., p. 118.

natural[119]. O álveo é, segundo o art. 9º do Código de Águas, a superfície coberta pelas águas.

O art. 10 do Código de Águas disciplina o regime jurídico do álveo quando ainda coberto pelas águas, não sendo, portanto, aplicado à acessão porque esse meio aquisitivo da propriedade caracteriza-se quando surge a questão de atribuição da propriedade da área descoberta em razão do abandono do leito do rio[120].

Pelos arts. 1.252 do Código Civil e 26 do Código de Águas, o álveo abandonado de corrente pertence aos proprietários ribeirinhos das duas margens, sendo que "a divisão se fará tendo por base a linha mediana do álveo abandonado, pertencendo a cada um na extensão de sua testada, por uma linha perpendicular da margem, nos pontos extremos, à linha mediana do álveo"[121]. Portanto, efetua-se essa divisão do mesmo modo que a repartição de ilhas.

Além disso, acrescentam os artigos acima referidos, os donos dos terrenos por onde as águas natural e acidentalmente abrirem novo curso não terão nenhum direito de ser indenizados, por se tratar de força maior que não pode ser evitada. Se a alteração do rumo de águas se der por ato humano, o prejudicado fará jus à indenização correspondente ao valor das águas submergidas e, se houve conduta irregular da parte contrária, poderá, na lição de Matiello, reclamar o desfazimento da obra e o retorno das águas ao curso original. Se, porém, a mudança da corrente se der por utilidade pública, o prédio ocupado pelo novo álveo deve ser indenizado e o álveo abandonado passa a pertencer ao expropriante para que se compense da despesa feita (Código de Águas, art. 27). Neste último caso não há acessão porque o abandono do álveo foi artificial.

Embora o conceito de álveo abandonado (*alveus derelictus*), como forma de acessão, requeira o abandono permanente do antigo leito do rio, é

---

119. Caio M. S. Pereira, op. cit., p. 123. O município de São Paulo tem direito à propriedade de leito abandonado do rio Tietê, que estava sendo ocupado irregularmente pela Especial Veículos e Peças Ltda. após a modificação do leito. O ministro-relator, Franciulli Netto, da 2ª Turma do STJ, afirmou ser inquestionável o fato de que o antigo leito abandonado não poderia pertencer a nenhum proprietário ribeirinho, "pois sem a alteração do curso do leito, feita pelo município, ele não seria visível".

A municipalidade entrou com ação de reintegração de posse contra a Especial Veículos pretendendo a posse da área de 791,85 m², localizada no antigo leito do rio Tietê. A empresa contestou afirmando que "exerce posse mansa e pacífica do imóvel há mais de 20 anos, pagando, inclusive, impostos sobre o bem" (REsp 330.046).

120. Silvio Rodrigues, op. cit., p. 121.

121. Daibert, op. cit., p. 191. *Vide*: *RT*, *783*:234 e *786*:273.

possível que o rio volte, em consequência de fatos naturais, ao seu antigo curso, caso em que ocorrem duas situações: 1ª) quando o desvio se der naturalmente, o retorno do rio ao álveo antigo recompõe a situação dominial anterior, ou seja, aqueles que eram os proprietários dos terrenos invadidos pelo novo curso do rio voltam a sê-lo com o retorno, sem direito a qualquer indenização (Código de Águas, art. 26, parágrafo único); 2ª) quando o abandono resulta da ação humana, retornando o rio ao leito antigo, continuará a pertencer ao expropriante (Código de Águas, art. 26, parágrafo único), a não ser que os antigos donos, preferindo obter de volta suas propriedades, resolvam indenizar o Estado[122].

Todas as formas de acessão natural se processam, como vimos, de imóvel a imóvel.

a.3.3. Acessões artificiais

As acessões artificiais são as que derivam de um comportamento ativo do homem, dentre elas as semeaduras, plantações e construções de obras (CC, art. 1.248, V; *RT*, *706*:173, *702*:74, *678*:77, *586*:172, *570*:189, *521*:251, *306*:702; *RJTJSP*, *8*:218, *119*:245), processando-se de móvel a imóvel.

Esta modalidade de acessão possui caráter oneroso e se submete à regra de que tudo aquilo que se incorpora ao bem em razão de uma ação qualquer, cai sob o domínio de seu proprietário, ante a presunção *juris tantum* contida no art. 1.253 do Código Civil, que assim reza: "toda construção ou plantação existente em um terreno presume-se feita pelo proprietário e à sua custa, até que se prove o contrário". O dono de um imóvel adquire, mediante a acessão, os bens móveis que a este se incorporarem, pouco importando o preço das construções e plantações, em relação ao valor do solo. Isto é assim porque nesse dispositivo aplica-se o princípio de que o acessório segue o principal[123].

Como se trata de presunção *juris tantum* é preciso verificar os casos em que as semeaduras, plantações e construções não pertencem, comprovadamente, ao dono do solo a que se incorporam.

---

122. Sobre abandono do álveo ver: Daibert, op. cit., p. 191-2; W. Barros Monteiro, op. cit., p. 119; Silvio Rodrigues, op. cit., p. 121; Orlando Gomes, op. cit., p. 154. Matiello, *Código Civil*, cit., p. 786. Consulte: *RJ*, *149*:100 e *108*:135.

123. Marcello Caetano da Costa, op. cit., p. 79; Caio M. S. Pereira, op. cit., p. 124; W. Barros Monteiro, op. cit., p. 120; Carlos Alberto Dabus Maluf, Benfeitoria não se confunde com acessão, *RT*, *692*:201.

Três são essas hipóteses:

1) Quando o proprietário do imóvel constrói ou planta em terreno próprio, com sementes ou materiais alheios, adquire a propriedade destes, mas fica obrigado a pagar-lhes o valor, além de responder por perdas e danos, se agiu de má-fé (CC, art. 1.254).

Não perderá ele a propriedade da semeadura, da plantação ou da construção, que, acedendo ao terreno, a ele se incorpora, porque é antieconômico e inútil destruir ou danificar um bem. Não há interesse social algum nessa destruição. Porém, o proprietário dos materiais ou das sementes e vegetais tem direito de receber uma indenização correspondente ao valor dessas coisas, em consequência do princípio de que a ninguém é lícito se enriquecer à custa de outrem. Pagando-se o valor dos materiais e sementes deixa de haver locupletamento ilícito do proprietário; contudo se houver qualquer prejuízo ao dono dos materiais ou das plantas, superior àquele valor, o mesmo não será ressarcido ante a boa-fé do outro interessado. Entretanto, se o dono do imóvel agiu de má-fé, sabendo ser alheio o material empregado, responderá não só pelo valor das acessões, calculado segundo o tempo em que os móveis se imobilizaram, como também pelas perdas e danos sofridos pelo dono dos bens utilizados indevidamente[124].

2) Quando o dono das sementes e materiais de construção plantar ou construir em terreno alheio, perderá em proveito do proprietário do imóvel as sementes, as plantações e as construções; mas se estava de boa-fé, por ter ocupado área que julgava ser sua, terá direito a uma indenização (correspondente ao seu valor ao tempo do pagamento), embora perca suas construções ou plantações (CC, art. 1.255; *JTJRS, 230*:341).

Mas, se a construção ou plantação vier a exceder consideravelmente o valor do terreno, aquele que plantou ou edificou de boa-fé passará a ser o proprietário do solo, mediante pagamento de indenização cujo *quantum* será fixado judicialmente, não havendo acordo (CC, art. 1.255, parágrafo único). P. ex., se alguém de boa-fé edificar, em terreno alheio de pequena área, um edifício com dez andares, fez um alto investimento, cujo valor é bem maior do que o do terreno que não lhe pertence. Por isso, mais justo será que passe a ser o proprietário do solo, mediante pagamento de um *quan-*

---

124. Silvio Rodrigues, op. cit., p. 123; W. Barros Monteiro, op. cit., p. 121; Caio M. S. Pereira, op. cit., p. 124.

tum indenizatório. Com isso, evitar-se-á que haja enriquecimento sem causa. Ter-se-á, segundo alguns autores, uma "desapropriação privada", pois seria mais conveniente o pagamento dessa indenização do que desfazer parcialmente a obra, prejudicando-a e violando o princípio da função social da propriedade. O dono do solo invadido deveria, durante a construção, ter feito uso da ação de nunciação de obra nova, para embargá-la.

O trabalho de quem construiu e plantou, na convicção de que edificava e lavrava em terreno próprio, deve, se valorizou o solo, prevalecer sobre o interesse do proprietário inerte. Ter-se-ia uma *acessão invertida*, em que se consideram a construção e a plantação como principal, descaracterizando o princípio de que o acessório segue o principal. Todavia, há quem ache, como Paulo Nader, que: "Importante inovação foi trazida pelo parágrafo único do art. 1.255 do Código Civil, ao admitir a principalidade na plantação e construção, desde que 'exceda consideravelmente o valor do terreno', estando de boa-fé quem plantou ou edificou, garantido ao proprietário do imóvel o direito à indenização. Na hipótese, quem adquire a propriedade plena é quem plantou ou construiu com recursos próprios. Observa-se que o dispositivo legal não abriu exceção ao princípio *accessorium cedit principali*, apenas interpretou o que, na espécie, deve ser considerado principal".

Este artigo só é aplicável às construções ou plantações novas, não abrangendo melhoramentos, reparações ou reconstruções, ou seja, as benfeitorias. Urge não confundir a acessão artificial com a benfeitoria. Clóvis Paulo da Rocha[125] pondera, com muita propriedade, que as benfeitorias são as despesas feitas com a coisa, ou obras feitas na coisa, com o fito de conservá-la, melhorá-la ou embelezá-la, e acessões artificiais são obras que criam uma coisa nova e que se aderem à propriedade anteriormente existente.

A acessão é a aquisição de uma coisa nova pelo proprietário dela. Não constitui uma acessão a conservação de plantações já existentes, pela substituição de algumas plantas mortas. Esse caso é uma benfeitoria, por não haver nenhuma alteração na substância e na destinação da coisa.

Se fizermos um pomar em terreno alheio, onde nada havia anteriormente, teremos uma acessão por plantação, que se caracteriza pela circunstância de produzir uma mudança, ainda que vantajosa, no destino econômico do imóvel, alterando sua substância.

---

125. Clóvis Paulo da Rocha, *Das construções na teoria geral da acessão*, p. 36; Matiello, *Código Civil*, cit., p. 788 ; Paulo Nader, *Curso de direito civil*, Rio de Janeiro, Forense, 2006, p. 179 e 180.

Além disso, na acessão, a boa-fé é elemento imprescindível para que haja indenização; na benfeitoria, ela é irrelevante, quando se tratar de benfeitoria necessária. Na benfeitoria há, até certo ponto, uma característica de gestão de negócio, onde se faz presente o princípio da solidariedade humana e do não locupletamento. Na acessão o possuidor visa somente o seu próprio interesse, sem se preocupar com o do proprietário. Os arts. 1.219 e 1.220 do Código Civil admitem a retenção para as benfeitorias necessárias e úteis, tendo por fundamento a posse jurídica. Nada há em nosso sistema jurídico que permita o direito de retenção por acessão, em razão do direito de ressarcimento.

Na acessão o proprietário do imóvel paga o justo valor dos materiais e da mão de obra, e na benfeitoria é lícito ao proprietário optar entre o valor atual e o seu custo, como já pudemos apontar alhures.

Não parece possível concluir que a lei não diferencie as benfeitorias das acessões[126].

Como o proprietário malicioso não pode tirar proveito de seu comportamento ilícito, o art. 1.256 do Código Civil estabelece que, se ambas as partes estiverem de má-fé, o proprietário adquire as sementes, plantas e construções devido à circunstância da acessão artificial ser uma modalidade aquisitiva do domínio, ficando, porém, obrigado a indenizar o seu respectivo valor.

Presume-se má-fé no proprietário quando o trabalho de construção ou lavoura se fez em sua presença e sem sua impugnação (art. 1.256, parágrafo único). Caso em que se entende que o edificador ou lavrador se encontrava de boa-fé, dado o consentimento tácito do dono da terra[127].

3) Quando terceiro de boa-fé planta ou edifica com semente ou material de outrem, em terreno igualmente alheio, o dono da matéria-prima per-

---

126. Marcello Caetano da Costa, op. cit., p. 79-84; W. Barros Monteiro, op. cit., p. 121-2. Ocupação de área pública não gera, mesmo havendo boa-fé, o direito à indenização por benfeitorias que o particular tenha feito, uma vez que nunca poderá ser considerado possuidor de imóvel público, mas mero detentor (STJ, 2ª Turma, REsp 945.055, rel. Herman Benjamin, 15-7-2009).

127. W. Barros Monteiro, op. cit., p. 122; Caio M. S. Pereira, op. cit., p. 125; Clóvis Paulo da Rocha, *Das construções na teoria geral da acessão*; Matiello, *Código Civil*, cit., p. 790. Sobre acessão: *RJTJSP*, *45*:209; *RTJ*, *35*:488; *RT*, *342*:286; *Ciência Jurídica*, *7*:142; *JB*, *158*:145. Embora não se confundam benfeitoria e acessão, a doutrina e a jurisprudência vêm tolerando que se exercite, em ambas, o direito de retenção, porque este se ancora no princípio comum de evitar o enriquecimento sem causa (TJSP, AC 111.752-1, *JB*, *152*:285).

derá sua propriedade, mas será indenizado pelo valor dela. Tal indenização deverá ser paga pelo plantador ou construtor, mas se este não puder pagá-la, o dono das sementes ou dos materiais poderá cobrar, subsidiariamente, do proprietário do solo, onde foi feita a lavoura ou a obra, a indenização devida (CC, art. 1.257, parágrafo único).

O Código Civil vigente, em razão de lacuna do Código Civil de 1916, faz menção a construção em zona lindeira, que invade parcialmente terreno alheio, dispondo no art. 1.258 que, "se a construção, feita parcialmente em solo próprio, invade solo alheio em proporção não superior à vigésima parte deste, adquire o construtor de boa-fé a propriedade da parte do solo invadido, se o valor da construção exceder o dessa parte, e responde por indenização que represente, também, o valor da área perdida e a desvalorização da área remanescente". Com isso prestigia-se a boa-fé do construtor e evita-se a demolição de construção de valor considerável que invadiu pequena área (5%) do proprietário vizinho, desde que o beneficiado o indenize conforme o valor do solo invadido, levando-se em conta a desvalorização mercadológica do remanescente. Se o construtor não quiser pagar aquela indenização, pondera Matiello, deverá demolir o que afetou o prédio confinante até o seu limite territorial, sob pena de haver enriquecimento indevido ou injusto. Prescreve, ainda, no parágrafo único desse artigo que "pagando em décuplo as perdas e danos previstos neste artigo, o construtor de má-fé adquire a propriedade da parte do solo que invadiu, se em proporção à vigésima parte deste e o valor da construção exceder consideravelmente o dessa parte e não se puder demolir a porção invasora sem grave prejuízo para a construção". Lembra o Conselho da Justiça Federal, ao aprovar na IV Jornada de Direito Civil, o Enunciado n. 318, que "o direito à aquisição da propriedade do solo em favor do construtor de má-fé (art. 1.258, parágrafo único) somente é viável quando, além dos requisitos explícitos previstos em lei, houver necessidade de proteger terceiros de boa-fé". A ocorrência desse fato é comum em loteamentos irregulares, com marcos divisórios apagados ou confusos, requerendo perícia para averiguar não só se a proporção da área alheia invadida foi, ou não, superior a 1/20, mas também se há conveniência, ou não, da demolição. Deveras, já se decidiu que "A invasão de área mínima de terreno, com a construção concluída de prédio, resolve-se com a indenização e não com a demolição, alternativa mais onerosa e desproporcionalmente superior ao prejuízo sofrido pelo autor, portanto reputando-se solução iníqua" (TJSP, 11ª Câm. de Direito Privado, Ap. c/ Revisão n. 7.114.117-8 – Santo Anastácio-SP, rel. Des. Gilberto Pinto dos Santos, j. 23-1-2007, *BAASP*, *2.530*:1377).

Observa Matiello: para que o valor da construção exceda consideravelmente o da parte do território lindeiro invadido, será preciso que do confronto entre os dados financeiros resulte a conclusão de que seria antieconômica e socialmente inconveniente a reposição do *statu quo ante* e a devolução do solo; se a demolição não causar expressiva diminuição do valor da construção, o construtor de má-fé deverá desfazer a edificação que avançou por sobre o terreno alheio, sem direito a qualquer compensação.

Não havendo a ocorrência dos requisitos exigidos pelo art. 1.258, o construtor de má-fé não terá a propriedade do solo invadido e deverá pagar perdas e danos.

O art. 1.258 é conciliador dos interesses privados com o social, procurando resolver controvérsia entre vizinhos envolvidos e manter a construção feita.

Acrescenta, finalmente, no art. 1.259, que "se o construtor estiver de boa-fé, e a invasão do solo alheio exceder a vigésima parte deste, adquire a propriedade da parte do solo invadido, e responde por perdas e danos que abranjam o valor que a invasão acrescer à construção, mais o da área perdida e o da desvalorização da área remanescente; se de má-fé, é obrigado a demolir o que nele construiu, pagando as perdas e danos apurados, que serão devidos em dobro".

Nestes artigos denota-se uma conciliação do direito do proprietário, que sofreu invasão, com o valor do que foi edificado em terreno limítrofe. O acréscimo deverá ser computado no cálculo indenizatório, levando-se em consideração a boa ou má-fé do invasor, compondo-se o direito de propriedade com o valor econômico do que foi construído, e, com a proporção da invasão, com a desvalorização da área remanescente e o valor de mercado da área perdida. Sacrifica-se, assim, o direito do proprietário que não embargou, oportunamente, a construção, movendo nunciação de obra nova, em prol do princípio do maior valor social da construção, evitando, na medida do possível, sua demolição.

Quadro Sinótico

AQUISIÇÃO DA PROPRIEDADE IMOBILIÁRIA PELA ACESSÃO	• 1. Conceito	• É o modo originário de adquirir, em virtude do qual fica pertencendo ao proprietário tudo quanto se une ou se incorpora ao seu bem (CC, art. 1.248).	
	• 2. Requisitos	• Conjunção entre duas coisas até então separadas. • Caráter acessório de uma dessas coisas, em confronto com a outra.	
	• 3. Acessões naturais (processam-se de imóvel a imóvel)	• Conceito	• Dá-se quando a união ou incorporação da coisa acessória à principal advém de acontecimento natural.
		• Casos	• Formação de ilhas em rios não navegáveis em virtude de movimentos sísmicos, de depósito paulatino de materiais trazidos pela própria corrente ou de rebaixamento de águas, deixando descoberta e a seco uma parte do fundo ou do leito (CC, arts. 1.248, I, e 1.249, I a III; Cód. de Águas, arts. 23, §§ 1º e 2º, e 24, parágrafo único). • Aluvião (CC, arts. 1.248, II, e 1.250 e parágrafo único; Cód. de Águas, arts. 16 a 18). Consiste no acréscimo paulatino de terras, às margens de um rio, por meio de lentos e imperceptíveis depósitos ou aterros naturais ou de desvios das águas. • Avulsão (CC, arts. 1.248, III, e 1.251 e parágrafo único; Cód. de Águas, arts. 19 e 20) é o repentino deslocamento de uma porção de terra por força natural violenta, desprendendo-se de um prédio para se juntar a outro. • Abandono de álveo (CC, arts. 1.248, IV, e 1.252; Cód. de Águas, arts. 26 e 27).
	• 4. Acessões artificiais	• Processam-se de móvel a imóvel (CC, arts. 1.253 a 1.259); resultam de trabalho humano, como plantações e construções (CC, art. 1.248, V), tendo caráter oneroso, e submetem-se à regra de que tudo aquilo que se incorpora ao bem, em razão de uma ação qualquer, cai sob o domínio do seu proprietário ante presunção *juris tantum*, contida no art. 1.253 do Código Civil.	

a.4. Aquisição por usucapião

a.4.1. Origem histórica

Reputamos imprescindível o exame da usucapião em sua etiologia histórica.

O direito romano já a considerava como um modo aquisitivo do domínio em que o tempo figura como elemento precípuo. A própria etimologia da palavra indica isso: *capio* significa "tomar" e *usu* quer dizer "pelo uso". Entretanto, "tomar pelo uso" não era obra de um instante; exigia, sempre, um complemento de cobertura sem o qual esse *capio* nenhum valor ou efeito teria. Consistia esse elemento no fator tempo.

A sua primeira manifestação caracterizou-se por uma posse prolongada durante o tempo exigido pela Lei das XII Tábuas: 2 anos para os imóveis e 1 ano para os móveis e as mulheres, pois o *usus* também foi uma das formas de matrimônio na antiga Roma. Posteriormente, o prazo para bens imóveis passou para 10 anos entre presentes e 20 entre ausentes.

Mais tarde passou-se a exigir uma posse apoiada num justo título e na boa-fé. Arangio Ruiz aponta-nos as leis que restringiram o campo de aplicação da usucapião no direito romano: a Lei Atínia a proibia para coisas furtadas; as Leis Júlia e Pláucia impediam a usucapião de coisas obtidas pela violência, e a Lei Scribônia vedava a usucapião de servidões prediais. Todavia, a usucapião era uma instituição de direito quiritário, não podendo ser, portanto, invocada pelos peregrinos nem aplicada aos imóveis provinciais. Contudo, Roma veio a adquirir vastos territórios fora da Itália, povoados por inúmeros peregrinos. E, como esses peregrinos tinham necessidade de uma proteção que defendesse a sua posse, seguida de justo título e de boa-fé, surgiu um edito que passou a considerar a posse desses indivíduos nas mesmas condições em relação a um imóvel itálico, entendendo que eles teriam que ter um mandado de reivindicação para pedir ao magistrado que ele verificasse se o réu se encontrava nas condições mencionadas.

Como se depreende, esse instituto se plasmou no campo processual das ações. Era a época em que a *actio* precedia ao *jus*.

Empregou-se assim um processo geral conhecido com a denominação de *praescriptiones*, donde a designação *praescriptio longi temporis*, em virtude do relevante papel desempenhado pelo longo tempo.

Inicialmente, a *praescriptio longi temporis* não passou de um processo destinado a suprir uma lacuna do direito civil. O que estava habilitado a opô-la não podia intitular-se proprietário se não inserisse na sua fórmula a alegação tirada de sua longa posse; perdia seu processo contra o reivindicante proprietário, e, por outro lado, se perdesse a posse sem poder se utilizar de algum interdito possessório para poder retomá-la e se colocar na sua defesa, como lhe não era dado reivindicar, igualmente ficava impossibilitado de retomar a coisa. Daí podermos afirmar que, nessa época, a prescrição ainda não era um meio aquisitivo, senão um processo criado pelo Pretor.

Com Justiniano fundiram-se as regras da *longi temporis praescriptio* com as da usucapião, preponderando estas sobre aquelas, mas nem por isso a *longi temporis praescriptio* deixou de exercer sua influência, pois o termo "usucapião" designava a aquisição da propriedade por efeito de um longo exercício.

Um acontecimento superveniente modificou essa situação. Trata-se do momento histórico da extensibilidade da prescrição, não mais como forma aquisitiva da propriedade, mas como meio extintivo das ações. Tal inovação foi introduzida pelo Imperador Teodósio, o Jovem, que designou essa nova instituição de caráter extintivo *praescriptio longissimi temporis*.

De maneira que, no direito romano, sob o mesmo vocábulo, surgiram duas instituições jurídicas: a primeira de caráter geral destinada a extinguir todas as ações e a segunda, um modo de adquirir, representado pela antiga usucapião. Ambas as instituições partiam do mesmo elemento: a ação prolongada do tempo.

Em razão desse ponto comum os juristas medievais procuraram estabelecer uma teoria de conjunto que Domat assim resume: "a prescrição é uma maneira de adquirir e de perder o direito de propriedade de uma coisa ou de um direito pelo efeito do tempo". Doutrina essa que tomou corpo e foi seguida pelo Código Civil francês, que adotou esse critério monista, regulando a prescrição e a usucapião sob uma forma unitária, distinguindo um instituto de outro apenas por denominar o primeiro prescrição extintiva e o segundo prescrição aquisitiva.

Clóvis entendeu ambos os institutos pelo prisma dualista, considerando a prescrição uma energia extintiva e a usucapião, uma energia criadora, no que foi apoiado por Morato, Orozimbo Nonato e Pugliese.

Essas motivações de Clóvis não nos parecem muito exatas. Entendemos que a usucapião é, concomitantemente, uma energia criadora e extintiva. Extintiva porque redunda na perda da propriedade por parte daquele que dela se desobriga pelo decurso do tempo. Aquisitiva porque ele leva à apropriação da coisa pela posse prolongada. Ao passo que a prescrição é puramente extintiva[128]. Apresentam-se também como defensores da unicida-

---

128. Serpa Lopes, op. cit., p. 537-43; F. Morato, *Prescrição das ações divisórias*, p. 56; Clóvis, *Código Civil comentado*, v. 3; Arangio Ruiz, *Historia del derecho romano*, p. 165; Bonfante, *Diritto romano*, p. 283; W. Barros Monteiro, op. cit., p. 123-4. O direito germânico seguiu a orientação dualista; nele há dois institutos diversos. A usucapião e um segundo ao qual não deu denominação. Estabeleceu que para tornar-se proprietário por usucapião bastava possuir o imóvel por 30 anos e estar inscrito no Livro Imobiliário como proprietário de um imóvel sem ter adquirido propriedade (BGB, art. 900), não impedindo essa forma

de: Fadda e Bensa, Oertmann, De Page, Planiol, Ripert e Boulanger[129].

a.4.2. Conceito e fundamento

A usucapião é um modo de aquisição da propriedade e de outros direitos reais (usufruto – *RT, 488*:183, *RTJ, 117*:652 –, uso, habitação, enfiteuse (outrora – CC, art. 2.038) – *RT, 538*:278, *598*:181, *527*:84, *550*:174, *596*:58; *Ciência Jurídica, 61*:73; *RTJ, 69*:528 – servidões prediais – *Revista Jurídica, 59*:107; *RT, 588*:189) pela posse prolongada da coisa com a observância dos requisitos legais e pode dar-se por via extrajudicial ou judicial. É uma aquisição de domínio pela posse prolongada[130], como prefere dizer Clóvis Beviláqua.

---

de aquisição o fato do possuidor conhecer a irregularidade do seu título nem se exigindo a prova do requisito da boa-fé. Próximo ao Código alemão está o Código Civil suíço. Só que o sistema de registro imobiliário deste último não admite prescrição aquisitiva contrária ao princípio de que ninguém pode adquirir, por meio de prescrição, contrariamente ao direito do proprietário inscrito. Todavia, a esse princípio geral reconhece-se a necessidade de se estabelecerem exceções, sobretudo pela necessidade de consolidar na pessoa do inscrito uma propriedade, porventura afetada originariamente de algum vício capaz de torná-la ineficaz. Por força dessa consideração o direito suíço conhece duas espécies de prescrição aquisitiva: a *ordinária*, destinada a imunizar a inscrição imobiliária suscetível de ser atacada entre as próprias partes – transmitente e adquirente – como no caso de venda feita por um incapaz; e a *extraordinária*, no caso de um possuidor não inscrito, nessas duas hipóteses: 1ª) quando um imóvel entra no domínio privado sem ter sido inscrito por força de uma omissão qualquer; 2ª) quando o imóvel, a despeito de inscrito, não indica o nome do seu proprietário. *Vide* Wieland, *Les droits réels dans le Code Civil suisse*, 2 v.; Rossel e Mentha, *Droit civil suisse*, 2. ed., 3 v.

129. Planiol, Ripert e Boulanger, *Traité élémentaire de droit civil*, v. 1, n. 3.145 e s.

130. Caio M. S. Pereira, op. cit., p. 128-9; Orlando Gomes, op. cit., p. 159; Clóvis, *Comentários ao Código Civil*, v. 3, obs. ao art. 550; Benedito Silvério Ribeiro, *Tratado de usucapião*, São Paulo, Saraiva, 1992, 2 v.; Antonio Macedo de Campos, *Teoria e prática do usucapião*, São Paulo, Saraiva, 1983; José Carlos de Moraes Salles, *Usucapião de bens imóveis e móveis*, São Paulo, Revista dos Tribunais, 1999; Jefferson C. Guedes, *Exceção de usucapião*, Porto Alegre, 1997; Levenhagen, *Posse, possessória e usucapião*, São Paulo, Atlas, 1992; Gert Kummerow, op. cit., p. 223 a 245; Fábio Caldas de Araújo, *Usucapião no âmbito material e processual*, Rio de Janeiro, Forense, 2003; TFR, Súmula 13; *RJTJSP, 42*:131, *69*:215; *RT, 537*:172, *546*:85, *577*:81, *548*:189, *583*:242, *526*:74, *591*:81 e 216.

A usucapião serve também para sanar vícios de propriedade.

Pelo Enunciado n. 596: "O condomínio edilício pode adquirir imóvel por usucapião" (aprovado na VII Jornada de Direito Civil).

O STJ já reconheceu a personalidade do condomínio para fins tributários. O Enunciado n. 246 da III Jornada de Direito Civil (que modificou o Enunciado n. 90 da I Jornada), por sua vez, estipula que: "Deve ser reconhecida personalidade jurídica ao condomínio edilício".

O Conselho Superior da Magistratura do Tribunal de Justiça de São Paulo, embora não admita a irrestrita e incondicional atribuição de personalidade jurídica ao condomínio edilício, tem admitido a aquisição de imóveis por este último, inclusive por meio de escritura pública de compra e venda (*vide* Apel. Cível 001991077.2012.8.26.0071, j. abril/2013). Viável seria a usucapião de imóvel pelo próprio condomínio edilício quando feita em benefício dos condôminos que o possuem coletivamente.

Não há harmonia de entendimento doutrinário quanto a ser a usucapião um modo originário ou derivado de se adquirir a propriedade.

Para Girard só a ocupação pode merecer a inclusão na categoria das aquisições originárias[131]. Já De Ruggiero propõe o enquadramento da usucapião numa classe intermediária entre as aquisições originárias e as derivadas, sendo por isso, diz ele, que a usucapião não apaga os ônus que podem recair sobre a coisa usucapida[132]. Todavia, pelos princípios que presidem as mais acatadas teorias sobre a aquisição da propriedade é de aceitar-se que se trata de modo originário, uma vez que a relação jurídica formada em favor do usucapiente não deriva de nenhuma relação do antecessor. O usucapiente torna-se proprietário não por alienação do proprietário precedente, mas em razão da posse exercida. Uma propriedade desaparece e outra surge, porém isso não significa que a propriedade se transmite[133]. Falta-lhe, portanto, a circunstância da transmissão voluntária que, em regra, está presente na aquisição derivada[134].

A usucapião é um direito novo, autônomo, independente de qualquer ato negocial provindo de um possível proprietário, tanto assim que o transmitente da coisa objeto da usucapião não é o antecessor, o primitivo proprietário, mas a autoridade judiciária que reconhece e declara por sentença a aquisição por usucapião.

Lacantinerie e Tissier[135], com justeza, afirmam que a usucapião não é uma usurpação, mas sim um instituto imprescindível à estabilidade do direito, que pode e deve ser admitido sem que haja qualquer vulneração aos princípios de justiça e equidade. Eis por que Troplong[136], com muita propriedade, pondera que há interesse social de que a lei se aproveite da negligência do proprietário para conceder uma anistia àquele que, durante anos de trabalho, de atividade e esforço, pagou suficientemente a violação de um

---

131. Girard, *Droit romain*, p. 300, nota 2, e p. 316. Fábio Maria de Mattia, Usucapião de bens imóveis e jurisprudência do STF, *RIL*, *76*:187.

132. De Ruggiero, *Istituzioni di diritto civile*, 6. ed., Milano, § 78, p. 455; Carlos Alberto Dabus Maluf, O direito de propriedade e o instituto do usucapião no Código Civil de 2002, in *Novo Código Civil*: questões controvertidas, coord. Mário Luiz Delgado e Jones Figueirêdo Alves, São Paulo, Método, 2003, p. 285-95.

133. Prescrizione civile, in *Nuovo Digesto Italiano*, n. 19; W. Barros Monteiro, op. cit., p. 124.

134. *Vide* comentários de Caio M. S. Pereira, op. cit., p. 129. Por ser a usucapião forma originária de aquisição de propriedade, é indevido o imposto de transmissão (*RT*, *623*:58).

135. Lacantinerie e Tissier, *Della prescrizione*, n. 27, p. 20.

136. Citado por Serpa Lopes, op. cit., p. 544.

direito não reclamado. O prejudicado concorre com sua inércia para a consumação de seu prejuízo.

Pela usucapião o legislador permite que uma determinada situação de fato, que, sem ser molestada, se alongou por um certo intervalo de tempo previsto em lei, se transforme em uma situação jurídica, atribuindo-se assim juridicidade a situações fáticas que amadureceram com o tempo.

A usucapião tem por *fundamento* a consolidação da propriedade, dando juridicidade a uma situação de fato: a posse unida ao tempo. A posse é o fato objetivo, e o tempo, a força que opera a transformação do fato em direito[137], o que nos demonstra a afinidade existente entre os fenômenos jurídicos e físicos. Deveras, trata-se de uma verdade apodítica, extensiva a todos os direitos subjetivos privados, pois todos eles, não só o pecúlio, nascem, crescem, decrescem e morrem. O tempo não vale, de per si, para constituir um direito subjetivo cujo nascimento depende, necessariamente, de um fato humano, pois, uma vez que todo direito subjetivo é, na terminologia de Goffredo Telles Jr., a autorização dada pela norma jurídica para fazer, ter ou exigir algo, claro está que precisa de uma determinação normativa. Em virtude de norma, o decurso de tempo, unido à ação humana, torna-se um fator de aquisição ou elemento de perda de um direito. De maneira que o direito de propriedade, subjetivo que é, dentro dos limites temporais fixados por lei, se desfaz, por parte do proprietário inerte, e se ganha, por parte do usucapiente, pelo período de tempo estabelecido para seu exercício e sua conservação[138].

O fundamento desse instituto é garantir a estabilidade e segurança da propriedade, fixando um prazo, além do qual não se podem mais levantar dúvidas ou contestações a respeito e sanar a ausência de título do possuidor, bem como os vícios intrínsecos do título que esse mesmo possuidor, porventura, tiver.

a.4.3. Requisitos da usucapião

Gomes e Muñoz[139] entendem que para usucapir é preciso o concurso de requisitos pessoais, reais e formais.

---

137. Clóvis, op. cit.; *RT*, *507*:108, *539*:205, *555*:256, *582*:157, *567*:214, *520*:97, *501*:114, *600*:44.

138. *Vide* Serpa Lopes, op. cit., p. 537; Goffredo Telles Jr., *O direito quântico*, Max Limonad, 1971.

139. Citados por Orlando Gomes, que adota suas ideias (op. cit., p. 161). *Vide* Fábio M. de Mattia, Usucapião de bens imóveis e jurisprudência do STF, *RIL*, *76*:187, 1982; Octavio Augusto Machado de Barros Filho, Requisitos do usucapião em geral, *Atualidades Jurídicas*, São Paulo, Saraiva, 1999, p. 295 a 300; Sebastião José Roque, *Direito das coisas*, cit., p. 77-84; José Carlos de Moraes Salles, *Usucapião de bens imóveis e móveis*, São Paulo, Revista dos Tribunais, 2005. Sobre ação de usucapião e espólio: *RT*, *548*:187, *553*:219. Sobre a prova dos requisitos: *Ciência Jurídica*, *16*:110.

Os *requisitos pessoais* consistem nas exigências em relação ao possuidor que pretende adquirir o bem e ao proprietário que, consequentemente, o perde. Como é a usucapião um meio de aquisição de propriedade há necessidade de que o adquirente seja capaz e tenha qualidade para adquirir o domínio por essa maneira.

Assim, dado o disposto no art. 1.244 do Código Civil, não pode ser alegada a usucapião:

a) entre cônjuges na constância do casamento;

b) entre ascendentes e descendentes, durante o poder familiar (*JTJ*, *200*:117);

c) entre tutelados e curatelados e seus tutores ou curadores, durante a tutela ou curatela;

d) em favor do credor solidário nos casos dos arts. 201 e 204, § 1º, do Código Civil, ou do herdeiro do devedor solidário, na hipótese do art. 204, § 2º, também do Código Civil;

e) contra os absolutamente incapazes de que trata o art. 3º;

f) contra os ausentes do País em serviço público da União, dos Estados e dos Municípios;

g) contra os que se acharem servindo nas Forças Armadas, em tempo de guerra;

h) pendendo condição suspensiva;

i) não estando vencido o prazo;

j) pendendo ação de evicção;

k) antes da sentença que julgará fato que deva ser apurado em juízo criminal;

l) havendo despacho do juiz, mesmo incompetente, que ordenar a citação feita ao devedor;

m) havendo protesto, inclusive cambial;

n) se houver apresentação do título de crédito em juízo de inventário ou em concurso de credores;

o) se houver ato judicial que constitua em mora o devedor;

p) havendo qualquer ato inequívoco, ainda que extrajudicial, que importe em reconhecimento do direito do devedor, alcançando, inclusive, o fiador (CC, art. 204, § 3º).

É o que se infere dos arts. 197, 198, 199, 200, 201 e 202 do Código Civil.

Em todos esses casos, não obstante tratar-se de imóvel suscetível de ser usucapido, devido a situação especial existente, seja em face da pessoa do possuidor, como no caso dos incapazes, por exemplo, seja ante a especial relação que há entre o possuidor e o titular da propriedade (p. ex., entre marido e mulher, entre ascendente e descendente), a lei considera obstado o nascimento da usucapião e, se a posse já se iniciou, sua marcha se interrompe enquanto durar a causa obstativa[140].

Esclarece-nos, ainda, Orlando Gomes[141] que quanto àquele que sofre os efeitos da usucapião não há exigência relativamente à capacidade. Basta que seja proprietário do imóvel. Ainda que não tenha capacidade de fato, pode sofrer os efeitos da posse continuada de outrem, pois cabe ao seu representante impedir esse fato. Há proprietários que não podem perder a propriedade por usucapião, como ocorre com as pessoas jurídicas de direito público, cujos bens são imprescritíveis.

Os seus *requisitos reais* são alusivos aos bens e direitos suscetíveis de ser usucapidos, pois nem todas as coisas e nem todos os direitos podem ser adquiridos por usucapião.

Jamais poderão ser objeto de usucapião: *a*) as coisas que estão fora do comércio, pela sua própria natureza, por não serem suscetíveis de apropriação pelo homem, como o ar, a luz solar etc.; *b*) os bens públicos que estando fora do comércio são inalienáveis (STF, Súmula 340; *RT*, *803*:226). Até alguns anos atrás não era pequena a controvérsia sobre se podiam ou não ser usucapidos os bens públicos, prevalecendo, mesmo, a opinião em sentido afirmativo desde que houvesse posse tranquila dos bens de uso especial e dominicais durante 40 anos, mantendo-se porém a imprescritibilidade dos bens de uso comum. Essa dúvida se dissipou com o Decreto n. 22.785, de 31 de maio de 1933, ora revogado pelo Decreto s/n. de 25-4-1991, que no seu art. 2º afirmava que "os bens públicos, seja qual for sua natureza, não estão sujeitos à prescrição", orientação essa reiterada em normas posteriores[142]. Houve apenas a exceção da usucapião especial, que logo mais veremos (Lei n. 6.969/81, art. 2º), agora inadmissível pela nova Carta; *c*) os bens que, por razões subjetivas, apesar de se encontrarem *in commercio*, dele são excluídos, necessitando que o possui-

---

140. *Vide* Serpa Lopes, op. cit., p. 545; W. Barros Monteiro, op. cit., p. 132; Orlando Gomes, op. cit., p. 161.

141. Orlando Gomes, op. cit., p. 162.

142. Serpa Lopes, op. cit., p. 548-50; Porchat, Imprescritibilidade dos bens públicos, *Rev. de Direito*, *49*:227; Caio M. S. Pereira, op. cit., p. 132-3.

dor invertesse o seu título possessório. P. ex., no caso do condômino em face dos demais comunheiros, se estiver de posse de uma área de terra excedente à correspondente ao seu quinhão ou à sua quota. Entendem a doutrina e a jurisprudência que é impossível aquisição por usucapião contra os outros condôminos, enquanto subsistir o estado de indivisão (*RJTJSP*, *52*:187, *45*:184; *JTJ*, *152*:209; *RT*, *495*:213, *547*:84, *530*:179), pois não pode haver usucapião de área incerta. Para que se torne possível a um condômino usucapir contra os demais, necessário seria de sua parte um comportamento de proprietário exclusivo (*RT*, *427*:82), ou a inversão de sua posse, abrangendo o todo e não apenas uma parte[143] (*RT*, *576*:113; *RJTJESP*, *62*:197), ou seja, o condômino

143. Isto é assim porque o direito de cada condômino diz respeito à coisa toda e não a uma fração dela, de maneira que cada um terá direito qualitativamente igual aos dos demais, pois cada um deles é proprietário, embora não o tenha quantitativamente, ante a diversidade da quota ideal. Devido a essa compreensão unitária do condomínio, cada consorte exercerá a posse sobre toda a coisa, e enquanto esta permanecer indivisa não poderá um usucapir o quinhão do outro (*RF*, *94*:530; *RT*, *156*:211, *352*:445, *264*:827, *350*:190; em sentido contrário: *RJTJSP*, *62*:197; *RT*, *605*:81). Essa compreensão do condomínio como um todo unitário, objeto da posse da propriedade, não é logicamente incompatível com a de fração ideal, que não constitui o objeto do direito de cada comunheiro, por representar a medida de sua participação no objeto jurídico comum. Não pode um condômino usucapir contra outro se detiver o imóvel em nome dos comunheiros: se não exercer a posse com exclusividade e se a exercer a título de administrador. Assim, somente poderá usucapir contra consorte se puder provar que possui *pro suo*, porque de fato a comunhão cessou, ou se houver mudança da posse por fato de terceiro ou oriunda da oposição feita pelo condômino contra o direito dos demais comunheiros. *Vide* Miguel Reale, *Questões de direito*, 1981, p. 304 a 307; Afonso Fraga, *Divisão de terras particulares*, p. 1 a 3; Carlos Alberto Dabus Maluf, Usucapião entre condôminos, *Tribuna do Direito*, jan. 1995, p. 13; J. A. de Faria Motta, *Condomínio e vizinhança*, 1942, p. 18 e 103; Enneccerus, *Derecho de obligaciones*, v. II, t. 2, p. 437 e s.; Serpa Lopes, op. cit., p. 546-7; Orlando Gomes, op. cit., p. 161; Assis Moura, *Da prescrição em face do condomínio*, p. 18 e s.; Marco Aurelio S. Viana, *Teoria e prática do direito das coisas*, 1983, p. 71 e 117; Pontes de Miranda, *Tratado de direito privado*, t. 11, § 1.193; Afonso Fraga, *Teoria e prática na divisão das terras particulares*, 1936, p. 85; *RT*, *532*:73 e 188, *546*:106, *544*:73, *549*:84, *427*:82, *502*:79, *511*:227, *524*:210, *525*:77, *547*:84, *493*:237. "O pedido de usucapião de um sítio, formulado pelos compossuidores em separado, deverá ser considerado conjunto, havendo a divisão do imóvel. A existência de concubinato entre os compossuidores não gera direito de um sobre a parte do outro" (*RT*, *594*:53). *Vide* TJSP, *ADCOAS*, 1982, n. 82.278: "As coisas possuídas em comum não são suscetíveis de usucapião, porque importaria isso em ir o usucapiente contra o seu próprio título. Só quando a ação seja movida contra os outros condôminos, com alegação de haver cessado, de fato, a composse, estabelecendo-se assim a posse exclusiva do autor por mais de 30 anos, com os demais requisitos legais, é que é possível o usucapião. Em tal caso já não se trata de composse, mas da posse do todo por um só condômino, que passou a ter a coisa como sua, com a exclusão dos outros. A razão disso é clara – compreende-se que a comunhão, nesses casos, embora existindo de direito, deixou de existir de fato, e desde esse momento começa a correr

para pretender usucapião deverá ter sobre o todo posse exclusiva (*RT*, *605*:81, *645*:63, *753*:226; *JTJ*, *152*:209), cessando o estado de comunhão.

Se, contudo, a inalienabilidade de um bem proceder de um ato negocial ou de outro ato jurídico qualquer, sob a cobertura do direito privado, como na hipótese do pacto antenupcial, doação, legado, cláusulas testamentárias, o usucapiente é *res inter alios acta*, porque sua aquisição é de caráter originário e nenhum empecilho pode encontrar nessa incomercialidade, porquanto entre o usucapiente e o proprietário contra quem ele adquire não há a menor relação de sucessoriedade[144]. Todavia, já se decidiu que "o imóvel gravado com cláusula de inalienabilidade não pode ser objeto de usucapião, pois a cláusula tem eficácia real. Seu registro a torna *erga omnes*, pelo que ninguém pode alegar licitamente ignorância da clausulação, especificamente para o efeito de usucapião" (TJSP, *JB*, *150*:343).

Quanto aos direitos, somente os reais que recaírem sobre bens prescritíveis podem ser adquiridos por usucapião; dentre eles: a propriedade, as

---

a prescrição, mas o só fato de a posse passar a ser exercida por um só dos condôminos não denota da parte dele o ânimo de ter a coisa como exclusivamente sua. Faz-se mister também que a sua posição de possuidor *pro suo* se caracterize por uma série de atos indicativos daquele ânimo, pois, na dúvida, sempre se presume que tais atos são praticados em nome de todos, o que implica a precariedade de sua posse, insuscetível, destarte, de ser usucapida". *Vide BAASP*, *2.759*:11: "1 – O condômino tem legitimidade para usucapir em nome próprio, desde que exerça a posse por si mesmo, ou seja, desde que comprovados os requisitos legais atinentes à usucapião, bem como tenha sido exercida a posse exclusiva com efetivo *animus domini* pelo prazo determinado em lei, sem qualquer oposição dos demais proprietários. 2 – Há negativa de prestação jurisdicional em decorrência de não ter o Tribunal de origem emitido juízo de valor acerca da natureza do bem imóvel que se pretende usucapir, mesmo tendo os recorrentes levantado a questão em sede de recurso de apelação e em embargos de declaração opostos ao acórdão. 3 – Recurso especial a que se dá provimento para: a) reconhecer a legitimidade dos recorrentes para proporem ação de usucapião relativamente ao imóvel descrito nos presentes autos; e b) anular parcialmente o acórdão recorrido, por violação ao art. 535 – atual art. 1.022 – do CPC, determinando o retorno dos autos para que aquela ilustre Corte aprecie a questão atinente ao caráter público do imóvel". Consulte sobre condomínio e usucapião: *JTJ*, *173*:138, *177*:252; *RTJ*, *76*:855. *Vide* a respeito de usucapião e composse: *RT*, *734*:320, *737*:322.

Bens que compõem herança jacente podem ser usucapidos se não houver declaração de vacância: *RT*, *755*:201, *778*:233, *810*:366; *RSTJ*, *133*:400.

144. Serpa Lopes, op. cit., p. 546; Planiol, Ripert e Picard, *Traité de droit civil*, 2. ed., t. 3, n. 691, p. 700. Há quem admita a usucapião de bem gravado de inalienabilidade, visto que a cláusula não impede o reconhecimento da usucapião, por tratar-se de aquisição originária do condomínio (*RJTJESP – Lex 139*:165 – pela inadmissibilidade, *RTJ*, *106*:770 e *RT*, *574*:268).

servidões (CC, art. 1.379), a enfiteuse (outrora – CC, art. 2.038), o usufruto, o uso e a habitação. Com exceção das servidões não aparentes, que, pelos arts. 1.378 e 1.379 do Código Civil, só podem ser estabelecidas por meio de registro no Cartório de Registro de Imóveis[145].

Seus *requisitos formais* compreendem quer os elementos necessários e comuns do instituto, como a posse, o lapso de tempo e o assento da aquisição do imóvel obtida extrajudicialmente pelo oficial do Registro de Imóveis ou da sentença judicial, quer os especiais, como o justo título e a boa-fé[146].

Sem *posse* não há usucapião, precisamente porque ela é aquisição do domínio pela posse prolongada (*RT*, *554*:115, *565*:56).

A posse *ad usucapionem* deverá ser exercida, com *animus domini*, mansa e pacificamente, contínua e publicamente[147], durante o lapso prescricional estabelecido em lei.

O *animus domini* (ou "intenção de dono") é um requisito psíquico, que se integra à posse, para afastar a possibilidade de usucapião dos fâmulos da posse (*RT*, *539*:205, *537*:196, *567*:214, *555*:256; *BAASP*, *2970*:9). Excluindo-se, igualmente, toda posse que não se faça acompanhar do intuito de ter a coisa para si, como a posse direta do locatário (*JTJ*, *185*:193; *JTACSP*, *162*:445), do credor pignoratício, do comodatário (*RT*, *542*:212, *637*:162, *732*:343; *JTJ*, *192*:158, *92*:245; *JB*, *161*:140 e 170; *JTA*, *95*:294, *80*:240; *BAASP*, *2645*:1736-17 e *2992*:11), do usufrutuário, do promitente comprador (*RT*, *565*:255, *548*:187, *563*:94, *602*:95; *JB*, *160*:296; *RTJ*, *102*:721, *97*:796), do cessionário de promessa de compra e venda (*RT*, *447*:96 – em contrário, *RSTJ*, *88*:101), que, embora tendo o direito à posse, que os possibilita de invocar os interditos para defendê-la contra terceiros ou contra o proprietário do bem, não podem usucapir, porque sua posse advém de título que os obriga a restituir o bem, não podendo, portanto, adquirir essa coisa[148]. Para usucapir deve-se

145. Orlando Gomes, op. cit., p. 162; Serpa Lopes, op. cit., p. 546; Arthur N. de Oliveira Neto, Usucapião de bens imóveis: aspectos de direito material, *Estudos Jurídicos*, *5*:242-67. O direito pessoal de uso de telefone é insuscetível de usucapião (*RT*, *543*:213, *547*:61; *ADCOAS*, 1982, n. 86.260; em contrário, *JB*, *148*:248, *149*:289).

146. Orlando Gomes, op. cit., p. 161; *RT*, *550*:174.

147. Orlando Gomes, op. cit., p. 162. "O simples pagamento de imposto territorial não demonstra o exercício efetivo da posse" (*RT*, *507*:108). A jurisprudência sobre a atualidade da posse não é pacífica (*RT*, *554*:115, *582*:157, *571*:227).

148. Caio M. S. Pereira, op. cit., p. 131; Súmula 237 do STF. O compromissário comprador não é possuidor *animus domini*, mas possuidor direto. O contrato elimina aquele *ani-*

possuir o bem como se lhe pertencesse. A posse direta oriunda de uma dessas causas não dá origem à aquisição da propriedade por meio de usucapião, por ser *precária*, ou seja, permanece enquanto durar a obrigação de restituir, e além disso a precariedade não cessa nunca (CC, art. 1.208; *BAASP*, *3018*:12).

A *posse* deve ser *mansa* e *pacífica*, isto é, exercida sem contestação de quem tenha legítimo interesse, ou melhor, do proprietário contra quem se pretende usucapir. Se a posse for perturbada pelo proprietário, que se mantém solerte na defesa de seu domínio, falta um requisito para a usucapião. Para que se configure a usucapião é mister a atividade singular do possuidor e a passividade geral do proprietário e de terceiros, ante aquela situação individual.

Precisa ser ela *contínua*, ou seja, exercida sem intermitência ou intervalos. A posse é contínua, ensina Lomonaco[149], quando os atos dos quais resulta o gozo não apresentam omissões por parte do possuidor; assim, quando este deixa de gozar e depois, decorrido um tempo maior ou menor, retoma o gozo, a posse deve ser qualificada como descontínua. Se o usucapiente vier a perder a posse por qualquer razão não mais será possível seu reconhecimento judicial, por uma espécie de retroatividade, ainda que no passado tivesse possuído por tempo suficiente para prescrever. Perdida a posse, inutiliza-se o tempo anteriormente vencido.

Todavia, embora a lei reclame a continuidade de posse, não obstante admite sucessão dentro dela. Com efeito, determina o art. 1.243 do Código Civil que o possuidor pode, para o fim de contar o tempo exigido para a usucapião, acrescentar à sua posse a dos seus antecessores (CC, art. 1.207), contanto que todas sejam contínuas, pacíficas e, ainda, nos casos do art. 1.242, que haja justo título e boa-fé. Trata-se da união de posses (*accessio possessionis*)[150].

Tal posse há de ser *justa*, isto é, sem os vícios da violência, clandestinidade ou precariedade, pois se a situação de fato for adquirida por meio de atos violentos ou clandestinos ela não induzirá posse enquanto não cessar

---

mus e, se o compromisso de compra e venda não se cumprir, ter-se-á *posse precária*.

149. Lomonaco, *Della distinzione dei beni e del possesso*, p. 273; *RT*, *504*:237, *520*:97, *559*:196.

150. Serpa Lopes, op. cit., p. 557-9; Orlando Gomes, op. cit., p. 164; *RT*, *497*:221, *596*:183; Lucas A. Barroso e Gustavo E. K. Rezek, *Accessio possessionis* e usucapião constitucional agrário: inaplicabilidade do art. 1.243, primeira parte, do Código Civil. *A realização do direito civil*, Curitiba, Juruá, 2011, p. 219 a 230.

Esclarece o Conselho da Justiça Federal, na IV Jornada de Direito Civil, ao aprovar o Enunciado n. 317, que "a *acessio possessionis*, de que trata o art. 1.243, primeira parte, do Código Civil, não encontra aplicabilidade relativamente aos arts. 1.239 e 1.240 do mesmo diploma legal, em face da normatividade da usucapião constitucional urbana e rural, arts. 183 e 191, respectivamente".

a violência ou clandestinidade e, se for adquirida a título precário, tal situação não se convalescerá jamais.

A usucapião se consuma dentro de um período de *tempo* fixado em lei, tendo-se em vista não só a proteção do interesse particular como do social. A determinação do lapso usucapional é um problema de política legislativa que se resolve diferentemente nos vários sistemas jurídicos e nas diversas espécies de usucapião, como veremos logo mais[151]. Antes de expirado o prazo, o possuidor tem direito ao uso dos interditos possessórios contra qualquer indivíduo que venha turbá-lo ou prejudicá-lo em sua posse, exceto em face do titular da propriedade, porque este pode reobter a posse perdida, unindo outra vez o seu *jus possidendi.*

O novel CPC eliminou a ação de usucapião da categoria dos procedimentos especiais, ao estabelecer que passa a seguir o procedimento comum (NCPC, art. 318 e s.) e ao reconhecer, no art. 1.071, a *usucapião extrajudicial,* em qualquer das modalidades previstas no Código Civil, ao introduzir o art. 216-A, §§ 1º a 10, na Lei n. 6.015/73; com isso os notários passaram a assumir função, que outrora era da exclusividade do Judiciário, dando, de um lado, celeridade, pela maior praticidade procedimental, a esse mecanismo aquisitivo de propriedade. A lei processual, ao desjudicializar a contenda, ante o procedimento moroso da usucapião, teve, portanto, por escopo dar acesso ao possuidor ao título de propriedade, concretizando a proteção da moradia e a função social de propriedade e, ainda, agilizar a tutela do direito pretendido, procurando uma solução célere e consensual do conflito sem intervenção judicial, possibilitando o reconhecimento da usucapião num prazo entre 90 a 120 dias, que, antes, levava anos para acontecer. Não houve retirada do procedimento judicial, pois será possível ajuizar ação de

---

151. Caio M. S. Pereira, op. cit., p. 131-2; Flavio Tartuce, *O novo CPC e o direito civil,* São Paulo, Método, 2015, p. 309-330; Silvio Rodrigues, op. cit., p. 132. "O prazo, na ação de usucapião, pode ser completado no curso do processo, ressalvadas as hipóteses de má-fé processual do autor" (Enunciado n. 497 do CJF, aprovado na V Jornada de Direito Civil). O Ministério Público não tem participação obrigatória nas ações de usucapião, salvo na usucapião urbana coletiva ou quando, na urbana particular, houver interesse social (CPC, art. 178).

Sobre usucapião imobiliária administrativa: Cristiano de M. Bastos e Mirelle S. da Silva, O novo CPC e a usucapião administrativa: a desjudicialização do procedimento, *Revista Síntese Direito Civil e Processual Civil, 97*: 537 a 557; Alex Araujo T. Gonçalves, Do reconhecimento extrajudicial da usucapião à luz do novo Código de Processo Civil, *Revista Síntese Direito Civil e Processual Civil, 97*:629-634; Vitor F. Kümpel, <http://www.migalhas.com.br/Registralhas/98,MI207658,1010480+novo+Codigo+de+Processo+ Civil+o+usucapiao+administrativo+e+o>. Acesso em: 20 maio 2015.

usucapião pela via judicial, por meio do procedimento comum (CPC, arts. 318 a 512). A via administrativa para obter a usucapião é opcional e seguirá os princípios da legalidade, impessoalidade, moralidade, publicidade e eficiência (art. 37 da CF). Mas, por outro lado, poderá dar azo a questões que poderão requerer demanda judicial, a ser resolvida na Vara de Registros Públicos, onde houver, ou na Vara Cível.

A ideia da usucapião administrativa não é nova, pois a Lei n. 11.977/2009 sobre PMCMV e a regularização fundiária de assentamentos localizados em área urbana criou, no art. 60, a usucapião administrativa apenas para a usucapião constitucional urbana, ao dispor: "sem prejuízo dos direitos decorrentes da posse exercida anteriormente, o detentor do título de legitimação de posse, após 5 anos de seu registro, poderá requerer ao oficial de registro de imóveis a conversão desse título em registro de propriedade, tendo em vista sua aquisição, por usucapião, nos termos do art. 183 da Constituição Federal". Com isso proporcionou às pessoas de baixa renda a possibilidade de obter, por esse meio, um título de propriedade. Tal usucapião fundiária administrativa ou extrajudicial, regulamentada pela Lei n. 11.977/2009, não surtiu o efeito esperado por, como observa Vitor F. Kümpel, ater-se apenas à regularização fundiária urbana, por exigir um procedimento complexo e por ter a contagem do tempo atrelada ao prévio registro de legitimação de posse.

A *usucapião extrajudicial* deverá ser solicitada pelo próprio interessado, representado, ante a complexidade do ato, por advogado ou defensor público, de forma integral e gratuita se for necessitado no sentido econômico, ou seja, hipossuficiente (CPC, art. 185). O pedido de reconhecimento extrajudicial da usucapião deverá ser processado diretamente perante o Cartório do Registro Imobiliário da Comarca em que o imóvel usucapiendo estiver situado, instruído (art. 216-A da Lei n. 6.015/73, acrescentado pelo CPC/2015, art. 1.071) de: a) ata notarial (CPC, art. 384 e parágrafo único), lavrada pelo tabelião, atestando o tempo de posse (mansa e pacífica) do requerente e de seus antecessores, conforme o caso e suas circunstâncias. Tal posse deverá estar devidamente comprovada, e seria de boa política o comparecimento do notário ao local do imóvel, para averiguar existência de exteriorização daquela posse; b) planta e memorial descritivo assinado por profissional legalmente habilitado, com prova de anotação de responsabilidade técnica no respectivo conselho de fiscalização profissional, e pelos titulares de direitos reais e de outros direitos registrados ou averbados na matrícula do imóvel usucapiendo e na matrícula dos imóveis confinantes; a planta e o memorial descritivo deverão individualizar o imóvel usucapiendo e identificar os prédios dele confinantes, dando maior segurança ao registro. A planta deverá conter as coordenadas amarradas no Sistema Universal Transversa de Mercator (UTM) e o memorial descritivo, todos os vértices com azimutes e coordenadas, os confinantes, o número de matrícula dos imóveis e nome dos proprietários. Ambos deverão ser assinados por profissionais legalmente habilitados pelo CREA, engenheiros ou arquitetos, pelos titulares de direitos reais registrados na matrícula do imóvel e na matrícula dos confinantes e, ainda, conter prévia anotação de responsabilidade técnica no Conselho de fiscalização (CREA ou CAU). Não será possível substituir a planta e o memorial pelo croqui (LRP, art. 225, §§ 1º a 3º); c) certidões negativas dos distribuidores da comarca da situação do imóvel e do domicílio do requerente, para atestar que a posse é mansa e pacífica; d) justo título ou quaisquer outros documentos que demonstrem a origem, a continuidade, a natureza e o tempo da posse, tais como pagamento de tributos incidentes sobre o imóvel. Isso na hipótese de *usucapião ordinária*, pois as outras modalidades dispensam o *justo título*.

Tal pedido, pelo art. 216-A, § 1º, da Lei n. 6.015/73, deverá ser autuado pelo registrador, prorrogando-se o prazo da prenotação até o acolhimento ou rejeição do pedido, visto que para que haja produção de efeitos, esse pedido requer confirmação ulterior. Enfim, o oficial do registro de imóveis procederá a prenotação do pedido no livro de protocolo e a autuará se instruída de documentos essenciais. Na falta de documentação, ou havendo irregularidade, haverá prazo para sanar a pendência; para tanto, o oficial deverá elaborar nota devolutiva.

Pelo art. 216-A, § 2º, da Lei n. 6.015/73 se a planta não contiver a assinatura de qualquer um dos titulares do direito real ou de outros direitos registrados ou averbados na matrícula do imóvel usucapiendo e na matrícula dos imóveis confinantes, este será notificado, pessoalmente ou pelo correio com aviso de recebimento, pelo registrador competente, para manifestar seu consenso expresso em 15 dias, interpretado o seu silêncio como discordância (CC, art. 111).

Pelo § 3º do art. 216-A da Lei n. 6.015/73, o registrador de imóveis deverá dar ciência à União, ao Estado, ao Distrito Federal e ao Município para que se manifestem em 15 dias sobre o pedido, para que o erário não seja prejudicado e para que não haja usucapião de bem público, vedada legalmente.

O oficial do registro deverá publicar edital em jornal de grande circulação, se houver, para que terceiros eventualmente interessados se manifestem sobre o pedido em 15 dias (Lei n. 6.015/73, art. 216-A, § 4º).

Quaisquer dúvidas (p. ex. se requisitos foram preenchidos; se o bem usucapiendo é particular ou público) deverão ser elucidadas, solicitando-se diligências a serem realizadas pelo oficial do registro de imóveis (Lei n. 6.015/73, art. 216-A, § 5º).

Após o lapso temporal de 15 dias, sem pendências de diligências para solução de dúvidas, estando em ordem a documentação, e, havendo concordância expressa dos titulares de direitos reais e de outros direitos registrados ou averbados na matrícula do imóvel usucapiendo e na matrícula dos imóveis confinantes, o oficial de registro de imóveis fará o assento da aquisição do imóvel com as descrições apresentadas, permitindo a abertura da matrícula (art. 216-A, § 6º, da Lei n. 6.015/73).

Nada obsta a que haja suscitação pelo interessado de procedimento de dúvida (art. 216-A, § 7º, da Lei n. 6.015/73; LRP, art. 198), apontando, exemplificativamente, a existência de contrato de comodato, que gera posse precária, insuscetível de usucapião. Assim, se o requerente se sentir lesado com a decisão do oficial, poderá suscitar o procedimento da dúvida (LRP, art. 198), que será processado em juízo, mas a decisão do juiz terá efeito no âmbito extrajudicial.

Se a documentação não estiver em ordem, o oficial de registro de imóveis rejeitará o pedido (art. 216-A, § 8º). Mas tal rejeição do pedido extrajudicial não impede o ajuizamento de ação de usucapião (art. 216-A, § 9º, da Lei n. 6.015/73), para que aquele pedido rejeitado seja acatado judicialmente. O § 10 do art. 216-A da Lei n. 6.015/73 reza que, havendo impugnação ao pedido de reconhecimento extrajudicial de usucapião por qualquer um dos titulares de direito real e de outros direitos registrados ou averbados na matrícula do imóvel usucapiendo e na matrícula dos imóveis confinantes, por algum ente público ou por terceiro interessado, o oficial do registro imobiliário deverá remeter os autos ao juízo competente da comarca da situação do imóvel, sendo que o requerente deverá emendar a petição inicial, adequando-a às exigências do procedimento comum (CPC, arts. 318 a 512). Ter-se-á, então, a conversão da via extrajudicial ou administrativa para a judicial.

Portanto, o indeferimento do pedido administrativo de usucapião formulado pelo oficial de registro de imóveis ou qualquer impugnação feita a ele não obsta a busca da tutela jurisdicional por meio do procedimento comum.

Daí o Enunciado n. 25 do Fórum Permanente de Processualistas Civis: "A inexistência de procedimento judicial especial para a ação de usucapião e regulamentação de usucapião extrajudicial não implicam vedação da ação que remanesce no sistema legal, para qual devem ser observadas as peculiaridades que lhe são próprias, especialmente a necessidade de citação dos confinantes e a ciência da União, do Estado, do Distrito federal e do Município" (redação revista no III FPPC-Rio).

Determina a lei que o usucapiente, sendo a usucapião judicial, adquirindo o domínio pela posse, pode requerer ao magistrado que assim o declare por *sentença*, que constituirá título hábil para assento no Registro de Imóveis. A sentença declaratória na ação de usucapião (CC, art. 1.241 e parágrafo único; CPC, art. 319 e s.; *JB*, *147*:299 e 329, *150*:339, *162*:243; *RT*, *573*:254, *504*:237, *548*:189, *554*:115, *559*:196, *571*:227, *590*:121, *501*:114; *EJSTJ*, *13*:143 e 144; *Ciência Jurídica*, *66*:102 e 117) e seu respectivo registro não têm valor constitutivo e sim meramente probante, como um elemento indispensável para introduzir o imóvel usucapido no registro imobiliário, para que ele possa daí por diante, com essa forma originária, seguir o curso normal de todos os bens imóveis, quer em sua utilização, quer na criação de seus direitos reais de fruição ou de disposição, antes do que não seria possível criá-los. O registro da sentença não confere aquisição da propriedade, mas regulariza a situação do imóvel e permite sua livre disposição: alienação, hipoteca etc.[152]. Já Silvio Rodrigues entende que essa sentença tem caráter constitutivo, porque antes dela o possuidor reúne em mãos todos os requisitos para adquirir o domínio, mas, até que a sentença proclame tal aquisição, o usucapiente tem apenas expectativa de direito[153].

Como requisitos suplementares temos o justo título e a boa-fé, que abreviam o prazo usucapional e que aparecem na forma ordinária da usucapião.

Há uma espécie de usucapião em que a lei exige que o possuidor tenha *justo título* (CC, art. 1.242), isto é, que seja portador de documento capaz de transferir-lhe o domínio. Deve ser esse título ou ato translativo *justo*, isto é, formalizado, devidamente registrado, hábil ou idôneo à aquisição

---

152. Serpa Lopes, op. cit., p. 560-2; Caio M. S. Pereira, op. cit., p. 140-1 e 137; Lei n. 6.015/73, art. 167, I, n. 28; Decretos-Leis n. 700/38 e 6.871/44.

153. Silvio Rodrigues, op. cit., p. 133-4; *ADCOAS*, 1982, n. 86.128 e 1983, n. 90.446. Entendeu o Conselho da Justiça Federal, ao aprovar, na IV Jornada de Direito Civil, o Enunciado n. 315, que: "O art. 1.241 do Código Civil permite que o possuidor que figurar como réu em ação reivindicatória ou possessória formule pedido contraposto e postule ao juiz seja declarada adquirida, mediante usucapião, a propriedade imóvel, valendo a sentença como instrumento para registro imobiliário, ressalvados eventuais interesses de confinantes e terceiros".

Pelo CPC, art. 246, § 3º, na ação de usucapião de imóvel, os confinantes serão citados pessoalmente, exceto quando tiver por objeto unidade autônoma de prédio em condomínio, caso em que tal citação é dispensada.

Pelo CPC, art. 259, I, são publicados editais na ação de usucapião de imóvel.

Vide art. 10 da Lei n. 14.010/2020 que suspende prazos de usucapião em tempos de pandemia.

da propriedade. P. ex.: escritura de compra e venda, doação, legado, carta de arrematação, adjudicação, formal da partilha etc., com aparência de legítimos e válidos. A lei impõe ao prescribente o encargo de exibir tal título, mesmo que tenha algum vício ou irregularidade, uma vez que o decurso do tempo legal tem o condão de escoimá-la de seus defeitos, desde que concorram, como veremos, os demais requisitos para a configuração dessa modalidade de usucapião. Entretanto, tal vício não pode ser de nulidade absoluta[154].

A *boa-fé* é a convicção do possuidor de que não está ofendendo um direito alheio, ignorando o vício ou o obstáculo que impedem a aquisição do bem ou do direito possuído. Para Planiol constitui ela a crença do possuidor de que a coisa, realmente, lhe pertence. É a certeza do seu direito ou título. Advém ela de erro de direito ou de fato do usucapiente. A menor dúvida, acrescenta Planiol, exclui a boa-fé. Não se pode admitir o meio-termo: ou há boa-fé perfeita ou não há boa-fé hábil para a usucapião. Se após a posse ou mesmo no seu início tiver ciência de vício que lhe obsta a aquisição da propriedade, inexiste boa-fé; só poderá adquirir o domínio pela usucapião extraordinária[155].

---

154. W. Barros Monteiro, op. cit., p. 129; Lenine Nequete, Da prescrição aquisitiva, *RT*, *681*:58 a 73. Orlando Gomes, op. cit., p. 166-8. A posse com justo título produz a usucapião, denominada, no direito espanhol, *usucapião tabular*, consistente em aparecer registrada como titular de um direito uma pessoa que não é o seu titular verdadeiro, mas um titular registral meramente aparente. Semelhante é o critério decorrente do art. 661 do Código Civil suíço, que estatui que "os direitos daquele que estiver inscrito sem causa legítima no Registro de Imóveis como proprietário de um imóvel se tornam incontestáveis se acompanhados de uma posse de boa-fé, exercida ininterrupta e pacificamente durante o lapso de 10 anos" (Serpa Lopes, op. cit., p. 552-3; Wieland, op. cit., v. 1, p. 169; Rossel e Mentha, op. cit., t. 2, n. 1.239). Observa Gustavo Tepedino (*Comentários*, cit., v. 14, p. 343) que "para beneficiar-se da usucapião tabular, o usucapiente há de ter adquirido o imóvel *onerosamente*, excluindo-se, portanto, como títulos aquisitivos a herança, o legado, a doação, etc. Tendo por pressuposto a confiança despertada pela publicidade registral, considera-se justo título, necessariamente, aquele levado a registro. Por isso mesmo, a aquisição legal que dispensa registro público, como se dá no casamento de comunhão universal de bens, não propicia a usucapião tabular". Essa é também a lição de Diego L. M. de Melo, Usucapião ordinária tabular do parágrafo único do CC/2002: questões controvertidas, in Mário Luiz Delgado e Jones F. Alves (coord.), *Novo Código Civil:* questões controvertidas: direito das coisas, São Paulo: Método, 2008, v. 7, p. 334. Pelo Enunciado n. 86 da I Jornada de Direito Civil, promovida pelo CJF: "A expressão *justo título* contida nos arts. 1.242 e 1.260 do CC abrange todo e qualquer ato jurídico, hábil, em tese, a transferir a propriedade independentemente de registro". *Vide* Súmula 100 do STF, que, hoje, não mais se aplica.

155. Orlando Gomes, op. cit., p. 168-9; W. Barros Monteiro, op. cit., p. 130; Caio M. S. Pereira, op. cit., p. 140; e Ideia de boa-fé, *RF*, *72*:25; Planiol, Ripert e Boulanger, *Traité élémentaire*, cit., v. 1, n. 3.167 e s.; Salvat, *Tratado de Derecho Civil Argentino – derechos*

a.4.4. Espécies

Quatro são as modalidades, previstas no Código Civil, de usucapião: a extraordinária, a ordinária, a especial urbana e a especial rural ou *pro labore*.

Nossa lei civil, no seu art. 1.238, consagra a *usucapião extraordinária* ao prescrever: "aquele que, por quinze anos, sem interrupção, nem oposição, possuir como seu um imóvel, adquire-lhe a propriedade, independentemente de título e boa-fé; podendo requerer ao juiz que assim o declare por sentença, a qual servirá de título para o registro no Cartório de Registro de Imóveis". Caso em que se tem a *usucapião extraordinária geral* ou *comum*. Mas, no parágrafo único deste artigo, reduz tal lapso de tempo para dez anos "se o possuidor houver estabelecido no imóvel a sua moradia habitual, ou nele realizado obras ou serviços de caráter produtivo", configurando-se a *usucapião extraordinária abreviada* ou por *posse-trabalho*.

São, portanto, seus requisitos: *a*) a *posse* pacífica, ininterrupta, exercida com *animus domini*; *b*) o decurso do prazo de 15 anos (*RT*, *556*:105) ou de 10 anos, se o possuidor estabeleceu no imóvel sua morada habitual ou nela efetuou obras ou serviços de caráter produtivo, aumentando a sua utilidade. Considera-se o efetivo uso do bem de raiz possuído como moradia e fonte de produção (posse-trabalho) para fins de redução do prazo para usucapião; *c*) a presunção *juris et de jure* de boa-fé e justo título, que não só dispensam a exibição desse documento, como também proíbem que se demonstre sua inexistência. Todavia, alguns autores entendem que não há tal presunção, mas mera dispensa dos requisitos da boa-fé e justo título. Como bem acentuou Sá Pereira, esta usucapião não tolera a prova de carência do título. O usucapiente terá, simplesmente, que provar uma coisa: sua posse[156]; *d*) o assento da aquisição do imóvel, obtida extrajudicialmente pelo oficial do Registro Imobiliário ou a sentença judicial declaratória da aquisição do domínio por usucapião, que constituirá o título que deverá ser levado ao registro imobiliário, para registro[157].

---

reales, v. 4, 4. ed., p. 262, n. 951; Aubry e Rau, *Cours de Droit Civil français*, 6. ed., t. XII, p. 516.

156. Sá Pereira, *Manual Lacerda*, v. 8, n. 71 e s.; Silvio Rodrigues, op. cit., p. 130; W. Barros Monteiro, op. cit., p. 127.

157. Caio M. S. Pereira, *Instituições de direito civil*, p. 138; Miguel Reale, *O Projeto de Código Civil – situação atual e seus problemas fundamentais*, São Paulo, Saraiva, 1986, p. 102; Mônica Aguiar, A função social da posse no novo Código Civil brasileiro: breve análise, *Revista Jurídica dos Formandos em Direito da UFBA*, v. VII, p. 195-200. *Vide*: 1º TARJ, *ADCOAS*, 1980, n. 72.660. Sobre usucapião extraordinária: *RT*, *542*:212 e 232, *590*:121,

Disciplina o art. 1.242 do Código Civil a *usucapião ordinária*, ao dispor: "Adquire também a propriedade do imóvel aquele que, contínua e incontestadamente, com justo título e boa-fé, o possuir, por dez anos"[158]. Hipótese em que se tem a *usucapião ordinária geral*, na lição de Fábio Ulhoa Coelho.

E acrescenta no parágrafo único que será de cinco anos o prazo, se o imóvel for adquirido, onerosamente, com base no registro constante do respectivo cartório, posteriormente cancelado, desde que os possuidores nele estabelecerem sua moradia ou fizerem investimentos de interesse social e econômico. Quem tiver o registro cancelado ou bloqueado poderá valer-se do art. 1.242, parágrafo único, do CC e do art. 214, § 5º, da LRP para convalidá-lo, declarando, mediante usucapião, a sua titularidade e boa-fé. Mas, pelo Enunciado n. 569, do Conselho da Justiça Federal, aprovado na VI Jornada de Direito Civil: "No caso do art. 1.242, parágrafo único, a usucapião, como matéria de defesa, prescinde do ajuizamento da ação de usucapião, visto que, nessa hipótese, o usucapiente já é o titular do imóvel no registro". Trata-se da *posse-trabalho*, que, para atender ao princípio da socialidade, e dar efeito prático à função social da posse, punindo a inércia do proprietário e prestigiando o possuidor, reduz o prazo de usucapião, dando origem à *usucapião ordinária abreviada* ou, como preferem alguns autores, à *usucapião ordinária social* ou por *posse-trabalho*.

Apresenta os seguintes pressupostos:

a) A posse mansa, pacífica e ininterrupta, exercida com a intenção de dono.

b) O decurso do tempo de dez anos ou de cinco anos, se o bem de raiz houver sido adquirido onerosamente e cujo registro foi cancelado, desde que o possuidor nele tenha sua morada ou nele tenha realizado investimentos de interesse social ou econômico. O Código Civil suprimiu a tradicional distinção entre presentes e ausentes, peculiar à usucapião ordinária, por entender ser incompreensível, e até mesmo injusto, que um possuidor, pelo simples fato de residir em outro município, fosse

---

586:210, *600*:44; *JB*, *158*:134; *Ciência Jurídica*, *38*:121. A denominação de usucapião extraordinária ou ordinária geral e abreviada foi dada por Fábio Ulhoa Coelho, *Curso*, cit., v. 4, p. 86-7.

158. W. Barros Monteiro, op. cit., p. 128; Mª Helena Diniz, Reflexos do princípio constitucional da função social da propriedade na usucapião. *Novos rumos para o direito público* – reflexões em homenagem a Lúcia Valle Figueiredo, coord. Marcelo Figueiredo, Belo Horizonte: Fórum, 2012, p. 309-22; *RT*, *180*:592; *EJSTJ*, *15*:79.

beneficiado com prazo maior. Nessa usucapião, hodiernamente, é irrelevante juridicamente o município onde resida o possuidor[159].

c) Justo título formalizado e devidamente registrado (*causa habilis ad dominium transferendum*) ainda que este contenha algum vício ou uma irregularidade (p. ex., ausência de requisito legal), bem como boa-fé (*RT*, *105*:196, *108*:249, *495*:209; *JTJ*, *Lex*, *258*:219), ou seja, ignorância desses obstáculos ou defeitos que obstam sua aquisição. Precisa o usucapiente apresentar justo título (escritura pública, formal de partilha), idôneo, para operar transferência de domínio e demonstrar boa-fé, pois, apesar de seu título conter falhas, o lapso de tempo apaga

---

159. Lafayette, op. cit., v. 1, p. 182. Sobre a contagem do tempo na usucapião ordinária, cumprido entre ausentes e presentes: Lourenço Mário Prunes, *Usucapião de imóveis*, Sugestões Literárias, s.d.; Itagiba d'Avila Ribeiro, A contagem do tempo proporcional na usucapião ordinária, quando há alternância de presença e ausência, *RDCiv*, *5*:167-8, 1978; Pedro Henrique Távora Niess, Considerações sobre a usucapião, *RTJE*, *62*:34-6; Diogo L. Machado de Melo, Variações sobre a usucapião tabular: o art. 1.242, parágrafo único, do novo Código Civil, *Revista do IASP*, *20*:80-98. Outrora, o decurso do tempo era de dez anos entre presentes e quinze entre ausentes. Consideravam-se presentes os moradores do mesmo município e ausentes os que habitavam municípios diversos (art. 551 e parágrafo único, do CC de 1916); não se tratava, como se vê, da ausência no sentido legal do art. 463 do Código Civil de 1916. Lafayette (*Direito das coisas*, § 67), antes da Lei n. 2.437/55, levantou a hipótese de se saber qual o tempo necessário quando o interessado se encontrava presente numa parte do tempo e ausente em outra. Se morasse, por exemplo, durante 8 anos no mesmo município (presente para efeitos legais), mas se se transferisse, posteriormente, para outra localidade, considerando-se ausente, a usucapião deveria, neste caso, consumar-se ao término de 12 anos (8 entre presentes e 4 entre ausentes – dobro do tempo que ainda restava e que era de 2 anos – *RT*, *448*:77). Todavia, com o advento da Lei n. 2.437/55, que reduziu o prazo de ausência de 20 (o dobro do de presença) para *15 anos*, aquela proporção matemática apontada por Lafayette:

$\frac{20}{10} = \frac{2}{1} = 2$, modificou-se para $\frac{15}{10} = \frac{3}{2} = 1{,}5$, ou seja, para cada 2 anos de presença correspondiam 3 anos de ausência, ou melhor, para cada ano de presença ter-se-ia um ano e meio de ausência, logo, para que se pudesse obter, para efeito de usucapião ordinária, os anos correspondentes entre ausentes, bastaria multiplicar os de presença faltantes por 1,5. Assim, naquele exemplo de Lafayette, os 8 anos entre presentes, os 2 anos faltantes para que se completassem os 10 anos exigidos legalmente, se não tivesse havido ausência, deveriam ser multiplicados por 1,5 e não dobrados, logo, seriam 3 anos, e o prazo de usucapião consumar-se-ia, então, em 11 anos (20% de 15 anos + 8 anos, ou 2 × 1,5 + 8 = 11). Justificava-se a diferença de prazo usucapional entre presentes e entre ausentes, sendo mais curto no primeiro caso, porque era razoável que se submetesse a inércia do proprietário ausente à prova de um maior espaço de tempo, porque podia ser aparente e não provir, senão, ou da ignorância do esbulho, ou de dificuldades, que o inibiam de obrar.

essas imperfeições e consolida a sua propriedade[160]; deve, então, o usucapiente providenciar o registro de seu título.

d) Sentença judicial (sendo infrutífera a usucapião extrajudicial) que lhe declare a aquisição do domínio, pois, embora o usucapiente já tenha o seu direito assentado em título preexistente, nada lhe impede de mover ação de usucapião para apagar dúvidas e tornar límpido o seu direito; caso em que a sentença terá que ser levada a assento no registro imobiliário[161].

Para atender aos reclamos de uma política urbana, a Constituição Federal de 1988, no art. 183, §§ 1º a 3º, e o Código Civil, no art. 1.240, contemplam a *usucapião especial urbana* (*RT*, *649*:58, *705*:92, *730*:218, *741*:278,

---

160. Caio M. S. Pereira, op. cit., p. 139-40; Orlando Gomes, op. cit., n. 135; Rosa Maria B. B. Andrade Nery, Caracterização do justo título para usucapião, *RP*, *56*:254; *RT*, *241*:697, *179*:291, *320*:525, *526*:55, *575*:262, *566*:97, *731*:369; *RJTJSP*, *108*:274, *109*:230, *110*:367; *RTJ*, *76*:555; *JTJ*, *158*:53, *236*:205, *248*:244. O enunciado 86 do STJ (aprovado nas Jornadas de Direito Civil de 2002) esclarece que: "A expressão *justo título*, contida nos arts. 1.242 e 1.260 do CC, abrange todo e qualquer ato jurídico hábil, em tese, a transferir a propriedade, independentemente do registro".

161. Caio M. S. Pereira, op. cit., p. 140-1; Rêmolo Letteriello, *Ação de usucapião ordinário*, São Paulo, Saraiva, 1986. Sobre usucapião: *RJTJSP*, *72*:245, *68*:222; TJSP, *ADCOAS*, 1980, n. 68.554, e 1983, ns. 89.773 e 90.723; *RT*, *507*:106, *553*:219, *548*:187, *534*:233, *578*:101, *574*:236, *553*:119, *537*:105, *571*:227, *575*:136, *558*:208, *567*:160, *541*:100, *536*:211, *532*:73, *538*:59, *546*:106, *545*:89, *552*:223, *577*:122, *574*:238, *565*:56, *508*:223, *554*:115, *547*:86; *Ciência Jurídica*, *32*:68. Pelo Enunciado n. 564, do Conselho da Justiça Federal, aprovado na VI Jornada de Direito Civil: "As normas relativas à usucapião extraordinária (art. 1.238, *caput*, CC) e à usucapião ordinária (art. 1.242, *caput*, CC), por estabelecerem redução de prazo em benefício do possuidor, têm aplicação imediata, não incidindo o disposto no art. 2.028 do Código Civil", alegando que o CC, quando estabeleceu norma de transição sobre usucapião (art. 2.029), ocupou-se só das hipóteses dos parágrafos únicos dos arts. 1.238 e 1.242, afastando o art. 2.028. Se assim é, os prazos do *caput* desses artigos incidem diretamente (STF, Súmula 445). O proprietário possuiria, desse modo, o prazo de *vacatio legis* do Código Civil para proceder à defesa de seus interesses.

A 3ª Turma do STF admite usucapião especial urbana em caso de imóvel usado, conjuntamente, para moradia e pequena atividade comercial dos usucapientes (rel. Min. Nancy Andrighi – Processo: REsp 1.777.404, j. 5-5-2020).

Na usucapião urbana individual e coletiva seguir-se-á o rito sumário do art. 14 do Estatuto da Cidade que, por ser norma especial, prevalece sobre o CPC, que é norma geral, mas há quem ache que o rito é o comum.

Há quem entenda, ante o CPC/2015, que, se a usucapião familiar for da competência da Vara de Família e Sucessões, dever-se-ão aplicar os arts. 693 a 699 e, se a competência for das Varas Cíveis, o procedimento comum. E ao alterar, no art. 1.071, o Título V da Lei n. 6.015, permite também procedimento extrajudicial, como via opcional, em caso de usucapião familiar.

748:129; *JTJ*, *Lex*, *240*:133, *244*:188, *266*:36, *269*:230), também chamada pró-moradia, *pro habitatione*, ou habitacional, e, ante o fato de que o solo urbano não deve ficar sem aproveitamento adequado, reconhecem, a quem o utilizar, desde que não seja imóvel público e que tenha a dimensão de até 250 m², mesmo não sendo seu, a possibilidade de adquirir-lhe o domínio, se não for proprietário de outro imóvel urbano ou rural e se tiver exercido sua posse (*JTJ*, *146*:202; *RT*, *744*:367), ininterruptamente, por 5 anos, sem oposição, destinando-o para sua moradia ou de sua família. Procura facilitar a aquisição de imóvel para atender ao direito mínimo de moradia. Há uma presunção *juris et de jure* de boa-fé, não se exigindo prova de justo título. Somente será preciso comprovar para a configuração da *usucapião especial individual em imóvel urbano* a posse ininterrupta e pacífica, exercida com *animus domini*; o decurso do prazo de 5 anos; a dimensão da área (igual ou menor que 250 m²) edificada (Lei n. 10.257/2001, art. 9º) ou não; a moradia e o fato de não ser proprietário de nenhum imóvel urbano ou rural. Além disso será imprescindível, não havendo aquisição via extrajudicial, o registro no Cartório de Registro Imobiliário da sentença judicial que declare a aquisição da propriedade pelo usucapiente (*JB*, *165*:352; *RT*, *727*:169; *690*:73). O título do domínio e a concessão de uso serão conferidos ao homem, à mulher ou a ambos, independentemente do estado civil, mas tal direito não poderá ser reconhecido ao mesmo possuidor mais de uma vez (CC, art. 1.240, §§ 1º e 2º; Lei n. 10.257/2001, art. 9º, §§ 1º e 2º). Observa Maria Lígia Coelho Mathias que, como o Estatuto da Cidade (art. 9º), ao versar sobre a usucapião urbana individual, refere-se à área ou edificação urbana até 250 m², o terreno e a construção não poderão ter área superior à indicada. Logo, se num terreno de 250 m² houver prédio com 300 m², incluindo garagem no subsolo, só será suscetível de usucapião extraordinária ou ordinária, sendo impossível a usucapião especial urbana individual, visto que ultrapassou a metragem de 250 m². O Conselho da Justiça Federal, na IV Jornada de Direito Civil, aprovou o Enunciado n. 314, segundo o qual: "para os efeitos do art. 1.240, não se deve computar, para fins de limite de metragem máxima, a extensão compreendida pela fração ideal correspondente à área comum".

Além disso, a Lei n. 12.424/2011 acrescentou ao Código Civil o art. 1.240-A, gerando um novo tipo de usucapião especial urbana, que seria a *"usucapião especial urbana por abandono do lar ou do imóvel comum"*, *"usucapião pró-família"* ou *"usucapião familiar"*, que influi em questões familiares, havendo separação do casal ao dispor sobre o destino do imóvel comum dos ex-cônjuges ou ex-companheiros ao prescrever: "aquele que exercer por

2 (dois) anos ininterruptamente e sem oposição posse direta, com exclusividade, sobre imóvel urbano de até 250 m^2 (duzentos e cinquenta metros quadrados) cuja propriedade divida com ex-cônjuge ou ex-companheiro que abandonou o lar, utilizando-o para sua moradia ou de sua família, adquirir-lhe-á o domínio integral, desde que não seja proprietário de outro imóvel urbano ou rural". Dispondo, ainda, no § 1º desse mesmo artigo que: "o direito previsto no *caput* não será reconhecido ao mesmo possuidor mais de uma vez". Fácil é perceber que, na verdade, não são os membros da família desfeita que têm direito à aquisição do imóvel residencial, mas sim o ex-cônjuge ou ex-companheiro que, ante a desídia do outro, permaneceu, com exclusividade e sem oposição, por 2 anos na sua posse *animus domini*, nele residindo, salvo se houver notificação feita pelo que abandonou o lar demonstrando interesse pelo imóvel ou disputa do casal pelo imóvel, hipóteses em que não se configurará a posse *ad usucapionem*. Logo, na usucapião familiar há *res habilis specialis*, uma vez que o bem hábil a que o usucapiente fará jus diz respeito à totalidade da cota parte do imóvel pertencente ao outro (ex-companheiro ou ex-cônjuge) ou ao patrimônio comum do ex-casal. Urge lembrar que o art. 1.240-A, por ser norma especial, possibilita, havendo mera separação de fato, de cônjuges ou rompimento da união estável, excepcionalmente, a fluência de prazo entre os cônjuges, ao arrepio do art. 197 do CC (norma geral), para que um deles possa pleitear a usucapião, visto que o outro não só saiu do lar como também abandonou o imóvel a ser usucapido, revelando sua *intentio* de não o ter mais para si (*animus derelinquendi*), demonstrando seu desinteresse. Se não houver vontade de abrir mão do bem, não se dará a usucapião por parte do ex-cônjuge ou ex-convivente. Se assim é, não se terá abandono se o ex-consorte ou ex-companheiro conservar sua posse contribuindo para o recolhimento dos ônus fiscais que recaírem sobre o imóvel (CC, art. 1.276, § 2º); para a conservação do imóvel; para a regularização da posse constituindo direito real de habitação em favor daquele que permaneceu no imóvel comum ou tomando medidas para viabilizar a partilha do bem condominial e, consequentemente, não dará azo ao pedido de usucapião familiar. Portanto, o ex-cônjuge ou ex-companheiro deverá ter uma conduta passiva em relação ao imóvel por ele abandonado, não demonstrando qualquer interesse sobre ele, durante 2 anos, ou seja, não poderá, por ex.: no pedido de separação judicial ou de divórcio ou no de dissolução de união estável pleitear partilha; haver concessão de uso do bem como pagamento de alimentos *in natura*, alienação da coisa comum, fixação de aluguel pelo uso exclusivo do imóvel, constituição de direito real de habitação em favor daquele que permaneceu no imóvel etc. Aquele que nele permaneceu como possuidor, possibilitando a função social do bem, pagando tributos ou taxa condominial e praticando atos de conservação, é

merecedor da sua propriedade total (CC, art. 1.275) pelo bom uso do imóvel. Assim sendo, se ex-cônjuge ou ex-companheiro vier a abandonar imóvel seu ou do casal, onde residia com a família, poderá perder, via usucapião familiar, depois de 2 anos, o direito à propriedade de sua cota-parte daquele bem imóvel comum em prol do ex-consorte ou ex-convivente que nele permaneceu, fazendo dele sua morada, desde que: a) seja condômino em qualquer percentual: 10%, 90%, 50%, 30%, 70% etc. e não tenha interposto medida judicial, resguardando seu direito sobre o imóvel, não havendo acordo com aquele (possuidor direto) que o ocupa, por 2 anos, com exclusividade e sem oposição; b) o imóvel seja urbano de até 250 m^2; c) o possuidor direto não seja proprietário de outro imóvel rural ou urbano. Alguns autores entendem que pode ser o ex-cônjuge ou ex-companheiro proprietário de loja ou imóvel voltado a fins empresariais, porque a norma visa garantir o direito à moradia. Tal direito não poderá ser concedido ao mesmo possuidor mais de uma vez. Há quem ache que a discussão da culpa pelo abandono do lar é um atentado ao *princípio da vedação a retrocesso*. Tal não entendemos, pois não se poderia discutir a culpabilidade pela separação de fato para a *concessão do divórcio*, mas nada obsta que se averigúe a culpa pelo abandono familiar para reconhecer, ou não, certas consequências jurídicas.

A novel usucapião, ao invadir a órbita do direito de família, atende à solidariedade familiar e à função social da propriedade por garantir a moradia daquele condômino que exerce a posse do imóvel, protegendo a comunidade familiar, apesar de violar normas sobre propriedade e regime matrimonial de bens.

O art. 1.240-A do Código Civil veio solucionar um problema social ligado à família, mediante o emprego de um instituto próprio dos direitos reais, que é a usucapião, regularizando a situação jurídica daquele que permaneceu no imóvel de propriedade comum, que não conseguiria, p. ex., vendê-lo ante a ausência do outro condômino (ex-cônjuge ou companheiro), ao possibilitar-lhe a propriedade plena do imóvel, que antes dividia com ex-consorte ou ex-convivente, tutelando assim os demais membros da família (filhos do casal), apesar de não exigir a permanência destes no imóvel usucapiendo. Resolve situação de pessoa de baixa renda, quando seu ex-cônjuge ou ex-companheiro abandona o lar sem que tenha havido qualquer entendimento formal sobre partilha de bens.

Bastante esclarecedores são os Enunciados do CJF, aprovados na V Jornada de Direito Civil:

a) n. 498: "A fluência do prazo de 2 anos previsto pelo art. 1.240-A para a nova modalidade de usucapião nele contemplada tem início com a entrada em vigor da Lei n. 12.424/2011".

b) n. 499 (ora revogado pelo Enunciado n. 595 da VII Jornada de Direito Civil: "A aquisição da propriedade na modalidade de usucapião prevista no art. 1.240-A do Código Civil só pode ocorrer em virtude de implemento de seus pressupostos anteriormente ao divórcio. O requisito 'abandono do lar' deve ser interpretado de maneira cautelosa, mediante a verificação de que o afastamento do lar conjugal representa descumprimento simultâneo de outros deveres conjugais, tais como assistência material e sustento do lar, onerando desigualmente aquele que se manteve na residência familiar e que se responsabiliza unilateralmente pelas despesas oriundas da manutenção da família e do próprio imóvel, o que justifica a perda da propriedade e a alteração do regime de bens quanto ao imóvel objeto de usucapião".

c) n. 500: "A modalidade de usucapião prevista no art. 1.240-A do Código Civil pressupõe a propriedade comum do casal e compreende todas as formas de família ou entidades familiares, inclusive homoafetivas".

d) n. 501: "As expressões 'ex-cônjuge' e 'ex-companheiro', contidas no art. 1.240-A do Código Civil, correspondem à situação fática da separação, independentemente de divórcio".

e) n. 502: "O conceito de posse direta referido no art. 1.240-A do Código Civil não coincide com a acepção empregada no art. 1.197 do mesmo Código".

E pelo Enunciado n. 595: "O requisito 'abandono do lar' deve ser interpretado na ótica do instituto da usucapião familiar como abandono voluntário da posse do imóvel somado à ausência da tutela da família, não importando em averiguação da culpa pelo fim do casamento ou união estável". Revogado o Enunciado n. 499 (aprovado na VII Jornada de Direito Civil).

A usucapião pró-família é similar à especial urbana, diferenciando-se desta ao exigir como requisitos: abandono do lar, imóvel urbano comum ou condominial e prazo de 2 anos.

A usucapião familiar, portanto, visa preservar a segurança e os interesses das pessoas integrantes da família, dando uma excepcional tutela social ao núcleo.

Ante o conflito entre o direito de propriedade daquele que abandonou o imóvel condominial e o direito social de moradia daquele que nele permaneceu, tornando-o útil socialmente, deverá prevalecer o critério do *justum*, na solução dessa *antinomia real*, aplicando-se o princípio da função social da propriedade, da solidariedade familiar e o do respeito à dignidade dos membros da entidade familiar, garantindo-lhes o mínimo existencial (LINDB, arts. 4º e 5º), tornando eficaz o direito social de moradia.

Surgem pontos polêmicos: a) se o art. 1.244 do Código Civil não permite alegação de usucapião entre cônjuges na constância do casamento, se a separação de fato não extingue a sociedade nem o vínculo conjugal, como poderia surgir a usucapião pró-família? Se pelo art. 197, I, do Código Civil não corre prescrição entre cônjuges, na constância do casamento, efeito esse estendido aos companheiros por força do CC, art. 1º e do enunciado n. 295 do CJF, promovido na IV Jornada de Direito Civil, com o escopo de preservar pretensões durante a comunhão de vida como poderia um usucapir contra o outro? Tais indagações se dão ante a existência de uma *antinomia aparente* entre uma norma geral (CC, art. 197, I) e uma norma especial (CC, art. 1.240-A), solucionada pelo critério normativo da especialidade (*lex specialis derogat legi generali*). Assim, o art. 1.240-A, por ser *norma especial,* possibilita, havendo mera separação, excepcionalmente, a fluência de prazo entre cônjuges e conviventes, ao arrepio do art. 197 do CC (norma geral) para que um deles possa pleitear a usucapião por ter demonstrado seu interesse ao dar uma utilização social ao bem de raiz, tendo nele sua morada, visto que o outro não só saiu do lar como também abandonou o imóvel comum a ser usucapido, revelando, com tal atitude, sua *intentio* de não o ter mais para si; b) como admitir usucapião de bem condominial se não pode ser objeto de usucapião coisa que, por razões subjetivas, apesar de se encontrar *in commercio*, dele é excluído, necessitando que o possuidor inverta seu título possessório, p. ex. no caso do condômino em face do outro comunheiro, se estiver de posse de uma área excedente à correspondente ao seu quinhão, como é o caso de usucapiente do art. 1.240-A? Deveras é impossível a aquisição por usucapião contra outro condômino, enquanto subsistir o estado de indivisão, pois não pode haver usucapião de área incerta, visto que o direito de cada condomínio diz respeito a coisa toda e não a uma fração dela. Se assim é, cada condômino exercerá posse sobre toda a coisa, e enquanto esta permanecer indivisa não poderá um usucapir o quinhão do outro se detiver o imóvel em nome do outro comunheiro; se não exercer posse com exclusividade e se a exercer a título de administrador. Consequentemente para um cônjuge ou companheiro condômino usucapir contra o outro, necessário será de sua parte um comportamento de dono exclusivo, ou a inversão de sua posse, abrangendo o todo e não apenas uma parte, cessando o estado de comunhão.

Ante a natureza patrimonialista da usucapião pré-família por gerar perda de propriedade, a ação para pleiteá-la é uma ação de direito real, que se insere na Vara Cível da Justiça Estadual, do juízo da situação do imóvel (CPC, art. 47; TJSP, Câmara Especial, CC 0003683-26.2015.8.26.0000, rel. Ricardo Anafe, j. 11.5.2015), mediante procedimento comum (CPC, art. 308 e s.), embora se possa admitir a tutela de urgência ou a de evidência. Difícil seria o uso da via extrajudicial (CPC, art. 1.071), pois o art. 1.240-A contém conceitos indeterminados que devem ser solucionados pelo órgão judicante, por serem requisitos para que o registrador possa proceder à conversão da legitimação da posse em propriedade. Mas se poderia admitir a adoção de um procedimento dessa usucapião processado em cartório nos casos em que não se apresentarem controvérsias ou conflitos, requerendo tão somente uma regularização da situação de fato do ex-companheiro ou ex-convivente que permaneceu no imóvel comum.

Logo a usucapião familiar não é, no nosso entendimento, forma derivada de aquisição de propriedade, visto que é sentença judicial que declara a aquisição da propriedade da quota ideal do que abandonou o imóvel pelo que nele permaneceu, como possuidor direto, atendendo aos requisitos legais. Sem a sentença declaratória dessa usucapião não há aquisição de propriedade e essa sentença serve de título aquisitivo a ser levado ao registro imobiliário, transmitindo a propriedade ao usucapiente.

A Lei n. 10.257/2001 (norma especial) dispõe, ainda, nos arts. 9º, § 3º, e 10 a 14 que: o herdeiro legítimo continua, de pleno direito, a posse de seu antecessor, desde que já resida no imóvel por ocasião da abertura da sucessão. Pelo art. 10 da Lei n. 10.257/2001 com a redação da Lei n. 13.465/2017, os núcleos urbanos informais (clandestinos, irregulares ou nos quais não foi possível realizar a titulação de seus ocupantes) existentes sem oposição há mais de 5 anos e cuja área total dividida pelo número de possuidores seja inferior a 250m² por possuidor são suscetíveis de serem usucapidos coletivamente, desde que os possuidores não sejam proprietários de outro imóvel urbano ou rural. As áreas urbanas *com mais de duzentos e cinquenta metros quadrados*, ocupadas por população de baixa renda para sua moradia, por *cinco anos*, ininterruptamente e sem oposição, são susceptíveis de ser usucapidas coletivamente, desde que os possuidores não sejam proprietários de outro imóvel urbano ou rural. Apesar da sua finalidade social, poderá servir de estímulo à migração interna para as grandes cidades sem condições de novos espaços livres, dando origem a favelas. Deveras, observa Nelson Kojranski que esse grupo de pessoas de baixa renda, cujas moradias não oferecem condições de identificação dos respectivos terrenos, formam favelas. O possuidor pode, para o fim de contar o prazo exigido, acrescentar sua posse à de seu antecessor, contanto que ambas sejam contínuas. A *usucapião especial coletiva* (art. 10 – com alteração da Lei n. 13.465/2017 – da Lei n. 10.257/2001) *de imóvel urbano* será declarada pelo juiz, mediante sentença, a qual servirá de título para registro no Cartório de Imóveis (Lei de Registros Públicos, art. 167, n. 28). Na sentença, o juiz atribuirá igual fração ideal de terreno a cada possuidor, independentemente da dimensão do terreno que cada um ocupe, salvo hipótese de acordo escrito entre os condôminos, estabelecendo frações ideais diferenciadas. O condomínio especial constituído é indivisível, não sendo passível de extinção, salvo deliberação favorável tomada por, no mínimo, dois terços dos condôminos, no caso de execução de urbanização posterior à constituição do condomínio (art. 10, § 4º, da Lei n. 10.257/2001). As deliberações relativas à administração do condomínio especial serão tomadas por maioria de votos dos condôminos presentes, obrigando também os demais, discordantes ou ausentes. Na pendência da ação de usucapião especial urbana, ficarão sobrestadas quaisquer outras ações, petitórias ou possessórias, que venham a ser propostas relativamente ao imóvel usucapiendo.

São partes legítimas para a propositura da ação de usucapião especial urbana:

a) o possuidor, isoladamente ou em litisconsórcio originário ou superveniente;

b) os possuidores, em estado de composse;

c) como substituto processual, a associação de moradores da comunidade, regularmente constituída, com personalidade jurídica, desde que explicitamente autorizada pelos representados.

Na ação de usucapião especial urbana é obrigatória a intervenção do Ministério Público. O autor terá os benefícios da justiça e da assistência jurídica gratuita, inclusive perante o cartório de registro de imóveis. A usucapião especial de imóvel urbano poderá ser invocada como matéria de defesa, valendo a sentença que a reconhecer como título para registro no Cartório de Registro de Imóveis. Na ação judicial de usucapião especial de imóvel urbano, o rito processual a ser observado é o sumário.

Na vigência da Constituição de 1946, admitia-se a chamada *usucapião "pro labore"* ou *especial rural*, modalidade de usucapião prevista no seu art. 156, § 3º, que estatuía: "Todo aquele que, não sendo proprietário rural nem urbano, ocupar por 10 anos ininterruptos, sem oposição nem reconhecimento de domínio alheio, trecho de terra não superior a 25 hectares, tornando-o produtivo por seu trabalho e tendo nele sua morada, adquirir-lhe-á a propriedade, mediante sentença declaratória devidamente transcrita".

Enquanto vigorava a Constituição de 1946 surgiu o Estatuto da Terra (Lei n. 4.504, de 30-11-1964, regulamentada e atualizada pelos textos legais: Decs. n. 55.286/64, 55.891/65, 56.792/65, 56.798/65, 56.799/65; Lei n. 4.947/66; Decs. n. 58.197/66 (ora revogado pelo Decreto s/n. de 5-9-1991), 59.428/66, 59.443/66 (ora revogado pelo Decreto n. 95.714/88), 59.566/66, 61.435/67 (ora revogado pelo Decreto s/n. de 5-4-1991), 62.504/68, 63.058/68; Decs.-Leis n. 582/69, 1.110/70; Dec. n. 68.153/71 (ora revogado pelo Decreto n. 90.697/84); Leis n. 5.672/71, 5.709/71; Dec. n. 70.231/72 (ora revogado pelo Decreto s/n. de 5-9-1991); Lei n. 5.868/72; Dec. n. 72.106/73; Lei n. 6.746/79;

Dec. n. 84.685/80; Dec.-Lei n. 1.989/82; Lei n. 7.647/88; e Medida Provisória n. 2.183-56, de 24-8-2001), que em seu art. 98 estabelecia que essa usucapião especial só dizia respeito a prédio rústico, ou seja, a imóvel rural destinado à pecuária, agricultura etc., pois a finalidade da Constituinte de 46 foi fixar o homem no campo, seja ele brasileiro ou não, para explorar terras abandonadas. Não bastava simples posse, exigindo-se ocupação seguida de aproveitamento da coisa. Ensinava-nos Washington de Barros Monteiro que essa ocupação pode ser elidida pelo reconhecimento de domínio alheio, ou em virtude de oposição de seu titular. Não se requer, contudo, justo título ou boa-fé, para que possa ser reconhecido judicialmente. E até os bens públicos podem ser objeto dessa usucapião especial (Dec.-Lei n. 9.760, de 5-9-1946, art. 5º, parágrafo único; Dec.-Lei n. 710, de 17-9-1938, art. 12, § 1º; Lei n. 4.504/64, arts. 97 a 102). É exigida, ainda, sentença devidamente assentada[162].

---

162. W. Barros Monteiro, op. cit., p. 131; Caio M. S. Pereira, op. cit., p. 142-3; Maria Helena Diniz, Uma visão hermenêutica do art. 1.240-A do Código Civil, *Revista de Direito Civil Contemporâneo*, n. 11, p. 103-124, 2017; Ronnie Herbert B. Soares, *Usucapião especial urbana individual*, São Paulo, Ed. Juarez de Oliveira, 2004; Douglas P. Freitas, Usucapião e direito de família: comentários ao art. 1.240-A do Código Civil, *Revista Síntese – Direito de Família*, *71*:9-15; Flávio Tartuce, A usucapião especial urbana por abandono do lar conjugal, *Revista Síntese – Direito de Família*, *71*:16-8; Carlos Eduardo de C. Palermo, A nova usucapião especial por abandono de lar e a função social da propriedade, *Revista Síntese*, cit., *71*:19-31; Maurício B. Bunazar, Usucapião familiar: primeiras impressões. *10 anos*, cit., p. 460, 462, 469; Luciana S. Silva, Uma nova afronta à Carta Constitucional: usucapião pró-família, *Revista Síntese*, cit., *71*:32-37; Helena de A. Orselli, Análise crítica da usucapião especial urbana por abandono, *Revista Síntese – Direito de Família*, *69*:129-38; Ivete Maria de O. Alves e Rosane Grandi, Usucapião familiar conforme a Lei n. 12.424/2011, *Revista Síntese – Direito de Família*, *98*:72-87; Carlos Edison do Rêgo Monteiro Filho, Usucapião especialíssima: um olhar sobre o novo instituto, *RTDC*, *49*: 241-44; Sérgio Ferraz, Usucapião especial, in *Estatuto da cidade* – comentários à Lei Federal 10.257/2001 (coord. Adilson Abreu Dallari e Sérgio Ferraz), São Paulo, Malheiros, 2002, p. 137-48; José Villela Lomar, Usucapião especial urbano e concessão de uso para moradia, *Estatuto da cidade*, São Paulo, 2001, p. 257-77; Norma Lacerda e Lúcia Leitão, Função urbanística do usucapião, *Estatuto da cidade*, cit., p. 278-94; Nelson Kojranski, Direitos reais, *O novo Código Civil – estudos em homenagem a Miguel Reale*, São Paulo, LTr, 2003, p. 1001, e As favelas: o desafio de sua regularização jurídica, *Revista do IASP*, *14*:59-64; Ruben Tedeschi Rodrigues, *Comentários ao Estatuto da Cidade*, Campinas, Millenium, 2003; M. Lígia C. Mathias, *Direito civil*, cit., p. 61. Já se decidiu que "Como esclarecido pela própria requerente, ora apelante, o cômodo, objeto da ação de usucapião, é uma unidade que integra construção maior, denominada de 'habitação coletiva multifamiliar', situada na Rua 'x' n. 'y', nesta Capital, imóvel este que teria sido abandonado por seus proprietários, e que, há alguns anos, foi invadido por sem-teto.

Todavia, não é possível a usucapião de parte ideal de imóvel, que não comporta divisão cômoda, e, muito menos, de um cômodo, que integra construção maior, como está a pretender a requerente, ora apelante.

Na espécie, os possuidores do imóvel estabeleceram uma espécie 'sui generis' de posse, como se fosse um condomínio, mas, como o imóvel é indivisível, tal qual, no verdadeiro, condomínio, inviável a aquisição da posse, via usucapião.

Relevando salientar que, no condomínio, todos os coproprietários, os condôminos, são proprietários de uma fração ou de uma parte ideal, integrante do todo, e, não, de uma parte física, correspondente à sua parte ideal, específica e destacada.

Assim, todos os condôminos têm direitos iguais sobre a totalidade, observada a proporção de cada um, não sendo lícito a nenhum deles dispor da coisa, no todo, sem a expressa anuência dos demais, ou em parte, fisicamente, determinada.

Em suma, a um único condômino não é permitido excluir os demais da posse, não podendo, portanto, haver o imóvel, quer como um todo, quer, apenas, como uma parte demarcada, 'ad usucapionem', nem que seja, como argumentado pela requerente, ora apelante, para, em cumprimento a dispositivo constitucional, dar à propriedade a sua função social.

Falta, pois, à requerente, ora apelante, interesse para agir, consubstanciado no binômio necessidade-adequação, não sendo a ação proposta a adequada ao fim almejado" (TJSP, Embargos de Declaração n. 272.187.4/9-01, São Paulo, rel. Zélia M. Antunes Alves). Benedito Silvério Ribeiro (Críticas à usucapião urbana coletiva, *Tribuna do Direito*, dezembro de 2002, p. 8) considera inconstitucional o art. 10 da Lei n. 10.257/2001 por fazer referência a "áreas urbanas com mais de 250m^2", enquanto a CF, art. 183, alude a "área urbana *até* 250m^2". Salienta, ainda, que pelo art. 182 da CF/88, aquela lei não poderia instituir qualquer modalidade de usucapião porque "a política de desenvolvimento urbano, executada pelo poder público municipal, conforme diretrizes gerais fixadas em lei, tem por objetivo ordenar o pleno desenvolvimento das funções sociais da cidade e garantir o bem-estar de seus habitantes". Continua o autor: "Problema sério que emerge é o referente ao título de propriedade, conferido numa circunstância de copropriedade, já que a lei institui uma modalidade nova de condomínio não passível de extinção. É sabido e consabido ser no condomínio que ocorrem as maiores divergências entre consócios, sendo fonte de desavenças, ainda mais envolvendo pessoas de nível cultural baixo. Assim, dependendo o condomínio de *quorum* especial, para que se viabilize urbanização da área objeto de usucapião (§ 4º, do artigo 10 do Estatuto da Cidade), pode ocorrer que não se chegue a isso, como no caso de favela controlada por quadrilha de tráfico de drogas, em que não se queira abertura de ruas, preferindo-se caminhos tortuosos que impeçam a livre passagem da polícia. A outorga de domínio, embora em frações ideais, trará problemas sérios e de grande consequência para o poder público, no caso de não se resolver fazer a urbanização da área usucapida, podendo ocorrer que se tenha de abrir caminho de acesso a núcleo habitacional criado próximo, quando eventual desapropriação exigirá a citação da totalidade dos condôminos. Cabe ressaltar que o ingresso de pessoas de baixa renda em áreas urbanas quase sempre resultou de invasões, muitas vezes com excesso de gente, constituindo um aglomerado de moradias acanhadas e levantadas de forma desordenada, sem reserva de espaços para passagem, restando até mesmo encravamento da gleba irregularmente ocupada. Não subsiste dúvida de que poderão ser aumentadas as invasões, com o crescimento de favelas, até mesmo erguidas em áreas impróprias e perigosas, com riscos à população ou sua saúde (terrenos marginais a rios, mangues, encostas de morros, também sujeitos a enchentes ou desmoronamentos). Daí a importância de leis vedatórias de usucapião ou urbanização de áreas em locais inapropriados e de altíssimo custo para serem regularizadas. O legislador, quando das discussões que mais tarde resultaram na usucapião especial de imóvel rural, não levou avante projeto do Ministério do Interior, com estudos do Cndu (Conselho Nacional de Desenvolvimento Urbano), para regularização dos imóveis urbanos (problema já consolidado de favelas que constituíam fa-

A nossa Emenda Constitucional n. 1/69 no art. 171 e parágrafo único rezava: "A lei federal disporá sobre as condições de legitimação da posse e de preferência para aquisição, até cem hectares, de terras públicas, por aqueles que as tornarem produtivas com o seu trabalho e o de sua família". "Salvo para execução de planos de reforma agrária, não se fará, sem prévia aprovação do Senado Federal, alienação ou concessão de terras públicas com área superior a três mil hectares"[163].

Tito Fulgêncio[164] entendeu que em face dessa disposição da Emenda Constitucional n. 1/69 não mais figurava esse instituto; assim sendo os casos em que for possível a outorga de bens públicos deverão reger-se pelo Estatuto da Terra.

Ora, não nos pareceu que tal ocorria, pois o Estatuto da Terra é uma lei federal que estabelece normas de aquisição do domínio de imóvel rural pelo lavrador, fixando-o à terra, compensando, assim, aquele que, com seu trabalho e o de sua família, vive dos proventos da terra. Portanto, não houve na ocasião, na verdade, uma extinção da usucapião *pro labore*, mas sim uma reformulação nas condições pelas quais se pode adquirir propriedade por meio dessa usucapião. A Lei n. 6.969/81 veio dissipar todas as dúvidas, estabelecendo normas sobre a aquisição, por usucapião especial, de imóvel rural possuído por cinco anos ininterruptos, independentemente de justo título e boa-fé, desde que: *a*) o imóvel não exceda a 25 hectares ou seja igual a um módulo rural; *b*) o possuidor, que não seja proprietário rural ou urbano, o torne produtivo com seu trabalho, nele tendo sua morada; e *c*) haja sentença judicial

---

tos consumados), em vista do estímulo que se daria a novas invasões. A forma flexível de urbanização ou reurbanização fere, em tese, os princípios constitucionais de igualdade e isonomia, uma vez que trata de modo diferente situações iguais".

Enunciado n. 328 do Fórum Permanente de Processualistas Civis: "Os arts. 568 e 579 do CPC aplicam-se nas ações de usucapião coletiva (art. 10 da Lei n. 10.258/2001) e no processo em que é exercido o direito a que se referem os §§ 4º e 5º do art. 1.228 do Código Civil, especialmente quanto à necessidade de ampla publicidade da ação e da participação do Ministério Público, da Defensoria Pública e dos órgãos estatais responsáveis pela reforma agrária e política urbana (arts. 554 e 565 do CPC/2015)".

163. O Código Civil exige como requisitos da usucapião especial rural: *a*) não ter o usucapiente outro imóvel no mesmo Estado; *b*) posse por cinco anos; *c*) dimensão da gleba bastante para a subsistência do usucapiente não superior a 50 hectares; *d*) moradia habitual e produtividade (art. 1.239).

A usucapião especial rural segue disposições processuais da Lei n. 6.969/81.

164. Tito Fulgêncio, *Da posse e das ações possessórias*, Rio de Janeiro, Forense, 1978, p. 16, nota 2. *Vide* Régulo da Cunha Peixoto, Usucapião em terras devolutas, *Revista do Curso de Direito da Universidade Federal de Uberlândia*, 1979, v. 8.

declaratória, que sirva de título para o registro no Cartório de Registro de Imóveis (art. 1º, parágrafo único). A usucapião especial abrangia as terras particulares e as terras devolutas da União, dos Estados e dos Municípios, conforme especifica o Decreto n. 87.040/82, sem prejuízo de outros direitos conferidos ao posseiro pelo Estatuto da Terra ou pelas leis que dispõem sobre o processo discriminatório de terras devolutas (art. 2º). Não alcançava, portanto, as áreas indispensáveis à segurança nacional, as terras habitadas por índios, nem as áreas de interesse ecológico, consideradas como tais as reservas biológicas ou florestais e os parques nacionais, estaduais ou municipais, assim declarados pelo Poder Executivo, assegurada aos atuais ocupantes a preferência para assentamento em outras regiões pelo órgão competente (art. 3º), isto é, pelo INCRA. A ação de usucapião especial era processada e julgada na comarca da situação do imóvel; porém, no caso de usucapião especial em terras devolutas federais, a ação, segundo a Emenda Constitucional n. 1/69, art. 126, promovia-se perante a justiça estadual, com recurso para o Tribunal Federal de Recursos, cabendo ao Ministério Público local, na primeira instância, a representação judicial da União (art. 4º, § 1º). Quanto ao procedimento administrativo para o reconhecimento da aquisição, por usucapião especial, de imóveis rurais compreendidos em terras devolutas, seguia-se o disposto no Decreto n. 87.620/82, arts. 1º a 4º, hoje revogado pelo Decreto n. 11/91, que, por sua vez, sofreu revogação pelo Decreto n. 761/93.

Com o advento da nova Carta (art. 191, parágrafo único), reformulam-se alguns aspectos da configuração jurídica da usucapião *pro labore*, ou *especial rural*, que encontra sua justificação no fato do usucapiente ter tornado, com seu trabalho, produtiva a terra, tendo nela sua morada. Para que se concretize a aquisição de terras por esse meio, será preciso que (CC, art. 1.239): *a*) o ocupante não seja proprietário de imóvel rural ou urbano, visto que esse instituto tem por escopo, atendendo a fins sociais, outorgar o domínio a quem, que não tendo propriedade, cultivou terra alheia abandonada, tornando-a produtiva com seu trabalho. Alguns autores têm entendido que em relação ao requisito de que o usucapiente não pode ter o domínio de outro imóvel, este não é rígido, desde que o bem de raiz seja de valor insignificante, pois o objetivo da norma constitucional é proteger o trabalhador rural, incentivando a aquisição da terra por quem a cultivar tendo nela sua morada. Nem mesmo o fato de o usucapiente ter outra residência, onde fique nos finais de semana, por exemplo, não seria obstáculo para pleitear usucapião *pro labore*. Se o escopo normativo é tornar produtiva a terra, a exigência de tal requisito instauraria uma lacuna axiológica, ensejando, por isso, a aplicação do art. 5º da Lei de Introdução às Normas do Direito Brasileiro. Mas há quem entenda, como Getúlio Targino Lima, que o possuidor não pode ser proprietário de outro imóvel, afirmando que: "aquela terra é, para ele, tudo; seu ponto de apoio e de referência. Não havendo esta exigência, perderia o sentido a usucapião, como meio de se conferir a propriedade da terra àquele que nela trabalha, podendo ser a posse *ad usucapionen* u'a mera indústria, sem qualquer compromisso com a produção de bens de consumo e sem qualquer conotação teleológica ligada à fixação do homem e de sua família no local de sua vocação de trabalho". Não é preciso que o usucapiente seja brasileiro nato, pode ser naturalizado ou estrangeiro, mas quanto a este último a Constituição Federal de 1988, art. 190, reza: "a lei regulará e limitará a aquisição ou o arrendamento de propriedade rural por pessoa física ou jurídica estrangeira e estabelecerá os casos que dependerão de autorização do Congresso Nacional". As limitações à usucapião rural especial por estrangeiro são as previstas na Lei n. 5.709/71, arts. 3º e 7º; *b*) a posse, por ele exercida *animus domini*, deve ser ininterrupta e sem oposição por 5 anos; *c*) o ocupante da área de terra rural deve torná-la produtiva com seu trabalho e de sua família ou com trabalho agrícola, pecuário, agroindustrial etc.; *d*) o usucapiente deve ter nela sua moradia habitual, isto porque o fim social perseguido pelo preceito constitucional, ao contemplar essa modalidade de usucapião, foi estimular a fixação do homem no campo; *e*) a área que se pretende usucapir não pode ser superior a 50 hectares. Pelo Enunciado n. 312 do Conselho da Justiça Federal (aprovado na IV Jornada de Direito Civil): "Observado o teto constitucional, a fixação da área máxima para fins de usucapião especial rural levará em consideração o módulo rural e a atividade agrária regionalizada". E pelo Enunciado n. 594: "É possível adquirir a propriedade de área menor do que o módulo rural estabelecido para a região, por meio da usucapião especial rural" (aprovado na VII Jornada de Direito Civil); e *f*) a terra, objeto dessa forma de usucapião, não pode ser pública. Logo, proibida está a usucapião de terras públicas, mesmo que abandonadas e improdutivas. Todavia, observam Silvio Rodrigues e Juarez de Freitas que, no nosso ordenamento jurídico, há usucapião de terras devolutas, ante o disposto no art. 188 da Constituição Federal, que prescreve que a destinação das terras devolutas deve compatibilizar-se com a política agrícola e com o plano nacional de reforma agrária, uma vez que aquelas terras constituem bens patrimoniais estatais afetados por uma destinação social *sui generis*. Logo, para esses juristas possível será ao particular usucapi-las, para atender ao interesse social de continuidade da exploração econômica da terra[165].

---

165. *Vide* o que dizem a respeito Daibert, op. cit., p. 205-7; Armando Roberto Holanda Leite, *Usucapião ordinária e usucapião especial*, dissertação de mestrado apresentada na PUCSP em 1982; José Carlos T. Barruffini, *Usucapião constitucional*, São Paulo, Atlas, 1998; Giselda Maria F. N. Hironaka, Usucapião especial: características do imóvel usucapiendo em face da Constituição Federal de 1988, *Revista de Direito Civil Agrário, Imobiliário e Empresarial*, São Paulo, v. 16, n. 59, 1992, p. 195-8; Benedito Silvério Ribeiro, *Tratado de usucapião*, cit., v. 2, p. 936; Getúlio Targino Lima, *A*

Representação gráfica:

---

posse agrária sobre o bem imóvel, São Paulo, Saraiva, 1992, p. 95 e 96; Érica Espíndola, *Usucapião especial rural ou "pro labore"*, dissertação de mestrado apresentada na PUCSP em 2000, p. 53 e 54; Aélio Paropat Souza, O inusucapião das terras devolutas, *Estudos Jurídicos, 6*:348-56; Silvio Rodrigues, Usucapião das terras devolutas, *Revista Literária de Direito, 15*:8 a 10; Telga de Araujo, in *Enciclopédia Saraiva do Direito*, v. 76, p. 215 e 216; Rui Geraldo de Camargo Viana traça algumas linhas sobre usucapião urbana in *A participação do particular no urbanismo*, p. 126. Sobre usucapião urbana e especial rural *vide* os Comentários à nova Carta feitos pelo CEPAM; STF, Súmulas 237, 263, 391 e 445; e STJ, Súmula 11. Há autores que, ao comentar o art. 183 da CF/88, aludem à *usucapião especial urbana*, e ao interpretar o art. 191 da nova Carta fazem menção à *usucapião especial rural*, enquanto outros lhes dão outra denominação, como: usucapião constitucional urbana e usucapião constitucional rural; usucapião *pro misero* ou social urbana e usucapião *pro labore*. Há, ainda, os que falam em usucapião urbana e usucapião especial, entendendo que a *usucapião urbana* (art. 183 da CF) é aquela que veio atender aos reclamos de uma política urbana, ao passo que a *usucapião especial* ou *pro labore* (art. 191, parágrafo único, da CF) apenas sofreu uma reformulação em alguns aspectos de sua configuração jurídica, tendo os mesmos fins do previsto na Constituição de 1946 (art. 153, § 3º), na Emenda Constitucional n. 1/69 (art. 171 e parágrafo único), na Lei n. 6.969/81, no Decreto n. 87.040/82, hoje revogado pelo Decreto n. 11/91, que, por sua vez, perdeu a vigência com o Decreto n. 761/93. Com isso, preferiram tais autores manter a terminologia *usucapião especial* ou *pro labore* apenas para a contemplada no art. 191 da Carta Magna, para demonstrar que se trata do mesmo instituto, previsto pelas normas acima mencionadas, que recebeu alterações em alguns de seus aspectos, salientando que somente a *usucapião urbana* constituía uma novidade no direito brasileiro, evitando, assim, ao adotar a já tradicional designação *usucapião especial* tão somente para a hipótese do art. 191 da Lei Maior, que houvesse uma falsa ideia de que a nova Carta tivesse criado duas novas modalidades de usucapião, quando, na verdade, estabeleceu uma novel espécie, alterando alguns caracteres da já existente anteriormente. Consulte: R. Limongi França, *Instituições de direito civil*, São Paulo, Saraiva, 1991, p. 452; Luiz Edson Fachin, *A função social de posse e a propriedade contemporânea (uma perspectiva da usucapião imobiliária rural)*, Porto Alegre, Fabris, 1987. Fuhrer, *Resumo de direito civil*, São Paulo, Revista dos Tribunais, 1989, p. 41; Arnoldo Wald, *Curso de direito civil brasileiro*; direito das coisas, 8. ed., São Paulo, Revista dos Tribunais, p. 89-90; Caio M. S. Pereira, *Instituições de direito civil*, Rio de Janeiro, Forense, 1990, v. 4, p. 114-6; Daniel Aureo de Castro, *Direito imobiliário*, cit., p. 24 a 37; Artur Marques da Silva Filho, O usucapião na atual Constituição, *RT, 657*:60. Lei n. 6.015/73, art. 167, I, 28, com redação da MP 2.220/2001; Lucas A. Barroso e Gustavo E. K. Rezek, *Accessio possessionis* e usucapião constitucional agrário: inaplicabilidade do art. 1.243, primeira parte, do Código Civil, in Lucas A. Barroso, *A realização do direito civil*, Curitiba, Juruá, 2011, p. 219 a 230. *Vide* Medida Provisória n. 2.220/2001 sobre concessão de uso especial de que trata o art. 183, § 1º, da Constituição Federal e Lei n. 10.257/2001 (arts. 56 e 57), que alterou a Lei n. 6.015/73, acrescentando ao art. 167, II, o item 19, e ao art. 167, I, o item 37. *Vide* Decreto n. 4.449/2002, art. 3º, que dispõe: "nos casos de usucapião de imóvel rural, após o trânsito em julgado da sentença declaratória, o juiz intimará o INCRA de seu teor, para fins de cadastramento. § 1º Para dar maior celeridade ao cadastramento do imóvel rural, poderá constar no mandado de intimação a identificação do imóvel na forma do § 3º do art. 225 da Lei n. 6.015/73, e o endereço completo do usucapiente. § 2º Recebendo a intimação, o INCRA convocará o usucapiente para proceder às atualizações necessárias". *BAASP* 2850:11. Coisas. Bens imóveis. Usucapião constitucional. Presença dos requisitos necessários ao reconhecimento do domínio com base na prescrição aquisitiva. Omissão do proprietário registral quanto ao dever de zelar pelo seu patrimônio. Função social da propriedade. Sentença de procedência mantida. Apelo não provido. Unânime. Usuca-

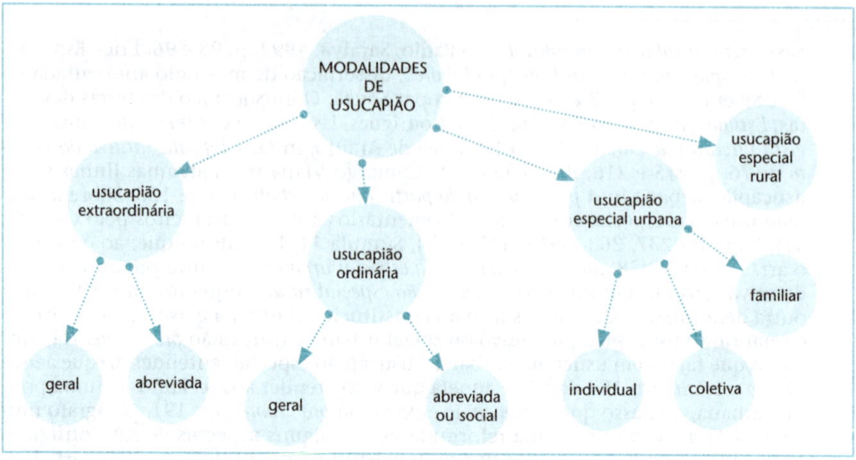

pião e bens públicos: *RT*, *750*:431, *748*:402, *734*:507, *675*:197, *664*:81.

Esclarece o Conselho da Justiça Federal, na IV Jornada de Direito Civil, ao aprovar o Enunciado n. 313, que: "Quando a posse ocorre sobre área superior aos limites legais, não é possível a aquisição pela via da usucapião especial, ainda que o pedido restrinja a dimensão do que se quer usucapir".

Pelo Estatuto do Índio (arts. 32 e 33), há propriedade plena do índio ou da comunidade indígena de terras havidas por qualquer das formas aquisitivas do domínio, e o índio, integrado ou não, poderá usucapir se ocupar como própria, por dez anos consecutivos, área inferior a 50 hectares. Se for capaz, poderá propor ação de usucapião, se incapaz, será representado judicialmente pela Funai. A *usucapião especial indígena* recai sobre área rural e particular, visto que o art. 33 da Lei n. 6.001/73 não admite que terras da União ocupadas por grupos tribais, por serem consideradas bens públicos federais, sejam usucapidas. Sobre o tema: Carlos Roberto Gonçalves, *Direito Civil brasileiro*, São Paulo, Saraiva, 2006, v. V, p. 250. "Usucapião – Aldeamento indígena – Interesse da União – Ausência – Justiça Federal – Falta de Competência – Súmula 650/STJ – Aplicabilidade. Recurso Extraordinário. Inadmissibilidade. Usucapião. Antigos aldeamentos indígenas. Falta de interesse da União. Incompetência da Justiça Federal. Agravo regimental não provido. Aplicação da Súmula 650. As regras definidoras de domínio da União, insertas no art. 20 da Constituição Federal de 1988, não abrangem as terras ocupadas, em passado remoto, por antigos aldeamentos indígenas" (STF, Ag. de Instrumento n. 307401-9 – São Paulo, 1ª T., ac. un., rel. Min. Cezar Peluso, *DJ*, 29-4-2005). O CPC/2015 não contém disposições relativas à ação de usucapião, como procedimento especial. *Vide* CPC, arts. 246, § 3º, sobre citação, em ação de usucapião de imóvel, dos confinantes, salvo quando tiver por objeto unidade autônoma de prédio em condomínio, e 259, I, alusivo à necessidade de publicação de editais para demandas de usucapião de imóvel. Ação de usucapião agrária segue o procedimento comum, observados os preceitos especiais, que nela estão tratados (CPC, arts. 318 e 257).

Vide Lei n. 8.629/93, art. 4º, § 2º.

Interessante é a lição de João Pedro L. Paiva, Novas perspectivas de atos notariais: usucapião extrajudicial e sua validade no ordenamento jurídico brasileiro, *Revista de Direito Notarial*, n. 1 (2009), p. 111-138.

QUADRO SINÓTICO

AQUISIÇÃO DA PROPRIEDADE IMÓVEL PELA USUCAPIÃO	1. Origem histórica	Direito romano	Lei das XII Tábuas	Posse prolongada durante certo tempo.
			Direito quiritário	Exigia justo título e boa-fé, mas não se podia aplicar o instituto aos imóveis provinciais, nem aos peregrinos. Com o tempo houve necessidade de se defender a posse desses indivíduos, daí o edito que estabeleceu o processo *praescriptio longi temporis*.
			Justiniano	Fundiu as regras da *praescriptio longi temporis* com as da usucapião, que designava a aquisição da propriedade por efeito de um longo exercício.
			Imperador Teodósio	Fez com que a prescrição passasse a ser meio extintivo de ação e não mais meio aquisitivo da propriedade – *praescriptio longissimi temporis*. Passou a haver no direito romano duas instituições jurídicas: uma destinada a extinguir a ação e outra, a adquirir o domínio.
		Direito atual	A prescrição passou a ser uma maneira de adquirir e de perder o direito de propriedade de uma coisa ou de um direito pelo efeito do tempo. Ideia monista que passou ao Código Civil francês que exerceu influência no direito contemporâneo, embora haja legislações e juristas que defendem o prisma dualista, considerando a prescrição como uma energia extintiva e a usucapião como uma energia criadora.	
	2. Conceito e fundamento	Conceito	A usucapião é um modo de aquisição de propriedade e de outros direitos reais (usufruto, uso, habitação, enfiteuse, servidões prediais) pela posse prolongada da coisa com a observância dos requisitos legais. Pode ser *judicial* (CPC, art. 319 e s.) ou *extrajudicial* (Lei n. 6.015/73, art. 216-A, §§ 1º a 10).	

AQUISIÇÃO DA PROPRIEDADE IMÓVEL PELA USUCAPIÃO	• 2. Conceito e fundamento	• Fundamento	• Visa garantir a estabilidade e segurança da propriedade, fixando um prazo além do qual não se pode mais levantar dúvidas ou contestações a respeito, e sanar a ausência de título do possuidor, bem como os vícios intrínsecos do título que esse mesmo possuidor tiver.
	• 3. Requisitos	• Pessoais	• Exigências em relação ao possuidor que pretende adquirir o bem e ao proprietário que o perde (CC, arts. 1.244, 197 a 202).
		• Reais	• Alusivos aos bens e direitos suscetíveis de ser usucapidos, pois nem todas as coisas e nem todos os direitos podem ser adquiridos por usucapião.
		• Formais	• Compreendem os elementos necessários e comuns do instituto, como posse mansa, pacífica e contínua, lapso de tempo fixado em lei, registro da aquisição do imóvel obtida extrajudicialmente (Lei n. 6.015/73, art. 216-A, §§ 1º a 10, acrescentado pelo CPC, art. 1.071) ou sentença judicial, bem como os especiais, como justo título e boa-fé.
	• 4. Espécies	• Extraordinária (CC, art. 1.238)	• Posse mansa, pacífica e contínua, exercida com *animus domini*. • Decurso do prazo de 15 ou 10 anos. • Dispensa de prova de justo título e boa-fé. • Registro da aquisição do imóvel obtida extrajudicialmente (Lei n. 6.015/73, art. 216-A, §§ 1º a 10, acrescentado pelo CPC, art. 1.071) ou sentença declaratória de aquisição do domínio, que deverá ser levada ao cartório imobiliário para registro.
		• Ordinária (CC, art. 1.242)	• Posse mansa, pacífica e ininterrupta, exercida com a intenção de dono. • Decurso do tempo de 10 ou 5 anos (CC, art. 1.242 e parágrafo único). • Justo título e boa-fé. • Registro da aquisição do imóvel obtida extrajudicialmente (Lei n. 6.015/73, art. 216-A, §§ 1º a 10, acrescentado pelo CPC, art. 1.071) ou sentença judicial que lhe declare a aquisição do domínio, registrada no Cartório de Imóveis (CC, art. 1.241, parágrafo único).

AQUISIÇÃO DA PROPRIEDADE IMÓVEL PELA USUCAPIÃO	• 4. Espécies	• Especial urbana	• Constituição Federal, art. 183, §§ 1º a 3º; Código Civil, arts. 1.240 e §§ 1º e 2º e 1.240-A e § 1º; Lei n. 10.257/2001, arts. 9º, §§ 1º a 3º, 10 e 14.
		• *Pro labore* ou especial rural	• Constituição Federal, art. 191, parágrafo único, e Código Civil, art. 1.239.

a.5. Aquisição por legitimação fundiária

Segundo a Lei n. 13.465/2017 (arts. 23 e 24) e o Dec. n. 9.310/2018 (arts. 16 e 17), a legitimação fundiária constitui *forma originária* de aquisição do direito real de propriedade, no âmbito da Reurb (Regularização Fundiária Urbana), conferida por ato do poder público a quem detiver, como sua, em área pública ou possuir em área privada, unidade imobiliária com destinação urbana, integrante de núcleo urbano informal consolidado existente em 22-12-2016. É, portanto, um mecanismo de reconhecimento da aquisição originária do direito real de propriedade sobre unidade imobiliária objeto da Reurb. Para tanto, o *beneficiário* (na Reurb-S) deverá preencher alguns requisitos legais: a) não ser concessionário, foreiro ou proprietário de imóvel urbano ou rural; b) não ter sido contemplado com legitimação de posse ou fundiária de imóvel urbano com a mesma finalidade, mesmo se for situado em outro núcleo urbano; c) haver reconhecimento pelo poder público do interesse público de sua ocupação, na hipótese de imóvel urbano com fim não residencial.

Havendo legitimação fundiária, o ocupante adquire a unidade imobiliária com destinação urbana livre e desembaraçada de quaisquer ônus, direitos reais, gravames ou inscrições eventualmente existentes em sua matrícula de origem, salvo se alusivos ao próprio legitimado. Deverão ser transportadas as inscrições, as indisponibilidades ou os gravames existentes no registro da área maior originária para as matrículas das unidades imobiliárias que não foram adquiridas por legitimação fundiária.

A União, os Estados, o Distrito Federal e os Municípios e as suas entidades vinculadas (na Reurb-S), desde que titulares do domínio, estão autorizados, mediante legitimação fundiária, na Reurb de imóveis públicos, a reconhecer o direito de propriedade aos ocupantes do núcleo urbano informal (p. ex., clandestino, irregular, o que tem ocupante sem titulação).

O Poder Público deverá encaminhar a CRF (Certidão de Regularização Fundiária) para registro imediato da aquisição da propriedade, o projeto de regularização fundiária aprovado, a listagem dos ocupantes e sua devida qualificação e a identificação das áreas que ocupam, dispensando a apresentação do título individualizado e de cópias de documentos relativos à qualificação dos ocupantes. Mas o poder público poderá atribuir propriedade por legitimação fundiária aos ocupantes que não constam na listagem inicial, por meio de cadastramento complementar, sem prejuízo dos direitos de quem haja constado na listagem inicial.

Tal procedimento poderá ser aplicado no todo ou em parte do núcleo urbano informal e as unidades que não tenham sido regularizadas por meio da legitimação fundiária poderão ser regularizadas por meio de outro instrumento legal.

Nas hipóteses de regularização fundiária urbana previstas na Lei n. 11.952/2009, os Municípios e o Distrito Federal poderão usar a legitimação fundiária para outorgar domínio aos ocupantes.

QUADRO SINÓTICO

AQUISIÇÃO POR LEGITIMAÇÃO FUNDIÁRIA

1. NOÇÃO	• Modo de reconhecimento da aquisição originária do direito real de propriedade sobre unidade imobiliária objeto de Reurb, a quem a detiver como sua em área pública ou privada e aos ocupantes de núcleo urbano informal.
2. REQUISITOS LEGAIS	• Beneficiário não pode ser concessionário, foreiro ou proprietário de imóvel urbano ou rural. • Beneficiário não pode ter sido contemplado com legitimação de posse ou fundiária de imóvel urbano • Beneficiário deve ter sua ocupação de imóvel urbano não residencial reconhecida pelo poder público como sendo de interesse público, se o imóvel urbano não tiver fim residencial.
3. EFEITO	• Com a legitimação fundiária, o ocupante adquire a unidade imobiliária livre e desembaraçada de ônus, gravames ou inscrições existentes na matrícula de origem, salvo se relativos ao próprio legitimado.
4. REGISTRO	• Poder Público para registrar a aquisição de propriedade deve encaminhar a CRF: o projeto de regularização fundiária aprovado, a listagem dos ocupantes devidamente qualificados e a identificação das áreas ocupadas.

B. PERDA DA PROPRIEDADE IMÓVEL

b.1. Generalidades

Dado o caráter da perpetuidade do domínio, este remanescerá na pessoa de seu titular ou de seus sucessores *causa mortis* de modo indefinido ou até que por um meio legal seja afastado do seu patrimônio[166].

166. Silvio Rodrigues, op. cit., p. 195; Sebastião José Roque, *Direito das coisas*, cit., p. 103-8.

Os modos terminativos da propriedade imóvel estão arrolados nos arts. 1.275, I a V, 1.276 e 1.228, §§ 3º, 4º e 5º, do Código Civil. São eles:

a) Alienação (art. 1.275, I)

b) Renúncia (art. 1.275, II)

c) Abandono (arts. 1.275, III, e 1.276, §§ 1º e 2º; Lei n. 13.465/2017, arts. 64 e 65)

d) Perecimento do imóvel (art. 1.275, IV)

e) Desapropriação por necessidade ou utilidade pública ou interesse social (CF, arts. 5º, XXIV, 182, §§ 3º e 4º, III, 184, §§ 1º a 5º; CC, art. 1.275, V, 1.228, § 3º, 1ª parte)

f) Direito de requisição da propriedade particular (CC, art. 1.228, § 3º, 2ª parte)

g) Desapropriação judicial baseada na posse *pro labore* ou posse-trabalho (CC, art. 1.228, §§ 4º e 5º)

Além desses modos poder-se-á acrescentar:

1) A usucapião (CC, arts. 1.238 a 1.244), que é o meio de adquirir o domínio para o usucapiente e de perda para o antigo dono do imóvel que negligenciou na defesa de seu direito. Convém esclarecer que a prescrição extintiva não se aplica ao direito de propriedade, de molde a ocasionar-lhe a perda. Apesar do não exercício desse direito pelo seu titular, durante vários anos, este conserva seu domínio, que só desaparecerá quando alguém vier a adquiri-lo, possuindo-o em seu próprio nome com *animus domini*, durante o prazo estabelecido para a usucapião[167].

2) A acessão (CC, arts. 1.248 a 1.259), que se dá pela união ou incorporação de uma coisa a outra pertencente a outrem, acarretando aquisição de domínio deste último e perda para o proprietário que sofre as consequências da acessão. De maneira que, p. ex., na avulsão, espécie de acessão, aquele que tem sua propriedade acrescida pela parcela que de outro domínio se desagregou e veio se incorporar à sua, adquire-a, ao passo que o dono do prédio desfalcado perde a propriedade no que concerne à parte diminuída[168].

3) O casamento sob regime de comunhão universal de bens que, no entender de Sá Pereira, é um dos fatores determinantes do nascimento e da ex-

---

167. W. Barros Monteiro, op. cit., p. 168-9.

168. Orlando Gomes, op. cit., p. 179; Silvio Rodrigues, op. cit., p. 196; W. Barros Monteiro, op. cit., p. 168; Daibert, op. cit., p. 255.

tinção da propriedade imóvel, pois com a sua dissolução perde-se, no todo ou em parte, conforme as circunstâncias, a propriedade[169].

4) A sentença transitada em julgado, quando o magistrado atribui a um dos litigantes a propriedade do imóvel, numa ação de reivindicação, e se este que venceu a demanda não foi o que já possuía o bem, haverá ganho de propriedade para este e perda para o outro. Perde-se o domínio por meio de carta de adjudicação, que é o instrumento que, por ordem judicial, atribui para registro o bem a outra pessoa. "Na hipótese de haver executiva fiscal ou particular, porque o bem penhorado é levado a leilão e diante da arrematação, o arrematante haverá a propriedade pela carta de arrematação que lhe conferirá a propriedade, pelo registro competente, perdendo-a o executado, por via de consequência"[170]. Nestes dois casos o ato judicial determina a transmissão coativa do bem.

5) O implemento de condição resolutiva, quando, por exemplo, a propriedade é resolúvel, extinguindo-se o direito pela verificação dessa condição, transmitindo-se a outrem[171].

6) O confisco, pois a cultura ilegal de plantas psicotrópicas acarreta *confisco* da propriedade e não expropriação, visto que, pelo art. 243 da Constituição Federal, nenhuma indenização será paga ao proprietário (Dec. n. 577/92). Ante a utilização ilegal da propriedade, será ela confiscada e destinada ao assentamento de colonos e ao cultivo de produtos alimentícios e medicamentos. Acrescenta no parágrafo único que "todo e qualquer bem de valor econômico apreendido em decorrência do tráfico ilícito de entorpecentes e drogas afins será confiscado e reverterá em benefício de instituições e pessoal especializados no tratamento e recuperação de viciados e no aparelhamento e custeio de atividades de fiscalização, controle, prevenção e repressão do crime de tráfico dessas substâncias". As prescrições das leis penais que estabelecem a perda do domínio de certas coisas, como, por exemplo, artigos de consumo falsificados ou contrabandeados[172].

Examinaremos cada um dos casos previstos no Código Civil nos arts. 1.275, I a V, 1.276 e 1.228, §§ 3º a 5º, ou seja, os modos voluntários de per-

---

169. Sá Pereira, *Manual do Código Civil*, v. 8, p. 318; W. Barros Monteiro, op. cit., p. 168; Daibert, op. cit., p. 255.
170. Daibert, op. cit., p. 255; W. Barros Monteiro, op. cit., p. 168; Orlando Gomes, op. cit., p. 180-3.
171. Orlando Gomes, op. cit., p. 183.
172. Orlando Gomes, op. cit., p. 183; *Ciência Jurídica*, *42*:263.

da do domínio: alienação, renúncia e abandono, porque decorrem da manifestação da vontade do titular, e os involuntários, que independem desse ato volitivo, por serem pertinentes a fatos relativos ao objeto, quais sejam: perecimento do imóvel, desapropriação, requisição[173] e desapropriação judicial em razão de posse-trabalho ou posse *pro labore*.

b.2. Alienação

A alienação (CC, art. 1.275, I) é o modo mais expressivo do proprietário usar do *jus abutendi*, ou melhor, da livre disponibilidade de seus bens[174].

É uma forma de extinção subjetiva do domínio, em que o titular desse direito, por vontade própria, transmite a outrem seu direito sobre a coisa. É a transmissão de um direito de um patrimônio a outro[175].

Essa transmissão pode ser a título gratuito, como a doação, ou oneroso, como a compra e venda, troca, dação em pagamento[176].

Aldo Bozzi apresenta-nos os seguintes elementos componentes da alienação:

a) o destaque voluntário de um direito da posse do titular;

b) a manifestação da vontade desse titular, com o objetivo de transferir seu direito a outrem;

c) uma correspondente aceitação por parte desse outro sujeito;

d) nexo de causalidade entre perda e aquisição do direito; e

e) a contemporaneidade entre perda e aquisição e a dependência de um e outro fato da mesma causa jurídica[177].

Reforça essa ideia De Ruggiero ao verificar que na alienação há uma

---

173. Daibert, op. cit., p. 256.

174. Daibert, op. cit., p. 256. Bekker fixa três categorias de alienação: *a*) a *translativa*, em que o alienante transfere o bem diretamente ao adquirente; *b*) a *constitutiva*, que se funda no próprio direito do alienante, quando ele mesmo o limita, como na constituição dos direitos reais limitados ou de garantia; *c*) *restitutiva*, que surge quando o alienante se demite de um direito, que não passa como tal ao adquirente, senão apenas lhe proporciona uma vantagem pela consequente liberação de uma obrigação como sucede na remição de servidão, do penhor, hipoteca etc. (Windscheid, *Pandette*, t. 5, not. de Fadda e Bensa, p. 372).

175. De Ruggiero, Alienazione, in Scialoja, *Dizionario di diritto privato*; Orlando Gomes, op. cit., p. 182.

176. Silvio Rodrigues, op. cit., p. 196; W. Barros Monteiro, op. cit., p. 169.

177. Bozzi, Rinunzia, in *Nuovo Digesto Italiano*, citado por Orlando Gomes, op. cit., p. 182.

composição de dois elementos: o negativo, consistente no destaque da coisa do patrimônio do alienante, e o positivo, que se traduz na aquisição desse bem por um outro patrimônio[178]. Há, concomitantemente, aquisição e perda do domínio pelas partes que intervêm na alienação. De um lado, há a aquisição pelo adquirente, e de outro, a perda pelo transmitente[179].

A alienação, por si só, não basta para transferir a propriedade imóvel; para tanto é imprescindível a formalidade do assento do título aquisitivo no Registro Imobiliário competente (CC, art. 1.275, parágrafo único). Logo, o efeito da perda do domínio está subordinado ao registro do título transmissivo no respectivo Cartório de Imóveis[180].

b.3. Renúncia

A renúncia (CC, art. 1.275, II) é um ato unilateral, pelo qual o proprietário declara, expressamente, o seu intuito de abrir mão de seu direito sobre a coisa[181], em favor de terceira pessoa que não precisa manifestar sua aceitação[182].

Desde que não acarrete prejuízo a terceiros, a renúncia ao direito de propriedade sobre um imóvel é sempre possível. Trata-se de uma hipótese difícil de ocorrer, mas tem se manifestado no direito das sucessões, como, por exemplo, o repúdio de herança já deferida[183].

Os efeitos da perda do domínio sobre um bem imóvel que decorrer de ato renunciativo subordinam-se ao registro desse título no Registro de Imóveis (CC, art. 1.275, parágrafo único).

b.4. Abandono

O abandono (CC, art. 1.275, III) é uma das modalidades de perda de propriedade, pois é o ato unilateral em que o titular do domínio se desfaz, voluntariamente, do seu imóvel, porque não quer mais continuar sendo, por várias razões, o seu dono. É necessário, para que haja derrelição, a intenção abdica-

---

178. De Ruggiero, op. cit.; *vide* Serpa Lopes, op. cit., p. 567-8.
179. Daibert, op. cit., p. 257.
180. W. Barros Monteiro, op. cit., p. 169; Silvio Rodrigues, op. cit., p. 196; Caio M. S. Pereira, op. cit., p. 190. Sobre o registro de título transmissivo ou de ato renunciativo da propriedade imóvel: Código Civil, arts. 1.245 a 1.247, e Lei n. 6.015/73, art. 167.
181. Caio M. S. Pereira, op. cit., p. 191; W. Barros Monteiro, op. cit., p. 169.
182. Orlando Gomes, op. cit., p. 182; Daibert, op. cit., p. 257.
183. W. Barros Monteiro, op. cit., p. 169; Serpa Lopes, op. cit., p. 569; Daibert, op. cit., p. 257.

tiva; simples negligência ou descuido não a caracterizam[184]: "A aplicação do art. 1.276 depende do devido processo legal, em que seja assegurado ao interessado demonstrar a não cessação da posse" (Enunciado n. 242 do Conselho da Justiça Federal, aprovado na III Jornada de Direito Civil). Há presunção absoluta (*juris et de jure*) da referida *intentio* se, cessados os atos de posse, o proprietário deixar de satisfazer os encargos fiscais (tributos que recaiam sobre o imóvel) (CC, art. 1.276, § 2º): "A presunção de que trata o § 2º do art. 1.276 não pode ser interpretada de modo a contrariar a norma-princípio do art. 150, IV, da Constituição da República" (Enunciado n. 243 do Conselho da Justiça Federal, aprovado na III Jornada de Direito Civil).

Não há como confundir o abandono com a renúncia, porque, no primeiro, o proprietário despoja-se de seu direito com o propósito de não o ter mais em seu patrimônio (CC, art. 1.276, *caput*), cessando os atos de posse e deixando de satisfazer os ônus fiscais, p. ex. impostos, taxas e contribuições de melhoria (CC, art. 1.276, § 2º), revelando desinteresse que se caracteriza como uma omissão antissocial, por não atender à finalidade econômico-social da propriedade, e, na segunda, o titular abre mão de seu imóvel em favor de alguém[185].

---

184. Caio M. S. Pereira, op. cit., p. 191; Daibert, op. cit., p. 258. Para abandono de imóvel exige-se a *intentio*, que será presumida, quando, cessados os atos de posse, o proprietário não cumprir com seus deveres de ordem fiscal.

Pelo Enunciado n. 565, do Conselho da Justiça Federal, aprovado na VI Jornada de Direito Civil: "Não ocorre a perda da propriedade por abandono de resíduos sólidos, que são considerados bens socioambientais, nos termos da Lei n. 12.305/2012" (art. 6º, VIII), logo o proprietário tem o dever de dar-lhes a destinação final ambientalmente adequada.

185. W. Barros Monteiro, op. cit., p. 170; Daibert, op. cit., p. 258; Serpa Lopes, op. cit., p. 569; Cristiano Chaves de Farias, O calvário do § 2º do art. 1.276 do Código Civil: vida e morte de um malfadado dispositivo legal a partir de uma interpretação constitucional, *Novos direitos após seis anos de vigência do Código Civil de 2002*, Curitiba, Juruá, 2009, p. 285 a 306. Pelo Projeto de Lei n. 699/2011, a redação do § 2º, do art. 1.276, passará a ser a seguinte:

"Presumir-se-á a intenção a que se refere este artigo, quando, cessados os atos de posse, deixa o proprietário de satisfazer os ônus fiscais". A esse respeito observa Carlos Alberto Dabus Maluf: realmente, a presunção absoluta de abandono do imóvel cujo proprietário não venha pagando os impostos devidos sobre a propriedade, é perigosa, uma vez que a inadimplência pode ter como causa, inclusive, a discussão, administrativa ou judicial dos valores lançados, ou mesmo motivos de força maior. Daí por que propomos a supressão das palavras "de modo absoluto" por entendermos tratar-se de uma presunção relativa ("*juris tantum*") e não absoluta ("*juris et de jure*"). E o Parecer Vicente Arruda aprovou tal proposta também contida no Projeto de Lei n. 6.960/2002 (atual PL n. 699/2011), apresentando a seguinte justificativa: "A proposição visa modificar a presunção ali existente, de que o abandono do imóvel pelo

Rara é a ocorrência do abandono, mas há casos que levam o titular do direito a isso. Washington de Barros Monteiro lembra que podem determinar o abandono ônus reais sobremaneira gravosos (p. ex., os dos arts. 687 do CC de 1916, em vigor por força dos arts. 2.038 e 1.382 do novo CC) ou fiscais (Lei n. 13.465/2017, art. 64, § 1º) muito pesados, bem como gastos de grande vulto para sua utilização, sobre-excedentes do respectivo valor. Tal ocorreu na Alemanha, ao tempo da inflação, quando vários proprietários preferiram abandonar suas propriedades, por se sentirem incapazes de mantê-las de acordo com as disposições administrativas referentes à segurança dos prédios[186].

Como o nosso direito não se compadece com a ideia de imóvel sem dono, o Código Civil, no seu art. 1.276 e § 1º, prescreve que o imóvel urbano abandonado arrecadar-se-á, não se encontrando na posse de outrem, como bem vago e passará ao domínio do Município ou do Distrito Federal se se achar nas respectivas circunscrições três anos depois. E quando se tratar de imóvel localizado em zona rural, será arrecadado como bem vago, e passará três anos depois à propriedade da União, onde quer que ele se localize[187].

Por este dispositivo legal o imóvel, rural ou urbano, abandonado passará três anos depois ao domínio do Poder Público em favor da reforma agrária e da política habitacional urbana, à vista do crescente número dos

não pagamento de impostos não deve ser absoluta, como faz crer a atual redação do CC. Realmente, pode haver inúmeros motivos, inclusive judiciais para que os impostos não estejam sendo pagos. A proposição corrige essa distorção, deixando claro tratar-se de presunção relativa, que admite prova em contrário. Melhor seria, porém, suprimir o § 2º".

186. W. Barros Monteiro, op. cit., p. 170; Wolff, *Derecho de cosas*, v. 1, p. 366.

A intenção de abandonar imóvel urbano privado será presumida quando o proprietário, cessados os atos de posse sobre o imóvel, não adimplir os ônus fiscais instituídos sobre a propriedade predial e territorial urbana, por 5 anos (Lei n. 13.465/2017, art. 64, § 1º).

187. Caio M. S. Pereira, op. cit., p. 191. No direito alemão a apropriação da coisa abandonada é privativa do fisco, como se pode inferir do art. 928 do BGB – que assim dispõe: "Há abandono da propriedade de um imóvel quando o proprietário faz, perante o registro imobiliário, declaração de renúncia e esta renúncia é inscrita no livro imobiliário. O direito de apropriação do imóvel abandonado pertence ao Tesouro do Estado sobre cujo território estiver o imóvel situado. O Tesouro adquire-lhe a propriedade fazendo-se inscrever no Livro Imobiliário" (CC, arts. 98, 26, 1.819, 1.823, 1.829). Caberá o imóvel rústico abandonado à União para que esta o utilize para fins de política agrária. "Eventual ação judicial de abandono de imóvel, caso procedente, impede o sucesso de demanda petitória" (Enunciado n. 316 do CJF, aprovado na IV Jornada de Direito Civil). Pelo Enunciado n. 597: "A posse impeditiva da arrecadação, prevista no art. 1.276 do Código Civil, é efetiva e qualificada por sua função social" (aprovado na VII Jornada de Direito Civil).

Sobre o procedimento de arrecadação de imóveis ubanos abandonados: Lei n. 13.465/2017, art. 64, §§ 2º e 3º e Dec. n. 9.310/2018, arts. 73 e 74.

"sem-terra" e dos "sem-teto". Pelo art. 64, § 4º, da Lei n. 13.465/2017 o Município poderá realizar, diretamente ou por meio de terceiros, os investimentos necessários para que o imóvel urbano arrecadado atinja os objetivos sociais a que se destina. Enquanto não transcorrer esse prazo, o imóvel não ficará sujeito a quem quer que seja, podendo, inclusive, o titular do domínio reivindicar o imóvel de mãos alheias, pois só perderá a propriedade sobre esse bem depois de decorrido tal lapso de tempo. Esse prazo é concedido pela lei para que o titular da propriedade imobiliária possa se arrepender de uma atitude às vezes impensada ou precipitada. Se o proprietário vier a reivindicar a posse do imóvel declarado abandonado, no transcorrer do triênio, ficará assegurado ao Poder Executivo municipal ou distrital o direito ao ressarcimento prévio, e em valor atualizado, de todas as despesas em que eventualmente houver incorrido, inclusive tributárias, em razão do exercício da posse provisória (Lei n. 13.465/2017, art. 64, § 5º). Entretanto, após o decurso desse prazo, configurar-se-á o abandono e, a coisa *arrecadada*, não reclamada por ninguém, passará ao domínio público[188]. Os imóveis arrecadados pelos Municípios ou pelo Distrito Federal poderão ser destinados aos programas habitacionais, à prestação de serviços públicos, ao fomento da Reurb (Regularização Fundiária Urbana) ou serão objeto de concessão de direito real de uso a entidades civis que comprovadamente tenham fins filantrópicos, assistenciais, educativos, esportivos ou outros, no interesse do Município ou do Distrito Federal (Lei n. 13.465/2017, art. 65).

b.5. Perecimento do imóvel

Como não há direito sem objeto, com o perecimento deste extingue-se o direito (CC, art. 1.275, IV)[189].

Esse perecimento pode decorrer de ato involuntário, se resultante de acontecimentos naturais, como: terremoto, raio, incêndio etc., ou de ato voluntário do titular do domínio, como no caso de destruição[190].

---

188. Silvio Rodrigues, op. cit., p. 198; Daibert, op. cit., p. 259; Código Civil, arts. 687 e 691; Adolfo Mamoru Nishiyama, A inconstitucionalidade do art. 1.276 do novo Código Civil e a garantia do direito de propriedade, *Revista de Direito Privado, 18*:9-20; Código Comercial, arts. 753 e s.; Lei n. 7.565/86, arts. 112, III, 120 e §§ 1º e 3º, sobre abandono de aeronave; Código de Processo Civil, art. 746, §§ 1º a 3º, sobre coisas vagas; Lei n. 13.465/2017, arts. 64 e 65, sobre arrecadação de imóveis abandonados.

189. Caio M. S. Pereira, op. cit., p. 192; W. Barros Monteiro, op. cit., p. 170; Lei n. 7.565/86, art. 120 e §§ 2º e 3º.

190. Orlando Gomes, op. cit., p. 181.

A propriedade também se perde pela acessão de imóvel a imóvel, como a invasão da terra pelas águas, submersão de uma ilha em pleno oceano ou rio, que Lafayette considera como perda da propriedade imobiliária pela circunstância da coisa passar a nova condição que a retira do poder físico do seu titular[191]. Entretanto, Caio Mário da Silva Pereira, baseado nas lições de Ruggiero e Maroi, entende que nesses casos o direito de propriedade permanece em estado potencial, na expectativa de refluxo da massa líquida, quando o proprietário, independentemente de ato seu, retoma o bem e vê restabelecido o seu direito; não há, portanto, perda da propriedade senão na medida de sua irrecuperabilidade ou irreparabilidade, bem como extravio definitivo[192]. Com o que concordamos, pois só há perecimento do direito com perda irreparável e definitiva do imóvel.

b.6. Desapropriação administrativa

A desapropriação administrativa (CC, arts. 1.275, V, 1.228, § 3º, 1ª parte) é considerada uma modalidade especial de perda da propriedade. Especial, por pertencer à seara do direito público, considerada pela Constituição Federal regulada por normas administrativas, processuais e civis. Donde a lição de Otto Mayer: "a desapropriação é um instituto de direito público cujos efeitos pertencem ao direito civil"[193].

Embora Zanobini, Degni, Filomusi Guelfi e Ruggiero classifiquem a desapropriação entre as restrições do direito de propriedade, preferimos considerá-la como um caso especial de sua perda, pois a propriedade de al-

---

191. Lafayette, *Direito das coisas*, § 91; Orlando Gomes, op. cit., p. 181.

192. Caio M. S. Pereira, op. cit., p. 192-3; Ruggiero e Maroi, *Istituzioni*, cit., v. 1, § 117.

193. Mayer, *Droit administratif allemand*, v. 3, p. 52; Caio M. S. Pereira, op. cit., p. 193; Hedemann, *Derechos reales*, p. 272; Walter Swensson, Desapropriação – aquisição do domínio – pagamento integral do valor ou respectiva consignação judicial, *RDC, 54*:239; W. Barros Monteiro, op. cit., p. 171; Vitor R. Laubé, Desapropriação urbanística, *Revista de Informação Legislativa, 114*:205-28; Edilson P. Nobre Jr., Princípios retores da desapropriação, *Ciência Jurídica, 79*:35; Mário R. N. Velloso, *Desapropriação – aspectos civis*, São Paulo, Juarez de Oliveira, 2000; Lair da Silva Loureiro Filho, *Desapropriações*, São Paulo, Juarez de Oliveira, 1999; Marcelo Figueiredo, *Desapropriação, Direito constitucional – estudos interdisciplinares sobre federalismo, democracia e administração pública*, Belo Horizonte, Fórum, 2012, p. 97 a 121; Adriana C. R. F. D. Maluf, Limitações ao direito de propriedade impostas pela desapropriação. *10 anos de vigência do Código Civil*, cit., p. 439-459; CF, art. 22, II; *RDA, 95*:107; *RT, 389*:127, *406*:272, *430*:163, *442*:172, *455*:159, *564*:100, *700*:83, *705*:223, *707*:221, *715*:273, *716*:306, *720*:305, *721*:336, *745*:315; *JB, 162*:282; *Bol. AASP, 1926*:119; *EJSTJ, 11*:21 e 23 a 26, *12*:26 a 28, *13*:19, 20 e 22, *14*:20 a 22 e 185, *15*:21 a 23; *RSTJ, 85*:118, *79*:62; *Ciência Jurídica, 61*:56, *63*:135, *67*:76, *68*:63, *79*:35, *80*:50 e 77, *81*:72, 241 e 259 e *83*:71; STJ, Súmulas 102 e 131.

guém se transfere, por necessidade ou utilidade pública e interesse social, para o acervo estatal, tendo-se em vista o interesse da coletividade. Salienta Cagli que a "desapropriação é um ato do poder público fundado em lei, por força do qual se retira total ou parcialmente um direito ou um bem inerente ao patrimônio individual em benefício de um empreendimento público. É a transformação dos direitos privados em públicos, sob o princípio fundamental de estar o interesse particular subordinado ao da coletividade". Não constitui ela um negócio jurídico, mas um ato unilateral de direito público que cessa a relação jurídica dominial para o proprietário e gera a transferência do imóvel para o patrimônio público[194].

Celso Antônio Bandeira de Mello, acertadamente, conceitua a desapropriação sob o prisma teórico e jurídico. Teoricamente "pode-se dizer que a desapropriação vem a ser o procedimento administrativo através do qual o Poder Público, compulsoriamente, despoja alguém de uma propriedade e a adquire para si, mediante indenização, fundada em um interesse público. À luz do direito positivo brasileiro, desapropriação se define como o procedimento através do qual o Poder Público, compulsoriamente, por ato unilateral, despoja alguém de um bem certo, fundado em necessidade pública, utilidade pública ou interesse social, adquirindo-o mediante indenização prévia e justa, pagável em dinheiro ou, se o sujeito passivo concordar, em títulos de dívida pública com cláusula de exata correção monetária, ressalvado à União o direito de desapropriar imóvel rural que não esteja cumprindo sua função social, quando objetivar a realização da justiça social através da reforma agrária" (CF/88, arts. 5º, XXIV, 182, §§ 3º e 4º, III, 184, §§ 1º a 5º, 185, I e II)[195].

---

194. Caio M. S. Pereira, op. cit., p. 194; Baudry, *L'expropriation pour cause d'utilité publique*, n. 4; Enneccerus, Kipp e Wolff, *Tratado de derecho de cosas*, v. 1, § 64; Edilson P. Nobre Jr., Princípios retores da desapropriação, *Ciência Jurídica*, *79*:35 a 58; W. Barros Monteiro, op. cit., p. 171; Cagli, Espropriazione, in Scialoja, *Dizionario di diritto privato*, v. 2, p. 968. Helita B. Custódio, Desapropriação por utilidade pública, *RDC*, *23*:144; K. Harada, *Desapropriação*, São Paulo, Atlas, 1999; Hugo A. Pequeno, Normas para avaliações em desapropriação, *RDC*, *38*:97; José Carlos de Moraes Salles, *Desapropriação à luz da doutrina e da jurisprudência*, São Paulo, Revista dos Tribunais, 1999; Otto Mayer (op. cit., v. 3, § 34) verifica que quanto aos efeitos da desapropriação, para uns, apresentam-se com um caráter pessoal e para outros, com um caráter real. Para os que neles vislumbram um caráter pessoal, o direito de desapropriação é dirigido contra o proprietário, manifestando-se como uma substituição da alienação voluntária feita pelo legítimo proprietário, pressupondo, assim, um domínio legítimo. Para os que consideram como sendo de caráter real, na desapropriação o poder público toma conta, de modo direto, da coisa, sendo a perda do direito pelo proprietário apenas uma consequência, não considerando nem a capacidade, nem a vontade do proprietário, podendo tudo ser suprido pelo preenchimento de certas formalidades, como publicações etc.

195. Celso Antônio Bandeira de Mello, *Elementos de direito administrativo*, Revista dos Tribunais, 1980, p. 188-9. Conceito adaptado ante o art. 184 da Constituição Federal de 1988.

O art. 182, § 3º, da Constituição Federal de 1988 refere-se à desapropriação de prédio urbano, feita com prévia e justa indenização em dinheiro. A prévia indenização seria a obrigação do expropriante pagar antes de adquirir a propriedade do imóvel e indenização justa seria o pagamento do valor correspondente ao bem, dano emergente, lucro cessante, juros, honorários advocatícios, despesas judiciais, correções monetárias.

O art. 182, § 4º, III, permite ao Poder Público municipal exigir, por meio de lei específica, que proprietários do solo urbano não edificado, subutilizado ou não utilizado, lhes deem adequado aproveitamento sob pena de desapropriação, com pagamento mediante títulos de dívida pública de emissão previamente aprovada pelo Senado Federal, com prazo de resgate de até 10 anos, em parcelas anuais, iguais e sucessivas, assegurados o valor real da indenização e os juros legais.

O art. 184 da Constituição Federal dá competência exclusiva à União para, sem necessidade de procedimento administrativo, interpor ação de desapropriação, para fins de reforma agrária (Lei n. 8.629/93, com alteração do Decreto n. 9.311/2018; Norma de Execução n. 9, de 6-4-2001, INCRA; Leis Complementares n. 76/93 e 88/96; *EJSTJ*, *13*:21 e 186; *Ciência Jurídica*, *65*:95), de imóvel rural que não esteja cumprindo sua função social, tendo em vista o interesse social, mediante prévia e justa indenização em títulos de dívida agrária com cláusula de preservação do valor real, resgatáveis no prazo de até 20 anos, a partir do 2º ano de sua emissão, mas haverá indenização em dinheiro, e não em títulos, das benfeitorias úteis e necessárias. Lei complementar deverá estabelecer o procedimento judicial, de rito sumário, para esse processo expropriatório. Será desapropriado para fins de reforma agrária imóvel rural cujo dono não o esteja aproveitando, mediante pagamento de indenização prévia e justa, em títulos de dívida agrária, com cláusula de preservação do valor real, para evitar enriquecimento ilícito do Estado, que o leve ao pagamento de uma injusta indenização, que geraria confisco e não desapropriação.

Vide: Decret-lei n. 3.365/41, com as alterações da Lei n. 13.867/2019. A Lei n. 13.867/2019 veio permitir o uso de mediação e arbitragem para definir os valores de indenização na desapropriação por utilidade pública. Após a decretação da desapropriação o Poder Público deverá notificar o proprietário e apresentar-lhe a oferta de indenização. O proprietário do imóvel podera: a) aceitar a proposta e receber o pagamento, caso em que o acordo lavrado será título hábil para a transcição no registro imobiliário; b) ficar inerti ou rejeitar a oferat, hipótese em que quantum indenizatório será discutido em juízo; ou c) optar pela mediação ou pela arbritagem, indicando um dos órgãos ou instituições especializados em mediação ou arbitragem cadastrados pelo órgão responsável pela desapropriação, dando início à negociação sobre a verba indenizatória (art. 10-A, §§ 1º a 3º e 10-B) "Desapropriação – Área com mata virgem – Acessão natural de expressivo valor econômico – Indenização devida – Recurso não provido" (*RT*, *591*:96).

O art. 185 da Constituição Federal arrola como imóveis rurais insuscetíveis de desapropriação, para fins de reforma agrária: *a*) a pequena e média propriedade rural, desde que seu dono não possua outras terras; e *b*) a propriedade produtiva. Difícil é a caracterização desta última, pois há critérios regionais, conforme apontado pela Revista *Veja* (*19*:49, 11 maio 1988): p. ex., em São Paulo, só será produtiva a fazenda que tiver a mesma quantidade de gado em 2/3 dessa medida em terra e, no Mato Grosso, bastará que haja 4 vacas em 3 hectares numa fazenda, para ser tida como produtiva (*JB*, *163*:83, *165*:122).

Cabe a decretação da desapropriação à Administração Pública ou a quem para esse efeito se lhe equipare legalmente. Assim, pelo art. 3º do Decreto-Lei n. 3.365/41, com as alterações das Leis n. 4.686/65, 6.602/78, 9.785/99 e 11.977/2009, podem promovê-la, além da União, Estados, Municípios, Distrito Federal e Territórios, as autarquias, os estabelecimentos de caráter público em geral ou que exerçam funções delegadas do Poder Público, e os concessionários de serviço, quando autorizados por lei ou contrato (STF, *RDA*, *48*:226, e TJSP, *RDA*, *18*:80)[196].

---

196. *Vide* Caio M. S. Pereira, op. cit., p. 194; Celso Antônio Bandeira de Mello, op. cit., p. 194. O Decreto-Lei n. 3.365/41 foi alterado pelas Leis n. 2.786/56, 4.686/65, 6.602/78, 9.785/99, pela Medida Provisória n. 2.183-56, de 24-8-2001 e pela Lei n. 13.465/2017; Decretos-Leis n. 4.152/42 e 7.426/45. *Vide*, ainda, o Decreto legislativo n. 23/70, o Decreto-Lei n. 1.075/70, o Decreto n. 95.715/88 e a Lei n. 8.629/93, que regulamentam desapropriação para reforma agrária sendo que o Decreto n. 9.424/2018 regulamenta o inciso V do *caput* do art. 17 dessa lei; o Decreto n. 5.011/2004 (revogado pelo Decreto n. 5.735/2006), arts. 8º, IV, *a*, 15, I, sobre desapropriação de imóvel rural e de terras necessárias para cumprir as finalidades do INCRA; Instrução Normativa do INCRA n. 41/2000 (revogada pela Instrução Normativa n. 2/2001 – ora revogada pela IN n. 15/2004), sobre normas para implementação do Programa Nacional de Reforma Agrária; Instrução Normativa do INCRA n. 14, de 8 de março de 2004, que "estabelece diretrizes para descentralização das decisões, fixa as alçadas decisórias e os fluxos de procedimentos para as decisões colegiadas do INCRA, relativas a desapropriação por interesse social para fins de reforma agrária e aquisição de bens e contratação de serviços". Instrução Normativa n. 36, de 20 de novembro de 2006, do Instituto Nacional de Colonização e Reforma Agrária, que "estabelece diretrizes para descentralização das decisões, fixa as alçadas decisórias dos órgãos colegiados e o fluxo de procedimentos relativos à desapropriação por interesse social para fins de reforma agrária". *Vide* Decreto n. 2.250/97 sobre vistoria em imóvel rural destinado a reforma agrária e comentários feitos pela equipe do CEPAM à nova Constituição; Instrução Normativa do INCRA n. 15, de 30 de março de 2004, sobre o processo de implantação e desenvolvimento de projetos de assentamento de reforma agrária, que consistem num conjunto de ações, em área destinada à reforma agrária, planejadas, de natureza interdisciplinar e multissetorial, integradas ao desenvolvimento territorial e regional, definidas com base em diagnósticos precisos acerca do público beneficiário e das áreas a serem trabalhadas, orientadas para utilização racional dos espaços físicos e dos recursos naturais existentes, objetivando a implementação dos sistemas de vivência e produção sustentáveis, na perspectiva do cumprimento da função social da terra e da promoção econômica, social e cultural do(a) tra-

Por ser a desapropriação uma exceção ao princípio da garantia da propriedade particular, não tem a Administração Pública liberdade para transferir para o seu acervo bens privados; deverá observar os requisitos que autorizam o ato expropriatório: necessidade pública, utilidade pública ou interesse social, pagamento de prévia e justa indenização em dinheiro, ou em títulos especiais de dívida agrária, quando se tratar de desapropriação de latifúndio para fins de reforma agrária. O Decreto-Lei n. 554/69 dispunha sobre desapropriação, por interesse social, de imóveis rurais, para fins de reforma agrária, e a execução de seu art. 11 foi suspensa por inconstitucionalidade, pela Resolução n. 126/85 do Senado Federal. Tal Decreto, hoje, está revogado pela Lei Complementar n. 76/93.

Os casos de necessidade e utilidade pública do art. 590, §§ 1º e 2º (hoje, arts. 1.275, V, e 1.228, § 3º), do Código Civil de 1916, foram absorvidos pelo art. 5º do Decreto-Lei n. 3.365, sob a denominação de utilidade pública, abrangendo as seguintes hipóteses: segurança nacional; defesa do Estado; socorro público em caso de calamidade; salubridade pública; aproveitamento industrial de minas e jazidas, das águas e da energia hidráulica; assistência pública, obras de higiene e decoração, casas de saúde; abertura, conservação e melhoramento de vias ou logradouros públicos; funcionamento dos meios de transporte coletivo; preservação e conservação dos monumentos históricos e artísticos; construção de edifícios públicos, monumentos e cemitérios; criação de estádios, aeródromos ou campos de pouso para aeronaves; reedição ou divulgação de obras ou inventos de natureza científica, artística ou literária etc.

A Lei n. 4.132/62 no art. 2º nos dá os casos de desapropriação por interesse social: aproveitamento de todo bem improdutivo ou explorado sem correspondência com as necessidades de habitação, trabalho e consumo dos centros de população a que deve servir ou possa suprir por seu destino econômico; instalação ou intensificação das culturas nas áreas em cuja exploração não se obedeça ao plano de zoneamento agrícola; estabelecimento e manutenção

---

balhador(a) rural e de seus familiares. A Lei n. 12.188/2010 institui a Política Nacional de Assistência Técnica e a Extensão Rural para a Agricultura Familiar e Reforma Agrária (PNATER). *Vide*: Decreto n. 9.311/2018, que regulamenta a Lei n. 8.629/1993 e a Lei n. 13.001/2014 sobre processo de seleção, permanência e titulação das famílias beneficiárias do Programa Nacional de Reforma Agrária. Consulte: José dos Santos Carvalho Filho, O novo processo expropriatório para reforma agrária, *Livro de Estudos Jurídicos*, 8:93-117; Olavo Acyr de Lima Rocha, *Desapropriação no direito agrário*, São Paulo, Atlas, 1992.

STJ, Súmula 354: "A invasão do imóvel é causa de suspensão do processo expropriatório para fins de reforma agrária".

Súmula 30 do TJSP: "Cabível sempre avaliação judicial prévia para imissão na posse nas desapropriações".

de colônias ou cooperativas de povoamento e trabalho agrícola; construção de casas populares; proteção do solo e dos cursos e mananciais de água e de reservas florestais etc. Caso a desapropriação, por interesse social, para fins de reforma agrária, recair sobre imóvel rural, objeto de assento, no Registro Imobiliário, em nome de particular, que não tenha sido destacado, validamente, do domínio público por título formal ou por força de lei específica, o Estado, no qual situada está a área, será citado para integrar a ação de desapropriação (Lei n. 9.871, de 23-11-1999, art. 3º – ora revogada pela Lei n. 13.178/2015).

Pela Lei n. 10.257/2001 (com a alteração da Lei n. 12.608/2012), art. 8º, §§ 1º a 6º, decorridos cinco anos de cobrança do IPTU progressivo sem que o proprietário tenha cumprido a obrigação de parcelamento, edificação ou utilização, o Município poderá proceder à desapropriação do imóvel, com pagamento em títulos da dívida pública. Tais títulos terão prévia aprovação pelo Senado Federal e serão resgatados no prazo de até dez anos, em prestações anuais, iguais e sucessivas, assegurados o valor real da indenização e os juros legais de seis por cento ao ano. O valor real da indenização:

a) refletirá o valor da base de cálculo do IPTU, descontado o montante incorporado em função de obras realizadas pelo Poder Público na área onde o mesmo se localiza após a notificação de que trata o § 2º do art. 5º desta Lei;

b) não computará expectativas de ganhos, lucros cessantes e juros compensatórios. Os títulos não terão poder liberatório para pagamento de tributos. O Município procederá ao adequado aproveitamento do imóvel no prazo máximo de cinco anos, contado a partir da sua incorporação ao patrimônio público. O aproveitamento do imóvel poderá ser efetivado diretamente pelo Poder Público ou por meio de alienação ou concessão a terceiros, observando-se, nesses casos, o devido procedimento licitatório. Ficam mantidas para o adquirente de imóvel nos termos do § 5º as mesmas obrigações de parcelamento, edificação ou utilização previstas no art. 5º da Lei n. 10.257/2001.

Trata-se, como se pode ver, da *desapropriação-sanção*.

Em regra, a desapropriação recai sobre bens imóveis, mas pode versar a respeito de bens móveis. Qualquer tipo de bem pode ser desapropriado, móvel ou imóvel, corpóreo ou incorpóreo (Lei n. 5.772/71 – atualmente revogada pela Lei n. 9.279/96, arts. 39 e 46, sobre desapropriação de inventos e CF, art. 216, III, § 1º), bem como direitos, com exceção dos personalíssimos, como o direito à vida, porque não são suscetíveis de aferição econômica, apresentando-se na vida jurídica como projeções da personalidade humana. Contudo, com a entrada em vigor do novo Código da Propriedade Industrial (Lei n. 9.279/96), não mais haverá essa referência à desapropriação do privilégio de invenção, uma vez que prevê apenas o processamento sigiloso do pedido de patente cujo objeto interesse à defesa nacional.

Não se pode desapropriar a moeda nacional, porque esta constitui o meio com que se paga o bem desapropriado, restrição esta que não alcança o dinheiro estrangeiro e moedas raras.

É vedada a desapropriação pelos Municípios, Distrito Federal, Territórios e Estados, sem prévia autorização do Presidente da República, das ações, cotas e direitos representativos do capital de instituições e empresas cujo funcionamento dependa de autorização do Governo Federal e se subordine à sua fiscalização (Dec.-Lei n. 3.365, art. 2º, § 3º, e STF, *RDA*, *76*:198). "É necessária autorização do Presidente da República para desapropriação, pelos Estados, de empresa de energia elétrica" (STF, Súmula 157).

Impossível é a desapropriação de pessoas jurídicas; somente os bens ou os direitos representativos do capital dessas entidades é que podem ser expropriados.

Não só os bens particulares podem ser desapropriados. Bens dos Estados, dos Municípios, do Distrito Federal e dos Territórios são suscetíveis de desapropriação pela União, assim como os dos Municípios podem ser desapropriados pelos Estados e Territórios, desde que haja autorização legislativa ao poder expropriante. Tal autorização será dispensada se a desapropriação se der mediante acordo entre os entes federativos, no qual serão fixadas as suas responsabilidades financeiras quanto ao pagamento das indenizações (Dec.-Lei n. 3.365, art. 2º)[197].

---

197. Sobre o objeto da desapropriação, *vide* Celso Antônio Bandeira de Mello, op. cit., p. 194-5; W. Barros Monteiro, op. cit., p. 176-7; Clóvis Beznos, Desapropriação em nome da política urbana, in *Estatuto da cidade* (coord. Adilson A. Dallari e Sérgio Ferraz), São Paulo, Malheiros, 2002, p. 118 a 128. Nelson Saule Jr., Aplicabilidade do parcelamento ou edificação compulsórios e da desapropriação para fins de reforma urbana, *Estatuto da cidade*, São Paulo, 2001, p. 226-40; J. Nascimento Franco, Desapropriação de loteamento urbano, *Tribuna do Direito*, agosto 2002, p. 6. Sobre desapropriação no Nordeste: Leis n. 3.833/60 e 4.591/64. O Decreto n. 58.555/66 (ora revogado pelo Decreto n. 74.810/74 – tratava de desapropriação de estação de radioamador (art. 48), e o Código de Águas, arts. 32, 33 e 151, da desapropriação das águas. Os desmembramentos de imóveis rurais, por efeito de desapropriação, não estão sujeitos às disposições do art. 65 da Lei n. 4.504/64, nem às do art. 11 (ora revogado pela Lei n. 5.868/72) do Decreto-Lei n. 57/66. *Vide*, ainda, os Decretos n. 62.504/68 e 59.566/66. Consulte Medida Provisória n. 2.183-56, de 24-8-2001, que acresce e altera dispositivos do Decreto-Lei n. 3.365/41, das Leis n. 4.504/64 e 8.629/93.

Segundo o Enunciado n. 305 do CJF (aprovado na IV Jornada de Direito Civil): "Tendo em vista as disposições dos §§ 3º e 4º do art. 1.228 do Código Civil, o Ministério Público tem o poder-dever de atuação nas hipóteses de desapropriação, inclusive a indireta, que envolvam relevante interesse público, determinado pela natureza dos bens jurídicos envolvidos".

Com a decretação da desapropriação, o expropriante oferece pelo bem um preço. Se o interessado aceitar essa oferta, concluída estará a expropriação. Contudo, se a recusar, esse preço será fixado em juízo através de parecer técnico de perito nomeado pelo magistrado, sendo livre às partes indicar seus assistentes técnicos. Determinado o valor do bem, o expropriante deposita-o em juízo, passando a adquirir o bem[198]. "Pela demora no pagamento do preço da desapropriação não cabe indenização complementar, além dos juros" (STF, Súmula 416).

Convém ressaltar que poderá haver imissão provisória da posse (*EJSTJ*, *8*:23; *RT*, *787*:245, *798*:185, *788*:188, *802*:143; *BAASP*, *2669*:1805-01), ou seja, transferência da posse do imóvel para o expropriante, já no início da demanda, por concessão do juiz, se o Poder Público declarar urgência e depositar em juízo, em favor do proprietário, o *quantum* estabelecido em lei. Porém, o expropriante só adquirirá o domínio do imóvel desapropriado mediante o pagamento da justa indenização fixada pelo órgão judicante depois do arbitramento que apurou o valor real do bem expropriado, tendo em vista o preço da aquisição, o interesse do proprietário, a situação do

---

198. Caio M. S. Pereira, op. cit., p. 195. Sobre as fases do procedimento expropriatório ver o que dizem Carlos Alberto Dabus Maluf, *Ação de desapropriação*, São Paulo, Saraiva, 1985; Imissão de posse só com depósito integral, *Tribuna do Direito*, *14*:20; Celso Antônio Bandeira de Mello, op. cit., p. 196-7; W. Barros Monteiro, op. cit., p. 177-9; *RTJ*, *106*:937, *87*:542, *90*:917, *95*:407, *83*:180, *76*:67, *96*:1184, *82*:248, *68*:255, *96*:719, *81*:502, *108*:713, *67*:299; *RT*, *786*:199, *781*:149, *778*:201 e 209, *780*:194, *779*:163, *621*:104, *397*:210, *434*:199, *458*:153, *457*:170, *463*:188, *464*:156, *462*:209, *460*:188, *468*:177, *470*:173, *461*:55, *572*:183, *573*:123, *576*:93, *546*:164, *495*:228, *530*:268, *508*:192, *578*:245, *573*:106, *575*:219, *542*:85, *541*:176, *559*:101, *526*:247, *553*:281, *503*:219, *550*:245, *478*:157, *572*:262, *505*:171, *575*:306, *532*:155, *541*:243, *506*:188; *RJTJSP*, *83*:67, *80*:220, *82*:74; *RJTJRS*, *77*:148 e 186; *Ciência Jurídica*, *71*:57, *44*:100, 134 e 271, *19*:60, *15*:233, *10*:114, *4*:227; *EJSTJ*, *9*:23, *8*:23, 25, 28 e 32; STF, Súmulas 111, 345, 618, 378, 479, 164, 476, 416, 23, 561, 617; TFR, Súmulas 62, 42, 118, 75, 39, 69, 74, 70, 109, 110, 136, 141 e 142; Súmula 102 do STJ: "A incidência dos juros moratórios sobre os compensatórios, nas ações expropriatórias, não constitui anatocismo vedado em lei". STJ, Súmulas 56, 67, 69, 70, 102, 113, 114, 119, 131 e 141. Há responsabilidade do proprietário pelo IPTU na pendência da ação de desapropriação indireta (2ª Turma – STJ, REsp 247.164-0). A indenização deverá compreender as seguintes verbas: a) honorários advocatícios (STJ, Súmulas 131 e 141); b) salários do assistente técnico nomeado pelo expropriado para atuar no arbitramento indenizatório; c) perdas e danos, havendo prejuízos sofridos pelo expropriado; d) despesas judiciais com o processo de sub-rogação do vínculo (cláusula restritiva) que gravava o bem desapropriado para outro; e) gastos que o expropriado teve para levantar o preço da indenização como certidões negativas, publicação de edital, selos etc.; f) juros compensatórios se houve imissão na posse do imóvel pelo expropriante, sem o prévio depósito do *quantum* indenizatório (STF, Súmulas 164 e 618; STJ, Súmulas 12, 56 e 113); g) desvalorização do remanescente de imóvel, consequente à desapropriação etc. Sobre isso consulte: Washington de Barros Monteiro, *Curso*, cit., v. 3, p. 180 e 181.

imóvel e seu estado de conservação e segurança, o valor venal dos da mesma espécie nos últimos 5 anos e a valorização ou depreciação de área remanescente etc. (Dec.-Lei n. 3.365, art. 27, §§ 1º, 3º e 4º)[199].

No caso de imissão prévia na posse, na desapropriação por necessidade ou utilidade pública e interesse social, inclusive para fins de reforma agrária, havendo divergência entre o preço oferecido em juízo e o valor do bem, fixado na sentença, expressos em termos reais, incidirão juros compensatórios de até 6% ao ano sobre o valor da diferença, eventualmente, apurada, contados daquela imissão, vedando-se cálculo de juros compostos. Tais juros compensatórios têm o escopo de compensar a perda de renda comprovadamente sofrida pelo proprietário. O mesmo se aplica não às ações ordinárias de indenização por apossamento administrativo ou desapropriação indireta, que prescrevem em 5 anos, mas também às que visem a indenização por restrições decorrentes de atos do Poder Público, em especial aos destinados à proteção ambiental. Mas nestas ações o Poder Público não será onerado por juros compensatórios relativos a período anterior à aquisição da propriedade ou posse titulada pelo autor da ação, sendo que os juros moratórios se destinarão à recomposição da perda decorrente do atraso no efetivo pagamento da indenização fixada na decisão final de mérito, e somente serão devidos à razão de 6% ao ano a partir de 1º de janeiro do exercício seguinte àquele em que o pagamento deveria ser feito, nos termos do art. 100 da Constituição Federal (arts. 10, parágrafo único, 15-A e 15-B do Dec.-Lei n. 3.365/41).

A Administração Pública tem a obrigação de utilizar o imóvel para atender à finalidade específica pela qual se deu a desapropriação. De modo que se se desviar da destinação declarada dá-se a retrocessão.

Outrora, pelo Decreto n. 1.021, de 1903, art. 2º e § 4º, e pelo Decreto n. 4.956, de 1903 (ora revogado pelo Decreto n. 11/91), a retrocessão era o

---

199. Celso Antônio Bandeira de Mello, op. cit., p. 200 e 205; Caio M. S. Pereira, op. cit., p. 197; W. Barros Monteiro, op. cit., p. 179-82; Clóvis Beznos, Desapropriação – a imissão provisória de posse, in *Estudos de direito público em homenagem a Celso Antônio Bandeira de Mello*, São Paulo, Malheiros, 2006, p. 204-16. *RT*, *463*:226, *457*:157; *Ciência Jurídica*, *66*:98; *EJSTJ*, *11*:22 e 23, *12*:23 a 25, *15*:20 e 21. Urge lembrar que: pelo parágrafo único do art. 4º do Decreto-Lei n. 3.365/41, acrescentado pela Lei n. 12.873/2013, se a desapropriação for destinada à urbanização ou reurbanização realizada por concessão ou parceria público-privada, o edital de licitação poderá prever que a receita oriunda da revenda ou da utilização imobiliária integre o projeto associado por conta e risco do concessionário, tendo direito o concedente ao ressarcimento das indenizações que pagou, por estarem sob sua responsabilidade.

direito do ex-proprietário de reivindicar o bem expropriado e não aplicado à finalidade pública[200].

A jurisprudência[201] veio a entender que a retrocessão era um direito pessoal que proporcionava ao ex-proprietário perdas e danos, quando o expropriante não lhe oferecesse o bem pelo mesmo preço da desapropriação e quando desistisse de aplicá-lo a uma finalidade pública. Tendo tal decisão por base o art. 1.150 do Código Civil de 1916 que ao se referir à preferência ou preempção prescrevia que: "A União, o Estado ou o Município oferecerá ao ex-proprietário o imóvel desapropriado, pelo preço por que o foi, caso não tenha o destino para que se desapropriou". Se o direito de preferência tem caráter obrigacional, uma vez violado acarretará indenização de perdas e danos, conforme dispunha o art. 1.159 do Código Civil de 1916. Consolidou, de vez, essas ideias o disposto no art. 35 do Decreto-Lei n. 3.365, ao estatuir que: "os bens expropriados, uma vez incorporados à Fazenda Pública, não podem ser objeto de reivindicação, ainda que fundada em nulidade do processo. Qualquer ação julgada procedente resolver-se-á em perdas e danos"[202].

O atual Código Civil, art. 519, por sua vez, veio a dispor que "se a coisa expropriada para fins de necessidade ou utilidade pública, ou interesse social, não tiver o destino para que se desapropriou, ou não for utilizada em obras ou serviços públicos, caberá, ao expropriado, direito de preferência, pelo preço atual da coisa". Restabelecido está o antigo sentido da pre-

---

200. Pelo Decreto-Lei n. 3.365/41, art. 5º, § 3º (com alteração da Lei n. 6.602/78), "ao imóvel desapropriado para implantação de parcelamento popular destinado às classes de menor renda, não se dará outra utilização nem haverá retrocessão".

201. TJSP, *RDA*, *54*:38 e *73*:162; TJDF, *RDA*, *54*:137; *RT*, *470*:264; *EJSTJ*, *13*:143; *RSTJ*, *79*:103.

202. Celso Antônio Bandeira de Mello, op. cit., p. 207-10; Caio M. S. Pereira, op. cit., p. 197; Eurico de Andrade Azevedo, Direito de preempção, *Estatuto da Cidade*, São Paulo, 2001, p. 177-90; Eduardo Della Manna, Reforma urbana, Estatuto da cidade e direito de preempção, *Estatuto*, cit., p. 191-203; Matiello (*Código*, op. cit., p. 343) esclarece: "Inobservada a preferência legal, caberá ao expropriado pleitear em juízo a recuperação da coisa nas condições ínsitas no art. 519, o que se dará mediante depósito do valor atual da mesma. Descabe a indenização por perdas e danos visto ser a desapropriação incompatível com a definição atribuída à compra e venda. A retrocessão não sujeita o expropriado a pagar impostos de transmissão *inter vivos*, pois não houve transferência da coisa decorrente de ato bilateral. Se assim é, o bem é considerado como se nunca tivesse saído do patrimônio do expropriado". Constituição Federal, art. 22, II. Sobre desapropriação judicial pela posse-trabalho (CC, art. 1.228, §§ 4º e 5º) *vide* item b.8.

Pelo Enunciado n. 592: "O art. 519 do Código Civil derroga o art.35 do Decreto-Lei n. 3.365/1941 naquilo que ele diz respeito a cenários de tredestinação ilícita. Assim, ações de retrocessão baseadas em alegações de tredestinação ilícita não precisam, quando julgadas depois da incorporação do bem desapropriado ao patrimônio da entidade expropriante, resolver-se em perdas e danos" (aprovado na VII Jornada de Direito Civil).

empção, consequentemente, o expropriante deverá oferecer o bem ao expropriado, por não ter dado a ele a destinação devida, ou pela sua não utilização em obras ou serviços públicos. Se o expropriado pretender exercer seu direito de preferência, deverá depositar o *quantum* pago pelo expropriante, atualizado monetariamente, conforme índices oficiais.

b.7. Requisição

Segundo Celso Antônio Bandeira de Mello, a requisição é o ato pelo qual o Estado, em proveito de um interesse público, constitui alguém, de modo unilateral e autoexecutório, na obrigação de prestar-lhe um serviço ou ceder-lhe transitoriamente o uso de uma coisa, obrigando-se a indenizar os prejuízos que tal medida efetivamente acarretar ao obrigado[203].

Funda-se a requisição no art. 1.228, § 3º, 2ª parte, do Código Civil, que permite que a autoridade competente use, provisoriamente, propriedade particular até onde o bem público exigir, não só em caso de perigo iminente, como guerra ou comoção intestina, como também na hipótese de necessidade de promover atividade urbanística, relativa à implantação de traçado viário, equipamentos urbanos e ao parcelamento do solo, constituindo em instrumento coadjuvante da política habitacional popular e, ainda, para intervir no domínio econômico ou para facilitar a prestação de serviço público, garantindo ao proprietário o direito à indenização posterior, se houver dano. Nos demais casos o proprietário será previamente indenizado e, se recusar essa indenização, consignar-se-lhe-á judicialmente o valor. Idêntica disposição é encontrada na Constituição Federal, arts. 5º, XXV, 22, III, 139, VII.

O Decreto-Lei n. 4.812/42 trata da requisição de bens imóveis necessários às forças armadas e à defesa da população; o Decreto-Lei n. 5.275/43 refere-se à Comissão Central de Requisições e às Comissões e Subcomissões de Avaliações e Requisições; o Decreto-Lei n. 6.045/43 dispõe sobre o destino das coisas requisitadas; o Decreto-Lei n. 7.315-A/45 refere-se aos imóveis destinados à defesa nacional; o Decreto-Lei n. 9.682/46 extingue a Comissão Central de Requisições. A Lei n. 4.737/65, art. 135, § 3º, trata da requisição de propriedade particular para instalação e funcionamento de mesas receptoras, em dias de eleição. A Lei n. 1.522/51 é concernente à requisição de serviços. O Decreto n. 52.795/63, art. 120, alude à requisição dos serviços de radiodifusão, e o Decreto n. 91.836/85, art. 13, IV, à requisição de estação de radioamador. O Decreto-Lei n. 2/66, arts. 1º e 4º,

203. Celso Antônio Bandeira de Mello, op. cit., p. 212.

com a regulamentação do Decreto n. 57.844/66, permite a requisição de bens e serviços essenciais ao abastecimento da população[204].

Daí se infere que a requisição pode ser definitiva, quando tem por objeto bens de consumo, ou temporária, quando há apenas uma mera utilização de bens (veículos, prédios etc.). Só se pode lançar mão desta medida excepcional em caso de perigo público iminente, como calamidade provinda de cataclismo ou evento natural, invasões, ocupações por forças revolucionárias, abastecimento de tropas, proteção e defesa do povo contra carência de víveres ou remédios ou outros motivos de grande relevância[205].

É conveniente encerrar este item apresentando as diferenças existentes entre a requisição e a desapropriação, tão bem delineadas por Celso Antônio Bandeira de Mello[206]:

a) a desapropriação refere-se somente a bens, ao passo que a requisição, a bens e serviços;

b) a desapropriação é volvida à aquisição da propriedade. A requisição preordena-se ao uso dela;

c) a desapropriação é suscitada por necessidades permanentes da coletividade e a requisição, por necessidades transitórias;

d) a desapropriação, para que se possa efetivar, depende de acordo ou, na falta deste, de procedimento judicial. A requisição é autoexecutória;

e) a desapropriação supõe necessidade usual e a requisição, necessidade pública premente, compulsiva;

f) a desapropriação é sempre indenizável e exige indenização prévia em dinheiro, exceto nas hipóteses dos arts. 182, § 4º, III, e 184 da Constituição Federal; já a requisição, por sua vez, pode ser indenizada *a posteriori* e nem sempre é obrigatória.

b.8. Desapropriação judicial baseada na posse *pro labore*

O Código Civil, no art. 1.228, §§ 4º e 5º, prescreve que "o proprietário também pode ser privado da coisa se o imóvel reivindicado consistir em extensa

---

204. W. Barros Monteiro, op. cit., p. 182-3; Constituição Federal, art. 181.

205. Caio M. S. Pereira, op. cit., p. 198; Márcia Walquíria Batista dos Santos, Requisição urbanística, *Estatuto da cidade*, São Paulo, 2001, p. 408-18; Cândido Malta Campos Filho, Qualidades práticas da requisição urbanística como instrumento de qualificação urbana, *Estatuto*, cit., p. 419-36.

206. Celso Antônio Bandeira de Mello, op. cit., p. 212-3.

área, na posse ininterrupta e de boa-fé, por mais de cinco anos, de considerável número de pessoas, e estas nela houverem realizado, em conjunto ou separadamente, obras e serviços considerados pelo juiz de interesse social e econômico relevante". Exige-se, portanto, valorização da construção ou plantação em patamar superior ao do imóvel e comprovação da boa-fé dos ocupantes. No caso "o juiz fixará a justa indenização devida ao proprietário; pago o preço, valerá a sentença como título para o registro do imóvel em nome dos possuidores". O Projeto de Lei n. 699/2011 visa alterar a redação do § 5º do art. 1.228 para a seguinte: "no caso do parágrafo antecedente, o juiz fixará a justa indenização devida ao proprietário; pago integralmente o preço, valerá a sentença como título para o registro do imóvel em nome do respectivo possuidor".

Há quem ache que, pelos requisitos exigidos pela lei (posse ininterrupta e de boa-fé por mais de 5 anos), seria uma "usucapião onerosa", pois os "possuidores-usucapientes" ficariam sujeitos ao pagamento de um *quantum* indenizatório ou que haveria uma conversão da prestação de restituir a coisa na de indenizar pecuniariamente, similar à hipótese do parágrafo único do art. 1.255. No entanto, o *desideratum* do novel Código Civil parece ter sido a configuração de uma *desapropriação judicial* pela posse qualificada, pois, ante a colisão do direito de propriedade com o princípio da função social da propriedade, privilegiou o segundo. Daí a afirmação de Miguel Reale de que "não se pode situar no mesmo plano a posse, como simples poder manifestado sobre a coisa, como se fora atividade do proprietário, com a posse qualificada, enriquecida pelos valores do trabalho. Este conceito fundante de posse-trabalho justifica e legitima que, ao invés de reaver a coisa, dada a relevância dos interesses sociais em jogo, o titular da propriedade reivindicada receba, em dinheiro, o seu pleno e justo valor, tal como determina a Constituição (art. 5º, XXIV). Se se garante o direito de propriedade que deve no seu exercício atender à sua função social, o seu não atendimento sujeita o seu titular à desapropriação. Somente se pode assegurar o direito de propriedade quando estiver produzindo utilidade socioeconômica, mediante seu aproveitamento racional e adequado, representado por obras e serviços relevantes efetuados no imóvel".

Trata-se, como nos ensina Miguel Reale, de uma inovação substancial do Código Civil, fundada na função social da propriedade, que dá proteção especial à *posse-trabalho*, isto é, à posse ininterrupta e de boa-fé por mais de 5 anos de uma extensa área alheia (metragem a ser analisada conforme as peculiaridades locais e regionais), traduzida em trabalho criador, feito em conjunto ou separadamente, quer se concretize na realização de um serviço ou na construção de uma morada, quer se manifeste em investimentos de caráter produtivo ou cultural. Essa posse qualificada é enriquecida pelo valor laborativo de um número considerável de pessoas (quantidade apurada com base na extensão da área possuída), pela realização de obras, loteamentos, ou serviços produtivos e pela construção de uma residência, de prédio destinado ao ensino ou ao lazer, ou, até mesmo, de uma empresa. Esclarece o CJF no Enunciado n. 309, que: "o conceito de posse de boa-fé de que trata o art. 1.201 do Código Civil não se aplica ao instituto previsto no § 4º do art. 1.228".

Convém lembrar, ainda, que pelo Conselho da Justiça Federal: a) Enunciado n. 310, "interpreta-se extensivamente a expressão '*imóvel reivindicado*' (art. 1.228, § 4º), abrangendo pretensões tanto no juízo petitório quanto no possessório"; e b) Enunciado n. 496: "O conteúdo do art. 1.228, §§ 4º e 5º, pode ser objeto de ação autônoma, não se restringindo à defesa em pretensões reivindicatórias".

E, havendo ação do proprietário, inviabilizando uma eventual propositura de ação de usucapião, para reaver o bem, ante a indivisibilidade do imóvel "reivindicando", todos os ocupantes de boa-fé deverão ser pessoalmente citados, ficando como litisconsortes unitários, no polo passivo? Deveras, o que se poderia fazer nas "reivindicatórias" dos proprietários contra os que de boa-fé possuíram áreas extensas, loteando-as, nelas instalando sua residência ou empresa ou nelas investindo economicamente? Poder-se-ia destruir suas vidas e uma economia familiar? Havendo ação reivindicatória, a posse-trabalho será alegada como matéria de defesa na contestação ou em reconvenção, logo, não poderá o magistrado considerar de ofício a existência de requisitos configuradores da desapropriação judicial. Pelo Enunciado n. 306 do Conselho da Justiça Federal, aprovado na IV Jornada de Direito Civil: "A situação descrita no § 4º do art. 1.228 do Código Civil enseja a improcedência do pedido reivindicatório". O proprietário não receberá de volta o bem de raiz, rural ou urbano, mas sim o justo preço do imóvel (fixado por perícia), sem nele computar o valor das benfeitorias, por serem produto do trabalho alheio. Justifica-se, dada a relevância dos interesses sociais e econômicos (apreciada conforme a natureza da obra e do serviço desenvolvido, aferindo-se as vantagens e proveitos que trarão à coletividade, gerando empregos, aumentando a produção agrícola, fornecendo moradias etc.) em jogo, que a restituição da coisa seja convertida pelo órgão judicante, mediante arbitramento judicial, em justa indenização paga pelos réus da ação reivindicatória (Enunciado n. 84 da I Jornada de Direito Civil do Conselho da Justiça Federal), correspondente ao seu valor mercadológico na ocasião em que se der a perda da propriedade, para que não haja enriquecimento indevido. De modo que o proprietário "reivindicante", em vez de reaver a coisa, diante do interesse social, receberá, em dinheiro, o seu justo valor.

Pago o preço pelos réus (beneficiados com a desapropriação), a sentença valerá como título para o registro do imóvel em nome dos possuidores, gerando, como diz Nelson Kojranski, um condomínio híbrido. Cada condômino terá posse e propriedade sobre área certa e sobre área comum. Isto é assim, porque a "extensa área" ocupada preservará sua unidade, tendo uma só matrícula no registro imobiliário e as obras, levadas a efeito em conjunto ou separadamente, serão tidas como propriedade condominial. Por isso, urge a edição de uma lei urbanística especial que discipline essa nova modalidade de condomínio judicial, oriunda de desapropriação judiciária, atendendo à política urbana (CF, arts. 24, 30, VIII, e 182; Estatuto da Cidade, arts. 3º, I, 2º, XIV e XV). Hipótese em que se dá ao Poder Judiciário o exercício do poder expropriatório em casos concretos.

Se não houver pagamento, o proprietário ficaria com o imóvel? Ficaria sem o imóvel e sem o valor indenizatório estipulado? A sentença teria sua eficácia suspensa por prazo indeterminado até que se efetivasse tal pagamento? Por isso, há quem ache que o Estado deveria pagar aquele *quantum* indenizatório. Deveras, para Eduardo Cambi, comprovada a impossibilidade do pagamento pelo possuidor, o Estado deverá efetuá-lo e, ainda, afirma Mônica Castro que a indenização deverá ser promovida pelo Estado e não pelos beneficiados, porque a desapropriação é poder-dever, reservado exclusivamente ao Estado, atuando o magistrado como agente estatal ao determinar a indenização e, em se tratando de imóveis rurais, a quantia indenizatória deverá ser arcada pela União, tendo em vista o comando dos arts. 184 e 186 da Constituição Federal; já os urbanos serão de responsabilidade do Município, considerando-se que o comando do plano diretor da cidade é de competência exclusivamente municipal, fundamentando-se nos arts. 182 da Constituição Federal e 39 da Lei n. 10.257/2001 (alterada em seu art. 2º pela Lei n. 12.608/2012, que também lhe acrescentou o art. 42-A, I a VII, §§ 1º a 4º). Mas, perguntamos, como poderia ser o Estado condenado a indenizar, se nem mesmo é parte no processo? E na IV Jornada de Direito Civil aprovou-se o Enunciado do Conselho da Justiça Federal, n. 308, no seguinte teor: "A justa indenização devida ao proprietário em caso de desapropriação judicial (art. 1.228, § 5º) somente deverá ser suportada pela Administração Pública no contexto das políticas públicas de reforma urbana ou agrária, em se tratando de possuidores de baixa renda e desde que tenha havido intervenção daquela nos termos da lei processual. Não sendo os possuidores de baixa renda, aplica-se a orientação do Enunciado 84 da I Jornada de Direito Civil". Tal pagamento seria, então, feito pelo Estado da federação competente para efetuar a desapropriação administrativa do imóvel, desde que, como observa Lucas

Abreu Barroso, "incorpore tal diretriz às políticas públicas em execução com a finalidade de cuidar das questões fundiárias urbanas e rurais ou que se imponha esse ônus à Administração Pública no próprio instrumento decisório". Com isso, continua o autor, evitar-se-iam duas situações indesejáveis: pagamento de uma indenização injusta ao proprietário e desocupação do imóvel, por impossibilidade de pagá-la, pelos ocupantes que nele realizaram melhoramentos de relevante interesse socioeconômico.

Também se aprovou, na IV Jornada de Direito Civil, o Enunciado do Conselho da Justiça Federal n. 311: "Caso não seja pago o preço fixado para a desapropriação judicial, e ultrapassado prazo prescricional para se exigir o crédito correspondente, estará autorizada a expedição de mandado para registro de propriedade em favor dos possuidores".

Na III Jornada de Direito Civil do Conselho da Justiça Federal, aprovaram-se os Enunciados n. 240 e 241: a) "a justa indenização a que alude o § 5º do art. 1.228 não tem como critério valorativo, necessariamente, a avaliação técnica lastreada no mercado imobiliário, sendo indevidos os juros compensatórios" (somente admitidos na desapropriação administrativa direta – STJ, Súmulas 69 e 113); e b) "o registro da sentença em ação reivindicatória, que opera a transferência da propriedade para o nome dos possuidores, com fundamento no interesse social (art. 1.228, § 5º) é condicionado ao pagamento da respectiva indenização, cujo prazo será fixado pelo juiz".

O prazo previsto para tanto é, como vimos, mais de cinco anos, que, por força do art. 2.030, pôde sofrer, até dois anos após a entrada em vigor do Código Civil de 2002, um acréscimo de mais dois se a situação, que lhe deu origem, teve início antes da vigência do atual Código Civil ou durante a *vacatio legis*, pouco importando o tempo transcorrido sob a égide do Código Civil de 1916. Isto é assim, por se tratar de um novo instituto, ou seja, da *desapropriação judicial pela posse-trabalho*, motivada por interesse social e econômico relevante admitido pelo órgão judicante em atendimento ao princípio da função social da propriedade, que é de ordem pública e consagrado constitucionalmente, visto que tem por escopo a urbanização de áreas ocupadas por pessoas de baixa renda. Tal inovação tem por base a humanização da propriedade, a socialização da posse e da propriedade e a justiça social (CF, arts. 5º, XXIII, e 170, III). Mas, por outro lado, poderá não só constituir uma afronta ao direito de propriedade, também resguardado constitucionalmente, e um incentivo à invasão ou ocupação ilegal de terras alheias, como também conduzir, em razões dos poucos recursos dos ocupantes, a um arbitramento judicial de uma indenização nem sempre justa ou correspondente ao real valor do bem ocupado, prejudicando, como observa Carlos Alberto Dabus Maluf, o proprietário, que, além de ficar sem seu imóvel (cuja aquisição pode ter-lhe custado muitos anos de trabalho e economia), pagou todos os impostos que sobre ele incidiram.

O Código Civil dá privilégio especial a essa posse qualificada, caracterizada pelo trabalho realizado pelo possuidor, valorizando, assim, a função social da posse.

Pode-se, ainda, dizer que suscitará um grave problema político-social: o da *desobediência civil*, que é a possibilidade de um grupo de pessoas ou de um cidadão, agindo conforme sua consciência e sob a proteção da Constituição Federal, opor-se a um comando constitucional. Deveras, como ficaria a questão do direito de moradia, ante a pressão social violenta, ocasionando invasões de áreas alheias? Não seria uma hipótese de desobediência civil, visto que a norma constitucional também garante o direito de propriedade? O direito de moradia poderia contrapor-se ao da propriedade? Ou não?

Diante do conflito de dois direitos tutelados constitucionalmente e da ausência de critério normativo solucionador, surge uma antinomia real (lacuna de conflito), que só poderá ser solucionada em cada caso concreto, aplicando-se os arts. 4º e 5º da Lei de Introdução às Normas do Direito Brasileiro, interligando os princípios da socialidade e o da função social da propriedade com o da justiça social.

Parece-nos que o órgão judicante, ao aplicar os §§ 4º e 5º do art. 1.228, deverá agir com prudência objetiva e bom-senso, pois tal artigo, além de dar margem a uma grande discricionariedade judicial, visto que lhe caberá a fixação do conteúdo das expressões "extensa área", "considerável número de pessoas" e "interesse social e econômico relevante", poderá gerar uma lacuna axiológica ao ser aplicado, trazendo em certas hipóteses uma solução insatisfatória ou injusta. Deverá, então, o magistrado ater-se ao art. 5º da Lei de Introdução às Normas do Direito Brasileiro, buscando caso por caso o critério do *justum*[207],

207. Não havendo limitação legal expressa quanto à extensão da área a ser indenizada, há quem afirme, como Alex Sandro Ribeiro (Posse *pro labore* do novo Código Civil: anotações, *Revista Síntese de Direito Civil e Processual Civil*, n. 23, p. 151), que poderá ser usado como paradigma o texto constitucional: nada inferior a 10 (dez) vezes 250 (duzentos e cinquenta) metros quadrados, sendo a área urbana, ou não inferior a 10 (dez) vezes 50 (cinquenta) hectares, se em zona rural, isto é, uma família para cada 250 (duzentos e cinquenta) metros quadrados ou 50 (cinquenta) hectares, conforme o caso, sendo no mínimo 10 (dez) famílias. Nesse parâmetro, um edifício com mais de cinco famílias por andar poderia ser facilmente expropriado, mediante prévia indenização. Há, portanto, segundo alguns autores, a possibilidade de limitação da "extensa área", usando-se como diretriz o texto constitucional, res-

tringindo uma família para cada 250 metros quadrados ou 50 hectares, sendo no mínimo 10 (dez) famílias. *Consulte*: Eduardo Cambi, Propriedade no novo Código Civil: aspectos inovadores, *Revista Síntese de Direito Civil e Processual Civil*, v. 25, p. 130 (2003); Mônica Castro, A desapropriação judicial no novo Código Civil, *Revista Síntese de Direito Civil e Processual Civil*, v. 19, p. 148 (2002). Urge lembrar que para Teori Albino Zavascki (A tutela da posse na Constituição e no Projeto do Código Civil, p. 852, in Judith Martins-Costa, *A reconstrução do direito privado*, São Paulo, Revista dos Tribunais, 2002) tal conflito de interesse poderá surgir não só no âmbito da reivindicatória, mas também no do interdito possessório e no da ação petitória, desde que presentes os requisitos para a desapropriação judicial. No mesmo sentido, Roberta Cristina Paganini de Toledo, *A posse trabalho*, dissertação de Mestrado apresentada na PUCSP em 2006, p. 122. Pelos Enunciados n. 82, 83 e 84 do CJF (aprovados nas Jornadas de Direito Civil de 2002): a) "É constitucional a modalidade aquisitiva de propriedade imóvel prevista nos §§ 4º e 5º do art. 1.228 do novo Código Civil."; b) "Nas ações reivindicatórias propostas pelo Poder Público, não são aplicáveis as disposições constantes dos §§ 4º e 5º do art. 1.228 do novo Código Civil." Mas, pelo Enunciado n. 304 do Conselho da Justiça Federal, aprovado na IV Jornada de Direito Civil, "são aplicáveis as disposições dos §§ 4º e 5º do art. 1.228 do Código Civil às ações reivindicatórias relativas a bens públicos dominicais, mantido, parcialmente, o Enunciado n. 83 da I Jornada de Direito Civil, no que concerne às demais classificações dos bens públicos"; e c) "A defesa fundada no direito de aquisição com base no interesse social (art. 1.228, §§ 4º e 5º do novo Código Civil) deve ser arguida pelos réus da ação reivindicatória, eles próprios responsáveis pelo pagamento da indenização." E, pelo Enunciado n. 305 do Conselho da Justiça Federal (aprovado na IV Jornada de Direito Civil), há para o Ministério Público o poder-dever de atuação na desapropriação judicial por envolver relevante interesse público. O referido Conselho aprovou, ainda na IV Jornada de Direito Civil, o Enunciado n. 307, pelo qual: "Na desapropriação judicial (art. 1.228, § 4º), poderá o juiz determinar a intervenção dos órgãos públicos competentes para o licenciamento ambiental e urbanístico". Nelson Kojranski, Direitos reais, *O novo Código Civil – estudos em homenagem a Miguel Reale*, São Paulo, LTr, 2003, p. 1.002-5. Consulte: Miguel Reale, *O Projeto do novo Código Civil*, São Paulo, Saraiva, 1999, p. 82; Teori Albino Zavascki, A tutela da posse na Constituição e no Projeto do novo Código Civil, in *A reconstrução do direito privado* (org. Judith Martins-Costa), São Paulo, Revista dos Tribunais, 2002, p. 850-5; Carlos Alberto Dabus Maluf, Novo Código, condomínio e propriedade, *Tribuna do Direito*, maio 2002, p. 16; Giovanna Martins Wanderley, A livre apreciação do magistrado na desapropriação judicial, *Revista Direito e Liberdade*, ed. especial da ESMARN, *3*:331-42; Lucas Abreu Barroso, Hermenêutica e operabilidade dos §§ 4º e 5º do art. 1.228 do Código Civil, *Revista Brasileira de Direito Comparado, 30*:149-160.

Alguns autores vislumbram nos §§ 4º e 5º do art. 1.228 uma nova modalidade de usucapião especial.

Para Donaldo Armelin (*A tutela*, cit., p. 977-8) esse novo instituto "não pode ser considerado uma forma especial de usucapião porque prevê, como condição para a transferência do domínio, o pagamento de preço judicial fixado; não corresponde a uma desapropriação, pois nele não intervém o Estado efetuando o pagamento da justa indenização fixada pelo juiz; não pode ser considerada uma compra e venda, vez que inexistente acordo de vontades. Em verdade, assume ele a figura de alienação judicial, decorrente de atuação do império estatal balizado por princípios constitucionais que respaldam a propriedade privada.

No plano processual haverá de se indagar se essa alienação judicial deverá ser postulada em via reconvencional na ação reivindicatória aforada pelo proprietário, ou se será im-

devendo, para tanto, empregar uma técnica interpretativa teleológica, para preencher valorativamente aqueles conceitos abertos, acomodando-os à realidade que se apresentar. O órgão judicante deverá procurar, na medida do possível,

---

posta pelo juiz de ofício como solução para o conflito de interesses, até porque quem arcará com o pagamento da justa indenização será o possuidor, réu na reivindicatória. Também haverá de ser suscitada a possibilidade dos possuidores, tomando a iniciativa para a solução do conflito fundiário, ajuizarem ação para que tal alienação judicial se opere. Sem embargo dessas dúvidas, que remanescem quanto à operatividade do novo instituto, significativo é ressaltar que representa ele o reconhecimento pelo ordenamento jurídico do valor da posse-trabalho, que contudo não poderá ser adquirida por meio da violência, na medida em que se pressupõe para a sua tutela estar ela ungida de boa-fé.

São consideráveis as dificuldades jurídicas e de outras naturezas, a serem enfrentadas para se dar operatividade a esse novo instituto, observando-se que, diferentemente do que ocorre com a usucapião constitucional prevista nos arts. 183 e 191 da Carta Magna, não há limitação expressa quanto à área a ser indenizada, nem indicação de onde serão hauridos os fundos necessários para o pagamento do reivindicante credor da indenização judicialmente fixada. Não obstante o suporte jurídico para essa prerrogativa em favor da posse qualificada já existe, cabendo aos operadores do direito através de uma exegese construtiva implementarem as lacunas jurídicas. Aquelas de natureza diversa deverão ser sanadas pelo Estado na sua função de assegurar a justa distribuição da riqueza".

Luiz Paulo Cotrim Guimarães (Desapropriação judicial no Código Civil, publicado na *Revista dos Tribunais 833*:97-103, de março de 2005) salienta que a diferença entre o novel instituto e a desapropriação administrativa reside no fato de que nesta, em razão de necessidade ou utilidade pública ou interesse social, é o Poder Público que demonstra interesse no bem e o faz por meio de decreto ou lei, assim como paga a indenização, enquanto naquele o interesse é suscitado pelos possuidores, também responsáveis pelo pagamento da indenização. Trata-se de uma desapropriação *sui generis* ou híbrida que, além do prévio interesse social, requer elementos típicos de usucapião como uma posse de lapso quinquenal.

Carlos Alberto Dabus Maluf propôs alteração ao § 5º do art. 1.228, argumentando que a redação atual poderia servir de incentivo à "invasão de glebas urbanas e rurais, criando uma forma nova de perda de propriedade, mediante o arbitramento judicial de uma indenização, nem sempre justa e resolvida a tempo, impondo dano ao proprietário que pagou os impostos que incidiram sobre a gleba".

O Parecer Vicente Arruda rejeitou a proposta do Projeto de Lei n. 6.960 (atual PL n. 699/2011), de alterar o art. 1.228, argumentando que: "A proposição visa acrescentar o termo 'integralmente' à expressão 'pago o preço' em caso de indenização arbitrada por juiz, se na aquisição de propriedade ocorrer a hipótese prevista no § 4º do mesmo artigo. Não se vê nenhuma necessidade para essa mudança, uma vez que a expressão 'pago integralmente o preço' ou 'pago o preço' se equivalem, não sendo o advérbio de modo indispensável. Além do mais a substituição de 'possuidores' no § 5º para 'do respectivo possuidor' não é pertinente porque a redação está de acordo com o referido no § 4º".

Vide: Mª Helena Diniz, A constitucionalidade do art. 1.228, §§ 4º e 5º, da Lei n.10.406/2002 (Código Civil), in *Estudos de direito público em homenagem a Celso Antônio Bandeira de Mello*, São Paulo, Malheiros, 2006, p. 467-79; Sílvio Luís Ferreira da Rocha (Repercussões do Código Civil de 2002 no direito administrativo, in *Estudos de direito público*, cit., p. 815-16) entende que bens pertencentes a entes públicos poderão ser desapropriados judicialmente.

harmonizar a propriedade com sua função social, mesmo que o fato gerador do ato do ex-proprietário judicial tenha ocorrido antes da vigência da Lei n. 10.406/2002, compensando o trabalho e as obras de um considerável número de pessoas em área improdutiva, pertencente a outrem, possibilitando a elas a aquisição do imóvel transformado, com seu trabalho, em bem produtivo, com cautela e com justiça, evitando enriquecimento indevido e agressões a direitos, consagrados constitucionalmente, dos proprietários, procurando averiguar as razões da negligência destes no cumprimento do dever de dar ao que lhes pertence uma função socioeconômica, visto que podem ter ocorrido, p. ex., por falta de recursos financeiros. O Judiciário deverá resolver a questão caso por caso, fundado no interesse geral, na ordem pública e nas exigências fático-axiológicas do sistema jurídico (LINDB, arts. 4º e 5º).

Não se poderá nem mesmo alegar a inconstitucionalidade do art. 1.228, §§ 4º e 5º, do Código Civil de 2002, ante o disposto no art. 5º, XXII, da Constituição Federal, considerando-os uma afronta ao direito de propriedade garantido em cláusula pétrea constitucional, visto que há uma antinomia real de segundo grau ante o conflito entre o critério hierárquico e o da especialidade. Deveras, havendo uma norma superior-geral (CF, art. 5º, XXII) e outras inferiores-especiais (CC, art. 1.228, §§ 4º e 5º), não será possível estabelecer uma metarregra geral, preferindo um ou outro critério, por serem igualmente fortes e resguardados constitucionalmente, já que o critério da especialidade (tratamento desigual aos desiguais) é a segunda parte do princípio da isonomia. Ante a exigência de se adaptar a norma geral da Constituição (art. 5º, XXII), que garante o direito de propriedade a situações novas, poderá prevalecer norma especial (CC, art. 1.228, §§ 4º e 5º).

Há uma *lacuna de conflito* (antinomia real), que remete o intérprete e o aplicador a uma interpretação corretivo-equitativa, refazendo o caminho da fórmula normativa, tendo presentes fatos e valores, para aplicar o significado objetivado pelas normas conflitantes, optando pela que for mais justa, atendo-se aos arts. 4º e 5º da Lei de Introdução às Normas do Direito Brasileiro, que os conduzirá à aplicação do princípio geral de direito da função social da propriedade (CF, art. 5º, XXIII), fazendo com que haja supremacia do critério da especialidade (CC, arts. 1.228, §§ 4º e 5º, e 2.031), que se justifica pelo princípio da isonomia (CF, art. 5º, *caput*) e pelo mais alto princípio da justiça *suum cuique tribuere*, baseado na interpretação de que "o que é igual deve ser tratado como igual e o que é diferente, de maneira diferente". Com isso solucionar-se-ia a antinomia real, fazendo-se as diferenciações exigidas fática e valorativamente, mantendo a constitucionalidade do art. 1.228, §§ 4º e 5º, do Código Civil.

Quadro Sinótico

PERDA DA PROPRIEDADE IMÓVEL	*a*) Modos voluntários	1. Alienação	É a forma de extinção subjetiva do domínio em que o titular do direito, por vontade própria, transmite a outrem seu direito sobre a coisa (CC, art. 1.275, I e parágrafo único).
		2. Renúncia	É ato unilateral, pelo qual o proprietário declara expressamente o seu intuito de abrir mão de seu direito sobre a coisa (CC, art. 1.275, II e parágrafo único).
		3. Abandono	É ato unilateral em que o titular do domínio se desfaz voluntariamente do seu imóvel, porque não quer continuar sendo, por vários motivos, seu dono (CC, arts. 1.275, III, e 1.276, §§ 1º e 2º).
	b) Modos involuntários	1. Perecimento do imóvel	CC, art. 1.275, IV.
		2. Desapropriação administrativa	Para Celso Antônio Bandeira de Mello é, juridicamente, o procedimento pelo qual o Poder Público, compulsoriamente, por ato unilateral despoja alguém de um certo bem, fundado em necessidade pública, utilidade pública ou interesse social, adquirindo-o, mediante prévia e justa indenização, pagável em dinheiro ou se o sujeito passivo concordar, em títulos de dívida pública, com cláusula de exata correção monetária, ressalvado à União o direito de saldá-la por este meio nos casos de certas datas rurais, quando objetivar a realização da justiça social por meio da reforma agrária (CC, arts. 1.275, V, 1.228, § 3º, 1ª parte; Dec.-Lei n. 3.365/41 com alteração da Lei n. 4.686/65, Lei n. 6.602/78 e Lei n. 8.629/93; CF, arts. 5º, XXIV, 182, §§ 3º e 4º, III, 184, §§ 1º a 5º).
		3. Requisição	Segundo Celso Antônio Bandeira de Mello é o ato pelo qual o Estado, em proveito de um interesse público, constitui alguém de modo unilateral e autoexecutório, na obrigação de prestar-lhe um serviço ou ceder-lhe, transitoriamente, o uso de uma coisa, obrigando-se a indenizar os prejuízos que tal medida, efetivamente, acarretar ao obrigado (CC, art. 1.228, § 3º, 2ª parte; CF, art. 5º, XXV, 139, VII; Dec.-Lei n. 4.812/42; Dec.-Lei n. 5.275/43; Dec.-Lei n. 6.045/43; Lei n. 4.737/65; Dec. n. 52.795/63; Dec.-Lei n. 2/66).
		4. Desapropriação judicial	Pelo CC, art. 1.228, §§ 4º e 5º, a posse *pro labore* admite a desapropriação judicial.

C. Condomínio

c.1. Conceito

Determinado direito pode pertencer a vários indivíduos ao mesmo tempo, caso em que se configura a comunhão. Se recair tal comunhão sobre um direito de propriedade tem-se, na concepção de Bonfante, o condomínio ou compropriedade[208], a que Clóvis considerou como um estado anormal da propriedade[209]; uma vez que, tradicionalmente, a propriedade pressupõe assenhoreamento de um bem com exclusão de qualquer outro sujeito[210], a existência de uma cotitularidade importa uma anormalização de sua estrutura.

Daí o motivo das grandes dificuldades doutrinárias que pretendem explicar o conteúdo jurídico do condomínio.

Bonfante distribuiu essas concepções teóricas em dois grupos, que são:

a) *Teoria da propriedade integral ou total*, que vislumbra no condomínio um só direito, de maneira que cada condômino tem direito à propriedade sobre toda a coisa, sendo que o exercício desse direito é limitado pelos direitos dos demais consortes. Adepto desta doutrina

---

208. Bonfante, *Corso di diritto romano*, v. 2, p. 250; W. Barros Monteiro, op. cit., p. 205; Carlos Alberto Dabus Maluf, *O condomínio tradicional no direito civil*, São Paulo, Saraiva, 1989; Wilson de S. Campos Batalha, *Loteamentos e condomínios*, 1953; Supervielle, *Condominio; su naturaleza jurídica*, Montevideo, 1946; Pinto Coelho, *Da compropriedade no direito português*, Lisboa, 1939; Gert Kummerow, op. cit., p. 269 a 302; Sebastião José Roque, *Direito das coisas*, cit., p. 121-30; Lair da S. Loureiro Filho, *Condomínio*, São Paulo, Oliveira Mendes, 1998; Justino Magno Araújo e Renato S. Sartorelli, *Condomínio e sua interpretação jurisprudencial*, São Paulo, Juarez de Oliveira, 2000; Americo Isidoro Angélico, *Condomínio no novo Código Civil*, São Paulo, Juarez de Oliveira, 2003; Irineu Antonio Pedrotti e William Antonio Pedrotti, *Condomínio e incorporação*, São Paulo, Juarez de Oliveira, 2001; Álvaro Villaça Azevedo, O condomínio no novo Código Civil (arts. 1.314 a 1.358), *O Código Civil e sua interdisciplinaridade*, José Geraldo Brito Filomeno, Luiz Guilherme da C. Wagner Jr. e Renato Afonso Gonçalves, (coords.), Belo Horizonte, Del Rey, 2004, p. 583-602; Paulo Eduardo Fucci, *Condomínio, Estatuto da Cidade e o novo Código Civil*, São Paulo, Juarez de Oliveira, 2003; Daniel Aureo de Castro, *Direito imobiliário*, cit., p. 16-21.

Pela Súmula 478 do STJ: "Na execução de crédito relativo a cotas condominiais, este tem preferência sobre o hipotecário".

209. Clóvis, *Direito das coisas*, Freitas Bastos, v. 1, § 52, p. 255; Álvaro Villaça Azevedo, O condomínio no novo Código Civil, *O novo Código Civil – estudos em homenagem a Miguel Reale*, São Paulo, LTr, 2003, p. 1017-38.

210. Caio M. S. Pereira, op. cit., p. 159-60; Luiz Edson Fachin, *Comentários ao Código Civil*, São Paulo, Saraiva, 2003, v. 15, p. 168 e s.

é Scialoja, ao asseverar que o condomínio constitui relação de igualdades, que mutuamente se limitam[211].

b) *Teoria das propriedades plúrimas parciais*, para a qual cada condômino só é dono apenas de sua parte ideal, havendo no condomínio diversas propriedades intelectualmente parciais, cuja reunião é que daria origem ao condomínio[212].

A posição de nosso Código Civil é a mesma da teoria da propriedade integral, pois preconiza que cada consorte é proprietário da coisa toda, delimitada pelos iguais direitos dos demais condôminos; já que se distribui entre todos a utilidade econômica do bem e o direito de cada um dos consortes, em relação a terceiro, abrange a totalidade dos poderes do domínio, podendo reivindicar de terceiros a coisa toda e não apenas sua parte ideal. Entretanto, em suas relações internas, o condômino vê seus direitos delimitados pelos dos demais consortes, na medida de suas quotas, para que seja possível sua coexistência[213].

Temos condomínio "quando a mesma coisa pertence a mais de uma pessoa, cabendo a cada uma delas igual direito, idealmente, sobre o todo e cada uma de suas partes"[214]. Concede-se a cada consorte uma quota ideal qualitativamente igual da coisa e não uma parcela material desta; por conseguinte, todos os condôminos têm direitos qualitativamente iguais sobre a totalidade do bem, sofrendo limitação na proporção quantitativa em que concorrem com os outros comunheiros na titularidade sobre o conjunto. Deveras, as quotas-partes são qualitativamente iguais e não quantitativamente iguais, pois, sob esse prisma, a titularidade dos consortes é suscetível de variação[215].

Só dessa forma é que se poderia justificar a coexistência de vários direitos sobre um bem imóvel[216].

---

211. Scialoja, *Archivio Giuridico*, *30*:184. Stolfi também é adepto dessa teoria (*Diritto civile*, v. 2, 1ª parte, n. 495, p. 337). *Vide Ciência Jurídica*, *68*:141; *RT*, *792*:258.

212. W. Barros Monteiro apresenta um resumo dessas duas teorias (op. cit., p. 205-6).

213. W. Barros Monteiro, op. cit., p. 206-7; Silvio Rodrigues, op. cit., p. 217-8; Fábio Ulhoa Coelho, *Curso*, cit., v. 4, p. 123.

214. Conceito de Caio M. S. Pereira, op. cit., p. 160.

215. O condomínio geral está previsto no Código Civil, arts. 1.314 a 1.330. Caio M. S. Pereira, op. cit., p. 160-1; Lafayette, *Direito das coisas*, § 30; Sá Pereira, *Manual Lacerda*, § 16; Serpa Lopes, op. cit., p. 288; *RT*, *695*:129, *674*:188, *723*:387, *726*:228; *JTJSP*, *178*:39.

216. Sobre o conceito de condomínio *vide* Planiol, Ripert e Boulanger, *Traité élémentaire*, cit., v. 1, n. 2.744; Scialoja, *Teoria della proprietà*, p. 435.

Esta noção de condomínio é do tipo romanístico, que se caracteriza pela maior liberdade de cada um dos comproprietários e pelo caráter de transitoriedade, contrastando com o condomínio germânico, onde há uma vinculação recíproca entre todos os que participam da compropriedade, de modo que cada qual não tem direito sobre uma parte do bem, ainda que ideal, mas sim sobre o todo; consequentemente, nenhum deles poderá dispor da parte da coisa, nem exigir sua divisão. E, na administração do bem comum, a prática dos atos está sujeita ao consentimento unânime, não vigorando, portanto, o princípio da maioria, que é próprio do condomínio[217]. Caracterizando-se por sua feição corporativa e pelo caráter de indivisibilidade, já que o bem pertence à coletividade e não aos condôminos que somente têm o direito de usar e gozar da coisa em razão da vinculação corporativa[218].

c.2. Classificação do condomínio

O condomínio é passível de várias classificações.

Quanto à sua *origem* pode ser: *a*) convencional; *b*) incidente ou eventual; e *c*) forçado ou legal.

Será convencional ou voluntário, se resultar do acordo de vontade dos consortes, nascendo de um negócio jurídico pelo qual duas ou mais pessoas adquirem ou colocam um bem em comum para dele usar e gozar. Essa convenção pode estabelecer, por exemplo, a quota que caberá a cada comproprietário; no silêncio dessa manifestação, pelo art. 1.315, parágrafo único, do Código Civil, presumir-se-á, até prova em contrário, a igualdade dos quinhões[219].

Ter-se-á a comunhão incidente, fortuita ou eventual quando ela vier a lume em razão de causas alheias à vontade dos condôminos, como ocorre com a doação em comum a duas ou mais pessoas; com a herança deixada a vários herdeiros ou legado destinado a muitos legatários, pois o *de cujus* poderá ter deixado, em comunhão, por testamento, determinado bem aos herdeiros ou legatários; com os direitos de vizinhança ou com qualquer outra hipótese em que o estado de comunhão provenha de um fato que não tenha decorrido de ato volitivo dos consortes[220].

---

217. Hedemann, *Derechos reales*, p. 265.

218. Enneccerus, Kipp e Wolff, *Derecho de cosas*, v. 1, § 88; Caio M. S. Pereira, op. cit., p. 161.

219. W. Barros Monteiro, op. cit., p. 207; Caio M. S. Pereira, op. cit., p. 161.

220. Caio M. S. Pereira, op. cit., p. 161-2; Espínola, *Posse, propriedade*, Rio de Janeiro, 1956, p. 338; W. Barros Monteiro, op. cit., p. 207; Trabucchi, *Istituzioni di diritto civile*, n. 173, p. 396; Ruggiero e Maroi, *Istituzioni di diritto privato*, v. 1, § 109.

Chamar-se-á legal, necessário ou forçado quando derivar de imposição de ordem jurídica, como consequência inevitável do estado de indivisão da coisa. São exemplos de comunhão forçada: em paredes, cercas, muros e valas, na formação de ilhas[221].

Quanto ao seu *objeto*, pode ser a comunhão universal ou particular. Será universal se compreender a totalidade do bem, inclusive frutos e rendimentos; e particular, se se restringir a determinadas coisas ou efeitos, ficando livres os demais, como ocorre no condomínio de paredes, de tapumes e de águas[222].

No que concerne à sua *necessidade* tem-se o condomínio ordinário ou transitório e o permanente. Denomina-se ordinário ou transitório aquele que, oriundo ou não da convenção, vigora durante um certo lapso de tempo ou enquanto não se lhe ponha termo, mas que sempre e em qualquer momento pode cessar. Permanente é o condomínio forçado, que não poderá extinguir-se dada a natureza do bem ou em virtude da relação jurídica que o gerou ou do exercício do direito correlativo[223].

Em relação à sua *forma* ou modo de ser apresenta-se como condomínio *pro diviso* e *pro indiviso*. No *pro diviso*, a comunhão existe juridicamente, mas não de fato, já que cada comproprietário tem uma parte certa e determinada do bem, como ocorre no condomínio em edifícios de apartamentos. Logo, por outras palavras, esse condomínio *pro diviso* ocorre quando os consortes, com a aprovação tácita recíproca, se instalam em parte da área comum, exercendo sobre ela todos os atos de proprietário singular e com exclusão de seus condôminos como se a gleba já tivesse sido partilhada[224]. No *pro indiviso*, a comunhão perdura de fato e de direito; todos os comunheiros permanecem na indivisão, não se localizando no bem, que se mantém indiviso[225].

c.3. Direitos e deveres dos condôminos

O condomínio confere aos seus titulares uma série de direitos, porém, em face da existência da pluralidade de sujeitos, o respeito aos direitos recíprocos dos condôminos impõe a cada um restrições que criam direitos e

221. Orlando Gomes, op. cit., p. 209; Caio M. S. Pereira, op. cit., p. 162; Daibert, op. cit., p. 297.
222. W. Barros Monteiro, op. cit., p. 207.
223. Caio M. S. Pereira, op. cit., p. 162.
224. Barassi, *Proprietà e comproprietà*, p. 103-4; Silvio Rodrigues, op. cit., p. 279. *RT*, *401*:183.
225. W. Barros Monteiro, op. cit., p. 207. *Vide* arts. 49 da Lei n. 10.931/2004 e 123, § 2º, da Lei n. 11.101/2005.

deveres de uns em relação aos outros[226]. Entretanto, para que se possam configurar esses direitos e obrigações, é preciso saber, exatamente, em que consiste a parte ideal.

Essa quota ideal é a fração que, no bem indiviso, cabe a cada consorte. É o termômetro indicativo da força jurídica, ativa ou passiva, de cada comproprietário em suas relações com os demais. Resulta a quota condominial de um direito real de propriedade fracionário, tocando a vários indivíduos em relação a uma mesma coisa, de modo a ser esta considerada pertinente a cada um deles por uma quota-parte ideal. De forma que tal fração ideal representa, assim, uma expressão matemática enquanto não se der o término do condomínio, com a concreta separação dessa quota ideal.

A quota ideal é o elemento que possibilita calcular o montante das vantagens e dos ônus que podem ser atribuídos a cada um dos comunheiros. Em regra, essa quota deverá estar fixada no título determinador do condomínio; todavia, em casos de dúvida, presumem-se iguais os quinhões (CC, art. 1.315, parágrafo único)[227].

Porém, cada condômino, como pontifica Dekkers[228], é dono, por sua parte, da coisa comum, na sua integralidade; logo seu direito não se limita apenas à quota ideal, estendendo-se a toda a coisa. De maneira que os comproprietários têm direitos e obrigações sobre sua fração ideal e sobre a coisa comum. Em relação à sua quota-parte têm uma certa autonomia para praticar atos jurídicos permitidos aos proprietários, e no que concerne à coisa comum só podem praticar atos que dependem do consentimento dos demais consortes ou da deliberação da maioria[229].

Procuraremos analisar os direitos e deveres dos condôminos em suas relações internas e em suas relações com terceiros.

No que diz respeito às suas relações internas:

a) Cada consorte pode, segundo o art. 1.314, 1ª parte, do Código Civil, usar da coisa conforme seu destino e sobre ela exercer todos os direitos compatíveis com a indivisão[230].

---

226. Caio M. S. Pereira, op. cit., p. 162. A alteração de área comum está jungida à unanimidade (*Repertório IOB de Jurisprudência, 8921*:387).

227. Serpa Lopes, op. cit., p. 305-6.

228. Dekkers, *Précis de droit civil belge*, t. 1, p. 582.

229. Orlando Gomes, op. cit., p. 211-2.

230. O art. 1.102 do Código Civil italiano é mais completo ao prescrever que "cada participante pode se servir da coisa comum, desde que lhe não altere a destinação e não

A intenção da lei pátria foi dizer que o condômino pode usar a coisa conforme sua destinação, ou seja, sua utilização prática. É evidente que se o comproprietário não pode usar livremente, não lhe é permitido excluir os demais comunheiros, pois a coisa não pertence a um, mas a todos, devendo sempre resignar-se à deliberação da maioria. A vontade dos demais condôminos pode decidir soberanamente sobre a destinação do bem; daí a afirmação de Barassi, de que há debilidade do condomínio. P. ex.: um terreno pode ser alugado, cultivado ou reservado a pastagens. Se a maioria dos consortes resolver destiná-lo a cultura, não pode um deles exigir que sua parte seja alugada.

Na utilização do bem o condômino deve ater-se à destinação econômica da coisa e atender aos interesses do condomínio, em obediência ao que dispõe o art. 1.314, parágrafo único, 1ª parte, do Código Civil: "nenhum dos condôminos pode alterar a destinação da coisa comum, nem dar posse, uso e gozo dela a estranhos, sem o consenso dos outros".

Em face dessas conclusões, o art. 1.314, 1ª parte, deve ser assim entendido: o condômino pode usar o bem, de acordo com sua destinação, desde que não impeça que os demais consortes possam também exercer seus direitos.

Assim, se se tratar de um prédio rural, o condômino pode perceber os frutos e rendimentos de sua própria atividade, desde que não arrede os outros comunheiros. Se se tratar de prédio urbano pode nele residir, devendo, contudo, pagar aluguel aos demais condôminos[231].

Duas são as responsabilidades que decorrem do direito de usar e gozar da coisa sob condomínio. A primeira é que "o condômino é obrigado, na proporção de sua parte, a concorrer para as despesas de conservação ou divisão da coisa, e a suportar os ônus a que estiver sujeita" (CC, art. 1.315; CPC, art. 1.063; e Lei n. 9.099/95, art. 3º, II). Isto é assim porque as despesas com conservação (demarcações, restaurações, reparações, pintura, limpeza, remuneração de vigilante, impostos e taxas) e com a divisão do bem (custas judiciais, honorários advocatícios, operações de agrimensura etc.) aproveitam a todos, e todos, por esta razão, devem suportá-las na propor-

impeça os demais participantes de se utilizarem da mesma maneira conforme o seu direito".

231. W. Barros Monteiro, op. cit., p. 209-10; Serpa Lopes, op. cit., p. 296; Caio M. S. Pereira, op. cit., p. 162-4; Silvio Rodrigues, op. cit., p. 221; Barassi, op. cit., p. 125; Carvalho Santos, *Código Civil interpretado*, v. 8, p. 307; *RT*, *189*:303, *268*:201, *278*:612; *RF*, *179*:235.

ção das respectivas quotas que, na falta de convenção, se presumem iguais (CC, art. 1.315, parágrafo único). Tal presunção legal é *juris tantum*, logo, nada obsta a que os condôminos produzam prova que desfaça dúvida relativa ao valor da quota condominial para que se faça uma distribuição das vantagens e dos ônus de conformidade com seu valor e não em partes iguais. A segunda é que cada consorte responde aos demais pelos frutos que percebeu da coisa comum, sem o consenso dos outros, bem como pelos danos que lhes cause (CC, art. 1.319)[232].

---

232. Serpa Lopes, op. cit., p. 299; Caio M. S. Pereira, op. cit., p. 163-4; W. Barros Monteiro, op. cit., p. 213. Observa-se o procedimento comum nas causas, qualquer que seja o valor, para cobrança de quantia devida ao condomínio, mas, se o valor não exceder a 40 vezes o salário mínimo, pode-se recorrer ao Juizado Especial Cível (Lei n. 9.099/95, art. 3º, II, e CPC, art. 1.063).

"Processual Civil. Direito das coisas. Condomínio. Pagamento de alugueres. Frutos. Exercício do direito. Concomitância. Impedimento do usufruto. Resistência real. Cobrança. 1. Ação cujo objeto mediato revela pretensão de condômina-herdeira ao pagamento de alugueres em razão do uso exclusivo de bem imóvel recebido como herança inviabilizando o uso comum por outros condôminos. 2. O artigo 1.319 do novo Código Civil, correspondente ao artigo 627 do Código Beviláqua, assim dispõe: 'Cada condômino responde aos outros pelos frutos que percebeu da coisa e pelo dano que lhe causou'. 3. A exegese do referido dispositivo pressupõe relação negocial onerosa entre um dos condôminos e o terceiro, posto cediço em doutrina que 'o não uso da coisa comum por alguns dos condôminos não lhe dá o direito a aluguer, ou prestação, que fique em lugar de uso que teria podido exercer, salvo negócio jurídico entre os condôminos' (Pontes de Miranda, in '*Tratado de Direito Privado*', Borsoi, Tomo XII, 1955, pág. 41). 4. O uso exclusivo do condômino que enseja a pretensão de percebimento de aluguéis pressupõe oposição daquele titular em relação aos demais comunheiros, os quais, na forma da lei, podem postular a alienação judicial do bem em face da indivisão incompatível com a coabitação. 5. É que o condômino que habita o imóvel comum engendra exercício regular de direito somente encetando 'abuso de direito' se impede os demais do manejo de qualquer dos poderes inerentes ao domínio. 6. Isto porque, o instituto do condomínio assenta-se na ideia de comunidade de direitos e tem como primado a possibilidade de todos os condôminos exercerem a um só tempo os atributos da propriedade, desde que de forma compatível com a situação de pluralidade de proprietários. 7. *In casu*, no exercício da ampla cognição a Turma que lavrou o acórdão embargado assentou que, 'na hipótese dos autos, uma única moradora, em imóvel de 130 m^2 não impede, pela sua simples presença no local, que outro condômino usufrua do bem e, como não há notícia de possível resistência a esta utilização, impõe-se a conclusão de que a utilização exclusiva, neste período, se deu por total desinteresse dos demais interessados, situação que não pode ensejar o pagamento de valores a título de aluguel da fração ideal'. 8. Subjaz, assim, consectária com a justiça da decisão, que o condômino deve comprovar de plano qual o cerceamento ou resistência ao seu direito à fruição da quota parte que lhe é inerente do bem imóvel, a fim de justificar a cobrança de frutos em razão de aluguel, o que incorreu *in casu*" (STJ, EREsp 622.472/RJ, rel. Min. Luiz Fux, Corte Especial, j. 5-10-2005, *DJ*, 7-112005, p. 73).

b) Cada condômino pode alhear a respectiva parte indivisa (CC, art. 1.314, 2ª parte), respeitando o direito preferencial reconhecido aos demais consortes. "Não pode um condômino em coisa indivisível vender a sua parte a estranhos, se outro consorte a quiser, tanto por tanto. O condômino, a quem não se der conhecimento da venda, poderá, depositando o preço, haver para si a parte vendida a estranhos, se o requerer no prazo de cento e oitenta dias, sob pena de decadência", e, "sendo muitos os condôminos, preferirá o que tiver benfeitorias de maior valor e, na falta de benfeitorias, o de quinhão maior. Se as partes forem iguais, haverão a parte vendida os comproprietários, que a quiserem, depositando previamente o preço" (CC, arts. 504, parágrafo único, e 1.322 e parágrafo único; *RT*, *594*:217, *544*:245, *538*:71, *512*:256, *463*:184, *459*:212, *420*:224, *517*:121, *525*:230; *RTJ*, *97*:7, *88*:1044, *70*:565, *43*:107, *59*:591, *39*:606; *RJTJRS*, *49*:290, *72*:230; *JTACSP*, *63*:184, *54*:176; *RJTJSP*, *24*:66, *62*:189, *77*:235, *80*:67, *84*:159).

A venda feita pelo condômino a estranho, com preterição dos demais, será resolúvel, pois só será definitiva se, após o decurso do prazo de decadência de 180 dias, contado a partir do momento em que cada condômino teve conhecimento da venda (*JTACSP*, *63*:106, *64*:24; *RT*, *543*:144, *565*:178), não houver nenhuma reclamação dos outros comunheiros.

Conforme o Decreto-Lei n. 58/37, o proprietário de parte indivisa na coisa comum não pode loteá-la para venda a prestações.

Se, contudo, for divisível a coisa comum, pode o consorte alheá-la, sem qualquer preferência para os demais comproprietários.

A doutrina e a jurisprudência têm entendido que, quando o consorte vende sua parte ideal, localizando-a, indicando área, divisas e confrontações, essa venda só prevalecerá se no decorrer do processo divisório o quinhão do condômino-vendedor for exatamente a parte objetivada no contrato de compra e venda, sendo, portanto, condicional esse negócio jurídico, pois se o seu quinhão não coincidir com o atribuído ao vendedor, desfeito estará[233].

c) Cada consorte tem o direito de gravar a parte indivisa (CC, art. 1.314, *in fine*), sendo evidente que não pode gravar, hipotecar, por exemplo,

---

233. *RT*, *131*:277, *147*:138, *182*:704, *180*:217; *RF*, *120*:420; W. Barros Monteiro, op. cit., p. 211-2; Serpa Lopes, op. cit., p. 300-3; Caio M. S. Pereira, op. cit., p. 162; *RTJ*, *70*:665; *EJSTJ*, *8*:77 – Na alienação de condômino para condômino desassiste aos demais direito de preferência do todo ou de parte do objeto da transferência.

Pelo Enunciado n. 623 (aprovado na VIII Jornada de Direito Civil): "Ainda que sejam muitos os condôminos, não há direito de preferência na venda da fração de um bem entre dois coproprietários, pois a regra prevista no art. 504, parágrafo único do CC, visa somente a resolver eventual concorrência entre condôminos na alienação da fração a estranhos ao condomínio".

a propriedade sob condomínio, em sua totalidade, sem o consentimento dos demais comproprietários. Já o mesmo não se dá quando se trata, exclusivamente, de sua respectiva parte indivisa ou se o bem for divisível. É o que estatui o art. 1.420, § 2º, do Código Civil: "a coisa comum a dois ou mais proprietários não pode ser dada em garantia real, na sua totalidade, sem o consentimento de todos; mas cada um pode individualmente dar em garantia real a parte que tiver"[234].

d) Se um dos comunheiros contrair dívida em proveito da comunhão e durante ela, responderá, pessoalmente, pelo compromisso assumido, mas terá contra os demais condôminos ação regressiva (CC, art. 1.318). Cada um, no regresso, responderá perante o devedor, na proporção de sua quota ideal. Somente o que assume a dívida responde perante o credor, mas se acionado, pode reembolsar-se à custa dos outros consortes.

Porém, se a dívida tiver sido contraída por todos os condôminos, sem discriminação da parte de cada um e sem que se estipule a solidariedade, entende-se que cada qual se obrigou proporcionalmente ao seu quinhão na coisa comum, e, desta maneira, o débito será solvido e cobrado (CC, art. 1.317).

Nada obsta que o condômino venha a eximir-se do pagamento de despesas e débitos, desde que renuncie, expressamente à sua quota ideal. O condomínio, então, passará a vigorar somente entre os condôminos remanescentes. Aqueles comproprietários, que vierem a pagar aquelas despesas e dívidas, a fim de evitar enriquecimento indevido, adquirirão a parte ideal do renunciante, na proporção dos pagamentos que efetuarem. E se nenhum condômino fizer os pagamentos cabíveis ao renunciante, extinto estará o condomínio e, obviamente, a coisa comum será dividida, conforme o estabelecido no título ou, na omissão deste, em partes iguais, respondendo o quinhão de cada um pelos dispêndios da divisão (CC, arts. 1.320 e 1.316, §§ 1º e 2º).

Observa Matiello que "sendo impossível física ou juridicamente a divisão, e havendo renúncia de um dos consortes sem assunção dos ônus pelos demais, a coisa comum será levada à venda. O produto assim obtido partilhar-se-á entre os condôminos remanescentes, após efetuados os pagamentos das despesas e dívidas...".

---

234. Caio M. S. Pereira, op. cit., p. 163; W. Barros Monteiro, op. cit., p. 212; Serpa Lopes, op. cit., p. 303-5 e *Tratado dos Registros Públicos*, 3. ed., 1955, v. 2, n. 315, p. 283-91; Lafayette, *Direito das coisas*, p. 528-9; *Jurisprudência Mineira*, 33/3/497; Matiello, *Código Civil*, p. 830 e s.

O Projeto de Lei n. 699/2011 acrescentará § 3º ao art. 1.316, que terá o seguinte conteúdo: "A renúncia prevista no *caput* deste artigo poderá ser prévia e reciprocamente outorgada entre os condôminos quando da celebração do acordo que tornar indivisa a coisa comum". Essa proposta de Cláudio Taveira e Marcelo José Lomba Valença se deu em razão do seguinte fato: "Com o advento dos empreendimentos de uso múltiplo no Brasil, notadamente *shopping centers*, durante as décadas de 1980 e 1990, a maioria desses empreendimentos foi organizada sob a forma de condomínios necessários. Por razões históricas e institucionais (caso específico dos fundos de pensão), os investimentos em empreendimentos de uso múltiplo foram estruturados sob a forma de dois condomínios superpostos, a saber: a) Condomínio da Lei n. 4.591, atual condomínio edilício, onde as lojas são definidas como unidades autônomas e os corredores de circulação (*hall*), estacionamento e galerias de serviço são considerados áreas comuns; e b) condomínio civil, atual condomínio necessário, entre os investidores dentro de cada loja/unidade autônoma. Nos contratos atualmente em vigor entre os investidores de empreendimentos de uso múltiplo, é estipulado que caso um condômino não participe com a sua quota no desenvolvimento e/ou encargos de empreendimento, os demais poderão fazê-lo sub-rogando-se nos créditos do condômino inadimplente, decorrentes da exploração econômica do empreendimento. O art. 1.316 dá a possibilidade aos demais condôminos que contribuírem com a quota do condômino inadimplente de adquirirem a sua fração ideal, desde que este renuncie".

O Parecer Vicente Arruda, contudo, rejeitou tal proposta, que estava contida no Projeto de Lei n. 6.960/2002 (atual PL n. 699/2011), pela seguinte razão: "Este dispositivo trata da renúncia à parte ideal de um condomínio voluntário e estabelece as consequências da renúncia, ato unilateral que independe da vontade ou da anuência ou não dos demais condôminos. As consequências da denúncia é que têm de ser disciplinadas. Nessas condições não há sentido em falar em 'acordo de renúncia' entre os condôminos. Aliás, diante do texto expresso da lei, que autoriza a renúncia por parte dos condôminos, é certo que ao constituir o condomínio voluntário, eles tacitamente aceitaram a renúncia, e suas consequências previstas na lei, contra os quais não prevalece a vontade das partes".

Pela Lei n. 11.101/2005[235], art. 123, § 2º, nos casos de condomínio indivisível de que participe o falido, o bem será vendido e deduzir-se-á do valor arrecadado o que for devido aos demais condôminos, facultada a estes a compra da quota-parte do falido nos termos da melhor proposta obtida.

235. Nova Lei de Falências. Publicada no *DOU* de 9-2-2005.

Nas relações externas entre consortes e terceiros, a posição jurídica do condômino não se bitola pelo valor de seu quinhão; a proporcionalidade de sua quota ideal só tem relevância na gradação da intensidade da ação entre os próprios condôminos. Logo, o comunheiro pode agir em relação a terceiro sem se restringir ao valor de sua quota:

a) Pode cada condômino reivindicar de terceiro a coisa comum (*RT*, *584*:114, *458*:210), independentemente, sem o consenso dos demais consortes e até mesmo contra a vontade destes (CC, art. 1.314, 2ª parte); na qualidade de compossuidor pode defender sua posse contra outrem (CC, art. 1.199; CP, art. 156; recorrendo aos interditos possessórios (*RTJ*, *76*:774; *RT*, *469*:202).

De maneira que, sendo violado o direito de propriedade por um terceiro, cada um dos comproprietários se presume representante dos demais para propor ação de reivindicação ou possessória contra esse terceiro, que venha a esbulhar ou turbar a posse da coisa indivisa. Tais ações, intentadas por um dos condôminos contra terceiro, versam sobre todo o imóvel indiviso e não apenas sobre a fração ideal daquele que as move; da mesma forma a sentença aproveita a todos os comunheiros e não só ao autor.

Convém ressaltar, ainda, como o fez Carlos Maximiliano, que o consorte só pode reivindicar o imóvel contra terceiro e não contra os demais condôminos[236].

b) Como, pelo art. 1.314, parágrafo único, 2ª parte, do Código Civil, a nenhum condômino é lícito, sem prévia anuência dos outros, dar posse, uso ou gozo da propriedade a estranho e como cada condômino pode reivindicar, sem aquiescência dos demais, lícito lhe será fazer uso do direito de retomada do imóvel locado, desde que se configurem certas circunstâncias legalmente previstas.

Assim poderá pedir a retomada para uso próprio, com base nos seguintes fundamentos: a indivisibilidade da coisa comum não subtrai ao condômino a qualidade de proprietário de seu quinhão ideal; o condômino tem preferência para o contrato de locação em condições iguais ao estranho (CC, art. 1.323; *RT*, *521*:177); existindo já uma locação, prescinde-se do

---

236. W. Barros Monteiro, op. cit., p. 209, 211 e 213; Serpa Lopes, *Curso de direito civil*, p. 307-8; Caio M. S. Pereira, op. cit., p. 163-4; Vitalevi, *Della comunione dei beni*, UTET, 1884, v. 2, n. 314, p. 480; Pontes de Miranda (op. cit., p. 88 e 119) defende a tese de que a parte ideal do condômino renunciante é *res nullius* ou pertencente ao Estado. *RF*, *121*:458, *151*:306; *RT*, *227*:288, *300*:164, *173*:215, *189*:661; *AJ*, *83*:82, *86*:82.

consentimento da maioria, pois a retomada decorre do próprio direito de preferência a que faz jus o consorte; a jurisprudência, em decisões recentes, entende ser livre o exercício do direito de retomada, mesmo sem prova da concordância dos demais consortes; não se lhe reconhece, porém, o direito de retomada, se o ocupante do imóvel for outro coproprietário[237].

c.4. Administração do condomínio

Pertencendo uma coisa a vários indivíduos, todos poderão dela fazer uso, dentro dos limites de sua destinação econômica, auferindo todas as suas vantagens, sem prejuízo de qualquer um deles.

Ocorrendo ausência, incapacidade ou mesmo desentendimento que impeça ou torne difícil o uso do bem, cabe aos consortes deliberar se ele deve ser vendido (CC, art. 1.322), ou alugado (*RT, 715*:203), ou administrado (CC, art. 1.323).

Em caso de venda de coisa comum, sendo esta indivisível e os condôminos não quiserem adjudicá-la a um só, indenizando os demais, o apurado será repartido entre eles, mas se deverá preferir, na venda, em condições iguais de oferta, o condômino ao estranho, e entre os coproprietários aquele que tiver no bem benfeitorias mais valiosas, e, não as havendo, o de quinhão maior. E se nenhum deles tiver benfeitorias na coisa comum e participarem todos do condomínio em partes iguais, realizar-se-á licitação entre estranhos e, antes de adjudicada a coisa, àquele que ofereceu maior lanço proceder-se-á à licitação entre os condôminos, a fim de que a coisa seja adjudicada a quem afinal oferecer melhor lanço, preferindo, em condições iguais, o condômino ao estranho (CC, art. 1.322 e parágrafo único). Venda esta que só não se efetivará se a unanimidade dos condôminos entender que não é conveniente.

Se todos concordarem que não se venda, à maioria (CC, art. 1.325; *RTJ, 112*:1.364; *RT, 572*:147) competirá deliberar sobre a locação ou administração da coisa comum (CC, art. 1.323).

Calcula-se essa maioria pelo valor dos quinhões (CC, art. 1.325) e não pelo número dos consortes. Só obrigarão as deliberações que forem tomadas

---

237. Serpa Lopes, op. cit., p. 308-9; W. Barros Monteiro, op. cit., p. 210; Espínola Filho, *Manual do inquilinato no direito civil vigente*, 2. ed., Rio de Janeiro, Borsoi, n. 88, p. 260-1; *RF, 129*:140; *RT, 702*:150, *186*:832, *201*:577, *223*:532, *236*:464, *242*:391, *244*:484, *246*:429, *252*:450, *276*:606, *316*:402, *487*:136, *317*:118, *323*:446; *AJ, 99*:312. Sobre condomínio e queda d'água consulte o Código de Águas, art. 148, parágrafo único.

por maioria absoluta, ou melhor, por votos que representem mais de meio valor total. Se, p. ex., houver empate ou falta de *quorum*, ou não sendo possível alcançar maioria absoluta, qualquer condômino, ouvidos os outros, mediante requerimento, poderá remeter a decisão ao magistrado. E se houver dúvida quanto ao valor do quinhão, este será avaliado judicialmente (CC, art. 1.325, §§ 1º a 3º).

Decidindo-se em sua maioria pela locação da coisa comum (*RT, 715*:203), deverão os comunheiros concordar a respeito do preço, obedecendo-se, como na venda, o direito de preferência, tendo-o aquele que tiver na coisa benfeitorias mais valiosas e, não as havendo, o que possuir o maior quinhão, excluindo-se assim os demais.

Cada condômino receberá o aluguel que será distribuído conforme o estipulado, e na falta desta estipulação, em proporção à sua quota (CC, art. 1.326).

A locação apresenta-se como um meio de aproveitamento e de fruição.

Optando a maioria pela administração, os comunheiros deverão, desde logo, escolher o administrador (CC, art. 1.323, 1ª parte), que passará a ser o representante comum, de modo que tudo que for feito por ele obrigará os demais, não sendo, contudo, necessário que se escolha um dos condôminos. Estranho também poderá ser o administrador; entretanto, é conveniente que seus poderes e deveres sejam precisamente delimitados. Deverão, ainda, os comproprietários deliberar a respeito do regime de administração, da remuneração, das funções do administrador e da prestação de contas.

Se não houver, todavia, deliberação sobre quem deverá ser o administrador, presume-se que o mandatário ou representante comum é aquele consorte que, por iniciativa própria, resolve assumir a gestão da coisa sem que haja oposição dos demais. Por mandato tácito ele passa a representar os demais (CC, art. 1.324), devendo não só prestar contas de todos os seus atos, com direito ao reembolso das despesas que tiver com a administração da coisa, mas também administrar sem qualquer retribuição, a não ser que haja prévio consentimento dos outros comproprietários a esse respeito. Só lhe serão conferidos poderes não exorbitantes à simples administração (conservação, aquisição e venda de produtos etc.), dado que não lhe será lícito alienar o bem, ou conferir posse, uso ou gozo do imóvel a estranho (CC, art. 1.314, parágrafo único), sem a anuência dos demais condôminos. Apenas lhe será permitido dispor das coisas que, ordinariamente, são destinadas à venda, como alienação de frutos e produtos de uma propriedade agrícola[238].

238. *Vide* W. Barros Monteiro, op. cit., p. 220-1; Serpa Lopes, op. cit., p. 309-11; Caio M.

Os frutos da coisa comum, em administração, não havendo em contrário estipulação ou disposição de última vontade, serão partilhados na proporção dos quinhões (CC, art. 1.326).

c.5. Extinção do condomínio

Como o condomínio é um estado anormal da propriedade, no dizer de Clóvis Beviláqua, que, com frequência, pode originar conflitos de interesses ou desavenças, a sua temporariedade é um de seus caracteres.

Embora haja casos em que o condomínio tem duração indefinida, em razão de disposição legal (condomínio forçado) ou de sua própria natureza, dado sua indivisibilidade (prédio indivisível), em regra, em se tratando de condomínio ordinário, objetivando bem divisível, o estado de comunhão é transitório e qualquer condômino tem o direito de exigir, a qualquer tempo, a divisão da coisa comum, respondendo o quinhão de cada um pela sua parte nas despesas da divisão (CC, art. 1.320).

Daí os corolários que decorrem dessa transitoriedade:

a) os condôminos podem deliberar que a coisa fique em estado de indivisão, porém tal indivisibilidade não pode ser pactuada por prazo superior a 5 anos, embora seja possível que se ajuste uma prorrogação (CC, art. 1.320, § 1º);

b) se a indivisão for condição estabelecida pelo doador ou testador, não poderá ela exceder ao prazo de 5 anos (CC, art. 1.320, § 2º); e, se, porventura, houver omissão do autor da liberalidade quanto ao tempo de duração daquele estado de indivisão por ele exigido, entender-se-á que o foi somente por cinco anos. Vencido tal prazo, os condôminos poderão requerer a divisão ou, se acharem mais conveniente, prorrogá-lo por mais cinco anos.

c) se se convencionar indivisão por prazo superior a 5 anos, automaticamente a este se reduz;

d) a ação divisória é imprescritível, pois, *a todo tempo*, pode ser promovida a divisão (CC, art. 1.320); entretanto, se cessar o estado de comunhão pela posse de um dos consortes por prazo superior a 15 anos, tem-se a prescrição aquisitiva e o imóvel não mais poderá ser objeto de divisão. O mesmo se dará se vários comunheiros possuí-

---

S. Pereira, op. cit., p. 164-5; Espínola, *Posse e propriedade*, p. 353; Silvio Rodrigues, op. cit., p. 224-5; *RT*, *492*:153, *577*:175 e *586*:153. *Vide* CPC, art. 890, I.

rem, por 15 anos, suas respectivas porções materialmente determinadas no solo, como se tivesse ocorrido uma divisão[239];

e) a requerimento de qualquer interessado e se graves razões o aconselharem, pode o magistrado determinar a divisão da coisa comum antes do prazo (CC, art. 1.320, § 3º).

A divisão da coisa comum poderá ser amigável ou judicial. A amigável efetua-se por escritura pública, em que intervenham todos os consortes, desde que maiores e capazes. A judicial ocorre quando não houver acordo entre os condôminos ou quando um deles for incapaz, cabendo, então, ao judiciário decidir as questões e as dúvidas levantadas pelos interessados.

Pelo art. 1.321 do Código Civil aplicam-se, no que couber, à divisão do condomínio as regras de partilha da herança (CC, arts. 2.013 a 2.022). Por consequência, como ocorre no direito das sucessões, assiste ao cessionário direito de demandar a divisão ou extinção do condomínio; igualmente, se houver incapazes a divisão será judicial e na partilha observar-se-á a maior igualdade, no que concerne à natureza e qualidade daquilo que se está dividindo. A todos se deve distribuir equitativamente o que for bom ou ruim, certo ou incerto.

Esse processo de divisão está regulado pelos arts. 588 e seguintes do Código de Processo Civil 2015, devendo o promovente provar seu *jus in re*, bem como a sua posse ou a de algum dos comunheiros[240].

Tanto a divisão amigável como a judicial têm efeito declaratório e não constitutivo, pois tão somente declaram a porção real de propriedade correspondente à fração ideal de cada comproprietário, substituindo-se o estado de compropriedade pelo de propriedade. Não obstante ser esta a orientação doutrinária, há quem nela vislumbre, como Antônio Cicu, um caráter constitutivo, argumentando que com a divisão se opera uma sub-rogação real, em que a quota individuada substitui a quota ideal do consorte. Nítido é o caráter declaratório da divisão, pois com ela não se confere propriedade aos condôminos; seus direitos já estão estabelecidos no título e remontam à data des-

---

239. W. Barros Monteiro, op. cit., p. 214; Planiol, Ripert e Boulanger, *Traité élémentaire*, cit., v. 1, n. 2.747; Serpa Lopes, op. cit., p. 312; Caio M. S. Pereira, op. cit., p. 165; Orlando Gomes, op. cit., p. 212-3; *RTJ*, *73*:860; *RT*, *479*:228, *483*:132, *493*:237; *JB*, *165*:198.

240. W. Barros Monteiro, op. cit., p. 214-5; *RT*, *589*:225, *588*:184, *587*:190, *580*:253, *565*:78, *541*:212, *531*:109, *526*:222, *493*:244, *483*:112, *486*:156, *474*:184, *467*:89, *316*:257, *160*:199, *173*:208, *164*:215, *307*:339, *344*:580; *RF*, *120*:124; *RJTJSP*, *62*:44, *42*:68, *73*:68, *86*:78, *74*:93, *77*:238, *89*:117; *RTJ*, *50*:121, *80*:674; Código de Processo Civil, arts. 569 e s.

te, produzindo, portanto, efeitos *ex tunc*, havendo apenas a concretização da quota ideal de cada condômino, que de abstrata passa a ser concreta, certa ou individuada. Antes da divisão cada comproprietário é dono da totalidade da coisa, tendo uma quota ideal sobre ela; depois da partilha esse seu direito de propriedade fixa-se, concretamente, no quinhão que se lhe adjudica[241].

Além da divisão, constitui modo terminativo do condomínio a venda da coisa comum, repartindo-se o apurado, quando esta for indivisível (CC, arts. 87 e 88) ou quando os consortes não quiserem adjudicá-la a um só, indenizando os demais (CC, art. 1.322, 1ª parte).

Para que se realize essa venda basta anuência de um só dos consortes, pois para que se não venda é essencial que todos concordem.

Esta venda poderá ser amigável se inexistirem divergências entre os comunheiros. Caso contrário dever-se-á requerer o leilão, a qualquer tempo, de acordo com o rito prescrito no art. 730 do Código de Processo Civil; hipótese em que o bem será vendido em hasta pública, na qual serão observadas as preferências gradativas: o condômino em iguais condições prefere ao estranho; entre consortes o que tiver na coisa benfeitoria de maior valor, e, não as havendo, o de maior quinhão (CC, art. 1.322, *in fine*). E, convém repetir, se nenhum dos comproprietários tiver benfeitoria na coisa comum e se seus quinhões forem iguais, realizar-se-á licitação entre estranhos e, antes de adjudicá-la àquele que oferecer o melhor lanço, procurar-se-á efetuar licitação entre os condôminos, a fim de que a coisa seja adjudicada ao que fizer a melhor oferta, preferindo-se, assim, em condições iguais, o consorte a um estranho. E não havendo interesse de qualquer dos condôminos, adjudica-se o bem àquele estranho que deu o lanço maior (CC, art. 1.322, parágrafo único). Praceado o bem, deduzidas todas as despesas, o preço obtido será repartido entre os condôminos proporcionalmente ao valor de seus quinhões[242].

---

241. Ugo Natoli, *La proprietà*, p. 182; Serpa Lopes, op. cit., p. 314 e s.; Caio M. S. Pereira, op. cit., p. 166; Orlando Gomes, op. cit., p. 212-3; Chevalier, *L'effet déclaratif de la transaction et du partage*, Dalloz, 1932; Desserteaux, *Essai d'une théorie générale de l'effet déclaratif*, Dijon, 1908; Merle, *Essai de contribution à la théorie générale de l'acte déclaratif*, Paris, Rousseau, 1949, n. 154, p. 208 e s.; W. Barros Monteiro, op. cit., p. 214-8 e 221; Celso Laet de T. Cesar, *Venda e divisão da propriedade comum*, São Paulo, Revista dos Tribunais, 2006. Pela Lei n. 4.504/64 o imóvel rural não é divisível em áreas de dimensão inferior à constitutiva do módulo de propriedade rural. A dissidência condominial deverá ser resolvida pela alienação ou adjudicação a um dos condôminos.

242. W. Barros Monteiro, op. cit., p. 218-9; Caio M. S. Pereira, op. cit., p. 166-7; *RJTJSP*, *73*:69; *RT*, *592*:76, *543*:144; *586*:64, *585*:261, *576*:98, *534*:191, *552*:58, *542*:118,

c.6. Condomínios especiais

c.6.1. Condomínio por meação de paredes, cercas, muros e valas

O condomínio por meação de paredes, cercas, muros e valas é o estado permanente de indivisão, protegido pela lei, em razão da utilidade comum que apresenta aos vizinhos, como um meio de se manter a paz coletiva e a segurança (CC, art. 1.327), sendo, por isso, um condomínio forçado ou necessário. Esse condomínio rege-se pelos arts. 1.297, 1.298, 1.304 a 1.307 do Código Civil[243]. Pelo art. 1.297, § 1º, do Código Civil presume-se que essas obras divisórias pertencem aos proprietários confinantes, a não ser que algum dos vizinhos prove que lhes pertencem de modo exclusivo.

O custeio das despesas com a construção da tapagem ou obra divisória normal, conforme a lei (Código de Obras Municipal) ou costume local, fica por conta dos proprietários vizinhos que, desde logo, tornam-se comunheiros, usando-a conforme suas necessidades, sem causar dano ou prejuízo ao outro. De maneira que aquele que tiver interesse em executar essa obra divisória deverá comunicar o fato ao vizinho para conseguir um acordo sobre a feitura do tapume. Se não conseguir a anuência do dono do prédio contíguo deverá ingressar em juízo, para intimá-lo a concorrer com a sua parte no custeio e se assim proceder ter-se-á, compulsoriamente, o condomínio sobre parede, muro, cerca ou vala.

Se houver omissão dessas cautelas e apesar disso o interessado construir o tapume, há a presunção de que o fez à sua custa. Contudo, o confinante beneficiado terá direito de adquirir meação na obra divisória, desde que embolse o seu autor da metade do seu valor atual, bem como do terreno por ela ocupado (CC, art. 1.328). Para tanto deverá mover processo judicial previsto nos arts. 318 e s. do Código de Processo Civil ou no art. 3º, I e II, da Lei n. 9.099/95, se o valor da causa não exceder a 40 vezes o salário mínimo, caso em que se pode recorrer ao Juizado Especial Cível (CPC, art. 1.063). Todavia, se não chegarem a um entendimento sobre o preço, este será arbitrado por peritos, a expensas de ambos os confinantes (CC, art. 1.329) e, segundo o que se decidir, instituir-se-á o condomínio. Aquele que pretender a meação da parede, muro, vala, cerca ou qualquer outra obra divisória não poderá utilizá-la enquanto não

---

537:193, *472*:166, *551*:97, *182*:677, *199*:235, *206*:184, *224*:278; *RF*, *148*:265, *212*:203; *RTJ*, *90*:195; *JTACSP*, *63*:81; *AJ*, *61*:100, *62*:470; Orlando Gomes, op. cit., p. 214; Carlos Alberto D. Maluf, *Ação de extinção de condomínio*, Coleção Saraiva de Prática do Direito, n. 21, 1986; Lair da Silva Loureiro Filho, *Condomínio*, São Paulo, Ed. Juarez de Oliveira, 1998. *Vide*: CP, art. 156, § 2º, sobre furto de coisa comum.

243. Daibert, op. cit., p. 306-7. *Vide* CC art. 1.392, § 3º, *in fine*.

pagar ou depositar o valor que foi arbitrado amigável ou judicialmente (CC, art. 1.330).

Se "A" quiser construir um muro de granito, repleto de detalhes de arquitetura, ou acima da altura-limite, deverá fazê-lo em seu terreno; se vier a construí-lo na linha divisória somente, lembra-nos Álvaro Villaça Azevedo, poderá exigir de "B" (seu vizinho) metade do preço de uma obra divisória normal.

Com base nos arts. 1.307 e 1.314, tem-se entendido que o condômino de muro divisório pode alteá-lo como quiser, sem anuência do outro consorte ou até contra a vontade deste[244], mesmo se for necessário reconstruí-lo para suportar o alteamento, arcando com todas as despesas, inclusive de conservação. Arcará com metade das despesas, se o vizinho vier a adquirir meação também na parte aumentada[245].

c.6.2. Condomínio em edifício de apartamentos ou condomínio edilício

c.6.2.1. Sua origem

Esse tipo de condomínio surgiu após a I Guerra Mundial, ante a crise de

---

244. W. Barros Monteiro, op. cit., p. 222-3; Orlando Gomes, op. cit., p. 215; Caio M. S. Pereira, op. cit., p. 167; *AJ, 53*:461.

245. Sobre compáscuo: W. Barros Monteiro, op. cit., p. 223; Caio M. S. Pereira, op. cit., p. 168; Orlando Gomes, op. cit., p. 215; Lafayette, *Direito das coisas*, § 102, n. 24; Planiol e Ripert, *Traité pratique de droit civil*, v. 3, p. 431; Aguiar e Souza, *Tratado das servidões*, §§ 248 e s.; Álvaro Villaça Azevedo, *O condomínio*, op. cit., p. 589. O condomínio de pastagens se dava quando várias pessoas tinham o direito de usar o mesmo pasto. Era o compáscuo, por outras palavras, a utilização comum de campos ou terrenos de qualquer espécie para pastagem de gado pertencente a donos diversos. Assim como "A", proprietário de um campo, permitia que o rebanho de "B" pastasse em seu imóvel, também "A" tinha direito de colocar seu gado no terreno de "B".

Essa compropriedade podia ser unilateral ou convencional.

Se fosse convencional as partes estipulariam, livremente, a extensão desse direito, dispondo se haveria reciprocidade, bem como a espécie de gado, o tempo que o gado poderia permanecer no imóvel, o número de reses etc.

Se o compáscuo estivesse sob a forma de servidão, regular-se-ia pelas normas referentes a esse direito real sobre coisa alheia.

Faltando convenção ou servidão, o compáscuo seria regido, segundo o art. 646 do Código Civil de 1916, pelas normas atinentes ao condomínio.

Acrescentava o parágrafo único do art. 646 do Código Civil de 1916 que o compáscuo em terrenos baldios e públicos seria regulado pela legislação municipal.

Hoje, entendemos, trata-se de uma servidão de pastagem regida pelos arts. 1.378 a 1.389 do Código Civil.

Pode ocorrer portanto: a) *locação de pasto*, disciplinada pelas cláusulas contratuais; havendo qualquer omissão na convenção, nada obsta a que se lhe apliquem, por analogia, os princípios do condomínio; ou b) *servidão de pastagem*, regida pelas normas alusivas à servidão, que é, atualmente, mais consentânea aos costumes rurais.

habitação[246], quando, com o desenvolvimento das cidades e consequente valorização dos terrenos urbanos, houve necessidade de melhor aproveitar o solo.

Numerosas cidades (Orléans, Paris, Nantes etc.) passaram, pelo direito consuetudinário, a praticar a divisão de edifícios em planos horizontais a fim de solucionar seus problemas de:

a) aproveitamento do espaço, tornando-o mais barato;

b) tornar mais econômica a edificação, para combater o alto custo de vida;

c) facilitar a obtenção de casa própria; e

d) fixar seus donos nas imediações dos locais de trabalho[247].

Sem embargo da grande aceitação da propriedade horizontal, os Códigos desprezaram-na, inclusive o Código Civil brasileiro de 1916, que apenas regulava a propriedade vertical, geradora da chamada "casa de parede-meia", por meio de normas concernentes ao direito de vizinhança[248].

Foi com o Decreto n. 5.481/28, modificado pelo Decreto-Lei n. 5.234/43 e pela Lei n. 285/48, e alterado pela Lei n. 4.591/64, que se regulamentou, entre nós, o condomínio em edifícios de apartamentos, cujas unidades autônomas podem ser destinadas a fins residenciais, profissionais ou comerciais.

Devido ao rápido crescimento da propriedade horizontal, nos centros urbanos, necessário se fez atualizar o regime condominial dos prédios de vários andares que não correspondia às exigências da vida moderna, para evitar abusos, definindo, com precisão, os direitos e deveres dos incorporadores, construtores e adquirentes das unidades. Surgiu, então, a Lei n. 4.591, de 16 de dezembro de 1964, com as alterações das Leis n. 4.864, de 29 de novembro de 1965, e n. 12.424/2011, para atender a todos esses reclamos.

O Código Civil dedicou atenção especial ao condomínio nos edifícios de apartamentos ou edilícios, nos arts. 1.331 a 1.358. Ensina-nos Miguel Reale

---

246. W. Barros Monteiro, op. cit., p. 224; Eduardo Cesar Silveira Marchi, *A propriedade horizontal no direito romano*, tese de livre-docência apresentada na FDUSP, em 1986. Uma pesquisa histórica permite recuar sua origem ao direito romano, onde já se conhecia a prática da *insula* destinada à residência plebeia, como nos ensina Tácito, in *Annales*, Livro XV, n. 41, ao descrever o incêndio de Roma ao tempo de Nero (Caio M. S. Pereira, op. cit., p. 168).

247. W. Barros Monteiro, op. cit., p. 224; Manuel Battle Vázquez, *La propiedad de casas por pisos*, p. 12; Butera, *La comproprietà di case per piani*, 2. ed., Torino, 1933, Prefácio, Caio M. S. Pereira, op. cit., p. 169; Aeby, *La propriété des appartements*, n. 8; Frederico H. Viegas de Lima, A instituição de condomínio em edifício – uma análise do art. 7º da Lei n. 4.591/64, *Revista de Direito Imobiliário*, n. 35 e 36, p. 72 a 82; J. Nascimento Franco, *Condomínio*, São Paulo, Revista dos Tribunais, 1999; Luiz Edson Fachin, *Comentários*, cit., v. 15, p. 223-319.

248. Caio M. S. Pereira, op. cit., p. 168-9.

(*Exposição de Motivos*) que se trata de um condomínio constituído como resultado de um ato de edificação, sendo, por essa razão, denominado *edilício*[249].

c.6.2.2. Natureza jurídica

Várias são as teorias que tentam explicar a natureza jurídica das relações existentes entre os proprietários dos vários apartamentos. Dentre elas, ressalta, por ser mais acertada, a de Planiol, Ripert, Baudry-Lacantinerie[250], que veem no condomínio em edifícios de apartamentos uma mistura de propriedade individual e de condomínio.

Esse condomínio caracteriza-se juridicamente pela justaposição de propriedades distintas e exclusivas ao lado do condomínio de partes do edifício, forçosamente comuns (CC, art. 1.331).

---

249. Esse termo vem do latim *aedilici* (*um*), não designando apenas o edil, mas também suas atribuições, como a de fiscalizar as construções públicas e particulares. Caio M. S. Pereira, op. cit., p. 169; W. Barros Monteiro, op. cit., p. 225; Silvio Rodrigues, op. cit., p. 227-30; João Batista Lopes, *Condomínio*, São Paulo, Revista dos Tribunais, 1982; Biasi Ruggiero, Patologia do condomínio, *Revista Literária do Direito*, *22*:8 a 12; Everaldo Augusto Cambler, Condomínio edilício, *Estudos em homenagem ao acadêmico Min. Moreira Alves*, São Paulo, Fiuza, 2003, p. 173-89; Carlos Alberto Dabus Maluf e Márcio Antero Motta Ramos Marques, *Condomínio edilício no novo Código Civil*, São Paulo, Saraiva, 2004; Carlos Alberto Dabus Maluf, Condomínio edilício, *Direito imobiliário atual*, coord. Daniel Áureo de Castro, Rio de Janeiro, Elsevier, 2014, p. 267-298.; Francisco Antonio Casconi e José Roberto Neves Amorim (coords.), *Condomínio edilício – aspectos relevantes – aplicação do novo Código Civil*, São Paulo, Método, 2005; Nelson Kojranski, *Condomínio edilício*, Rio de Janeiro, GZ Editora, 2010; *RJTJSP*, *82*:287, *85*:70; *RT*, *80*:851, *403*:174, *407*:327, *418*:402, *451*:155, *515*:146, *505*:220, *510*:169, *520*:160, *600*:126, *610*:203, *648*:109, *673*:120, *676*:175, *701*:93, *704*:210, *705*:111, *706*:102, *708*:83, *711*:116, *714*:152, *716*:201. *Vide* Decretos n. 4.847/2003, 4.926/2003 e 4.938/2003 que alteram e ampliam limites dos anexos do Decreto n. 4.591/2003.

Os condomínios edilícios estão dispensados da apresentação do Demonstrativo de Apuração de Contribuições Sociais (DACON – Instrução Normativa da SRF n. 940/2009, art. 4º, X – atualmente revogada pela Lei n. 1.015/2010).

Vide: Instrução Normativa do Instituto Nacional de Tecnologia da Informação n. 2/2011, sobre uniformização dos requisitos necessários à emissão de certificados digitais de pessoas jurídicas para os condomínios.

As normas do CC, arts. 1.331 a 1.358, aplicam-se também ao *Condomínio urbano simples*, instituído para fins de Regularização urbana (Reurb) – Lei n. 13.465/2017, arts. 61 a 63 e Dec. n. 9.310/2018, arts. 69 a 72. Sobre *conjuntos habitacionais*: Lei n. 13.465/2017, arts. 59 e 60 e Dec. n. 9.310/2018, arts. 67 e 68.

250. Planiol e Ripert, *Traité pratique de droit civil*, v. 30, n. 319; Baudry-Lacantinerie, *Traité théorique et pratique de droit civil*, v. 6, n. 986; W. Barros Monteiro, op. cit., p. 226; Orlando Gomes, op. cit., p. 226; Pontes de Miranda, *Tratado de direito predial*, v. 2, p. 14; Caio M. S. Pereira, *A propriedade horizontal no novo regime de condomínio*, p. 32; *Instituições de direito civil*, p. 171; Agnaldo C. de Souza, *Condomínio em edifícios*, São Paulo, Atlas, 2001.

Peretti-Griva[251] enumera as dependências que constituem propriedade comum: o solo em que se constrói o prédio, suas fundações, muros de arrimo, guarita, pilastras, telhado, teto, vestíbulos, pórtico, escadas, elevadores, assoalho, corredores, pátios, rede de distribuição de água, esgoto, gás e eletricidade, calefação e refrigeração centrais, aquecimento central, terraço de cobertura (salvo disposição contrária de escritura de constituição de condomínio – CC, art. 1.331, § 5º), porão, acesso ao logradouro público (rua, avenida etc.), do qual nenhuma unidade imobiliária pode ser privada (CC, art. 1.331, § 4º), portaria, morada do zelador, instalações de telefone e de TV a cabo, pertenças ligadas à estrutura do prédio, em resumo, tudo aquilo que se destina ao uso comum. Tudo isso é insuscetível de divisão ou de alienação destacada da respectiva unidade, sendo igualmente insuscetível de utilização exclusiva por qualquer consorte (CC, art. 1.331, § 2º). Cada proprietário de fração autônoma, portanto, poderá usar livremente das partes comuns atendendo à sua destinação e não prejudicando a comunhão (*RTJ*, *80*:851; *RT*, *403*:174). Algumas áreas como, p. ex., salão de festa ou quadra de tênis somente poderão ser usadas por um condômino de cada vez, desde que faça reserva, conforme critério estabelecido no regimento interno. "No condomínio edilício é possível a utilização exclusiva de área 'comum' que, pelas próprias características da edificação, não se preste ao 'uso comum' dos demais condôminos" (Enunciado n. 247 do Conselho da Justiça Federal, aprovado na III Jornada de Direito Civil). A *área comum*, portanto, poderá ser utilizada exclusivamente por cada condômino (p. ex., pilar de cada unidade), que nele poderá colocar objetos decorativos, ao passo que a utilização da *área de uso comum* será de todos os condôminos (p. ex., *hall* de entrada, jardim, escadas etc.). A cada unidade imobiliária caberá, como parte inseparável, uma fração ideal do solo e nas outras partes comuns, que serão identificadas em forma decimal ou ordinária no instrumento de instituição do condomínio (CC, art. 1.331, § 3º, com redação da Lei n. 10.931/2004). Como não há imposição legal de qualquer critério, este poderá ser o do valor da unidade imobiliária e/ou o da área.

A propriedade exclusiva tem por objeto a unidade autônoma (apartamento, terraço de cobertura, se isso estiver estipulado na escritura de constituição do condomínio, sala de utilização profissional ou loja), sendo lícito ao seu titular não só ceder com esta o uso das partes e coisas comuns a estranho e imiti-lo na sua posse, mas também alienar ou gravar de ônus real

---

251. Peretti-Griva, *Il condominio di case divise in parti*, p. 79; W. Barros Monteiro, op. cit., p. 227 e 229; Caio M. S. Pereira, *Instituições*, cit., p. 170; *RT*, *266*:581; Orlando Gomes, op. cit., p. 226; Fábio Ulhoa Coelho, *Curso*, cit., v. 4, p. 145.

cada unidade, sem o consentimento dos demais condôminos, exceto os abrigos para veículos que não poderão ser alienados ou alugados a pessoa estranha ao condomínio, salvo autorização expressa na convenção de condomínio, conforme dispõe o art. 1.331, § 1º, com a alteração da Lei n. 12.607/2012, e § 5º, do Código Civil.

Acrescenta o art. 11 da Lei n. 4.591/64 que, para efeitos tributários, cada unidade autônoma será tratada como prédio isolado, contribuindo o condômino, diretamente, com as importâncias relativas aos impostos e taxas federais, estaduais e municipais, na forma dos respectivos lançamentos[252].

Com relação às suas unidades, os titulares têm direitos tão completos quanto os do proprietário único de uma casa, como o diz Capitant.

Percebe-se nessa descrição da propriedade horizontal que tudo que não for objeto de propriedade exclusiva pertence em condomínio aos donos dos apartamentos, por ser complemento indispensável da propriedade de cada um[253].

---

252. W. Barros Monteiro, op. cit., p. 227 e 230; Caio M. S. Pereira, op. cit., p. 170; Orlando Gomes, op. cit., p. 218-24. Aplicar-se-á apenas supletivamente a Lei n. 4.591/64. Pode haver condomínio voluntário sob a mesma unidade autônoma, caso em que se tem o condomínio por quota ideal de mais de uma pessoa sobre o mesmo apartamento e o condomínio por meação de teto, assoalho e parede, que se disciplinarão pelos arts. 4º e 5º da Lei n. 4.591/64.

253. Orlando Gomes, op. cit., p. 222; Rui Vieira Miler, *A propriedade horizontal no Código Civil*, Coimbra, Livr. Almedina, 1968; Agnaldo Celino de Souza, *Condomínio em edifícios*, São Paulo, Atlas, 2001; Frederico H. Viegas de Lima, Marcos teóricos para a personificação jurídica dos condomínios edilícios, *Revista Brasileira de Direito Comparado, 32*:181-220 (2009). Interessantes são as seguintes palavras de Sílvio de S. Venosa (*Direito civil*, cit., v. V, p. 290-1): "Não existe, porém, *affectio societatis* entre os condôminos. No entanto, no mundo negocial o condomínio age tal qual uma pessoa jurídica. Em nossa obra *Direito civil: parte geral* (seção 13.6.2), aduzimos que o direito não pode ignorar realidades. O condomínio de edifícios possui o que denominamos *personificação anômala*. Qualificamo-lo como entidade com personificação anômala. O CPC, no art. 12 – hoje art. 75 –, estabelece como são representadas ativa e passivamente as pessoas jurídicas. O inciso IX – atual XI – da lei adjetiva atribui ao *síndico* a representação processual do condomínio. Destarte, não se nega sua personificação, fenômeno que supera e extrapola, evidentemente, a simples esfera processual. O condomínio atua na vida negocial como qualquer pessoa jurídica, dentro de seu âmbito de atuação. A realidade não admite outra solução. O condomínio tem, portanto, existência formal (*STJ* – 4ª T., RE 9.584-SO, Rel. Min. Sálvio de Figueiredo, in: Theotonio Negrão, *Código de Processo Civil e legislação processual em vigor*, nota 23 ao art. 12). Sua personificação mitigada é inafastável. Sua personalidade jurídica é reconhecida expressamente, por exemplo, na legislação francesa, cuja doutrina o qualifica como uma criação original do legislador. Por essa razão, afiguram-se-nos descabidas, estéreis e empedernidas discussões sobre a natureza da personalidade do condomínio regido pela Lei n. 4.591/64 e agora pelo Código Civil, as quais, no entanto, têm consequências práticas por vezes desastrosas para os interessados. Atenta contra a realidade do ordenamento o cartório imobiliário que, por exemplo, se recusa a transcrever unidade autônoma em nome do condomínio.

Assim temos:

c.6.2.3. Instituição e constituição

O Código Civil vigente distingue entre instituição de condomínio (art. 1.332, I a III) e sua constituição (arts. 1.333 e 1.334). Pelo novo diploma, ter-se-á a *instituição* do condomínio edilício por ato *inter vivos* ou *causa mortis*, registrado no Cartório Imobiliário (Lei n. 6.015/73, art. 167, I, n. 17), que contenha: *a*) a discriminação e individualização das unidades de propriedade exclusiva, estremadas umas das outras e das partes comuns; *b*) a determinação da fração ideal atribuída a cada unidade, relativamente ao terreno e partes comuns; e *c*) o fim a que as unidades se destinam, seja ele residencial e/ou comercial, evitando, com isso, desvio de uso. A sua *constituição* se opera pela convenção de condomínio, feita por escritura pública ou instrumento particular,

---

Nada impede que a comunidade condominial decida ser proprietária, por exemplo, de lojas ou estacionamento no edifício, explorando-os comercialmente e com isso reduzindo as despesas condominiais dos titulares das unidades autônomas. Nunca se negou a possibilidade de o condomínio deliberar e decidir locar dependência sua para restaurante ou outra finalidade mercantil. Existe, no dizer de João Batista Lopes, *personificação do patrimônio comum*. Se, ao espólio e à massa falida, entidades com personificação transitória, se permitem atividades similares, com maior razão ao condomínio que tem o conteúdo amplo de permanência inerente aos direitos reais. No entanto, enfatize-se, não se conclui simplesmente pela existência de personalidade jurídica no condomínio, afirmação sem maior fundamento legal, mas por essa conceituação de *personificação anômala* conferida pela própria lei condominial e pelo CPC, bem como decorrente de fato social".

E pelo Enunciado n. 90 do CJF (aprovado nas referidas Jornadas): "Deve ser reconhecida personalidade jurídica ao condomínio edilício nas relações jurídicas inerentes às atividades de seu peculiar interesse". Mas, pelo Enunciado n. 246, aprovado na III Jornada de Direito Civil, "fica alterado o Enunciado n. 90, com supressão da parte final: 'nas relações jurídicas inerentes às atividades de seu peculiar interesse'. Prevalece o texto: 'Deve ser reconhecida personalidade jurídica ao condomínio edilício'".

subscrita pelos titulares de, no mínimo, 2/3 das frações ideais, tornando-se desde logo obrigatória para os titulares de direito sobre as unidades, ou para quantos sobre elas tenham posse ou detenção, e registrada no Cartório de Registro de Imóveis, para ser oponível contra terceiros. Logo, a convenção de condomínio sem aquele registro só vinculará condôminos (Súmula 260 do STJ). Tal convenção, além das cláusulas do ato que instituiu o condomínio e das estipuladas pelos condôminos, deverá conter: *a*) a quota proporcional e o modo de pagamento das contribuições dos condôminos para atender às despesas ordinárias e extraordinárias do condomínio; *b*) a forma de administração; *c*) a competência das assembleias, forma de sua convocação e *quorum* exigido para as deliberações; *d*) as sanções a que estão sujeitos os condôminos ou possuidores e *e*) o regimento interno, que apresentará detalhes do cotidiano condominial, visto que caberá à convenção a delimitação e a disciplina da finalidade das unidades exclusivas e áreas comuns e a estipulação da competência dos órgãos administrativos e deliberativos. Não poderá conter cláusula contrária à lei, à ordem pública e aos bons costumes. "O *quorum* para alteração do regimento interno do condomínio edilício pode ser livremente fixado na convenção" (Enunciado n. 248 do Conselho da Justiça Federal, aprovado na III Jornada de Direito Civil).

Pode-se, portanto, instituir um condomínio em edifícios de apartamentos, em razão de:

1) *Destinação do proprietário do edifício*, mediante escritura pública, sendo que a venda das unidades autônomas pode ser realizada antes ou depois de concluída a obra. É o próprio dono do prédio que, no período de sua construção ou após este, constitui esse condomínio especial, ao vender as frações em que dividiu o edifício. "A escritura declaratória de instituição e convenção firmada pelo titular único de edificação composta por unidades autônomas é título hábil para registro da propriedade horizontal no competente registro de imóveis, nos termos dos arts. 1.332 a 1.334 do Código Civil" (Enunciado n. 504 do Conselho da Justiça Federal, aprovado na V Jornada de Direito Civil).

2) *Incorporação imobiliária*, que é o negócio jurídico que tem o intuito de promover e realizar a construção, para alienação total ou parcial, de edificações compostas de unidades autônomas (Lei n. 4.591/64, art. 28, parágrafo único). Em regra, os apartamentos são vendidos na planta.

Economicamente, a incorporação é um empreendimento que visa conseguir capital necessário para a construção do prédio, pela venda antecipada dos apartamentos.

O incorporador, pessoa física ou jurídica, comerciante ou não, compromete-se a construir o edifício e a entregar, a cada adquirente, a sua respectiva unidade, dentro de certo prazo e de determinadas condições (art. 29 da Lei n. 4.591/64). Isto porque, como o incorporador faz uma venda antecipada, a operação realiza-se sob a forma de promessa de venda, devidamente registrada (Leis n. 6.015/73 e 4.591/64, arts. 32, § 2º, e 35, § 4º).

De acordo com o art. 31 dessa mesma Lei, só pode ser incorporador: o proprietário do terreno, o promitente-comprador, o cessionário deste ou promitente-cessionário com título que atenda aos requisitos da alínea *a* do art. 32 e o construtor ou corretor de imóvel.

3) *Testamento*, em que se recebe, por herança, um prédio que deverá ter essa configuração. Deveras, se, por morte de alguém, constar do acervo hereditário um edifício de apartamentos da propriedade exclusiva do *de cujus* e se a partilha entre os coerdeiros consistir na outorga de apartamentos a cada um deles, claro está que esse fato dá origem a uma propriedade horizontal[254].

4) *Constituição do regime por vários herdeiros*, após a homologação da partilha, se o bem, objeto da herança, for um edifício.

5) *Arrematação em leilão público, doação, ou compra de frações do edifício.*

6) *Sentença judicial* em ação de divisão.

c.6.2.4. Direitos e deveres dos condôminos

Os direitos e deveres dos condôminos estão definidos nos arts. 1.335 a 1.347 do Código Civil e na "Convenção de Condomínio" (STJ, Súmula 260; *EJSTJ*, *8*:76, *12*:65, *13*:65), que é um ato-regra gerador de direito estatutário ou corporativo, aplicável não só aos que integram a comunidade, como também a todos os que nela se encontrem na condição permanente ou ocasional de "ocupantes"[255]. Tem natureza institucional, decorrente da expressão volitiva

---

254. Orlando Gomes, op. cit., p. 224-6; W. Barros Monteiro, op. cit., p. 232-4; Serpa Lopes, op. cit., p. 331-3; João Batista Lopes, op. cit., p. 50 e 95; Lair Silva e Scavone Jr., *Comentários ao Código Civil* (coords. Camillo, Talavera, Fujita e Scavone Jr.), São Paulo, Revista dos Tribunais, 2006, p. 968, 969, 977, 1001; *RT*, *489*:115, *485*:193; *RTJ*, *71*:425, *58*:119.

255. Caio M. S. Pereira, op. cit., p. 171. Aclibes Burgarelli, Natureza jurídica, validade e eficácia das convenções de condomínio após a vigência do novo Código Civil, in *Contribuições ao Estudo do novo Código Civil*, Campinas, Millenium, 2004, p. 105-19. Karina C. Yamamoto Memoli, Interpretações da doutrina e jurisprudência sobre os aspectos polêmicos do condomínio edilício no novo Código Civil, in *O Código Civil e sua interdisciplinaridade* (coords. José Brito Filomeno, Luiz Guilherme da Costa Wagner Júnior, Renato Afonso Gonçalves), Belo Horizonte, Del Rey, 2004, p. 378-399. "Condomínio. Multa. Aplicação do art. 1.336, § 1º, do Código Civil de 2002. Precedentes da Corte. Já assentou esta Terceira Turma que a 'natureza estatuária da con-

venção de condomínio autoriza a imediata aplicação do regime jurídico previsto no novo Código Civil, regendo-se a multa pelo disposto no respectivo art. 1.336, 1º' (REsp n. 722.904/RS, de minha relatoria, *DJ* de 1º/7/05)" (STJ, REsp 663.436/SP, rel. Min. Carlos Alberto Menezes Direito, Terceira Turma, j. em 16-3-2006, *DJ*, 1º-8-2006, p. 432). Sobre animal doméstico em apartamento: *RSTJ*, *99*:219; *RT*, *405*:175, *478*:151, *530*:142, *584*:114, *714*:144; *781*:230; *JSTJ*, *35*:208, *103*:117 e *110*:209; *JTJ*, *167*:32, *236*:218; sobre locação de apartamento a estudante: *RT*, *779*:277; sobre danos causados a veículos na garagem do edifício: *JSTJ*, *31*:251, *33*:292, *51*:282, *42*:215, *55*:229, *69*:176, *75*:211; sobre limpeza periódica da fachada dos prédios: Lei paulista n. 10.518/88 e Decreto paulista n. 33.008/93; sobre Convenção de Condomínio: *JB*, *166*:283; Convenção de Condomínio não precisa estar registrada para que o condomínio seja parte legítima em ação judicial (3ª Turma do STJ, REsp 445693. Para os fins do art. 1.334, § 2º, são equiparados aos proprietários, salvo disposição em contrário, os promitentes compradores e os cessionários de direitos relativos às unidades autônomas; a Súmula STJ n. 260 entende que: "a Convenção de Condomínio aprovada, ainda que sem registro, é eficaz para regular as relações entre os condôminos"; sobre alteração da área comum: *Repertório IOB de Jurisprudência*, *20*:387; *JSTJ*, *20*:151, *106*:114; sobre usufruto ou uso de vaga em garagem de edifício: *EJSTJ*, *11*:96; *JSTJ*, *106*:170; sobre despesas condominiais: *JSTJ*, *8*:359; sobre retirada de toldo: Na espécie, o condomínio ajuizou ação de obrigação de fazer para a retirada de toldo instalado em sacada de edifício contra o promitente vendedor da unidade imobiliária, transação realizada sem escritura registrada. O Min. Relator explicou que o promitente vendedor não tem legitimidade passiva para responder a essa ação, mormente quando o condomínio sabia da transação, tanto que cobrava as despesas do promitente comprador, o qual é o único capaz de cumprir a ordem judicial, se procedente o pedido (STJ, REsp 657.506-SP, rel. Min. Carlos Alberto Menezes Direito, j. em 21-11-2006). Sobre impenhorabilidade de cotas condominiais pagas para atender às despesas do condomínio: 2º TACSP – Ap. n. 793.022-00/9. Sobre a não responsabilidade do condomínio por furto ocorrido em unidade autônoma: *RT*, *770*:230. Consulte: *RT*, *711*:116. O STJ (2ª Seção, Embargos de Divergência em REsp 268.669-SP, j. 8-3-2006) vem afastando a ideia de responsabilidade do condomínio se este não assumiu expressamente, em sua Convenção, a obrigação de indenizar danos sofridos pelos condôminos, decorrentes de ilícitos ocorridos nas áreas comuns do prédio; logo não terá responsabilidade pelo prejuízo oriundo de furto de automóvel e acessórios perpetrado na garagem do edifício.

Vide Biasi Ruggiero, Quadra de esportes e ruído, *Tribuna do Direito*, n. 45, p. 2; e J. Nascimento Franco, Falta de vagas na garagem, *Tribuna do Direito*, janeiro de 2006, p. 6. CONDOMÍNIO – Demolitória. Obra em parede alterando a face exterior do prédio, de modo unilateral, por um dos condôminos, sem a anuência dos demais. Ilegalidade e afronta ao Regimento Interno. Procedência. Apelo provido (TJRS, 19ª Câm. Cível, ACi 70012551131-Porto Alegre-RS, rel. Des. Mário José Gomes Pereira; j. 13-12-2005, v.u.).

Breve Relato n. *77*:1 noticia: "Sempre que o inverno se aproxima, as famosas cidades da Serra Gaúcha começam a receber turistas aos montes, animados com a natureza exuberante, o clima gelado e os vinhos locais. E, naturalmente, os habitantes nativos aproveitam para faturar. Entre as oportunidades que surgem, está a locação de apartamentos por curta duração, hoje bastante facilitada pelos aplicativos digitais. Mas nem todo mundo fica feliz com essa modalidade de aluguel, que pode trazer alguns inconvenientes aos moradores permanentes dos condomínios. Assim, incomodado com essa ocupação transitória e a circulação de estranhos em suas dependências, um condomínio de Gramado-RS decidiu proibir a locação por temporada em todos os apartamentos. Apesar do inconformismo de alguns moradores – que já tinham ajustadas diversas locações para os meses subsequentes –, o juízo da 3ª Vara Cível do

do grupo condominial, que, consequentemente, deverá segui-la em prol do condomínio, sob pena de responder pelos danos causados. Salvo se houver disposição em contrário equiparam-se aos proprietários os promitentes compradores e os cessionários de direitos relacionados às unidades autônomas (CC, art. 1.334, § 2º). Logo a Convenção de Condomínio deverá ser seguida por essas pessoas. Sendo elaborada pelos próprios condôminos, por escrito, deve ser, como vimos, para ser oponível contra terceiros, registrada no Cartório de Registro de Imóveis, e só se torna obrigatória para os titulares de direito sobre as unidades, ou para quantos sobre elas tenham posse ou detenção, se for aprovada por 2/3 das frações ideais que compõem o condomínio (CC, art. 1.333 e parágrafo único). Pela Súmula 260 do STJ: "A Convenção de Condomínio aprovada, ainda que sem registro, é eficaz para regular as relações entre os condôminos". O registro daquela Convenção não tem efeito de lhe constituir personalidade jurídica, mas o de lhe atribuir encargos *interna corporis*.

Será preciso lembrar que, além das cláusulas do ato que institui o condomínio e das avençadas pelos consortes, a Convenção, feita por escritura pública, ou por instrumento particular, deverá, como já dissemos, conter: *a*) a quota proporcional e a maneira de pagamento das contribuições dos condôminos para atender às despesas ordinárias (p. ex., as feitas com água, energia elétrica) e extraordinárias (p. ex., edificação de garagem, reconstrução de telhado) do condomínio; *b*) a forma de administração; *c*) a competência assemblear, modo de sua convocação (por meio de notificação, edital etc.) e *quorum* exigido para as deliberações; *d*) sanções (p. ex., suspensão temporária de uso de espaço comum de lazer; pagamento de multa etc.) a que os condôminos e possuidores estão sujeitos; e *e*) o regimento interno, que é o conjunto de normas que complementam as disposições da Convenção, minudenciando questões alusivas aos interesses condominiais, p. ex., as sobre responsabilidade civil do condomínio por danos causados pelos condôminos a terceiros (CC, art. 1.334, I a V e § 1º).

Cada consorte, além de seu direito de, livremente, usar, fruir, dispor e gravar de sua unidade autônoma (CC, art. 1.331, § 1º, 1ª parte c/c o art. 1.335, I), poderá usar e gozar de certas partes comuns do edifício, como: vestíbulo, escadas, elevadores, corredores, desde que não desvirtue sua destinação e não

---

Foro Central de Porto Alegre rejeitou pedido liminar e manteve a validade da proibição deliberada em Assembleia, analisando o quórum, a convenção de condomínio, e a legitimidade das preocupações manifestadas, que incluíam situações concretas como uso de drogas, festas em roupas íntimas na piscina e a superlotação de apartamentos (Processo n. 001/1.16.0153816-3, decisão publicada em 13 de dezembro de 2016)".

cause danos ou incômodos aos demais comunheiros nem exclua a sua utilização pelos demais condôminos (CC, art. 1.335, II). "O direito do condômino a guardar um automóvel na garagem do edifício é de natureza real, e seu exercício no plano fático configura posse, tutelável através dos remédios jurídicos possessórios. Provadas essa posse e a turbação por ato da administração do edifício, julga-se procedente a ação de manutenção, independentemente de qualquer indagação sobre a efetiva existência do direito" (*ADCOAS*, 1982, n. 85.413); "mas não tem o condômino posse sobre lugar em garagem, demarcada em caráter provisório pela administração do condomínio" (*ADCOAS*, 1983, n. 89.781). A falta de vagas na garagem, vendidas ou não construídas, tem sido considerada defeito de construção indenizável pelo incorporador ao condomínio e ao comprador que ficar sem direito à vaga. Os condôminos prejudicados, cujas unidades sofreram desvalorização em razão do referido defeito, poderão propor contra o vendedor ação indenizatória por quantia equivalente ao número de vagas faltantes (*RT*, *540*:117, *577*:85, *542*:107, *702*:91; *RJTACSP*, *114*:177). O seguro é obrigatório, mas cada consorte poderá contratá-lo em separado para sua unidade autônoma.

Cada condômino tem, ainda, direito de votar nas deliberações da assembleia e dela participar, estando quite (CC, art. 1.335, III) com o caixa relativamente aos encargos condominiais.

A par desses direitos tem muitas obrigações, tais como:

a) observar as regras de boa vizinhança, para evitar desinteligências.

Para tanto, não pode utilizar sua unidade e as áreas comuns de modo prejudicial ao sossego, salubridade e segurança dos condôminos ou aos bons costumes (CC, art. 1.336, IV, 2ª parte).

b) não alterar a forma externa e a cor da fachada, a não ser com a anuência de *todos* os consortes (*RTJ*, *68*:509; *Rev. Juris*, *19*:191; *RT*, *751*:243, *783*:416 e *503*:84; CC, art. 1.336, III, 1ª parte);

c) não decorar as partes e esquadrias externas com tonalidades ou cores diversas das empregadas no conjunto da edificação (CC, art. 1.336, III, 2ª parte), mas para a segurança de crianças será permitida a instalação de redes de proteção nas varandas, apesar de alterar a estética predial;

d) não destinar a unidade a utilização diversa da finalidade do prédio (CC, art. 1.336, IV, 1ª parte);

e) não praticar qualquer ato atentatório aos bons costumes ou prejudicial ao sossego ou realizar obra que possa ameaçar a segurança do edifício (se, p. ex., um condômino de um edifício, em cuja construção foi empregado o sistema de alvenaria estrutural, remover uma parede interna de seu apartamento, causará dano estrutural ao prédio, e, por isso, deverá pagar perdas e danos, e será ainda possível cumular com elas a ação de nunciação de obra nova para paralisar tal obra), ou prejudicar a higiene e limpeza (CC, art. 1.336, II). Pelo Enunciado n. 566, do Conselho da Justiça Federal, aprovado na VI Jornada de Direito Civil: "A cláusula convencional que restringe a permanência de animais em unidades autônomas residenciais deve ser valorada à luz dos parâmetrros legais de sossego, insalubridade e periculosidade".

f) não embaraçar o uso das partes comuns (*EJSTJ*, *8*:77 e 78; *JB*, *166*:119; *Repertório IOB de Jurisprudência*, *20*:387; *Ciência Jurídica*, *70*:175, *69*:311);

g) não pode alienar ou alugar as garagens ou abrigos para veículos a pessoa estranha ao condomínio, uma vez que se caracterizam como serventias das unidades, salvo autorização expressa na convenção de condomínio (CC, art. 1.331, § 1º, 2ª parte, com a redação da Lei n. 12.607/2012). A disciplina das vagas da garagem é da alçada da assembleia, que poderá deliberá-las por sorteio ou rodízio, quando não demarcadas, prevendo, ainda, o local para visitantes e estipulando proibições ao uso da vaga, pois nesta não será permitido, p. ex., o depósito de lenha, de entulhos ou de móveis do condômino. Se a lei proíbe a venda de vagas de garagem a estranhos ao condomínio, pode a convenção, para atingir os mesmos fins, vedar a locação (*Bol. AASP*, *1936*:9). Todavia, essa restrição não é aplicável aos edifícios-garagens, onde são unidades autônomas vinculadas às respectivas frações ideais (*RT*, *407*:327, *420*:206; *RTJ*, *38*:641). "Quando à vaga de garagem for atribuída fração ideal de terreno, considerar-se-á unidade autônoma não vinculada à unidade habitacional, não havendo como se falar em extensão do usufruto instituído sobre o apartamento, eis que inexiste relação de acessoriedade entre as unidades. Necessário se faz disposição expressa do nu-proprietário e inscrição notarial do usufruto sobre a vaga" (*Bol. AASP*, *1915*:95). É preciso lembrar que o condômino não tem direito de preferência para adquirir vaga de garagem autônoma, vendida com o apartamento a estranho, pelo outro consorte proprietário, que pode aliená-la livremente (*ADCOAS*, 1982, n. 82.899). Já o Código Civil, no art. 1.338, consagra o direito de preferência do condômino (proprietário e possuidor direto) e, depois dele, do possuidor direto (locatário ou comodatário) em condições iguais à locação do abrigo para veículos em relação a estranhos (não moradores), e, ainda, pelos Enunciados: a) n. 91 do Conselho da Justiça Federal (aprovado na I Jornada de Direito Civil): "A convenção de condomínio, ou a assembleia geral, podem vedar a locação de área de garagem ou abrigo para veículos a estranhos ao condomínio" e b) n. 320 do Conselho da Justiça Federal (aprovado na IV Jornada de Direito Civil): "O direito de preferência de que trata o art. 1.338 deve ser assegurado não apenas nos casos de locação, mas também na hipótese de venda da garagem". Se mais de um condômino tiver interesse na locação da garagem, pelo art. 1.322 combinado com o art. 1.338, dar-se-á a preferência àquele que residir ou atuar na unidade imobiliária, por ser, p. ex., proprietário e possuidor direto. Carlos Alberto Dabus Maluf e Márcio A. Motta R. Marques alertam-nos que há permissão para vender garagem que tenha "matrícula em separado da unidade autônoma e lançamento fiscal individualizado", mas, como na maior parte dos condomínios edilícios "a garagem integra a matrícula e o lançamento fiscal da unidade autônoma (residencial ou comercial) a que está vinculada", inviabiliza a sua alienação a terceiro sem previsão na Convenção de Condomínio. Esclarecem Jones Figueirêdo Alves e Mário Luiz Delgado que, "se à garagem não tiver sido atribuída específica fração ideal do terreno, não se poderá falar em propriedade exclusiva, não existindo, pois, o direito à livre alienação de que trata o § 1º do art. 1.331. Nesse caso a garagem é considerada parte acessória da unidade imobiliária e a sua alienação sujeita-se às disposições do § 2º do art. 1.339". O Código Civil no art. 1.339, § 2º, permite ao condômino alienar parte acessória de sua unidade imobiliária a outro condômino, titular de unidade contígua, só podendo fazê-lo a terceiro se isso for permitido pela convenção e se a isso não se opuser a assembleia geral dos condôminos. Para tanto deverá apresentar oferta aos condôminos, mediante: a) comunicação ao síndico que afixará no prédio um aviso a todos da alienação a ser feita; ou b) aviso de convocação para a assembleia, que equivalerá à oferta de preferência. Formalizada a oferta, a alienação será contratada com aquele condômino que se apresentar. Se vários forem os interessados, far-se-á um sorteio para escolher um deles, em dia e hora designados pelo síndico. Não havendo estipulação na convenção de condomínio vedando o acesso de estranho à vaga ou à parte acessória a ele alienada, o síndico poderá, no exercício de suas funções, para garantir a privacidade condominial, proibir tal alienação. A preferência aos demais condôminos deverá dar-se na hipótese de venda a estranho ao condomínio, visto que o condômino pode alienar parte acessória (p. ex., garagem, depósito) à sua unidade (CC, art. 1.339, § 2º). Trata-se de exceção à regra de que os direitos de cada condômino às partes comuns são inseparáveis de sua propriedade exclusiva e das frações ideais correspondentes às unidades imobiliárias, com suas partes acessórias, sendo-lhe proibido alienar ou gravar os bens em separado (CC, art. 1.339 e § 1º). O condômino não pode alienar nem gravar (hipotecar) sua fração ideal alusiva às áreas comuns, sem que haja alienação ou oneração de sua unidade autônoma. P. ex.: se hipotecar seu apartamento, tudo que a ele se relacionar no condomínio integrará àquele ônus real.

O art. 1.336, § 2º, prescreve que o transgressor dos deveres do art. 1.336, II a IV, ficará sujeito ao pagamento de multa prevista no ato constitutivo ou na convenção. Tal multa não poderá ser superior a cinco vezes o valor de suas contribuições mensais, independentemente das perdas e danos que se apurarem. Se não houver disposição expressa a assembleia geral deliberará, por 2/3 no mínimo dos condôminos, sobre a cobrança dessa multa (CC, art. 1.336, § 2º).

Se o condômino ou possuidor apresentar infração reiterada aos seus deveres poderá, havendo deliberação de 3/4 dos condôminos, ser constrangido a pagar multa correspondente até o quíntuplo do valor da despesa de condomínio, conforme a gravidade das faltas cometidas e a reiteração, independentemente das perdas e danos (CC, art. 1.337, *caput*). E se com essa conduta antissocial reiterada (p. ex., uso do imóvel para constantes festas noturnas espalhafatosas, atividades ilícitas, como jogos de azar ou prostituição; incômodo provocado por cão feroz – *RT, 405*:175; agressão verbal ou física a empregado do condomínio – TST, Recurso de Revista n. 1464-27 2010.5.20.000 2, publ. 12-12-2011 – etc.) causar incompatibilidade de convivência com os demais, deverá pagar multa correspondente ao décuplo do valor relativo à contribuição para as despesas condominiais, até ulterior deliberação assemblear (CC, art. 1.337, parágrafo único). Tal multa, portanto, poderá ser aplicada pelo síndico, desde que isso seja admitido pela convenção, sendo ratificada pela assembleia, pelo voto de 3/4 dos condôminos. A aplicação imediata da multa pelo síndico não prescinde de prévia comunicação ao infrator, assinalando-lhe prazo para justificar seu comportamento. Assim, coibindo-se o abuso do direito na esfera da propriedade, pressiona-se o condômino à observância das normas condominiais, mas as sanções do art. 1.337 do Código Civil não poderão ser aplicadas sem que se garanta direito de defesa ao condômino nocivo (Enunciado n. 92 do Conselho da Justiça Federal, aprovado nas Jornadas de Direito Civil de 2002).

Entendeu o CJF; "Verificando-se que a sanção pecuniária mostrou-se ineficaz, a garantia fundamental da função social da propriedade (arts. 5º,

XXIII, da CRFB e 1.228, § 1º, do CC) e a vedação ao abuso do direito (arts. 187 e 1.228, § 2º, do CC) justificam a exclusão do condômino antissocial, desde que a ulterior assembleia prevista na parte final do parágrafo único do art. 1.337 do Código Civil delibere a propositura de ação judicial com esse fim, asseguradas todas as garantias inerentes ao devido processo legal" (Enunciado n. 508, aprovado na V Jornada de Direito Civil).

Se, porventura, o faltoso vier a pagar aquela multa que não recebeu ratificação assemblear, o condomínio deverá restituir o *quantum* pago.

Nada impede que se coloquem áreas de lazer ou de utilização comum à disposição dos condôminos, mediante cobrança de uma taxa, que será revertida para o fundo condominial, para fazer frente às despesas com a administração.

Além do mais, como cada unidade corresponde a uma fração ideal do edifício e do solo (CC, art. 1.331, § 3º), cada consorte é obrigado a concorrer com sua quota para as despesas do condomínio, conforme ao quinhão ou fração ideal identificada em forma decimal ou ordinária no instrumento de constituição do condomínio, salvo disposição em contrário na convenção, por ser este o critério mais justo, impedindo enriquecimento ilícito (CC, art. 1.336, I; CPC, arts. 784, VIII e 1.063; Lei n. 9.099/95, art. 3º, II; *JB*, *166*:283; *JTACSP*, *25*:111; *RT*, *413*:211, *418*:402, *808*:297, *780*:299 e *739*:307; *ADCOAS*, 1983, n. 89.777, 89.778, 89.779, 90.022; 1982, n. 85.411, 81.356, 82.505; *RJE*, *1*:424, *2*:444, 400 e 324, *3*:19 e 5, *4*:8). A cobrança judicial de taxa devida ao condomínio segue o procedimento comum (CPC, art. 319) ou o processo de execução (CPC, arts. 778, 784, X, e 785). Urge esclarecer, ainda, que a execução judicial de crédito relativo à contribuição condominial possibilita a penhora da unidade autônoma, mesmo se gravada com cláusula de impenhorabilidade e inalienabilidade (*RT*, *811*:449, *815*:410). É preciso lembrar que condomínio irregular tem legitimidade ativa *ad causam* para cobrar taxa condominial em atraso (*BAASP*, *2.613*:1634-6).

Pelo art. 1.340 do Código Civil, as despesas alusivas a partes comuns de uso exclusivo de um condômino, ou de alguns deles, como, p. ex., loja, escadaria, antena coletiva, instalação de TV a cabo ou *hall* de elevador privativo, incumbem a quem delas se servir.

Ao proprietário do terraço de cobertura (CC, art. 1.331, § 5º), por ser usuário exclusivo, incumbirá o pagamento das despesas de sua conservação, de modo que não haja dano (p. ex., infiltração de água) às unidades imobiliárias inferiores (CC, art. 1.344), garantindo sua segurança. Deverá, ainda, reparar, às suas expensas, eventuais infiltrações de água que causar ao pavimento inferior, pois não poderá onerar o condomínio. Sobrevindo qualquer dano, o lesado poderá exigir pagamento de indenização. Se o terraço de cobertura for propriedade comum, os encargos com sua conservação serão pagos pelo condomínio, partilhando-os entre todos os condôminos.

O comunheiro que não pagar sua contribuição na proporção de sua fração ideal, salvo disposição em contrário na convenção (CC, art. 1.336, I) no prazo fixado na convenção ficará sujeito aos juros moratórios convencionados ou, não sendo previstos, os de 1% ao mês e multa de até 2% sobre o débito[256] (CC, art. 1.336, § 1º; *Bol. AASP, 1897*:141; *EJSTJ, 12*:65 e 66).

---

256. Orlando Gomes, op. cit., p. 226-8; Adriana C. R. F. D. Maluf e Márcio A. M. R. Marques, Responsabilidade civil no condomínio edilício. *10 anos de vigência do Código Civil brasileiro de 2002* (coord. Christiano Cassettari), São Paulo, Saraiva, 2013, p. 411-425; Carlos Alberto Bittar, Limites da responsabilidade civil de condomínios imobiliários, *Repertório IOB de Jurisprudência, 20*:394 e s.; Vanessa Santi Castro, Responsabilidade civil do condomínio em relação a danos sofridos pelos condôminos nas áreas comuns, *Responsabilidade civil* (org. Luiz Fernando do Vale de A. Guilherme), São Paulo, Rideel, 2011, p. 177 a 196; W. Barros Monteiro, op. cit., p. 230-1; Rubens C. Elias Filho, A exclusão do condômino nocivo ou antissocial à luz dos atuais contornos do direito de propriedade, *Fundamentos do Direito Civil Brasileiro* (org. Everaldo A. Cambler), Campinas, São Paulo, Millennium, 2012, p. 355-74; Caio M. S. Pereira, op. cit., p. 170-1; Jacques Marcello A. Stefanes, A taxa de juros no condomínio edilício, *Jornal Síntese* n. *76*:16-7; João Batista Lopes, op. cit., p. 96; J. Nascimento Franco, Exclusão de condômino nocivo à tranquilidade da convivência condominial, *Revista de Direito Civil Imobiliário, Agrário e Empresarial*, 1977, *1*:119 a 121; Jorge Tarcha e Luiz A. Scavone Jr., *Despesas ordinárias e extraordinárias de condomínio,* São Paulo, Juarez de Oliveira, 2000; Nelson Kojranski, A multa de 2% das despesas de condomínio, *Tribuna do Direito*, março, 2003, p. 20; Américo Angélico, *Condomínio no novo Código Civil*, São Paulo, Juarez de Oliveira, 2003, p. 48-50; J. Nascimento Franco, Locação ou venda de vaga, *Tribuna do Direito*, agosto 2003, p. 6; Carlos Alberto Dabus Maluf, Novo Código, condomínio e propriedade, *Tribuna do Direito*, maio 2002, p. 16; Dabus Maluf e Ramos Marques, *O condomínio edilício no novo Código Civil*, São Paulo, Saraiva, 2004, p. 57; Gabriel Karpat, *Condomínios – orientação e prática*, Rio de Janeiro, Forense, 2004. Despesa condominial é obrigação indivisível, *RJE*, *3*:5. Gabriele Tusa, Condomínio edilício – a multa por atraso no pagamento da prestação condominial, *Novo Código Civil – interfaces no ordenamento jurídico brasileiro* (coord. Giselda Maria F. Novaes Hironaka), Belo Horizonte, Del Rey, 2004, p. 223-232; Jones F. Alves e Mário Luiz Delgado, *Código Civil anotado*, São Paulo, Método, 2004, p. 669; Rubens Carmo Elias Filho, *As despesas do condomínio edilício*, São Paulo, Revista dos Tribunais, 2005. Olney Q. Assis, Condomínio edilício e o novo CPC, *Revista Síntese – Direito Civil e Processual Civil, 97*:391 a 414. Entende-se que o condômino deve concorrer para as despesas condominiais na proporção de sua fração ideal, salvo disposição em contrário da convenção condominial, que só pode ser alterada pelo voto mínimo de condôminos que representem 2/3 das frações ideais (CC, arts. 1.336, I, 1.333 e 1.334, I). Por isso a 3ª Turma do STJ negou eficácia à deliberação tomada em Assembleia Geral, por maioria simples, que determinara o rateio de despesas de obras de impermeabilização e reparos estruturais pelo número de apartamentos e não na proporção de fração ideal correspondente a cada unidade (Agravo de Instrumento n. 420.775-SP, j. 6-10-2005, rel. Min. Ari Pargendler). Depende de aprovação de condôminos titulares

de 2/3 das frações ideais as deliberações sobre forma de administração, competência das assembleias, forma de sua convocação e *quorum*, sanções a que estão sujeitos os condôminos e regimento interno (CC, art. 1.334, II a V), visto que tais matérias estão regidas na Convenção do Condomínio. Existem deliberações que requerem aprovação unânime dos condôminos, como as alusivas à discriminação e individualização das unidades de propriedade exclusiva, extremadas umas das outras e das partes comuns, à determinação da fração ideal atribuída a cada unidade, relativamente ao terreno e partes comuns, ao fim a que se destinam as unidades (CC, art. 1.332, I a III), à construção de outro pavimento ou de outro edifício no solo comum (CC, art. 1.343). Sobre isso Duarte Garcia, Caselli Guimarães e Terra, Rateio de despesas de condomínio e outras deliberações condominiais, *Breve Relato*, *24*:2-3. O 2º TACSP (Ap. s/ Rev. 667.77500/6, j. 30-7-2003, rel. Juiz Irineu Pedrotti; Ap. s/ Rev. 724.470-00/1, j. 29-7--2003, rel. Juiz Antônio Rigolin), o TJRJ (Ac 2003.001.09715, j. 7-10-2003, rel. Des. Carlos Lavigne de Lemos) e o TJRS (Ac. 70005583398, j. 20-2-2003, rel. Des. Breno P. C. Vasconcellos) têm aplicado o art. 2.035 e decidido que a Convenção de Condomínio subordina-se à norma do Código Civil, reduzindo-se a multa até 2% nos termos do art. 1.336, I e § 1º, a partir de sua vigência; logo apenas não alcançará as parcelas vencidas antes de 11 de janeiro de 2003, atingindo as vincendas. Pelo Enunciado n. 96 (I Jornada de Direito Civil) do Conselho da Justiça Federal: "O condômino que não pagar sua contribuição ficará sujeito aos juros moratórios convencionados ou não, não sendo previstos, de um por cento ao mês (1%) e multa de até 10% sobre o débito".

Taxa condominial – Condomínio irregular – Legitimidade ativa para efetuar a cobrança de despesas condominiais – ART. 12/CPC, inc. VII – atual art. 75, IX – Notificação premonitória – Não acolhimento. Ação de cobrança. Taxas condominiais. Condomínio irregular. Preliminar. Ilegitimidade ativa *ad causam* e *ad processum*. Necessidade de notificação premonitória. Desacolhimento. Legalidade da cobrança. 1. O condomínio constituído de forma irregular é parte legítima para efetuar a cobrança de despesas condominiais aprovadas em assembleia geral, em conformidade com o disposto no art. 12, inc. VII – atual art. 75, IX – do CPC. 2. A administração do condomínio é exercida pelo síndico, cumprindo-lhe contratar advogados para a defesa de seus interesses. 3. A aquisição de imóvel obriga o adquirente ao pagamento das despesas condominiais independentemente de notificação premonitória. 4. Demonstrada a origem e destinação das taxas fixadas em assembleia, não há falar-se em inexistência de dívida a ser paga em favor do condomínio, considerando-se que são os próprios condôminos que usufruem dos benefícios oferecidos pela cobrança dessas taxas. 5. Recurso improvido (TJDF, Ap. Cível n. 20040110468208, 6ª T. Cív., ac. un., rel. Des. Otávio Augusto, j. 19-9-2005, DJDF, 1º-12-2005).

"Cobrança – Taxas condominiais – Ilegitimidade passiva – Promessa de compra e venda – Transferência da posse – Multa moratória – Redução. Apesar de o promissário comprador não deter a posse, uso e gozo do imóvel, não tendo recebido as chaves do mesmo, entendo que está obrigado a arcar com despesas condominiais, por força do contrato de compra e venda. O § 1º do art. 1.336 do novo Código Civil, que prevê o teto de 2% a título de multa por atraso no pagamento das despesas condominiais incide nas obrigações vencidas a partir de 12/1/2003, data da entrada em vigor daquele Código, prevalecendo até então o que foi pactuado entre as partes, se de acordo com a legislação civil então vigente e se ausente abusividade. V.V.: Somente quando ficar patente a disponibilidade da posse, do uso e do gozo da coisa é que se reconhece legitimidade passiva ao promitente comprador de unidade autônoma quanto às obrigações respeitantes aos encargos condominiais, ainda que não tenha havido o registro do contrato de promessa de compra e venda. Não sendo o réu, no caso dos Autos, proprietário do imóvel em questão, e tendo demonstrado sequer estar na posse do mesmo, não pode responder pelo pagamento das taxas condominiais" (TJMG, 17ª Câm. Cível, ACi n. 1.0188.03.015802-9/001 - Nova Lima - MG, rel. Des. Lucas Pereira, j. 17-5-2007, m.v., *BAASP, 2.567*:1493-2).

Ação rescisória. Sentença. Ação de cobrança de cotas condominiais. Alegação de nulidade de citação. Circunstância conducente à hipótese de ausência de pressuposto processual de existência. Cenário que não desafia o ajuizamento de ação rescisória. Hipótese de *querella nulitatis*. Indeferimento da petição inicial. Extinção do processo sem resolução do mérito (TJSP – 26ª Câmara de Direito Privado, Ação Rescisória n. 2052045-59.2014.8.26.0000-São José do Rio Preto-SP, Rel. Des. Antonio Nascimento, j. 30-4-2014, v.u.).

Pelo STJ (REsp 778.145 e REsp 444.931, 3ª T., rel. Min. Ari Pargendler), nova despesa de condomínio pode ser cobrada se votada em assembleia.

Súmula 12 do TJSP: "A ação de cobrança pode ser direcionada contra todos ou qualquer dos condôminos individualmente, no caso de unidade autônoma pertencente a mais de uma pessoa".

Súmula 13 do TJSP: "Na ação de cobrança de rateio de despesas condominiais, consideram-se incluídas na condenação as parcelas vencidas e não pagas no curso do processo até a satisfação da obrigação (art. 290 – atual art. 323 - do CPC)".

Sobre furto de veículo estacionado na garagem do edifício: *JB, 162*:317, *166*:113 e 123; *RSTJ, 92*:212; *RT, 576*:124, *598*:77 e 66, *536*:208; *EJSTJ, 10*:94 e 95, *13*:81; *ADCOAS*, 1982, n. 86.897; 1º TARJ, 1983, n. 90.154: "Responde civilmente o condomínio pelo furto de veículo de morador do prédio, ocorrido no interior da garagem, pela culpa *in eligendo*, decorrente da omissão de seus prepostos encarregados da guarda dos bens comuns e dos particulares"; *Ciência Jurídica, 56*:299; *EJSTJ, 8*:77 – Não tendo assumido, explícita ou implicitamente, o dever de guarda e vigilância, o condomínio não pode ser responsabilizado por furto de veículo ocorrido na garagem do edifício. Recurso não conhecido.

Sobre furto de moto, *RT, 701*:65, *589*:77 e *591*:91; *JB, 166*:136, 156, 196 e 296; *Ciência Jurídica, 79*:134; *EJSTJ, 18*:53; *Bol. AASP, 1863*:106; e de bicicleta; *Ciência Jurídica, 63*:316; *JB, 166*:126 e 173; e sobre dano a veículo na garagem; *Ciência Jurídica, 69*:311; *JB, 166*:202, 194, 186, 171, 134, 103, 101, 99 e 97. "Prevendo a convenção que o condomínio não é responsável pelos danos sofridos por veículos estacionados na garagem do prédio, não é admissível, em caso de furto, pleitear-se indenização, porque lícita a cláusula de não indenizar" (*Bol. AASP, 1917*:101). Mas já há julgado (*Bol. AASP, 1799*) no sentido de que violência ou roubo em garagem coletiva exclui a responsabilidade do condomínio, ante sua inevitabilidade, pois a coação do delinquente supera qualquer diligência ordinária na guarda dos veículos em sua garagem (Ap. 159.836-1/4).

O STJ (Emb. de Divergência em REsp n. 268.669 – SP, 2ª seção, j. 8-3-2006) vem entendendo que não há responsabilidade do condomínio se este não assumiu expressamente, em sua convenção, a obrigação de indenizar os danos sofridos pelos condôminos, decorrentes de atos ilícitos ocorridos nas áreas comuns do prédio. Isto porque a socialização do prejuízo sofrido por um dos integrantes do grupo onera a todos e é preciso que a concordância em suportar o ressarcimento seja unânime ou manifestada pela maioria exigida.

Ação de obrigação de não fazer c/c pedido de cobrança de multa fixada em assembleia. Utilização de vagas de garagem para estacionamento de três automóveis, em local destinado a apenas dois. Descumprimento de convenção condominial. Dever de abstenção reconhecido. Cobrança de multa afastada, em razão de desrespeito ao quórum exigido por lei para a aplicação da penalidade. Sucumbência recíproca reconhecida. Recurso parcialmente provido (*BAASP, 2874*:12).

Nelson Kojranski (Sorteio periódico de vagas, *Tribuna do Direito*, agosto 2006, p. 6) observa que, para sanar a deficiência de áreas de estacionamento em garagem coletiva de edifícios de apartamentos, a solução seria o sorteio periódico, a cada um ou dois anos, para atender a igualdade condominial. Lembra-nos que, recentemente, o TJSP (4ª Câmara de Direito Privado, EI 304.405-4/3-02) teve de enfrentar pleito de um condômino que, decorridos 20 anos do sorteio, deliberado por assembleia, pretendia a declaração de ineficácia desse critério. Propugnou pela fiel obediência ao estabelecido na convenção, ou seja, que os espaços da garagem fossem ocupados em "ordem de chegada" dos condôminos, não mais prevalecendo a reserva de uso exclusivo ditada pelo sorteio, com o qual o próprio querelante sempre concordara. Motivos para o retorno da regra convencional e da legislação aplicável não convenceram a maioria dos julgadores, quer em sede de apelação, quer em posteriores embargos infringentes. O fundamento nuclear adotado para o desacolhimento da tese do "retorno ao *statu quo ante*" lembrou o instituto identificado na literatura jurídica universal pela expressão *venire contra factum proprium*, ou seja, a renúncia tácita a um direito, que é manifestado pelo renunciante e aceito pelos outros interessados com boa-fé objetiva (*a suppressio*).

Quanto ao roubo em apartamento: 1º TARJ, *ADCOAS*, 1983, n. 90.339: "Tratando-se de unidade residencial em prédio misto, com grande movimento de entrada e saída de pessoas, impossível uma perfeita fiscalização por parte do porteiro. Assim, inadmissível pretender o condômino ressarcimento por parte do condomínio por motivo de roubo verificado em seu apartamento".

Responsabilidade por dano causado pelo manobrista do condomínio: *RT*, *576*:124, *551*:138.

Sobre agressão física praticada por condôminos na garagem do prédio: "Hipótese em que foi ajuizada ação de compensação por danos morais por condômino em face do condomínio, decorrente de agressão física praticada na garagem do prédio. O condomínio não responde pelos danos morais sofridos por condômino, em virtude de lesão corporal provocada por outro condômino, em suas áreas comuns, salvo se o dever jurídico de agir e impedir a ocorrência do resultado estiver previsto na respectiva convenção condominial. O dissídio jurisprudencial deve ser comprovado mediante o cotejo analítico entre acórdãos que versem sobre situações fáticas idênticas. Recurso especial do condomínio conhecido e provido e negado provimento ao recurso especial do condômino" (STJ, 3ª T., REsp n. 1.036.917/RJ, rel. Min. Nancy Andrighi, j. 24-11-2009; *BAASP*, *2677*-613-01).

Sobre uso devido de automóveis por empregado do condomínio: *RT*, *549*:203. Responsabilidade do condomínio por culpa *in vigilando*, em caso de furto de toca-fita em automóvel estacionado em garagem de condomínio: *Ciência Jurídica*, *56*:299.

Em relação à taxa condominial prevista na Convenção, antes do Código Civil de 2002, de conformidade com a Lei n. 4.591/64, art. 12, § 3º, esta, segundo alguns autores, prevalecerá por força do art. 2.035, *caput*, do Código Civil vigente, da CF, art. 5º, XXXVI, e da LINDB, art. 6º, § 1º. Quanto à prescrição da pretensão de cobrança de quotas condominiais, a doutrina se divide. Uns acham que o prazo é quinquenal (CC, art. 206, § 5º, I; STJ, REsp 1.139.030, 3ª Turma, rel. Min. Nancy Andrighi), outros que é de 10 anos (CC, art. 205). Consulte: Américo I. Angélico, Prescrição e condomínio, *Tribuna do Direito*, julho 2003, p. 16.

Observa Sílvio de S. Venosa (*Direito civil*, cit., v. V, p. 304) que: "Outra questão paralela é saber se a convenção ou o regulamento pode impedir que pessoas de grande fama, artistas, políticos e outros do mesmo grau também podem ser repelidos da comunidade condominial. A permanência de pessoas desse nível atrai inevitavelmente a atenção popular e órgãos da imprensa para o edifício, não bastasse a cupidez de assaltantes e sequestradores, prejudicando a tranquilidade do cidadão comum que ali reside ou trabalha. Cremos que a situação merece solução com base nos princípios

Tal multa de 2%, mesmo que a convenção condominial, estipulando 20%, seja anterior à data do vigente Código Civil, vem sendo mantida pelo STJ, desde que a dívida tenha surgido durante a égide do novel Código Civil (3ª T., REsp 722.904; 4ª T., REsp 663.285/SP, j. 8-11-2004)[257]. "É nula a estipu-

do abuso de direito, que é, inclusive, texto expresso no novo Código (art. 187). Outra não é a solução em países de primeiro mundo. Aliás, as associações corporativas e esportivas em geral estabelecem um julgamento prévio para a admissão de seus membros. A situação é analógica à do condomínio. Essas pessoas requerem constante vigilância, presença permanente de segurança e guarda-costas, o que por si só é inconveniente. É tempo de ser enfrentado o problema entre nós. J. Nascimento Franco e Nisske Gondo lembram da situação em que foi colocado o ex-presidente Richard Nixon, já falecido, que não conseguiu mudar-se para apartamento que adquirira na Park Avenue, região mais nobre de New York, porque a convenção de condomínio vedava a ocupação por pessoas dessa graduação, o mesmo tendo sucedido com a cantora Barbra Streisand e com um príncipe saudita. Não se argumente, pois, contra essa proibição com a alegação da amplitude do direito de propriedade e com a garantia constitucional, pois a decisão emana do maior exemplo de democracia da atualidade, em que mais se preservam os direitos individuais e sociais". A 2ª Turma do STJ (REsp 595099) já decidiu que a vaga da garagem é parte do apartamento e se este for bem de família, a vaga também o será, sendo impenhorável. Consulte *sobre despesas condominiais*: *RT*, *797*:311, *799*:321; *RSTJ*, *129*:344 e *128*:323.

Interessante é o trabalho de Adiloar F. Zemuner, O fundo de reserva no condomínio, *Boletim de Direito Imobiliário*, *14*:6 (2000).

Somente quando já tenha recebido as chaves e passado a ter disponibilidade da posse, do uso e do gozo do apartamento é que o compromissário comprador passa a ser responsável pelo pagamento das despesas de condomínio, mesmo que o compromisso de venda e compra não tenha sido assentado no Registro de Imóveis. Mas, se ao compromissário comprador não foi transferida a posse do imóvel e se o registro da propriedade ainda está em nome do promitente vendedor, continua este a responder pelos encargos condominiais. Nesse sentido a decisão da Quarta Turma do Superior Tribunal de Justiça, por votação unânime, no julgamento do Recurso Especial n. 660.229, de São Paulo, em 21-10-2004, com apoio em precedentes daquela Corte.

257. Observa João Batista Lopes, "o regime do condomínio edilício se impõe à vontade dos condôminos, que devem, por isso, submeter-se ao comando legal. À luz dessas considerações, não pode o condomínio, a pretexto de que sua constituição ocorreu antes da vigência do novo Código, pretender a perpetuação do tratamento dado ao instituto pela lei anterior. *Ad instar* do que ocorre com as normas sobre locação de imóveis, não se pode pretender, sob invocação de direito adquirido ou ato jurídico perfeito, a eternização do regime jurídico adotado pelas partes antes da vigência da lei nova. Não vigora, aqui, o princípio *tempus regit actum*, mas o que a doutrina denomina lei do progresso social, afigurando-se impróprio falar em direito adquirido à manutenção de regime jurídico alterado pela lei nova. À luz dessas considerações, não pode o condomínio, invocando cláusula da convenção, pretender cobrar multa superior ao limite de 2% agora estabelecido" (João Batista Lopes, *Condomínio*, 8. ed. rev., atual. e ampl., São Paulo, Revista dos Tribunais, 2003, p. 182-183). No mesmo sentido Campos Batalha: "a lei reguladora dos direitos e deveres dos condôminos de edifícios divididos em andares ou apartamentos autônomos tem aplicação imediata aos condomínios existentes. As cláusulas das convenções ou regulamentos condominiais anteriores subsistirão apenas se harmônicas com a nova lei; não subsistirão naqueles pon-

lação que, dissimulando ou embutindo multa acima de 2%, confere suposto desconto de pontualidade no pagamento da taxa condominial, pois configura fraude à lei (Código Civil, art. 1.336, § 1º), e não redução por merecimento" (Enunciado do CJF n. 505, aprovado na V Jornada de Direito Civil). A ausência de registro da convenção condominial não é óbice à cobrança das cotas condominiais e à incidência da multa de 2% (*BAASP, 2677*:615-11). Essa multa pequena poderá dar azo à impontualidade e ao desequilíbrio da caixa condominial e, em certos casos, levará os condôminos

---

tos em que se atritarem com a nova disciplina legal" (Wilson de Souza Campos Batalha, *Direito intertemporal*, Rio de Janeiro, Forense, 1980, p. 289). A 2ª Turma Recursal do Juizado Especial Cível do Distrito Federal (Apelação n. 2004.06.1.005917-5, *DJ*, de 20-5-2005) entendeu ser válida a deliberação condominial no sentido de impedir a participação e o voto de condômino inadimplente em assembleia do condomínio. Já se decidiu que: Condomínio – Despesas condominiais – Cobrança – Multa moratória – Percentual de 2% (dois por cento) previsto no § 1º do art. 1.336 do atual CC (Lei n. 10.406/2002) – Aplicação a partir de 11-1-2003 – Admissibilidade. A partir da vigência do art. 1.336, § 1º, do atual CC, a multa moratória fica limitada ao percentual de 2% (2º TACSP – Ap. 724.470-00/1, relator Juiz Antonio Rigolin). Condomínio – Despesas condominiais – Cobrança – Multa moratória – Percentual de 2% (dois por cento) previsto no art. 1.336, I, § 1º, c/c art. 2.035 do CC (Lei n. 10.406, de 10-1-2002) – Aplicação a partir de 13-1-2003 – Admissibilidade – Multa. Está previamente estabelecida pela convenção, não havendo nos autos prova de que tenha sido extinta. Fica mantida no valor livremente convencionado até 12-1-2003. Para as prestações vencidas a partir de 13-1-2003 fica fixada em 2%, nos termos do art. 1.336, I e § 1º, c/c art. 2.035 do CC (2º TACSP – Ap. 667.775-00/6. Relator Juiz Irineu Pedrotti). "Civil e Processual. Acórdão estadual. Nulidade não configurada. Cotas condominiais em atraso. Multa condominial de 10% prevista na convenção, com base no art. 12, § 3º, da Lei n. 4.591/64. Redução a 2% determinada pelo Tribunal *a quo*, em relação à dívida vencida na vigência do novo Código Civil, art. 1.336, § 1º. Revogação do teto anteriormente previsto por incompatibilidade. LICC [atual LINDB], art. 2º, § 1º. I. Acórdão estadual que não padece de nulidade, por haver enfrentado fundamentalmente os temas essenciais propostos, apenas com conclusão desfavorável à parte. II. A multa por atraso prevista na convenção de condomínio, que tinha por limite legal máximo o percentual de 20% previsto no art. 12, parágrafo 3º, da Lei n. 4.591/64, vale para as prestações vencidas na vigência do diploma que lhe dava respaldo, sofrendo automática modificação, no entanto, a partir da revogação daquele teto pelo art. 1.336, parágrafo 1º, em relação às cotas vencidas sob a égide do Código Civil atual. Precedentes" (STJ, REsp 746.589/RS, rel. Min. Aldir Passarinho Junior, Quarta Turma, j. 15-8-2006, *DJ*, 18-9-2006, p. 327). "Cotas de condomínio de meses vencidos antes da vigência do novo CC pátrio hão de observar Convenção de Condomínio, todavia a multa é reduzida para 2% após o dia 10-1-2003. Honorários advocatícios. Majoração da indenização devida. Descabimento. Correto o arbitramento de honorários, conforme estatui o art. 20, § 3º – atual art. 85, § 2º – do CPC. Recurso desprovido" (TJSP, 28ª Câm. de Direito Privado; Ap. s. Revisão n. 992.06.057174-7-Campinas-SP; rel. Des. Júlio Vidal; j. 9-2-2010; *BAASP, 2677*:614-06). *Vide* Viviane Campos Moreira, Alterações na aplicabilidade de multas condominiais, *Revista Del Rey Jurídica, 16*:24-5; Jones F. Alves e Mário Luiz Delgado, *Código Civil anotado*, op. cit., p. 666-7 e Luís Camargo Pinto de Carvalho, Arrematação de unidades condominiais em ação de cobrança de despesas de condomínio, *Informativo IASP, 75*:13.

pontuais a arcarem com certos débitos inadiáveis, como consumo de água e luz, salário de empregados e conservação de elevador. Interessantes são as observações de Nelson Kojranski[258], que aqui transcrevemos:

"Ora, na medida em que a multa de dois por cento deixou de ser uma penalidade inibidora, a inadimplência de maus pagadores avultou, estimulados pela morosidade da Justiça. Diante desse cenário, os condomínios procuram aplicar ao infrator outras sanções, como aquela de suprimir o fornecimento de água, nos edifícios tecnicamente equipados com esse controle, cuja legalidade foi demonstrada no artigo publicado no jornal *Tribuna do Direito*, no mês de abril de 2011. Outra sanção, desde que expressamente prevista na convenção, consiste em estabelecer juros moratórios acima de um por cento ao mês, em caso de inadimplemento (...). Com o foco sempre voltado para impedir a não protelação do pagamento das despesas de condomínio, subsiste controvertida a questão da proibição de uso de coisas ou serviços de natureza não essencial, como a utilização de piscina, salão de festas, churrasqueira ou salão de ginástica, de que são dotados os modernos edifícios. O debate é antigo. O Código Civil de 2002 poderia ter encerrado a controvérsia, estabelecendo para o inciso II do artigo 1.335 a mesma condição que inseriu no inciso III: 'estando quite'. Não o fazendo, continua a controvérsia, quer na doutrina, quer na jurisprudência.

Roberto Marcelo Magalhães, ainda em 1966 (*Teoria e Prática do Condomínio*, p. 128), já advertia que 'além das penas pecuniárias previstas, nenhuma outra que importe em privação de direitos condominiais pode ser estabelecida em convenção ou aplicada pelo condomínio ao faltoso', como a supressão 'de voto de assembleias gerais'. Esse entendimento foi contrariado por Nascimento Franco, 'porque não é justo que o condomínio tenha de custear serviços de que se servem também os condôminos faltosos...' (*Condomínio*, 2ª edição, p. 50). João Batista Lopes sustenta que 'tais restrições entram em conflito com o sistema legal, não se admitindo interpretação extensiva, por se tratar de norma restritiva de direitos' (...). Rubens Carmo Elias Filho, a seu turno, conclui seu estudo para afirmar que 'nada se verifica de irregular na restrição de uso das áreas comuns e na supressão de fornecimento de serviços essenciais, quando possível' (*As despesas de condomínio edilício*, edição de 2005, p. 195).

Se os doutrinadores condominiais estão divididos, é compreensível a falta de entendimento convergente dos julgados. O ex-2º Tribunal de Alçada Civil, em julho de 2002, por unanimidade, admitiu a interrupção do abaste-

---

258. Nelson Kojranski, O uso injusto de áreas comuns pelo inadimplente, *Tribuna do Direito*, maio 2012, p. 6.

cimento de gás e de sinal de TV a cabo, 'por não serem serviços essenciais' e, por maioria, contra o entendimento do então juiz-relator Gilberto dos Santos, proibiu-se o uso da piscina, ao fundamento de que 'para a sua utilização é imprescindível, é claro, de tratamento, limpeza e manutenção', 'além de se constituir em equipamento supérfluo' (A.I. nº 728.668-00/2). Já em abril de 2003, a 3ª Câmara de Direito Privado do TJ, admitiu ao condômino inadimplente que concorresse ao sorteio de vagas de garagem, embora a convenção proibisse sua participação em assembleias gerais (JTJ-Lex 282/44). Recentemente (março de 2012), porém, a 6ª Câmara de Direito Privado do TJ paulista não hesitou em classificar como lícita a deliberação de um condomínio da cidade de Guarujá de restringir a um condômino faltoso os serviços de praia, posto que 'geram despesas que devem ser rateadas entre os condôminos...' (Apelação nº 0000645-60.2008.8.26.0223 – relator Roberto Solimene).

Desse panorama, aflora com nitidez a omissão do legislador do estatuto substantivo, que assegurou ao condômino o direito de usar das partes comuns (artigo 1.335, II), mas não condicionou o exercício desse direito ao dever de pagar pontualmente as despesas condominiais. Daí ser indispensável, *de lege ferenda*, como aconselha João Batista Lopes e o bom-senso, que seja urgentemente aprimorado o referido inciso II, de sorte a se evitar a inadmissível prática de injustiça".

Cada condômino deve, ainda, pagar os tributos devidos (Lei n. 4.591/64, art. 11; *RT, 451*:154 e 155). "As dívidas condominiais são dívidas do imóvel e o acompanham, independentemente de o proprietário haver ou não mudado. Assim, quem adquire, por arrematação em Juízo, imóvel, cujos débitos estão sendo cobrados, assume a obrigação de saldá-los" (1º TARJ, *ADCOAS*, 1982, n. 82.356). O arrematante passará a ter o dever de pagar as despesas condominiais em aberto, por isso, ao dar seu lanço, deverá ser avisado da obrigação de pagar tais débitos, para não ser surpreendido com uma execução, que poderá colocar em risco a propriedade adquirida.

O adquirente de unidade responderá pelos débitos pendentes ou vincendos do alienante, relativos ao condomínio (como, p. ex., taxas de conservação e serviços), inclusive pelas multas e juros moratórios (CC, art. 1.345), por serem obrigações *propter rem* (*RT, 817*:417, *815*:410; *BAASP; 2676*:5553). Assim, "alienada a propriedade por 'compromisso de compra e venda', 'enquanto não se registrar o título translativo, o alienante continua a ser havido como dono do imóvel' (Art. 1.245, § 1º, do Código Civil). Se não há elemento seguro a indicar que o promitente comprador exerceu posse direta sobre o imóvel, a responsabilidade pelo pagamento das cotas condominiais é do promitente vendedor" (STJ, REsp 722.501/SP, rel. Min. Castro Filho, rel. p/ acórdão Min. Humberto Gomes de Barros, Terceira Turma, j. 27-2--2007, *DJ*, 28-5-2007, p. 326).

Há, ainda, o dever de se fazer seguro de toda a edificação contra riscos de incêndio ou destruição, total ou parcial (CC, art. 1.346). Ocorrendo o sinistro, a indenização paga pela seguradora será dividida entre os condôminos na proporção de seus quinhões.

É possível realizar obras no condomínio edilício. As voluptuárias (p. ex., colocação de objetos ornamentais no jardim ou de piso de granito no *hall*) requerem aprovação de 2/3 dos condôminos e as úteis (p. ex., instalação de câmeras ou de blindagem dos portões de entrada para a segurança, construção de depósito de lixo), da maioria deles (CC, art. 1.341, I e II). As necessárias (p. ex., reparos no elevador quebrado, telhado para evitar infiltrações ou na fiação elétrica), sem autorização dos condôminos, podem ser levadas a efeito pelo síndico ou, em caso de omissão ou impedimento deste, por qualquer condômino (CC, art. 1.341, § 1º). Pelo Projeto de Lei n. 699/2011, isso só poderá dar-se desde que tais reparações necessárias não ultrapassem o orçamento aprovado em assembleia. Mas, se essas obras necessárias forem urgentes e requererem despesas excessivas, o síndico ou o condômino que ordenou sua realização deverá notificar a assembleia, convocando-a de imediato (CC, art. 1.341, § 2º). O Projeto de Lei n. 699/2011 pretende alterar o § 2º do art. 1.341, dispondo:

"Se as obras ou reparos necessários forem urgentes e seu valor ultrapassar o orçamento aprovado em assembleia, sendo necessário um rateio extra ou saque do Fundo de Reserva, ou de qualquer outro Fundo, determinada sua realização, o síndico ou condômino que tomou a iniciativa deverá convocar imediatamente uma assembleia, a fim de que os moradores tenham ciência do ocorrido e do valor da obra. Caso tenha se optado pelo saque do Fundo, os moradores deliberarão se o valor será reposto com um rateio extra ou mensalmente com o próprio valor arrecadado no boleto do condomínio". Tal proposta visa evitar abusos, tendo-se em vista que o Código Civil de 2002, em seu art. 1.341, não definiu, nem exemplificou quais seriam as obras voluptuárias (desnecessárias), úteis e as obras ou reparações necessárias e, ainda, qual seria a diferença entre obras úteis e reparações necessárias. Dessa forma dependerá da interpretação e integridade daquele que está administrando, dando margem a muitos conflitos com os moradores. Por outro lado, é muito comum síndicos incompetentes elevarem o valor da taxa de condomínio sem que haja justificativa e aprovação do orçamento em assembleia. Realizam obras, que algumas vezes alteram a área comum, com valores expressivos sem ocorrer licitação e a aprovação dos coproprietários, além de serem muitas vezes superfaturadas.

O Parecer Vicente Arruda rejeitou a proposta modificativa, também contida no Projeto de Lei n. 6.960/2002, substituído pelo Projeto de Lei n. 699/2011, por entender que: "É desnecessário o acréscimo no § 1º da expressão 'que não ultrapassem o orçamento aprovado em assembleia' para a realização de obras necessárias. É claro que as hipóteses dos §§ 1º e 2º referem-se a obras necessárias e urgentes para cuja execução não houve previsão orçamentária, porque, se houvesse, já teriam sido autorizadas na forma do *caput*. O § 2º ainda determina, por cautela, que para a realização da obra de custo excessivo deve ser convocada imediatamente a assembleia".

Não havendo urgência dos reparos necessários, que importarem em dispêndios excessivos, aqueles só poderão ser efetuados após autorização da assembleia, especialmente convocada pelo síndico ou por qualquer condômino, diante da inércia ou impedimento daquele (CC, art. 1.341, § 3º). Se algum condômino vier a realizar obras necessárias, deverá ser reembolsado das despesas que fez, na forma prevista na convenção ou regimento interno, mas não terá direito à restituição das efetuadas com reparos de outra natureza (úteis ou voluptuárias), apesar de serem de interesse comum (CC, art. 1.341, § 4º).

A realização de obras em partes comuns, em acréscimos às já existentes, a fim de lhes proporcionar uma melhor utilização (p. ex., construindo piscina ou *playground*; colocando sistema de segurança moderno; ampliando salão de festas; aumentando número de vagas na garagem), dependerá da aprovação de 2/3 dos votos dos condôminos. E não serão permitidas construções, nas partes comuns, que possam prejudicar o uso, por qualquer condômino, das partes próprias ou comuns (CC, art. 1.342), que poderá embargá-las ou requerer a sua demolição.

A construção de outro pavimento, ou, no solo comum, de outro edifício, destinado a conter novas unidades imobiliárias, depende da aprovação da unanimidade dos condôminos (CC, art. 1.343). Se um deles não anuir, motivada ou desmotivadamente, os demais deverão respeitar sua decisão.

c.6.2.5. Administração

Cabe ao *síndico* defender os direitos e interesses comuns dos condôminos. O síndico, condômino ou não, é eleito pelo prazo de 2 anos, que poderá renovar-se, pela assembleia dos condôminos, passando a ser o órgão executor de suas deliberações.

O Projeto de Lei n. 699/2011 procurará limitar a renovação do prazo de administração por um único período consecutivo; para tanto alterará o art. 1.347 do Código Civil, que passará a ter a seguinte redação: "A assembleia escolherá um síndico, que poderá não ser condômino, para administrar o condomínio, por prazo não superior a dois anos, o qual poderá renovar-se por um único período consecutivo". Isso se dará, justifica o autor do Projeto: "Devido à má fama que o cargo de síndico ostenta, à pequena participação nas assembleias e ao reduzido interesse dos moradores, é frequente o mesmo síndico permanecer no cargo por 6, 8, 10 anos. Esse tempo longo contribui para que comecem a ocorrer vícios e muitas arbitrariedades. É, portanto, conveniente que se limite a permanência do síndico no cargo a dois mandatos consecutivos, nada impedindo que, após o intervalo de um exercício, o mesmo condômino volte a ocupar o cargo de síndico". O Parecer Vicente Arruda rejeitou essa proposta, que estava também contida no Projeto de Lei n. 6.960/2002 (substituído pelo PL n. 699/2011), por ser matéria típica da convenção de condomínio.

A escolha do síndico (pessoa natural ou jurídica) pode recair sobre qualquer um dos consortes ou sobre estranho (CC, art. 1.347); sendo seu cargo gratuito ou salariado, deve, em qualquer caso, prestar contas à assembleia, anualmente e quando exigidas (CC, art. 1.348, VIII). Não será conveniente a eleição de terceiro como síndico, mediante pagamento de uma remuneração, pois pode não ter qualificação para o cargo, por estar alheio aos problemas condominiais ou até mesmo agir desinteressadamente, por não ter qualquer vínculo com o condomínio.

É o síndico quem convoca, anualmente, a assembleia dos condôminos (CC, arts. 1.348, I, e 1.350, *caput*), pois, se não o fizer, 1/4 dos condôminos o fará (CC, art. 1.350, § 1º). É ele quem representa, ativa e passivamente, a comunidade, sob a fiscalização da assembleia, praticando em juízo ou fora dele os atos de defesa dos interesses comuns (*Rev. Juris*, *14*:92), dando imediato conhecimento à assembleia da existência de procedimento judicial ou administrativo, de interesse do condomínio (CC, art. 1.348, II e III). Na lição de Carlos Alberto Dabus Maluf: "Embora o síndico tenha a representação ativa e passiva do condomínio, judicial (inciso II do art. 1.348 do CC e art. 75, XI, do CPC) e extrajudicial (inciso II do art. 1.348 do CC), deve ser destacado que, na hipótese de demanda judicial que envolva interesses privados dos condôminos, por exemplo, desapropriação de unidades autônomas ou de partes comuns, será obrigatória a citação de todos os coproprietários interessados". Poderá ocorrer que, sendo conveniente, a assembleia resolva investir outra pessoa e não o síndico de poderes para representar o condomínio em juízo ou fora dele (CC, art. 1.348, § 1º). Compete ao síndico a nomeação do porteiro, que deve fiscalizar a entrada do prédio, zelando pela conservação das partes comuns e para que todos os serviços sejam bem executados e para que a convenção, o regimento interno e as determinações assembleares sejam cumpridos (CC, art. 1.348, IV e V).

São ainda suas as tarefas de admitir e demitir empregados; impor multas estabelecidas por lei e pela convenção, arrecadar e cobrar multas devidas e contribuições deliberadas pela assembleia; elaborar o orçamento anual da receita auferida e da despesa necessária à manutenção do condomínio e realizar o seguro da edificação (CC, arts. 1.346 e 1.348, VI, VII e IX).

Ao lado do síndico, a assembleia poderá eleger um *subsíndico*, que o auxilia em suas funções, podendo, eventualmente, substituí-lo (*RT*, *778*:264).

Pelo art. 1.348, § 2º, do Código Civil, o síndico poderá delegar, total ou parcialmente, a pessoa de sua confiança e sob sua inteira responsabilidade os poderes de representação ou certas funções administrativas, dependente de aprovação da assembleia, salvo disposição em contrário da convenção. Esse indivíduo poderá ser designado como "*administrador*" (*RT*, *628*:127, *780*:361).

Há, ainda, um *conselho fiscal*, constituído por três membros eleitos pela assembleia, com mandato não superior a 2 anos, que tem por objetivo precípuo dar parecer sobre as contas do síndico (CC, art. 1.356), orientando os condôminos sobre a possibilidade de aprová-las ou não. Trata-se de órgão de controle financeiro, que fiscaliza o orçamento e a regularidade das despesas e receitas. A constituição do conselho fiscal é facultativa.

Assim temos:

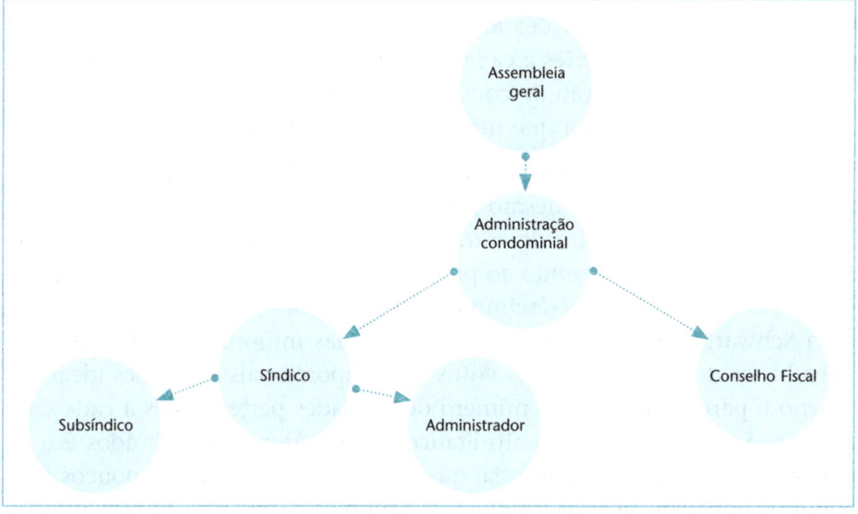

O órgão deliberativo do condomínio em edifícios de apartamentos é a *Assembleia Geral*, constituída por todos os consortes, que, em regra, decide pelo voto da maioria (*Ciência Jurídica*, *61*:89), apurada não pelo número de pessoas, mas pelas quotas ideais, havendo hipóteses em que há necessidade de unanimidade de votos, como as que envolvem, p. ex., atos de disposição de partes comuns. Qualquer alteração da convenção dependerá da aprovação de 2/3 dos condôminos. A mudança de destinação (residencial, comercial ou mista) do edifício ou da unidade imobiliária requererá aprovação unânime dos comunheiros (CC, art. 1.351). As deliberações assembleares, exceto quando se exigir *quorum* especial, são tomadas, em primeira convocação, pela maioria dos votos dos condôminos presentes, que representem pelo menos metade das frações ideais. Assim, para a instalação da assembleia será preciso averiguar se os condôminos presentes e aptos a votar reúnam pelo menos metade do total das frações ideais e, uma vez instalada a assembleia, para as deliberações exigir-se-á a maioria dos votos dos condôminos presentes. Para apurar o *quorum* deliberativo, não se poderá computar os votos em branco. Elucidativo é o exemplo apontado por Nascimento Franco: "Suponha-se um condomínio de 10 (dez) apartamentos iguais, totalizando 10 (dez) votos iguais. Comparecem 8 (oito) condôminos e 2 (dois) se abstêm; 1 (hum) vota por uma proposta; 2 (dois) votam por outra e 3 (três) votam por uma terceira. Excluindo os dois votos abstencionistas, restam 6 (seis) votos válidos e, por isso, vence a proposta que reunir 3 (três) votos, porque mais do que cada uma das outras correntes". Se se exigisse maioria absoluta (metade mais um), seriam necessários 4 votos para aprovar a proposta. Os votos serão proporcionais às frações ideais no solo (poder político) e nas outras partes comuns pertencentes a cada condômino, salvo disposição diversa da convenção de constituição de condomínio (CC, art. 1.352 e parágrafo único). Deveras, nada obsta a que nela se estabeleça a votação *per capita*.

O Projeto de Lei n. 699/2011 incluirá um § 2º neste artigo, estabelecendo que: "No caso de um mesmo condômino possuir mais de uma unidade ou fração ideal, seu direito de voto será limitado à soma dos votos dos demais coproprietários, cabendo ao presidente da mesa, em caso de empate, o voto de desempate". Tal acréscimo foi sugerido por Rosely Benevides de Oliveira Schwartz e objetiva ressalvar o direito das minorias. Atualmente, nas assembleias de condôminos, os votos são proporcionais às frações ideais do terreno e partes comuns, ou número de unidades pertencentes a cada condômino. Segundo J. Nascimento Franco: "Ponto dos mais delicados é o da preservação do direito da minoria, quando um grupo ou alguns poucos condôminos possuem diversas unidades autônomas e, por isso, podem direcionar as deliberações da assembleia segundo seus interesses. Em alguns casos, um só condômino possui a maior parte do condomínio, de sorte que a assembleia constitui mera formalidade porque um só voto aniquila todos os dados em sentido contrário. Invocando-se analogia com as sociedades comerciais, em que nas deliberações predomina a maioria de interesses, tem-se admitido, no Brasil, a ditadura da maioria, deslembrando-se que nem sempre as regras aplicáveis às sociedades servem para o condomínio de edifícios. Nas assembleias das sociedades empresariais delibera-se sobre interesse predominantemente econômico, enquanto nas dos edifícios, mormente quando residenciais, decide-se sobre problemas humanos e familiares, delicadas relações de vizinhança, o que justifica normas flexíveis no objetivo de se alcançar tranquilidade e harmonia entre os habitantes do edifício. Trata-se de uma situação diferenciada, em que não se busca decisão sobre um proveito econômico, mas consenso para a melhor convivência de seres humanos, e, por isso, incompatível com a chamada 'maioria de um só' ou de uns poucos. Na Itália, a jurisprudência abrandou o sistema, para evitar a maioria de um só contra todos. No direito espanhol, a doutrina a considera não democrática e sim norma plutocrática. O critério de se admitir poder absoluto à maioria de um só, ou de uns poucos, inspira-se numa legislação antidemocrática que se põe à contramão do direito moderno, que ampara a minoria contra o arbítrio da maioria. Por isso, mais justo e razoável é seguir o critério da lei francesa, segundo a qual o voto do condômino possuidor de mais da metade do condomínio se reduz para igualar-se, nas deliberações, à soma dos votos dos demais coproprietários". Sem embargo, dessas argumentações, o Parecer Vicente Arruda não acatou a proposta feita, também pelo Projeto de Lei n. 6.960/2002 (hoje PL n. 699/2011), visto que "a matéria deve ser regulada na convenção de condomínio, como prevê o parágrafo único do artigo em questão. Não se pode, de um momento para o outro, limitar o direito do proprietário sem previsão da convenção de condomínio".

Em segunda convocação, a assembleia deliberará por maioria dos votos presentes, qualquer que seja o seu número, não sendo necessário, portanto, que representem pelo menos a metade das frações ideais, exceto se for exigido *quorum* especial (CC, art. 1.353). Com isso, evitar-se-á procrastinação nas deliberações que deverão ser tomadas. Tais decisões terão validade não só para os condôminos presentes, como também para os ausentes.

A assembleia apenas poderá, pelo art. 1.354 do Código Civil, deliberar, sob pena de invalidade, se todos os condôminos (proprietários, cessionários, enfiteutas, usufrutuários, superficiários, titulares de direito real de uso e habitação, promitentes compradores – CC, art. 1.334, § 2º) forem, previamente, convocados para a reunião (CC, art. 1.354), por meio de carta, edital em jornal de grande circulação, cientificação pessoal etc., a fim de exercerem o direito de voto e o de participar das discussões. Com isso resguardar-se-á a validade da assembleia, mesmo que não haja comparecimento de todos os consortes, pois as deliberações nela tomadas atingirão a todos, pois nenhum poderá alegar desconhecimento da reunião assemblear.

O Projeto de Lei n. 699/2011 procurará limitar, acrescentando parágrafo único ao art. 1.354, a representação dos condôminos por procuração a, no máximo, três mandatos por pessoa. Realmente, esse novo parágrafo assim disporá: "Os condôminos poderão se fazer representar por procuração, sendo vedada a outorga de mais de três mandatos à mesma pessoa". Trata-se de sugestão de Rosely Benevides de Oliveira Schwartz, que objetiva "limitar o número de procurações por participante nas assembleias de condomínio. São frequentes a implantação de verdadeiras ditaduras, onde o síndico se mantém no cargo (eleição) por meio de muitas procurações em seu nome. Essas procurações na sua maioria são obtidas dos coproprietários que não estão morando no condomínio e seus apartamentos estão alugados. Além da eleição, o síndico faz uso dessas para aprovar obras (rateios extras) e até suas próprias contas". Segundo J. Nascimento Franco: "Cláusula que vem sendo generalizada é a que limita o número de mandatos à mesma pessoa para representar condôminos nas Assembleias Gerais. Visando o comparecimento do maior número de pessoas e evitar a monopolização das deliberações, costuma-se limitar a 3 (três) outorgantes as procurações dadas ao mesmo mandatário. Esse é o limite estabelecido na França, pelo art. 22 da Lei n. 65.557/65. Evita-se a captação de mandatos, ou o chamado monopólio de um ou de poucos mandatários, na maioria desses casos mais preocupados em votar o que lhes convém do que vigiar pelos interesses dos seus mandantes". Como se vê, sobram símiles justificando a limitação do número de procurações a um só mandatário, para se evitar o que Kênio de Souza Pereira denominou "ditadura das procurações". Segundo João Batista Lopes: "A lei brasileira é omissa a respeito do problema decorrente da outorga generalizada de mandatos para representação de condôminos na Assembleia Geral. Em princípio, a constituição de procuradores é livre, não conhecendo o direito pátrio as limitações impostas na legislação alienígena. Na França, por exemplo, conquanto reconhecida, como regra geral, a faculdade da livre representação, estabelece a lei exceções ao impor restrições ao síndico e ao limitar a três o número de mandatos outorgados a cada mandatário. Após ressaltar que a restrição do número de mandatos objetiva evitar a deserção dos condôminos e a excessiva concentração de poderes em mãos de poucos". O Parecer Vicente Arruda, apesar de tudo isso, não acatou essa proposta, que estava no PL n. 6.960/2002 (atual PL n. 699/2011): "A ideia é boa e louvável, porém entendo ser matéria típica da Convenção de Condomínio. A lei deve permitir ao máximo a liberdade nas relações privadas. Os condôminos devem regular-se pela Lei que reputarem adequadas".

E as assembleias extraordinárias apenas poderão ser convocadas pelo síndico ou, em caso de sua omissão, por 1/4 dos condôminos (CC, art. 1.355). Pela Lei n. 8.245/91, que acrescentou § 4º ao art. 24 da Lei n. 4.591/64, "nas decisões da Assembleia que envolvam despesas ordinárias do condomínio, o locatário poderá votar caso o condômino-locador a ela não compareça". A Assembleia Geral tem por missão autorizar inovações no edifício; dirimir contendas entre os condôminos; verificar e aprovar o orçamento das despesas ordinárias da administração do condomínio, as contribuições dos condôminos e a prestação de contas (*RT, 780*:361), a alteração do regimento interno e autorizar as despesas extraordinárias; eleger e destituir, pelo voto da maioria absoluta (metade mais um), o síndico que praticar irregularidades, não prestar contas ou administrar mal o condomínio; escolher o substituto do síndico (CC, arts. 1.349 e 1.350; *BAASP, 2718*:5892) etc. Contudo, não é ilimitado nem absoluto o poder desse órgão máximo; sofre restrições da lei e da convenção e pode ser judicialmente controlado[259] (CC, art. 1.350, § 2º).

c.6.2.6. Extinção

Sendo o condomínio em edifício de apartamentos um condomínio especial ou forçado, não podem os condôminos extingui-lo por convenção

---

259. Orlando Gomes, op. cit., p. 228-30; W. Barros Monteiro, op. cit., p. 231-2; Caio M. S. Pereira, op. cit., p. 170; Daibert, op. cit., p. 316-7; Rosely Benevides de O. Schwartz, *Revolucionando o condomínio*, São Paulo, Saraiva, 2001; Nascimento Franco, *Condomínio*, São Paulo, Revista dos Tribunais, 2005, p. 141; Francisco E. Loureiro, *Código Civil comentado* (coord. Peluso), Barueri, Manole, 2008, p. 1352-3; Carlos Alberto D. Maluf, Direito condominial – responsabilidade do síndico, *Boletim da Associação dos Advogados de São Paulo*, n. 3063, p. 13-16; *RT, 488*:170, *451*:189, *456*:127, *454*:153, *401*:359, *445*:168, *471*:157, *415*:206; *JB, 104*:323; *Ciência Jurídica, 24*:122; *EJSTJ, 3*:72 – O condomínio de apartamentos é responsável por ato de seu preposto que causa dano a condômino, sobretudo quando deixa de exercer a devida vigilância, de sorte a proporcionar a retirada de veículo recolhido à garagem do edifício e provocar acidente de que resultou o prejuízo. Se o condomínio foi lesado pode ser indenizado por defeito de construção: *RT, 597*:80. Sobre explosão de aparelho em apartamento: *RT, 533*:122; e abertura indevida de porta em área de ventilação: *RT, 604*:97; *BAASP, 2718*:5892: Direito Civil – Ação de conhecimento – Destituição de síndico – Anulação de assembleia – Legitimidade – 1 – A destituição do síndico decorre da prática de irregularidades, recusa à prestação de contas ou administração inconveniente, por deliberação da maioria absoluta dos membros de assembleia específica (art. 1.349 do CC). 2 – Confusão patrimonial e desorganização gerencial, isto é, a administração inconveniente do condomínio levou a assembleia a deliberar legitimamente pela destituição da síndica. 3 – Negou-se provimento (TJDFT, 6ª T. Cível; ACi n. 20080410114603-DF; Rel. Des. José Divino de Oliveira; j. 9-8-2010). *Vide* Decreto n. 1.041/94, art. 13. Sobre multa por infração às normas do condomínio: *RT, 709*:82. *Vide* CPC, art. 890, I.

CPC, art. 252, parágrafo único: "Nos condomínios edilícios ou nos loteamentos com controle de acesso, será válida a intimação a que se refere o *caput* feita a funcionário da portaria responsável pelo recebimento de correspondência".

Consulte arts. 12 e 13 da Lei n. 14.010/2020 sobre assembleia condominial por meio virtual e obrigatoriedade de prestação de contas do síndico em tempos de pandemia.

ou por via judicial. De modo que, enquanto o prédio subsistir em caráter coletivo, o condomínio é inextinguível.

Casos de extinção dessa modalidade de condomínio são[260]:

a) desapropriação do edifício, caso em que a indenização será repartida na proporção do valor das unidades imobiliárias (CC, art. 1.358);

260. Caio M. S. Pereira, op. cit., p. 172. Sobre essa modalidade de condomínio consultar: Espínola, *Posse, propriedade, condomínio, direitos autorais*, p. 357 e s.; Trabucchi, *Istituzioni di diritto civile*, n. 173, p. 396 e s.; Hernán Racciati, *Propiedad por pisos e por departamentos*, Buenos Aires, Ed. Depalma, 1954; Lassaga, *Naturaleza jurídica y sistematización de la ley de horizontalidad inmobiliaria*, Ed. Rosario, 1949; Rizzi, *Il condominio negli edifici, secondo il vigente Codice Civile*, 3. ed., Bari, Ed. Leonardo da Vinci, 1956; Hassen Aberkane, *Essai d'une théorie générale de l'obligation "propter rem"*, Paris, 1957, n. 140, p. 198 e s.; Manuel B. Vazquez, *La propiedad de casas por pisos*, 1973; Roberto B. de Magalhães, *Teoria e prática do condomínio*, Rio de Janeiro, 1988; João Batista Lopes, op. cit., p. 70 e 71; Sobre *loteamento fechado*: Nelson Kojranski, Loteamento fechado, *Rev. do Instituto dos Advogados de São Paulo*, número especial, p. 128-38; Eurico Andrade de Azevedo, Loteamento fechado, *RDI*, *11*:64. Sobre falência do condomínio: Lei n. 11.101/2005, art. 123, § 2º; *RT*, *446*:160, *515*:146, *405*:175, *478*:151, *449*:248, *427*:82, *493*:239, *443*:210, *497*:42, *505*:220, *530*:142, *560*:173. Enunciado n. 9 do TJSP: "O condomínio residencial poderá propor ação no Juizado Especial (*vide* art. 1.063 do CPC/2015), nas hipóteses do art. 275, II, item 'b' (ora revogado) do CPC/73". Observa Sílvio Venosa (*Curso*, cit., v. 4, p. 273) que nos cemitérios privados existem contratos concessivos do uso de sepulcros e a relação entre administrador e titular do terreno do cemitério e o adquirente de espaço para sepultura é de locação ou comodato e também condominial. Fábio Ulhoa Coelho (*Curso*, cit., v. 4, p. 161-6) aponta como condomínio especial o estabelecido entre os cotistas de fundos de investimentos (FI), cuja normatização e fiscalização é da CVM. Os recursos desses fundos são usados para adquirir títulos e valores mobiliários. Tais condomínios somente poderão ser constituídos por instituições financeiras, corretoras ou pessoas físicas ou jurídicas autorizadas pela CVM a operar como administrador de carteiras (Lei n. 6.385/76, art. 23). O condômino é chamado de cotista, e a fração ideal no patrimônio condominial, de cota. A multipropriedade é similar ao *leasehold* (instituto norte-americano), que é o direito de usar a propriedade alheia sob condições previamente estipuladas num contrato, tendo por objeto um bem tangível, como observa Joel Dias Figueira Júnior, *Novo Código Civil comentado*, São Paulo, Saraiva, 2002, p. 1068. Relativamente à *multipropriedade*: Gustavo Tepedino. *Multipropriedade imobiliária*, São Paulo, Saraiva, 1993; Cláudia Lima Marques, Contratos de *time sharing* e a proteção do consumidor, *Direito do Consumidor*, *22*:64-86; Sangiorgi, *Multiproprietà immobiliare e funzione del contratto*, Napoli, Jovene, 1983; Morello, *Multiproprietà e autonomia privata*, Milano, Giuffrè, 1984; Calò e Corda, *La multiproprietà*, Roma, 1984; Vidal, *O direito real de habitação periódica*, Coimbra, Almedina, 1984; Granelli, Le cosiddette vendite in multiproprietà, *Rivista di Diritto Civile*, *2*:696 e s. (1979); Mª Helena Diniz, Multipropriedade imobiliária: uma especial figura condominial *ad tempus*, *Direito imobiliário atual*, coord. Daniel Áureo de Castro, Rio de Janeiro, Elsevier, 2014, p. 1-16. *Vide* Deliberação Normativa do Ministério da Indústria, do Comércio e do Turismo n. 378/97, que rege o sistema do tempo compartilhado no Brasil. Consulte ainda: STJ, REsp 293.835/PR, rel. Min. Aldir Passarinho Jr., 4ª T., j. 3-10-2006, *DJ*, 23-10-2006, p. 315; *RT*, *766*:383, *822*:295. Sobre *conjuntos habitacionais*: Lei n. 13.465/2017, arts. 59 e 60, Dec. n. 9.310/2018. arts. 67 e 68 e sobre *condomínio urbano simples* (Dec. n. 9.310/2018, arts. 69 a 72), no âmbito da Reurb.

b) confusão, se todas as unidades autônomas forem adquiridas por uma só pessoa;

c) destruição do imóvel por qualquer motivo, como, por exemplo, incêndio total (CC, art. 1.357, 1ª parte);

d) demolição voluntária do prédio, por razões urbanísticas ou arquitetônicas, ou por condenação do edifício pela autoridade pública, por motivo de insegurança ou insalubridade (Lei n. 6.709/79, art. 1º) ou por ameaça de ruína (CC, art. 1.357, 1ª parte);

e) alienação a uma só pessoa natural ou jurídica ou reconstrução de todo o prédio, com aprovação dos condôminos, que representem metade mais uma das frações ideais. Deliberada a reconstrução, o condômino poderá eximir-se do pagamento das despesas respectivas, alienando seus direitos aos outros condôminos, mediante avaliação judicial de sua cota-parte. Se a venda se der, haverá preferência ao condômino em relação ao estranho e o preço alcançado será repartido entre os condôminos, proporcionalmente ao valor de suas unidades imobiliárias (CC, art. 1.357, §§ 1º e 2º).

c.6.3. Condomínio de lotes

Em terrenos poderá haver condomínio de lotes ou condomínio deitado (CC, art. 1.358-A, §§ 1º a 3º, acrescentado pela Lei n. 13.465/2017; Dec. n. 9.310/2018, arts. 64 a 66; Lei n. 6.766/79, arts. 2º, §§ 7º e 8º, 4º, § 4º, e 36-A, com a redação da Lei n. 13.465/2017), hipótese em que se terá: a) lotes de *propriedade exclusiva* de condôminos; b) partes que constituem a *propriedade comum* dos condôminos, da qual nenhuma unidade autônoma poderá ser privada por ser destinada ao uso comum. Insuscetível não só de divisão ou de alienação em separado da unidade autônoma, como também de utilização exclusiva por qualquer condômino. Cada condômino pode usar livremente das partes comuns, desde que atenda à sua destinação e não lese os demais condôminos. No caso de lotes integrantes de condomínio de lotes poderão ser instituídas limitações administrativas e direitos reais sobre coisa alheia em benefício do poder público, da população, da proteção da paisagem urbana, tais como servidões de passagem, usufrutos e restrições à construção de muros (Lei n. 6.766/79, art. 4º, § 4º, com a redação da Lei n. 13.465/2017). Na hipótese de incorporação imobiliária, a implantação da infraestrutura desse condomínio ficará a cargo do empreendedor.

A fração ideal do lote ou da área comum poderá ser proporcional à área do solo de cada unidade autônoma, ao respectivo potencial construtivo ou a outros critérios indicados no ato de instituição do condomínio.

Trata-se de um condomínio edilício sem qualquer edificação suscetível de ser implantado por meio de incorporação imobiliária (Lei n. 4.591/64, arts. 31-A a 31-F).

Pelo Enunciado n. 625 da VIII Jornada de Direito Civil: "A incorporação imobiliária que tenha por objeto o condomínio de lotes poderá ser submetida ao regime do patrimônio de afetação, na forma da lei especial".

O condomínio de lotes reger-se-á pela norma aplicável: legislação urbanística e pelas normas do Código Civil, no que couber, alusivos ao condomínio edilício (CC, arts. 1.331 e s.).

O poder público municipal ou distrital poderá dispor sobre posturas edilícias e urbanísticas para a implantação do condomínio de lotes.

Os núcleos urbanos informais consolidados sob a forma de condomínio de lotes poderão ser objeto de Reurb conforme a Lei n. 13.465/2017 (Dec. n. 9.310/2018, art. 66, *caput*), e independerá de regularização das edificações já existentes que serão regularizadas de forma coletiva ou individual em expediente próprio, a critério do poder público municipal ou distrital (Dec. n. 9.310/2018, art. 66, § 1º).

As novas edificações a serem construídas em condomínio de lotes objeto de Reurb deverão observar as posturas edilícias e urbanísticas vigentes.

Quadro Sinótico

CONDOMÍNIO DE LOTES

1. NOÇÃO	• É o que apresenta lotes de *propriedade exclusiva* dos condôminos e partes que constituem a *propriedade comum* dos condôminos.
2. PARTES COMUNS	• É a destinada ao uso comum, e pode ser utilizada livremente por todos os condôminos.
3. FRAÇÃO IDEAL DO LOTE OU DE ÁREA COMUM	• Proporcional à área do solo de cada unidade autônoma, ao respectivo potencial construtivo ou a critérios apontados no ato de instituição do condomínio.

c.6.4. Fundo de Investimento

É uma modalidade especial de condomínio sem personalidade jurídica (Lei n. 6.385/76, art. 1º), por ser uma comunhão de recursos, que se destina à aplicação de ativos financeiros bens e direitos de qualquer natureza, disciplinada pela CVM. O fundo de investimento, constituído por lei específica e regulamentado pela CVM, deverá seguir os arts. 1.368-C a 1.368-F do Código Civil no que couber. Constitui um tipo de operação econômica que torna possível a existência de investidores, que tenham responsabilidade limitada à sua cota de participação, desde que haja avaliação e autorização da CVM. Podem ser submetidos a esse tipo de regime condominial os contratos derivativos, ou melhor, as aplicações financeiras de risco, cujo o lucro varia conforme o valor dos ativos a eles vinculados como *commodities* alusivos, por ex., ao valor do boi gordo ou dependa da cotação do preço na Bolsa de Valores. Esse fundo de investimentos com outras pessoas cria um condomínio especial de recursos, pois cada condômino terá titularidade de uma cota. O registro dos regulamentos dos fundos de investimentos na Comissão de Valores Imobiliários (CVM) é condição para garantir a sua publicidade e a oponibilidade de efeitos em relação a terceiros. O regulamento do fundo de investimento poderá, desde que observado o disposto pelas normas da CVM: a) limitar a responsabilidade de cada condômino (investidor) ao valor de suas cotas. O regulamento do fundo deve determimar tal limitação; os investidores não têm frações iguais do patrimônio do fundo mas de quotas avaliadas pecuniariamente; b) autorizar a limitação da responsabilidade, bem como os parâmetros de sua aferição, dos prestadores de serviços do fundo de investimento (administradores e gestores do fundo), perante o condomínio e entre si, ao cumprimento dos deveres particulares de cada um, sem solidariedade; c) determinar as classes de cotas com direitos e obrigações distintos, com possibilidade de constituir patrimônio segregado para cada classe, sendo que tal patrimônio responderá pelas obrigações vinculadas à classe respectiva nos termos do regulamento. Se adotada for a responsabilidade limitada sem limitação de responsabilidade por fundo constituído, esta só alcançará fatos ocorridos após tal mudança em seu regulamento (CC, arts. 1.368-C, D, E e F acrescidos pela Lei n. 13.874/2019).

A avaliação de responsabilidade dos prestadores de serviço deverá considerar os riscos inerentes às aplicações nos mercados de atuação do fundo de investimento e a natureza de obrigação de meio de seus serviços.

O fundo de investimento é uma universalidade de direito, constituindo um patrimônio separado daquele pertencente à administradora e a cada um dos investidores-cotistas. Os frutos e rendimentos do fundo também não se comunicam. Trata-se de um patrimônio afetado e destinado à consecução dos seus interesses. O investidor só corre o risco do investimento que fez, uma vez que o fundo responde com o patrimônio recolhido e separado para a realização dos fins a que pretende.

Os fundos de investimento responderão diretamente pelas obrigações legais e contratuais que assumir e os prestadores de serviço ficarão isentos dessa responsabilidade, mas responderão pelos danos que, dolosamente, causarem.

Se, por ventura, o fundo de investimento com limitação de responsabilidade não tiver patrimônio suficiente para responder por seus débitos, as normas do art. 955 a 965 do Código Civil relativas à insolvência deverão ser aplicadas.

A insolvência poderá ser requerida judicialmente pelos credores, por liberação própria dos cotistas do fundo de investimento, nos termos de seu regulamento, ou pela CVM.

Urge lembrar que não se aplicam ao fundo de investimento as disposições constantes dos arts. 1.314 a 1.358-A deste Código.

c.6.5. Multipropriedade imobiliária

c.6.5.1. Generalidades

O sistema *time sharing* ou multipropriedade imobiliária é uma espécie condominial relativa aos locais de lazer, pela qual há um aproveitamento econômico de bem imóvel (casa, chalé, apartamento), repartido, como ensina Gustavo Tepedino, em unidades fixas de tempo, assegurando a cada cotitular o seu uso exclusivo e perpétuo durante certo período anual (mensal, quinzenal ou semanal). Há um exercício temporário da propriedade pelo multiproprietário. Possibilita o uso de imóvel (casa, apartamento, *flat*, chalé) em certos períodos ou temporadas, variando o preço conforme o tempo de sua utilização e temporada (baixa, média ou alta). Trata-se de uma multipropriedade periódica, muito útil para desenvolvimento de turismo em hotéis, clubes e em navios. Há um direito real de habitação periódica, como dizem os portugueses, democratizando o imóvel de férias, cujo administrador (*trustee*) o mantém em nome de um clube, concedendo e organizando o seu uso periódico. Todos os adquirentes são comproprietários de fração ideal, sofrendo limitações temporais e condominiais, sendo que a relação de tempo repartido fica estabelecida em regulamento. A Argentina e a Venezuela (Lei de 18-12-1995) referem-se a ela como sendo uma propriedade de tempo compartilhado e os italianos consideram-na uma *proprietà spazio temporale*.

Mas não visa tão somente o uso de imóvel em certa área turística, pois pode envolver troca de uso dos direitos habitacionais ao local de férias; direitos condominiais, participação em sociedade com direito a ações, direitos pessoais quanto a serviços ligados à utilização do imóvel, como os de hotelaria. Daí as quatro modalidades de *multipropriedade*: a) a *acionária* ou *societária*, pela qual uma sociedade, proprietária de imóvel de lazer, emite ações ordinárias, que, por representarem a propriedade daquele imóvel, ficam em poder dos seus efetivos proprietários, garantindo-lhes a gestão social, e ações privilegiadas ou preferenciais, que serão vendidas a sócios-usuários para que tenham direito de uso em turnos pré-definidos daquele bem social por um prazo. Com isso o *time-sharing* passa a ser mais um investimento, ficando em segundo plano seu caráter de contrato de uso habitacional e de serviços para lazer. O multiproprietário é mero acionista, com direito de aproveitar o imóvel social, por determinado lapso temporal fixo por ano; b) a do *direito real de habitação periódica*, usual em Portugal, com caracteres de direito real de fruição sobre coisa alheia, pelo qual o multiproprietário pode usar de um imóvel, situado em zona turística, por prazo determinado correspondente a uma semana por ano. Para facilitar a transferência desse direito emite-se um certificado predial, devidamente assentado no registro público. O titular desse direito tem a obrigação de zelar pelo imóvel como se fosse seu, não podendo desviar sua finalidade, sob pena de responder civilmente pelos danos que vier a causar com o uso irregular; c) a *imobiliária* ou *de complexo de lazer*, pela qual cada multiproprietário obtém uma quota ideal alusiva ao solo; à edificação, ao complexo de lazer comum, aos serviços de apoio (lavanderia, lanchonete, restaurante etc.) e aos móveis existentes, mas só tem direito de usá-lo por um certo período do ano, devendo, ainda, submeter-se às normas de condomínio; d) a *hoteleira*, visando expandir o setor relativo a hotéis e a centros turísticos, pela qual há direito de uso habitacional temporário de unidade ou apartamento de um hotel, incluindo-se, ou não, numa rede hoteleira, pertencente a um só proprietário (fornecedor de serviços de hotelaria) ou a uma sociedade administradora proprietária da qual participam os multiproprietários, o incorporador, o organizador ou os hoteleiros, caso em que o imóvel, de propriedade dos multiproprietários ou da sociedade de que fazem parte, é dado em arrendamento a uma empresa hoteleira, que garantirá, por meio de contrato, àqueles multiproprietários, o direito de usar por turnos um apartamento em certo período do ano, mediante concessão de um desconto no valor da diária, reduzida a uma taxa de administração. Mas os multiproprietários deverão notificar a sociedade gestora sobre a sua intenção de usar daquela unidade imobiliária no período que lhe foi concedido ou em outro, desde que haja disponibilidade. Se o prazo, que lhe foi dado, para efetuar tal aviso expirar ou se o multiproprietário mostrar desinteresse pelo uso do apartamento, a empresa gestora o colocará à disposição de terceiro, mas descontará dos recursos que auferir os custos de administração do multiproprietário, que assim poderá fruir do bem. Além de utilizar, por certo tempo do ano, o apartamento do hotel, o multiproprietário tem direito aos serviços de hotelaria e pode ceder seus direitos a terceiros, recebendo certa quantia em seu favor, tendo um direito de crédito-hoteleiro. Pode apresentar-se como multipropriedade hoteleira imobiliária, mediante venda de frações ideais do imóvel (hotel) e respectivo terreno, concedendo-se o uso exclusivo da unidade durante períodos de 7 dias em cada ano. Trata-se de um condomínio, em que os condôminos firmam pacto de divisão da utilização exclusiva do apartamento por turnos semanais intercorrentes, dispondo de serviços de hotelaria. Deve inventariar os móveis da unidade, ressarcir os danos que causar e entregar o apartamento em até 12 horas do último dia de uso. Na semana em que não for utilizada pelo multiproprietário ou for por ele cedida, pode a unidade ser colocada à disposição de terceiro pela administração a seu pedido, a preços conformes à categoria do hotel, garantindo renda para o multiproprietário e uma taxa correspondente a 20% do valor arrecadado em favor da administradora. À empresa-vendedora cabe a administração do condomínio. As despesas de conservação do condomínio são pagas por cada multiproprietário proporcionalmente ao valor de sua fração ideal. Mas os dispêndios relacionados com a unidade habitacional, como os de bar, lavanderia, luz e telefone, devem ser arcados pelo multiproprietário ao final de cada temporada.

Pode-se apresentar também sob a forma de *apart-hotel*, em que os apartamentos são vendidos em compropriedades, formadas por 52 multiproprietários, correspondentes às 52 semanas do ano, sendo cada um deles titular de uma fração ideal de 1/52 do apartamento, cujos direitos e deveres estão consignados na convenção de condomínio. Logo, a totalidade dos apartamentos forma um condomínio especial, incluído num complexo turístico-imobiliário com serviços de *apart-hotel* e administrado pela empresa vendedora, que é condômina na qualidade de titular de fração ideal correspondente a uma semana de administração. Esta é a excelente lição de Gustavo Tepedino, que aqui resumimos.

c.6.5.2. Multipropriedade como regime condominial

A multipropriedade reger-se-á pelo disposto no Capítulo VII-A do Código Civil e, de forma supletiva e subsidiária, pelas demais disposições deste Código e pelas disposições das Leis n. 4.591, de 16 de dezembro de 1964, e 8.078, de 11 de setembro de 1990 – Código de Defesa do Consumidor (CC, art. 1358-B).

Multipropriedade é o regime de condomínio em que cada um dos proprietários de um mesmo imóvel é titular de uma fração de tempo, à qual corresponde a permissão de uso e gozo, com exclusividade, da totalidade do imóvel, a ser exercida pelos proprietários de forma alternada.

A multipropriedade não se extinguirá automaticamente se todas as frações de tempo forem do mesmo multiproprietário (CC, art. 1358-C e parágrafo único).

Para todos os efeitos, são equiparados aos multiproprietários os promitentes compradores e os cessionários de direitos relativos a cada fração de tempo (CC, art. 1358-K).

Institui-se a multipropriedade por ato entre vivos ou testamento, registrado no competente cartório de registro de imóveis, devendo constar daquele ato a duração dos períodos correspondentes a cada fração de tempo.

Além das cláusulas que os multiproprietários decidirem estipular, a convenção de condomínio em multipropriedade determinará:

a) os poderes e deveres dos multiproprietários, especialmente em matéria de instalações, equipamentos e mobiliário do imóvel, de manutenção ordinária e extraordinária, de conservação e limpeza e de pagamento da contribuição condominial;

b) o número máximo de pessoas que podem ocupar simultaneamente o imóvel no período correspondente a cada fração de tempo;

c) as normas de acesso do administrador condominial ao imóvel para cumprimento do dever de manutenção, conservação e limpeza;

d) a criação de fundo de reserva para reposição e manutenção dos equipamentos, instalações e mobiliário;

e) o regime aplicável em caso de perda ou destruição parcial ou total do imóvel, inclusive para efeitos de participação no risco ou no valor do seguro, da indenização ou da parte restante;

f) as multas aplicáveis ao multiproprietário nas hipóteses de descumprimento de deveres.

O instrumento de instituição da multipropriedade ou a convenção de condomínio em multipropriedade poderá estabelecer o limite máximo de frações de tempo no mesmo imóvel que poderão ser detidas pela mesma pessoa natural ou jurídica.

Em caso de instituição da multipropriedade para posterior venda das frações de tempo a terceiros, o atendimento a eventual limite de frações de tempo por titular estabelecido no instrumento de instituição será obrigatório somente após a venda das frações (CC, arts. 1.358-F, 1.358-G e 1.358-H acrescentados pela Lei n. 13.777/2018).

As convenções dos condomínios edilícios, os memoriais de loteamentos e os instrumentos de venda dos lotes em loteamentos urbanos poderão limitar ou impedir a instituição da multipropriedade nos respectivos imóveis, vedação que somente poderá ser alterada no mínimo pela maioria absoluta dos condôminos (CC, art. 1.358-U).

O imóvel objeto da multipropriedade:

a) é indivisível, não se sujeitando a ação de divisão ou de extinção de condomínio;

b) inclui as instalações, os equipamentos urbanos (instalação de gás, abastecimento de água e de energia elétrica, rede telefônica) e comunitários (quadras de esporte, parques infantis etc.) e o mobiliário destinados a seu uso e gozo (CC, art. 1.358-D, I e II).

O período correspondente a cada fração de tempo será de, no mínimo, 7 (sete) dias, seguidos ou intercalados, e poderá ser:

a) fixo e determinado, no mesmo período de cada ano;

b) flutuante, caso em que a determinação do período será realizada de forma periódica, mediante procedimento objetivo que respeite, em relação a todos os multiproprietários, o princípio da isonomia, devendo ser previamente divulgado; ou

c) misto, combinando os sistemas fixo e flutuante.

Todos os multiproprietários terão direito a uma mesma quantidade mínima de dias seguidos durante o ano, podendo haver a aquisição de frações maiores que a mínima, com o correspondente direito ao uso por períodos também maiores (CC, art. 1.358-E).

O condomínio edilício poderá adotar o regime de multipropriedade em parte ou na totalidade de suas unidades autônomas, mediante:

a) previsão no instrumento de instituição, a iniciativa e a responsabilidade para a instituição do regime da multipropriedade serão atribuídas às mesmas pessoas e observarão os mesmos requisitos indicados nas alíneas *a*, *b* e *c* e no § 1º do art. 31 da Lei n. 4.591, de 16 de dezembro de 1964; ou

b) deliberação da maioria absoluta dos condôminos (CC, 1.358-O e parágrafo único).

Na hipótese do art. 1.358-O, a convenção de condomínio edilício deve prever, além das matérias elencadas nos arts. 1.332, 1.334 e, se for o caso, 1.358-G do Código Civil:

a) a identificação das unidades sujeitas ao regime da multipropriedade, no caso de empreendimentos mistos;

b) a indicação da duração das frações de tempo de cada unidade autônoma sujeita ao regime da multipropriedade;

c) a forma de rateio, entre os multiproprietários de uma mesma unidade autônoma, das contribuições condominiais relativas à unidade, que, salvo se disciplinada de forma diversa no instrumento de instituição ou na convenção de condomínio em multipropriedade, será proporcional à fração de tempo de cada multiproprietário;

d) a especificação das despesas ordinárias, cujo custeio será obrigatório, independentemente do uso e gozo do imóvel e das áreas comuns;

e) os órgãos de administração da multipropriedade;

f) a indicação, se for o caso, de que o empreendimento conta com sistema de administração de intercâmbio, na forma prevista no § 2º do art. 23 da Lei n. 11.771, de 17 de setembro de 2008, seja do período de fruição da fração de tempo, seja do local de fruição, caso em que a responsabilidade e as obrigações da companhia de intercâmbio limitam-se ao contido na documentação de sua contratação;

g) a competência para a imposição de sanções e o respectivo procedimento, especialmente nos casos de mora no cumprimento das obrigações de custeio e nos casos de descumprimento da obrigação de desocupar o imóvel até o dia e hora previstos;

h) o quórum exigido para a deliberação de adjudicação da fração de tempo na hipótese de inadimplemento do respectivo multiproprietário;

i) o quórum exigido para a deliberação de alienação, pelo condomínio edilício, da fração de tempo adjudicada em virtude do inadimplemento do respectivo multiproprietário (CC, art. 1.358-P, I a IX).

Na hipótese do art. 1.358-O do Código Civil, o regimento interno do condomínio edilício deve prever:

a) os direitos dos multiproprietários sobre as partes comuns do condomínio edilício;

b) os direitos e obrigações do administrador, inclusive quanto ao acesso ao imóvel para cumprimento do dever de manutenção, conservação e limpeza;

c) as condições e regras para uso das áreas comuns;

d) os procedimentos a serem observados para uso e gozo dos imóveis e das instalações, equipamentos e mobiliário destinados ao regime da multipropriedade;

e) o número máximo de pessoas que podem ocupar simultaneamente o imóvel no período correspondente a cada fração de tempo;

f) as normas de convivência entre os multiproprietários e os ocupantes de unidades autônomas não sujeitas ao regime da multipropriedade, quando se tratar de empreendimentos mistos;

g) a forma de contribuição, destinação e gestão do fundo de reserva específico para cada imóvel, para reposição e manutenção dos equipamentos, instalações e mobiliário, sem prejuízo do fundo de reserva do condomínio edilício;

h) a possibilidade de realização de assembleias não presenciais, inclusive por meio eletrônico;

i) os mecanismos de participação e representação dos titulares;

j) o funcionamento do sistema de reserva, os meios de confirmação e os requisitos a serem cumpridos pelo multiproprietário quando não exercer diretamente sua faculdade de uso;

k) a descrição dos serviços adicionais, se existentes, e as normas para seu uso e custeio.

O regimento interno poderá ser instituído por escritura pública ou por instrumento particular (CC, art. 1.358-Q, I a XI e parágrafo único).

O Livro n. 2 – Registro Geral – conterá a matrícula e o registro do imóvel em regime de multipropriedade e também haverá uma matrícula para cada fração de tempo, na qual se registrarão e averbarão os atos referentes à respectiva fração de tempo, ressalvado o disposto no § 11 do art. 176 da Lei n. 6.015/72, sendo que cada fração de tempo poderá, em função de legislação tributária municipal, ser objeto de inscrição imobiliária individualizada.

A fração de tempo adicional (aos multiproprietários proporcionalmente às respectivas frações), destinada à realização de reparos, constará da matrícula referente à fração de tempo principal de cada multiproprietário e não será objeto de matrícula específica (Lei n. 6.015/73, art. 176, § 1º, II, n. 6, §§ 10 a 12).

Registra-se-ão no Livro n. 3 – Registro Auxiliar – as convenções de condomínio edilício, condomínio geral voluntário e condomínio em multipropriedade (Lei n. 6.015/73, art. 178, III).

c.6.5.3. Direitos do multiproprietário

São direitos do multiproprietário, além daqueles previstos no instrumento de instituição e na convenção de condomínio em multipropriedade (CC, art. 1.358-I, incs. I a IV):

a) usar e gozar, durante o período correspondente à sua fração de tempo, do imóvel e de suas instalações, equipamentos e mobiliário;

b) ceder a fração de tempo em locação ou comodato;

c) alienar a fração de tempo, por ato entre vivos ou por causa de morte, a título oneroso ou gratuito, ou onerá-la, devendo a alienação e a qualificação do sucessor, ou a oneração, ser informadas ao administrador;

d) participar e votar, pessoalmente ou por intermédio de representante ou procurador, desde que esteja quite com as obrigações condominiais, em: assembleia geral do condomínio em multipropriedade, e o voto do multiproprietário corresponderá à quota de sua fração de tempo no imóvel; assembleia geral do condomínio edilício, quando for o caso, e o voto do multiproprietário corresponderá à quota de sua fração de tempo em relação à quota de poder político atribuído à unidade autônoma na respectiva convenção de condomínio edilício.

c.6.5.4. Obrigações do multiproprietário

São obrigações do multiproprietário, além daquelas previstas no instrumento de instituição e na convenção de condomínio em multipropriedade (CC, art. 1.358-J, I a IX, §§ 1º e 2º):

a) pagar a contribuição condominial do condomínio em multipropriedade e, quando for o caso, do condomínio edilício, ainda que renuncie ao uso e gozo, total ou parcial, do imóvel, das áreas comuns ou das respectivas instalações, equipamentos e mobiliário;

b) responder por danos causados ao imóvel, às instalações, aos equipamentos e ao mobiliário por si, por qualquer de seus acompanhantes, convidados ou prepostos ou por pessoas por ele autorizadas;

c) comunicar imediatamente ao administrador os defeitos, avarias e vícios no imóvel dos quais tiver ciência durante a utilização;

d) não modificar, alterar ou substituir o mobiliário, os equipamentos e as instalações do imóvel;

e) manter o imóvel em estado de conservação e limpeza condizente com os fins a que se destina e com a natureza da respectiva construção;

f) utilizar o imóvel, bem como suas instalações, equipamentos e mobiliário, conforme seu destino e natureza;

g) usar o imóvel exclusivamente durante o período correspondente à sua fração de tempo;

h) desocupar o imóvel, impreterivelmente, até o dia e hora fixados no instrumento de instituição ou na convenção de condomínio em multipropriedade, sob pena de multa diária, conforme convencionado no instrumento pertinente;

i) permitir a realização de obras ou reparos urgentes;

j) pagar, conforme previsão que deverá constar da respectiva convenção de condomínio em multipropriedade:

– multa, no caso de descumprimento de qualquer de seus deveres; e

– multa progressiva e perda temporária do direito de utilização do imóvel no período correspondente à sua fração de tempo, no caso de descumprimento reiterado de deveres.

k) responder pelas reparações que fizer no imóvel.

A responsabilidade pelas despesas referentes a reparos no imóvel, bem como suas instalações, equipamentos e mobiliário, será:

a) de todos os multiproprietários, quando decorrentes do uso normal e do desgaste natural do imóvel;

b) exclusivamente do multiproprietário responsável pelo uso anormal, sem prejuízo de multa, quando decorrentes de uso anormal do imóvel.

c.6.5.5. Transferência da multipropriedade

A transferência do direito de multipropriedade e a sua produção de efeitos perante terceiros dar-se-ão na forma da lei civil e não dependerão da anuência ou cientificação dos demais multiproprietários.

Não haverá direito de preferência na alienação de fração de tempo, salvo se estabelecido no instrumento de instituição ou na convenção do condomínio em multipropriedade em favor dos demais multiproprietários ou do instituidor do condomínio em multipropriedade.

O adquirente será solidariamente responsável com o alienante pelas obrigações, caso não obtenha a declaração de inexistência de débitos referente à fração de tempo no momento de sua aquisição (CC, arts. 1.358-L, §§ 1º e 2º). Trata-se de uma obrigação *propter rem* oriunda de despesas condominiais, multas, juros moratórios se houverem, que deverão ser pagas, em razão de solidariedade entre adquirente e alienante.

c.6.5.6. Adminstração da multipropriedade

A administração do imóvel e de suas instalações, equipamentos e mobiliário será de responsabilidade da pessoa indicada no instrumento de instituição ou na convenção de condomínio em multipropriedade, ou, na falta de indicação, de pessoa escolhida em assembleia geral dos condôminos.

O administrador exercerá, além daquelas previstas no instrumento de instituição e na convenção de condomínio em multipropriedade, as seguintes atribuições:

a) coordenação da utilização do imóvel pelos multiproprietários durante o período correspondente a suas respectivas frações de tempo;

b) determinação, no caso dos sistemas flutuante ou misto, dos períodos concretos de uso e gozo exclusivos de cada multiproprietário em cada ano;

c) manutenção, conservação e limpeza do imóvel;

d) troca ou substituição de instalações, equipamentos ou mobiliário, salvo disposição diversa da convenção condominial podendo, inclusive: determinar a necessidade da troca ou substituição; providenciar os orçamentos necessários para a troca ou substituição e submeter os orçamentos à aprovação pela maioria simples dos condôminos em assembleia (CC, art. 1.358-M).

O instrumento de instituição poderá prever fração de tempo destinada à realização, no imóvel e em suas instalações, em seus equipamentos e em seu mobiliário, de reparos indispensáveis ao exercício normal do direito de multipropriedade.

Tal fração de tempo poderá ser atribuída – ao instituidor da multipropriedade ou – aos multiproprietários, proporcionalmente às respectivas frações.

Em caso de emergência, os reparos poderão ser feitos durante o período correspondente à fração de tempo de um dos multiproprietários (art. 1.358-N, §§ 1º e 2º).

e) elaboração do orçamento anual, com previsão das receitas e despesas;

f) cobrança das quotas de custeio de responsabilidade dos multiproprietários;

g) pagamento, por conta do condomínio edilício ou voluntário, com os fundos comuns arrecadados, de todas as despesas comuns (CC, art. 1.358-M, §§ 1º e 2º).

O condomínio edilício em que tenha sido instituído o regime de multipropriedade em parte ou na totalidade de suas unidades autônomas terá necessariamente um administrador profissional, que pode ser ou não um prestador de serviços de hospedagem. O prazo de duração do contrato de administração será livremente convencionado. O administrador profissional do condomínio será também o administrador de todos os condomínios em multipropriedade de suas unidades autônomas. Esse administrador será mandatário legal de todos os multiproprietários, exclusivamente para a realização dos atos de gestão ordinária da multipropriedade, incluindo manutenção, conservação e limpeza do imóvel e de suas instalações, equipamentos e mobiliário. O administrador poderá modificar o regimento interno quanto aos aspectos estritamente operacionais da gestão da multipropriedade no condomínio edilício (CC, art. 1.358-R, §§ 1º e 5º).

c.6.5.7. Renúncia ao direito de multipropriedade

O multiproprietário somente poderá renunciar de forma translativa a seu direito de multipropriedade em favor do condomínio edilício. Tal renúncia só é admitida se o multiproprietário estiver em dia com as contribuições condominiais, com os tributos imobiliários e, se houver, com o foro ou a taxa de ocupação (CC, art. 1.358-T, parágrafo único).

c.6.5.8. Efeitos de inadimplência obrigacional

Na hipótese de inadimplemento, por parte do multiproprietário, da obrigação de custeio das despesas ordinárias ou extraordinárias, é cabível, na forma da lei processual civil, a adjudicação ao condomínio edilício da fração de tempo correspondente.

Se o imóvel objeto da multipropriedade for parte integrante de empreendimento em que haja sistema de locação das frações de tempo no qual os titulares possam ou sejam obrigados a locar suas frações de tempo exclusivamente por meio de uma administração única, repartindo entre si as receitas das locações independentemente da efetiva ocupação de cada unidade autônoma, poderá a convenção do condomínio edilício estabelecer que em caso de inadimplência:

a) o inadimplente fique proibido de utilizar o imóvel até a integral quitação da dívida;

b) a fração de tempo do inadimplente passe a integrar o *pool* da administradora;

c) a administradora do sistema de locação fique automaticamente munida de poderes e obrigada a, por conta e ordem do inadimplente, utilizar a integralidade dos valores líquidos a que o inadimplente tiver direito para amortizar suas dívidas condominiais, seja do condomínio edilício, seja do condomínio em multipropriedade, até sua integral quitação, devendo eventual saldo ser imediatamente repassado ao multiproprietário (CC, art. 1.358-S e parágrafo único). Configurada está a anticrese já que se permite que os frutos do imóvel sejam usados como compensação de débitos.

c. 6.6. Loteamento fechado

O *loteamento* ou *condomínio fechado*, bairro urbanizado para fins residenciais ou recreativos, conjunto de casas em vilas fechadas por portão de acesso à via pública protegido por muro e portaria, que controla a passagem, clube de campo dotado de vias públicas e praças particulares, de áreas de lazer pertencentes ao domínio privado autorregulamentado por convenções assembleares constituem uma modalidade de condomínio especial prevista no art. 8º da Lei n. 4.591/64 (Sílvio Venosa, Arnaldo Rizzardo, J. Nascimento Franco e Nisske Gondo; STJ, 4ª T., RE 1.902-RJ, rel. Min. Athos Carneiro, *Bol. AASP*, 1673; *RT*, *836*:217, *695*:189; *JTJRS*, *249*:161). Cada titular é proprietário de sua casa, podendo cercá-la conforme a convenção e aliená-la com o terreno reservado sem contudo ter o direito de dissociá-la do conjunto condominial e de apoderar-se das áreas comuns.

Poder-se-ão aplicar os princípios do Código Civil e os da Lei n. 4.591/64, no que couber, à multipropriedade e ao loteamento fechado. É o que dispõe o Enunciado n. 89 do Conselho da Justiça Federal (aprovado nas Jornadas de Direito Civil de 2002): "O disposto nos arts. 1.331 a 1.358 do novo Código Civil aplica-se, no que couber, aos condomínios assemelhados, tais como loteamentos fechados, multipropriedade imobiliária e clubes de campo.

Quadro Sinótico

CONDOMÍNIO	*a*) Conceito	Segundo Caio M. S. Pereira, temos condomínio quando a mesma coisa pertence a mais de uma pessoa, cabendo a cada uma delas igual direito idealmente sobre o todo e cada uma de suas partes. Cada consorte é proprietário da coisa toda, delimitado pelos iguais direitos dos demais condôminos, na medida de suas quotas.		
	b) Classificação	Quanto à origem	Convencional	Se resultar de acordo de vontade dos consortes.
			Incidente ou eventual	Quando vier a lume, em razão de causas alheias à vontade dos condôminos (herança deixada a vários herdeiros).
			Forçado ou legal	Quando derivar de imposição de lei (condomínio em paredes, cercas, muros e valas).
		Quanto ao objeto	Universal	Se compreender a totalidade do bem, inclusive frutos e rendimentos.
			Particular	Se se restringir a determinadas coisas ou efeitos, ficando livres os demais.
		Quanto à sua necessidade	Ordinário ou transitório	Se puder cessar a qualquer momento.
			Permanente	Quando não pode extinguir-se em razão de lei ou de sua natureza indivisível (condomínio forçado).
		Quanto à forma	*Pro diviso*	A comunhão existe juridicamente mas não de fato (condomínio em edifícios de apartamentos).
			Pro indiviso	A comunhão perdura de fato e de direito.

CONDOMÍNIO	• *c*) Direitos e deveres dos condôminos	• Quanto às suas relações internas	• 1. (CC, art. 1.314 e parágrafo único). Cada consorte pode usar livremente a coisa conforme seu destino e sobre ela exercer todos os direitos compatíveis com a indivisão. Daí as responsabilidades que lhes decorrem dos arts. 1.315 e 1.319 do Código Civil. • 2. Cada condômino pode alhear a respectiva parte indivisa (CC, art. 1.314), respeitando o direito preferencial reconhecido aos demais (CC, arts. 504, parágrafo único, e 1.322 e parágrafo único). • 3. Cada consorte tem direito de gravar a parte indivisa (CC, art. 1.314), sendo evidente que não pode gravar a propriedade sob condomínio em sua totalidade sem o consentimento dos outros condôminos (CC, art. 1.420, § 2º). • 4. Se um dos consortes contrair dívida em proveito da comunhão responderá pessoalmente pelo compromisso assumido, mas terá contra os demais ação regressiva (CC, art. 1.318), e, se a dívida tiver sido contraída por todos, aplica-se o disposto no art. 1.317 do Código Civil.
		• Quanto às suas relações externas	• 1. Cada consorte pode reivindicar de terceiro coisa comum (CC, art. 1.314) e pode defender sua posse contra outrem (CC, art. 1.199). • 2. A nenhum condômino é lícito (CC, art. 1.314, parágrafo único), sem anuência dos outros, dar posse, uso e gozo da propriedade a estranho. Pode pedir a retomada de imóvel locado, desde que se configurem as circunstâncias legalmente previstas (CC, art. 1.323).
	• *d*) Administração	• Todos os consortes poderão usar da coisa, dentro dos limites de sua destinação econômica, auferindo todas as vantagens sem prejuízo de qualquer deles. Se impossível o uso do bem cabe a eles deliberar se deve ser vendido, alugado ou administrado (CC, arts. 1.323, 1.324, 1.325 e 1.326).	

CONDOMÍNIO

- *e*) Extinção
  - Divisão
    - Em se tratando de condomínio ordinário as partes podem exigir, a qualquer tempo, sua divisão (CC, arts. 1.320 e 1.321). Essa divisão pode ser: *amigável*, efetivando-se por escritura pública quando todos os consortes forem maiores e capazes, ou *judicial*, quando não houver acordo ou qualquer um deles for incapaz (CPC, arts. 588 e s.).
  - Venda
    - Amigável
      - Basta que um deles queira vender, venda esta que não se efetivará se a unanimidade dos condôminos entender que não é conveniente (CC, art. 1.322, 1ª parte).
    - Judicial
      - CC, art. 1.322, *in fine*; CPC, art. 730.
- *f*) Condôminos especiais
  - 1. Condomínio em paredes, cercas, muros e valas (CC, arts. 1.327, 1.297, § 1º, 1.328, 1.329 e 1.330; CPC, art. 1.063).
  - 2. Condomínio em edifício de apartamentos
    - Origem
      - Surgiu após a I Guerra Mundial, ante a crise de habitações, quando, com o desenvolvimento das cidades, houve necessidade de melhor aproveitar o solo. Foi regulamentado pela Lei n. 4.591/64, com as alterações das Leis n. 4.864/65 e n. 12.424/2011, e atualmente o é pelo Código Civil, arts. 1.331 a 1.358.
    - Natureza jurídica
      - Caracteriza-se, juridicamente, pela justaposição de propriedades distintas e exclusivas ao lado do condomínio de partes do edifício forçosamente comuns (Planiol, Ripert, Baudry-Lacantinerie) (CC, art. 1.331, §§ 1º a 5º).
    - Instituição (CC, art. 1.332, I a III)
      - *a*) Por destinação do proprietário do edifício, mediante escritura pública, sendo que a venda das unidades autônomas pode ser realizada antes ou depois de concluída a obra.

CONDOMÍNIO	• *f*) Condôminos especiais	• 2. Condomínio em edifícios de apartamentos	• Instituição (CC, art. 1.332, I a III)	• *b*) Por incorporação imobiliária, que é o negócio jurídico que tem o intuito de promover e realizar a construção, para a alienação total ou parcial de edificações compostas de unidades autônomas. • *c*) Por testamento, em que se recebe, por herança, um prédio que deverá ter essa configuração. • *d*) Por constituição do regime por vários herdeiros. • *e*) Por arrematação em leilão, doação, compra de frações do edifício. • *f*) Por sentença judicial, em ação de divisão.
			• Constituição	• CC, arts. 1.333 e 1.334.
			• Direitos dos condôminos	• Estão definidos na "Convenção de Condomínio", que é um ato-regra gerador do direito estatuário ou corporativo, aplicável não só aos que integram a comunidade, como também a todos que nela se encontrem na condição permanente ou ocasional de ocupantes, e no art. 1.335 do Código Civil.
			• Deveres dos condôminos (CC, arts. 1.336 e s.)	• Observar as regras de boa vizinhança. • Não alterar o prédio externamente a não ser com licença dos consortes. • Não decorar as partes e esquadrias externas com tons diversos dos empregados no conjunto da edificação. • Não destinar a unidade a utilização diversa da finalidade do prédio. • Não praticar ato que ameace a segurança do prédio ou prejudique a higiene. • Não embaraçar o uso das partes comuns.

CONDOMÍNIO	• *f*) Condôminos especiais	• 2. Condomínio em edifícios de apartamentos	• Deveres dos condôminos (CC, arts. 1.336 e s.)	• Não alienar a garagem a pessoa estranha ao condomínio. • Submeter-se às sanções se transgredirem seus deveres. • Concorrer com sua quota para as despesas do condomínio, sob pena de sofrer sanções.
			• Administração	• 1. *Síndico* é a pessoa que defende os direitos e interesses comuns dos condôminos, que os representa, que admite e demite empregados, que arrecada contribuições deliberadas pela assembleia. • 2. *Administrador* é a pessoa a quem o síndico delega certas funções administrativas. • 3. *Subsíndico* é o auxiliar do síndico. • 4. *Conselho Fiscal*, composto por três membros que dão pareceres sobre as contas do síndico. • 5. *Órgão Deliberativo*, Assembleia Geral, constituída por todos os condôminos.
			• Extinção	• 1. Desapropriação do edifício (CC, art. 1.358). • 2. Confusão, se todas as unidades autônomas forem adquiridas por uma só pessoa. • 3. Destruição do imóvel por qualquer acontecimento, incêndio, por exemplo (CC, art. 1.357). • 4. Demolição voluntária do prédio (CC, art. 1.357). • 5. Alienação e reconstrução de todo o prédio (CC, art. 1.357, §§ 1º e 2º).
		• Fundo de investimento	• Modalidade especial de condomínio, por ser uma comunhão de recursos que se destina à aplicação de ativos financeiros disciplinada pela CVM.	
		• 3. Multipropriedade imobiliária	• Propriedade de tempo compartilhado de locais de lazer.	
		• 4. Condomínio fechado	• Lei n. 4.591/64, art. 8º.	

D. Restrições ao direito de propriedade

d.1. Fundamento das limitações à propriedade

No direito moderno, o primado do interesse coletivo ou público vem influindo sobremaneira no conceito de propriedade. As medidas restritivas ao direito de propriedade, impostas pelo Estado em prol da supremacia do interesse público, vêm diminuindo o exercício desse direito. De modo que os princípios gerais de direito como os da igualdade das propriedades e repressão ao abuso do direito foram sendo aplicados tão amplamente que o domínio passou a encontrar neles restrições cada vez mais fortes, acarretando o seu enfraquecimento interno e a consolidação da política de intervenção estatal[261].

Em virtude dessa política intervencionista do Estado, o proprietário de nossos dias desconhece o caráter absoluto, soberano e intangível de que se impregnava o domínio na era dos romanos. Na verdade, pontifica Orlando Gomes, hodiernamente, vem ocorrendo uma restauração da concepção medieval da propriedade, segundo a qual o domínio útil dos bens imóveis sujeitava-se a obrigações reais perpétuas, que deveriam ser cumpridas em proveito dos titulares do domínio direto. A única diferença é a substituição dos particulares, que desfrutavam das prerrogativas asseguradas aos titulares do domínio direto, pelo Estado, que passou a ser o barão dos tempos modernos. Entretanto, esse civilista não está afirmando que voltou a prevalecer a concepção medieval do domínio dividido entre diversas pessoas, nem que o Estado moderno é o senhor de todos os bens e os proprietários particulares, meros titulares de um domínio útil, sujeitos aos encargos que gravavam a propriedade. Está ele, tão somente, registrando a semelhança existente entre o proprietário atual e o dos tempos medievais, pois que aquele, como este, tem, sobre o bem, os poderes do dono, contanto que satisfaça certos encargos.

Assim, percebe-se que o direito de propriedade não tem um caráter absoluto porque sofre limitações impostas pela vida em comum. A propriedade individualista substitui-se pela propriedade de finalidade socialista[262].

---

261. De Page, *Traité élémentaire de droit civil belge*, t. 5, p. 823; Orlando Gomes, op. cit., p. 114-5; Carlos Alberto Dabus Maluf, *Limitações ao direito de propriedade*, São Paulo, Saraiva, 1997.

262. Orlando Gomes, op. cit., p. 116; Savatier, *Les metamorphoses économiques et sociales du droit civil d'aujourd'hui*, p. 141; W. Barros Monteiro, op. cit., p. 100; Ripert (*Le déclin du droit*, Paris, 1949, p. 39), ao apreciar o fenômeno da publicização do direito de propriedade, escreveu: "*pour protéger les uns et désarmer les autres, il faut nécessairement faire appel à une force supérieure à tous. Cette force ne peut être que celle de l'État. Si elle intervient dans les rapports privés entre les hommes le droit privé cède le pas aux règles de droit public. La publicisation est le moyen de rendre le Droit Social*".

d.2. Natureza e classificação das restrições ao domínio

Há quem considere as limitações ao direito de propriedade como *servidões legais*.

Salvat[263] apresentou críticas a essa ideia, acentuando as diferenças que se apresentam entre tais restrições e as servidões, que são:

1) as servidões reais requerem um imóvel dominante e outro serviente, o que não se dá com as restrições à propriedade;
2) as servidões reais impõem ao proprietário do imóvel serviente a obrigação de se abster de atos contrários ao direito do dono do prédio dominante ou permitem a este último o exercício de certos direitos sobre o seu imóvel; enquanto as restrições legais podem criar obrigações de fazer para o proprietário;
3) as servidões reais constituem, relativamente ao prédio dominante e serviente, um regime de exceção, estabelecendo direitos e deveres que normalmente não existiriam em favor nem a cargo deles, ao passo que os limites ao domínio representam o regime normal da propriedade.

Esclarece-nos, ainda, Lacerda de Almeida[264] que as servidões visam obter vantagens relativas ao aumento do valor do prédio dominante, do ponto de vista de sua utilidade, beleza ou amenidade, sem que isso seja indispensável ao seu uso; nas limitações legais ao domínio, por exemplo, no que concerne às relações de vizinhança, o direito que se assegura ao vizinho, limitado em benefício da propriedade do prédio contíguo, é imprescindível àquele, pois sem ele é impossível a própria utilização do seu prédio.

Esse mesmo civilista, bem como Planiol[265], considerou tais restrições, principalmente as oriundas do direito de vizinhança, como obrigações *semirreais*, pois só existem em razão da detenção da coisa: o único obrigado a proceder, por exemplo, a demarcação ou a passar muros divisórios é o proprietário do imóvel contíguo. Trata-se de relações jurídicas em que a pessoa é vinculada unicamente *propter rem*.

Adepto desse ponto de vista é Hassen Aberkane[266], ao sustentar que na obrigação *propter rem* é titular de um direito real tanto o devedor como o

263. Salvat, *Derechos reales*, v. 1, n. 1.055, p. 542.

264. Lacerda de Almeida, *Direito das coisas*, v. 1, § 12, p. 102.

265. Planiol, *Traité élémentaire*, cit., 7. ed., Paris, 1915, v. 1, n. 2.368, p. 735-6.

266. Hassen Aberkane, *Essai d'une théorie générale de l'obligation "propter rem" en droit positif français*, Paris, 1957, n. 21, 28, 29 e 36; Serpa Lopes, op. cit., p. 402-7.

credor, pois ambos os direitos – o do credor e o do devedor – incidem sobre a mesma coisa. Entretanto, essas obrigações diferenciam-se dos direitos reais; estes são oponíveis *erga omnes* e aquelas contêm uma oponibilidade que se reflete apenas no titular do direito rival. As obrigações *propter rem* não interessam a terceiros, como acontece nos direitos reais. Todavia, dizer que a obrigação *propter rem* é uma manifestação do direito real não significa que ela venha a ser um direito real autônomo ou *sui generis*, mas que se integra no conteúdo do direito real de que é acessória. Esse mesmo autor clarifica essas suas ideias ao dizer que como "modo de solucionar um conflito de direitos reais, a obrigação *propter rem* destina-se a permitir o exercício simultâneo de direitos recaindo sobre a mesma coisa ou sobre duas coisas vizinhas, exprimindo a oponibilidade do direito, em relação ao terceiro titular de um direito concorrente. O direito real ordinariamente só impõe ao terceiro uma atitude passiva; já a obrigação *propter rem* pode impor prestações positivas ao terceiro titular de um direito rival".

As limitações legais ao direito de propriedade são as que estão contidas em leis especiais que têm por objetivo proteger não só o interesse público, social ou coletivo, bem como o interesse privado ou particular considerado em função da necessidade social de coexistência pacífica[267].

As restrições à propriedade em razão do interesse social pressupõem a ideia de subordinação do direito de propriedade privada aos interesses públicos e às conveniências sociais[268]. São limitações imprescindíveis ao bem-estar coletivo e à própria segurança da ordem econômica e jurídica do país.

Essas restrições, pertencendo à seara do direito público: constitucional, administrativo, penal etc., passam a ser partes integrantes da estruturação legal do domínio, atingindo-o em toda sua extensão ou em parte dela. Como não estabelecem vínculos recíprocos, têm por característica a sua unilateralidade, sacrificando os interesses particulares sob o fundamento de que devem se subordinar ao interesse público[269].

As limitações ao domínio em razão do interesse privado, segundo Messineo, inspiram-se no princípio da relatividade dos direitos e no propósito de sua coexistência harmônica e pacífica, fundando-se no próprio interes-

---

267. Orlando Gomes, op. cit., p. 117; Daibert, op. cit., p. 162; Serpa Lopes, op. cit., p. 401.
268. Serpa Lopes, op. cit., p. 407; Orlando Gomes, op. cit., p. 117; Daibert, op. cit., p. 5.
269. Orlando Gomes, op. cit., p. 118.

se do titular do bem ou de terceiro a quem ele pretenda beneficiar, não afetando dessa forma a extensão do exercício do direito de propriedade. Caracteriza-se por sua bilateralidade, ante o vínculo recíproco que estabelece[270], situando-se, portanto, no campo do direito civil.

Dentre as restrições que se fundam no interesse privado temos:

a) as servidões prediais (CC, arts. 1.378 a 1.389);

b) as que cominam pena de nulidade para doação de todos os bens, sem reserva de parte, ou renda suficiente para a subsistência do doador (CC, art. 548);

c) as disposições que protegem a família, como as que proíbem doações do cônjuge adúltero ao seu cúmplice (CC, art. 550);

d) as da Lei do Inquilinato (n. 8.245/91), que, como preceito de ordem pública, protegem o inquilino;

e) as da Lei n. 6.766/79 (com a alteração da Lei n. 12.608/2012, sobre loteamento;

f) as dos arts. 1.911, parágrafo único, 1.327 a 1.330 e 1.336 do Código Civil;

g) as relações decorrentes do direito de vizinhança (CC, arts. 1.277 a 1.313), que serão, pela sua grande importância, objeto de nosso estudo no item d.4[271].

d.3. Restrições à propriedade em virtude de interesse social

d.3.1. Restrições constitucionais

A Constituição Federal, art. 5º, XXII, ao garantir o direito de propriedade, considerou a questão de suas restrições, que reaparece em forma analítica no art. 170, sob o título "Da ordem econômica e financeira", e no art. 193, relativo à ordem social, que tem por escopo realizar o desenvolvimento nacional e a justiça social com base nos seguintes princípios: liberdade de iniciativa; valorização do trabalho como condição da dignidade humana; fun-

---

270. Orlando Gomes, op. cit., p. 117-8; Messineo, *Istituzioni di diritto privato*, v. 1, p. 234.

271. W. Barros Monteiro, op. cit., p. 100; Adriana Caldas do Rego Freitas Dabus Maluf, *Limitações urbanas ao direito de propriedade*, São Paulo, Atlas, 2010. *Vide* Ato Complementar n. 42/69; Decretos-Leis n. 539/68, 446/69, 457/69, 502/69 e 760/69, sobre confisco de bens de pessoas enriquecidas ilicitamente.

ção social da propriedade; harmonia e solidariedade entre as categorias sociais de produção; repressão não só ao abuso do poder econômico, caracterizado pelo domínio dos mercados, como também à eliminação da concorrência e ao aumento ao arbitrário dos lucros e expansão das oportunidades de emprego produtivo. Em tudo isso há limitações ao direito de propriedade.

Dispõe no seu art. 5º, XXIV, sobre a desapropriação por necessidade ou utilidade pública e por interesse social, mediante prévia e justa indenização em dinheiro; no art. 182, § 3º, dispõe que as desapropriações de imóveis urbanos serão feitas com prévia e justa indenização em dinheiro. E no § 4º, III, autoriza o poder público municipal, para atender à política urbana, mediante lei específica, a exigir do dono do solo urbano não utilizado que promova seu aproveitamento sob pena de desapropriação com pagamento em títulos de dívida pública. E ante a necessidade de planejar a reforma agrária prescreve no art. 184 que a União poderá promover a desapropriação por interesse social de propriedade territorial rural, com o pagamento em títulos de dívida agrária, com cláusula de preservação do valor real, resgatáveis dentro do prazo de 20 anos, a partir do segundo ano de sua emissão, sendo insuscetíveis de usucapião para fins de reforma agrária os casos do art. 185. E no art. 5º, XXV, prevê a utilização da propriedade particular pelo Estado, em caso de perigo iminente ou em circunstâncias excepcionais, estando assegurado ao proprietário o pagamento da competente indenização. Trata-se da requisição que não sacrifica o domínio em seu conjunto, já que é tão somente uma privação temporária do uso do bem. O poder público, mediante lei, poderá exigir do dono do solo urbano inutilizado que o aproveite sob pena de parcelamento ou edificação compulsórios e de imposto sobre a propriedade predial e territorial urbana progressivo no tempo (CF, art. 182, § 4º, I e II), visando acelerar o desenvolvimento urbanístico.

E no art. 176 estatui que as jazidas, minas e demais recursos minerais e os potenciais de energia hidráulica constituem propriedade distinta da do solo para o efeito de exploração ou aproveitamento, e pertencem à União, garantida ao concessionário a participação no produto da lavra (Dec.-Lei n. 227/67; Dec.-Lei n. 1.865/81; Lei n. 7.805/89; Dec. n. 98.812/90; Lei n. 7.886/89; Lei n. 8.901/94; Leis n. 9.314/96 e 9.478/97; Portaria do DNPM n. 269/2008, que regulamenta o contrato de arrendamento de concessão de lavra). Logo, o dono do solo não será do subsolo, apenas no que atina a jazidas, recursos minerais, hidráulicos, que pertencem à União apenas, mas sua pesquisa e lavra poderão efetivar-se, com autorização ou concessão da União (CF, art. 23, XI), por brasileiro ou empresa constituída sob as leis brasileiras e que tenha sua sede e administração no País (art. 176, § 1º, com redação da EC n. 6/95, e art. 44, §§ 1º a 3º, das Disposições Transitórias), mas o aproveitamento de energia renovável de capacidade reduzida independerá de autorização ou concessão (art. 176, § 4º). O dono do solo terá participação nos resultados da lavra e só poderá explorar recursos minerais de emprego imediato na construção civil, desde que não submetidos a transformação industrial (art. 176, § 2º, e Lei n. 8.901/94; CC, arts. 1.229 e 1.230 e parágrafo único). No art. 177, I a IV, há uma ampliação do monopólio da União, em relação ao art. 168, § 1º, da Emenda Constitucional n. 1/69, pois, além da pesquisa e lavra de petróleo, abrange o de seu gás natural, hidrocarbonetos fluidos, transporte de petróleo etc. Pelo art. 177, § 1º, esse monopólio inclui riscos oriundos dessas atividades, proibindo-se a União de ceder ou conceder qualquer tipo de participação nessa exploração, salvo (art. 20, § 1º, da CF) aos Estados, Distrito Federal, Municípios e órgãos da administração direta da União, para fins de geração de energia elétrica etc. Mas a Constituição Federal, pelo art. 45 das Disposições Transitórias, exclui do monopólio da União a refinaria do petróleo nacional ou estrangeiro. As refinarias em funcionamento no País eram amparadas pelo art. 43 e nas condições do art. 45 da já revogada Lei n. 2.004/53 e estão hoje disciplinadas pela Lei n. 9.478/97, art. 72. E pelo parágrafo único do art. 45 das Disposições Transitórias da nova Carta ficam ressalvados da proibição do art. 177, § 1º, os contratos de risco feitos com a Petrobras, para pesquisa de petróleo, desde que estejam em vigor na data da promulgação da Constituição Federal. O art. 43 das Disposições Transitórias estipula prazo para pesquisa e lavra de recursos minerais, pois as autorizações e concessões que conferem direitos minerários, que não foram levados a efeito dentro do prazo legal ou estejam inativos, não mais poderão produzir efeitos na data da promulgação da lei disciplinadora de pesquisa e lavra de recursos e jazidas minerais; se essa lei não advier dentro de um ano, contado da promulgação da Constituição Federal, haverá perda automática daqueles direitos. A Lei n. 7.886/89 rege a concessão de lavra, e a Lei n. 7.990/89 instituiu para Estados, Distrito Federal e Municípios compensação financeira pelo resultado da exploração de petróleo ou gás natural de recursos hídricos para fins de geração de energia elétrica, de recursos minerais em seus respectivos territórios, plataforma continental, mar territorial ou zona econômica exclusiva[272]. Pelo art.

272. Interessante é a obra de: Lucas A. Barroso, Propriedade dos recursos minerais e propriedade do solo e do subsolo no ordenamento jurídico brasileiro, *A realização do direito civil*, Curitiba, Juruá, 2011, p. 189 a 198.

20, § 1º da CF (com a redação da Ec n. 102/2019) " é assegurada, nos termos da lei, à União, aos Estados, ao Distrito Federal e aos Municípios a participação no resultado da exploração de petróleo ou gás natural, de recursos hídricos para fins de geração de energia elétrica e de outros recursos minerais no respectivo território, plataforma continental, mar territorial ou zona econômica exclusiva, ou compensação financeira por essa exploração".

Prevê a Constituição Federal, no art. 243, o confisco de terras onde se cultivem ilegalmente plantas psicotrópicas.

Ante a propriedade empresarial, onde há uma concentração de poder econômico de que resulta uma desigualdade social, podendo dar origem a abusos, a nossa Constituição, para possibilitar a utilização de bens, compatível com os interesses da comunidade, prescreve no seu art. 173, § 4º, que a lei reprimirá o abuso do poder econômico, caracterizado pelo domínio dos mercados, a eliminação da concorrência e o aumento arbitrário dos lucros. A Lei Delegada n. 4/62; a Lei n. 12.529/2011; o Decreto n. 51.644-A/62; a parcialmente revogada Lei n. 8.884/94; a Lei n. 7.347/85, art. 1º, V, com a alteração da Lei n. 12.529/2011; e o Decreto n. 92.323/86, que revogou o Decreto n. 52.025/63, regulam a repressão aos abusos do poder econômico, instituindo uma série de penalidades. A Lei n. 8.078/90 dispõe sobre a proteção e defesa do consumidor.

Os arts. 216, I a V, §§ 1º a 5º, 23, III e IV, 24, VII, colocam sob a proteção especial do poder público os documentos, as obras e os locais de valor histórico ou artístico, os monumentos e as paisagens naturais notáveis, bem como as jazidas arqueológicas, limitando o direito de propriedade. O seu proprietário tem o uso e gozo da coisa, mas não tem a disponibilidade, uma vez que sua alienação depende de autorização do Departamento do Patrimônio Histórico e Artístico Nacional[273]. Pelo art. 5º, LXXIII, da Cons-

---

273. Caio M. S. Pereira, op. cit., p. 100-4; Planiol, Ripert e Boulanger, *Traité élémentaire*, v. 1, n. 2.990 e s.; W. Barros Monteiro, op. cit., p. 96-7; Nelson de Azevedo Branco e Celso de Albuquerque Barreto, *Repressão ao abuso do poder econômico*, p. 101 e s.; Marcus Tullius L. F. dos Santos, A configuração constitucional da propriedade das minas e a responsabilização pelos danos ambientais num contexto de economia de mercado, *Revista Direito e Liberdade*, ed. esp. da ESMARN, *3*:419-36. Sobre a propriedade de petróleo, *vide* Decretos-Leis n. 3.236/41, 395/38, 538/38; Decreto n. 4.071/39 (ora revogado pelo Decreto s/n. de 15-2-1991). Portaria n. 32/57 do Conselho Nacional de Petróleo; Lei n. 9.478/97. A Lei n. 1.310/51 dispõe sobre uso e exploração dos minérios para produção de energia atômica. *Vide* Súmula 24 do TFR e Medida Provisória n. 92/89 (convertida na Lei n. 7.886/89), que dispõe sobre a titulação para pesquisa e lavra mineral de áreas liberadas em decorrência do art. 43 do Ato das Disposições Cons-

tituição Federal, qualquer cidadão é parte legítima para propor ação popular para anular ato lesivo ao patrimônio público e histórico-cultural, pois deve ser preservado e destinado à pesquisa científica.

d.3.2. Restrições administrativas

São tantas essas limitações que impossibilitam sua enumeração completa. Exemplificativamente temos:

a) As que, em face do interesse da cultura e da proteção do patrimônio histórico e artístico nacional, proíbem a demolição ou modificação de construções tidas como monumentos históricos (Dec.-Lei n. 25/37); os seus reparos devem obedecer à sua caracterização. O tombamento é um instrumento para proteger bens móveis ou imóveis dotados de valor histórico-cultural, sem que haja transferência do domínio, e o poder público indenizará o proprietário que com isso sofrer prejuízo econômico (CF, art. 216, V, §§ 1º, 4º e 5º; Lei n. 10.257/2001 (alterada pela Lei n. 12.608/2012, que modificou o art. 2º e acrescentou o art. 42-A), art. 4º, V, *d*).

b) As que, inspiradas na prosperidade pública, visam a proteção da lavoura, do comércio e da indústria, dirigindo a economia, limitando a produção de mercadorias no que concerne à sua qualidade e regulamentando o exercício de determinadas atividades econômicas. P. ex.: quanto à lavoura: o Decreto-Lei n. 3.855/41, que dispõe sobre o aproveitamento da cana; em relação à indústria: o Decreto-Lei n. 6.213/44, ora revogado, que continha restrições referentes aos cafés torrados e moídos; o Decreto-Lei n. 4.661/42, que provê sobre a requisição da produção de álcool pelo Instituto do Açúcar e do Álcool; o Decreto-Lei n. 8.148/45, que revogou os Decretos-Leis n. 5.428/43 e 6.122/43, que dispõe sobre o controle da indústria na-

---

titucionais Transitórias; Portaria n. 178/2004 (alterada pelas Portarias n. 168/2006, 267/2008 e 564/2008, e ora revogada) do Departamento Nacional de Produção Mineral sobre procedimento para outorga e transformação do Regime de Permissão de Lavra Garimpeira; Portaria n. 144, de 3 de maio de 2007, do Departamento Nacional de Produção Mineral, "dispõe sobre a regulamentação do § 2º do art. 22 do Código de Mineração, que trata da extração de substâncias minerais antes da outorga de concessão de lavra". Pela Súmula 238 do STJ, "a avaliação da indenização devida ao proprietário do solo, em razão de alvará de pesquisa mineral, é processada no juízo estadual da situação do imóvel". *Vide* Lei n. 12.276/2010 sobre cessão onerosa feita pela União à Petrobras do exercício de atividades de pesquisa e lavra de petróleo, gás natural e outros hidrocarbonetos fluidos de que trata o art. 177, I, da Constituição Federal.

cional de artefatos de borracha; quanto ao comércio: o Decreto-Lei n. 3.182/41, que traça restrições sobre a propriedade, transferência, penhor ou caução das ações ou quotas de capital dos bancos de depósitos; o Decreto-Lei n. 3.545/41, art. 3º, modificado pelo Decreto-Lei n. 3.392/41, que estatui limitações alusivas aos direitos de proprietário ou sócio, ou ainda sobre as ações de estabelecimentos bancários que se dediquem à venda de títulos de dívida pública.

c) As que, com base no interesse da economia popular, prescrevem normas condizentes ao abastecimento, aos preços, fixando-os em tabelas, e ao racionamento de certos produtos.

d) As que, por razões estéticas, urbanísticas e higiênicas (CF, art. 23, IX, e Lei n. 7.347/85, art. 5º, II, com a redação determinada pela Lei n. 11.448/2007), executam planos que interferem no exercício do direito de construção, exigindo que os prédios obedeçam a certo alinhamento, obrigando que o dono do imóvel mure seu terreno, calce o passeio etc. P. ex.: Decreto-Lei n. 8.938/46, que no art. 29 proíbe que haja construção, dentro de zona urbana, de palhoças, casas de taipa etc., acrescentando no parágrafo único que se, sem embargo dessa proibição, se construir depois da sua publicação casas desse tipo, deverão ser demolidas, e que as já existentes, ao tempo de sua promulgação, não poderão ser reconstruídas. No art. 36 estatui, ainda, que os terrenos baldios devem ser convenientemente fechados e limpos.

e) As que, baseadas no interesse da saúde pública, proíbem culturas nocivas, interditam o uso das águas, impedem a habitação em locais insalubres, a venda de alimentos deteriorados, a fabricação de certos remédios e a localização, em zonas urbanas, de indústrias perigosas, como as de fogos (Dec.-Lei n. 4.238/42).

f) As que, no interesse do bom funcionamento dos serviços públicos, como os de correio, telégrafo, telefone, energia elétrica, permitem que o Estado exija dos proprietários que facilitem tais serviços, consentindo, por exemplo, que fios telefônicos se distendam sobre suas propriedades. A servidão administrativa não tolhe o direito de propriedade do proprietário, nem a posse mediata do possuidor do prédio serviente, apenas restringe o seu uso, obrigando, p. ex., a não praticar certos atos ou, ainda, a suportar algo. Na passagem de cabos de linhas aéreas de energia, o proprietário não pode construir no local tecnicamente delimitado e recebe uma indenização pelo prejuízo suportado, fixada judicialmente, que varia entre 10% e 20% do valor da área. Com a servidão administrativa (*RT*, *780*:239; STJ, Súmula 56), não há transferência do domínio da área serviente, mas tão somente a privação de certos poderes inerentes à propriedade a ser suportada pelo seu titular. Na lição de Bielsa, "*la restricción solo conforma y nunca desintegra ni disminuye el derecho de propiedad, y obedece a una solidariedad de intereses: el público y el privado*". Há uma limitação de utilidade pública ao uso do prédio serviente em benefício do bem-estar social (*JB*, *49*:252), correspondendo às justas exigências do interesse público que a motiva. Há um ônus real de fruição ou de gozo, de natureza pública, instituído sobre imóvel alheio (*res serviens*), de sorte que esse bem gravado fica num estado de sujeição especial a um serviço público para atender a fins de utilidade pública (*res dominans*), proporcionando um desfrute parcial daquele bem. A servidão administrativa, pelo fato de o bem passar a ser colocado sob parcial senhoria da coletividade, é considerada por Ernst Forsthoff como uma quase desapropriação (*Der enteignungsgleiche*), sendo que Seabra Fagundes, por sua vez, prefere denominá-la *expropriação parcial*. A servidão administrativa é, portanto, o ônus real de uso, imposto pelo Poder Público, ou por seus delegados, sobre propriedade particular ou coisa pública para assegurar a realização e a conservação de obras e serviços públicos ou de utilidade pública, mediante indenização dos prejuízos efetivamente suportados pelo proprietário. Só se efetiva com seu assento no registro público, condição *sine qua non* para que tenha oponibilidade *erga omnes* (Lei n. 6.015/73, art. 167, I, n. 6).

g) A do Código de Mineração (Dec.-Lei n. 227/67, arts. 27 e 60, com as alterações dos Decs.-Leis n. 318/67 e 330/67 e das Leis n. 9.314/96, 9.827/99, e seu regulamento aprovado pelo Dec. n. 62.934/68) concernente à ocupação dos terrenos vizinhos às jazidas e à constituição compulsória das servidões.

h) A do Código Florestal (Leis n. 12.651/2012 – com as alterações da Lei n. 12.727/2012 – n. 7.803/89; *RT*, *362*:549) que declara que as florestas particulares são do interesse do patrimônio florestal; assim as florestas e formas de vegetação nativa existentes no território nacional, reconhecidas de utilidade às terras que revestem, são bens de interesse comum a todos os habitantes do País, logo o exercício do direito de propriedade sofre limitações na exploração florestal e controle do desmatamento e no emprego de queimada. A Lei n. 7.875/89 (ora revogada) modificou o Código Florestal apenas para dar destinação específica à parte da receita obtida com a cobrança de ingressos aos visitantes de parques nacionais, e a Lei n. 9.605/98 revogou a maior parte da legislação penal esparsa atinente às infrações penais contra a flora. A Lei n. 12.651/2012 altera a Lei n. 6.938/81 (art. 9º-A), permitindo que proprietário ou possuidor de imóvel limite, por meio de instrumento público ou particular ou por termo administrativo firmado perante órgão integrante do SISNAMA, o uso de sua propriedade, no todo ou em parte, para preservar, conservar ou recuperar os recursos ambientais existentes, instituindo *servidão ambiental*. E acresce ainda os arts. 9º-B e 9º-C, para estipular que: *a*) tal servidão pode ser onerosa ou gratuita, temporária ou perpétua; *b*) o contrato de alienação, cessão ou transferência dessa servidão deve ser averbado na matrícula do imóvel.

i) As do Decreto-Lei n. 7.917/45; as da Lei n. 4.515/64, regulamentada pelo Decreto n. 59.066/66 (ora revogado), as do Decreto n. 68.920, de 15-7-71 (ora revogado pelo Decreto n. 83.399/79), que revogou o Decreto n. 60.304/67, alterado pelo Decreto n. 62.884/68, e as das Leis n. 5.710/71 (ora revogada pela Lei n. 7.565/86), n. 6.298/75 (revogada pela Lei n. 7.565/86), n. 6.350/76 e n. 6.833/80 (revogadas pela Lei n. 7.565/86), n. 6.997/82 (revogada pela Lei n. 7.565/86), e n. 7.565/86, que dispõem sobre a zona de proteção dos aeroportos, preceituando, p. ex., que as construções não podem exceder a certa altura, dentro do setor de aproximação dos aviões[274], para que não

---

274. Todas essas limitações foram apontadas por Orlando Gomes, op. cit., p. 118-20; W. Barros Monteiro, op. cit., p. 97-9. Marcelo de O. F. Figueiredo Santos, Tombamento – uma análise constitucional e aspectos da discricionariedade aplicáveis ao instituto, in *Temas de direito urbanístico*, Revista dos Tribunais, 1987, p. 52 e s. Sobre servidão administrativa: Sílvio Venosa, *Direito civil*, cit., v. 4, p. 216; José Carlos Moraes Salles, Servidão administrativa, *RDP*, *12*:94; Arnaldo Rizzardo, *Das servidões*, 1986, p. 249-53; Bielsa, *Restricciones y servidumbres administrativas*, 1923, p. 68; André de Laubadère, *Traité de droit administratif*, Paris, LGDJ, 1975, p. 165; Seabra Fagundes, *Da desapropriação no direito brasileiro*, 1942, p. 454; Forsthoff, *Lehrbuch des Verwaltugsrechts*, Munchen, 1973, p. 354; Celso Antônio Bandeira de Mello, *Curso de direito administrativo*, São Paulo, Malheiros Ed., 1996, p. 496-7; Biermann, *Burgerliches Rechts*, v. 1, p. 135; Pontes de Miranda, *Tratado de direito privado*, cit., t. 18, p. 184, e v. 2, p. 62; Lúcia Valle Figueiredo, *Curso de direito administrativo*, São Paulo, Malheiros Ed., s.d., p. 196-9; O. Mayer, *Le droit administratif Allemand*, Paris, 1905, t. 3, § 40, p. 274; Maria Sylvia Z. Di Pietro, *Servidão administrativa*, São Paulo, Atlas, 1995, p. 125 e 66; Adilson A. Dallari, Servidões administrativas, *RDP*, *59* e *60*, p. 95, 1981; Evaristo Silveira Jr., Servidões administrativas, *RDA*, *62*:348; Hely Lopes Meirelles, *Direito administrativo bra-*

haja ameaça à segurança do voo. As propriedades vizinhas aos aeródromos estão sujeitas a restrições especiais, relativas a edificações, instalações ou culturas agrícolas, que possam embaraçar o pouso ou a decolagem de aeronaves (Lei n. 7.565/86, arts. 43 a 46).

j) As da Lei n. 8.429/92, art. 16, §§ 1º e 2º, que regula o sequestro e a perda de bens no caso de enriquecimento ilícito por influência ou abuso do cargo ou função.

k) As do Decreto-Lei n. 3.240/41, que sujeita a sequestro os bens de pessoas indiciadas por crimes de que resulta prejuízo para a Fazenda Pública (*v.* CF, art. 37, §§ 4º e 5º).

l) As do Decreto-Lei n. 9.120/46 (revogado pela Lei n. 2.851/56, que perdeu vigência pela Lei n. 6.391/76), art. 11, § 3º, que dispunha que os proprietários de terrenos onde sejam exigidos sinais geodésicos, por órgãos técnicos da União, serão notificados da sinalização e das obrigações para sua conservação.

m) As do Decreto do Estado de São Paulo n. 52.892/72, que, para preservação da natureza e defesa da paisagem, sujeita à aprovação da Secretaria de Cultura e Turismo do Estado de São Paulo, as plantas e projetos de construção, reconstrução, loteamento, obras de publicidade, nas zonas declaradas de interesse turístico.

n) A que proíbe edificações aos proprietários em terrenos marginais das estradas de rodagem, em zona rural (TFR, Súmula 142).

o) As da Lei n. 10.257/2001 sobre diretrizes gerais da política urbana, reguladoras do uso da propriedade urbana em prol do bem coletivo, da segurança e do bem-estar dos cidadãos, bem como do equilíbrio ambiental e as da Medida Provisória n. 2.220/2001 sobre concessão de uso especial de que trata o § 1º do art. 183 da Constituição Federal.

p) As da Lei n. 11.132, de 4 de julho de 2005, que acrescenta o artigo 22-A à Lei n. 9.985, de 18 de julho de 2000 (que regulamenta o art. 225, § 1º, I, II, III e VII, da Constituição Federal) e institui o Sistema

---

sileiro, p. 530; Vanêsca B. Prestes. A função social da propriedade nas cidades: das limitações administrativas ao conteúdo da propriedade, *Revista Brasileira de Direito Ambiental*, *18*:229-70. Sobre restrições da lei penal: CP, art. 91, II, *a* e *b*; Lei n. 7.209/84. A Lei municipal paulista n. 13.614/2003, regulamentada pelo Decreto n. 44.755/2004, traça diretrizes para o uso de vias públicas municipais e de seus respectivos subsolo e espaço aéreo.

Sobre limitação administrativa da propriedade: *BAASP*, *2743*: 2036-16.

Nacional de Unidades de Conservação da Natureza, visto que pelo teor do referido dispositivo "O Poder Público poderá, ressalvadas as atividades agropecuárias e outras atividades econômicas em andamento e obras públicas licenciadas, na forma da lei, decretar limitações administrativas provisórias ao exercício de atividades e empreendimentos efetiva ou potencialmente causadores de degradação ambiental, para a realização de estudos com vistas na criação de Unidade de Conservação, quando, a critério do órgão ambiental competente, houver risco de dano grave aos recursos naturais ali existentes".

d.3.3. Limitação ao direito de propriedade rural

O Estatuto da Terra, Lei n. 4.504/64, introduziu uma série de inovações que visam dar melhor aproveitamento às terras, procurando distribuí-las de molde a atender aos princípios da justiça social e ao aumento de sua produtividade. Criando, dessa maneira, limitações ao direito de propriedade não só ao extinguir, de modo gradativo, as formas de ocupação e exploração da terra contrárias à sua função social, mas também ao estabelecer normas a respeito da alienação desses terrenos rurais, que só pode concretizar-se, por exemplo, com a aprovação do INCRA. Ou melhor, há necessidade de que a área que se pretende vender esteja dentro da planificação do INCRA (Estatuto da Terra, arts. 61 e s.)[275], já que, tendo sido o IBRA (Instituto Brasileiro de Reforma Agrária) extinto pelo Decreto-Lei n. 1.110/70, aquele passou a ter suas funções. Igualmente, a Lei n. 6.969/81 que continha normas sobre a aquisição, por usucapião especial, de imóveis rurais possuídos por cinco anos ininterruptos (arts. 1º a 9º), constituiu uma limitação ao direito de propriedade rural. A aquisição de propriedade rural no território nacional somente podia ser feita por brasileiro ou por estrangeiro residente no país (AC n. 45/69; Lei n. 5.709/71, e Dec. n. 74.965/74). A Constituição Federal de 1988, art. 191 e parágrafo único, e o Código Civil, art. 1.239, contemplam a aquisição de imóvel particular rural, por meio de usucapião *pro labore*, limitando o direito do proprietário que o abandonou. A aquisição de propriedade rural, pela nova Carta, por estrangeiro, será regulamentada por lei, que estabelecerá os casos em que dependerá de autorização do Congresso Nacional (CF, art. 190).

Pela Lei n. 6.938/81, com a alteração da Lei n. 12.651/2012, art. 9º-A, §§ 1º a 7º, mediante escritura pública ou instrumento particular ou por ter-

275. *Vide* Caio M. S. Pereira, op. cit., p. 101; Daibert, op. cit., p. 165-70.

mo administrativo firmado perante órgão integrante do SISNAMA, o proprietário ou possuidor de imóvel pode instituir *servidão ambiental*, pela qual voluntariamente renuncia, em caráter permanente ou temporário, total ou parcialmente, a direito de uso, exploração ou supressão de recursos naturais existentes na propriedade para preservar, conservar ou recuperar os recursos ambientais existentes. A servidão ambiental não se aplica às áreas de preservação permanente e de reserva legal. A limitação ao uso ou à exploração da vegetação da área sob servidão ambiental deve ser, no mínimo, a mesma estabelecida para a reserva legal. O instrumento ou termo de instituição da servidão ambiental bem como o contrato de sua alienação, cessão ou transferência devem ser averbadas na matrícula do imóvel no registro de imóveis competente (Lei n. 6.015/73, arts. 167, II, e 23). Na hipótese de compensação de reserva legal, a servidão ambiental deve ser averbada na matrícula de todos os imóveis envolvidos. É vedada, durante o prazo de vigência da servidão ambiental, a alteração da destinação da área, nos casos de transmissão do imóvel a qualquer título, de desmembramento ou de retificação dos limites da propriedade. As áreas instituídas na forma de servidão florestal, nos termos do art. 44-A da revogada Lei n. 4.771/65, passam a ser consideradas como de servidão ambiental. A Lei n. 12.651/2012 acrescentou à Lei n. 6.938/81 os arts. 9º-B e 9º-C, ao estabelecer que: *a*) a servidão ambiental pode ser onerosa ou gratuita; *b*) o prazo mínimo da servidão ambiental temporária é de 15 anos; *c*) a servidão ambiental perpétua equivale, para fins creditícios, tributários e de acesso aos recursos de fundos públicos, à Reserva Particular do Patrimônio Natural (RPPN), definida no art. 21 da Lei n. 9.985/2000; *d*) o contrato de alienação, cessão ou transferência da servidão ambiental deve ser averbado na matrícula do imóvel e conter: delimitação de área submetida a preservação, conservação ou recuperação ambiental; objeto da servidão ambiental; direitos e deveres do proprietário instituidor e dos futuros adquirentes ou sucessores; direitos e deveres do detentor da servidão ambiental; benefícios de ordem econômica do instituidor e do detentor da servidão ambiental; previsão legal para garantir o seu cumprimento, inclusive medidas judiciais necessárias em caso de ser descumprido; *e*) os deveres do proprietário do imóvel serviente, entre outras obrigações estipuladas no contrato, são: manter a área sob servidão ambiental; prestar contas ao detentor da servidão ambiental sobre as condições dos recursos naturais ou artificiais; permitir a inspeção e a fiscalização da área pelo detentor da servidão ambiental; defender a posse da área serviente, por todos os meios em direito admitidos; *f*) as obrigações do detentor da servidão ambiental, entre outras previstas contratualmente, abrangem a de: documentar as características ambientais da propriedade; monitorar periodicamente a propriedade para verificar se a servidão ambiental está sendo mantida; prestar informações necessárias a quaisquer interessados na aquisição ou aos sucessores da propriedade; manter relatórios e arquivos atualizados com as atividades da área objeto da servidão; defender judicialmente a servidão ambiental.

d.3.4. Limitações de natureza militar

Dentre elas ressaltam:

a) A do Decreto-Lei n. 4.812/42, modificado pelo Decreto-Lei n. 5.453/43, que trata da requisição de móveis ou imóveis necessários às forças armadas e à defesa do povo.

b) A da Lei n. 6.634/79, arts. 1º e 2º, que prescreve sobre transações de imóveis particulares situados na faixa de 150 km ao longo da fronteira do território nacional. Salvo com o assentimento prévio do Conselho de Segurança Nacional, será vedada, na faixa de fronteira, a prática dos atos referentes a: 1) alienação e concessão de terras públicas, abertura de vias de transporte e instalação de meios de comunicação destinados à exploração de serviços de radiodifusão de sons ou radiodifusão de sons e imagens; 2) construção de pontes, estradas internacionais e campos de pouso; 3) estabelecimento ou exploração de indústrias que interessem à segurança nacional, assim relacionadas em decreto do Poder Executivo; 4) instalação de empresas que se dedicarem às seguintes atividades: I – pesquisa, lavra, exploração e aproveitamento de recursos minerais, salvo aqueles de imediata aplicação na construção civil, assim classificados no Código de Mineração; II – colonização e loteamentos rurais; 5) transações com imóvel rural, que impliquem a obtenção, por estrangeiro, do domínio, da posse ou de qualquer direito real sobre o imóvel; 6) participação, a qualquer título, de estrangeiro, pessoa natural ou jurídica, em pessoa jurídica que seja titular de direito real sobre imóvel rural. Além disso, a Lei n. 6.634/79 e o Decreto n. 85.064/80 contêm disposições sobre a faixa de fronteira.

c) A do Decreto-Lei n. 3.437/41, concernente aos aforamentos de terrenos e às construções de edifícios em zonas fortificadas, proibindo sua reconstrução nas proximidades dos terrenos das fortificações.

d) A do Decreto-Lei n. 4.008/42, relativa à requisição de bens destinados ao transporte aéreo.

e) A das Leis n. 6.634/79 e 5.130/66 – ora revogada pela Lei n. 6.442/77 – que se referem às zonas indispensáveis à defesa do país[276].

d.3.5. Restrição em razão de lei eleitoral

No art. 135, § 3º, do Código Eleitoral (Lei n. 4.737/65) há uma restrição ao domínio quando determina que a propriedade particular deve ser cedida obrigatória e gratuitamente para o funcionamento das mesas receptoras, nos dias de eleição[277].

d.4. Limitações ao domínio baseadas no interesse privado

d.4.1. Dos direitos de vizinhança: conceito e fundamento

Há restrições à propriedade que surgem ante a necessidade de conciliar o seu exercício por parte de proprietários confinantes, pois a vizinhança, por si só, pode dar origem a conflitos, e nela deve imperar não só a solidariedade e a boa-fé entre vizinhos, mas também o exercício da propriedade, atendendo à sua função social.

Para Santiago Dantas há conflito de vizinhança sempre que um ato praticado pelo dono de um prédio, ou estado de coisas por ele mantido, vá exercer seus efeitos sobre o imóvel vizinho, causando prejuízo ao próprio imóvel ou incômodo ao morador. Essa interferência, essa repercussão *in alieno* é o elemento fundamental do conflito[278].

---

276. W. Barros Monteiro, op. cit., p. 98-9. Sobre as restrições impostas durante a guerra aos súditos do Eixo, *vide* o Decreto-Lei n. 4.166/42; Decreto-Lei n. 7.723/45; Decreto n. 28.412/50 (revogado pelo Decreto de 10-5-91); Lei n. 1.224/50; Decreto n. 39.869/56 (revogado pelo Decreto n. 11/91); Decreto n. 44.409/58 (revogado pelo Decreto n. 11/91); Decreto n. 59.076/66 (ora revogado pelo Decreto de 25-4-91).

277. W. Barros Monteiro, op. cit., p. 99. *Vide* a Lei n. 5.337/67, que dispõe sobre a aplicação da multa prevista pelo art. 8º do Código Eleitoral.

278. Ruggiero e Maroi, *Istituzioni*, cit., v. 1, § 108; Caio M. S. Pereira, op. cit., p. 173; Tito Fulgêncio, *Direitos de vizinhança*, n. 5; Santiago Dantas, *O conflito de vizinhança e sua composição*, Rio de Janeiro, 1939, p. 72; Sebastião José Roque, *Direito das coisas*, cit., p. 85-102; Aldemiro Rezende Dantas Jr., *Direito de vizinhança*, Rio de Janeiro, Forense, 2003; Tânia M. Mandarino, A regulação da civilidade no direito de vizinhança. In: *Novos direitos após seis anos de vigência do Código Civil de 2002* (coord. Inacio de Carvalho Neto), Curitiba, Juruá, 2009, p. 267 a 282; Lívia T. da S. Monte Alto, A proteção dos direitos da personalidade nas relações de vizinhança: direito à intimidade e vida privada e direito ao sossego. In: *Direitos da personalidade* (coord. Jorge Miranda, Otavio L. Rodrigues Jr. e Gustavo Fruet), São Paulo, Atlas, 2012, p. 397-423.

Cumpre à norma jurídica, em face dessa realidade, limitar os domínios dos proprietários de prédios contíguos, em favor da harmonia social, reduzindo ao máximo as prováveis discórdias, impondo-lhes um sacrifício que precisa ser suportado para que a convivência social seja possível e para que a propriedade de cada um seja respeitada[279].

Cada proprietário compensa seu sacrifício com a vantagem que lhe advém do correspondente sacrifício do direito do vizinho. Se assim não fosse, se os proprietários pudessem invocar uns contra os outros seu direito absoluto e ilimitado, impossibilitados estariam de exercer qualquer direito, pois as propriedades se aniquilariam dessa forma. Essas restrições ao direito de propriedade são impostas, simplesmente, para que esse mesmo direito possa sobreviver[280]. O que vem bem de encontro ao célebre princípio de que "nosso direito vai até onde começa o de nosso semelhante". Logo, os direitos de um proprietário vão até o limite onde têm início os de seu vizinho e vice-versa.

A esse respeito, excelente é o conceito formulado por Daibert[281], que

---

279. *Vide* o que diz a respeito Clóvis Beviláqua, *Direito das coisas*, v. 1, § 41; Lucéia M. Soares, Estudo do impacto da vizinhança, in *Estatuto da cidade* (coord. Adilson de Abreu Dallari e Sérgio Ferraz), São Paulo, Malheiros, 2002, p. 287-304; José Carlos de Freitas, Dos direitos de vizinhança e o direito urbanístico, *O Código Civil e sua interdisciplinaridade* (coords. José Geraldo Brito Filomeno, Luiz Guilherme da Costa Wagner Junior e Renato Afonso Gonçalves), Belo Horizonte, Del Rey, 2004, p. 165-186. Pela Lei n. 10.257/2001, arts. 36 a 38: Lei municipal definirá os empreendimentos e atividades privados ou públicos em área urbana que dependerão de elaboração de estudo prévio de impacto de vizinhança (EIV) para obter as licenças ou autorizações de construção, ampliação ou funcionamento a cargo do Poder Público municipal. O EIV será executado de forma a contemplar os efeitos positivos e negativos do empreendimento ou atividade quanto à qualidade de vida da população residente na área e suas proximidades, incluindo a análise, no mínimo, das seguintes questões: *a*) adensamento populacional; *b*) equipamentos urbanos e comunitários; *c*) uso e ocupação do solo; *d*) valorização imobiliária; *e*) geração de tráfego e demanda por transporte público; *f*) ventilação e iluminação; *g*) paisagem urbana e patrimônio natural e cultural. Dar-se-á publicidade aos documentos integrantes do EIV, que ficarão disponíveis para consulta, no órgão competente do Poder Público municipal, por qualquer interessado. A elaboração do EIV não substitui a elaboração e a aprovação de estudo prévio de impacto ambiental (EIA), requeridas nos termos da legislação ambiental.

Pelo Enunciado n. 319 do Conselho da Justiça Federal: "A condução e a solução das causas envolvendo conflitos de vizinhança devem guardar estreita sintonia com os princípios constitucionais da intimidade, da inviolabilidade da vida privada e da proteção ao meio ambiente" (aprovado na IV Jornada de Direito Civil).

280. W. Barros Monteiro, op. cit., p. 137.

281. Daibert, op. cit., p. 212; Fábio M. de Mattia, *O direito de vizinhança e a utilização da*

aqui transcrevemos: "Direitos de vizinhança são limitações impostas por normas jurídicas a propriedades individuais, com o escopo de conciliar interesses de proprietários vizinhos, reduzindo os poderes inerentes ao domínio e de modo a regular a convivência social".

Podem apresentar-se como:

a) restrição ao direito de propriedade quanto à intensidade de seu exercício (CC, arts. 1.277 a 1.281), regulando o seu uso anormal;

b) limitações legais ao domínio similares às servidões (CC, arts. 1.282 a 1.296), tratando das questões sobre árvores limítrofes, passagem forçada, passagem de cabos e tubulações e águas; e

c) restrições oriundas das relações de contiguidade entre dois imóveis (CC, arts. 1.297 a 1.313), versando sobre os limites entre prédios, direito de tapagem e direito de construir.

d.4.2. Restrições ao direito de propriedade quanto à intensidade de seu exercício: o uso normal e o uso anormal da propriedade

Limita-se o direito de propriedade quanto à intensidade de seu exercício em razão do princípio geral que proíbe ao indivíduo um comportamento que venha a exceder o uso normal de um direito, causando prejuízo a alguém.

Claro está que, se o proprietário agir culposamente, responderá pelas consequências de seu ato, na forma do direito comum, sem que se invoquem as normas que regulam o conflito de vizinhança. Se, por exemplo, um proprietário prejudica seu vizinho jogando lixo no terreno deste, o seu ato é ilegal e se enquadra no art. 186 do Código Civil.

O problema, como nos diz Silvio Rodrigues, ganha complexidade quando o incômodo que afeta o proprietário confinante resulta de ato praticado pelo vizinho dentro do âmbito do seu direito.

Se prejuízos houver do exercício anormal de um direito, ultrapassando os limites impostos à zona de garantia de cada um, cabe ao prejudicado um direito de reação, pois, como ensina Delliyannis[282], cada indivíduo tem o seu domínio garantido, a sua zona de garantia, e cada um tem o dever de respeitá-lo. Por exemplo, se alguém, em face de regulamentos de condomí-

---

propriedade imóvel, São Paulo, Bushatsky, 1976.

282. Delliyannis, *La notion d'acte illicite*, Paris, 1952, p. 116-7; Silvio Rodrigues, op. cit., p. 142; Caio M. S. Pereira, op. cit., p. 177.

nio, pode ligar a televisão até as 24 horas, e o fizer dentro desse horário, ainda que venha a prejudicar o estado de neurose do seu vizinho, está usando de um direito dentro dos limites normais e só por simples caridade poderia se restringir[283].

Isto é assim porque, segundo o art. 188, I, do Código Civil, não comete ato ilícito o proprietário que exerce seu direito de maneira regular ou normal.

Dentro de sua zona o proprietário, ou o possuidor, pode, em regra, retirar da coisa que é sua todas as vantagens, conforme lhe for mais conveniente ou agradável, porém, a convivência social não permite que ele aja de tal forma que o exercício de seu direito passe a importar em grande sacrifício ou dano ao seu vizinho. P. ex.: o proprietário que acende sua lareira, mas a fumaça invade o prédio contíguo, trazendo sérios prejuízos aos seus moradores.

Eis por que prescreve nosso Código Civil no seu art. 1.277: "o proprietário ou o possuidor de um prédio tem o direito de fazer cessar as interferências prejudiciais à segurança, ao sossego e à saúde dos que o habitam, provocadas pela utilização de propriedade vizinha". Reprime, assim, o uso abusivo da propriedade.

São ofensas à segurança pessoal ou dos bens todos os atos que comprometerem a estabilidade de um prédio e a incolumidade de seus moradores. P. ex.: funcionamento de indústrias ou realização de obras que produzem trepidações danosas, provocando trincas ou fendas em prédios (*BAASP*, *3010*:11); edifício vizinho que ameaça ruína, cujos estilhaços destroem plantações, animais ou imóveis; exploração de fábricas perigosas, como de explosivos; existência de árvores que ameaçam tombar no prédio contíguo (*RT*, *417*:150, *518*:187, *573*:143); existência de poço em terreno aberto que pode dar lugar a queda de transeunte; construção de açude junto ao limite com o prédio vizinho, sujeitando-o a infiltrações etc.[284].

São ofensas ao sossego os ruídos excessivos que tiram a tranquilidade dos habitantes do prédio confinante, como festas noturnas espalhafatosas em residências, boates (*RT*, *459*:63, *561*:217), clubes (*RT*, *352*:298, *365*:196 e *611*:211); gritarias; barulho ensurdecedor de indústria (*RT*, *336*:350, *472*:73, *491*:53), oficina mecânica (*RT*, *350*:548, *470*:106, *481*:76, *567*:126), pedreira (*RT*, *352*:346), escola de samba (*RT*, *565*:180), terreiro de macumba (*RT*,

283. Serpa Lopes, op. cit., p. 471; Luiz Edson Fachin, *Comentários*, cit., v. 15, p. 1-79.

284. W. Barros Monteiro, op. cit., p. 137; Daibert, op. cit., p. 217; Silvio Rodrigues, op. cit., p. 147. *Vide*: *Bol. AASP*, *2741*: 2029-03.

473:22); emprego de alto-falantes de grande potência para transmitir programas radiofônicos ou provocar aglomeração de clientes na rua (*RT*, *785*:283); funcionamento de bar em quiosque ao ar livre, com uso de som mecânico e ao vivo (*BAASP*, *2696*:5718); barulho provocado por móveis arrastados durante a madrugada (*BAASP*, *2714*:1945-03); badaladas de sinos de uma paróquia que ultrapassem em 6 decibéis o limite estabelecido pela lei local para áreas residenciais – 50 decibéis (TJDF, Proc. n. 20100020136189, pub. 11-11-2010); barulho excessivo causado por cultos (TJRS, Proc. 70052425584, pub. 21-3-2013); instalação ruidosa de equipamento por condômino (STJ – REsp 1.096.639/DF – 3ª T. – rel. Min. Nancy Andrighi, j. 9-12-2008). Isto porque todos temos direito ao sossego, sobretudo nas horas de repouso noturno, devido à grande influência nefasta do barulho na gênese das doenças nervosas[285].

---

285. W. Barros Monteiro, op. cit., p. 137-8; Patrícia E. C. Negrin, Conflitos de vizinhança: perturbação do sossego, *Tribuna do Direito*, maio 2000, p. 28; Carlos Roberto Gonçalves, *Comentários ao Código Civil*, São Paulo, Saraiva, 2003, v. 11, p. 296. Waldir de Arruda Miranda Carneiro (Barulho em apartamentos pode ter origem em defeito de construção, *Tribuna do Direito*, janeiro de 2001, p. 22) observa que pode ocorrer incômodo por defeito de construção consistente na falta de isolamento acústico adequado, que acaba acarretando poluição sonora. Daí a necessidade de se impor responsabilidade civil do construtor ou incorporador. A Lei municipal paulista n. 11.780/95 "exige que os proprietários ou incorporadores de novas edificações adotem as providências técnicas para que essas construções protejam os usuários contra a poluição sonora própria do local, sendo obrigatória, para as edificações cujo uso predominante seja habitação em condomínio, a apresentação de laudo técnico do nível de sons e ruídos próprios do local juntamente com os projetos de edificações a serem aprovados pela municipalidade". Há entendimento de que não se considera mau uso o funcionamento noturno de bomba de gasolina com posto de lavagem de automóveis, mesmo que haja ruído com carga e descarga de elevador. "Uso nocivo da propriedade – Loteamento – Perturbação do sossego – Culto religioso – Limitação – Possibilidade – Ofensa à liberdade de culto – Inexistência. Direito Civil. Direito de vizinhança. Uso nocivo da propriedade. Perturbação do sossego e da ordem. Loteamento. Casas residenciais. Realização de cultos evangélicos por parte dos réus. Grande número de frequentadores. Poluição sonora. Excesso de barulhos em horários de descanso. Grande número de veículos que comprometem a segurança e a passagem dos demais condôminos. Pedido de tutela inibitória. Cabimento. Art. 554 do Código Civil. Compatibilização do direito dos condôminos com a liberdade de culto e direito de propriedade insculpidos na CF. Art. 5º, VI. Provimento parcial do apelo. Possibilidade de realização do culto até as 10:00 horas, sob pena de pagamento de multa diária no valor de R$ 1.000,00 (hum mil reais). Impedimento da entrada de mais de dois veículos, sendo que os restantes devem ficar estacionados em local próprio, fora da área de trânsito do condomínio" (TJRJ, Ap. Cív. 2001.001.09675, ac. unân., 2ª Câm. Cív., rel. Des. Leila Mariano, *DOERJ*, 14-3-2002). "O exercício de posições jurídicas encontra-se limitado pela boa-fé objetiva. Assim, o condômino não pode exercer suas pretensões de forma anormal ou exagerada com a finalidade de prejudicar seu vizinho. Mais especificamente, não se pode impor ao vizinho uma convenção condominial que jamais foi

São exemplos de ofensas à saúde: a poluição de águas pelo lançamento de resíduos (Cód. de Águas, arts. 96 a 99; *JTACSP*, *82*:27; *RT*, *399*:181, *536*:116); o funcionamento de estábulos ou matadouros; a emissão de gases tóxicos e de fumaça ou fuligem (*RT*, *261*:269); a criação de animais que exalem mau cheiro e o escoamento de suas fezes no prédio inferior (*RT*, *758*:259); os gases tóxicos; a queima de detritos com penetração de fumaça ou odores; a presença de substâncias putrescíveis ou de águas estagnadas; a descarga de esgoto sobre outro prédio; o recebimento de pessoas com moléstias contagiosas ou repugnantes[286]. P. ex.: os vizinhos de um hotel de Santos reclamaram contra fumaças, fuligens e partículas emitidas por chaminé de aquecimento de água desse estabelecimento e que ameaçavam a saúde dos autores; o Tribunal cominou multa ao réu para o caso de não ter instalado aparelhos antifuliginosos, capazes de evitar o incômodo (*RT*, *277*:413).

Convém esclarecer que mesmo o uso lícito da propriedade, desde que prejudicial pelo seu exagero, incide na proibição legal (*RF*, *116*:432). O mau uso é o uso anormal, sendo que só o que é abusivo e intolerável incorre na proibição legal, mesmo que não haja a *intentio* de incomodar ou prejudicar. O que não ultrapassar os limites da anormalidade entra, como pondera Washington de Barros Monteiro, na categoria dos encargos ordinários da vizinhança. Assim, a passagem de uma estrada de ferro ou a instalação de uma estação rodoviária em bairro residencial podem trazer mal-estar aos vi-

---

observada na prática e que se encontra completamente desconexa da realidade vivenciada no condomínio. A *suppressio*, regra que se desdobra do princípio da boa-fé objetiva, reconhece a perda da eficácia de um direito quando este longamente não é exercido ou observado. Não age no exercício regular de direito a sociedade empresária que se estabelece em edifício cuja destinação mista é aceita, de fato, pela coletividade dos condôminos e pelo próprio condomínio, pretendendo justificar o excesso de ruído por si causado com a imposição de regra constante da convenção condominial, que impõe o uso exclusivamente comercial, mas que é letra morta desde sua origem. A modificação do *quantum* fixado a título de compensação por danos morais só deve ser feita em recurso especial quando aquele seja irrisório ou exagerado. Recurso Especial não conhecido" (STJ, 3ª T., REsp n. 1.096.639-DF, rel. Min. Nancy Andrighi, j. 9-12-2008, v.u.; *BAASP*, *2652*:1753-03). Consulte: STJ, 4ª T., AgRg no AI 1.769-RJ, rel. Min. Barros Monteiro, *Bol. AASP*, n. 1.640; *RT 187*:693, *103*:600, *117*:43, *708*:159, *785*:283, *817*:298, *805*:404.

Vide: Lei paulistana n. 15.777/2013, regulamentada pelo Decreto n. 54.734/2013, com a redação do Decreto n. 57.666/2017, sobre emissão de ruídos sonoros oriundos de aparelhos de som instalados em veículos automotores estacionados.

286. W. Barros Monteiro, op. cit., p. 138-9; Caio M. S. Pereira, op. cit., p. 178. Sobre a proteção do meio ambiente, *vide* Decreto paulista n. 52.892/72; Lei n. 6.803/80; e Lei n. 6.938/81. Já se decidiu que a instalação de projeto de saúde para atendimento de crianças aidéticas não colocava a vizinhança em risco (1º TACSP, Ap. 523.367-8, 3ª Câm., rel. Juiz Franco de Godoy).

zinhos, pelo barulho ou movimento que introduzem e pela desvalorização dos imóveis situados nas imediações. Entretanto, esses atos deverão ser suportados. Da mesma forma o vizinho deve aguentar o barulho normal das máquinas de uma tipografia confinante ou o rumor que provém de loja situada no pavimento inferior, onde se encaixotam mercadorias e os ruídos de indústria vizinha porque são incômodos menores, normais, impostos pelas contingências da vida em comum[287].

A dificuldade está em estabelecer a linha divisória entre o uso regular e irregular. A grande maioria dos autores entende que essa linha demarcatória entre o uso nocivo ou mau uso e o uso regular situa-se na determinação da normalidade ou anormalidade. O uso regular será normal não carecendo de repressão, ao passo que o irregular receberá uma sanção se conceituado como uso anormal[288].

Para saber quando a utilização ou exercício de um direito é normal ou anormal é preciso considerar vários fatores, entre os quais (CC, art. 1.277, parágrafo único):

a) O grau de tolerabilidade, pois se o incômodo for tolerável o juiz despreza a reclamação da vítima, pois a convivência social por si só cria a necessidade de cada um sofrer um pouco (*RT*, *448*:87). As interferências lesivas são proibidas considerando-se os limites ordinários de tolerância dos moradores da vizinhança. Se for intolerável o juiz deverá levar em conta várias circunstâncias: se os interesses em jogo são apenas individuais o magistrado pode ordenar a demolição ou remoção da coisa que o provoca; se o interesse do causador coincide com o interesse social, pois não convém a cessação da atividade prejudicial, o juiz obriga a vítima a tolerar essa inconveniência, impondo à outra parte a obrigação de indenizar; se houver possibilidade de diminuir ou atenuar o dano mediante a realização de obras, o magistrado deve ordená-las[289].

---

287. W. Barros Monteiro, op. cit., p. 138; Silvio Rodrigues, op. cit., p. 143-4; *RT*, *122*:157, *236*:157, *186*:176, *168*:244, *171*:517, *446*:230, *470*:106, *547*:194, *556*:138, *561*:217, *565*:180, *573*:143; *RTJ*, *65*:680; *RJTJSP*, *13*:155; *JTACSP*, *69*:137, *75*:151, *79*:18 e 91, *82*:54. *Vide* a Lei n. 4.771/65, art. 1º, parágrafo único (Cód. Florestal).

288. Caio M. S. Pereira, op. cit., p. 177.

289. Silvio Rodrigues, op. cit., p. 149-50; Pontes de Miranda, *Tratado de direito predial*, Rio de Janeiro, 1947, § 24, v. 1, n. 11; Santiago Dantas, *O conflito de vizinhança e sua composição*, Rio de Janeiro, 1939, n. 137; W. Barros Monteiro, op. cit., p. 139; *RF*, *68*:568, *117*:188, *101*:328, *177*:229, *211*:174, *208*:175, *345*:119; *RT*, *255*:346, *309*:471, *303*:454, *366*:115, *382*:145, *402*:171, *371*:144, *400*:161.

b) A localização do prédio, caso em que se reflete a ambiência em que se manifestam as relações de vizinhança, uma vez que não se pode ter o mesmo critério para apreciar a normalidade do uso do domínio, numa zona residencial ou industrial, numa cidade de veraneio ou de interior etc.[290].

c) A natureza da utilização ou do incômodo, verificando p. ex., se atinge a esfera interna do prédio adjacente[291].

Há quem acrescente, ainda, a pré-ocupação – verificação de quem chegou primeiro ao local. Para Demolombe aquele que se instala depois de estabelecido um certo uso pelo proprietário contíguo não poderá alterar esse estado de coisas. Entretanto não se pode aceitar, integral e absolutamente, a teoria da pré-ocupação, pois que a anterioridade da ocupação não tem o condão de paralisar toda propriedade nova, sujeitando o que chega posteriormente a se conformar com tudo, hipótese em que se teria uma servidão e não restrição aos *jura vicinitatis*. Contudo, a pré-ocupação exerce poderosa influência sobre a tolerância que se deve ter em relação a um uso preexistente[292].

O proprietário lesado não terá direito de fazer cessar as interferências prejudiciais à segurança, à saúde e ao sossego se elas forem justificadas por interesse público que prevalece sobre o particular (p. ex., abertura de poço artesiano ou construção de açude que acaba provocando umidade ou infiltrações em prédios vizinhos), caso em que o proprietário lesante pagará ao vizinho indenização cabal (CC, art. 1.278), que cubra integralmente os prejuízos sofridos. Se tais interferências tiverem que ser toleradas por decisão judicial, o vizinho poderá exigir, se possível, sua redução, ou eliminação, mediante realização de obras ou medidas de segurança (CC, art. 1.279). P. ex., se a emissão de gases poluentes de uma indústria for autorizada judicialmente, o vizinho

---

290. Caio M. S. Pereira, op. cit., p. 178; *RT*, *763*:257, *664*:129; *JTACSP*, *171*:321.

291. W. Barros Monteiro, op. cit., p. 139.

292. Demolombe, *Cours de Code Napoléon*, v. 12, Paris, 1876; *Traité des servitudes*, t. 2, n. 659, escreve: "*C'est d'autre la préoccupation, c'est-à-dire l'antériorité de possession et d'existence: volenti non fit injuria; et, par exemple, on pourrait dire, en général, que le propriétaire qui ferait des constructions dans le voisinage d'un établissement industriel antérieurement crée, se serait luimême, et de son plein gré, soumis à en supporter les incommodités. Nos anciennes coutumes et nos vieux auteurs attachaient aussi beaucoup d'importance, dans les relations du voisinage, à cette idée de la préoccupation*"; Caio M. S. Pereira, op. cit., p. 178; W. Barros Monteiro, op. cit., p. 139; De Page, *Traité*, cit., v. 5, n. 925; Mazeaud e Mazeaud, *Leçons de droit civil*, v. 2, n. 1.344. *Vide*, sobre instalação de Casa de Saúde para atender crianças com AIDS: *Bol. AASP*, *1830*:19; *RJE*, *2*:418.

lesado poderá pleitear sua redução propondo instalação de filtros, ou se os ruídos por ela causados forem permitidos por decisão judicial, o prejudicado poderá exigir a colocação de forro especial para diminuir o barulho[293].

Determinado o uso anormal, o prejudicado – proprietário, inquilino ou compromissário comprador – pode intentar o procedimento comum dos arts. 318 e s. do Código de Processo Civil e a Lei n. 9.099/95, art. 3º, I e II, possibilita que se recorra ao Juizado Especial Cível (CPC, art. 1.063) se o valor da causa não exceder a 40 vezes o salário mínimo, e, ainda, se o autor pedir que seja imposta ao réu a abstenção da prática de algum ato, tolerar alguma atividade, prestar ato ou entregar coisa, poderá entrar com ação cominatória para obter a abstenção do ato lesivo, a redução do incômodo ou requerer cominação de pena pecuniária (multa diária) para o caso de descumprimento da sentença ou da decisão antecipatória de tutela, como prescreve o art. 537 do Código de Processo Civil[294]. Trata-se de meios para impedir que perdure a ofensa à sua segurança, sossego e saúde.

O Código Civil, no art. 1.280, autoriza o proprietário ou possuidor a exigir, por meio da ação de dano infecto, do vizinho a demolição ou reparação necessária de seu prédio, quando este ameace ruína, ou a prestar caução (real ou fidejussória) que o garanta contra a possibilidade de dano iminente. Nesse mesmo sentido, as normas sobre condomínio, que criam limitações mais severas quanto à utilização da propriedade em edifícios de apartamentos[295] (CC, arts. 1.327 a 1.330 e 1.336).

À municipalidade também se aplica o art. 1.280, em razão de seu poder de polícia e de seu dever de zelar pela segurança pública[296].

O proprietário ou o possuidor de um prédio, em que alguém tenha direito de fazer obras, pode, no caso de dano iminente, exigir do autor delas as necessárias garantias (reais ou fidejussórias) contra o prejuízo eventual (CC, art. 1.281).

Washington de Barros Monteiro acentuava que muitos dos fatos caracterizadores do uso nocivo da propriedade configuravam contravenções pe-

---

293. Carlos E. N. Camillo, *Comentários ao Código Civil*, São Paulo, Revista dos Tribunais, 2006, p. 941.

294. Consulte: Carlos Roberto Gonçalves, *Curso*, cit., v. 4, p. 330-1. Nada obsta que se ingresse com ação de dano infecto para impedir mau uso da propriedade vizinha que venha a causar dano à segurança, sossego e saúde, exigindo que o vizinho preste caução pelo dano iminente (*RT*, *814*:338).

295. Caio M. S. Pereira, op. cit., p. 179, e *Condomínio e incorporação*, n. 76.

296. W. Barros Monteiro, op. cit., p. 140; *RT*, *132*:237, *254*:451.

nais, como ocorre com a do art. 30 do Decreto-Lei n. 3.688/41 (perigo de desabamento), a do art. 38 (emissão de fumaça, vapor ou gás) e a do art. 42 (perturbação do trabalho ou do sossego alheios), constituindo, hoje, crime ambiental (Lei n. 9.605/98). Esclarece, ainda, que esses fatos podem não chegar a constituir infração penal e ser mau uso do domínio e que a sentença absolutória criminal não impede o ajuizamento do procedimento sumário, perante o juízo cível[297].

d.4.3. Limitações legais à propriedade similares às servidões

d.4.3.1. Das árvores limítrofes

A existência de árvores limítrofes dá origem a relações de vizinhança, que surgem da ocorrência de três fatos:

1) O de ter a árvore seu tronco na linha divisória, caso em que, pelo art. 1.282 do Código Civil, se presume pertencer em comum aos donos dos prédios confinantes.

Trata-se de uma presunção *juris tantum*, suscetível de prova em contrário, emanada do título, oriunda de evidência específica ou resultante das circunstâncias do caso.

Pontes de Miranda denomina esta figura de *árvore meia;* a cada proprietário confrontante pertence a metade da árvore, pouco importando que as raízes ou ramos se prolonguem mais para um prédio do que para outro, ou que o tronco ocupe maior espaço em um dos imóveis. Cada vizinho é dono de partes iguais dessa árvore, que poderá ser frutífera ou não, ou desse arbusto ou trepadeira, uma vez que esse dispositivo legal não faz qualquer distinção. Cada um deles é dono de parte da árvore e não de parte ideal, havendo, portanto, um condomínio necessário.

Sendo comum a árvore: cada um poderá podá-la livremente, desde que a preserve, mas nenhum de seus donos poderá cortá-la sem anuência do outro ou exigir que seja abatida; cortada ou arrancada, deve ser partilhada entre os proprietários confrontantes; também serão comuns as despesas com o seu corte e colheita de frutos; os frutos deverão ser repartidos pela metade, quer tombem naturalmente, quer provocada a sua queda, quer haja colheita[298].

---

297. W. Barros Monteiro, op. cit., p. 140; *RF*, *127*:419.

298. Orlando Gomes, op. cit., p. 194-5; Caio M. S. Pereira, op. cit., p. 179; Silvio Rodrigues, op. cit., p. 153; Enneccerus, Kipp e Wolff, *Derecho de cosas*, v. 1, § 54; Pontes de Miranda, *Tratado de direito predial*, v. 1, § 62; W. Barros Monteiro, op. cit., p. 140-1.

2) O de caírem seus frutos no terreno vizinho, não sendo tal árvore de propriedade comum, mas pertencente a um dos proprietários confinantes, embora estenda seus ramos por sobre a linha lindeira, caso em que o art. 1.284 do Código Civil determina que referidos frutos deverão pertencer ao dono do solo onde caírem, se este for de propriedade particular. De forma que, se pendentes os frutos, pertencem eles ao dono da árvore e se, ao se desprenderem, tombarem em terreno contíguo, ficarão sendo do dono do solo em que caírem naturalmente (em razão de vendaval, tempestade, maturação etc.), logo, não lhe será permitido provocar essa queda, sacudindo seus galhos, utilizando varas e muito menos colhê-los. Essa solução do Código teve por objetivo evitar as contendas ou desinteligências que por certo surgiriam cada vez que o dono da árvore penetrasse no terreno contíguo para apanhar os frutos que ali caíram.

Todavia, se esses frutos tombarem em propriedade pública, não há mais o perigo de conflitos, de modo que o proprietário da árvore ainda conserva a propriedade dos frutos caídos[299].

3) O de suas raízes e ramos ultrapassarem a extrema do prédio, causando qualquer incômodo à propriedade vizinha, caso em que o art. 1.283 do Código Civil possibilita seu corte, até o plano vertical divisório, pelo proprietário do terreno invadido. Já o inquilino não poderá cortar ramos de árvores que transponham os limites de sua propriedade, prejudicando, por exemplo, o cultivo a que, porventura, se dedique, pela sombra que causa; só poderá solicitar do locador as necessárias providências.

O dono do terreno invadido pelos galhos não precisará reclamar previamente nem avisar, previamente, o proprietário da árvore que vai aparála. O dono da árvore não terá direito a qualquer indenização de perdas e danos ainda que esta venha a perecer em razão do corte.

Nossos juízes e tribunais têm entendido que, por analogia, a fornecedora de energia elétrica, autorizada pelo poder público, poderá cortar galhos

---

No mesmo sentido: Código Civil português, arts. 1.368 e 1.369; BGB, art. 923; Código francês, art. 670; Código italiano, art. 899; *RTJ*, *65*:378; *RT*, *189*:269, *348*:583, *597*:110 e *573*:143. Há limitações aos proprietários confinantes, que deverão acatar normas de preservação do meio ambiente, resguardando certos espécimes da flora, e proteger a segurança da propriedade vizinha, cortando árvores cujas raízes a estejam danificando.

299. Clóvis Beviláqua, *Direito das coisas*, v. 1, p. 193; Orlando Gomes, op. cit., p. 196; Enneccerus, Kipp e Wolff, op. cit., v. 1, § 54; W. Barros Monteiro, op. cit., p. 141; Caio M. S. Pereira, op. cit., p. 180; Mourlon, *Répétitions écrites sur le Code Civil*, v. 1, p. 777; L. Edson Fachin, *Comentários*, cit., p. 80-5. *JTACSP*, *136*:44.

de árvore, existente no interior de uma propriedade particular, que atinjam fios condutores de alta-tensão, com perigo para o público em geral.

É bom esclarecer, como o fez Orlando Gomes, que o direito de corte não está condicionado à nocividade da invasão dos ramos, podendo ser exercido, pouco importando que nenhum prejuízo cause esse prolongamento da árvore[300], uma vez que seu exercício independe de prova do prejuízo ou da lesão.

d.4.3.2. Da passagem forçada

A passagem forçada é o direito do proprietário de prédio (rústico ou urbano), que não tem acesso a via pública, nascente ou porto, de, mediante pagamento de cabal indenização, reclamar do vizinho que lhe deixe passagem, fixando-se a esta judicialmente o rumo, quando necessário por não haver acordo, p. ex. (CC, art. 1.285, *caput*), procurando encontrar o modo menos oneroso e mais cômodo para ambas as partes. Sofrerá o constrangimento o vizinho cujo imóvel mais natural e facilmente se prestar à passagem (CC, art. 1.285, § 1º), se vários forem os atingidos pelo dever de fornecer aquela passagem.

Para que o dono do imóvel encravado tenha esse direito é preciso a ocorrência de três requisitos:

1) Que o imóvel pretendidamente encravado se ache, realmente, sem acesso a via pública, nascente ou porto. Mas, já se entendeu, como o Enunciado n. 88 do Conselho da Justiça Federal (aprovado nas Jornadas de Direito Civil de 2002), que: "O direito de passagem forçada, previsto no art. 1.285 do CC, também é garantido nos casos em que o acesso à via pública for insuficiente ou inadequado, consideradas inclusive as necessidades de exploração econômica". Fácil é perceber que não constituem passagens forçadas atravessadouros particulares, por propriedades também particulares, que não se dirigem a nascentes, pontes ou lugares públicos, privados de outra serven-

---

300. Serpa Lopes, op. cit., p. 421-2; Silvio Rodrigues, op. cit., p. 154-5; W. Barros Monteiro, op. cit., p. 142-3; Orlando Gomes, op. cit., p. 195; *RT*, *134*:153; *RT*, *88*:453; TJRJ, *ADCOAS*, 1982, n. 85.331: "Se as condições peculiares de árvores limítrofes são de molde a reclamar a entrada do proprietário prejudicado no prédio vizinho, para que torne viável o corte de galhos incômodos, é o vizinho obrigado a permitir a entrada, isento de ônus, assegurada indenização pelos danos porventura causados. O corte de galhos incômodos não poderá, em qualquer hipótese, ultrapassar a linha divisória dos dois prédios, não podendo, consequentemente, atingir o tronco da árvore questionada, plantada a regular distância da divisa".

Segundo o STJ (REsp 935.474, 3ª T., rel. Min. Nancy Andrighi), o morador deverá podar árvores que plantou, formando "muro verde", se impedirem a vista panorâmica de seu vizinho, por haver abuso de direito.

tia (STF, Súmula 415). A esse respeito Clóvis ensina que passagens particulares por propriedades particulares não são servidões desde que se destinem, exclusivamente, a atravessar terras particulares, sem se dirigirem a lugares públicos. Essas travessias são concedidas precariamente por mera tolerância, não se fundando em títulos legítimos, sendo insuscetíveis de usucapião; no entanto, se se dirigirem a locais públicos, poder-se-á invocar a usucapião.

O encravamento é o requisito básico. Somente o prédio que não tenha acesso para a rua, nascente ou porto ou qualquer logradouro público é que o tem, mas o seu encravamento terá de ser absoluto; assim, se houver apenas uma única via de acesso, por pior ou incômoda que seja, não se qualifica como "encravado", logo, a serventia de vizinho, que lhe facilite o acesso, é servidão de passagem e não passagem forçada.

Esse direito à passagem forçada funda-se no princípio de solidariedade social que preside as relações de vizinhança e no fato de ter a propriedade uma função econômico-social que interessa à coletividade. Logo, é preciso proporcionar ao prédio encravado uma via de acesso, pois do contrário ele se tornaria improdutivo, já que seu dono ficaria impossibilitado de lhe dar utilização econômica.

2) Que o prédio esteja naturalmente encravado. O seu encravamento, para efeito de passagem forçada, não pode ter sido provocado por um fato imputável, culposamente, ao proprietário encravado.

Impedido estará de exigir a passagem forçada pela propriedade vizinha aquele que, voluntariamente, criou o obstáculo ao construir, por exemplo, uma casa no caminho que lhe dava acesso à via pública, ou se loteou a área, vendendo-a a terceiros, deixando encravada a parte que reservou para si.

Porém, como o prédio não pode ficar encravado devido à necessidade econômica de explorá-lo, o art. 1.285, § 2º, estatui que "se ocorrer alienação parcial do prédio, de modo que uma das partes perca o acesso a via pública, nascente ou porto, o proprietário da outra deve tolerar a passagem". E, se antes da alienação havia passagem pelo imóvel vizinho, o proprietário deste não está constrangido, depois, a dar uma outra (CC, art. 1.285, § 3º). P. ex., se dono de um prédio tiver acesso a via pública, em razão de caminho aberto em imóvel de vizinho, mas, em virtude de venda parcial de seu imóvel, vier a perdê-lo, não mais poderá exigir a abertura de uma nova passagem daquele que lhe concedeu a anterior. Assim, o proprietário, que por culpa sua causou o encravamento, só poderá voltar-

-se contra o adquirente do trecho onde anteriormente havia a passagem, para conseguir o acesso. E se, com tal venda, por outro lado, a parcela do imóvel alienado vier a ficar encravada, o seu adquirente poderá fazer com que o alienante suporte a passagem forçada pelo seu prédio, tolerando-a.

3) Que o proprietário do prédio por onde se estabelece a passagem receba uma indenização cabal (CC, art. 1.285).

O direito à passagem é oneroso e não gratuito, pois o proprietário do prédio onde se estabelece a travessia terá direito a uma indenização fixada por convenção ou judicialmente. O cálculo dessa indenização pode ser feito por peritos com base na desvalorização da propriedade e nos prejuízos que dessa passagem possam advir ao imóvel onerado. Serpa Lopes esclarece que a obrigação de pagar essa indenização depende de sentença que reconheça esse direito ao proprietário do imóvel dominante.

Concedida a passagem ela deve ser exercida, pois o não uso, por 10 anos, pode acarretar sua perda (CC, art. 1.389, III); entretanto, como essa via de acesso é indispensável ao prédio encravado, ela poderá ser readquirida mediante pagamento daquela indenização.

Tal indenização é considerada como uma compensação ao dono do prédio por onde se estabelece a travessia, pelos prejuízos e incômodos que terá de passar.

Por essa razão há quem ache que a passagem forçada é uma espécie de desapropriação compulsória, que, no entanto, não se dá por necessidade pública, mas para atender a interesse particular. Teixeira de Freitas entreviu nesse instituto uma "utilidade pública indireta" considerando que, pelo menos, mediatamente, há um benefício à coletividade.

4) Que esse direito seja exercido por um titular legítimo, ou seja, pelo proprietário, usufrutuário, usuário ou enfiteuta.

É a passagem forçada um direito ínsito do titular do domínio do prédio encravado e uma obrigação do dono do imóvel onerado, que sofre limitação em seu direito de propriedade.

Se não houver acordo entre esses proprietários, o direito à passagem forçada deverá ser decidido judicialmente para que o dono do prédio contíguo consinta na abertura da travessia. Cabe ao órgão judicante decidir sobre o direito à passagem, tendo em vista as necessidades e interesses de ambos os litigantes, procurando adotar o modo menos oneroso para aquele que vai conceder a passagem (CC, art. 1.285, *in fine*).

Por se tratar de uma restrição legal e não de uma servidão, extingue-se a passagem forçada quando cessarem as circunstâncias que caracterizam o encravamento. P. ex.: se se abrir uma rua que possibilite acesso ao prédio que estava encravado[301]. Com isso reintegra-se a propriedade, que o servira na plenitude de seu domínio.

d.4.3.3. Da passagem de cabos e tubulações

Quanto à *passagem* de *cabos* e *tubulações*, o Código Civil, no art. 1.286, parágrafo único, exige que, mediante recebimento de indenização que abranja dano emergente, lucro cessante e, também, a desvalorização da área remanescente, o proprietário é obrigado a tolerar a passagem por ser necessária, pelo seu imóvel, de cabos aéreos de energia elétrica, de telefonia ou de processamento de dados, tubulações subterrâneas de água, gás e esgoto e outros condutos subterrâneos de serviços de utilidade pública, em proveito de proprietários vizinhos, quando de outro modo for impossível ou excessivamente onerosa. O *quantum* indenizatório deverá ser proporcional à desvalorização do imóvel ou ao prejuízo sofrido pela limitação do *jus fruendi* em benefício do bem-estar social, pela redução do potencial do prédio, pela produção de ruídos ou pela emissão de gases advindos das tubulações etc. O proprietário prejudicado pode exigir que a instalação seja feita de modo menos gravoso ao prédio onerado, bem como, depois, seja removida, à sua custa, para outro local do imóvel. Acrescentando, ainda, no art. 1.287, que "se as instalações oferecerem grave risco, será facultado ao proprietário do prédio onerado exigir a realização de obras de segurança" (preventivas e prote-

---

301. Silvio Rodrigues, op. cit., p. 157-64; Orlando Gomes, op. cit., p. 203; Teixeira de Freitas, *Consolidação das Leis Civis*, art. 66; Caio M. S. Pereira, op. cit., p. 181-2; Josserand, *Cours de droit positif français*, v. 1, n. 1.981; Serpa Lopes, op. cit., p. 422-7; W. Barros Monteiro, op. cit., p. 143-5; Ney Rosa Goulart, Passagem forçada, *RT*, *543*:40; Arnaldo Rizzardo, Servidão de trânsito e passagem forçada, *Ajuris*, *30*:159, Matiello, *Código Civil*, cit., p. 809-10. A servidão advém da vontade – negócio *inter vivos*, testamento (CC, art. 1.378), usucapião (art. 1.379) – e a passagem forçada da lei, visto ser um direito do dono de prédio encravado: "Não se confunde a passagem forçada (direito de vizinhança) com a servidão de passagem (direito real sobre coisa alheia). Para ocorrer aquela, há necessidade de que, sendo encravado o imóvel, sua constituição se faça mediante o pagamento de uma indenização. Nesta, não sendo aparente, pelo registro imobiliário; se aparente, pela realização de obras. Inexistindo isso, servidão não há, configurando simples ato de tolerância o permitido trânsito pelo terreno alheio" (TJPR, *Ciência Jurídica*, *79*:164). No mesmo teor de ideias o art. 1.281 do atual Código Civil, pelo qual o proprietário de um prédio, em que alguém tem direito de fazer obras, pode, no caso de dano iminente, exigir do autor delas as precisas seguranças contra o prejuízo eventual. *RT*, *166*:358, *173*:791, *320*:139, *363*:224, *62*:14, *499*:74, *728*:253, *762*:419, *845*:195, *770*:386, *772*:357, *773*:327, *723*:430, *694*:168; *RJ*, *167*:98; *RF*, *87*:715 e *196*:190; *Ciência Jurídica*, *32*:255; *JB*, *161*:251; *BAASP*, *2.620*:1660-15.

toras), que deverão ser efetivadas, em razão da periculosidade das instalações (conduto de inflamáveis), pelas concessionárias que exploram o serviço perigoso ou pelo próprio Poder Público que deve tomar as devidas cautelas sob pena de responsabilidade civil objetiva pelos danos causados (CF, art. 37, § 6º). Caio Mário da Silva Pereira pondera que o art. 1.287 parte do princípio de que a propriedade do imóvel onerado não pode ficar exposta a risco ante a obrigação de tolerar passagem de tubulações e cabos, pois justo não seria que, para favorecer outro prédio, seu proprietário fosse prejudicado pelo fato de não terem sido tomadas as devidas medidas de segurança. Por isso há permissão legal para que o lesado imponha, judicialmente, a efetivação daquelas obras de segurança, sob cominação alternativa de efetuá-las às expensas do lesante ou interromper a serventia. Trata-se, como se vê, de servidões legais administrativas, visto serem, em certos casos, ônus reais de uso, impostos pela Administração Pública com o escopo de levar a efeito obras e serviços públicos. Há uma limitação de utilidade pública ao uso do prédio serviente em benefício do bem-estar social. O proprietário não perde o poder sobre a coisa, apenas terá de suportar certos atos. O Poder Público onera a propriedade alheia para atender a serviço público. O imóvel serviente é coisa afetada a um fim (coisa dominante), por isso, parece-nos que a passagem de cabos e tubulações seria uma restrição de ordem administrativa, que deveria estar em lei especial. Todavia, há quem ache, como Francisco Eduardo Loureiro, que "não se trata de servidão administrativa, porque os serviços são públicos, mas o interesse de acesso é particular"[302].

d.4.3.4. Das águas

Ante o grande valor das águas pelo papel que têm na satisfação das necessidades humanas e no progresso de uma nação, impõe-se a existência de normas idôneas para atender a esses reclamos e solucionar os conflitos que, porventura, surgirem.

Para Silvio Rodrigues, quando no campo da vizinhança se fala em *regime de águas* legalmente estabelecido, tem-se em vista o complexo de normas reguladoras de relações entre vizinhos, referentes às águas de nascentes e pluviais, que, com a finalidade de harmonizar interesses e contendas, criam direitos e obrigações recíprocas[303].

---

302. Francisco Eduardo Loureiro, *Código Civil comentado* (coord. Peluso), Barueri, Manole, 2008, p. 1245; Caio M. da Silva Pereira, *Instituições*, cit., v. IV, p. 218-9.

303. Silvio Rodrigues, op. cit., p. 165; Pontes de Miranda, *Direito predial*, v. 1, § 64, n. 1; Orlando Gomes, op. cit., p. 204; Marcelo Figueiredo, Mananciais. Direito de vizinhan-

Atualmente, esse assunto encontra-se versado nos arts. 1.288 a 1.296 do Código Civil e no Código de Águas (Dec. n. 24.643/34 com as modificações do Dec.-Lei n. 852/38, do Dec.-Lei n. 3.763/41, Dec. n. 59.507/66 e Dec. n. 75.566/75).

A lei impõe ao dono ou possuidor do prédio inferior o dever de receber as águas que correm naturalmente do superior (CC, art. 1.288, 1ª parte, e Código de Águas, art. 69; *RT, 758*:259).

A norma jurídica se atém, obviamente, à conformação do solo e à lei da gravidade, segundo a qual as águas, sejam elas pluviais ou nascentes, correm naturalmente de cima para baixo. Logo, por ser esse fato uma lei da natureza, o proprietário do prédio inferior terá, obrigatoriamente, que receber águas procedentes do prédio superior, incluindo-se nesse ônus as águas advindas de derretimento da neve ou do gelo, excluindo-se, é claro, as águas extraídas de poços, piscinas ou reservatórios, as oriundas de fábricas ou usinas, as elevadas artificialmente e as que caem dos tetos das casas[304].

O dono, ou possuidor do prédio inferior, está proibido de realizar obras (p. ex., caneletes, muro divisório sem vão para escoamento etc.) que dificultem o fluxo das águas. Nem o dono do prédio superior pode efetuar obras que agravem a condição do prédio inferior (CC, art. 1.288).

Se o proprietário ou possuidor do prédio superior fizer obras com o escopo de, p. ex., facilitar o escoamento, como aberturas de sulcos, não poderá piorar ou agravar a situação do prédio inferior (CC, art. 1.288, 2ª parte, e Código de Águas, art. 105). Deverá edificar, por exemplo, de modo que o beiral de seu telhado não despeje sobre o prédio contíguo, deixando entre este e o beiral, quando de outro modo não o possa evitar, um intervalo de 10 centímetros, no mínimo, para que as águas se escoem. Não lhe é permitido aumentar o ímpeto das águas, canalizando-as, reunindo-as num só corpo, porque com isso prejudicará o dono do prédio inferior (*RT, 157*:711, *186*:785, *305*:584, *309*:505, *790*:314). Se houver muro separando os dois prédios terá que construir um bueiro para facilitar o escoamento das águas. O dono do prédio inferior, por sua vez, não poderá construir barragens que façam com que as águas refluam para o prédio superior; só poderá realizar

---

ça. Código de Águas. Competências constitucionais. Revogação do Código Civil. Rede de canalização de águas pluviais, *Cadernos de Direito Constitucional e Ciência Política*, v. 13, p. 242-6. Maria Luiza M. Granziera, *Direito das águas*, São Paulo, Atlas, 2001.

304. W. Barros Monteiro, op. cit., p. 146; Silvio Rodrigues, op. cit., p. 166-7; Lomonaco, *Istituzioni di diritto civile*, v. 3, p. 261; *RT, 790*:314, *798*:301.

obras que facilitem o escoamento natural, como abertura de canais, ralos e valetas, estando ainda obrigado a permitir que o dono do imóvel superior entre em seu terreno para executar serviços de limpeza e conservação que tornem mais fácil o escoamento das águas. Se houver qualquer prejuízo, a vítima poderá recorrer ao Poder Judiciário[305]. Deveras, reza o art. 1.292 do Código Civil que o proprietário tem, para explorar economicamente sua propriedade, direito de construir barragens, tanques, hidroelétricas, açudes, ou outras obras para represamento de águas pluviais ou as de nascentes em seu prédio; podendo utilizá-las para atividade de piscicultura, recreativa ou para irrigação de lavoura. Mas, por outro lado, tem a obrigação de contê-las, pois se as águas represadas invadirem prédio alheio causando prejuízo e vantagem, será o seu proprietário indenizado pelo dano sofrido, deduzido o valor do benefício obtido, para que não haja enriquecimento indevido.

Por outro lado, acrescenta o art. 92 e parágrafo único do Código de Águas, "mediante indenização, os donos dos prédios inferiores, de acordo com as normas da servidão legal de escoamento, são obrigados a receber as águas das nascentes artificiais. Nessa indenização, porém, será considerado o valor de qualquer benefício que os mesmos prédios possam auferir de tais águas". Com isso o art. 1.289 e parágrafo único do Código Civil, seguindo essa orientação, passa a admitir ao dono do prédio inferior optar pelo direito de reclamar o desvio das águas ou pela indenização do prejuízo sofrido, deduzido, para não haver enriquecimento indevido, do valor do benefício obtido, não mais podendo recusar o recebimento das águas artificialmente levadas ao prédio superior ou aí colhidas. Nem poderá o possuidor do imóvel superior poluir as águas indispensáveis às primeiras necessidades da vida dos possuidores dos imóveis inferiores; as demais, que poluir (jogando, p. ex., produto tóxico, ou abrindo fossa séptica nas proximidades do local de captação de água – *RT, 768*:268), deverá recuperá-las, e, ainda, ressarcir os danos sofridos pelos proprietários, se não for possível tal recuperação ou o desvio do curso artificial das águas (CC, art. 1.291; *JTACSP, 82*:27). Proibida está a poluição aquática (*RT, 768*:268); se ela se der, o poluidor deverá recuperar as águas poluídas, sob pena de pagar uma indenização pelos prejuízos causados aos possuidores dos imóveis inferiores; não se pode poluir água indispensável, ou não, às primeiras necessidades vitais:

---

305. W. Barros Monteiro, op. cit., p. 146-7; *RT, 76*:328, *186*:785, *305*:584, *309*:505; Daibert, op. cit., p. 225; Matiello, *Código Civil*, cit., p. 814. *Vide* Lei n. 12.334/2010 sobre barragens.

"O art. 1.291 deve ser interpretado conforme a Constituição, não sendo facultada a poluição das águas, quer sejam essenciais ou não às primeiras necessidades da vida" (Enunciado n. 244 do Conselho da Justiça Federal, aprovado na III Jornada de Direito Civil).

O dono de nascente, ou do solo onde caírem águas pluviais, satisfeitas as necessidades de seu consumo, não pode impedir o curso natural das águas remanescentes, pelos prédios inferiores, e muito menos desviar-lhe o curso, quando daquela se abasteçam vizinhos ou uma população (Código de Águas, arts. 90 e 94; CC, art. 1.290).

O proprietário de uma nascente pode, portanto, utilizar-se dela para atender a todas as suas necessidades, sem, contudo, desviar o curso das sobras, que são desfrutadas pelo dono do prédio inferior ou pelo povo.

As normas só se referem à fonte não captada ou nascente; se esta for captada, o proprietário do prédio inferior não lhe tem direito algum[306].

As águas pluviais pertencem ao dono do prédio onde caírem, podendo este dispor delas livremente, salvo se houver direito em sentido contrário. Não lhe será permitido desperdiçar essas águas em prejuízo dos outros prédios que delas se utilizam, sob pena de indenização aos respectivos donos, nem desviá-las de seu curso natural, dando-lhes outro, sem que haja expressa anuência dos proprietários dos prédios que as irão receber (Código de Águas, art. 103 e parágrafo único), sob pena de pagar perdas e danos e de desfazer essas obras erguidas para o desvio das águas.

As águas pluviais que caírem em locais públicos de uso comum e as dos rios públicos são de domínio público de uso comum; podem ser utilizadas por qualquer proprietário dos terrenos por onde passem, desde que observados os regulamentos administrativos. Com isso proibida estará a construção de reservatórios nesses lugares, sem a licença da administração (Código de Águas, art. 108 e parágrafo único).

Com o escopo de facilitar não só a exploração agrícola e industrial, mas também de atender às primeiras necessidades da vida, p. ex., alimentação e higiene (CC, art. 1.295, *in fine*), para permitir o escoamento de águas superabundantes supérfluas ou acumuladas e possibilitar o enxugo, drenagem ou beneficiamento de terrenos, os arts. 1.293 do Código Civil e 117 do Código de Águas autorizam a quem quer que seja, mediante prévia indeniza-

306. W. Barros Monteiro, op. cit., p. 147-8; Lomonaco, op. cit., p. 3-265; Daibert, op. cit., p. 227; Matiello, *Código Civil*, cit., p. 816.

ção aos proprietários que vierem, com isso, a sofrer algum dano, canalizar águas através de prédios alheios, consagrando assim o direito à servidão de aqueduto. O proprietário prejudicado terá direito de exigir, para não haver dano considerável à agricultura e à indústria, que seja subterrânea a canalização que atravessar áreas edificadas, pátios, hortas, jardins ou quintais (CC, art. 1.293, § 2º). Por ser alto o custo da inserção de tubulações no subsolo, poderá não haver acordo entre os interessados, hipótese em que o órgão judicante deverá indicar perito para analisar os pontos em que a passagem de aqueduto a céu aberto não é recomendável, podendo causar riscos às edificações, pátios, hortas, jardins ou quintais. O aqueduto (duto, canal ou tubulação) será construído de modo a causar o menor prejuízo dos proprietários vizinhos (ocupando, p. ex., o menor espaço possível), e a expensas do seu dono, que, também, arcará com despesas de conservação (CC, art. 1.293, § 3º). Muito "embora omisso acerca da possibilidade de canalização forçada de águas por prédios alheios, para fins de agricultura ou indústria, o art. 1.293 não exclui a possibilidade da canalização forçada pelo vizinho, com prévia indenização aos proprietários prejudicados" (Enunciado n. 245 do Conselho da Justiça Federal, aprovado na III Jornada de Direito Civil). Esclarece o Enunciado n. 598: "Na redação do art. 1293, 'agricultura e indústria' não são apenas qualificadores do prejuízo que pode ser causado pelo aqueduto, mas também finalidades que podem justificar sua construção" (aprovado na VII Jornada de Direito Civil).

O proprietário do solo afetado, por sua vez, terá o dever de não criar obstáculo ao direito daquele de implantar, de fazer funcionar e de conservar o aqueduto. As normas dos arts. 1.286 e 1.287 são aplicáveis ao direito de aqueduto (CC, art. 1.294).

O art. 138 do Código de Águas estendeu o direito ao aqueduto nos meios urbanos ao dispor: "as servidões urbanas de aquedutos, canais, fontes, esgotos sanitários e pluviais, estabelecidos para serviço público e privado das populações, edifícios, jardins e fábricas, reger-se-ão pelo que dispuserem os regulamentos de higiene da União, ou dos Estados, e as posturas municipais".

O aqueduto não impedirá que os proprietários onerados cerquem os imóveis e construam sobre ele, sem que haja prejuízo para sua segurança e conservação. Os donos dos solos onerados poderão neles cultivar, construir muros ou prédios, exercendo plenamente seu direito de propriedade, pois apenas deverão abster-se de atos que impeçam a passagem de condutos de água ou prejudiquem a integridade da canalização instalada. Tais proprietários poderão utilizar as águas de aqueduto para as primeiras necessidades vitais, p. ex., higiene, alimentação (CC, art. 1.295), logo, não podem aplicá-las a atividades (p. ex., irrigação) que possam lesar o dono do aqueduto, provocando escassez de água. Se no aqueduto houver águas supérfluas não aproveitadas pelo seu dono, outros, tendo preferência os proprietários dos imóveis por ele atravessados, poderão canalizá-las para atender suas necessidades vitais, para escoar águas acumuladas, para drenar terrenos, desde que não causem dano à agricultura e indústria e paguem indenização aos proprietários lesados e ao dono do aqueduto. Tal importância equivalerá às despesas necessárias para conduzir água do ponto de sua captação até o ponto de derivação (CC, art. 1.296, parágrafo único).

Para atender ao interesse da coletividade, propiciando onerados a harmonia social indispensável ao Estado, passou-se a restringir o domínio dos proprietários urbanos, ao se admitir o direito ao aqueduto. De forma que aquele que quiser poderá canalizar água, utilizando-se de prédios alheios. Se não houver acordo entre os interessados, o juiz determinará a natureza, a forma e a capacidade do aqueduto e o valor da indenização. E o proprietário que sofrer os percalços do aqueduto terá direito a uma prévia indenização, o mesmo ocorrendo se vier a sofrer prejuízos com infiltrações ou irrupções de águas e com a deterioração das obras do aqueduto (CC, art. 1.293, § 1º, e Código de Águas, art. 121)[307].

Acrescenta o art. 71 do Código de Águas que os donos de prédios banhados ou atravessados pela corrente podem utilizar-se livremente das águas, desde que não causem danos aos fundos situados a montante ou a jusante, não podendo captar toda a água nem desviar o seu curso, privando o dono do prédio confinante ou inferior da quota a que tem direito.

---

307. Daibert, op. cit., p. 228-33; W. Barros Monteiro, op. cit., p. 148-9; Silvio Rodrigues, op. cit., p. 171-2; Lafayette, *Direito das coisas*, § 122-B; Matiello, *Código Civil*, cit., p. 817.
"1 – Agravo retido. Não se configura cerceamento de defesa o indeferimento de inspeção judicial. Tal medida é ato discricionário do juiz, prescindindo-se de tal prova se o fato puder ser provado de outra forma. Incidência do art. 130 – atual art. 370 do CPC/2015 – do CPC. Agravo desprovido. 2 – Interdito proibitório. O autor demonstrou satisfatoriamente deter a propriedade e a posse sobre a área em debate. A ameaça veio consubstanciada pela juntada de fotografias e boletins de ocorrência que atestam anterior invasão. 3 – Servidão de aqueduto. A prova testemunhal produzida, no que diz respeito à captação das águas do açude do apelado para servir de irrigação à plantação do apelante, é manifestamente contraditória. Contudo, ainda que o recorrente tenha utilizado daquelas águas, nunca houve a constituição de servidão de aqueduto que necessite de pagamento de prévia indenização. Ausente tal requisito, previsto no art. 1.293 do atual Código Civil, o proprietário prejudicado não tem a obrigação de suportar gratuitamente a servidão. Apelação desprovida" (TJRS, 17ª Câm. Cível, ACi n. 70028149680-Camaquã-RS, rel. Des. Elaine Harzheim Macedo, j. 19-3-2009, v. u.; *BAASP, 2652*:1753-03).

Verifica-se nesse caso a comunhão de águas. Se a corrente atravessa os prédios, é indispensável a comunhão; pode o proprietário, entretanto, alterar-lhe o álveo, desde que mantenha o mesmo ponto de saída para o prédio inferior, bem como realizar nas duas margens obras que facilitem a captação das águas[308], desde que não prejudique seu vizinho. Se a corrente apenas os banhar, há possibilidade de divisão, sendo a repartição feita por peritos, por intervalos de tempo, de lugar e de medida. A ação de divisão de águas obedece ao rito sumário e é raramente movida, a não ser em casos em que o curso de água é pequeno e o proprietário de um dos terrenos marginais pretende aproveitá-lo em sua totalidade, sem se preocupar com as necessidades alheias[309].

Se banhado o imóvel, o seu dono só pode realizar obras de captação de água em uma das margens, e seu direito de utilização das águas limitado está pelos dos prédios, superiores, inferiores e fronteiros[310].

Orlando Gomes[311], lapidar e sinteticamente, apresenta-nos os direitos e deveres dos proprietários, concernentes às águas; aqui os transcrevemos.

Os principais direitos são:

a) o que tem o dono do prédio superior de facilitar o escoamento das águas, mediante abertura de sulcos e drenos;

b) o que tem o proprietário do prédio inferior de facilitar o escoamento natural das águas com a abertura de canais e valetas;

c) o de captar as águas de que se serve;

d) o que tem o dono do prédio superior de utilizar-se livremente das águas de fonte não captada para satisfazer suas necessidades;

e) o que tem o proprietário do prédio inferior sobre as sobras de fonte não captada do prédio superior;

f) o de captar águas de fonte;

g) o de utilizar-se das águas pluviais;

h) o de aproveitar águas de rios públicos;

i) o de canalizar, através de prédios alheios, as águas a que tenha direito;

j) o de captar águas dos rios que banhem ou atravessem seu terreno;

---

308. Orlando Gomes, op. cit., p. 205; W. Barros Monteiro, op. cit., p. 149.

309. Esta é a lição de Orlando Gomes, op. cit., p. 205; Danielle M. Soares, Condomínio de águas – situações de fato ou direito privado? *Revista de Direito*, *55*:73 a 92; *JB*, *165*:184.

310. W. Barros Monteiro, op. cit., p. 150; Teixeira de Magalhães, *Águas*, p. 109-10.

311. Orlando Gomes, op. cit., p. 204-5; Luiz Edson Fachin, *Comentários*, cit., p. 99-121.

k) o de alterar álveo da corrente que atravessa seu imóvel, desde que mantenha o mesmo ponto de saída para o prédio inferior.

E as principais obrigações são:

a) a que tem o dono do prédio inferior de receber as águas que correm naturalmente do superior, isto é, as águas correntes por obra da natureza e as águas pluviais;

b) a que tem o dono do prédio superior de não aumentar o ímpeto das águas, reunindo-as num só curso;

c) a que tem o dono do prédio inferior de consentir que o proprietário do prédio superior penetre em seu terreno para a execução de trabalhos de conservação e limpeza;

d) a do dono do prédio superior de não impedir o curso natural das águas pelos prédios inferiores;

e) a de permitir, através de seus prédios, o aqueduto;

f) a de não captar toda a água da corrente que atravessa ou banha seu terreno, para não privar o dono do prédio vizinho da parte que lhe toca;

g) a que tem o dono do prédio superior de não piorar a situação do prédio inferior, com as obras que fizer para facilitar o escoamento das águas.

O direito ao uso das águas é, pelo Código Civil e pelo Código de Águas, imprescritível.

E, finalmente, pode-se dizer que aquele que desviar ou represar, em proveito próprio ou de outrem, águas alheias comete o delito de usurpação de águas, podendo sofrer pena de detenção de um a 6 meses e multa (CP, art. 161, § 1º, I).

d.4.4. Restrições oriundas das relações de contiguidade entre dois imóveis

d.4.4.1. Dos limites entre prédios

A demarcação surgiu com a propriedade, pois os marcos ou cercas, além de estimularem os interesses privados, garantem a paz, em face dos inúmeros problemas causados por questões concernentes aos limites de prédios, por conferirem direitos recíprocos aos proprietários dos prédios contíguos, no que diz respeito à linha lindeira e pela possibilidade de haver diferenças de áreas atribuídas ou não a um dos vizinhos pela definição da divisa[312].

---

312. Tito Fulgêncio, *Direito de vizinhança*, n. 11; Daibert, op. cit., p. 233.

Pelo art. 1.297, *caput*, 2ª parte, do Código Civil, o proprietário "pode constranger o seu confinante a proceder com ele à demarcação entre os dois prédios, a aviventar rumos apagados e a renovar marcos destruídos ou arruinados, repartindo-se proporcionalmente entre os interessados as respectivas despesas". Pelo CPC, art. 89, nos juízos divisórios, não havendo litígio, os interessados pagarão as despesas proporcionalmente a seus quinhões.

O direito de demarcar é, segundo a lei, do proprietário que, em sentido amplo, abrange todo aquele que é titular de um direito real: o enfiteuta, o usufrutuário, o usuário, o condômino (CPC, art. 575) e o nu-proprietário. Não se estende, porém, ao possuidor direto (ao credor pignoratício, ao locatário, ao depositário) nem ao sucessor de herança ainda não partilhada[313]. Esse direito pode ser exercido por via judicial, mas há a possibilidade de a demarcação e divisão serem feitas extrajudicialmente por escritura pública nas condições especificadas em lei (CPC, art. 571).

O proprietário ou qualquer um dos indivíduos que têm legitimidade pode propor, a qualquer tempo, a ação demarcatória (CPC, arts. 569 a 597), que é imprescritível e irrenunciável[314] e segue trâmites de procedimento especial.

Segundo o Código Civil, os objetivos da ação demarcatória são: levantar a linha divisória entre dois prédios; aviventar rumos apagados e renovar marcos destruídos ou arruinados.

O nosso Código de Processo Civil, seguindo a esteira do anterior, reduziu-os, no art. 569, I, a dois: fixar rumos novos e aviventar os já existentes,

---

313. Josserand, *Cours*, cit., t. 1, n. 1.437; Serpa Lopes, op. cit., p. 434; Carvalho Santos, *Código Civil interpretado*, t. 8, p. 110; Clóvis Beviláqua, *Código Civil comentado*, v. 3, obs. ao art. 569; Demolombe, *Cours*, cit., t. 11, n. 255; W. Barros Monteiro, op. cit., p. 151-2; Ruggiero, *Instituições de direito civil*, v. 2, p. 418; Geraldo Hamilton de Menezes, *Divisão de terras particulares – teoria e prática*, São Paulo, Juarez de Oliveira, 2002; *RF*, *160*:162; *RT*, *237*:522; STF, *ADCOAS*, 1980, n. 69.754; TJSC, *ADCOAS*, 1980, n. 74.440; 1982, n. 82.636, 87.146, 86.088; *JB*, *160*:270; *EJSTJ*, *11*:57, *13*:141; *RSTJ*, *81*:308. Enunciado n. 68 do Fórum Permanente de Processualistas Civis: "Também possuem legitimidade para a ação demarcatória os titulares de direito real de gozo e fruição, nos limites dos seus respectivos direitos e títulos constitutivos de direito real. Assim, além da propriedade, aplicam-se os dispositivos do capítulo sobre ação demarcatória, no que for cabível, em relação aos direitos reais de gozo e fruição". Enunciado n. 69 do Fórum Permanente de Processualistas Civis: "Cabe ao proprietário ação demarcatória para estremar a demarcação entre o seu prédio e do confinante, bem como fixar novos limites, aviventar rumos apagados e renovar marcos destruídos (CC, art. 1.297)".

314. Orlando Gomes, op. cit., p. 196. CPC, art. 292, IV: O valor da causa constará da petição inicial ou da reconvenção e será, na ação de divisão de demarcação e de reivindicação, o valor da avaliação da área ou do bem objeto do pedido.

critério excelente, pois já observara Camara Leal[315] que a aviventação de rumos compreende tanto a reconstrução de linha apagada como a renovação de marcos destruídos ou arruinados.

O proprietário poderá ajuizar essa ação ainda que não esteja na posse do imóvel demarcando, devendo cumular a ação de demarcação com o pedido de restituição das áreas. Donde se infere que há duas espécies de demarcatória: a simples e a qualificada.

A *demarcatória simples* tem por escopo a sinalização de limites, ou seja, fixar, restabelecer ou aviventar os marcos da linha divisória de dois prédios contíguos. Tem por requisitos:

a) contiguidade de prédios confinantes; se os prédios não forem limítrofes, descabe tal ação;

b) necessidade de fixar limites novos ou aviventar os já existentes, se não houver uma certa confusão de limites na linha divisória; se existir, por exemplo, uma sebe, um córrego ou qualquer sinal visível que sirva de divisa, sendo esta conhecida e certa, descabe ação demarcatória;

c) a titularidade do domínio dos prédios vizinhos deve ser de pessoas diversas.

Na demarcação simples a sentença que a homologa (CPC/2015, art. 587) se reveste de caráter meramente declaratório.

Será ela *qualificada*, quando cumular o pedido de fixação de rumos e aviventação dos que já existem com o de restituição de glebas indevidamente ocupadas pelo dono do prédio confinante, se o interessado não quiser, antes de mover essa ação, recorrer diretamente aos interditos possessórios. Para tanto deverá comprovar que uma parcela de seu terreno, sem área determinada, está, indevidamente, fazendo parte do domínio do seu vizinho.

Realmente, por exemplo, se o dono do prédio contíguo invade boa parte do imóvel do seu vizinho, fincando marcos, pode o lesado propor essa ação, cumulando seu pedido de fixar a linha divisória com a queixa de esbulho, turbação ou reivindicação.

A demarcatória qualificada é julgada por sentença que faz coisa julgada em relação à propriedade quando a questão relativa a esta houver sido resolvida contenciosamente[316].

---

315. Camara Leal, *Comentários ao Código de Processo Civil*, Forense, v. 5, n. 318, p. 320; TJSP, *ADCOAS*, 1982, n. 84.494; TJSC, *ADCOAS*, 1983, n. 91.329.

316. Orlando Gomes, op. cit., p. 196-7; W. Barros Monteiro, op. cit., p. 152-3; *RT*, *195*:141,

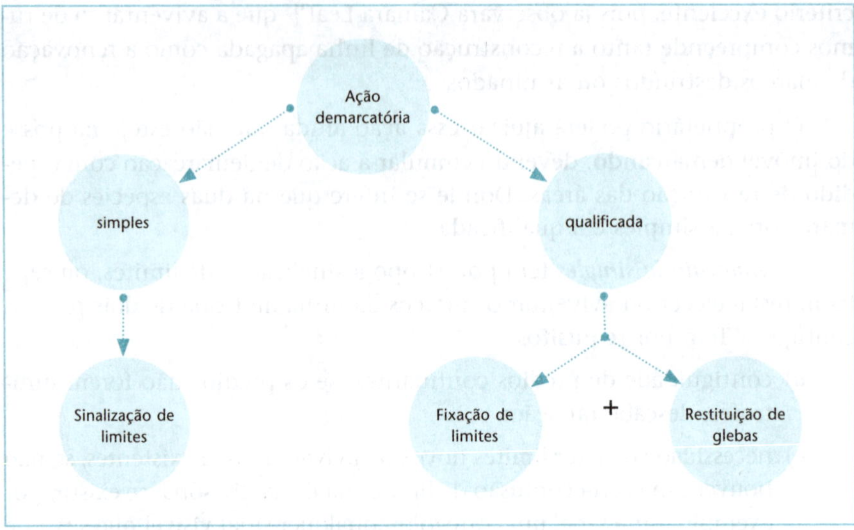

O juiz define a linha divisória, com a observância do procedimento processual (CPC, arts. 574 a 587), baseado em parecer técnico e nos títulos constitutivos dos direitos das partes litigantes. Pelo Enunciado n. 70 do Fórum Permanente de Processualistas Civis: "Do laudo pericial que traçar a linha demarcanda, deverá ser oportunizada a manifestação das partes interessadas, em prestígio ao princípio do contraditório e da ampla defesa". Pelo art. 573 do CPC/2015, a prova pericial pode ser dispensada quando se tratar de imóvel georreferenciado averbado no Registro Imobiliário. Se quase impossível fixar essa linha, procurará decidir conforme a posse justa de cada um; dar-se-á preferência à mais antiga e à não viciada (*JTJSP*, *143*:113). E se, ainda, não se conseguir delimitá-la, ante a impossibilidade da prova da posse justa, repartir-se-á a terra contestada em partes iguais entre os prédios confinantes. E se isso não possibilitar uma divisão cômoda ou economicamente útil, adjudicar-se-á a um deles, mediante indenização ao proprietário prejudicado (CC, art. 1.298)[317].

198:255, *204*:332, *218*:232; Alcides Cruz, *Da divisão e demarcação de terras*, p. 18; *RT*, *184*:659, *185*:269, *189*:267; *RF*, *93*:524, *132*:176, *147*:335; Silvio Rodrigues, op. cit., p. 174-5; W. Bigiavi, Regolamento di confini e rivendica, *Rivista di Diritto Processuale Civile*, v. 6, 1ª parte, p. 244; *RT*, *262*:507, *268*:241, *271*:387, *171*:523, *181*:253, *249*:366, *289*:175, *300*:439, *306*:556, *358*:389, *625*:53, *736*:328, *782*:366; *RSTJ*, *81*:308; *RJTJRS*, *81*:324; *RJTJSP*, *78*:243; *EJSTJ*, *13*:141, *11*:57 e 106; *RTJ*, *123*:647 e *80*:918; *RF*, *303*:219, *257*:260, *254*:302; TJMT, *ADCOAS*, 1983, n. 91.330; *Ciência Jurídica*, *71*:141.

317. Tito Fulgêncio, *Direito de vizinhança*, p. 139; W. Barros Monteiro, op. cit., p. 156; Sil-

Pelo art. 1.297, § 1º, do Código Civil, presume-se, salvo prova em contrário, que as obras divisórias pertencem aos proprietários confinantes, sendo estes obrigados, de conformidade com os costumes locais, a concorrer, em partes iguais, para as despesas de sua construção e conservação. Podem ser utilizadas, livremente, por ambos, com a observância das normas que regulam o condomínio, sem que haja quaisquer prejuízos aos demais comunheiros. Trata-se do condomínio forçado em paredes, cercas, sebes vivas, muros, valas ou banquetas.

Entretanto, tal presunção é *juris tantum* e não absoluta, cedendo ante prova em contrário, pois é possível que a obra divisória pertença, exclusivamente, a um dos proprietários confinantes, bastando, por exemplo, para isso, que um deles demonstre que construiu o muro em seu terreno, sem ter sido reembolsado da metade do valor dessa obra e do valor do solo correspondente[318].

d.4.4.2. Direito de tapagem

Pelo art. 1.297, *caput*, 1ª parte, do Código Civil, o proprietário tem direito a cercar, murar, valar ou tapar de qualquer modo o seu prédio urbano ou rural, para que possa proteger, dentro de seus limites, a exclusividade de seu domínio, desde que observe as disposições regulamentares e não cause dano ao vizinho[319]. Isto é assim porque, como nos explica Orlando Gomes, se é inequívoco seu direito de tapar o prédio, também o é o de seu vizinho, e, sendo tão legítimo o interesse deste quanto o seu, de que os prédios sejam separados por tapumes, o concurso de ambos para a obra divisória pode ser considerado necessário ou não, criando-se, dessa forma, direitos e obrigações de vizinhança[320], regidos pelos seguintes princípios:

1) Presume-se que os tapumes divisórios entre propriedades confinantes sejam comuns. Porém, essa presunção é *juris tantum*, incumbindo o *onus*

---

vio Rodrigues, op. cit., p. 176-7; Fraga, *Teoria e prática na divisão e demarcação das terras particulares*, p. 152; Caio M. S. Pereira, op. cit., p. 184.

318. Silvio Rodrigues, op. cit., p. 179; Orlando Gomes, op. cit., p. 197; W. Barros Monteiro, op. cit., p. 156; Aluízio C. Siqueira, *Ação de demarcação de terras*, Coleção Saraiva de Prática do Direito, n. 1, 1985; *RT*, *736*:328, *625*:53, *192*:778, *199*:390, *198*:255, *334*:334, *336*:497, *177*:760, *267*:619, *146*:160, *358*:389, *316*:563, *328*:740, *332*:505; *RF*, *303*:219, *126*:169, *143*:305, *257*:260, *192*:167, *115*:192, *132*:515, *100*:451, *103*:272, *120*:441, *54*:113, *109*:422, *145*:320, *122*:499, *134*:474, *142*:302, *193*:805, *254*:302; *RJTJSP*, *78*:243; *RJTJRS*, *81*:324.

319. W. Barros Monteiro, op. cit., p. 164; Daibert, op. cit., p. 248; Caio M. S. Pereira, op. cit., p. 188.

320. Orlando Gomes, op. cit., p. 206; *JB*, *84*:374; *RT*, *782*:366.

probandi em contrário àquele a quem interessar tal meação. Em regra, o tapume é feito sobre a linha lindeira ou dividindo a espessura em duas partes iguais, pelos lados da linha divisória; mas se o dono do prédio o construir somente de seu lado, não há o condomínio necessário ao tapume. Entretanto, se este não conseguir provar essa sua propriedade exclusiva sobre o tapume, prevalecerá aquela presunção (CC, art. 1.297, § 1º)[321].

2) Para Serpa Lopes, esse direito de tapagem está vinculado ao disposto no art. 1.297, concedendo ao proprietário o direito de obrigar seu vizinho a proceder com ele à demarcação entre os dois prédios, à aviventação dos rumos apagados, mediante a repartição proporcional entre os interessados das despesas; tanto é assim que o art. 1.327 do Código Civil faz remissão aos arts. 1.297, 1.298, 1.304 a 1.307 ao se referir ao condomínio de paredes, cercas, muros e valas. Eis por que preleciona Clóvis que "desses artigos ressalta o pensamento de que as despesas de tapagem entre prédios confinantes são comuns, havendo a obrigação de concorrerem para elas os respectivos proprietários"[322].

O art. 1.297, § 1º (2ª parte), prescreve, igualmente, que ambos os proprietários devem concorrer em partes iguais para as despesas de construção e conservação dos tapumes. Para isso deverá haver um acordo prévio entre eles. Na falta desse acordo o interessado deverá ingressar em juízo a fim de obter o reconhecimento judicial da obrigação de contribuir pecuniariamente para a construção do tapume. Se não tomar essas providências e erguer o tapume, presume-se que o faz por conta própria, não lhe sendo, então, possível cobrar do outro sua parte nos dispêndios. Todavia, o art. 1.328 do Código Civil permite que o proprietário, que não concorreu para as despesas do tapume, possa adquirir sua meação, embolsando o vizinho que o levantou com metade do valor da construção, mediante o procedimento judicial previsto no art. 1.063 do Código de Processo Civil, fazendo uso do Juizado Especial Cível até edição de lei específica (Lei n. 9.099/95, art. 3º, II)[323].

Além do mais, pelo art. 1.330 do Código Civil, o direito do meeiro só começa a existir a partir do momento em que ele paga ao seu vizinho o preço da meação. Enquanto não fizer isso nenhum uso poderá fazer da parede, muro, vala ou cerca[324].

---

321. Daibert, op. cit., p. 249; W. Barros Monteiro, op. cit., p. 164.
322. Serpa Lopes, op. cit., p. 446; Clóvis, op. cit., t. 3, obs. ao art. 588.
323. W. Barros Monteiro, op. cit., p. 165; *RT*, *170*:182, *175*:694, *180*:378, *288*:622, *322*:630, *337*:332, *523*:105, *481*:96, *782*:366; Orlando Gomes, op. cit., p. 207.
324. Serpa Lopes, op. cit., p. 446.

3) Por "tapumes divisórios", diz o art. 1.297, § 1º, entendem-se as sebes vivas, as cercas de arame ou de madeira, as valas ou banquetas, ou quaisquer outros meios de separação dos terrenos ou de contenção de animal de grande porte. Trata-se do *tapume comum* ou *ordinário*, que constitui um direito do proprietário do prédio contíguo, devendo sua construção ser paga em partes iguais pelos confinantes porque é uma imposição legal[325].

4) A obrigação de construir tapumes especiais (tela de arame, grade fina, p. ex.) para cercar a propriedade para deter nos seus limites aves domésticas (p. ex., galinhas, perus, patos, gansos etc.) e animais de pequeno porte, tais como cabritos, coelhos, porcos e carneiros, ou para outro fim pode ser exigida de quem provocou a necessidade da construção deles, pelo proprietário, que não está obrigado a concorrer para as despesas (CC, art. 1.297, § 3º).

O *tapume especial*, que visa impedir passagem de animais de pequeno porte, apresenta-se como uma obrigação dos proprietários e detentores desses animais, que arcarão sozinhos com as despesas de sua construção, não podendo exigir o pagamento equivalente à metade do valor dos dispêndios do seu vizinho, porque esse tapume representa um interesse particular. Não têm o direito de criar em aberto esses animais, salvo se houver terreno baldio, caso em que se estabelece o *compáscuo*, regulado pela legislação municipal. Se não construírem esse tapume estarão sujeitos, pelo art. 936 do Código Civil, ao pagamento de todos os prejuízos causados por esses animais no prédio contíguo, a menos que haja alguma das causas excludentes da responsabilidade civil. Por outro lado, a introdução de animais em imóvel alheio, por ausência de tapumes, pode configurar o crime previsto no art. 164 do Código Penal[326]. E, além disso, o proprietário ou ocupante do imóvel será obrigado a tolerar que o vizinho entre no prédio, mediante aviso prévio, para apoderar-se de coisas suas e inclusive dos animais que lá se encontrarem casualmente, mas, uma vez entregues os objetos buscados pelo vizinho, poderá ser impedida sua entrada no imóvel. E se no exercício desse direito provier dano, o lesado terá direito ao ressarcimento (CC, art. 1.313, II, §§ 2º e 3º).

5) Os tapumes deverão ser construídos de acordo com as dimensões estabelecidas em posturas municipais e com os costumes de cada localidade (CC, art. 1.297, § 1º).

---

325. W. Barros Monteiro, op. cit., p. 165; Orlando Gomes, op. cit., p. 206-7; Daibert, op. cit., p. 249; *RT*, *795*:167.

326. W. Barros Monteiro, op. cit., p. 165 e 167; Daibert, op. cit., p. 249; Orlando Gomes, op. cit., p. 206; Fachin, *Comentários*, cit., p. 121-32; *RT*, *508*:193.

6) A linha do tapume deve acompanhar exatamente, no solo, a linha divisória dos prédios confinantes; se houver qualquer confusão de limites, dever-se-á primeiro proceder à sua demarcação para depois construir a obra divisória. A supressão, deslocação ou desvio de qualquer sinal indicativo da linha divisória constitui o crime de alteração de limites, previsto no art. 161 do Código Penal[327].

7) Quando for preciso decotar ou arrancar a cerca viva, árvore ou planta, que sirva como muro divisório, os coproprietários deverão estar de comum acordo (CC, art. 1.297, § 2º), ante a existência de condomínio forçado, salvo prova em contrário.

8) Não exorbita seu direito o proprietário que colocar ofendículas, por exemplo, cacos de vidro em cima de seu muro, grades de ferro terminadas em pontas de lança, cercas eletrificadas (Lei n. 13.477/2017), com o intuito de ferir quem tentar ingressar em sua propriedade, pois isso tem por objetivo a defesa preventiva de seu domínio[328].

9) Os direitos relativos à conservação, construção e indenização de tapumes poderão ser exercidos judicialmente por meio de procedimento previsto no art. 1.063 do Código de Processo Civil, ou seja, na Lei n. 9.099/95, art. 3º, I e II.

d.4.4.3. Direito de construir

Constitui prerrogativa inerente da propriedade o direito que possui o seu titular de construir em seu terreno o que lhe aprouver, salvo o direito dos vizinhos e os regulamentos administrativos (CC, art. 1.299).

Portanto, deverá observar os regulamentos administrativos: *a*) que proíbem a construção de casa de taipa, palhoças e mocambos; de edifícios de elevados gabaritos; de fábricas ou estabelecimentos comerciais em zonas residenciais; de edificações nas proximidades de aeroportos e das fortificações; *b*) que impedem a demolição de prédios ou monumentos históricos; *c*) que exigem que as construções sejam de determinado tipo ou conservem certo recuo lateral ou o do alinhamento da rua; *d*) que impõem o acatamento às regras de higiene, estética e solidez[329]. Deve, ainda, respeitar o direito dos vizinhos ao edificar qualquer obra, como logo mais demonstraremos.

---

327. W. Barros Monteiro, op. cit., p. 166-7; *RT, 784*:413.

328. W. Barros Monteiro, op. cit., p. 166-7. Lei n. 13.477/2017 sobre instalação de cerca eletrificada ou energizada em zonas urbana e rural. Sobre morte causada por cerca eletrocutada, em que a vítima, ciente do fato, assumiu o risco, excluindo culpa do proprietário: *RT, 632*:191.

329. W. Barros Monteiro, op. cit., p. 157; Silvio Rodrigues, op. cit., p. 182; Octavio Médici, Hermenêutica do instituto do direito de construir, *Justitia, 84*:165; Helita B. Custódio,

O exercício do direito de construir está limitado nos regulamentos administrativos e nas disposições contidas no Código Civil, em razão dos interesses da coletividade e do mútuo respeito que deve haver em relação às obrigações oriundas da vizinhança[330].

O proprietário que erguer qualquer construção, com infringência dos regulamentos administrativos e dos direitos de vizinhança, estabelecidos no Código Civil, causando dano a alguém, terá inteira responsabilidade pelo fato, sendo obrigado a reparar o prejuízo.

Ensina Silvio Rodrigues que tal responsabilidade independe de prova de culpa (*RT*, *263*:246), embora já tenha havido tese sustentando que o responsável deve ser o empreiteiro, pois não sendo o proprietário um técnico não pode saber quais as medidas cabíveis para evitar um estrago ao prédio contíguo. Se dano houve, este decorreu de imperícia do empreiteiro, que não empregou os meios necessários para evitá-lo (Julgado do STF, citado por Alckmin, *Repertório*, n. 102). O melhor critério seria o de sujeitar o proprietário à responsabilidade pelo prejuízo, concedendo-lhe ação regressiva contra o engenheiro, se o dano se originou de sua imperícia, imprudência ou negligência. Há casos em que o juiz deve presumir o proprietário culpado *in eligendo* ou *in vigilando*[331].

Para defender-se contra edificações que infringirem normas regulamentares e preceitos de direito civil, o prejudicado poderá, dentro do prazo decadencial de ano e dia, após a conclusão da obra, exigir que se desfaça janela, sacada, terraço ou goteira sobre o seu prédio, ou seja, propor ação demolitória (CC, arts. 1.302 e 1.312; *RT*, *506*:71, *633*:105, *682*:182, *795*:238, *798*:239); todavia, o magistrado só ordenará a demolição da obra quando for impossível a sua conservação ou adaptação aos regulamentos administrativos e quando conti-

---

Direito de construir diante do interesse social, *RDC*, *9*:251; Jeremias A. Pereira Filho, Dos direitos de vizinhança e do direito de construir, *RTJE*, *47*:9; *JB*, *163*:113, 240 e 273, *165*:202. *Vide* Leis do Município de São Paulo n. 11.228/92 e 11.522/94 e Lei n. 10.257/2001, arts. 28 a 31 e 35. Decreto n. 9.451/2018 regulamenta o art. 58 da Lei n. 13.146/2015 para dispor sobre preceitos de acessibilidade relativos ao projeto e à construção de edificação de uso privado multifamiliar que permitam o uso da unidade por pessoa com deficiência ou mobilidade reduzida.

330. Orlando Gomes, op. cit., p. 198; W. Barros Monteiro, op. cit., p. 157; Caio M. S. Pereira, op. cit., p. 185; Carlos Ari Sundfeld, Direito de construir e novos institutos urbanísticos, *Direito*, n. 2, São Paulo, Max Limonad, p. 5 a 52; José Marcelo F. Costa, Solo criado: aspectos jurídicos do direito de propriedade e do direito de edificar, *RT*, *785*:73, *507*:96.

331. Silvio Rodrigues, op. cit., p. 182-4; Fachin, *Comentários*, cit., p. 132-68.

ver vícios insanáveis[332]. Além disso, quem violar aquelas normas deverá, ainda, responder pelas perdas e danos (CC, arts. 1.312, *in fine*, 402 a 405).

Escoado aquele prazo de ano e dia, não poderá, por sua vez, edificar sem atender ao disposto ao art. 1.301, nem impedir, ou dificultar, o escoamento das águas da goteira, com prejuízo para o prédio vizinho (CC, art. 1.302, 2ª parte).

Cabe-lhe também opor mediante o uso do procedimento comum (CPC, arts. 318 e s.) o embargo chamado nunciação de obra nova, que só poderá, por sua vez, ser deferida durante a construção para impedir que na edificação levantada no prédio confinante se abra, por exemplo, janela a menos de metro e meio da linha divisória, dentro do prazo de decadência de ano e dia (CC, art. 1.301). Se o lesado não embargar nesse lapso de tempo, o infrator adquire a servidão de luz, de modo que o primeiro não poderá erguer construção em seu terreno que vede essa abertura[333].

Já no direito alemão aquele que assiste à construção extralimitada de uma obra, que o prejudique, sem protestar, tem direito, como compensação do "dever de tolerância", a uma indenização[334].

O proprietário pode embargar a construção do prédio que invada a área do seu, ou sobre este deite goteiras, bem como a daquele em que, a menos de metro e meio do seu, abra janela ou se faça eirado, terraço ou varanda.

A edificação não pode invadir área pertencente ao vizinho, sob pena de ser embargada; entretanto, se a invasão for de pouca monta, não prejudicando a utilização econômica do imóvel invadido, o infrator não será condenado a demoli-la, mas sim a indenizar o lesado, pagando o justo valor da área que invadiu[335].

Nas cidades, vilas e povoados, onde as construções devem obedecer a determinado alinhamento, o dono de um terreno pode nele edificar, madeirando ou colocando traves na parede divisória do prédio confinante, se ela suportar a nova construção, mas para isso terá que pagar, obrigatoria-

---

332. W. Barros Monteiro, op. cit., p. 158; *RT*, *633*:105.

333. Silvio Rodrigues, op. cit., p. 184; Caio M. S. Pereira, op. cit., p. 185-6; W. Barros Monteiro, op. cit., p. 160-1; Serpa Lopes, op. cit., p. 465-6; Orlando Gomes, op. cit., p. 199. *Vide* STF, Súmula 414.

334. Enneccerus, Kipp e Wolff, op. cit., § 55; Caio M. S. Pereira, op. cit., p. 185.

335. W. Barros Monteiro, op. cit., p. 159; *RT*, *337*:332; *AJ*, *99*:240; *Ciência Jurídica*, *49*:164.

mente, ao vizinho, metade do valor da parede e do solo correspondente (CC, art. 1.304; CPC, art. 1.063; Lei n. 9.099/95, art. 3º, II), passando a ser condômino. Logo, não há que se falar em servidão de meter trave (*tigni immittendi*). Se é coproprietário, não se está constituindo direito real sobre coisa alheia.

O confinante que construir em primeiro lugar pode assentar a parede divisória até meia espessura no terreno vizinho sem que, por isso, perca o seu direito de haver meio valor dela, se o vizinho a travejar. Hipótese em que o primeiro fixará a largura e profundidade do alicerce. Se a parede divisória pertencer a um dos vizinhos e não tiver capacidade para ser travejada pelo outro, não poderá este fazer-lhe alicerce ao pé, sem que preste àquele caução pelo risco a que a nova obra exponha a construção anterior (CC, art. 1.305 e parágrafo único).

Ante o disposto verifica-se que o dono do prédio contíguo é condômino da parede-meia, podendo usá-la até meia espessura, devendo avisar previamente os demais comunheiros das obras que irá realizar, cuidando de não pôr em risco a segurança e separação dos dois prédios. Não pode sem anuência dos outros fazer, na parede-meia, armários ou obras similares (*closet*, despensa, registro de eletricidade, depósito, cofre embutido etc.), correspondendo a outras, da mesma natureza, já feitas do lado oposto (CC, art. 1.306) nem demolir parede-meia (*RT*, *193*:224). Se, porém, no lado oposto inexistir armário, bastará que o condômino dê ciência apenas de que vai executar o serviço, não sendo necessário que obtenha o consenso do outro comunheiro para sua efetivação. A anuência do vizinho apenas será imprescindível para as obras da mesma natureza que estiverem em correspondência com as que ele já fez do seu lado.

É permitido ao vizinho altear parede divisória e até mesmo reconstruí-la, para que possa suportar o alteamento, desde que custeie a obra, arcando, inclusive, com as despesas de sua conservação, exceto se o outro proprietário contíguo vier a adquirir meação, também na parte aumentada, hipótese em que deverá arcar com metade dos dispêndios (CC, art. 1.307), seguindo-se as normas de condomínio de parede-meia.

Nem lhe será lícito encostar na parede do vizinho, nem mesmo à parede-meia, chaminés especiais (*RT*, *261*:269), fornos de forja ou de fundição, fornalhas, aparelhos higiênicos, fossas, canos de esgoto, depósitos de sal ou de qualquer outra substância corrosiva ou capaz de causar infiltrações ou sérios prejuízos (p. ex., rachadura, corrosão). Esta proibição não alcança chaminés ordinárias nem fogões de cozinha (CC, art. 1.308 e parágrafo único), pela sua utilidade no aquecimento do lar e no preparo de alimentos. Se, porventura, tal chaminé e o fogão de cozinha causarem algum risco, o vizinho poderá exigir a realização de obras protetivas e a indenização de algum prejuízo sofrido.

Se o proprietário de um prédio contíguo estiver ameaçado pela construção de chaminés, fogões ou fornos, ainda que seja a parede comum, poderá embargar a obra e exigir caução contra os eventuais danos, com exceção, como já dissemos, de fogão ou forno de cozinha, usado no preparo de alimentos ou de chaminés ordinárias, próprias para aquecer o ambiente residencial (CC, art. 1.308, parágrafo único).

A 2ª parte do art. 1.302 contém restrição inerente ao estilicídio, com a sua proibição de elevar construção que deite goteiras sobre o imóvel vizinho, devendo ter o cuidado de fazer com que o beiral ou calha de seu telhado não despeje água sobre o prédio contíguo, deixando entre este e o beiral, quando por outro modo não o possa evitar, um intervalo de 10 centímetros, para que as águas escoem (Cód. de Águas, art. 105). Com isso proibido está que se faça cair água pluvial no prédio do vizinho, que somente é obrigado a receber a que naturalmente escorrer para seu imóvel[336].

O proprietário deve construir seu prédio de modo que este não venha a despejar águas diretamente sobre o imóvel contíguo (CC, art. 1.300). O proprietário vizinho poderá embargar, p. ex., estilicídio, pois proibido está elevar construção (p. ex., calhas) que deite goteiras sobre seu imóvel. O prejudicado terá prazo de ano e dia da conclusão da obra para pleitear que se desfaça goteira sobre seu prédio, mas se deixar escoar esse prazo, não poderá efetuar construção que impeça ou dificulte o escoamento das águas da goteira, prejudicando o prédio contíguo (CC, art. 1.302, 2ª parte).

São igualmente ilícitas as construções que poluírem ou inutilizarem, para uso ordinário, o uso de água de poço, ou nascente alheia, a elas preexistentes (CC, art. 1.309), bem como as escavações ou obras (canais, regos, sulcos etc.) que tirem ao poço ou à nascente de outrem a água indispensável às suas necessidades normais (CC, art. 1.310). Contudo, serão permitidas se apenas diminuírem o suprimento do poço ou da fonte do vizinho, e se não forem mais profundas que as deste, em relação ao nível do lençol d'água (Cód. de Águas, arts. 96 a 98), desde que não cause prejuízo às pessoas que se servem do manancial.

---

336. W. Barros Monteiro, op. cit., p. 162; Pontes de Miranda, *Direito predial*, § 67, 1.

O art. 1.301, *caput*, proíbe a abertura de janelas, a construção de eirado, terraços ou varandas a menos de metro e meio do terreno confinante, tendo por escopo impedir que a propriedade particular seja devassada pela curiosidade de vizinhos de saber das coisas que se passam dentro de uma casa, assim resguardando ou salvaguardando a intimidade das famílias da indiscrição de terceiros[337].

Essa distância de metro e meio deverá ser contada a partir da linha divisória e não de outra janela do prédio confinante (*RT*, *277*:670). Para atender a fins urbanísticos poderá a Administração Municipal impor um recuo lateral maior[338].

A devassa existe quando da janela há visão direta ou quando há visão oblíqua? Discrepavam-se as legislações, os tribunais e os juristas a respeito dessa questão[339]. Havia quem achasse que só as janelas que deitassem de modo direto para o terreno vizinho deviam obedecer à distância de metro e meio, ao passo que as que formassem ângulo com a linha divisória, abrindo vista de modo indireto para o prédio vizinho, podiam ser abertas livremente[340].

Uniformizando as decisões conflitantes, o STF, na Súmula 414, estabeleceu: "Não se distingue a visão direta da oblíqua na proibição de abrir janela, ou fazer terraço, eirado ou varanda, a menos de metro e meio do prédio de outrem".

---

337. W. Barros Monteiro, op. cit., p. 159; Silvio Rodrigues, op. cit., p. 185-6; Matiello, *Código Civil*, cit., p. 826; *RT*, *485*:191; *RJTJSP*, *41*:58.

338. W. Barros Monteiro, op. cit., p. 159; *RT*, *506*:71.

339. Aubry e Rau (*Droit civil*, 5. ed., v. 2, § 196, p. 290 e 313) definem as vistas diretas e oblíquas. As primeiras são as aberturas que, por suposição, estendidas na direção de seu eixo, atingirão o imóvel vizinho, quer a linha limítrofe desse imóvel seja ou não paralela à do muro no qual foi feita a abertura; as segundas são as aberturas cujo eixo, por mais prolongado que seja, não atinge o imóvel vizinho; elas não permitem a visão sobre esse imóvel a não ser colocando-se numa direção diferente da deste eixo, isto é, voltando-se ou para a direita ou para a esquerda.

O Código Civil argentino deu tratamento diverso às vistas diretas marcando para estas a distância de 3 metros (art. 2.658), reduzindo a das oblíquas para 60 centímetros. O italiano distingue as duas situações: para as vistas diretas, a distância fixada é de metro e meio (art. 905); para as vistas laterais ou oblíquas, a distância é de 75 centímetros (art. 906). O nosso Código Civil de 1916 limitava-se a indicar a distância de metro e meio sem, contudo, distinguir o caso de visão direta da oblíqua, o que deu origem a dissensões doutrinárias e jurisprudenciais (Serpa Lopes, op. cit., p. 449-50). O Código Civil de 2002, no § 1º do art. 1.301, veio a solucionar a questão de modo semelhante à legislação italiana.

340. Orlando Gomes, op. cit., p. 199; TJRJ, *ADCOAS*, 1982, n. 83.217.

E, pondo fim à dissensão, pelo Código Civil vigente, art. 1.301, § 1º, "as janelas cuja visão não incida sobre a linha divisória, bem como as perpendiculares, não poderão ser abertas a menos de setenta e cinco centímetros". Se a janela a ser aberta for diretamente voltada ao imóvel contíguo ou for perpendicular à sua linha fronteiriça e não possibilitar devassa à intimidade dos vizinhos, por haver, p. ex., muro, sua abertura poderá dar-se a uma distância mínima de 75 centímetros, mas o mesmo não se diga de terraço ou varanda.

O art. 1.301, como contém em seu bojo uma restrição, não deve ser interpretado extensivamente; logo, sua proibição não alcança as portas, caixilhos sem movimento e sem abertura, desde que sejam de vidros opacos[341]. A Súmula 120 do STF admite, de modo explícito, que "parede de tijolos de vidro translúcido pode ser levantada a menos de metro e meio do prédio vizinho, não importando servidão sobre ele".

Permitida está, igualmente, a abertura de frestas, seteiras ou óculos para luz ou ventilação, desde que não sejam maiores de 10 centímetros de largura sobre 20 de comprimento e construídas a mais de dois metros de altura de cada piso (CC, art. 1.301, § 2º)[342], pois, extrapolando essas medidas, serão tidas como janelas e o proprietário vizinho poderá impugná-las, por propiciar violação à sua intimidade.

A existência dessas aberturas de luz, seja qual for a quantidade, altura e disposição, permite que o vizinho, a qualquer tempo, levante construção, ou contramuro, ainda que venha a tirar completa ou parcialmente a luz de que se beneficiava a casa do terreno contíguo (CC, art. 1.302, parágrafo único)[343].

O art. 1.303 do Código Civil proíbe, em prédio rústico ou rural, construções a menos de três metros do terreno vizinho[344], para resguardar segu-

---

341. W. Barros Monteiro, op. cit., p. 159-60; Matiello, *Código Civil*, cit., p. 821; *RT*, *115*:60, *178*:837, *178*:756, *179*:199, *181*:658, *495*:51, *724*:352.

342. W. Barros Monteiro, op. cit., p. 160; *RT*, *184*:312, *197*:191, *678*:77, *680*:120; *RF*, *137*:400.

343. Orlando Gomes, op. cit., p. 199. O art. 574 do Código Civil de 1916 estatuía que a distância de menos de metro e meio não era aplicada a prédios separados por estrada, caminho, rua ou qualquer outra passagem pública, escapando, também, das limitações do art. 573 as claraboias e janelas abertas a uma altura que tornasse impossível o devassamento do prédio vizinho, e se entre os dois prédios contíguos houvesse um alto muro divisório que excedesse à altura de janelas ou de terraços (W. Barros Monteiro, op. cit., p. 162).

344. W. Barros Monteiro, op. cit., p. 162. *Vide*: Floriano de Azevedo Marques Neto (Outorga onerosa do direito de construir) e Paulo José V. Lomar (Operação urbana consor-

rança e salubridade dos moradores, pois algumas obras em propriedade rural (p. ex., currais, estrumeiras, estrebarias etc.) podem causar incômodo ou prejuízo.

Não será permitida a execução de obra ou serviço que possa causar desmoronamento de terra ou comprometer a segurança do prédio vizinho, exceto se se fizer obra acautelatória. Mas, apesar da realização desta, o proprietário do prédio vizinho terá direito a uma indenização pelos prejuízos que vier a sofrer (CC, art. 1.311 e parágrafo único; *RT*, *705*:132; *RJ*, *177*:92), pois o dono da obra por eles terá responsabilidade civil objetiva (CC, art. 927, parágrafo único).

Permite-se que o vizinho ou proprietário do imóvel confinante penetre, mediante aviso prévio, no prédio contíguo, com a tolerância de seu dono ou ocupante, para: *a*) utilizá-lo temporariamente, quando isso for indispensável à construção, reconstrução, reparação ou limpeza de sua casa, prédio, edificação ou do muro divisório, bem como à limpeza ou reparação de esgotos, goteiras, aparelhos higiênicos, poços e nascentes ou ao aparo de cerca viva; *b*) apoderar-se de objetos ou animais seus que casualmente lá se encontrarem, salvo se estes forem entregues pelo vizinho. Contudo, deverá indenizar todos os danos que com isso causar a seu vizinho (CC, art. 1.313, I, II e §§ 1º a 3º).

É preciso não olvidar o disposto nos arts. 28 a 35 da Lei n. 10.257/2001: O plano diretor poderá fixar áreas nas quais o direito de construir poderá ser exercido acima do coeficiente de aproveitamento básico adotado, mediante contrapartida a ser prestada pelo beneficiário. O coeficiente de aproveitamento é a relação entre a área edificável e a área do terreno. O plano diretor poderá fixar coeficiente de aproveitamento básico único para toda a zona urbana ou diferenciado para áreas específicas dentro da zona urbana. O plano diretor definirá os limites máximos a serem atingidos pelos coeficientes de aproveitamento, considerando a proporcionalidade entre a infraestrutura existente e o aumento de densidade esperado em cada área. O plano diretor poderá fixar áreas nas quais poderá ser permitida alteração de uso do solo, mediante contrapartida a ser prestada pelo beneficiário. Lei municipal específica estabelecerá as condições a serem obser-

---

ciada), Yara Darcy Police Monteiro e Egle Monteiro da Silveira (Transferência do direito de construir), in *Estatuto da cidade*, coord. Adilson Abreu Dallari e Sérgio Ferraz, São Paulo, Malheiros, 2002, p. 221-86.

vadas para a *outorga onerosa do direito de construir e de alteração de uso, determinando*:

a) a fórmula de cálculo para a cobrança;

b) os casos passíveis de isenção do pagamento da outorga;

c) a contrapartida do beneficiário. Os recursos auferidos com a adoção da outorga onerosa do direito de construir e de alteração de uso serão aplicados com as finalidades previstas nos incisos I a IX do art. 26 da Lei n. 10.257/2001. Lei municipal específica, baseada no plano diretor, poderá delimitar área para aplicação de *operações consorciadas*.

Considera-se operação urbana consorciada o conjunto de intervenções e medidas coordenadas pelo Poder Público municipal, com a participação dos proprietários, moradores, usuários permanentes e investidores privados, com o objetivo de alcançar em uma área transformações urbanísticas estruturais, melhorias sociais e a valorização ambiental. Poderão ser previstas nas operações urbanas consorciadas, entre outras medidas: *a*) a modificação de índices e características de parcelamento, uso e ocupação do solo e subsolo, bem como alterações das normas edilícias, considerado o impacto ambiental delas decorrente; *b*) a regularização de construções, reformas ou ampliações executadas em desacordo com a legislação vigente. Da lei específica que aprovar a operação urbana consorciada constará o plano de operação urbana consorciada, contendo, no mínimo: *a*) definição da área a ser atingida; *b*) programa básico de ocupação da área; *c*) programa de atendimento econômico e social para a população diretamente afetada pela operação; *d*) finalidades da operação; *e*) estudo prévio de impacto de vizinhança; *f*) contrapartida a ser exigida dos proprietários, usuários permanentes e investidores privados em função da utilização dos benefícios previstos nos incisos I e II do § 2º do art. 32 desta Lei; *g*) forma de controle da operação, obrigatoriamente compartilhado com representação da sociedade civil. A partir da aprovação da lei específica, são nulas as licenças e autorizações a cargo do Poder Público municipal expedidas em desacordo com o plano de operação urbana consorciada. A lei específica que aprovar a operação urbana consorciada poderá prever a emissão pelo Município de quantidade determinada de certificados de potencial adicional de construção, que serão alienados em leilão ou utilizados diretamente no pagamento das obras necessárias à própria operação. Os certificados de potencial adicional de construção serão livremente negociados, mas conversíveis em direito de construir unicamente na área objeto da operação. Apresentado pedido de licença para construir, o certificado de potencial adicional será utilizado no pagamento da área de construção que supere os padrões estabelecidos pela legislação de uso e ocupação do solo, até o limite fixado pela lei específica que aprovar a operação urbana consorciada. Lei municipal, baseada no plano diretor, poderá autorizar o proprietário de imóvel urbano, privado ou público, a exercer em outro local, ou alienar, mediante escritura pública, o direito de construir previsto no plano diretor ou em legislação urbanística dele decorrente, quando o referido imóvel for considerado necessário para fins de:

a) implantação de equipamentos urbanos e comunitários;

b) preservação, quando o imóvel for considerado de interesse histórico, ambiental, paisagístico, social ou cultural;

c) servir a programas de regularização fundiária, urbanização de áreas ocupadas por população de baixa renda e habitação de interesse social. A mesma faculdade poderá ser concedida ao proprietário que doar ao Poder Público seu imóvel, ou parte dele, para os fins acima arrolados. A lei municipal estabelecerá as condições relativas à aplicação da transferência do direito de construir.

Quadro Sinótico

<table>
<tr><td rowspan="6">RESTRIÇÕES AO DIREITO DE PROPRIEDADE</td><td>• a) Fundamento das limitações à propriedade</td><td colspan="2">• Encontra-se no primado do interesse coletivo ou público sobre o individual e na função social da propriedade, visando proteger o interesse público social e o interesse privado, considerado em relação à necessidade social de coexistência pacífica.</td></tr>
<tr><td>• b) Natureza</td><td colspan="2">• Trata-se de obrigação propter rem, porque tanto o devedor como o credor são titulares de um direito real, pois ambos os direitos – o do credor e o do devedor – incidem sobre a mesma coisa, só que não são oponíveis erga omnes nem interessam a terceiros.</td></tr>
<tr><td rowspan="3">• c) Restrições à propriedade em virtude de interesse social</td><td>• Conceito</td><td>• Pressupõem a ideia de subordinação do direito de propriedade privado aos interesses públicos e às conveniências sociais. São restrições imprescindíveis ao bem-estar coletivo e à própria segurança da ordem econômica e jurídica do país.</td></tr>
<tr><td>• Restrições Constitucionais</td><td>• CF, arts. 5º, XXII, XXIV, 182, §§ 3º e 4º, I e II, 184, 185, 177, 173, § 4º, 216, I a V, §§ 1º a 5º, 23, III, IV, 24, VII, 216, V, 243, 5º, LXXIII.</td></tr>
<tr><td>• Restrições Administrativas</td><td>• 1. As que proíbem demolição de monumentos históricos (Dec.-Lei n. 25/37).
• 2. As que protegem a lavoura (Dec.-Lei n. 3.855/41).
• 3. As que protegem a indústria (Dec.-Lei n. 6.213/44 (ora revogado); Dec.-Lei n. 4.661/42; Dec.-Lei n. 6.122/43 (ora revogado pelo Dec.-Lei n. 8.148/45).
• 4. As que protegem o comércio (Dec.-Lei n. 3.182/41; Dec.-Lei n. 3.545/41, art. 3º, modificado pelo Dec.-Lei n. 3.392/41).
• 5. As que defendem a Economia Popular.
• 6. As que têm finalidades urbanísticas (Dec.-Lei n. 8.938/46, arts. 29 e 36).
• 7. As que, baseadas no interesse da saúde pública, proíbem culturas nocivas, impedem habitações em locais insalubres e a venda de certos remédios.</td></tr>
</table>

RESTRIÇÕES AO DIREITO DE PROPRIEDADE	• *c*) Restrições à propriedade em virtude de interesse social	• Restrições administrativas	• 8. As do Código de Mineração (Dec.-Lei n. 227/67, arts. 27 e 60). • 9. As do Código Florestal (Lei n. 12.651/2012). • 10. As do Decreto-Lei n. 7.917/45, da Lei n. 4.515/64, do Decreto n. 68.920/71 (revogado pelo Decreto n. 83.399/79), da Lei n. 5.710/71 (ora revogada pela Lei n. 7.565/86), da Lei n. 6.298/75 (revogada pela Lei n. n. 7.565/86) e das Leis n. 6.350/76 e n. 6.833/80 (revogadas pela Lei n. 7.565/86), n. 6.997/82 (revogada pela Lei n. 7.565/86) e n. 7.565/86. • 11. As do Decreto-Lei n. 3.240/41. • 12. As das Leis n. 10.257/2001 e n. 11.132/2005. • 13. As do Decreto-Lei n. 9.120/46 (revogado), art. 11, § 3º. • 14. As do Decreto paulista n. 52.892/72.
		• Limitações à propriedade rural	• 1. Estatuto da Terra (Lei n. 4.504/64). • 2. Ato Complementar n. 45/69; Lei n. 5.709/71 e Decreto n. 74.965/74; Lei n. 6.938/81 (arts. 9º-A, 9º-B e 9º-C), com as alterações e os acréscimos da Lei n. 12.651/2012, modificada pela Lei n. 12.727/2012. • 3. CF, art. 191 e parágrafo único, e CC, art. 1.239.
		• Limitações de natureza militar	• 1. A do Decreto-Lei n. 4.812/42, modificado pelo Decreto-Lei n. 5.453/43 e declarado insubsistente pelo Decreto-Lei n. 8.090/45, que perdeu a vigência com o Decreto-Lei n. 8.158/45. • 2. As da Lei n. 6.634/79 e do Decreto n. 85.064/80 (regulamento). • 3. A do Decreto-Lei n. 3.437/41. • 4. A do Decreto-Lei n. 4.008/42. • 5. Lei n. 6.634/79 e Lei n. 5.130/66 – ora revogada pela Lei n. 6.442/77.
		• Restrição em razão de Lei Eleitoral	• A do art. 135, § 3º, do Código Eleitoral (Lei n. 4.737/65).
	• *d*) Limitações ao domínio baseadas no interesse privado	• Fundamento	• Inspiram-se no propósito de coexistência harmônica e pacífica de direitos, fundando-se no próprio interesse do titular do bem ou de terceiro, a quem este pretende beneficiar, não afetando, dessa forma, a extensão do exercício do direito de propriedade; caracteriza-se por sua bilateralidade ante o vínculo recíproco que estabelece.

RESTRIÇÕES AO DIREITO DE PROPRIEDADE	• *d*) Limitações ao domínio baseadas no interesse privado	• Casos	• *a*) Servidões prediais (CC, arts. 1.378 a 1.389). • *b*) A do art. 548 do Código Civil. • *c*) A do art. 550 do Código Civil. • *d*) As da Lei do Inquilinato (Lei n. 8.245/91). • *e*) As da Lei n. 6.766/79, com alteração da Lei n. 12.608/2012, em seu art. 12. • *f*) As dos arts. 1.327 a 1.330 e 1.336 do Código Civil.			
			• *g*) As relações de direito de vizinhança	• Conceito	• Direitos de vizinhança são limitações impostas por normas jurídicas às propriedades individuais, com o escopo de conciliar interesses de proprietários vizinhos, reduzindo os poderes inerentes ao domínio e de modo a regular a convivência social (Daibert).	
				• Restrição do domínio quanto à intensidade do seu exercício	• Uso anormal e uso normal da propriedade (CC, arts. 1.277 a 1.281; Lei n. 9.099/95, art. 3º, II; Decreto-Lei n. 3.688/41, arts. 30, 38 e 42).	
					• Fatores que devem ser apreciados	• *a*) Grau de tolerabilidade. • *b*) Usos e costumes locais. • c) Natureza do incômodo. • *d*) Pré-ocupação.
				• Limitações legais à propriedade, similares às servidões	• Árvores limítrofes (CC, arts. 1.282 a 1.284).	

RESTRIÇÕES AO DIREITO DE PROPRIEDADE	• *d*) Limitações ao domínio baseadas no interesse privado	• Casos	• *g*) As relações de direito de vizinhança	• Limitações legais à propriedade, similares às servidões	• Passagem forçada	• É o direito que tem o dono de prédio rústico ou urbano, que se encontra encravado em outro, sem acesso para via pública, nascente ou porto, de reclamar do vizinho que lhe deixe passagem, fixando-se a esta judicialmente o rumo quando necessário (CC, arts. 1.285, §§ 1º a 3º, e 1.389, III).
					• Passagem de cabos e tubulações (CC, arts. 1.286 e 1.287)	
					• Águas	• CC, arts. 1.288 a 1.296; Cód. de Águas (Dec.-Lei n. 24.643/34, com modificações do Dec.-Lei n. 852/38), arts. 69, 71, 78, 90, 92 e parágrafo único, 94, 103 e parágrafo único, 105, 108 e parágrafo único, 117 e 121; CP, art. 161, § 1º, I.
				• Restrições oriundas das relações de contiguidade entre dois prédios	• Limites entre prédios (CC, arts. 1.297 e § 1º e 1.298; CPC, arts. 569, I, 547 a 587). • Direito de tapagem (CC, arts. 1.297, §§ 1º e 2º, 1.298, 1.304 a 1.307, 1.328, 1.330, 936, 1.313, II, §§ 2º e 3º; Lei n. 9.099/95, art. 3º, I e II; CPC, art. 1.063; CP, arts. 161, 164). • Direito de construir (CC, arts. 1.299 a 1.313).	

3. Formas de aquisição e perda da propriedade móvel

A. Noções gerais

Nos Capítulos III e IV do Livro do Direito das Coisas, disciplina a nossa lei a aquisição e perda da propriedade móvel, embora apresentando normas concernentes à aquisição do referido domínio, isto porque, se, de um lado, alguém adquire um direito de propriedade, em regra, de outro lado, alguém perde, concomitantemente, a titularidade desse direito[345].

Pelo Código Civil são modos aquisitivos e extintivos da propriedade mobiliária: a ocupação, a especificação, a confusão, a comistão, a adjunção, a usucapião, a tradição e a sucessão hereditária, sendo que sobre esta última não nos referiremos por se tratar de assunto pertinente ao direito das sucessões.

São considerados modos originários de aquisição e perda de propriedade móvel: a ocupação e a usucapião, porque nelas não há qualquer ato vo-

---

345. Silvio Rodrigues, op. cit., p. 209; Sebastião José Roque, *Direito das coisas*, cit., p. 109-20. São casos de perda da propriedade móvel: alienação, renúncia, abandono, perecimento da coisa, desapropriação (CC, art. 1.275, I a V). De acordo com o art. 1.275, IV, do Código Civil, o direito de propriedade se perde com o perecimento da coisa. Se o IPVA (Imposto sobre a Propriedade de Veículos Automotores), conforme sua própria denominação, tem como fato gerador a propriedade do veículo, havendo perda total do veículo, em decorrência do acidente, não tem cabimento a exigência do imposto por parte do Estado. Nesse sentido a decisão da 2ª Câmara Civil do Tribunal de Justiça do Rio Grande do Sul, em 23-11-2005, na Apelação n. 70012123683.

litivo de transmissibilidade, ao passo que a especificação, a confusão, a comistão, a adjunção, a tradição e a sucessão hereditária são tidas como derivados porque só se perfazem com a manifestação do ato acima mencionado[346].

Graficamente temos:

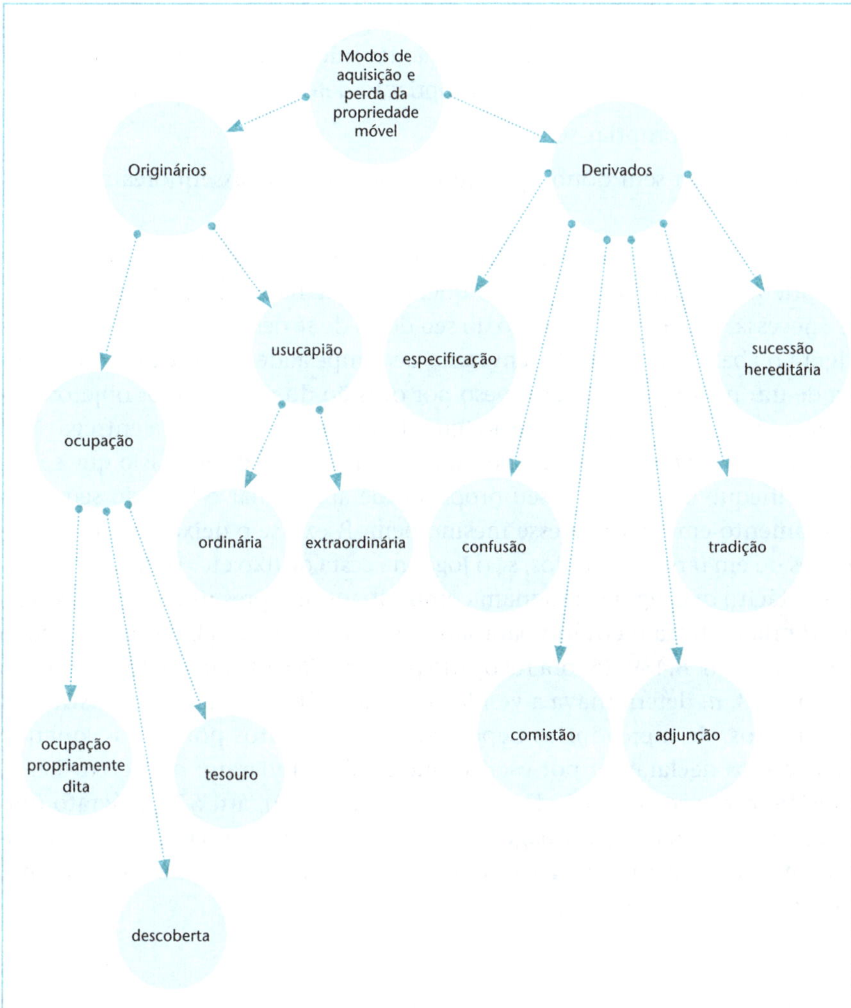

346. Orlando Gomes, op. cit., p. 171.

B. Modalidades aquisitivas e extintivas da propriedade mobiliária

b.1. Modos originários de aquisição e perda da propriedade móvel

b.1.1. Ocupação

A ocupação é o modo de aquisição originário por excelência[347] de coisa móvel ou semovente, sem dono, por não ter sido ainda apropriada, ou por ter sido abandonada não sendo essa apropriação defesa por lei (CC, art. 1.263).

Ocupar é apropriar-se:

1) De coisa sem dono, que nunca foi objeto de assenhoreamento (*res nullius*).

2) De coisa sem dono, porque abandonada (CC, art. 1.275, III) pelo seu proprietário (*res derelictae*), sendo que, para que haja esse abandono, torna-se necessário que haja intenção do seu dono de se despojar dela. Não se configura o abandono, quando, em razão de tempestade, se lança ao mar a carga de um navio para aliviar o peso por ocasião do perigo; se os objetos vierem ter à costa, o seu proprietário tem direito de reclamar-lhe a entrega. Não se requer a existência de uma declaração expressa do dono; basta que se deduza, inequivocamente, o seu propósito de abandonar o bem do seu comportamento em relação a esse mesmo bem. P. ex.: se o deixar em locais públicos ou em terrenos baldios, se o jogar na cesta de lixo etc. Trata-se do abandono tácito que alguns designam como "abandono presumido"[348]. Às vezes, a própria lei traça o critério para saber se houve ou não abandono. P. ex.: o Decreto-Lei n. 8.439/45, ora revogado pelo art. 76 da Lei n. 8.630/93, que no seu art. 23, *a*, determinava a venda em leilão público, pelas administrações dos portos, de mercadorias depositadas nos recintos portuários, quando seus donos declararem por escrito que as abandonaram; o Decreto-Lei n. 466/38 (ora revogado pelo Decreto-Lei n. 1.038/69), art. 57, parágrafo único, que, ao regular a garimpagem e comércio de pedras preciosas, considerava mercadoria abandonada a que não fosse reclamada por quem de direito, até 90 dias depois de findo o processo[349].

---

347. Mazeaud e Mazeaud, *Leçons*, cit., v. 2, n. 1.579; Caio M. S. Pereira, op. cit., p. 146; Orlando Gomes, op. cit., p. 171.

348. W. Barros Monteiro, op. cit., p. 185-6; Caio M. S. Pereira, op. cit., p. 147; Orlando Gomes, op. cit., p. 173.

349. W. Barros Monteiro, op. cit., p. 186; Gert Kummerow, op. cit., p. 215 a 222; *RT*, *481*:351.

A propósito lembra Caio Mário da Silva Pereira que não seria lícita a cláusula inserida em talões de empresas de serviço (lavanderia, sapataria, transportadora), que entendem como abandonados os objetos não procurados dentro de um certo prazo, porque não se pode presumir que alguém, deixando um objeto para ser reparado, esteja renunciando a ele; só sendo aceitável o mandato para vender, para que o prestador do serviço possa pagar-se do custo deste[350].

3) Parcialmente, de coisa comum (*res communis omnium*) porque, por exemplo, as águas dos rios e dos mares ou fluviais não podem ser apropriadas em seu todo, mas nada impede que se aproprie de uma porção delas[351] (Cód. de Águas, arts. 102, 103, parágrafo único, 106 e 107).

Exemplificativamente, são coisas sem dono, sujeitas à apropriação: os animais selvagens, enquanto entregues à sua natural liberdade; os animais mansos ou domesticados que não forem assinalados, se tiverem perdido o hábito de retornar ao lugar onde costumavam recolher-se, salvo se forem suscetíveis de identificação e se os donos estiverem, ainda, à sua procura (Leis n. 4.714/65 e 4.716/65; CP, art. 162); se, porventura, tais animais se acostumarem ao novo local, tornando impossível seu retorno, seu proprietário terá direito a uma indenização; as pedras, conchas e outras substâncias minerais, vegetais ou animais arrojadas às praias pelo mar, se não apresentarem sinal de domínio anterior etc.

A ocupação apresenta-se sob três formas[352]:

a) a ocupação propriamente dita (CC, art. 1.263), que tem por objeto seres vivos e coisas inanimadas. Suas principais manifestações são a caça e a pesca, disciplinadas por leis especiais, como a Lei n. 5.197/67 (Proteção à fauna); o Decreto-Lei n. 221/67 (Proteção à pesca) e a Lei n. 7.653/88;

b) a descoberta, que é relativa a coisas perdidas (CC, arts. 1.233 a 1.237);

c) o tesouro, concernente à coisa achada (CC, arts. 1.264 a 1.266).

Passemos a uma rápida análise de cada uma dessas suas formas.

Portaria Interministerial n. 506, de 16 de dezembro de 2014 do Ministério da Fazenda, dispõe sobre os procedimentos a serem adotados pela Secretaria da Receita Federal do Brasil e pelo Instituto Brasileiro de Museus no tocante às mercadorias abandonadas, entregues à Fazenda Nacional ou objeto de pena de perdimento, quando houver indícios de que se trate de bem de valor cultural, artístico ou histórico.

350. Caio M. S. Pereira, op. cit., p. 147.

351. W. Barros Monteiro, op. cit., p. 185.

352. Orlando Gomes, op. cit., p. 172. *Vide* Portaria n. 150/2019 do Comando Logístico do Exército.

Para Espínola, a *caça* constitui um "direito subjetivo público"[353]. Desde que se obedeça aos regulamentos administrativos e leis especiais (CF, art. 225, § 1º, VII; Leis n. 5.197/67, 8.490/92, 7.653/88, 8.746/93, 9.111/95 e 9.605/98; Decs. n. 97.633/89, 93.935/87, 78.017/76 e 58.054/66), a caça poderá ser exercida nas terras públicas ou particulares, com a devida licença de seu dono (Lei n. 6.001/73, art. 18, § 1º). Com isso procurou-se proteger o direito de caça, sem, contudo, atingir o direito de propriedade daqueles em cujos terrenos ele se efetiva ou se exercita[354].

O exercício da *pesca* é lícito tanto em águas públicas como em particulares, desde que haja consentimento de seu dono e observância das normas disciplinares. Pelo art. 3º do Decreto-Lei n. 221/67, são de domínio público todos os animais e vegetais que se encontrem nas águas dominiais. Nas águas particulares havia necessidade de licença expressa ou tácita dos seus proprietários (Dec.-Lei n. 221/67, art. 33, § 3º – dispositivo revogado pela Lei n. 11.959/2009), sendo a atividade piscatória de caráter profissional ou desportiva[355].

---

353. Espínola, *Posse, propriedade, condomínio, direitos autorais*, p. 186. *Vide* Messineo, *Manuale di diritto civile e commerciale*, p. 90. *Vide*, ainda, Portaria n. 1.522/89 do Instituto Brasileiro do Meio Ambiente e dos Recursos Naturais Renováveis, alusiva à preservação da fauna brasileira ameaçada de extinção. Sobre caça em terras indígenas: *RF*, *245*:457; *RT*, *458*:488. *Vide*: *RF*, *218*:442; *RDA*, *88*:292. Sobre caça amadorista: Portaria n. 69/94 do IBAMA. Infrações contra a fauna: Lei n. 7.653/88. Consulte Lei n. 8.490/92 com alterações das Leis n. 8.746/93, Portaria n. 241/94 do Ministério do Meio Ambiente e da Amazônia Legal, sobre o Regimento Interno do Conselho Nacional de Proteção à Fauna e Portaria do Comando do Exército (COLOG) n. 51/2015, alterada pela Portaria n. 87/2015 (COLOG), que dispõe sobre normatização administrativa de atividades de colecionamento, tiro desportivo e caça, que envolvam o uso de Produtos Controlados pelo Exército (PCE).

354. W. Barros Monteiro, op. cit., p. 188; Portaria n. 69/94 do IBAMA sobre caça amadorista; Portaria n. 1/2015 do CoLog; *RT*, *181*:289; *458*:488; *RF*, *245*:457.

355. Caio M. S. Pereira, op. cit., p. 149. O regulamento da pesca comercial foi baixado com o Decreto n. 65.005, de 18 de agosto de 1969. *Vide* Portarias n. 1.530/89, 1.581/89, 1.583/89, 1.624/89, 49/92, 56/92 e 115-N/93 do IBAMA. A Lei n. 7.679/88 (já revogada pela Lei n. 11.959/2009) proibia a pesca em período de reprodução e a Lei n. 8.665/93 cancela os débitos para com a extinta Sudepe. A Lei n. 9.059/95 altera o art. 29, § 4º, do Decreto-Lei n. 221/67. *Vide*, ainda, Decretos n. 1.694 e n. 1.695/95 (ora revogado pelo Decreto n. 2.869/98, que perdeu vigência pelo Decreto n. 4.895/2003), que, respectivamente, criaram o Sistema Nacional de Informações de Pesca e Agricultura e regulamentam a exploração de aquicultura em águas públicas da União, Decreto n. 1.756/95 (ora revogado), e Portaria do IBAMA n. 117/96, que contém normas para evitar molestamento de cetáceo em água jurisdicional brasileira; Lei n. 7.643/87, que proíbe pesca da baleia em águas jurisdicionais brasileiras; Lei n. 6.001/73, arts. 18, § 1º, e 24, § 2º; Decretos n. 3.959/2001 (já revogado), que revogou o 3.414/2000 (art. 24, I); n. 1.697/95, sobre criação do Grupo Executivo do Setor Pesqueiro, e n. 4.810/2003, que estabelece normas para operação de embarcações pesqueiras nas

A *descoberta* vem a ser o achado de coisa móvel perdida pelo proprietário, com a obrigação de restituí-la a seu dono ou legítimo possuidor (CC, art. 1.233; CPC, art. 746, §§ 1º e 2º). Não o conhecendo, o descobridor fará tudo por encontrá-lo, comunicando o fato aos conhecidos, consultando anúncios em jornais, publicando avisos pela imprensa, divulgando em rádio ou TV etc. E se apesar disso não conseguir encontrá-lo, deverá entregar o objeto achado à autoridade competente do lugar (CC, art. 1.233, parágrafo único), por ex. servidor da polícia civil ou militar, que, assumindo o dever de localizar o proprietário ou o possuidor, dará conhecimento da descoberta por meio da imprensa (escrita ou falada) e outros meios de informação (panfletos, cartazes), somente expedindo editais se o seu valor os comportar (CC, art. 1.236), suportando as despesas com o custo da publicação. Tal procedimento em muito auxiliará a encontrar o proprietário e o legítimo possuidor do bem achado. A violação desse artigo pode enquadrar-se no delito de apropriação de coisa achada, previsto no art. 169, parágrafo único, II, do Código Penal[356].

O descobridor não adquire a propriedade do objeto que encontrou, se após lapso de tempo de sessenta dias da divulgação da notícia pela imprensa, ou do edital, não aparecer seu dono; a autoridade que recebeu o objeto vendê-lo-á em leilão público, e, deduzidas do preço as despesas, mais a recompensa do descobridor, o remanescente pertencerá ao Município em cuja circunscrição se deparou o objeto perdido (CC, art. 1.237), devendo aplicar o *quantum* recebido em atividade de interesse coletivo, se não houver setor específico para o qual deva ser destinado; todavia, sendo de diminuto valor, o Município poderá abandonar a coisa em favor de quem a encontrou (CC, art. 1.237, parágrafo único), que passará a ser seu proprietário. O processo dessa venda está regulado nos arts. 746 e s. do Código de Processo Civil,

---

zonas brasileiras de pesca, alto-mar e por meio de acordos internacionais; Lei n. 9.605/98, arts. 29, 34 e 36, e Instrução Normativa da Secretaria Especial de Aquicultura e Pesca n. 3/2004 sobre operacionalização do Registro Geral da Pesca. *Vide* Decreto n. 7.304/2010, revogado pelo Decreto n. 8.817/2016.

356. W. Barros Monteiro, op. cit., p. 189; De Page, *Traité*, cit., v. 6, n. 19. Os Códigos das nações civilizadas ora admitem que o achado de coisa perdida gera a aquisição da propriedade, ora lhe recusam este efeito. O Código Civil português no seu art. 1.323 estatui que o achador faz sua a coisa perdida se não for reclamada no prazo de um ano da publicação de anúncio do achado. O alemão, no art. 973, converte o achado em domínio após o decurso de um ano e sua comunicação à polícia, sem que o dono seja encontrado ou apresente reclamação. Caio M. S. Pereira, op. cit., p. 150; Enneccerus, Kipp e Wolff, op. cit., § 82.

que também é aplicável aos objetos deixados em hotéis, oficinas etc. O Decreto n. 5.573/28 dispõe sobre a venda em leilão de objetos perdidos em repartições públicas e em estradas de ferro, sendo o produto recolhido aos cofres públicos, deduzidas as despesas. O Decreto n. 60.417/67 (ora revogado), art. 66, regulava o achado de documento sigiloso.

O único direito que assiste ao descobridor é o de receber um prêmio ou recompensa, denominada *achádego*, acrescida da indenização a que tem direito pelas despesas que efetuou com a conservação e transporte da coisa, se o dono não preferir abandoná-la. O Código Civil determina no art. 1.234 e parágrafo único que tal recompensa não poderá ser inferior a 5% do valor da coisa achada, e que se deve considerar o esforço desenvolvido pelo descobridor para encontrar o dono ou o possuidor legítimo, as possibilidades que teria este de encontrar a coisa e a situação econômica de ambos. Isto é assim porque a recompensa não poderá gerar enriquecimento indevido, por ser relevante o equilíbrio na fixação de seu *quantum*. Todavia, o seu proprietário não tem nenhuma obrigação de pagar tal gratificação porque o art. 1.234, *in fine*, do Código Civil lhe autoriza o abandono da coisa para exonerar-se dessas obrigações, hipótese em que se terá aquisição de propriedade do objeto pelo descobridor[357]. Por outro lado, o descobridor responderá por todos os prejuízos que causou, dolosamente, ao proprietário ou possuidor legítimo, pagando-lhe uma indenização por perdas e danos, abrangendo dano emergente e lucro cessante (art. 1.235). Os deveres que a lei impõe ao descobridor atingem somente aquele que, espontaneamente, recolhe a coisa perdida[358].

O *tesouro* é o depósito antigo de coisas preciosas, oculto, de cujo dono não haja memória[359], conforme o disposto no art. 1.264, 1ª parte, do Código Civil. Se se puder justificar o domínio não há tesouro; por exemplo, se alguém conseguir provar que o achado lhe pertence, dizendo que se tratava de um guardado sobre o qual tem o dono todos os direitos, como no

---

357. Orlando Gomes, op. cit., p. 174; Hedemann, *Derechos reales*, p. 230; Enneccerus, Kipp e Wolff, *Derecho de cosas*, v. 1, §§ 82 e s.; W. Barros Monteiro, op. cit., p. 190; Matiello, *Código Civil*, cit., p. 773.

358. Hedemann, *Derechos reales*, p. 230; Matiello, *Código Civil*, cit., p. 771.

359. Digesto, Livro 41, Tít. I, fr. 31, § 1º: *"Vetus quaedam deposito pecuniae, cuius non extat memoria, ut iam dominium non habeat"*. Lei n. 3.924/61 (monumentos arqueológicos e históricos); Lei n. 7.542/86 (coisas encontradas em terrenos de marinha e acrescidos e em terrenos marginais).

caso de alguém ocultar em fundo falso de um móvel que lhe pertence objetos valiosos e o marceneiro, ao restaurá-lo, os encontra[360].

Para que se configure o tesouro é mister a presença dos seguintes requisitos:

a) ser um depósito de coisas móveis preciosas, feito por mão humana, pois "não há tesouro se o acúmulo de objetos valiosos se der por fenômeno natural, por exemplo, se se encontrar num rio um depósito aluvional de pedras preciosas roladas pela erosão, como não o é também uma antiga obra de arte incorporada a um imóvel"[361];

b) não restar memória de seu proprietário;

c) estar oculto; p. ex.: se se encontrar o depósito ao escavar um terreno ou demolir um prédio. O objeto valioso deverá estar, p. ex., emparedado, guardado em local oculto do prédio ou enterrado. Não há tesouro se se descobrir objetos valiosos em escaninhos de um móvel ou em páginas de livro[362];

d) ser seu encontro meramente casual (CC, art. 1.264, *in fine*). A atividade do achador deve ser, portanto, casual. De fato, não há que se falar em tesouro se se penetrar em terreno alheio, intencionalmente, para efetuar pesquisas nesse sentido[363].

O problema da achada é saber a quem pertence o tesouro encontrado.

O tesouro achado pelo proprietário em seu próprio imóvel pertence-lhe exclusivamente. Se for encontrado pela pessoa a quem o proprietário do prédio incumbiu de pesquisar e de procurar algum tesouro, pertencerá ao dono do prédio por inteiro, o mesmo ocorrendo se for achado por aquele, que sem a autorização do proprietário do terreno, intencionalmente o pesquisava (CC, art. 1.265), porque ninguém tem direito de invadir propriedade alheia para escavar solo em busca de riqueza.

Assim dispõe o art. 1.265 porque o tesouro é um acessório do solo, aderindo-se a ele. E como o dono do principal o é também do acessório, pertencerá o rico depósito ao proprietário do imóvel ou a operário especial-

---

360. Caio M. S. Pereira (op. cit., p. 153), Ruggiero e Maroi (*Istituzioni*, cit., v. 1, § 112); De Page (op. cit., v. 6, n. 21) dispensam o requisito de ancianidade.

361. Caio M. S. Pereira, op. cit., p. 153.

362. Clóvis, *Código Civil*, v. 3, p. 138; Fábio Ulhoa Coelho, *Curso*, cit., v. 4, p. 113.

363. W. Barros Monteiro, op. cit., p. 191.

mente contratado para tal fim. Porém, se for encontrado, casualmente, em prédio alheio, será dividido em partes iguais entre o dono do prédio e o que o achou (CC, art. 1.264, 2ª parte). Se várias forem as pessoas que o encontrarem, de modo casual, receberá o prêmio aquele que o encontrou primeiro. Se achado o valioso depósito em terreno aforado, será partilhado igualmente entre quem o encontrou e o foreiro ou enfiteuta (titular do domínio útil), ou será deste último por inteiro se ele mesmo for o descobridor. O titular do domínio direto (senhorio direto) nenhum direito terá sobre o valioso depósito encontrado (CC, art. 1.266). Contudo, se o terreno é objeto de usufruto ou locação, ao usufrutuário, ou locatário, nenhum direito assiste em relação ao tesouro casualmente encontrado por outrem. O direito à metade desse tesouro compete ao nu-proprietário[364] e ao locador. Mas se o usufruto recair sobre universalidade ou quota-parte de bens, o usufrutuário tem direito à parte do tesouro achado por outrem (CC, art. 1.392, § 3º).

Constitui crime achar tesouro em prédio alheio, apropriando-se, no todo ou em parte, de quinhão a que faz jus o proprietário do prédio (CP, art. 169, parágrafo único, I).

b.1.2. Usucapião

A usucapião é modo de aquisição originária de bens móveis. O fundamento em que se baseia a usucapião de bens móveis é o mesmo que inspira o dos imóveis, ou seja, a necessidade de dar juridicidade a situações de fato que se alongaram no tempo[365]; por isso seus conceitos são idênticos, exceto no que se refere aos prazos que, em relação às coisas móveis, são mais curtos, ante a dificuldade de sua individualização e facilidade de sua circulação[366].

Ter-se-á a *usucapião ordinária* quando alguém possuir como sua uma coisa móvel, ininterruptamente e sem oposição, durante 3 anos (CC, art. 1.260). Para que se configure tal espécie de usucapião não basta a mera posse, esta terá que ser contínua e pacífica, exercida com *animus domini* que tenha por base justo título e boa-fé (CC, art. 1.260, *in fine*), durante o exíguo lapso de 3 anos (*AJ*, *76*:24).

---

364. Orlando Gomes, op. cit., p. 175; W. Barros Monteiro, op. cit., p. 191, e Aquisição da propriedade móvel, *Revista Trimestral de Direito Privado*, 1970, v. 1, p. 83-94.

365. Silvio Rodrigues, op. cit., p. 216; Caio M. S. Pereira, op. cit., p. 155.

366. Orlando Gomes, op. cit., p. 163; *RT*, *712*:249, *733*:243, *750*:378, *762*:259, *773*:249, *806*:200.

Quando se tiver posse ininterrupta e pacífica, pelo decurso do prazo de 5 anos, sem que haja necessidade de provar justo título e boa-fé, o possuidor adquirirá o domínio do bem móvel por meio da *usucapião extraordinária* (CC, art. 1.261; *Ciência Jurídica, 37*:131; STF, Súmula 445). P. ex., posse incontestada de veículo furtado por mais de 5 anos pode levar a sua aquisição por usucapião extraordinária.

De tal maneira se entrelaçam a usucapião mobiliária e a imobiliária que o Código remete aos arts. 1.243 e 1.244 a solução das questões ali previstas como aplicáveis à usucapião de coisas móveis (CC, art. 1.262). Em face do disposto nestes artigos poderá o possuidor, para obter o reconhecimento da usucapião, unir a sua posse à do seu antecessor, desde que ambas sejam contínuas e pacíficas. Sá Pereira, a propósito, entende que a *accessio possessionis* só se justifica em relação às prescrições de curso mais longo[367], aplicando-se também à usucapião mobiliária as causas que impedem, suspendem ou interrompem a prescrição.

Há leis que contêm exceções à usucapião de coisas móveis. P. ex.: o Decreto n. 22.468/33 (ora revogado pelo Decreto s/n. de 25-4-1991), que no seu art. 2º "considera como pertencentes à Fazenda Nacional todos os objetos de valor recolhidos aos cofres dos depósitos públicos e não reclamados dentro do prazo de 5 anos, contados da data de depósito", e a Lei n. 370/37, modificada pela Lei n. 2.313/54 e regulamentada pelo Decreto n. 40.395/56, que no art. 1º dispõe sobre dinheiro e objetos de valor depositados em estabelecimentos comerciais e bancários, considerando-os abandonados, quando a conta tiver ficado sem movimento e os objetos não houverem sido reclamados durante 30 anos, contados do depósito.

Como se vê, o Código Civil brasileiro não seguiu a orientação do Código francês, que no art. 2.279 estatui que a posse de coisa móvel faz presumir a propriedade (*"en fait de meubles, la possession vaut titre"*). Há nesse diploma legal a presunção de domínio em benefício do possuidor, pela prescrição instantânea. Todavia, essa presunção não impede a reivindicação, dentro de 3 anos, de coisas perdidas, extraviadas ou roubadas[368].

---

367. Sá Pereira, *Direito das coisas*, p. 382, citado por W. Barros Monteiro, op. cit., p. 199. É possível a ação de usucapião para ver regularizada a situação de veículo, em poder do autor, junto ao Departamento de Trânsito, em razão da diversidade do número de chassi existente. Não se exige a intervenção obrigatória do Ministério Público em ação de usucapião de bem móvel, regido pelo procedimento sumário (1º TACSP, AC 413.082-5, *JB, 152*:224).

368. Mazeaud e Mazeaud, *Leçons*, cit., v. 2, n. 1.518; W. Barros Monteiro, op. cit., p. 198; Caio M. S. Pereira, op. cit., p. 155; Rita de Cássia C. Leite, Usucapião em linha telefô-

b.2. Modos derivados de aquisição e perda da propriedade móvel

b.2.1. Especificação

"A especificação é o modo de adquirir a propriedade mediante transformação de coisa móvel em espécie nova, em virtude do trabalho ou da indústria do especificador, desde que não seja possível reduzi-la à sua forma primitiva"[369]. Essa definição está baseada no art. 1.269 do Código Civil.

Há quem a considere como uma espécie de acessão, porém não se pode acolher esse entendimento porque acessão requer união ou incorpo-

---

nica, *RP*, *57*:220; Marcos P. de S. Miranda, Patrimônio ambiental cultural e usucapião de bens móveis tombados – uma análise em busca da efetividade protetiva do Decreto-Lei n. 25/37 – *De jure*, Revista Jurídica do Ministério Público do Estado de Minas Gerais, *7*:334-47; Lei n. 6.015/73, arts. 167, I, n. 28 e 226, sobre registro de sentença declaratória de usucapião. Usucapião de telefone: STJ, Súmula 193 – O direito de uso de linha telefônica pode ser adquirido por usucapião. *RT*, *547*:61, *543*:213, *591*:137, *476*:90, *623*:187; *JTACSP*, *91*:22,*78*:100; *RJE*, *3*:7; *BAASP*, *1966*:69, *1866*:113; *EJSTJ*, *10*:82, *15*:78, *16*:49. A usucapião de aeronave requer posse ininterrupta baseada em justo título e boa-fé durante 5 anos (Lei n. 7.565/86, art. 116, III). Observa Sílvio de S. Venosa (*Direito civil*, cit., v. V, p. 229 e 230) que há dificuldade processual na usucapião de coisa móvel relativamente ao fato de se saber contra quem promover o pedido, pois a pretensão, em tese, é dirigida contra todos. "Nessa hipótese de réu indeterminado, a sentença limita-se a declarar o domínio, homologando a pretensão. Cabe ao juiz, porém, exigir a prova necessária, como, por exemplo, certidão de inexistência de ações possessórias relativas ao bem descrito. Desconhecido o atual proprietário, emerge dúvida sobre quem colocar no polo passivo. A solução será, sem dúvida, a citação edilícia de réus desconhecidos, incertos e ausentes, hipótese em que determinará a presença do Ministério Público. Doutro lado, dirigida a ação exclusivamente contra anterior proprietário, pois outro interessado na coisa não existe, não há necessidade de intervenção do Ministério Público (*JTACSP* 120/125). Havendo possibilidade de a coisa ter pertencido a entes estatais, devem ser cientificadas as fazendas públicas. Examina-se a hipótese vertente no processo, segundo o prudente critério do juiz. Juiz imprudente é aquele excessivamente apegado à fórmula; é atrabiliário e mau juiz. Não pratica a justiça, mas a burocracia. O processo de usucapião de coisa móvel requer cautela, mas não exagero. O mesmo se diga a respeito de representantes do Ministério Público que, por vezes, extrapolam os limites do aceitável em seu nobre mister, com requerimento de exigências descabidas. Geralmente, a prova testemunhal será suficiente para a prova da usucapião. No entanto, não se dispensa até mesmo a possibilidade de prova pericial, se as circunstâncias da posse da coisa o exigirem. Se o efeito da sentença for declaratório, reconhecerá a preexistência da propriedade da coisa móvel. Será a decisão título hábil para o registro administrativo, se necessidade houver, como, por exemplo, nas hipóteses de veículos automotores, telefones, navios e aeronaves. Destarte, destaca-se aí o efeito secundário mandamental da sentença declaratória de usucapião. Não havendo outra necessidade de registro, pode ser registrada no Cartório de Títulos e Documentos, para conhecimento de terceiros".

369. W. Barros Monteiro, op. cit., p. 193.

ração de uma coisa a outra, o que não ocorre na especificação, que é a transformação definitiva da matéria-prima em espécie nova, por meio de ato humano[370].

Dever-se-á encarar a "novidade" sob o prisma econômico; a nova espécie deve advir de uma alteração importante, feita pela capacidade criadora do homem, ou seja, de suas atividades artesanais, artísticas ou pelo desenvolvimento de indústrias. É o que ocorre com a escultura em relação à pedra; o trabalho gráfico em relação ao papel; as joias em relação às pedras e metais valiosos; o couro em relação à bolsa; a pintura em relação à tela; o tecido relativamente ao vestido etc.[371] (CC, art. 1.270, § 2º, 1ª parte). Reveste-se, portanto, de grande importância social, pois nesse instituto jurídico há a prevalência do trabalho humano sobre a matéria-prima.

Claro está que se a matéria-prima pertencer ao especificador, este será o dono da obra que criou, pois já o era do material que utilizou para criá-la. Problema nenhum há quando, embora surja uma espécie nova, ela possa voltar à forma anterior sem qualquer dano (como, p. ex., quando se transformam barras de ouro em barras menores), caso em que se a reduz à forma anterior, devolvendo-se ao dono e a expensas do especificador aquilo que originariamente era de sua propriedade (CC, art. 1.269)[372].

Para que haja, realmente, a especificação é imprescindível que a matéria-prima não pertença ao especificador, que seja transformada numa coisa nova e que não possa voltar à forma anterior ou que essa redução se apresente como danosa.

Com isso surge a questão: A quem pertencerá o domínio da coisa nova?

Nosso sistema jurídico apresenta as seguintes soluções:

1) pelo art. 1.269 do Código Civil, se a matéria-prima pertencer só em parte ao especificador e não puder voltar à sua forma anterior: a propriedade da coisa nova é do especificador;
2) se o material pertencer apenas em parte ao especificador, podendo ser restituído à forma anterior: o dono da matéria-prima não perde a propriedade (art. 1.269);

---

370. Orlando Gomes, op. cit., p. 175-6; Lafayette, *Direito das coisas*, § 37; Enneccerus, Kipp e Wolff, op. cit., §§ 71 e s.

371. Caio M. S. Pereira, op. cit., p. 153-4; Enneccerus, Kipp e Wolff, op. cit.; W. Barros Monteiro, op. cit., p. 193.

372. Hedemann, *Derechos reales*, p. 200; Silvio Rodrigues, op. cit., p. 214.

3) pelo art. 1.270 e § 1º, se toda a matéria-prima for de outrem e não puder ser reduzida à forma precedente, pertencerá a coisa nova ao especificador se ele estiver de boa-fé; entretanto, se estiver de má-fé, perderá a coisa nova em favor do dono do material;

4) pelo § 1º do art. 1.270, se o material pertencer totalmente a outrem e puder voltar à forma anterior: a coisa nova será do dono da matéria-prima;

5) segundo o § 2º do art. 1.270, se o material for inteiramente pertencente a outrem, podendo ou não ser reduzido à forma precedente, estando ou não o especificador de boa-fé, excedendo-se o preço da mão de obra consideravelmente ao valor da matéria-prima (p. ex., o da pintura em relação à tela; o da escultura relativamente à pedra-sabão; o de um trabalho gráfico em relação à matéria-prima), a espécie nova será do especificador[373], tendo-se em vista o interesse social de se preservar, por exemplo, uma obra de arte de grande valor. O órgão judicante deverá, então, verificar se o valor do trabalho é superior ao da matéria-prima.

Entretanto, o art. 1.271 requer que a aquisição da propriedade em qualquer desses casos seja acompanhada de uma indenização aos que foram prejudicados com o fato. Quando o especificador obtém o domínio da coisa nova, terá de indenizar, em qualquer hipótese, o dono da matéria-prima, pelo valor do material, bem como compor as perdas e danos. Se, ao contrário, foi o dono do material que adquiriu a espécie nova, isento estará de indenizar o especificador se a especificação irredutível foi feita de má-fé[374], pois se fosse obrigado a isso, estar-se-ia estimulando apropriação de coisas alheias pelo especificador, malicioso, que nada teria a perder: ou receberia o domínio da coisa

---

373. *Vide* os comentários de Orlando Gomes, op. cit., p. 176; Silvio Rodrigues, op. cit., p. 215. Interessante é o exemplo de Paulo Nader (*Curso de direito civil*, Rio de Janeiro, Forense, v. 4, 2006, p. 199): "Um protético recebe do cirurgião-dentista um molde e, utilizando-se de matéria-prima alheia, prepara a prótese em ouro a ser colocada no paciente. Na espécie, a questão não envolve apenas os interesses do protético e do proprietário da matéria-prima, uma vez que o molde que serviu de base à especificação resultou do trabalho de um outro profissional. Além disso, é relevante considerar-se a situação do cliente. *In casu*, tem-se: a) má-fé do especificador; b) espécie nova redutível à forma anterior; c) valor do trabalho do especificador não excedente, consideravelmente, ao da matéria-prima".

374. Silvio Rodrigues, op. cit., p. 215; Orlando Gomes, op. cit., p. 176; Caio M. S. Pereira, op. cit., p. 154.

nova ou receberia a indenização por um trabalho não encomendado, contrariando o princípio de que ninguém pode locupletar-se ilicitamente.

b.2.2. Confusão, comistão e adjunção

Quando coisas pertencentes a pessoas diversas se mesclarem de tal forma que seria impossível separá-las, tem-se: a *confusão*, se a mistura se der entre coisas líquidas (p. ex., gasolina e álcool, vinho e guaraná); a *comistão*, se se der entre coisas secas ou sólidas (p. ex., mistura de grãos de café tipo A com os do tipo B ou de trigo com glúten). Quando, tão somente, houver uma justaposição de uma coisa a outra (p. ex., vaso contendo decalque alheio; peça de roupa de um com estampa de outrem), que não mais torne possível destacar a acessória da principal, sem deterioração, dá-se a *adjunção*[375].

Só há uma espécie de acessão na confusão e na comistão; na adjunção opera-se apenas uma união[376], porém todas pressupõem mescla de bens pertencentes a proprietários diversos, efetivada sem a anuência deles, mistura esta que ainda não poderá dar origem a coisa nova (CC, art. 1.274) pois, então, ter-se-ia uma especificação[377] (CC, arts. 1.270 e 1.271).

Se tal mescla for intencional, feita com o expresso consentimento dos proprietários das coisas misturadas, eles mesmos deverão decidir a quem pertencerá o produto da mistura[378].

Se involuntária, por advir de acontecimento alheio à vontade dos donos das coisas mescladas ou por obras de terceiros de boa-fé, determina a lei que:

a) se as coisas puderem ser separadas, sem deterioração, possibilitando a cada proprietário a identificação do que lhe pertence, cada qual continuará a ter o domínio sobre a mesma coisa que lhe pertencia antes da mistura (CC, art. 1.272);

b) se, contudo, for impossível tal separação, ou se ela exigir dispêndios excessivos, o todo subsiste indiviso, constituindo-se um condomínio força-

---

375. Orlando Gomes, op. cit, p. 177; Caio M. S. Pereira, op. cit., p. 155; W. Barros Monteiro, op. cit., p. 196; M. Lígia C. Mathias, *Direito civil*, op. cit., p. 85-6. O Projeto de Lei n. 699/2011 fará a devida correção aos arts. 1.273 e 1.274, pois a correta seria aos arts. 1.270 e 1.271 no que atina à grafia da palavra *comistão*, erroneamente grafada de *comissão*. E o Parecer Vicente Arruda aprovou nesse sentido o Projeto de Lei n. 6.960/2002 (atual PL n. 699/2011).

376. Martin Wolff, *Derecho de cosas*, § 72; Lafayette, *Direito das coisas*, v. 1, p. 115, nota 4.

377. Orlando Gomes, op. cit., p. 177.

378. W. Barros Monteiro, op. cit., p. 196.

do, cabendo a cada um dos donos quinhão proporcional ao valor do bem (CC, art. 1.272, § 1º);

c) se, porém, uma das coisas puder ser considerada principal, o respectivo dono sê-lo-á do todo, indenizando os outros proprietários pelo valor das coisas acessórias (CC, art. 1.272, § 2º).

Por exemplo, é o que sucede com álbum filatélico e os selos alheios que nele se pregarem[379].

Se a mesclagem se operou de má-fé, a parte que não concorreu para que ela se efetivasse poderá escolher entre guardar o todo, pagando a porção que não for sua, abatida a indenização que lhe for devida, ou, então, renunciar à que lhe pertence, mediante recebimento de completa indenização, abrangendo seu valor, inclusive perdas e danos, se for o caso (CC, art. 1.273). Pode, portanto, optar entre o condomínio forçado e a cabal indenização a que faz jus.

b.2.3. Tradição

A tradição vem a ser a entrega da coisa móvel ao adquirente, com a intenção de lhe transferir o domínio, em razão de título translativo de propriedade[380].

O contrato, por si só, não é apto para transferir o domínio, contém apenas um direito pessoal; só com a tradição é que essa declaração translatícia de vontade se transforma em direito real (CC, arts. 1.267 e 1.226).

Casos há em que se dispensa a tradição, como: a compra e venda de títulos de dívida pública da União, dos Estados e dos Municípios, em que o simples contrato transfere ao comprador a propriedade do título (Dec.-Lei n. 3.545/41; a transferência de ações nominativas de sociedades anônimas, ao contrário das ações ao portador que se transmitem pela tradição, se realiza mediante termo lavrado no Livro de Transferência de Ações Nominativas (Lei n. 6.404/76, arts. 31, § 1º, e Lei n. 8.021/90, que revogou o art. 33, parágrafo único, da Lei n. 6.404/76); a transferência do domínio, no casamento sob

---

379. Exemplo dado por Martin Wolff, op. cit., v. 1, p. 429, n. 10, citado por W. Barros Monteiro, op. cit., p. 197.

380. W. Barros Monteiro, op. cit., p. 201; Silvio Rodrigues, op. cit., p. 209; Raquel G. Pereira Bernardi, *Contrato de compra e venda como título para a transmissão da propriedade mobiliária*, dissertação de mestrado apresentada na PUCSP, em 2006; *RT*, *520*:140; *RJTJSP*, *134*:77.

o regime de comunhão universal, dá-se independentemente de tradição, em virtude da solenidade inerente a esse ato (CC, arts. 1.667 e 1.668).

Havia, ainda, a exceção do disposto no revogado art. 66 da Lei n. 4.728/65 com a redação do Decreto-Lei n. 911/69, pois, segundo essa disposição legal, na alienação fiduciária transferia-se o domínio para o credor independentemente da tradição, porquanto o devedor mantinha a posse direta e permanece como depositário da coisa alienada. O atual Código Civil, no art. 1.361, §§ 1º e 2º, passou a entender de igual forma, considerando que a propriedade fiduciária se transfere ao credor (possuidor indireto), ficando o devedor como possuidor direto.

A tradição envolve a imissão do adquirente na posse da coisa mobiliária, não sendo, contudo, proibido o constituto possessório (CC, art. 1.267, parágrafo único). A tradição, como já vimos alhures, consiste na efetiva entrega material da coisa, ou no ato representativo da transferência, em que não há uma real entrega, mas um ato equivalente, como a entrega das chaves do lugar onde o bem se encontra; pode, ainda, se ultimar pelo constituto possessório, quando o alienante, em vez de entregar a coisa vendida, a conserva para si por um outro título como o de locatário, ou seja, quando o possuidor em nome próprio passa a possuir em razão de acordo, em nome do adquirente[381]. Deveras, reza o parágrafo único do art. 1.267: "Subentende-se a tradição quando o transmitente continua a possuir pelo constituto possessório; quando cede ao adquirente o direito à restituição da coisa, que se encontra em poder de terceiro; ou quando o adquirente já está na posse da coisa, por ocasião do negócio jurídico".

Todavia, a tradição só terá o poder de transferir a propriedade da coisa se o *tradens* for capaz e for o titular do domínio. Se for feita por quem não é proprietário, a tradição não produz o efeito jurídico de transferência de propriedade, exceto se a coisa oferecida ao público, em leilão ou estabelecimento empresarial, for transferida em circunstâncias tais que, ao adquirente de boa-fé, como a qualquer pessoa, o alienante se afigurar dono (CC, art. 1.268, *caput*). Mas, se o adquirente estiver de boa-fé e o alienante adquirir, posteriormente, a propriedade, considerar-se-á realizada a transferência, desde o momento em que ocorreu a tradição (CC, art. 1.268, § 1º). Operado estará, portanto, o efeito *ex tunc* da tradição. Alienação levada a efei-

---

381. W. Barros Monteiro, op. cit., p. 202-3; Silvio Rodrigues, op. cit., p. 210; Caio M. S. Pereira, op. cit., p. 157.

to por quem não é dono constitui crime de estelionato previsto no art. 171, § 2º, I, do Código Penal. Mas ante o princípio da boa-fé e a teoria da aparência, o novel Código Civil admite, excepcionalmente, a transferência de propriedade por quem não seja o dono da coisa. Nada impede, ainda, que o alienante realize a tradição por meio de um representante, munido com poderes bastantes para isso, pois se estes lhe faltarem, nenhuma consequência jurídica resultará da tradição[382].

Pelo art. 1.267, parágrafo único, valerá como tradição, produzindo os mesmos efeitos desta, a cessão que lhe fizer o alienante de seu direito à restituição de coisa que se encontrar na posse de terceiro (p. ex., A vende a B, seu automóvel, que está emprestado a C; logo em seguida, vem a ceder a B seu direito de receber de volta o bem. B, então, com tal cessão, tornou-se o novo proprietário, podendo reclamar de C a sua entrega), hipótese em que a aquisição da posse indireta equivale à tradição, como sucede no caso do constituto possessório[383] e o fato de o adquirente já estar na posse da coisa, por ocasião do ato negocial (p. ex., A dá em comodato um quadro x a B, e, na vigência do empréstimo, o vende a B). Nesses casos o adquirente recebe o domínio pela *tradição ficta*.

A tradição também não transfere a propriedade, quando tiver por título um negócio jurídico nulo (CC, art. 1.268, § 2º). Isto é assim porque a tradição requer vontade, que se manifesta no contrato, e ato, que se dá na tradição. Se não houver vontade, não há tradição hábil para transferir propriedade. P. ex.: o Decreto-Lei n. 3.182/41 proíbe a transferência de ações de bancos de depósito a estrangeiros, de modo que, se for violado esse preceito, a tradição não será idônea para transferir ações a esses indivíduos[384].

---

382. Caio M. S. Pereira, op. cit., p. 158.

383. Lacerda de Almeida, *Direito das coisas*, v. 1, § 23; Caio M. S. Pereira, op. cit., p. 158; W. Barros Monteiro, op. cit., p. 203.

384. Lafayette, *Direito das coisas*, § 45-B; W. Barros Monteiro, op. cit., p. 204.
Também se perde a coisa móvel pela sua alienação (CC, art. 1.275, I) e pelo seu perecimento (CC, art. 1.275, IV), ou seja, pela sua destruição total ou parcial.

Quadro Sinótico

FORMAS DE AQUISIÇÃO E PERDA DA PROPRIEDADE MÓVEL	*a*) Noções gerais	O Cap. III do Livro do Direito das Coisas disciplina a aquisição e perda da propriedade móvel, embora apresentando normas concernentes à aquisição do referido domínio, isto porque, se de um lado alguém adquire um direito de propriedade, de outro lado, em regra, alguém perde, concomitantemente, a titularidade desse direito.				
	b) Modalidades aquisitivas e extintivas da propriedade mobiliária	1. Modos originários	Ocupação	Conceito	É o modo aquisitivo originário de coisa móvel ou semovente, sem dono, por não ter sido ainda apropriada ou por ter sido abandonada, não sendo essa apropriação defesa por lei (CC, art. 1.263; Dec.-Lei n. 8.439/45 (revogado pela Lei n. 8.630/93) , art. 23, *a*; Dec.-Lei n. 466/38 (revogado pelo Decreto-Lei n. 1.038/69), art. 57, parágrafo único).	
				Formas	*a*) Ocupação propriamente dita	Tem por objeto seres vivos e coisas inanimadas. Suas principais manifestações são: • a caça (Lei n. 5.197/67); • a pesca (Dec.-Lei n. 221/67); • Lei n. 7.653/88.
					b) Descoberta	Relativa a coisas perdidas, sendo o achado de coisa móvel perdida pelo dono, com a obrigação de restituí-la a seu dono ou legítimo possuidor (CC, arts. 1.233 a 1.237; CPC/2015, art. 746, §§ 1º e 2º; Dec. n. 5.573/28 e 60.417/67 (já revogado), art. 66).

FORMAS DE AQUISIÇÃO E PERDA DA PROPRIEDADE MÓVEL	• *b*) Modalidades aquisitivas e extintivas da propriedade mobiliária	• 1. Modos originários	• Ocupação	• Formas	• *c*) Tesouro	• É concernente à coisa achada, sendo o depósito antigo de moedas e coisas preciosas enterrado ou oculto, de cujo dono não haja memória (CC, arts. 1.264 a 1.266; CP, art. 169, parágrafo único, I).
			• Usucapião	• Espécies	• Ordinária	• Quando alguém possuir como sua uma coisa móvel, ininterruptamente e sem oposição, durante 3 anos, com base em justo título e boa-fé (CC, art. 1.260).
					• Extraordinária	• Basta posse pacífica e contínua por 5 anos de um bem móvel, sem justo título e boa-fé para que o possuidor lhe adquira o domínio (CC, art. 1.261).
				• Exceções	• Decreto n. 22.468/33, art. 2º (ora revogado pelo Decreto s/n. de 25-4-1991). • Lei n. 370/37 modificada pela Lei n. 2.313/54 e regulamentada pelo Decreto n. 40.395/56, art. 1º.	
		• 2. Modos derivados	• Especificação			• É o modo de adquirir a propriedade mediante transformação de coisa móvel em espécie nova, em virtude do trabalho ou de indústria do especificador, desde que não seja possível reduzi-la à sua forma primitiva (CC, arts. 1.269 a 1.271).

FORMAS DE AQUISIÇÃO E PERDA DA PROPRIEDADE MÓVEL	*b*) Modalidades aquisitivas e extintivas da propriedade mobiliária	2. Modos derivados	Confusão	Mistura de coisas líquidas, pertencentes a pessoas diversas.	
			Comistão	Mescla de coisas sólidas ou secas, pertencentes a donos diversos.	
			Adjunção	Justaposição de coisas pertencentes a proprietários diversos, de tal forma que é impossível destacar a acessória da principal.	
			Tradição	Conceito	É a entrega da coisa móvel ao adquirente com a intenção de lhe transferir o domínio, em razão do título translativo da propriedade (CC, arts. 1.267 e 1.268).
				Exceções	*a*) Decreto-Lei n. 3.545/41; *b*) Lei n. 6.404/76, art. 31, § 1º; *c*) CC, arts. 1.667 e 1.668; *d*) CC, art. 1.361, §§ 1º e 2º.

4. Propriedade resolúvel

A. Conceito

Em regra, o domínio tem duração ilimitada. Porém, a própria norma jurídica, excepcionalmente, admite certas situações em que a propriedade de coisa móvel ou imóvel se torna temporária, subordinando-se a uma condição resolutiva ou termo final contido no título constitutivo do direito ou originário de causa a este superveniente.

Trata-se da propriedade resolúvel ou revogável, que, conforme conceito elaborado por Clóvis, "é aquela que no próprio título de sua constituição encerra o princípio que a tem de extinguir, realizada a condição resolutória, ou vindo o termo extintivo, seja por força da declaração de vontade, seja por determinação da lei"[385].

Imprescindível é a expressa declaração da vontade nesse sentido. A resolução pode operar-se em benefício do próprio alienante, de seu sucessor ou de terceiro, pouco importando a pessoa que vai auferir vantagens com ela; o que interessa é saber se a propriedade se extingue com o implemento do termo ou da condição[386].

A propriedade resolúvel, ou *ad tempus*, pode advir de um negócio jurídico a título gratuito ou oneroso, *inter vivos* ou *causa mortis*, isto porque a sua resolubilidade está subordinada a acontecimento futuro, certo ou incerto.

---

385. Clóvis, *Código Civil*, v. 3, p. 177. *Vide* o estudo de Aderbal da Cunha Gonçalves, *Da propriedade resolúvel*, p. 201; Sebastião José Roque, *Direito das coisas*, cit., p. 131-6.

386. Orlando Gomes, op. cit., p. 234; Luiz Edson Fachin, *Comentários*, cit., v. 15, p. 319-32.

Como exemplos de propriedade revogável constituída por atos *inter vivos*, podemos citar:

a) O contrato de compra e venda com pacto de retrovenda, pelo qual o vendedor reserva a si o direito de recobrar a coisa alienada, dentro de determinado prazo, mediante a devolução do preço e reembolso das despesas efetuadas com o contrato (CC, art. 505). O adquirente é o proprietário resolúvel; seu domínio extinguir-se-á no momento em que o alienante exercer o direito que se reservou.

b) Na venda a contento (CC, art. 509) sob condição resolutiva, onde há estipulação de que ficará desfeita a venda, se o bem alienado não for do agrado do adquirente. O comprador adquire a propriedade da coisa, que lhe é entregue para que ele verifique se ela lhe agrada, e, se não lhe for conveniente, será devolvida ao vendedor.

c) Na alienação fiduciária em garantia o fiduciário passa a ser o proprietário das coisas alienadas pelo fiduciante, adquirindo o domínio desses bens. Opera-se sua resolução no momento em que cessar a garantia, voltando as coisas para o patrimônio do primitivo titular. Isto é assim porque o fiduciário só os adquire para garantir seu crédito. É um negócio translativo que se vincula a negócio obrigacional, com eficácia subordinada ao cumprimento da obrigação assumida no contrato pelo fiduciante. Por outro lado, o fiduciário tem o dever de restituir se o fiduciante saldar o débito. Esse pagamento se apresenta como condição resolutiva, que põe fim à propriedade fiduciária, espécie de propriedade resolúvel[387].

d) Na venda feita a estranho, por condômino, de sua quota ideal na coisa comum indivisível, sem obediência ao direito preferencial assegurado aos demais comunheiros, que, por sua vez, poderão dentro do prazo de 180 dias requerer a quota vendida (CC, art. 504). Se qualquer dos comproprietários exercer tal preferência, resolve-se a propriedade do adquirente estranho e a quota que comprara retorna à propriedade do antigo proprietário.

e) Na doação com cláusula de reversão, em que o doador estipula que a coisa doada retorne ao seu patrimônio, se sobreviver ao donatário[388].

---

387. Orlando Gomes, op. cit., p. 240. Consulte: CC, arts. 1.361 a 1.368.
388. Orlando Gomes, op. cit., p. 238-40; W. Barros Monteiro, op. cit., p. 236-7.

Ter-se-á propriedade resolúvel, constituída por ato *causa mortis*, quando, por exemplo, se der o fideicomisso, pois, por ele, o herdeiro ou legatário terá o dever de transmitir herança ou legado depois de verificada a condição. Assim pelo art. 1.951 do Código Civil, o testador A ou fideicomitente deixa ao legatário B (fiduciário) um certo imóvel, sob a condição de, por sua morte, ou dentro de determinado tempo, transmitir esse mesmo imóvel a C (fideicomissário). Como se pode verificar, a propriedade de B (fiduciário) é revogável (CC, art. 1.953). Com a ocorrência do evento prefixado (morte ou vencimento do prazo), sua propriedade extinguir-se-á, transmitindo-se ao fideicomissário. A substituição fideicomissária apenas é permitida em favor de não concebido ao tempo da morte do testador. Se, por ocasião do óbito deste, o fideicomissário já houver nascido, adquire a propriedade dos bens fideicomitidos, convertendo-se em usufruto o direito do fiduciário (CC, art. 1.952 e parágrafo único). Se, porém, o fideicomissário falecer antes do fiduciário, a propriedade do fiduciário deixa de ser resolúvel, tornando-se pura[389], por não ser mais possível realizar-se o evento previsto no testamento.

Apesar de ser revogável seu domínio, o proprietário resolúvel pode agir como se fosse um proprietário pleno, dado que há limitação apenas na duração de seu direito, que depende da ocorrência ou não de um fato futuro, que pode ser, como já dissemos, certo ou incerto.

Consequentemente, terá ele direito de usar e gozar do bem, de praticar atos de administrar, de dispor dele, alienando-o, porém o adquirente deverá sujeitar-se ao mesmo fato extintivo do domínio. Pode constituir direitos reais, mas a realização da condição resolutória tem o poder de extingui-los[390].

B. Efeitos

Embora revogável, enquanto o evento não se der, o titular desse domínio condicionado poderá exercer todos os seus direitos. Com a realização desse evento cessa o direito do proprietário condicional, passando para aquele em cujo benefício se operou a resolução.

389. Serpa Lopes, op. cit., p. 261-2; Orlando Gomes, op. cit., p. 233 e 238; W. Barros Monteiro, op. cit., p. 237.

390. Orlando Gomes, op. cit., p. 236.

Os efeitos que daí decorrem variam, dependendo do fato da causa de resolução da propriedade constar do seu título constitutivo ou advir a sua extinção de motivo superveniente.

Esclarece o CJF, no Enunciado n. 509, aprovado na V Jornada de Direito Civil, que: "A resolução da propriedade, quando determinada por causa originária, prevista no título, opera *ex tunc* e *erga omnes*; se decorrente de causa superveniente, atua *ex nunc* e *inter partes*".

Deveras, estatui o art. 1.359 do Código Civil que, "resolvida a propriedade pelo implemento da condição ou pelo advento do termo, entendem-se também resolvidos os direitos reais concedidos na sua pendência, e o proprietário, em cujo favor se opera a resolução, pode reivindicar a coisa do poder de quem a possua ou detenha".

A condição ou termo de que fala essa norma são os que constam do próprio título constitutivo da propriedade. A efetivação dessa causa resolutiva já é conhecida de terceiros que, ao adquirirem a propriedade resolúvel ou a receberem como garantia, estão assumindo os riscos de a perderem, com o implemento da condição resolutiva ou do termo. P. ex.: se forem comprar um imóvel, da escritura de compra e venda consta o pacto de retrovenda, de modo que basta um simples exame nesse documento para saber que se trata de propriedade resolúvel. O mesmo ocorre se o fiduciário pretende vender ou constituir hipoteca oferecendo como garantia o imóvel legado com cláusula fideicomissária, que poderá sair de seu domínio se ele pré-morrer ao fideicomissário ou após o decurso de um certo lapso de tempo, basta que terceiro examine o formal de partilha para perceber que é revogável a propriedade.

A partir do momento que surgir o evento terminativo condicional, rompem-se, de modo automático, todos os vínculos reais de garantia, bem como a alienação que o proprietário resolúvel fez com terceiros, voltando, assim, o bem ao seu antigo dono, como se nunca tivesse havido qualquer mudança de proprietário. Opera-se uma revogação *ex tunc*. A condição e o termo resolutivo, no caso do art. 1.359 do Código Civil, operam retroativamente, de maneira que todos os direitos que se constituíram em sua pendência serão desfeitos, como se nunca tivessem existido, e os seus adquirentes, que vieram a perdê-los, não poderão alegar quaisquer prejuízos, que advierem dessa resolução, isto porque esses danos, que, porventura, sobrevierem são oriundos de sua própria negligência ou do fato de terem assumido os riscos dessa resolução. Tem, ainda, o proprietário, em cujo favor se opera a resolução, ação reivindicatória para recuperar o bem do poder de quem o detenha ou possua, por tê-lo adquirido de proprietário resolúvel.

"Se a propriedade se resolver por outra causa superveniente, o possuidor, que a tiver adquirido por título anterior à sua resolução, será considerado proprietário perfeito, restando à pessoa, em cujo benefício houve a resolução, ação contra aquele cuja propriedade se resolveu para haver a própria coisa ou o seu valor" (CC, art. 1.360).

Se a revogação for originária de causa superveniente, alheia ao título e posterior à transmissão do domínio, acarretará efeitos *ex nunc*. Exemplificativamente: se o doador faz uma doação, o donatário adquire propriedade plena sobre o bem, desde que não haja qualquer restrição no ato translativo da coisa. Se esse donatário cometer ingratidão contra o doador, a lei, no art. 557 do Código Civil, permite que se revogue a mencionada doação, extinguindo-se, assim, o domínio do donatário sobre a coisa. Mas como o art. 563 prescreve que essa revogação não pode atingir, nem prejudicar direitos adquiridos por terceiros, valerá, p. ex., hipoteca ou venda que o donatário haja feito antes da sentença, que reconhece sua ingratidão.

Ressalva-se ao doador, porém, o direito de mover ação contra o donatário para haver o valor do bem, ante a impossibilidade de sua restituição e de reclamar do donatário ingrato o *quantum* que despendeu com o resgate do direito real. Daibert esclarece que poderá propor ação real somente se ainda houver remanescente dos bens doados; se nenhum bem restar, a ação será simplesmente pessoal. Não tendo, como se pode perceber, nenhuma ação real para reaver o bem, só poderá valer-se do remédio da ação pessoal contra aquele que perdeu a propriedade da coisa por motivo superveniente à sua transmissão, faltando-lhe legitimação para reivindicar o bem de adquirente de boa-fé[391], desde que, convém repetir, a causa resolutiva não se encontre inserida no ato constitutivo do domínio, surgindo *a posteriori*.

Representação gráfica:

391. Sobre os efeitos da propriedade resolúvel *vide* Serpa Lopes, op. cit., p. 262-4; Daibert, op. cit., p. 324-8; W. Barros Monteiro, op. cit., p. 237-40; Silvio Rodrigues, op. cit., p. 247-50; Orlando Gomes, op. cit., p. 235-7; Lafayette, op. cit., p. 316, n. 185.

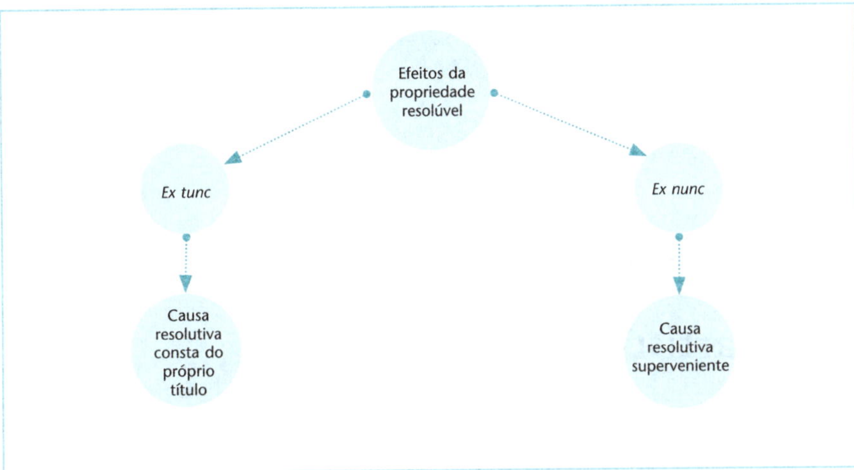

Quadro Sinótico

PROPRIEDADE RESOLÚVEL	• *a*) Conceito		• Segundo Clóvis é aquela que encerra, no próprio título constitutivo, o princípio que a tem de extinguir, realizada a condição resolutória, ou vindo o termo extintivo, seja por força da declaração de vontade, seja por determinação de lei. Ex.: CC, arts. 505, 509, 504 e 1.953.
	• *b*) Efeitos	• *Ex tunc*	• Se a causa de resolução da propriedade constar do próprio título constitutivo, nos termos do art. 1.359 do Código Civil. • Corpóreos e incorpóreos.
		• *Ex nunc*	• Conforme disposto no art. 1.360 do Código Civil, se a sua extinção se der por motivo superveniente. Ex.: CC, arts. 557 e 563.

5. Propriedade literária, científica e artística

A. Natureza jurídica e conceito

O nosso legislador, outrora, muitas censuras recebeu por haver colocado no direito das coisas a propriedade literária, científica e artística, porque, tradicionalmente, a propriedade sempre teve por objeto bens corpóreos, entendendo que sua localização perfeita seria no âmbito da teoria das pessoas, na parte alusiva aos direitos da personalidade[392].

Deveras trata-se de tema controvertido. Inúmeros juristas tentaram definir a natureza jurídica desse instituto.

Há até diretrizes doutrinárias que chegam a negar a própria natureza jurídica do direito autoral ante o caráter social das ideias. Dessa ideia participam Manzini ao dizer que "o pensamento manifestado pertence a todos: é uma propriedade social. A inspiração da alma humana não pode ser objeto de monopólio" e Deboor ao escrever que "as obras do espírito não são propriedade dos autores. Por seu destino, devem pertencer ao povo. Se um ser humano, tocado pela graça, fizesse atos de criador, este ser privilegiado não teria podido jamais realizar sua obra se não tivesse por outro lado conseguido alimentar-se com o imenso tesouro representado pela cultura nacional. A obra protegida deveria pertencer à humanidade, mas como esta

392. Silvio Rodrigues, op. cit., p. 252; W. Barros Monteiro, op. cit., p. 241.

não tem órgão adequado para esta finalidade, o direito corresponderia ao Estado"[393].

Outros asseveram que a obra artística ou científica é mero produto do meio em que surgiu. Essa concepção tem sofrido inúmeras objeções. Malaplate afirma, a esse respeito: "como é possível falar em produto do meio, num domínio que tem um caráter tão pessoal? Na arte, como em literatura, podem existir correntes, movimentos, tendências, orientações características de uma época, por exemplo, uma plêiade do Renascimento ou do Romantismo. Mas nunca um 'Gargântua' teria sido criado sem um Rabelais, um 'René' sem um Chateaubriand, a 'Nona Sinfonia' sem um Beethoven, ou o sorriso de 'Gioconda' sem um Leonardo da Vinci"[394].

Não seria essa instituição um direito, dizem, ainda, Gerber, Colin e Capitant, Medeiros e Albuquerque, mas um simples privilégio ou monopólio de exploração outorgado aos autores para incrementar as artes, as ciências e as letras[395].

Em contraposição há os que admitem a natureza jurídica desse direito. Uns entendem-no como um direito da personalidade (Bertand, Dahn, Bluntschli, Heymann, Tobias Barreto e Gierke), pois o direito de autor constitui um elemento de personalidade, cujo objeto é a obra intelectual, tida como parte integrante da esfera da própria personalidade[396]. Outros, como Kohler, Escarra e Dabin, Ahrens, Ihering, Dernburg, consideram-no como uma modalidade especial de propriedade, ou seja, a propriedade incorpórea, imaterial ou intelectual[397].

Semelhante é a opinião de Piola Caselli, ao procurar demonstrar que não se trata de mera questão terminológica a decisão de atribuir o termo *propriedade* ao direito de autor, escrevendo: "Denominar ou não *propriedade* ao direito de autor não significa somente atribuir-lhe uma designação que

---

393. Antônio Chaves, Direitos de autor, in *Enciclopédia Saraiva do Direito*, n. 26, p. 104; Evolução da propriedade intelectual no Brasil, *Revista do advogado*, *38*:36-44. Urge lembrar que pela Lei n. 9.456/97 há proteção aos direitos relativos à propriedade intelectual do melhorista referente a cultivar.

394. Antônio Chaves, op. cit., p. 105.

395. Colin e Capitant, *Cours élémentaire de droit civil français*, 11. ed., v. 1, p. 751; Antônio Chaves, op. cit., p. 104.

396. Antônio Chaves, op. cit., p. 104-5; W. Barros Monteiro, op. cit., p. 243; Tobias Barreto, *Estudos de direito*, p. 272.

397. W. Barros Monteiro, op. cit., p. 243; Antônio Chaves, op. cit., p. 104.

valha para distingui-lo de outros direitos, mas tem o sentido de conferir este instituto, antes de mais nada, à grande categoria dos direitos patrimoniais - de maneira particular, à subclasse de tal categoria que tem o nome de direitos reais - e, mais particularmente ainda, importa a sua assimilação ao principal instituto jurídico da classe dos direitos reais, o domínio ou propriedade, instituto que tem em sua especial justificação moral, econômica e social, um próprio princípio informador que determina as suas finalidades e tendências e que, elaborado por séculos de doutrina e prática judiciária, traz consigo um acervo enorme de regras, princípios, noções, definições e institutos jurídicos derivados". Define-se, continua ele, legislativamente o direito de autor como direito de propriedade, porquanto o legislador deve chegar à conclusão de que tal propriedade deve ser regulada pelas regras da propriedade sobre coisas materiais, em todos os casos em que lei especial não dispuser de modo diverso.

Para esse jurista, o direito de autor seria uma relação jurídica de natureza pessoal-patrimonial. Representa uma relação de natureza pessoal, no sentido de formar a personalidade do autor um elemento constante do seu regulamento jurídico, e porque seu objeto constitui, sob certos aspectos, uma exteriorização da personalidade do autor, de modo a manter o direito de autor, constantemente, sua inerência ativa ao criador da obra; representa, por outro lado, uma relação de direito patrimonial, porquanto a obra do engenho é, concomitantemente, tratada pela lei como um bem econômico. É, portanto, o direito de autor um poder de senhoria de um bem intelectual que contém poderes de ordem pessoal e patrimonial. Qualifica-se esse direito como um direito pessoal-patrimonial[398].

Com o escopo de garantir a criatividade, que é o maior atributo que a natureza pode dar ao ser humano, protege nosso legislador, de modo indistinto, todas as obras intelectuais: musicais, coreográficas, jornalísticas, de arte figurativa, de engenharia, de arquitetura, de cinematografia, de fotografia, de desenho, literárias, científicas, de artistas intérpretes etc., procurando dignificar e salvaguardar os direitos de autor e do artista, de modo que os mesmos possam delas auferir meios de subsistência, produzindo sempre e cada vez melhor[399].

---

398. Piola Caselli, *Trattato del diritto di autore e del contratto di edizione*, 2. ed., Napoli, 1927; Antônio Chaves, op. cit., p. 102-3.

399. Antônio Chaves, op. cit., p. 108 e 110.

Para tanto a lei pátria preferiu enquadrar o direito autoral como propriedade imaterial, uma vez que a espiritualidade da obra se materializa na sua exploração econômica, o que justifica sua permanência no direito das coisas. Clóvis assevera, com justeza, que lobriga-se, nesse direito, nitidamente, seu cunho pessoal inseparável da personalidade do autor, ao lado do elemento econômico. Sob o aspecto pessoal, pontifica Daibert, é o direito em virtude do qual se reconhece ao autor a paternidade da obra, em razão de ser ela sua criação, sendo, portanto, inseparável do seu autor, perpétuo, inalienável, imprescritível, impenhorável, já que é atributo da personalidade do seu criador. Esse direito designa-se como direito moral do autor, uma vez que não se subordina às normas que regem sua exploração econômica. Sob o prisma patrimonial, apresenta-se como um direito de utilizar economicamente a obra, publicando-a, difundindo-a, traduzindo-a etc. No seu conteúdo ideal permanece inseparável do autor, mesmo que este ceda a alguém o direito de explorá-la economicamente; no seu conteúdo material pode ser a obra transferida como objeto de propriedade, por conseguinte, a obra feita é objeto corpóreo, cujo domínio é transmissível[400].

Compreendendo essa realidade a Constituição Federal de 1988, sob a rubrica "Dos direitos e garantias individuais", assegura no art. 5º, XXII, o direito de propriedade; no inc. IX, estipula a liberdade da expressão da atividade intelectual, artística e científica e de comunicação, independentemente de censura ou de licença; no inc. XIII, o livre exercício de qualquer trabalho; no inc. XXIX, o privilégio temporário para a utilização, por parte dos autores, de seus inventos industriais; no inc. XXVII, estatui: "Aos autores de obras literárias, artísticas e científicas pertence o direito exclusivo de utilizá-las. Esse direito é transmissível por herança, pelo tempo que a lei fixar"; e no inc. XXVIII, *b*, o direito de fiscalização do aproveitamento econômico das obras criadas.

Nosso Código Civil de 1916 também disciplinava a propriedade literária, científica e artística nos arts. 649 a 673. Hoje, essa matéria deve ser interpretada em consonância com o estabelecido na Lei n. 9.610/98, regulamentada pelos Decretos n. 8.469/2015 e n. 9.574/2018, que altera, atualiza e consolida a legislação sobre direitos autorais. Em cumprimento das determinações da revogada Lei n. 5.988/73, tivemos o Decreto n. 76.275/75, que organizou o Conselho Nacional de Direito Autoral, órgão de fiscalização, consulta e assistência, no que concerne a direitos de autor e direitos que lhe são conexos, e que tem a missão de disciplinar o sistema de arrecadação e

---

400. Daibert, op. cit., p. 330, 333 e 334; Clóvis, *Código Civil*, v. 3, p. 184; Margarida Almeida Rocha, *Nova tecnologia de comunicação e direito de autor*, Lisboa, 1986; Nicola Stolfi, *Il diritto di autore*, Milano, 1932.

distribuição dos direitos autorais, de gerir o Fundo do Direito Autoral, de tornar mais ativa a participação do Brasil nos congressos internacionais, de incentivar estudos e debates para o aperfeiçoamento da nossa lei, de promover um maior intercâmbio de ideias entre autores nacionais e estrangeiros etc.[401] (esse Decreto foi reformulado pelo Dec. n. 84.252/79, hoje revogado pelo Decreto de 5-9-1991). De modo que, se a Constituição garante o direito exclusivo do autor de utilizar suas obras e como tal direito sobre a coisa que está no patrimônio de uma pessoa é o direito de propriedade, poder-se-á afirmar que o direito de autor é um direito de propriedade, mesmo porque a Lei n. 9.610/98, no seu art. 3º, e o Código Civil, no art. 83, III, afirmam que os direitos autorais reputam-se, para os efeitos legais, bens móveis.

Daí Antônio Chaves definir o direito de autor "como o conjunto de prerrogativas de ordem não patrimonial e de ordem pecuniária que a lei reconhece a todo criador de obras literárias, artísticas e científicas, de alguma originalidade, no que diz respeito à sua paternidade e ao seu ulterior aproveitamento, por qualquer meio durante toda a sua vida, e aos seus sucessores, ou pelo prazo que ela fixar"[402].

---

401. Antônio Chaves, op. cit., p. 110, 111 e 101. *Vide* Leis n. 9.610/98; 5.250/67; 6.533/78, arts. 13 a 17, 35 e 36; Decreto n. 82.385/78, arts. 33 a 39 e 65; Lei n. 6.615/78, art. 17, regulamentada pelo Decreto n. 84.134/79, art. 19; Lei n. 9.279/96 e Decreto n. 2.553/98, que regulamenta os arts. 75 e 88 a 93 da Lei n. 9.279/96; Legislação de publicidade (Dec. n. 57.690/66). Decreto n. 9.574, de 22 de novembro de 2018, que consolida atos normativos editados pelo Poder Executivo federal que dispõem sobre gestão coletiva de direitos autorais e fonogramas, de que trata a Lei n. 9.610, de 19 de fevereiro de 1998. Sobre cinema: Decretos n. 55.202/64, 69.161/71 e 85.493/80 (todos revogados pelo Decreto n. 92.488/86, que, por sua vez, perdeu vigência pelo Decreto n. 51/91). A respeito de obras musicais: Decreto n. 78.965/76. Sobre programas de computador: Leis n. 9.609/98 e 9.610/98, art. 7º, § 1º.

402. Antônio Chaves, op. cit., p. 107. Sobre o assunto consulte Fábio M. de Mattia, *Estudos de direito de autor*, São Paulo, Saraiva, 1975; id. *O autor e o editor na obra gráfica*, São Paulo, Saraiva, 1975; Juliano de Lima, *Aspectos preliminares da lei brasileira de direito de autor*, 1985; Henrique Galdeman, *Guia básico de direitos autorais*, 1982; Mário Are, *L'oggetto del diritto di autore*, Milano, Giuffrè, 1963; Claude Colombet, *Propriété littéraire et artistique*, Paris, 1976; Marie Claude Dock, *Étude sur le droit d'auteur*, Paris, 1963; Marcos Alberto Sant'Anna Bitelli, O direito do autor na Constituição Federal, in *Temas atuais de direito civil na Constituição Federal*, São Paulo, Revista dos Tribunais, 2000, p. 81-158; Luiz F. G. Pellegrini, *Direito autoral do artista plástico*, São Paulo, Oliveira Mendes, 1998; Eduardo Lycurgo Leite, *Direito de autor*, Brasília, Brasília Jurídica, 2004; Manuella Santos, *Direito autoral na era digital*, São Paulo, Saraiva, 2009; Cláudio R. Barbosa, *Propriedade intelectual*, São Paulo, Campus-Elsevier, 2009; Alessandra Tridente, *Direito autoral*, São Paulo, Campus-Elsevier, 2009; Eliane Y. Abrão, Direitos autorais: conceito, violações e prova, *Revista do IASP*, *27*:107-26; Christophe Geiger, Promovendo criatividade através das limitações de direitos autorais: reflexões acerca do conceito de exclusividade na lei de direitos autorais. *Revista Síntese – Direito empresarial, 35*:81-114. *Vide*: *RSTJ*,

B. Direitos autorais

b.1. Conteúdo

A Lei n. 9.610 contém, no seu art. 7º, o conceito de obras intelectuais, que "são obras intelectuais protegidas as criações do espírito, expressas por qualquer meio ou fixadas em qualquer suporte, tangível ou intangível, conhecido ou que se invente no futuro, tais como: I – os textos de obras literárias, artísticas ou científicas; II – as conferências, alocuções, sermões e outras obras da mesma natureza; III – as obras dramáticas e dramático-musicais; IV – as obras coreográficas e pantomímicas, cuja execução cênica se fixe por escrito ou por outra qualquer forma; V – as composições musicais, tenham ou não letra; VI – as obras audiovisuais, sonorizadas ou não, inclusive as cinematográficas; VII – as obras fotográficas e as produzidas por qualquer processo análogo ao da fotografia; VIII – as obras de desenho, pintura, gravura, escultura, litografia e arte cinética; IX – as ilustrações, cartas geográficas e outras obras da mesma natureza; X – os projetos, esboços e obras plásticas concernentes à geografia, engenharia, topografia, arquitetura, paisagismo, cenografia e ciência; XI – as adaptações, traduções e outras transformações de obras originais, apresentadas como criação intelectual nova; XII – os programas de computador; XIII – as coletâneas ou compilações, antologias, enciclopédias, dicionários, bases de dados e outras obras, que, por sua seleção, organização ou disposição de seu conteúdo, constituam uma criação intelectual".

Protege-se assim o direito do editor ou compilador[403].

103:183, *104*:350, *105*:324, *107*:200, *110*:298, *111*:203; *JSTJ*, *3*:239, *6*:286, *8*:318, *12*:315 e 333; *JTJSP*, *141*:154.

403. João da Gama Cerqueira (*Tratado da propriedade industrial*, Rio de Janeiro, Forense, 1946) ensina que a "propriedade imaterial" abrange tanto os direitos relativos às produções intelectuais do domínio literário, científico e artístico, como os que têm por objeto as invenções e os desenhos e modelos industriais, pertencentes ao campo industrial. São suas palavras: "Tendo a mesma natureza, o mesmo objeto, i.e., criação intelectual, e o mesmo fundamento filosófico, além de possuírem acentuada afinidade econômico-jurídica e apresentarem inúmeros pontos de contato, esses direitos formam uma disciplina jurídica autônoma, cuja unidade doutrinária e científica repousa na identidade dos princípios gerais que regem seus diversos institutos" (*vide* Antônio Chaves, op. cit., p. 103). STJ, Súmula 63: "São devidos direitos autorais pela retransmissão radiofônica de músicas em estabelecimentos comerciais". E, pelo STJ, Súmula 261: "A cobrança de direitos autorais pela retransmissão radiofônica de músicas, em estabelecimentos hoteleiros, deve ser feita conforme a taxa média de utilização do equipamento, apurada em liquidação". *Vide*: Decreto n. 972/93, que ratifica Tratado sobre registro internacional de obras audiovisuais, concluído em Genebra (18-4-1989); Lei n. 12.192/2010, que dispõe sobre depósito legal de obras musicais na Biblioteca Nacional; Decreto n. 8.469/2015, que regulamenta as Leis n. 9.610/98 e 12.853/2013 para dispor sobre a gestão coletiva de direitos autorais; Decreto n. 9.574/2018 consolida atos normativos edi-

Estatui a Lei n. 9.610/98, no art. 14, que "é titular de direitos de autor quem adapta, traduz, arranja ou orquestra obra caída no domínio público, não podendo opor-se a outra adaptação, arranjo, orquestração ou tradução, salvo se for cópia da sua".

O Código Civil de 1916, no seu revogado art. 652, procurou proteger o tradutor ou o escritor de versões ao prescrever que "tem o mesmo direito de autor o tradutor de obra já entregue ao domínio comum e o escritor de versões permitidas pelo autor da obra original ou, em sua falta, pelos seus herdeiros e sucessores. Mas o tradutor não se pode opor à nova tradução, salvo se for simples reprodução da sua, ou se tal direito lhe deu o autor".

Para que se possa traduzir uma obra é imprescindível a anuência do seu autor (art. 29, IV, da Lei n. 9.610/98), salvo se a obra já caiu no domínio público; entretanto, a primazia na tradução não confere exclusividade a nenhum tradutor, que não pode impedir que outra pessoa traduza a mesma obra. Este só poderá reclamar as perdas e danos quando houver tradução que não passe de mera reprodução da sua. O mesmo ocorre quanto a adaptações, arranjos e orquestrações, que só serão livres desde que a obra já tenha caído no domínio público, caso contrário dependerá de autorização do autor. O texto traduzido ou adaptado é que constitui direito de autor do tradutor ou daquele que fez o arranjo musical[404].

Acrescenta o art. 9º que à cópia de arte plástica feita pelo seu próprio autor é assegurada a mesma proteção de que goza o original.

Protege-se também (art. 10 e parágrafo único) o título das obras, bem como o de publicações periódicas, inclusive jornais, durante um ano após a saída do último número, salvo se forem anuais, caso em que esse prazo se elevará a 2 anos.

Reza a referida Lei no seu art. 12 que "para se identificar como autor, poderá o criador da obra literária, artística ou científica usar de seu nome civil, completo ou abreviado até por suas iniciais, de pseudônimo ou qualquer outro sinal convencional". E nos arts. 15 a 17, 23, 32 e 42 traça normas condizentes aos coautores da obra em colaboração, estabelecendo que a coautoria da obra é atribuída àqueles em cujo nome, pseudônimo ou sinal convencional for utilizada. Não se considera coautor quem simplesmente auxiliou o autor na produção da obra literária, artística ou científica, revendo-a, atualizando-a, bem como fiscalizando ou dirigindo sua edição ou apresen-

---

tados pelo Poder Executivo federal que dispõem sobre gestão coletiva de direitos autorais e fonogramas, de que trata a Lei n. 9.610/98.

404. *Vide* W. Barros Monteiro, op. cit., p. 247-8; Daibert, op. cit., p. 337-8; *RT*, *269*:826.

tação por qualquer meio. Ao coautor, cuja contribuição possa ser utilizada separadamente, são asseguradas todas as faculdades inerentes à sua criação como obra individual, vedada, porém, a utilização que possa acarretar prejuízo à exploração da obra comum.

São coautores da obra audiovisual o autor do assunto ou argumento literário, musical ou literomusical e o diretor.

Consideram-se coautores de desenhos animados os que criam os desenhos utilizados na obra audiovisual.

É assegurada a proteção às participações individuais em obras coletivas.

Os coautores da obra intelectual exercerão, de comum acordo, os seus direitos, salvo convenção em contrário.

Quando uma obra feita em regime de coautoria não for divisível, nenhum dos coautores, sob pena de responder por perdas e danos, poderá, sem consentimento dos demais, publicá-la ou autorizar-lhe a publicação, salvo na coleção de suas obras completas. Havendo divergência, os coautores decidirão por maioria. Ao coautor dissidente é assegurado o direito de não contribuir para as despesas de publicação, renunciando a sua parte nos lucros, e o de vedar que se inscreva seu nome na obra. Cada coautor pode, individualmente, sem aquiescência dos outros, registrar a obra e defender os próprios direitos contra terceiros.

Quando a obra literária, artística ou científica realizada em coautoria for indivisível, o prazo previsto no artigo anterior será contado da morte do último dos coautores sobreviventes.

Acrescer-se-ão aos dos sobreviventes os direitos do coautor que falecer sem sucessores.

Dispõe a Lei n. 5.988/73, no seu art. 17, ainda em vigor, sobre o registro das obras intelectuais, imprescindível para a segurança dos direitos de seu autor, na Biblioteca Nacional, na Escola de Música, na Escola de Belas Artes da Universidade Federal do Rio de Janeiro, no Instituto Nacional do Cinema, ou no Conselho Federal de Engenharia, Arquitetura e Agronomia. Se a obra for de natureza que comporte registro em mais de um desses órgãos, deverá ser registrada naquele com que tiver maior afinidade (§ 1º; art. 19 da Lei n. 9.610/98). Porém tem entendido reiteradamente a jurisprudência que a falta desse registro não acarretará privação dos direitos conferidos ao autor pela lei vigente (*RT*, *304*:182, *312*:718; *RF*, *190*:165)[405].

---

405. *Vide* comentários de W. Barros Monteiro, op. cit., p. 246-51.

b.2. Direitos do autor

Procuraremos fazer menção não só ao aspecto econômico do direito autoral, mas também do direito moral do autor, uma vez que a Lei n. 9.610/98, peremptoriamente, no seu art. 22, declara que "pertencem ao autor os direitos morais e patrimoniais sobre a obra que criou". Isto é assim porque, além da retribuição material da obra intelectual, como o direito autoral emana da personalidade do artista, o seu direito autoral recai também sobre o conteúdo ideal de seu trabalho, que está muito acima de interesses pecuniários e que consiste na prerrogativa de fazer com que essa sua obra seja intocável mesmo depois de sua alienação, de exigir que ela venha sempre acompanhada do nome do autor e de melhorá-la quando lhe for conveniente.

Silvio Rodrigues esclarece-nos que o direito moral do autor é uma prerrogativa de caráter pessoal, é um direito personalíssimo seu. Philadelpho Azevedo mostra claramente esses dois aspectos dos direitos autorais. O direito moral, pessoal ou intelectual é inalienável e perpétuo, ao passo que o direito pecuniário, econômico ou patrimonial é temporário e transmissível[406].

---

406. Silvio Rodrigues, op. cit., p. 251, 252 e 261; Philadelpho Azevedo, *Direito moral do escritor*, Rio de Janeiro, 1930; Carlos Alberto Bittar, *Contornos atuais do direito do autor*, São Paulo, Revista dos Tribunais, 1992; Gustavo Becker, *Direitos de autor*, Brasília, Brasília Jurídica, 1998; Carlos Fernando M. de Souza, *Direito autoral*, Brasília, Brasília Jurídica, 2002. Christophe Geiger, Promovendo criatividade atráves das limitações de direitos autorais: reflexões acerca do conceito de exclusividade na lei de direitos autorais, *Revista Síntese Direito Empresarial, 35*: 81-114. *Vide* Planiol e Ripert, *Traité pratique de droit civil français*, Paris, 1926, t. 3, n. 575: "*Mais le droit d'exploitation ne représente qu'un aspect du droit d'auteur. La jurisprudence et la doctrine reconnaissent que ce droit revêt un autre aspect: à sa base figure ce que l'on est convenu d'appeler le droit moral. C'est un droit de caractère exclusivement personnel et non patrimonial, en vertu duquel l'auteur demeure maître de sa pensée et de son oeuvre, qu'il peut conserver pour lui, modifier ou même supprimer, sous la resérve des droits acquis à des tiers sur le fondement des contrats qu'il a valablement consentis. Et l'on admet que le droit moral fait partie des droits de la personnalité*". Observa Sílvio de S. Venosa (*Direito civil*, cit., v. V, p. 596) que: "Lembre-se da situação do profissional especializado em redigir para terceiros, o *ghost writer*. Se o verdadeiro autor compromete-se a não divulgar, nem unir seu nome à obra, trata-se de obrigação de não fazer. Seu descumprimento ou inadimplemento como tal deve ser tratado. Destarte, cabe ao autor, que se comprometeu a não divulgar sua paternidade, elidir a presunção estabelecida em lei (art. 13), que presume ser autor da obra intelectual aquele que a tiver utilizado publicamente. Evidente que se o *ghost writer* faz dessa atividade sua profissão habitual, não terá interesse na divulgação, sob pena de prejudicar sua atividade".

E continua o mesmo autor na p. 597: "Outra questão que a cada dia se torna mais relevante é a *obra publicitária*. Para ela acorrem inúmeros profissionais da área de criação artística e técnica. Os modernos meios de comunicação cada vez mais a difundem, tornando-a essencial para as relações de consumo. Anúncios em jornais, revistas, *outdoors*, páginas da Internet, vinhetas de rádio, filmes publicitários etc.; o campo é imenso, a publicidade brasileira é considerada de alto nível e tende a complementar-se na área da informática. Ocupa, sem dúvida, na atualidade, importante papel no campo da criação artística. Não existe ainda uma legislação detalhada sobre esse campo de atividade. Sua disciplina é fragmentada sem sistematização. Há necessidade de regulamentação da matéria para proteção das agências, dos publicitários em geral. Na falta de disposição legal específica, é aplicada a lei de direitos autorais". Pondera, ainda, o autor que: a) a utilização indevida de programas radiofônicos ou televisivos, por serem obras intelectuais, gera ato ilícito, suscetível de indenização (p. 597); b) o produto decorrente de artes plásticas é protegido juridicamente, conferindo paternidade, direitos autorais e patrimoniais ao artista (p. 597-8); c) a obra fotográfica é objeto de proteção jurídica (p. 598); d) o autor, produtores e intérpretes de obra fonográfica e cinematográfica têm seus direitos protegidos; e) na obra *jornalística*, os escritos publicados pela imprensa periódica, exceto os assinados ou que apresentem sinal de reserva, pertencem ao editor, salvo convenção em contrário. E a autorização econômica de artigos assinados, para publicação em diários e periódicos, não produz efeito além da periodicidade acrescido de 20 (vinte) dias, a contar de sua publicação, findo o qual recobra o autor seu direito. Entende a lei que a imediatidade de interesse no assunto não permite cessão por maior prazo, salvo expressa autorização (p. 597). Manoel Joaquim Pereira dos Santos faz distinção na obra jornalística gráfica entre obras sem valor criativo e obras com certa originalidade: "As matérias de texto são, geralmente, designadas pelos termos 'artigos' (matérias com caráter literário) e 'notícias' (matérias sem caráter literário). As primeiras vêm encontrando gradual amparo legal, sobretudo quando revelam certa originalidade expressiva; assim, além dos 'artigos de fundo' (artigos de atualidade de discussão econômica, política ou religiosa), citam-se reportagens desenvolvidas e as entrevistas. As notícias, porém, têm sofrido sensíveis restrições no campo do direito autoral".

Pela Portaria n. 177/2006 da FUNAI (arts. 2º a 4º), direitos autorais dos povos indígenas são os direitos morais e patrimoniais sobre as manifestações, reproduções e criações estéticas, artísticas, literárias e científicas; e sobre as interpretações, grafismos e fonogramas de caráter coletivo ou individual, material e imaterial indígenas. O autor da obra, no caso de direito individual indígena, ou a coletividade, na hipótese de direito coletivo, detêm a titularidade do direito autoral e decidem sobre a utilização de sua obra, de protegê-la contra abusos de terceiros, e de ser sempre reconhecido como criador. Os direitos patrimoniais sobre as criações artísticas referem-se ao uso econômico das mesmas, podendo ser cedidos ou autorizados gratuitamente, ou mediante remuneração, ou outras condicionantes, de acordo com a Lei n. 9.610, de 19 de fevereiro de 1998. Os direitos morais sobre as criações artísticas são inalienáveis, irrenunciáveis e subsistem independentemente dos direitos patrimoniais. As criações indígenas poderão ser utilizadas, mediante anuência dos titulares do direito autoral, para difusão cultural e outras atividades, inclusive as de fins comerciais verificados: a) o respeito à vontade dos titulares do direito quanto à autorização, veto, ou limites para a utilização de suas obras; b) as justas contrapartidas pelo uso de obra indígena, especialmente aquelas desenvolvidas com finalidades comerciais; c) a celebração de contrato civil entre o titular ou representante dos titulares do direito autoral coletivo e os demais interessados. No caso da produção criativa individual, o contrato deverá ser celebrado com o titular da obra nos termos da Lei n. 9.610, de 19 de fevereiro de 1998. A Fundação Nacional do Índio participará das negociações de contratos e autorizações de uso e cessão de direito autoral indígena, no âmbito de sua competência e atendendo aos interesses indígenas, sempre que solicitada. O registro do patrimônio material e imaterial indígena no órgão nacional com-

Deveras, são direitos morais do autor (Lei n. 9.610, art. 24): o de reivindicar, a qualquer tempo, a paternidade da obra; o de ter seu nome, pseudônimo ou sinal convencional indicado ou anunciado, como sendo o do autor, na utilização de sua obra; o de conservá-la inédita; o de assegurar-lhe a integridade, opondo-se a quaisquer modificações, ou à prática de atos que possam prejudicá-la ou atingi-lo, como autor, em sua reputação e imagem; o de modificá-la, antes ou depois de utilizada, de retirá-la de circulação, o de lhe suspender qualquer forma de utilização já autorizada; ou de ter acesso a exemplar único e raro de obra, quando se encontre legitimamente em poder de outrem, para o fim de, por meio de processo fotográfico ou assemelhado, ou audiovisual, preservar sua memória, de forma que cause o menor inconveniente possível a seu detentor, que, em todo caso, será indenizado de qualquer dano ou prejuízo que lhe seja causado.

Contudo, não pode exercer direitos autorais o titular cuja obra foi retirada de circulação em virtude de sentença judicial, por ser tida como imoral, pornográfica, obscena ou por ter incorrido nas sanções dos arts. 61 e 64 da Lei de Imprensa (Lei n. 5.250/67, tida pelo STF como não recepcionada pela CF/88 – ADPF n. 130/2009) ou da Lei n. 6.620/78, não mais em vigor ante o art. 35 da Lei n. 7.170/83, que revogou o Decreto-Lei n. 898/69 (Lei de Segurança Nacional).

O autor é beneficiário direto da proteção legal das suas obras, porém não o exclusivo, pois por sua morte a seus herdeiros transmitem-se todos os seus direitos (art. 24, § 1º). Estes não só auferem as vantagens econômicas do trabalho intelectual, como também devem defender a integridade da obra, impedindo quaisquer alterações. Não poderão os sucessores do autor, quando este,

---

petente é recomendável, previamente à autorização e cessão do uso de criações indígenas por outros interessados, mas não impede o gozo dos direitos de autor a qualquer tempo. Cópia ou exemplar do material coletado nas atividades acompanhadas pela Fundação Nacional do Índio – FUNAI, desde que consentidos pelos titulares do direito, ficarão à disposição da Coordenação Geral de Documentação da Fundação Nacional do Índio – FUNAI para fins de registro e acompanhamento.

Pelo Código Civil, art. 980-A, § 5º (acrescentado pela Lei n. 12.441/2011), a empresa individual de responsabilidade limitada constituída para prestação de serviços poderá receber remuneração oriunda de cessão de direitos patrimoniais de autor de que seja detentor o titular da pessoa jurídica, vinculada à atividade profissional.

O STJ (4ª Turma, REsp 438.138, 2-7-2009) já decidiu que, em obra coletiva, produtora do evento é titular dos direitos autorais, ressalvados os direitos dos artistas.

Pelo Enunciado n. 115 (aprovado na III Jornada de Direito Comercial); "As limitações de direitos autorais estabelecidas nos arts. 46, 47 e 48 da Lei de Direitos Autorais devem ser interpretadas extensivamente, em conformidade com os direitos fundamentais e a função social da propriedade estabelecida no art. 5º, XXIII, da CF/88.

em virtude de revisão, deu à sua obra versão definitiva, reproduzir versões anteriores (art. 35). Sendo, no entanto, intransmissível o direito moral do autor, o direito de seus sucessores restringe-se à parte econômica (art. 27).

Ao Estado competirá defender a integridade e autoria de obra caída em domínio público (art. 24, § 2º).

Se houver alterações em sua obra, sem consentimento seu, o autor poderá repudiá-la. O art. 24, V, inclui entre os seus direitos morais o de modificar a sua obra, direito esse que é personalíssimo; nem mesmo seus herdeiros podem modificar a obra e muito menos o editor, pois, segundo o art. 66, este não pode fazer abreviações, adições ou modificações na obra, sem permissão do autor.

Pelo art. 27 vê-se que os direitos morais do autor são absolutos, inalienáveis, irrenunciáveis e perpétuos, consistindo na segurança da paternidade da obra; na defesa do inédito, pois só o autor pode decidir se deve ou não publicar a obra, se ela está ou não terminada; no direito de se arrepender, ou seja, de retirá-la de circulação; no direito de correção que é exclusivamente do autor; no direito à intangibilidade da obra e na impenhorabilidade do direito autoral.

Quanto aos seus direitos patrimoniais pode ele usar, gozar e dispor de sua obra, bem como autorizar sua utilização ou fruição, no todo ou em parte, por terceiros (arts. 28 e 29). Os direitos patrimoniais do autor, exceto os rendimentos resultantes de sua exploração, não se comunicam, salvo se o contrário dispuser o pacto antenupcial (art. 39).

Esclarece o art. 29 que dependerá de sua autorização: a reprodução; a edição; a tradução; a adaptação; o arranjo musical; a inclusão em fonograma ou produção audiovisual; a distribuição; a utilização, direta ou indireta, por qualquer forma como: execução, representação, recitação ou declamação; radiodifusão sonora ou televisiva; emprego de alto-falantes; de satélites; sonorização ambiental; exposição etc.

Para que se possa reproduzir uma obra que ainda não esteja no domínio público, para comentá-la ou melhorá-la, é necessária a autorização do seu autor, embora se possam publicar, em separado, tais comentários (arts. 29, I, 30, 33 e parágrafo único).

Pelo art. 34 da Lei n. 9.610, "as cartas missivas, cuja publicação está condicionada à permissão do autor, poderão ser juntadas como documento de prova em processos administrativos e judiciais"[407].

---

407. W. Barros Monteiro, op. cit., p. 251-4; Silvio Rodrigues, op. cit., p. 261-4.

Imprescindível será, também, a prévia licença do autor para que haja direito de transposição, por exemplo, para que de um romance se extraia peça teatral, para que se reduza a verso obra em prosa etc. (art. 68). Sendo, contudo, livres as paráfrases e paródias que não forem verdadeira reprodução de obra originária nem lhe implicarem descrédito (art. 47).

b.3. Limitações aos direitos do autor

A lei não proíbe meras transcrições ou citações de obras alheias, uma vez que não afetam economicamente o autor e fazem com que sua obra seja difundida e valorizada, desde que haja, obviamente, indicação da origem e do nome do autor, devendo ter, ainda, a obra que as inclui, caráter científico, didático (*RT*, *471*:227), ou artístico (art. 46, III, VII e VIII)[408].

Condena-se o plágio (*RT*, *605*:194), que consiste na consciente apresentação de textos elaborados por outrem, modificando-os ou não, como se fossem de sua autoria[409].

O art. 46, I, *a*, da Lei n. 9.610 estatui que não se ofendem os direitos do autor se se reproduzir, na imprensa diária ou periódica, notícia ou artigo informativo, sem caráter literário, publicados em diários ou periódicos, com a menção do nome do autor, se assinados, e da publicação de onde foram transcritos.

Os eventos ocorridos numa cidade podem ser noticiados por vários jornais, sem que nenhum deles possa reclamar exclusividade pelo fato de ter sido o primeiro a divulgá-los. Se se utilizar de notícia já veiculada por outro jornal, ao reproduzi-la terá que especificar as fontes de onde ela foi retirada[410].

---

408. Sá Pereira, *Direito das coisas*, p. 486; W. Barros Monteiro, op. cit., p. 257.

409. Anatol Rosenfeld, *O Estado de S. Paulo*, São Paulo, 15 ago. 1959, supl. literário; Piola Caselli, Diritto di autore, in *Nuovo Digesto Italiano*, n. 74; W. Barros Monteiro, op. cit., p. 256; Elisângela Dias Menezes, O plágio e a responsabilidade do editor, *Revista Del Rey Jurídica*, *14*:29. "Nos crimes contra a propriedade intelectual a única forma de se impedir o proveito ilícito do plagiador ou contrafator é a busca e apreensão, pois, do contrário, o ilícito constituiria um incentivo ao ganho fácil à custa da concepção artística alheia, além de um estímulo à fraude" (*RT*, *594*:105). Sobre crimes contra a propriedade industrial: Lei n. 9.279/96, arts. 183 a 195.

A pretensão civil por ofensa a direitos autorais prescreve em dez anos, contado o prazo da data da contrafação (CC, art. 205).

410. W. Barros Monteiro, op. cit., p. 258.

Qualquer jornal ou periódico poderá reproduzir, no todo ou em parte, discursos pronunciados em reuniões públicas de qualquer natureza, porque eles se destinam à divulgação e publicidade (art. 46, I, *b*), entretanto, ilícito seria compendiar essas conferências num só volume, publicando-o sem a permissão do autor.

Podem-se reproduzir, também, atos públicos e documentos oficiais da União, dos Estados, dos Municípios e do Distrito Federal, a fim de facilitar-lhes o conhecimento pelo povo. Livre é a publicação de leis, decretos, regulamentos, avisos, expedidos pelo poder público, bem como de acórdãos dos tribunais, sentenças dos juízes, de pareceres dos promotores públicos, de atos passados pelos serventuários de justiça, de relatórios dos delegados de polícia, de laudos de repartições oficiais, de cotações das bolsas etc.[411].

Isto é assim porque o autor não pode opor-se às citações de suas ideias, ante a necessidade de desenvolver o estudo, a crítica e a polêmica (art. 46, III).

É possível, pelo art. 46, II, reproduzir pequenos trechos de qualquer obra, em um único exemplar, desde que não se destine à venda ou à obtenção de lucro, sendo reservada unicamente para uso privado do copista. Logo, é vedada a reprodução de obras literárias, total ou parcial, por copiadora estabelecida nos *campi* de instituições de ensino, alienada a qualquer interessado (CF, art. 5º, XXVII; Lei n. 9.610/98, art. 46, II). A esse respeito, interessante é o comentário de Plínio Cabral[412]: "1) É permitida a reprodução em um só exemplar. Não é permitido copiar trechos em vários exemplares – às vezes até milhares – para atender classes inteiras, ou, ainda, para colocá-las à disposição pública em grandes quantidades. A cópia é de apenas um exemplar; 2) Essa cópia deve ser apenas de pequenos trechos. Não se pode copiar o livro inteiro, nem a metade, nem sua parte substancial (...) O bom-senso indica que 'pequeno trecho' é uma parcela mínima do objeto copiado; 3) Para uso privado do copista: isto quer dizer que se trata de uma cópia para estudo ou guarda – a destinação é irrelevante – mas deve ser para uso do copista e jamais para estoque e venda; 4) A cópia deve ser feita pelo copista (...) Mesmo que se admita que o copista não irá, ele mes-

411. W. Barros Monteiro, op. cit., p. 259.

412. Plínio Cabral, *A nova Lei de Direitos autorais: comentários*, São Paulo, Harbra, 2003; Dalton Spencer Morato Filho, A questão das cópias de livros em instituições de ensino, *Revista Del Rey Jurídica*, *16*:87-8.

mo, manipular a máquina copiadora, este ato não poderá ser feito sob pagamento, pois a transação comercial implica lucro, o que nos remete ao final desse item; 5) Não pode haver intuito de lucro, o que exclui qualquer prática de comércio".

Também não constitui ofensa aos direitos autorais a reprodução de obras para uso exclusivo de deficientes visuais em Braille, desde que sem fins comerciais (art. 46, I, *d*).

Permite-se a reprodução de retratos ou bustos de encomenda particular, quando feita pelo proprietário dos objetos encomendados. A pessoa representada e seus sucessores podem opor-se à reprodução ou exposição pública do retrato ou busto (Lei n. 9.610, art. 46, I, *c*).

Não constitui ofensa aos direitos do autor o apanhado de lições em estabelecimentos de ensino por aqueles a quem elas se dirigem, proibida, porém, sua publicação, total ou parcial, sem autorização de quem as ministrou (art. 46, IV); a execução de fonogramas e transmissões de rádio ou televisão em estabelecimentos comerciais, para demonstração à clientela (n. V), desde que esses estabelecimentos comercializem os suportes ou equipamentos que permitam a sua utilização; a representação teatral e a execução musical, quando realizadas no recesso familiar ou para fins exclusivamente didáticos, nos locais de ensino, não havendo, em qualquer caso, intuito de lucro (n. VI); e a utilização de obras intelectuais quando indispensáveis à prova judiciária ou administrativa (n. VII).

Goza de direito autoral aquele que, legalmente autorizado, reproduzir obra de arte mediante processo artístico diferente ou pelo mesmo processo, se houver novidade na sua composição. E quanto à cópia, será considerado autor, p. ex.: se por meio de bordado a mão se reproduz um quadro de Portinari. No que concerne à reprodução por meio de fotografia divergem os autores. Uns entendem que na fotografia apenas se tem mera reprodução mecânica, sem nenhum concurso da inteligência humana. Outros a consideram como uma arte, pela atuação do fotógrafo, no jogo de luzes, distância e escolha de poses, caso em que a inclui o art. 79 e parágrafos da Lei n. 9.610[413].

Sem a prévia e expressa autorização do autor não poderão ser utilizadas obras teatrais, composições musicais ou literomusicais e fonogramas em

413. W. Barros Monteiro, op. cit., p. 262-3.

representações ou execuções públicas, que visem o lucro direto ou indireto. Considera-se representação pública a utilização de obras teatrais no gênero drama, tragédia, comédia, ópera, opereta, balé, pantomimas e assemelhadas, musicadas ou não, mediante a participação de artistas, remunerados ou não, em locais de frequência coletiva ou pela radiodifusão, transmissão e exibição cinematográfica.

Considera-se execução pública a utilização de composições musicais ou literomusicais, mediante a participação de artistas, remunerados ou não, ou a utilização de fonogramas e obras audiovisuais, em locais de frequência coletiva, por quaisquer processos, inclusive a radiodifusão ou transmissão por qualquer modalidade, e a exibição cinematográfica.

Constituem locais de frequência coletiva os teatros, cinemas, salões de baile ou concertos, boates, bares, clubes ou associações de qualquer natureza, lojas, estabelecimentos comerciais e industriais, estádios, circos, feiras, restaurantes, hotéis, motéis, clínicas, hospitais, órgãos públicos da administração direta ou indireta, fundacionais e estatais, meios de transporte de passageiros terrestre, marítimo, fluvial ou aéreo, ou onde quer que se representem, executem ou transmitam obras literárias, artísticas ou científicas (art. 68, §§ 1º a 3º).

Acrescentando que ao requerer a aprovação do espetáculo ou da transmissão, o empresário deverá apresentar ao escritório central, observando o disposto no art. 99 da Lei n. 9.610, a comprovação dos recolhimentos relativos aos direitos autorais. E, ainda, quando a remuneração depender da frequência do público, poderá ele, por convênio com o escritório central, pagar o preço após a realização da execução pública (art. 68, §§ 4º e 5º, da Lei n. 9.610/98).

O empresário, pelo § 6º do art. 68 da Lei n. 9.610/98, deverá entregar ao escritório central, imediatamente após a execução pública ou transmissão, relação completa das obras e fonogramas utilizados, indicando os nomes dos autores, artistas e produtores.

O autor tem o direito de opor-se à representação ou execução que não esteja bem ensaiada, bem como o de fiscalizar o espetáculo, por si ou por delegado seu, tendo para isso livre acesso, durante as representações ou execuções, ao local onde se realizam (art. 70).

É, ainda, impenhorável a parte do produto dos espetáculos reservada ao autor e aos artistas (art. 76).

Se não houver qualquer intuito de lucro nessas representações, entende-se que o autor deu sua autorização para isso[414].

b.4. Duração dos direitos do autor

Os direitos patrimoniais do autor estão sujeitos, para o seu exercício, a uma limitação do tempo. Essa temporariedade só atinge o direito autoral, convém repetir, no seu aspecto patrimonial, ou seja, na expressão externa da ideia, quando ela se materializa ou se corporifica. No aspecto pessoal ou intelectual ela é perpétua[415].

A duração do direito autoral é o tempo de vida do autor da obra intelectual. Com o seu falecimento, seus herdeiros e sucessores terão o direito de reproduzir sua obra, durante 70 anos, a contar de 1º de janeiro do ano subsequente à sua morte, obedecida a ordem sucessória da lei civil (Lei n. 9.610/98, art. 41).

Após esse termo legal a obra cai no domínio público, passando a fazer parte do patrimônio da coletividade.

Quando a obra intelectual, realizada em colaboração, for indivisível, o prazo de proteção do art. 41 contar-se-á da morte do último dos colaboradores sobreviventes (art. 42).

Também será de 70 anos o prazo de proteção aos direitos patrimoniais sobre obras anônimas ou pseudônimas, contado de 1º de janeiro do ano imediatamente posterior ao da primeira publicação (art. 43). Todavia, se o autor, antes do decurso desse prazo, se der a conhecer, aplicar-se-á o disposto no art. 41 (parágrafo único).

Igualmente, será de 70 anos o prazo de proteção aos direitos patrimoniais sobre obras audiovisuais e fotográficas, a contar de 1º de janeiro do ano subsequente ao de sua divulgação (art. 44).

Além das obras em relação às quais transcorreu o prazo de proteção dos direitos patrimoniais, pertencem ao domínio comum: as de autores falecidos que não tenham deixado sucessores; as de autor desconhecido, ressalvada a proteção legal aos conhecimentos étnicos e tradicionais (art. 45, I e II).

---

414. Clóvis, *Código Civil*, v. 3, p. 195; W. Barros Monteiro, op. cit., p. 263-4; *RT*, *109*:475; *RT*, *626*:54.

415. Daibert, op. cit., p. 335.

Não há, portanto, é bom frisar uma vez mais, nenhuma contradição entre a imposição legal desse interregno de 70 anos para o direito autoral e o caráter de perpetuidade peculiar ao domínio, porque na propriedade literária, artística e científica há aquelas duas relações distintas, que já mencionamos alhures, em que uma concernente à paternidade da obra é perene ou perpétua e outra relativa à exploração econômica exclusiva é temporária[416].

b.5. Cessão dos direitos do autor

O direito autoral, apesar de ser personalíssimo como emanação que é da personalidade do autor, pode, sob o seu prisma econômico, ser cedido a terceiro, por negócio *inter vivos*, quer a título provisório, o que ocorre no contrato para uma ou mais edições; quer definitivamente, como no caso do autor vender todos os direitos econômicos sobre certa obra[417].

É o que transparece do art. 49 da Lei n. 9.610/98, que assim dispõe: "os direitos do autor podem ser total ou parcialmente transferidos a terceiros, por ele ou por seus sucessores, a título universal ou singular, pessoalmente ou por meio de representantes com poderes especiais, por meio de licenciamento, concessão, cessão ou por outros meios admitidos em direito". Devem-se obedecer às seguintes limitações:

a) a transmissão total compreende todos os direitos de autor, salvo os de natureza moral e os expressamente excluídos por lei;

b) somente se admitirá transmissão total e definitiva dos direitos mediante estipulação contratual escrita;

c) na hipótese de não haver estipulação contratual escrita, o prazo máximo será de cinco anos;

d) a cessão será válida unicamente para o país em que se firmou o contrato, salvo estipulação em contrário;

e) a cessão só se operará para modalidades de utilização já existentes à data do contrato;

---

416. Cunha Gonçalves, *Tratado de direito civil*, v. 11, p. 184.

417. Silvio Rodrigues, op. cit., p. 254 e 257. A Lei n. 6.533/78, regulamentada pelo Decreto n. 82.385/1978, relativa à profissão de artista e técnico em espetáculo de diversões, no art. 13, proíbe a cessão ou promessa de cessão de direitos autorais e conexos decorrentes da prestação de serviços profissionais.

f) não havendo especificações quanto à modalidade de utilização, o contrato será interpretado restritivamente, entendendo-se como limitada apenas a uma que seja aquela indispensável ao cumprimento da finalidade do contrato (art. 49, I a VI).

A cessão total ou parcial dos direitos de autor, que se fará sempre por escrito, presume-se onerosa.

Poderá a cessão ser averbada à margem do registro a que se refere o art. 19 da Lei n. 9.610, ou, não estando a obra registrada, poderá o instrumento ser registrado em Cartório de Títulos e Documentos.

Constarão do instrumento de cessão como elementos essenciais seu objeto e as condições de exercício do direito quanto a tempo, lugar e preço (art. 50, §§ 1º e 2º). E acrescenta no art. 51 que "a cessão dos direitos do autor sobre obras futuras será permitida se abranger, no máximo, o período de 5 anos".

Muitas críticas tem sofrido a cessibilidade de direitos autorais, por ser ela um atentado à integridade da personalidade, se consistir numa cessão da parte intelectual, ludibriando o público; porém tal não ocorre, se ela não envolver transmissão do direito de alterar a obra nem implicar renúncia à sua paternidade. Outros já justificam a cessão da parte moral ou intelectual no propósito de melhor favorecer alguém que esteja mais interessado nos proventos do que nas glórias literárias de seu labor intelectual, sendo-lhe, então, permitido alienar a outrem, que quer passar como autor, a paternidade de sua obra[418].

A omissão do nome de autor, ou de coautor, na divulgação da obra não presume o anonimato ou a cessão de seus direitos (art. 52).

No art. 108 da Lei n. 9.610 estabelece-se a sanção de indenizar por perdas e danos e a de insertar compulsoriamente o nome do autor espoliado, quando houver usurpação do nome do autor ou a substituição por outro, bastando que haja apenas prejuízos morais, não se exigindo, para a composição dos danos, sua efetividade.

---

418. W. Barros Monteiro, op. cit., p. 261; Sá Pereira, *Direito das coisas*, com. ao art. 667, n. 218; Silvio Rodrigues, op. cit., p. 254 e 263; Espínola, Posse, propriedade, cit., n. 249.

b.6. Sanções à violação dos direitos autorais

Pelo art. 103 e parágrafo único da Lei n. 9.610, todo aquele que imprimir obra intelectual, sem permissão do autor, perderá para este os exemplares que se apreenderem, e pagar-lhe-á o restante da edição ao preço por que foi vendido ou avaliado; entretanto, se não se souber o número de exemplares que constituem a edição fraudulenta, pagará o transgressor o valor de 3.000 exemplares, além dos apreendidos.

O autor que teve sua obra fraudulentamente reproduzida, divulgada ou de qualquer forma utilizada, poderá requerer a apreensão dos exemplares reproduzidos ou a suspensão da divulgação ou utilização da obra, sem prejuízo do direito à indenização de perdas e danos (art. 102).

Prescreve o art. 104 que quem vender, ou expuser à venda, obra reproduzida com fraude, será solidariamente responsável como contrafator, nos termos dos artigos precedentes, e se a reprodução tiver sido feita no estrangeiro, responderão como contrafatores o importador e o distribuidor.

Pelo art. 105 percebe-se que se aplica o disposto nos arts. 102 e 103 às transmissões, retransmissões, reproduções ou publicações, realizadas sem autorização por quaisquer meios ou processos, de execuções, interpretações, emissões e fonogramas protegidos. Reza esse artigo que "a transmissão e a retransmissão, por qualquer meio ou processo, e a comunicação ao público de obras artísticas, literárias e científicas, de interpretações e de fonogramas, realizadas mediante violação aos direitos de seus titulares, deverão ser imediatamente suspensas ou interrompidas pela autoridade judicial competente, sem prejuízo da multa diária pelo descumprimento e das demais indenizações cabíveis, independentemente das sanções penais aplicáveis; caso se comprove que o infrator é reincidente na violação aos direitos dos titulares de direitos de autor e conexos, o valor da multa poderá ser aumentado até o dobro".

Reza o art. 108 que quem, na utilização, por qualquer meio ou processo, de obra intelectual, deixar de indicar ou de anunciar, como tal, o nome, pseudônimo ou sinal convencional do autor, intérprete ou executante, além de responder por danos morais, está obrigado a divulgar-lhe a identidade em se tratando de empresa de radiodifusão, no mesmo horário em que tiver ocorrido a infração, por três dias consecutivos; em se tratando de publicação gráfica ou fonográfica, mediante inclusão de errata nos exemplares ainda não distribuídos, sem prejuízo de comunicação, com destaque, por três vezes consecutivas, em jornal de grande circulação, do domicílio do autor, do editor ou do produtor; em se tratando de outra forma de utilização, pela comunicação por meio da imprensa, na forma a que se refere a alínea anterior.

A sentença condenatória poderá determinar a destruição de todos os exemplares ilícitos, bem como as matrizes, moldes, negativos e demais elementos utilizados para praticar o ilícito civil, assim como a perda de máquinas, equipamentos e insumos destinados a tal fim ou, servindo eles unicamente para o fim ilícito, sua destruição (art. 106).

Independentemente da perda dos equipamentos utilizados, responderá por perdas e danos, nunca inferiores ao valor que resultaria da aplicação do disposto no art. 103 e seu parágrafo único, quem:

a) alterar, suprimir, modificar ou inutilizar, de qualquer maneira, dispositivos técnicos introduzidos nos exemplares das obras e produções protegidas para evitar ou restringir sua cópia;

b) alterar, suprimir ou inutilizar, de qualquer maneira, os sinais codificados destinados a restringir a comunicação ao público de obras, produções ou emissões protegidas ou a evitar a sua cópia;

c) suprimir ou alterar, sem autorização, qualquer informação sobre a gestão de direitos;

d) distribuir, importar para distribuição, emitir, comunicar ou puser à disposição do público, sem autorização, obras, interpretações ou execuções, exemplares de interpretações fixadas em fonogramas e emissões, sabendo que a informação sobre a gestão de direitos, sinais codificados e dispositivos técnicos foram suprimidos ou alterados sem autorização (art. 107, I a IV).

O titular dos direitos patrimoniais de autor ou conexos pode requerer à autoridade policial competente a interdição da representação, execução, transmissão ou retransmissão de obra intelectual, inclusive fonograma, sem autorização devida, bem como a apreensão, para a garantia de seus direitos, da receita bruta (arts. 102 e 105).

Estatui o art. 110 que pela violação de direitos autorais nas representações ou execuções realizadas nos locais a que alude o art. 68, seus proprietários, diretores, gerentes, empresários e arrendatários respondem solidariamente com os organizadores dos espetáculos (*Bol. AASP*, *1815*:424).

Pelo art. 109 a execução pública que contrariar os arts. 68, 97, 98 e 99 da Lei n. 9.610, acarretará ao responsável a multa de vinte vezes o valor que deveria ser originariamente pago.

Dispõe o art. 105, por derradeiro, que a requerimento do titular dos direitos autorais, a autoridade judicial competente, no caso de infração aos seus direitos, determinará a suspensão ou interrupção do espetáculo, sem prejuízo da multa diária pelo descumprimento e das demais indenizações. Havendo reincidência, o valor da multa pode ser aumentado até o dobro. Além disso, o Código Penal, art. 184, §§ 1º a 4º, com a alteração da Lei n. 10.695/2003, impõe sanções para proteção de obra intelectual, fonograma e videofonograma. A Lei n. 10.695/2003 acrescenta os arts. 530-A a 530-I ao Código de Processo Penal, traçando diretrizes quanto ao procedimento a ser seguido havendo violação a direitos autorais.

b.7. Desapropriação de obras publicadas

Como é de interesse da coletividade a difusão de obras literárias, científicas e artísticas, a lei defere à União e aos Estados o direito de desapropriar por utilidade pública, ante pagamento de prévia indenização, qualquer obra publicada, cujo autor se recuse, sem motivo justificado, a reeditá-la. Reforça essa ideia o fato de o Decreto-Lei n. 3.365/41 ter incluído no seu art. 5º, *p*, entre os casos de utilidade pública a reedição ou divulgação de obra ou invento de natureza científica, artística ou literária. Tal se deve à missão que tem o Estado de zelar pela cultura[419]. O art. 216, III e § 1º, da Constituição Federal de 1988 confere ao poder público o direito de desapropriar criações científicas, artísticas e tecnológicas, para proteger ou preservar o patrimônio cultural brasileiro.

---

419. W. Barros Monteiro, op. cit., p. 265. Pela súmula 228 do STJ: "É inadmissível o interdito proibitório para a proteção de direito autoral". Interessantes são as observações de Gladston Mamede, Pirataria de livros, *Editorial Atlas*, *21*:5.

Quadro Sinótico

PROPRIEDADE LITERÁRIA, CIENTÍFICA E ARTÍSTICA	• *a*) Natureza	• O direito autoral é uma modalidade de propriedade. É uma propriedade incorpórea, imaterial ou intelectual (Kohler, Ihering, Dernburg, Ahrens, Dabin, Caselli). É um poder de senhoria de um bem intelectual que contém poderes de ordem pessoal e patrimonial. Qualificando-se como um direito pessoal – patrimonial (CF, arts. 5º, XXII, IX, XIII, XXIX, XXVII e XXVIII, *b*; Lei n. 9.610/98).		
	• *b*) Conceito	• Para Antônio Chaves é o direito de autor um conjunto de prerrogativas de ordem não patrimonial e de ordem pecuniária que a lei reconhece a todo criador de obras literárias, artísticas e científicas de alguma originalidade, no que diz respeito à sua paternidade e ao seu ulterior aproveitamento, por qualquer meio durante toda sua vida e aos sucessores, ou pelo prazo que ela fixar.		
	• *c*) Direitos Autorais	• 1. Conteúdo	• Lei n. 9.610/98, arts. 7º, 8º, 9º, 10, 12, 14 a 17, 19, 23, 32 e 42.	
		• 2. Direitos do autor	• Direitos morais	• São aqueles em que se reconhece ao autor a paternidade da obra, sendo, portanto, inseparáveis de seu autor, perpétuos, inalienáveis, imprescritíveis e impenhoráveis, uma vez que são atributos da personalidade do autor.
			• Direitos patrimoniais	• São direitos de utilizar-se economicamente da obra, publicando-a, difudindo-a, traduzindo-a, transferindo-a, autorizando sua utilização, no todo ou em parte, por terceiro.
		• 3. Limitações aos direitos do autor	• Lei n. 9.610/98, arts. 46, 68, 70, 76 e 79.	

PROPRIEDADE LITERÁRIA, CIENTÍFICA E ARTÍSTICA	• *c*) Direitos Autorais	• 4. Duração dos direitos do autor	• Lei n. 9.610/98, arts. 41 a 45.
		• 5. Cessão dos direitos do autor	• Lei n. 9.610/98, arts. 49, 50 e 52.
		• 6. Sanções à violação dos direitos autorais	• Lei n. 9.610/98, arts. 102 a 110; CP, art. 184, §§ 1º a 4º.
		• 7.Desapropria-ção de obras publicadas	• Decreto-Lei n. 3.365/41, art. 5º, *o*; CF, art. 216, III, § 1º.

CAPÍTULO IV
Direitos Reais sobre Coisas Alheias

1. Introdução aos direitos reais sobre coisas alheias

A. Conceito

Na concepção de Goffredo Telles Jr., os direitos reais são os direitos subjetivos de ter, como seus, objetos materiais ou coisas corpóreas ou incorpóreas. As coisas corpóreas são objetos aptos a ser percebidos pelos órgãos dos sentidos e as incorpóreas são objetos destituídos dessa aptidão. Como exemplos de coisas corpóreas a que se podem referir direitos subjetivos reais temos um prédio ou um automóvel. As coisas incorpóreas a que se podem referir direitos subjetivos reais são direitos subjetivos considerados como objetos: são objetos aos quais outros direitos subjetivos se podem referir. É o que ocorre, exemplificativamente, com os direitos do compromissário-comprador, do usufrutuário, do usuário, do enfiteuta, do dono de uma servidão, do superficiário, do credor hipotecário, pignoratício ou anticrético, direitos esses que são materiais, embora sejam coisas incorpóreas.

Ensina-nos, ainda, esse jurista, que as coisas a que se referem os direitos reais são, primordialmente, objetos pertencentes aos titulares desses direitos, como propriedades deles, constituindo o domínio desses indivíduos. Os direitos subjetivos concernentes ao domínio são os direitos reais chamados direito de propriedade. Porém, os direitos reais podem se referir, por extensão, a objetos não pertencentes aos titulares desses direitos, não sendo, portanto, propriedade deles. Juridicamente, esses objetos não são coisas próprias, mas sim coisas alheias, que não constituem o domínio da pessoa.

Continua ele: "relativamente a *coisas alheias*, uma pessoa tem direito real, se recebeu, por meio de norma jurídica, permissão do seu proprietário para usá-las ou tê-las, como se fossem suas, em determinadas circunstâncias, ou sob condição, de acordo com a lei e com o que foi estabelecido, em contrato válido". Os direitos reais referentes a coisas alheias são os citados direitos subjetivos concernentes a coisas incorpóreas, como os direitos do usufrutuário, do enfiteuta, do credor hipotecário, anticrético etc.[1].

Deveras, "o direito real é o que afeta a coisa direta e imediatamente, sob todos ou alguns aspectos, seguindo-a em poder de quem quer que a detenha"[2]. A propriedade é o direito real mais completo; seu titular detém o *jus utendi*, o *jus fruendi* e o *jus abutendi* ou *disponendi*, podendo reivindicar o bem de quem quer que injustamente o possua. De maneira que nada obsta que ele faça com que alguns dos seus poderes passem a pertencer ao patrimônio de outrem, que terá, então, direito real sobre coisa alheia[3].

Expressivas, a respeito, são as palavras de Lafayette[4]: "o domínio é suscetível de se dividir em tantos direitos elementares quantas são as formas por que se manifesta a atividade do homem sobre as coisas corpóreas. E cada um dos direitos elementares do domínio constitui em si um direito real: tais são os direitos de usufruto, o de uso e o de servidão".

O titular do domínio passa a sofrer uma restrição temporária em seus poderes, pois terceiro irá gozar e usar da coisa que lhe pertence, sem, contudo, poder dela dispor, porque a sua disponibilidade lhe competirá, exclusivamente[5]. Assim, p. ex., o usufrutuário receberá o *jus utendi* e *fruendi*, tendo direito à percepção dos frutos e rendimentos da coisa, mas não poderá aliená-la.

B. Espécies

Nos capítulos anteriores preocupamo-nos com os *jus in re propria*, ou seja, com os direitos reais na coisa própria.

---

1. Goffredo Telles Jr., Direito subjetivo-I, in *Enciclopédia Saraiva do Direito*, v. 28, n. 15, p. 317-9; *Iniciação na ciência do direito*, São Paulo, Saraiva, 2001, p. 305-10.
2. Lafayete, *Direito das coisas*, § 1º.
3. Silvio Rodrigues, *Direito civil*, 2. ed., Max Limonad, p. 267.
4. Lafayete, op. cit., § 1º.
5. Carvalho de Mendonça, *Introdução geral ao direito das coisas*, Rio de Janeiro, 1915, n. 5, p. 45; Daibert, *Direito das coisas*, 2. ed., Rio de Janeiro, Forense, 1979, p. 346-7.

Passaremos agora a nos ater aos "direitos reais sobre coisa alheia" ou *jus in re aliena*, que aderem imediatamente à coisa, atribuindo direito de sequela ao seu titular; sendo oponíveis *erga omnes*, conferem-lhe o poder de mover ação real contra qualquer detentor da coisa, uma vez que este tem exclusividade sobre eles, pois não é possível, onde existe um direito real anterior, estabelecer-se outro da mesma espécie[6].

Os direitos reais sobre coisa alheia são limitados por lei e só podem existir em função de norma jurídica em razão do *numerus clausus*; não é possível introduzir outros por analogia, não podendo as partes, arbitrariamente, conferir o caráter de real a um direito subjetivo que pretenderem criar[7].

Referidos direitos são divididos em três espécies:

1) *Direitos reais limitados de gozo ou fruição*, em que o titular tem a autorização de usar e gozar ou tão somente usar de coisa alheia, abrangendo:

   a) enfiteuse (CC de 1916, arts. 678 a 694, e CC, art. 2.038, §§ 1º, I e II, e 2º);

   b) servidões prediais (CC, arts. 1.225, III, 1.378 a 1.389);

   c) usufruto (CC, arts. 1.225, IV, 1.390 a 1.411);

   d) uso (CC, arts. 1.225, V, 1.412 e 1.413);

   e) habitação (CC, arts. 1.225, VI, 1.414 a 1.416);

   f) superfície (CC, arts. 1.225, II, 1.369 a 1.377);

   g) concessão de uso especial para fins de moradia (CC, art. 1.225, XI);

   h) concessão de direito real de uso (CC, art. 1.225, XII). Os direitos oriundos da imissão provisória na posse quando concedida à União, aos Estados, ao Distrito Federal, aos Municípios ou às entidades delegadas e respectiva cessão ou promessa de cessão (CC, arts. 1.225, XIII, acrescentado pela MP n. 700/2015, e 1.473, IX, e § 2º), diante do *numerus clausus*, não mais pertencem a esse rol, pois o inciso XIII do art. 1.225 não mais vigora, em virtude do cancelamento da MP n. 700/2015 (Ato Declaratório do Congresso Nacional n. 23/2016);

   i) laje (CC, arts. 1.225, XIII, 1.510-A a 1.510-E, acrescentados pela Lei n. 13.465/2017; Dec. n. 9.310/2018, arts. 58 a 62);

---

6. Daibert, op. cit., p. 348; Benjamin G. de Matos, *Direitos reais sobre coisas móveis*, Rio de Janeiro, Forense, 2003; José Serpa de Santa Maria, *Direitos reais limitados*, Brasília, Brasília Jurídica, 1993.

7. Silvio Rodrigues, op. cit., p. 269; Sebastião José Roque, *Direito das coisas*, cit., p. 137-66.

j) legitimação de posse (Leis n. 11.977/2009, art. 59 – PMCMV e n. 13.465/2017, arts. 25 a 27 e Dec. n. 9.310/2018, arts. 18 a 20).

2) *Direitos reais de garantia* (CC, arts. 1.419 a 1.510), nos quais a coisa é dada como garantia de débito, tais como:

a) penhor (CC, arts. 1.225, VIII, 1.431 a 1.472);

b) anticrese (CC, arts. 1.225, X, 1.506 a 1.510);

c) hipoteca (CC, arts. 1.225, IX, 1.473 a 1.505);

d) alienação fiduciária em garantia relativamente ao fiduciário (Lei n. 4.728/65, art. 66-B, §§ 1º a 6º, com alterações do Dec.-Lei n. 911/69, das Leis n. 10.931/2004 e 11.076/2004 e art. 4º da Lei n. 6.071/74), que constitui a propriedade fiduciária (CC, arts. 1.361 a 1.368) e a cessão fiduciária de direitos creditórios oriundos de contratos de alienação de imóveis (Lei n. 9.514/97).

3) *Direito real de aquisição*, como o compromisso ou promessa irretratável de venda: em virtude do disposto no Decreto-Lei n. 58/37; Decreto n. 3.079/38; Lei n. 4.380/64; Lei n. 6.766/79, arts. 28 a 36; e CC, arts. 1.225, VII, 1.417 e 1.418, a alienção fiduciária em relação ao fiduciante (CC, art. 1.368-B) e a legitimação fundiária (Lei n. 13.465/2017, arts. 23 e 24).

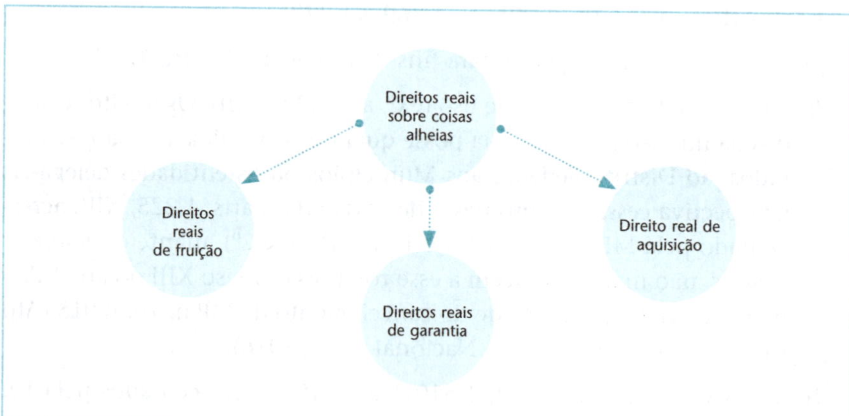

C. Constituição por atos "inter vivos"

Como o negócio jurídico não é hábil para transferir o domínio, dispõe o art. 1.226 do Código Civil que "os direitos reais sobre coisas móveis, quando constituídos, ou transmitidos por atos entre vivos, só se adquirem com a tradição", acrescentando, por sua vez, o art. 1.227, que "os direitos reais sobre imóveis constituídos, ou transmitidos por atos entre vivos, só se adquirem com o registro no Cartório de Registro de Imóveis dos referidos títulos (arts. 1.245 a 1.247), salvo os casos expressos neste Código".

Ao se conceder uma hipoteca, por exemplo, tem-se apenas um direito obrigacional entre as partes contratantes. Esse direito só se tornará um direito real após o assento da hipoteca no Registro de Imóveis[8].

Quando se o adquire por ato *mortis causa* ou por herança, tal aquisição se opera antes do registro, pois só se assenta o título depois da partilha, mas a propriedade já foi adquirida, não em razão do registro que ainda vai ser feito, mas devido a herança, no momento da morte do *de cujus*. Por isso diz a lei que o direito real sobre móveis e imóveis alheios sempre depende da tradição ou registro quando se trata de negócio celebrado entre vivos.

---

8. Silvio Rodrigues, op. cit., p. 270. O art. 156, II, da Constituição Federal refere-se à competência municipal para instituir imposto sobre transmissão de diretos reais sobre imóveis, exceto dos de garantia. Os direitos reais em favor de terceiro, recaintes em dado prédio, passavam com o imóvel para o domínio do adquirente (CC de 1916, art. 677). Igualmente, o ônus dos impostos sobre prédios transmitiam-se aos adquirentes, salvo constando da escritura o recebimento, pelo fisco, dos impostos devidos e, em caso de venda em leilão, até o equivalente do preço da arrematação (CC de 1916, art. 677, parágrafo único). Isto era assim, em consonância com o art. 1.137 e parágrafo único do mesmo Código, segundo o qual a certidão negativa exonerava o imóvel e isentava o adquirente de toda responsabilidade. *Vide* Lei n. 11.101/2005, art. 129, VII.

Quadro Sinótico

INTRODUÇÃO AOS DIREITOS REAIS SOBRE COISAS ALHEIAS	• *a*) Conceito	• Segundo Goffredo Telles Jr., o direito real sobre coisa alheia é o de receber, por meio de norma jurídica, permissão do seu proprietário para usá-la ou tê-la como se fosse sua, em determinadas circunstâncias, ou sob condição de acordo com a lei e com o que foi estabelecido, em contrato válido.	
	• *b*) Espécies	• 1. Direitos reais de gozo	• Enfiteuse (CC de 1916, arts. 678 a 694; CC, art. 2.038, §§ 1º, I e II, e 2º). • Servidões prediais (CC, arts. 1.225, III, 1.378 a 1.389). • Usufruto (CC, arts. 1.225, IV, 1.390 a 1.411). • Uso (CC, arts. 1.225, V, 1.412 e 1.413). • Habitação (CC, arts. 1.225, VI, 1.414 a 1.416). • Superfície (CC, arts. 1.225, II, 1.369 a 1.377). • Concessão de uso especial para fins de moradia (CC, art. 1.225, XI). • Direito real de laje (CC, arts. 1.225, XIII, 1.510-A a 1.510-E; Dec. n. 9.310/2018, arts. 58 a 62). • Legitimação de posse (Leis n. 11.977/2009, art. 59 – PMCMV e n. 13.465/2017, arts. 25 a 27 e Dec. n. 9.310/2018, arts. 18 a 20).
		• 2. Direitos reais de garantia	• Penhor (CC, arts. 1.225, VIII, 1.431 a 1.472). • Anticrese (CC, arts. 1.225, X, 1.506 a 1.510). • Hipoteca (CC, arts. 1.225, IX, 1.473 a 1.505). • Alienação fiduciária em garantia, em relação do fiduciário, que gera a propriedade fiduciária (Lei n. 4.728/65, art. 66-B, §§ 1º a 6º, com alterações do Dec.-Lei n. 911/69 e da Lei n. 10.391/2004, e art. 4º da Lei n. 6.071/74; CC, arts. 1.361 a 1.368) e a cessão fiduciária de direitos creditórios oriundos de contratos de alienação de imóveis (Lei n. 9.514/97).

INTRODUÇÃO AOS DIREITOS REAIS SOBRE COISAS ALHEIAS		• 3. Direito real de aquisição	• Compromisso ou promessa irretratável de venda (Dec.-Lei n. 58/37; Lei n. 6.766/79; CC, arts. 1.225, VII, 1.417 e 1.418), a alienação fiduciária (CC, art. 1.368-B) relativamente ao fiduciante e a legitimação fundiária (Lei n. 13.465/2017, arts. 23 e 24).
	• *c*) Constituição por atos *inter vivos*	• Tradição para que haja aquisição de direito real sobre coisa móvel alheia. • Registro no cartório imobiliário para que haja aquisição de direito real sobre coisa imóvel alheia. • CC, arts. 1.226 e 1.227.	

2. Direitos reais limitados de gozo ou fruição

A. Enfiteuse

a.1. Histórico

Oriunda da Grécia, por volta do século V a.C., de onde se trasladou para o direito romano, constitui a enfiteuse o resultado da combinação do *jus emphyteuticon* dos gregos e do *ager vectigalis*, ou arrendamento público, dos romanos. Fusão esta que se deu na era justiniana, a fim de se atender à necessidade econômica de prender o lavrador à terra, por ele cultivada, mas pertencente a terceira pessoa, impossibilitada ou incapaz de explorá-la ou cultivá-la, diretamente, por si mesma, porque esse senhorio, via de regra, era pessoa de existência indefinida: cidade, colégio, corporação, pois só mais tarde é que foi constituído por proprietários particulares. Inicialmente, os arrendamentos romanos eram temporários, pois a solução do problema do plantio de grandes glebas de terra era dada por simples contrato de locação destas aos colonos, o que trazia insegurança, uma vez que eles não tinham nenhuma proteção possessória para defender-se contra terceiros. Com Justiniano passaram a ser arrendados *in perpetuam*, não sendo os arrendatários obrigados a deixar a terra enquanto pagassem a renda convencionada ou *canon* (*pensio, vectigal* ou *reditus*), transformando-se em direitos reais, ou melhor, em *jus in re aliena*; consequentemente, seus titulares passaram a ter ação de caráter real para protegê-los[9].

---

9. Orlando Gomes, *Direitos reais*, 6. ed., Forense, 1978, p. 203; W. Barros Monteiro, *Curso de direito civil*, São Paulo, Saraiva, 1979, v. 3, p. 269; Daibert, op. cit., p. 353; Maynz *Droit*

Como nos ensina Lafayette[10], consistia a enfiteuse "no direito de cultivar o campo alheio, mediante uma pensão anual e de aproveitá-lo tão amplamente como o faz o proprietário, sem todavia destruir-lhe a substância".

Em nosso direito, a enfiteuse conserva os mesmos caracteres da era romana, embora esteja em franca decadência, pois vários juristas a condenam e o atual Código Civil, no art. 2.038, proíbe a sua constituição, bem como a de subenfiteuse, sob o argumento de ser inútil e de prejudicar a livre circulação de riquezas e, ainda, pela inconveniência de manter o enfiteuta e seus sucessores ligados, perpetuamente, ao senhorio direto. Prescreve que fica proibida a constituição de novas enfiteuses e subenfiteuses, subordinando-se as existentes até sua extinção às disposições do Código Civil de 1º de janeiro de 1916 (arts. 678 a 694), e leis posteriores, sendo que a enfiteuse dos terrenos de marinha e acrescidos regula-se pela lei especial (CC, art. 2.038, § 2º). Diante do entendimento majoritário de que a enfiteuse, pela sua tônica medieval, devia ser eliminada, o vigente Código Civil passou, com o escopo de extingui-la, paulatinamente, a tratá-la nas disposições transitórias. Boa foi a solução técnico-social dada por esse diploma legal, que, ao proibir a constituição de enfiteuses e subenfiteuses, por considerá-las obsoletas, sem que houvesse ofensa às situações constituídas sob a égide do Código de 1916, atendendo ao princípio da irretroatividade da lei, resguardados os direitos adquiridos, por ordem do comando constitucional, evitou conflitos de interesses, ao prescrever que as existentes até sua extinção reger-se-iam pelo Código Civil de 1916 e pelas leis posteriores. Todavia, procurou atacar essa instituição pelos flancos, reduzindo-se-lhe as vantagens atualmente reconhecidas, visando certas restrições desestimuladoras de seu prolongamento e consentâneas com a função social da propriedade, como bem observa Orlando Gomes. Para tanto proibiu a cobrança dos laudêmios ou de prestações análogas nas transmissões de bem aforado, sobre o valor das construções ou plantações (CC, art. 2.038, § 1º, I) e, repetimos, a constituição de subenfiteuses nos aforamentos existentes (CC, art. 2.038, § 1º, II). Retiraram-se vantagens, pois o enfiteuta está proibido de subenfiteuticar e o senhorio direto não mais poderá receber laudêmio, para que gere desinteresse no negócio enfitêutico. Não

---

romain, v. 1, § 146; Ludovic Beauchet, *Histoire du droit privé de la République Athénienne*, v. 3, p. 309; Windscheid, *Pandette*, § 218, nota 5; Silvio Rodrigues, op. cit., p. 275-6; Guillermo Allende, *Tratado de la enfiteusis y demás derechos reales, suprimidos o restringidos en el Código Civil*, Buenos Aires, Abeledo-Perrot, 1964.

10. Lafayette, op. cit., v. 1, p. 371.

está vedada a alienação do bem aforado, mas a incidência do laudêmio correspondente, em regra, a 2,5% do valor da alienação, ou prestações análogas, tendo, na cobrança, por parâmetro o valor da plantação ou construção, reduzindo o valor negociável, visto que aquela cobrança recairá, tão somente, no *quantum* correspondente ao valor da *terra nua*, não se considerando as acessões e benfeitorias. Mas se a alienação fiduciária tiver como objeto bens enfitêuticos, exigível será o pagamento do laudêmio se houver a consolidação do domínio útil do fiduciário (art. 22, § 1º, da Lei n. 9.514/97 com alteração da Lei n. 11.481/2007). A animosidade contra a enfiteuse não é recente e muitos Códigos a aboliram, por não se coadunar com o princípio da função social da propriedade. Entretanto outros, como Washington de Barros Monteiro, não consideram vantajosa a supressão da enfiteuse em nosso direito, já que "a constituição desse direito real não contraria qualquer princípio jurídico, apresentando, por outro lado, certo estímulo para colonização de áreas incultas e aproveitamento de terrenos não edificados"[11].

---

11. Orlando Gomes, *A reforma do Código Civil*, Universidade da Bahia, 1965, p. 212 e 215; Giselda M. N. Hironaka, *Direito civil – Estudos*, Del Rey, 2000, p. 192 e 193; W. Barros Monteiro, op. cit., p. 270-1; Geraldo F. Lanfredo. A enfiteuse e seu vasto alcance social. Uma solução para o problema dos sem-terra, *Revista de Direito Privado, 2*:43-49. O Projeto de Lei n. 699/2011 pretende alterar o art. 2.038, propondo a seguinte redação ao § 2º: "Igualmente proíbe-se a constituição de enfiteuse e subenfiteuse dos terrenos de marinha e acrescidos, subordinando-se as existentes às disposições contidas na legislação específica;" e incluindo o § 3º: "Fica definido o prazo peremptório de dez anos para a regularização das enfiteuses existentes e pagamentos dos foros em atraso, junto à repartição pública competente. Decorrido esse período, todas as enfiteuses que se encontrarem regularmente inscritas e em dia com suas obrigações, serão declaradas extintas, tornando-se propriedade plena privada. As demais, reverterão de pleno direito para o patrimônio da União".

Essa sugestão é de Joel Dias Figueira Júnior, que pondera: "verificou-se o acolhimento do instituto da enfiteuse para os terrenos de marinha e acrescidos, em que pese estarmos diante de um alvissareiro Código Civil, que vem a lume no alvorecer de um novo século e início de milênio, tornando ainda mais difícil justificar a sua manutenção em sede pública e o seu banimento na área privada. O próprio legislador tratou de remeter a regulamentação do instituto para as leis especiais. Nesse caso, o que vamos encontrar, efetivamente, é uma lei extravagante de conteúdo muito pouco palatável no que concerne à renovação do pagamento do foro (Lei n. 9.636, de 15 de maio de 1998 – *DOU* 18-5-1998 que 'dispõe sobre a regularização, administração, aforamento e alienação de bens imóveis de domínio da União, altera dispositivos dos Decretos-Leis n. 9.760, de 5 de setembro de 1946, e n. 2.398, de 21 de dezembro de 1987, e que regulamenta o § 2º do artigo 49 do Ato das Disposições Constitucionais Transitórias, e dá outras providências'. Por sua vez, essa lei foi regulamentada através do Decreto n. 3.725, de 10 de janeiro de 2001 (*DOU* 11-1-2001). Desses dois sistemas normativos (lei e decreto regulamentador) o que se constata, de uma forma geral, é uma disfunção do próprio instituto da enfiteuse, com sérios prejuízos aos titulares do domínio útil ou ocupantes de imóveis dominiais da União. Se por um lado o recadastramento de toda a orla

a.2. Natureza jurídica

A enfiteuse é o mais amplo dos *jus in re aliena*, transferindo ao enfiteuta o *jus utendi, fruendi* e até o *disponendi*, pois este pode alienar seus direitos

---

marítima brasileira é medida extremamente salutar e digna de louvor, assim como a retomada dos bens irregulares, por outro lado, exigir de todos os foreiros um novo pagamento atualizado pela ocupação de seus imóveis é providência sem qualquer precedente ou paralelo. Ademais, pagar novamente pelo domínio útil (com base em valores atualizados de mercado) dos imóveis que já ocupam há vários anos, a título de aforamento, mesmo aqueles titulares que tenham suas obrigações regularizadas e em dia, junto ao SPU (art. 13 da Lei n. 9.636/98), é medida que afronta o bom-senso e o direito; diga-se o mesmo no que concerne à perda dos direitos já existentes transformados em 'cessão de uso oneroso, por prazo indeterminado' (art. 17 da Lei n. 9.636/98), caso não exerçam a preferência de opção pelo aforamento em tempo hábil (= representa o pagamento pelo domínio útil). Data vênia, afigura-se um desacerto jurídico a manutenção do § 2º do art. 2.038 do atual CC, tendo-se em conta que o regime enfitêutico haveria de ter sido extinto por completo do nosso sistema jurídico, reservando-se para a União, através de leis especiais, a definição de determinadas faixas de terras de marinha, para a identificação de pontos estratégicos para a defesa nacional e não manter tais imóveis em sua titularidade, na qualidade de 'senhorio direto', o que representa uma evidente e inadmissível disfunção da propriedade nos dias atuais. Trata-se, na verdade, da manutenção de um vetusto modelo jurídico que se destina, no caso, lamentavelmente, nos termos dos diplomas legais mencionados, de maneira descomedida, a enriquecer os cofres públicos da União, num sistema semelhante àquele encontrado no Brasil colonial". Por isso, para Fiuza, considerando-se o que já foi dito, bem como as fortes resistências que se vêm formando em todo o País contra as malsinadas normas (Lei n. 9.636/98 e Decreto n. 3.725/01) deve o Congresso Nacional modificar a redação do § 2º do art. 2.038. A extinção do regime enfitêutico dos chamados terrenos de marinha e acrescidos, de forma gradativa e bem programada, haverá de trazer à União benefícios diversos, políticos, sociais, econômicos e financeiros. Apenas a título exemplificativo, basta lembrar que o recadastramento e a simples cobrança do foro àqueles que se encontram inadimplentes ou em atraso com suas obrigações, permitindo-se desta forma a regularização da situação atual, e a consequente retomada integral do imóvel para o patrimônio da União, caso se verifique o não cumprimento das determinações em determinado prazo a ser concedido, representará também uma importante fonte de receita e até mesmo a possibilidade de transformação plena da propriedade imóvel para o seu patrimônio, sem causar os inconvenientes do atual sistema e, de maneira concomitante, através da extinção paulatina da enfiteuse. Nada obstante, a medida conferirá ao titular do domínio útil a possibilidade efetiva de adquirir a propriedade plena do imóvel, após o cumprimento de determinadas condições definidas em lei, sem prejuízo da reserva de determinadas áreas para a defesa nacional, conforme expressamente previsto no art. 20 da CF/88. Só assim a propriedade, em sua plenitude, atingirá os seus fins sociais.

Registre-se que não há qualquer necessidade de modificação da Constituição Federal, art. 20, VII (Art. 20. São bens da União: ... VII – os terrenos de marinha). A definição do que se compreende por "terrenos de marinha" deve ocorrer através de lei especial que versará sobre a matéria em questão, no que concerne a áreas que serão mantidas e posteriormente consideradas como "terrenos de marinha", mantendo-se assim a Lei Maior sem qualquer retoque.

sem que haja anuência do senhorio, podendo ainda reivindicar a coisa de quem quer que seja[12].

Ante essa circunstância entendem alguns autores que a enfiteuse é modalidade de propriedade e que o enfiteuta é também proprietário.

Não há dualidade de domínio, pois ante o art. 1.231 do Código Civil vigente é impossível a coexistência de dois direitos de propriedade sobre a mesma coisa.

Como vimos, a enfiteuse contém todos os poderes da propriedade. Ensina-nos Clóvis que "por caberem esses direitos ao enfiteuta, o seu direito se denomina domínio útil, importa dizer: são-lhe atribuídos o direito de usufruir o bem do modo mais completo, o de aliená-lo e o de transmiti-lo por sucessão hereditária. O senhorio tem o domínio direto, que recai sobre a substância do imóvel, abstraindo de suas utilidades, as quais são objeto do enfiteuta". Assim quem tem o domínio útil é o enfiteuta ou foreiro e quem tem o domínio direto é o senhorio[13]. Só o senhorio direto é que tem o verdadeiro direito de propriedade; o poder jurídico sobre a sua coisa. O enfiteuta tem o poder jurídico sobre coisa de outrem[14].

É, realmente, por força do art. 2.038 do atual Código Civil, 2ª alínea, a enfiteuse um direito real sobre coisa imóvel alheia (CC, de 1916, art. 647, I), embora o mais amplo que se possa estabelecer[15], já que com ela se pode tirar da coisa todas as utilidades e vantagens que encerra e de empregá-la nos misteres a que, por sua natureza, se presta, sem destruir-lhe a substância e com a obrigação de pagar ao proprietário uma certa renda anual[16].

O único e verdadeiro titular do domínio do bem aforado é o senhorio direto. Pois observa Orlando Gomes que o resgate que se concede ao enfiteuta apenas lhe dá a condição de proprietário virtual, mas claro está que quem pode vir a ser proprietário de um bem não pode ser considerado como seu dono. A esse ponto bastante clara é a lição de Messineo de

---

12. Silvio Rodrigues, op. cit., p. 273-4.
13. Clóvis, apud Pinto Ferreira, in Enfiteuse-II, *Enciclopédia Saraiva do Direito*, v. 32, p. 152.
14. Pacifici-Mazzoni, *Della enfiteuse*, n. 32.
15. W. Barros Monteiro, op. cit., p. 272.
16. Lafayette, op. cit., v. 1, § 139. As normas do CC de 1916 sobre enfiteuse continuam vigorando para os aforamentos já existentes, observando-se, contudo, o disposto nos §§ 1º e 2º do art. 2.038 do Código Civil.

que o direito potestativo do enfiteuta de se tornar proprietário pelo resgate não significa que, antes de realizá-lo, ele já seja proprietário, pois o fato de que o senhorio só é privado de seu direito quando a enfiteuse é resgatada significa que, antes disso, o direito do enfiteuta se exercia sobre coisa alheia[17]. Além do mais, o senhorio direto readquire o seu bem, mediante o exercício da preferência, no caso de alienação, do comisso, ou do falecimento do enfiteuta sem herdeiros, o que não teria sentido se o foreiro fosse o proprietário (CC de 1916, arts. 683, 691 e 692, II e III). Tendo, ainda, direito ao foro, mas não ao laudêmio. Nosso Código Civil de 1916 no art. 678, ao declarar que se dá enfiteuse quando o *proprietário* atribui a outrem o domínio útil do imóvel, está dizendo que o proprietário é o senhorio direto.

a.3. Conceito

O próprio Código Civil de 1916 no art. 678 nos dá o conceito de enfiteuse ao prescrever que "dá-se a enfiteuse, aforamento, ou aprazamento, quando por ato entre vivos, ou de última vontade, o proprietário atribui a outrem o domínio útil do imóvel, pagando a pessoa, que o adquire, e assim se constitui enfiteuta, ao senhorio direto uma pensão, ou foro, anual, certo e invariável". Acrescentando, no art. 679, que "o contrato de enfiteuse é perpétuo. A enfiteuse por tempo limitado considera-se arrendamento, e como tal se rege".

Limongi França[18] define-a como "o desmembramento da propriedade, do qual resulta o direito real perpétuo, em que o titular (enfiteuta), assumindo o domínio útil da coisa, constituído de terras não cultivadas ou terrenos por edificar (prazo, bem enfitêutico ou bem foreiro), é assistido pela faculdade de lhe fruir todas as qualidades, sem destruir a substância, mediante a obrigação de pagar ao proprietário (senhorio direto) uma pensão anual invariável (foro)".

Sinteticamente, vem a ser o direito real sobre coisa alheia que autoriza o enfiteuta a exercer, restritiva e perpetuamente, sobre coisa imóvel, todos os poderes do domínio, mediante pagamento ao senhorio direto de uma renda anual.

---

17. Orlando Gomes, op. cit., p. 267; Messineo, *Manuale di diritto civile e commerciale*, v. 2, p. 148.
18. R. Limongi França, *Manual de direito civil*, São Paulo, Revista dos Tribunais, 1971, v. 3, p. 200; STF, Súmulas 170 e 326; *RT*, *302*:535; *RF*, *124*:446; *EJSTJ*, *15*:211.

Donde se extraem os seguintes caracteres:

a) Requer a presença de duas pessoas: da que tem o domínio do imóvel aforado (senhorio direto) e da que possui o bem de modo direto, tendo sobre ele uso, gozo e disposição (enfiteuta), desde que não afete sua substância. O senhorio direto é titular do domínio direto ou iminente, o enfiteuta ou foreiro o é do domínio útil. A terminologia da enfiteuse é oposta à da posse. O que tem a posse direta é o que está na posse corporal do bem. Na enfiteuse o senhorio direto tem o domínio direto e está afastado da coisa. O domínio direto do senhorio manifesta-se no recebimento do *canon*, na percepção do laudêmio em caso de alienação, mas, pelo art. 2.038, § 1º, I, está proibida a cobrança de laudêmio ou prestação análoga nas transmissões de bem aforado, sobre o valor das construções e plantações e nos casos mencionados concernentes ao *jus praelationis* e *devolutionis*.

b) Constitui um direito real imobiliário; só pode recair sobre bens imóveis alheios.

c) Não pode ser temporária; a perpetuidade lhe é essencial.

d) Contém a obrigação do enfiteuta de pagar renda anual e invariável chamada foro, *canon* ou pensão[19].

a.4. Objeto

Pelo art. 678 do Código Civil de 1916 a enfiteuse, já existente, só pode ter por objeto coisa imóvel, limitando-se a *terras não cultivadas* e *aos terrenos que se destinem à edificação* (CC de 1916, art. 680), devido a sua finalidade econômico-social de favorecer o aproveitamento de terras incultas e de terrenos baldios. Inadmissível será instituir enfiteuse sobre bens imóveis, sobre acessórios do solo, sobre casas ou prédios ou glebas colonizadas ou cultivadas[20].

A Constituição Federal remete à lei ordinária a regulamentação da extinção do instituto da enfiteuse em imóveis urbanos (art. 49 das Disposições Transitórias).

---

19. Sobre suas características *vide* Orlando Gomes, op. cit., p. 262-3; W. Barros Monteiro, op. cit., p. 272-3; Daibert, op. cit., p. 355; Giselda Maria F. Novaes Hironaka, Enfiteuse, *Direito civil. Estudos*, Belo Horizonte, Del Rey, 2000, p. 185-94.

20. Orlando Gomes, op. cit., p. 270; W. Barros Monteiro, op. cit., p. 273; Lafayette, op. cit., § 142. Consulte a Lei n. 13.240/2015 sobre administração, alienação, transferência de gestão de imóveis da União, arts. 3º, 6º e 9º.

Além desses imóveis a enfiteuse pode ter por objeto *terrenos de marinha* e *acrescidos*; como esses bens são da União, constituindo "bens públicos dominiais", seu aforamento é regido por lei especial[21], conforme dispõe o art. 2.038, § 2º, do Código Civil. O § 3º do art. 49 das Disposições Transitórias mantém as enfiteuses em terrenos de marinha e seus acrescidos, situados na faixa de segurança a partir da orla marítima.

Se o foro for remido, o antigo titular do domínio direto (senhorio) deverá, dentro de 90 dias, confiar toda a documentação alusiva ao bem à guarda do registro de imóveis competente, sob pena de responsabilidade (art. 49, § 4º).

Os terrenos de marinha são aqueles que, banhados pelas águas do mar ou dos rios navegáveis, se estendem até a distância de 33m para a parte térrea, tomando-se como base a preamar média do ano de 1831 (Dec.-Lei n. 2.490/40), ou, como estatui o Decreto-Lei n. 4.120/42 (art. 3º), "a linha do preamar máximo atual, determinada, normalmente, pela análise harmônica de longo período". Nos rios navegáveis, margens das lagoas, costas marítimas etc., eles se estendem até onde alcançam as influências das marés. No mesmo regime estão os terrenos acrescidos aos de marinha que, segundo o Decreto n. 4.105/1868, são todos os que natural ou artificialmente se tiverem formado ou formarem além do ponto determinado nos §§ 1º e 2º do art. 49 das Disposições Constitucionais Transitórias, para a parte do mar ou das águas do rio, quer dizer, a contar da preamar média das enchentes ordinárias para o lado do mar ou do rio.

A lei que regula os aforamentos dos terrenos de marinha, no Brasil, é o Decreto-Lei n. 9.760/46[22] (com as alterações das Leis n. 9.636/98 – com a redação da Lei n. 13.465/2017 –, n. 11.314/2006, n. 11.481/2007, 13.139/2015

---

21. Orlando Gomes, op. cit., p. 271. *Vide*: Decreto-Lei n. 2.398/87, art.1º (regulamentado pelo Decreto n. 9.354/2018) e art. 5º, I, e Lei n. 9.636, de 15-5-1998, sobre aforamento de imóveis dominiais da União, cujo art. 11-B está regulamentado pelo Dec. n. 9.354/2018.

22. *Vide*, sobre terrenos de marinha, Pinto Ferreira, op. cit., p. 158 e s. *Vide* Decreto-Lei n. 3.437/41 e Lei n. 7.542/86. Consulte art. 3º, §§ 2º e 3º, do Decreto-Lei n. 2.398/87. Sobre concessão de direito real de uso resolúvel de terreno de marinha e acrescidos e direitos enfitêuticos: Lei n. 9.636/98, arts. 18 e 19 (com a redação da Lei n. 11.481/2007) e Decreto-Lei n. 9.760/46, art. 103 (com a alteração da Lei n. 11.481/2007); Lei n. 13.240/2015, arts. 8º e 14; Decreto-Lei n. 3.438/41, art. 4º, com a redação da Lei n. 13.240/2015, que assim prescreve: "Ficam sujeitos ao regime enfitêutico os terrenos de marinha e os seus acrescidos, exceto aqueles necessários aos logradouros e aos serviços públicos ou quando houver disposição legal em sentido diverso". Sobre alienação de imóvel enfitêutico: Lei n. 13.240/2015.

e 13.240/2015 – com as alterações em seus arts. 4º, 8º, § 1º, II e 12, III feitas pela Lei n. 13.465/2017), principalmente nos arts. 64, § 2º; 99, parágrafo único; e 103 (com a redação da Lei n. 11.481/2007), sendo que os arts. 101, § 1º, 102 e 117 foram revogados pelo Decreto-Lei n. 2.398/87.

A concessão do aforamento dos terrenos de marinha depende de autorização administrativa, sendo que a concedente é a União que tem domínio sobre esses bens. O *canon*, que é pago previamente, é fixado com base no valor proporcional ao do domínio pleno. Para que o foreiro possa ceder ou alienar seu direito a outrem é mister que haja um prévio consentimento da União, caso em que o laudêmio seria pago conforme percentagem, fixada em lei, sobre o valor do terreno e suas acessões. Seria de 5% nos aforamentos cíveis e de 2,5%, se não houvesse estipulação em contrário. Tanto o foro como o laudêmio deviam ser cobrados mediante o executivo fiscal[23]. Porém, o art. 2.038, § 1º, I, do Código Civil veda a cobrança de laudêmio (com exceção da hipótese prevista no art. 22 da Lei n. 9.514/97, com a alteração das Leis n. 11.076/2004 e n. 11.481/2007) e o Decreto-Lei n. 1.876/81, regulamentado pelo Decreto n. 1.466/95 (ora revogado pelo Decreto n. 6.190/2007) e alterado pela Lei n. 11.481/2007, dispõe sobre a dispensa do pagamento de foros e laudêmios relativos a bens imóveis da União pelos enfiteutas, pois seu art. 1º e §§ 1º a 4º estabelece que: "Ficam isentas do pagamento de foros, taxas de ocupação e laudêmios, referentes a imóveis de propriedade da União, as pessoas consideradas carentes ou de baixa renda cuja situação econômica não lhes permita pagar esses encargos sem prejuízo do sustento próprio ou de sua família. A situação de carência ou baixa renda será comprovada a cada 4 (quatro) anos, na forma disciplinada pelo órgão competente, devendo ser suspensa a isenção sempre que verificada a alteração da situação econômica do ocupante ou foreiro. Considera-se carente ou de baixa renda para fins da isenção disposta neste artigo o responsável por imóvel cuja renda familiar mensal for igual ou inferior ao valor correspondente a 5 (cinco) salários mínimos. A União poderá delegar aos Estados, Distrito Federal ou Municípios a comprovação da situação de carência de que trata o § 2º deste artigo, por meio de convênio. A isenção de que trata este artigo aplica-se desde o início da efeti-

---

23. É o que ensina Orlando Gomes, op. cit., p. 280; Gustavo Tepedino, Enfiteuse de terras públicas e atualização do foro anual, *Estudos Jurídicos*, *5*:235-8.

A taxa de ocupação é uma prestação pecuniária anual que o ocupante de imóvel da União deve pagar pelo seu uso, correspondente a dois por cento do valor do domínio pleno do terreno, excluídas as benfeitorias, e o laudêmio é a prestação pecuniária devida à União pelo vendedor quando da transferência *inter vivos* do domínio útil e da inscrição de ocupação do referido terreno ou cessão de direito a ele relativo, em quantia correspondente a 5% do valor atualizado do domínio pleno do terreno, excluídas as benfeitorias.

Sobre isenção de laudêmio: Decreto n. 1.876/81, art. 2º, com a redação da Lei n. 13.465/2017.

va ocupação do imóvel e alcança os débitos constituídos e não pagos, inclusive os inscritos em dívida ativa, e os não constituídos até 27 de abril de 2006, bem como multas, juros de mora e atualização monetária".

Não será considerada carente a pessoa cuja situação patrimonial e de seus dependentes demonstre capacidade de pagamento dos encargos de que trata este artigo, sem comprometer o sustento de sua família.

A situação de carência a que se refere este artigo será comprovada anualmente, perante a Secretaria do Patrimônio da União, na forma que for estabelecida em ato do Ministro de Estado da Fazenda. Acrescenta seu art. 2º que são isentas do pagamento de laudêmio: *a*) as transferências do domínio útil de bens imóveis foreiros à União se os adquirentes forem pessoas jurídicas de direito público interno ou empresas públicas, sociedades de economia mista, e se tais transferências forem destinadas à realização de programas habitacionais; *b*) as transferências feitas a pessoas físicas por qualquer pessoa jurídica de direito público, desde que vinculadas a programas habitacionais de interesse social. Esse mesmo teor de ideias apresenta o Decreto-Lei n. 1.850/81[24].

a.5. Constituição

Vedada está pelo art. 2.038 a constituição de novas enfiteuses. Outrora, a enfiteuse podia constituir-se por ato *inter vivos* ou *causa mortis* (CC de 1916, art. 678).

Entretanto, como o negócio jurídico, de per si, não era idôneo para operar a aquisição do domínio, para que o direito real da enfiteuse pudesse ser adquirido por ato entre vivos, era imprescindível que esse título constitutivo fosse feito por escritura pública, uma vez que sempre tinha por objeto imóvel (CC de 1916, art. 134, II, hoje art. 108) e que, conforme o art. 676 (hoje, art. 1.227) do Código Civil, fosse devidamente registrado no Cartório de Imóveis competente (Lei n. 6.015/73, art. 167, I, n. 10). A Lei n. 6.015, art. 243, e o CC de 1916, art. 858, prescreviam que a matrícula do título de transmissão do domínio direto aproveitava ao titular do domínio útil e vice-versa. Se o foreiro promovesse o registro de seu direito, realizaria, forçosamente, o do direito do outro, em razão da inseparabilidade dessas relações jurídicas. É preciso esclarecer que, no contrato enfitêuti-

---

24. Instrução Normativa n. 5, de 24 de agosto de 2010, da SPU, dispõe sobre os procedimentos de análise dos requerimentos de isenção do pagamento de foros, taxas de ocupação e laudêmios referentes a imóves de domínio da União. Decreto n. 9.354, de 25 de abril de 2018, regulamenta o art. 1º do Decreto-Lei n. 2.398, de 21 de dezembro de 1987, que dispõe sobre foros, laudêmios e taxas de ocupação relativas a imóveis de propriedade da União, e o art. 11-B da Lei n. 9.636, de 15 de maio de 1998, que dispõe sobre a regularização, a administração, o aforamento e a alienação de bens imóveis de domínio da União.

co, as partes não tinham liberdade onímoda para estipular cláusulas que contrariassem os caracteres essenciais da enfiteuse; podiam apenas alterar ou suprimir os efeitos naturais desse direito real, como o direito ao laudêmio, por exemplo[25].

Podia ser a enfiteuse adquirida por meio de ato de última vontade ou testamento, quando o testador, por exemplo, transmitisse o domínio direto a um herdeiro, ao legatário e o domínio útil a outro[26], hipótese em que não era necessária a inscrição, já que a sucessão é um dos meios aquisitivos de direitos reais. Apesar disso exigia-se que o formal de partilha fosse assentado para que o direito pudesse ser, eventualmente, alienado[27].

Podia, ainda, a enfiteuse constituir-se por usucapião (*Ciência Jurídica, 61*:73), e a sentença judicial que a declarasse serviria como título a ser registrado na circunscrição imobiliária competente.

Para que isso ocorresse era preciso que os requisitos legais da prescrição aquisitiva (CC de 1916, arts. 550 e 551) estivessem presentes.

Lafayette[28] enunciava três exemplos práticos, em que era possível a aquisição da enfiteuse por via da usucapião:

a) Quando quem instituísse a enfiteuse não fosse o proprietário do imóvel, situação em que o enfiteuta adquiria esse direito real contra o legítimo dono, passado o tempo que a lei prescrevia (usucapião ordinária em 10 anos entre presentes e 15 entre ausentes, porque havia justo título e boa-fé. A aquisição verificava-se ainda que o concedente *non dominus* estivesse de má-fé, quando decorrido o prazo necessário à usucapião extraordinária, ou seja, 20 anos).

b) Quando alguém possuísse o bem aforado, como enfiteuta, embora sem esse título, mas pagando o foro ao dono (usucapião extraordinária em 20 anos).

c) Quando o próprio dono do imóvel, seja por ignorar esta situação, seja por outro motivo qualquer, conservava-se nele como enfiteuta, pagando pensão a outra pessoa, que considerava senhorio, invertendo-se, neste caso, as posições, pois o verdadeiro dono passava a ser foreiro e o suposto proprietário adquiria o domínio direto (usucapião extraordinária

---

25. W. Barros Monteiro, op. cit., p. 273; Orlando Gomes, op. cit., p. 271. A Súmula do STJ n. 496 entende que: "Os registros de propriedade particular de imóveis situados em terrenos de marinha não são oponíveis à União".

26. Pinto Ferreira, op. cit., p. 157.

27. Orlando Gomes, op. cit., p. 271-2.

28. Lafayette, op. cit., p. 333-4, § 146.

em 20 anos, pela ausência do título)[29]. Mas a enfiteuse, uma vez estabelecida, não se extinguia pela usucapião em favor do enfiteuta, que não podia adquirir contra o próprio título. Reportando-se a este último caso, Lobão referia-se à hipótese de o indivíduo vender o imóvel, reservando, para si, o domínio útil. Mesmo que fosse nula tal venda, a enfiteuse adquiria-se por usucapião, se transcorrido o lapso usucapional[30].

Percebe-se que a enfiteuse só podia ser adquirida por um destes três modos: *registro* no Cartório imobiliário competente, *sucessão hereditária* e *usucapião.*

a.6. Analogia com outros institutos

Nítida é a analogia que a enfiteuse apresenta com o usufruto e com a locação, porém são inconfundíveis os três institutos.

Em relação ao usufruto: *a*) a enfiteuse é mais extensa do que ele, pois o enfiteuta pode transformar o imóvel desde que não lhe deteriore a substância, o que não sucede com o usufrutuário; *b*) a enfiteuse pode ser transmitida por herança, ao passo que o usufruto extingue-se com a morte do usufrutuário, sendo intransmissível por herança; *c*) a enfiteuse é alienável, enquanto o exercício do usufruto só pode ser cedido, por título gratuito ou oneroso, sendo intransferível por alienação (CC, art. 1.393); *d*) na enfiteuse há o pagamento de uma pensão anual, por parte do foreiro; já o direito do usufrutuário é gratuito; *e*) a enfiteuse é perpétua (CC de 1916, art. 679); o usufruto, temporário; *f*) a enfiteuse recai sobre terras não cultivadas ou terrenos que se destinem à edificação; o usufruto pode recair sobre bens móveis e imóveis.

Quanto à locação: *a*) a enfiteuse é perpétua; a locação, de natureza temporária ou transitória; *b*) os direitos do foreiro são mais extensos do que os do locatário, pois o primeiro é titular de um direito real sobre coisa alheia, enquanto o segundo dispõe tão somente de um direito pessoal; *c*) o enfiteuta pode dispor ou alienar o bem enfitêutico; o locatário, por sua vez, só pode usar do bem, não pode ceder ou transferir o contrato de locação sem autorização do locador dada por escrito (Lei n. 8.245/91)[31].

---

29. *Vide* comentários de Daibert, op. cit., p. 357.

30. Orlando Gomes, op. cit., p. 272.

Pela Súmula 496 do STJ: "Os registros de propriedade particular de imóveis situados em terrenos de marinha não são oponíveis à União".

31. W. Barros Monteiro, op. cit., p. 274-5; Orlando Gomes, Enfiteuse e arrendamento, *RF*, *152*:76; *Direitos reais*, cit., p. 268-70; De Page (*Traité élémentaire de droit civil belge*, t. 6, n. 715) também apresenta os traços diferenciais existentes entre a locação e a enfiteuse.

a.7. Direitos e deveres do enfiteuta

Sem que se negue a propriedade do senhorio direto, poder-se-á dizer que:

1) O foreiro tem o direito de usufruir do bem enfitêutico desde que não lhe destrua a substância; pode tirar do imóvel todas as vantagens que forem de seu interesse, percebendo-lhe os frutos e rendimentos, dentro dos limites estabelecidos pela lei.

2) Os bens enfitêuticos podem ser transmitidos *causa mortis* aos herdeiros do foreiro, segundo a ordem de vocação hereditária estabelecida a respeito dos bens alodiais, isto é, dos bens livres e alienáveis, sem necessidade de autorização de quem quer que seja (CC de 1916, art. 681)[32]. Todavia, o art. 18, § 2º, do Decreto-Lei n. 3.438/41, proíbe a sucessão de estrangeiro.

3) O enfiteuta tem o direito de alienar o imóvel enfitêutico, a título oneroso ou gratuito, no todo ou em parte, desde que comunique o fato, previamente, ao senhorio direto (CC de 1916, art. 683), para que este exerça o seu direito de opção. Pois, se a alienação se der a título oneroso, a lei concede ao senhorio direto o direito preferencial, diz Clóvis, devido à utilidade social de se extinguir o ônus que recai sobre o domínio e à equidade que manda atribuir a totalidade do direito a quem já foi titular de parte. Se ele exercer a preferência extinguir-se-á a enfiteuse, pois terá em mãos o domínio direto e o útil[33].

   Pode, ainda, doar ou trocar por coisa infungível o prédio aforado, avisando o senhorio, dentro de 60 dias, sob pena de continuar responsável pelo pagamento do foro (art. 688 do CC de 1916).

4) O foreiro tem direito de adquirir o imóvel, tendo, portanto, direito de preferência, no caso do senhorio direto pretender vender o domí-

---

32. W. Barros Monteiro, op. cit., p. 275; Carvalho Santos, *Código Civil interpretado*, v. 9, p. 53; STF, Súmula 326.

33. Caio M. S. Pereira, *Instituições de direito civil*, Forense, 1978, v. 4, p. 209; W. Barros Monteiro, op. cit., p. 276-7; Clóvis, *Código Civil*, v. 3, p. 229. Venda de domínio útil: Lei n. 9.636/98, art. 26, § 3º, com a redação da Lei n. 11.481/2007. Cessão gratuita de direitos enfitêuticos relativos a frações de terrenos cedidos quando se tratar de regularização fundiária ou provisão habitacional para famílias carentes ou de baixa renda: Lei n. 9.636/98, art. 19, VI, com redação da Lei n. 11.481/2007.

    Sobre alienação de domínio pleno ou útil: a Lei n. 13.465/2017 altera a Lei n. 9.636/98, arts. 11-C, § 3º, 16-C, §§ 1º, 3º e 4º, 16-D; Lei n. 8.036/90, art. 20, XIX (com a redação da Lei n. 13.465/2017).

    Sobre remição do aforamento: Lei n. 9.636/98 (com a redação da Lei n. 13.465/2017, arts. 11-C, § 3º, 16-A, §§ 1º a 7º, 16-B e parágrafo único, 16-G, 16-H, §§ 1º a 4º.

nio direto ou dá-lo em pagamento. Deverá o senhorio direto notificá-lo, para que exerça sua preferência dentro de 30 dias, declarando-a por escrito (CC de 1916, art. 684). Se o senhorio direto não cumprir esse dever, poderá o enfiteuta usar de seu direito de preferência, havendo do adquirente o prédio pelo preço da aquisição[34].

5) O enfiteuta tem direito de abandonar o bem enfitêutico ao senhorio direto, levando o assento, independentemente de consentimento do senhorio, no registro imobiliário o seu ato abdicativo (Lei n. 6.015/73, art. 258). Porém, não tem direito à remissão do foro, por esterilidade ou destruição parcial do prédio enfitêutico, nem pela perda total de seus frutos (CC de 1916, art. 687). No caso de destruição total do prédio, perecerá o próprio direito, extinguindo-se a obrigação de pagar o *canon*. Esse abandono não terá lugar em prejuízo de credores, que poderão, por sua vez, embargá-lo, prestando fiança pelas pensões futuras, até que sejam pagos de suas dívidas (CC de 1916, art. 691).

6) O foreiro pode gravar a coisa enfitêutica de servidões, usufrutos e hipotecas, subordinados à condição de se extinguirem com a cessação da enfiteuse[35].

7) O enfiteuta podia instituir subenfiteuse (CC de 1916, art. 694; Dec.-Lei n. 9.760/46, arts. 99 e s.), que consistia na transferência que o foreiro fazia de seu direito a outrem, sem contudo desligar-se da relação jurídica que o prende ao senhorio direto. O domínio útil do enfiteuta passava para o subenfiteuta, que teria perante o enfiteuta os mesmos direitos e obrigações que este último tinha perante o senhorio direto. Perdia o foreiro o domínio útil, passando a ter os mesmos direitos e obrigações do senhorio direto em face do subenfiteuta. O senhorio direto não figurava nas relações criadas pela subenfiteuse, mesmo porque esta não alterava, nem modificava os direitos decorrentes da enfiteuse[36]. A subenfiteuticação gerava relações apenas entre o enfiteuta e o subenfiteuta. O senhorio direto permanecia alheio ao fato, salvo se no ato constitutivo originário houvesse cláusula requerendo sua notificação. O senhorio direto não tinha direito à opção, nem à percepção do laudêmio. O subenfiteuta deveria pagar o foro ao enfiteuta que, por ou-

34. Clóvis, op. cit., v. 3, p. 231.
35. Lafayette, op. cit., § 147; Caio M. S. Pereira, op. cit., p. 210.
36. Carvalho Santos, op. cit., v. 9, p. 108.

tro lado, não se exonerava da obrigação de pagar ao senhorio a pensão anual. Embora esse dever pudesse ser satisfeito, de modo direto, pelo subenfiteuta a fim de evitar o comisso, que redundaria em resolução da subenfiteuse[37].

Hodiernamente, diante do disposto no art. 2.038, § 1º, II, do atual Código Civil, fica proibida a constituição de novas subenfiteuses.

8) O foreiro tem direito de constituir coenfiteuse, pois a enfiteuse admite a titularidade simultânea de várias pessoas (CC de 1916, art. 690) que exercem, *pro indiviso*, o seu direito sobre o bem enfitêutico. Entretanto, os coenfiteutas deverão dentro de 6 meses eleger, para representá-los, por maioria absoluta de votos, um cabecel, com a observância do procedimento da Lei n. 9.099/95, art. 3º, I e II, sob pena do próprio senhorio direto escolhê-lo, que irá responder perante o senhorio direto por todas as obrigações, inclusive a de pagar o foro. As ações do senhorio direto contra os foreiros deverão ser propostas contra o cabecel, que terá direito regressivo contra os demais pelas respectivas quotas (CC de 1916, art. 690, § 1º)[38].

9) Cada enfiteuta tem direito à enfiteuse distinta quando, havendo coenfiteuse, o senhorio direto tiver permitido a divisão em glebas (CC de 1916, art. 690, §§ 1º e 2º).

10) O foreiro tem direito às benfeitorias necessárias em caso de comisso (CC de 1916, art. 692, II).

11) O enfiteuta tem direito ao resgate do foro, após dez anos, mediante pagamento de um laudêmio, que será de 2,5% sobre o valor atual da propriedade plena, e de 10 pensões anuais (CC de 1916, art. 693; *RT*, *525*:268; *RSTJ*, *92*:171; TJRJ, *ADCOAS*, 1980, n. 73.405), extinguindo assim a enfiteuse, com a consolidação, no enfiteuta, da plenitude do domínio. Com isso o foreiro poderá livrar-se do ônus real, contudo não lhe será lícito renunciar ao direito de resgate, nem contrariar as dispo-

---

37. Orlando Gomes, *Direitos reais*, p. 277-8; Caio M. S. Pereira, op. cit., p. 210. *Vide* Decreto-Lei n. 2.490/40, ampliado pelo Decreto-Lei n. 3.438/41, sobre terreno de marinha; Decreto-Lei n. 3.437/41, relativo ao terreno de fortificações; Decreto-Lei n. 5.666/43, sobre concorrência para aforamento; Decreto-Lei n. 9.760/46, concernente a imóveis da União; e o Código de Águas, art. 13.

38. *Vide* Orlando Gomes, op. cit., p. 278.

sições legais. De modo que, se se pactuar tal renúncia, nula ela será, permitindo-se que o enfiteuta possa, sem embargo dela, efetuar o resgate[39]. Pela Constituição Federal, art. 49 das Disposições Transitórias, remete-se a disciplina dos casos de extinção da enfiteuse urbana à lei ordinária, conferindo ao foreiro o resgate do aforamento mediante a aquisição do domínio direto, que pertence ao senhorio, na vigência do contrato enfitêutico, desde que cumpra o contrato na forma que a lei estipular. Se inexistir cláusula contratual, aplicar-se-ão os critérios vigentes na legislação especial dos imóveis da União (§ 1º). No § 2º protege os direitos dos atuais ocupantes inscritos, mesmo que lhes seja aplicada outra modalidade de contrato. Todavia, esse direito não terá se se tratar de bens enfitêuticos pertencentes à União em virtude do art. 1º do Decreto n. 22.785/33 (ora revogado), embora o Decreto-Lei n. 9.760/46, nos arts. 103 (alterado pela Lei n. 11.481/2007) e 122, permita, em casos excepcionais, a remição dos aforamentos.

12) O foreiro tem ação contra terceiro e contra o senhorio direto. Pode lançar mão de todos os remédios possessórios para proteger a posse que decorre de seu direito real. Impropriamente, diz-se que tem ação reivindicatória contra o senhorio ou terceiro que detenha injustamente o bem enfitêutico. Contudo, só tem o direito de reivindicar o domínio útil, todavia com isso não se quer dizer que exerce sobre o bem direito de propriedade. Tem o direito de propor *ação confessória* e *negatória* bem como as necessárias para compelir o senhorio a cumprir os deveres assumidos no título constitutivo da enfiteuse[40].

13) O enfiteuta tem direito à metade do tesouro achado por terceiro em terreno aforado, mas se for ele o descobridor fará jus ao encontrado por inteiro (CC, art. 1.266).

Por outro lado:

1) O enfiteuta não pode atingir a substância da coisa com sua fruição. O que envolve a proibição de dividi-la sem autorização do senhorio direto (CC de 1916, art. 681). Pois, a regra geral é a da in-

---

39. W. Barros Monteiro, op. cit., p. 281-2; TJRJ, *ADCOAS*, 1982, n. 85.022: "Para o resgate de enfiteuse, a base do cálculo é o valor real atual do bem e não o constante da guia para pagamento do imposto predial".
40. Orlando Gomes, op. cit., p. 279. Consulte *Jurisprudência do Supremo Tribunal Federal*, 1935, v. 2, p. 178.

divisibilidade por glebas separadas, a fim de evitar fragmentação da pensão, de modo que o aforamento é indivisível em benefício do senhorio direto, e só será possível sua divisão com sua anuência. Será expresso seu consentimento quando o senhorio, no próprio ato constitutivo ou por ato posterior, consente nessa divisão, e tácito quando concorda, inequivocamente, com tal divisão ao receber, por exemplo, separadamente as parcelas da pensão correspondente a cada quinhão[41].

2) O foreiro não pode vender nem dar em pagamento a coisa sem avisar o senhorio para que possa exercer o seu direito de opção, dentro de 30 dias (CC de 1916, art. 683).

3) O enfiteuta deve avisar o senhorio quando doar, der em dote, ou trocar por coisa não fungível o prédio aforado (CC de 1916, art. 688).

4) O enfiteuta deverá eleger um cabecel quando houver coenfiteuse (CC de 1916, art. 690).

5) O foreiro deverá pagar o foro anual (CC de 1916, art. 678), mesmo em caso de transmissão, se não tiver avisado o senhorio direto (CC de 1916, art. 688), sob pena de incidir em comisso. O foro deve ser anual, módico, certo e invariável, não se admitindo sua redução nem mesmo prorrogação de seu vencimento[42].

6) O enfiteuta deverá pagar previamente os credores, quando abandonar gratuitamente ao senhorio o prédio aforado (CC de 1916, art. 691; Lei n. 6.015/73, art. 258).

7) O foreiro deveria pagar o laudêmio, em caso de alienação do bem enfitêutico (CC de 1916, art. 686), ao senhorio direto, que era a compensação a que ele tinha direito por não ter exercido o direito de preferência, não estando obrigado a pagá-lo nas cessões gratuitas (como nos casos de doação, de troca por coisa não fungível e de herança), na desapropriação por utilidade pública, e nas trans-

---

41. W. Barros Monteiro, op. cit., p. 275-6.

42. *Vide* a lição de Orlando Gomes, op. cit., p. 274-5, sobre "foro"; CPC/2015, art. 784, VII; Decreto-Lei n. 9.760/46, art. 100, § 6º, com redação da Lei n. 11.481/2007. A Portaria da SPU n. 215/2015 estabelece procedimentos para concessão de anistia de débitos patrimoniais e de isenção do pagamento de taxas de ocupação, de foros ou de laudêmios para as pessoas jurídicas de direito privado sem fins lucrativos, reconhecidas como entidades beneficentes de assistência social com finalidade de prestação de serviços nas áreas de assistência social, saúde ou educação.

ferências do domínio útil de terrenos de marinha destinados à construção de conjuntos habitacionais de interesse social. Ficam também isentos de pagamento de foros, taxas de ocupação e laudêmios, referentes a imóveis da propriedade da União, as pessoas em situação de baixa renda, comprovada a cada quatro anos, que não lhes permita pagar tais encargos sem prejuízo do sustento próprio ou de sua família, uma vez que sua renda familiar é igual ou inferior a cinco salários mínimos (Dec.-Lei n. 1.850/81, art. 1º e parágrafo único; Dec.-Lei n. 1.876/81, arts. 1º, §§ 1º a 4º, e 2º com a redação da Lei n. 11.481/2007; Dec. legislativo n. 35/81). Pelo Código Civil de 2002, art. 2.038, § 1º, I, está proibida a cobrança desse laudêmio (salvo no caso do art. 22, § 1º, I, da Lei n. 9.514/97, com a alteração da Lei n. 11.481/2007, que assim reza: "A alienação fiduciária poderá ser contratada por pessoa física ou jurídica, não sendo privativa das entidades que operam no SFI, podendo ter como objeto bens enfitêuticos, hipótese em que será exigível o pagamento do laudêmio, se houver a consolidação do domínio útil no fiduciário").

8) O enfiteuta deverá pagar as importâncias previstas no art. 693 do Código Civil de 1916, para exercer o seu direito de resgate.

9) O foreiro deverá pagar os impostos e ônus reais que gravarem o imóvel (CC de 1916, art. 682). Respondendo, ainda, em virtude do disposto no art. 8º, § 1º, do Decreto-Lei n. 195/67, pela contribuição de melhoria[43].

a.8. Direitos e obrigações do senhorio direto

Os direitos dominiais do senhorio direto são:

1) O de exigir a conservação da substância da coisa, do qual são, p. ex., principais consequências: o direito às acessões; o de consolidar o domínio útil no direto, nos casos admitidos e previstos legalmente[44] (CC de 1916, arts. 683, 685, 687, 689 e 692).

2) O de alienar o domínio direto.

3) O de opção, na hipótese de venda do domínio útil por parte do foreiro (CC de 1916, arts. 683 e 684), em igualdade de preços e condi-

---

43. Sobre tais deveres *vide* Pinto Ferreira, op. cit., p. 158; *ADCOAS*, 1982, n. 85.288.

44. Orlando Gomes, op. cit., p. 273.

ções, por ser socialmente conveniente consolidar a propriedade num só titular. O enfiteuta notifica o senhorio direto para que este exerça seu direito de preferência dentro de 30 dias, declarando, por escrito, datando e assinando. Se dentro desse prazo, ele não responder à notificação, ou não oferecer o preço da alienação, o enfiteuta poderá efetivar a venda ou dação em pagamento com quem bem entender. Contudo não terá esse direito de prelação se o foreiro pretender doar ou trocar a coisa por outra não fungível (CC de 1916, art. 688), porque esses atos têm por escopo favorecer determinada pessoa. Ensina Washington de Barros Monteiro que "conceder-lhe a preferência na aquisição do bem enfitêutico seria desnaturar o ato, admitir um contrassenso, por nada haver a optar. O mesmo ocorre no caso de permuta por bem não fungível. Se este pudesse ser avaliado, para efeito de assegurar preferência, ter-se-ia que o foreiro vendera e não trocara a coisa aforada[45]. Mas o foreiro, como vimos, terá que avisar o senhorio, se doar ou trocar o bem enfitêutico, dentro de 60 dias, contados da transmissão, sob pena de continuar responsável pelo pagamento do *canon* (CC de 1916, art. 688).

4) O de promover a consolidação do domínio, se o foreiro alienar o domínio útil sem notificá-lo para que exerça o direito de preferência, depositando o preço, como similarmente ocorre com o exercício do direito preferencial do condômino no caso de um comunheiro alienar a estranho a sua quota na coisa comum sem lhe reconhecer o direito de prelação (CC, art. 504)[46]. Deveras dispõe o art. 685 do Código Civil de 1916 que, "se o enfiteuta não cumprir o disposto no art. 683, poderá o senhorio direto usar, não obstante, de seu direito de preferência, havendo do adquirente o prédio pelo preço da aquisição", podendo até recorrer, para isso, à ação de reivindicação[47].

5) O de ser citado, no caso de penhora do domínio útil por dívida do foreiro, para assistir ao leilão e exercer, se o quiser, o direito de preferência, no caso de arrematação, sobre os demais lançadores, em iguais condições, quer em falta deles, no caso de adjudicação (CC de 1916, art. 689). No mesmo sentido, o art. 889, V, do Código de Processo Civil, que dispõe que "serão cientificados da alienação judicial, com

45. W. Barros Monteiro, op. cit., p. 279; Caio M. S. Pereira, op. cit., p. 212.

46. Caio M. S. Pereira, op. cit., p. 212.

47. *RF*, *119*:427. Observou W. Barros Monteiro (op. cit., p. 277, nota 19) que, se o domínio direto pertencer à União, aplica-se o art. 7º do Decreto-Lei n. 893, de 26 de novembro de 1938, a fim de se lhe garantir a preferência (acórdão do STF, publicado no *DJU* de 25-7-1952, p. 3317).

pelo menos 5 dias de antecedência, o credor pignoratício, hipotecário, anticrético, fiduciário ou com penhora anteriormente averbada, quando a penhora recair sobre bens com tais gravames, caso não seja o credor, de qualquer modo, parte na execução". A falta dessa citação torna o ato anulável, mas com o recebimento do laudêmio, em razão da transmissão, pelo senhorio, sana-se esse defeito[48].

6) O de consentir ou não na divisão, em glebas, do imóvel aforado (CC de 1916, art. 681).

7) O de escolher o cabecel dentro do prazo de 6 meses, caso essa escolha não tiver sido feita pelos coenfiteutas, quando o prédio emprazado vier a pertencer a várias pessoas (CC de 1916, art. 690; CPC, art. 1.063; e Lei n. 9.099/95, art. 3º, II).

8) O de receber os seguintes pagamentos:

a) o das pensões ou foros anuais (CC de 1916, art. 678) estipulados no ato constitutivo, que são invariáveis, sem embargo de valorizações do bem ou do aumento da rentabilidade oriunda de sua exploração. Não pode, portanto, aliviar o foreiro, reduzindo o foro, sob o pretexto de malogro das colheitas ou de perda dos frutos[49];

b) o do foro de cada gleba na hipótese de divisão da enfiteuse (CC de 1916, art. 690, § 2º);

c) o do laudêmio, que era devido se se realizasse a transferência do domínio útil, por venda, penhora (CC de 1916, art. 689), dação em pagamento, incorporação a sociedade anônima, não tendo exercido o seu direito de prelação, salvo nas hipóteses dos Decretos-Leis n. 1.876/81 e 1.850/81. O laudêmio era de 2,5% sobre o preço da alienação, se outra taxa não estivesse fixada no título de aforamento (CC de 1916, art. 686). Essa quantia devia ser paga previamente; não se lavrava escritura de venda sem que se recolhesse essa retribuição. Se o foreiro se omitisse a esse pagamento, o senhorio podia lançar mão de execução forçada contra ele e não contra o adquirente, a não ser que este se houvesse obrigado pelo respectivo pagamento (CPC, art. 784, VII)[50]. Por força do art. 2.038, § 1º, I, do atual Código está vedada a cobrança do

---

48. W. Barros Monteiro, op. cit., p. 278.
49. Caio M. S. Pereira, op. cit., p. 211; *EJSTJ*, *10*:78; *RSTJ*, *81*:94.
50. W. Barros Monteiro, op. cit., p. 279-80; *RF*, *121*:158; *AJ*, *56*:159, *60*:304, *80*:149; *RT*, *529*:252; *EJSTJ*, *15*:64.

laudêmio, com exceção da hipótese do art. 22, § 1º, I, da Lei n. 9.514/97, com a alteração da Lei n. 11.481/2007;

d) o do foro por parte do foreiro anterior, quando não tiver sido comunicado da doação e da permuta por coisa infungível do prédio aforado, feita por ele (CC de 1916, art. 688);

e) o do resgate, quando este ocorrer nos termos do art. 693 do CC de 1916[51].

9) O de invocar as seguintes ações:

a) *reais* – a de *reivindicação*, para haver o prazo, contra terceiro que injustamente o detenha e contra o foreiro, quando ocorrer qualquer fato que induza consolidação; a *confessória*, para fazer reconhecer-se servidões ativas do prazo, e a *negatória*, para repelir a imposição de servidões passivas indevidas;

b) *pessoais* – para cobrar o foro mas não o laudêmio. Tendo, ainda, a *ação de comisso* para extinguir a enfiteuse em virtude da mora no pagamento das pensões[52].

Dentre as suas principais *obrigações* temos:

1) a de respeitar o domínio útil do foreiro;

2) a de notificar o enfiteuta quando for alienar o seu domínio;

3) a de conceder o resgate nos termos do contrato[53].

a.9. Extinção da enfiteuse

Extingue-se a enfiteuse:

1) Pela natural deterioração do prédio aforado, quando chegue a não valer o capital correspondente ao foro e mais um quinto deste (CC de 1916, art. 692, I), revertendo a enfiteuse em proveito do senho-

---

51. Sobre esses direitos *vide* Pinto Ferreira, op. cit., p. 157; Álvaro Villaça Azevedo, Enfiteuse-III, in *Enciclopédia Saraiva do Direito*, n. 32, p. 176; STF, Súmulas 170 e 445. *Vide* a Lei n. 5.827/72, art. 1º, a respeito do art. 693 do Código Civil; o Decreto n. 22.785/33 (revogado pelo Decreto de 25-4-1991), que vedava o resgate dos aforamentos de terrenos pertencentes ao domínio da União, e o Decreto-Lei n. 9.760/46, arts. 103 a 122, sobre imóveis da União; *RT*, *525*:268.

52. Lafayette, op. cit., p. 381; Daibert, op. cit., p. 366; Orlando Gomes, op. cit., p. 279.

53. Pinto Ferreira, op. cit., p. 157.

Pelo CPC, art. 791, § 2º, aplica-se à enfiteuse, no que couber, o regime de penhora fracionada.

rio, a não ser que o foreiro prefira reparar o prédio, a suas expensas, fazendo com que o mesmo recupere seu antigo valor.

O enfiteuta responderá por perdas e danos se essa deterioração decorrer de ato culposo seu[54].

2) Pelo comisso, deixando o foreiro de pagar as pensões devidas por 3 anos consecutivos, ou 4 (quatro) anos intercalados, importará a caducidade do aforamento, caso em que o senhorio o indenizará das benfeitorias necessárias (CC de 1916, art. 692, II; Dec.-Lei n. 9.760/46, art. 101, parágrafo único (com a redação da Lei n. 9.636/98); STF, Súmulas 122 e 169; Instrução Normativa do SPU n. 1/2005).

O comisso não opera de pleno direito, devendo ser pronunciado por sentença judicial. Cabe ao senhorio direto propor ação contra o foreiro a fim de que se comprove e decrete o comisso. Só depois da sentença do magistrado é que o enfiteuta perderá o seu domínio útil, consolidando-se o direito de propriedade na pessoa do senhorio direto. Entretanto, as partes poderão estipular, se o quiserem, no contrato enfitêutico, que a falta do pagamento do *canon* não acarretará o comisso, desde que tal cláusula seja decretada judicialmente[55].

Pelos arts. 101, parágrafo único (com a redação da Lei n. 9.636/98), 103, I a V (com a redação da Lei n. 11.481/2007), 118 e 121, *caput* e parágrafo único, do Decreto-Lei n. 9.760/46 também se extingue o aforamento de bens da União por *inadimplemento de cláusula contratual*, consistente no atraso do pagamento do foro durante três anos, só que o reconhecimento desse comisso independe de decisão judicial, mas se os foros atrasados forem pagos, o chefe do órgão local da Secretaria do Patrimônio da União concederá, a pedido do requerente, reconhecendo seu direito, a revigoração do aforamento (art. 119 e parágrafo único do Dec.-Lei n. 9.760/46, com redação da Lei n. 11.481/2007); por *acordo entre as partes*; pela *remissão do foro*, nas zonas onde não mais subsistam os motivos determinantes da aplicação do regime enfitêutico; pelo *abandono do imóvel*, caracterizado pela ocupação, por mais de cinco anos, sem

54. Caio M. S. Pereira, op. cit., p. 215; W. Barros Monteiro, op. cit., p. 283.

55. W. Barros Monteiro, op. cit., p. 284; *RT*, *239*:472, *266*:567, *292*:748, *309*:724; Orlando Gomes, op. cit., p. 276; Caio M. S. Pereira, op. cit., p. 215.

contestação, de assentamentos informais de baixa renda, retornando o domínio útil à União; ou por *interesse público*, mediante prévia indenização. Cancelado o registro de aforamento, a certidão da Secretaria do Patrimônio da União de cancelamento de aforamento será o documento hábil para tanto (Lei n. 6.015/73, art. 250, III; Dec.-Lei n. 9.760/46, art. 121, *caput* e parágrafo único, com a redação da Lei n. 11.481/2007).

3) Pelo falecimento do enfiteuta sem herdeiros, salvo direito dos credores (CC de 1916, art. 692, III) de continuar com o aforamento até liquidação dos débitos do *de cujus*[56], se este não deixar outros bens que garantam o pagamento de suas dívidas (CC de 1916, art. 691).

Se o foreiro deixar herdeiros legítimos ou testamentários, o bem enfitêutico, por força do art. 681 do Código Civil de 1916, transmitir-se-á a eles. Se herdeiros não houver, caduca a enfiteuse e o direito real volve ao senhorio direto e não ao Estado, como os bens alodiais, como se se tratasse de herança jacente, porque isso seria contrário aos interesses sociais e o Poder Público não seria bom administrador do imóvel aforado[57].

4) Pela confusão, ou seja, quando as condições de senhorio e enfiteuta reúnem-se na mesma pessoa, que ocorre quando:

a) o enfiteuta torna-se herdeiro do senhorio;

b) o senhorio adquire o domínio útil do foreiro;

c) o senhorio exerce o direito de opção, na cessão onerosa, da enfiteuse;

d) o enfiteuta abandona o bem aprazado ao senhorio direto, levando a assento no Registro de Imóveis o ato de renúncia, por não ser mais conveniente a exploração desse bem (CC de 1916, art. 691). Nesse caso será lícito aos credores oporem-se ao abandono, oferecendo garantia fidejussória do pagamento das pensões futuras, até que suas dívidas sejam pagas;

e) o senhorio se torna herdeiro do enfiteuta;

56. Caio M. S. Pereira, op. cit., p. 216; W. Barros Monteiro, op. cit., p. 285.
57. W. Barros Monteiro, op. cit., p. 285; Caio M. S. Pereira, op. cit., p. 216.

f) o foreiro exerce seu direito de resgate, cumprindo os requisitos do art. 693 do Código Civil de 1916, comprando o direito do senhorio direto, tornando-se o proprietário do prédio enfitêutico[58].

5) Pela perda da nacionalidade brasileira (Dec.-Lei n. 3.438, de 17-7-1941, art. 18, § 1º).

6) Pelo perecimento do prédio aforado, pois se este for totalmente destruído desaparece a enfiteuse, em virtude do princípio de que todo direito perece por falta de objeto[59].

7) Pela usucapião do imóvel enfitêutico, pela ocorrência dos requisitos dos arts. 1.238 e 1.242 do atual Código Civil, aliada à posse prolongada e inércia do enfiteuta ou do senhorio direto.

Caio Mário da Silva Pereira assevera que "não se pode cogitar de usucapião do foreiro contra o senhorio e vice-versa, porque: 1) o enfiteuta não tem condições de usucapir contra o senhorio, de vez que a sua posse é um efeito da própria relação jurídica que, por si mesma, exclui a *posse 'cum animo domini'*; 2) da parte do senhorio direto não haverá usucapião porque já é ele titular da nua propriedade, com cessão do domínio útil ao foreiro em caráter perpétuo, ínsito na declaração de vontade constitutiva da enfiteuse, afastando a ideia de aquisição pela posse direta e prolongada, contra os termos do título"[60].

8) Pela desapropriação do prédio aprazado, tendo o enfiteuta direito de receber a indenização, da qual se deduzirá o que se deve pagar ao senhorio direto[61].

---

58. Caio M. S. Pereira, op. cit., p. 215-7; Lafayette, op. cit., § 156; Cunha Gonçalves, *Tratado de direito civil*, v. 9, n. 1.312; Orlando Gomes, op. cit., p. 276-7.
59. Caio M. S. Pereira, op. cit., p. 214.
60. Caio M. S. Pereira, op. cit., p. 215.
61. Seabra Fagundes, *Da desapropriação no direito brasileiro*, n. 523, p. 427; Orlando Gomes, op. cit., p. 277; Caio M. S. Pereira, op. cit., p. 214. *Vide* Decreto n. 11, de 21-1-1991, que revogou o Decreto n. 4.956, de 9-9-1903, perdendo sua vigência pelo Decreto n. 761/93.

QUADRO SINÓTICO

ENFITEUSE			
	• 1. Histórico		• Resultou da fusão, que se deu na era justiniana, entre o *jus emphyteuticon* dos gregos e o *ager vectigalis* ou arrendamento público dos romanos.
	• 2. Natureza jurídica		• É o mais amplo direito real sobre coisa imóvel alheia, de gozo, já que com ela podem-se tirar da coisa todas as utilidades e vantagens que encerra e empregá-la nos misteres a que, por sua natureza, se presta, sem lhe destruir a substância e com a obrigação de pagar ao proprietário uma certa renda anual. O único e verdadeiro titular do domínio do bem aforado é o senhorio direto.
	• 3. Conceito		• Enfiteuse é o direito real sobre coisa alheia que autoriza o enfiteuta a exercer, restritiva e perpetuamente sobre a coisa imóvel, todos os poderes do domínio, mediante pagamento ao senhorio direto de uma renda anual (CC de 1916, art. 678).
	• 4. Objeto		• Terras não cultivadas (CC de 1916, art. 680). • Terrenos que se destinam à edificação (CC de 1916, art. 680). • Terrenos de marinha e acrescidos (CC de 1916, art. 694; Dec.-Lei n. 4.120/42; Dec.-Lei n. 4.105, de 1868; Dec.-Lei n. 9.760/46; e Dec.-Lei n. 1.850/81).
	• 5. Constituição		• Registro (Lei n. 6.015/73, art. 167, I, n. 10). • Sucessão hereditária (CC de 1916, art. 678). • Usucapião (CC de 1916, arts. 550 e 551).
	• 6. Analogia com outros institutos	• 1. Enfiteuse e usufruto	• A *enfiteuse* é mais extensa do que o usufruto; a enfiteuse pode ser transmitida por herança; o *usufruto* extingue-se com a morte do usufrutuário; a *enfiteuse* é alienável; o *usufruto* não pode ser alienado, embora seu exercício possa ser cedido gratuita ou onerosamente (atual CC, art. 1.393); a *enfiteuse* é onerosa, o *usufruto*, gratuito.

ENFITEUSE	• 6. Analogia com outros institutos	• 2. Enfiteuse e locação	• A *enfiteuse* é perpétua, a *locação* é transitória; os direitos do foreiro são mais extensos do que os do locatário; o enfiteuta pode alienar o bem enfitêutico e o locatário só pode usar o bem locado.
	• 7. Direitos e deveres do enfiteuta	• Direitos	• Usufruir o bem aforado. • Transmitir a coisa enfitêutica aos herdeiros (CC de 1916, art. 681). • Alienar o imóvel aforado (CC de 1916, art. 683) comunicando ao senhorio direto para que ele exerça o direito de preferência. • Adquirir o imóvel, tendo direito de preferência, se o senhorio quiser aliená-lo (CC de 1916, art. 684). • Abandonar o bem enfitêutico (CC de 1916, arts. 687 e 691). • Gravar a coisa aforada. • Instituir subenfiteuse (CC de 1916, art. 694), hoje vedada por força do CC atual (art. 2.038, § 1º, II). • Constituir coenfiteuse (CC de 1916, art. 690, §§ 1º e 2º). • Às benfeitorias necessárias em caso de comisso (CC de 1916, art. 692, II). • Ao resgate do foro (CC de 1916, art. 693, e Dec.-Lei n. 9.760/46, arts. 103 e 122). • Às ações: possessória, confessória e negatória.
		• Deveres	• Não atingir a substância da coisa com sua fruição (CC de 1916, art. 681). • Não vender ou dar em pagamento o bem aforado sem avisar o senhorio (CC de 1916, art. 683). • Avisar o senhorio direto quando doar, ou trocar por coisa não fungível o prédio aforado (CC de 1916, art. 688). • Eleger cabecel quando houver coenfiteuse (CC de 1916, art. 690). • Pagar o foro anual (CC de 1916, art. 678). • Pagar previamente os credores quando abandonar gratuitamente ao senhorio o prédio aforado (CC de 1916, art. 691).

ENFITEUSE	• 7. Direitos e deveres do enfiteuta	• Deveres	• Pagar laudêmio, em caso de alienação (CC de 1916, art. 686) ao senhorio, salvo os casos arrolados nos Decs.-Leis n. 1.850/81 e 1.876/81. Atualmente, não tem mais esse dever, em razão do disposto no art. 2.038, § 1º, I, do atual Código Civil, com exceção da hipótese do art. 22, § 1º, I, da Lei n. 9.514/97, com a redação da Lei n. 11.481/2007. • Pagar as importâncias previstas no art. 693 do Código Civil de 1916, para exercer o resgate. • Pagar os impostos e ônus reais que gravarem o imóvel (CC de 1916, art. 682) e contribuições de melhoria (Dec.-Lei n. 195/67, art. 8º, § 1º).
	• 8. Direitos e obrigações do senhorio direto	• Direitos	• Exigir a conservação da substância do bem. • Às acessões. • Ao tesouro. • Alienar o domínio direto. • De preferência no caso de alienação do domínio útil pelo foreiro (CC de 1916, arts. 683 e 684). • Consolidar o domínio se o enfiteuta alienar o domínio útil sem notificá-lo (CC de 1916, art. 685). • Ser citado, no caso de penhora do domínio útil por dívida do foreiro (CC de 1916, art. 689, e CPC, art. 889, V). • Consentir ou não na divisão, em glebas, do imóvel aforado (CC de 1916, art. 681). • Escolher o cabecel, se os coenfiteutas não o fizeram (CC de 1916, art. 690). • Receber: • Pensões anuais (CC de 1916, art. 678). • Foro de cada gleba, no caso de divisão de enfiteuse (CC de 1916, art. 690, § 2º). • Laudêmio, quando houvesse transferência de domínio útil (CC de 1916, art. 686; CPC, art. 784, VII), mas perdeu, hoje, esse direito diante do que reza o art. 2.038, § 1º, I, do vigente Código Civil, com exceção do caso do art. 22, § 1º, I, da Lei n. 9.514/97 com alteração a Lei n. 11.481/2007. • Foro por parte do foreiro anterior, quando não tiver sido comunicado da doação, dote e permuta por coisa infungível do prédio aforado, feita por ele (CC de 1916, art. 688). • O pagamento do resgate (CC de 1916, art. 693).

<table>
<tr><td rowspan="4">ENFITEUSE</td><td rowspan="3">• 8. Direitos e obrigações do senhorio direto</td><td rowspan="2">• Direitos</td><td rowspan="2">• Invocar</td><td>• Ação real</td><td>• Reivindicação.
• Confessória.
• Negatória.</td></tr>
<tr><td colspan="2">• Ação pessoal para cobrar foro e laudêmio.
• Ação de comisso.</td></tr>
<tr><td>• Obrigações</td><td colspan="3">• Respeitar o domínio útil do foreiro.
• Notificar o enfiteuta quando alienar o seu domínio.
• Conceder resgate nos termos do contrato.</td></tr>
<tr><td>• 9. Extinção da enfiteuse</td><td colspan="4">• Pela deterioração do prédio aforado (CC de 1916, art. 692, I).
• Pelo comisso (CC de 1916, art. 692, II; Dec.-Lei n. 9.760/46, arts. 101, parágrafo único, 103, § 1º, 118 e 121).
• Pelo falecimento do enfiteuta, sem herdeiros (CC de 1916, art. 692, III).
• Pela confusão.
• Pela perda da nacionalidade brasileira (Dec.-Lei n. 3.438/41, art. 18, § 1º).
• Pela total destruição do prédio aforado.
• Pela usucapião.
• Pela desapropriação.</td></tr>
</table>

B. Servidões prediais

b.1. Conceito

No dizer de Clóvis Beviláqua, "servidões prediais são restrições às faculdades de uso e gozo que sofre a propriedade em benefício de alguém"[62].

---

62. Ou, ainda, como prefere Spencer Vampré (in Carvalho Santos, op. cit., v. 9, p. 113): "servidão é um direito real, voluntariamente imposto a um prédio (o serviente) em favor de outro (o dominante), em virtude do qual o proprietário do primeiro perde o exercício de seus direitos dominiais sobre o seu prédio, ou tolera que dele se utilize o proprietário do segundo, tornando este mais útil, ou pelo menos mais agradável". Código de Processo Civil, arts. 47, § 1º e 1.063; Código de Águas, arts. 12, 17, 35, 77, 177, 126, 127, 130 e 138; Código de Mineração, arts. 59 a 62; Regulamento baixado pelo Decreto n. 62.934/68, que foi revogado pelo Decreto s/n. de 15-2-1991. A servidão legal é conhecida como restrição ao direito de vizinhança. Na *servidão administrativa*, na lição de Bielsa, *"la restricción solo conforma y nunca desintegra ni disminuye el derecho de propiedad, y obedece a una solidariedad de intereses: el público y el privado"* (*Restricciones y servidumbres administrativas*, 1923, p. 68). Há uma limitação de utilidade pública ao uso do prédio serviente em benefício do bem-estar social (*JB*, *49*:252), correspondendo às justas exigências do interesse público que a motiva. A caracterização desse instituto está marcada teleologicamente, pela superioridade do interesse público, visto ser a servidão administrativa o encargo imposto sobre certo prédio em proveito da utilidade pública de uma coisa. Por isso, os titulares do domínio não perdem a totalidade dos poderes sobre os imóveis por onde passa, p. ex., o gasoduto, nem mesmo chegam a perder a condição de proprietários e de possuidores mediatos dos prédios servientes, pois apenas se obrigam a praticar ou a suportar certos atos. Consulte: José Carlos de Moraes Salles, Servidão administrativa, *RDP 12*:94; Arnaldo Rizzardo, *Servidões*, 1986, p. 249 a 253; Serpa Lopes, *Tratado de registros públicos*, v. 3, p. 437; Waldemar Loureiro, *Registro de propriedade imóvel*, Rio de Janeiro, Forense, 1968, v. I, n. 176. Na servidão administrativa de passagem, p. ex., há um ônus real de fruição ou de gozo, de natureza pública, instituído sobre imóveis alheios, de tal sorte que tais bens gravados ficam num estado de sujeição especial a um serviço público para atender a fins de utilidade pública, proporcionando um desfrute direto parcial daqueles bens. A utilidade pública é o proveito que traz à coletividade. A utilidade pública é extraída do prédio serviente para atendimento do serviço de interesse público ao qual está afetado. A servidão administrativa implica a imposição de um ônus ao imóvel serviente de propriedade particular, retirando do seu titular alguns poderes, para conferi-los a outrem, a título de direito real sobre coisa alheia de fruição, em prol da coisa afetada com fins de utilidade pública, que é o fundo dominante. A servidão administrativa decorre de prerrogativa do poder público de onerar a propriedade alheia para atender a certo serviço público ou determinada utilidade pública.

Há uma parcialização da servidão administrativa por ser parte integrante do prédio serviente, a cujo proprietário se confiam certas obrigações. Há não só um *pati*, ou seja, um dever de suportar a passagem, decorrente de um ato concreto da administração pública, mas também a obrigação de não praticar certos atos. O imóvel gravado (*res serviens*) passa a ser coisa afetada a um fim (*res dominans*), sem que se opere a transferência de propriedade. Passa a ser colocado sob parcial senhoria da coletividade. Essa é a razão pela qual Ernst Forsthoff considera a servidão administrativa como uma qua-

Já para Lafayette, a servidão predial (*servitus praediarum*) seria "o direito real constituído em favor de um prédio (dominante), sobre outro prédio (serviente), pertencente a dono diverso"[63].

É o que reza o art. 1.378 do Código Civil pátrio: "A servidão proporciona utilidade para o prédio dominante, e grava o prédio serviente, que pertence a diverso dono, e constitui-se mediante declaração expressa dos proprietários, ou por testamento, e subsequente registro no Cartório de Registro de Imóveis".

Sinteticamente, poder-se-ia definir as servidões prediais como sendo os direitos reais de gozo sobre imóveis que, em virtude de lei ou vontade das partes, se impõem sobre o prédio serviente em benefício do dominante.

A servidão é um direito real de fruição ou gozo de coisa imóvel alheia, limitado e imediato, que impõe um encargo ao prédio serviente em proveito do dominante, pertencente a outro dono.

Daí a necessidade dos seguintes requisitos para que a servidão predial se configure:

---

se desapropriação (*Der enteiznungsgleiche*), sendo que Seabra Fagundes prefere denominá-la parcial. Sobre servidão administrativa: TJRS, AC 70006038384, 4ª Câm., rel. Des. Della Giustina, j. 21-5-2003; TJRS, AC 70006043541, 17ª Câm., rel. Des. Elaine H. Macedo, j. 29-4-2003; TRF, 2ª Região, AC 272974, 1ª Turma, rel. Juíza Juliete L. Lunz, j. 9-9-2002; TRF, 2ª Região, AC 216618, 4ª Turma, rel. Juiz Rogério Carvalho, j. 6-3-2002; TRF, 2ª Região, AC 215985-RJ, 4ª Turma, rel. Rogério Carvalho, j. 29-8-2001; TRF, 4ª Região, AC 145819-PR, 4ª Turma, rel. Silvia Goraieb, j. 15-5-2001). "A servidão administrativa nas faixas marginais das águas públicas não retira a propriedade do particular, coibindo somente as construções deste que impeçam o trânsito das autoridades para a fiscalização dos rios e lagos. Se realizadas obras ou serviços públicos nas faixas marginais que impeçam sua utilização pelo particular, impõe-se a desapropriação, com a devida indenização" (TJMG, 8ª Câm. Cível; ACi n. 1.0042.04.006200-4/001-Arcos-MG; rel. Des. Teresa Cristina da Cunha Peixoto; j. 6-12-2007; *BAASP, 2631*:1692-14). *Vide*: André de Laubadère, *Traité de droit administratif*, Paris, LGDJ, 1975, p. 165; Seabra Fagundes, *Da desapropriação no direito brasileiro*, 1942, p. 454; Forsthoff, *Lehrbuch des Verwaltugsrechts*, Munchen, 1973, p. 354; Celso Antônio Bandeira de Mello, *Curso*, cit., p. 496-7; Biermann, *Burgerliches Rechts*, v. I, p. 135; Lúcia Valle Figueiredo, *Curso de direito administrativo*, São Paulo, Malheiros, s.d., p. 196-9; M. H. Diniz, *Sistemas*, cit., p. 129; Registro de transferência da servidão administrativa de passagem de gás natural por meio de dutos, *Revista do Advogado*, *65*:68 a 72 (2001). José Cretella Jr., Servidão administrativa, in *Enciclopédia Saraiva do Direito*, v. 68, p. 417; Pontes de Miranda, *Tratado de direito privado*, t. 18, p. 184 e v. 2, p. 62.

Sobre *servidões ambientais*: Lei n. 6.938/81, arts. 9º-A, 9º-B e 9º-C, com as alterações da Lei n. 12.651/2012.

63. Lafayette, op. cit., § 114; *JB*, *162*:290; *RT*, *745*:375, *701*:84, *612*:108; *JTACSP*, *114*:146, *119*:165 e *123*:176.

a) existência de um encargo que pode consistir numa obrigação de tolerar certo ato ou de não praticar algo por parte do possuidor do prédio serviente, porém tal ônus é imposto ao prédio e não à sua pessoa;

b) incidência num prédio em benefício de outro;

c) a propriedade desses prédios deve ser de pessoas diversas[64].

Não se confundem tais servidões com o direito de vizinhança (inadequadamente designado de "servidão legal"), pois: o direito de vizinhança é criado por lei, para dirimir contendas entre vizinhos; as servidões prediais decorrem de lei ou de convenção, consistindo em encargos que um prédio sofre em favor de outro, para o melhor aproveitamento ou utilização do prédio beneficiado[65].

Da mesma forma as servidões prediais, apesar de apresentarem analogia com o usufruto, não se confundem com ele, uma vez que: *a*) o usufruto implica cessão do direito de uso e gozo da coisa ao usufrutuário, dos quais o proprietário ficará, temporariamente, privado, ao passo que as servidões são encargos que não privam o proprietário do uso e do gozo de seu bem; *b*) o usufruto recai tanto em coisas móveis como imóveis, e as servidões só cabem a bens imobiliários; *c*) o usufruto é instituído em proveito de uma pessoa, e a servidão, em benefício de um prédio; *d*) o usufruto é temporário, e a servidão, perpétua[66].

b.2. Finalidade

As servidões prediais têm por objetivo precípuo proporcionar uma valorização do prédio dominante, tornando-o mais útil, agradável ou cômodo. Implica, por outro lado, uma desvalorização econômica do prédio serviente, levando-se em consideração que as servidões prediais são perpétuas, acompanhando sempre os imóveis quando transferidos. Por isso, são esses direitos designados "servidões", uma vez que a coisa onerada "serve", ou melhor, presta uma utilidade ou vantagem real e constante ao prédio dominante[67].

---

64. Orlando Gomes, op. cit., p. 281. Consulte: Hamilton Elliot Akel, Das servidões prediais, *O novo Código Civil – estudos em homenagem a Miguel Reale*, São Paulo, LTr, 2003, p. 1039-56.

65. Ruggiero e Maroi, *Istituzioni di diritto privato*, v. 1, § 121; Caio M. S. Pereira, op. cit., p. 222; Orlando Gomes, op. cit., p. 283.

66. Orlando Gomes, op. cit., p. 283; Gert Kummerow, op. cit., p. 351 a 369; Matiello, *Código Civil*, cit., p. 875-84.

67. Isto é afirmado pelo Código Civil francês que no art. 637 dispõe: "*Une servitude est une charge imposée sur un héritage pour l'usage et l'utilité d'un héritage appartenant à un autre propriétaire*".

Está mais do que evidente que este *jus in re aliena* não se estabelece tendo em vista uma determinada pessoa, porém em favor daquela que for titular do domínio do imóvel dominante. De modo que o direito do titular da servidão não se liga a sua pessoa, mas existe tão somente em razão da relação de domínio que ele tem com o prédio dominante e, apenas, enquanto subsistir essa relação. Igualmente, o dono do imóvel serviente é gravado pela servidão pelo simples fato de sua relação dominical com esse prédio.

Sendo um direito real, a servidão adere à coisa, apresentando-se como um ônus que acompanha o prédio serviente em favor do dominante. Logo, a servidão serve à coisa e não ao dono, restringindo a liberdade natural da coisa (CC, art. 1.378), por isso é um direito real, ao passo que a obrigação restringe a liberdade natural da pessoa[68]. De forma que, no que concerne à servidão predial autorizada em proveito de um imóvel, não poderá ela ter por objeto vantagens alheias às necessidades desse mesmo imóvel.

Jefferson Daibert[69] entende que as servidões devem promover uma possível igualdade de direitos sobre os imóveis, para que a sua utilização social e econômica seja mais ou menos harmônica, fundamentando-se no seguinte texto de Wald: "as servidões prediais que já existiram no direito romano, na época pré-clássica, sob a denominação de *iura praedorum*, visavam corrigir desigualdades naturais existentes entre os diversos terrenos. No loteamento de terras, procurava-se manter a mesma área, mas não fora possível assegurar a identidade de condições dos diversos limites tendo algumas situações melhores do que outros, estando um devidamente irrigado e o outro não etc. A fim de corrigir tais desigualdades prediais é que surgiram as servidões para restabelecer a igualdade por um sistema de compensação entre os diversos prédios vizinhos. A servidão nasceu, assim, como um direito acessório do direito de propriedade em favor do proprietário do prédio dominante".

b.3. Princípios fundamentais

Com base na definição de servidão predial, poder-se-á extrair seus princípios fundamentais, que decorrem não só de seus caracteres como também das normas jurídicas que a regem.

---

68. Savigny, *Les droits des obligations*, v. 1, p. 10. *Vide* Súmulas 120 e 415 do STF.
69. Daibert, op. cit., p. 371.

São eles:

1) É, em regra, uma *relação entre prédios vizinhos* (*praedia debent esse vicina*), embora a contiguidade entre prédios dominante e serviente não seja essencial, pois, apesar de não serem vizinhos, um imóvel pode ter servidão sobre outro, desde que se utilize daquele de alguma maneira. E o que se dá com a servidão de aqueduto, em que o titular do domínio de um prédio tem direito real de passar água por muitos outros, dos quais só um deles lhes é confinante[70].

2) A servidão não pode recair sobre prédio do próprio titular, logo *não há servidão sobre a própria coisa* (*nulli res sua servit* – Digesto, Liv. 8º, tít. 2º, frag. 26), isto porque a existência da servidão implica a circunstância de que os imóveis (dominante e serviente) pertençam a donos diversos (*JB*, *100*:241), pois se o titular do dominante fosse o do serviente, ele não estaria no exercício de alguns dos poderes inerentes ao domínio, mas de todos eles, tornando, assim, inútil a servidão sobre a própria coisa, da qual ele poderia usufruir, de modo imediato, de todas as utilidades produzidas pelo prédio[71].

3) A *servidão serve a coisa e não o dono* (*servitus in faciendo consistere nequit* – Digesto, Liv. 8º, tít. 1º, frag. 15, § 1º), por essa razão distingue-se da obrigação, uma vez que o titular do domínio do imóvel serviente não se obriga à prestação de um fato positivo ou negativo, mas apenas assume o encargo de tolerar certas limitações de seus direitos dominiais em benefício do prédio dominante[72], tendo o dever de não se opor a que este último desfrute das vantagens que lhe

---

70. Silvio Rodrigues, *Direito civil*, 2. ed., São Paulo, Max Limonad, p. 284. Daí dizer Barassi (*Il diritti, reali limitati*, Milano, 1937, p. 53) que na servidão há dupla inerência real: a ativa, relativamente ao prédio dominante, e a passiva, atinente ao serviente.

71. W. Barros Monteiro, op. cit., p. 287; Silvio Rodrigues, op. cit., p. 286. J. Nascimento Franco (Servidão por destinação do pai de família, *Tribuna do Direito*, dezembro de 2003, p. 6) observa que, apesar de não ser tratada pelo Código Civil brasileiro, juristas e tribunais (*RT*, *282*:749, *207*:413) têm admitido a servidão por destinação do pai de família ou do proprietário para solucionar questões relacionadas com passagens de acesso às vias públicas. O art. 1.062 do Código Civil italiano reza que "*la destinazione del padre di famiglia ha luogo quando consta, mediante qualunque genere di prova, che due fondi attualmente divisi, sono statii posseduti dallo stesso proprietario, e che questi ha posto o lasciato le cose nello stato dal quale risulta la servitù*". Entre nós, Carvalho Santos escreve que num primeiro momento o dono de um prédio cria em favor de outro também seu uma serventia automaticamente transformada em servidão quando um desses imóveis for alienado (*Código Civil brasileiro interpretado*, v. IX, p. 151).

72. W. Barros Monteiro, op. cit., p. 287.

são outorgadas pela servidão. A servidão, portanto, não gera uma obrigação de fazer, mas sim uma omissão (*non facere*) ou uma tolerância (*pati*). Daí a existência de um ônus que sempre acompanha o prédio serviente em proveito do dominante[73]. Tem por escopo proporcionar ao prédio dominante alguma utilidade (*servitus fundo utilis esse debet*), melhorando sua situação. Denominam-se *irregulares* as servidões que consistem em limitações a prédio em favor de determinada pessoa e não de outro prédio. P. ex.: a de colher frutos em prédio alheio.

4) *Não se pode de uma servidão constituir outra* (*servitus servitutis esse non potest* – Digesto, Liv. 33, tít. 2º, frag. 1º), logo o titular do domínio do imóvel dominante não tem o direito de ampliar a servidão a outros prédios[74].

5) *A servidão*, uma vez constituída em benefício de um prédio, *é inalienável*, não podendo ser transferida total ou parcialmente, nem sequer cedida ou gravada com uma nova servidão. Embora o imóvel dominante e o serviente possam ser alienados, a servidão segue o prédio a que se liga desde o momento de sua constituição, logo, o dono do prédio dominante não pode cedê-la ou transferi-la a ou-

---

73. Silvio Rodrigues, op. cit., p. 285-6; W. Barros Monteiro, op. cit., p. 286. Expressivas a respeito são as palavras de Coelho da Rocha, in *Instituições de direito civil português* (v. 2, § 587): "Em nenhuma legislação se admitem servidões que consistam *in agendo* da parte do prédio serviente. Entretanto, este princípio não exclui que o dono do serviente se não possa obrigar, por contrato ou prescrição, às obras necessárias para o uso da servidão, como muitas vezes acontece na servidão *oneris ferendi*, nem também repugna a que o dono de certo prédio se obrigue a praticar algum ato a favor de outro, v. g., a estrumar com os seus rebanhos o prédio deste. No primeiro caso temos uma servidão anômala, o segundo regula-se pelo contrato especial, em que se funda, e não pelas regras das servidões". Na servidão pessoal limitada (servidão irregular) não há prédio dominante, visto que se coloca o prédio para utilidade imediata de uma pessoa. Observa Hamilton Elliot Akel (*Das servidões prediais*, cit., p. 1042) que entre as servidões mais conhecidas encontram-se as de passagem, de iluminação, de ventilação e de aqueduto. A servidão de passagem assegura ao proprietário de um imóvel transitar pelo imóvel de outrem; pela de iluminação ou ventilação, o dono do prédio serviente fica impedido de construir em determinada área de seu terreno, de modo a não prejudicar a iluminação e aeração do prédio dominante; pela de aqueduto, o dono do prédio dominante tem a prerrogativa de fazer com que a água necessária atravesse pelo prédio serviente.

74. W. Barros Monteiro, op. cit., p. 287. Perozzi in *Scritti giuridici* (v. 2, p. 167) demonstra que este princípio não advém dos romanistas, mas sim de um erro de amanuense. De modo que deveria ser enunciado da seguinte forma – "*Fructus servitutis esse non potest*".

trem. Se o dono do prédio serviente consentir que se faça tal coisa, ter-se-ia a extinção da antiga servidão e constituição de nova[75].

6) Apesar de o atual Código Civil não conter disposição similar ao art. 696 do Código Civil de 1916, segundo o qual a servidão não se presume, mantido está esse princípio, pois, pelo art. 1.378, 2ª parte, requer deva ser constituída de modo expresso pelos proprietários, ou por testamento, e registrada no Cartório de Imóveis. Se dúvida houver, deve-se decidir pela inexistência de servidão. Só se deve admiti-la quando ela provier de fonte reconhecida pela lei. Desse princípio, surgem as seguintes consequências: *a*) a servidão deve ser comprovada explicitamente cabendo o ônus da prova ao que alegar a sua existência[76]; *b*) deve-se interpretar a servidão restritivamente, por ser ela uma limitação ao direito de propriedade; *c*) seu exercício não deve ser muito oneroso ao prédio serviente[77]; e *d*) no conflito de provas apresentadas pelo autor e réu, deve-se decidir contra a servidão, porque a interpretação deve ser *stricti juris*[78].

b.4. Natureza jurídica

É a servidão predial um direito real (CC, art. 1.225, III) de gozo ou fruição sobre imóvel alheio, de caráter acessório, perpétuo, indivisível e inalienável.

Se é um direito real sobre coisa alheia seu titular está munido de ação real e de direito de sequela, podendo, ainda, exercer seu direito *erga omnes*, desde que a servidão esteja assentada, de modo regular, no Registro Imobiliário competente.

Nesse mesmo sentido é a lição de Girard[79], de que, sendo as servidões direitos reais e não pessoais de crédito, recaem sobre coisas e, consequentemente, concedem ao seu titular uma ação real (*actio confessoria*) e não pessoal, mas por correlação forçada, não lhe conferem o direito de exigir coisa alguma a título pessoal do proprietário do imóvel serviente.

---

75. W. Barros Monteiro, op. cit., p. 289.
76. *RT*, *113*:746, *117*:165 e *240*:192; *JB*, *162*:290.
77. W. Barros Monteiro, op. cit., p. 288.
78. *RF*, *82*:363.
79. Girard, *Manuel élémentaire de droit romain*, p. 373 e s.

A servidão tem caráter acessório, uma vez que se liga a um direito principal, que é o direito de propriedade que lhe dá origem, pois contrariaria o conceito de servidão se se admitisse sua constituição em proveito de quem não tivesse o domínio do prédio dominante. Prende-se a servidão ao bem imóvel e o acompanha, seguindo-o nas mãos dos sucessores do proprietário (*Ambulat cum domino*)[80].

Como decorrência dessa sua acessoriedade temos sua perpetuidade, indivisibilidade e inalienabilidade, que são seus atributos inerentes.

É ela perpétua, no sentido de que tem duração indefinida, ou seja, por prazo indeterminado e nunca por termo certo, perdurando enquanto subsistirem os prédios a que se adere. Porém, nada impede que se constitua, por convenção, servidão *ad tempus*, subordinada a termo determinado ou a condição. Vencido o prazo estabelecido para sua duração ou ocorrido o implemento da condição ela se extingue[81].

Sua indivisibilidade (*Pro parte dominii servitutem adquiri non posse* – Digesto, Liv. 8º, tít. 1º, frag. 11) está contida no art. 1.386 do vigente Código Civil, que assim prescreve: "As servidões prediais são indivisíveis, e subsistem, no caso de divisão dos imóveis, em benefício de cada uma das porções do prédio dominante, e continuam a gravar cada uma das do prédio serviente, salvo se, por natureza, ou destino, só se aplicarem a certa parte de um ou de outro".

A servidão estabelece-se por inteiro, gravando o prédio serviente no seu todo, sendo um ônus uno e indiviso, que não pode ser partilhado.

A servidão não se desdobra, não podendo, pois, ser adquirida ou perdida por partes. É um todo único e indivisível, que grava o prédio serviente ainda que este ou o dominante venham a ser divididos, só se extinguindo em face de alguns quinhões, se por natureza, ou por sua destinação, não puder a eles aproveitar[82].

De forma que, mesmo que sobrevenha a partilha, cada condômino ou quinhoeiro (se houver pluralidade de titulares da servidão) do imóvel dominante terá o benefício íntegro da servidão que continuará gravando o

---

80. Silvio Rodrigues, op. cit., p. 287.
81. Daibert, op. cit., p. 377; Caio M. S. Pereira, op. cit., p. 226; Trabucchi, *Istituzioni di diritto civile*, n. 194, p. 455.
82. Silvio Rodrigues, op. cit., p. 288; Trabucchi, op. cit., p. 456; Marty e Raynaud, *Droit civil*, v. 2, n. 142; *RT*, *163*:345, *811*:376.

prédio serviente. De igual modo se a partilha for do imóvel serviente, cada condômino estará obrigado pela servidão, não podendo desdobrá-la[83].

Lafayette[84] pondera que qualquer litígio que tiver por objeto a servidão não comporta fracionamento, e a sentença proferida na ação respectiva é incidível objetiva e subjetivamente: abrange a servidão por inteiro e aproveita ou prejudica aos proprietários dos prédios serviente e dominante, sejam eles quantos forem.

Lapidarmente, assevera Caio Mário da Silva Pereira[85] que toda servidão é indivisível (*servitutes dividi non possunt*), tanto considerada ativa quanto passivamente, a saber: *a*) do lado ativo ou de quem dela se aproveita, somente pode ser reclamada como um todo, mesmo que o prédio dominante venha a ser propriedade de várias pessoas; *b*) e do lado passivo significa que se o prédio serviente passa a diversos donos, por efeito de alienação ou herança, a servidão é una e grava cada uma das partes em que se fracione o prédio serviente, salvo se por sua natureza ou destino só se aplicar a certa parte de um ou de outro prédio (CC, art. 1.386).

Desta sua indivisibilidade decorrem as consequências de que:

a) a servidão não pode ser instituída em favor da parte ideal do prédio dominante, nem pode incidir sobre parte ideal do prédio serviente;

b) deve ser mantida a servidão ainda que o proprietário do imóvel dominante se torne condômino do serviente ou vice-versa;

c) defendida a servidão por um dos consortes do prédio dominante a todos aproveita a ação (*RT*, *163*:345).

Esclarecem Ruggiero e Maroi[86] que dado o condicionamento da servidão a uma necessidade do prédio dominante, não pode ser transferida a outro imóvel, daí sua inalienabilidade. De forma que o seu titular não poderá associar outra pessoa ao seu exercício nem constituir novo direito real ou nova servidão. Embora seja insuscetível de alienação, passando a outra pessoa ou a outro prédio, é transmissível por sucessão *mortis causa* ou *inter vivos*, desde que acompanhe o prédio em suas mutações subjetivas[87].

---

83. Daibert, op. cit., p. 377.
84. Lafayette, op. cit., § 117.
85. Caio M. S. Pereira, op. cit., p. 225.
86. Ruggiero e Maroi, op. cit., v. 1, § 121 e s.
87. Enneccerus, Kipp e Wolff, *Tratado de derecho civil*, derecho de cosas, v. 2, § 108; Caio M. S. Pereira, op. cit., p. 226.

b.5. Classificação

As servidões prediais se classificam:

1) *Quanto à natureza dos prédios*: rústicas e urbanas[88].

Para Clóvis são rústicas as que se referem a prédios rústicos, localizados fora do perímetro urbano. Dentre elas temos as seguintes:

a) tirar água (*aquae haustus*) do prédio vizinho, onde há poço, fonte ou rio particular;

b) trânsito (*iter, actus, via*), que tem por objeto a passagem através de terrenos vizinhos, para comunicação de um prédio com outro ou com a via pública (CC, art. 1.385, § 2º; Código de Águas, art. 35; Súmula 415 do STF); em caso de servidão de trânsito, ante o princípio de que, se permitido for o mais, o menos permitido está, a de maior ônus inclui a de menor, e a de menor exclui a mais onerosa. Se a servidão é de passagem de veículos, abrangerá a de pedestres ou a de bicicletas, mas se for para trânsito de pessoas, não se poderá admitir o tráfego de automóveis[89];

---

88. Os romanos distinguiam as servidões prediais em urbanas (*servitutes praediorum urbanorum*) e rústicas (*servitutes praediorum rusticorum*). Biondo Biondi, in "Le servitù prediali nel Diritto Romano" (Milano, Giuffrè, 1954, p. 200), diz que "*la distinzione tra servitù rustiche ed urbane si trova formulata esplicitamente tanto nelle fonti classiche che nel 'Corpus Juris' e nelle Pandette*". Silvio Meira, *Instituições de direito romano*, 2. ed., Max Limonad, p. 252-4; Bonjean, *Explication méthodique des Institutes de Justinien*, Paris, A. Durand et Fedone Lauriel Ed., 1878, v. 1, p. 525.

89. "A servidão de passagem é um direito real sobre coisa alheia, instituído justamente para aumentar a comodidade e a utilidade do prédio dominante, não estando condicionado, portanto, ao encravamento deste imóvel. Difere do direito de passagem forçada, que decorre das relações de vizinhança e consiste num ônus imposto à propriedade de um vizinho para que o outro possa ter acesso à via pública, a uma nascente ou a um porto. A servidão de caminho é descontínua e pode ser considerada aparente se deixar marcas exteriores de seu exercício, hipótese em que fará jus à proteção possessória ainda que não seja titulada, vez que a aquisição desta quase posse dá-se a partir do momento em que os atos que constituem a servidão são perpetrados com o intuito de exercer tal direito. Quando dois imóveis resultarem do desmembramento de um imóvel pertencente a uma só pessoa, no qual havia serventia visível pela qual uma das partes da propriedade prestava utilidade à outra parte, restará constituída uma servidão no momento em que os prédios passarem a pertencer a donos diversos. O êxito da demanda indenizatória depende, exclusivamente, da comprovação dos prejuízos sofridos, não bastando que o requerente apenas demonstre a existência de um fato que, em princípio, possa causar um dano" (TJMG, 14ª Câm. Cív., Ap. Cív. 1.0434.05.001398-7/001-Monte Sião-MG, rel. Des. Elias Camilo, j. 1º-2-2007, v.u.).

c) condução de gado ao poço vizinho (*pecoris ad aquam as pubus*);

d) pastagem (*servitus pascendi*) ou fazer pastar gado nas invernadas do vizinho (*pecoris pascendi*);

e) passagem de água (*aquae ductus*), consistente no direito de trazer, através do prédio contíguo, água para ser utilizada;

f) caçar em propriedade alheia (*silvae caedendae*);

g) cozer cal (*calcis coquendae*);

h) tirar areia (*arenae fodiendae*);

i) extrair pedra (*cretae lapidis eximendae*)[90].

As urbanas são servidões constituídas para a utilidade de prédios edificados[91]. Ou, como prefere Clóvis, são aquelas concernentes aos prédios urbanos, situados nos limites das cidades, vilas ou povoações e respectivos subúrbios. Tais servidões podem ser convencionadas conforme as necessidades ou conveniências dos proprietários, se não bastarem as regras estabelecidas pelo direito de vizinhança. São elas[92]:

a) escoar água pluvial de seu telhado através de goteiras, calhas, canos ou tubos, para o prédio vizinho (*stillicidii vel fluminis recipiendi*);

b) não criar obstáculo à entrada de luz no prédio dominante (*ne luminibus officiatur*);

c) meter trave na parede do vizinho (*tigni immittendi*);

d) abrir janelas na própria parede ou na do vizinho para obtenção de luz (*luminis*);

e) apoiar sua edificação nas paredes, muro ou qualquer parte do prédio confinante, mediante condições preestabelecidas (*oneris ferendi*);

f) gozar de vista ou da janela ou do terraço de sua casa (*prospectu*);

g) não construir prédio além de certa altura (*altius non tollendi*).

2) *Quanto ao modo de exercício*:

90. W. Barros Monteiro, op. cit., p. 290.
91. Orlando Gomes, op. cit., p. 284.
92. W. Barros Monteiro, op. cit., p. 289-90.

a) Contínuas e descontínuas

São *contínuas* quando subsistem e se exercem independentemente de ato humano direto, embora seu exercício possa interromper-se. P. ex.: a servidão de passagem de água, de energia elétrica (*RT*, *481*:99), iluminação ou ventilação[93].

São *descontínuas* quando o seu exercício de funcionamento requer ação humana sequencial, como, por exemplo, a de trânsito; a de tirar água de prédio alheio, que se realiza pela circunstância de ir alguém à fonte, rio, poço ou lago para trazê-la; a de extração de minerais; a de pastagem[94].

b) Positivas e negativas

Nas *positivas* o proprietário do prédio dominante tem direito a uma utilidade do serviente, podendo praticar neste os atos necessários a esse fim. P. ex.: a de passagem pelo prédio serviente (*JB*, *161*:248, 251, 225 e 148) e a de tirada de água. Nas *negativas* o proprietário do serviente deve abster-se de certo ato ou renunciar um direito que poderia exercer no prédio se não houvesse servidão. P. ex.: a de não edificar em determinado local ou acima de certa altura[95].

c) Ativas e passivas

As *ativas* consistem no direito do dono do prédio dominante e as *passivas* no encargo do prédio serviente (1º TARJ, *ADCOAS*, 1983, n. 88.388).

---

93. W. Barros Monteiro, op. cit., p. 290; Silvio Rodrigues, op. cit., p. 289; Caio M. S. Pereira, op. cit., p. 224; TJSC, *ADCOAS*, 1982, n. 87.056: "Via de regra, a servidão de passagem é aparente e descontínua, não gozando de proteção possessória nos termos do art. 509 [art. 1.213 do novo CC] do Cód. Civ. Entretanto, quando tal servidão adquire a característica de continuidade, passa a merecer proteção dos interditos possessórios, ainda que não titulada. A *natureza contínua* se caracteriza quando assinalada por obras visíveis, como pontes, pontilhões, bueiros, cortes no terreno, marca dos trilhos no leito carroçável, pequenos aterros, conservação. Uma simples porteira de arame ou de madeira evidencia uma passagem permanente". *EJSTJ*, *4*:67 – A servidão de passagem perpétua acarreta prejuízo patrimonial. A reparação deve ser integral, autorizando os juros compensatórios. *Vide* sobre servidão de passagem: *Ciência Jurídica*, *74*:68.

94. Caio M. S. Pereira, op. cit., p. 224. Tal distinção perde, com o novel Código Civil, sua relevância, pois ele não faz referência a ela.

95. Orlando Gomes, op. cit., p. 284; Caio M. S. Pereira, op. cit., p. 224.

3) *Quanto à sua exteriorização*: aparentes e não aparentes.

As *aparentes* são as que se mostram por obras ou sinais exteriores (*RT*, *568*:193), que sejam visíveis e permanentes. P. ex.: a de aqueduto (*JB*, *161*:134); a de travejar na parede vizinha. As *não aparentes* são as que não se revelam externamente. P. ex.: a servidão *altius non tollendi*, ou seja, a de não construir além de certa altura; a de não abrir janela; a de caminho (*servitus itineris*), que consiste meramente no transitar por prédio alheio[96]; não contendo, porém, nenhuma estrada, nem marca visível.

4) *Quanto à sua origem*: legais, naturais e convencionais.

As *legais* são as que advêm de imposição legal (p. ex.: a de passagem forçada), por isso são restrições à propriedade similares à servidão.

As *naturais* são as que derivam da situação dos prédios. P. ex.: a que se verifica em relação ao escoamento das águas.

As *convencionais* são as que resultam da vontade das partes, exteriorizada em contratos e testamentos[97].

Assim temos:

96. Caio M. S. Pereira, op. cit., p. 224; Orlando Gomes, op. cit., p. 285; Lucas A. Barroso, O prazo da usucapião extraordinária de servidão aparente, *A realização do direito civil*, Curitiba, Juruá, 2011, p. 231 a 240. Essas espécies podem ser combinadas com as contínuas ou descontínuas: *a*) contínuas e aparentes (p. ex.: canalização de águas servidas); *b*) contínuas e não aparentes (p. ex.: a servidão *altius non tollendi*); *c*) descontínuas e aparentes (p. ex.: trânsito por caminho marcado no terreno); *d*) descontínuas e não aparentes (p. ex.: a de tirar água, sem caminho visível) (in W. Barros Monteiro, op. cit., p. 290). Mourlon, *Répétitions écrites sur le Code Civil*, 12. ed., v. 1, p. 925; TJRJ, *ADCOAS*, n. 90.578: "Embora consagrada em doutrina e jurisprudência tradicional a conclusão no sentido da constituição de servidão, aparente e contínua, pelo simples decurso de ano e dia, foi ela superada por completo, erudito e definitivo acórdão do STF, no sentido de que tal servidão só se constitui ordinariamente em 10 anos, entre presentes, e 15 anos entre ausentes, bem como, extraordinariamente, em 20 anos, decaindo o vizinho, em ano e dia, somente do direito de promover o fechamento das janelas abertas, mas não do direito de livremente constituir em seu terreno, mesmo prejudicando a iluminação e a ventilação no prédio contíguo".

97. Orlando Gomes, op. cit., p. 284.

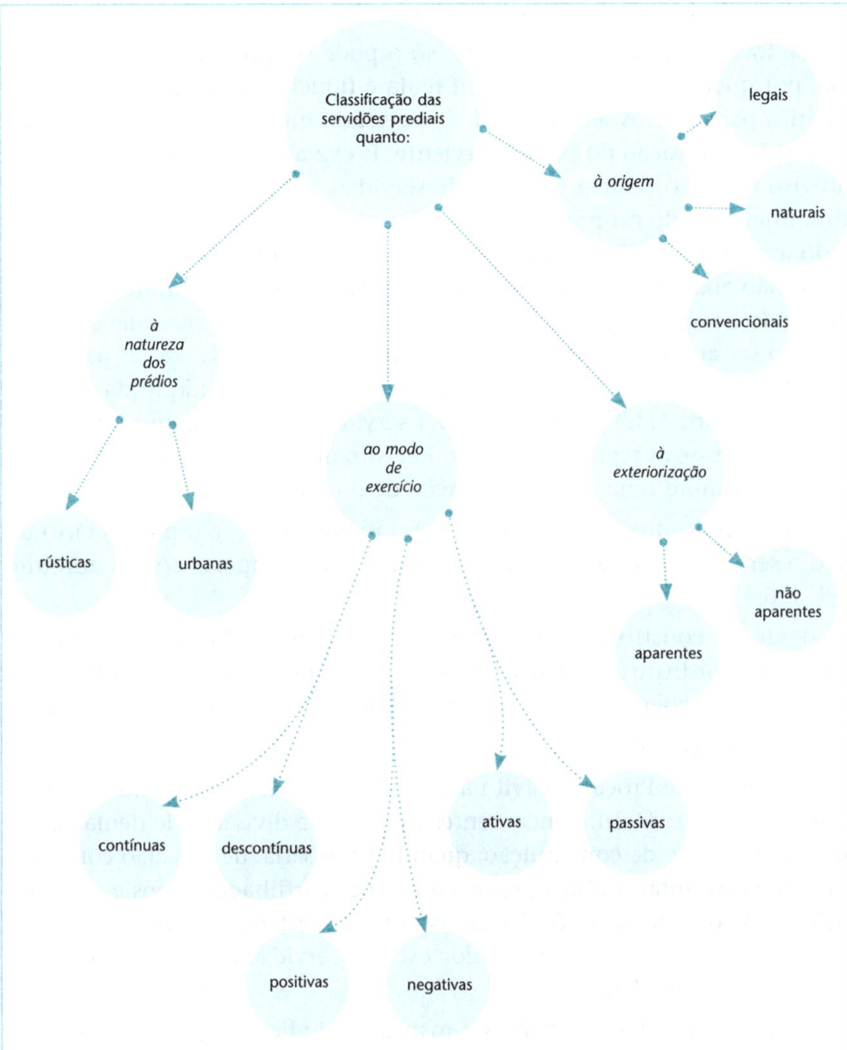

b.6. Modos de constituição

Pelo teor do art. 1.378 do Código Civil, sabe-se que a servidão não se presume, de maneira que para ter validade *erga omnes* precisa ser comprovada e ter o título de sua constituição registrado no Cartório de Registro de Imóveis.

Os atos constitutivos que requerem tal assento são:

1) Ato jurídico *inter vivos* ou *causa mortis*

Se for constituída por contrato, só o pode ser por quem for capaz, ou seja, por quem for proprietário, enfiteuta e fiduciário. Além da capacidade genérica para os atos da vida civil, é necessário que tenha a específica para os atos de disposição do prédio serviente. P. ex.: a do condômino de prédio indiviso que não poderá onerá-lo de servidão sem a anuência dos demais comunheiros, a do nu-proprietário que precisa, para tanto, do consentimento do usufrutuário[98]. Todas as servidões, contínuas ou descontínuas, aparentes ou não aparentes, podem ser estabelecidas mediante contrato, que deve ser levado a registro. É mister salientar, ainda, que as *não aparentes* somente poderão ser adquiridas pelo registro do título (CC, art. 1.378, 2ª parte; Lei n. 6.015/73, art. 167, I, n. 6). A *não aparente* não pode ser adquirida por usucapião (CC, art. 1.379), porém tanto à servidão aparente como à não aparente aplicam-se as regras comuns do Registro de Imóveis, já que a sua constituição é sempre uma alienação parcial de direito de propriedade[99].

Esse ato jurídico *inter vivos* deve ser oneroso porque o proprietário do prédio serviente é indenizado pela restrição que é imposta ao seu domínio (*RT*, *326*:496).

Pode ser constituída por testamento (CC, art. 1.378, *in fine*), caso em que o testador institui servidão sobre o prédio que deixa a algum beneficiário, que já receberá sua propriedade gravada[100] em favor de outro prédio.

2) Sentença judicial

O Código de Processo Civil pátrio, pelos arts. 596, parágrafo único, II, e 597, §§ 1º, 2º e 4º, III, concernentes às ações de divisão e de demarcação, contempla o caso de constituição, quando necessária, de servidão com o escopo de possibilitar a utilização dos quinhões partilhados. Após a homologação dessa divisão do imóvel e do assento da sentença judicial no competente registro imobiliário, constituída estará a servidão que passará a produzir todos os efeitos legais.

Logo, as servidões poderão ser instituídas judicialmente pela sentença que homologar a divisão, estando ela devidamente registrada[101].

---

98. Espínola, *Direitos reais*, p. 130; Caio M. S. Pereira, op. cit., p. 227; Lacerda de Almeida, *Direito das coisas*, v. 2, p. 50; Lafayette, op. cit., § 233.

99. Caio M. S. Pereira, op. cit., p. 227; Orlando Gomes, op. cit., p. 290; Serpa Lopes, *Tratado de Registros Públicos*, v. 3, n. 437; Waldemar Loureiro, *Registro da propriedade imóvel*, v. 1, n. 176.

100. Daibert, op. cit., p. 380.

101. Caio M. S. Pereira, op. cit., p. 228.

3) Usucapião

Pelo art. 1.379, parágrafo único, do Código Civil, admite-se que a servidão advenha de usucapião judicial (embora nada obste que decorra da extrajudicial – art. 216-A da LRP), pois o referido artigo prescreve que "o exercício incontestado e contínuo de uma servidão aparente, por dez anos, nos termos do art. 1.242, autoriza o interessado a registrá-la em seu nome no Registro de Imóveis, valendo-lhe como título a sentença que julgar consumado a usucapião. Parágrafo único. Se o possuidor não tiver título, o prazo da usucapião será de vinte anos" (STF, Súmula 445; Código de Processo Civil, arts. 319 e s. e 1.071, que acrescentou o art. 216-A à Lei n. 6.015/73; Lei n. 6.015/73, art. 167, I, n. 28). O Projeto de Lei do Senado n. 59/2002 (ora arquivado) propunha que tal prazo fosse de quinze anos, por haver discrepância entre o prazo do art. 1.238 com o do parágrafo único do art. 1.379, visto que o lapso temporal de vinte anos não se justificaria, pois o direito de servidão, sendo direito real de fruição sobre coisa alheia, é menos do que a usucapião, prevista no art. 1.238, que abrange o direito de propriedade. No mesmo sentido o Enunciado n. 251 do Conselho da Justiça Federal, aprovado na III Jornada de Direito Civil: "O prazo máximo para a usucapião extraordinária de servidões deve ser de 15 anos, em conformidade com o sistema geral de usucapião previsto no Código Civil". Esse entendimento seria mais razoável diante do disposto no novel Código Civil, art. 1.238, *caput*, apesar de o art. 1.379, parágrafo único, ser uma norma especial e a do art. 1.238, norma geral.

Por sua vez o art. 1.071 do nosso Código de Processo Civil, ao acrescentar o art. 216-A à Lei n. 6.015/73, reconheceu a possibilidade de usucapião extrajudicial, além de ação de usucapião, por meio do procedimento comum, ao possuidor de servidão que, após preencher os requisitos legais, assentar sua aquisição no registro imobiliário; sendo que apenas as servidões aparentes é que podem ser adquiridas por usucapião ordinária ou extraordinária porque:

a) só estas são suscetíveis de posse;

b) só as aparentes podem ser percebidas por inspeção ocular; e

c) só a continuidade e permanência é que caracterizam a posse para usucapir[102].

---

102. Daibert, op. cit., p. 381; Caio M. S. Pereira, op. cit., p. 227-8; Orlando Gomes, op. cit., p. 290; Lucas A. Barroso, O prazo de usucapião extraordinária de servidão aparente, in *Direito civil, direito patrimonial* e *direito existencial* (coord. Tartuce e Castilho), São Paulo, Método, 2006, p. 601-9.

Silvio Rodrigues, a esse respeito, observa que a jurisprudência tem admitido que as servidões de passagem podem ser objeto de posse, apesar de serem não aparentes ou descontínuas, seu exercício revelar-se externamente em meio material[103], p. ex., pontes, presença de aterros, pontilhões, viadutos, pavimentação em alguns trechos (STF, Súmula 415). Ora, como o novel Código Civil não mais distingue as servidões contínuas e descontínuas, nada obsta que sejam suscetíveis de usucapião, desde que aparentes na exteriorização do seu exercício que torna clara a posse.

4) Destinação do proprietário

Temos esse modo constitutivo quando os proprietários dos dois imóveis, permanentemente, resolvem estabelecer uma serventia entre os prédios, uma vez que não há servidão se os imóveis pertencerem a um só proprietário.

Este é o ensinamento de Lafayette que escreve: "Se o senhor de dois prédios estabelece sobre um serventias visíveis em favor de outro, e posteriormente aliena um deles, ou um e outro passam por sucessão a pertencer a donos diversos, as serventias estabelecidas assumem a natureza de servidões, salvo cláusula expressa em contrário"[104].

Ou, por outras palavras, a servidão pode ser instituída por destinação do proprietário no caso de a mesma pessoa ter dois prédios e, criada uma serventia visível de um em benefício do outro, venham mais tarde a ter donos diversos em virtude de alienação ou herança, criando-se, então, uma servidão, sem a manifestação formal do instituidor, porém originária de um ato de vontade unilateral do proprietário[105].

---

103. Silvio Rodrigues, op. cit., p. 295.

104. Lafayette, op. cit., § 133.

105. Caio M. S. Pereira, op. cit., p. 229. O Projeto de Lei n. 699/2011 pretende alterar os arts. 1.378 e 1.379 do Código Civil, propondo a seguinte redação:

"Art. 1.378. A servidão proporciona utilidade para o prédio dominante, e grava o prédio serviente, que pertence a diverso dono, podendo ser constituída:

I – por contrato oneroso ou gratuito;

II – por testamento;

III – por usucapião;

IV – por destinação do proprietário, na forma prevista no art. 1.379.

§ 1º Os modos previstos nos incisos III e IV se aplicam exclusivamente às servidões aparentes.

§ 2º Os títulos constitutivos das servidões de que tratam os incisos I e II, como também as sentenças que declarem, em ação própria, as servidões de que cuidam os in-

Como requisito para que se adquira a servidão por esse meio, nossa jurisprudência tem reclamado que a servidão seja aparente, com a finalidade de proteger a boa-fé do adquirente do imóvel dominante (*RT*, *271*:232, *321*:365; *RF*, *155*:151, *167*:211), pois, conforme o prescrito nos arts. 1.378

---

cisos III e IV, serão obrigatoriamente registrados na matrícula do prédio serviente, no cartório de Registro de Imóveis.

§ 3º As servidões não aparentes só podem ser constituídas por um dos modos previstos nos incisos I e II deste artigo e subsequente registro no cartório de Registro de Imóveis, na forma do parágrafo antecedente".

"Art. 1.379. Se, em um dos imóveis do mesmo proprietário, houver sinal exterior que revele serventia de um em favor do outro em caráter permanente, a serventia assumirá a natureza de servidão no momento em que os imóveis passarem a ter donos diversos, salvo declaração em contrário no título de transferência do domínio do imóvel alienado primeiramente.

§ 1º Aplicar-se-á o disposto neste artigo quando dois imóveis pertencentes a donos diversos resultarem de desmembramento de um imóvel único do mesmo proprietário anterior, que neste estabelecerá serventia visível, por meio da qual uma de suas partes prestava determinada utilidade à outra em caráter permanente, salvo declaração em contrário no título de transferência da parte que primeiramente for alienada.

§ 2º Não se aplicará o disposto neste artigo quando a utilidade prestada pela serventia consistir numa necessidade cujo atendimento pode ser exigido por meio de um direito decorrente da vizinhança predial, caso em que o exercício de tal direito não obrigará o seu titular ao pagamento de nenhuma indenização pela utilização da serventia".

"A proposta de alteração desses dois artigos foi formulada por José Guilherme Braga Teixeira, porque os modos constitutivos dos institutos jurídicos devem constar, sempre que possível, da legislação própria e a destinação do proprietário é modo constitutivo de servidão aparente. Aliás, não se conhece, desde a morte de Clóvis Beviláqua, nenhuma opinião de civilista ilustre esposada no sentido de que a destinação do proprietário não seja um dos modos constitutivos das servidões aparentes no direito brasileiro. E as últimas decisões pretorianas prolatadas em sentido contrário datam do ano de 1946. Convém esclarecer que o § 2º do art. 1.379 tem a finalidade de não impor um gravame mais oneroso (uma servidão) quando ocorrer o caso de destinação do proprietário, porém, em casos concretos, a finalidade da serventia poderá ser atendida por uma relação obrigacional da vizinhança predial, que é menos onerosa, porquanto se extingue com a singela cassação da necessidade, enquanto as servidões podem persistir sempre que sejam úteis, ainda que não necessárias (imprescindíveis). Trata-se de questão de equidade, como também de equidade será, em tal caso, dispensar-se aquele que assim perde a servidão de pagar qualquer indenização pela utilização da serventia aparente (que deixa de se constituir em servidão por destinação do proprietário)." O Parecer Vicente Arruda rejeitou, na análise ao Projeto de Lei n. 6.960/2002 (atual PL n. 699/2011, a proposta de reunião "dos atuais 1.378 e 1.379, inserindo também a servidão por via contratual, o que nos parece desnecessário, já que a servidão constitui-se mediante declaração expressa dos proprietários ou por testamento". Considerando, ainda, que: "A nova redação do art. 1.379 é uma reprodução, *mutatis mutandis*, do art. 1.386, que disciplina o problema da unificação ou divisão de prédios em que há servidão. Num e noutro caso ela permanece porque é, segundo o Código, indivisível".

e 1.379 do Código Civil, as servidões não aparentes só podem ser constituídas por registro no Cartório de Registro de Imóveis.

b.7. Direitos e deveres dos proprietários dos prédios dominante e serviente

Claro está que o exercício da servidão acarreta aos proprietários dos prédios dominante e serviente uma série de direitos e obrigações que, concomitantemente, limitam a utilização do direito de propriedade do dono do serviente e ampliam o uso e gozo do titular do domínio do prédio dominante. De maneira que o *dono do prédio dominante* tem o *direito* de:

1) Usar e gozar da servidão.
2) Realizar obras necessárias à sua conservação e uso, a fim de poder atingir os objetivos da servidão (CC, art. 1.380). Assim, se for uma servidão de aqueduto, o dono do dominante poderá entrar no prédio do serviente para efetuar limpeza, conserto, consolidar paredes de pedras soltas (Cód. de Águas, art. 128) ou efetuar reparações imprescindíveis para o aproveitamento da servidão.
3) Exigir a ampliação da servidão para facilitar a exploração do prédio dominante, mesmo contra a vontade do proprietário do prédio serviente, que tem contudo o direito à indenização pelo excesso (CC, art. 1.385, § 3º; 1º TARJ, *ADCOAS*, 1983, n. 88.388). Aplica-se, também, tal norma às servidões rústicas.
4) Renunciar à servidão (CC, art. 1.388, I).
5) Remover, à sua custa, a servidão de um local a outro, desde que aumente consideravelmente sua utilidade (p. ex., melhora das condições de tráfego, se a servidão for de trânsito) e não prejudique o prédio serviente (CC, art. 1.384, *in fine*).

Entretanto, o dono do imóvel dominante tem o *dever* de:

1) Pagar e fazer todas as obras para uso e conservação da servidão (CC, art. 1.381), salvo se houver estipulação em sentido contrário, fazendo com que tal obrigação recaia sobre o dono do prédio serviente. Se a servidão pertencer a mais de um prédio, tais despesas deverão ser divididas, em partes iguais, entre os seus respectivos donos, exceto se houver estipulação firmada entre eles no título, dispondo de forma contrária (CC, arts. 1.380, *in fine*, c/c o art. 1.381).
2) Exercer a servidão *civiliter modo*, isto é, evitar qualquer agravo ao prédio serviente, uma vez que a servidão deve ater-se às necessida-

des do prédio dominante (CC, art. 1.385). Se lhe for permitida a retirada de 10.000 litros de água para consumo doméstico, não poderá retirar mais do que o convencionado, ampliando sua utilização para irrigamento, por exemplo (CC, art. 1.385, § 1º).

3) Indenizar o dono do prédio serviente pelo excesso do uso da servidão em caso de necessidade da cultura ou indústria (CC, art. 1.385, § 3º) para melhorar seu aproveitamento econômico e social.

O proprietário do imóvel dominante terá o dever de indenizar o dono do prédio serviente pelo excesso ou agravação do uso da servidão em caso de necessidade, isso porque o dono do serviente somente suportará o necessário ao exercício normal e específico da servidão, submetendo-se ainda às servidões acessórias ou adminículas. Assim sendo, tratando-se de servidão em prédio destinado à cultura ou à indústria, sendo necessária, para melhorar seu aproveitamento econômico e social, a sua ampliação e consequente agravação do ônus, a lei, para favorecer a qualidade da cultura ou da indústria, admite o alargamento da servidão, mediante pagamento de uma indenização pelo excesso do encargo ao dono do serviente, que suportará a extensão da servidão até o máximo das necessidades da cultura ou da indústria.

O *proprietário do prédio serviente*, por sua vez, tem o *direito* de:

1) Exonerar-se de pagar as despesas com o uso e conservação da servidão, quando tiver que suportar esse encargo, desde que abandone total ou parcialmente a propriedade em favor do proprietário do prédio dominante (abandono liberatório) e se este recusar-se a receber a propriedade do serviente, ou parte dela, caber-lhe-á custear as obras (CC, art. 1.382 e parágrafo único) de conservação e uso.

2) Remover a servidão de um local para outro, que seja mais favorável à sua utilização, sem que isso acarrete desvantagem ao exercício normal dos direitos do dono do prédio dominante (CC, art. 1.384; *RT*, *503*:123; *ADCOAS*, 1983, n. 88.521). Se o dono do serviente alterar o local em que se dá a servidão de trânsito, deverá ceder outro caminho, do qual o prédio dominante pode tirar igual utilidade. Não poderá ofertar local íngreme, escorregadio etc., impedindo o exercício daquela servidão. Para levar a efeito tal remoção deverá comunicar previamente o titular do prédio dominante, para que possa tomar as providências necessárias. Matiello esclarece que a ausência daquela comunicação poderá fazer com que o interessado embargue, judicialmente, as obras até que as razões da remoção sejam esclarecidas.

3) Impedir que o proprietário do dominante efetive quaisquer mudanças na forma de utilização da servidão, pois esta deve manter sua destinação. P. ex.: evitar que se façam edificações em imóvel destinado à agricultura. Mas, se as necessidades da cultura, ou da indústria, do prédio dominante impuserem à servidão maior largueza, o dono do serviente é obrigado a sofrê-la, mas tem direito a ser indenizado pelo excesso (CC, art. 1.385, § 3º).
4) Cancelar a servidão, pelos meios judiciais, embora haja impugnação do dono do prédio dominante, nos casos de renúncia do titular da servidão, de impossibilidade de seu exercício em razão de cessação da utilidade que determinou a constituição da servidão e de resgate da servidão (CC, art. 1.388, I a III; Lei n. 6.015/73, art. 257).
5) Cancelar a servidão, mediante prova de extinção, quando houver: *a*) reunião dos dois prédios no domínio da mesma pessoa; *b*) supressão das respectivas obras em virtude de contrato ou outro título; *c*) desuso por 10 anos ininterruptos (CC, art. 1.389, I a III).

O proprietário do prédio serviente tem a *obrigação* de:

1) Permitir que o dono do prédio dominante realize as obras necessárias à conservação e utilização da servidão (CC, art. 1.380) ou efetuá-las, se tal dever lhe tiver sido acometido pelo contrato ou título constitutivo, hipótese em que o dono do prédio dominante poderá exigir sua execução, por meio de tutela processual específica, e o pagamento das perdas e danos.
2) Respeitar o exercício normal e legítimo da servidão (CC, art. 1.383), de forma que se impedir o dono do prédio dominante de usufruir das vantagens oriundas da servidão ou de realizar obras para sua conservação, este poderá lançar mão da ação de manutenção de posse, para defender seus direitos. E, havendo esbulho, da ação de reintegração de posse.
3) Pagar as despesas com a remoção da servidão e não prejudicar ou diminuir as vantagens do prédio dominante, que decorrerem dessa mudança (CC, art. 1.384).

b.8. Proteção jurídica

No direito brasileiro as ações que amparam as servidões são:

1) *Ação confessória*, que tem por escopo reconhecer a sua existência, quando negada, ou contestada pelo proprietário do prédio gravado

(e, excepcionalmente, por simples possuidor ou terceiro sem posse nem domínio), que se vê contrariado no seu propósito pelo dono do prédio serviente[106], devendo, para tanto, provar a existência da servidão pelo título próprio.

2) *Ação negatória* a que pode recorrer o dono do prédio serviente para provar que inexiste ônus real, ou para defender seus direitos contra o proprietário do imóvel dominante que, sem título, pretender ter servidão sobre o prédio, ou então para ampliar os direitos já existentes[107].

3) *Ação de manutenção de posse,* outorgada ao dono do prédio dominante se este tiver sua posse protestada pelo dono do serviente[108] (1º TARJ, *ADCOAS,* 1982, n. 82.401; *RT, 725*:247, *770*:386). Cabíveis também serão a de *reintegração de posse,* havendo esbulho, e o *interdito proibitório.*

4) *Ação de nunciação de obra nova* para defender a servidão *tigni immittendi* (CPC/2015, arts. 47, § 1º e 318 e s.)[109].

5) *Ação de usucapião,* nos casos expressamente previstos em lei, desde que a servidão seja aparente (CC, art. 1.379).

b.9. Extinção

Sem embargo da perpetuidade, a servidão tem seus modos de extinção, que só produzirão efeitos, valendo contra terceiros, com o cancelamento do registro de seu título constitutivo, exceto se houver desapropriação, porque neste caso a extinção se dá *pleno iure,* mediante o próprio ato expropriatório (CC, art. 1.387).

As formas peculiares de extinção da servidão que levam, pelos meios judiciais, ao seu cancelamento no registro imobiliário, independentemente do consentimento do proprietário do prédio dominante, são:

---

106. Daibert, op. cit., p. 388; W. Barros Monteiro, op. cit., p. 293; Orlando Gomes, op. cit., p. 292.

107. Orlando Gomes, op. cit., p. 293; W. Barros Monteiro, op. cit., p. 293; 1º TARJ, *ADCOAS,* 1981, n. 75.787: "Havendo servidão regularmente instituída não pode prosperar a negatória, procedendo, entretanto, o pedido de fixação da mesma se alterado seu rumo primitivo pelo proprietário do prédio dominante".

108. W. Barros Monteiro, op. cit., p. 293.

109. W. Barros Monteiro, op. cit., p. 293; M. Lígia C. Mathias, *Direito civil,* op. cit., p. 156-157. STF, Súmula 415; *RT, 189*:299.

1) A *renúncia* do seu titular, que declara sua intenção de afastá-la de seu patrimônio (CC, art. 1.388, I). Há autores que admitem a renúncia tácita, inferida do comportamento do dono do prédio dominante, deixando de impedir que o do serviente nele faça obra incompatível com o exercício da servidão[110].

2) A *cessação da utilidade ou comodidade que determinou a constituição do ônus real*, quando, exemplificativamente, a servidão for de retirada de água e o dono do prédio dominante vem a abrir poço artesiano, possibilitando a captação de água, ou for de passagem, havendo abertura de via pública, acessível ao prédio dominante (CC, art. 1.388, II; *RT, 728*:252, *672*:125). Essa impossibilidade de exercício, como dizem Marty e Raynaud, decorre de mudança de estado dos lugares, alcançando os fundos dominante ou serviente[111].

3) O *resgate*, ou seja, quando o proprietário do imóvel serviente resgatar a servidão (CC, art. 1.388, III), efetuando pagamento ao dono do prédio dominante para liberar-se do ônus. Esse resgate é feito mediante escritura pública, subscrita pelo dono do prédio serviente e dominante, constando o *quantum* pago pelo titular do imóvel serviente ao do dominante e a anuência deste quanto ao cancelamento do registro. O ato de resgate equivale a uma renúncia convencional, onerosa e expressa.

Já os modos comuns que levam à sua extinção estão arrolados no art. 1.389, I, II, III, do mesmo diploma legal:

1) A *confusão*, que se dá pela reunião de dois prédios no domínio da mesma pessoa, torna impossível, no caso, a servidão porque não pode ser constituída sobre coisa própria. Se, porém, for temporária a reunião dos dois imóveis na titularidade de um só proprietário, poderá ser que, posteriormente, a servidão se restaure se tais prédios voltarem a pertencer a donos diversos[112].

---

110. Caio M. S. Pereira, op. cit., p. 231; Lafayette, op. cit., p. 134; Borges Carneiro, *Direito civil de Portugal*, Liv. II, § 81; De Page, *Traité élémentaire de droit civil belge*, n. 679.

111. Marty e Raynaud, *Droit civil*, v. 2, n. 169; Matiello, *Código Civil*, cit., p. 883-4.

112. De Page, op. cit., n. 678; Orlando Gomes, op. cit., p. 291-2. A *confusão* a que nos referimos não diz respeito à prevista nos arts. 1.272 a 1.274, nem à tratada nos arts. 381 a 384 do Código Civil.

2) A *supressão* das respectivas obras (nas aparentes) por efeito de contrato ou de outro título expresso.

3) O *desuso* durante 10 anos consecutivos, o que demonstra o desinteresse do titular e a inutilidade da serventia. Observa Matiello que o não uso, p. ex., de uma servidão de trânsito pode dar-se por fato natural (inundação permanente do caminho); por razão jurídica (proibição legal de transitar em certa área) ou volitiva (inércia deliberada).

Lafayette e Caio Mário da Silva Pereira ensinam-nos que a caracterização do não uso varia conforme a natureza da servidão. Assim, se ela for negativa, reside no fato de fazer o dono do prédio serviente aquilo de que devia abster-se. Se for positiva consiste o desuso em deixar de fazer aquilo a que estava obrigado. Importando numa prescrição extintiva, poder-se-á dizer que equivale a uma renúncia tácita, que decorrerá da não utilização pelo decurso ininterrupto do prazo de 10 anos, ainda que ocasionado por força maior[113].

Além desses modos extintos poder-se-á acrescentar:

1) O *perecimento* ou desaparecimento do objeto (*RT, 338*:156), pois, com a destruição de qualquer um dos prédios, a servidão extingue-se. P. ex.: se vem a secar a fonte de onde a água era tirada[114].

2) O *decurso do prazo,* se a servidão foi constituída a termo, ou *o implemento da condição,* se a ela estava subordinada[115].

3) A *desapropriação*[116].

4) A *convenção,* se a servidão é oriunda de um ato de vontade, poderá cessar se houver manifestação volitiva contrária à sua existência, se as partes interessadas convencionarem sua extinção, cancelando o seu registro[117].

113. Caio M. S. Pereira, op. cit., p. 231-2; Lafayette, op. cit., § 134, n. 5, nota 11. *Vide* comentários de Orlando Gomes, op. cit., p. 292; Matiello, *Código Civil*, cit., p. 884.

114. Caio M. S. Pereira, op. cit., p. 232.

115. De Page, op. cit., n. 679; Caio M. S. Pereira, op. cit., p. 232.

116. Caio M. S. Pereira, op. cit., p. 232.

117. Espínola, *Direitos reais*, p. 166; Caio M. S. Pereira, op. cit., p. 231; M. Helena Diniz, Servidões prediais, in *Enciclopédia Saraiva do Direito*, v. 68, p. 444 e s. *Vide* Lei n. 6.634/79 que revogou a Lei n. 2.597/55. Sobre extinção de servidão de passagem: *RJE, 1*:85. Sobre cancelamento da servidão: Pablo Stolze Gagliano, *Código Civil*, cit., com. ao art. 1.387, p. 95.

5) A *preclusão* do direito da servidão, em razão de atos opostos, e a *resolução* do domínio do prédio serviente[118].

Dispõe o art. 1.389, *in fine*, do nosso Código Civil que, extinta a servidão por qualquer dessas causas, cabe ao proprietário do prédio serviente o direito de fazê-la cancelar, mediante prova da extinção. E os arts. 256 e 257 da Lei n. 6.015/73 prescrevem que o dono do prédio serviente tem direito de cancelar a servidão.

Esclarece, finalmente, o art. 1.387, parágrafo único, do Código Civil que, se o prédio dominante estiver hipotecado, e se a servidão estiver mencionada no título hipotecário, será também necessário, para o cancelamento daquela servidão, o consentimento expresso do credor hipotecário, para que não seja lesado com a desvalorização sofrida pela coisa onerada em seu favor. Se este depois de notificado, judicial ou extrajudicialmente, daquele cancelamento, permanecer em silêncio, tal silêncio deverá ser interpretado como recusa, tendo-se em vista que o cancelamento da servidão ser-lhe-ia prejudicial, pois o valor do imóvel irá diminuir, retirando-se a servidão que o favorece.

Ensina Matiello que se o credor hipotecário aceitar o cancelamento da servidão mencionada no título hipotecário, estará abdicando o direito de promover a excussão relativa ao gravame cancelado, mas poderá satisfazer seu crédito mediante o leilão do imóvel hipotecado. O cancelamento da servidão não atingirá o crédito hipotecário, apenas diminuirá a amplitude da garantia, pois restringir-se-á apenas ao imóvel, não mais abarcando a servidão.

Dispensada estará a anuência do credor hipotecário para o cancelamento da servidão, que se extinguiu, se do título hipotecário nada constar a respeito da servidão predial, não podendo, contudo, o referido credor obstar o cancelamento.

118. Arnaldo Rizzardo, *Direito das coisas*, Rio de Janeiro, Forense, 2004, p. 912.

Quadro Sinótico

SERVIDÕES PREDIAIS	1. Conceito	São direitos de gozo sobre imóveis que, em virtude de lei ou vontade das partes, se impõem sobre o prédio serviente em benefício do dominante.	
	2. Finalidade	Proporcionar uma valorização do prédio dominante, tornando-o mais útil, agradável ou cômodo, implicando, por outro lado, uma desvalorização econômica do prédio serviente, levando-se em consideração que as servidões prediais são perpétuas, acompanhando sempre os imóveis quando transferidos.	
	3. Princípios fundamentais	• É uma relação entre prédios vizinhos. • Não há servidão sobre a própria coisa. • A servidão serve à coisa e não ao dono. • Não se pode de uma servidão constituir outra. • Servidão não se presume. • Servidão é inalienável.	
	4. Natureza jurídica	É um direito real de gozo ou fruição sobre imóvel alheio de caráter acessório, perpétuo, indivisível e inalienável.	
	5. Classificação	Quanto à natureza: rústicas e urbanas.	
		Quanto ao modo de exercício	• Contínuas e descontínuas. • Positivas e negativas. • Ativas e passivas.
		Quanto à exteriorização: aparentes e não aparentes.	
		Quanto à origem	• Legais. • Naturais. • Convencionais.

SERVIDÕES PREDIAIS	• 6. Modos de constituição	• Ato jurídico *inter vivos* ou *causa mortis* (CC, art. 1.378; Dec.-Lei n. 1.000/69 (ora revogado), art. 167, X). • Sentença judicial (CPC, arts. 596, II, e 597, § 4º, III). • Usucapião (CC, art. 1.379, parágrafo único; CPC, arts. 1.071 e LRP art. 216-A, §§ 1º a 10). • Destinação do proprietário.	
	• 7. Direitos e deveres do proprietário do prédio dominante	• Direitos	• Usar e gozar da servidão. • Realizar obras necessárias à sua conservação e uso (CC, art. 1.380; Cód. de Águas, art. 128). • Exigir ampliação da servidão para facilitar a exploração do prédio dominante (CC, art. 1.385, § 3º). • Renunciar à servidão (CC, art. 1.388, I) e removê-la (CC, art. 1.384, *in fine*).
		• Deveres	• Pagar todas as obras feitas para uso e conservação da servidão (CC, art. 1.381). • Exercer a servidão *civiliter modo* (CC, art. 1.385). • Indenizar o dono do prédio serviente pelo excesso do uso da servidão em caso de necessidade (CC, art. 1.385, § 3º).
	• 8. Direitos e obrigações do proprietário do prédio serviente	• Direitos	• Exonerar-se de pagar as despesas com o uso e conservação da servidão, desde que abandone total ou parcialmente a propriedade em favor do dono do prédio dominante (CC, art. 1.382, parágrafo único). • Remover a servidão de um local para outro. • Impedir que o proprietário do dominante efetive qualquer mudança na forma de utilização da servidão, pois este deve manter sua destinação (CC, art. 1.385, § 3º). • Cancelar a servidão nos casos dos arts. 1.388 e 1.389 do Código Civil.
		• Obrigações	• Permitir que o dono do prédio dominante realize obras necessárias à conservação e utilização da servidão (CC, art. 1.380). • Respeitar o uso normal e legítimo da servidão (CC, art. 1.383). • Pagar despesas com a remoção da servidão e não prejudicar ou diminuir as vantagens do prédio dominante, que decorrerem dessa mudança (CC, art. 1.384).

SERVIDÕES PREDIAIS	• 9. Proteção jurídica	• Ação confessória. • Ação negatória. • Ação de manutenção de posse ou de reintegração de posse e interdito proibitório. • Nunciação de obra nova (CPC, arts. 47, § 1º e 318 e s.). • Ação de usucapião.
	• 10. Extinção	• Renúncia do titular (CC, art. 1.388, I). • Cessação de sua utilidade (CC, art. 1.388, II). • Resgate (CC, art. 1.388, III). • Confusão (CC, art. 1.389, I). • Supressão das respectivas obras (CC, art. 1.389, II). • Desuso (CC, art. 1.389, III). • Perecimento do objeto. • Decurso do prazo ou implemento da condição. • Desapropriação. • Convenção. • Preclusão do direito da servidão. • Resolução do domínio do prédio serviente.

C. Usufruto

c.1. Conceito

Como o Código Civil vigente não define o usufruto, tratando tão somente de sua incidência e aplicabilidade, poder-se-á elaborar o conceito de usufruto tendo-se por fundamento o revogado art. 713 do Código Civil de 1916, que assim dispunha: "constitui usufruto o direito real de fruir as utilidades e frutos de uma coisa, enquanto temporariamente destacado da propriedade".

Este conceito correspondia ao do direito romano, pois o usufruto foi definido por Paulo como "o direito de usar uma coisa pertencente a outrem e de perceber-lhe os frutos, ressalvada sua substância"[119].

Logo, seria o usufruto o direito real (CC, art. 1.225, IV) conferido a alguém de retirar, temporariamente, da coisa alheia os frutos e utilidades que ela produz, sem alterar-lhe a substância[120].

Disso se infere que o usufruto não é restrição ao direito de propriedade, mas sim à posse direta que é deferida a outrem que desfruta do bem alheio na totalidade de suas relações, retirando-lhe os frutos e utilidades que ele produz. Perde o proprietário do bem o *jus utendi* e o *fruendi,* que são poderes inerentes ao domínio, porém não perde a substância, o conteúdo de seu direito de propriedade que lhe fica na nua propriedade[121].

No usufruto têm-se dois sujeitos: o *usufrutuário,* que detém os poderes de usar e gozar da coisa, explorando-a economicamente, e o *nu-proprietário,* que faz jus à substância da coisa, tendo apenas a nua-propriedade, despojada de poderes elementares. Conserva, porém, o conteúdo do domínio, o *jus disponendi,* que lhe confere a disponibilidade do bem nas formas permitidas por lei[122], mantendo, portanto, a condição jurídica de senhor do refe-

---

119. Paulo, Dig., Liv. 7º, Tít. 1º, frag. 1º – "*Usus fructus est jus alienis rebus utendi fruendi, salva rerum substantia*".

120. Definição extraída dos conceitos de Clóvis, *Código Civil*, v. 3, p. 264; Enneccerus, Kipp e Wolff, *Tratado de derecho civil*, t. 3, Cap. 2, p. 68; Caio M. S. Pereira, op. cit., p. 237; do art. 578 do Código Civil francês, que assim reza: "usufruto é o direito de desfrutar de um bem alheio como se dele fosse proprietário, com a obrigação de lhe conservar a substância"; De Page, *Traité élémentaire de droit civil belge*, t. 6, p. 153; Paulo, op. cit.; consulte: BGB, §§ 1.036 e s.; Código Civil italiano, art. 981; Código Civil francês, art. 582; e Código Civil português, art. 1.468. *Vide RT*, *775*:368.

121. Daibert, op. cit., p. 393. *Vide*: *RT*, *796*:304, *793*:283, *733*:330, *721*:182, *718*:272, *717*:216, *706*:125, *701*:101, *699*:110, *687*:123, *668*:112, *650*:144, *645*:151.

122. Daibert, op. cit., p. 393; W. Barros Monteiro, op. cit., p. 303; Orlando Gomes, op. cit.,

rido bem. O que faz com que Hedemann afirme que o ponto de partida para a configuração do usufruto é a distinção dos dois elementos, *substância* e *proveito*, na propriedade: o proprietário possui ambos, quando abandonar o *proveito* do bem a outrem, ter-se-á usufruto[123].

Orlando Gomes assinala que a função econômica do usufruto é assegurar a certas pessoas meios de subsistência, tendo, inclusive, finalidade alimentar e assistencial, razão por que se restringe, em regra, às relações familiares; é concedido gratuitamente, e, quase sempre, por testamento, beneficiando com o uso e gozo vitalício do bem pessoa mais idosa, almejando garantir-lhe certa renda. Pode surgir de doação com reserva de usufruto, em que o doador, ao fazer a liberalidade, guarda para si o direito de desfrutar o bem, embora transfira o domínio do mesmo[124].

c.2. Objeto

Estatui o art. 1.390 do Código Civil que "o usufruto pode recair em um ou mais bens, móveis ou imóveis, em um patrimônio inteiro, ou parte deste, abrangendo-lhe, no todo ou em parte, os frutos e utilidades".

Diante desse texto legal o usufruto pode recair sobre coisas móveis, imóveis e sobre um patrimônio.

Quanto aos *móveis*, não podem ser eles *fungíveis*, nem *consumíveis*, porque o usufrutuário deve conservar a substância da coisa para o nu-proprietário; logo, não pode o usufruto recair sobre bens que se consomem ao primeiro uso ou que se destinam à alienação e muito menos sobre coisas que podem ser substituídas por outras do mesmo gênero. Não obstante isso, não há, como veremos logo mais, nenhuma proibição legal a que incida o usufruto sobre bens fungíveis e consumíveis, caso em que tomará o nome de quase usufruto ou usufruto impróprio. Nessa hipótese não se terá um usufruto, mas sim um mútuo, uma vez que o usufrutuário passará a ser o proprietário do bem dado em usufruto, tendo o encargo de restituir coisa equivalente. Além do mais, com a extinção do usufruto impró-

---

p. 295; Lafayette, op. cit., § 93; Silvio Rodrigues, op. cit., p. 306; Gert Kummerow, op. cit., p. 324 a 340.

123. Hedemann, *Derechos reales*, § 38; Antônio dos S. Lessa, *Usufruto e arrendamento*, 1984; Tupinambá M. C. do Nascimento, *Usufruto*, 1986. Sobre usufruto em favor de indígenas: Lei n. 6.001/73, arts. 2º, IX, 22, 24, 26, 39, II, 40, II, e 41, II.

124. Orlando Gomes, op. cit., p. 295; Silvio Rodrigues, op. cit., p. 310; CPC/2015, arts. 725, VI, 825, III, e 867 a 869.

prio, seu titular, em lugar de restituir a coisa, como se dá no usufruto, paga seu valor[125].

Qualquer espécie de bens móveis poderá ser objeto de usufruto, sejam eles corpóreos ou incorpóreos, podendo-se constituir usufruto sobre quadros, patentes de invenção, ações de sociedade anônima (LSA, art. 40), direito autoral etc.

Quanto ao usufruto de *imóveis* prescreve o art. 1.391 do Código Civil que quando ele não resultar de usucapião dependerá de registro no respectivo Cartório de Registro de Imóveis, sujeitando-se às formalidades do art. 167, I, n. 7, da Lei n. 6.015/73, tenha sido o usufruto constituído por ato *inter vivos* ou *mortis causa*. A ausência do registro impede que o usufruto se constitua como direito real oponível *erga omnes*. Se advindo de usucapião, em razão do fato de ser a sentença declaratória, o direito real configurou-se no momento em que o usucapiente preencheu os requisitos legais exigidos para a usucapião. A sentença consolida a titularidade do direito real de fruição e seu registro apenas terá valor probante.

E pelo art. 1.392 do Código Civil, esse usufruto, salvo disposição em contrário, estende-se aos acessórios da coisa e seus acrescidos. De modo que se for usufruto de prédio residencial, o usufrutuário terá direito de desfrutar de todas as suas utilidades, como jardins, piscina etc.; se for de imóvel agrícola, abrange os animais, lavoura, frutos de um pomar, águas etc. Se entre os acessórios e os acrescidos houver coisas consumíveis, o usufrutuário deverá restituir, findo o usufruto, as que ainda houver e, das outras, o equivalente em gênero, qualidade e quantidade, ou, não sendo possível, o seu valor, estimado ao tempo da devolução (CC, art. 1.392, § 1º). Se houver no prédio, em que recai o usufruto, florestas ou recursos minerais, o nu-proprietário e o usufrutuário deverão prefixar-lhe a extensão do gozo e o modo de exploração (CC, art. 1.392, § 2º). Os acrescidos são concernentes aos produtos da acessão (CC, art. 1.248), ressalvando o tesouro, que está regulado nos arts. 1.264 a 1.266. Se o usufruto recair sobre universalidade ou quota-parte de bens, o tesouro encontrado na coisa usufruída (CC, art. 1.392, § 3º) reparte-se entre o descobridor e o usufrutuário. Se o descobridor for o usufrutuário, divide-o com o proprietário[126].

---

125. Orlando Gomes, op. cit., p. 299.

126. W. Barros Monteiro, op. cit., p. 308. Disposição análoga aos arts. 716 do Código Civil de 1916 e 1.392 do atual Código Civil havia no art. 113, parágrafo único, do Decreto-

O usufrutuário, se o usufruto recair sobre universalidade ou quota-parte de bens, tem direito ao preço pago pelo vizinho do prédio usufruído, para obter meação em parede, cerca, muro, vala ou valado (art. 1.392, § 3º, 2ª parte, do CC).

Pode ter ainda como objeto um *patrimônio*, no todo ou em parte, o que, comumente, ocorre na sucessão hereditária, quando o testador grava, por exemplo, parte do seu patrimônio com o ônus do usufruto. Ter-se-á, então, um legado em que o usufruto incide, individualmente, nos bens que o constituem[127]. "Se o usufruto recair num patrimônio, ou parte deste, será o usufrutuário obrigado aos juros da dívida que onerar o patrimônio ou a parte dele" (CC, art. 1.405).

O usufruto pode, ainda, gravar *direitos*, desde que sejam transmissíveis, porque a concessão do usufruto requer transmissão parcial dos poderes contidos no direito em que recai. É o que sucede no usufruto de créditos e no de valores representados por títulos nominativos endossáveis[128].

No usufruto de crédito permite-se ao usufrutuário praticar atos de disposição, tais como cobrar a respectiva dívida e aplicar a quantia recebida, agindo em nome próprio[129].

O usufruto de valores é o que recai em títulos nominativos, como as ações de sociedades anônimas e apólices de dívida pública, cabendo ao usufrutuário perceber os frutos civis dos títulos, como os juros e dividendos, e para efetivar qualquer cessão deverá fazer prévio acordo com o titular do direito sobre o valor[130]. É o que reza o art. 1.395 e parágrafo único do Código Civil: "Quando o usufruto recai em títulos de crédito, o usufrutuário tem direito a perceber os frutos e a cobrar as respectivas dívidas. Cobradas as dívidas, o usufrutuário aplicará, de imediato, a importância em títulos da mesma natureza, ou em títulos de dívida pública federal, com cláusula de atualização monetária segundo índices oficiais regularmente estabelecidos".

-Lei n. 2.627/40, que assim dispunha: "no caso de aumento do capital social, pela incorporação de reservas facultativas ou de fundos disponíveis da sociedade, as novas ações seriam distribuídas entre os acionistas e a essas ações estender-se-ia o usufruto a que porventura estivessem sujeitas as de que elas fossem derivadas".

127. Orlando Gomes, op. cit., p. 300; Enneccerus, Kipp e Wolff, op. cit., p. 68.

128. Enneccerus, Kipp e Wolff, op. cit., p. 104-5, §§ 120 a 123.

129. Orlando Gomes, op. cit., p. 301.

130. Orlando Gomes, op. cit., p. 301; Miranda Valverde, *Sociedades por ações*, v. 3, n. 587.

c.3. Caracteres jurídicos

De seu conceito é possível fixar as suas características fundamentais que são as seguintes:

1) Trata-se de um *direito real sobre coisa alheia*, porque recai, direta ou imediatamente, sobre coisa frugífera, pertencente a outrem, implicando a retirada de todas as suas utilidades, estendendo-se até aos seus acessórios e acrescidos, salvo cláusula expressa em contrário. Atribuindo-se ao usufrutuário a posse direta e ao nu-proprietário, a indireta[131]. Sendo um direito oponível *erga omnes*, seu titular tem ação real e direito de sequela, podendo buscar a coisa nas mãos de quem quer que injustamente a detenha, para dela usar e gozar como bem lhe aprouver[132].

2) É um direito *temporário*, posto que não poderá exceder à vida do usufrutuário (CC, art. 1.410, I) ou ao prazo de trinta anos (CC, art. 1.410, III), se aquele for pessoa jurídica. Pode ele ser constituído em caráter vitalício, como por determinado tempo, por exemplo, até o usufrutuário atingir certa idade, condição ou estado (graduação universitária, casamento). Todavia, nunca poderá ser perpétuo. É direito conferido a alguém; se este desaparecer, desaparece com ele o usufruto, eis por que esse instituto jurídico pressupõe a devolução do bem, sem alteração na sua substância ou sem que se comprometa o capital[133].

3) É, pelo seu caráter personalíssimo, um direito *intransmissível* e *inalienável*, porque o usufruto só pode aproveitar ou beneficiar ao seu titular, não se transmitindo a seus herdeiros devido a seu falecimento. A sua inalienabilidade está consagrada por lei, com exceção feita ao seu exercício, pois, pelo art. 1.393 do Código Civil, "não se pode transferir o usufruto por alienação; mas o seu exercício pode ceder-se por título gratuito ou oneroso".

A alienação do direito do usufrutuário está vedada, porém permitida é a cessão de seu exercício, a título gratuito (comodato) ou oneroso (CC, art. 1.393, *in fine; RT, 412*:208), que, para valer perante terceiro, deve estar documentalmente registrada (*RT, 520*:212). Nada há que impeça o usufrutuário de alugar o imóvel de que é titular do usufruto, passando a receber os aluguéis, explo-

---

131. Caio M. S. Pereira, op. cit., p. 238 e 240; Lafayette, op. cit., § 102. *Vide* BGB, art. 1.036, e o Código suíço, art. 755.

132. Silvio Rodrigues, op. cit., p. 307; Daibert, op. cit., p. 395.

133. Caio M. S. Pereira, op. cit., p. 240-1; Silvio Rodrigues, op. cit., p. 307-8; Daibert, op. cit., p. 396; De Page, op. cit., v. 6, n. 196; Mazeaud e Mazeaud, *Leçons de droit civil*, v. 2, n. 1.649; Planiol, Ripert e Boulanger, *Traité élémentaire de droit civil*, v. 1.

rando, assim, economicamente o imóvel, tirando proveito dele, em vez de ele mesmo utilizar diretamente da coisa para colher seus frutos[134]. O que está confirmado pelo art. 1.399 do Código Civil, que assim estatui: "o usufrutuário pode usufruir em pessoa, ou mediante arrendamento, o prédio, mas não mudar-lhe a destinação econômica, sem expressa autorização do proprietário" (*RT, 686*:141). Assim, se se tratar, p. ex., de uma fazenda de criação de gado, não terá o direito de transformá-la em cultura de arroz. Se o fizer, terá de repor as coisas na situação anterior ou, então, indenizar o nu-proprietário.

4) É um direito *impenhorável*, devido a sua inalienabilidade, não podendo, portanto, ser penhorado em ação executiva movida contra o usufrutuário (*RT, 797*:274). Entretanto, seu exercício poderá ser objeto de penhora, desde que tenha expressão econômica, recaindo, então, a penhora, não sobre o mencionado direito, mas sobre a percepção dos frutos e utilidades do bem (*RT, 793*:283). Todavia, o usufruto legal não poderá ter nem seu direito nem seu exercício penhorado[135].

c.4. Espécies de usufruto

Classificam-se as várias espécies de usufruto sob diversos prismas:

1) Quanto a sua *origem* pode ser legal e convencional.

Será *legal* quando for instituído por lei em benefício de determinadas pessoas, como, por exemplo, o do pai ou o da mãe sobre os bens dos filhos menores (CC, art. 1.689, I); o do cônjuge sobre os bens do outro, quando lhe competir tal direito (CC, art. 1.652, I); o dos silvícolas, conforme estatui a Constituição de 1988, no art. 231, § 2º, e no art. 67 das Disposições Transitórias[136].

---

134. Silvio Rodrigues, op. cit., p. 308-9; Daibert, op. cit., p. 396; W. Barros Monteiro, op. cit., p. 309. Já se decidiu que é permitida a penhora do usufruto, mesmo que o usufrutuário resida, ou não, no bem onerado (*JTACSP, 126*:18).

135. W. Barros Monteiro, op. cit., p. 309; Lafayette, op. cit., § 101, nota 3; Dídimo da Veiga, *Direito das coisas*, n. 575; *RT, 97*:412, *107*:98, *258*:247; *RF, 93*:101. "Possibilidade com limitações. Utilização do imóvel pelo próprio usufrutuário, de forma indispensável. Ausência de expressão econômica. Recurso não provido. O usufruto não comporta alienação; como direito é incessível. Mas seu exercício pode ser concedido a título gratuito ou oneroso. Nada impede, assim, que o usufrutuário, em vez de utilizar pessoalmente a coisa frutuária, a alugue ou a empreste a outrem. Da inalienabilidade, resulta a impenhorabilidade do usufruto; apenas seu exercício pode ser objeto de penhora, desde que tenha expressão econômica" (*Bol. AASP, 1935*:8).

136. W. Barros Monteiro, op. cit., p. 305.

O *convencional* ocorre quando o direito real de gozar e usar, temporariamente, dos frutos e das utilidades de uma coisa alheia advém de um ato jurídico *inter vivos*, unilateral ou bilateral (p. ex.: um contrato), ou de um ato jurídico *causa mortis* (p. ex.: um testamento), ou, ainda, de usucapião, desde que observados os pressupostos legais, de forma que, com justo título e boa-fé, os prazos serão de 10 anos (usucapião ordinária) e sem justo título ou boa-fé, de 15 anos (usucapião extraordinária). O usufruto constituído por usucapião é denominado por Gomes e Muñoz[137] "usufruto misto".

O usufruto convencional possui duas formas: *a*) a *alienação*, que se dá quando o proprietário concede, mediante atos *inter vivos* ou *causa mortis*, o usufruto a um indivíduo, conservando a nua-propriedade; *b*) a *retenção*, que ocorre quando o dono do bem, somente mediante contrato, cede a nua-propriedade, reservando para si o usufruto.

2) Quanto ao seu *objeto*, subdivide-se em próprio ou impróprio.

O *próprio* é o usufruto que tem por objeto coisas inconsumíveis e infungíveis, cujas substâncias podem ser conservadas e restituídas ao nu-proprietário[138].

Impróprio é o que recai sobre bens consumíveis e fungíveis ou consumíveis e infungíveis (se, sendo fungíveis, só puderem, p. ex., ser utilizados pelo usufrutuário numa exposição ou ornamentação), regulado pelos arts. 1.392, § 1º, e 1.395 do Código Civil. Não há que se confundir a fungibilidade com a consuntibilidade, uma vez que é possível haver bem consumível dado em usufruto que fosse infungível. Em que pese a opinião de alguns autores de que o quase usufruto recai sobre bens consumíveis e fungíveis, parece-nos que é mais consentâneo com a realidade jurídica afirmar que ele diz respeito a bens consumíveis ou fungíveis, porque em ambos os casos o usufrutuário adquire o domínio da coisa, e findo o usufruto deve restituir o equivalente. Tem-se, na verdade, a aquisição de coisa consumível (fungível ou infungível) com o encargo de restituí-la. É por isso que se fala, apenas por analogia, em *quase usufruto de coisa fungível*, se o usufrutuário, ao término do usufruto, puder devolver outro bem equivalente ao por ele consumido. Se impossível for tal restituição do equivalente, deve ele pagar o seu valor, pelo preço corrente ao tempo da devolução, admitindo-se nesta hipótese o que se denomina *quase usufruto de coisa consumível*.

---

137. Gomes y Muñoz, *Derecho civil mexicano*, v. 2, p. 402.

138. Orlando Gomes, op. cit., p. 302; W. Barros Monteiro, op. cit., p. 306.

É denominado *quase usufruto*, porque sua natureza não corresponde à essência do instituto, que requer que o usufrutuário não tenha a disposição da substância da coisa que fica pertencendo ao nu-proprietário; consequentemente, não pode dar-se usufruto de coisas fungíveis ou consumíveis. No usufruto próprio há apenas utilização e fruição de coisa alheia; no impróprio, o usufrutuário adquire a propriedade da coisa, sem o que não poderia consumi-la ou aliená-la, devolvendo, por ocasião do término do usufruto, coisa equivalente em gênero, quantidade e qualidade, ou, sendo impossível, o seu valor, pelo preço corrente ao tempo da restituição[139]. É o que se infere do disposto no § 1º do art. 1.392, que assim reza: "Se, entre os acessórios e os acrescidos, houver coisas consumíveis, terá o usufrutuário o dever de restituir, findo o usufruto, as que ainda houver e, das outras, o equivalente em gênero, qualidade e quantidade, ou, não sendo possível, o seu valor, estimado ao tempo da restituição".

Percebe-se que nesta espécie de usufruto não encontramos a simultaneidade de sujeitos (usufrutuário e nu-proprietário); há, tão somente, um titular, o usufrutuário, que consome o bem, ressalvando-se, ao nu-proprietário, o direito de reclamar o equivalente ou o seu valor correspondente.

3) Quanto a sua *extensão*, apresenta-se como: *a*) universal ou particular; *b*) pleno ou restrito.

O usufruto *universal* ou *geral* é o que recai sobre uma universalidade de bens, como o patrimônio (CC, art. 1.405), a herança, o estabelecimento empresarial, o fundo de comércio, ou sobre a parte alíquota desses bens (CC, arts. 1.390 e 1.392, § 3º, 1ª parte)[140].

É *particular* quando tem por objeto uma ou várias coisas individualmente determinadas (CC, art. 1.390), por exemplo, um prédio, certo número de ações (*RT*, *450*:154), um sítio etc.[141].

Será *pleno* quando abranger todos os frutos e utilidades, sem exceção, que a coisa produz (CC, art. 1.390, *in fine*), e *restrito*, se se excluem do gozo do bem algumas de suas utilidades[142].

---

139. Caio M. S. Pereira, op. cit., p. 245; Enneccerus, Kipp e Wolff, op. cit., § 119; Hedemann, *Derechos reales*, § 38; Silvio Rodrigues, op. cit., p. 317-8; Coelho da Rocha, *Instituições de direito civil português*, Rio de Janeiro, 1907, v. 2, § 608; Venezian, *Dell' usufruto*, Ed. Fiori Brugi, v. 2, n. 265, p. 280.

140. W. Barros Monteiro, op. cit., p. 306.

141. Orlando Gomes, op. cit., p. 302; W. Barros Monteiro, op. cit., p. 306.

142. W. Barros Monteiro, op. cit., p. 306.

4) Quanto a sua *duração*, pode ser temporário ou vitalício.

Ter-se-á usufruto *temporário* quando sua duração se submete a prazo preestabelecido, extinguindo-se com sua verificação[143].

E o *vitalício* é o que perdura até a morte do usufrutuário ou enquanto não sobrevier causa legal extintiva (*vide* CC, art. 1.410, I)[144].

Levanta Maria Lígia Coelho Mathias a questão da possibilidade de se cancelar cláusula de inalienabilidade imposta por doador, que reservou a si o usufruto vitalício. Com o óbito do usufrutuário, poderia o nu-proprietário requerer o cancelamento daquela cláusula? Há julgados (*RT*, *600*:72, *565*:57; *RJTJSP*, *198*:59) entendendo que com o falecimento do doador, cessará o usufruto vitalício e a eficácia da cláusula de inalienabilidade, visto que ambos foram estabelecidos no seu interesse. Outros (*RT*, *766*:235; *RJTJSP*, *197*:51) já não admitem o cancelamento da referida cláusula, baseados no art. 1.911 do Código Civil (correspondente ao art. 1.676 do CC/1916), que não permite sua dispensa por ato judicial. Ressalta a mencionada jurista que "alguns autores vislumbram a configuração de usufruto sucessivo, quando se impõe a cláusula de inalienabilidade ao bem doado com reserva de usufruto vitalício. Isso porque "A" tinha direito de usar e fruir. Com sua morte, "B" enquanto viver, terá os mesmos direitos que tinha "A", ou seja, de usar e fruir em função da existência da cláusula de inalienabilidade.

O *usufruto sucessivo* era o instituído em favor de um indivíduo, para que depois de sua morte se transmitisse a terceiro. Era aquele em que o usufrutuário gozava da coisa sozinho, transmitindo, com sua morte, o uso e gozo dessa coisa ao seu sucessor. P. ex., suponhamos que "A" doasse a "B" e "C" uma casa, com reserva de usufruto em seu favor, enquanto vivesse, estipulando que, com sua morte, o usufruto passaria a "D" (seu herdeiro necessário). Muito comum nas antigas Ordenações, não é mais permitido, hodiernamente, pois nosso Código Civil traça sua duração máxima: a morte do usufrutuário (CC, art. 1.410, I) e impõe prazo de 30 anos de duração (CC, art. 1.410, III), se o usufrutuário for pessoa jurídica. Com isso assegura nosso legislador a temporariedade desse instituto jurídico, evitando que se afaste, de modo indefinido, um bem do comércio. É inadmissível, por-

143. W. Barros Monteiro, op. cit., p. 306. *Vide*: CC de 1916, art. 1.611, § 1º, e Lei n. 8.971/94, art. 2º, I e II; não mais vigorantes, por força dos arts. 1.790, I a IV, 1.829, I, II e III, 1.830, 1.831, 1.832, 1.837 e 1.838 do atual Código Civil.

144. W. Barros Monteiro, op. cit., p. 306; M. Lígia C. Mathias, *Direito civil*, op. cit., p. 164.

tanto, a transmissão de usufruto sucessivo por herança. Não pode existir, em nosso direito positivo, essa modalidade de usufruto, pois o instituto jurídico que permite beneficiários sucessivos é o fideicomisso, de modo que, se houver qualquer título constitutivo de um usufruto que transpareça tal sucessão, nula será a cláusula que a institui ou, então, se a considera como fideicomisso[145].

Todavia, permite-se em nossa sistemática jurídica o *usufruto simultâneo* ou *conjunto* (*RT*, *496*:199, *453*:210; *JTJRS*, *231*:300), previsto no art. 1.411 do Código Civil, que é o instituído para beneficiar várias pessoas, extinguindo-se, gradativamente, em relação a cada uma das que falecerem. De modo que, com a morte de cada usufrutuário, a nua-propriedade consolida-se, paulatinamente, atingindo sua plenitude por ocasião do óbito do último usufrutuário simultâneo. "A", "B" e "C" recebem de "D" um imóvel a título de usufruto, tendo cada um dos usufrutuários 1/3 daquele direito; se, porventura, ocorrer o óbito de "A", 1/3 volta a "D", ficando onerado o imóvel em 2/3.

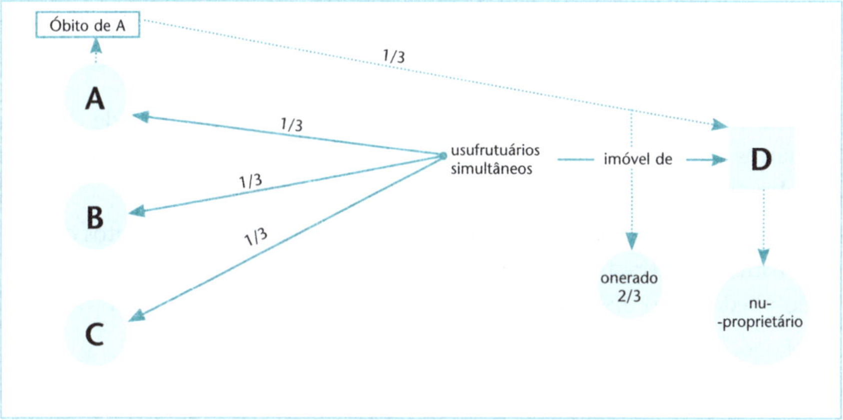

Com o falecimento de "B", gravado continuará o imóvel por 1/3. Falecendo "C", extinguir-se-á o usufruto. Tal é o que ocorre, salvo se no título constitutivo houver estipulação expressa de que a morte de um deles re-

145. Daibert, op. cit., p. 413; W. Barros Monteiro, op. cit., p. 306-7; M. Lígia C. Mathias, *Direito civil*, op. cit., p. 164; *RT*, *172*:196, *285*:349, *308*:236, *383*:187, *175*:636, *178*:917, *181*:321, *231*:509, *263*:354, *285*:676, *363*:162.

verterá em favor dos sobreviventes, acrescendo aos quinhões destes a parte do falecido. Trata-se do direito de acrescer (*RT*, *442*:162). Assim, se "D" havia disposto que, com o óbito de "A", sua parte acresceria à de "B", "B" ficaria com 2/3 e "C" com 1/3.

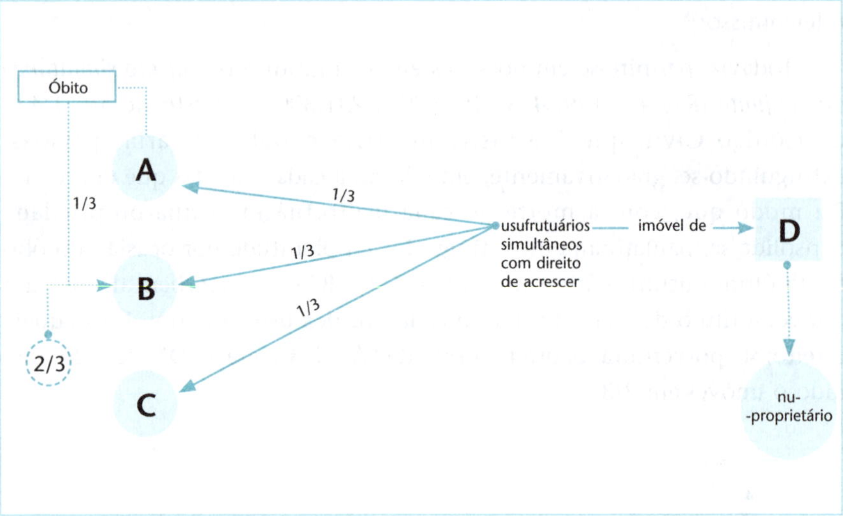

Há, portanto, nesta modalidade de usufruto, uma pluralidade de usufrutuários que, ao mesmo tempo, usam e gozam do bem, sendo permitido ao sobrevivente, se convencionado, o direito de acrescer.

Só se aplica esse preceito do art. 1.411 do Código Civil a usufrutos que forem instituídos por atos *inter vivos*. Os estabelecidos por ato *causa mortis* deverão obedecer ao disposto no art. 1.946 do mesmo diploma legal[146].

Logo, graficamente, temos:

146. Daibert, op. cit., p. 412-3; W. Barros Monteiro, op. cit., p. 321-2; M. Lígia C. Mathias, *Direito civil*, op. cit., p. 163-4.

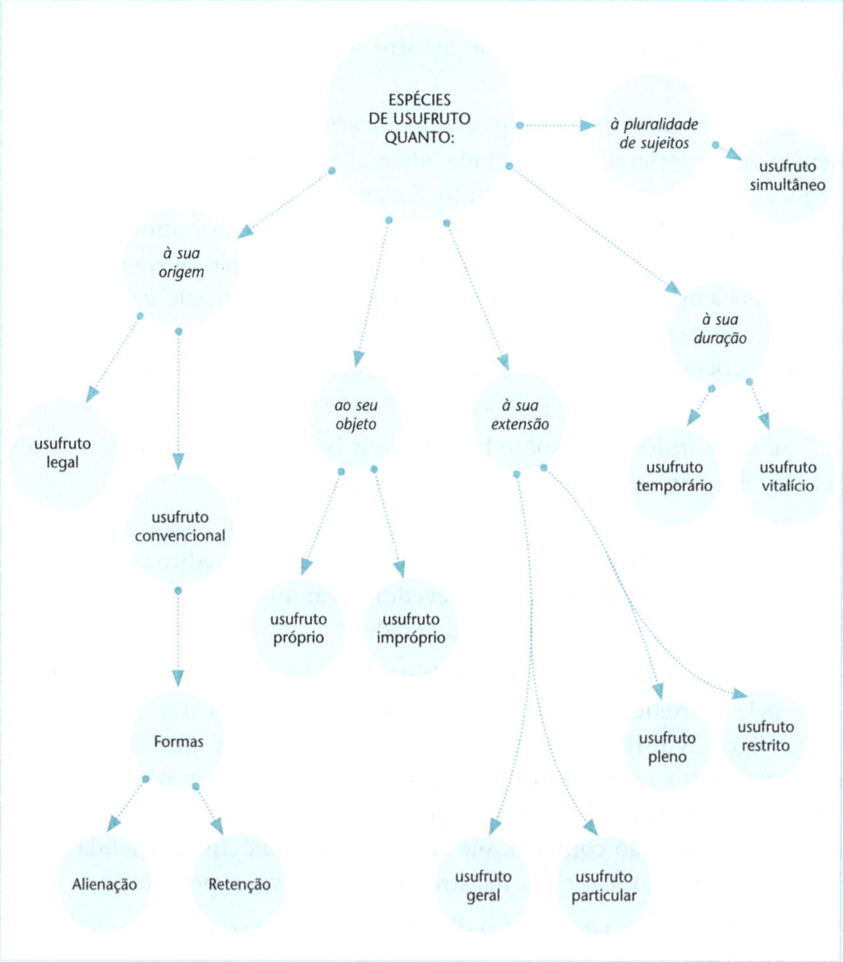

c.5. Modos constitutivos

Constitui-se o usufruto:

1) Por *lei*, quando emanar de disposições legais, principalmente das que regem o direito de família, envolvendo o poder familiar (*JB*, *158*:309) ou o direito do cônjuge sobre certos bens do outro[147]. Casos de usufruto legal são

147. Orlando Gomes, op. cit., p. 302-3. *Vide* art. 2º, I e II, da Lei n. 8.971/94, sobre sucessão no usufruto por força da lei do companheiro sobrevivente, não mais vigente, visto que pelo Código Civil de 2002 perdeu esse direito (CC, art. 1.790, I a IV).

os dos arts. 1.689, I, e 1.652, I, do Código Civil etc., não estando dispensados, portanto, pelo art. 1.391, de registro no respectivo Cartório de Registro de Imóveis.

2) Por *ato jurídico inter vivos* ou *causa mortis*. O ato jurídico *inter vivos* poderá advir de declaração de vontade bilateral ou unilateral, constituindo um negócio jurídico oneroso ou gratuito. E o ato jurídico *causa mortis* está representado pelo testamento e pelo legado. Essa constituição voluntária do usufruto pode dar-se por alienação ou retenção. A alienação opera-se por contrato ou testamento, quando o proprietário da coisa concede seu gozo a outrem, conservando apenas a nua-propriedade. A retenção só pode dar-se por contrato, ocorrendo quando o dono da coisa transmite a alguém a nua-propriedade, reservando, para si, o uso e gozo dessa coisa[148].

Se o usufruto recair sobre bens móveis basta a tradição destes; se disser respeito a imóveis é necessário o seu registro.

3) Por *sub-rogação real*, quando o bem sobre o qual incide o usufruto é substituído por outro. Por exemplo, o usufruto de um crédito pode ser convertido em usufruto de coisa se o devedor pagar ao usufrutuário a coisa devida, que passa a ser propriedade do credor[149].

4) Por *usucapião*, quando adquirido pelo decurso do lapso prescricional e pela ocorrência de todas as condições exigidas pelos arts. 1.238 e 1.242 do Código Civil. Hipótese em que, se se tratar de bem imóvel, não se requer o registro no Cartório de Registro de Imóveis competente (*JTJSP*, *150*:193), por força do art. 1.391, pois a sentença, como já dissemos, por ser declaratória, não confere a sua aquisição, tão somente consolida a titularidade do direito real e seu registro apenas terá valor probatório.

5) Por *sentença*, conforme o disposto nos arts. 867 a 869 do Código de Processo Civil.

c.6. Analogia com outros institutos

Devido às semelhanças que o usufruto tem com a enfiteuse, fideicomisso e locação, seria conveniente apresentar as suas diferenças.

Tanto a *enfiteuse* como o *usufruto* constituem direito real sobre coisa alheia e possuem dois titulares, porém: 1) na enfiteuse o foreiro pode dis-

148. Enneccerus, Kipp e Wolff, op. cit., p. 69; Orlando Gomes, op. cit., p. 303.
149. Gomes y Muñoz, op. cit., p. 416, citados por Orlando Gomes, op. cit., p. 304.

por do domínio útil, tem direito de resgate, podendo até transmiti-lo; no usufruto, o usufrutuário não poderá transmitir seu direito, este é inalienável, podendo tão somente ceder seu exercício; 2) a enfiteuse é perpétua; o usufruto, temporário; 3) a enfiteuse recai sobre terrenos para agricultura ou edificações; o usufruto recai sobre bens móveis, imóveis e direitos; 4) a enfiteuse é onerosa, o enfiteuta deverá pagar o foro; o usufruto é gratuito[150].

Temos no *usufruto* e no *fideicomisso* a temporária utilização e fruição de um bem, que após um certo prazo, sob certa condição ou pela morte de uma pessoa, a propriedade se reintegra num só titular, pois em ambos há dois sujeitos de direito, entretanto: *a*) no usufruto há um desmembramento do domínio, permanecendo este na titularidade do nu-proprietário, enquanto ao usufrutuário competirá usar e gozar de bem alheio como se próprio fosse, sem contudo alterar sua substância; no fideicomisso o bem é transmitido pelo fideicomitente ao fiduciário, que o recebe na qualidade de dono, podendo usar e gozar desse bem, com o encargo de, por sua morte ou após certo tempo, transmiti-lo a outrem, que se designa como fideicomissário; *b*) no usufruto, tanto o usufrutuário como o nu-proprietário são titulares simultâneos de direitos; no fideicomisso, o fiduciário e o fideicomissário são titulares sucessivos dos direitos; *c*) no usufruto, o usufrutuário não pode vender a nua-propriedade, porque esta não lhe pertence; já no fideicomisso, o fiduciário, como proprietário que é, poderá alienar os bens fideicomitidos; *d*) o usufruto, com a morte do usufrutuário, extingue-se; no fideicomisso, com o falecimento do fiduciário, dá-se a sua transmissão a seus herdeiros, para que estes o entreguem na forma instituída pelo fideicomitente ao fideicomissário; *e*) o usufruto permanece, havendo morte do nu-proprietário, pois a nua-propriedade transmite-se a seus herdeiros; no fideicomisso, com o óbito do fideicomissário, consolida-se nas mãos do fiduciário o domínio resolúvel que, então, passará a ser perpétuo; *f*) o usufruto é direito real sobre coisa alheia, enquanto o fideicomisso é uma forma de substituição restrita ao direito das sucessões[151].

A *locação* e o *usufruto* conferem o direito de desfrutar de bem alheio, mas: *a*) o usufruto é direito real, oponível *erga omnes*, e a locação, pessoal,

150. Daibert, op. cit., p. 409; Orlando Gomes, op. cit., p. 296; W. Barros Monteiro, op. cit., p. 304-5.

151. Orlando Gomes, op. cit., p. 296-9; Daibert, op. cit., p. 410-2; W. Barros Monteiro, op. cit., p. 304; Silvio Rodrigues, op. cit., p. 311; Caio M. S. Pereira, op. cit., p. 237-8; Clóvis, *Comentários ao Cód. Civil*, v. 6, p. 211; Orozimbo Nonato, *Aspectos da sucessão testamentária*, v. 3, n. 800; Carlos Maximiliano, *Direito das sucessões*, v. 3, n. 1.257.

de modo que o direito do locatário só pode ser exercido contra o locador; *b*) o usufruto incide sobre coisas corpóreas ou incorpóreas e a locação só recai sobre bens corpóreos; *c*) o usufruto nasce de lei, ato jurídico *inter vivos* ou *causa mortis*, de usucapião etc., ao passo que a locação decorre apenas de contrato; *d*) o usufruto é gratuito e a locação onerosa, sendo indispensável o pagamento do aluguel[152].

c.7. Direitos e obrigações do usufrutuário

Usufrutuário é, transitoriamente, o titular do direito real de perceber a utilidade e frutos de um bem alheio. É aquele que tem o *jus utendi* e o *jus fruendi*, ou seja, o uso e gozo da coisa pertencente a outrem, retirando, assim, do proprietário os poderes elementares da propriedade, detendo, apenas, este último, o *jus disponendi*, a substância da coisa, ou melhor, o conteúdo do direito de propriedade, que lhe fica na nua-propriedade.

O usufrutuário tem, consequentemente, muitos direitos que, em regra, estão expressos no ato constitutivo do usufruto, que os amplia ou restringe. Porém, na falta de convenção, prevalecem os *direitos* arrolados pela legislação civil que são os seguintes:

1) Direito à posse, uso, administração e percepção dos frutos (CC, art. 1.394).

A posse é condição imprescindível para que o usufrutuário possa exercer seus direitos. Tem o usufrutuário a posse direta e justa, podendo valer-se dos remédios possessórios não só contra terceiros, mas também contra o nu-proprietário, que tem a posse indireta, se este impedir ou dificultar o livre exercício do usufruto (*RT*, *496*:199). Como, às vezes, a turbação do nu-proprietário pode reduzir ou privar o usufrutuário do direito, por ele concedido, de usar e gozar da coisa, para a defesa de sua posse legítima, poderá ele lançar mão não só dos interditos possessórios, como também das ações confessórias e declaratórias.

Logo, pode utilizar pessoalmente da coisa ou por meio de representantes, como também ceder o exercício desse uso a título gratuito ou oneroso (CC, art. 1.393, 2ª parte), emprestando a coisa ou alugando-a a alguém.

Pode gozar da coisa, tirar-lhe todos os proveitos, ou seja, perceber e fazer seus os frutos (utilidades que a coisa periodicamente produz) e os pro-

---

152. W. Barros Monteiro, op. cit., p. 305; Daibert, op. cit., p. 409; Orlando Gomes, op. cit., p. 295-6.

dutos (utilidades que se retiram da coisa, diminuindo-lhe a quantidade porque não se reproduzem periodicamente), podendo consumi-los, vendê-los ou alugá-los (*RT*, *597*:147). Portanto, é a exploração econômica da coisa que se reserva ao usufrutuário.

Compreendem-se nos proveitos, como prescrevem os arts. 1.392 e § 1º, 1.396 a 1.398 do Código Civil, os acessórios da coisa, seus acrescidos (aumentos decorrentes de acessão natural ou artificial) e as crias dos animais (CC, art. 1.397). Pelo art. 1.397 do Código Civil, as crias dos animais pertencerão ao usufrutuário, deduzidas quantas bastem para inteirar as cabeças existentes ao começar o usufruto. Findo o usufruto, o nu-proprietário deverá receber de volta tão somente o número de animais que constituiu o usufruto. Se o usufruto recair sobre três vacas, findo o usufruto estas três deverão ser devolvidas, mesmo que tenham duas crias nascidas durante o ônus real. Se uma das vacas falecer, uma das crias será entregue ao nu-proprietário em substituição à que morreu (CC, art. 244). A cria suprirá, portanto, a falta que houver. Se os animais dados em usufruto forem machos, com a morte de um deles, sua substituição far-se-á mediante pagamento em dinheiro no valor correspondente ao do animal morto, ou por outro vivo adquirido pelo usufrutuário, de igual espécie e valor. Essa sub-rogação do animal morto com o nascido deverá ser feita sempre com animal do mesmo sexo. Com isso, assegurada está a integridade do rebanho, por ocasião da extinção do usufruto, de modo que o nu-proprietário venha a receber o mesmo número de reses que entregou ao usufrutuário.

Quanto aos frutos naturais (decorrentes de desenvolvimento orgânico vegetal ou animal), pendentes (ligados à coisa principal) no início do usufruto, pertencem ao usufrutuário, que não terá que pagar ao nu-proprietário as despesas de produção. Entretanto, perde o usufrutuário, para o nu-proprietário, os frutos pendentes ao término do usufruto, sem ter, ainda, direito ao reembolso do que despendeu com a sua produção (CC, art. 1.396, parágrafo único). Porém, ressalvados estão os direitos de terceiro de receber frutos ou parte da safra, que os tenha adquirido antes da constituição do usufruto ou durante sua vigência.

Já os frutos civis (rendimentos, dividendos, aluguéis, juros), que se reputam colhidos dia a dia, pertencem ao nu-proprietário, se vencidos no início do usufruto, e ao usufrutuário, se vencidos na data em que cessa o usufruto (CC, art. 1.398). Evidentemente, ressalvam-se, também, direitos de terceiros.

O art. 1.392, § 2º, do Código Civil prescreve, como já dissemos, que no usufruto de recursos minerais (CC, art. 1.230; CF, arts. 20, IX e X, 176 e 184) e florestas o nu-proprietário e o usufrutuário devem prefixar-lhes a extensão de gozo e o modo de exploração, ou seja, os limites que o usufrutuário deverá obedecer para usar e gozar dos rendimentos decorrentes da exploração das matas e minas, observando-se os ditames das leis ambientais, do Código Florestal e do Código de Minas.

Aí está a essência do usufruto, que é proporcionar ao usufrutuário a fruição do bem, dele extraindo frutos e produtos.

Se compete ao usufrutuário extrair da coisa toda a sua utilização, a ele cabe, obviamente, a sua administração. Tem direito de administrar a coisa, desenvolvendo sua capacidade econômica e aumentando sua produtividade, arrendando-a, cultivando-a ou explorando-a, conforme a natureza da coisa usufruída. Mas não pode, como afirmamos alhures, mudar a destinação econômica da coisa, sem consentimento expresso do nu-proprietário (CC, art. 1.399; *RT*, *686*:141). Assim, se se tratar de um haras, não terá, sem a anuência do nu-proprietário, direito de transformá-lo em cultura de café. Se o fizer, sem o consenso do seu dono, violando, ainda, preceito de ordem pública e afrontando interesse social, terá que repor as coisas à situação anterior ou, então, indenizar o nu-proprietário. Há, contudo, exceção no que concerne ao usufruto legal.

2) Direito de cobrar, quando o usufruto recai em títulos de crédito, as respectivas dívidas e de perceber os frutos civis (CC, art. 1.395).

3) Direito de gozar de renda oriunda de títulos de crédito, aplicando-os, após a cobrança do débito, em apólices da dívida pública federal, com cláusula de atualização monetária, baseada em índices oficiais (CC, art. 1.395, parágrafo único, 2ª parte). O usufrutuário age em nome próprio e assume os riscos dessa aplicação, para, uma vez cessado o usufruto, restituí-lo em espécie ao proprietário. Portanto, o usufrutuário terá direito de perceber os frutos até o vencimento do título de crédito, reaplicando-os, usufruindo dos frutos do capital até a extinção do usufruto, ocasião em que deverá entregar ao nu-proprietário novos títulos. Daí a excelente observação de Lafayette de que o crédito é objeto de verdadeiro usufruto antes de ser pago; após a sua cobrança, com o recebimento do dinheiro oriundo de seu pagamento, ter-se-á, então, um quase usufruto, ante a fungibilidade e consuntibilidade de seu objeto, já que, aplicando a importância recebida em outros títulos, deverá, findo o usufruto, devolvê-lo ao nu-proprietário.

4) Tem, se o usufruto recair sobre universalidade ou quota-parte de bens, direito à parte do tesouro achado por outrem, e ao preço pago pelo

vizinho do prédio usufruído, para obter meação em parede, cerca, muro, vala ou valado (CC, art. 1.392, § 3º). Isso porque, se terceiro for o descobridor, a ele cabe a metade do tesouro e a outra metade ao usufrutuário. As obras divisórias, por sua vez, afetam a substância do bem, e cabe ao usufrutuário receber o valor correspondente à meação dessas obras. Tal se dá porque se o usufruto recair sobre a universalidade ou quota-parte de bens, haverá presunção de que o nu-proprietário deferiu ao usufrutuário a fruição total da coisa dada em usufruto, com todas as suas vantagens e direitos. A não ser que haja disposição em contrário, aplicam-se, então, os arts. 1.264 e 1.297, § 1º, do Código Civil.

5) Não ser obrigado a pagar deteriorações da coisa advindas do exercício regular do usufruto (CC, art. 1.402). Como o nu-proprietário lhe cedeu o direito de usar de coisa sua, assumirá o risco de seu natural desgaste, desde que não haja configuração de uso abusivo do direito. Logo, p. ex., se o usufrutuário vier a desviar a finalidade útil daquela coisa, terá responsabilidade civil pelos prejuízos causados.

Há uma série de *obrigações* que o usufrutuário deve cumprir, dentre elas:

1) Inventariar, a suas expensas, os bens móveis (a menos que sua descrição conste do título constitutivo) que receber, determinando o estado em que se acham e estimando o seu valor (CC, art. 1.400, 1ª parte), embora essa aferição valorativa não tenha por escopo limitar o direito do nu-proprietário a ela, pois, na hipótese em que houver conversão da restituição do bem frutuário ao seu equivalente pecuniário, levar-se-á em conta o seu preço à época dessa restituição. Quanto aos imóveis é dispensável o inventário, que consta do próprio título constitutivo do usufruto.

Deve proceder ao inventário (documento contendo descrição e individualização dos bens a serem usufruídos, indicando o estado em que se acham) para evitar problemas futuros e prevenir desavenças por ocasião da restituição da coisa, uma vez que tanto o usufrutuário como o nu-proprietário terão que prestar contas quando cessar o usufruto.

Apesar disso, a ausência desse inventário não traz como consequência qualquer sanção, porém estabelece a presunção *juris tantum*, até prova em contrário, de que o usufrutuário recebeu os bens em bom estado de conservação.

2) Dar caução real (penhor, hipoteca) ou fidejussória, como, p. ex., fiança (*cautio usufructuaria*), se lhe exigir o dono, de lhes velar pela conservação e entregá-los findo o usufruto (CC, art. 1.400, 2ª parte), para garantir ao nu-proprietário a indenização dos prejuízos advindos da deterioração da

coisa, devido ao uso abusivo desta (o art. 1.402 do mesmo estatuto legal, por sua vez, dispensa o usufrutuário de pagar pelas deteriorações resultantes do exercício regular do usufruto, pois o desgaste natural do bem é normal), e a entrega do bem usufruído.

O usufrutuário que não quiser ou não puder dar caução suficiente, estatui o art. 1.401 do Código Civil, perderá o direito de administrar os bens do usufruto. Tais bens serão administrados pelo nu-proprietário, que, também, terá que prestar caução (real ou fidejussória), para garantir ao usufrutuário a entrega dos rendimentos líquidos, deduzidas as despesas de administração (pagamento de luz, água, tributos e dispêndios feitos com conservação), bem como a remuneração do administrador arbitrada pelo magistrado.

A obrigatoriedade da caução tem o escopo precípuo de garantir ao nu-proprietário a substância da coisa. Porém, a lei abre exceção à exigência da caução, no art. 1.400, parágrafo único, segundo o qual não é obrigado a prestá-la o doador que se reservar o usufruto da coisa doada, dado o caráter liberal do ato.

Mesmo quando o instituidor do usufruto dispensar a caução, é lícito ao proprietário, ensina Clóvis, exigi-la, para acautelar os bens ameaçados de deterioração ou perecimento, devido à má administração.

3) Gozar da coisa frutuária, com moderação, conservando-a como bom pai de família. Esse dever de conservar é oriundo da própria natureza do usufruto, pois se ele é direito real sobre coisa alheia, esta deverá ser restituída ao seu dono no mesmo estado em que foi recebida.

4) Conservar a destinação econômica que lhe deu o proprietário (CC, art. 1.399). A mudança da destinação econômica do bem dado em usufruto somente poderá dar-se com autorização expressa do nu-proprietário. Assim, se se tratar, por exemplo, de uma fazenda de plantação de cacaueiros, não terá direito de transformá-la em criação de suínos. Se o fizer, terá de repor as coisas na situação anterior, ou, então, indenizar o nu-proprietário pelas alterações indevidas nelas feitas.

5) Fazer despesas ordinárias e comuns de conservação dos bens no estado em que os recebeu. Efetuando reparações ou consertos de custo módico para que a coisa fique em perfeito estado de conservação (CC, art. 1.403, I).

As despesas extraordinárias (p. ex., substituição de fiação elétrica, reconstrução de telhado) e as ordinárias que não forem módicas ficam a cargo do nu-proprietário (CC, art. 1.404), porque ele é que vai tirar proveito do resultado dessas despesas. Para que se possa aplicar esse artigo, não se consideram módicas as despesas que excederem de 2/3 do rendimento líquido anual da coisa usufruída (CC, art. 1.404, § 1º). Se A (usufrutuário de um apartamento) auferir, com sua locação, mensalmente, aluguel líquido de R$ 1.000,00 (hum mil reais), considerar-se-ão de custo módico despesas ordinárias de reparação que não forem além de R$ 8.000,00 (oito mil reais), equivalentes a 2/3 do rendimento líquido anual, percebido com o contrato locatício[153], logo ficarão a cargo do usufrutuário. Mas o usufrutuário pagará ao nu-proprietário os juros do capital despendido com as despesas, por ele feitas, que forem necessárias à conservação, ou aumentarem o rendimento da coisa usufruída (CC, art. 1.404, 2ª parte).

6) Defender a coisa usufruída, repelindo todas as usurpações de terceiros, impedindo que se constituam situações jurídicas contrárias ao nu-proprietário, dando-lhe ciência de qualquer lesão produzida contra a posse da coisa (p. ex. turbação ou esbulho) ou os seus direitos (CC, art. 1.406).

7) Evitar o perecimento de servidões ativas e obstar que se criem servidões passivas.

8) Abster-se de tudo que possa danificar o bem frutuário, diminuindo seu valor ou restringindo os poderes residuais do nu-proprietário. Isto é assim, porque tem responsabilidade pela perda ou deterioração que, culposamente causar, devendo indenizar o nu-proprietário pelos prejuízos sofridos.

9) Pagar certas contribuições (CC, arts. 1.403, II, 1.407, §§ 1º e 2º, e 1.408), ou melhor, prestações (foros, pensões, seguros, despesas de condomínio) e tributos (taxas, impostos como, p. ex., ITR ou IPTU) devidos pela posse ou rendimentos da coisa usufruída, bem como os juros da coisa singular ou universal desde que resultante de dívida garantida pela coisa, objeto do usufruto. O prêmio do seguro cabe ao usufrutuário, mas o direito contra o segurador é do nu-proprietário, ficando o valor da indenização sujeito ao ônus do usufruto. Ocorrendo o sinistro, sem que haja culpa ou dolo do nu-proprietário, este não será obrigado a reconstruir o prédio, nem o usufruto se restabelecerá se o nu-proprietário reedificar, a suas expensas, o prédio, mas, se ele estava no seguro, a indenização fica sujeita ao ônus do usufruto. Se a indenização do seguro for aplicada à reconstrução do imóvel, restabelecer-se-á o usufruto (CC, art. 1.408), continuando, então

153. Carlos Frederico B. Bentivegna, *Comentários ao Código Civil* (coords. Camillo, Talavera, Fujita e Scavone Jr.), São Paulo, Revista dos Tribunais, 2006, p. 1038.

o usufrutário a fruir do direito constituído em seu benefício. Todavia, pode ocorrer que o nu-proprietário desvie a aplicação do valor da indenização securitária, notificando o usufrutuário que não pretende reconstruir o prédio; com isso, o usufruto vem a extinguir-se. E, passado algum tempo, dá a coisa em comodato a um parente seu, que, mancomunado com ele, vem a reconstruí-la. O usufrutuário, então, poderá alegar simulação para invalidar esse negócio, restituindo o *status quo ante*. Também ficará sub-rogada no ônus do usufruto, em lugar do prédio, a indenização paga, se ele for desapropriado, ou a importância do dano, ressarcido por terceiro que for responsável pela perda ou deterioração do bem (CC, art. 1.409).

10) Restituir o bem usufruído, findo o usufruto, no estado em que o recebeu, como o inventariou e como se obrigou a conservá-lo[154].

11) Pagar, sendo o usufruto universal ou a título universal, por recair em todo patrimônio ou numa cota-parte dele, os juros dos débitos que onerem aquele patrimônio ou parte dele, desde que tenha sido informado daquelas dívidas (quirografárias, preferenciais etc.), ante o princípio da boa-fé objetiva, principalmente em se tratando de usufruto convencional (CC, art. 1.405). Logo, se o usufruto recair, no todo ou em parte, de coisa singular e individualizada, o usufrutuário não terá o dever de pagar juros de débitos pendentes, pois o usufruto envolve a fruição de bem perfeitamente delineado e não sobre um complexo de relações jurídicas, como o patrimônio. Tais obrigações e os juros a elas vinculados, no dizer de Matiello, deverão ser suportados pelo nu-proprietário, exceto se no título constitutivo houver disposição expressa de que deverão ser assumidos pelo usufrutuário.

c.8. Direitos e deveres do nu-proprietário

O nu-proprietário, por sua vez, também tem direitos e obrigações.

Os principais *direitos* do nu-proprietário são:

---

154. Sobre o assunto *vide* Lafayette, op. cit., § 28, p. 97, 98, 102 e 104; Silvio Rodrigues, op. cit., p. 313-21; Daibert, op. cit., p. 399-406; Lacerda de Almeida, *Direito das coisas*, § 68; Hedemann, *Derechos reales*, § 38, p. 356; Enneccerus, Kipp e Wolff, op. cit., §§ 116, 117 e 119; Caio M. S. Pereira, op. cit., p. 241-9; W. Barros Monteiro, op. cit., p. 310-21; Ruggiero e Maroi, *Istituzioni di diritto privato*, v. 1, § 120; Orlando Gomes, op. cit., p. 304-7; Mazeaud e Mazeaud, op. cit., n. 1.663; Pablo S. Gagliano, *Código Civil comentado*, São Paulo, Atlas, 2004, v. XIII, p. 180; Matiello, *Código Civil*, cit., p. 896. O usufrutuário tem legitimidade ativa nas possessórias, na reivindicatória e na confessória (*JSTJ*, *56*:249).

1) Exigir que o usufrutuário conserve a coisa, fazendo as devidas reparações.

2) Obrigar o usufrutuário a prestar caução, fidejussória ou real (CC, art. 1.400).

3) Administrar o usufruto, se o usufrutuário não quiser ou não puder dar caução (CC, art. 1.401).

4) Receber remuneração por essa administração (CC, art. 1.401).

5) Ficar com a metade do tesouro achado no bem frutuário, por terceiros, salvo se o usufruto recair sobre universalidade ou quota-parte de bens, hipótese em que tal meação ficará com o usufrutuário (CC, art. 1.392, § 3º), desde que não haja disposição em contrário.

6) Perceber os frutos naturais pendentes ao tempo em que cessa o usufruto (CC, art. 1.396, parágrafo único).

7) Receber os frutos civis vencidos na data inicial do usufruto (CC, art. 1.398).

8) Autorizar a mudança da destinação econômica da coisa usufruída (CC, art. 1.399; *RT*, *686*:141).

9) Prefixar a extensão do gozo e do modo da exploração de recursos minerais e de florestas dados em usufruto (CC, art. 1.392, § 2º).

10) Exigir o equivalente em gênero, qualidade e quantidade, quando se tem o usufruto impróprio que recai sobre coisa fungível ou consumível, ou, não sendo possível, o seu valor pelo preço corrente ao tempo da restituição ou pelo da avaliação que consta no título constitutivo (CC, art. 1.392, § 1º).

11) Receber os juros do capital despendido com as reparações necessárias à conservação da coisa frutuária ou que lhe aumentarem o rendimento (CC, art. 1.404).

12) Ir contra o segurador, quando segurada a coisa, que é objeto do usufruto (CC, art. 1.407, § 1º).

13) Não restabelecer o usufruto se, por sua conta, reconstruir o prédio destruído sem culpa sua (CC, art. 1.408).

14) Reclamar a extinção do usufruto, quando o usufrutuário alienar, arruinar ou deteriorar a coisa frutuária (CPC, arts. 725, VI, e 730).

Por outro lado, tem os *deveres* de:

1) Não obstar o uso pacífico da coisa usufruída nem lhe diminuir a utilidade, respeitando o uso e gozo do usufrutuário na vigência do usufruto.

2) Entregar ao usufrutuário, mediante caução, o rendimento dos bens frutuários, que estiverem sob sua administração, deduzidas, é óbvio, as despesas dessa administração (CC, art. 1.401).

3) Fazer as reparações extraordinárias (p. ex., substituição de fiação elétrica, reconstrução de telhado) e as ordinárias que não forem de custo módico, necessárias à conservação ou ao aumento do rendimento da coisa dada em usufruto. Se não as fizer, o usufrutuário poderá realizá-las, cobrando daquele o *quantum* despendido (CC, art. 1.404, § 2º), dentro do prazo prescricional de três anos (CC, art. 206, § 3º, IV).

4) Respeitar o usufruto restabelecido devido ao fato do prédio usufruído ter sido reconstruído com a indenização do seguro (CC, art. 1.408).

5) Aceitar a sub-rogação da indenização de danos causados por terceiro ou do valor da desapropriação no ônus do usufruto (CC, art. 1.409; *RJTJSP*, *135*:280)[155].

c.9. Extinção do usufruto

Extingue-se o usufruto cancelando-se o registro no Cartório de Registro de Imóveis:

1) Pela *morte do usufrutuário*, constitui esta o limite máximo de sua duração (CC, art. 1.410, I; *JB*, *53*:358; *JTJ*, *155*:137; *RT*, *496*:207), isto porque nosso legislador não admite o usufruto sucessivo, sendo inadmissível a transmissão hereditária desse direito real sobre coisa alheia, que tem caráter personalíssimo. Causa extintiva essa que é aplicável ao usufruto vitalício. Sendo dois ou mais usufrutuários, extinguir-se-á o usufruto em relação aos que forem falecendo, subsistindo, *pro parte*, em proporção aos sobreviventes (CC, art. 1.411), exceto se houver cláusula, que estabelece sua indivisibilidade, ao estipular que o quinhão dos falecidos cabe aos sobreviventes, caso em que o usufruto permanecerá íntegro até que se dê o óbito de todos eles.

A fim de assegurar a temporariedade desse direito real, limita o Código no seu art. 1.410, III, sua duração, quando o usufrutuário for pessoa jurídica, a trinta anos da data em que se começou a exercer. Entretanto, poderá extinguir-se, ainda, nas hipóteses em que houver supressão de um estabelecimento público, dissolução de uma sociedade (CC, art. 51), cessação de uma fundação ou sua liquidação.

---

155. *Vide* as lições de Daibert, op. cit., p. 406-7; Orlando Gomes, op. cit., p. 307; *RT*, *450*:96.

A morte do nu-proprietário, por sua vez, não acarreta a extinção do usufruto, com a transmissão da nua-propriedade aos seus sucessores[156].

2) Pelo *advento do termo de sua duração* (CC, art. 1.410, II), estabelecido no seu ato constitutivo, a não ser que o usufrutuário faleça antes do vencimento desse prazo.

3) Pelo *implemento de condição resolutiva* estabelecida pelo instituidor[157].

4) Pela *cessação do motivo de que se origina* (CC, art. 1.410, IV; STF, *ADCOAS*, 1982, n. 82.026), como no caso de usufruto de pai sobre os bens do filho menor sob poder familiar, se o filho atingir a maioridade, ou se o pai perder o poder familiar, extinguir-se-á o usufruto, consolidando-se a propriedade. Além de aplicar-se ao usufruto legal, como é o exemplo acima, é também modo extintivo de usufruto convencional, como exemplifica Clóvis: se se instituir usufruto para que o usufrutuário possa concluir seus estudos, com o término destes cessa a causa que originou o direito real e com isso este se extingue.

5) Pela *destruição da coisa não sendo fungível* (CC, art. 1.410, V), pois pelo perecimento da coisa frutuária, desaparece sua utilização e com isso o usufruto. Porém, se esta perda não for total, o usufruto subsiste em relação à parte remanescente. Todavia, mesmo sendo parcial a destruição, extinguir-se-á o usufruto se o bem usufruído deixar de ser frugífero, perdendo suas utilidades, tornando-se imprestável ao fim a que se destina. Se o bem estiver no seguro ter-se-á a sub-rogação do direito no valor da respectiva indenização, o mesmo ocorrendo se esta for paga pelo responsável pela sua destruição. Se a coisa for transformada por caso fortuito ou força maior, perdendo sua individuação, cessará o usufruto. Se tal transformação se der por ato do nu-proprietário, cabe-lhe repô-la no estado anterior ou, se isto lhe for impossível, indenizar o usufrutuário. Se houver desapropriação do bem frutuário, há quem entenda, como Planiol, Ripert e Boulanger, que o preço deve ser entregue ao usufrutuário para que goze os rendimentos pelo tempo do seu direito, devendo, entretanto, dar ao nu-proprietário caução para garantir-lhe a restituição (CC, arts. 1.407, 1.408, 2ª parte, e 1.409).

---

156. Caio M. S. Pereira, op. cit., p. 249-50; Orlando Gomes, op. cit., p. 309; W. Barros Monteiro, op. cit., p. 323; Silvio Rodrigues, op. cit., p. 322-3; Planiol, Ripert e Boulanger, op. cit., n. 3.615; Enneccerus, Kipp e Wolff, op. cit., p. 118. Como o prazo de 100 anos do CC de 1916 (art. 741) foi reduzido para 30 anos (CC, art. 1.410, III), nas situações iniciadas antes da entrada em vigor do novel Código Civil, aplicar-se-á o art. 2.028, para cômputo do prazo.

157. W. Barros Monteiro, op. cit., p. 323; Caio M. S. Pereira, op. cit., p. 250.

Se se tratar de destruição do bem consumível e fungível, não haverá extinção do usufruto, porque destina-se tal bem ao consumo, observando-se o que dispõe o art. 1.392, § 1º, do Código Civil[158].

6) Pela *consolidação* (CC, art. 1.410, VI), que ocorre quando numa mesma pessoa concentram-se as qualidades de usufrutuário e nu-proprietário, adquirindo a propriedade sua plenitude. Dá-se, p. ex., quando o usufrutuário consegue a aquisição do domínio do bem, por ato *inter vivos* ou *mortis causa*[159]. Extinguindo-se, então, o usufruto, que é direito real sobre coisa alheia, pois ninguém pode ter usufruto sobre bem próprio.

7) Pelo *não uso* ou *não fruição da coisa* em que recai o usufruto[160] (CC, art. 1.410, VIII), ou pelo seu abandono, não mais dela utilizando, atentando contra a função social da posse. "A extinção do usufruto pelo não uso, de que trata o art. 1.410, VIII, independe do prazo previsto no art. 1.389, III" (Enunciado n. 252 do Conselho da Justiça Federal, aprovado na III Jornada de Direito Civil).

8) Por *culpa do usufrutuário*, quando aliena, deteriora ou deixa arruinar os bens, não fazendo reparações necessárias à sua conservação, ou ainda quando abusa da fruição da coisa, percebendo, de modo imoderado, seus frutos, ou seja, quando, no usufruto de títulos de crédito, não dá às importâncias recebidas a aplicação prevista no parágrafo único do art. 1.395 (CC, art. 1.410, VII). Ante a violação desses deveres o nu-proprietário pode mover ação de extinção do usufruto (CPC, art. 725, VI)[161].

158. Planiol, Ripert e Boulanger, op. cit., n. 3.619; Lafayette, op. cit., § 109; Caio M. S. Pereira, op. cit., p. 251; W. Barros Monteiro, op. cit., p. 323.

159. Silvio Rodrigues, op. cit., p. 324; Orlando Gomes, op. cit., p. 309-10; W. Barros Monteiro, op. cit., p. 324; Caio M. S. Pereira, op. cit., p. 251. *Institutas*, Liv. III, Tít. IV, § 3º, já continha o texto seguinte: "*Finitur usus fructus... si fructuarius proprietatem rei adquisierit, quae res consolidatio oppelatur*"; *RT*, *590*:217, *289*:333; *JTACSP*, *63*:258.

160. Orlando Gomes, op. cit., p. 310; Silvio Rodrigues, op. cit., p. 324; Clóvis, *Código Civil*, obs. 6 ao art. 739. M. Lígia C. Mathias (*Direito civil*, op. cit., p. 167) entende que, como a lei não fixa prazo para a extinção do usufruto pelo não uso, aplicar-se-á o prazo de dez anos (CC, art. 205).

161. Caio M. S. Pereira, op. cit., p. 252. "Extinção de usufruto – Deterioração do imóvel – Omissão quanto aos reparos de conservação – Inexistência de provas convincentes – Pedido julgado improcedente – Recurso improvido – A exegese do inciso VII do art. 1.410 do Código Civil indica a possibilidade da extinção de usufruto quando o usufrutuário não envida os cuidados necessários para a preservação do bem. Todavia, não é toda e qualquer deterioração que autoriza a extinção do usufruto com fulcro em tal preceito, sendo imprescindível a comprovação de uma deterioração anormal,

9) Pela *renúncia* expressa ou tácita (CC, art. 1.410, I, 1ª parte), se for inequívoca, não podendo, portanto, ser presumida. Para que haja renúncia é preciso capacidade do usufrutuário e disponibilidade do direito. A renúncia pode ser gratuita, extinguindo simplesmente o usufruto, caso em que será nula se fraudar credores, ou, ainda, onerosa sob a forma de venda. Deve tal renúncia constar de escritura pública, e, eventualmente, de outorga conjugal, se o direito se refere a bens imóveis[162].

10) Pela *resolução do domínio* de quem o constituiu[163].

O Código de Processo Civil, no art. 725, VI, regula a extinção do usufruto. Mas não há necessidade de recorrer ao Poder Judiciário para averbar a extinção do ônus no registro competente, nos casos de morte, renúncia, advento do termo de sua duração ou da consolidação e de fideicomisso quando ocorrer antes do evento que caracterizar a condição resolutiva. Todavia há quem exija o processo judicial para que se fiscalize a ocorrência e o *quantum* a ser pago a título de imposto de transmissão, pois pela Lei n. 7.608/81, do Estado do Rio Grande do Sul, a extinção de usufruto é tida como fato gerador daquele imposto no momento em que se consolida a propriedade na pessoa do nu-proprietário (art. 2º, III), salvo se já tiver sido

---

que ultrapasse os limites do mero uso, transmudando-se em manifesto abuso, situação inocorrente na espécie" (TJMG, 14ª Câm. Cível; ACi n. 1.0105.06.188112-1/001-Governador Valadares-MG, rel. Des. Antônio de Pádua; j. 14-12-2008, v.u.; *BAASP, 2647*:5321).

BAASP – 2731: 5999. "Extinção de usufruto – Antecipação de tutela – Imóvel doado com reserva de usufruto – Deveres do usufrutuário descumpridos – Imissão de posse do nu-proprietário no imóvel – Requisitos da tutela não demonstrados – Para se pretender a antecipação da tutela, é de se anexar prova que, por sua própria estrutura e natureza, gere a convicção plena dos fatos e juízo de certeza na definição jurídica respectiva, não sendo possível seu deferimento quando o entendimento do juiz depender da coleta de outros elementos probatórios, quando mais não havendo ainda prova nos autos de fundado receio de dano grave à parte e risco de ineficácia da futura sentença, pela simples alegação do nu-proprietário de que a usufrutuária esteja descumprindo seus deveres para com a coisa alheia, resguardando uma posterior oportunidade, após a instrução, de apreciação do direito material em discussão" (TJMG; 11ª Câm. Cível; Al n. 1.0696.08.037959-2/001-Tupaciguara-MG; Rel. Des. Duarte de Paula; j. 24-2-2010).

162. Marty e Raynaud, *Droit civil*, v. 2, n. 81; Caio M. S. Pereira, op. cit., p. 252; W. Barros Monteiro, op. cit., p. 325; TJSC, *ADCOAS*, 1980, n. 74.092; *RT*, *235*:176, *382*:132.

163. Caio M. S. Pereira, op. cit., p. 252.

O STJ (REsp 1.018.179, 3ª T., rel. Min. Nancy Andrighi) já decidiu que acúmulo de dívidas por usufrutuário pode ser causa de extinção de usufruto.

tributada a transmissão da nua propriedade. Deferindo o pedido, o magistrado mandará cancelá-lo, se se tratar de bem imóvel, na circunscrição imobiliária competente (Lei n. 6.015/73, art. 248); se se tratar de ações de sociedade anônima, cancelar-se-á no "Registro das Ações Nominativas"; se se tratar de apólices de dívida pública, cancelar-se-á na competente repartição fiscal, fiscalizando se há ou não tributação. Ora, assim agindo, o juiz está tirando do Oficial de Registro uma de suas atribuições, que é exatamente a de fazer rigorosa fiscalização dos impostos devidos por força dos atos que lhes forem apresentados em razão do ofício (Lei n. 6.015/73, art. 289; Lei n. 6.941/81, art. 3º; Lei n. 7.608/81, do Estado do Rio Grande do Sul, art. 23). Assim é inexigível para a extinção do gravame o procedimento especial de jurisdição voluntária para aquelas três hipóteses, pois ela se verifica *ope legis*. Não é a declaração judicial que põe fim ao usufruto, pois o ônus, antes de vir ao judiciário, já estava extinto, uma vez que com a morte, renúncia do usufrutuário, ou com o advento do termo certo, se consolidou a propriedade total ao nu-proprietário. O interessado deve apenas requerer ao titular do Registro Imobiliário que averbe o fato gerador da extinção do usufruto apresentando o atestado de óbito, a escritura pública da renúncia ou o advento do termo (Lei n. 6.015/73, art. 250, III). O oficial fiscalizará se houve o pagamento do imposto e só averbará com a comprovação do pagamento. Se houver litígio a respeito, mesmo quanto ao imposto devido, o Poder Judiciário intervirá, não para extinguir o gravame mas para solucionar a dúvida. O fato de o Código de Processo Civil, art. 725, VI, exigir via judicial para extinção do usufruto, não pode ser entendido como sendo aplicável a todos os casos extintivos[164].

Com a extinção do usufruto cessam as prerrogativas da administração; devolve-se ao nu-proprietário o uso e gozo do bem; restitui-se-lhe a posse deste e a percepção dos frutos pendentes, cabendo ao nu-proprietário ação reivindicatória do bem se recusa houver em devolvê-lo. E, finalmente, dever-se-á prestar contas para saber a quem competirá o saldo apurado[165].

---

164. W. Barros Monteiro, op. cit., p. 325; Cleni Carlos Rocha de Lima, Cancelamento do usufruto nos casos de morte, renúncia e advento do termo, *Ajuris*, *29*:95-8, 1983; Nelson Nery Jr. e Rosa M. A. Nery, *Código de Processo Civil comentado*, São Paulo, Revista dos Tribunais, 1999, p. 1390.

165. Caio M. S. Pereira, op. cit., p. 253; Planiol, Ripert e Boulanger, op. cit., n. 3.642; De Page, op. cit., n. 453; Mazeaud e Mazeaud, op. cit., n. 1.683.

Quadro Sinótico

USUFRUTO	• 1. Conceito	• Direito real conferido a alguém de retirar, temporariamente, da coisa alheia os frutos e utilidades que ela produz, sem alterar-lhe a substância.	
	• 2. Objeto	• Móveis infungíveis e inconsumíveis (CC, art. 1.392, § 1º). • Imóveis (CC, arts. 1.391 e 1.392). • Patrimônio (CC, art. 1.405). • Direitos, desde que transmissíveis.	
	• 3. Caracteres jurídicos	• Direito real sobre coisa alheia. • É temporário. • É intransmissível e inalienável. • É impenhorável.	
	• 4. Espécies	• Quanto à origem: legal e convencional. • Quanto ao objeto: próprio e impróprio.	
		• Quanto à extensão	• universal ou particular e • pleno ou restrito.
		• Quanto à duração	• temporário, • vitalício e • simultâneo.
	• 5. Modos constitutivos	• Por lei. • Por ato jurídico *inter vivos* ou *causa mortis*. • Por sub-rogação real. • Por usucapião. • Por sentença (CPC, arts. 867 a 869).	

USUFRUTO	• 6. Analogia com outros institutos	• Usufruto e enfiteuse	• Na *enfiteuse*, o foreiro pode dispor do domínio útil; no *usufruto*, o usufrutuário não poderá transmitir seu direito, ele é inalienável, podendo tão somente ceder seu exercício; a *enfiteuse* é perpétua, o *usufruto*, temporário; a *enfiteuse* recai sobre terrenos para agricultura e edificação, o *usufruto* incide sobre bens móveis, imóveis e direitos; a *enfiteuse* é onerosa, o *usufruto* é gratuito.
		• Usufruto e fideicomisso	• No *usufruto*, o domínio é do nu-proprietário, o usufrutuário só pode usar e gozar do bem; no *fideicomisso* o bem é transmitido pelo fideicomitente ao fiduciário, que o recebe na qualidade de dono, com o encargo de transmiti-lo a outrem por sua morte ou após certo tempo. No *usufruto*, o usufrutuário e o nu-proprietário são titulares de direitos simultâneos; no *fideicomisso*, o fiduciário e o fideicomissário são titulares sucessivos dos direitos. No *usufruto*, o usufrutuário não pode vender a nua-propriedade, porque esta não lhe pertence; no *fideicomisso* o fiduciário poderá alienar os bens fideicomitidos. O *usufruto* extingue-se com a morte de usufrutuário; no *fideicomisso*, com o falecimento do fiduciário, dá-se a sua transmissão a seus herdeiros para que estes o entreguem na forma instituída pelo fideicomitente ao fideicomissário. O *usufruto* permanece havendo morte do nu-proprietário, pois a nua-propriedade transmite-se a seus herdeiros; no *fideicomisso* com o óbito do fideicomissário consolida-se nas mãos do fiduciário o domínio resolúvel, que passará a ser perpétuo. O *usufruto* é direito real sobre coisa alheia; o *fideicomisso* é forma de substituição restrita ao direito das sucessões.
		• Usufruto e locação	• O *usufruto* é direito real oponível *erga omnes* e a *locação*, pessoal; o *usufruto* recai sobre coisas corpóreas ou incorpóreas e a *locação*, sobre bens corpóreos; o *usufruto* nasce da lei, ato jurídico *inter vivos* ou *causa mortis*, usucapião etc.; a *locação*, somente do contrato; o *usufruto* é gratuito e a *locação*, onerosa.
	• 7. Direitos e obrigações do usufrutuário	• Direitos	• À posse, uso, administração e percepção dos frutos naturais pendentes no início do usufruto (CC, art. 1.394). • De cobrar as dívidas e empregar as importâncias recebidas (CC, art. 1.395 e parágrafo único). • De gozar de renda oriunda de títulos de crédito, aplicando-os após a cobrança do débito em apólices de dívida pública (CC, art. 1.395 e parágrafo único, 2ª parte). • De ter parte em tesouro achado por outrem e de receber meação em tesouro e em paredes, cerca, muro, vala (CC, art. 1.392, § 3º) sendo usufruto de universalidade ou de cota-parte de bens. • Não ser obrigado a pagar deteriorações da coisa decorrentes do exercício regular do usufruto (CC, art. 1.402).

USUFRUTO	• 7. Direitos e obrigações do usufrutuário	• Obrigações	• Inventariar a suas expensas os bens móveis que receber, determinando o estado em que se acham e estimando o seu valor. • Dar caução real e fidejussória, se lhe exigir o dono, de velar-lhes pela conservação e entregá-los findo o usufruto (CC, arts. 1.400, 2ª parte, 1.402 e 1.401). • Gozar da coisa frutuária com moderação. • Conservar a destinação que lhe deu o proprietário. • Fazer despesas ordinárias e comuns de conservação dos bens no estado em que os recebeu. • Defender a coisa usufruída, repelindo todas as usurpações de terceiros, impedindo que se constituam situações jurídicas contrárias ao nu-proprietário. • Evitar o perecimento de servidões ativas e impedir que se criem servidões passivas. • Abster-se de tudo que possa danificar o bem frutuário. • Pagar certas contribuições (CC, arts. 1.403, II, 1.407, 1.408 e 1.409) e os juros dos débitos que onerem o patrimônio, ou parte dele, de que é objeto de usufruto (CC, art. 1.405). • Restituir o bem usufruído, findo o usufruto no estado em que o recebeu, como o inventariou ou como se obrigou a conservá-lo.
	• 8. Direitos e deveres do nu-proprietário	• Direitos	• Exigir que o usufrutuário conserve a coisa. • Exigir que o usufrutuário preste caução fidejussória ou real (CC, art. 1.400). • Administrar o usufruto, se o usufrutuário não quiser ou não puder dar caução (CC, art. 1.401). • Receber remuneração por essa administração (CC, art. 1.401). • Receber metade do tesouro achado no bem frutuário por terceiros, salvo se ocorrer a hipótese do CC, art. 1.392, § 3º, caso em que tal direito caberá ao usufrutuário. • Perceber os frutos naturais pendentes ao tempo em que cesse o usufruto (CC, art. 1.396, parágrafo único). • Receber os frutos civis vencidos na data inicial do usufruto (CC, art. 1.398). • Autorizar a mudança da destinação da coisa usufruída (CC, art. 1.399). • Prefixar a extensão do gozo e do modo da exploração de minas e florestas dadas em usufruto (CC, art. 1.392, § 2º). • Exigir o equivalente em gênero, qualidade e quantidade quando se tem usufruto impróprio (CC, 1.392, § 1º).

USUFRUTO	• 8. Direitos e deveres do nu-proprietário	• Direitos	• Receber juros do capital despendido com as reparações necessárias à conservação da coisa frutuária ou que lhe aumentarem o rendimento (CC, art. 1.404). • Ir contra o segurador, quando segurada a coisa que é objeto do usufruto (CC, art. 1.407, § 1º). • Não restabelecer o usufruto se, por sua conta, reconstruir o prédio destruído sem culpa sua (CC, art. 1.408). • Reclamar a extinção do usufruto, quando o usufrutuário alienar, arruinar ou deteriorar a coisa frutuária (CPC, arts. 725, VI, e 730).
		• Deveres	• Não obstar o uso da coisa usufruída nem lhe diminuir a utilidade. • Entregar ao usufrutuário mediante caução o rendimento dos bens frutuários que estiverem sob sua administração, deduzidas as despesas dessa administração (CC, art. 1.401). • Fazer as reparações extraordinárias e as que não forem de custo módico necessárias à conservação da coisa dada em usufruto (CC, art. 1.404, § 2º). • Respeitar o usufruto restabelecido devido ao fato de o prédio usufruído ter sido reconstruído com a indenização do seguro (CC, art. 1.408). • Respeitar a sub-rogação de indenização de danos causados por terceiros ou do valor da desapropriação no ônus do usufruto (CC, art. 1.409).
	• 9. Extinção (CPC, art. 725, VI, e Lei n. 7.608/81, do Estado do Rio Grande do Sul)	• Pela morte do usufrutuário (CC, art. 1.410, I e III). • Pelo advento do termo de sua duração (CC, art. 1.410, II). • Pelo implemento de condição resolutiva. • Pela cessação do motivo de que se origina (CC, art. 1.410, IV). • Pela destruição da coisa não sendo fungível (CC, art. 1.410, V). • Pela consolidação (CC, art. 1.410, VI). • Pelo não uso da coisa sobre a qual recai o usufruto (CC, art. 1.410, VIII). • Pela culpa do usufrutuário (CC, art. 1.410, VII). • Pela renúncia (CC, art. 1.410, I). • Pela resolução do domínio.	

D. Uso

d.1. Conceito

Prescreve o art. 1.412, *caput*, do Código Civil que "o usuário usará da coisa e perceberá os seus frutos, quanto o exigirem as necessidades suas e de sua família".

Essas necessidades pessoais serão avaliadas conforme a condição social do usuário e o lugar em que ele vive (CC, art. 1.412, § 1º). Como a norma jurídica fala em necessidades pessoais, excluídas estão as necessidades comerciais ou industriais do beneficiário. O uso não é imutável; poderá ser ampliado ou diminuído se houver aumento ou diminuição das necessidades pessoais do usuário, tendo-se sempre por base a sua condição social e o local em que ele vive, pois é possível que haja, por exemplo, uma ascensão da condição social do beneficiário, por ter ele adquirido novos recursos intelectuais, caso em que ele poderá utilizar frutos ou rendimentos que satisfaçam a tal ordem de novas necessidades, não fazendo uso de frutos naturais, industriais ou civis, que ultrapassem o limite ideal dessas necessidades.

Complementa o art. 1.412, § 2º, que as necessidades de sua família abrangem: as de seu cônjuge, as de seus filhos (CF, art. 227, § 6º) solteiros, oriundos de relação matrimonial ou extramatrimonial ou de adoção (CF, art. 227, § 6º) e as das pessoas de seu serviço doméstico. Figuram, então, como dependentes do usuário não só aquelas que se lhe vinculam por laços consanguíneos, mas também aquelas das quais precisará para tirar as utilidades da coisa que usa. Logo, o legislador atribuiu ao termo *família* um significado mais amplo de que o contido no direito de família, pois compreende, além do cônjuge, os filhos e empregados domésticos a seu serviço, com exclusão de parentes ou visitas que venham morar com o usuário. Entretanto, se o usuário tiver sob sua dependência econômica alguma outra pessoa, que não as arroladas pelo art. 1.412, § 2º, desde que se prove juridicamente a necessidade, poder-se-á enquadrar tal circunstância nos artigos que regulam o uso, por não contrariar a natureza desse instituto[166].

Como se vê, o uso distingue-se do usufruto pela intensidade do direito, pois, enquanto o usufrutuário retira toda utilização do bem frutuário, o usuário só pode utilizá-lo limitado às suas necessidades e às de sua fa-

---

166. W. Barros Monteiro, op. cit., p. 327-8; Daibert, op. cit., p. 423-4; Manoel Ignácio Carvalho de Mendonça, *Do usufruto, do uso e da habitação no Código Civil brasileiro*, 1922.

mília. Isso levou alguns autores, como Trabucchi, a dizer que o uso constitui um *usufruto limitado* ou, ainda, como prefere De Page, um *usufruto em miniatura*[167].

Com base nessas ideias poder-se-ia definir o uso como sendo o direito real que, a título gratuito ou oneroso, autoriza uma pessoa a retirar, temporariamente, de coisa alheia, todas as utilidades para atender às suas próprias necessidades e às de sua família.

d.2. Caracteres

Apresenta o uso os seguintes característicos jurídicos:

1) é um *direito real* (CC, art. 1.225, V) *sobre coisa alheia*, porque recai diretamente sobre bem pertencente a outrem, impondo restrições ao titular do domínio em benefício do usuário, durante todo o tempo da vigência do título constitutivo;
2) é *temporário*, porque terá, no máximo, a duração da vida do seu titular ou, então, a do prazo estabelecido no seu título constitutivo;
3) é *indivisível*, porque não pode ser constituído *pro parte*;
4) é *intransmissível ou incessível*, porque nem o seu direito, nem o seu exercício podem ser cedidos;
5) é *personalíssimo*, pois só se constitui para assegurar ao usuário a utilização imediata do bem conforme suas próprias necessidades e as de sua família. Se o usuário falecer, o uso não se transmitirá a seus herdeiros[168].

d.3. Objeto

O direito de uso pode recair tanto em bens móveis (infungíveis e inconsumíveis) como imóveis, como sobre bens corpóreos ou incorpóreos. Pontes de Miranda ensina que como bem incorpóreo só pode ser objeto de uso o direito real de reprodução, se gratuitamente, com exceção da peça teatral, que Venezian apontava como explorável pelo ator que a representas-

---

167. Trabucchi, *Istituzioni*, cit., n. 206; De Page, op. cit., n. 481.
168. Caio M. S. Pereira, op. cit., p. 253; Ruggiero e Maroi, *Istituzioni*, cit., v. 1, § 120; W. Barros Monteiro, op. cit., p. 326; Daibert, op. cit., p. 416-9; Orlando Gomes, op. cit., p. 312.

se, o que seria fruir e não usar, já que só a imposição da gratuidade poderia permitir que se cogitasse de uso[169].

d.4. Concessão de uso especial para fins de moradia e concessão de direito real de uso

Temos, ainda, para atender a função social da propriedade, a *concessão* gratuita de *direito de uso especial para fins de moradia* (CC, art. 1.225, XI; 1.473, VIII; Lei n. 9.636/98, arts. 6º, § 1º, 7º, § 7º, 22-A, acrescentados pela Lei n. 11.481/2007; CPC, art. 791, § 2º; MP n. 2.220/2001, arts. 1º e 2º, com a redação da Lei n. 13.465/2017, Lei n. 13.465/2017, art. 87; CF, arts. 6º, 183, § 1º) em favor daquele que, independentemente de sexo e estado civil, até 22 de dezembro de 2006 possuiu como seu, por cinco anos, ininterruptamente e sem oposição, até 250m² de imóvel público, inclusive em terreno de marinha e acrescidos, exceto se for funcional, situado em área urbana, utilizando-o para sua morada ou de sua família, desde que não seja proprietário ou concessionário, a qualquer título, de outro imóvel urbano ou rural. Esse direito não será reconhecido mais de uma vez ao mesmo concessionário e permite-se que o herdeiro legítimo do possuidor continue a sua posse, desde que resida no imóvel por ocasião da abertura da sucessão.

E em se tratando de imóveis, com mais de 250m², ocupados, para fins de residência, por população de baixa renda, por cinco anos sem interrupção e sem oposição, cuja área total dividida pelo número de possuidores seja inferior a 250m² por possuidor, conferir-se-á a concessão de forma coletiva, desde que os possuidores não sejam proprietários nem concessioná-

169. Este texto de Pontes de Miranda foi transcrito por Daibert, op. cit., p. 419; Orlando Gomes, op. cit., p. 313; W. Barros Monteiro, op. cit., p. 326-7; Venezian, *Usufruto, uso y habitación*, v. 2, p. 817 e s.; Débora de Carvalho Baptista, *Concessão de direito de uso*, tese de doutoramento, apresentada na FDUSP em 1999; Mª Lígia C. Mathias e Mª Helena M. B. Daneluzzi, Considerações sobre a Lei n. 11.481/07 – concessão de uso especial para fins de moradia e concessão de direito real de uso, *Justitia*, *197*:193-97. Imóvel urbano possuído por população de baixa renda: Lei n. 9.636/98, art. 6º, § 1º (redação da Lei n. 11.481/2007). Ocupação de imóvel dominial da União: Lei n. 9.636/98, art. 7º, §§ 1º a 7º (com redação da Lei n. 11.481/2007). Concessão de uso especial para fins de moradia de áreas de propriedade da União, inclusive terrenos de marinha e acrescidos: Lei n. 9.636/98, arts. 6º, § 1º, e 22-A, §§ 1º e 2º; Lei n. 8.666/93, art. 17, I, *f* (com redação da Lei n. 11.481/2007); Decreto-Lei n. 9.760/46, arts. 79, 100, 103 e 121 (com redação da Lei n. 11.481/2007); Lei n. 11.888, de 24 de dezembro de 2008, que assegura às famílias de baixa renda assistência técnica pública e gratuita para o projeto e a construção de habitação de interesse social como parte integrante do direito social à moradia e altera a Lei n. 11.124, de 16 de junho de 2005.

rios a qualquer título de outro imóvel urbano ou rural. Permitido está somar a posse do antecessor, contanto que ambas sejam contínuas.

Atribuir-se-á igual fração ideal de terreno, não superior a 250m², a cada possuidor, pouco importando a dimensão da área que cada um ocupar, exceto em caso de acordo escrito entre os ocupantes, estabelecendo frações ideais diferenciadas. Se a ocupação acarretar risco à vida ou à saúde dos ocupantes, o Poder Público deverá assegurar ao possuidor o exercício do direito de uso em outro local. O mesmo se diga se a ocupação se der em imóvel: *a*) de uso comum do povo; *b*) destinado a projeto de urbanização; *c*) de interesse de defesa nacional, da preservação ambiental e da proteção dos ecossistemas naturais; *d*) reservado à construção de represas e obras congêneres; ou *e*) situado em via de comunicação.

O título de concessão de uso especial para fins de moradia deverá ser obtido por via administrativa perante o órgão competente da Administração Pública, ou, em caso de recusa ou omissão deste, por meio do Poder Judiciário, mediante sentença. Esse título servirá para efeito de registro no cartório de Imóveis (Lei n. 6.015/73, art. 167, I, n. 37), que lhe dará eficácia *erga omnes*.

Esse direito de concessão de uso especial para fins de moradia é transferível por ato *inter vivos* ou *causa mortis* e se extingue no caso de o concessionário: *a*) dar ao imóvel destinação diversa da moradia para si ou para sua família; *b*) adquirir propriedade ou obter concessão de uso de outro imóvel urbano ou rural. Se se operar tal extinção deverá ela ser averbada no cartório de registro de imóveis, por meio de declaração do Poder Público concedente (Medida Provisória n. 2.220/2001, arts. 1º a 8º).

Poderá haver *concessão de direito real de uso de imóvel público* dominial para atender a programa habitacional ou para regularização fundiária de interesse social, que é a destinada a atender famílias com renda mensal de até cinco salários mínimos, promovida no âmbito de programas de interesse social, sob gestão de órgãos ou entidades da Administração Pública, em área urbana ou rural. Deverão ser realizados independentemente do recolhimento de custas e emolumentos e de comprovação do pagamento de quaisquer tributos, inclusive previdenciários: a) o primeiro registro de direito real constituído em favor de beneficiário de regularização fundiária de interesse social em áreas urbanas e em áreas rurais de agricultura familiar; e b) a primeira averbação de construção residencial de até 70 m² de edificação em áreas urbanas, objeto de regularização fundiária de interesse social. Tais registro e averbação independerão da comprovação do pagamento de quaisquer tributos, inclusive previdenciários (Lei n. 6.015/73, art. 290-A, I a III, e § 1º, com as alterações das Leis n. 11.481/2007 e n. 12.424/2011).

O Poder Público poderá, ainda, autorizar, onerosa ou gratuitamente, dispensada a licitação, o uso de imóvel público àquele que, até 27 de abril de 2006, o possuiu como seu, por cinco anos, sem interrupção e sem oposição, até $250m^2$ situado em área urbana, utilizando-o para fins comerciais, desde que atenda ao programa de regularização fundiária de interesse social, desenvolvido por órgão ou entidade de Administração Pública. Tal contrato de concessão de direito real de uso de imóvel público deverá ser inscrito no cartório de registro de imóveis (Lei n. 6.015/73, art. 167, I, n. 40; Medida Provisória n. 2.220/2001, art. 9º; Lei n. 8.666/93, art. 17, *f* e *h*, com alteração da Lei n. 11.481/2007; Lei n. 9.636/98, art. 18, § 6º, II, com redação da Lei n. 11.481/2007). Pelo art. 25 da Lei n. 11.481/2007, a concessão de uso especial de que trata a Medida Provisória n. 2.220/2001 aplica-se também a imóvel público remanescente de desapropriação cuja propriedade tenha sido transferida a empresa pública ou sociedade de economia mista[170].

A administração pública, portanto, não transfere sua propriedade, mas apenas sua posse, ao conceder uso especial para fins de moradia ou direito real de uso de bem público para o ocupante.

Temos, também, *concessão de direito real de uso* (CC, arts. 1.225, XII, e 1.473, IX e § 2º; Dec.-Lei n. 271/67, arts. 7º e 8º, com redação da Lei n. 11.481/2007; Lei n. 13.465/2017, art. 65; CPC, art. 791, § 2º) de *terrenos públicos ou particulares* remunerada ou gratuita, por tempo certo ou indeterminado, como direito real *resolúvel*, para fins específicos de regularização fundiária de interesse social, urbanização, industrialização, edificação, cultivo da terra, aproveitamento sustentável das várzeas, preservação das comunidades tradicionais e seus meios de subsistência ou outras modalidades de interesse social em áreas urbanas. Pelo art. 65 da Lei n. 13.465/2017, os

---

170. *BAASP*, *2744*:2037-04. A autora objetiva o direito à *concessão de uso especial de imóvel público* da Prefeitura no qual reside há mais de 20 anos com supedâneo na Medida Provisória n. 2.220, de 4-9-2001, estabilizada na forma do art. 2º da Emenda Constitucional n. 32, de 11-9-2001. Requisitos preenchidos. Área de preservação ambiental. Faculdade do município de lhe assegurar o direito a outro imóvel. Sentença reformada. Dá-se provimento ao Recurso (TJSP, 5ª Câm. de Direito Público; Ap. n. 994.09.356711-7, São Paulo-SP; Rel. Des. Xavier de Aquino; j. 8-11-2010; v.u.).

Pelo art. 791, § 2º, do CPC, a penhora fracionada, conforme a divisão dos bens, incide na concessão de uso especial para fins de moradia e para a concessão de direito real de uso, visto que se referem a áreas públicas, invadidas e urbanizadas por favelas, com o objetivo de regularizar juridicamente essas áreas.

imóveis arrecadados pelos municípios ou pelo Distrito Federal poderão ser objeto de concessão de direito real de uso a entidades civis que tenham, comprovadamente, fins filantrópicos, assistenciais, educativos, esportivos ou outros, no interesse do município ou do Distrito Federal.

d.5. Modos de constituição

Para que se constitua o uso é mister a presença do *constituinte*, que é a pessoa que cede o uso do bem e que é titular do domínio, gravando-o de ônus real, e do *usuário*, que é a pessoa em proveito de quem se estabelece tal direito. A relação jurídica só produzirá seus efeitos se tais pessoas forem capazes e legítimas.

O uso não pode ser constituído por lei. Deriva ele de *ato jurídico "inter vivos"*, isto é, por meio de contrato, exigindo, conforme a natureza da coisa seja móvel ou imóvel, a tradição ou escritura pública transcrita no competente registro imobiliário. Pode constituir-se, ainda, por *ato jurídico "mortis causa"*, ou seja, através de testamento; por *sentença judicial*, quando o próprio juiz, por necessidades impostas por determinadas circunstâncias, o instituir, para partilhar, dividir ou executar forçosamente, com a observância do disposto no art. 2.017 do Código Civil, e por *usucapião*, desde que cumpridos os requisitos exigidos por lei[171].

d.6. Direitos e deveres do usuário

O usuário tem os seguintes *direitos*:

1) fruir a utilidade da coisa;

2) extrair do bem todos os frutos para atender às suas próprias necessidades e às de sua família;

3) praticar todos os atos indispensáveis à satisfação de suas necessidades e às de sua família, sem comprometer a substância e a destinação do objeto;

4) melhorar o bem, introduzindo benfeitorias que o tornem mais cômodo ou agradável;

5) administrar a coisa.

---

171. Daibert, op. cit., p. 419-20; Orlando Gomes, op. cit., p. 313-4.

Tem, por outro lado, os seguintes *deveres*:

1) Conservar a coisa como se fosse sua, com diligência e zelo, para que possa restituí-la como a recebeu.

2) Não retirar rendimentos ou utilidades que excedam àquela necessidade prevista em lei.

3) Proteger o bem com os remédios possessórios, não só contra terceiros, mas também contra o próprio constituinte se este não respeitar seus direitos.

4) Não dificultar ou impedir o exercício dos direitos do proprietário.

5) Restituir a coisa, pois só detém a sua posse direta, a título precário, uma vez que o uso é temporário. Deve devolvê-la na época e nas condições estabelecidas, sob pena de responder por perdas e danos a que sua mora der causa[172].

d.7. Extinção

Extingue-se pelas mesmas causas do usufruto (CC, art. 1.413): morte do usuário, advento do prazo final, perecimento do objeto, consolidação, renúncia etc.

---

172. Daibert, op. cit., p. 421-2; Orlando Gomes, op. cit., p. 314-5; Gert Kummerow, op. cit., p. 341 e 342.

Quadro Sinótico

<table>
<tr><td rowspan="6">USO</td><td>• 1. Conceito</td><td colspan="2">• Direito real que, a título gratuito ou oneroso, autoriza uma pessoa a retirar, temporariamente, de coisa alheia, todas as utilidades para atender às suas próprias necessidades e às de sua família.</td></tr>
<tr><td>• 2. Caracteres</td><td colspan="2">• É direito real sobre coisa alheia.
• É temporário.
• É indivisível.
• É intransmissível.
• É personalíssimo.</td></tr>
<tr><td>• 3. Objeto</td><td colspan="2">• Bens móveis (infungíveis e inconsumíveis) e imóveis.
• Bens corpóreos e incorpóreos.</td></tr>
<tr><td>• 4. Concessão de uso especial para fins de moradia e concessão de direito real de uso</td><td colspan="2">• CC, art. 1.225, XI e XII, 1.473, VIII e IX e § 2º.
• MP n. 2.220/2001, arts. 1º a 9º.
• Lei n. 9.636/98, arts. 6º, § 1º, 7º, § 7º, e 22-A, com redação da Lei n. 11.481/2007.
• Lei n. 8.666/93, art. 17, I, f e h, com alteração da Lei n. 11.481/2007.
• Decreto-Lei n. 271/67, art. 7º, com redação da Lei n. 11.481/2007.
• Lei n. 11.481/2007, art. 25.
• Lei n. 6.015/73, arts. 167, I, n. 37 e 40, e 290-A, I e II, § 1º.</td></tr>
<tr><td>• 5. Modos de constituição</td><td colspan="2">• Ato jurídico inter vivos e causa mortis.
• Sentença judicial.
• Usucapião.</td></tr>
<tr><td>• 6. Direitos e deveres do usuário</td><td>• Direitos</td><td>• Fruir a utilidade da coisa.
• Extrair do bem todos os frutos para atender às suas próprias necessidades e às de sua família.
• Praticar todos os atos indispensáveis à satisfação de suas necessidades e às de sua família, sem comprometer a substância e a destinação do objeto.
• Melhorar o bem introduzindo benfeitorias que o tornem mais cômodo ou agradável.
• Administrar a coisa.</td></tr>
</table>

USO	• 6. Direitos e deveres do usuário	• Deveres	• Conservar a coisa. • Não retirar rendimentos ou utilidades que excedam à prevista em lei. • Proteger o bem com os remédios possessórios. • Não dificultar ou impedir o exercício dos direitos do proprietário. • Restituir a coisa, pois só detém a sua posse direta, a título precário, uma vez que o uso é temporário.
	• 7. Extinção	• Morte do usuário. • Advento do prazo final. • Perecimento do objeto. • Consolidação. • Renúncia.	

E. Habitação

e.1. Conceito e caracteres

Segundo os arts. 1.225, VI, e 1.414 do Código Civil é a habitação o direito real temporário de ocupar gratuitamente casa alheia, para morada do titular e de sua família.

Seu objeto há de ser um bem imóvel, casa ou apartamento, com a destinação de proporcionar moradia gratuita, não podendo ser utilizado para estabelecimento de fundo de comércio ou de indústria. Portanto, esse direito deverá ser levado a assento no registro imobiliário (Lei n. 6.015/73, art. 167, I, n. 7).

O titular desse direito não pode alugar, nem emprestar esse imóvel. Daí ser personalíssimo. Se o direito real de habitação for conferido a mais de uma pessoa (habitação conjunta), qualquer delas, que habite sozinha a casa, não terá de pagar aluguel à outra, ou às outras, mas não as pode inibir de exercerem, querendo, o direito, que também lhes compete, de habitá-la (CC, art. 1.415). Como são iguais os direitos, a nenhum será lícito impedir o exercício do outro ou dos outros.

De maneira que o conteúdo da habitação é o habitar, não consistindo na fixação do domicílio. É perfeitamente possível que se habite, sem que seja o lugar do domicílio aquele em que se habita. A habitação é a permanência temporária sem ânimo definitivo de ali permanecer, que caracteriza o domicílio.

A habitação é, pois, um direito real limitado, personalíssimo, temporário, indivisível, intransmissível e gratuito[173].

e.2. Direitos e obrigações do habitador

São seus *direitos*:

1) Morar na casa com sua família, podendo hospedar parentes e amigos, desde que estes não paguem tal hospedagem.

2) Exigir que o dono do imóvel respeite esse seu direito de moradia.

---

173. W. Barros Monteiro, op. cit., p. 329-30; Daibert, op. cit., p. 427-9; Orlando Gomes, op. cit., p. 312-3; Caio M. S. Pereira, op. cit., p. 254; Gert Kummerow, op. cit., p. 341 e 342; Ney Rosa Goulart e Paulo E. F. Seffrin, *Usufruto, uso e habitação,* 1986; Sérgio Iglesias Nunes de Souza, *Comentários ao Código Civil* (coords. Camillo, Talavera, Fujita e Scavone Jr.), São Paulo, Revista dos Tribunais, 2006, p. 1044-47. *Vide*: CC, art. 1.831, e Lei n. 9.278/96, art. 7º, parágrafo único. Havendo vários coabitadores, ao direito de habitação conjunta (CC, art. 1.415) dever-se-á aplicar, no que for possível, as normas alusivas ao condomínio.

3) Defender sua posse por meio de interditos possessórios, não só contra terceiros mas também contra o proprietário do imóvel.

4) Receber indenização pelas benfeitorias necessárias que fizer.

5) Permitir ao cônjuge sobrevivente, qualquer que seja o regime de bens, sem prejuízo da participação que lhe caiba na herança, usufruir do direito real de habitação relativamente ao imóvel destinado à residência da família, desde que seja o único bem daquela natureza a inventariar (CC, art. 1.831).

São *obrigações* do habitador:

1) Guardar e conservar o prédio.

2) Não alugar nem emprestar o imóvel.

3) Fazer o seguro, se o título lhe impuser tal realização, devendo o valor segurado ser empregado na reedificação do prédio se este sofrer destruição por caso fortuito ou força maior.

4) Pagar todos os tributos que recaírem sobre o imóvel.

5) Restituir o prédio ao proprietário ou a seus herdeiros, no estado em que o recebeu, salvo deterioração derivada do uso regular, sob pena de pagar indenização de perdas e danos por todos os prejuízos que, por sua negligência, ocasionou[174].

e.3. Extinção

Desaparece do mesmo modo que o usufruto (CC, art. 1.416) e o uso.

F. Superfície

De origem romana, a superfície somente agora passou a ser regida por normas do Código Civil, apesar de o art. 7º do Decreto-Lei n. 271/67 ter disciplinado a concessão de uso de terrenos públicos ou particulares, onerosa ou gratuita, por tempo certo ou indeterminado, como direito real resolúvel, para fins de urbanização, industrialização, edificação, cultivo da terra ou outra utilização de interesse social. Tratava-se do direito real relativo à concessão de uso de superfície bastante semelhante ao direito de superfície.

---

174. Daibert, op. cit., p. 429-30; Caio M. S. Pereira, op. cit., p. 254-5; Hedemann, *Derechos reales*, § 39; W. Barros Monteiro, op. cit., p. 330; *RT*, *161*:142, *173*:668, *139*:692, *668*:90, *616*:83, *643*:166, *801*:216; *JB*, *151*:219; *Ciência Jurídica*, *21*:67, *32*:130; *RJTJRS*, *135*:443; *RJ*, *155*:102, *171*:53; *RDTJRJ*, *37*:91; *Lex* STJ, *107*:128, *144*:206.

Essa concessão podia ser contratada por instrumento público ou particular ou por simples termo administrativo, inscrita e cancelada em livro especial (§ 1º).

A partir dessa inscrição, o concessionário fruiria plenamente do terreno para os fins estabelecidos no contrato e responderia por todos os encargos civis, administrativos e tributários (§ 2º).

Extinguir-se-ia essa concessão antes do tempo, desde que o concessionário desse ao imóvel diversa destinação, vindo a perder as benfeitorias (§ 3º), e, salvo disposição em contrário, transferia-se por ato *inter vivos* ou *causa mortis* (§ 4º).

E pelo art. 8º poder-se-ia ter concessão de uso do espaço aéreo[175].

---

175. *Vide* W. Barros Monteiro, op. cit., p. 328; José Guilherme Braga Teixeira, *O direito real de superfície*, São Paulo, Revista dos Tribunais, 1993, p. 58, 92 e 94; *Comentários ao Código Civil brasileiro*, Rio de Janeiro, Forense, 2004, v. XII, p. 276; Aida Kemelmajer de Carlucci e Alícia P. de Chacón, *Derecho real de superficie*, 1989; Maria Sylvia Zanella Di Pietro, Direito de superfície, in *Estatuto da cidade* (coord. Adilson Abreu Dallari e Sérgio Ferraz), São Paulo, Malheiros, 2002, p. 172 a 191; Diana Coelho Barbosa, *Direito de superfície à luz do Estatuto da cidade*, 2001; Miguel Reale, *Exposição de motivos do Projeto de Código Civil*, p. 158; Sílvio Venosa, *Direito civil*, cit., v. 4, p. 323 e 324, v. V, p. 390-4; Roberto Cesar Pereira Lira, O moderno direito de superfície, *Rev. de Direito da Procuradoria-Geral do Estado do Rio de Janeiro*, *35*:89, 90, 92 e 98, 1979; Mariana Moreira, Direito de superfície, *Estatuto da cidade*, São Paulo, 2001, p. 295-308; Domingos Theodoro de Azevedo Netto, Direito de superfície, *Estatuto da cidade*, cit., p. 30912; José de Oliveira Ascensão, *Direito civil*: direitos reais, Coimbra, Almedina, 1987, p. 466 e s.; Mônica Castro, *Direito real de superfície na Lei n. 10.257 de 2001 – uma primeira leitura*, disponível em <www.jusnavigandi.com.br>, em 7 de julho de 2003; Matiello, *Código Civil*, cit., p. 870-2; Pablo S. Gagliano, *Código Civil*, cit., v. XIII, p. 1956; Luciano de Souza Godoy, Direito de superfície – uma alavanca para os negócios imobiliários, in *Novo Código Civil – interfaces no ordenamento jurídico brasileiro* (coord. Giselda Maria F. Novaes Hironaka), Belo Horizonte, Del Rey, 2004, p. 233-239; Luiz Ricardo Guimarães, O direito de superfície e o instituto da enfiteuse na transição legislativa civil brasileira; *Novo Código Civil – interfaces*, op. cit., p. 244-256; Luiz Guilherme Loureiro, O direito de superfície no novo Código Civil e no Estatuto da Cidade, in *www.intelligenciajuridica.com.br*. Lei n. 6.015/73, art. 167, I, n. 39 (acrescentado pela Lei n. 10.257/2001), e II, n. 20 (com redação da Lei n. 10.257/2001, art. 57); Francisco Eduardo Loureiro, *Código Civil comentado* (coord. Peluso), Barueri, Manole, 2008, p. 1385; Rodrigo Mazzei, O direito de superfície, *Fundamentos do Direito Civil Brasileiro* (org. Everaldo A. Cambler) Campinas, São Paulo, Millennium, 2012, p. 304-35; Patrícia F. I. Lemos e Guilherme H. L. Reinig, Direito real de superfície e sua interface com a proteção ambiental. *10 anos*, cit., p. 491-514; Pedro T. P. Greco e Gabriella R. Marques, As vantagens do direito real de superfície aplicado à construção de áreas esportivas, *Revista Síntese – Direito Civil e Processual Civil*, *120*:78-94; Constituição do Estado de São Paulo/89, art. 187, I a IV.

"A propriedade superficiária pode ser autonomamente objeto de direitos reais de gozo e de garantia, cujo prazo não exceda a duração da concessão da superfície, não se lhe aplicando o art. 1.474" (Enunciado n. 249 do Conselho da Justiça Federal, aprovado na III Jornada de Direito Civil). "Admite-se a constituição do direito de superfície por cisão" (Enunciado n. 250 do Conselho da Justiça Federal, aprovado na III Jornada de Direito Civil).

Pelo art. 13 da Lei n. 11.481/2007 a concessão do direito real de uso e o direito de superfície podem ser objeto de garantia real, assegurada sua aceitação pelos agentes financeiros no âmbito do Sistema Financeiro da Habitação.

Pelo CPC, art. 791, *caput*, se a execução tiver por objeto obrigação de que seja sujeito passivo o proprietário de terreno submetido ao regime do direito de superfície ou o superficiário, responderá pela dívida, exclusivamente, o direito real do qual é titular o executado, recaindo a penhora ou outros atos de constrição exclusivamente sobre o terreno na primeira hipótese, ou sobre a plantação ou construção, no segundo caso. Tal penhora fracionada se dá porque a superfície concede a outrem, por tempo determinado ou indeterminado, gratuita ou onerosamente, o direito de construir ou plantar em seu terreno.

Pelo CPC, art. 791, § 1º, os atos de constrição sobre os patrimônios distintos na superfície devem ser averbados separadamente na matrícula do imóvel. Devem constar, para os devidos fins registrários, a identificação de executado, do valor do crédito e do objeto sobre o qual recai o ônus real. O oficial do registro deverá destacar o bem que responde pelo débito (se é o terreno, a plantação ou a construção) para garantir a publicidade da responsabilidade patrimonial de cada um deles, pelas obrigações que a eles estão vinculadas.

Tínhamos, outrora, ainda a *renda constituída sobre imóvel*, que, segundo Clóvis, era o direito real temporário que gravava determinado bem de raiz, obrigando seu proprietário a pagar prestações periódicas de soma determinada (Clóvis, *Código Civil*, v. 3, p. 310).

O que lhe caracterizava a natureza real era sua vinculação a um prédio urbano ou rural, pois, se não recaísse sobre bem imóvel, seria um simples contrato, regulado pelos arts. 1.424 a 1.431 do Código Civil de 1916, constituindo, então, um direito de crédito. Tornava-se imprescindível sua transcrição no registro respectivo, mesmo quando fosse instituída por testamento, pois neste caso, apesar de produzir efeitos desde a morte do testador, não valia contra terceiros adquirentes, enquanto não houvesse esse assento (CC de 1916, art. 753).

Era, sem dúvida, um *direito real sobre coisa alheia*, pois havia um imóvel de outrem, afetado ao pagamento de uma renda. E, como todo ônus real, revestia-se do atributo da sequela. Logo, mesmo em caso de alienação do prédio, ainda que a vários sucessores, acompanhava-o onde quer que se encontrasse, gravando-o em todas as suas partes (CC de 1916, art. 754). O adquirente continuava a suportar o encargo, visto que ele aderia ao bem imóvel.

E, como o direito do credor da renda era *indivisível*, cada um dos adquirentes deveria prestá-la integralmente, sem o benefício da divisão. Embora dividido o imóvel, a dívida da renda continuava a gravá-lo por inteiro. O sucessor que pagasse a renda na sua íntegra teria ação regressiva contra os demais para deles receber as respectivas quotas.

A constituição de renda poderia ser gratuita ou onerosa; o imóvel poderia ser doado, hipótese em que a renda seria um ônus imposto ao donatário, ou vendido, caso em que a referida renda constituiria uma contraprestação a que o adquirente se obrigava. Contudo, tal renda não seria, obrigatoriamente, determinada em cifra numérica; sujeitava-se a reajustamento periódico. Se o donatário não pagasse essa renda, revogava-se a renda constituída sobre imóvel, e, se o adquirente, igualmente, não cumprisse seu dever, ter-se-ia resolução com perdas e danos.

Esse direito real não era perpétuo; a *temporariedade* era uma característica sua. Limitada era sua duração. Podia ser constituída pela vida do beneficiário, extinguindo-se com sua morte, não se transmitindo aos seus herdeiros. Rezava, todavia, o art. 1.425 do Có-

---

digo Civil de 1916 que, "se a renda fosse constituída em favor de pessoa falecida, ou que viesse a falecer dentro dos 30 dias subsequentes à conclusão do contrato, devido a moléstia que já sofria, seria nula de pleno direito havendo ou não fraude na celebração do contrato. Se a doença fosse, contudo, posterior à feitura desse contrato, este não seria tido como nulo, ainda que a morte se desse antes de 30 dias, contados da data de sua efetivação. Porém, se constituída a termo, subsistia o ônus por todo o tempo do contrato; se o beneficiário viesse a falecer antes do decurso do prazo ajustado, transmitir-se-ia a seus sucessores, salvo cláusula em contrário. Se houvesse desapropriação ou indenização do seguro, o ônus real transferia-se para o valor da indenização, que se destinaria à constituição de outra renda (sub-rogação) (CC de 1916, art. 749).

Percebia-se que esse direito real só se aperfeiçoava pela entrega do imóvel, que passava a integrar o patrimônio do rendeiro ou censuário, com o dever de pagar prestação periódica estipulada, em favor do beneficiário ou censuísta. Portanto, dois eram seus titulares: o *censuário* ou rendeiro, que recebia o imóvel gravado, com o encargo de pagar certa renda; era o devedor da renda e o adquirente do imóvel; e o *censuísta*, que constituía a renda em benefício próprio ou alheio; era o credor da renda. Isto porque a constituição de renda sobre um imóvel podia ser objeto de estipulação em favor de terceiro, fosse ele pessoa física ou jurídica. Por exemplo, quando alguém dava um prédio a uma pessoa que se obrigasse a pagar uma renda a outra pessoa (*vide* Silvio Rodrigues, op. cit., p. 337-8; Daibert, op. cit., p. 434; W. Barros Monteiro, op. cit., p. 331; Espínola, *Direitos reais limitados e direitos reais de garantia*, p. 292; Caio M. S. Pereira, op. cit., p. 257-9; Clóvis, *Direito das coisas*, v. 1, § 87; Orlando Gomes, op. cit., p. 317-20). Constituíam-se rendas sobre imóveis: *a*) Por *ato "inter vivos"*, a título oneroso ou gratuito desde que transcrito no Registro de Imóveis (Lei n. 6.015/73). O contrato que constituía a renda era *unilateral*, porque criava obrigações unicamente para a parte que concordou em pagar a renda. Era ele *comutativo*, quando efetivado para vigorar em certo prazo, dada a equivalência entre a aquisição do imóvel e o valor da renda que devia ser pago, ou *aleatório*, quando celebrado para durar enquanto vivesse o credor da renda. Como o prazo era incerto, havia um risco, pois podia tornar-se muito desvantajoso ou muito vantajoso para o devedor da renda (Orlando Gomes, op. cit., p. 319). *b*) Por *ato jurídico "mortis causa"*, ou seja, por testamento. Por exemplo, quando houvesse um legado de uma pensão, por prazo determinado, ficando certo imóvel, referido na disposição testamentária, afetado ao seu pagamento (Silvio Rodrigues, op. cit., p. 340). Ou, por outras palavras, quando o testador legasse a alguém um bem imóvel com o encargo de pagar durante certo lapso de tempo, a determinada pessoa, certa renda. Este ato jurídico *causa mortis* só valeria contra terceiros após sua transcrição no registro competente (CC de 1916, art. 753; Lei n. 6.015/73, art. 167, I, n. 8). *c*) Por *sub-rogação* nos casos de desapropriação ou de sua destruição, se estivesse no seguro, pois, nos termos do art. 749 do Código Civil de 1916, "no caso de desapropriação, por necessidade ou utilidade pública, de prédio sujeito à constituição de renda, aplicar-se-á em constituir outra o preço do imóvel obrigado. O mesmo destino terá, em caso análogo, a indenização do seguro". A incidência do direito real que gravava o imóvel expropriado ou sinistrado transferia-se para o valor que surgia da desapropriação ou para o que correspondia à indenização do seguro (Daibert, op. cit., p. 435-6; Orlando Gomes, op. cit., p. 320). *d*) Por *sentença judicial* que condenasse o réu a prestar alimentos ao ofendido ou a pessoa da família deste, como disciplinavam os arts. 1.537 e 1.539 do Código Civil de 1916 (Daibert, op. cit., p. 436).

Eram *direitos* do *censuísta* (credor da renda): 1) Receber a renda estabelecida, no tempo e no modo estipulado, podendo executar o rendeiro ou censuário (que era o devedor da renda e adquirente do imóvel gravado) mediante processo de execução (CPC/73, art. 585, IV). 2) Exigir a sub-rogação da renda no valor da desapropriação ou no valor do seguro do prédio sinistrado (CC de 1916, art. 749; Dec.-Lei n. 3.365/41, art. 31), podendo fazer com que o devedor construísse ou adquirisse outro prédio com o preço que recebesse da desapropriação ou do seguro (Orlando Gomes, op. cit., p. 322). 3) Ter preferência aos outros credores, em caso de falência, insolvência ou execução do prédio gravado para haver o capital (CC de 1916, art. 752), cujo rendimento lhe assegurasse renda equivalente. O censuísta *era* credor com privilégio especial na falência do censuário (Dec.-Lei n. 7.661/45 (ora revogado pela Lei n. 11.101/2005), art. 102, § 2º, n. 1, modificado pela Lei n. 3.726/60), pois seu direito era real e por isso absoluto, devendo ser satisfeito de preferência a todos os demais credores (W. Barros Monteiro, op. cit., p. 333; Orlando Gomes, op. cit., p. 322). 4) Perceber a renda desde a morte do constituinte, se resultante de disposição de última vontade (CC de 1916, art. 753). 5) Ceder, por ato *inter vivos*, o seu direito. 6) Levantar os juros, rendimentos ou prestações à medida que fossem sendo depositados, abatendo-se do crédito as importâncias recebidas, conforme as regras da imputação em pagamento, quando houvesse penhora que recaísse sobre o direito à renda (CPC/73, art. 675). 7) Mover ação declaratória para fazer reconhecer seu direito e de indenização, quando se reduzisse o valor ou a rentabilidade do imóvel gravado. Tendo o censuísta a *obrigação* de receber o capital do resgate, não lhe restava nenhuma opção, nos termos do art. 751. Por sua vez, eram *direitos* do rendeiro ou censuário, que é o devedor da renda: 1) Resgatar a renda (CC de 1916, art. 751), pagando ao credor um capital, cujo rendimento calculado pela taxa legal dos juros (6% ao ano) assegurasse ao credor renda equivalente. Liberando assim o prédio do ônus, não podia o credor insurgir-se contra isso, porque o valor que ele receberia, para frutificar rendimentos e juros, equivalia à renda que percebia, não lhe acarretando quaisquer prejuízos. Porém, esse direito de resgate só era admitido nos contratos a prazo certo, para que se pudesse calcular o valor a ser resgatado (Daibert, op. cit., p. 438). Todavia, esse direito de resgate, não sendo de ordem pública, poderia ser derrogado no ato que constituía a renda, seja ele *inter vivos* ou *mortis causa*, e nesse caso o credor podia recusá-lo. Podia até ser renunciado (Caio M. S. Pereira, op. cit., p. 259-60; Hedemann, op. cit., p. 466). 2) Alienar o imóvel gravado, transmitindo com ele a obrigação que o onerava (Orlando Gomes, op. cit., p. 322). 3) Utilizar-se das ações possessórias para defender a sua posse sobre o imóvel e da ação negatória para provar a plenitude do domínio e a inexistência de qualquer direito real sobre a coisa alheia que estivesse gravando imóvel de sua propriedade (Daibert, op. cit., p. 440). Por outro lado, tinha o censuário o *dever* de pagar, pontualmente, a renda, pois, se houvesse atraso, assistia ao censuísta o direito de excutir o imóvel onerado, por intermédio da execução a que se referia o art. 585, IV, (alterado pela Lei n. 11.382/2006) em sua antiga redação do Código de Processo Civil (Dídimo da Veiga, *Direito das coisas*, p. 394). Esta sua obrigação estendia-se às rendas vencidas antes da alienação, salvo o direito regressivo do adquirente contra o alienante (CC de 1916, art. 750). Se fossem vários os censuários, todos respondiam, solidariamente, pelo pagamento da renda total, porque a prestação era indivisível (Orlando Gomes, op. cit., p. 322). Extinguia-se esse direito real: 1) Pela *morte do censuísta*, se vitalícia fosse a renda. 2) Pelo *término do prazo* estipulado para sua duração. 3) Pelo *implemento de condição resolutiva*. 4) Pela *confusão* ou *consolidação*, quando o credor da renda passasse a ser proprietário do imóvel a que estava vinculado, confundindo-se numa só pessoa as qualidades de credor e devedor. 5) Pela *destruição* do imóvel, somente se este não estivesse no seguro, pois se estivesse a indenização recebida seria aplicada na aquisição de outra, sub-rogando-se ao ônus. 6) Por *sentença judicial* que reconhecesse culpa do rendeiro na deterioração ou destruição do prédio ou na falta de pagamento das prestações, ocasionando a resolução do ato jurídico que constituiu esse direito real. 7) Pelo *resgate* por parte do rendeiro que, para exonerar-se, pagava de uma só vez determinada quantia, liberando o imóvel do gravame. 8) Pela *renúncia*, por entenderem credor e devedor ser melhor para seus interesses pôr termo ao direito real. 9) Pela *prescrição extintiva*, se a inércia do credor se prolongasse pelo tempo em que prescrevessem os direitos reais. A prestação vencida

Esse *direito real de superfície*, similar à *concessão de uso de superfície* ou à *concessão de direito real de uso* (CC, art. 1.225, XII, 1.473, IX, Dec.-Lei n. 271/61, art. 7º, com redação da Lei n. 11.481/2007) encontra-se hoje regulado pela Lei n. 10.257/2001 (com as alterações da Lei n. 12.608/2012), arts. 21 a 24, e pelo Código Civil nos arts. 1.225, II, 1.369 a 1.377 e 1.473, X.

O *direito de superfície*, constituído por pessoa jurídica de direito público interno (CC, art. 41), reger-se-á também pelo Código Civil, no que não for diversamente disciplinado em lei especial (CC, art. 1.377). Assim, além das normas do Código Civil, aplicam-se à pessoa jurídica de direito público interno em sede de concessão de terras públicas e respectivo direito de uso as Leis n. 4.504/64, 4.947/66, 8.629/93, 9.636/98; e Decreto-Lei n. 271/61 com alteração da Lei n. 11.481/2007.

Como nos explica Miguel Reale, a lei estende tal concessão de uso às relações entre particulares, por isso o Código Civil não pôde deixar de contemplar essa espécie, pois, consoante justa ponderação de José Carlos Moreira Alves, a migração desse modelo jurídico, que passou da esfera do direito administrativo para a do direito privado, veio restabelecer, sob novo enfoque, o antigo instituto da *superfície*, regendo a exploração da terra por quem não tem domínio legal sobre ela.

É, a *superfície* portanto, o direito real pelo qual o proprietário concede, por tempo determinado ou indeterminado, gratuita ou onerosamente, a outrem o direito de construir, ou plantar em seu terreno urbano ou rural, mediante escritura pública, devidamente registrada no Cartório de Registro de Imóveis (CC, arts. 108, 1.369 e 1.370; Estatuto da Cidade, art. 21; Lei de Registros Públicos, art. 167, I, n. 39).

Impossível será, para uns, sua aquisição pela usucapião, ante a dificuldade de se conceber, como diz Roberto Lira, uma posse circunscrita à construção ou à plantação, sem considerá-la abrangente do solo, e por via tes-

---

e não reclamada prescrevia em 5 anos. 10) Pela *falência* ou *insolvência* do devedor da renda ou pela *execução judicial* do prédio gravado. 11) Pela *compensação*, pois o direito a certas prestações podia extinguir-se se o devedor da renda a invocasse (Orlando Gomes, op. cit., p. 323-4; Daibert, op. cit., p. 439; Caio M. S. Pereira, op. cit., p. 260). O atual Código Civil, ante o fato de a renda real, que recai sobre imóvel, ser destituída de operacionalidade, por não atender à função social da propriedade e por não ter, hodiernamente, qualquer expressão jurídica, retirou-a do rol dos direitos reais.

Pelo Código Civil vigente, atualmente, a constituição de renda sai do campo do direito real, passando a ser regida, exclusivamente, como direito pessoal, pelas normas contidas nos arts. 803 a 813. Sobre ela consulte o que dissemos no v. 3 do nosso *Curso de direito civil brasileiro*.

tamentária. Todavia, há quem ache que a usucapião possa gerar o direito de superfície, preenchidos os requisitos legais, mas como é mero direito real de fruição de coisa alheia, quem alegar posse *ad usucapionem* irá, em regra, pleitear a aquisição da propriedade e não da superfície, mas também poderá, sabendo da existência de superficiário sem posse atual, pretender ser possuidor do direito de superfície, sem que tenha *animus domini* relativamente à propriedade do solo, exercendo posse sobre um prédio ou plantação, não como proprietário, porém como superficiário. E, além disso, como negar a usucapião ordinária, p. ex., para uma pessoa que exerce posse sobre uma construção, com *animus* de superficiário, se aquele bem de raiz lhe foi concedido em separado do solo por escritura pública eivada de algum vício? José Guilherme Braga Teixeira ensina que "a aquisição do direito de superfície pela usucapião extraordinária apresenta dois aspectos que praticamente a obstam: o primeiro decorre do efeito aquisitivo da acessão, por força do qual a construção ou plantação feitas no solo ao dono deste passam a pertencer (o que somente o direito de superfície concedido pelo dono do solo poderia impedir), em termos; o segundo se prende ao evento de que o usucapiente adquiriria, no mesmo prazo, a propriedade do imóvel. No que, porém, respeita à usucapião ordinária, existe realmente possibilidade de aquisição da superfície, em razão de sua concessão feita anteriormente *a non domino*. Nesta hipótese, o concessionário adquire o direito de superfície contra o senhor do solo, desde que haja conservado a posse na qualidade de superficiário pelo tempo necessário, demonstrando ser portador de boa-fé".

Para Francisco Eduardo Loureiro, "é possível, ainda, ao superficiário, usucapir o domínio pleno do imóvel, invertendo a qualidade de sua posse direta para posse *ad usucapionem*, explicitando ao concedente não mais reconhecer a supremacia de seu direito à restituição da coisa. Passa, então, o superficiário a ser esbulhador, mas com soberania sobre a coisa, repelindo qualquer direito concorrente de terceiro, possuindo o imóvel como seu (*animus domini*) e fluindo, a partir de então, o termo inicial do prazo de usucapião".

Joel Dias Figueira Jr., a esse respeito, observa que "nada impede que o exercício da posse do pretenso superficiário se dê sob essa chancela e, no decorrer do tempo, o efetivo exercício do poder venha a transmudar-se em exteriorização do direito de propriedade, dando azo, futuramente, à aquisição por usucapião a esse título. Outro problema a ser considerado em sede de usucapião de superfície reside no limite temporal estabelecido no próprio Código ('tempo determinado'). Se admitida a tese em questão, a prescrição aquisitiva haverá de ser, no máximo, vitalícia, isto é, sem qualquer possibilidade de transmissão do direito adquirido aos sucessores do falecido".

E por que não poderia ser constituída por testamento, se o art. 1.372 permite sua transferência a herdeiros do superficiário?

O direito de superfície não autoriza obra no subsolo, exceto se for inerente ao objeto da concessão (CC, art. 1.369, parágrafo único) (p. ex., abertura de poço artesiano e canalização de suas águas até o local das plantações, colocação de alicerces para edificação de um prédio) ou para atender à legislação urbanística (Lei n. 10.257/2001, arts. 21 a 24).

O Projeto de Lei n. 699/2011, por sua vez, propõe a seguinte alteração: "O proprietário pode conceder a outrem o direito de construir ou de plantar em seu terreno ou o direito de executar benfeitorias em sua edificação, por tempo determinado, mediante escritura pública devidamente registrada no cartório de Registro de Imóveis (CC, art. 1.369, *caput*)". E, assim, fundamenta esta proposta: "O direito de superfície abrange o direito de utilizar o imóvel pronto ou em fase de construção, o solo, o subsolo ou o espaço aéreo relativo ao mesmo, na forma estabelecida no contrato, atendida a legislação urbanística" (CC, art. 1.369, parágrafo único). Tal proposta pretende "expandir a utilização do direito de superfície e harmonizar a sua regulamentação. A restrição do parágrafo único do art. 1.369 limita o instituto da superfície ao nível do solo, excluindo o subsolo e o espaço aéreo, que são da essência do instituto da superfície". O Parecer Vicente Arruda não aceitou essa proposta, que também estava contida no Projeto de Lei n. 6.960/2002 (atual PL n. 699/2011) pelo seguinte motivo: "O direito real de superfície foi introduzido no ordenamento jurídico pátrio pelo Decreto-Lei n. 271, de 28 de fevereiro de 1967, sob o *nomen juris* de 'concessão de uso' e apropriado pela Lei n. 10.257, de 10/07/2001 – Estatuto da Cidade – já agora sob a denominação de 'direito de superfície'. O NCC acolheu o direito de superfície como direito real no art. 1.225, II, e o regulamentou nos arts. 1.369 a 1.377. Nos três diplomas legais o direito de superfície é instituído por contrato para o fim específico de outorgar direito de construir e de plantar, exigindo o NCC que a concessão seja por tempo determinado e por escritura pública registrada no Registro de Imóveis. Há uma aparente divergência entre as normas que disciplinam o direito de superfície no CC e no Estatuto da Cidade. É que, no Estatuto da Cidade, o art. 21, § 1º, estabelece que o direito de superfície abrange o direito de utilizar o solo, o subsolo e o espaço aéreo relativo ao terreno, na forma estabelecida no contrato respectivo, atendida a legislação urbanística, enquanto o NCC, no parágrafo único do art. 1.369, afirma que o direito de superfície não autoriza obra no subsolo, salvo se for inerente ao objeto da concessão. Da transcrição dos dispositivos acima, verifica-se que o uso do solo, do subsolo e do espaço aéreo, tanto nas normas do Estatuto da Cidade quanto do NCC, estão condicionados aos objetivos do contrato de concessão. Evidente que uma concessão para construir no terreno do proprietário implica na utilização do subsolo e do espaço aéreo. Em ambas as hipóteses a utilização está condicionada à previsão contratual. Por conseguinte, mantenho a redação do art. 1.369, porque não há necessidade de se mencionar o espaço aéreo porque esta expressão está visceralmente ligada à exploração do solo. E o subsolo depende do objeto do contrato".

Pelo Enunciado n. 568, do Conselho da Justiça Federal, aprovado na VI Jornada de Direito Civil: "O direito de superfície abrange o direito de utilizar o solo, o subsolo ou o espaço aéreo relativo ao terreno, na forma estabelecida no contrato, admitindo-se o direito de sobrelevação, atendida a legislação urbanística".

É um direito de posse sobre plantações e construções, separado do domínio do solo, por ser, na verdade, um direito real de construir ou plantar em terreno de outrem. É um *direito real de fruição sobre coisa alheia*, visto que não atinge a propriedade do dono do solo, por afastar a acessão, consagrada no art. 1.253 do Código Civil, pela qual tudo que se acrescentar ao solo deverá pertencer ao seu proprietário (*superficies solo cedit*). Assim sendo, a *superfície* é exceção ao princípio de que o acessório acompanha o principal, pois a lei concede ao superficiário um direito real sobre construção ou plantação feita em terreno alheio, utilizando sua superfície.

Há, para alguns autores, uma propriedade do solo, que é a do fundieiro, e uma propriedade da plantação e da obra construída, que é a do superficiário, durante a vigência do contrato, que deu origem ao *ius in re aliena*. Ter-se-á, portanto: *direito de propriedade do solo*, cujo titular é o fundieiro, que por ser também possuidor indireto, terá o direito de perceber uma quantia (*solarium*), sendo a concessão onerosa, e a expectativa de adquirir a obra ou plantação, por ocasião da devolução da posse direta do terreno, cuja exploração permitiu; *direito de plantar* ou *de construir* do superficiário (possuidor direto) e o *direito de preferência recíproco*, ou seja, do fundieiro (concedente) e do superficiário, havendo alienação dos respectivos direitos. Trata-se, neste teor de ideias, como diz Luiz Guilherme Loureiro, de um direito real de ter coisa incorporada em solo alheio.

Com isso soluciona-se, em grande parte, o problema da falta de habitação e o do não aproveitamento do solo, e atende-se ao princípio da função social da propriedade. O direito de superfície pode ser concedido gratuitamente, caso em que: o *fundieiro*, apesar de ficar, temporariamente, sem seu imóvel, sem receber qualquer contraprestação pecuniária, recebê-lo-á, finda a concessão da superfície, com acréscimos e bastante valorizado, e o *superficiário*, sem nada pagar, explorará o imóvel, durante o prazo avençado, podendo nele exercer atividade econômica, auferindo lucro, construindo ou plantando. Se concedida a superfície onerosamente, as partes poderão convencionar se o pagamento será feito de uma só vez ou parceladamente (CC, art. 1.370). O proprietário concedente (dono do solo ou fundieiro), havendo tal convenção, passará a ter direito ao *solarium* ou cânon superficiário (remuneração periódica) e nada obsta que haja previsão contratual de atualização monetária do valor das prestações estipuladas. Gratuita ou onerosa a concessão da superfície, o superficiário deverá responder pelos encargos ou ônus (p. ex., despesas com luz e água; obrigações *propter rem*, como a de pagar as despesas condominiais) e tributos (p. ex., IPTU, ITR, taxas e contribuição de melhoria) que incidirem sobre o imóvel (CC, art. 1.371). É preciso lembrar que: "As partes têm plena liberdade para deliberar, no contrato respectivo, sobre o rateio dos encargos e tributos que incidirão sobre a área objeto da concessão do direito de superfície" (Enunciado n. 94 do Conselho da Justiça Federal, aprovado na I Jornada de Direito Civil de 2002).

O Projeto de Lei n. 699/2011, assim, complementará o art. 1.371, ao alterar sua redação: "O superficiário responderá integralmente pelos encargos e tributos que incidirem sobre a propriedade superficiária, arcando, ainda, proporcionalmente à sua parcela de ocupação efetiva, com os encargos e tributos sobre a área objeto da concessão do direito de superfície, salvo disposição em contrário do contrato respectivo". Com isso visa compatibilizar o art. 1.371 com o art. 21, § 3º, da Lei n. 10.257/2001. O Parecer Vicente Arruda não aceitou essa proposta; também contida no Projeto de Lei n. 6.960/2002 (substituído, hoje, pelo PL n. 699/2011), por ser: "Favorável à manutenção do texto, pois a redação atual mostra-se mais adequada, já que em se tratando de direito real, a obrigação é do superficiário. Se houver estipulação em contrário, é obrigação de caráter contratual, e obriga o proprietário a ressarcir o superficiário pelo pagamento efetuado".

Pode haver transferência da superfície a terceiros, bem como sua transmissão aos herdeiros do superficiário, com seu falecimento. Os herdeiros passarão a ser os titulares do direito de superfície até o advento do termo final ou de fato extintivo daquele direito real. Não se permite, porém, estipulação de pagamento (de qualquer quantia pecuniária ou entrega de bens, assunção de débito do concedente etc.) pela transferência *inter vivos* ou *causa mortis* da superfície (CC, art. 1.372), evitando, assim, que haja especulação. Se ocorrer alienação do imóvel ou do direito de superfície, o superficiário ou o proprietário (fundieiro) terá, dentro do prazo estipulado, direito de preferência em igualdade de condições (CC, art. 1.373) à oferta de terceiros, promovendo a consolidação do direito do solo e do de superfície, para que não mais haja tal desmembramento. "Ao superficiário que não foi previamente notificado pelo proprietário para exercer o direito de preferência previsto no art. 1.373 do CC é assegurado o direito de, no prazo de seis meses, contado do registro da alienação, adjudicar para si o bem mediante depósito do preço" (Enunciado n. 510 do Conselho da Justiça Federal, aprovado na V Jornada de Direito Civil). Há, portanto, um *direito de preferência recíproco*, como diz Joel Dias Figueira Jr. Aquele que preterir o direito de preferência do outro deverá pagar indenização pelas perdas e danos e o preterido poderá depositar em juízo valor igual ao pago pelo terceiro. Esse direito de preferência apenas poderá ser exercido em caso de alienação onerosa, pois como poderia exigir, p. ex., o superficiário que o dono lhe desse em doação o terreno que deseja doar a outrem, pois o doador ao fazer uma liberalidade tem direito de escolher a pessoa beneficiária. A alienação, onerosa ou gratuita, transmitirá ao adquirente o direito real de superfície com seus caracteres, construções ou plantações. Se o proprietário do solo vier a adquirir a superfície, passarão à sua propriedade toda a plantação ou construção feitas pelo superficiário, desaparecendo o direito à superfície, pois ninguém poderá ter direito real sobre coisa alheia do que lhe é próprio.

O direito de superfície abrange o direito de usar solo e, excepcionalmente, o subsolo (CC, art. 1.369, parágrafo único) ou espaço aéreo relativo ao terreno, na forma contratual, atendida a legislação urbanística (Lei n. 10.257/2001, arts. 21 a 24).

O superficiário responderá, convém repetir, integralmente pelos encargos e tributos que incidirem sobre a propriedade superficiária, arcando, ainda, proporcionalmente à sua parcela de ocupação efetiva, com encargos e tributos sobre a área objeto da concessão do direito de superfície, salvo disposição em contrário do respectivo contrato (art. 21, § 3º, da Lei n. 10.257/2001 e CC, art. 1.371). Logo, pelo Enunciado do Conselho da Justiça Federal (aprovado na IV Jornada de Direito Civil) n. 321: "Os direitos e obrigações vinculados ao terreno e, bem assim, aqueles vinculados à construção ou à plantação formam patrimônios distintos e autônomos, respondendo cada um dos seus titulares exclusivamente por suas próprias dívidas e obrigações, ressalvadas as fiscais decorrentes do imóvel". Como se vê, "as normas previstas no Código Civil sobre direito de superfície não revogam as relativas a direito de superfície constantes do Estatuto da Cidade (Lei n. 10.257/2001) por ser instrumento de política de desenvolvimento urbano" (Enunciado n. 93 do Conselho da Justiça Federal, aprovado na I Jornada de Direito Civil).

A superfície poderá extinguir-se: a) pela *consolidação*, fusão do direito do proprietário do solo e do de superfície (CC, art. 1.373); b) pelo *inadimplemento das obrigações* assumidas pelo superficiário (p. ex., falta de pagamento do *solarium*); c) pelo *advento do termo*, se constituída por tempo determinado. A superfície poderá, a pedido do fundieiro, extinguir-se antes do advento do termo final (*ad quem*), se o superficiário der ao terreno destinação diversa daquela para a qual lhe foi concedido, nele edificando, p. ex., quando apenas podia fazer plantação de soja (CC, art. 1.374) e, ainda, se vier a descumprir qualquer outra obrigação assumida no contrato, completará o Projeto de Lei n. 699/2011. Tal acréscimo a ser feito pelo referido Projeto visa tornar o art. 1.374 compatível com o art. 23, II, do Estatuto da Cidade, que, ao "dispor sobre a extinção do direito de superfície, apresenta-se mais completo, explicitando outras hipóteses de descumprimento das obrigações contratuais assumidas pelo superficiário, tais como o não pagamento da concessão; não uso do imóvel; danos ao imóvel; não pagamento dos tributos etc. Por esses motivos, afigura-se necessário modificar-se a redação dos dois dispositivos, complementando-a nos termos da proposta formulada". Apesar disso, o Parecer Vicente Arruda rejeitou tal proposta de alterar o art. 1.374, contida no Projeto de Lei n. 6.960/2002 (atual PL n. 699/2011), visto que "estabelece uma condição resolutiva que opera de pleno direito. Já a infração contratual segue a regra geral dos contratos, não precisando, destarte, ser incluída"; d) pelo fato de o superficiário dar ao terreno *destinação diversa da convencionada* ou não atender à *função social da propriedade*; e) pela *renúncia* do superficiário; f) pelo *distrato*; g) pelo *perecimento do terreno* gravado; h) pelo *não uso do direito* de construir ou de plantar dentro do prazo avençado; i) pela *desapropriação* que incida sobre o solo ou sobre o direito de superfície. Havendo extinção do direito de superfície em razão de desapropriação, a indenização cabe ao proprietário (concedente) e ao superficiário, no valor correspondente ao direito de cada um (CC, art. 1.376). E pelo Enunciado do Conselho da Justiça Federal (aprovado na IV Jornada de Direito Civil) n. 322: "O momento da desapropriação e as condições da concessão superficiária serão considerados para fins da divisão do montante indenizatório (art. 1.376), constituindo-se litisconsórcio passivo necessário simples entre proprietário e superficiário". Pablo Stolze Gagliano observa que o superficiário teria direito ao valor proporcional ao benefício que teria durante o período da concessão, se o fundieiro não tivesse sido desapropriado. Neste cálculo o perito, por força do art. 1.375, não poderá incluir o valor da construção ou plantação feita. Todavia, para esse autor, será possível que, no contrato de concessão da superfície, se estabeleça o *quantum* a ser pago ao superficiário em caso de uma eventual desapropriação; j) pelo *falecimento* do superficiário sem herdeiros. Havendo herdeiros legítimos ou testamentários, a eles será transmitido o direito de superfície, não havendo, portanto, interrupção do uso socioeconômico do bem.

A extinção do direito de superfície deverá ser averbada no Registro Imobiliário (Lei de Registros Públicos, art. 167, II, 20) e com isso estabelecida estará a recuperação do domínio pleno pelo proprietário do solo, pois, enquanto perdurou o direito de superfície, o domínio era limitado, visto que suspendia o princípio *superficies solo cedit*. Com sua extinção volta-se a aplicar a acessão, e com isso o proprietário do solo recupera a plena propriedade sobre o terreno, construção ou plantação (acessões incorporadas), independentemente de indenização, se as partes não houverem estipulado o contrário (CC, art. 1.375). Também adquirirá a propriedade das acessões naturais e das benfeitorias e quanto a estas aplicar-se-lhes-ão os arts. 1.219 e 1.220 do Código Civil. E se o superficiário negar-se a devolver o bem, o proprietário, uma vez extinta a concessão, sofrerá esbulho e, por isso, poderá mover ação de reintegração de posse.

A superfície foi contemplada em lugar da enfiteuse, substituindo-a vantajosamente, por sua grande utilidade econômica e social, por não ter o inconveniente da perpetuidade e por diminuir a crise habitacional, por incentivar a agricultura, por possibilitar uma reforma agrária e por fazer com que a terra, no meio urbano, inclusive, possa ser fonte de trabalho e produção.

Na era romana decorria o direito da superfície da necessidade prática de permitir construção em terra alheia, principalmente pública. Roberto Cesar Pereira Lira salienta que não se está ressuscitando uma instituição supérflua, porque o direito à superfície ajusta-se às exigências sociais, principalmente na política de racionalização do uso do solo urbano e de mantença do homem na zona rural.

Esse instituto dinamiza a propriedade evitando interferência estatal, tornando-a frutífera, principalmente se o proprietário não tiver meios para explorá-la, possibilitando-o de fazer acordos com particulares ou empresas, concedendo-lhes o uso da superfície de sua terra, para que nela haja plantação ou a construção de prédios, que, após alguns anos, reverterá ao seu patrimônio. Realmente o proprietário do solo (fundieiro) continuará com o domínio, tendo não só o interesse na sua utilização por outrem (superficiário), mas também, como já dissemos, a expectativa de direito de receber o bem com a obra (construção ou plantação), em razão da temporariedade do instituto. O mesmo sucederá no relacionamento do proprietário com o Poder Público, para que se realizem, como diz Miguel Reale, equipamentos urbanos reclamados pela coletividade.

Trata-se de instituto benéfico ao proprietário e à coletividade, por atender ao princípio constitucional da função social da propriedade, sendo também adotado, em razão das vantagens que traz, pela legislação de vários países como: Bélgica, Portugal, China, Holanda, Suíça, Alemanha, Itália, Áustria, Espanha, Inglaterra etc.

Quadro Sinótico

HABITAÇÃO E SUPERFÍCIE

HABITAÇÃO	• 1. Conceito e caracteres	• É o direito real temporário de ocupar gratuitamente casa alheia, para morada do titular e de sua família. Caracteres: é direito real limitado, personalíssimo, temporário, indivisível, intransmissível e gratuito (CC, art. 1.414).	
	• 2. Direitos e obrigações do habitador	• Direitos	• Morar na casa com sua família. • Exigir que o dono do imóvel respeite seu direito de moradia. • Defender sua posse por meio de interditos possessórios. • Receber indenização pelas benfeitorias necessárias.
		• Obrigações	• Guardar e conservar o prédio. • Não alugar, nem emprestar o imóvel. • Fazer o seguro, se o título lhe impuser tal realização, devendo o valor segurado ser empregado na reedificação do prédio se este sofrer destruição por caso fortuito ou força maior. • Pagar tributos que recaírem sobre o imóvel. • Restituir o prédio ao proprietário no estado em que o recebeu, sob pena de pagar perdas e danos pelos prejuízos que sua negligência ocasionar.
	• 3. Extinção	• Desaparece do mesmo modo que o usufruto e o uso.	
SUPERFÍCIE	• 1. Conceito	• Direito real pelo qual o proprietário concede, por tempo determinado, gratuita ou onerosamente, a outrem, o direito de construir, ou plantar em seu terreno, mediante escritura pública, devidamente registrada no Cartório de Registro de Imóveis (CC, arts. 1.225, 1.369 a 1.377, e Lei n. 10.257/2001, arts. 21 a 24).	

SUPERFÍCIE	• 2. Natureza jurídica	• Direito real de fruição sobre coisa alheia, que não atinge a propriedade do dono do solo, por afastar a acessão. • Nela ter-se-á *fundieiro* (proprietário do solo e possuidor indireto) e *superficiário*, que tem, por ser o possuidor direto, o direito de plantar ou de construir no terreno (urbano ou rural) de outrem.
	• 3. Concessão gratuita de superfície	• O fundieiro fica, temporariamente, sem o seu imóvel e sem receber contraprestação, mas, finda a concessão, recebe o bem bastante valorizado.
	• 4. Concessão onerosa do direito de superfície	• O fundieiro passa a ter direito ao *solarium* ou cânon superficiário.
	• 5. Responsabilidade pelos encargos	• É do superficiário, que responde por tributos e ônus incidentes sobre o imóvel.
	• 6. Transferência de superfície	• Transmissão *causa mortis*. • Alienação do imóvel ou da superfície em que fundieiro e superficiário têm direito de preferência.
	• 7. Extinção	• Consolidação. • Inadimplemento obrigacional. • Advento do termo. • Desvio da destinação convencionada. • Renúncia do superficiário. • Distrato. • Perecimento do terreno gravado. • Não uso do direito de construir dentro do prazo avençado. • Não utilização do direito de plantar dentro do prazo convencionado. • Desapropriação do solo ou do direito de superfície.

G. Laje

O *direito real de laje* (CC, arts. 1.225, XIII, 1.510-A a 1.510-E, acrescentados pela Lei n. 13.465/2017; Decreto n. 9.310/2018, arts. 58 a 62; CPC, arts. 791, 804 e 889, III) é um *direito real de fruição* pelo qual alguém poderá edificar unidade na superfície superior ou inferior de uma construção-base pertencente a outrem, desde que haja, obviamente, permissão do proprietário da unidade original construída sobre o solo. É uma forma de manifestação do direito real de superfície. Pelo Dec. n. 9.310/2018, art. 58, §§ 6º e 7º, o titular da laje poderá ceder a superfície de sua construção para a instituição de um sucessivo direito real de laje, desde que haja autorização expressa dos titulares da construção-base e das demais lajes, respeitadas as posturas edilícias e urbanísticas vigentes. Além disso, a constituição do direito real de laje na superfície superior ou inferior da construção-base, como unidade imobiliária autonôma, apenas poderá ser admitida quando as unidades imobiliárias tiverem acesso independentes. Há uma unidade imobiliária autônoma relativamente à que pertence ao proprietário do prédio onde se construiu laje, logo seu titular poderá dela usar, gozar e dispor, *inter vivos* ou *causa mortis*, desde que devidamente registrada (Lei n. 6.015/73, art. 176, § 9º, CC, art. 1.510-A, § 3º). Com isso ter-se-á a coexistência de unidades imobiliárias autônomas de titularidades distintas situadas numa mesma área: a do lajeiro e a do dono da construção-base.

O direito real de laje: a) recai sobre espaço aéreo ou subsolo de terrenos públicos ou privados, tomados em projeção vertical, como unidade imobiliária autônoma, não contemplando as demais áreas edificadas ou não pertencentes ao proprietário da construção-base; b) não atribui fração ideal de terreno ao titular da laje ou a participação proporcional em áreas já edificadas.

É preciso lembrar que, para fins de Reurb (Regularização Fundiária Urbana), o direito real de laje dependerá da comprovação da estabilidade da unidade imobiliária, que deverá preencher condições para o uso a que se propõe dentro da realidade em que se situa o imóvel. Tal comprovação competirá ao poder público municipal ou distrital (Dec. n. 9.310/2018, art. 63, §§ 1º e 2º).

Para aprovação e registro do direito real de laje em unidades imobiliárias que compõem a Reurb, dispensada estará a apresentação do habite-se e, na Reurb-S, das certidões negativas de tributos e de contribuições previdenciárias (Dec. n. 9.310/2018, art. 63, § 3º).

O *titular da laje*, cuja unidade imobiliária autônoma constituída em matrícula própria, no Registro imobiliário, poderá: a) dela usar, gozar e dispor; b) ceder a superfície de sua construção para a instituição de um sucessivo direito real de laje, desde que haja anuência expressa dos titulares da construção-base e das demais lajes, respeitadas as posturas edilícias e urbanísticas vigentes, pois os municípios e o Distrito Federal poderão regulamentar, mediante posturas, o direito real de laje. Mas tem o dever de: a) responder pelos encargos e tributos que incidirem sobre sua unidade e b) não prejudicar com obras novas ou com falta de reparação a segurança, a linha arquitetônica ou o arranjo estético do edifício, observadas as posturas previstas em legislação local.

O *titular da construção-base* ou *da laje* tem *direito*: a) de preferência em caso de alienação de qualquer das unidades sobrepostas, em igualdade de condições com terceiros, desde que cientificado por escrito, para que se manifeste, dentro de 30 dias, salvo se o contrato dispuser de modo diverso. Havendo mais de uma laje, terá preferência, sucessivamente, o titular das lajes ascendentes e o titular das lajes descendentes, assegurada a prioridade para a laje mais próxima à unidade sobreposta a ser alienada; e b) depositar em juízo o preço, não tendo sido comunicado da alienação, para haver para si a parte alienada a terceiro, dentro do prazo decadencial a 180 dias, contado da data de alienação. E tem o *dever* de: a) arcar, aplicando-se no que couber as normas relativas ao condomínio edilício com as despesas necessárias à conservação e fruição das partes que servem a todo edifício (p. ex. alicerces, colunas, pilares, paredes-mestras, telhado, terraço de cobertura – mesmo se destinado ao uso exclusivo do titular da laje – instalações gerais de água, luz, esgoto, aquecimento, ar condicionado, gás, comunicações, coisas afetadas ao uso de todo edifício; b) pagar serviços de interesse comum; e c) promover reparos urgentes (CC, art. 249, parágrafo único; Dec. n. 9.310/2018, art. 60, § 2º). Tais despesas deverão ser partilhadas entre o proprietário da construção-base e o titular da laje, na proporção que estiver estipulada contratualmente.

A *ruína da construção-base* gera: a) extinção do direito real de laje, salvo se tal direito foi instituído sobre o subsolo ou se a construção-base não for reconstruída no prazo de 5 anos; b) eventual reparação civil contra o culpado pela ruína.

Pela VIII Jornada de Direito Civil, no Enunciado n. 627: "O direito real de laje é passível de usucapião".

Pelo Enunciado n. 150 "aplicam-se ao direito de laje os arts. 791, 804 e 889, III, do CPC" (aprovado na II Jornada de Direito Processual Civil).

QUADRO SINÓTICO

DIREITO REAL DE LAJE

1. CONCEITO	• modalidade de direito real de fruição pelo qual alguém poderá edificar unidade na superfície da construção de outrem, havendo permissão deste.
2. CARACTERES	• coexistência de unidades imobiliárias autônomas. • edificação sobre espaço aéreo ou subsolo de terrenos públicos ou privados em projeção vertical. • não atribuição de fração ideal de terreno ao titular da laje, nem de participação proporcional em áreas já edificadas.
3. DIREITOS DO TITULAR DA LAJE	• usar, gozar, e dispor da laje. • ceder a superfície de sua construção para instituição de um sucessivo direito real de laje.
4. DEVERES DO TITULAR DA LAJE	• responder pelos encargos e tributos que incidirem sobre sua unidade. • não prejudicar a segurança e a estética do edifício com obras novas ou com falta de reparos.
5. DIREITOS DO TITULAR DA CONSTRUÇÃO-BASE OU DA LAJE	• direito de preferência havendo alienação das unidades sobrepostas. • direito de depositar em juízo o preço, não tendo sido comunicado da alienação, para haver para si a parte alienada a terceiro dentro do prazo decadencial de 180 dias, contado da data da alienação.
6. OBRIGAÇÕES DO TITULAR DA CONSTRUÇÃO-BASE OU DA LAJE	• arcar com despesas necessárias à conservação e fruição das partes que servem a todo edifício. • pagar serviços de interesse comum. • promover reparos urgentes.
7. EFEITOS DA RUÍNA DA CONSTRUÇÃO-BASE	• extinção do direito real de laje. • reparação civil contra o culpado pela ruína.

H. LEGITIMAÇÃO DE POSSE

É, entendemos, um direito real de fruição, pelo qual o poder público constitui um ato com o escopo de conferir título, reconhecendo posse de imóvel objeto da Reurb (Regularização Fundiária Urbana) – que abrange medidas urbanísticas, ambientais e sociais voltadas à regularização de núcleos urbanos informais – parcelamento do solo, conjunto habitacional, condomínio horizontal ou vertical –, ou seja, clandestinos ou irregulares, ou ainda, sem titulação de seus ocupantes, com a identificação de seus ocupantes, do tempo de ocupação e da natureza da posse (Dec. n. 9.310/2018, art. 18).

Nesse sentido, o Enunciado n. 563 (aprovado na VI Jornada de Direito Civil): "o reconhecimento da posse por parte do Poder Público competente anterior à sua legitimação, nos termos da Lei n. 11.977/2009, constitui título possessório".

Pelo Enunciado n. 593: "É indispensável o procedimento de demarcação urbanística para regularização fundiária social de áreas ainda não matriculadas no Cartório de Registro de Imóveis, como requisito à emissão dos títulos de legitimação da posse e de domínio" (aprovado na VII Jornada de Direito Civil).

Concedida a legitimação de posse, o ocupante poderá transferi-la por ato *inter vivos* ou *mortis causa* (Dec. n. 9.310/2018, art. 18, § 1º). E o ocupante beneficiário, após 5 anos do registro da legitimação de posse, terá a conversão automática de seu título em título de propriedade, se atender ao disposto no art. 183 da Constituição Federal, independentemente de prévia provocação ou prática de ato registral (art. 19 e § 1º). O possuidor poderá, para contar o tempo, acrescentar à sua posse a dos antecessores (CC, art. 1.243 e Dec. n. 9.310, art. 18, § 3º). Se o ocupante não preencher as condições dessa norma constitucional poderá, via usucapião, converter seu título em título de propriedade, desde que satisfeitos os requisitos legais para a usucapião, daí a legitimação da posse não poder ser aplicada a imóvel urbano situado em área pertencente ao poder público.

A legitimação de posse após ser convertida em propriedade constitui forma originária de aquisição de direito real e a unidade imobiliária com destinação urbana regularizada ficará livre e desembaraçada de quaisquer ônus, direitos reais, gravames ou inscrições, eventualmente existentes em sua matrícula de origem, salvo quando disserem ao próprio beneficiário (art. 19, § 2º).

O título de legitimação de posse poderá ser cancelado pelo poder público, que o emitiu, se se constatar que o beneficiário não satisfaz as condições legais, sem que seja devida qualquer indenização àquele que irregularmente se beneficiou desse instrumento (Lei n. 13.465/2017, arts. 25 a 27; Lei n. 11.977/2009 (PMCMV) art. 59; Dec. n. 9.310/2018, art. 20).

Após efetuado tal procedimento, o Poder Público solicitará ao oficial do Cartório de Registro de Imóveis a averbação desse cancelamento (parágrafo único, do art. 20 do Dec. n. 9.310/2018).

Quadro Sinótico

LEGITIMAÇÃO DE POSSE

1. NOÇÃO	• Direito real de fruição pelo qual o Poder Público constitui um ato com o escopo de conferir título, reconhecendo posse de imóvel objeto de Reurb, conversível em aquisição de direito real de propriedade, com a identificação de seus ocupantes, do tempo de ocupação e da natureza da posse.
2. EFEITOS	• Possibilidade de o ocupante transferi-la por ato *inter vivos* ou *mortis causa*. • Conversão do título de legitimação de posse em título de propriedade após 5 anos de registro de legitimação de posse, atendido o disposto no art. 183 da CF. • Conversão em título de propriedade por meio da usucapião se não preencher as condições do art. 183 da CF, desde que satisfeitos os requisitos legais para usucapir. • Liberação da unidade imobiliária com destinação urbana regularizada de quaisquer ônus, direitos reais, gravames ou inscrições, após a conversão da legitimação da posse em propriedade.
3. CANCELAMENTO	• Poder público poderá cancelar o título de legitimação de posse se constatar que o beneficiário não satisfazia ou deixou de satisfazer as condições previstas na Lei n. 13.465/2017 ou em ato do Poder Executivo Federal.

3. Direitos reais de garantia

A. Introdução aos direitos reais de garantia

a.1. Histórico

Nos primórdios da civilização, o devedor respondia, moral e fisicamente, com sua pessoa pelas suas dívidas[176]. Entre os egípcios, adjudicava-se ao credor a própria pessoa do devedor. Entre os hebreus, tornava-se ele escravo, bem como sua mulher e filhos, do seu credor. Entre os romanos, o credor podia prender o devedor, vendendo-o em três feiras sucessivas, ou, ainda, matá-lo, pois a Tábua III da Lei das XII Tábuas assim prescrevia: *Tertiis nundinis partis secanto. Si plus minuesve secuerunt, se fraude esto*[177], ou seja, o devedor respondia com o próprio corpo, sobre o qual incidia o poder do credor. Sobre o devedor insolvente instaurava-se até um nefando e macabro concurso creditório, pois levavam-no ao Tibre, onde o matavam, repartindo-se o cadáver. Foi apenas no ano 326 a.C. que, com a *Lex Poetelia Papiria*, se transferiu ao patrimônio material do devedor a garantia do adimplemento das suas obrigações (*pecuniae creditae bona debitoris, non corpus obnoxium esse*), se as mesmas não proviessem de ato ilícito[178].

Assim, a ideia de garantia de dívida ligou-se ao patrimônio ou aos bens do devedor, sua vida e liberdade deixaram de responder pelos seus débitos.

---

176. Dareste, *Nouvelles études d'histoire du droit*, v. 2, p. 14.

177. Girard, *Textes de droit romain*, p. 13.

178. Lepointe e Monier, *Les obligations en droit romain*, p. 79; Arangio Ruiz, *Historia del derecho romano*, p. 165; Caio M. S. Pereira, op. cit., p. 264.

Contudo, essa garantia genérica não foi suficiente, dando origem a fraudes e simulações. A fim de corrigir esses defeitos surgiram duas espécies de garantia: *a*) *pessoal* ou *fidejussória*, em que pessoa, alheia à relação obrigacional principal, obrigava-se a pagar o débito, caso o devedor principal não o solvesse. Desta espécie são a fiança e o aval, que perduram até nossos dias; *b*) *real*, em que o próprio devedor, ou alguém por ele, destina todo ou parte do seu patrimônio para assegurar o cumprimento da obrigação contraída. A primeira garantia real que surgiu na história do direito foi a *fiducia* (que não logrou sobrevivência), pela qual o devedor transmitia ao seu credor o domínio de um bem seu, que, todavia, lhe seria devolvido, quando o débito fosse resgatado[179]. Porém, como tal garantia não amparava o devedor, que podia não mais receber o seu bem de volta, pois não tinha meios de impedir que o seu credor alienasse, não podia lançar mão da ação reivindicatória contra o seu credor. Para sanar tais falhas surgiu o *pignus*, que conferia ao credor, como garantia, não a propriedade mas a posse da coisa do devedor, protegida pelos interditos. Sem embargo, o credor não ficava completamente amparado, porque não podia dispor da coisa, ao passo que o devedor, por sua vez, podia ser prejudicado pela deslocação da posse, pois se o objeto consistia em instrumento de seu trabalho, por exemplo, maquinaria agrícola, ficava desprovido de meios para produzir utilidades econômicas, a fim de resgatar seu débito.

Adotaram, então, os romanos a hipoteca, que na Grécia estava dando ótimos resultados e pela qual a posse do bem ficava com o devedor, distinguindo-se o *pignus*, próprio para os bens móveis e a *hipoteca*, para os imóveis. Finalmente surgiu a anticrese, pela qual o credor podia utilizar de coisa pertencente ao devedor, retirando todos os seus frutos como compensação de seu capital que estava em poder do devedor. Com isso o credor usufruía todas as utilidades econômicas da coisa até pagar-se do capital emprestado ao devedor e juros decorrentes[180].

Hodiernamente, em nosso sistema jurídico, quatro são as figuras de garantia real: o penhor, a anticrese, a hipoteca e a alienação fiduciária dada em garantia, ou melhor, a propriedade fiduciária (CC, arts. 1.361 a 1.368-B), que são objeto de nosso estudo.

---

179. Girard, *Manuel élémentaire de droit romain*, 6. ed., p. 779.

180. Daibert, op. cit., p. 464-5; W. Barros Monteiro, op. cit., p. 340-1; Miguel Pró de Oliveira Furtado, Direitos reais de garantia no novo Código Civil, *O novo Código Civil – estudos em homenagem a Miguel Reale*, São Paulo, LTr, 2003, p. 1057-99.

a.2. Conceito

Para Orlando Gomes, o direito real de garantia é o que confere ao seu titular o poder de obter o pagamento de uma dívida com o valor ou a renda de um bem aplicado exclusivamente à sua satisfação[181].

Colocando o credor a salvo da insolvência do devedor, com sua outorga o bem dado em garantia sujeitar-se-á, por vínculo real, ao adimplemento da obrigação contraída pelo devedor[182]. Tem por escopo garantir ao credor o recebimento do débito, por estar vinculado determinado bem pertencente ao devedor ao seu pagamento[183].

Assim, de forma mais clara poder-se-á dizer com Daibert que o direito real de garantia é o que vincula diretamente ao poder do credor determinada coisa do devedor, assegurando a satisfação de seu crédito se inadimplente o devedor[184].

Se uma dívida for assegurada por uma garantia real, o credor terá preferência sobre o preço que se apurar na venda judicial da coisa gravada, devendo ser pago prioritariamente. De maneira que, na hipoteca ou penhor, havendo inadimplemento, a coisa dada em garantia é oferecida à penhora e o produto por ela alcançado em leilão será destinado, de preferência, ao pagamento da obrigação garantida; logo, pagar-se-ão primeiramente os credores hipotecários ou pignoratícios, os demais só terão direito ao que sobrar. Na anticrese, o bem dado em garantia transfere-se para o credor que, com as rendas por ele produzidas, procura se pagar[185].

É indubitável a natureza real desses direitos, pois o art. 1.419 do Código Civil assim dispõe: "nas dívidas garantidas por penhor, anticrese ou hipoteca, o bem dado em garantia fica sujeito, por vínculo real, ao cumprimento da obrigação".

---

181. Orlando Gomes, op. cit., n. 247, p. 345. *Vide* a lição de Mazeaud e Mazeaud, *Leçons*, cit., v. 3, n. 54; Luiz Edson Fachin, *Estatuto jurídico do patrimônio mínimo*, Rio de Janeiro, Renovar, 2001, p. 85-96; Francisco Cláudio de Almeida Santos, *Direito do promitente comprador e direitos reais de garantia*, São Paulo, Revista dos Tribunais, 2006, p. 55-269; Nestor Duarte, Garantia real e direitos reais de garantia, *Revista da Academia Paulista de Direito, 6*:171-88. *Vide*: *RT, 779*:335.

182. W. Barros Monteiro, op. cit., p. 342.

183. Orlando Gomes, op. cit., p. 346.

184. Daibert, op. cit., p. 466.

185. Silvio Rodrigues, op. cit., p. 344. Consulte: Goffredo Telles Jr., *Iniciação*, cit., p. 319-22; Luiz Carlos Lopes Madeira, Os direitos reais de garantia no novo Código Civil, *Simpósio sobre o novo Código Civil brasileiro* (coord. Pasini, Lamera e Talavera), São Paulo, 2003, p. 103-16.

É um direito real, porque adere imediatamente à coisa, sendo oponível *erga omnes* e provida de sequela, aperfeiçoando-se após a tradição ou registro; entretanto, apresenta-se como um direito acessório, uma vez que sua existência só se compreende se houver uma relação jurídica obrigacional, cujo resgate pretende assegurar. O débito é o principal e a garantia real, o acessório, seguindo o destino do primeiro, extinguindo-se com a extinção do primeiro[186].

Fácil é denotar que: *a*) nos direitos reais de garantia há vinculação de certo bem do devedor ao pagamento de um débito, sem que o credor possa dele usar e gozar, mesmo quando retém o objeto em seu poder (penhor), e qualquer rendimento desse bem é destinado exclusivamente à liquidação da dívida (anticrese), ao passo que, nos direitos reais de gozo, o seu titular pode usar e fruir das utilidades da coisa, da qual tem posse direta, implicando restrições ao *jus utendi* e *fruendi* do proprietário do bem; *b*) os direitos reais de garantia são acessórios, pressupõem sempre a existência de um direito de crédito, a que servem de garantia enquanto que os de gozo são autônomos; *c*) os direitos reais de garantia visam obter certa soma em dinheiro, mediante sua alienação, sendo, portanto, direitos ao valor da coisa; os direitos reais de gozo são direitos à substância do bem, para utilização de suas utilidades ou vantagens, ou, por outras palavras, nos de garantia o titular só poderá obter a satisfação do débito, por meio do preço ou da renda da coisa dada em garantia e nos de gozo o titular pode usar e gozar do bem diretamente[187].

a.3. Requisitos

Para que seja válida uma garantia real devem estar presentes os requisitos de ordem subjetiva, objetiva e formal, que passaremos a analisar:

1) *Requisitos subjetivos*

Além da capacidade genérica para os atos da vida civil, o art. 1.420 exige a de alienar, ao prescrever: "Só aquele que pode alienar poderá empenhar, hipotecar ou dar em anticrese; só os bens que se podem alienar poderão ser dados em penhor, anticrese ou hipoteca". Logo, só o proprietário pode dar um objeto em garantia real, desde que tenha a livre dispo-

---

186. Silvio Rodrigues, op. cit., p. 348; Ruggiero e Maroi, op. cit., v. 2, p. 478.

187. Caio M. S. Pereira, op. cit., p. 266-7; Orlando Gomes, op. cit., p. 349-50; Ruggiero e Maroi, *Istituzioni*, cit., v. 2, § 197; Enneccerus, Kipp e Wolff, op. cit., § 131; Lafayette, *Direito das coisas*, § 175; Cunha Gonçalves, *Princípios de direito civil*, v. 1, p. 293.

sição do bem[188]; nula será a constituição desse direito, feita por quem não é dono da coisa (*RT, 81*:36). O que não quer dizer que os relativa ou absolutamente incapazes, por meio de seus representantes ou de autorização judicial, não possam dar um bem como garantia real de suas dívidas[189], pois pelos arts. 1.691 e 1.782 do Código Civil, se estiverem devidamente assistidos ou representados, munidos de licença judicial, permitida estará a constituição de um direito real de garantia. Pelo art. 1.647, I, o marido ou mulher, exceto no regime de separação de bens, não pode gravar de ônus real bens imóveis, salvo mediante consentimento do outro cônjuge; contudo o mesmo não ocorre com o penhor, porque este recai sobre coisas móveis. O ascendente não pode, pelo art. 496 do Código Civil, alienar ao descendente sem que os outros descendentes consintam. Logo, não poderá ascendente hipotecar seus bens a descendente, sem a anuência dos demais descendentes. Todavia, bastante controvertida é esta questão, pois há julgados que interpretaram restritivamente o art. 1.132 do Código Civil de 1916, que corresponde ao art. 496 do Código atual, por ser ele uma exceção[190]. O inventariante só poderá dar em garantia bens do acervo hereditário, se houver licença judicial, embora haja julgado que tenha entendido que, com a abertura da sucessão, o herdeiro poderá hipotecar sua parte ideal no único imóvel da herança, que deverá ser separada da partilha e atribuída ao arrematante, se excutida antes dela a garantia (*RT, 122*:133)[191]. Pela Lei n. 11.101/2005, art. 103, o falido, privado da administração de seus bens, desde o momento da declaração da falência, não poderá constituir direito real de garantia. E o mandatário só poderá dar objeto em garantia, se tiver poderes especiais expressos[192].

O art. 1.420, § 2º, estabelece que "a coisa comum a dois ou mais proprietários não pode ser dada em garantia real, na sua totalidade, sem o consentimento de todos; mas cada um pode individualmente dar em garantia real a parte que tiver". Donde se extraem três regras: o bem condominial só pode ser dado, em seu todo, em garantia real se todos os condôminos concordarem, mas cada um poderá, individualmente, dar em garan-

---

188. Lafayette, op. cit., § 162; Caio M. S. Pereira, op. cit., p. 267; W. Barros Monteiro, op. cit., p. 344.

189. Silvio Rodrigues, op. cit., p. 354.

190. W. Barros Monteiro, op. cit., p. 346; *RF, 101*:114, *118*:190; *RT, 160*:793, *182*:338, *196*:119.

191. W. Barros Monteiro, op. cit., p. 346.

192. W. Barros Monteiro, op. cit., p. 346.

tia real a parte que tiver; donde se infere, logicamente, que, se o bem for divisível, cada comunheiro pode gravar sua parte indivisa (art. 1.314, *in fine*); se, obviamente, for indivisível, proíbe-se instituição de ônus real sobre a parte indivisa[193], a não ser que haja anuência unânime de todos. Isto é assim porque os coproprietários possuem uma quota ideal e não parte real da coisa[194]. A Lei n. 4.591/64, sobre condomínio em edifícios de apartamentos, no seu art. 4º, autoriza a alienação, a transferência de direitos pertinentes à sua aquisição, como a constituição de direitos reais, sem a necessidade do consenso dos demais consortes, já que, na propriedade horizontal, cada unidade é considerada como se fosse um prédio autônomo e por isso mesmo alienável, não se podendo gravar as partes comuns em separado (CC, art. 1.339, § 1º). Caio Mário da Silva Pereira entende que é possível, embora tal lei não seja expressa a respeito, a hipoteca sobre o apartamento a construir, gravando desde logo a fração ideal do terreno, abrangendo a construção na medida em que emerge da fase de mera expectativa e se converte em realidade material[195].

A constituição de garantia real sobre bens de pessoas jurídicas efetiva-se por ato de diretoria, desde que haja aprovação do órgão deliberativo, exceto se os seus estatutos dispuserem de modo contrário. Já a constituição de hipoteca sobre bens de pessoa jurídica de direito público requer autorização legislativa[196].

Não há qualquer impedimento a que terceiro, por razões de amizade ou interesse, dê coisa que lhe pertence como garantia de débito de outrem. Estatui o art. 1.427 do Código Civil que "salvo cláusula expressa, o terceiro que presta garantia real por dívida alheia não fica obrigado a substituí-la, ou reforçá-la, quando, sem culpa sua, se perca, deteriore ou desvalorize".

Esse terceiro fica alheio à obrigação, não se transformando em codevedor, nem em fiador. Com isso não se obriga, exceto se houver cláusula expressa, a substituir ou reforçar a garantia se o bem gravado se perder, deteriorar ou desvalorizar sem culpa sua. Excutida a dívida, se o produto não for suficiente para a total satisfação do credor, desonerar-se-á o terceiro, que não responde pelo saldo devedor que remanescer. Só o bem que deu

---

193. *Vide* Silvio Rodrigues, op. cit., p. 352.
194. Clóvis, op. cit., § 91.
195. Caio M. S. Pereira, *Condomínio e incorporações*, n. 88; *Propriedade horizontal*, n. 67; *Instituições de direito civil*, cit., p. 268-9.
196. Caio M. S. Pereira, *Instituição*, cit., p. 269.

em garantia ficará onerado, não comprometendo o restante do patrimônio desse terceiro[197].

2) *Requisitos objetivos*

"Só os bens que se podem alienar poderão ser dados em penhor, anticrese ou hipoteca" (CC, art. 1.420, 2ª parte). Logo, somente bens suscetíveis de alienação é que podem ser dados em garantia real, excluindo-se, portanto, coisas fora do comércio, bens inalienáveis, bem de família, imóveis financiados pelos Institutos e Caixas de Aposentadorias e Pensões (Dec.-Lei n. 8.618/46). De modo que nulas serão as garantias reais que recaírem sobre bens gravados de inalienabilidade[198].

Igualmente nula será a constituição da garantia real sobre coisa alheia. Coisa essa que pode ser alienada, mas apenas por quem é seu proprietário. Se gravada por quem a adquiriu *non domino*, invalidada será tal garantia. Porém, nosso art. 1.420, § 1º, determina que a propriedade superveniente torna eficaz a garantia real outorgada desde o registro. Se constituída a garantia por quem não é proprietário, mas que possui o bem a título de dono, a posterior aquisição desse bem convalesce a garantia real ineficaz, produzindo efeito *ex tunc*, ou seja, revalidando-a, eficacialmente, como se nunca tivesse sido viciosa[199], resguardando-se, assim, a boa-fé do proprietário.

Bem pertencente em comum a vários proprietários pode ser dado em garantia, na sua totalidade, se todos consentirem isso. Cada condômino só poderá, como vimos, constituir direito real de garantia sobre a quota ideal, se o bem for divisível, pois o art. 1.314 do Código Civil, permite ao condômino alhear e gravar sua parte, devendo levar a assento essa garantia real no registro imobiliário competente, "com a referência de que o imóvel dado em garantia se acha em comum, discriminando-se-lhe em seguida as confrontações gerais, pertinentes ao todo"[200].

Cabe, ainda, ressaltar que o penhor recai sobre coisa móvel alheia, cuja posse é transferida ao credor, que poderá vendê-la judicialmente, para garantir o adimplemento da obrigação, embora haja formas de penhor em que o bem continua em poder de seu dono, não se verificando a tradição

---

197. W. Barros Monteiro, op. cit., p. 355.

198. W. Barros Monteiro, op. cit., p. 346; *RT*, *82*:48, *300*:234, *350*:223.

199. Caio M. S. Pereira, op. cit., p. 270.

200. W. Barros Monteiro, op. cit., p. 348.

que confere sua posse direta ao credor pignoratício. A hipoteca e a anticrese recaem sobre bens imóveis alheios, só que na hipoteca o imóvel fica em mãos do devedor, o credor só pode promover sua venda judicial e ter direito de preferência em relação aos demais credores, enquanto, na anticrese, o imóvel transfere-se ao credor para que este lhe perceba os frutos e rendimentos, podendo retê-lo até que o débito seja pago totalmente. O credor anticrético não tem, portanto, o *jus vendendi*, mas apenas o direito de reter o imóvel enquanto a dívida não for paga[201].

3) *Requisitos formais*

Para que os direitos reais de garantia possam ter eficácia é preciso que haja especialização e publicidade.

A *especialização* do penhor, da hipoteca, da anticrese vem a ser a pormenorizada enumeração dos elementos que caracterizam a obrigação e o bem dado em garantia. De modo que, além dos requisitos do art. 104 do Código Civil, exige o art. 1.424 deste que no instrumento figurem[202]:

a) O *valor do crédito, sua estimação ou valor máximo*, ou seja, é necessário que se expresse em cifras o total do débito e nos casos em que não for possível estabelecer o seu *quantum* exato, como sucede nos contratos de financiamento para construção ou de abertura de crédito em conta corrente, basta que se estime o máximo do capital mutuado que ficará garantido; se ultrapassado com o fornecimento de novas somas, o mutuante será mero credor quirografário pelo que exceder[203].

b) O *prazo fixado para pagamento do débito*: se se omitir esse requisito, prevalecerão as normas gerais do direito civil, principalmente as dos arts. 331, 332 e 134[204].

c) A *taxa de juros*, se houver, pois em nosso direito proibida está a usura (Lei n. 1.521/51, art. 4º; Dec. n. 22.626/33 alterado pelo Dec.-Lei n. 182/38 e pela Lei n. 3.942/61), isto é: estipulação da cobrança de juros superiores a 12% anuais. E se não houver estipulação de taxa, entende-se que as partes acordaram na de 6% ao ano, a contar da propositura da ação (Dec.-Lei

---

201. Orlando Gomes, op. cit., p. 351-2.

202. Silvio Rodrigues, op. cit., p. 350.

203. É a lição de W. Barros Monteiro, op. cit., p. 350.

204. W. Barros Monteiro, op. cit., p. 350.

n. 22.626, art. 1º, § 3º), salvo se no contrato houver menção expressa de que o empréstimo se contrai sem juros[205].

d) A *especificação da coisa dada em garantia*: se for um penhor, deverá declarar a natureza do objeto, qualidade, quantidade, marca, número, procedência etc., a fim de identificá-lo perfeitamente. Se se tratar de hipoteca ou de anticrese, deverá mencionar a situação, denominação, superfície, caracteres do imóvel dado em garantia, individuando-o. A falta de individuação do objeto descaracteriza a garantia[206].

A *publicidade* do contrato é dada pelo registro e pela tradição se se tratar de bem móvel. Todos os requisitos acima mencionados deverão figurar no assento do ônus real na circunscrição imobiliária competente (Lei n. 6.015/73, arts. 238 e 241). De modo que a hipoteca e a anticrese só se constituem por meio desse registro imobiliário (CC, art. 1.227). O penhor, embora constituído por instrumento particular, só se aperfeiçoará se houver tradição, mas somente terá eficácia perante terceiros com registro do contrato no Registro Público, ou seja, de Títulos e Documentos (CC, art. 221).

Tanto a especialização como a publicidade são requisitos imprescindíveis para que o ônus real possa ter eficácia perante terceiros, caracterizando-se juridicamente como um direito real pela sua oponibilidade *erga omnes*. Todavia, se a garantia não contiver tais requisitos, o contrato que a constitui não será nulo, só que não dará origem a um direito real, passando a valer apenas *inter partes*, ou seja, como um direito pessoal, sem referência a terceiros; é um mero contrato, mas não um direito real de garantia, de maneira que o credor não tem direito de preferência, não podendo excluir os demais credores do rateio, entrando no concurso creditório, na condição de quirografário, ficando igualmente privado da sequela e de mover qualquer ação real[207].

---

205. W. Barros Monteiro, op. cit., p. 350-1.

206. W. Barros Monteiro, op. cit., p. 351; Caio M. S. Pereira, op. cit., p. 270.

207. *Vide* Alckmin, *Repertório de jurisprudência*, n. 1.791 e 1.795; *AJ*, *79*:33 e *75*:440; Silvio Rodrigues, op. cit., p. 350-1; W. Barros Monteiro, op. cit., p. 350; Clóvis, op. cit., § 95; Caio M. S. Pereira, op. cit., p. 270-1. Já Affonso Fraga, *Direitos reais de garantia*, n. 47, contesta essa ideia, dizendo que os contratos despidos dos requisitos do art. 1.424 do Código Civil podem gerar direitos reais.

Pelo art. 167, II, n. 30, da Lei n. 6.015/73, com a redação da Lei n. 12.810/2013, deve haver averbação da sub-rogação de dívida, da respectiva garantia fiduciária ou hipotecária e da alteração das condições contratuais em nome do credor que venha a assumir tal condição na forma do disposto pelo art. 31 da Lei n. 9.514/97, ou do art. 347 do Código Civil, realizada em ato único a requerimento do interessado instruído com documento comprobatório firmado pelo credor original e pelo mutuário.

a.4. Efeitos

O principal efeito do direito real de garantia é o de separar do patrimônio do devedor um dado bem, afetando-o ao pagamento prioritário de determinada obrigação[208], donde se podem deduzir as demais consequências jurídicas:

1) *Preferência em benefício do credor pignoratício ou hipotecário*, que receberá (CC, art. 1.422), prioritariamente, o valor da dívida, ao promover a excussão do bem dado em garantia, pagando-se com o produto de sua venda judicial. Se sobrar alguma quantia, devolver-se-á o remanescente ao devedor ou pagar-se-á aos seus demais credores. É na insolvência do devedor que se delineia esse efeito, pois alienados em leilão os seus bens, que são insuficientes para saldar todos os débitos, instaura-se o concurso de credores, que receberão do acervo comum na proporção de seus créditos; entretanto, o credor hipotecário ou pignoratício receberá, preferencialmente, sua parte sem se sujeitar ao rateio. Se o valor alcançado for insuficiente, o credor poderá buscar no patrimônio do seu devedor meios para se pagar, pois este continuará pessoalmente obrigado, até que a obrigação seja extinta (CC, art. 1.430), só que quanto a este saldo, será credor quirografário. Esta preferência não beneficia o credor anticrético, que terá como compensação o direito de reter o bem dado em garantia enquanto o débito não for pago, direito este que se extingue, decorridos 15 anos da data de sua constituição (CC, art. 1.423)[209], ou melhor, do dia do assento do ônus do Registro competente.

Esse direito de prelação resulta da própria natureza do direito real (CC, art. 961) de garantia, mas há *exceções* que foram assim enumeradas por Washington de Barros Monteiro[210]: *a*) em favor das custas judiciais com a execução hipotecária (CC, art. 965, II); *b*) as dívidas que, em virtude de outras leis, devam ser pagas precipuamente a quaisquer outros créditos (CC, art. 1.422, parágrafo único); *c*) a dívida oriunda de salário de trabalhador agrícola, pelo produto da colheita para a qual haja concorrido com o seu trabalho (CC, art. 964, VIII); *d*) os impostos e taxas devidos à Fazenda Pública (CC, art. 965, VI; Dec. n. 22.866/33 (revogado pelo Decreto de 25-4-1991); Lei n. 5.172/66, art. 186); *e*) as debêntures prevalecem contra todos

---

208. Caio M. S. Pereira, op. cit., p. 271.

209. Caio M. S. Pereira, op. cit., p. 272; Silvio Rodrigues, op. cit., p. 346, 347, 359 e 360; Código Civil, arts. 1.428, 1.507 e § 2º, e 1.509; STF, Súmula 445.

210. W. Barros Monteiro, op. cit., p. 342.

os outros créditos, hipotecários, pignoratícios e anticréticos, se as hipotecas, penhores e anticreses não se acharem anterior e regularmente inscritas (Dec. n. 177-A, de 15-9-1893, art. 1º, § 1º, I e II). Em todos esses casos o credor com garantia real cede o passo, cabendo a preeminência ao credor privilegiado. E o crédito proveniente de indenização por acidente de trabalho, pelo Decreto-Lei n. 7.036/44, art. 97, parágrafo único, revogado pela Lei n. 6.367/76, art. 22, só preponderava sobre os privilegiados de sua classe e não sobre créditos providos de garantia real. O acidente de trabalho é também regido pela Lei n. 8.212/91 (com a alteração da Lei n. 12.507/2011). Além disso, entende-se que, hodiernamente, o crédito relativo a acidente de trabalho tem preferência sobre os dos credores com garantia real.

Dispõe o art. 958 do Código Civil que os títulos legais de preferência são os privilégios e os direitos reais, completando o comando do art. 957 de que "não havendo título legal à preferência, terão os credores igual direito sobre os bens do devedor comum". O art. 961 preceitua que o crédito real prefere ao pessoal de qualquer espécie; o crédito pessoal privilegiado prefere ao simples, e o privilégio especial, ao geral.

Com base nesses artigos do Código Civil, poder-se-á dar a *ordem de preferência* entre os créditos: 1) créditos com garantia real (salvo as exceções mencionadas); 2) créditos pessoais, que apresentam a seguinte ordem preferencial: *a*) créditos que gozam de privilégio especial sobre determinados bens (CC, art. 964); *b*) créditos providos de privilégio geral (CC, art. 965); *c*) créditos sem qualquer privilégio[211].

---

211. W. Barros Monteiro (op. cit., p. 343) salienta que, nos créditos reais, a preferência é corolário da sujeição da coisa, dada em garantia, ao cumprimento da obrigação (CC, art. 1.419), ao passo que nos privilégios a preferência resulta do próprio conteúdo do direito. A Lei de Falências, no seu art. 83, estabelece que a classificação dos créditos na falência obedecerá à seguinte ordem:

"I – os créditos derivados da legislação do trabalho, limitados a 150 (cento e cinquenta) salários mínimos por credor, e os decorrentes de acidentes de trabalho;

II – créditos com garantia real até o limite do valor do bem gravado;

III – créditos tributários, independentemente da sua natureza e tempo de constituição, excetuadas as multas tributárias;

IV – créditos com privilégio especial, a saber:

a) os previstos no art. 964 da Lei n. 10.406, de 10 de janeiro de 2002;

b) os assim definidos em outras leis civis e comerciais, salvo disposição contrária desta Lei;

c) aqueles a cujos titulares a lei confira o direito de retenção sobre a coisa dada em garantia;

2) *Direito à excussão da coisa hipotecada ou empenhada* (CC, art. 1.422), quando o débito vencido não for pago, isto é, de promover sua venda judicial em leilão público, para com o preço alcançado pagar-se, prioritariamente, aos outros credores, mas, se o prédio for objeto de garantia real a

---

d) aqueles em favor dos microempreendedores individuais e das microempresas e empresas de pequeno porte de que trata a Lei Complementar n. 123, de 14 de dezembro de 2006.

V – créditos com privilégio geral, a saber:

a) os previstos no art. 965 da Lei n. 10.406, de 10 de janeiro de 2002;

b) os previstos no parágrafo único do art. 67 desta Lei;

c) os assim definidos em outras leis civis e comerciais, salvo disposição contrária desta Lei;

VI – créditos quirografários, a saber:

a) aqueles não previstos nos demais incisos deste artigo;

b) os saldos dos créditos não cobertos pelo produto da alienação dos bens vinculados ao seu pagamento;

c) os saldos dos créditos derivados da legislação do trabalho que excederem o limite estabelecido no inciso I do *caput* deste artigo;

VII – as multas contratuais e as penas pecuniárias por infração das leis penais ou administrativas, inclusive as multas tributárias;

VIII – créditos subordinados, a saber:

a) os assim previstos em lei ou em contrato;

b) os créditos dos sócios e dos administradores sem vínculo empregatício.

§ 1º Para os fins do inciso II do *caput* deste artigo, será considerado como valor do bem objeto de garantia real a importância efetivamente arrecadada com sua venda, ou, no caso de alienação em bloco, o valor de avaliação do bem individualmente considerado.

§ 2º Não são oponíveis à massa os valores decorrentes de direito de sócio ao recebimento de sua parcela do capital social na liquidação da sociedade.

§ 3º As cláusulas penais dos contratos unilaterais não serão atendidas se as obrigações neles estipuladas se vencerem em virtude da falência.

§ 4º Os créditos trabalhistas cedidos a terceiros serão considerados quirografários". E acrescenta no art. 84: "Serão considerados créditos extraconcursais e serão pagos com precedência sobre os mencionados no art. 83 desta Lei, na ordem a seguir, os relativos a:

I – remunerações devidas ao administrador judicial e seus auxiliares, e créditos derivados da legislação do trabalho ou decorrentes de acidentes de trabalho relativos a serviços prestados após a decretação da falência;

II – quantias fornecidas à massa pelos credores;

III – despesas com arrecadação, administração, realização do ativo e distribuição do seu produto, bem como custas do processo de falência;

IV – custas judiciais relativas às ações e execuções em que a massa falida tenha sido vencida;

V – obrigações resultantes de atos jurídicos válidos praticados durante a recuperação judicial, nos termos do art. 67 desta Lei, ou após a decretação da falência, e tributos relativos a fatos geradores ocorridos após a decretação da falência, respeitada a ordem estabelecida no art. 83 desta Lei".

mais de um credor, observa-se quanto à hipoteca a prioridade no registro, ou melhor, o credor da segunda hipoteca tem a garantia da coisa hipotecada, gozando desse seu privilégio em segundo plano; quanto à primeira, só será pago depois do credor da hipoteca registrada em primeiro lugar, embora privilegiadamente em relação aos quirografários[212].

Isto é assim porque o art. 1.428 do Código Civil proíbe o pacto comissório, ao prescrever que "é nula a cláusula que autoriza o credor pignoratício, anticrético ou hipotecário a ficar com o objeto da garantia, se a dívida não for paga no vencimento". Igual proibição era prevista para a alienação fiduciária em garantia pelo art. 66, § 7º (ora revogado), da Lei n. 4.728/65 e hoje a mesma vedação há para a propriedade fiduciária pelo art. 1.365 do atual Código Civil.

Com isso o ordenamento jurídico pátrio aboliu a *lex commissoria*, que permitia que o credor se adjudicasse a coisa gravada, desde que o débito não fosse pago na data do seu vencimento. Teve ele por objeto proteger o devedor carente de numerário de maquinações usurárias, pois, ante a ausência de preços no mercado, a venda do bem dado em garantia a um terceiro poderia alcançar um valor superior ao *quantum* da dívida, fazendo com que o credor tirasse proveito com o saldo, ao passo que, se a venda for judicial, o remanescente é devolvido ao devedor.

Se houver esse pacto, nulo ele será, porém essa sua invalidação não atinge o contrato, que prevalecerá em suas estipulações. Essa cláusula será tida como ineficaz ainda que se apresente mascarada sob a forma de compra e venda com pacto de resgate, ou simulando-se compromisso de compra e venda em garantia do empréstimo em dinheiro[213].

Mas, pelo art. 1.428, parágrafo único, após o vencimento da dívida, o devedor poderá dar o bem em pagamento da dívida, se quiser. Se isso não ocorrer, na sistemática de nosso direito positivo, tanto na hipoteca como no penhor, o credor não pode ficar com o bem gravado, devendo excutir o devedor, alienando a coisa em leilão público, promovendo o competente processo de execução previsto no art. 784, V e VI, do Código de Processo Civil, com exceção da propriedade fiduciária em que o credor poderá ven-

---

212. Caio M. S. Pereira, op. cit., p. 273.

213. Caio M. S. Pereira, op. cit., p. 274-5; W. Barros Monteiro, op. cit., p. 356-7; *RT*, *167*:672, *579*:121, *351*:175, *353*:229, *354*:183, *503*:74, *342*:231, *601*:185, *690*:173, *704*:133, *665*:85, *687*:69, *614*:179.

Segundo a VIII Jornada de Direito Civil, Enunciado n. 626: "Não afronta o art. 1.428, do Código Civil, em relações paritárias, o pacto marciano, cláusula contratual que autoriza que o credor se torne proprietário da coisa objeto da garantia mediante aferição de seu justo valor e restituição do supérfluo (valor do bem em garantia que excede o da dívida)".

der judicial ou extrajudicialmente o bem gravado a terceiro, pagar-se e devolver o saldo, se houver, ao devedor[214] (CC, art. 1.364).

Além disso, urge lembrar que "quando, excutido o penhor, ou executada a hipoteca, o produto não bastar para pagamento da dívida e despesas judiciais, continuará o devedor obrigado pessoalmente pelo restante" (CC, art. 1.430).

3) *Direito de sequela*, que vem a ser o poder de seguir a coisa dada como garantia real em poder de quem quer que se encontre, pois mesmo que se a transmita por ato jurídico *inter vivos* ou *mortis causa* continua ela afetada ao pagamento do débito. Mesmo que passe a incorporar o patrimônio do adquirente, permanece como objeto de garantia da dívida do alienante, até que esta seja solvida[215].

4) *Indivisibilidade do direito real de garantia*, pois adere-se ao bem gravado por inteiro e em cada uma de suas partes; enquanto vigorar não se pode eximir tal bem desse ônus real e muito menos aliená-lo parcialmente. Além disso, pelo art. 1.421 do Código Civil, "o pagamento de uma ou mais prestações da dívida não importa exoneração correspondente da garantia, ainda que esta compreenda vários bens, salvo disposição expressa no título ou na quitação", que libere proporcionalmente os bens gravados na medida da redução do débito. De forma que se o devedor pagar parcialmente sua dívida, a coisa gravada permanecerá integralmente onerada em garantia do saldo devedor, pois, como diz Lafayette, toda a coisa e cada uma de suas partes responde pela dívida toda. Assim, por exemplo, ainda que um condômino no imóvel hipotecado pague sua parte no débito, todo o imóvel continuará gravado pelo ônus real. Esclarecedoras, a respeito, são as seguintes palavras de Affonso Fraga: "a coisa gravada é considerada indivisa para o efeito de oferecer cabal segurança à solução total do crédito por ela assegurado"[216], não ha-

---

214. Daibert, op. cit., p. 480. O parágrafo único do art. 1.428 contém disposição similar ao pacto marciano, pelo que, na lição de Moreira Alves (*Da alienação fiduciária em garantia*, São Paulo, Saraiva, 1973, p. 127), "se o débito não for pago, a coisa poderá passar à propriedade plena do credor pelo seu justo valor, a ser estimado, antes ou depois de vencida a dívida, por terceiro".

Para que o credor hipotecário ou pignoratício possa promover esse processo de execução não precisará de outorga uxória nem apurar previamente o saldo do devedor (W. Barros Monteiro, op. cit., p. 349). Se essa ação for proposta contra falido imprescindível é a citação do síndico, sob pena de nulidade (*RT*, *180*:715).

215. Caio M. S. Pereira, op. cit., p. 272.

216. Caio M. S. Pereira, op. cit., p. 273-4; W. Barros Monteiro, op. cit., p. 348-9; Alckmin, *Repertório de jurisprudência*, n. 1.772 e 1.773; Baudry-Lacantinerie, *Traité théorique et pratique de droit civil*, 2. ed., v. 2, n. 897; Lafayette, op. cit., § 176; Affonso Fraga, *Direitos reais de garantia*, São Paulo, 1933, n. 43.

vendo qualquer redução proporcional na garantia, pelo fato de ter pago o devedor uma parcela da dívida. E nem se pode adquirir ou perder por partes uma garantia real, se, por exemplo, um credor hipotecário vier a falecer; partilhando seu crédito entre seus sucessores, cada um deles terá hipoteca sobre todo o imóvel, pela fração creditória que lhes cabe. Portanto, se alguém adquirir apenas uma parte de um bem gravado, esta parte continuará integrando o todo anterior, garantindo, juntamente com a parte não vendida, o crédito total. A alienação não tem o condão de modificar a garantia, que não se perde nem se adquire por partes[217].

5) *Remição total do penhor e da hipoteca,* pois, em razão da indivisibilidade da garantia real, não se pode remir parcialmente a dívida. De maneira que, por exemplo, se vier a falecer o devedor pignoratício ou hipotecário, seus sucessores não poderão remir parcialmente o penhor ou a hipoteca, na proporção de seus quinhões, porém qualquer um deles poderá fazê-lo no todo, liberando o objeto gravado, desde que integralmente satisfeito o credor, caso em que esse herdeiro se sub-rogará nos direitos do credor pelas quotas que pagou (CC, art. 1.429, parágrafo único e CPC, art. 826)[218].

a.5. Vencimento

Como a obrigação pela qual se constitui garantia real é acessória, ela acompanha a principal, não subsistindo se a principal for anulada; prorroga-se com a principal, vencendo-se com ela, desde que se vença o prazo marcado (CC, art. 1.424, II) para pagamento do débito garantido, hipótese em que se terá *vencimento normal* do ônus real.

Entretanto, casos há em que se pode exigir o *vencimento antecipado* da dívida assegurada por garantia real, desde que se verifique qualquer uma das causas arroladas no art. 1.425 do Código Civil. É necessário deixar claro que com isso não se antecipa vencimento de juros correspondentes ao tempo ainda não decorrido (CC, art. 1.426; *RT*, *506*:162, *518*:161).

Os casos legais que autorizam o vencimento antecipado do débito garantido são:

a) *Desvalorização econômica* ou *deterioração do objeto* (CC, art. 1.425, I) dado em garantia, desfalcando o ônus real, se o devedor intimado não a reforçar ou substituir. Trata-se de hipótese em que há uma superveniente insu-

---

217. W. Barros Monteiro, op. cit., p. 348; Daibert, op. cit., p. 474.
218. W. Barros Monteiro, op. cit., p. 357; Caio M. S. Pereira, op. cit., p. 274.

ficiência da garantia. O devedor tem o dever, ocorrendo desvalorização ou deterioração do objeto, de colocar outro bem em seu lugar; não o fazendo, injustificadamente, o credor poderá, então, proceder à excussão da garantia, sem que ao devedor socorra o prazo estipulado. Todavia, se o ônus real tiver sido dado por terceiro, este, havendo depreciação ou deterioração da coisa onerada, não pode ser intimado a substituí-la, salvo se agiu com dolo ou culpa ou se se obrigou a isto por cláusula expressa[219].

b) *Falência ou insolvência do devedor* (CC, art. 1.425, II) "provada pela notória cessação do pagamento, ou quando houver ações executivas sobre seus bens, notadamente em hipótese de penhora do objeto da garantia"[220].

Tal ocorre porque o processo concursal implica o vencimento de todas as dívidas do insolvente, para que se possa inventariar e dividir o ativo entre os seus credores[221]; deveras o art. 77 da Lei n. 11.101/2005 estatui que "a falência produz o vencimento antecipado de todas as dívidas do devedor".

No caso de liquidação de banco ou casa bancária, ante a impossibilidade de manter suas operações normais, vencem-se também, antecipadamente, todas as suas obrigações civis e comerciais (Lei n. 6.024/74, arts. 18 e 57, que revogou o Dec.-Lei n. 9.228/46, art. 4º, *b*), o mesmo ocorrendo para as Companhias de Seguro (Dec.-Lei n. 2.063/40, art. 142, *b*) e instituições financeiras (Lei n. 4.595/64, art. 45) que estiverem em idênticas condições[222].

A declaração da insolvência acarreta vencimento antecipado dos débitos do insolvente (CPC/1973, arts. 748 a 786-A, vigentes até que lei específica trate do assunto, por força do disposto no CPC/2015, art. 1.052), o que ocorre quando todas as suas dívidas forem superiores à importância dos seus bens.

c) *Falta de pontualidade no pagamento das prestações*, se deste modo estiver estipulado. "A" empresta a "B" R$ 10.000,00 para serem quitados em dez prestações de R$ 1.000,00, e recebe como garantia pignoratícia uma

219. Caio M. S. Pereira, op. cit., p. 276; Trabucchi, op. cit., n. 269; Silvio Rodrigues, op. cit., p. 356; Pont, *Des privilèges et hipothèques*, v. 2, n. 689; Alckmin, op. cit., n. 1.797. Ensina-nos W. Barros Monteiro (op. cit., p. 352) que também no processo falimentar, se a venda do imóvel se tornar urgente, por ocorrer as hipóteses ao art. 1.425, I, do Código Civil, pode o credor pedir, justificando os fatos, a venda imediata do imóvel hipotecado. A respeito, consulte: Lei n. 11.101/2005, arts. 77, 124, parágrafo único, 129, III e 163, § 4º.

220. Caio M. S. Pereira, op. cit., p. 277.

221. Silvio Rodrigues, op. cit., p. 357.

222. W. Barros Monteiro, op. cit., p. 352.

joia, logo, p. ex., se houver o inadimplemento de seis prestações, "A" poderá exigir o valor delas e excutir, para tanto, a joia. Para evitar isso, o art. 1.425 permite o vencimento antecipado do débito todo, com isso, "A" poderá reclamar os R$ 10.000,00 e não apenas o valor das seis parcelas não pagas. Tal não se aplicará se "A" vier a receber as prestações atrasadas. "Neste caso, o recebimento posterior da prestação atrasada importa renúncia do credor ao seu direito de execução imediata" (CC, art. 1.425, III). Mas se o devedor deixar descoberta outra prestação, reabre-se para o credor o direito de excutir a garantia com base na impontualidade (*RT, 507*:104). Prevalecerá o estipulado no título se favorecer o devedor com cláusula de vencimento antecipado apenas no caso de faltar um certo número de prestações[223]. Nossos juízes e tribunais têm entendido que a falta de pagamento dos juros se enquadra no disposto no art. 1.425, III, do Código Civil[224]. Assim, declara-se vencida a dívida se uma das prestações, de capital ou juros, se vence e não é paga. Claras, a respeito, são as palavras de Lafayette: "excuti-la na parte correspondente à importância não paga seria impossível. Por isso, para obviar dificuldades práticas, resolve a lei se vença a dívida toda"[225]. O mesmo se diga da falta de pagamento de tributos; quando estipulada, induz vencimento antecipado do débito (*RT, 99*:420)[226].

d) Perecimento do objeto dado em garantia e não substituído (CC, art. 1.425, IV), por exemplo, se o imóvel dado em garantia incendeia-se, cessa o prazo concedido ao devedor, cuja dívida passa a ser exigida, de modo imediato, assistindo ao credor o direito de optar entre essa imediata execução e o pedido de reforço da garantia real, previsto no art. 1.425, I[227].

Porém, se tal prédio estiver segurado e se houver terceiro culpado pelo sinistro, civilmente responsável pelo evento, conforme prescreve o art. 186 do Código Civil, ter-se-á uma indenização que será paga pelo seguro ou um ressarcimento feito pelo terceiro que causou o dano. Referida indenização,

---

223. Esta é a lição de Caio M. S. Pereira, op. cit., p. 277; *RT, 507*:104.

224. *RT, 322*:228: "Na dívida pignoratícia, vencida e não paga a prestação de juros que passou a integrar o capital, torna-se vencida a dívida toda, de acordo com o art. 762, III, do Código Civil". Outros julgados nesse mesmo sentido: *RT, 322*:228, *256*:115, *236*:135, *110*:199; *RF, 119*:135, *203*:162. *Vide* Mª Lígia C. Mathias, *Direito civil*, op. cit., p. 180-1.

225. Lafayette, op. cit., § 233; *RT, 192*:766.

226. W. Barros Monteiro, op. cit., p. 353 e nota 30.

227. W. Barros Monteiro, op. cit., p. 354.

ou ressarcimento, sub-rogar-se-á no imóvel destruído, tendo o credor preferência até conseguir reembolsar-se por completo (CC, art. 1.425, § 1º)[228].

e) *Desapropriação total do bem dado em garantia*, depositando-se a parte do preço que for necessária para o pagamento integral do credor (CC, art. 1.425, V). Sub-roga-se o bem onerado, no preço da desa propriação até o equivalente ao da coisa gravada que foi objeto da expropriação, garantindo o crédito, evitando prejuízos ao credor, recebendo, é claro, o devedor, o saldo, se houver, do valor da indenização do prédio desapropriado que era objeto do ônus real. Sendo parcial a expropriação da coisa onerada, tendo sido pago parcialmente o credor, continua gravado o objeto, pelo remanescente da dívida[229].

Afirma, ainda, o art. 31 do Decreto-Lei n. 3.365/41 que "ficam sub-rogados no preço quaisquer ônus que recaiam sobre o bem expropriado". Acrescenta o § 2º do art. 1.425 do Código Civil que "nos casos dos incisos IV e V, só se vencerá a hipoteca antes do prazo estipulado, se o perecimento, ou a desapropriação recair sobre o bem dado em garantia, e esta não abranger outras; subsistindo, no caso contrário, a dívida reduzida, com a respectiva garantia sobre os demais bens, não desapropriados ou destruídos".

---

228. Caio M. S. Pereira, op. cit., p. 277; W. Barros Monteiro, op. cit., p. 354.
229. Caio M. S. Pereira, op. cit., p. 277; Daibert, op. cit., p. 477.

Quadro Sinótico

INTRODUÇÃO AOS DIREITOS REAIS DE GARANTIA	• 1. Histórico		• Pela Lei das XII Tábuas, o devedor respondia por suas dívidas com o próprio corpo, sobre o qual incidia o poder do credor. • Com a *Lex Poetelia Papiria*, transferiu-se ao patrimônio material do devedor a garantia do adimplemento das suas obrigações. • Como essa garantia genérica foi insuficiente, surgiram duas espécies de garantia: a pessoal e a real. • Atualmente, são garantias reais: o penhor, a anticrese, a hipoteca e a propriedade fiduciária, ou melhor, a alienação fiduciária em garantia.
	• 2. Conceito		• Segundo Daibert, o direito real de garantia é o que vincula diretamente ao poder do credor determinada coisa do devedor, assegurando a satisfação de seu crédito se inadimplente o devedor.
	• 3. Requisitos	• Subjetivos	• Capacidade genérica para os atos da vida civil. • Capacidade de alienar (CC, arts. 1.420 e § 2º, 1.691, 1.782, 1.647, I, 496; Lei n. 11.101/2005, art. 103; Lei n. 4.591/64, art. 4º).
		• Objetivos	• CC, art. 1.420, 2ª parte – somente bens alienáveis poderão ser dados em garantia real, por quem é seu proprietário (CC, art. 1.420, § 1º). • *Vide* CC, art. 1.314. • Podem recair sobre coisa móvel (penhor), imóvel (hipoteca e anticrese).
		• Formais	• Especialização (CC, arts. 104 e 1.424). • Publicidade – Lei n. 6.015/73, arts. 238 e 241; CC, arts. 1.227 e 221.

<table>
<tr><td rowspan="3">INTRODUÇÃO AOS DIREITOS REAIS DE GARANTIA</td><td>• 4. Efeitos</td><td colspan="2">• Separar do patrimônio do devedor um dado bem afetando-o ao pagamento prioritário de determinada obrigação.
• Preferência em benefício do credor pignoratício ou hipotecário (CC, arts. 1.422 e 1.430) – exceções: CC, arts. 1.423, 1.422, parágrafo único, 964, VIII, 965, VI; Decreto n. 22.866/33 (ora revogado pelo Decreto de 25-4-1991); Lei n. 5.172/66, art. 186; Decreto n. 177-A, de 1893, art. 1º, § 1º, I e II; Decreto-Lei n. 7.036/44 (ora revogado pela Lei n. 6.367/76), art. 97, parágrafo único; Lei n. 8.212/91; CC, arts. 957, 958 e 961.
• Direito à excussão da coisa hipotecada ou empenhada (CC, art. 1.422).
• Direito de sequela.
• Indivisibilidade do direito real de garantia (CC, art. 1.421).
• Remição total do penhor e da hipoteca (CC, art. 1.429, parágrafo único).</td></tr>
<tr><td rowspan="2">• 5. Vencimento</td><td colspan="2">• Vencimento normal – CC, art. 1.424, II.</td></tr>
<tr><td>• Vencimento antecipado (CC, art. 1.425)</td><td>• Desvalorização econômica ou deterioração do objeto.
• Falência ou insolvência do devedor.
• Falta de pontualidade no pagamento das prestações.
• Perecimento do objeto dado em garantia, que não for substituído.
• Desapropriação total do bem dado em garantia.</td></tr>
</table>

B. PENHOR

b.1. Conceito e caracteres

Com fundamento no art. 1.431 do Código Civil, poder-se-á definir o *penhor* como um direito real que consiste na transferência efetiva de uma coisa móvel ou mobilizável, suscetível de alienação, realizada pelo devedor ou por terceiro ao credor, a fim de garantir o pagamento do débito[230].

Tendo como sujeitos: *a*) o *devedor pignoratício*, que pode ser tanto o sujeito passivo da obrigação principal como terceiro que ofereça o ônus real. É ele que contrai o débito e transfere a posse do bem empenhado, como garantia ao credor, logo, deve ser proprietário do objeto onerado, devendo ter a livre disposição de seus bens, bem como o poder de alienar, livremente, o bem dado em garantia; *b*) o *credor pignoratício*, que é o que empresta o dinheiro e recebe o bem empenhado, recebendo, pela tradição, a posse deste[231].

Donde se podem extrair os seguintes *caracteres jurídicos* do penhor:

1) É um *direito real* (CC, art. 1.225, VIII) *de garantia*, pois há uma vinculação do bem empenhado ao pagamento do débito, pressupondo a existência de um crédito a ser garantido. Com a entrega da coisa efetuada pelo devedor ou alguém por ele, ao credor, este não recebendo o pagamento da quantia que lhe é devida, poderá proceder à execução, fazendo recair a penhora sobre o bem onerado. Realizada a venda judicial, em leilão público, terá o credor, no

---

230. Definição baseada nos conceitos de Clóvis, *Código Civil*, v. 3, p. 338; Caio M. S. Pereira, op. cit., p. 281. *Vide* Decreto s/n. de 25-4-91, que revogou o Decreto n. 24.427/34 e o Decreto n. 24.778/34; Lei n. 373/37, que altera o art. 80 do Decreto n. 24.427/34; Lei n. 492/37; Decreto-Lei n. 182/38; Decreto-Lei n. 1.003/38; Decreto-Lei n. 1.113/39; Decreto-Lei n. 413/69, que revogou o Decreto-Lei n. 1.271/39; Decreto-Lei n. 1.697/39 (ora revogado pelo Decreto-lei n. 413/69); Decreto-Lei n. 2.566/40; Decreto n. 2.612/40; Decreto-Lei n. 4.191/42 e Decreto-Lei n. 4.312/42 (ora revogados pelo Decreto-Lei n. 413/69); Decreto-Lei n. 4.360/42; Decreto-Lei n. 7.780/45; Lei n. 2.666/55; Decreto-Lei n. 167/67; Lei n. 5.474/68, que revogou o Decreto-Lei n. 265/67; CC, art. 1.429; Circular n. 2.532/94 (ora revogada) do BACEN. Urge lembrar que os Decretos-Leis n. 1.271/39, 1.697/39, 4.191/42 acima arrolados foram revogados pelo art. 66 do Decreto-Lei n. 413/69, que no seu art. 20 estabelece as categorias de bens passíveis de figurar como objetos de penhor cedular. *Vide* Lei n. 11.101/2005, art. 22, III, *m*; CPC, arts. 784, V, 826, 835, § 3º, 876, §§ 4º a 6º, e 877.

STJ, Súmula n. 638. "É abusiva a cláusula contratual que restringe a responsabilidade de instituição financeira pelos danos decorrentes de roubo, furto ou extravio de bem entregue em garantia no âmbito de contrato de penhor civil."

231. Orlando Gomes, op. cit., p. 360; Daibert, op. cit., p. 486; Sebastião José Roque, *Direito das coisas*, cit., p. 167-78.

produto alcançado, direito de prelação para obter o integral pagamento de seu crédito, excluindo os demais credores, que só concorrerão às sobras que, porventura, houver. Estabelecido por contrato registrado no Cartório de Títulos e Documentos (CC, art. 1.432), nasce em proveito do credor um direito real, que opera *erga omnes*, estando munido de ação real e de sequela[232].

2) É *direito acessório*, como decorrência do fato de ser um direito real de garantia, sendo, portanto, acessório da obrigação que gera a dívida que visa garantir, embora possa ser constituído juntamente com esta ou em instrumento apartado, na mesma data ou em momento posterior[233]. Com isso o penhor segue o destino da obrigação principal, de modo que se esta se extinguir, p. ex., pela prescrição, ou for decretada nula (CC, art. 184, 2ª parte), desaparece o direito real[234]. Esta regra só encontra exceção no art. 1.433, II, do Código Civil, que autoriza o credor a reter o bem até que seja indenizado de todas as despesas devidamente justificadas que realizou com o objeto ou a retê-lo até que receba a indenização ou o ressarcimento de todos os prejuízos que sofreu em virtude de vícios que a coisa empenhada continha (CC, art. 1.433, III)[235].

3) Depende de *tradição*, por ser o penhor um contrato real, que não se ultima com o simples acordo entre as partes, porque requer entrega real da coisa, perfazendo-se com a posse do objeto pelo credor (CC, art. 1.431), não admitindo nem a tradição simbólica, nem o constituto-possessório[236]. Essa tradição faz com que o penhor se revista de publicidade[237]. A esse respeito enuncia o art. 1.431 do Código Civil que: "constitui-se o penhor pela transferência efetiva da posse que, em garantia do débito ao credor ou a quem o represente, faz o devedor, ou alguém por ele, de uma coisa móvel, suscetível de alienação".

Todavia essa exigência não é absoluta, pois em alguns casos, como no penhor rural (agrícola ou pecuário), industrial, mercantil e de veículos, dispensa-se a posse do bem pelo credor, continuando ele em poder do de-

---

232. Silvio Rodrigues, op. cit., p. 361-2; Mazeaud e Mazeaud, op. cit., n. 64; Caio M. S. Pereira, op. cit., p. 284 e 283; *Ciência Jurídica*, *38*:163.
233. De Page, op. cit., n. 1.015; Hedemann, op. cit., p. 482.
234. W. Barros Monteiro, op. cit., p. 360.
235. *Vide* Silvio Rodrigues, op. cit., p. 363.
236. Silvio Rodrigues, op. cit., p. 363; Enneccerus, Kipp e Wolff, op. cit., § 163; Hedemann, op. cit., p. 486.
237. Ruggiero e Maroi, op. cit., v. 2, p. 484.

vedor, que o deve guardar e conservar (CC, art. 1.431, parágrafo único, e Lei n. 2.666/55, art. 1º). O mesmo se diga da garantia da cédula de crédito industrial, já que os objetos empenhados permanecem com o emitente, que, por sua vez, terá que responder por sua guarda e conservação (Dec.-Lei n. 413/69, art. 28).

Efetuada a tradição o credor recebe o objeto empenhado como depositário, devendo cumprir todas as obrigações do depositário sob as penas da lei, pois o art. 652 do Código Civil estabelece que o depositário que não restituir a coisa depositada, quando exigida, será compelido a fazê-lo, mediante prisão não excedente a um ano, além de ressarcir os prejuízos; o art. 35 da Lei n. 492/37 estatui que "o devedor, ou o terceiro que der os seus bens em garantia da dívida, que os desviar, abandonar ou permitir que se depreciem ou venham a perecer, fica sujeito às penas do depositário infiel", e o art. 5º, LXVII, da Constituição Federal reza: "não haverá prisão civil por dívida, salvo a do responsável pelo inadimplemento voluntário e inescusável de obrigação alimentícia e a do depositário infiel". Para que se decrete tal prisão não é preciso saber se o depositário dos bens agiu com dolo ou não[238].

4) Recai, em regra, sobre *coisa móvel*, seja ela singular ou coletiva (nesta última hipótese toma a designação de "penhor solidário"), corpórea ou incorpórea. Se incidir sobre coisa fungível, deverá ser ela individuada. Recaindo sobre bem fungível, sem individuação, ter-se-á o "penhor irregular", não ficando o credor adstrito à conservação e restituição da coisa recebida, mas de coisa do mesmo gênero e quantidade, recebendo também a denominação de "caução" ou "depósito em caução", para garantia de débitos futuros ou eventuais[239].

Entretanto, nem sempre recai o penhor sobre bem móvel, pois há penhores especiais que incidem sobre coisas imóveis por acessão física ou intelectual, como o penhor rural e industrial, e sobre direitos. E casos há em que coisas móveis tornam-se objeto de hipoteca, como sucede com os navios, ferrovias e aeronaves[240].

---

238. W. Barros Monteiro, op. cit., p. 361-2; *RT, 171*:295; Silvio Rodrigues, op. cit., p. 364. *Vide* comentários que fizemos a respeito no nosso *Curso de direito civil brasileiro*, São Paulo, Saraiva, 2015, v. 3, no Capítulo sobre *depósito*, item h.4.

239. Caio M. S. Pereira, op. cit., p. 282-3; Navarrini, Sul tema del pegno irregolare, *Riv. di Diritto Commerciale*, 1913, 2ª parte.

240. Orlando Gomes, op. cit., p. 361; Silvio Rodrigues, op. cit., p. 364; Caio M. S. Pereira, op. cit., p. 282.

5) Exige *alienabilidade do objeto*, porque esse direito real de garantia visa assegurar a solução do débito, mediante a alienação do bem empenhado, pagando-se o credor com o produto dessa venda. Por isso, além de alienável, deve ser a coisa onerada suscetível de disposição por parte de quem a constitui (CC, art. 1.420)[241].

6) Requer que o *bem empenhado seja da propriedade do devedor*, pois se o objeto pertencer a outrem que não o devedor, será nulo, salvo o caso de domínio superveniente (CC, art. 1.420, § 1º) e garantia dada por terceiro (CC, art. 1.427).

7) É *nulo o pacto comissório* (CC, art. 1.428), logo não poderá o credor pignoratício se apropriar do bem empenhado[242].

8) É um *direito real uno e indivisível*, mesmo que a obrigação garantida ou a coisa onerada seja divisível. A amortização não libera parcialmente o bem empenhado, salvo se o contrário se estipulou no título ou na quitação; o ônus real permanecerá indivisível até que se pague o débito por inteiro[243].

9) É *temporário*, não podendo ultrapassar o prazo estabelecido[244].

b.2. Modos de constituição

O penhor pode constituir-se:

1) *Por convenção*, caso em que credor e devedor estipulam a garantia pignoratícia, conforme seus próprios interesses. O penhor convencional deverá ser feito por instrumento particular ou público, sendo, portanto, um contrato solene. Deveras, preceitua o art. 1.432 do Código Civil que o instrumento do penhor deverá ser levado a registro por qualquer dos contratantes; o do penhor comum será registrado no Cartório de Títulos e Documentos. Há julgado entendendo valer o contrato de penhor lavrado em uma única via (*RT*, *112*:528)[245].

---

241. Caio M. S. Pereira, op. cit., p. 283.

242. Lomonaco, *Istituzioni di diritto civile*, v. 6, p. 551; *RT*, *149*:252, *136*:253, *167*:672.

243. W. Barros Monteiro, op. cit., p. 360.

244. W. Barros Monteiro, op. cit., p. 361.

245. No mesmo sentido dispõe o art. 2º da Lei n. 492 ao dizer que se contrata o penhor rural por escritura pública ou particular, a primeira lavrada por escrivão em seu livro de notas, e a segunda, feita e assinada, ou somente assinada, pelos contratantes, com a subscrição de duas testemunhas (§ 1º).

Para que este contrato, sendo o *penhor comum*, ou convencional, possa valer contra terceiros precisa ser levado a assento no Cartório de Títulos e Documentos (Lei n. 6.015/73, arts. 127, II e IV, 129, 167, I, n. 4 e 15; Dec.-Lei n. 2.612/40; Lei n. 492/37, art. 34 (execução suspensa pela RSF n. 48/65); Lei n. 2.666/55, art. 1º, § 2º; Dec.-Lei n. 413/69, art. 30; CC, art. 1.432; *RT*, *78*:207), sendo necessário, ainda, que o instrumento público ou particular apresente os seguintes requisitos (CC, art. 1.424): *a*) identificação das partes contratantes, mencionando seus nomes, nacionalidade, estado civil, profissão e domicílio; *b*) o valor da dívida ou sua estimação ou valor máximo, dispensando-se a declaração do valor do objeto empenhado (*RT*, *136*:253); *c*) o prazo fixado para pagamento; *d*) o bem onerado, com suas especificações, para que se possa individualizá-lo, de modo exato. Se for coisa fungível, bastará que se declare a qualidade e quantidade; *e*) a taxa de juros, se houver, sendo a máxima de 12% (Dec. n. 22.626, de 7-4-1933, art. 1º); *f*) no penhor rural, é preciso mencionar a propriedade em que se encontram os efeitos empenhados, o mesmo ocorrendo com o penhor industrial[246].

Pelo art. 1.440 do Código Civil não é mais necessário o consenso do credor hipotecário para que se constitua penhor rural, se hipotecada se acha a propriedade agrícola.

De fato, assim prescreve o referido dispositivo legal: "se o prédio estiver hipotecado, o penhor rural poderá constituir-se independentemente da anuência do credor hipotecário, mas não lhe prejudica o direito de preferência, nem restringe a extensão da hipoteca, ao ser executada".

Estatui o art. 3º da Lei n. 2.666/55 que "a validade do penhor celebrado pelo arrendatário, comodatário, parceiro agricultor, condômino, usufrutuário ou fiduciário independe da anuência do proprietário, consorte, nu-proprietário ou fideicomissário do imóvel de situação dos bens dados em garantia". Acrescentando no § 1º que "em caso de arrendamento ou comodato o prazo do penhor só poderá ultrapassar o da locação, se nisso aquiescer o locador ou comodante". Esclarece, ainda, no § 2º, que "o penhor outorgado pelo parceiro agricultor só incidirá sobre a parte dos frutos ou bens que lhe couberem pelo contrato de parceria, admitida a sua constituição apenas quando não houver nesse contrato expressa proibição à sua outor-

---

246. W. Barros Monteiro, op. cit., p. 363.

O *penhor especial* poderá ser: rural, industrial, mercantil, de títulos de crédito, de veículos e legal.

ga, ou exigência de prévia anuência de parceiro proprietário". E, prescreve no seu § 3º que, "se o imóvel estiver indiviso o penhor só incidirá sobre os bens correspondentes à parte ideal do apenhante". Finalmente, dispõe no § 4º que, "se o usufruto ou fideicomisso cessarem antes de paga a dívida, existindo a garantia, o nu-proprietário ou fideicomissário só terão direito a esta se resgatarem a obrigação".

2) *Por lei* quando, para proteger certos credores, a própria norma jurídica lhes confere direito de tomar certos bens como garantia até conseguirem obter o total pagamento das quantias que lhes devem. É o que sucede: *a*) com os hospedeiros ou fornecedores de pousada ou alimento, sobre as bagagens, móveis, joias ou dinheiro que os seus consumidores ou fregueses tiverem consigo nas respectivas casas ou estabelecimentos, pelas despesas ou consumo que aí tiverem feito; *b*) com o dono do prédio rústico ou urbano, sobre os bens móveis que o rendeiro ou inquilino tiver guarnecendo o mesmo prédio, pelos aluguéis ou renda (CC, art. 1.467, I e II).

Constitui-se o penhor legal mediante requerimento do credor ao magistrado, para que este o homologue, porém, se houver perigo na demora, o credor poderá tornar efetivo o penhor antes de recorrer ao juiz[247].

b.3. Direitos e deveres do credor pignoratício

São *direitos* do credor pignoratício:

1) Investir-se na posse da coisa empenhada, que lhe é transmitida pelo devedor (CC, art. 1.433, I).

2) Impedir que qualquer pessoa venha a prejudicar sua garantia, invocando proteção possessória contra terceiros, podendo até reivindicar o bem, quando for apreendido, injustamente, por outrem (*RT*, *132*:101)[248].

3) Reter o objeto empenhado até o implemento da obrigação ou até ser reembolsado das despesas devidamente justificadas, desde que não ocasionadas por culpa sua na guarda da coisa (CC, art. 1.433, II).

4) Excutir o bem gravado, ou seja, promover sua venda judicial, segundo o rito processual, dada a proibição do pacto comissório, que o impede de apropriar-se do objeto empenhado (CC, art. 1.428); ou, então, providen-

---

247. Esta é a lição de Orlando Gomes, op. cit., p. 364.
248. Trabucchi, op. cit., n. 270; Hedemann, op. cit., p. 489.

ciar a venda amigável se lhe permitir expressamente o contrato, ou se lhe autorizar o devedor, mediante procuração (CC, art. 1.433, IV).

Segundo o Enunciado n. 626 – art. 1.428: Não afronta o art. 1.428 do Código Civil, em relações paritárias, o pacto marciano, cláusula contratual que autoriza que o credor se torne proprietário da coisa objeto da garantia mediante aferição de seu justo valor e restituição do supérfluo (valor do bem em garantia que excede o da dívida). (Aprovado na VIII Jornada de Direito Civil.)

5) Ser pago, preferencialmente, com o produto alcançado na venda judicial.

6) Exigir o reforço da garantia se a coisa empenhada se deteriorar ou se destruir parcialmente.

7) Ressarcir-se de qualquer dano ou prejuízo que venha a sofrer em virtude de vício do objeto gravado (CC, art. 1.433, III), desde que ignore sua existência, pois se dele tivesse conhecimento, estaria conivente com o devedor, não tendo, então, nenhum direito à indenização.

8) Receber o valor do seguro dos bens ou dos animais empenhados, no caso de seu perecimento; a indenização a que estiver sujeito o causador da perda ou deterioração dos bens ou animais empenhados, podendo exigir do devedor a satisfação do prejuízo sofrido por vício ou defeito oculto; o preço da desapropriação ou requisição dos bens ou animais, em caso de necessidade ou utilidade pública[249].

9) Apropriar-se dos frutos da coisa empenhada que se encontra em seu poder (CC, art. 1.433, V) para imputar o valor deles nas despesas de guarda e conservação.

10) Promover venda antecipada, mediante prévia autorização judicial, sempre que haja receio fundado de que a coisa empenhada se perca ou deteriore, devendo o preço ser depositado. O dono da coisa empenhada pode impedir a venda antecipada, substituindo-a, ou oferecendo outra garantia real idônea (CC, art. 1.433, VI).

11) Não ser constrangido a devolver a coisa gravada, ou parte dela, antes de ser integralmente pago, podendo o juiz, a requerimento do proprietário, determinar a venda de um dos bens, ou parte do bem empenhado, suficiente para o pagamento do credor (CC, art. 1.434).

O Projeto de Lei n. 699/2011, pretendendo alterar esse artigo, propõe a se-

249. W. Barros Monteiro, op. cit., p. 365.

guinte redação: "O credor não pode ser constrangido a devolver a coisa empenhada, ou uma parte dela, antes de ser integralmente pago", argumentando que: "A redação atual do art. 1.434 permite que o juiz autorize a venda de parte da coisa empenhada, retomando a discussão sobre o princípio de unicidade da garantia. Essa disposição entra em choque com o art. 1.421: 'O pagamento de uma ou mais prestações da dívida não importa exoneração correspondente da garantia, ainda que esta compreenda vários bens, salvo disposição expressa no título ou na quitação'". A redação ao art. 1.434 visa compatibilizar os dois dispositivos.

O Parecer Vicente Arruda, por sua vez, não acatou essa proposta contida no Projeto de Lei n. 6.960/2002 (atual PL n. 699/2011) alegando que: "A justificativa apresentada para a mudança é a compatibilização entre o artigo em questão e o art. 1.421. Não há aí nenhuma incompatibilidade: um dispositivo trata da unidade da garantia e o outro da possibilidade de alienação do bem, ou parte dada em garantia, mediante autorização judicial para satisfazer o pagamento da dívida".

São seus *deveres*:

1) Não usar a coisa, pois não passa de depositário.

2) Custodiar, devendo conservar, como depositário, o bem gravado com diligência e cuidado normais de um proprietário em relação ao que é seu, como manda o art. 1.435, I, 1ª parte, do Código Civil, comunicando ao dono da coisa os riscos, se os houver, de perecimento[250].

3) Ressarcir ao dono a perda ou deterioração de que for culpado, já que o penhor extingue-se se o perecimento ou dano provier de caso fortuito ou força maior. Pode, havendo culpa sua, ser compensada na dívida, até a concorrente quantia, a importância da sua responsabilidade (CC, art. 1.435, I, 2ª parte).

4) Restituir o bem gravado, uma vez paga a dívida, com os respectivos frutos e acessões (CC, art. 1.435, IV).

5) Entregar o que sobeje do preço, quando a dívida for paga, seja por excussão judicial, ou por venda amigável, se lha permitir expressamente o contrato, ou lha autorizar o devedor, mediante procuração especial (CC, art. 1.435, V). Ou melhor, praceado o bem ou vendido este amigavelmente, o direito do credor vai até a concorrência do seu crédito pelo principal, juros, reembolso de despesas justificadas e indenização de perdas e danos. O que sobrar deverá ser entregue ao proprietário da coisa onerada[251].

---

250. Caio M. S. Pereira, op. cit., p. 287; Hedemann, op. cit., p. 493.
251. Caio M. S. Pereira, op. cit., p. 287.

6) Defender a posse da coisa empenhada, dando ciência ao dono dele das circunstâncias que tornarem necessário o exercício de ação possessória (CC, art. 1.435, II).

7) Imputar o valor dos frutos de que vier a se apropriar nas despesas de guarda e conservação, nos juros e no capital da obrigação garantida, sucessivamente (CC, art. 1.435, III).

b.4. Direitos e obrigações do devedor pignoratício

Possui o devedor os seguintes *direitos*:

1) Não perder a propriedade da coisa que der em penhor, bem como dos respectivos frutos e acessões.

2) Conservar a posse indireta do bem empenhado, apesar de o transferir ao credor (CC, art. 1.197).

3) Impedir que o credor faça uso da coisa gravada.

4) Exigir do credor o ressarcimento de prejuízos que vier a sofrer com a perda ou deterioração da coisa por culpa deste.

5) Receber o remanescente do preço na venda judicial.

6) Reaver o objeto dado em garantia, quando pagar o seu débito.

7) Socorrer-se do procedimento do Juizado Especial Cível (CPC, art. 1.063), quando o credor se recusar a devolver a coisa empenhada, mesmo depois de a dívida já ter sido paga[252], pois é causa cível de menor complexidade (art. 3º, I e II, da Lei n. 9.099/95), e ainda da ação possessória cabível.

São *obrigações* do devedor:

1) Pagar todas as despesas feitas pelo credor com a guarda, conservação e defesa do bem gravado.

2) Indenizar o credor de todos os prejuízos causados por vícios ou defeitos ocultos da coisa empenhada.

3) Reforçar o ônus real, nos casos em que isso for necessário.

4) Obter licença do credor para alienar bem onerado, sob pena de sofrer sanção do art. 171, § 2º, III, do Código Penal.

252. *Vide* Orlando Gomes, op. cit., p. 363; e W. Barros Monteiro, op. cit., p. 366.

5) Pagar a dívida e exibir todos os bens empenhados, na execução do penhor, sob pena de sujeitar-se à prisão administrativa (*RT, 162*:136)[253].

b.5. Espécies de penhor

b.5.1. Penhor legal

O penhor legal é aquele que surge, no cenário jurídico, em razão de uma imposição legal, com o escopo de assegurar o pagamento de certas dívidas de que determinadas pessoas são credoras, e que, por sua natureza, reclamam tratamento especial.

Determina a norma jurídica que serão credores pignoratícios, independentemente de convenção, todos aqueles que preencherem as condições e formalidades legais, podendo, então, apossar-se dos bens do devedor, retirando-os de sua posse, para sobre eles estabelecer o seu direito real, revestido de sequela, preferência e ação real exercitável *erga omnes*[254].

Assim sendo, serão credores pignoratícios, independentemente de convenção:

1) "Os hospedeiros, ou fornecedores de pousada ou alimento, sobre as bagagens, móveis, joias ou dinheiro que os seus consumidores ou fregueses tiverem consigo nas respectivas casas ou estabelecimentos, pelas despesas ou consumo que aí tiverem feito" (CC, art. 1.467, I).

Visa essa disposição legal proteger o credor que recebe hóspedes, em regra, pessoas desconhecidas, que, aparentemente, não oferecem nenhuma garantia, senão os valores que trazem consigo, e que, por serem ocupantes transitórios de seu estabelecimento, tais deslocamentos constantes aconselham que se tomem medidas cautelosas; além do mais é-lhe difícil certificar-se da solvabilidade desses seus fregueses, antes de proceder ao serviço que lhe é solicitado[255].

Se tais hóspedes deixarem de pagar as despesas de hospedagem e consumo, autoriza a lei que o credor, mediante simples estimativa, apreenda suas bagagens, tomando posse de um ou mais objetos até o valor da dívida (CC, art. 1.469), pois pode tornar efetivo o penhor antes de recorrer à

253. W. Barros Monteiro, op. cit., p. 366.

254. Silvio Rodrigues, op. cit., p. 369.

255. Caio M. S. Pereira, op. cit., p. 289; W. Barros Monteiro, op. cit., p. 367; Silvio Rodrigues, op. cit., p. 370; *RT, 153*:253, *238*:401.

autoridade judiciária, sempre que houver perigo na demora (risco ao crédito pendente), dando ao devedor comprovante dos bens de que se apossou (CC, art. 1.470). Pede, em seguida, ao magistrado que homologue esse penhor, dirigindo-lhe petição instruída com: *a*) a conta pormenorizada das despesas do devedor, conforme a tabela impressa de preços da hospedagem, da pensão ou dos gêneros fornecidos, afixada prévia e ostensivamente nas dependências do estabelecimento, sob pena de nulidade do penhor (CC, art. 1.468); *b*) a tabela de preços vigorante no estabelecimento; e *c*) a relação dos objetos retidos em garantia do débito (CC, art. 1.470, 2ª parte).

Tomado o penhor, requererá o credor, ato contínuo, a sua homologação judicial (CC, art. 1.471). Recebendo o magistrado esse pedido de homologação dará início ao procedimento estabelecido nos arts. 703 a 706 do Código de Processo Civil e se, porventura, o valor dos bens apreendidos ultrapassar o do débito, o juiz reduzirá o excesso de ofício ou a requerimento do devedor. Com a homologação judicial legaliza-se a apreensão do credor, aperfeiçoando o ônus real. Inicia o credor, logo depois, a execução pignoratícia, fazendo com que a penhora recaia precisamente sobre os objetos empenhados. Essa cobrança executiva do débito deverá ser efetivada dentro de 1 ano, sob pena de prescrição da ação, segundo o disposto no art. 206, § 1º, I, do Código Civil (*RT*, *139*:118). Se o órgão judicante negar tal homologação, os bens retidos serão restituídos ao réu, mas o credor não ficará impedido de recorrer ao procedimento comum (CPC, art. 318 e s.) para o recebimento de seu crédito (CPC, art. 706, § 1º)[256] sem garantia pignoratícia, já que, de conformidade com o art. 176 do Código Penal, constitui infração o tomar refeição em restaurante, alojar-se em hotel ou utilizar-se de meio de transporte sem dispor de recursos para efetuar o pagamento, em razão do interesse social de facilitar o pagamento de dívidas dessa natureza, para preservar a segurança das relações que se estabelecem nesse campo[257].

2) "O dono do prédio rústico ou urbano, sobre os bens móveis que o rendeiro ou inquilino tiver guarnecendo o mesmo prédio, pelos aluguéis ou

256. W. Barros Monteiro, op. cit., p. 370-1. Enunciado n. 73 do Fórum Permanente de Processualistas Civis: "No caso de homologação do penhor legal promovida pela via extrajudicial, incluem-se nas contas do crédito as despesas com o notário, constantes do § 1º do art. 718 do texto projetado (CPC/2015, art. 703)".

257. Silvio Rodrigues, op. cit., p. 370. A partir da audiência preliminar, o procedimento comum deverá ser seguido (CPC, art. 705). Contra a sentença caberá apelação, e, na pendência de recurso, o relator poderá ordenar que a coisa permaneça depositada ou em poder do autor (CPC, art. 706, § 2º).

rendas" (CC, art. 1.467, II). O senhorio, ou credor de aluguéis, tem, ainda, pelo art. 964, VI, do Código Civil, privilégio especial sobre as alfaias e utensílios de uso doméstico, nos prédios rústicos e urbanos, quanto às prestações do ano corrente e do ano anterior.

O locador poderá, se não receber os aluguéis, reter os bens móveis existentes no interior do prédio locado, para garantir o seu pagamento. Se se tratar de prédio urbano, o penhor legal abrangerá não só a mobília do inquilino, mas também qualquer coisa móvel que se encontrar no imóvel. P. ex.: joias, vasos, objetos de arte, animais domésticos, roupas, quadros, tapetes etc. Se o prédio for rústico, o penhor recairá além da mobília, nos animais, frutas colhidas, plantas em vaso, madeiras cortadas, sementes, instrumentos agrícolas etc.[258]. Enfim, poderá apreender todos os bens móveis que estiverem no prédio alugado, desde que eles não sejam impenhoráveis ou pertencentes a outrem. Só poderá reter objetos que, realmente, pertençam ao devedor[259]. Pelo Enunciado n. 14 do TJSP, os bens que guarnecem a residência do devedor, desde que não essenciais à habitabilidade, são penhoráveis. O credor de aluguel pode fazer efetivo o penhor antes de recorrer à autoridade judiciária, havendo perigo na demora, dando ao devedor comprovante dos bens apossados (CC, art. 1.470). Depois que houver retido os móveis suficientes para cobrir o valor do débito (CC, art. 1.469), terá que requerer ao magistrado a homologação (CC, art. 1.471) do penhor legal, juntando à petição o contrato de locação e a prova de que os aluguéis não foram pagos[260].

---

258. W. Barros Monteiro, op. cit., p. 368; *RT*, *37*:559, *84*:278; Mário Guimarães, *Estudos de direito civil*, p. 144.

259. W. Barros Monteiro, op. cit., p. 368-9; Sérgio Iglesias Nunes de Souza (*Comentários*, cit., p. 1070) observa que o locador só poderá tomar em penhor coisas que não sejam imprescindíveis à sobrevivência da família do locatário. Assim, não poderão ser tomados em penhor, nem penhorados, p. ex., cama, fogão, geladeira, única televisão (preservação do direito à informação).

260. W. Barros Monteiro, op. cit., p. 371. Esclarece-nos Matiello (*Código Civil*, cit., p. 943) que: "A petição inicial, dirigida ao juiz do local do empenhamento, conterá a identificação das partes, a narrativa dos fatos e a pretensão do apresentante. Será instruída ainda com a conta pormenorizada das despesas, a tabela dos preços e a relação dos objetos retidos, mais o pedido de citação da parte contrária. Suficientemente provado o pedido, o juiz poderá homologar de plano o penhor legal, determinando que os autos sejam entregues ao requerente quarenta e oito horas depois, independentemente de traslado, salvo se, dentro desse prazo, a parte houver pedido certidão. Ao devedor, no prazo de vinte e quatro horas, incumbe pagar o valor postulado ou alegar defesa, limitada, porém, aos seguintes aspectos: nulidade do processo, extinção da obrigação ou não estar a dívida compreendida entre as previstas em lei ou não estarem os bens sujeitos a penhor legal".

O locatário poderá impedir a constituição do penhor legal para garantir a dívida *ex locato*, se prestar outra caução idônea (CC, art. 1.472), real ou pessoal, que resguarde o locador.

3) Os artistas e auxiliares teatrais sobre o material cênico da empresa teatral, pela importância de seus salários e despesas de transporte, ou seja, pelo valor das obrigações não cumpridas pelo empregador (Lei n. 6.533/78, art. 31; *RT*, *511*:495; *RF*, *264*:471).

4) O Decreto-Lei n. 4.191 de 18 de março de 1942 (ora revogado pelo Decreto-Lei n. 413/69), ao estabelecer que o penhor industrial não tinha preferência sobre o penhor legal do locador do imóvel, reconheceu competir a esse tal garantia sobre as máquinas e aparelhos utilizados na indústria e que se encontrassem instalados no prédio locado. Sobre o registro de penhor de máquinas e aparelhos empregados na indústria, instalados e em funcionamento, com os respectivos pertences ou sem eles, ver o disposto no art. 167, I, n. 4, da Lei n. 6.015/73. Havendo "penhor de máquinas e aparelhos utilizados na indústria, quando instalados em imóvel alugado a terceiro, pode surgir dualidade de direitos reais de garantia sobre os mesmos objetos, decorrentes do penhor legal do senhorio e do penhor industrial, nascido da convenção. Nesse caso, o penhor cedular das máquinas e aparelhos utilizados na indústria tem preferência sobre o penhor legal do locador do imóvel de sua situação (Dec.-Lei n. 413/69, art. 46)"[261].

Em todos os casos de penhor legal, há em primeiro lugar uma providência de caráter privado, pois o credor toma posse do objeto que se encontra em poder do devedor, completando-se *in iudicio*, ou seja, pela intervenção do magistrado ao homologar o penhor. Se o credor deixar de requerer a referida homologação, nos termos da lei civil, cometerá esbulho, desde que não devolva o bem que apreendeu (*RT*, *366*:455). A mera apreensão não traz consigo a constituição do penhor; este só se aperfeiçoa com a homologação judicial, que legaliza a detenção da coisa pelo credor, dando origem ao direito real de garantia[262].

---

261. W. Barros Monteiro, op. cit., p. 371.

262. Caio M. S. Pereira, op. cit., p. 289; W. Barros Monteiro, op. cit., p. 369; Clóvis Beviláqua, *Código Civil*, obs. ao art. 780; Silvio Rodrigues, op. cit., p. 372. Já Affonso Fraga entende que a apreensão só pode ocorrer por ordem judicial. Mas, sendo a apreensão começo de execução, acha ilógico que se execute um penhor que ainda não se constituiu. E, como o penhor legal se forma contra a vontade do devedor e pela apropriação do alheio, combate-o veementemente (*Direitos reais de garantia*, n. 78, citação de Silvio Rodrigues, op. cit., p. 373). *RT*, *616*:132: "A homologação do penhor legal é uma medida cautelar para a qual se exige pressupostos específicos, logo

b.5.2. Penhor rural

A Lei n. 492/37 sob a rubrica "penhor rural" previu tanto o penhor agrícola (art. 6º) como o pecuário (art. 10), o mesmo fazendo o novo Código Civil, pois rege o penhor agrícola nos arts. 1.442 e 1.443 e o pecuário nos arts. 1.444 a 1446.

O agrícola é o vínculo real que grava culturas e bens a ela destinados, e o pecuário, animais integrantes de atividade pastoril, agrícola ou de laticínios.

Podem ser *objeto* do *penhor agrícola* (CC, art. 1.442): colheitas pendentes ou em via de formação, quer resultem de prévia cultura, quer de produção espontânea do solo; frutos armazenados, ou acondicionados para venda; lenha cortada e carvão vegetal; máquinas e instrumentos agrícolas; animais do serviço ordinário de estabelecimento agrícola; e do *penhor pecuário*: os animais (gado vacum, muar, cavalar, ovídeo e caprídeo) que integram a atividade pastoril, agrícola ou de laticínios (CC, art. 1.444).

O credor terá direito, sendo penhor rural, de verificar o estado das coisas empenhadas, inspecionando-as, onde se encontrarem, por si ou por pessoa que credenciar (CC, art. 1.441) por meio de procuração ou de mera autorização.

Percebe-se que o *penhor rural* tem por objeto, ao lado dos *bens móveis*, como frutos já separados ou lenha cortada, os *imóveis por acessão física ou intelectual*, pois pelos arts. 93 e 79 do Código Civil são considerados como imóveis as culturas, frutos pendentes, máquinas e animais empregados no serviço de uma propriedade rural[263].

---

estando o locador na posição de depositário judicial dos bens deixados no imóvel pelo locatário, em ação de despejo por falta de pagamento de aluguel, não há que se falar em penhor legal, uma vez que inexiste *periculum in mora* não havendo risco de extravio, dilapidação ou desvio de tais bens".

263. W. Barros Monteiro, op. cit., p. 372; Baudry-Lacantinerie, *Précis de droit civil*, v. 2, p. 710. Lutero de Paiva Pereira, Penhor rural – extinção do gravame, *JB*, *156*:17-34. A esse respeito já dizia Gaio (Digesto, Liv. 6º, Tít. 1º, Frag. 44): "*fructus pendentes pars fundi videtur*" (os frutos pendentes consideram-se parte do imóvel). Apesar de o art. 1.647, I, prever outorga uxória ou marital para gravar de ônus real os bens imóveis, exceto se o regime for o de separação absoluta, o penhor rural a dispensa por força do art. 11, parágrafo único, da Lei n. 492/37 (norma especial).

Pela Circular SUSEP n. 308/2005 (alterada pela Carta Circular n. 1/2006) o seguro de penhor rural tem por objetivo cobrir perdas e/ou danos causados aos bens, diretamente relacionados às atividades agrícola, pecuária, aquícola ou florestal, que tenham sido oferecidos em garantia de operações de crédito rural.

É imprescindível, no penhor, a entrega do objeto gravado ao credor, sem o que não se constitui o ônus real. Dispensa-se o requisito da *tradição* no penhor rural (CC, art. 1.431, parágrafo único), pois os bens empenhados continuarão em poder de seus proprietários devedores. Pergunta-se: de que adiantaria ao agricultor ou pecuarista tomar empréstimo sobre os instrumentos agrícolas ou gado leiteiro, se o financiamento lhe retirasse os recursos para a lavoura ou criação de gado?[264].

O credor recebe a posse indireta, enquanto o devedor conserva a posse direta, na qualidade de *depositário* da cultura ou dos animais que deu como garantia do pagamento de seu débito. Se o devedor é mero depositário deverá entregar o bem onerado, assim que a excussão se iniciar, sob pena de prisão, como prescrevem os arts. 652 do Código Civil; 5º, LXVII, da Constituição Federal; 35 da Lei n. 492/37; 168, § 1º, I, do Código Penal; cabe, ainda, ao credor, que é o depositante, o direito de verificar, por si próprio ou por meio de pessoa por ele credenciada, mediante procuração (mandatário) ou mera autorização, o estado das coisas e animais dados em garantia sempre que lhe convier (CC, art. 1.441)[265], para, então, orientar no que deve ser feito em caso de deterioração por culpa do devedor, fiscalizar, vistoriar etc.

O penhor rural constituído por instrumento público ou particular deve ser *registrado*, para ter eficácia contra terceiros, no Cartório de Registro de Imóveis da circunscrição em que estiverem situados os bens ou animais empenhados (CC, art. 1.438; Lei n. 6.015, art. 167, I, n. 15; Lei n. 492/37, arts. 1º e 2º; Dec.-Lei n. 167/67, arts. 30 e s.). O Decreto-Lei n. 2.612/40 trata desse assento, determinando o *quantum* das respectivas custas. Deve no título constitutivo desse ônus real constar o montante da dívida, o prazo para o pagamento, a taxa de juros e todos os dados que possibilitem a individuação das coisas empenhadas, a designação dos animais, indicando o lugar onde se encontram, o destino que têm, dando a raça, grau de mestiçagem, marca, sinal, nome, se tiver, enfim todos os seus caracteres (CC, art. 1.424). Não vale com relação a terceiros penhor sem essa individuação. Da mesma forma se houver qualquer substituição de animais, no penhor pecuário, é preciso que se acrescente esse fato no contrato, para que o mesmo tenha eficácia perante terceiros (*RF, 129*:123).

---

264. Caio M. S. Pereira, op. cit., p. 291. *Vide*: *RSTJ, 79*:243.

265. Clóvis, op. cit., obs. ao art. 769; *RT, 224*:296; W. Barros Monteiro, op. cit., p. 372; Orlando Gomes, op. cit., p. 365; Silvio Rodrigues, op. cit., p. 376-7; Daibert, op. cit., p. 502.

Pela Lei n. 2.666/55: *a*) se houver dúvida quanto à identificação do bem empenhado em relação a outros da mesma espécie existente no local, o penhor incidirá sobre a quantidade equivalente de bens da mesma natureza, de propriedade do devedor e em poder do estabelecimento que responderá como fiel depositário sob as penas da lei (art. 1º, § 1º); *b*) o benefício ou a transformação dos gêneros agrícolas, dados em penhor rural, não extinguem o vínculo real que se transfere para os produtos e subprodutos resultantes dessas operações; *c*) os frutos pendentes, em formação ou percebidos, de imóveis clausulados de inalienabilidade ou impenhorabilidade, poderão ser dados em penhor rural (art. 4º).

O penhor rural para ser constituído não requer outorga uxória ou marital (Lei n. 492, art. 11, parágrafo único). Dispensa-se a anuência do credor hipotecário para a formação de penhor agrícola e pecuário, quando gravado o imóvel (CC, art. 1.440). Permitida, legalmente, está a convivência do penhor rural com a hipoteca, pois não haverá prejuízo ao direito de preferência do credor hipotecário, nem restringe a extensão da hipoteca, ao ser executada. A fim de proteger o credor, a lei não autoriza a venda de animal empenhado sem o seu prévio consentimento (CC, art. 1.445), praticando ato ilícito todo aquele que, de má-fé, adquirir gado empenhado, devendo ser coagido a ressarcir o dano causado ao credor (*RF*, *170*:262; *RT*, *253*:236). A violação do art. 1.445 do Código Civil configura delito de defraudação do penhor, previsto no art. 171, § 2º, III, do Código Penal. Se o devedor pignoratício pretender alienar o gado empenhado ou, por negligência, ameace prejudicar o credor, este poderá requerer que os animais fiquem depositados sob a guarda de terceiro de reputada idoneidade, ou exigir o pagamento imediato do débito (CC, art. 1.445, parágrafo único), hipótese em que se operará o vencimento antecipado da dívida.

Não pode haver alteração do penhor, logo, se animais empenhados vierem a morrer, o devedor deverá substituí-los por outros, para resguardar a garantia.

Os animais da mesma espécie, que foram adquiridos para substituir os mortos, sub-rogar-se-ão no penhor. A aquisição de animais gera entre as partes a presunção de que houve substituição dos animais empenhados que morreram. Mas tal substituição só valerá contra terceiros, se constar de menção adicional ao contrato de penhor, e se averbada for no respectivo registro (CC, art. 1.446 e parágrafo único).

O penhor comum não sofre limitação no tempo; o mesmo não ocorre com o rural, já que o *prazo* do *penhor agrícola* não pode ser superior ao da obrigação garantida (CC, art. 1.439, com a redação da Lei n. 12.873/2013). Sua prorrogação, inclusive decorrente de prorrogação da obrigação garantida (Dec.-Lei n. 167/67, art. 61 e parágrafo único), deve ser averbada no registro respectivo (CC, art. 1.439, § 2º) e mencionada, no contrato. Embora vencido o contrato, permanece a garantia enquanto subsistirem os bens que a constituem (CC, art. 1.439, § 1º), sendo que nos contratos de financiamento de café o prazo máximo é de quatro anos (Lei n. 2.095/53, art. 6º).

Com isso permite a lei penhor agrícola sobre colheitas pendentes ou ainda não existentes ou em via de formação, possibilitando que o devedor dê como garantia coisa futura, contrariando, assim, o conceito de penhor que requer a entrega da coisa[266]. Tal penhor que recai sobre colheita pendente, ou em via de formação, abrange a imediatamente seguinte, no caso de frustrar-se ou ser insuficiente a dada em garantia (CC, art. 1.443). E se o credor não financiar a nova safra, ante a frustração, parcial ou total, da primeira, poderá o devedor constituir com outrem novo penhor, limitado, porém, à quantia máxima equivalente à do primeiro; o segundo penhor terá preferência sobre o primeiro, abrangendo este apenas o excesso apurado na colheita seguinte (CC, art. 1.443, parágrafo único).

O prazo do *penhor pecuário* não excederá ao da obrigação garantida (CC, art. 1.439, 2ª parte, com a redação da Lei n. 12.873/2013), suscetível de prorrogação, inclusive oriunda de prorrogação da obrigação garantida (Dec.-Lei n. 167/67, art. 61, parágrafo único), desde que averbada à margem do respectivo registro a requerimento do credor e do devedor (CC, art. 1.439, § 2º). O Código Civil, art. 1.439, § 1º, prescreve que, "embora vencidos os prazos, permanece a garantia, enquanto subsistirem os bens que a constituem".

Tal prorrogação deverá, convém repetir, ser averbada à margem do respectivo registro, a requerimento do credor e do devedor (§ 2º do art. 1.439); logo, ela não se operará automaticamente, nem poderá ser estipulada em cláusula do contrato de penhor, visto que deverá ser feita ao término do prazo de penhor (agrícola ou pecuário) convencionado pelas partes.

O devedor, prometendo pagar o débito em dinheiro, poderá emitir, em favor do credor, cédula rural pignoratícia (CC, art. 1.438, parágrafo único), na forma determinada em lei especial.

---

266. Silvio Rodrigues, op. cit., p. 378; W. Barros Monteiro, op. cit., p. 373; Helder Martinez Dal Col, Penhor agrícola – a natureza jurídica dos bens empenhados e as consequências do desvio, *Revista Síntese de Direito Civil e Processual Civil*, *2*:36-55.

Feito o registro do contrato de penhor rural, o oficial do cartório expedirá, a pedido do credor, a *cédula rural pignoratícia* (Lei n. 492/37, art. 15; Dec.-Lei n. 167/67, arts. 14 a 19; *Ciência Jurídica, 68*:53; *RT, 799*:340; *Bol. AASP, 2891*:9), a fim de facilitar a circulação do crédito garantido, transferível por endosso, e de comprovar o mencionado assento, devendo este conter dados e especificações necessárias ao exato conhecimento do negócio garantido pignoraticiamente[267]. Mas nada obsta, como já foi dito, a que o devedor, prometendo pagar em dinheiro o débito, a emita espontaneamente, em favor do credor, na forma determinada em lei especial (CC, art. 1.438, parágrafo único). Essa cédula é transferível por endosso (Lei n. 492/37, art. 16), e dela fica fazendo parte integrante a escritura do penhor (Lei n. 492/37, art. 18), de forma que os direitos creditórios se exercem pelo endossatário, em cujo poder se encontra; é resgatável a qualquer tempo, desde que se efetue o respectivo pagamento (Lei n. 492/37, art. 19). Se, contudo, não for paga, compete ao portador apresentá-la ao oficial competente para o protesto (Lei n. 492/37, art. 22)[268].

Com isso imobiliza-se o crédito agrícola, cujo valor se incorpora a essa cédula, que ganha autonomia, passando a ser título negociável, dada a sua transferência mediante endosso em preto, até que haja a liquidação do débito anotado na própria cédula, sendo suscetível de redesconto no Banco Central e dotado de ação executiva, para a qual se exige citação da mulher ou do marido do devedor, embora a sua emissão dispense outorga uxória ou marital[269].

Essa cédula, ensina Caio Mário da Silva Pereira, é um "título formal, líquido e certo, exigível pela soma ali lançada e com validade contra terceiro, desde que feita sua inscrição na coletoria ou repartição arrecadadora federal"[270].

---

267. Orlando Gomes, op. cit., p. 366; W. Barros Monteiro, op. cit., p. 375. Circulares do BCB n. 2.174/92 (ora revogada pela Circular n. 2.174/92), 2.162/92 (ora revogada pela Circular n. 2.185/92), 2.159/92 (ora revogada pela Circular n. 3.081/2002), 2.142/92 (ora revogada pela Circular n. 2.162/92), 2.136/92 (ora revogada pela Circular n. 2.185/92), 2.129/92 (ora revogada pela Circular n. 2.183/95) e 2.126/92 (ora revogada pela Resolução n. 1.980/93). O art. 16 do Decreto-Lei n. 167/67 foi revogado pelo Decreto-Lei n. 784/69.

268. W. Barros Monteiro, op. cit., p. 375; Orlando Gomes, op. cit., p. 366; Silvio Rodrigues, op. cit., p. 383; Sérgio Iglesias Nunes de Souza, *Comentários*, cit., p. 1061. O Código Civil não revogou a legislação especial sobre penhor.

269. Caio M. S. Pereira, op. cit., p. 292-3.

270. Caio M. S. Pereira, op. cit., p. 293.

O emitente dessa cédula, com ou sem garantia real, deverá cumprir certas obrigações, como a de pagar seus empregados, a de recolher, oportunamente, os tributos, a de segurar os bens etc. O endossante responde pela legitimidade da cédula rural pignoratícia e pela existência das coisas ou animais onerados. E, ainda, para impedir que o devedor desvie o objeto da garantia, sem ciência do credor ou do endossatário da cédula, têm estes o direito de requerer ao juiz a remoção deste para o poder de depositário público ou particular (Lei n. 492/37, art. 20).

A lei ampliou este instituto, criando quatro cédulas: cédula rural pignoratícia, cédula rural hipotecária, cédula rural pignoratícia e hipotecária e nota de crédito rural, dispondo que os empréstimos bancários concedidos às pessoas físicas ou jurídicas que se dediquem às atividades agrícolas ou pecuárias poderão ser efetuados por meio dessas cédulas (Dec.-Lei n. 167/67, arts. 1º e 9º).

Com o *vencimento do débito* compete ao credor o direito à excussão, desde que o título constitutivo não tenha autorizado a venda amigável. Essa *excussão judicial* processa-se de acordo com os arts. 22 e s. da Lei n. 492/37, embora o Código de Processo Civil tenha, no seu art. 784, V, prescrito que segue a forma executiva a ação do credor pignoratício.

Inicia-se tal processo, com a citação do devedor, que terá 48 horas para pagar ou depositar, judicialmente, o bem empenhado. Se dentro desse lapso de tempo o devedor não se manifestar, a coisa gravada será sequestrada por ordem do juiz, que determinará a prisão administrativa ao depositário infiel (Lei n. 492/37, art. 23, § 4º, e *RT*, *164*:38)[271].

Se a quantia apurada na venda judicial não for suficiente para solver integralmente o débito, o credor poderá prosseguir na excussão, penhorando outros bens do devedor. A excussão não se suspende nem mesmo em ra-

---

271. Tem havido decisão admitindo prisão civil de devedor pignoratício (*RT*, *806*:116), mas há julgado entendendo que safra agrícola se sujeita a intempéries, logo o devedor pignoratício não poderia responsabilizar-se, de forma absoluta, pela entrega da produção, por tal razão afastada está a prisão civil (*RT*, *797*:393). Nesse mesmo teor de ideias, observa Luís Paulo Cotrim Guimarães (*Direito civil*, cit., p. 214), por serem fungíveis os bens dados em garantia no penhor rural, como ocorre com o gado bovino, não se caracterizaria o depósito regular, inadmitindo-se, consequentemente, a prisão civil. Pela Súmula vinculante 25 do STF: "É ilícita a prisão civil de depositário infiel, qualquer que seja a modalidade do depósito".

zão de falecimento ou falência do devedor, prosseguindo com os seus herdeiros ou seu administrador judicial[272].

b.5.3. Penhor industrial

O penhor industrial recai sobre máquinas, aparelhos materiais, instrumentos, instalados e em funcionamento, com os acessórios ou sem eles; animais utilizados na indústria; sal e bens destinados à exploração das salinas; produtos de suinocultura; animais usados na industrialização de carnes e derivados; matérias-primas e produtos industrializados (CC, art. 1.447).

Caracterizando-se pela dispensa da tradição da coisa onerada, o devedor continua na sua posse, equiparando-se ao depositário para todos os efeitos (CC, art. 1.431, parágrafo único). Pois de que valeria ao industrial mobilizar crédito com a garantia de máquinas e matéria-prima, se com a tradição delas ao financiador tivesse de paralisar a indústria?[273].

Constitui-se o penhor industrial por instrumento público ou particular, devidamente registrado no Cartório de Registro de Imóveis onde os bens gravados se encontrarem (CC, art. 1.448).

Se o devedor prometer pagar o débito pignoratício em dinheiro, poderá emitir, em favor do credor, *cédula de crédito industrial*, na forma e para os fins determinados em lei especial (CC, art. 1.448, parágrafo único). A cédula de crédito industrial é um título formal, caracterizado pela certeza, liquidez e exigibilidade pelo valor nela exarado, desde que se atendam aos requisitos exigidos por lei especial. Com isso a norma pretende tornar mais fácil a circulação da riqueza contida na referida cédula.

O devedor não poderá, sem o consenso escrito do credor, alterar a coisa empenhada (p. ex., modificar algum equipamento), nem mudar-lhe a situação (CC, art. 1.449, 1ª parte).

Em regra, não se pode alienar, onerosa ou gratuitamente, as coisas empenhadas, porém o penhor industrial de produtos de suinocultura admite a alienação do bem gravado, desde que haja anuência prévia do credor e a sua substituição pelo devedor por outro da mesma espécie. A coisa que o substituir fica sub-rogada no penhor[274] (CC, art. 1.449, 2ª parte).

---

272. Sobre a excussão *vide* W. Barros Monteiro, op. cit., p. 375-6; *RT*, *142*:585, *144*:619. *Vide* Lei n. 8.929/94, sobre cédula de produto rural; Decreto n. 58.380/66, que aprova regulamento que institucionaliza o crédito rural; Súmula 16 do STJ. Consulte: Gustavo R. Rocha, Natureza cambiária da cédula de produto rural, *Del Rey Jurídica*, *17*:34-5.

273. Caio M. S. Pereira, op. cit., p. 291.

274. Orlando Gomes, op. cit., p. 366; Matiello, *Código Civil*, cit., p. 932-3.

O credor tem o direito de verificar o estado do bem empenhado, inspecionando-o onde estiver, por si ou por meio de pessoa credenciada (CC, art. 1.450).

Como bem observou Daibert, o Decreto-Lei n. 413/69 revogou todas as normas gerais alusivas ao penhor industrial; com isso esse penhor passou a se reger pela mesma disciplina legal da alienação fiduciária em garantia[275]. De boa técnica legislativa usou o Código Civil de 2002 ao contemplar de modo específico o penhor industrial, dando-lhe disciplina própria.

b.5.4. Penhor mercantil

Essencialmente, não há nenhuma diferença entre o penhor mercantil e o civil; distingue-se do civil apenas pela natureza da obrigação que visa garantir. Esta obrigação é comercial[276] (CC, arts. 1.447 a 1.450) decorrente do exercício de atividade econômica organizada para a produção e circulação de bens ou serviços.

Essa espécie de penhor é muito aplicada no comércio, principalmente na vida bancária. Rege-se pelas normas concernentes aos armazéns gerais o penhor de mercadorias neles depositadas. Ligando-se, à sua matéria, o instituto dos armazéns-gerais (Dec. n. 1.102, de 21-11-1903, alterado pela Lei Delegada n. 3/62; CC, art. 1.447, parágrafo único) e o dos estabelecimentos de empréstimos sobre penhores e montes de socorro (Dec. n. 24.427/34). Prescrevia o Decreto n. 24.427 (revogado pelo Decreto s/n. de 25-4-1991) que se incluía entre as operações das caixas econômicas a caução de título da dívida pública e o penhor civil de joias, metais, moedas ou coisas (art. 57), representados por cautelas, que podiam ser nominativas e transferíveis por endosso, bem como ao portador (art. 61). E o art. 79 concedia prazo para sua liquidação às casas de penhora até então existentes.

O penhor mercantil apresenta os seguintes caracteres:

1) Recai sobre coisa móvel (CC, art. 1.447), que ficará sujeita ao pagamento do débito; logo não pode incidir sobre estabelecimentos comerciais,

---

275. Daibert, op. cit., p. 499. *Vide* Decreto-Lei n. 413/69, sobre título de crédito industrial principalmente o seu art. 20, I a X.

276. W. Barros Monteiro, op. cit., p. 379; Carvalho de Mendonça, *Tratado de direito comercial*, v. 6, 2ª parte, n. 1.260; Matiello, *Código Civil*, cit., com. ao art. 1.448; *RJE*, *3*:21, *1*:451, *2*:302; *Bol. AASP*, *1.833*:4; *RJTJRS*, *154*:333; *Revista do STJ*, *39*:371, *75*:442, *104*:410, *106*:294, *111*:258; *RT*, *819*:369, *755*:223, *783*:313, *759*:137, *707*:81, *795*:373, *641*:167, *476*:235; *Ciência Jurídica*, *61*:141; *JSTJ*, *54*:201; *Bol. AASP*, *1.833*:4. Sobre prisão na hipótese de penhor mercantil: *RT*, *759*:137, em contrário: *RT*, *783*:313.

que são imóveis, e marcas de fábrica, que são impenhoráveis. Assim comportam esse ônus real: mercadorias, produtos, máquinas etc.

2) Não requer a tradição da coisa empenhada ao credor (CC, art. 1.431, parágrafo único). O STF (*RT*, *152*:777) já decidiu pela validade de penhor mercantil, com cláusula *constituti*, sem entrega efetiva do bem dado em garantia, que fica em poder do devedor, que o deve guardar e conservar.

3) É contrato acessório que se liga à obrigação principal, que tem por escopo garantir.

4) É indivisível, já que submete o objeto empenhado à integral solução da dívida (CC, art. 1.421).

5) Deve constar de instrumento público ou particular (CC, art. 1.448, 1ª parte), que deve conter para valer contra terceiros (*RT*, *115*:579) os seguintes requisitos (CC, art. 1.424): a dívida que se pretende garantir, com a indicação do *quantum* ou sua estimação; a taxa de juros, se houver; o prazo fixado para o pagamento e a coisa onerada com todas as suas especificações (natureza, espécie, qualidade, quantidade, peso e medida).

6) Depende de seu registro no Cartório Imobiliário da situação do bem empenhado para valer contra terceiros (CC, art. 1.448, 2ª parte)[277].

7) Permite ao devedor, que prometer pagar em dinheiro a dívida garantida com penhor, que ele emita, em favor do credor, cédula de crédito mercantil na forma e para a finalidade determinadas por lei especial (CC, art. 1.448, parágrafo único). Tal cédula é, na lição de Matiello, o título formal caracterizado pela certeza, liquidez e exigibilidade do valor declarado, desde que preenchidos os requisitos legais.

277. W. Barros Monteiro, op. cit., p. 379-80; Orlando Gomes, op. cit., p. 366, n. 263. Mas o Código Civil de 2002 exige tal registro, no art. 1.446. A título de história do direito, ressalvamos: o Decreto n. 95.572/87, que regia operações de penhor da Caixa Econômica Federal, foi revogado pelo Decreto n. 97.547/89. Este, por sua vez, perdeu sua vigência pelo superveniente Decreto n. 99.531/90, que foi revogado pelo Decreto n. 1.138/94. Este último diploma aprovou o Estatuto da Caixa Econômica Federal, mas foi revogado pelo Decreto n. 2.254/97, que, por sua vez, sofreu revogação com a edição do Decreto n. 2.943/99. Consulte a título histórico: o Decreto n. 2.943/99 veio a ser revogado pelo Decreto n. 3.851, de 27-6-2001, que perdeu sua vigência pelo Decreto n. 4.371/2002, que foi revogado pelo Decreto n. 5.056/2004, que, por sua vez, sofreu revogação pelo Decreto n. 6.132/2007, que perdeu a vigência pelo Decreto n. 6.473/2008. Este último foi revogado pelo Decreto n. 7.973/2013.

8) Exige consentimento escrito do credor para alteração do bem empenhado, para mudança de sua situação e para sua alienação, sendo que nesta última hipótese o devedor deverá substituí-lo por outro da mesma natureza, que se sub-rogará no penhor (CC, art. 1.449).

9) Concede ao credor o direito de verificar o estado da coisa onerada, fiscalizando seu uso, p. ex., inspecionando-a onde se achar, pessoalmente ou por pessoa que credenciar por procuração (mandatário) ou mera autorização (CC, art. 1.450).

b.5.5. Penhor de direitos

Orlando Gomes ensina-nos que o penhor não incide somente em coisas, mas também em direitos. Assim, ao lado dos bens móveis corpóreos, podem ser gravados com ônus pignoratício os bens incorpóreos[278].

Podem ser *objeto* do penhor direitos, suscetíveis de cessão, sobre coisas móveis (CC, arts. 83, II, e 1.451), como: as ações de sociedades anônimas, que são frações do capital social (Lei n. 6.404/76, art. 39, com a redação da Lei n. 9.457/97); as ações de companhias de seguro (Dec.-Lei n. 2.063/40, art. 13); as ações de companhias aeronáuticas (Dec.-Lei n. 32/66, revogado pela Lei n. 7.565/86); as ações ou quotas de capital de bancos de depósito (Dec.-Lei n. 3.182/41); as patentes de invenções; ações negociadas em bolsas de valores ou no mercado futuro; direitos autorais; em alguns ordenamentos, o direito à sucessão aberta; e os direitos de crédito. Estes últimos constituem a mais importante modalidade do penhor de direito, por serem elementos de grande valia do patrimônio da pessoa de fácil transmissibilidade, de forma que o credor pode oferecer seu direito de crédito como garantia real de dívida que vier a contrair.

O Código Civil, art. 1.452, prescreve que o penhor de direitos constitui-se mediante instrumento público ou particular, registrado no Cartório de Títulos e Documentos do domicílio do devedor, para que terceiros, ante sua oponibilidade *erga omnes*, possam ter conhecimento da relação jurídica pignoratícia, acrescentando no parágrafo único que "o titular de direito empenhado deverá entregar ao credor pignoratício os documentos comprobatórios desse direito, salvo se tiver interesse legítimo em conservá-los" em

278. Nesse mesmo sentido Windscheid, *Pandette*, v. 1. Regulam o penhor de direitos o Código Civil alemão e o grego.

seu poder, consignado em convenção, dispondo que a documentação comprobatória ou título empenhado continuará na posse do devedor pignoratício. O credor pignoratício deve, pelo art. 1.454 do Código Civil, praticar os atos necessários à conservação e defesa do direito empenhado, providenciando medidas conservatórias ou promovendo demandas, e cobrar os juros e mais prestações acessórias compreendidas na garantia para receber a importância dos títulos caucionados. E se o título for superior ao seu crédito, deverá devolver o excedente ao credor caucionante, respondendo na qualidade de depositário. Mas para o exercício desse direito, pondera Sérgio Iglesias Nunes de Souza, deverá intimar o devedor dos títulos caucionados para que não os pague ao seu credor enquanto durar a caução, reservando a si o direito de exigir o seu pagamento[279].

O penhor desse direito recai num crédito ordinário, daí denominar-se penhor de *crédito "stricto sensu"* em que o direito à prestação de devedor é submetido à relação pignoratícia por seu valor patrimonial. Não há coisa que o represente, pois não se incorpora em documento algum. Não obstante, os direitos obrigacionais são tidos como móveis, para os efeitos legais (CC, art. 83, III). Nesse penhor de crédito comum, a transferência do direito opera-se com a simples notificação judicial ou extrajudicial ao devedor. Deveras, o penhor de crédito não tem eficácia senão quando notificado ao devedor. E por notificado se tem o devedor que, em instrumento público ou particular, se declarar ciente da existência do penhor (CC, art. 1.453).

O credor pignoratício deverá cobrar o crédito empenhado, assim que se tornar exigível. Vencida e não prescrita a dívida onerada, o credor pignoratício poderá cobrar seu crédito por ser exigível. Se este for prestação pecuniária, depositará a importância recebida, conforme acordo feito com o devedor pignoratício, ou onde o magistrado determinar. Se consistir na entrega da coisa, nesta o penhor sub-rogar-se-á. Se o crédito estiver vencido, o credor pignoratício, sendo em dinheiro a prestação recebida, poderá reter do *quantum* recebido o que lhe é devido, devolvendo o restante ao devedor, ou excutir o bem que lhe foi entregue como garantia, se a prestação consistir na entrega da coisa (CC, art. 1.455 e parágrafo único) para, com o preço alcançado, receber o que lhe é devido, restituindo o saldo, se houver, ao devedor. Se, porventura, tal crédito for objeto de vários penho-

279. Sérgio Iglesias Nunes de Souza, *Comentários*, cit., p. 1065-6.

res, o devedor deverá pagar apenas ao credor pignoratício que tenha direito de preferência em relação aos outros por ter registrado em primeiro lugar o instrumento constitutivo do penhor (prioridade do assento), pois *prior in tempore melior in iure*. O credor preferente, sendo notificado por qualquer um deles, responderá por perdas e danos aos demais credores, se não tiver promovido, oportunamente, a cobrança (CC, art. 1.456). O Projeto de Lei n. 699/2011 acrescentará a esse artigo o seguinte parágrafo único: "O critério de preferência entre os credores de que trata o *caput* deste artigo será determinado pela antecedência do registro do instrumento público ou particular de penhor de direito no Registro de Títulos e Documentos do domicílio do devedor pignoratício". Isto porque, como o novel Código Civil não define o critério de preferência entre os diferentes credores pignoratícios, procurará, acrescentando o referido parágrafo, estabelecê-los. Mas o Parecer Vicente Arruda opinou, ao analisar o Projeto de Lei n. 6.960/2002 (atual PL n. 699/2011) que continha essa proposta, pela sua rejeição, pois "se o penhor de crédito só se constitui mediante o Registro de Títulos e Documentos (art. 1.452), evidentemente o mais antigo prefere ao mais recente".

O titular do crédito empenhado apenas poderá receber o pagamento com a anuência, por escrito, do credor pignoratício, hipótese em que o penhor se extinguirá (CC, art. 1.457), pois houve renúncia daquele credor ao penhor e não ao crédito, que subsistirá. Como "é prática comum no mercado de crédito que o titular do crédito empenhado continue fazendo a cobrança do mesmo junto ao devedor originário", acrescentará o Projeto de Lei n. 699/2011 que, havendo disposição contratual em contrário, a extinção do penhor não se dará. Todavia, o Parecer Vicente Arruda não acatou essa proposta, que estava no Projeto de Lei n. 6.960/2002 (hoje PL n. 699/2011), visto que "o que importa é dar garantia ao credor pignoratício, o que o dispositivo assegura. Se ele quiser abrir mão de sua garantia, pode fazê-lo por sua conta e risco".

Nosso Código Civil de 1916 não mencionava essa espécie de penhor, mas o Decreto n. 24.778/34, concernente ao penhor de créditos garantidos por hipoteca, o admitiu expressamente[280], sendo depois revogado pelo Decreto s/n. de 25-4-1991.

280. Este é o ensinamento de Orlando Gomes, op. cit., p. 367-8.

b.5.6. Penhor de títulos de crédito

O Código Civil regula o penhor ou a caução dos títulos de crédito em seus arts. 1.458 a 1.460. Explicava-nos Clóvis Beviláqua[281] que a lei pátria anterior preferiu utilizar-se do vocábulo "caução", em vez de "penhor", para expressar melhor a ideia de que não há uma transferência de posse, por se tratarem os créditos de bens incorpóreos.

O objeto do *penhor de título de crédito* é o próprio título em que se documenta o direito (p. ex., nota promissória, letra de câmbio). O direito de crédito materializa-se ao incorporar-se no documento, sendo, portanto, seu objeto o documento representativo do crédito (coisa corpórea) e não os respectivos direitos (coisas incorpóreas), caso em que se teria, como vimos, o penhor de direitos. Com isso não se tem um penhor de coisa, porque seu objeto não deixa de ser o direito de crédito corporificado no título[282].

O penhor dos títulos de crédito constitui-se mediante instrumento público ou particular ou endosso pignoratício (modalidade especial de endosso pelo qual o endossante fica vinculado a outra obrigação, conferindo ao endossatário o direito de retenção) lançado no próprio título, e só produzirá efeitos jurídicos com a tradição do título ao credor, pois a transferência do direito opera-se com a entrega do título ou da cártula ao credor (CC, art. 1.458).

Tal penhor pode incidir sobre títulos nominativos de dívida pública e sobre títulos de crédito particulares.

Quanto ao de títulos nominativos de dívida da União, dos Estados e Municípios valerá contra terceiros, desde que seja levado a assento na repartição fiscal competente e no Registro de Títulos e Documentos (Lei n. 6.015/73, art. 127, III), ainda que esses títulos não hajam sido entregues ao credor, dispensando-se a tradição. Entretanto, se as apólices de dívida pública estiverem gravadas com cláusula de inalienabilidade, não poderão ser objeto de caução, pois estão fora do comércio, e como o penhor não deixa de ser, sob certa forma, um modo de alienação, posto que, em sendo garantia de uma obrigação, não cumprida esta, executa-se a garantia, com o que se terá, consequentemente, a alienação compulsória[283].

---

281. Clóvis, *Direito das coisas*, v. 2, p. 75.
282. Orlando Gomes, op. cit., p. 368. *Vide* Lei n. 11.101/2005, art. 49, § 5º.
283. Daibert, op. cit., p. 493.

Se o *penhor* recair sobre *títulos de crédito pessoal* (CC, art. 1.458), imprescindível será a tradição, se for ao portador, mas o contrato que a constitui deverá ser assentado no Registro de Títulos e Documentos. Mas se for nominativo, a transferência opera-se por meio do endosso pignoratício, dependendo também daquele registro para valer contra terceiros[284].

Tais títulos de crédito particular são aqueles documentos em que se incorporam dívidas oriundas de relações jurídicas de caráter privado, como nota promissória e letra de câmbio[285].

Compete ao credor, em penhor de título de crédito, o direito de:

1) Conservar a posse do título (CC, art. 1.459, I), empregando, na sua guarda, a diligência exigida por sua natureza[286].

2) Recuperar a posse do título contra qualquer detentor, inclusive o próprio dono, podendo, para tanto, empregar todos os meios processuais admissíveis para assegurar os seus direitos e os do credor do título empenhado: ações, recursos e exceções (CC, art. 1.459, I e II). Pode, para tanto, interromper a prescrição, acionar o devedor do título, praticando toda a série de atos destinados a proteger e defender a integridade da relação creditícia contida no título[287].

3) Fazer intimar ao devedor do título empenhado, que não pague ao seu credor, enquanto durar o penhor (CC, art. 1.459, III; *RT*, *681*:118), para que possa exercer seu direito de receber diretamente tal importância, podendo, pois, exigir o pagamento da dívida. Logo, o devedor do título caucionado, se receber essa intimação ou se se der por ciente do penhor, não poderá pagar ao seu credor, sob pena de responder solidariamente por este por perdas e danos, perante o credor pignoratício (CC, art. 1.460). "A" deve a "B" a quantia "x", consignada num título de crédito. "B" dá em garantia de seu débito com "C" o crédito que possui em relação a "A". "C" (credor pignoratício) deverá notificar "A" para que não pague a "B". Se "A" vier a pagar a "B", tendo conhecimento do penhor de crédito, deverá responder

284. Orlando Gomes, op. cit., p. 369. O Decreto n. 24.778/34 que autorizava o penhor de créditos hipotecários e pignoratícios, durante a vigência do CC de 1916, foi revogado pelo Decreto s/n. de 25-4-91.

285. Orlando Gomes, op. cit., p. 369.

286. Orlando Gomes, op. cit., p. 369.

287. Caio M. S. Pereira, op. cit., p. 295.

a "C", solidariamente com "B", pelas perdas e danos[288]. Assim temos ilustrativamente:

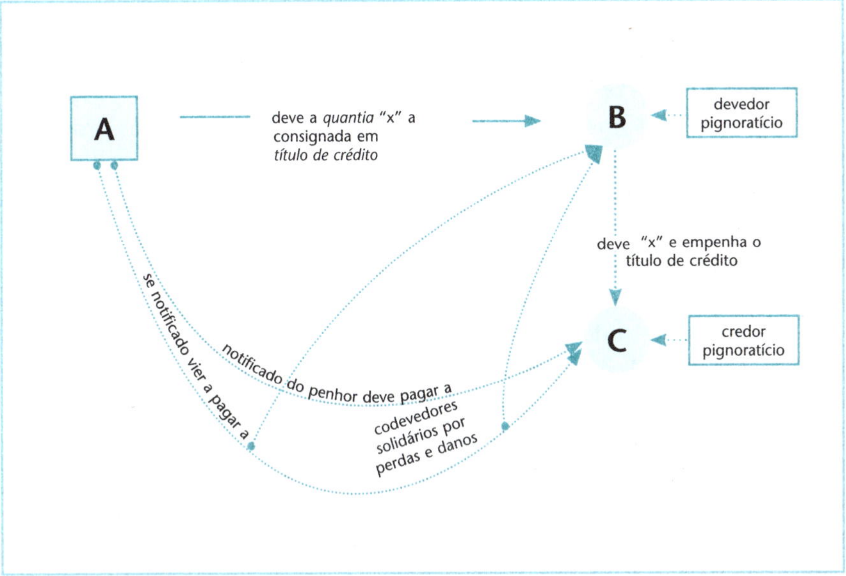

Reforçamos, pela relevância da questão, com outras palavras, que, pelo art. 1.460 e parágrafo único do Código Civil, o credor pignoratício deverá denunciar o penhor, intimando o devedor do título empenhado que não pague ao seu credor enquanto durar a caução, para que possa exercer seu direito de receber diretamente tal importância, podendo, pois, exigir o pagamento do débito. Logo, o devedor do título empenhado, se receber essa intimação ou for notificado do penhor, não poderá pagar ao seu credor, sob pena de responder solidariamente por este, por perdas e danos, perante o credor pignoratício. Logo, não poderá receber quitação do seu credor. Se, malgrado tudo, o credor der quitação ao devedor do título onerado, deverá ele pagar imediatamente a dívida, garantida pelo penhor. Se assim não fosse, destruir-se-ia o valor jurídico do penhor, uma vez que se tornaria inoperante. Deveras, se aquele que, sendo credor num título de crédito, depois de o ter caucionado, quitar, após a denúncia do penhor, tendo ou não

288. *Vide* Mª Lígia C. Mathias, *Direito civil*, op. cit., p. 190-1.

recebido o valor constante no documento, o devedor, ficará, por esse fato, obrigado a saldar, de imediato, o débito, em cuja garantia se constituir o penhor.

Ter-se-á vencimento antecipado da obrigação garantida; não mais terá o credor pignoratício a possibilidade de executar o devedor por não cumprimento da obrigação na data avençada.

Exemplificativamente: *A* é devedor de *B*, por meio de notas promissórias que emitiu, vencíveis a 180, 240 e 300 dias. Portanto *B* é credor de *A*. *B*, de posse daqueles títulos, procura *C* e com este cauciona ditas promissórias, dando-as em penhor pelo empréstimo. Ora, se *B* der quitação de qualquer daquelas promissórias em seus vencimentos, ou mesmo fora deles, estará obrigado, por lei, a liquidar a dívida para com *C*, garantida pela caução, porque sua atitude implicou a extinção do direito creditório de *C* (credor caucionante). E *A*, ciente de que seus títulos de débito – as notas promissórias – se achavam caucionadas a *C*, não deveria resgatá-las com *B* e se assim o fez, agiu de má-fé, pelo que a lei lhe impõe a solidariedade passiva, isto é, passa a ser solidário com *B* pelo ressarcimento ou pagamento a *C* do valor da dívida contraída por *B* ao caucionar os títulos a que nos referimos. Essa medida põe a salvo os direitos daquele com quem se realiza a caução de títulos de crédito pessoal[289].

4) Receber a importância consubstanciada no título caucionado e os respectivos juros, se exigíveis, e restituindo-o ao devedor, quando este solver a obrigação por ele garantida (CC, art. 1.459, IV).

O credor pignoratício está autorizado legalmente a receber a importância dos títulos dados em caução, mas se o *quantum* por ele recebido for superior ao seu crédito, deverá restituir a parte excedente ao credor caucionante, respondendo por ela como depositário[290]. A esse respeito esclarece-nos Caio Mário da Silva Pereira[291] que o contrato de caução passou a ser modalidade corrente no comércio bancário, adquirindo o estabelecimento caucionário a

289. Exemplo dado por Daibert, op. cit., p. 494 e 495. *Vide*: Matiello, *Código Civil*, cit., p. 939 a 941. Acrescentava, ainda, nosso Código Civil de 1916 (arts. 798 e 799) que o credor que aceitasse em caução títulos ainda não integralizados, poderia, sobrevindo qualquer das chamadas ulteriores, executar logo o devedor que não realizasse a entrada, ou efetuá-la sob protesto. Se se efetuasse sob protesto a entrada, ao débito se adicionava o valor desta, ressalvado ao credor o seu direito de executar *in continenti* o devedor.

290. Orlando Gomes, op. cit., p. 369.

291. Caio M. S. Pereira, op. cit., p. 296.

propriedade dos títulos endossados; à medida que se vão liquidando pelo resgate os títulos caucionados, leva o Banco a crédito do caucionante os valores recebidos contra entrega dos instrumentos aos respectivos obrigados, até o final do pagamento do débito garantido, restituindo-se, então, ao credor caucionante os títulos remanescentes, bem como o saldo em dinheiro.

b.5.7. Penhor de veículos

O penhor de veículos está disciplinado pelo Decreto-Lei n. 413/69 e pelo Código Civil, arts. 1.461 a 1.466.

Podem ser objeto desse penhor veículos empregados em qualquer espécie de transporte (de pessoas ou de mercadorias) ou condução (CC, art. 1.461), pelo prazo de dois anos, prorrogáveis por mais dois (CC, art. 1.466), mediante instrumento público ou particular, devendo, para produzir efeito *erga omnes*, ser registrado no Cartório de Títulos e Documentos do domicílio do devedor e anotado no certificado de propriedade (CC, art. 1.462), junto à repartição de trânsito. Sem olvidar, ante o princípio da especialidade de sua descrição (cor, marca, tipo, número do chassi e do motor etc.). E, havendo prorrogação, esta deverá ser averbada à margem do registro respectivo (CC, art. 1.466) e anotada no certificado de propriedade do veículo, apesar de alguns autores, como Paulo Nader, dispensarem tal anotação. Por exemplo, podem ser empenhados automóveis, ônibus, caminhões, tratores, reboques, carretas e embarcações não hipotecáveis como lanchas, barcos, *jet-skis* etc. Observam Jones Figueirêdo Alves e Mário Luiz Delgado[292] que os equipamentos para executar terraplanagem e pavimentação não estão abrangidos no penhor de veículos, visto que constituem objeto de penhor industrial, conforme prevê norma especial.

O devedor, prometendo pagar em dinheiro a dívida garantida com o penhor, poderá emitir cédula de crédito em favor do credor, na forma e para os fins que a lei especial determinar (CC, art. 1.462, parágrafo único). Com isso, será possível negociá-la com terceiros, ou transferi-la por simples endosso.

Outrora, não se poderia fazer tal penhor sem que os veículos estivessem previamente segurados contra furto, avaria, perecimento e danos mo-

292. Jones F. Alves e Mário Luiz Delgado, *Código Civil anotado*, São Paulo, Método, 2004, p. 735; Carlos Roberto Gonçalves, *Curso*, cit., v. 4, p. 545; Sérgio Iglesias Nunes de Souza, *Comentários*, cit., p. 1068; Paulo Nader, *Curso de direito civil*, Rio de Janeiro, Forense, v. 4, 2006, p. 552.

rais e/ou patrimoniais causados a terceiros (CC, art. 1.463 – ora revogado pela MP n. 958/2020). Sérgio Iglesias Nunes de Souza observa que o contrato de penhor de veículos requer o seguro do bem dado em penhor, sob pena de nulidade, podendo o devedor responder pelos danos causados, se indicar que havia seguro, mas este estava vencido ou não pago perante a seguradora. Mas há quem ache que as partes poderão fazer posteriormente esse seguro, desde que o façam antes da ocorrência do sinistro. Isto é assim porque, por força do art. 1.425, § 1º, do Código Civil, ocorrido o sinistro, o penhor sub-rogar-se-á na indenização paga pela companhia seguradora.

O credor tem direito de verificar o estado de conservação do veículo empenhado, as condições em que se mantém guardado, as cautelas a serem tomadas para protegê-lo etc., inspecionando-o, onde se achar, por si ou por pessoa que credenciar, mediante procuração (mandatário) ou mera autorização (CC, art. 1.464), visto que tem, tão somente, a posse indireta, evitando, assim, sua depreciação ou perecimento. Se perceber que o veículo empenhado não está em boas condições, ante a atitude negligente do devedor pignoratício (possuidor direto), o credor poderá, mediante requerimento, exigir, em juízo, um reforço da garantia ou a adoção de medidas necessárias para a manutenção do veículo em bom estado de conservação.

A alienação (onerosa ou gratuita) ou a mudança (troca, alteração substancial, como substituição de motor) do veículo empenhado, sem prévia comunicação escrita ao credor, importam no vencimento antecipado do crédito pignoratício (CC, art. 1.465) por haver presunção de fraude ou diminuição daquele crédito. Com isso, evita-se que alienante e adquirente, de má-fé, venham a prejudicar o credor pignoratício, que poderá, ante seu direito de sequela, promover busca e apreensão para a excussão judicial do veículo empenhado, antes do vencimento do crédito garantido.

b.6. Extinção do penhor

Resolve-se o penhor:

1) Com a *extinção da dívida*, já que o penhor é uma relação acessória, ligando-se à obrigação principal, cessada esta, pelo pagamento do débito ou pela superveniência de qualquer outro meio extintivo, desaparece, consequentemente, o direito real que a garantia (CC, art. 1.436, I).

2) Com o *perecimento do objeto empenhado* (CC, art. 1.436, II), pois, devido à falta de objeto, extingue-se o penhor, por ser impossível a sua exe-

cução. Se houver apenas uma deterioração ou destruição parcial da coisa gravada, o penhor subsiste no remanescente dessa coisa, possibilitando que o credor pignoratício possa exigir o reforço da garantia sob pena de vencimento antecipado da dívida. Isto é assim, dado o princípio da indivisibilidade, inerente aos direitos reais de garantia.

Se a destruição total do bem onerado se der por caso fortuito ou força maior, o penhor se extingue. Se for oriunda de culpa do credor ou de terceiro, respondem estes na forma do direito comum; devendo pagar uma indenização, sub-rogar-se-á o ônus real no valor recebido, subsistindo, assim, o penhor.

Igualmente se dá se o bem gravado, que pereceu, estiver no seguro ou se foi desapropriado, pois, nestas hipóteses, o direito do credor pignoratício incidirá sobre a indenização do seguro e sobre o preço pago pelo expropriante, sub-rogando-se a estes valores[293].

Convém ressaltar que, com o perecimento do objeto empenhado se tem a resolução da garantia, sem que haja extinção da obrigação principal, que passará a ser pura e simples, sem qualquer privilégio, porque o penhor fica sem objeto, entrando o crédito em concurso com os demais credores quirografários[294].

3) Com a *renúncia do credor* (CC, art. 1.436, III), uma vez que este pode abrir mão do ônus real, desde que seja capaz e tenha livre disposição de seus bens. Para que se efetive, sua renúncia deverá ser feita, por ato *inter vivos* ou *mortis causa*, por escrito devidamente formalizado ou por termo nos autos[295].

Mas poderá ser tácita ou presumida quando (CC, art. 1.436, § 1º): *a*) o credor aquiescer na venda particular da coisa empenhada sem reserva de preço para a solução do débito; *b*) o credor restituir, voluntariamente, a sua posse do objeto gravado ao devedor, uma vez que é característica do penhor a sua posse pelo credor, e, no caso, dos penhores especiais em que o devedor conserva a posse do bem onerado, não há que se falar em devolução; *c*) o credor autorizar a substituição da coisa empenhada por outra garantia real ou fidejussória, caso em que a novação tem efeito extintivo da relação pignoratícia; se não houver intenção de extingui-la, entender-

---

293. Caio M. S. Pereira, op. cit., p. 297; W. Barros Monteiro, op. cit., p. 384; Clóvis, op. cit., § 120; *RF*, *79*:123.

294. Caio M. S. Pereira, op. cit., p. 297. Nesse mesmo teor de ideias: W. Barros Monteiro, op. cit., p. 384; Orlando Gomes, op. cit., p. 370.

295. W. Barros Monteiro, op. cit., p. 385.

-se-á que a nova garantia apenas se adere à obrigação, reforçando-a sem extinguir a anterior[296].

Essa renúncia do credor pignoratício não extingue o débito; faz apenas com que o ônus real desapareça. Claro é a esse respeito o art. 387 do Código Civil ao enunciar: a entrega do objeto empenhado prova a renúncia do credor à garantia real, mas não a extinção da dívida. Entretanto, se sua renúncia tiver por objeto a relação obrigacional principal, acarretará sua extinção, bem como a do penhor[297].

4) Com a *adjudicação judicial, remição ou a venda da coisa empenhada feita pelo credor ou por ele autorizada*, conforme dispõe o Código Civil no art. 1.436, V; Lei de Falências, art. 22, III, *m*.

A adjudicação judicial (CPC, art. 876, § 5º) e a remição (CPC, art. 826) envolvem a excussão pignoratícia, isto é, ensejam que o bem gravado seja vendido em leilão público, requerendo o credor a sua adjudicação (CPC, art. 876, §§ 4º e 5º), por preço igual ao do maior lanço, ou, se não houver licitante, pelo valor da avaliação, adquirindo, assim, judicialmente, a propriedade do bem, resolvendo o penhor. Deveras, pelo art. 835, § 3º do CPC na execução do crédito com garantia pignoratícia, a penhora recairá, sobre a coisa dada em garantia e se ela pertencer a terceiro garantidor, será este também intimado da penhora. Se o valor do crédito for inferior ao bem empenhado, o adjudicante depositará de imediato a diferença, ficando esta à disposição do executado; se for superior, a execução prosseguirá pelo saldo remanescente (CPC, art. 876, § 4º)[298]. Se esta adjudicação se der por preço superior à dívida garantida, o credor adjudicatário deverá restituir o saldo ao devedor, ou, então, depositá-lo em juízo, se aberto estiver o concurso de credores[299]. Idêntico direito poderá ser exercido pelos credores concorrentes que hajam penhorado o mesmo bem, pelo cônjuge, pelo companheiro, pelos descendentes ou ascendentes do executado (CPC, art. 876, § 5º). E, havendo mais de um pretendente, proceder-se-á perfeita e acabada com a lavratu-

---

296. Caio M. S. Pereira, op. cit., p. 298; Enneccerus, Kipp e Wolff, *Derecho de cosas*, cit., § 171.

297. Caio M. S. Pereira, op. cit., p. 298; Orlando Gomes, op. cit., p. 370; W. Barros Monteiro, op. cit., p. 385.

298. W. Barros Monteiro, op. cit., p. 385. O Parecer Vicente Arruda aprovou a nova redação do art. 1.436, proposta pelo Projeto de Lei n. 6.960/2002 (hoje PL n. 699/2011) que "corrige a grafia da palavra remição, que equivale a perdão. Remissão com *ss* tem outro significado em nosso sistema jurídico (equivale a pagamento)".

299. Caio M. S. Pereira, op. cit., p. 299.

ra e assinatura do auto pelo juiz, pelo adjudicatário, pelo escrivão ou chefe de secretaria e, se estiver presente, pelo executado, expedindo-se a ordem de entrega do bem móvel ao adjudicatário (CPC, art. 877, § 1º, II).

A venda do bem empenhado, por sua vez, só terá lugar se feita pelo credor ou se houver anuência dele.

5) Com a *confusão* (CC, art. 1.436, IV), se na mesma pessoa reunirem-se as qualidades de credor e dono do objeto gravado, por aquisição *inter vivos* ou *mortis causa*. Com a superveniência deste fato extingue-se a garantia, já que não terá o credor nenhum interesse jurídico ou econômico de excutir o penhor sobre bem de sua propriedade, porém se a causa que gerou tal confusão vier a desaparecer, em razão, por exemplo, de decretação da nulidade do testamento que operou a reunião numa mesma pessoa da condição de credor e proprietário do bem onerado, restabelece-se o ônus real[300].

Pelo art. 1.436, § 2º, do Código Civil, se a confusão operar-se tão somente quanto a uma parte da dívida pignoratícia, subsistirá por inteiro o penhor quanto ao resto, dada a indivisibilidade inerente aos direitos reais de garantia.

6) Com a *resolução da propriedade* da pessoa que constitui o ônus real, como no caso de revogação da doação[301].

7) Com a *nulidade da obrigação principal*, cujo adimplemento é garantido por penhor.

8) Com a *prescrição da obrigação principal*.

9) Com o *escoamento do prazo*, pois se o ônus real foi dado a termo certo, resolve-se com o decurso do tempo, independentemente da solução da obrigação[302].

10) Com a *reivindicação do bem gravado*, julgada procedente.

11) Com a *remissão ou perdão da dívida*[303].

Operada a extinção do penhor por qualquer desses casos, o credor deverá restituir o objeto empenhado. Todavia, a extinção do penhor só produzirá efeitos depois de averbado o cancelamento do registro, à vista da respectiva prova (CC, art. 1.437).

---

300. Caio M. S. Pereira, op. cit., p. 298.

301. Lacerda de Almeida, *Direito das coisas*, § 115.

302. Caio M. S. Pereira, op. cit., p. 299. A determinação do prazo pode ser convencional ou legal (penhor rural), mas prevalece uma vez estipulada a prorrogação.

303. *Vide* W. Barros Monteiro, op. cit., p. 386.

Quadro Sinótico

<table>
<tr><td rowspan="3">PENHOR</td><td>• 1. Conceito e caracteres</td><td colspan="2">• É um direito real que consiste na tradição de uma coisa móvel ou imobilizável, suscetível de alienação, realizada pelo devedor ou por terceiro ao credor, a fim de garantir o pagamento do débito (CC, art. 1.431).
• Caracteres: é um direito real de garantia; é direito acessório, depende da tradição (exceto nos casos do art. 1.431, parágrafo único, do CC; Lei n. 2.666/55, art. 1º; Dec.-Lei n. 413/69, art. 28); recai sobre coisa móvel; exige alienabilidade do objeto; o bem empenhado deve ser da propriedade do devedor (salvo o disposto nos arts. 1.420, § 1º, e 1.427 do CC); não admite pacto comissório; é direito real uno e indivisível; é temporário.</td></tr>
<tr><td>• 2. Modos constitutivos</td><td colspan="2">• Convenção.
• Lei.</td></tr>
<tr><td>• 3. Direitos e deveres do credor pignoratício</td><td>• Direitos</td><td>• Investir-se na posse da coisa empenhada.
• Invocar proteção possessória.
• Reter o objeto empenhado até o implemento da obrigação ou até ser reembolsado das despesas com sua conservação (CC, art. 1.433, II).
• Excutir o bem gravado.
• Ser pago, preferencialmente, com o produto da venda judicial.
• Exigir reforço da garantia se a coisa empenhada se deteriorar ou perecer.
• Ressarcir-se de qualquer dano que venha a sofrer por vício do bem gravado (CC, art. 1.433, III).
• Receber valor do seguro da coisa; indenização a que estiver sujeito o causador da perda ou deterioração dos bens; preço da desapropriação ou requisição dos bens.
• Apropriar-se dos frutos da coisa empenhada (CC, art. 1.433, V).
• Promover venda antecipada com autorização judicial (CC, art. 1.433, VI e parágrafo único).
• Não ser constrangido a devolver, a coisa ou parte dela, antes de ser integralmente pago (CC, art. 1.434).</td></tr>
</table>

PENHOR			
	• 3. Direitos e deveres do credor pignoratício	• Deveres	• Não usar a coisa empenhada. • Custódia. • Ressarcir a perda ou deterioração de que for culpado. • Restituir o bem gravado, uma vez paga a dívida, com os respectivos frutos e acessões. • Entregar o que sobeje do preço, quando a dívida for paga por excussão judicial ou venda amigável. • Defender a posse do bem empenhado (CC, art. 1.435, II). • Imputar o valor dos frutos nas despesas de guarda e conservação, nos juros e no capital da obrigação garantida (CC, art. 1.435, III).
	• 4. Direitos e obrigações do devedor pignoratício	• Direitos	• Não perder a propriedade da coisa. • Conservar a posse indireta do bem gravado. • Impedir que o credor faça uso do bem. • Exigir ressarcimento do prejuízo que vier a sofrer com a perda ou deterioração da coisa por culpa do credor. • Receber o remanescente do preço na venda judicial. • Reaver o objeto dado em garantia, quando pagar o seu débito. • Socorrer-se do procedimento do Juizado Especial Cível (Lei n. 9.099/95, art. 3º, II), ou ainda da ação possessória cabível, se o credor se recusar a devolver o bem, quando a dívida for paga. • Remir o bem empenhado.
		• Obrigações	• Pagar despesas feitas pelo credor com a guarda, conservação e defesa do bem gravado. • Indenizar o credor de todos os prejuízos causados por vícios ou defeitos ocultos da coisa empenhada. • Reforçar o ônus real, nos casos em que for necessário. • Obter licença do credor para alienar bem onerado, sob pena de sofrer a sanção do art. 171, § 2º, III, do Código Penal. • Pagar a dívida e exibir todos os bens empenhados na execução do penhor sob pena de sujeitar-se à prisão administrativa.

PENHOR	• 5. Espécies de penhor	• Penhor legal	• 1. CC, arts. 1.467, I, 1.468, 1.469, 1.470 e 1.471; CPC, arts. 703 a 706; CP, art. 176. • 2. CC, arts. 1.467, II, 964, VI, 1.471 e 1.472. • 3. Lei n. 6.533/78, art. 31. • 4. Decreto-Lei n. 4.191/42 (ora revogado pelo Decreto-lei n. 413/42); Decreto-Lei n. 413/69, art. 46; Lei n. 6.015/73, art. 167, I, n. 4.
		• Penhor rural	• Penhor agrícola – arts. 1.442 e 1.443 do CC. • Penhor pecuário – arts. 1.444 a 1.446 do CC. — Objeto: móveis ou imóveis por acessão física ou intelectual. — Dispensa tradição. — Posse direta (devedor) e indireta (credor). — Registro: Lei n. 6.015, art. 167, I, n. 15; Lei n. 492, arts. 2º e 10, parágrafo único; Decreto-Lei n. 2.612/40; Lei n. 492, arts. 15, 16, 18, 19, 20 e 22; Decreto-Lei n. 167/67, arts. 30 a 38. — Prazo: • Penhor agrícola e pecuário (CC, art. 1.439 com a redação da Lei n. 12.873/2013). — Excussão judicial – Lei n. 492, arts. 22 e s.
		• Penhor industrial	• CC, arts. 1.447, 1.431, parágrafo único, 1.448, 1.449 e 1.450.
		• Penhor mercantil	• Decreto n. 1.102/1903; CC, arts. 1.447 a 1.450. • *Caracteres*: recai sobre coisa móvel; requer tradição; é contrato acessório; é indivisível; deve constar de instrumento público ou particular; independe de registro.
		• Penhor de direitos	• CC, arts. 1.451 a 1.457; Lei n. 6.404/76, art. 9º; Decreto-Lei n. 2.063/40, art. 13; Decreto-Lei n. 36/66 (ora revogado); Decreto-Lei n. 3.182/41; Patente de Invenção; direito autoral, direito de crédito.

PENHOR	• 5. Espécies de penhor	• Penhor de títulos de créditos	• CC, arts. 1.458 a 1.460. • Objeto: é o próprio título em que se documenta o direito. • O penhor de títulos de crédito particular requer tradição e registro no Cartório de Títulos e Documentos – CC, art. 1.458. • O penhor de títulos de dívida pública requer assento no Registro de Títulos e Documentos – Lei n. 6.015/73, art. 127, III.	
			• Compete ao credor, em penhor de título de crédito	• Conservar a posse do título (CC, art. 1.459, I). • Recuperar a posse do título contra qualquer detentor e empregar todos os meios processuais para assegurar seus direitos (CC, art. 1.459, I e II). • Fazer intimar ao devedor que não pagar ao seu credor, enquanto durar a caução (CC, arts. 1.459, III, e 1.460). • Receber a importância dos títulos caucionados e restituí-los ao devedor quando este solver a obrigação por eles garantida (CC, art. 1.459, IV). • CC, art. 1.460 e parágrafo único.
		• Penhor de veículos	• CC, arts. 1.461 a 1.466; e Decreto-Lei n. 413/69.	
	• 6. Extinção do penhor (CC, arts. 1.436 e 1.437)	• Extinção da dívida (CC, art. 1.436, I). • Perecimento do objeto empenhado (CC, art. 1.436, II). • Renúncia do credor (CC, arts. 1.436, III e § 1º, e 386). • Confusão (CC, art. 1.436, IV e § 2º). • Adjudicação judicial, remição ou venda do penhor feita ou autorizada pelo credor (CC, art. 1.436, V; Lei de Falências, art. 22, III, *m*; CPC, arts. 835, § 3º, 876, §§ 4º e 5º, 877, § 1º e II). • Resolução da propriedade. • Nulidade da obrigação principal. • Prescrição da obrigação principal. • Escoamento do prazo. • Reivindicação do bem gravado. • Remissão da dívida.		

C. Anticrese

c.1. Conceito e caracteres

O termo "anticrese" advém da palavra grega *antichresis*, de *anti* (contra) e *chresis* (uso), significando, etimologicamente, "uso contrário", ou seja, uso da soma que tem o devedor contra o uso dos frutos e dos rendimentos que tem o credor anticrético[304].

É uma convenção, mediante a qual o credor, retendo um imóvel do devedor, percebe, em compensação da dívida, os seus frutos e rendimentos para conseguir a soma de dinheiro emprestada, imputando na dívida, e até o seu resgate, as importâncias que for recebendo[305].

Poder-se-á dizer, como Clóvis Beviláqua, que "anticrese é o direito real sobre imóvel alheio, em virtude do qual o credor obtém a posse da coisa, a fim de perceber-lhe os frutos e imputá-los no pagamento da dívida, juros e capital, sendo, porém, permitido estipular que os frutos sejam, na sua totalidade, percebidos à conta de juros"[306].

O art. 1.506, § 1º, 1ª parte, do Código Civil permite que se estipule "que os frutos e rendimentos do imóvel sejam percebidos pelo credor à conta de juros...", tendo as partes liberdade de estabelecer, como pondera Washington de Barros Monteiro: *a*) que os frutos e rendimentos sejam impu-

---

304. Almachio Diniz, *Direito das coisas*, p. 268; Affonso Fraga, *Direitos reais de garantia*, p. 297, nota 664; Planiol, *Traité élémentaire*, 10. ed., Cap. L, § 2.490; Sebastião José Roque, *Direito das coisas*, cit., p. 179-84; Moacyr V. Cardoso de Oliveira, Anticrese e locação, *RDC*, *50*:76; Carlos Alberto Ferriani, Da anticrese legal na multipropriedade. *Revista do Advogado*, *145*:43-48.

305. Silvio Rodrigues, op. cit., p. 393. Lacerda de Almeida, *Direito das coisas*, v. 2, § 117, assim a define: "anticrese é o direito real de perceber os frutos em desconto da dívida, segundo as regras gerais de imputação em pagamento".

306. Clóvis, *Código Civil comentado*, v. 3, p. 403. Em nosso direito positivo surgiu ela em 1864, pela Lei n. 1.237 (ora revogada), do mesmo ano, que, modificando a legislação hipotecária, nela introduziu esse novo instituto, em seu art. 6º. O Decreto n. 3.433, de 1865, no seu art. 261, reproduziu a mesma figura, sem contudo defini-la. Posteriormente, os Decretos n. 169-A, de 19 de janeiro de 1890, e 370, de 2 de maio de 1890, revogaram os dois diplomas anteriores, dando nova aparência à anticrese, embora ela continuasse subordinada à órbita da execução hipotecária. Com o advento do Código Civil de 1916, ela passou a ser um instituto autônomo, como direito real de garantia (Daibert, op. cit., p. 528). E convém lembrar que aquele Decreto n. 169--A, de 1890, foi revogado pelo Decreto n. 11, de 21-1-91, que perdeu sua vigência em razão do Decreto n. 761/93. Pela Lei n. 9.514/97, art. 17, § 3º, as operações do SFI que envolvam locação poderão ser garantidas suplementarmente por anticrese. CPC, arts. 784, V, 799, I, 804, 826, 835, § 3º, 674, § 2º, IV.

tados no capital e nos juros; *b*) sejam imputados somente nos juros; *c*) sejam imputados primeiro nos juros e, depois, no capital; *d*) sejam imputados primeiro no capital e, depois, nos juros; *e*) sejam imputados somente no capital, porque os juros serão objeto de pagamento em separado; *f*) que o débito se extinga, paulatinamente, seja qual for a quantidade dos frutos.

Mas se o valor dos frutos e rendimentos ultrapassar a taxa máxima permitida em lei para as operações financeiras, ter-se-á sua redução e o remanescente será imputado ao capital (CC, art. 1.506, § 1º, 2ª parte), amortizando-o.

A anticrese autoriza, portanto, o credor a reter o imóvel, para perceber os seus frutos e rendimentos com o escopo de compensar o débito dos juros e amortizar o capital da dívida (CC, art. 1.506)[307], não tendo o direito de promover a venda judicial do bem dado em garantia.

Destas noções gerais podem-se deduzir, da anticrese, os seguintes caracteres jurídicos:

1) É *direito real* (CC, art. 1.225, X) *de garantia* porque: *a*) adere ao imóvel para a percepção de seus frutos, rendimentos ou utilidades pelo credor; *b*) o credor pode opor seu direito ao adquirente do imóvel dado em garantia, pois tem ação real e direito de sequela, podendo acompanhar sua garantia em caso de transmissão *inter vivos* ou *causa mortis*, uma vez constituída e registrada; logo, qualquer mudança da propriedade não altera a sua situação de credor anticrético[308]; *c*) o credor pode opor o seu *jus utendi* e *fruendi*, bem como o de retenção, aos credores quirografários do devedor e aos hipotecários (CC, art. 1.509); *d*) os frutos da coisa gravada não podem ser penhorados por outros credores do devedor. Se tal penhora se realizar, o anticresista poderá utilizar-se dos embargos de terceiro para impugnar esse ato[309]; *e*) é indivisível, atendo-se à regra geral que rege os direitos reais de garantia.

2) Requer *capacidade das partes*, inclusive para o devedor anticrético, de dispor do imóvel, mas não impede que terceiro ceda ao credor o direito de perceber frutos e rendimentos de um bem de raiz que lhe pertence, para solver dívida do devedor (CC, art. 1.506). Percebe-se que o devedor anticrético ou esse terceiro devem ser proprietários do bem onerado, não ficando privados de aliená-lo, porém o credor anticrético pode ir buscá-lo das mãos do adquirente, para retirar os frutos e pagar-se de seu

307. W. Barros Monteiro, op. cit., p. 392; Lacerda de Almeida, op. cit., § 122.
308. Planiol, Ripert e Boulanger, *Traité élémentaire*, cit., v. 2, n. 3.613.
309. Orlando Gomes, op. cit., p. 372; W. Barros Monteiro, op. cit., p. 393.

crédito[310]. Portanto, o credor anticrético ou o anticresista é aquele que se investe na posse jurídica do imóvel, fazendo jus aos seus frutos e rendimentos, para cobrar-se de seu crédito, não tendo, como se vê, o *jus disponendi* ou *vendendi*[311].

Todavia, o credor anticrético pode ser, ao mesmo tempo, credor hipotecário, e o hipotecário pode tornar-se credor anticrético, porque a lei permite a coexistência desses dois ônus reais[312], pois prescreve o art. 1.506, § 2º, do Código Civil que, "quando a anticrese recair sobre bem imóvel, este poderá ser hipotecado pelo devedor ao credor anticrético, ou a terceiros, assim como o imóvel hipotecado poderá ser dado em anticrese". A anticrese não é obstáculo para que o imóvel possa ser hipotecado. E também é possível constituir anticrese sobre imóvel hipotecado.

A esse respeito ensina Washington de Barros Monteiro[313] que nada impede que o devedor hipotecário dê o imóvel hipotecado em anticrese ao credor hipotecário, a fim de, com os rendimentos, amortizar a dívida e que o devedor anticrético hipoteque o imóvel anticrético ao credor anticrético para maior segurança deste.

3) *Não confere preferência ao anticresista,* no pagamento do crédito com a importância obtida na excussão do bem onerado. Só poderá opor-se à excussão alegando direito de retenção, necessário para solver seu crédito, com os rendimentos do imóvel. Se houver excussão do imóvel, em razão de não pagamento de débito, ou se o anticresista permitir que outro credor o execute sem opor seu direito de retenção ao exequente, não terá preferência alguma sobre o *quantum* apurado no leilão do bem (CC, art. 1.509, § 1º)[314]. Só lhe é conferido direito de retenção, que apenas se extingue ao fim de 15 anos, contados da data de sua constituição (CC, art. 1.423).

4) O *credor anticrético só poderá aplicar as rendas* que auferir com a retenção do bem de raiz, no pagamento da obrigação garantida[315].

5) Requer para sua *constituição*: *escritura pública* (CC, art. 108) e *registro* no Cartório Imobiliário (Lei n. 6.015/73, arts. 167, I, n. 11, e 178, I), não podendo o marido convencioná-la sem consentimento da mulher, e vice-versa, salvo no regime matrimonial da separação absoluta de bens (CC, art. 1.647, I).

---

310. Silvio Rodrigues, op. cit., p. 395.
311. Orlando Gomes, op. cit., p. 373.
312. Orlando Gomes, op. cit., p. 373.
313. W. Barros Monteiro, op. cit., p. 390.
314. *Vide* Silvio Rodrigues, op. cit., p. 395.
315. Caio M. S. Pereira, op. cit., p. 356.

6) O seu *objeto* recai sobre *coisa imóvel* alienável, pois se incidir sobre bem móvel, ter-se-á penhor e não anticrese. Esse imóvel pode ser fruído, direta ou indiretamente, pelo anticresista. A fruição indireta se dá mediante o arrendamento do bem gravado a terceiro, salvo pacto em sentido contrário, caso em que o credor anticrético percebe os aluguéis, adquirindo, dessa forma, os frutos civis da coisa. Entretanto, poder-se-á estipular no título constitutivo que o anticresista deverá fruir diretamente do imóvel (CC, art. 1.507, § 2º)[316].

7) Requer a *tradição* real do imóvel que, para Troplong, é o ato mais característico da anticrese, uma vez que sem a posse direta do credor anticrético impossível será o cumprimento do objetivo contratual: a percepção dos frutos e rendimentos para pagar-se do seu crédito[317].

c.2. Direitos e deveres do credor anticrético

O anticresista tem *direitos* de:

1) *Reter o imóvel do devedor* pelo prazo de 15 anos, se outro menor não for avençado pelas partes (CC, art. 1.423) ou até que seu crédito seja pago (CC, art. 1.507, § 2º, *in fine*). Não lhe assiste o direito de excutir o imóvel.

2) *Ter a posse do imóvel*, para gozar e perceber seus frutos e rendimentos, podendo usar desse bem direta ou indiretamente, arrendando a terceiro, salvo pacto em contrário (CC, arts. 1.506 e 1.507, § 2º). Pondera Matiello que: "O valor do aluguel correspondente ao arrendamento feito a terceiro não é vinculativo para o devedor, exceto se o contrário resultar da avença geradora da anticrese. A norma procura evitar que o devedor anticrético fique à mercê das cláusulas econômicas do contrato celebrado entre o credor e pessoa estranha à relação original. Se assim não fosse, a dívida garantida pelo ônus real poderia perdurar por tempo muito superior ao inicialmente planejado, eis que a definição de valor baixo para o arrendamento feito a estranho amortizaria o débito em igual proporção. (...) Fica claro que o valor da amortização da dívida, para fins de liberação do devedor, será aquele fixado pela vontade dos contraentes primitivos ou o que normalmente seria gerado a partir da exploração do imóvel, independentemente do *quantum* relativo ao arrendamento celebrado por este último com terceiro. O arrendamento a terceiro somente não será tolerado quando as partes convencionarem nesse sentido, vedando a exploração por pessoa diversa e facultando-a exclusivamente ao credor anticrético".

---

316. Orlando Gomes, op. cit., p. 373-4.

317. Caio M. S. Pereira, op. cit., p. 356; W. Barros Monteiro, op. cit., p. 391; Troplong, *Du nantissement*, n. 573.

3) *Vindicar seus direitos* contra o adquirente do imóvel e credores quirografários e hipotecários posteriores ao registro da anticrese (CC, art. 1.509).

4) *Administrar o imóvel*, em seu exclusivo proveito, pertencendo-lhe tudo o que este produzir, até que a obrigação seja solvida[318]. Mas deverá apresentar anualmente balanço, exato e fiel, de sua administração (CC, art. 1.507). Se o devedor anticrético não concordar com o teor do balanço, por reputá-lo inexato, ou por considerar ruinosa a administração, poderá impugná-lo e, se o quiser, requerer a transformação em arrendamento, fixando o juiz o valor mensal do aluguel, que poderá, por sua vez, ser corrigido anualmente (CC, art. 1.507, § 1º).

5) *Preferência* (CC, art. 1.509, *in fine*) sobre qualquer outro crédito posterior, de modo que o credor hipotecário, com registro posterior, não pode executar o imóvel, enquanto a anticrese subsistir. Mas para que haja esse direito de prelação do anticresista é preciso que seja previamente oposto o direito de retenção, para impedir que outro credor execute o imóvel por não pagamento de dívida (CC, art. 1.509, § 1º). Acrescenta o art. 1.509, § 2º, que também não terá preferência sobre a indenização de seguro quando o prédio for destruído, nem sobre o preço da sua desapropriação, se for expropriado o imóvel. Logo, o anticresista não tem direito à sub-rogação nos valores da indenização por seguro ou do preço da desapropriação, extinguindo-se a anticrese e remanescendo, para esse credor, o mero direito creditório, de caráter pessoal, despido de qualquer garantia real[319].

6) Se houver falência do devedor, apesar de a nova lei não fazer referência expressa à anticrese, por analogia (LINDB, art. 4º) de acordo com os arts. 83, II e § 1º, e 108, § 5º, da Lei n. 11.101/2005, poder-se-á dizer que o anticresista haverá o valor do que puder obter, para compensar o débito, do produto da venda do bem anticrético até o limite do valor do bem gravado ou, no caso de alienação em bloco, o valor de avaliação do bem individualmente considerado[320]. E, ainda, poderá remir em benefício da massa, mediante autorização judicial, bens apenhados, penhorados ou *legalmente retidos* (Lei n. 11.101/2005, art. 22, III, *m*).

7) *Adjudicar os bens penhorados*, findo o leilão sem lançador, oferecendo preço não inferior ao que consta do edital (CPC, arts. 835, § 3º, 876 e 877).

---

318. W. Barros Monteiro, op. cit., p. 391.

319. R. Limongi França, Anticrese, in *Enciclopédia Saraiva do Direito*, v. 6, p. 521; Silvio Rodrigues, op. cit., p. 398. *Vide* Lei de Falências, art. 163, § 4º.

320. W. Barros Monteiro, op. cit., p. 394; Orlando Gomes, op. cit., p. 374.

8) *Defender sua posse* mediante os interditos, não só contra terceiros mas também contra o devedor, e até, como vimos, contra os credores quirografários e hipotecários posteriores que pretendam penhorar o objeto onerado.

9) *Liquidar o débito*, mediante a percepção da renda do imóvel do devedor.

As principais *obrigações* do credor anticrético são:

1) *Guardar e conservar* o imóvel como se fosse de sua propriedade.

2) *Responder pelas deteriorações* que, por culpa sua, o imóvel vier a sofrer, bem como pelos frutos que deixar de perceber por negligência, desde que ultrapassem, no valor, o montante do seu crédito (CC, art. 1.508)[321].

3) *Prestar contas* de sua administração ao proprietário do imóvel, demonstrando ter bem aplicado todos os frutos e rendimentos que auferiu e que não os empregou para atingir fins diversos da liquidação da obrigação, salvo as despesas de conservação e reparos na própria coisa onerada[322].

4) *Restituir o imóvel* ao devedor, findo o prazo do contrato ou quando o débito for liquidado, com baixa no registro[323].

c.3. Direitos e obrigações do devedor anticrético

Tem o devedor os *direitos* de:

1) *Permanecer como proprietário* do imóvel dado em garantia, podendo aliená-lo.

2) *Exigir* do anticresista a *conservação do prédio*, impedindo-o de modificar ou desvirtuar sua finalidade.

3) *Ressarcir-se* das deteriorações causadas ao imóvel, culposamente, pelo credor, bem como do valor dos frutos que este deixou de perceber por negligência.

4) *Pedir contas* ao anticresista de sua gestão, para verificar se não houve exorbitância no exercício de seus direitos[324].

5) *Reaver o seu imóvel* assim que o débito se liquidar.

São suas as *obrigações* de:

---

321. R. Limongi França, op. cit., p. 520-1.

322. Caio M. S. Pereira, op. cit., p. 358; *RT*, *101*:560, *109*:138.

323. Caio M. S. Pereira, op. cit., p. 358.

324. W. Barros Monteiro, op. cit., p. 391 e 394.

1) *Transferir a posse* do imóvel ao anticresista para que este possa fruir de seus rendimentos.

2) *Solver o débito*, deixando que o imóvel anticrético permaneça com o seu credor até que se lhe complete o pagamento[325].

3) *Ceder* ao credor o *direito de perceber* os frutos e rendimentos do bem de raiz que lhe pertence.

4) *Respeitar o contrato até o final*, não turbando ou impedindo que o anticresista se utilize do imóvel gravado até pagar-se ou até que o prazo avençado se finde[326].

c.4. Extinção da anticrese

Resolve-se este direito real de garantia[327]:

1) Pelo *pagamento da dívida*, pois, sendo direito acessório, com a extinção da obrigação principal, desaparece também o ônus real.

2) Pelo *término do prazo legal* (CC, art. 1.423). Findo o prazo de quinze anos, contado da data do assento da anticrese no Registro Imobiliário competente, ter-se-á *prescrição liberatória*; logo, passado tal prazo, o credor anticrético perderá o direito de retenção do imóvel dado em garantia, ficando o prédio inteiramente liberado ao seu proprietário (devedor anticrético), mesmo que o débito ainda não tenha sido integralmente pago. O credor, então, deverá, mediante ação própria, cobrar o remanescente do seu crédito se ainda não ocorreu a "*prescrição*" de sua pretensão.

3) Pelo *perecimento do bem anticrético* (CC, art. 1.509, § 2º), em razão da falta do objeto. Se o prédio destruído estiver segurado, o direito do credor não se sub-roga na indenização.

4) Pela *desapropriação* (CC, art. 1.509, § 2º).

5) Pela *renúncia* do anticresista.

6) Pela *excussão* de outros credores, quando o anticrético não opuser seu direito de retenção (CC, art. 1.509, § 1º; CPC, arts. 876 e 877).

7) Pelo *resgate* do bem dado em anticrese, por ato do adquirente que, antes do vencimento da dívida, vem pagá-la em sua totalidade à data do pedido da remição e imitindo-se na posse, se for o caso (CC, art. 1.510, e CPC, art. 826).

325. W. Barros Monteiro, op. cit., p. 394.

326. Daibert, op. cit., p. 535.

327. Daibert, op. cit., p. 535; W. Barros Monteiro, op. cit., p. 394; Silvio Rodrigues, op. cit., p. 398; Orlando Gomes, op. cit., p. 375.

Quadro Sinótico

ANTICRESE	1. Conceito e caracteres		• Para Clóvis, é o direito real sobre imóvel alheio, em virtude do qual o credor obtém a posse da coisa a fim de perceber-lhe os frutos e imputá-los no pagamento da dívida, juros e capital, sendo, porém, permitido estipular que os frutos sejam, na sua totalidade, percebidos à conta de juros. • *Caracteres*: é direito real de garantia; requer capacidade das partes; não confere preferência ao anticresista no pagamento do crédito com a importância obtida na excussão do bem onerado, pois só lhe é conferido o direito de retenção; o credor anticrético só poderá aplicar as rendas que auferir com a retenção do bem de raiz, no pagamento da obrigação garantida; requer para sua constituição: escritura pública e registro no cartório imobiliário. • Lei n. 6.015/73, art. 167, I, n. 11; incide sobre coisa imóvel alienável; requer tradição real do imóvel.
	2. Direitos e deveres do credor anticrético	Direitos	• Reter o imóvel do credor (CC, arts. 1.423 e 1.507, § 2º). • Ter a posse do imóvel, para dele usar e gozar (CC, arts. 1.506 e 1.507, § 2º). • Vindicar seus direitos contra o adquirente do imóvel e credores quirografários e hipotecários posteriores ao registro da anticrese (CC, art. 1.509). • Administrar o imóvel (CC, art. 1.507 e § 1º). • Preferência (CC, art. 1.509, §§ 1º e 2º). • Haver do produto da venda do bem gravado em caso de falência do devedor e remir, em prol da massa, bens apenhados, penhorados ou legalmente retidos (Lei n. 11.101/2005, arts. 22, III, *m*, 83, II e § 1º, e 108, § 5º). • Adjudicar os bens penhorados (CPC, arts. 835, § 3º, e 876 e 877). • Defender sua posse. • Liquidar o débito, mediante a percepção da renda do imóvel do devedor.
		Deveres	• Guardar e conservar o imóvel como se fosse seu. • Responder pelas deteriorações que, por culpa sua, o imóvel vier a sofrer, bem como pelos seus frutos que deixar de perceber por negligência, desde que ultrapassem, no valor, o montante do seu crédito (CC, art. 1.508). • Prestar contas de sua administração. • Restituir o imóvel, findo o prazo contratado ou quando o débito for liquidado.

ANTICRESE	• 3. Direitos e obrigações do devedor anticrético	• Direitos	• Permanecer como proprietário do bem gravado. • Exigir do anticresista a conservação do prédio. • Ressarcir-se das deteriorações causadas ao imóvel, culposamente, pelo credor, bem como do valor dos frutos que este deixou de perceber por negligência. • Pedir contas da gestão do credor. • Reaver o seu imóvel assim que o débito se liquidar.
		• Obrigações	• Transferir a posse do imóvel ao anticresista. • Solver o débito, deixando que o imóvel anticrético permaneça com o seu credor até que se lhe complete o pagamento. • Ceder ao credor o direito de perceber os frutos e rendimentos do imóvel que lhe pertence. • Respeitar o contrato até o final.
	• 4. Extinção	• Pelo pagamento da dívida. • Pelo término do prazo legal (CC, art. 1.423). • Pelo perecimento do bem anticrético (CC, art. 1.509, § 2º). • Pela desapropriação (CC, art. 1.509, § 2º). • Pela renúncia do anticresista. • Pela excussão de outros credores quando o anticrético não opuser seu direito de retenção (CC, art. 1.509, § 1º, e CPC, arts. 876 e 877). • Pelo resgate feito pelo adquirente do imóvel gravado (CC, art. 1.510; CPC, art. 826).	

D. Hipoteca

d.1. Conceito e caracteres jurídicos

A hipoteca é um direito real de garantia de natureza civil, que grava coisa imóvel ou bem que a lei entende por hipotecável, pertencente ao devedor ou a terceiro, sem transmissão de posse ao credor, conferindo a este o direito de promover a sua venda judicial, pagando-se, preferentemente, se inadimplente o devedor[328]. É, portanto, um direito sobre o valor da coisa onerada e não sobre sua substância[329].

Grandes são suas vantagens devido a sua utilidade ao estimular o desenvolvimento econômico, proporcionando a abertura de créditos, a execução de planos habitacionais, a realização de negócios e a movimentação das riquezas ligadas ao solo[330].

Da análise deste conceito inferem-se os seguintes *caracteres jurídicos* da hipoteca:

1) *É direito real de garantia*, pois vincula imediatamente o bem gravado, que fica sujeito à solução do débito, sendo, ainda, oponível *erga omnes*, gerando para o credor hipotecário o direito de sequela e a excussão da coisa onerada, para se pagar, preferencialmente, com sua venda judicial[331] (CC, art. 1.225, IX).

2) Possui *natureza civil*, embora haja autores, como Carnelutti[332], que a consideram um instituto processual. Porém, pela sua estrutura e efeitos percebe-se que pertence à seara do direito civil, ainda mais pelo fato de que os arts. 1.473 a 1.505 do Código Civil a disciplinam, pouco importando a

328. Conceito este baseado nas definições de Pontes de Miranda, Caio M. S. Pereira, op. cit., p. 305, e Daibert, op. cit., p. 537; Troplong, *Privilèges et hypothèques*, v. 2, Paris, 1845, n. 386; Orlando Gomes, op. cit., p. 376-7; *ADCOAS*, 1982, n. 85.297; *JB*, *59*:330, *147*:210, *130*:213.

329. Hedemann, *Derechos reales*, p. 384; Azevedo Marques, *A hipoteca*, 1966; Tito Fulgêncio, *Direito real de hipoteca*, 1960, v. I; Sebastião José Roque, *Direito das coisas*, cit., p. 185-200; Antonio Cammarota, *Tratado de derecho hipotecario*, 1942, v. 1 a 3; Tupinambá M. C. Nascimento, *Hipoteca*, 1985; Augusto P. Bufulin, *Hipoteca*, São Paulo, Revista dos Tribunais, 2011. *Vide* CPC, arts. 495, § 1º, I e II, 674, § 2º, IV, 784, V, 799, I, 804, 826, 833, VIII, 876 e 877.

330. Caio M. S. Pereira, op. cit., p. 304; W. Barros Monteiro, op. cit., p. 399.

331. Caio M. S. Pereira, op. cit., p. 306; W. Barros Monteiro, op. cit., p. 397; Daibert, op. cit., p. 540; *RF*, *34*:491.

332. Carnelutti, *Revista de Direito Processual Civil*, 1936, p. 1 e s.

qualificação das pessoas do devedor ou do credor e a natureza (civil ou comercial) da dívida que se pretende garantir[333].

3) É um negócio jurídico civil que requer a *presença de dois sujeitos*: o ativo, que é o credor hipotecário, cujo crédito está garantido por hipoteca, e o passivo, que é o devedor hipotecante, que dá o bem como garantia do pagamento da dívida[334].

4) O *objeto gravado* deve ser da *propriedade do devedor ou de terceiro*, que dá imóvel seu para garantir a obrigação contraída pelo devedor[335].

5) Exige que o *devedor hipotecante continue* na posse do imóvel onerado, que exerce sobre ele todos os seus direitos, podendo, inclusive, perceber-lhe os frutos. Só vem a perder sua posse por ocasião da excussão hipotecária, se deixou de cumprir sua obrigação. Pelo art. 1.428 do Código Civil nula será qualquer cláusula comissória que confira ao credor a posse da coisa dada em garantia[336].

6) É *indivisível*, no sentido de que o ônus real grava o bem em sua totalidade; enquanto não se liquidar a obrigação, a hipoteca subsiste, por inteiro, sobre a totalidade da coisa onerada, ainda que haja pagamento parcial do débito. P. ex., se "A" der a "B", seu credor, em garantia de um débito de R$ 900.000,00, três apartamentos, no valor de R$ 300.000,00 cada um, e vier a pagar R$ 600.000,00, nem por isso estará liberando o ônus hipotecário de dois daqueles apartamentos. Os três apartamentos ficarão gravados até que "A" pague integralmente a sua dívida para com "B". Tal indivisibilidade não é do bem gravado ou da dívida garantida, que podem ser divisíveis, mas sim do vínculo real que, apesar do resgate parcial da obrigação, continua a recair sobre o bem, na sua integralidade. Da mesma forma, se se tiver vários devedores, o ônus real não se levanta sem que haja o pagamento da dívida toda, ainda que não se trate de solidariedade passiva[337].

---

333. Caio M. S. Pereira, op. cit., p. 304.

334. Orlando Gomes, op. cit., p. 376. Logo, mero "compromisso de constituir hipoteca, como garantia de dívida, embora firmado por instrumento público pelo devedor e subscrito por duas testemunhas, não habilita o credor ao processo de execução reservado aos títulos mencionados no art. 585 – hoje art. 784 – do CPC" (TARS, *ADCOAS*, 1982, n. 81.987).

335. Enneccerus, Kipp e Wolff, *Tratado*, derecho de cosas, v. 2, § 134; Caio M. S. Pereira, op. cit., p. 306.

336. Caio M. S. Pereira, op. cit., p. 307; Tito Fulgêncio, *Direito real de hipoteca*, v. 1, p. 111.

337. Lacerda de Almeida, op. cit., § 1.301; Caio M. S. Pereira, op. cit., p. 307; De Page, op. cit., n. 442; Lafayette, op. cit., § 176, p. 414; Silvio Rodrigues, op. cit., p. 406. Troplong

Porém esse seu caráter indivisível pode ser afastado se se estipular, por convenção, que o pagamento parcial libera alguns bens gravados, principalmente se forem diversos e autônomos como unidades econômicas[338] e se o imóvel hipotecado vier a ser loteado ou se nele se constituir condomínio em edifício de apartamentos (CC, art. 1.488, §§ 1º a 3º) pois, mediante requerimento do credor, do devedor ou dos donos dos lotes ou das unidades autônomas, o juiz poderá dividir o ônus real, fazendo com que grave cada lote ou unidade autônoma, proporcionalmente ao valor de cada um deles e do crédito. Assim dividida excepcionalmente a hipoteca, em razão de descumprimento de promitente-vendedor, os promissários-compradores poderão quitar o empréstimo, proporcionalmente à parte que adquiriram; com isso seu lote ou apartamento liberar-se-á da excussão. Portanto, fragmentar-se-á também o crédito, que ficará garantido por várias hipotecas. O credor, na hipótese acima mencionada, apenas poderá opor-se ao pedido de desmembramento do ônus real mediante comprovação de que haverá diminuição de sua garantia. Aquele que vier a requerer o afastamento da indivisibilidade da hipoteca deverá arcar com todas as despesas judiciais (custas, honorários advocatícios etc.) e extrajudiciais (emolumentos, taxas etc.) decorrentes do seu pedido, a não ser que haja estipulação em sentido contrário. O desmembramento do ônus real não liberará o devedor originário da responsabilidade de continuar pessoalmente obrigado se, executada a hipoteca, o produto não bastar para o pagamento da dívida e das despesas judiciais, exceto se houver anuência do credor.

7) É *acessório* de uma dívida, cujo pagamento pretende garantir. É suscetível de garantia por hipoteca qualquer obrigação de natureza econômica seja ela de dar, de fazer ou de não fazer. É, como diz Lafayette, "um direito real criado para assegurar a eficácia de um direito pessoal"[339]. De modo que se se extinguir, anular ou resolver a obrigação principal, desaparecerá

---

entende (*Privilèges et hypothèques*, v. 2, n. 388, p. 7) que a indivisibilidade da hipoteca encontra sua justificativa na presunção *hominis* de ser vontade das partes em tal sentido: "*En second lieu, on suppose qu'en constituant l'hypothèque, a été sous entendu entre les parties que le gage ne serait purgè que par le paiement integral de la dette*" (*RF*, *63*:36). Já no direito alemão a hipoteca não possui esse caráter de indivisibilidade, como ponderam Enneccerus, Kipp e Wolff (op. cit., § 136); *ADCOAS*, 1983, n. 90.308. Apenas há a exceção a essa indivisibilidade, do art. 1.488 do Código Civil.

338. Lacerda de Almeida, op. cit., § 1.301; De Page, op. cit., n. 442; Caio M. S. Pereira, op. cit., p. 307.

339. Lafayette, op. cit., § 173, p. 410; *RF*, *99*:81; *RJE*, *2*:47; *Bol. AASP*, *1.833*:8.

o ônus real[340]. Pode ser constituída para garantir débito futuro ou condicionado, desde que determinado o valor máximo do crédito a ser garantido, que servirá de parâmetro à eventual execução em caso de inadimplemento obrigacional. A execução dessa hipoteca dependerá, em razão da aleatoriedade ou da condicionalidade do crédito garantido, de prévia e expressa concordância do devedor quanto à verificação da condição (suspensiva ou resolutiva) ou ao montante da dívida. Se houver divergência entre o credor e o devedor quanto à verificação da condição ou ao montante do débito, competirá àquele demonstrar seu crédito. Se este for reconhecido o devedor responderá, inclusive, por perdas e danos, em razão da superveniente desvalorização do imóvel (CC, art. 1.487, §§ 1º e 2º).

d.2. Requisitos

Para que a hipoteca tenha validade e eficácia, é mister a presença de requisitos de natureza objetiva, subjetiva e formal.

1) *Requisitos objetivos*

A hipoteca incide sobre bens imóveis, embora possa recair, em casos especiais, sobre coisas móveis, que, por lei, são passíveis de ser hipotecadas sem perderem sua mobilidade[341]. Para tanto é preciso que pertençam ao devedor, pois bens pertencentes a outrem não podem ser hipotecados, exceto se o devedor os possuir de boa-fé, adquirindo-os posteriormente, já que o domínio superveniente revalida o ônus real[342]. É necessário, ainda, que sejam alienáveis, logo, não poderão ser hipotecados, por estarem fora do comércio: *a*) os bens públicos de uso comum e especial, pois os dominiais poderão ser alienados mediante autorização legislativa; *b*) o bem de família; *c*) os bens de órfãos; *d*) os de menores sob poder familiar serão hipotecados precedendo autorização judiciária, se provada a necessidade dessa operação; *e*) os bens gravados com cláusula de inalienabilidade; *f*) os direitos reais; *g*) os direitos hereditários; e *h*) os bens futuros[343].

---

340. Enneccerus, Kipp e Wolff, op. cit., § 132; De Page, op. cit., n. 441; Mazeaud e Mazeaud, op. cit., n. 236; Lei n. 8.657/93 (ora revogada), que acrescenta parágrafos ao art. 27 da Lei n. 6.662/79 (revogada pela Lei n. 12.787/2013), alusivos a imóvel hipotecado a instituições financeiras oficiais. *RT*, *145*:215; *133*:111; *104*:140; *225*:216; Súmula 308 do STJ.

341. Caio M. S. Pereira, op. cit., p. 308.

342. Orlando Gomes, op. cit., p. 380.

343. Planiol, Ripert e Boulanger, op. cit., n. 3.634 e 3.660; Lafayette, op. cit., § 181, *RF*, *55*:346; Caio M. S. Pereira, op. cit., p. 313.

Podem ser objeto de hipoteca:

a) Os *imóveis* (CC, art. 1.473, I, 1ª parte) por natureza (CC, art. 79) e seus acessórios, abrangendo o solo e acessões, ou seja, tudo quanto se lhe incorporar natural (p. ex., aluvião, avulsão) ou artificialmente (p. ex., plantações ou construções (CC, art. 1.474) de qualquer espécie, p. ex., casas, edifícios), sendo, também, suscetíveis de hipoteca os apartamentos em edifícios em condomínio (CC, art. 1.331, § 1º), independentemente do consentimento dos demais consortes.

Os bens em estado de indivisão, pertencentes, em comum, a dois ou mais proprietários, poderão ser hipotecados desde que haja a anuência de todos os condôminos; se divisíveis, poderá ser dada em garantia a parte de cada um deles, porém não poderá o comunheiro hipotecar além do seu quinhão (CC, arts. 1.314, *in fine*, e 1.420, § 2º).

Tem-se admitido a hipoteca de construções começadas, facilitando, dessa forma, o financiamento para aquisição de casa própria, caso em que o ônus real compreenderá a edificação com base na fração ideal do solo e na proporção de seu desenvolvimento.

Se o imóvel hipotecado vier a ser loteado, ou se nele for constituído um condomínio edilício, o ônus poderá ser dividido, gravando cada lote ou unidade autônoma, se o credor, devedor ou os donos o requererem ao juiz, obedecendo à proporção entre o valor de cada um deles e o crédito (CC, art. 1.488). Assim, dividida, excepcionalmente, a hipoteca, em razão de descumprimento de promitente vendedor, os promissários compradores poderão quitar o empréstimo, proporcionalmente, à parte que adquiriu, com isso, seu apartamento ou lote liberar-se-á da excussão. Com isso, portanto, fragmentar-se-á, também, o crédito do credor, que ficará garantido por várias hipotecas. O credor apenas poderá opor-se ao pedido de desmembramento do ônus, demonstrando que o mesmo diminuiria sua garantia (CC, art. 1.488, § 1º). Todas as despesas judiciais ou extrajudiciais necessárias ao desmembramento da hipoteca, salvo convenção em contrário, competirão a quem o requerer (CC, art. 1.488, § 2º). Mas o desmembramento do ônus não exonerará o devedor originário da responsabilidade de continuar obrigado pessoalmente, se, executada a hipoteca, o produto não bastar para o pagamento das dívidas e das despesas judiciais, salvo se houver anuência do credor (CC, art. 1.488, § 3º).

Para que se hipoteque um imóvel rural exige a Lei n. 4.947/66, no seu art. 22, § 1º, sob pena de nulidade, a apresentação do Certificado do INCRA[344].

344. Caio M. S. Pereira, *Condomínio e incorporações*, n. 88; *Instituições de direito civil*, cit., p. 309; Orlando Gomes, op. cit., p. 380; W. Barros Monteiro, op. cit., p. 401.

Os *acessórios dos imóveis* podem, como vimos, ser hipotecados conjuntamente com eles (CC, art. 1.473, I, 2ª parte). Trata-se dos acessórios arrolados nos arts. 92, 93, 95, 96 e 1.474 do Código Civil, logo, abrange o ônus real: tanto as árvores (*JB, 130*:213), pertenças, frutos pendentes, fontes ou nascentes, como tudo o que estiver incorporado ao solo (sementes, culturas, safras), como ainda tudo o que o proprietário mantiver intencionalmente empregado na exploração industrial do imóvel (máquinas, instrumentos, animais), na sua comodidade, aformoseamento (benfeitorias). Todos esses acessórios são imóveis, enquanto estiverem instalados no imóvel, podendo ser hipotecados juntamente com este (CC, art. 79). Se estiverem separados do solo (p. ex., os frutos colhidos), são bens móveis, tornando-se insuscetíveis de hipoteca (*RT, 169*:739)[345]. A hipoteca abrange, ainda, convém repetir, todas as *acessões* naturais e artificiais, como *melhoramentos* ou construções do imóvel (CC, art. 1.474, 1ª parte).

b) O *domínio direto* (CC, art. 1.473, II), isto porque, na enfiteuse, permite-se que o direito do senhorio direto possa ser objeto da hipoteca, independentemente do consentimento do enfiteuta[346], uma vez que o domínio do senhorio consiste na substância da coisa, embora sem suas utilidades.

c) O *domínio útil* (CC, art. 1.473, III), que é o poder que tem o foreiro ou enfiteuta de usufruir do bem, de transmiti-lo por ato *inter vivos* ou *mortis causa*, e, como está autorizado a aliená-lo, permitido será hipotecá-lo, não mais devendo sujeitar-se o adquirente ao pagamento do laudêmio (CC, art. 2.038, § 1º), em caso de excussão hipotecária[347].

d) As *estradas de ferro* (CC, art. 1.473, IV), que são imóveis por acessão intelectual que se aderem ao solo, compreendendo a superestrutura metálica, (trilhos assentados e dormentes) oficinas, estações, linhas telegráficas, equipamentos fixos de sinalização, vagões, locomotivas e carros, passíveis de serem hipotecados ante a importância econômica e social dessa via de comunicação. A característica predominante da hipoteca das ferrovias consiste na continuidade do seu funcionamento, devendo o credor, portanto, respeitar a administração e suas decisões concernentes à exploração da linha, às modificações deliberadas no leito da estrada, em suas dependências,

---

345. W. Barros Monteiro, op. cit., p. 402; Caio M. S. Pereira, op. cit., p. 309; Enneccerus, Kipp e Wolff, op. cit., § 135. *Vide RF, 68*:347; *91*:485; *149*:274; *128*:343; *110*:99; *138*:171; *146*:328; *RT, 70*:734; *133*:520; *173*:795; *216*:315; *247*:234; *248*:159.

346. Orlando Gomes, op. cit., p. 381. CC, art. 2.038.

347. Orlando Gomes, op. cit., p. 381; Caio M. S. Pereira, op. cit., p. 310. CPC, art. 784, VII.

ou no seu material (CC, art. 1.503). "Os credores hipotecários poderão opor-se à venda da estrada, à de suas linhas, de seus ramais ou de parte considerável do material de exploração; bem como à fusão com outra empresa, sempre que com isso a garantia do débito enfraquecer" (CC, art. 1.504, 2ª parte).

Quanto à sua extensão, a hipoteca de via férrea poderá circunscrever-se a toda linha ou estrada ou restringir-se à linha ou ramal especificado na escritura e ao material de exploração, no estado em que ao tempo da execução estiverem (CC, art. 1.504, 1ª parte).

Para que se constitua como ônus real deverá ser registrada no município da estação inicial da respectiva linha (CC, art. 1.502, e Lei n. 6.015/73, art. 171).

Conforme prescreve o art. 1.505 do Código Civil no caso de execução dessa hipoteca não se passará carta ao maior licitante, nem ao credor adjudicatário, antes de se intimar o representante da União, ou do Estado, para, dentro em 15 dias, remir a estrada de ferro hipotecada, pagando o preço da arrematação ou da adjudicação. Com isso objetiva a lei pátria a devolver a exploração da estrada de ferro a uma dessas pessoas jurídicas de direito público interno, de preferência a particulares[348]. Há, portanto, um privilégio especial à União ou ao Estado no caso de leilão de estrada de ferro onerada, considerando o interesse público ínsito em sua exploração.

e) Os *recursos naturais* (jazidas, minas, pedreiras, minérios, potenciais de energia hidráulica), independentemente do solo em que se acham (CC, art. 1.473, V), uma vez que são propriedades distintas do solo e pertencentes à União, com reconhecimento de direito preferencial para sua exploração (CF, art. 176, § 2º, que assegura ao proprietário do solo participação nos resultados da lavra, que é o conjunto de operações que visam ao aproveitamento industrial da jazida, desde a extração das substâncias minerais, até o seu beneficiamento – Dec.-Lei n. 227/67, art. 36, e CC, art. 1.230, parágrafo único, que assegura ao dono do solo o direito de explorar recursos minerais de emprego imediato na construção civil).

As minas dependem de concessão para serem hipotecadas, o que não sucede com as pedreiras[349].

---

348. W. Barros Monteiro, op. cit., p. 418-20; Orlando Gomes, op. cit., p. 385; Caio M. S. Pereira, op. cit., p. 310-1. *Vide* Lei n. 6.830/80, sobre execução fiscal.

349. Caio M. S. Pereira, op. cit., p. 311; W. Barros Monteiro, op. cit., p. 403-4. *Vide* Decreto s/n. de 15-2-91 que revogou os Decretos n. 20.223/31; 20.799/31 e 23.936/34.

f) Os *navios* (CC, art. 1.473, VI e § 1º), pois apesar de serem bens móveis, nossa lei, ante a conveniência econômica, admite sua hipoteca, tendo em vista a necessidade de assegurar o direito de quem financia o construtor e o do seu proprietário, garantindo assim o pagamento do débito pela sequela e prelação.

É hipotecável o navio porque vincula-se a um porto; em virtude de registro na Capitania dos Portos ou no Tribunal Marítimo, se tiver arqueação bruta superior a cem toneladas (Lei n. 7.652/88, com alteração da Lei n. 9.774/98, art. 3º; Lei n. 8.935/94, art. 10), terá denominação própria, nacionalidade e caracteres próprios que lhe darão individualidade (CCom, art. 461). A hipoteca naval era regulada pela Lei n. 2.180, de 5 de fevereiro de 1954, arts. 92 a 100, que dispunha que os contratos de hipoteca dependiam de outorga uxória (*AJ*, *56*:206), efetuando-se mediante escritura pública, após a apresentação do título de propriedade naval, inscrevendo-se na Capitania dos Portos ou no Tribunal Marítimo[350], se a embarcação possuir arqueação bruta superior a cem toneladas (Lei n. 9.432/97, regulamentada pelo Decreto n. 2.256/97; Lei n. 7.652/88, com alteração da Lei n. 9.774/98, art. 3º; Portaria n. 13/97 do Tribunal Marítimo sobre instruções para pré-registro e registro de embarcações no Registro Especial Brasileiro).

g) As *aeronaves*, que não são bens imóveis, mas que podem, mesmo em construção (Lei n. 7.565/86, art. 118), constituir objeto de hipoteca, por-

---

Como forma de garantir a preservação do meio ambiente degradado pela exploração de recursos naturais, foi instituída a primeira hipoteca ambiental do Brasil. Em Osório/RS, onde a exploração das jazidas de areia é uma atividade de vital importância para a economia local, mas cuja existência estaria vedada em função do zoneamento, o Ministério Público gaúcho, conciliando a preservação do meio ambiente com a atividade privada ali desenvolvida, negociou com os órgãos competentes a criação de alternativas que pudessem contornar essa situação. Assim, nasceu a ideia instituição de uma garantia hipotecária, por parte das empresas exploradoras das jazidas. Por meio de escritura pública, tais empresas assumem a obrigação de recuperar o meio ambiente degradado pela atividade por elas desenvolvida, dando em garantia ao Município a hipoteca de um imóvel. Essa medida confere ao Município a possibilidade de promover a execução da dívida e até mesmo a alienação judicial do bem hipotecado para saldar as despesas com a recuperação ambiental, na hipótese de as empresas não cumprirem o compromisso assumido (notícia extraída do *site* do Ministério Público do Rio Grande do Sul – www.mp.rs.gov.br e do *Breve Relato*, Boletim periódico de Duarte Garcia; Caselli Guimarães e Terra, n. 25, p. 1, 2007).

350. W. Barros Monteiro, op. cit., p. 404, 417 e 418; Caio M. S. Pereira, op. cit., p. 312. Urge lembrar que a Lei n. 2.180/54 foi amplamente reformulada pelas Leis n. 5.056/66, 7.652/88, 7.642/87, 8.391/91, 8.969/94, 9.527/97, 9.578/97 e outras.

que são individualizáveis pela marca, prefixo, subordinados a critérios preestabelecidos, e a matrícula (CC, art. 1.473, VII e § 1º).

O contrato de hipoteca aérea deve constar de escritura pública e ser levado a assento no Registro Aeronáutico Brasileiro (Lei n. 7.565/86, art. 141).

Os aviões poderão ser hipotecados no todo ou em partes distintas, e ainda nos seus pertences (Cód. Bras. de Aeronáutica, art. 138)[351].

h) O *gasoduto*, por ser bem imóvel, já que: *a*) adere ao solo, abrangendo área desapropriada por utilidade pública e o espaço aéreo (CC, art. 79), que são imóveis por natureza; *b*) inclui bens incorporados ao solo, permanentemente, como as estações de compressão e os dutos, de modo que se não possam ser retirados sem destruição, modificação ou dano. Por serem partes integrantes são considerados como imóveis por acessão física artificial. Trata-se da acessão que designa aumento, justaposição, acréscimo ou aderência de uma coisa a outra. Pode abranger móveis que, incorporados ao solo, pela aderência física, passam a ser tidos como imóveis, como ocorre com os dutos, que não poderão ser retirados sem causar dano às construções em que se acham instalados; *c*) emprega intencionalmente móveis (máquinas e equipamentos) na exploração da sua atividade econômica, qualificados como *pertenças*, constituindo imóveis por acessão intelectual (CC, art. 93). Essa imobilização de móveis por acessão intelectual, por estarem a serviço do imóvel, atendendo à sua finalidade econômica, é uma ficção legal para evitar que certos bens móveis, acessórios do imóvel, sejam separa-

---

351. Sobre hipoteca de aeronaves: W. Barros Monteiro, op. cit., p. 404 e 418; Caio M. S. Pereira, op. cit., p. 312. Sobre hipoteca de gasoduto: Pontes de Miranda, *Tratado de direito privado*, v. 20, p. 209 a 212, v. 2, p. 40-8, 53-60, 113-31, 209-12; Funke, *Die Lehre von den Pertinenzen*, p. 14 e s.; Andreoli, *Le pertinenze*, p. 216 e s.; Serpa Lopes, *Tratado dos registros públicos*, Rio de Janeiro, 1942, v. 4, p. 225, 226 e 471; Dídimo da Veiga, *Direito hipotecário brasileiro*, n. 33; Nalini e Marques Dip, Hipoteca: Natureza e registro, *Revista de Direito Imobiliário*, n. 35 e 36, p. 21, 1995; Guillermo Borda, *Manual de derechos reales*, Buenos Aires, 1976, p. 491; Wolff, *Derecho de cosas*, Barcelona, 1970, v. 3, p. 327 e s.; Diez Picazo, *Fundamentos de derecho civil patrimonial*, Madrid, 1978, v. 2, p. 694 e 695; Afrânio de Carvalho, *Registro de imóveis*, Rio de Janeiro, 1977, p. 14; Orlando Gomes, *Direitos reais*, p. 378; Roca Sastre, *Derecho hipotecario*, Barcelona, 1979, v. 4, n. 1.205; Yáguez, *Aparencia jurídica, posesión y publicidad inmobiliaria registral*, Bilbao, 1975; M. Helena Diniz, *As lacunas no direito*, São Paulo, Saraiva, 1997; Hipoteca de gasoduto, *O direito civil no século XXI* (coord. M. Helena Diniz e Roberto S. Lisboa), São Paulo, Saraiva, 2003, p. 411-22; Valmir Pontes, *Registro de imóveis*, São Paulo, Saraiva, 1982, p. 48 e 178. A Lei n. 7.565/86, nos arts. 144 a 147, também instituiu hipoteca legal em favor da União relativamente a aeronaves, peças e equipamentos adquiridos no exterior, com fiança, aval ou outra garantia do Tesouro Nacional ou de seus agentes financeiros. Sobre isso *vide* item d.5.2, n. 6.

dos deste, havendo uma afetação do móvel ao imóvel; *d*) contém servidão administrativa de passagem, que, por ser direito real de fruição sobre imóvel serviente, é considerada imóvel por determinação legal (CC, art. 80, I), para que possa receber proteção jurídica.

O gasoduto é um imóvel por requerer terreno, espaço aéreo ou servidão administrativa por que passe e em que tenha as suas estações de compressão e dutos (*partes integrantes*), maquinário e equipamentos (*pertenças*). Nele há um grupo de móveis, que a função assimila a imóveis, por serem bens acessórios (CC, art. 92).

O gasoduto é um bem imóvel composto. Se o objeto da hipoteca é o imóvel sobre o qual estão as edificações, equipamentos, máquinas, dutos e materiais destinados a compor o que se denomina gasoduto, que é um acessório incorporado ao solo, pode-se afirmar que a garantia real recai sobre ele, apesar de conter móveis, pois pela sua função se assimilam aos imóveis (CC, art. 1.473, I). Em caso de hipoteca de gasoduto, o ônus real abarcará tanto as áreas desapropriadas, as servidões administrativas, as estações de compressão, as máquinas, os dutos e tudo que estiver empregado na sua exploração. As partes integrantes essenciais e as pertenças do gasoduto somente se terão por hipotecadas se for feita uma *hipoteca conjunta*. Para tanto, bastará que se diga que a hipoteca do gasoduto será com suas partes integrantes e pertenças. Isto deve ser assim por força do art. 1.473, I, que admite que os acessórios dos imóveis possam, conjuntamente, com eles, ser objeto de hipoteca. A hipoteca é um direito real de garantia que recairá, se constituída for, sobre o valor do gasoduto, que ficará, então, sujeito à solução do débito. Para tanto imprescindível será a escritura pública devidamente registrada (Lei n. 6.015, art. 167, I, n. 2) no Livro n. 2 do Cartório correspondente à primeira estação de compressão, em razão de aplicação analógica do art. 1.502 do Código Civil, por ser omissa a norma a respeito (LINDB, art. 4º), fundando-se na identidade do motivo da lei, tendo-se em vista a relevância do serviço de transporte de gás natural por meio de dutos no fornecimento de energia à comunidade. Não teria sentido registrá-lo em centenas e centenas de Ofícios onde se situarem as estações de compressão por ele percorridas. A competência do cartório da estação de compressão inicial não impedirá que seja averbada a hipoteca nos Cartórios de Registro de Imóveis, onde se localizarem as demais estações. Tal averbação seria útil, embora não obrigatória ante a necessidade de se fazer exarar a ocorrência desse ato, que poderá atingir direito real e as pessoas nele interessadas, anotando-o à margem do registro, com o escopo de informar terceiros da existência de fato superveniente.

i) O *direito de uso especial para fins de moradia* (CC, art. 1.473, VIII, MP 2.220/2001, arts. 1º a 8º; Lei n. 9.636/98, art. 22-A, e Lei n. 11.481/2007, art. 13) se assegurada a aceitação da garantia real (hipoteca) pelos agentes financeiros no âmbito do Sistema Financeiro da Habitação (SFH), desde que constatada, por termo administrativo ou sentença declaratória, a posse para fins de moradia do ocupante que preencher os requisitos legais estabelecidos na MP n. 2.220/2001, devidamente registrado no cartório de imóveis (Lei n. 6.015/73, art. 167, I, n. 37).

j) *O direito real de uso resolúvel de terreno público ou particular* (CC, art. 1.473, IX), sendo que o direito real de garantia (hipoteca) ficará limitado à duração da concessão do direito real de uso, se transferido por tempo determinado (CC, art. 1.473, § 2º). E, além disso, a hipoteca terá sua aceitação assegurada pelos agentes financeiros no âmbito do Sistema Financeiro da Habitação (SFH) (art. 13 da Lei n. 11.481/2007), desde que aquela concessão de direito real de uso resolúvel para atendimento de programa habitacional ou de fins específicos de regularização fundiária de interesse social, urbanização, industrialização, edificação, cultivo de terra etc. esteja registrada em favor do beneficiário (Lei n. 6.015/73, arts. 167, I, n. 40, e 290-A, I a III, § 1º, acrescentado pelas Leis n. 11.481/2007 e n. 12.424/2011; MP 2.220/2001, art. 9º, com alteração da Lei n. 13.465/2017; Lei n. 8.666/93, art. 17, *f* e *h*, com redação da Lei n. 11.481/2007; Lei n. 9.636/98, art. 18, § 6º, II, com alteração da Lei n. 11.481/2007; Dec.-Lei n. 271/67, art. 7º, com redação da Lei n. 11.481/2007).

k) A *propriedade superficiária* (CC, art. 1.473, X), mas a hipoteca limitar-se-á à duração do direito de superfície, se concedido por período determinado (CC, art. 1.473, § 2º), e terá assegurada sua aceitação pelos agentes financeiros no âmbito do Sistema Financeiro da Habitação – SFH (Lei n. 11.481/2007, art. 13). Tal se dá por ser a superfície um direito de propriedade sobre plantações e construções, separado do domínio do solo, constituindo, na verdade, um direito real de construir ou plantar em terreno de outrem. É um direito real de fruição sobre coisa alheia, visto não alcançar a propriedade do dono do solo, afastando a acessão. A *propriedade superficiária* concede ao superficiário um direito real sobre construção ou plantação feita em terreno alheio, utilizando sua superfície, daí ser hipotecável.

O Projeto de Lei n. 699/2011 sugeria, ainda, que fosse acrescido ao rol dos bens suscetíveis de hipoteca o *direito de superfície*. Mas, o Parecer Vicente Arruda rejeitou essa proposta contida no Projeto de Lei n. 6.960/2002 (substituído pelo PL n. 699/2011), baseado na ideia de que "o direito de superfície, tanto no Estatuto da Cidade quanto no NCC, é um direito real sobre a coisa alheia, e não uma propriedade resolúvel. Por constituir-se em simples concessão de uso, não pode ser objeto de hipoteca, que exige a propriedade, o domínio direto ou o domínio útil do devedor sobre o imóvel hipotecado". Com a alteração do art. 1.473 do Código Civil pela Lei n. 11.481/2007, acrescentando o inciso X admitindo a hipoteca de propriedade superficiária, essa polêmica ficou definitivamente afastada.

l) *Os direitos oriundos da imissão provisória na posse* quando concedida à União, aos Estados, ao Distrito Federal, aos Municípios ou às entidades delegadas e respectiva cessão e promessa de cessão (CC, art. 1.473, XI, não mais vigente). Mas, pela Lei n. 12.787/2013, art. 38, §§ 1º e 2º (com redação da MP n. 700/2015), não se aplicava o art. 38, *caput*, III, se o imóvel estiver hipotecado às instituições financeiras oficiais que hajam prestado assistência creditícia ao agricultor irrigante para desenvolvimento de suas atividades em projeto público de irrigação. Essas instituições deverão informar o Poder Público sobre tais hipotecas. Tais alterações foram canceladas com a perda da vigência da MP 700/2015 e, consequentemente, o art. 1.473, XI, deixou de existir.

2) *Requisitos subjetivos*

Esse direito real de garantia requer a capacidade de alienar do devedor; só o que pode alienar é que poderá hipotecar, já que, se o débito não for pago, o imóvel onerado será vendido em leilão. Se, porventura, a hipoteca for constituída por quem não é proprietário, nula ela será, salvo se o devedor estiver de boa-fé, revalidando-se o ônus real se ele adquirir posteriormente a propriedade (CC, art. 1.420, § 1º), desde o registro.

Pode ser constituída a hipoteca pelo dono do imóvel, pessoalmente ou por procurador especial, sendo nula se esse mandatário não tiver poderes especiais expressos[352].

Donde se deduz que:

a) os casados precisarão de outorga uxória ou marital para constituir hipoteca, salvo se o regime for o da separação absoluta, e, não o sendo, se houver recusa injustificada do cônjuge, ou da impossibilidade de seu consenso, casos em que o magistrado poderá suprir a falta dessa anuência (CC, art. 1.647, I e parágrafo único);

b) os condôminos de coisa indivisa só poderão hipotecar a coisa comum na totalidade, com o consenso de todos, porém cada um poderá hipotecar a sua parte ideal, se for divisível a coisa (CC, art. 1.420, § 2º);

352. W. Barros Monteiro, op. cit., p. 398; Orlando Gomes, op. cit., p. 378-9, n. 277.

c) os consortes em edifício coletivo poderão dar em garantia real a sua unidade autônoma ou apartamento, sem anuência dos demais;

d) os menores sob poder familiar só poderão hipotecar se seus pais os representarem no ato constitutivo do ônus real, mediante prévia autorização judicial, desde que provada a necessidade ou urgência dessa medida (CC, art. 1.691);

e) os menores sob tutela e os curatelados poderão hipotecar seus bens, desde que o façam por via de seus representantes e devidamente autorizados pelo magistrado (CC, arts. 1.748 e 1.750), ante a vantagem que esse ato lhes traria;

f) o ascendente poderá hipotecar bem a descendente, independentemente do consentimento dos outros, segundo alguns julgados;

g) os falidos não poderão dar em garantia real seus bens, por falta de administração e disposição deles; e

h) os que estiverem em recuperação judicial ou extrajudicial só poderão hipotecar, mediante autorização judicial, até o cumprimento da referida recuperação[353].

3) *Requisitos formais*

A hipoteca pode constituir-se por contrato (hipoteca convencional), por disposição legal (hipoteca legal), por sentença (hipoteca judicial). Em qualquer uma dessas hipóteses há sempre um *título* ou documento que materializa tal garantia sobre determinado bem. A emissão da cédula hipotecária pode ser autorizada pelo credor e devedor, na forma e para os fins previstos em lei especial (CC, art. 1.486) para que o crédito tenha maior capacidade de circulação, sendo transferível por simples endosso.

A *hipoteca convencional* surge do acordo de vontade daquele que recebe o ônus real (credor hipotecário) com aquele que o dá (devedor principal ou terceiro hipotecante), além de exigir a presença de testemunhas instrumentárias, e *escritura pública* se se tratar de imóvel (CC, art. 108). É lícito aos interessados fazer constar das escrituras o valor entre si ajustado dos imóveis hipotecados, o qual, devidamente atualizado, será a base para as arrematações, adjudicações e remições, dispensada a avaliação (CC, art. 1.484).

---

353. Esta é a lição de Caio M. S. Pereira, op. cit., p. 314-5; Azevedo Marques, *A hipoteca*, 3. ed., p. 29 a 32; Orlando Gomes, op. cit., p. 379; Martou, *Des privilèges et hypothèques*, v. 3, n. 956; De Page, op. cit., n. 679.

Na *hipoteca legal* (CC, art. 1.497) o título constitutivo é a *sentença de especialização* e na *judicial*, a *carta de sentença* ou *mandado judicial*, contendo a indicação das coisas gravadas e a dívida garantida[354].

Esses títulos constitutivos devem conter a *especialização*, indicando: os nomes das partes, identificando o patrimônio de quem foi destacado e em favor de quem o foi; o total do débito garantido; a descrição dos bens gravados, abrangendo todos os elementos de identificação necessários para individualizá-los[355]. Faltando essa especialização, ter-se-á a ineficácia da hipoteca, porque é necessário saber quais os imóveis do devedor que estão onerados, para garantir terceiros.

O título e a especialização são elementos preparatórios desse ônus real, pois o momento culminante da hipoteca é o *registro;* enquanto não estiver registrada não é direito real, não passará de um crédito pessoal, pois o título é mera pretensão de constituir o liame jurídico dessa natureza, valendo *inter partes.* A hipoteca só nasce com o ato de registro, passando a valer *erga omnes*, opondo-se não só aos credores quirografários do devedor, mas também aos terceiros adquirentes e a outro credor hipotecário que não tenha registrado o título e, ainda, a quem tenha adquirido sobre o imóvel onerado um outro direito real. Daí a célebre frase de Lacerda de Almeida: "hipoteca não registrada é hipoteca não existente"[356].

O registro serve de elemento de publicidade do ato e de fixação da data do nascimento do direito real, uma vez que as hipotecas somente valem contra terceiros a partir dele (CC, arts. 1.492 a 1.498).

Como elemento de publicidade, esse assento, levado a efeito no registro público, dá conhecimento a todos os interessados da existência de uma hipoteca sobre o imóvel. Assim, se alguém pretender adquirir o prédio ou recebê-lo em sub-hipoteca, deverá verificar no cartório respectivo para cientificar-se da existência daquele ônus real[357]. Pelo art. 292 da Lei n. 6.015/73, com a alteração dada pela Lei n. 6.941/81, "é vedado aos Tabeliães e aos Oficiais de Registro de Imóveis, sob pena de responsabilidade, la-

---

354. Caio M. S. Pereira, op. cit., p. 316-7; De Page, op. cit., n. 691. A ação de especialização da hipoteca legal segue procedimento comum (CPC, art. 318 e s.). Hipoteca judicial: CPC, art. 495 e §§ 1º a 5º.

355. Orlando Gomes, op. cit., p. 378; De Page, op. cit., n. 547 e s., e 627 e s.; Tito Fulgêncio, *Direito real de hipoteca*, v. 1, p. 84; Caio M. S. Pereira, op. cit., p. 317-8.

356. Orlando Gomes, op. cit., p. 378; Silvio Rodrigues, op. cit., p. 412; Caio M. S. Pereira, op. cit., p. 319; Lacerda de Almeida, op. cit., § 132; De Page, op. cit., v. 7, n. 764; Lei n. 6.015/73, arts. 167, I, n. 2, e 238, sobre registro de hipoteca.

357. Silvio Rodrigues, op. cit., p. 412.

vrar ou registrar escritura ou escritos particulares autorizados por lei, que tenham por objeto imóvel hipotecado a entidade do Sistema Financeiro da Habitação, ou direitos a eles relativos, sem que conste dos mesmos, expressamente, a menção ao ônus real e ao credor, bem como a comunicação ao credor, necessariamente feita pelo alienante, com antecedência de, no mínimo, 30 (trinta) dias". E, pelo art. 293, "se a escritura deixar de ser lavrada no prazo de 60 (sessenta) dias a contar da data da comunicação do alienante, esta perderá a validade".

Esse registro da hipoteca deverá ser feito no Cartório do lugar do imóvel ou dos imóveis, se houver mais de um imóvel onerado, e se estes estiverem situados em várias comarcas, o registro deverá ser efetivado em todos os ofícios em que os bens estiverem matriculados[358] (CC, art. 1.492). Competirá aos interessados (credor, seus herdeiros e cessionários; devedor ou seus herdeiros; outros credores do devedor; o fiador do devedor; os credores do credor hipotecário; os representantes legais do credor ou do devedor etc.), exibido o título, requerer o registro da hipoteca (CC, art. 1.492, parágrafo único).

Os títulos apresentados ao oficial são anotados no Protocolo (Livro n. 1), que é o livro-chave do registro geral[359], na ordem cronológica da entrada. Os registros e averbações seguirão a ordem em que forem requeridos. Tal ordem verificar-se-á pela sua numeração sucessiva no Protocolo. O número de ordem determinará a prioridade do título hipotecário. O art. 291 da Lei n. 6.015/73, alterada pela Lei n. 6.941/81, reza: "A emissão ou averbação da cédula hipotecária, consolidando créditos hipotecários de um só credor, não implica modificação da ordem preferencial dessas hipotecas em relação a outras que lhes sejam posteriores e que garantam créditos não incluídos na consolidação". Se se apresentarem dois títulos, versando sobre um mesmo bem, o registro retroage ao momento da prenotação, assegurando a prioridade do que se apresentou a primeira requisição (CC, arts. 1.493 e s.; Lei n. 6.015/73)[360]. Essa reserva de prioridade de ônus, também denominada prelatícia, tem valor econômico relevante por atender às necessidades de crédito imobiliário. A posição dos gravames é dada pelo número de ordem, daí decorre a prioridade dos direitos reais em relação a ou-

358. Orlando Gomes, op. cit., p. 381.

359. Tito Fulgêncio, op. cit., n. 351.

360. Caio M. S. Pereira, op. cit., p. 319; Pontes de Miranda, op. cit., v. 18, p. 38 e s. Sobre atualização monetária: Constituição Federal, art. 46, parágrafo único, II, das Disposições Transitórias.

tros registrados posteriormente. Logo, a ordem de preferência, na colisão de direitos reais, advém da prioridade do assento[361]. O registro feito na ordem em que for requerido estabelece a prioridade e este a preferência entre as hipotecas (CC, art. 1.493, parágrafo único), de maneira que "não se registrarão no mesmo dia duas hipotecas, ou uma hipoteca e outro direito real, sobre o mesmo imóvel, em favor de pessoas diversas, salvo se as escrituras, do mesmo dia, indicarem a hora em que foram lavradas" (CC, art. 1.494), evitando-se assim confusão de prioridades. Portanto, o registro público da hipoteca permite que se estabeleça entre vários credores hipotecários a prioridade, assim aquele que primeiro registrar a hipoteca retém o direito de executar o imóvel antes dos outros. Os credores sucessivos não poderão promover a venda judicial do imóvel antes de vencida a primeira hipoteca, exceto na hipótese de insolvência do devedor. O registro preserva de surpresas o terceiro que pretenda adquirir o bem gravado, ou mesmo recebê-lo em sub-hipoteca, fazendo com que ele possa saber da existência da hipoteca, visto que, em se tratando de ônus real, o credor tem sequela[362].

Se, ao oficial do registro, for apresentado título de hipoteca que mencione a constituição de anterior, não levada a assento, ele sobrestará no registro da nova, depois de prenotar, até 30 dias, aguardando que o interessado registre a precedente. Esgotado tal prazo, sem que se requeira o registro desta, a hipoteca ulterior será registrada e obterá preferência (CC, art. 1.495).

E se houver dúvida sobre a legalidade do registro requerido, o oficial fará, ainda assim, a prenotação do pedido. Se a dúvida, em noventa dias, for julgada improcedente, o registro será efetuado com o mesmo número que teria na data da prenotação. Se procedente for, cancelada estará a prenotação, receberá o registro o número correspondente à data em que se tornar a requerer (CC, art. 1.496).

O registro, além de marcar a data da constituição da hipoteca convencional, marca também seu termo final, pois o prazo de sua vigência é de trinta anos, da data do contrato, só se podendo reconstituir ou renovar, a requerimento dos contratantes, mediante novo título e novo registro (CC, art. 1.485, com a alteração da Lei n. 10.931/2004).

Com o registro, a hipoteca começa a produzir seus efeitos, que somente vêm a cessar com seu cancelamento ou com o decurso do prazo de trinta anos[363].

---

361. W. Barros Monteiro, op. cit., p. 399.

362. Orlando Gomes, op. cit., p. 378; Silvio Rodrigues, op. cit., p. 412.

363. Dionísio Gama, *Da hipoteca*, n. 100, p. 120; Súmula 445 do STF.

A especialização e a publicidade, como dizem De Page e Dekkers, são princípios que têm por escopo completar a evolução do direito hipotecário no que tange à segurança do comércio imobiliário e à situação dos terceiros[364].

d.3. Efeitos

Seu efeito principal é o de vincular um bem imóvel ao cumprimento de uma obrigação; porém, por outro lado, produz a hipoteca efeitos em relação ao devedor, ao credor, à relação jurídica em si mesma, a terceiros e aos bens gravados.

Quanto aos seus *efeitos em relação ao devedor*, pode-se dizer que uma vez constituído o ônus real, passará o devedor a sofrer limitações nos seus direitos sobre o bem onerado, pois:

1) Apesar de conservar todos os direitos sobre o imóvel gravado, não poderá praticar atos que, direta ou indiretamente, o desvalorizem, deteriorem ou destruam[365].

2) Não poderá alterar a substância da coisa hipotecada, modificando-lhe a destinação, acarretando diminuição de seu valor[366].

3) Não poderá constituir outro direito real sobre o imóvel hipotecado[367].

4) Poderá alienar o bem gravado, porque não perde o *jus disponendi* transferindo-o ao adquirente, juntamente com o ônus que o grava. Será considerada nula a cláusula que proibir o proprietário de alienar imóvel hipotecado, porque não perde o *jus disponendi*, transferindo o bem ao adquirente, juntamente com o ônus que o grava, mas poderá haver convenção estipulando que o crédito hipotecário se vencerá, se o imóvel for alienado (CC, art. 1.475, parágrafo único; *RT*, *782*:419). Poderá, como se vê, haver convenção entre credor e devedor que, se o imóvel hipotecado for alienado, ter-se-á vencimento antecipado do crédito hipotecário, desconsiderando a data estipulada para seu pagamento, tornando-o exigível e autorizando a execução da garantia hipotecária. Mas, se fizer essa alienação, antes do

364. De Page, op. cit., v. 7, p. 337; Francisco Cláudio de A. Santos, O contrato de hipoteca como título executivo, *Consulex*, *15*: 40 a 43. *Vide* Lei n. 8.657/93 (ora revogada pela Lei n. 12.787/2013), que acrescenta parágrafos ao art. 27 da Lei n. 6.662/79 (também revogada pela Lei n. 12.787/2013), aludindo à hipoteca.

365. Silvio Rodrigues, op. cit., p. 410.

366. Silvio Rodrigues, op. cit., p. 410.

367. Caio M. S. Pereira, op. cit., p. 323.

registro da hipoteca, o adquirente não sofrerá os seus efeitos, embora o devedor alienante possa incorrer nas penas do estelionato, por ter ocultado o fato (CP, art. 171, § 2º)[368].

5) Proposta a ação executiva, o imóvel é tirado das mãos do devedor, para ser vendido judicialmente e entregue ao depositário judicial. Desde esse momento perde o devedor o direito de o alienar e de perceber seus frutos, e qualquer ato seu de alienação ou de percepção de frutos será presumido como fraude à execução[369].

6) Como não perde a posse do imóvel hipotecado poderá defendê-la contra o credor ou terceiros que a molestarem[370].

7) O imóvel pode ser hipotecado mais de uma vez, mediante novo título, quer em favor do mesmo credor, quer de outra pessoa (CC, art. 1.476). Essa hipoteca de bem hipotecado denomina-se *sub-hipoteca*, que poderá efetivar-se desde que o valor do imóvel exceda o da obrigação garantida pela anterior, para que se possa pagar o segundo credor hipotecário com o remanescente da excussão da primeira hipoteca, reconhecendo-lhe a preferência, relativamente aos credores quirografários. Se o preço obtido na venda judicial promovida pelo primeiro credor só for suficiente para pagar a sua dívida, o credor sub-hipotecário passará à condição de quirografário.

Entretanto, é bom ressaltar que só se permite essa nova hipoteca, se não houver cláusula proibitiva e mediante a feitura de novo título, não se

---

368. Caio M. S. Pereira, op. cit., p. 323; Lafayette, op. cit., § 256; Matiello, *Código Civil*, cit., p. 948 a 950; TFR, *ADCOAS*, 1982, n. 84.517: "Se a adquirente do imóvel hipotecado não notificou o credor hipotecário no sentido de remi-lo e, de outra parte, o credor hipotecário não foi chamado a comparecer à escritura de alienação daquele bem, a execução deve ser promovida contra os antigos proprietários do imóvel, arcando a adquirente com os ônus decorrentes da sua omissão". A cláusula convencional do vencimento antecipado do crédito hipotecário só é admitida em caso de alienação do imóvel gravado, pois esta, apesar de não gerar efeitos ao credor, poderá, p. ex., depreciar aquele bem, se o adquirente não o conservar, não pagar os impostos etc. Observa, a esse respeito, Francisco Eduardo Loureiro (*Código*, cit., p. 1530-1) que, se a alienação não trouxer agravamento do risco de depreciação da garantia, não há razão para o vencimento antecipado da dívida, mesmo que haja previsão em cláusula convencional, visto que isso poderá configurar abuso de direito.

    Sobre suspensão de venda de imóvel gravado com hipoteca, se adquirido mediante financiamento do SFH: STJ, REsp 1.067.237, 2ª Seção, rel. Min. Luis Felipe Salomão, 10-7-2009.

369. Silvio Rodrigues, op. cit., p. 411; *ADCOAS*, 1983, ns. 89.903 e 90.161; *JB*, *147*:210. Pela Súmula 478 do STJ: "Na execução de crédito relativo a cotas condominiais, este tem preferência sobre o hipotecário".

370. Caio M. S. Pereira, op. cit., p. 323.

admitindo a mera averbação no registro imobiliário, ainda que se trate de simples aumento do primitivo débito hipotecário, sendo imprescindível, ainda, a menção no seu título constitutivo do ônus anterior, pois é crime de estelionato, outorga de garantia sobre bem gravado, ocultando do devedor essa circunstância.

Cabe dizer, ainda, que, antes de vencida a primeira hipoteca, não poderá o credor sub-hipotecário excuti-la, devendo esperar o vencimento da antecedente (pois tem apenas como garantia a parcela do valor do imóvel gravado que sobra após o pagamento da primeira), salvo no caso de insolvência (superioridade do passivo em relação ao ativo) ou falência do devedor (CC, art. 1.477).

Acrescenta o parágrafo único do art. 1.477 que "não se considera insolvente o devedor por faltar ao pagamento das obrigações garantidas por hipotecas posteriores à primeira". Só poderá, então, o credor sub-hipotecário instaurar a execução contra o devedor, nos casos de insolvência previstos no art. 1.052 do Código de Processo Civil[371].

8) O credor sub-hipotecário poderá remir a primeira hipoteca, no seu vencimento, se o devedor não se oferecer para pagá-la, consignando, em juízo, a importância do débito e das despesas judiciais (custas e taxas), caso o primeiro credor esteja promovendo a execução, citando o credor anterior para recebê-la, e o devedor para pagá-la, se quiser, sub-rogando-se assim nos direitos do credor a quem satisfez, sem prejuízo dos que lhe competirem contra o devedor comum (CC, art. 1.478 e parágrafo único).

9) O devedor tem direito à libertação do bem gravado, mediante o cumprimento da obrigação, podendo compelir o credor, que injustamente o recusar, a receber o débito[372].

---

371. W. Barros Monteiro, op. cit., p. 404-7; Orlando Gomes, op. cit., p. 387-9; Caio M. S. Pereira, op. cit., p. 321; Pluralidades de hipotecas, *RDC*, *30*:54; Daibert, op. cit., p. 545-7; Azevedo Marques, op. cit., n. 69; Silvio Rodrigues, op. cit., p. 408-9; M. Lígia C. Mathias (*Direito civil*, op. cit., p. 197) exemplifica a pluralidade de hipotecas: "A" tem um imóvel que vale R$ 50.000,00. Empresta R$ 40.000,00 de "B", R$ 5.000,00 de "C" e R$ 5.000,00 de "D", e dá em garantia do adimplemento dessas dívidas aquele imóvel. Registraram a hipoteca "B", "C" e "D", nessa ordem. "A" não efetua o pagamento, "B" terá preferência na venda judicial e depois os sub-hipotecários "C" e "D". Se na venda for apurado o valor de R$ 40.000,00, pagar-se-á somente "B", pela prioridade dada pela ordem do registro. Se apurados forem R$ 45.000,00, serão pagos "B" e "C", nada sobrando a "D"; *RF*, *63*:39; *56*:518; *81*:144; *RT*, *85*:596; *83*:236; *85*:584; *103*:115; *161*:119; *AJ*, *30*:599; *19*:56; *18*:287; *99*:315; *ADCOAS*, 1982, n. 85.562.

372. Caio M. S. Pereira, op. cit., p. 323.

10) O devedor poderá antecipar o pagamento de sua dívida, ainda que parceladamente (Dec. n. 22.626 de 1933, art. 7º e §§), sendo lícito ao credor exigir que tal amortização não seja inferior a 25% do valor inicial do débito[373].

Quanto aos seus efeitos *em relação ao credor*, tem-se que:

1) O credor, desde o momento em que se inicia o ônus real até sua extinção, tem direito de exigir a conservação do bem gravado, pois a hipoteca o mantém tendo em vista a segurança pessoal do credor[374].

2) Antes do executivo hipotecário, o credor tem apenas um direito potencial, pois se o devedor paga seu débito, a garantia não se concretiza. Todavia, se vencida e não paga a dívida, ou deixando o devedor de cumprir sua obrigação, pode o credor promover a excussão da hipoteca mediante executivo hipotecário, exceto nos casos de perecimento da coisa ou de sua desapropriação, em que se verifica a sub-rogação real na indenização paga pela companhia de seguro ou pelo poder expropriante[375]. O seu *direito de execução* pressupõe a exigibilidade da dívida, ou seja, seu vencimento e inadimplemento[376].

O imóvel será executado por meio de ação de execução (CC, art. 1.501, *in fine*), iniciando-se com a penhora do bem gravado (CPC, arts. 784, V, e 835, § 3º), a fim de vendê-lo judicialmente; seu produto será destinado ao pagamento do crédito, com preferência sobre qualquer outro credor, devendo-se pagar, prioritariamente, as custas judiciais, os tributos e as dívidas oriundas do salário do trabalhador agrícola, pelo produto da colheita para a qual houver concorrido com seu trabalho (CC, arts. 1.422 e parágrafo único, e 964, VIII)[377].

Se a execução for insuficiente para pagar o exequente, este poderá penhorar outros bens do devedor e, se sobrevier falência deste, suspender-se-á a execução (Lei n. 11.101/2005, art. 6º)[378].

Alterando o direito tradicional, o Decreto-Lei n. 70/66 permitiu a execução de créditos hipotecários por via extrajudicial, e a Lei n. 5.741/71 es-

---

373. Caio M. S. Pereira, op. cit., p. 324.

374. Enneccerus, Kipp e Wolff, op. cit., § 138.

375. Orlando Gomes, op. cit., p. 389; Caio M. S. Pereira, op. cit., p. 324; *RT*, *654*:115, *701*:153, *708*:107.

376. Orlando Gomes, op. cit., p. 390.

377. *Vide* Silvio Rodrigues, op. cit., p. 411.

378. W. Barros Monteiro, op. cit., p. 413.

tabeleceu rito sumário para a ação de cobrança de dívidas hipotecárias vinculadas ao sistema financeiro de habitação[379]. Atribuindo-se a um "agente fiduciário" a venda extrajudicial e sumária do bem gravado, quando o credor é instituição financeira (Dec.-Lei n. 70/66, arts. 29 a 31)[380].

O credor poderá escolher, então, a forma de execução prevista no direito processual comum ou a via extrajudicial. Se optar por esta última deverá comunicar ao agente fiduciário que a hipoteca se venceu, sem pagamento. Cumprirá, então, ao agente, dentro de 10 dias do recebimento desse comunicado, notificar o devedor para purgar sua mora, no prazo de 20 dias. Se ele não atender à notificação, o "agente fiduciário" venderá o bem gravado em leilão público, após o preenchimento de certas formalidades, dentro de 15 dias imediatos ao anúncio por edital do primeiro leilão[381].

3) Pelo art. 1.501 não extinguirá a hipoteca, devidamente registrada, a arrematação ou adjudicação, sem que tenham sido notificados judicialmente os respectivos credores hipotecários, que não forem de qualquer modo partes na execução (no mesmo sentido, o art. 889, V, do CPC). Se o imóvel hipotecado for penhorado por outro credor, além desse fato implicar o vencimento antecipado da hipoteca, não pode ser validamente praceado sem a citação do credor hipotecário[382]. Nossos juízes e tribunais têm decretado a nulidade de alienações judiciais, que desobedecem esse comando legal[383].

4) O credor pode pedir o reforço com outros bens da garantia hipotecária, se ela se reduzir, sob pena de vencimento antecipado[384], provando a insuficiência do imóvel especializado (CC, art. 1.490) para saldar o débito.

5) A fim de não lesar o credor, a Lei n. 11.101/2005, art. 129, III, considera sem efeito hipotecas celebradas em período de falência ou à instauração do concurso de preferência (CC, art. 163).

No que concerne aos seus efeitos *quanto à relação jurídica em si mesma* é preciso salientar que:

---

379. Orlando Gomes, op. cit., p. 394.
380. Caio M. S. Pereira, op. cit., p. 325.
381. *Vide* comentários que Orlando Gomes tece a esse respeito, op. cit., p. 394-5.
382. Caio M. S. Pereira, op. cit., p. 325.
383. W. Barros Monteiro, op. cit., p. 414; *RT*, *71*:346; *116*:790; *319*:428; *337*:492; *RF*, *105*:505; *204*:180.
384. Caio M. S. Pereira, op. cit., p. 325.

1) A hipoteca convencional pode ser estipulada por qualquer prazo; a legal, por sua vez, perdura indefinidamente, enquanto se prolongar a situação jurídica que visa garantir[385].

Portanto, a estipulação desse prazo na hipoteca convencional ficará ao arbítrio das partes, devendo o contrato hipotecário mencionar o prazo fixado para o vencimento do ônus real em tela (CC, art. 1.424, II), lapso de tempo esse que não poderá exceder a 30 anos, mas se for estipulado por prazo superior, não há nulidade do contrato, nem do ônus real; opera-se, *pleno iure*, a redução do prazo ao limite legal[386].

É o que prescreve o art. 1.485 (com a redação da Lei n. 10.931/2004) do Código Civil: "Mediante simples averbação, requerida por ambas as partes, poderá prorrogar-se a hipoteca, até perfazer trinta anos, da data do contrato. Desde que perfaça esse prazo, só poderá subsistir o contrato de hipoteca, reconstituindo-se por novo título e novo registro; e, nesse caso, lhe será mantida a precedência, que então lhe competir".

Logo, a prorrogação não pode ultrapassar de 30 anos da data do contrato. Decorrido este prazo, ter-se-á a perempção da hipoteca, não mais podendo o credor excuti-la (*RT, 143*:527), pois a hipoteca não mais prevalece.

Entretanto, se as partes quiserem continuar com o ônus real deverão reconstituir nova hipoteca, por novo título e novo registro, mantida a precedência que lhe competia. Havendo *reconstituição da hipoteca*, manter-se-á em benefício do credor hipotecário o mesmo número de registro e igual precedência, que, então, lhe competir, visto tratar-se de ônus real, que, apesar de reconstituído, dá prosseguimento ao anterior, em nada alterando a posição creditória, permanecendo idêntica à oriunda do contrato perempto, quanto à sua preferência, no produto da excussão, relativamente aos outros direitos reais de terceiros.

2) Reconhece-se a preferência ao credor hipotecário que terá o direito de se pagar prioritariamente sem se sujeitar a concursos ou rateios. Assim paga-se, em primeiro lugar, com o preço obtido na excussão hipotecária, o credor hipotecário, salvo as despesas judiciais e impostos ou taxas devidos pelo próprio imóvel, ao passo que os demais credores só poderão concorrer sobre o remanescente[387].

---

385. W. Barros Monteiro, op. cit., p. 410.

386. Orlando Gomes, op. cit., p. 387, n. 286; Matiello, *Código Civil*, cit., p. 956.

387. Caio M. S. Pereira, op. cit., p. 326; Lacerda de Almeida, *Direito das coisas*, § 131; Trabucchi, op. cit., n. 273.

3) Cria-se um vínculo real entre o credor e o imóvel gravado. Este vínculo é oponível *erga omnes*, pois confere ao credor hipotecário o direito de sequela. De modo que se o bem onerado for transferido *inter vivos* ou *mortis causa* o credor poderá segui-lo em poder do adquirente, que, por sua vez, não poderá, alegando ignorância do fato, impedir que o prédio seja objeto de execução. Presume-se negligente o comprador que não verificou no Registro de Imóveis, antes de adquirir o imóvel, se havia ou não ônus real incidindo sobre ele. Eis o motivo por que o adquirente de imóveis deverá exigir do alienante certidão negativa de hipoteca incidente sobre estes[388].

O credor poderá promover a execução do imóvel hipotecado, mesmo que este não mais pertença ao seu devedor, pois a venda desse bem não extingue a hipoteca, sendo, portanto, indiferente para o credor; logo, sempre lhe será lícito exercer seu direito contra o adquirente. A efetividade do seu direito de sequela revela-se, exatamente, no momento em que se opera a excussão do bem nas mãos de terceiro[389].

Relativamente aos seus *efeitos em relação a terceiros* é preciso observar que:

1) A hipoteca produz efeitos em relação a eles, na sua condição de direito real, pois uma vez registrada, como vimos, é oponível *erga omnes*.

2) É lícita a alienação do imóvel hipotecado a terceiro, que o recebe juntamente com o ônus que o grava (CC, art. 1.475). O adquirente do imóvel hipotecado pode tomar a seu cargo o pagamento do crédito garantido; se o credor notificado dessa assunção da dívida não impugnar em trinta dias a transferência do débito, entender-se-á dado o assentimento (CC, art. 303). Trata-se da presunção *juris tantum* da aceitação tácita do credor hipotecário. "A recusa do credor, quando notificado pelo adquirente do imóvel hipotecado, comunicando-lhe o interesse em assumir a obrigação, deve ser justificada" (Enunciado n. 353 do Conselho da Justiça Federal, aprovado na IV Jornada de Direito Civil). É preciso esclarecer que se o adquirente do imóvel hipotecado não se obrigou pessoalmente a pagar as dívidas aos credores hipotecários, poderá exonerar-se da hipoteca, abandonando ou deixando o referido imóvel àqueles credores (CC, art. 1.479), para que exerçam a posse sobre ele. Tal abandono, na verdade, apenas quer dizer que deixará o imóvel à ação dos credores para fins de excussão judicial, uma vez que não se operou a extinção da obrigação garantida.

388. Caio M. S. Pereira, op. cit., p. 326; Silvio Rodrigues, op. cit., p. 411-2.
389. De Page, op. cit., n. 842; Caio M. S. Pereira, op. cit., p. 326.

O Projeto de Lei n. 699/2011 procurará abranger o compromissário-vendedor de imóvel hipotecário, ao acrescentar parágrafo único àquele artigo, dispondo que ele, "ainda que conste junto ao credor como devedor e principal pagador, também poderá exonerar-se da hipoteca, abandonando o imóvel ao credor hipotecário, desde que o compromissário comprador tenha assumido a obrigação de liquidar o saldo devedor na forma originalmente pactuada entre o compromissário vendedor e o credor hipotecário". Essa posição do Projeto justifica-se porque: "a redação atual do art. 1.479 dá margem a várias interpretações, inclusive a de que o novo Código Civil pretende legalizar os contratos de gaveta feitos sem anuência do agente financeiro cuja validade vem sendo reconhecida pela jurisprudência. Para deixar expresso esse escopo, foi proposta nova redação ao dispositivo". Como o parágrafo, na proposta feita, autoriza a cessão de dívida sem a autorização do credor, o que viola frontalmente os arts. 299, 303 e o princípio da boa-fé contratual, o Parecer Vicente Arruda não a aprovou ao tratar do Projeto de Lei n. 6.960/2002 (atual PL n. 699/2011), que também continha tal proposta.

O adquirente que não quiser remir o imóvel privar-se-á da sua posse, colocando-o à disposição dos credores, furtando-se aos efeitos da execução, até as vinte e quatro horas subsequentes à citação, com que se inicia o procedimento executivo, ou melhor, a execução do débito. Para tanto, deverá notificar judicial ou extrajudicialmente o vendedor e os credores hipotecários, deferindo-lhes, conjuntamente, a posse do imóvel, ou depositando-o em juízo (CC, art. 1.480 e parágrafo único), se julgar mais conveniente. Havendo execução hipotecária ajuizada pelo credores hipotecários, o adquirente, tomando ciência dela, ao ser citado, poderá, portanto, optar, dentro de 24 horas, entre o acompanhamento do processo e o abandono da coisa gravada.

3) Não poderá um outro credor promover, validamente, a venda judicial do imóvel, sem notificar o credor hipotecário (CC, art. 1.501).

4) A cessão do crédito hipotecário poderá ser feita sem o consentimento do devedor, investindo o cessionário nas mesmas garantias e preferências que acompanham o crédito cedido, mesmo em relação aos credores anteriores à cessão. Há, tão somente, uma mudança subjetiva com integridade do vínculo. Poder-se-á averbar tal cessão à margem do registro hipotecário[390], obedecendo à forma pública ou particular da hipoteca, conforme

390. Caio M. S. Pereira, op. cit., p. 327; Dionísio Gama, op. cit., n. 113, p. 127; De Page, op. cit., n. 898; Martou, *Des privilèges et hypothèques*, v. 1, n. 175.

prescreve o art. 289 do Código Civil. Sendo necessária tal averbação, se houver pluralidade de cessões da mesma hipoteca, o conflito resolver-se-á pela prioridade do registro.

5) É possível a sub-rogação, na hipoteca, que se dá pela substituição do credor satisfeito por aquele que paga o débito ou fornece o numerário para a *solutio*[391].

Em relação aos seus efeitos quanto aos bens gravados, observa-se que[392]:

1) A hipoteca adere-se ao imóvel, acompanhando-o em todas as mutações subjetivas, até que se opere sua extinção.

2) Perecendo o bem hipotecado, desaparece o ônus real. Se houver qualquer indenização pelo causador do dano, pela companhia seguradora, tem-se a sub-rogação real, protraindo os efeitos da hipoteca sobre esse valor[393].

3) Se houver reconstrução do prédio, pelo segurador ou responsável, o credor não poderá, é óbvio, exigir o preço, porque a restauração do imóvel onerado abrange a reedificação *pleno iure*, independentemente de novo ato ou de nova declaração de vontade.

4) Estende-se às benfeitorias ou acessões trazidas ao bem gravado, por ato humano ou acontecimentos naturais.

5) A hipoteca assegura o cumprimento de obrigações acessórias, ou melhor, dos juros, multas, custas judiciais, despesas de fiscalização[394].

d.4. Remição hipotecária

A remição da hipoteca (CPC, art. 826)[395] é o direito concedido a certas pessoas, de liberar o imóvel onerado, mediante pagamento da quantia devida, independentemente do consentimento do credor[396].

---

391. Caio M. S. Pereira, op. cit., p. 327.

392. Caio M. S. Pereira, op. cit., p. 329-30.

393. Lafayette, op. cit., § 182.

394. De Page, op. cit., n. 502.

395. Apesar de o Código Civil de 1916 ter utilizado o termo "remissão", o correto seria "remição". Remissão significa perdão, desistência ou renúncia do credor, como nos casos dos arts. 385 a 388 do Código Civil de 2002. A remição é o resgate de um bem por parte do devedor ou de terceiros. O Código de Processo Civil corrigiu isso, ao empregar o termo *remição* no Título V, arts. 787 e s., ora revogados (*vide* CPC, art. 826 c/c os arts. 835, § 3º, 876 e 877), o mesmo ocorrendo com a Lei n. 6.015/73, no Cap. X, e com o atual Código Civil, art. 1.499, V. W. Barros Monteiro, op. cit., 14. ed., v. 3, p. 407 (rodapé); Rafael Correa da Silva, Remir e remitir e seus propínquos, *RFDUSP*, 4(5):71. "Remir é recomprar, readquirir, afastar pagando" (Pontes de Miranda, *Tratado de direito privado*, Rio de Janeiro, Borsoi, 1971, v. 20, p. 41). É um direito potestativo

A lei confere o direito de resgatar o imóvel hipotecado:

1) Ao *credor sub-hipotecário* que, desde que esteja vencida a primeira hipoteca e se o devedor não se oferecer para pagá-la (CC, art. 1.478, 1ª parte), consignará judicialmente a importância devida (capital e juros) e as despesas judiciais se promovida a execução, citando o credor anterior para recebê-la, bem como o devedor para pagá-la, se o quiser (CC, art. 1.478, 2ª parte e parágrafo único).

Esta remição não terá efeito extintivo da relação obrigacional, pois, pela 2ª parte do referido artigo, esse segundo credor sub-roga-se na garantia e direitos do primeiro, sem prejuízo dos que lhe competirem contra o devedor comum. Portanto, não libera o bem gravado em proveito do devedor; afasta, tão somente, da concorrência o primeiro credor, fazendo com que o sub-hipotecário assuma, em relação ao imóvel onerado, uma condição privilegiada[397]. Deveras, o credor da segunda hipoteca sub-rogar-se-á não apenas no que atina ao *quantum* do débito satisfeito, como também ao valor acrescido, alusivo à mora e àquelas despesas judiciais, que consignou, em razão da execução já ajuizada pelo primeiro credor.

Constitui essa remição uma espécie de compra forçada imposta ao credor da primeira hipoteca, que assim fica obrigado a vender o seu crédito[398], não sendo prejudicado em nada, pois receberá tudo a que fazia jus.

2) Ao *adquirente do imóvel hipotecado* (CC, art. 1.481), isto porque um dos efeitos da hipoteca é o direito de sequela do credor, fazendo com que o ônus se vincule ao imóvel, de modo que se for alienado, transfere-se, igualmente, o gravame, podendo o credor segui-lo em poder de quem quer que se encontre. Não convindo esta situação ao adquirente, autoriza-lhe a norma jurídica que libere o bem adquirido desse vínculo, mediante a remição[399], pois, caso contrário, terá que se sujeitar à excussão do imóvel.

(STJ, REsp 164.609/ES – 3ª T., rel. Min. Carlos Alberto Menezes Direito, j. 24-6-1999) e a ação a ser proposta, para exercê-lo liberando o bem do direito real, é a de consignação em pagamento.

396. Caio M. S. Pereira, op. cit., p. 330; Silvio Rodrigues, op. cit., p. 425; *EJSTJ*, *15*:243.

397. Caio M. S. Pereira, op. cit., p. 331.

398. Silvio Rodrigues, op. cit., p. 426.

399. Caio M. S. Pereira, op. cit., p. 331. O Projeto Fiuza (atual PL n. 699/2011) propõe a mudança da grafia "remissão", contida no art. 1.481, § 2º, para "remição" e recebe a aprovação do Parecer Vicente Arruda.

Esta remição extingue a hipoteca, sem fazer, contudo, com que o crédito desapareça, porque o devedor não é quitado, devendo pagar sua dívida ao adquirente do imóvel, que se sub-roga nos direitos do primitivo credor hipotecário. Não há mais que se falar em garantia real, pois esta não tem consistência quando recai sobre bem da propriedade do credor[400].

O adquirente do imóvel hipotecado deve exercer esse seu direito no prazo de 30 dias, contados da data de registro do seu contrato, citando judicialmente o credor hipotecário, propondo-lhe, para liberar o bem gravado, o pagamento de importância não inferior ao preço por que adquiriu o imóvel (CC, art. 1.481). Se o credor aceitar sua oferta, livre estará o imóvel da hipoteca, uma vez pago e depositado o preço (CC, art. 1.481, § 2º). Se não a aceitar, ter-se-á a licitação judicial, para apurar o seu verdadeiro valor, efetuando-se a venda judicial a quem oferecer maior quantia, assegurada a preferência ao adquirente do imóvel (CC, art. 1.481, § 1º). São, portanto, admitidos a licitar: os credores hipotecários, os fiadores e o próprio adquirente. Adquirirá, portanto, o bem quem oferecer o maior lance.

Se o adquirente deixar de remir o imóvel, sujeitando-o a execução, terá de submeter-se aos seus efeitos, pois, além da perda do bem, ficará obrigado não só a ressarcir os credores hipotecários da desvalorização que, por sua culpa, o mesmo vier a sofrer, respondendo pelas perdas e danos, mas também a pagar despesas judiciais da execução e ônus de sucumbência (CC, art. 1.481, § 3º). Há, portanto, responsabilidade civil subjetiva pela desvalorização do bem hipotecado.

E, finalmente, estatui o art. 1.481, no seu § 4º, que "disporá de ação regressiva contra o vendedor o adquirente que ficar privado do imóvel em consequência de licitação ou penhora, o que pagar a hipoteca, o que, por causa de adjudicação ou licitação, desembolsar com o pagamento da hipoteca importância excedente à da compra e o que suportar custas e despesas judiciais". Se assim é, o adquirente do imóvel hipotecado poderá mover ação regressiva (*actio in rem verso*) contra o alienante, se vier a sofrer a perda do bem em consequência de licitação ou penhora, para reaver o valor dos prejuízos sofridos com as despesas oriundas da excussão, por parte de credores do vendedor sobre o imóvel adquirido, ou com o pagamento do que despendeu com a hipoteca, inclusive com o *quantum* pago mesmo acima do preço da compra (incluindo atualização monetária, gastos com o contrato e com o registro), e com as custas e despesas judiciais.

---

400. De Page, op. cit., n. 850; Caio M. S. Pereira, op. cit., p. 332.

Ante a revogação do art. 1.482 do Código Civil não é mais possível a remição de hipoteca pelo devedor hipotecário ou aos membros de sua família. Contudo, pelo CPC/2015, art. 876, § 5º, o cônjuge ou companheiro descendente ou ascendente do executado terão somente um direito de preferência para a compra do bem onerado. Há, portanto, adjudicação, com direito de preferência a favor dos familiares do execurado. E, além disso, o próprio executado terá direito à remição, regulado pelas normas processuais. Assim, ao *devedor da hipoteca* ou aos *membros de sua família*, pelo art. 826 do CPC/2015, é concedida a remição hipotecária. Prescreve esse artigo que: "Antes de adjudicados ou alienados os bens, o executado pode, a todo tempo, remir a execução, pagando ou consignando a importância atualizada da dívida, acrescida de juros, custas e honorários advocatícios".

Ao *devedor da hipoteca* ou *aos membros de sua família*, o que não lhes será permitido antes de realizada a venda judicial nem depois da assinatura do auto de arrematação ou da publicação da sentença de adjudicação (CC, art. 1.482, ora revogado; CPC, art. 877, § 1º). Intentada a excussão do bem hipotecado pelo credor antes de adjudicados ou alienados os bens, o próprio executado, seu cônjuge, companheiro, descendentes ou ascendentes (CPC, arts. 876, § 5º, e 826) poderão, a qualquer tempo, até a assinatura do auto de arrematação ou até a publicação da sentença de adjudicação, oferecer preço igual ao do maior lance oferecido ou quantia igual à da avaliação, se não tivesse havido licitante, para remir o imóvel gravado, livrando-o do ônus, devendo consignar, para tanto, em juízo, a importância da dívida, juros, custas e honorários advocatícios (CPC, arts. 826 e 877, § 3º).

O revogado art. 1.482 do Código Civil tem, portanto, o seu teor previsto no CPC, art. 877, concernente à adjudicação. No § 1º, este artigo dispõe que no prazo de 5 dias, contado da última intimação e decididas as eventuais questões, o órgão judicante ordena e assina a lavratura do auto de adjudicação, juntamente com o adjudicatário, escrivão ou chefe de secretaria e, se estiver, presente o executado, expedindo-se: a) se o bem for imóvel, carta de adjudicação e o mandado de imissão na posse; e b) se móvel, ordem de entrega ao adjudicatário. A carta de adjudicação conterá a descrição do imóvel, mencionando sua matrícula a registro, cópia do auto de adjudicação e prova da quitação do imposto de transmissão (CPC, art. 877, § 2º).

Na hipótese de penhora do bem hipotecado, o executado poderá remi-lo até a assinatura do auto de adjudicação, oferecendo preço igual ao de avaliação se não tiver havido licitantes ou ao do maior lance oferecido (art. 877, § 3º, do CPC), concretizando a remição realizada pelo executado.

Entretanto, se, porventura, o credor não ficar plenamente satisfeito no executivo hipotecário, encerrado com a adjudicação do imóvel onerado pelo devedor ou pela sua família, continua sendo titular de direito contra o executado, pelo saldo, porém não está autorizado a penhorar o bem remido[401].

O direito de remição será deferido à *massa falida,* mediante pedido do administrador judicial, ou aos *credores em concurso,* nos casos de falência ou insolvência, não podendo o credor hipotecário (exequente) recusar o pagamento do preço por que foi avaliado oficialmente o imóvel (CPC, art. 877, § 4º). O restante da dívida hipotecária entrará, obviamente, em concurso com as quirografárias. É possível remir, em benefício da massa, mediante autorização judicial, bens apenhados, penhorados ou *legalmente retidos*. Portanto, a remição, nessa hipótese, far-se-á independentemente da realização do leilão, tomando-se por base o valor da avaliação oficial. Não poderá o credor recusá-la, mesmo que a soma não cubra a dívida; pelo que faltar o credor hipotecário concorrerá com os quirografários em igualdade de condições (Lei n. 11.101/2005, arts. 83, III, VI, § 1º; 22, III, *m*, 149, *in fine*, e 153)[402]. Se o valor de avaliação do imóvel não cubrir o débito, e não podendo o credor recusar o preço da avaliação do imóvel, o credor concorrerá com os credores quirografários para se pagar o restante (CC, art. 1.430).

Dada a quitação, o credor hipotecário que requereu a adjudicação do imóvel onerado não poderá ser admitido no processo de falência ou insolvência de seu devedor, ante a extinção do vínculo que o prendia a ele. Se a avaliação do imóvel gravado foi maior do que o *quantum* devido, o credor hipotecário apenas poderá requerer a adjudicação se vier a repor em favor da massa falida ou dos outros credores em concurso a diferença entre o montante do débito e o valor conferido pela avaliação oficial.

Trata-se de hipóteses que antes estavam previstas no CC, arts. 1.482 e 1.483 (ora revogados) e foram totalmente transpostas para a seara processual, estando reguladas nos arts. 826, 876 e 877 do CPC/2015.

d.5. Espécies de hipoteca

d.5.1. Hipoteca convencional

A hipoteca convencional é aquela que se constitui por meio de um acordo de vontade do credor e do devedor da obrigação principal[403], pois são

---

401. Caio M. S. Pereira, op. cit., p. 336; Affonso Fraga, *Direitos de garantia*, p. 641; Clóvis Beviláqua, *Direito das coisas*, § 145.

402. W. Barros Monteiro, op. cit., p. 411.

403. Orlando Gomes, op. cit., p. 382; Daibert, op. cit., p. 552.

suscetíveis de ônus real todas as obrigações de caráter econômico, sejam elas de dar (onde a hipoteca assegurará a entrega do objeto da prestação), de fazer, ou de não fazer (podendo garantir o pagamento de indenização por perdas e danos em consequência de sua inexecução – *RF, 121*:170)[404].

Para constituir-se, de modo válido, requer o preenchimento de todos aqueles requisitos e produz os efeitos que mencionamos em páginas anteriores.

d.5.2. Hipoteca legal

A hipoteca legal é aquela que a lei confere a certos credores, que, por se encontrarem em determinada situação e pelo fato de que seus bens são confiados à administração alheia, devem ter uma proteção especial[405].

---

404. Orlando Gomes, op. cit., p. 382; W. Barros Monteiro, op. cit., p. 400.

405. Lafayette, op. cit., § 187; Orlando Gomes, op. cit., p. 383; Silvio Rodrigues, op. cit., p. 417; Caio M. S. Pereira, op. cit., p. 336-41; Aubry e Rau, *Cours de droit civil*, v. 3, n. 264; Planiol e Ripert (*Traité pratique*, cit., v. 12, n. 465) ponderam: "... *les hypothèques lègales son établies au profit des certaines classes de personnes en considération de leur condition juridique ou de la nature de leurs rapports avec ceux sur les biens desquels portente ces hypothèques*"; W. Barros Monteiro, op. cit., p. 420-2; *RT, 450*:84; Lei n. 8.069/90, art. 201, IV. O atual Código Civil reduziu os casos de hipoteca legal, pois além dos previstos no art. 1.489, I a V, o diploma de 1916 também a conferia:

a) À mulher casada sobre os imóveis do marido, para garantia de dote e dos outros bens particulares dela, sujeitos à administração marital (CC de 1916, art. 827, I), pois competia ao marido a administração desses bens pelos arts. 233, II, e 289, I, do Código Civil de 1916. Com isso a norma jurídica procurava assegurar a devolução desses bens particulares ou dotais, finda a sociedade conjugal, e a indenização por perdas e danos se a mencionada administração lhe fosse prejudicial. Quanto aos bens comuns ou em regime de comunhão no casamento, com a instituição da separação de patrimônio no que concernia aos "bens reservados" da mulher (CC de 1916, art. 246, com a redação da Lei n. 4.121/62), tinha ela direito à hipoteca legal se os bens fossem administrados pelo marido;

b) Às pessoas que não tinham a administração de seus bens, sobre os imóveis de seus tutores ou curadores (CC de 1916, art. 827, IV), protegendo, dessa forma, os menores sob tutela e os incapazes sob curatela, resguardando seus bens entregues à administração de seus representantes legais (CC de 1916, arts. 418 e 453), assegurando sua devolução bem como a dos seus frutos, ao cessar a relação jurídica da tutela ou curatela, e a indenização pelas perdas e danos, em razão de prejuízos causados. Competia à autoridade judiciária exigir essa garantia, sob pena de tornar-se, subsidiariamente, responsável pelos prejuízos supervenientes (*RT, 184*:774), ou dispensá-la nos casos em que o incapaz não possuísse bens, ou os tivesse, porém sem rendimentos, ou insuscetíveis de alienação, salvo licença judicial. Pelo art. 2.040 do vigente Código Civil, tal hipoteca poderá ser cancelada. A esse respeito, dispõe a Lei n. 8.069/90, art. 37 e parágrafo único, que a especialização de hipoteca legal será dispensada, sempre que o tutelado não possuir bens ou rendimentos ou por qualquer outro motivo relevante; se os bens, porventura existentes em nome do tutelado, constarem de instrumento público, devidamente registrado no registro de imóveis, ou se os rendimentos forem suficientes apenas para a mantença do tutelado, não havendo sobra significativa ou provável;

A lei confere hipoteca:

1) Às pessoas de direito público interno (União, Estados, Distrito Federal, Territórios, Municípios, Autarquias e demais entidades públicas criadas por lei), sobre os imóveis pertencentes aos encarregados da cobrança, guarda ou administração dos respectivos fundos e rendas (CC, art. 1.489, I), ou seja, tesoureiros, coletores, administradores, exatores, prepostos, rendeiros e contratadores de rendas, a fim de evitar que funcionários desonestos, que arrecadam, guardam ou administram seus bens, dilapidem seus haveres. Estes funcionários, que causaram danos à Fazenda Pública, além de hipoteca legal, sofrerão pena de prisão administrativa e sequestro de seus bens (Dec.-Lei n. 3.240/41; Dec.-Lei n. 3.415/41; Lei n. 8.429/92, que revogou a Lei n. 3.164/57; Dec.-Lei n. 1.060/69)[406]. Somente as pessoas acima arroladas é que estarão sujeitas à hipoteca legal, excluindo-se desta fiscais, assessores, chefes de departamentos etc., porque só cabe tal hipoteca em relação aos funcionários que sejam cobradores, guardiães ou administradores daqueles fundos ou rendas[407].

2) Aos filhos sobre os imóveis do pai, ou da mãe, que convolar novas núpcias, antes de fazer o inventário e partilha dos bens do casal anterior (CC, art. 1.489, II). Trata-se de causa suspensiva matrimonial (CC, art. 1.523, I), que não acarreta a anulação do novo casamento, mas exige que este seja sob o regime de separação de bens (CC, art. 1.641, I)[408]. A hipoteca legal tem por fim garantir a restituição desses bens e a indenização dos prejuízos que, culposamente, os pais, porventura, causarem a seus filhos, pela perda ou deterioração dos referidos bens não partilhados. Esse ônus real não pretende assegurar a restituição de rendas percebidas pelo genitor, senão após a maioridade ou emancipação, porque, antes disso, pertencerão tais rendimentos aos pais como inerência do poder[409] familiar (CC, art. 1.689, I).

---

c) À Fazenda Pública Federal, Estadual ou Municipal, sobre os imóveis do delinquente, para o cumprimento das penas pecuniárias e pagamento das custas (CC de 1916, art. 827, VII), caso em que a hipoteca legal não visava garantir o ressarcimento de prejuízo, mas o pagamento de multas e custas a que o réu foi condenado. Acrescentava o art. 829 que "quando os bens do criminoso não bastarem para a solução integral das obrigações enumeradas no art. 827, VI e VII, a satisfação do ofendido e seus herdeiros preferirá às penas pecuniárias e custas judiciais". Nada era mais justo do que reparar, em primeiro lugar, o dano causado ao ofendido. Se houvesse sobra, pagava-se a Fazenda, não havendo nenhum rateio, pois a preferência era concedida ao ofendido e seus herdeiros.

406. W. Barros Monteiro, op. cit., p. 422.

407. Caio M. S. Pereira, op. cit., p. 340.

408. W. Barros Monteiro, op. cit., p. 421; Caio M. S. Pereira, op. cit., p. 339.

409. Caio M. S. Pereira, op. cit., p. 339; Silvio Rodrigues, op. cit., p. 419; Lafayette, op.

3) Ao ofendido, ou aos seus herdeiros, sobre os imóveis do delinquente, para satisfação do dano causado pelo delito e pagamento das despesas judiciais (CC, art. 1.489, III). O crime é um ato ilícito, portanto sujeita seu autor a reparar os prejuízos que causou (CC, arts. 186 e 927), respondendo com seus bens por essa reparação (CC, art. 942)[410]. Nesse mesmo sentido, o Código de Processo Penal (arts. 134 e s.) e o Código Penal (art. 91, I) estatuem que um dos efeitos da sentença condenatória é tornar certa essa obrigação de indenizar dano oriundo de crime[411].

4) Ao coerdeiro para garantia do seu quinhão ou torna de partilha sobre o imóvel adjudicado ao herdeiro reponente (CC, art. 1.489, IV). P. ex., "A" (*de cujus*) deixa aos herdeiros "B", "C" e "D" 1/3 de um terreno avaliado em R$ 90.000,00. Se "C" ficar com o imóvel, deverá entregar R$ 30.000,00 para "B" e R$ 30.000,00 para "D". Como garantia desse pagamento "B" e "D" têm hipoteca legal sobre o imóvel adjudicado a "C" (herdeiro reponente).

Ilustrativamente:

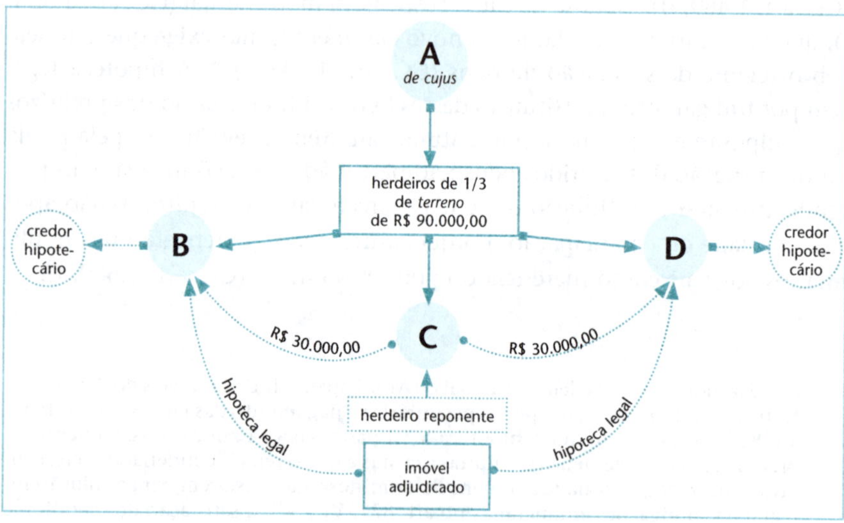

---

cit., § 201, n. 5; Clóvis, op. cit., § 154; Lacerda de Almeida, op. cit., § 154.

410. Silvio Rodrigues, op. cit., p. 420; *RT*, *149*:414.

411. W. Barros Monteiro, op. cit., p. 422. *Vide* Decreto-Lei n. 3.240/41 e Leis n. 8.429/92 e 3.508/58. Urge lembrar que os arts. 136, 137, 138, 139, 141 e 143 do CPP foram alterados pela Lei n. 11.435/2006.

Isto é assim porque é comum adjudicar-se o imóvel inventariado a um único herdeiro, que se compromete a repor em dinheiro o quinhão pertencente aos demais coerdeiros (CC, art. 2.019), que, para garantir o recebimento dessa quantia, tem hipoteca legal sobre o imóvel adjudicado ao reponente.

5) Ao credor sobre o imóvel arrematado, para garantia do pagamento do restante do preço da arrematação (CC, art. 1.489, V).

6) À União, sobre aeronaves, peças e equipamentos adquiridos no exterior com aval, fiança ou qualquer outra garantia do Tesouro Nacional ou de seus agentes financeiros (Lei n. 7.565/86, arts. 144 a 147). "As aeronaves adquiridas, total ou parcialmente, com a contribuição financeira ou cujo contrato esteja enquadrado nos favores de reequipamento, ficarão sujeitas à hipoteca legal, inscrita *ex officio* em favor da União e só poderão ser alienadas, arrendadas, cedidas ou transferidas, mediante autorização prévia do Ministério da Aeronáutica" (Lei n. 4.200/63, art. 16). A hipoteca legal sobre aeronave, em favor da União, se extingue ao fim de seu prazo de depreciação.

7) Às pessoas que não tenham a administração de seus bens sobre imóveis de seus tutores ou curadores, protegendo, dessa forma, os menores sob tutela e os incapazes sob curatela, resguardando seus bens entregues à administração de seus representantes legais, assegurando sua restituição, bem como a de seus frutos, ao cessar a relação jurídica da tutela ou curatela, e a indenização pelas perdas e danos, em razão dos prejuízos causados (CC, arts. 2.040, 1.781 e 1.745, parágrafo único; Lei n. 8.069/90, art. 37 (com a redação da Lei n. 12.010/2009) e parágrafo único; *BAASP, 2876*:9). Tais pessoas somente terão esse direito se tiverem patrimônio de valor considerável e se o magistrado condicionar o exercício da tutela e da curatela à prestação dessa caução real, pois poderá dispensá-la se o tutor e o curador forem de reconhecida idoneidade moral e financeira. Diante da não obrigatoriedade da hipoteca legal dos bens do tutor ou curador (CC, art. 1.489, I a IV), a inscrita em conformidade com o art. 827, IV, do Código Civil de 1916 poderá ser cancelada (CC, art. 2.040), desde que haja observância do disposto no parágrafo único do art. 1.745 do atual Código Civil. Com o cancelamento do seu assento, devidamente averbado, que visa declarar sem efeito o ato registrário, extinguir-se-á o ônus real, em cumprimento da decisão judicial, transitada em julgado, que o dispensou.

Pelo art. 1.497, as hipotecas legais, de qualquer natureza, deverão ser registradas e especializadas. Só, então, é que se constituirão como direito real, tendo eficácia *erga omnes*.

Nota Clóvis Beviláqua[412] que se devem considerar na hipoteca legal dois momentos: *a*) o *inicial*, em que se dá o fato gerador do vínculo, por exemplo, o casamento, a aquisição de bens do filho menor, a tutela, a curatela, a nomeação de funcionário etc., vínculo este que é apenas potencial, não acarretando nenhuma submissão da coisa à obrigação e nem valendo contra terceiros; *b*) o *definitivo*, em que pela especialização, ou seja, individuação dos bens dados em garantia real, e pelo registro, surge o direito real, provido de preferência e de sequela.

A especialização da hipoteca legal é feita em juízo, mediante procedimento comum, culminando com a decisão discriminativa dos bens gravados.

Com a apresentação da especialização ao oficial de registro, ter-se-á o assento hipotecário, no livro próprio, com a observância da ordem numérica. Só então é que surgirá o ônus real[413], ocasião em que a hipoteca passará a ter efeito *erga omnes*. Vale esse registro enquanto a obrigação perdurar, mas a especialização, em completando 20 anos, deverá ser renovada (CC, art. 1.498; Súmula 445 do STF), ante a presunção de que, com o decurso do tempo, tenha havido desvalorização do bem onerado, requerendo-se que se faça uma avaliação em benefício do interessado, podendo-se exigir o reforço da hipoteca. Se, porventura, houver valorização daquele bem, a hipoteca deverá ser reduzida. Qualquer alteração feita deverá ser averbada no registro anteriormente feito, que conservará seu primitivo número.

O registro e a especialização das hipotecas legais incumbem a quem está obrigado a prestar a garantia, mas os interessados (representante legal, credor, sucessor, inventariante etc.) podem promover pessoalmente a inscrição delas, ou solicitar ao Ministério Público que o faça (CC, art. 1.497, § 1º). As pessoas às quais incumbir o registro e a especialização das hipotecas legais estão sujeitas a pagar perdas e danos ao credor hipotecário pela omissão (CC, art. 1.497, § 2º).

Podem requerer a especialização e registro:

---

412. Clóvis, *Comentários ao Código Civil*, obs. ao art. 827.

413. Caio M. S. Pereira, op. cit., p. 337; Matiello, *Código Civil*, cit., p. 965-6. A hipoteca convencional não poderá passar do prazo de 30 anos (CC, art. 1.485), mas será possível reconstituí-la por novo título e novo registro. Já na hipoteca legal, convém repetir, o registro valerá enquanto perdurar a obrigação por ela garantida, preservando os direitos do credor, visto que não sofrerá os efeitos da perempção legal, embora a especialização precise ser renovada assim que o lapso vintenário se perfizer.

a) Os responsáveis para com a Fazenda Pública, e, em sua falta, os procuradores e representantes fiscais (Dec.-Lei n. 3.240/41, art. 4º, § 2º, n. 2) das *hipotecas dos bens dos responsáveis para com a Fazenda Pública.*

b) Os filhos do leito anterior, o inventariante, ou o testamenteiro, antes de entregar o legado ou a herança no caso da hipoteca de imóvel do genitor que pretende casar-se novamente.

c) O ofendido, e, se for incapaz, o seu representante legal, da *hipoteca legal do ofendido*, para atender o disposto no art. 1.489, III.

d) O adjudicatário do imóvel inventariante ou, na sua falta, o coerdeiro com direito à torna ou reposição, *da hipoteca do coerdeiro* para garantia da sua quota.

e) O credor *da hipoteca do imóvel arrematado*, para receber pagamento da quantia que falta do preço da arrematação (CC, art. 1.489, V).

f) O tutor ou curador, antes de assumir a administração dos bens do tutelado ou curatelado, se ocorrer a hipótese do art. 1.745, parágrafo único, do Código Civil, no caso de *hipoteca de incapazes*.

Estatui o art. 1.490 do Código Civil que "o credor da hipoteca legal, ou quem o represente, poderá, provando a insuficiência dos imóveis especializados, exigir do devedor que seja reforçado com outros".

Legalmente autorizada está a substituição da hipoteca legal pela caução de títulos da dívida pública federal ou estadual, recebidos pelo valor de sua cotação mínima na Bolsa de Valores no ano corrente; ou por outra garantia (fidejussória, p. ex.), a critério do juiz, a requerimento do devedor (CC, art. 1.491). Tal substituição poderá dar-se antes ou depois da especialização ou do assento da hipoteca. Se feita após o registro, este deverá ser cancelado.

d.5.3. Hipoteca judicial

A hipoteca judicial é originária da França. Planiol e Ripert a definem como sendo a hipoteca geral que a lei empresta a todo julgamento que condena um devedor a executar sua obrigação[414].

Nosso Código Civil de 1916 admitiu-a no seu art. 824, ao dispor que "compete ao exequente o direito de prosseguir na execução da sentença

---

414. Planiol e Ripert, *Traité pratique*, v. 12, n. 557; Baudry e Lacantinerie, op. cit., v. 2, n. 1.219; Aubry e Rau assim a conceituam (op. cit., § 265): *"L'hypothèque judiciaire est une garantie légale destinée à assurer l'exécution des jugements et des certains autres actes judiciaires". Vide*: *RT*, *596*:99; *JTACSP*, *149*:40, *124*:72; *RJTJSP*, *127*:186.

contra os adquirentes dos bens do condenado; mas para ser oposto a terceiros, conforme valer, e sem importar preferência, depende de inscrição e especialização". O atual a ela não faz menção por estar em franca decadência. Mas ante o disposto no art. 2.043 do Código Civil, continua em vigor o nosso Código de Processo Civil, que, no art. 495, § 1º, expressamente a ela se refere ao prescrever: "a decisão que condenar o réu ao pagamento de prestação consistente em dinheiro e a que determinar a conversão de prestação de fazer, de não fazer ou de dar coisa em prestação pecuniária valerão como título constitutivo de hipoteca judiciária. A decisão produz a hipoteca judiciária: I – embora a condenação seja genérica; II – ainda que o credor possa promover o cumprimento provisório da sentença ou esteja pendente arresto sobre bem do devedor; III – mesmo que impugnada por recurso dotado de efeito suspensivo".

Quando a sentença judicial condenar o réu a entregar determinada quantia ou a pagar indenização de perdas e danos, o autor tem direito de garantia real sobre os bens do vencido, para vendê-los e obter o *quantum* necessário para a satisfação da obrigação. Só que não terá direito de preferência, se, com a insolvência do devedor, instaurar-se concurso de credores. O exequente concorrerá em igualdade de condições com os demais credores do réu, mas terá o direito de sequela, uma vez que tal hipoteca também requer especialização e inscrição no registro imobiliário, sendo, portanto, oponível *erga omnes*. E como se trata de garantia outorgada pela lei ao credor, a hipoteca judicial não incide sobre todos os bens do patrimônio do devedor, mas apenas sobre aqueles que forem bastantes para cobrir o montante da condenação imposta pelo magistrado[415].

Daí dizerem os autores que se trata de uma hipoteca anômala, porque deixa de reunir os dois efeitos característicos da hipoteca, reconhecendo apenas a sequela, sem a preferência[416]. Teixeira de Freitas, em vista deste fato, denominou-a de "meia hipoteca"[417].

De forma que são requisitos dessa espécie de hipoteca:

1) *Sentença condenatória*, proferida pelo Poder Judiciário, que condenar o réu a uma prestação pecuniária: entrega de uma coisa, ou quantia ou o

---

415. W. Barros Monteiro, op. cit., p. 414-6; Orlando Gomes, op. cit., p. 384-5; Caio M. S. Pereira, op. cit., p. 342.
416. Caio M. S. Pereira, op. cit., p. 342.
417. Teixeira de Freitas é citado por Silvio Rodrigues, op. cit., p. 424.

ressarcimento de perdas e danos[418]. Logo, a hipoteca judicial não poderá advir de: sentenças declaratórias; sentenças proferidas em processo de jurisdição graciosa ou voluntária, como as que homologam partilha; sentenças oriundas de processos preparatórios, preventivos e incidentes, como as que condenam à prestação de alimentos provisionais; sentenças proferidas por tribunais alienígenas, antes de homologadas pelo Supremo Tribunal Federal; de decisões de Tribunal Administrativo, como as do Tribunal de Impostos e Taxas ou as do Tribunal Marítimo. Por outro lado, poderão criar essa modalidade de hipoteca: as decisões dos Tribunais de Contas quando dirimem questões contenciosas de sua jurisdição e as decisões arbitrais, se vierem a obter força executória (Lei n. 9.307/96, art. 31)[419].

2) *Liquidez* dessa sentença, devendo o magistrado determinar o *quantum* preciso da coisa devida, devendo sempre fazer menção à quantidade e qualidade do bem devido. Se ilíquida a sentença, somente depois de liquidada, na forma estabelecida pela lei adjetiva, é que será possível a hipoteca judicial[420].

3) *Trânsito em julgado* da referida sentença.

4) *Especialização*, com individuação exata do imóvel hipotecado e do débito que se pretende garantir[421].

5) *Registro* no cartório imobiliário, ordenada pelo órgão judicante, por mandado, na forma prescrita na Lei de Registros Públicos[422] (art. 167, I, n. 2).

Com a presença de todos esses pressupostos caracterizada estará a hipoteca judicial como um direito real de garantia, permitindo ao vencedor da demanda perseguir o imóvel gravado em poder de qualquer terceiro que venha a adquiri-lo, penhorando-o e promovendo sua excussão[423].

---

418. Caio M. S. Pereira, op. cit., p. 343; Silvio Rodrigues, op. cit., p. 423.

419. W. Barros Monteiro, op. cit., p. 416.

420. W. Barros Monteiro, op. cit., p. 416; Caio M. S. Pereira, op. cit., p. 343.

421. Caio M. S. Pereira, op. cit., p. 343. Enunciado do Fórum Permanente de Processualistas Civis n. 310: "Não é título constitutivo de hipoteca judiciária a decisão judicial que condena à entrega de coisa distinta de dinheiro".

422. Orlando Gomes, op. cit., p. 384-5; Caio M. S. Pereira, op. cit., p. 343. "Essa hipoteca pode ser inscrita independentemente da pendência de recurso e de especialização em prévio procedimento, pois ela resulta de um efeito imediato da decisão, para oferecer uma pronta garantia ao credor, podendo-se inscrevê-la mediante simples mandado do juiz" (*JB*, *147*:254).

423. Caio M. S. Pereira, op. cit., p. 343; Antônio Alvares da Silva, Hipoteca judiciária: ferramenta decisiva, *Del Rey Jurídica*, *17*:48-9.

d.5.4. Hipoteca cedular

Para certas hipotecas constitui-se a cédula crédito-hipotecária, que consiste num título representativo de crédito com este ônus real, sempre nominativo mas transferível por endosso e emitido pelo credor (Decs.-Leis n. 70/66, que instituiu a cédula hipotecária destinada a financiamentos do Sistema Financeiro de Habitação, e 1.494/76; Lei n. 5.741/71; CC, art. 1.486).

De modo que sendo emitida pelo credor, com a devida outorga uxória, havendo débito assegurado por hipoteca, a cédula hipotecária poderá ser transferida por endosso em preto lançado no seu verso, sub-rogando-se o beneficiado em todos os direitos do endossante. O devedor deverá ser notificado judicialmente ou por carta registrada dessa emissão, sob pena do emitente e endossante ficarem solidariamente responsáveis pela boa liquidação do crédito.

A emissão de tal cédula só é admitida nas operações alusivas ao sistema financeiro de habitação e nas hipotecas que aproveitam uma instituição financeira ou companhia seguradora.

Essa cédula deverá conter o nome, qualificação e endereço do credor e do devedor, o valor do crédito que representa, a indicação do número, data, livro e folha do registro da hipoteca e averbação da própria cédula, a individuação do imóvel gravado, a data da emissão e do vencimento e o local do pagamento. Exigindo-se, ainda, para maior segurança dos cessionários, sua autenticação pelo oficial do registro imobiliário e averbação, sob pena de nulidade, à margem da inscrição da hipoteca integrante, não sendo permitida se houver prenotação ou inscrição de outro ônus real, ação, penhora ou cédula anterior.

Pode ser resgatada com o pagamento de seu valor, provando-se, pela sua restituição, que houve liquidação da hipoteca sobre a qual foi emitida. Esse resgate pode ser antecipado pelo devedor, consignando a quantia devida se o credor se recusar a recebê-la, sem motivo justo[424].

Ensina-nos, ainda, Washington de Barros Monteiro, que o Decreto-Lei n. 167/67 contempla o financiamento rural, concedido pelos órgãos inte-

---

424. Esta é a lição de Orlando Gomes (op. cit., p. 395-6) que aqui reproduzimos quase que na íntegra. A Lei n. 3.253/57 criou a cédula rural hipotecária, que é endossável e destinada a financiamentos para atender a finalidades agrícolas. *Vide* também o Decreto-Lei n. 167/67.

A Lei n. 8.929/94 instituiu a cédula de produto rural (CPR), representativa de promessa de entrega de produtos rurais, com ou sem garantia cedularmente constituída.

grantes do sistema nacional de crédito rural, constituindo-se, então, a cédula rural hipotecária que deverá conter todos os requisitos do art. 20, I a IX, daquele decreto. Acrescenta o seu art. 21 que serão compreendidos pela hipoteca constituída as construções, respectivos terrenos, maquinismos, instalações e benfeitorias. E, segundo o art. 23, poderão ser objeto de hipoteca cedular imóveis rurais e urbanos, aplicando-se-lhes os princípios da legislação ordinária (art. 24).

Igualmente, continua esse jurista, o Decreto-Lei n. 413/69, que dispõe sobre títulos de crédito industrial, no art. 19 inclui como garantia da cédula de crédito industrial a hipoteca cedular. A essa hipoteca aplicam-se os princípios da legislação ordinária, no que não colidirem com os preceitos do mesmo diploma legal (art. 26)[425].

d.6. Extinção da hipoteca

A hipoteca extingue-se:

1) Pela *extinção da obrigação principal* (CC, art. 1.499, I), isto porque o ônus real é uma relação jurídica acessória, seguindo a sorte da principal. Cessa a garantia real, com a extinção da dívida assegurada. P. ex.: extinta a obrigação pela dação em pagamento, com a entrega de objeto diverso do devido, desaparecerá também a hipoteca. Porém, se não prevalecer a dação, como na hipótese de ser o credor evicto, a aquisição não terá nenhum efeito, restabelecendo-se a obrigação primitiva (CC, art. 359) e com ela a garantia real[426].

2) Pelo *perecimento da coisa* (CC, art. 1.499, II), por deixar a hipoteca sem objeto. Nesse mesmo sentido dispunha o art. 102, *a*, (ora revogado pela Lei n. 7.652/88) da Lei n. 2.180/54 que se extinguia a hipoteca naval, cancelando-se o seu registro pela perda da embarcação, e o art. 143, parágrafo único, do Código Brasileiro de Aeronáutica estabelece que a hipoteca extingue-se pela perda da aeronave.

Essa destruição, requerida pela lei, deverá ser total, pois, se houver deterioração, perda parcial ou desvalorização de bem onerado, a relação hipo-

---

425. W. Barros Monteiro, op. cit., p. 437-8. Sobre as obrigações oriundas de operações de crédito rural: Lei n. 7.843/89, art. 4º e parágrafo único. E a respeito de hipoteca cedular: CSMSP, *ADCOAS*, 1983, n. 90.291.

426. Caio M. S. Pereira, op. cit., p. 344-5. *Vide* comentários de Tito Fulgêncio, *Direito real de hipoteca*, v. 2, p. 441; *RT*, *666*:155.

tecária subsiste no remanescente, autorizando o credor a pedir reforço, sob pena de vencimento antecipado (*RT*, *192*:745).

Se o bem hipotecado for destruído por culpa de terceiro compelido a ressarcir o dano, o direito do credor hipotecário sub-roga-se no valor dessa indenização de perdas e danos, conservando seu direito de preferência. O mesmo sucede no caso de indenização solvida pela Companhia de Seguro (CC, art. 1.425, § 1º) e no caso da quantia paga pelo poder expropriante, sendo desapropriado o bem gravado (Dec.-Lei n. 3.365/41, art. 31)[427].

No caso de perda de aeronave sujeita a hipoteca legal em favor da União, operar-se-á a sub-rogação do ônus na aeronave adquirida em reposição.

3) Pela *resolução da propriedade* (CC, art. 1.499, III), pois se o devedor tinha sobre o imóvel onerado propriedade resolúvel com o implemento da condição resolutiva, ou do termo ajustado, ter-se-á a perda do domínio previsto no título constitutivo e, consequentemente, isso acarretará extinção da garantia real (CC, art. 1.359). Isto é assim porque uma vez resolvida a propriedade, deixa de ser dono quem deu o bem em garantia e, como o domínio é requisito da hipoteca, perde esta seu supedâneo jurídico, deixando, então, de existir. Se, porém, tal resolução do domínio se der por causa superveniente (CC, art. 1.360), como no de doação revogada por ingratidão, subsistirá o ônus real anterior[428].

4) Pela *renúncia do credor* (CC, art. 1.499, IV), que deverá ser inequívoca (*RT*, *132*:746), e que, além de expressa, por exemplo, quando ele, juntamente com o devedor, requer o cancelamento da hipoteca[429], pode ser tácita, como no caso de o credor consentir na hipoteca do imóvel a outrem[430]. Requer, para ser válida, a capacidade do renunciante, bem como a de disposição do bem, pois seu efeito imediato é converter o credor hipotecário em quirografário[431].

Por ser ato unilateral, independe de consentimento do devedor. Estamo-nos referindo à renúncia do ônus real, caso em que cessa este, mas subsis-

427. Azevedo Marques, op. cit., n. 28; Caio M. S. Pereira, op. cit., p. 346; W. Barros Monteiro, op. cit., p. 432; De Page, op. cit., n. 924; Planiol, Ripert e Boulanger, *Traité élémentaire*, cit., v. 2, n. 3.658.

428. Clóvis Beviláqua, op. cit., § 194; W. Barros Monteiro, op. cit., p. 433; Caio M. S. Pereira, op. cit., p. 347; Orlando Gomes, op. cit., p. 393.

429. Clóvis, op. cit., v. 3, p. 135.

430. Dionísio Gama, op. cit., n. 129; Tito Fulgêncio, op. cit., p. 443.

431. Caio M. S. Pereira, op. cit., p. 347; Orlando Gomes, op. cit., p. 392.

te a obrigação; se, contudo, a renúncia envolver perdão do débito, extingue-se este e sua garantia real[432].

Convém ressaltar que esta hipótese extintiva só se aplica à hipoteca convencional, uma vez que a legal, inspirada num interesse de ordem pública, é irrenunciável[433].

5) Pela *remição* (CC, art. 1.499, V; CPC, art. 826), isto é, resgate do bem gravado pelo próprio devedor e sua família, pelo credor sub-hipotecário e pelo terceiro adquirente (CC, arts. 1.478 e 1.481), pois, com a liberação do imóvel hipotecado, tem-se a extinção da garantia real.

6) Pela *sentença passada em julgado* que decrete a nulidade ou anulabilidade do ônus real, tendo por base a ausência de algum dos requisitos objetivos, subjetivos e formais, e a existência de algum vício de consentimento (erro, dolo, coação, estado de perigo, lesão) ou defeito social (simulação e fraude)[434].

Hipótese em que cessam todos os efeitos da garantia real, desaparecendo a sequela e a preferência. O credor hipotecário não perderá, com esta sentença, a condição creditícia, só que passará a ser quirografário.

Se a sentença invalidar a obrigação, atingirá a hipoteca, extinguindo todos os direitos creditórios[435].

7) Pela *prescrição aquisitiva*[436]. Assim, p. ex., se terceira pessoa adquire o bem gravado, como livre e desembaraçado de qualquer ônus real, e não for incomodada durante 10 anos, consuma-se a prescrição aquisitiva (CC, art. 1.242; *RT, 120*:512)[437].

8) Pela *arrematação* do imóvel onerado por quem der maior lance ou *adjudicação* requerida pelo credor hipotecário, pelo cônjuge, descendente ou ascendente do executado (CC, art. 1.499, VI; CPC, arts. 835, § 3º, e 876, § 5º;

---

432. W. Barros Monteiro, op. cit., p. 433; Caio M. S. Pereira, op. cit., p. 347.
433. De Page, op. cit., n. 921; Caio M. S. Pereira, op. cit., p. 347.
434. Caio M. S. Pereira, op. cit., p. 348. A esse respeito rezava o art. 847 do Código Civil de 1916 que "os credores quirografários e os por hipoteca não inscrita em primeiro lugar e sem concorrência, só por via de ação ordinária de nulidade ou rescisão poderão invalidar os efeitos da primeira hipoteca, a que compete a prioridade pelo respectivo registro".
435. Caio M. S. Pereira, op. cit., p. 349.
436. Caio M. S. Pereira, op. cit., p. 349.
437. W. Barros Monteiro, op. cit., p. 435.

RT, *788*:212; *RSTJ*, *75*:345). O ônus real extingue-se, portanto, com o leilão, no executivo hipotecário, do imóvel gravado, e quem o adquirir recebe-o livre e desimpedido; se citado o credor hipotecário para a arrematação promovida por outro credor, o seu comparecimento para exercer o direito de prelação valida a arrematação, como se fosse executivo hipotecário por ele mesmo movido[438].

Todavia, não extinguirá a hipoteca, devidamente registrada, a arrematação ou adjudicação, sem que tenham sido notificados judicialmente os respectivos credores hipotecários, que não forem de qualquer modo partes na execução (CC, art. 1.501).

9) Pela *consolidação*, que é a reunião, na mesma pessoa, das qualidades de credor hipotecário e de proprietário do imóvel. Extingue-se a garantia real porque não pode incidir sobre bem próprio, de forma que se o credor hipotecário adquire o domínio do bem gravado, a hipoteca desaparece[439].

10) Pela *perempção legal* ou *usucapião de liberdade*, pois decorridos 30 anos de seu registro sem que haja renovação, a hipoteca convencional extinguir-se-á, não sendo mais admissível qualquer prorrogação. Dá-se a liberação do imóvel onerado pelo decurso desse lapso de tempo. O prazo da hipoteca convencional não pode ser superior a 30 anos. Se as partes, na constituição do gravame, estabeleceram limite temporal para sua duração inferior àquele prazo, permitida será a prorrogação da sua vigência, por meio de averbação junto à matrícula do imóvel, levada a efeito mediante requerimento de ambos os contratantes, desde que a soma final não ultrapasse o prazo legal. Com isso a hipoteca terá um alongamento de seu prazo, sem que se opere a extinção do liame que lhe deu origem, ou a constituição de outro em substituição daquele. Com o decurso de 30 anos, contados da data de sua contratação, havendo ou não prorrogação, automaticamente a hipoteca tornar-se-á perempta.

---

438. Caio M. S. Pereira, op. cit., p. 351; Clóvis, op. cit., § 199; Azevedo Marques, op. cit., n. 96; Almir Passo, Extinção da hipoteca pela arrematação ou adjudicação, *JB*, *107*:13; Maria Lúcia L. Leiria, A extinção da hipoteca em razão de execução de terceiro, *RJ*, *119*:9; TFR, *ADCOAS*, 1982, n. 84.118: "A adjudicação do bem hipotecado pelo credor hipotecário exequente é assegurada, sem embargo da falência do devedor ou do outorgante da garantia, desde que, sendo o bem de valor inferior ao do débito, o exequente na forma do art. 822 [art. 1.483, parágrafo único, do novo CC – atualmente revogado pela Lei n. 13.105/2015] do Cód. Civ. dê quitação pela totalidade do crédito". *Vide*: CPC, arts. 835, § 3º, 876, 877, 881 a 901 e Lei n. 11.101/2005, arts. 6º, 77, 124, parágrafo único, 129, III, e 163, § 4º.

439. Orlando Gomes, op. cit., p. 293.

Escoado tal prazo, a hipoteca cessará de produzir seus efeitos, mesmo que os interessados o queiram, exceto a constituição de nova hipoteca, por novo título e novo registro[440] (CC, art. 1.485), que, contudo, não atingirá a posição do credor, que será a mesma do contrato perempto. Havendo *reconstituição da hipoteca*, manter-se-á, em benefício do credor hipotecário, o mesmo número de registro e igual procedência, que, então, lhe competir, visto tratar-se de ônus real, que, apesar de reconstituído, dá prosseguimento ao anterior. Consequentemente, em nada se alterará a posição creditória, permanecendo idêntica à oriunda do contrato perempto, quanto à sua preferência, no produto da excussão, relativamente aos outros direitos reais de terceiros.

Como consequência da extinção do ônus real, ter-se-á de proceder ao cancelamento de seu registro, pois sua extinção só terá efeito contra terceiros depois de averbada no respectivo Cartório Imobiliário (CC, art. 1.500; Lei n. 6.015/73, arts. 251 e 259). O registro cancelar-se-á à vista da prova da ocorrência de uma das causas extintivas do ônus real ou quitação, mesmo por instrumento particular com firmas reconhecidas, ou, independentemente desta, a requerimento de ambas as partes, se forem capazes e conhecidas do oficial do registro (AC 934-0-SP, 2-2-1982; AC 438-0-SP, 16-12-1981). Isso seria inócuo nas grandes cidades; urge, por maior segurança, que se faça quitação por escritura pública (*RT*, *189*:746).

O cancelamento do ônus real pode ser feito pelo próprio devedor, por seus herdeiros ou representantes, pelo dono do prédio hipotecado (se alguém faz hipoteca em favor de terceiro), pelo adquirente e pelo credor com hipoteca posterior.

O oficial cartorário deverá averbar o cancelamento à margem de seu registro com a menção da data, sob responsabilidade de sua assinatura e indicando a causa que a extinguiu.

Cancelado o registro, os interessados não poderão mais revalidá-lo, só lhes restando promover novo título e novo assento, sem qualquer relação com o anterior[441].

440. Caio M. S. Pereira, op. cit., p. 352 e 353; Orlando Gomes, op. cit., p. 393; De Page, op. cit., v. 7, n. 776; Lafayette, op. cit., § 249; Ruggiero e Maroi, *Istituzioni*, v. 2, § 199.

441. W. Barros Monteiro, op. cit., p. 436-7; Caio M. S. Pereira, op. cit., p. 353; *RT*, *94*:63, *169*:320.

Quadro Sinótico

HIPOTECA	1. Conceito e caracteres	• É o direito real de garantia de natureza civil que grava coisa imóvel ou bem a que a lei entende por hipotecável, pertencente ao devedor ou terceiro sem transmissão de posse ao credor, conferindo a este o direito de promover a sua venda judicial, pagando-se preferentemente, se inadimplente o devedor. • *Caracteres*: é direito real de garantia; possui natureza civil; requer a presença de dois sujeitos: credor hipotecário e devedor hipotecante; o objeto gravado deve ser de propriedade do devedor ou de terceiro; o devedor hipotecante continua na posse do imóvel onerado; é indivisível e acessório.	
	2. Requisitos	Objetivos	• Recai sobre bens imóveis alienáveis (embora possa incidir em bens móveis) pertencentes ao devedor. • Podem ser objeto de hipoteca (CC, art. 1.473): os imóveis e seus acessórios, as acessões, o domínio direto e o útil, estradas de ferro, minas e pedreiras, navios, aeronaves, gasodutos, direito de uso especial para fins de moradia; direito real de uso, propriedade superficiária e direitos oriundos da imissão provisória na posse quando concedida a pessoa jurídica de direito público e respectiva cessão e promessa de cessão.
		Subjetivos	• Requer capacidade de alienar do devedor. • Pode ser constituída pelo dono do imóvel, pessoalmente ou por meio de procurador especial, sendo nula se este mandatário não tiver poderes especiais expressos.
		Formais	• *Hipoteca convencional*: acordo de vontade entre os interessados; presença de testemunhas instrumentárias; escritura pública contendo especialização ou instrumento particular; e registro. • *Hipoteca legal*: sentença de especialização e registro. • *Hipoteca judicial*: carta de sentença ou mandado judicial (contendo especialização) e registro.
	3. Efeitos	Em relação ao devedor	• Não poderá praticar atos que desvalorizem, deteriorem ou destruam o objeto. • Não poderá alterar a substância do bem onerado.

HIPOTECA	• 3. Efeitos	• Em relação ao devedor	• Não poderá constituir outro direito real sobre o imóvel hipotecado. • Poderá alienar o bem gravado. • Com a ação executiva, perderá o devedor o direito de alienar e de perceber seus frutos. • Poderá defender sua posse. • Poderá constituir sub-hipoteca. • O credor sub-hipotecário poderá remir a primeira hipoteca, conforme prescreve o art. 1.478 e parágrafo único, do Código Civil. • Tem direito a libertação do bem gravado, mediante o cumprimento da obrigação. • Poderá antecipar o pagamento da sua dívida (Dec. n. 22.626/33, art. 7º e §§).
		• Em relação ao credor	• Poderá exigir a conservação do bem gravado. • Tem direito potencial antes do executivo hipotecário, pois seu direito de execução pressupõe a exigibilidade da dívida, ou seja, seu vencimento e inadimplemento. • CC, art. 1.501; CPC, art. 889, V. • Pode pedir o reforço da garantia hipotecária. • A fim de não lesar o credor a Lei n. 11.101/2005, art. 129, III, considera sem efeito hipotecas celebradas em período de falência ou a instauração do concurso de preferência (CC, art. 163).
		• Quanto à relação jurídica em si mesma	• Hipoteca convencional pode ser estipulada por qualquer prazo, desde que não exceda a 30 anos, a legal perdura indefinidamente, enquanto se prolongar a situação jurídica que visa garantir (CC, arts. 1.424, II, e 1.485). • Reconhece-se a preferência ao credor hipotecário. • Cria-se um vínculo real, oponível *erga omnes*, entre o credor e o imóvel gravado.
		• Em relação a terceiros	• É oponível *erga omnes*. • Lícita é a alienação de imóvel hipotecado a terceiro, que o recebe juntamente com o ônus que o grava. • CC, art. 1.501.

HIPOTECA	3. Efeitos	Em relação a terceiros	• A cessão de crédito poderá ser feita sem o consentimento de devedor. • É possível sub-rogação.
		Quanto aos bens gravados	• A hipoteca adere-se ao imóvel. • Perecendo o bem hipotecado, desaparece o ônus real. • Se houver reconstrução do prédio sinistrado pelo segurador ou responsável, o credor não poderá exigir o preço. • Estende-se às benfeitorias ou acessões trazidas ao bem gravado. • Assegura o cumprimento das obrigações acessórias.
	4. Remição hipotecária	Conceito	• É o direito concedido a certas pessoas de liberar o imóvel onerado, mediante pagamento da quantia devida independentemente do consentimento do credor.
		Podem resgatar	• O credor sub-hipotecário (CC, art. 1.478). • O adquirente do imóvel hipotecado (CC, art. 1.481). • O devedor da hipoteca (CPC, art. 877, § 3º) ou membros de sua família (CPC, art. 826) que somente terão direito de preferência. • A massa falida – CC, art. 1.483 e parágrafo único; Lei n. 11.101/2005, arts. 83, III e VI, § 1º; 22, III, *m*; 149, *in fine*, e 153; CPC, art. 877, § 4º.
	5. Espécies		• *Hipoteca convencional*, que se constitui por meio de um acordo de vontade do credor e do devedor da obrigação principal. • *Hipoteca legal*, que é a que a lei confere a certos credores, que, por se encontrarem em determinada situação e pelo fato de que seus bens são confiados à administração alheia devem ter uma proteção especial (CC, arts. 1.489, 1.490, 1.491, 2.040, 1.781 e 1.745, parágrafo único, e Leis n. 4.200/63, art. 16, e 7.565/86). • *Hipoteca judicial* é aquela que a lei empresta a todo julgamento que condena um devedor a executar sua obrigação (CPC, art. 495, § 1º). São seus *requisitos*: sentença condenatória proferida pelo Poder Judiciário; liquidez dessa sentença; trânsito em julgado; especialização; inscrição no registro imobiliário.

HIPOTECA	• 5. Espécies	• *Hipoteca cedular*: a cédula hipotecária consiste num título representativo de crédito com este ônus real, sempre nominativo, mas transferível por endosso e emitido pelo credor. Admitida nas operações alusivas ao sistema financeiro de habitação e nas hipotecas que aproveitam uma instituição financeira ou companhia seguradora (Dec.-Lei n. 167/67, arts. 20, I a IX, 21, 23 e 24; Dec.-Lei n. 413/69, arts. 19 e 26; CC, art. 1.486).
	• 6. Extinção (CC, art. 1.499)	• Pelo desaparecimento da obrigação principal. • Pela destruição da coisa. • Pela resolução da propriedade. • Pela renúncia do credor. • Pela remição (CPC, art. 826). • Pela sentença passada em julgado que decrete a invalidação do ônus real. • Pela prescrição aquisitiva (CC, art. 1.242). • Pela arrematação ou adjudicação (CPC, arts. 784, V, 835, § 3º, 876 e 877). • Pela consolidação. • Pela perempção legal.

E. Alienação fiduciária em garantia

e.1. Breve notícia histórica

No direito romano já se conhecia o negócio fiduciário sob as figuras da *fiducia cum amico* e da *fiducia cum creditore*[442]. A *fiducia cum amico* era tão somente um contrato de confiança e não de garantia em que o fiduciante alienava seus bens a um amigo, com a condição de lhe serem restituídos quando cessassem as circunstâncias aleatórias como risco de perecer na guerra, viagem, perdas em razão de acontecimentos políticos etc. A *fiducia cum creditore* já continha caráter assecuratório ou de garantia, pois o devedor vendia seus bens ao credor, sob a condição de recuperá-los se, dentro de certo prazo, efetuasse o pagamento de débito. Como se vê, nestas duas espécies de fidúcia havia uma transferência da coisa ou direito para determinado fim, com a obrigação do adquirente de restituí-lo ao alienante, depois de cumprido o objetivo a que se pretendia[443]. Tendo o fiduciante a *actio fiduciae contraria* para fazer valer o seu direito[444].

Esses institutos tiveram grande aplicação na era clássica, mas com Justiniano foram abolidos, e, consequentemente, não foram adotados pelos códigos filiados ao sistema romano, inclusive pelo nosso de 1916[445].

Todavia, como no nosso país surgiu a partir de 1930 um processo de crescente industrialização, caracterizado pela redistribuição da renda nacional e pelo crescimento do mercado interno, que, nos anos 60, entrou em recessão econômica levando o parque industrial a apresentar ociosidade, fazendo com que o nosso governo apresentasse um plano de ação econômica para acelerar o ritmo do desenvolvimento, contendo a inflação e promovendo reformas sociais. Uma das soluções foi estimular a empresa privada, canalizando recursos que a integrassem, efetivamente, no dinamismo do desenvolvimento. Como para isso seria imprescindível uma nova estrutura econômico-jurídica, surgiu o mercado de capitais, constituído por um conjunto de operações e institui-

---

442. Gaio assim se referia a elas: "*Sed cum fiducia contrahitur aut cum creditore, pignoris iure, aut cum amico quo totius nostrae res apud eum essent*", in *Institutiones*; commentarius secundus, n. 60.

443. Pontes de Miranda, *Tratado de direito privado*, v. 3, p. 115; Otto de Sousa Lima, *Negócio fiduciário*, p. 170; Caio M. S. Pereira, op. cit., p. 360-1.

444. Nestor José Forster, *Alienação fiduciária em garantia*, p. 12; Bonfante, *Istituzioni di diritto romano*, § 157, p. 442; Contardo Ferrini, *Manuale delle pandette*, n. 533 e 553.

445. Bonfante, op. cit., § 157; Ferrini, op. cit., n. 533; Caio M. S. Pereira, op. cit., p. 361.

ções destinadas a angariar recursos para transferi-los aos setores de produção, indústria e comércio. Com o escopo de institucionalizar tal mercado promulgaram-se as Leis n. 4.594/64 e 4.728/65.

A Lei n. 4.728/65, o Decreto-Lei n. 911/69, com alterações da Lei n. 13.043/2014, a Lei n. 6.071/74, a Lei n. 9.514/97 (arts. 22 a 33) e a Lei n. 10.931/2004 regem a sistemática jurídica da "alienação fiduciária em garantia", voltando sua atenção para a *fiducia cum creditore* dos romanos.

Essa Lei do Mercado de Capitais adotou esse instituto jurídico para atender os reclamos da política de crédito e do emprego de capitais em títulos e valores mobiliários, procurando racionalizar as sociedades de investimentos, mobilizando, portanto, os recursos de capital disponível, aplicando-os com segurança, com o escopo precípuo de melhorar vantajosamente as operações de crédito[446] e de financiar a aquisição de certos

446. Alfredo Buzaid, Alienação fiduciária em garantia, in *Enciclopédia Saraiva do Direito*, v. 6, p. 76; M. Helena Diniz, Alienação fiduciária em garantia no direito brasileiro, *Revista do Curso de Direito da Universidade Federal do Ceará*, *3*:63-4, 1982; Mário P. Mezzari, *Alienação fiduciária da Lei n. 9.514, de 20 de janeiro de 1997*, São Paulo, Saraiva, 1998; Francisco dos Santos Amaral, A alienação fiduciária em garantia no direito brasileiro, *Revista de Direito Comparado Luso-brasileiro*, v. 1, 1982; Marcelo Terra, *Alienação fiduciária de imóvel em garantia*, Porto Alegre, Fabris, 1998; Nelson Rodrigues Netto, A evolução da alienação fiduciária em garantia, *Revista da Faculdade de Direito da UNIFMU*, *26*:33 a 66; Helena Maria Bezerra Ramos, Da alienação fiduciária em garantia de bem móvel (Decreto-Lei n. 911/69), *Revista Jurídica da Universidade de Cuiabá*, v. 4, n. 1, p. 45-52. *Vide* Lei n. 8.668/93, que cria Fundos de Investimento Imobiliário, com os caracteres do Mercado de Valores Mobiliários, adotando os princípios do negócio fiduciário. O art. 19 da Lei n. 9.532/97 (revogado pela Lei n. 9.779/99) alterou normas para que o Fundo de Investimento Imobiliário se beneficiasse das isenções fiscais mencionadas no art. 16 da Lei n. 8.668/93. Atualmente, além dos requisitos dessa Lei, o Fundo deverá observar o seguinte: ser composto por, no mínimo, 50 quotistas; cada quotista só pode ser detentor de no máximo 5% do valor do patrimônio do fundo; e o fundo não pode aplicar seus recursos em empreendimentos imobiliários de que participe, como proprietário, incorporador, construtor ou sócio, qualquer de seus quotistas, a instituição que o administre ou pessoa ligada a quotista ou a administradora. O Fundo que não atender a essas normas equiparar-se-á à pessoa jurídica, para efeitos da incidência dos tributos e contribuições de competência da União. Instruções n. 205/94 (alterada pelas ICVM n. 389/2003, 418/2005 e 455/2004 e revogada pela ICVM n. 472/2008), 225/94 (revogada pela ICVM n. 578/2016), 227/94 e 302/99 (revogada pela ICVM n. 409/2004), da CVM, sobre o funcionamento desses fundos, e Portaria n. 34/94 do Ministério da Fazenda, sobre alíquota incidente em registro de emissão de quotas dos referidos fundos. *Vide* Lei n. 9.514/97 sobre Sistema de Financiamento Imobiliário e art. 17 sobre garantia de operações de financiamento imobiliário por alienação fiduciária de coisa imóvel e a Lei n. 9.779/99, que altera a legislação do Imposto sobre a Renda relativamente à tributação dos Fundos de Investimentos Imobiliários. *Vide*: Circulares n. 2.738/97 (revogada pela Circular n. 2.740/97) e n. 2.958/2000 (revogada

bens de consumo[447]. A propriedade fiduciária está regida pelos arts. 1.361 a 1.368 do atual Código Civil, que traça linhas genéricas, pelos arts. 1.419 a 1.430 e 1.436, no que couber, e pela legislação pertinente, no que for específico, já que não se equipara à propriedade plena, sendo tais dispositivos aplicados subsidiariamente à alienação fiduciária e à cessão fiduciária de direitos sobre coisas móveis, no que não for compatível com as normas especiais que a regem (CC, arts. 1.367 e 1.368-A, acrescentado pela Lei n. 10.931/2004, e alterados pela Lei n. 13.043/2014)[448].

e.2. Conceito e caracteres

A *alienação fiduciária em garantia* consiste na transferência feita pelo devedor ao credor da propriedade resolúvel e da posse indireta de um bem infungível (CC, art. 1.361) ou fungível (Lei n. 4.728/65, art. 66-B, § 3º, acrescentado pela Lei n. 10.931/2004), ou, ainda, de um bem imóvel (Lei n. 9.514/97, arts. 22 a 33), como garantia do seu débito, resolvendo-se o direito do adquirente com o adimplemento da obrigação, ou melhor, com o pagamento da dívida garantida[449]. "A" pretende comprar "X", mas, como

---

pela Circular n. 3.304/2005)do BACEN, sobre Fundos de Investimento Financeiro e Fundos de Aplicação em Quotas de Fundos de Investimento; Circular n. 2.973/2000 (revogada pela Circular n. 3.304/2005) do BACEN, sobre Fundos de Investimento Financeiro, e Ato Declaratório da Secretaria da Receita Federal n. 2/2000, sobre regime tributário dos Fundos de Investimento Imobiliário.

447. Orlando Gomes, op. cit., p. 355; Luciano Pinto Sepúlveda, Alienação fiduciária em garantia: considerações, *Consulex*, n. 31, p. 22 a 24.

448. Súmula n. 59 do TJSP: "Classificados como bens móveis, para os efeitos legais, os direitos de créditos podem ser objeto de cessão fiduciária".

Súmula n. 60 do TJSP: "A propriedade fiduciária constitui-se com o registro do instrumento no registro de títulos e documentos do domicílio do devedor".

449. Conceito baseado nas definições de Martins Napoleão, Parecer 171, no Processo 80.000, no DEJA I, Banco do Brasil; Orlando Gomes, op. cit., p. 354; Caio M. S. Pereira, op. cit., p. 363; Daibert, op. cit., p. 568; M. Helena Diniz, op. cit., p. 65 a 76; Sebastião José Roque, *Dos contratos civis*, p. 39-44; Justino Magno Araújo e Renato Sartorelli, *Alienação fiduciária e sua interpretação jurisprudencial*, São Paulo, Saraiva, 1999. Isto era o que se inferia do art. 22 da Lei n. 9.514/97 e do art. 66 da Lei n. 4.728/65, com a redação do Decreto-Lei n. 911/69 e revogado pela Lei n. 10.931/2004, que, assim, estatuía: "A alienação fiduciária em garantia transfere ao credor o domínio resolúvel e a posse indireta da coisa móvel alienada, independentemente da tradição efetiva do bem, tornando-se o alienante ou devedor possuidor direto e depositário com todas as responsabilidades e encargos que lhe incumbem de acordo com a lei civil e penal", e na redação original do art. 66 da referida Lei que prescrevia que "nas obrigações garantidas por alienação fiduciária de bem móvel, o credor tem o domínio da coisa alienada, até a liquidação da dívida garantida". Sobre alienação fiduciária em garantia que transfere domínio resolúvel de aeronave: Lei n. 7.565/86, arts.

não possui dinheiro disponível, "B" (financeira) fornece-lhe o *quantum* necessário, mas recebe a propriedade fiduciária de "X", como garantia de que "A" (fiduciante), possuidor direto, far-lhe-á o pagamento. "B" (fiduciário) é, portanto, proprietário e possuidor indireto.

Trata-se, portanto, de um negócio jurídico uno, embora composto de duas relações jurídicas: uma obrigacional, que se expressa no débito contraído, e

---

148 a 152. Prescreve o art. 51 da Lei n. 10.931/2004 que, "sem prejuízo das disposições do Código Civil, as obrigações em geral também poderão ser garantidas, inclusive por terceiros, por *cessão fiduciária de direitos creditórios*, decorrentes de contratos de alienação de imóveis, por caução de direitos creditórios ou aquisitivos decorrentes de contratos de venda ou promessa de venda de imóveis e por alienação fiduciária de coisa imóvel" (grifo nosso).

A Lei n. 4.728/65, art. 66-B, §§ 3º a 6º, estatui:

"§ 3º É admitida a alienação fiduciária de coisa fungível e a cessão fiduciária de direitos sobre coisas móveis, bem como de títulos de crédito, hipóteses em que, salvo disposição em contrário, a posse direta e indireta do bem objeto da propriedade fiduciária ou do título representativo do direito ou do crédito é atribuída ao credor, que, em caso de inadimplemento ou mora da obrigação garantida, poderá vender a terceiros o bem objeto da propriedade fiduciária independente de leilão, hasta pública ou qualquer outra medida judicial ou extrajudicial, devendo aplicar o preço da venda no pagamento do seu crédito e das despesas decorrentes da realização da garantia, entregando ao devedor o saldo, se houver, acompanhado do demonstrativo da operação realizada.

§ 4º No tocante à cessão fiduciária de direitos sobre coisas móveis ou sobre títulos de crédito aplica-se, também, o disposto nos arts. 18 a 20 da Lei n. 9.514, de 20 de novembro de 1997.

§ 5º Aplicam-se à alienação fiduciária e à cessão fiduciária de que trata esta Lei os arts. 1.421, 1.425, 1.426, 1.435 e 1.436 da Lei n. 10.406, de 10 de janeiro de 2002.

§ 6º Não se aplica à alienação fiduciária e à cessão fiduciária de que trata esta Lei o disposto no art. 644 da Lei n. 10.406, de 10 de janeiro de 2002".

Ensina-nos Fábio Ulhoa Coelho (*Curso*, cit., v. 4, p. 252-4) que a *cessão fiduciária de direitos creditórios* é o contrato pelo qual o cedente fiduciário cede a titularidade daqueles direitos ao cessionário fiduciário, em garantia do cumprimento de obrigações assumidas pelo primeiro. Os devedores do cedente deverão pagar ao cessionário, cuja titularidade se resolverá com a integral satisfação do crédito. O crédito cedido transfere-se ao cessionário (instituição financeira) até a liquidação do débito garantido (Lei n. 9.514/97, arts. 17, II, e 18). Serve para mobilizar o crédito e para financiar empreendimento imobiliário ou qualquer atividade econômica.

Pelas Leis n. 9.514/97, art. 19, e 4.728/65, art. 66-B, § 4º, o cessionário fiduciário, no que diz respeito ao crédito cedido, terá o direito de: conservar e recuperar a posse dos títulos; intimar devedores cedidos para não pagarem ao cedente fiduciário enquanto durar a cessão; receber o pagamento diretamente dos devedores cedidos, cobrando-os judicial ou extrajudicialmente. Dos valores recebidos poderá deduzir as despesas de cobrança e administração.

Vide Instrução CVM 432/2006 sobre cessão fiduciária em garantia de locação imobiliária; art. 167, II, n. 30 da Lei n. 6.015/73 (com a redação da Lei n. 12.810/2013); Lei n. 9.514/97, arts. 31, parágrafo único, 33-A a 33-F, acrescentados pela Lei n. 12.810/2013.

outra real, representada pela garantia, que é um ato de alienação temporária ou transitória, uma vez que o fiduciário recebe o bem não para tê-lo como próprio, mas com o fim de restituí-lo com o pagamento da dívida[450].

Pelo art. 1.368-B do Código Civil (acrescentado pela Lei n. 13.043/2014), a alienação fiduciária em garantia gera ao fiduciante (devedor), seu cessionário ou sucessor, direito real de aquisição de bem móvel ou imóvel e é também direito real de garantia sobre coisa alheia para fiduciário (credor). É um negócio jurídico subordinado a uma condição resolutiva, uma vez que a propriedade fiduciária cessa em favor do alienante, com o implemento dessa condição, ou seja, com a solução do débito garantido, de modo que o alienante que transferiu a propriedade fiduciariamente readquire-a com o pagamento da dívida[451]. Logo, ao direito do fiduciário (o credor ou adquirente) sobre os bens adquiridos aplicam-se as normas relativas à propriedade resolúvel (CC, arts. 1.359 e 1.360), pois o fiduciante (devedor), ao celebrar esse negócio, tem a intenção de recuperar o domínio do bem alienado em garantia, bastando que cumpra sua obrigação[452]. De maneira que, em vez de dar o bem em penhor, o devedor transmite ao credor o domínio do mesmo, embora conserve a posse direta, admitindo que, se a dívida não for paga, ele o venda para pagar seu crédito com o preço obtido, e, se for paga, lhe restitua a propriedade do referido bem. Percebe-se, então, que, enquanto o penhor é direito real de garantia, constituído sobre coisa alheia, pois o devedor pignoratício continua dono do bem dado em garantia, na alienação fiduciária, o fiduciante transfere a propriedade de seu bem ao credor, que passa a ter direito real na coisa própria[453].

Assim sendo, a alienação fiduciária é um negócio jurídico, que apresenta os seguintes *caracteres*: *a*) é *bilateral*, já que cria obrigações tanto para o fiduciário como para o fiduciante; *b*) é *oneroso*, porque beneficia a ambos, proporcionando instrumento creditício ao alienante, e assecuratório ao adquirente; *c*) é *acessório*, pois depende, para sua existência, de uma obrigação principal que pretende garantir; *d*) é *formal*, porque requer sempre, para

450. A. Buzaid, op. cit., p. 76; Luiz Edson Fachin, *Comentários*, cit., v. 15, p. 332-68.

451. Caio M. S. Pereira, op. cit., p. 363; Orlando Gomes, *Alienação fiduciária em garantia*, 4. ed., São Paulo, Revista dos Tribunais, 1975, p. 20; Pontes de Miranda, *Tratado de direito privado*, v. 23, p. 289; José Carlos Moreira Alves, *A alienação fiduciária em garantia*, Rio de Janeiro, Forense, 1979.

452. Orlando Gomes, *Direitos reais*, cit., p. 357-8. *Vide* art. 33 da Lei n. 9.514/97.

453. Orlando Gomes, *Direitos reais*, cit., p. 355; Paulo Penalva Santos, Aspectos atuais da alienação fiduciária em garantia, *Livro de Estudos Jurídicos*, 8:118-34.

constituir-se, instrumento escrito, público ou particular[454]; *e*) é *indivisível*, pois o pagamento de uma ou mais prestações da dívida não importa exoneração correspondente da garantia ainda que esta compreenda vários bens, exceto disposição expressa no título ou na quitação (CC, arts. 1.367 e 1.421).

A *propriedade fiduciária* (CC, art. 1.361, §§ 1º a 3º) difere da alienação fiduciária em garantia, apesar de ser por ela gerada, mas é um direito real, pelo qual se transfere o direito de propriedade limitado ou resolúvel de bem imóvel ou móvel infungível, em benefício de um credor, para garantir uma obrigação, ou melhor, uma concessão de crédito, restringindo os poderes do proprietário fiduciário. Essa propriedade fiduciária constitui-se mediante registro do contrato, feito por instrumento público ou particular (contendo, segundo o art. 1.362 do novo Codex, o total do débito ou sua estimativa, o prazo ou época do pagamento, a taxa de juros e a descrição da coisa, objeto de transferência), no Cartório de Títulos e Documentos do domicílio do devedor, ou no Registro de Imóveis, ou, se se tratar de veículo, na repartição competente para seu licenciamento, anotando-se no certificado de registro. Constituída a propriedade fiduciária, ter-se-á desdobramento da posse, ficando, então, o devedor como possuidor direto da coisa. A propriedade superveniente, adquirida pelo devedor, como mais adiante veremos, torna eficaz, desde o arquivamento, a transferência da propriedade fiduciária. Se assim é, o proprietário fiduciário (credor) poderá utilizar-se de ação de reintegração de posse, ou de reivindicatória e, ainda, da ação de busca e apreensão, por ser possuidor indireto e proprietário resolúvel[455].

e.3. Requisitos

Ao se delimitarem seus requisitos dever-se-á considerar sua destinação econômica e sua finalidade assecuratória[456].

1) *Requisitos subjetivos*

Pode alienar em garantia qualquer *pessoa natural* ou *jurídica* (de direito privado ou de direito público), não sendo privativa das entidades que operam no SFI. É o que se infere do § 1º do art. 22 da Lei n. 9.514/97 (com

---

454. Caio M. S. Pereira, op. cit., p. 364. *Vide*: *Ciência Jurídica*, *49*:125.

455. Joel Dias Figueira Júnior, A propriedade fiduciária como novo instituto de direito real do Código Civil brasileiro de 2002, *Revista Bonijuris*, *464*:6 a 9 (2002).

456. Caio M. S. Pereira, op. cit., p. 364. *Vide*: STJ, Súmulas 28, 72, 76, 92, 132 e 245; TFR, Súmula 242; STF, Súmula 489.

a redação da Lei n. 11.481/2007) e, além disso, o art. 5º do Decreto-Lei n. 911 ao prescrever que o credor pode optar entre a ação executiva, ou, se for o caso, o executivo fiscal, franqueou a alienação fiduciária em garantia de dívida a pessoa jurídica de direito público, ou melhor, a entidade não pertencente à rede bancária ou financeira. Logo, este instituto jurídico não é privilégio das sociedades financeiras (*RF*, *240*:154; em contrário, *RT*, *508*:141), podendo ser utilizado por particulares e por pessoas jurídicas de direito público. De forma que não só o Estado, mas também as entidades autárquicas poderão dele valer-se, para garantir débitos levantados de contribuintes em atraso, lançando mão do executivo fiscal, ao invés de vender a coisa, sem excussão judicial. Assim o Instituto Nacional do Seguro Social (INSS) poderá, exemplificativamente, aceitar de um contribuinte em débito a alienação fiduciária em garantia de bens que asseguram a liquidação total da dívida levantada[457].

Essas pessoas terão que ser dotadas de *capacidade genérica* para os atos da vida civil e de *capacidade de disposição*, devendo, portanto, o alienante ter o domínio do bem dado em garantia e o poder de dispor livremente dele. Aquele que ainda não for proprietário pode constituir a alienação fiduciária em garantia, desde que venha a adquirir o bem posteriormente, hipótese em que os efeitos da aquisição do domínio retroagirão à data do contrato, considerando-se a propriedade do fiduciário transmitida apenas no momento em que se dá a aquisição da coisa pelo devedor[458].

Acrescenta o art. 6º do Decreto-Lei n. 911/69 que "o avalista, fiador ou terceiro interessado que pagar a dívida do alienante ou devedor se sub-rogará, de pleno direito, no crédito e na garantia constituída pela alienação fiduciária". E pelo art. 1.368 do Código Civil: "o terceiro, interessado ou não, que pagar a dívida, se sub-rogará de pleno direito no crédito e na propriedade fiduciária" (*RT*, *584*:231, *656*:170).

Do disposto vê-se que a alienação fiduciária tem por fim prover o devedor de meios para solver o débito, mas nada impede que o pagamento dessa dívida revista-se de outras garantias como a fiança, no contrato principal, ou o aval, em título a este vinculado, pois nenhuma delas é incompatível com a alienação fiduciária, uma vez que não incidam sobre os bens

---

457. Daibert, op. cit., p. 587-91; Caio M. S. Pereira, op. cit., p. 366. *Vide* Decreto n. 72.771/93, que revogou o de n. 62.789/68, art. 186, § 2º, e que, por sua vez, foi revogado pelo Decreto n. 3.048/99.

458. Caio M. S. Pereira, op. cit., p. 365.

alienados. Pagando o débito do devedor o avalista ou o fiador ou, ainda, terceiro não interessado sub-rogar-se-ão no crédito e na garantia real constituída pela alienação fiduciária[459].

2) *Requisitos objetivos*

Esse instituto incide sobre *bem móvel "in commercium" e infungível* (*RT, 665*:157), dado o art. 66-B da Lei n. 4.728/65 (acrescido pela Lei n. 10.931/2004), e Decreto n. 356/91, art. 87, IV (revogado pelo Dec. n. 2.173/97, passando a matéria a ser regulada pelo Decreto n. 3.048/99, art. 260, V; *Bol. AASP, 1905*:68). Coisa móvel fungível também pode ser alienada fiduciariamente (*RT, 594*:137; *RTJ, 81*:306, *99*:1318). O Código Civil tomou posição nessa polêmica ao prescrever que é fiduciária a propriedade resolúvel de coisa móvel infungível que o devedor com o escopo de garantia transfere ao credor (art. 1.361). E, além disso, o art. 66-B, § 3º, da Lei n. 4.728/65 (acrescentado pela Lei n. 10.931/2004) vem a admitir também a alienação fiduciária, no âmbito do mercado financeiro e de capitais, de *coisa móvel fungível* e de títulos de crédito[460].

---

459. Caio M. S. Pereira, op. cit., p. 365; Daibert, op. cit., p. 590.

460. Esta é a conclusão de Orlando Gomes, *Alienação fiduciária em garantia*, p. 52. *Vide*: Resolução n. 772/93 do Conselho Nacional de Trânsito, sobre inserção e exclusão do gravame da alienação fiduciária em garantia no Cadastro de Veículos e no Certificado de Registro de Veículos (CRV); Portaria n. 14/2003 do DENATRAN sobre padronização dos procedimentos registrários de contrato de alienação fiduciária de veículos junto ao Registro Nacional de Veículos Automotores (RENAVAM), que assim dispõe: "Art. 1º Os órgãos e entidades executivos de trânsito dos Estados e do Distrito Federal deverão proceder ao registro dos contratos de alienação fiduciária de veículos registrados e licenciados junto à sua base estadual do Registro Nacional de Veículos Automotores – RENAVAM. § 1º Para fins desta Portaria, considera-se registro de contrato de alienação fiduciária de veículo o arquivamento de seu instrumento, público ou particular, por cópia, microfilme ou qualquer outro meio magnético ou óptico, precedido do devido assentamento em livro próprio, com 300 (trezentas) folhas numeradas, ou em qualquer forma de banco de dados magnético ou eletrônico que garanta requisitos de segurança quanto à adulteração e manutenção do seu conteúdo, que conterá, além de outros dados, os seguintes: *a*) identificação do credor e do devedor, *b*) o total da dívida ou sua estimativa; *c*) o local e a data do pagamento; *d*) a taxa de juros, as comissões cuja cobrança for permitida e, eventualmente, a cláusula penal e a estipulação de correção monetária, com indicação dos índices aplicáveis; *e*) a descrição do veículo objeto da alienação fiduciária e os elementos indispensáveis à sua identificação. § 2º O registro de que trata este artigo deverá ser anterior ou concomitante à expedição do Certificado de Registro de Veículo, não se confundindo com o próprio registro do veículo ou com a inclusão da restrição financeira junto ao registro do mesmo no Registro Nacional de Veículos Automotores – RENAVAM. Art. 2º Procedido o registro do contrato de alienação fiduciária, a mesma deverá ser incluída junto ao registro do veículo no Registro Nacional de Veículos Automotores – RENAVAM, bem

Entretanto, este diploma legal não contém a disciplina geral da alienação fiduciária[461], que, continuando regida por aquelas normas especiais, recai também em *coisas imóveis*, pois a jurisprudência já havia admitido a validade do contrato de alienação fiduciária de bem imóvel. Hodiernamente, a Lei n. 9.514/97 veio a regular a alienação fiduciária de coisa imóvel (arts. 22 a 33), bem como o art. 51 da Lei n. 10.931/2004, logo incide também sobre imóvel concluído ou em construção. Pelo art. 22, § 1º, I a IV, da Lei n. 9.514/97, com a redação da Lei n. 11.481/2007, a alienação fiduciária poderá ter como objeto, além da propriedade plena: *bens enfitêuticos*, hipótese em que será exigível o pagamento do laudêmio, se houver consolidação do domínio útil no fiduciário; *direito de uso especial para fins de moradia* (CC, art. 1.225, XI); *direito real de uso* (CC, art. 1.225, XII), desde que suscetível de alienação e a *propriedade superficiária*. Urge lembrar que pelo art. 22, § 2º, da Lei n. 9.514/97, com a alteração da Lei n. 11.481/2007, os direitos de garantia instituídos nas hipóteses de direito real de uso e de propriedade superficiária ficarão limitados à duração da concessão ou direito de superfície, caso tenham sido transferidos por período determinado[462].

---

como anotada no respectivo Certificado de Registro de Veículo. Art. 3º A atribuição de que trata o artigo 1º desta Portaria poderá ser delegada, ou ter sua execução conveniada, a instituição de serviços com competência para tanto. Art. 4º Esta Portaria entra em vigor 90 (noventa) dias após a sua publicação". *Vide*: *EJSTJ*, *11*:62, *12*:61.

461. Pontes de Miranda, *Tratado de direito privado*, v. 52, p. 355, § 5.482.

462. Caio M. S. Pereira, op. cit., p. 367; Luiz Alberto da Silva, *Contribuição ao estudo das sociedades de financiamento no Brasil*, p. 102 e s.; Álvaro Villaça Azevedo, Alienação fiduciária em garantia de bem imóvel, in *Direito civil, direito patrimonial* e *direito existencial – estudos em homenagem a Giselda Hironaka* (coords. Tartuce e Castilho), São Paulo, Método, 2006, p. 611-21; Ubiracyr Ferreira Vaz, *Alienação fiduciária de coisa imóvel*, Porto Alegre, Fabris, 1998; J. B. Torres, *Da alienação fiduciária de bens móveis e imóveis*, São Paulo, AEA Edições Jurídicas, *1998*. Deveras, o art. 55 da Lei n. 10.931/2004 veio a alterar a seção XIV da Lei n. 4.728/65 e passa a admitir o contrato de alienação fiduciária no âmbito do mercado financeiro e de capitais e como garantia de créditos fiscais e previdenciários, que deve conter os requisitos negociais do Código Civil, taxa de juros, cláusula penal, índice de atualização monetária, comissões e encargos. Permitida está, portanto, hodiernamente, por lei, a alienação fiduciária de *coisa fungível* e a cessão fiduciária de direitos sobre coisas móveis ou de títulos de crédito (Lei n. 9.514/97, arts. 18-20), hipóteses em que, salvo disposição em contrário, a posse direta e indireta do bem objeto da propriedade fiduciária ou do título representativo do direito ou do crédito é atribuída ao credor, que, em caso de inadimplemento ou mora da obrigação garantida, poderá vender a terceiros o bem objeto da propriedade fiduciária independente de leilão, hasta pública ou qualquer outra medida judicial ou extrajudicial, devendo aplicar o preço da venda no pagamento do seu crédito e das despesas decorrentes da realização da garantia, entregando ao devedor o saldo, se houver, acompanhado de demonstrativo da operação realizada. Se a coisa objeto de pro-

Buzaid[463] ensina-nos que a alienação fiduciária em garantia tem um campo de aplicação muito amplo, abrangendo até *direitos reais, direitos sobre coisas imateriais* e a assunção de obrigações abstratas. Pois, como pontifica Larenz[464], a transmissão de créditos, com o caráter de cessão fiduciária, tem o objetivo de garantir o credor fiduciário, autorizando-o a receber a dívida. Pondera Ferrara[465] que a cessão de ações de sociedades anônimas cria a figura do acionista fiduciário, que é proprietário efetivo da ação, tanto nas relações internas como nas externas, podendo intervir nas assembleias e exercer direitos sociais. Acrescenta, ainda, Ferrara que se pode empregar alienação fiduciária na cambial em garantia[466].

3) *Requisitos formais*

A alienação fiduciária em garantia requer para sua constituição *instrumento escrito* (público ou particular – *vide* art. 38 da Lei n. 9.514/97), qualquer que seja seu valor, que conterá: *a*) o total da dívida ou sua estimativa e, ainda, acrescenta o Projeto de Lei n. 699/2011, pretendendo alterar o inciso I do art. 1.362, o valor do bem alienado. Mas tal acréscimo também proposto pelo Projeto de Lei n. 6.960/2002 (substituído pelo PL n. 699/2011) foi rejeitado pelo Parecer Vicente Arruda, visto que, em se tratando de mútuo financeiro em que o devedor se obriga pelo valor da dívida, o valor do bem alienado é irrelevante; *b*) o prazo ou época do pagamento; *c*) a taxa de juros, se houver, e comissões permitidas; *d*) cláusula penal; *e*) estipulação

---

priedade fiduciária não se identifica por números, marcas e sinais no contrato de alienação fiduciária, cabe ao proprietário fiduciário o ônus da prova, contra terceiros, da identificação dos bens do seu domínio que se encontram em poder do devedor. O devedor que alienar, ou der em garantia a terceiros, coisa que já alienara fiduciariamente em garantia ficará sujeito à pena prevista no art. 171, § 2º, I, do Código Penal. À alienação fiduciária e à cessão fiduciária de direitos sobre coisas móveis e títulos de crédito aplicam-se os arts. 1.421, 1.425, 1.426, 1.435 e 1.436 do Código Civil, mas não o disposto no art. 644 desse mesmo diploma legal (art. 66-B, §§ 1º a 6º, da Lei n. 4.728/65, com a redação da Lei n. 10.931/2004).

463. A. Buzaid, op. cit., p. 80.

464. Larenz, *Derecho de obligaciones*, v. 1, p. 406. *Vide* Lei n. 9.514/97, arts. 9º a 16 relativos ao regime fiduciário sobre crédito imobiliário.

465. Ferrara, *Studi in onore di Scialoja*, v. 2, p. 729; Vivante, Gli agionisti fiduciari, *Riv. di Diritto Commerciale, 1*:1-168; Buzaid, op. cit., p. 80.

466. Ferrara, op. cit., p. 753, assim escreve: "*Mi limito a ricordare la cambiale di sicurezza e la girata semplice per incasso. La prima assai frequente nella pratica consiste nell'emissione di una cambiale a causa di un debito eventuale futuro. Il prenditore qui diventa proprietario della cambiale, ma può solo farla valere, se il debito esisterà e per la cifra a cui sarà per ammontare*".

da atualização monetária com indicação dos índices aplicáveis; *f*) a descrição do objeto da alienação e os elementos de sua identificação (CC, arts. 1.361, § 1º, e 1.362, I a IV; Lei n. 4.728, art. 66-B, § 1º (acrescentado pela Lei n. 10.931/2004). Essa identificação poderá ser por número, marca ou outro sinal indicativo. O art. 66-B, § 1º, desse mesmo diploma legal, dispõe que "se a coisa objeto de propriedade fiduciária não se identifica por números, marcas e sinais no contrato de alienação fiduciária, cabe ao proprietário fiduciário o ônus da prova, contra terceiros, da identificação dos bens do seu domínio que se encontram em poder do devedor". Regula este artigo o ônus da prova, repartindo-o entre o fiduciário e qualquer possuidor dos bens. Se os bens estiverem identificados, o fiduciário estará livre do *onus probandi*, podendo reavê-los de quem os detiver, seja o devedor, seja terceiro. Se não o estiverem, cabe-lhe o ônus de provar que tais coisas dadas em alienação fiduciária em garantia são as que reclama do devedor ou de terceiro[467]. Pela Lei n. 8.078/90 (art. 53, 2ª alínea), serão tidas como nulas de pleno direito as cláusulas que estabelecerem a perda total das prestações pagas em benefício do credor que, em razão do inadimplemento, pleitear a resolução do contrato e a retomada do produto alienado.

O instrumento do contrato, seja ele público ou particular, só valerá contra terceiros, sendo oponível *erga omnes*, quando uma de suas vias ou microfilme for arquivado no Registro de Títulos e Documentos (*RT*, *734*:375, *699*:168) do domicílio do devedor, ou, em se tratando de veículos, na repartição competente para o licenciamento, fazendo-se a anotação no certificado de registro (CC, art. 1.361, § 1º). Só este *arquivamento* tornará pública a garantia[468].

---

467. A. Buzaid, op. cit., p. 79-80. Sobre alienação fiduciária na seara do mercado financeiro e de capitais e cessão fiduciária de direitos sobre coisas móveis: Lei n. 4.728/65, art. 66-B, §§ 1º a 6º.

468. Caio M. S. Pereira, op. cit., p. 368; A. Buzaid, op. cit., p. 79; Cláudio Vieira de Melo, A desnecessidade de registro do contrato de alienação fiduciária, *Revista Literária de Direito*, *26*:16; Carlos Fernando Brasil Chaves, O requisito da forma na alienação fiduciária de coisa imóvel. *Atualidades Jurídicas*, *6*:31-44; Joel Dias Figueira Júnior, *Ação de busca e apreensão em propriedade fiduciária*, São Paulo, Revista dos Tribunais, 2005; *RT*, *688*:146; *RSTJ*, *43*:483, *34*:436; Súmula 92 do STJ: "A terceiro de boa-fé não é oponível a alienação fiduciária não anotada no Certificado de Registro do Veículo Automotor".

O Projeto de Lei n. 6.960/2002 pretendia modificar o art. 1.361, §§ 1º e 3º, que passaria a ter o seguinte teor:

"§ 1º Constitui-se a propriedade fiduciária com o registro do contrato, celebrado por instrumento público ou particular, que lhe serve de título, no Registro de Títulos e

Se se tratar de alienação fiduciária em garantia que tem por objeto coisa imóvel, requer-se *escritura pública* e seu *assento no registro imobiliário* (Lei n. 9.514/97, arts. 23, parágrafo único, e 9º; Lei n. 6.015/73, art. 167, I, 35); omitido esse requisito ter-se-á apenas um direito de crédito, sem oponibili-

---

Documentos do domicílio do devedor, e, em se tratando de veículos, na repartição competente para o licenciamento, fazendo-se a anotação no certificado de registro;

§ 3º A propriedade superveniente, adquirida pelo devedor, torna eficaz a transferência da propriedade fiduciária." Com isso atenderia à sugestão do: a) Deputado Vicente Arruda, que assim ponderava: "Houve equívoco na redação do § 1º do art. 1.361, no que se refere ao emprego da conjunção alternativa "ou". O equívoco compromete alguns dos efeitos caracterizadores da natureza real do próprio instituto, pois, em se tratando de veículo automotor, diante do emprego da conjunção "ou", utilizada inadequadamente, ficaria excluído o registro do contrato no Cartório de Registro de Títulos e Documentos, contentando-se a norma com a simples inscrição na repartição de trânsito competente para o licenciamento, com as anotações de praxe no certificado de registro do automóvel (§ 1º, *in fine*). Sem dúvida, essa não foi a vontade do legislador e, por conseguinte, não é a *mens legis*, tudo levando a crer que não passou de um lamentável erro de digitação que acabou passando desapercebido por todos, durante as intermináveis fases de revisão. Basta que lancemos os olhos para a Lei dos Registros Públicos (arts. 127/131) quando trata do registro de títulos e documentos e transcrição dos respectivos instrumentos particulares. Sem nenhum sentido, sobretudo em sede de direitos reais, a prática de um negócio jurídico dessa ordem, voltada à concretização da propriedade fiduciária, realizada à margem do Registro de Títulos e Documentos"; e b) Joel Dias Figueira Júnior que, em relação ao § 3º, observava "verificado de maneira cabal o adimplemento do contrato de alienação fiduciária em todos os seus termos, será adquirida a propriedade plena superveniente do bem imóvel infungível pelo então devedor possuidor direto, tornando-se eficaz de pleno direito a sua transferência, segundo se infere do § 3º do art. 1.361. (...) a alusão à eficácia da aquisição, referindo-se ao tempo do 'arquivamento' do contrato de alienação fiduciária no Registro de Títulos e Documentos. (...) é desnecessária e em manifesta discrepância com a LRP e com a terminologia do próprio novo Código Civil".

A esse respeito, Vicente Arruda, no seu parecer, argumentou: "A proposição aponta erro na redação que colocou como alternativo o registro da alienação fiduciária de veículo no Cartório de Registro de Títulos e Documentos, apontando discrepância com a Lei dos Registros Públicos. Não obstante essa discrepância, em tese, pudesse ocorrer, uma vez que o CC poderia ter modificado a LRP, realmente é melhor manter-se a dupla exigência da anotação, uma vez que trata-se de negócio jurídico complexo, que deve ter ampla possibilidade de prova. Contudo rejeito a proposta da nova redação ao § 3º por entender que só a partir do arquivamento se opera a transferência". Assim, opina pela aprovação do § 1º e rejeição do § 3º. E o Projeto de Lei n. 699/2011, não manteve proposta de alteração do art. 1.361.

Pelo Enunciado do CJF n. 506: "Estando em curso contrato de alienação fiduciária, é possível a constituição concomitante de nova garantia fiduciária sobre o mesmo bem imóvel, que, entretanto, incidirá sobre a respectiva propriedade superveniente que o fiduciante vier a readquirir, quando do implemento da condição a que estiver subordinada a primeira garantia fiduciária; a nova garantia poderá ser registrada na data em que convencionada e será eficaz desde a data do registro, produzindo efeito *ex tunc*" (aprovado na V Jornada de Direito Civil).

dade *erga omnes* e sem "execução direta"[469] (*RT*, *515*:139, *505*:179). Além disso, a Lei n. 9.514/97 (arts. 24, I a VII, e 27) requer que o contrato, que serve de título ao negócio fiduciário de coisa imóvel, contenha: o valor do principal da dívida; o prazo e as condições de reposição do empréstimo ou do crédito do fiduciário; a taxa de juros e os encargos incidentes; a cláusula de constituição da propriedade fiduciária, com a descrição do imóvel objeto da alienação fiduciária e a indicação do título e modo de aquisição; a cláusula assegurando ao fiduciante, enquanto adimplente, a livre utilização, por sua conta e risco, do imóvel objeto da alienação fiduciária; a indicação para efeito de venda em público leilão, do valor do imóvel e dos critérios para a respectiva revisão e cláusula dispondo sobre lances do leilão para alienação do imóvel.

e.4. Direitos e obrigações do fiduciante

São seus os *direitos* de:

1) Ficar com a posse direta da coisa alienada em garantia fiduciária. O alienante ou fiduciante (devedor) possuirá, então, em nome do adquirente (CC, art. 1.361, § 2º; Lei n. 9.514/97, art. 23, parágrafo único; Lei n. 4.728, art. 66-B, § 2º); conservando-a em seu poder com as obrigações de depositário (*Ciência Jurídica, 80*:125). Logo, antes de vencida a dívida, o devedor, a suas expensas e risco, poderá usar do bem conforme sua destinação, empregando, na sua guarda (*RT*, *638*:91, *706*:123), a diligência exigida por sua natureza e restituindo-a ao credor, se não pagar o débito no vencimento (CC, art. 1.363, I e II; *RT*, *605*:106).

2) Haver a restituição simbólica do bem dado em garantia, assim que pagar sua dívida, com a baixa que se processará no Registro de Títulos e Documentos onde se acha arquivada a cópia ou microfilme do instrumento constitutivo, já que tem a posse direta desde o começo da relação jurídica, pois não alienou sua propriedade em caráter definitivo ou permanente. Com

---

469. Caio M. S. Pereira, op. cit., p. 368. *Vide*: CDC, art. 53; Lei n. 10.188/2001. O art. 26, § 4º, da Lei n. 9.514/97, alterado pela Lei n. 13.043/2014 prescreve: "Quando o fiduciante, ou seu cessionário, ou seu representante legal ou procurador encontrar-se em local ignorado, incerto ou inacessível, o fato será certificado pelo serventuário encarregado da diligência e informado ao oficial de Registro de Imóveis, que, à vista da certidão, promoverá a intimação por edital publicado durante 3 dias, pelo menos, em um dos jornais de maior circulação local ou noutro de comarca de fácil acesso, se no local não houver imprensa diária, contado o prazo para purgação da mora da data da última publicação do edital".

o pagamento da dívida recupera ele *pleno iure* a propriedade, sem que haja necessidade de qualquer ato do adquirente. Em se tratando de alienação fiduciária de coisa imóvel, com o pagamento do débito e seus encargos, resolve: no prazo de 30 dias, contado da data da liquidação da dívida, com o fornecimento pelo fiduciário ao fiduciante do termo de quitação, pois à vista deste o oficial do registro imobiliário efetuará o cancelamento do registro de propriedade fiduciária (art. 25 da Lei n. 9.514/97). Com a liquidação do débito, resolvem-se todos os direitos que o fiduciário tenha constituído sobre o bem. A posse indireta do adquirente fiduciário termina, e o alienante, que tinha apenas a posse direta, recupera o domínio em toda sua plenitude.

3) Reivindicar a coisa, pois uma vez pago o débito, não pode o fiduciário recusar-se a entregar o bem a quem o alienou fiduciariamente em garantia de obrigação, já que a alienação fiduciária é uma venda resolúvel.

4) Receber do fiduciário o saldo da venda da coisa alienada, efetivada por força do inadimplemento de sua obrigação. E como a coisa foi vendida por preço superior ao valor da dívida, juros e despesas decorrentes da cobrança, tem direito de receber o remanescente[470].

5) Intentar ação de consignação em pagamento, se o credor recusar-se a receber o pagamento da dívida ou a dar quitação, valendo a sentença como título liberatório e de recuperação da propriedade do bem alienado fiduciariamente.

6) Purgar a mora (art. 3º, § 2º, do Dec.-Lei n. 911/69)[471].

7) Transmitir, com anuência do fiduciário, os direitos de que seja titular sobre o imóvel objeto da alienação fiduciária em garantia, assumindo o adquirente as respectivas obrigações (art. 29 da Lei n. 9.514/97 e CC, art. 1.365, parágrafo único).

8) Tornar eficaz, desde o arquivamento (ou melhor, assento) do instrumento junto ao Registro competente, a transferência da propriedade fiduciária, se adquiriu domínio superveniente (CC, art. 1.361, § 3º). Quem trans-

---

470. STJ, Súmula 384: "Cabe ação monitória para haver saldo remanescente oriundo de venda extrajudicial de bem alienado fiduciariamente em garantia".

471. Pontes de Miranda, *Tratado*, cit., v. 52, p. 367; Daibert, op. cit., p. 580; A. Buzaid, op. cit., p. 86 e 82; Caio M. S. Pereira, op. cit., p. 371. Em contrário: *RJE*, *3*:23. *Vide* observações feitas no item e.6.

Pelo Enunciado do Conselho de Justiça Federal n. 325, "é impenhorável, nos termos da Lei n. 8.009/90, o direito real de aquisição do devedor fiduciante" (aprovado na IV Jornada de Direito Civil).

ferir, fiduciariamente, o que não lhe pertence, tornará ineficaz o negócio. Mas se quem assim procedeu vier a adquirir de modo regular a coisa móvel infungível, aquela transferência da propriedade fiduciária tornar-se-á perfeita e acabada, produzindo efeito *ex tunc*, a partir da data daquele arquivamento. O devedor fiduciante, pagando o valor total do bem, adquirirá sua propriedade desde o momento do registro da alienação fiduciária em favor do credor fiduciário (efeito *ex tunc*), seu proprietário resolúvel até o instante em que o fiduciante quitar integralmente o preço daquele bem.

9) Dar, com anuência do credor, seu direito eventual à coisa em pagamento da dívida, após o vencimento desta (CC, art. 1.365, parágrafo único), assumindo, então, o adquirente (terceiro) as respectivas obrigações.

O Projeto de Lei n. 699/2011, contudo, visa modificar esse art. 1.365, em seu parágrafo único, assim dispondo: "O devedor pode, com a anuência do proprietário fiduciário, ceder a terceiro a sua posição no polo passivo do contrato de alienação". A norma projetada acata proposta de Joel Dias Figueira Júnior, que argumenta: "redação do parágrafo único é de clareza bastante duvidosa e, certamente, se mantida no estado em que se encontra após a entrada em vigor do Código, certamente muita celeuma trará na prática e problemas para o cotidiano forense. Na verdade, em que pese tratar-se de texto aparentemente singelo, reveste-se de grande complexidade, porquanto bastante truncado e de sentido jurídico dúbio, quando confrontado com o *caput* do próprio artigo e com o dispositivo precedente. Em primeiro lugar, apenas para ficar assinalado, apontamos que direitos não podem ser "dados", mas cedidos. Portanto, a palavra "dar", empregada no parágrafo único, haveria de ser substituída por "ceder". Contudo, esse não é o problema nodal que ora se pretende efetivamente demonstrar, senão vejamos. Pergunta-se: poderá o devedor ceder seu direito a terceiros após o vencimento da dívida, excluindo-se desse rol apenas o credor proprietário fiduciário? Se admitirmos a cessão de direitos também ao credor fiduciário, então o parágrafo único significará uma burla ao *caput*, pois corresponderá, por vias transversas, à autorização para o proprietário fiduciário permanecer com o bem em face do inadimplemento, o que é inaceitável. Por outro lado, se a resposta for a cessão de direitos para terceiros, a redação do parágrafo omite a palavra "terceiros" que, por conseguinte, deve ser acrescida". Além desses sólidos argumentos, observa Fiuza, existe ainda um problema: "a cessão ('ou doação = dar') é do direito para pagamento da dívida, o que pressupõe que se faça em benefício do próprio credor (proprietário fiduciário) e não no de terceiros. Trata-se, na verdade, de um impasse criado que, na prática, acabará por acarretar a burla da regra geral definida na cabeça do artigo e no dispositivo precedente. Por isso, apresenta-se a presente proposta no sentido de alterar-se a redação do parágrafo único, que passaria a dispor que o devedor pode ceder a terceiros a sua posição no polo passivo do contrato de alienação fiduciária". O Parecer Vicente Arruda aprovou essa alteração, cuja proposta já estava no Projeto de Lei n. 6.960/2002 (substituído pelo PL n. 699/2011), observando que: "A proposição muda a redação do parágrafo único desse artigo, observando o autor que a redação do novo CC é confusa e pode levar à burla da regra geral de não ficar o proprietário fiduciário com o bem em pagamento da dívida. Realmente, a redação proposta espanca dúvidas, pois o que se quer regular nesse dispositivo é a cessão da condição de fiduciário a terceiro".

As *obrigações* do fiduciante são:

1) Respeitar a alienação fiduciária em garantia, solvendo sua dívida com todos os seus acessórios (juros, comissões permitidas, atualização monetária de conformidade com os índices estipulados); pagando, pontualmente, todas as prestações a que se obrigou a pagar, se a *solutio* consistir em parcelas periódicas, sujeitando-se à execução da garantia, se for inadimplente (CC, art. 1.421 c/c o art. 1.367). "Responde o *fiduciante* pelo pagamento dos impostos, taxas, contribuições condominiais e quaisquer outros encargos que recaiam ou venham a recair sobre o imóvel, cuja posse tenha sido transferida para o fiduciário, até a data em que o fiduciário vier a ser imitido na posse" (art. 27, § 8º, da Lei n. 9.514/97). "O *fiduciante* pagará ao fiduciário, ou a quem vier a sucedê-lo, a título de taxa de ocupação do imóvel, por mês ou fração, valor correspondente a um por cento do valor a que se refere o inciso VI do art. 24, computado o exigível desde a data da alienação em leilão até a data em que o fiduciário, ou seus sucessores, vier a ser imitido na posse do imóvel" (art. 37-A da Lei n. 9.514/97).

2) Manter e conservar o bem alienado, defendendo-o com todos os interditos possessórios contra os que turbarem ou esbulharem sua posse.

3) Permitir que o credor ou fiduciário fiscalize, em qualquer tempo, o estado da coisa gravada.

4) Não dispor da coisa alienada fiduciariamente, onerosa ou gratuitamente, porque o bem não mais lhe pertence, é da propriedade do seu credor.

5) Entregar o bem, no caso de inadimplemento da sua obrigação, sujeitando-se às penas impostas ao depositário infiel, inclusive a de prisão civil (CC, art. 652; CF/88, art. 5º, LXVII; CP, art. 171, § 2º, I; Dec.-Lei n. 911, que alterou o já revogado art. 66, § 8º, da Lei n. 4.728/65; *EJSTJ*, *15*:140, *14*:149,

8:69; *RJE*, *4*:19; *RSTJ*, *106*:280 e *39*:439; *JTACSP*, *121*:122, *143*:190, *144*:69; *RT*, *612*:117, *619*:180, *625*:150, *636*:204, *652*:82, *653*:126, *686*:124, *699*:92, *708*:121, *715*:188, *716*:189, *717*:244, *696*:138, *730*:334, *731*:316, *762*:181; *RSTJ*, *106*:280; *JTJ*, *217*:204 – em contrário: *RJ*, *259*:97; *Ciência Jurídica*, *63*:11, *70*:125; *BAASP*, *1917*:101, *1970*:77; Súmula vinculante do STF n. 25).

6) Continuar obrigado, pessoalmente, pelo remanescente da dívida, se o produto alcançado pela venda (judicial ou extrajudicial) do bem, realizada pelo credor, não for suficiente para saldar a sua dívida e as despesas efetuadas com a cobrança (CC, art. 1.366). Caso em que o credor encontrará no patrimônio do devedor a garantia para as obrigações deste, em concorrência com os demais credores, sem ter direito à prelação. Poderá o credor até excutir as garantias fidejussórias, procedendo contra os eventuais avalistas ou fiadores do fiduciante[472].

---

472. Caio M. S. Pereira, op. cit., p. 369-70; Daibert, op. cit., p. 580-1; Francisco dos Santos Amaral, op. cit., p. 169-70; Álvaro Villaça Azevedo, *Prisão civil por dívida*, São Paulo, 1992, p. 117-9; Mônica Alves Costa Ribeiro, *A prisão civil na alienação fiduciária*, Rio de Janeiro, Forense, 2003. Sobre ilegitimidade da prisão civil em caso de alienação fiduciária: *RT*, *751*:207, *730*:334; TJPR, *ADCOAS*, 1983, n. 84.138: "A prisão civil pela não entrega de bens objeto da alienação fiduciária em execução judicial na ação de depósito não pode subsistir, se a sociedade devedora tem decretada sua falência, uma vez que com a quebra todas as ações suspendem-se, inclusive a de depósito movida contra os sócios da falida, porque todo o patrimônio fica constrito". Sobre exclusão da possibilidade da prisão civil na alienação fiduciária: *BAASP*, *1863*:106; *RT*, *726*:318, *721*:139, *701*:150. Sobre a legitimidade da prisão do devedor na alienação fiduciária: *Ciência Jurídica*, *79*:83; *RT*, *731*:316, *730*:339, *699*:92. Odete Novais Carneiro Queiroz (*Prisão civil e os direitos humanos*, São Paulo, Revista dos Tribunais, 2004) entende ser inconcebível a prisão civil de devedor inadimplente, sacrificando sua liberdade por afrontar o princípio da proporcionalidade, ante a desproporção da aplicação da pena de prisão em face do descumprimento obrigacional e da ausência de periculosidade do apenado civil. Diante do conflito entre o art. 5º, LXVII, e o art. 1º, III, da Lei Maior, a autora, seguindo a esteira de Otto Bachof, admite a inconstitucionalidade do inciso LXVII do art. 5º, aplicando-se na solução dessa antinomia o critério do *justum*, em defesa do valor liberdade, acatando o tratado internacional por ser mais benéfico e o art. 1º, III, da Carta Magna, que consagra o respeito à dignidade humana. O Pacto de San José da Costa Rica não pode contrapor-se ao art. 5º, LXVII, da CF (claúsula pétrea), nem às normas infraconstitucionais especiais que regem a matéria, por ser norma geral aplicável a fato interjurisdicional (*RT*, *762*:181). Tal pacto apenas deverá ser aplicado a fato interjurisdicional, que envolva pessoas pertencentes aos países signatários. Se o art. 5º, LXVII, da CF (cláusula pétrea) prevê prisão civil para depositário infiel, isso deverá ser respeitado, mesmo que a EC n. 45/2004 tenha incluído o § 3º ao art. 5º da CF, dispondo que tratado e convenção internacional sobre direitos humanos aprovados no Congresso Nacional serão equiparados à Emenda Constitucional, isto porque, por força do art. 60, § 4º, da Constituição Federal, cláusula pétrea (art. 5º, LXVII) é insuscetível de emenda. Apesar disso a Súmula vinculante n. 25 do STF entendeu que "é ilícita a prisão civil de depositário infiel, qualquer que seja a modalidade de depósito".

e.5. Direitos e deveres do fiduciário

Os principais *direitos* do credor ou fiduciário são:

1) Ser proprietário *pro tempore* da coisa gravada que lhe é transferida apenas com a posse indireta, independentemente da sua tradição (Lei n. 9.514/97, art. 23, parágrafo único).

2) Reivindicar o bem alienado fiduciariamente. Tal ação de reivindicação é exercitável contra terceiro ou contra o fiduciante que, injustamente, o detenham.

3) Vender, judicial ou extrajudicialmente, a terceiros a coisa que adquiriu fiduciariamente, a fim de se pagar, aplicando o preço no pagamento de seu crédito e das despesas de cobrança, se inadimplente o fiduciante, entregando a este o saldo que, porventura, houver (art. 1.364 do CC). Isto é assim por ser nula a cláusula que autoriza o proprietário fiduciário a ficar com a coisa alienada em garantia, se a dívida não for paga no vencimento (CC, art. 1.365).

4) Continuar sendo credor do fiduciante se o preço da venda não der para satisfazer seu crédito nem as despesas de cobrança (CC, art. 1.366).

5) Mover ação de depósito contra o fiduciante ou pessoa que lhe seja por lei equiparada (CPC, arts. 311, III, e 406), para obter a restituição do objeto depositado ou o seu equivalente em dinheiro, se o bem não for encontrado ou se não estiver na posse do devedor, ou ainda, se este se recusar a devolvê-lo, em caso de não pagamento do seu débito[473].

6) Pedir a devolução da coisa alienada fiduciariamente, se houver falência do fiduciante.

7) Oferecer embargos de terceiro, se o bem for penhorado por qualquer credor.

8) Requerer a busca e apreensão do bem (CPC, arts. 536, §§ 1º e 2º, e 538).

9) Propor ação possessória. Pelo Enunciado n. 591: "A ação de reintegração de posse nos contratos de alienação fiduciária em garantia de coisa imóvel pode ser proposta a partir da consolidação da propriedade do imóvel em poder do credor fiduciário e não apenas após os leilões extrajudiciais previstos no art. 27 da Lei n. 9.514/1997" (aprovado na VII Jornada de Direito Civil).

10) Considerar vencida a dívida independentemente de aviso ou notificação judicial, se o devedor não pagar uma das prestações em que se parcela o débito[474].

473. Ação de depósito foi absorvida, desprocedimentalizada, pela tutela de evidência (CPC, art. 311, III).

474. Daibert, op. cit., p. 578-9; A. Buzaid, op. cit., p. 81, 83 e 87; Pontes de Miranda, op. cit., p. 365 e 374; M. Helena Diniz, op. cit., p. 72. Pela Lei n. 8.078/90, como já vi-

11) Consolidar a propriedade imobiliária em seu nome (art. 26, §§ 1º e 7º) se o fiduciante não purgar a mora, após tal consolidação, o bem não poderá ser alienado a não ser por leilão, no prazo de 30 dias, contado do registro (arts. 27, §§ 1º a 6º, e 24, VI). Pelo Enunciado n. 567, do Conselho da Justiça Federal, aprovado na VI Jornada de Direito Civil: "A avaliação do imóvel para efeito do leilão previsto no § 1º do art. 27 da Lei n. 9.514/1997 deve contemplar o maior valor entre a avaliação efetuada pelo município para cálculo do imposto de transmissão *inter vivos* (ITBI) devido para a consolidação da propriedade no patrimônio do credor fiduciário e o critério fixado contratualmente".

12) Pedir a reintegração da posse do imóvel, que deve ser concedida liminarmente, para desocupação em 60 dias, desde que comprovada a consolidação da propriedade em seu nome (art. 30 da Lei n. 9.514/97).

13) Obter a devolução do imóvel alienado fiduciariamente, havendo insolvência do fiduciante (art. 32 da Lei n. 9.514/97) e de requerer a restituição da garantia fiduciária em caso de falência (Lei n. 11.101/2005, arts. 85 e 90, parágrafo único, e Dec.-Lei n. 911/69, art. 7º)[475].

14) Conseguir a declaração de ineficácia da contratação ou prorrogação de locação de imóvel alienado fiduciariamente por prazo superior a um ano sem concordância escrita sua (art. 37-B da Lei n. 9.514/97).

15) Vender a coisa a terceiro, havendo inadimplemento ou mora na obrigação contratual garantida mediante alienação fiduciária, independentemente de leilão, hasta pública, avaliação prévia ou qualquer outra medida judicial ou extrajudicial, salvo disposição em contrário prevista no contrato, devendo aplicar o preço da venda no pagamento de seu crédito e das despesas decorrentes e entregar ao devedor o saldo apurado, se houver, com a devida prestação de contas (Decreto-Lei n. 911/69, art. 2º alterado pela Lei n. 13.043/2014).

São seus os *deveres* de:

1) Proporcionar ao fiduciante o financiamento, empréstimo ou entrega de mercadoria a que se obrigou.

2) Respeitar o uso da coisa alienada pelo fiduciante, não molestando sua posse direta nem se apropriando dela (CC, art. 1.363).

---

mos, art. 53, será nula de pleno direito cláusula que estabelecer a perda total das prestações pagas em benefício do credor que, em razão do inadimplemento, pleitear a resolução do contrato e a retomada do produto alienado.

475. Márcio Calil de Assumpção, A alienação fiduciária e a restituição, *Tribuna do Direito*, agosto 2005, p. 8.

3) Restituir o domínio do bem gravado assim que o fiduciante pagar integralmente seu crédito, quitando no próprio título para a respectiva baixa.

4) Empregar o produto da venda da coisa alienada, se inadimplente o devedor, no pagamento do seu crédito, juros e despesas da cobrança (CC, art. 1.364).

5) Entregar ao devedor o saldo que houver do valor obtido com tal venda, que foi suficiente para solver o seu débito, bem como todos os acessórios e despesas da cobrança (CC, art. 1.364).

6) Provar, contra terceiros, a identidade dos bens de sua propriedade que estão sendo possuídos pelo devedor, desde que referidos bens, alienados fiduciariamente, não possam ser identificados por números, marcas e sinais indicados no título constitutivo da alienação fiduciária em garantia (Lei n. 4.728/65, art. 66-B, § 1º, acrescido pela Lei n. 10.931/2004).

7) Ressarcir as perdas e danos, quando se recusar a receber o pagamento da dívida ou a dar quitação, pois a subsistência do direito real após a liquidação do débito acarreta prejuízos ao fiduciante, pelos quais responderá o fiduciário[476].

8) Pagar tributos sobre a propriedade e posse do bem, taxas, despesas condominiais, encargos, tributários ou não, que incidirem sobre a coisa (objeto da garantia), desde a data de sua imissão na posse direta do bem, se a propriedade plena for constituída em favor do credor fiduciário, realizando-se a garantia por meio de consolidação da propriedade, adjudicação, dação ou outro modo de transmissão de propriedade plena (CC, art. 1.368-B, acrescentado pela Lei n. 13.043/2014).

e.6. Execução do contrato

Como credor, o fiduciário não poderá, em razão da proibição do pacto comissório, ficar com o bem alienado fiduciariamente (CC, art. 1.365); se o débito não for pago no vencimento, deverá vendê-lo judicial ou extrajudicialmente a terceiros, não estando sujeito à excussão judicial[477] para aplicar o produto da venda na solução do seu crédito e das despesas da cobrança (CC, art. 1.364).

---

476. A. Buzaid, op. cit., p. 83-4; Daibert, op. cit., p. 579; Caio M. S. Pereira, op. cit., p. 370-1.

477. Luiz Alberto da Silva, op. cit., p. 111; TJRJ, *ADCOAS*, 1983, n. 90.017: "Tratando-se de alienação fiduciária em garantia, não encontrado o bem e não informado pelo devedor o local em que poderia ser apreendido, pode o credor pedir, nos mesmos autos,

Primeiramente, deverá constituir o fiduciante em mora, mediante notificação ou protesto do título ou carta registrada, expedida pelo Cartório de Títulos e Documentos e, conforme reiterada jurisprudência, para a comprovação da mora, será suficiente que tal documento seja entregue no endereço do devedor, sendo desnecessário que seja recebido pessoalmente por aquele, visto que o art. 3º do Decreto-Lei n. 911/69 não faz essa exigência. Comprovada a mora pela carta, pela notificação, ou pelo protesto do título de crédito (letra de câmbio, nota promissória) que representa a dívida do alienante, o credor poderá requerer, em seguida, a busca e apreensão do bem alienado, que será concedida liminarmente, desde que se comprove a mora ou o inadimplemento do devedor (Dec.-Lei n. 911, art. 3º, §§ 1º a 8º, Súmulas STJ, n. 72 e 245; STJ, REsp 151.580-MG, rel. Min. Ari Pargendler; *Ciência Jurídica, 71*:85; *RT, 624*:117, *496*:148, *506*:149, *515*:145, *517*:146, *740*:303; *RJTJRGS, 168*:398; *RTJ, 102*:682; *JTACSP, 36*:327, *30*:421, *32*:355, *34*:370, *33*:383; *RSTJ, 79*:221; *EJSTJ, 11*:154), manifestando-se, em toda sua força, a sequela *erga omnes* a que tem direito o titular de um direito real.

Se se conseguir provar a mora ou o inadimplemento, despacha-se a inicial, e executa-se a apreensão liminar, citando-se o devedor para apresentar a contestação, ou requerer a purgação da mora, independentemente do percentual do débito já pago. Como efeito da decisão de antecipação de tutela *initio litis*, concedida na ação de busca e apreensão (CPC, art. 536, §§ 1º e 2º) pelo art. 3º, §§ 1º a 8º, do Decreto-Lei n. 911/69 (com alteração da Lei n. 10.931/2004), cinco dias após executada a liminar, consolidar-se-ão a propriedade e a posse plena e exclusiva do bem no patrimônio do credor fiduciário, cabendo às repartições competentes, quando for o caso, expedir novo certificado de registro de propriedade em nome do credor, ou de terceiro por ele in-

---

a conversão em ação de depósito, com amparo no art. 4º do Decreto-Lei n. 911, de 1969". Súmula 6 do 1º TACSP: "Os consórcios de financiamento, regularmente constituídos, podem efetuar financiamentos, mediante a alienação fiduciária de bens em garantia e, por consequência, requerer a busca e apreensão, nos termos do Decreto-Lei n. 911/69". A Lei n. 10.931/2004 inova o procedimento da ação de busca e apreensão dando nova redação ao art. 3º do Decreto-Lei n. 911/69. Já se decidiu que automóvel dado em alienação fiduciária não pode ser penhorado na execução contra devedor fiduciante, por não ser propriedade sua, mas do credor (TST, 5ª T., RR 67177/2002, j. 19-5-2005). *Vide BAASP, 2.761*:11: "Direito civil e processual civil – Ação de busca e apreensão – Comprovação da mora – Cartório de circunscrição distinta do domicílio do devedor – Eficácia. A comprovação da mora do devedor-fiduciante por carta registrada expedida por intermédio de cartório de títulos e documentos se traduz em condição especial da ação de busca e apreensão e, porque apenas aperfeiçoa a mora, que decorre do simples vencimento do prazo, cumpre sua finalidade, ainda que tenha sido feita por cartório de títulos e documentos de circunscrição diversa daquela do domicílio do devedor".

dicado, livre do ônus da propriedade fiduciária. Dentro daqueles cinco dias, o devedor fiduciante poderá pagar a integralidade da dívida pendente (obrigação principal, juros, atualização monetária, comissões, despesas com cobrança), segundo os valores apresentados pelo credor fiduciário na inicial, hipótese na qual o bem lhe será restituído livre do ônus. O devedor fiduciante apresentará resposta no prazo de quinze dias da execução da liminar, mesmo que tenha pago o débito, na forma acima mencionada, caso entenda ter havido pagamento maior e desejar restituição. Da sentença cabe apelação apenas no efeito devolutivo. Na sentença que decretar a improcedência da ação de busca e apreensão (CPC, art. 536, §§ 1º e 2º), o juiz condenará o credor fiduciário ao pagamento de multa, em favor do devedor fiduciante, equivalente a cinquenta por cento do valor originalmente financiado, devidamente atualizado, caso o bem já tenha sido alienado. Tal multa não exclui a responsabilidade do credor fiduciário por perdas e danos. A busca e apreensão constitui processo autônomo e independente de qualquer procedimento posterior.

Mesmo que não haja contestação, nem purgação da mora o magistrado terá que prolatar a sentença, após o prazo da defesa. Com isso o domínio e a posse do bem alienado fiduciariamente consolidam-se, definitivamente, no credor, que, então, deverá vender a coisa apreendida, judicial ou extrajudicialmente. Se o produto da venda não der para cobrir a dívida, o devedor continuará obrigado pelo remanescente, podendo ser réu em ação de execução.

Se, contudo, não se puder encontrar o bem gravado, que não se acha na posse do fiduciante, o fiduciário intentará ação de depósito, por meio da tutela da evidência (CPC, art. 311, III; Dec.-Lei n. 911/69, art. 4º), em lugar da busca e apreensão, citando o devedor para que o apresente ou, se impossível for, entregue o equivalente em dinheiro (valor do débito com juros, multa, atualização monetária etc.; trata-se do *saldo devedor em aberto*: Súmula 20 do 1º TACSP; *RT*, *611*:118; *JTCSP*, *104*:102).

O credor não está obrigado a promover a busca e apreensão da coisa em execução da alienação fiduciária; se preferir poderá intentar a ação executiva ou executivo fiscal (se o fiduciário for pessoa jurídica de direito público) contra o fiduciante ou contra seus avalistas ou credores, hipótese em que o credor poderá fazer com que a penhora recaia sobre qualquer bem do devedor (1º TARJ, *ADCOAS*, 1983, n. 91.064). E, se a dívida do fiduciante for paga por terceiro (fiador ou avalista), sub-roga-se o *solvens* nos direitos do credor, exercendo, então, contra o devedor todos os direitos decorrentes da alienação fiduciária.

Em que pese a tudo isso, autores há, como Pontes de Miranda, que entendem que não há por que proibir a cláusula comissória, porque na alienação fiduciária em garantia, o credor já tem o domínio e a posse indireta do bem, descabendo a proibição de vir ele a ser o seu proprietário; no penhor há essa proibição, porque a coisa empenhada é do devedor e dele continua sendo, embora gravada do ônus real. De forma que, dizem eles, comprovado o inadimplemento da obrigação e a mora do fiduciante, a propriedade consolida-se em definitivo, no fiduciário, que exerce, tão somente, a pretensão possessória, mediante a busca e apreensão. Deve-se-lhe deixar a opção de conservar o bem para si mesmo ou revendê-lo a terceiro, depois de se conferir ao devedor o direito de pedir a purgação da mora, quando for intimado para pagar e nos três dias da apreensão do bem. Se o fiduciante não a exercer, perderá a coisa, definitivamente, para o credor. Não se deve, portanto, proibir o pacto comissório, já que a segurança do fiduciante consistiria no direito de purgar a sua mora. É por tal razão que a Lei n. 9.514/97, no art. 26, dispõe que vencida e não paga, no todo ou em parte, a dívida, e constituído em mora o fiduciante, consolidar-se-á a propriedade do imóvel em nome do fiduciário. Para tanto, o fiduciante, ou seu representante legal ou procurador, deverá ser intimado, a requerimento do fiduciário, pelo oficial do Registro Imobiliário competente, a satisfazer, dentro de quinze dias, a prestação vencida e as que se vencerem até a data do pagamento, os juros convencionais, as penalidades e os demais encargos contratuais e legais, inclusive tributos, contribuições condominiais que recaírem sobre o imóvel, além das despesas de cobrança e de intimação. Se a mora for purgada, convalescerá, no Registro de Imóveis, o contrato de alienação fiduciária e, então, o oficial do registro, nos três dias seguintes à *emendatio morae*, deverá entregar ao fiduciário as importâncias recebidas, deduzidas as despesas de cobrança e de intimação. Não havendo a purgação da mora, o referido serventuário deverá promover, à vista da prova do pagamento, pelo fiduciário, do imposto de transmissão *inter vivos*, o registro, e, se for o caso do laudêmio (art. 22, § 1º, da Lei n. 9.514/97, com alteração da Lei n. 11.076/2004), a averbação, na matrícula do imóvel, da consolidação da propriedade em nome do fiduciário (art. 26, § 7º, da Lei n. 9.514/97, com a redação da Lei n. 10.931/2004).

Se ocorrer falência do devedor, o fiduciário terá direito de pedir contra a massa a devolução da coisa alienada fiduciariamente, não alterando esta circunstância a estrutura da execução da alienação fiduciária. Todavia se se tiver falência do fiduciário ou credor, o fiduciante, ao pagar seu débito, amparado pela ação de consignação, poderá exercer contra a massa a pretensão restitutória, separando o bem alienado, que retornará à sua propriedade, livre de qualquer ônus.

e.7. Extinção da propriedade fiduciária

O art. 1.436 do Código Civil aplica-se à propriedade fiduciária ante o art. 1.367 desse mesmo diploma legal. Assim sendo, ocorrerá sua cessação com:

1) A extinção da obrigação, porque, sendo a propriedade fiduciária direito acessório, segue a sorte do principal. Com a extinção da obrigação cessa a garantia e a propriedade plena da coisa se resolve em favor do alienante. A dívida considerar-se-á vencida, não só com o pagamento, mas também se se configurarem as hipóteses do art. 1.425, I a V (CC, art. 1.367). Ocorrendo as hipóteses de vencimento antecipado do débito arroladas no art. 1.425, não se compreendem os juros correspondentes ao tempo ainda não decorrido (CC, arts. 1.426 e 1.367).

A dívida considerar-se-á, por força do art. 1.425, I (CC, art. 1.367), vencida se o bem alienado fiduciariamente se deteriorar, e o devedor intimado não o reforçar ou substituir. Urge lembrar, que, salvo cláusula expressa, terceiro que prestar tal garantia por débito alheio não ficará obrigado a substituí-la ou a reforçá-la quando, sem culpa sua, se perca, deteriore ou desvalorize (CC, art. 1.427).

2) O perecimento da coisa alienada fiduciariamente.

3) A renúncia do credor, caso em que o crédito persiste sem essa garantia.

4) A adjudicação judicial, remição, arrematação ou venda extrajudicial, pois quem adjudicou, resgatou ou adquiriu judicial ou extrajudicialmente a coisa, se tornará seu proprietário pleno.

5) A confusão, isto é, se na mesma pessoa se concentrar as qualidades de credor e de proprietário pleno.

6) A desapropriação da coisa alienada fiduciariamente, caso em que, pelo Código Civil, art. 1.425, V, a dívida se considerará vencida, devendo o expropriante pagar o preço ao credor, que, depois de satisfazer seu crédito, entregará o saldo, se houver, ao devedor.

7) O implemento de condição resolutiva a que estava subordinado o domínio do alienante, antes da cessação de seu escopo de garantia.

Com a ocorrência de um desses casos, será imprescindível o cancelamento da inscrição no Registro de Títulos e Documentos[478] ou no Registro Imobiliário, conforme o bem seja móvel ou imóvel.

---

478. Orlando Gomes, *Alienação fiduciária em garantia*, cit., p. 129 e 132; Pontes de Miranda, op. cit., v. 21, § 2.669 e v. 52, p. 363; Caio M. S. Pereira, op. cit., p. 371-5. Sobre a ex-

tinção da propriedade fiduciária: José Carlos Moreira Alves, op. cit., p. 186-90; M. H. Diniz, op. cit., p. 75-6. Busca e apreensão pode ficar prejudicada por falta de registro do contrato: 1ª T. Cível do TJDF – Proc. 2001.01.104076-2 – Ap. Cível, Rel. Valter Xavier. Portaria do Ministério das Cidades n. 469/2015 dispõe sobre distrato dos contratos de compra e venda com alienação fiduciária realizados com recursos advindos de integralização de cotas no FAR, no âmbito do PNHU, integrante do PMCMV. Sobre a alienação fiduciária *vide RT*, *460*:195, *468*:149, *463*:178, *465*:207, *462*:187, *487*:215, *459*:166, *461*:171, *466*:177, *464*:159, *463*:182, *459*:176, *468*:164, *469*:158, *468*:167, *479*:165, *480*:190, *484*:161, *486*:125, *489*:167, *483*:193, *488*:174, *490*:164, *513*:260, *532*:208, *526*:114, *520*:260, *515*:273, *524*:250, *522*:231, *528*:120, *532*:237, *544*:239, *487*:198, *491*:181, *471*:137, *478*:145, *481*:145, *475*:165 e 209, *476*:264, *496*:196, *499*:163, *498*:59 e 152, *489*:162, *502*:203, *504*:171, *509*:262, *510*:157, *514*:260, *523*:215, *503*:206, *508*:63, *511*:239, *519*:162, *543*:158, *545*:124 e 272, *586*:105, *584*:231, *583*:151, *576*:295, *580*:161, *570*:68, *572*:102, *551*:77, *571*:135, *560*:61, *556*:124, *554*:121, *533*:177, *537*:130, *540*:221, *529*:119, *558*:124, *559*:110, *548*:250, *562*:114, *557*:123, *569*:165, *561*:130, *619*:180, *657*:117, *661*:167, *653*:126, *665*:157, *674*:224, *677*:206, *679*:114, *695*:192, *696*:138, *699*:92, *708*:121 e 147, *715*:188, *716*:189, *717*:244, *721*:139, *726*:280 e 318, *730*:244, *731*:316, *733*:240, *762*:181, *820*:307, *822*:213, *829*:259, *844*:367; *RSTJ*, *43*:483; *ADCOAS*, 1983, n. 90.670; *RTJ*, *72*:306, *74*:872, *73*:322, *81*:620, *93*:1302, *95*:868, *97*:742, *104*:1032, *106*:883, *108*:577; *RJE*, *3*:5, 8 e 19, *1*:488, *2*:481, 399, 149, 381 e 274; *EJSTJ*, *20*:132 e *24*:122; *Ciência Jurídica*, *79*:83, *80*:125. Consulte: Lei n. 11.101/2005, art. 49, § 3º.

QUADRO SINÓTICO

ALIENAÇÃO FIDUCIÁRIA EM GARANTIA	• 1. Breve notícia histórica	• No direito romano havia a *fiducia cum amico* e a *fiducia cum creditore*, que foram abolidas na era justiniana. • A Lei n. 4.728/65, com as modificações do Decreto-Lei n. 911/69, das Leis n. 6.071/74, art. 4º, e n. 10.931/2004, introduziu em nossa sistemática jurídica a "alienação fiduciária em garantia", voltando sua atenção para a *fiducia cum creditore* dos romanos. E o novo CC a rege nos arts. 1.361 a 1.368-B.	
	• 2. Conceito e caracteres	• Consiste na transferência, feita pelo devedor ao credor, da propriedade resolúvel e da posse indireta de um bem, como garantia do seu débito, resolvendo-se o direito do adquirente com o adimplemento da obrigação, ou melhor, com o pagamento da dívida garantida. É, portanto, um negócio jurídico que é bilateral, oneroso, acessório, formal e indivisível.	
	• 3. Requisitos	• Subjetivos	• Pode alienar em garantia qualquer pessoa física ou jurídica de direito privado ou de direito público. • Tais pessoas terão que ser dotadas de capacidade genérica para os atos da vida civil e de capacidade de disposição.
		• Objetivos	• Recai sobre bem móvel *in commercium* (infungível ou fungível); coisa imóvel (Lei n. 9.514/97, arts. 22 e 23); bens enfitêuticos; direitos reais; direito de uso especial para fins de moradia; direito real de uso (suscetível de alienação); propriedade superficiária; direito sobre coisas imateriais.
		• Formais	• Requer para sua constituição instrumento escrito (público ou particular) (CC, arts. 1.361, § 1º, e 1.362, I a IV; Lei n. 4.728, art. 66-B, § 1º), devidamente arquivado no Registro de Títulos e Documentos. Se se tratar de alienação fiduciária em garantia, que tem por objeto coisa imóvel, requer escritura pública e seu assento no Registro Imobiliário (Lei n. 9.514/97; Lei n. 6.015/73, art. 167, I, 35).
	• 4. Direitos e obrigações do fiduciante	• Direitos	• Ficar com a posse direta da coisa alienada em garantia fiduciária. • Haver a restituição simbólica do bem dado em garantia, assim que pagar seu débito. • Reivindicar a coisa, se recusa houver por parte do fiduciário de entregar o bem, uma vez paga a dívida.

ALIENAÇÃO FIDUCIÁRIA EM GARANTIA	• 4. Direitos e obrigações do fiduciante	• Direitos	• Receber do fiduciário o saldo da venda da coisa alienada efetivada por força do inadimplemento de sua obrigação. • Intentar ação de consignação em pagamento, se o credor recusar-se a receber o pagamento da dívida ou a dar quitação. • Purgar a mora. • Transmitir direitos sobre o imóvel (Lei n. 9.514/97, art. 29).
		• Obrigações	• Respeitar a alienação fiduciária em garantia, solvendo dúvidas, tributos etc. • Manter e conservar o bem alienado, defendendo-o com os interditos possessórios. • Permitir que o credor ou fiduciário fiscalize o estado da coisa gravada. • Não dispor da coisa alienada fiduciariamente. • Entregar o bem, no caso de inadimplemento da obrigação. • Continuar obrigado pessoalmente pelo remanescente da dívida, se o produto alcançado pela venda do bem, realizada pelo credor, não for suficiente para saldar a sua dívida e as despesas efetuadas com a cobrança.
	• 5. Direitos e deveres do fiduciário	• Direitos	• Ser proprietário *pro tempore* da coisa onerada que lhe é transferida com a posse indireta, independentemente da sua tradição. • Reivindicar o bem alienado fiduciariamente. • Vender a terceiros a coisa que adquiriu fiduciariamente (arts. 1.364 e 1.365 do CC). • Continuar sendo credor do fiduciante se o preço da venda não der para satisfazer seu crédito (art. 1.366 do CC). • Mover ação de depósito contra o fiduciante por meio da tutela de evidência (CPC, art. 311, III). • Pedir a devolução da coisa alienada fiduciariamente. • Oferecer embargos de terceiro, se o bem for penhorado por qualquer credor. • Requerer a busca e apreensão (CPC, arts. 536, §§ 1º e 2º, e 538). • Propor ação possessória. • Considerar vencida a dívida, se o devedor não pagar uma das prestações. • Consolidar a propriedade imobiliária, se não houver *emendatio morae* (Lei n. 9.514/97, art. 26, §§ 1º e 7º).

ALIENAÇÃO FIDUCIÁRIA EM GARANTIA	• 5. Direitos e deveres do fiduciário	• Direitos	• Pedir reintegração de posse, havendo tal consolidação (art. 30 da Lei n. 9.514/97). • Obter restituição do imóvel alienado fiduciariamente, havendo insolvência ou falência do fiduciante (art. 32 da Lei n. 9.514; arts. 85 e 90, parágrafo único, da Lei n. 11.101/2005). • Conseguir a declaração de ineficácia da contratação ou prorrogação de locação de imóvel alienado fiduciariamente por prazo superior a um ano; vender a coisa a terceiro, independentemente de qualquer medida judicial ou extrajudicial, em caso de inadimplemento ou mora na obrigação contratual (DL n. 911/69, art. 2º, com redação da Lei n. 13.043/2014, sem concordância escrita sua (art. 37-B da Lei n. 9.514/97).
		• Deveres	• Proporcionar ao fiduciante o financiamento, empréstimo ou entrega de mercadoria a que se obrigou. • Respeitar o uso da coisa alienada pelo fiduciante. • Restituir o domínio do bem gravado assim que o fiduciante pagar seu crédito. • Empregar o produto da venda da coisa alienada, se inadimplente o devedor, no pagamento do seu crédito, juros e despesas da cobrança. • Entregar ao devedor o saldo que houver do valor obtido com tal venda, que foi suficiente para solver o seu débito. • Provar contra terceiros a identidade dos bens de sua propriedade que estão sendo possuídos pelo devedor (Lei n. 4.728/65, art. 66-B, § 1º, acrescido pela Lei n. 10.931/2004). • Ressarcir as perdas e danos, quando se recusar a receber o pagamento da dívida ou a dar quitação.
	• 6. Execução do contrato	• Devido à proibição do pacto comissório, se o débito não for pago no vencimento, deverá vendê-lo a terceiros, não estando sujeito à excussão judicial. O fiduciário poderá requerer a busca e apreensão do bem alienado fiduciariamente (art. 3º, §§ 1º a 8º, do Dec.-Lei n. 911/69) ou, se preferir, intentar ação executiva ou executivo-fiscal contra o fiduciante, contra seus avalistas ou credores, hipótese em que o credor poderá fazer com que a penhora recaia sobre qualquer bem do devedor.	
	• 7. Extinção da propriedade fiduciária	• Cessação da obrigação principal. • Perecimento da coisa alienada fiduciariamente. • Renúncia do credor. • Adjudicação judicial, remição, arrematação ou venda extrajudicial. • Confusão ou consolidação. • Desapropriação. • Implemento de condição resolutiva.	

4. Direito real de aquisição

A. Generalidades

Ater-nos-emos ao estudo do compromisso ou promessa irretratável ou irrevogável de venda, sob a égide do Decreto-Lei n. 58/37 e da Lei n. 6.766/76 (alterada pela Lei n. 12.424/2011 e pela Lei n. 12.608/2012), determinando seus principais aspectos no campo dos direitos reais, pois é na nossa sistemática jurídica um novo direito real.

Não se pode considerar o compromisso de compra e venda como um instituto idêntico ou similar ao domínio, pois na promessa de compra e venda o titular não tem os poderes inerentes da propriedade sobre determinada coisa. Se tivesse em mãos tais poderes, não se poderia falar num direito real do promitente-comprador, uma vez que este já se equipararia ao comprador, operando-se a identificação da promessa com a venda[479].

Há, ainda, quem o considere como um direito real sobre coisa alheia de gozo ou fruição, tendo os mesmos caracteres da enfiteuse, da servidão, do usufruto, do uso e da habitação, uma vez que, até que o compromissário-comprador tenha o domínio, já usa e goza do bem, percebendo-lhe os frutos e extraindo-lhe as utilidades, impedindo sua alienação válida a outrem, durante todo o tempo em que for pagando as prestações estipuladas[480].

---

479. Há juristas brasileiros que sustentam essa equiparação por influência do direito francês, onde se afirma que "*promesse de vente vaut vente*" (Planiol, Ripert e Boulanger, *Traité élémentaire*, cit., v. 2, ns. 2.414 e s.).

480. Silvio Rodrigues, op. cit., p. 327-8, assim pensa. *Vide* comentários de Daibert a esse respeito (op. cit., p. 451); Rui Geraldo Camargo Viana, *O parcelamento do solo urbano*, Forense, 1985, p. 79 e s. A *legitimação fundiária* é também um direito real de aquisição:

Em que pese a tal opinião, distingue-se também dos direitos reais limitados de gozo.

Os que julgam que se trata de um direto real sobre coisa alheia de garantia ponderam que "é a própria coisa de um terceiro, o vendedor, que assegura o cumprimento de sua obrigação de outorgar a escritura definitiva nos termos da lei; é a própria coisa que assegura ao comprador requerer a adjudicação compulsória por via judicial"[481] Contudo, diferencia-se também dos direitos reais de garantia (penhor, hipoteca, anticrese, alienação fiduciária em garantia), pois seus elementos não são correspondentes.

Orlando Gomes e Daibert consideram-no como um direito real sobre coisa alheia *sui generis*, porque envolve um pouco do direito real de gozo e um pouco do direito real de garantia, reduzindo-se a uma mera limitação do poder de disposição do proprietário que o constitui, que, com o seu registro, fica impedido de alienar a coisa, e, se o fizer, o compromissário-comprador poderá reivindicar a propriedade do imóvel ou executar o contrato de compromisso, exigindo o adimplemento da obrigação contraída pelo promitente-vendedor[482].

Na verdade o compromisso de compra e venda é um novo direito real. É óbvio que não é um direito real pleno ou ilimitado, como a propriedade, já que o compromissário-comprador não tem direito real sobre coisa própria, não é ele o dono do bem. O domínio da coisa permanece nas mãos do promitente-vendedor que, embora tenha, na expressão de Barbosa Lima Sobrinho[483], uma "recordação da propriedade", com a resolução do contrato o seu direito de propriedade volta à plenitude. Portanto, trata-se de um direito real sobre coisa alheia, mas não se configura, como pretendem alguns, como um direto real de gozo, apesar de o direito do compromissário-comprador ser tão extenso que se assemelha ao domínio útil, já que tem a posse do imóvel, podendo dele usar e gozar. Também não é satisfatória sua inclusão na seara dos direitos reais de garantia, destinado, tão somente, a assegurar a prestação prometida no contrato, pois os direitos reais de garantia têm outra finalidade[484]. P. ex., o ônus real de garantia, como o hi-

---

Vide Cap. III, item 2 a 5.

481. Este foi o resumo que Daibert (op. cit., p. 451) apresentou dessa corrente.

482. Orlando Gomes, op. cit., p. 333-4; Daibert, op. cit., p. 451; W. Barros Monteiro, op. cit., p. 338; *RT*, *170*:128.

483. Barbosa Lima Sobrinho, *As transformações de compra e venda*, p. 85.

484. Comentários de Orlando Gomes, op. cit., p. 333; D. Bessone, *Promessa de venda*, p.

potecário, assegura o inadimplemento da obrigação, desempenhando um papel acessório em relação à dívida principal, ao passo que o registro da promessa de compra e venda se integra na substância do próprio contrato, do mesmo modo que o de um usufruto ou de uma servidão. Sem a proteção registrária, a promessa de compra e venda, mesmo com a renúncia ao direito de arrependimento, malograr-se-ia, pela possibilidade da transmissão do imóvel a um terceiro, contra o qual não seria oponível. Dir-se-ia melhor que o registro da promessa de compra e venda de imóvel equivale a um direito real limitado, direito de aquisição, assecuratório não do *contrahere* futuro, mas da outorga da escritura definitiva não só em relação às partes contratantes como *erga omnes*[485].

Por essas razões, enquadramos esse instituto jurídico como direito real sobre coisa alheia de aquisição.

B. Compromisso ou promessa irretratável de venda

b.1. Histórico

Originariamente, o contrato de compromisso de compra e venda podia ajustar-se ao conceito de contrato preliminar, constituindo uma simples obrigação de fazer, de caráter meramente pessoal, consubstanciada na outorga da escritura definitiva concernente ao bem compromissado, após o pagamento integral do preço avençado[486].

E como o art. 1.088 do Código Civil de 1916 permitia que o compromitente, antes de celebrado o contrato definitivo, se arrependesse, desde que respondesse por perdas e danos, não tinha, portanto, o compromissário-comprador nenhum direito sobre o imóvel, se, descumprida a obrigação pessoal, não possuísse meios jurídicos para fazer com que o vendedor lhe desse a escritura prometida. Se ingressasse em juízo, o máximo que poderia obter era a satisfação das perdas e danos, dado que o compromisso somente gerava um vínculo obrigacional[487].

103.

485. Serpa Lopes, *Curso de direito civil*, v. 3, 2. ed., Freitas Bastos, p. 238. Nesse mesmo sentido Caio M. S. Pereira, op. cit., p. 381.

486. Yussef Said Cahali, Compromisso de venda e compra, in *Enciclopédia Saraiva do Direito*, v. 16, p. 453; W. Barros Monteiro, op. cit., p. 334. *Vide*: *Ciência Jurídica*, *4*:136, *5*:110, *7*:90, *10*:125, *18*:88, *20*:122, *22*:226, *24*:133.

487. W. Barros Monteiro, op. cit., p. 334; Caio M. S. Pereira, op. cit., p. 382; Orlando Go-

A expansão imobiliária, com a crescente valorização da propriedade imóvel, e o processo inflacionário da moeda fizeram com que o art. 1.088 beneficiasse promitentes-vendedores inescrupulosos, pois, fundado no princípio da ampla liberdade contratual, assegurava-lhes um auspicioso meio de enriquecimento sem causa[488]. Os promitentes-vendedores preferiam, valendo-se do direito de arrependimento, sujeitar-se ao pagamento das indenizações, que quase sempre consistia na devolução do preço em dobro, a terem de passar a escritura definitiva, o que seria desvantajoso, sob o prisma econômico[489]. Isto despertava neles o interesse pelo inadimplemento da obrigação dos compromissários-compradores, bastando o atraso de pagamento das prestações para que eles retomassem o lote vendido, ficando as prestações pagas, para, depois, o venderem a uma outra pessoa. A rescisão do contrato por mora figurava no título constitutivo do compromisso. De modo que o compromissário-comprador, que era, em regra, indivíduo de poucos recursos, ao ser espoliado, não podia recorrer à justiça, porque não tinha nenhuma garantia real pela falta de documento hábil a criá-la, ficando ao desamparo[490]. E lançar mão daquele arrependimento lícito constituía um meio de enriquecimento para os compromitentes-vendedores, uma vez que a indenização de perdas e danos a que estavam sujeitos a pagar era inferior ao proveito que auferiam[491].

A fim de proteger o bem-estar coletivo e a segurança da ordem social, coibindo essa série de abusos, o Decreto-Lei n. 58, de 10 de dezembro de 1937, conferiu ao compromissário-comprador direito real sobre o lote compromissado, pondo termo às chamadas "arapucas" de vendas de imóveis loteados, em prestações, muitas vezes denominadas "loteamentos fantasmas"[492]. Posteriormente esse decreto foi regulamentado pelo Decreto n. 3.079, de 15 de setembro de 1938, cujo art. 22 estendeu às escrituras de compromisso de compra e venda de imóveis não loteados os efeitos da referida Lei. Com a Lei n. 649, de 11 de março de 1949, foi, efetivamente, criado o direito real

---

mes, op. cit., p. 326.

488. Yussef S. Cahali, op. cit., p. 454.

489. W. Barros Monteiro, op. cit., p. 334.

490. Daibert, op. cit., p. 444; Orlando Gomes, op. cit., p. 326.

491. Silvio Rodrigues, op. cit., p. 329.

492. Daibert, op. cit., p. 444 e 443; Arnaldo Rizzardo, *Promessa de compra e venda e parcelamento do solo urbano*, São Paulo, Revista dos Tribunais, 1998; Súmula 413 do STF; *RT*, *520*:155; *EJSTJ*, *25*:122.

de promessa de venda, alterando o art. 22 do Decreto-Lei n. 58/37, ao dispor em seu art. 1º que "os contratos, sem cláusula de arrependimento, de compromisso de compra e venda e cessão de direitos de imóveis não loteados, cujo preço tenha sido pago no ato de sua constituição ou deva sê-lo em uma ou mais prestações, desde que inscritos em qualquer tempo, atribuem aos compromissários direito real, oponível a terceiros, e lhes confere o direito de adjudicação compulsória" (com a modificação introduzida pela Lei n. 6.014, de 27-12-1973). Dispõe, ainda, o art. 25 da Lei n. 6.766/79 que "são irretratáveis os compromissos de compra e venda, cessões e promessas de cessão, os que atribuam direito a adjudicação compulsória e, estando registrados, confiram direito real oponível a terceiros". Porém, a Lei n. 4.380/64 já havia atribuído eficácia de direto real à promessa de cessão de compromisso, desde que sem a cláusula de arrependimento e com imissão de posse, inscrito o contrato no registro imobiliário (art. 69)[493].

Nelson Kojranski observa que, "embora a promessa de cessão de direitos de aquisição de imóvel loteado não tenha merecido menção expressa no art. 1.225, dúvida não resta que esse pré-contrato perdeu sua feição de direito pessoal, passando a ostentar a dignidade de direito real com a mesma nobreza do promitente comprador de imóvel, a partir de seu registro. Resta observar que o efeito *erga omnes* dos compromissários de lotes subsiste até o cancelamento do registro do compromisso, o que somente poderá se verificar por decisão judicial, a requerimento conjunto das partes contratantes ou quando houver rescisão comprovada do contrato (cf. art. 36 da Lei n. 6.766). Mas, quando se cuida de promessas de cessão de direitos aquisitivos de imóveis não loteados, a oponibilidade *erga omnes* apenas é atingida quando registrada no Cartório Imobiliário. Deixa, então, sua condição de direito pessoal e assume a de direito real, embora não incluída no quadro do art. 1.225." (...) "É bem verdade que o art. 1.417 do Código atual deixou de mencionar o contrato de promessa de cessão" (...). "Ainda, assim, uma vez registrada a promessa de cessão e liquidado o preço, cabe reconhecer que o seu titular (promitente cessionário) pode compelir o seu promitente cedente a efetivar a cessão por meio de execução da obrigação de fazer (CPC, art. 638 – atual art. 821), cabendo ao juiz conceder suprimento de outorga (CPC, art. 466-B – hoje sem correspondente), em vez de converter o pedido cominatório em perdas e danos."

---

493. *Vide* Yussef S. Cahali, op. cit., p. 454-5. Arnaldo Rizzardo, *Promessa de compra e venda e parcelamento do solo urbano*, São Paulo, Revista dos Tribunais, 2002. *Vide*: Lei n. 9.785/99; Nelson Kojranski, Direitos reais, *O novo Código*, cit., p. 994.

O atual Código Civil, nos arts. 1.417 e 1.418, consagrou a promessa irretratável de compra e venda devidamente registrada no Cartório de Registro de Imóveis, como um direito real à aquisição do imóvel rural ou urbano, loteado ou não.

Assim, os compromissários-compradores têm, hodiernamente, direito real sobre o imóvel comprado, direito a adjudicação compulsória desde que adimplentes e desde que tenham os seus contratos registrados no Cartório de Registro de Imóveis, na forma da lei, e, ainda, deverão ser constituídos em mora para que – se não a purgarem – tenham rescindidos seus contratos[494] (*RT*, *524*:212; CC, arts. 1.225, VII, 1.417 e 1.418).

b.2. Conceito

O *compromisso* ou *promessa irretratável de venda* vem a ser o contrato pelo qual o compromitente-vendedor obriga-se a vender ao compromissário-comprador determinado imóvel, pelo preço, condições e modos avençados, outorgando-lhe a escritura definitiva assim que ocorrer o adimplemento da obrigação; por outro lado, o compromissário-comprador, por sua vez, ao pagar o preço e satisfazer todas as condições estipuladas no contrato, tem direito real sobre o imóvel, podendo reclamar a outorga da escritura definitiva, ou sua adjudicação compulsória, havendo recusa por parte do compromitente-vendedor[495] ou de terceiro, a quem os direitos deste foram cedidos. Do que se infere que esse novo contrato aproxima-se do pré-contrato ou contrato preliminar de venda, porque seu resultado prático é adiar a transferência do domínio do bem compromissado até que o preço seja totalmente pago, diferenciando-se dele porquanto dá lugar à adjudicação compulsória[496].

---

494. Daibert, op. cit., p. 445. *Vide*, ainda, a Súmula 413 do STF; *RT*, *520*:155. O Código Civil vigente, ao considerar expressamente o direito real derivado de promessa de venda, aperfeiçoou esse instituto tão frequente nas transações imobiliárias, elevando-o à condição de título hábil à transferência do domínio, se contiver todos os elementos da compra e venda. O Decreto-Lei n. 58/37 continua vigorando, principalmente, no que se refere ao imóvel rural.

495. Conceito baseado nas afirmações feitas por Daibert, op. cit., p. 455, e W. Barros Monteiro, op. cit., p. 335; STJ, Súmula 239; STF, Súmulas 167, 168, 412, 413 e 621; *RT*, *500*:131.

496. Orlando Gomes, op. cit., p. 327. *Vide* José Osório de Azevedo Jr., *Compromisso de compra e venda*, São Paulo, Saraiva, 1983; Fábio M. de Mattia, Compromisso de compra e

O compromisso contém os elementos da compra e venda, mas os contratantes, por conveniência ou oportunidade ou por falta de algum documento necessário, não efetuam, de imediato, o contrato definitivo, não tornando, de logo, efetiva a venda. Não passa de uma venda condicional, em que a conclusão do contrato definitivo poderia ser uma condição jurídica da promessa de venda no sentido de habilitar o promitente-comprador à aquisição do direito real de propriedade. Pois, se a escritura definitiva não for assinada ou suprida por uma sentença constitutiva, o compromissário-comprador não terá título hábil para levar a registro, mas, nem por isso, se pode afirmar a inexistência dos efeitos da promessa[497]. Deveras tem o compromissário-comprador o direito de se tornar dono do bem que lhe foi prometido irretratavelmente à venda, sem que haja necessidade de nova declaração de vontade do compromitente. Basta pedir ao magistrado a adjudicação compulsória, assim que tiver pago o preço estipulado.

Logo, o compromisso ou promessa irrevogável de venda não é um contrato preliminar, porque a adjudicação compulsória só será possível nas obrigações de dar, que têm, no caso em tela, como ato devido: a outorga da escritura definitiva, uma vez pago o preço (CC, art. 1.418) e o contrato preliminar gera tão somente uma obrigação de fazer o contrato definitivo, nem o juiz teria o condão de converter tal obrigação de celebrar contrato em obrigação de dar ou entregar alguma coisa. Se ordena o compromisso a adjudicação do imóvel ao compromissário é porque está a dar, coativamente, execução específica à obrigação de dar que nasce do contrato de compra e venda. Daí ser o compromisso uma nova modalidade de compra e venda[498], desaparecendo do cenário jurídico a promessa de compra e venda como contrato preliminar, em que as partes,

---

venda, as Súmulas do STF n. 166, 167 e 412, Jurisprudência da Suprema Corte, *Revista de Informação Legislativa*, v. 73, 1982; Ivan Lira de Carvalho, Direito do consumidor na promessa de compra e venda de imóvel, *Livro de Estudos Jurídicos*, *8*:154-63; Paulo Dias de Moura Ribeiro, *Compromisso de compra e venda*, São Paulo, Juarez de Oliveira, 2002; Rodrigo Toscano de Brito, Compromisso de compra e venda e as regras de equilíbrio contratual do Código Civil de 2002, *Atualidades Jurídicas*, *5*:319-50; Valter Farid Antonio Junior, *Compromisso de compra e venda*, São Paulo, Atlas, 2009. Se se tratar de relação de consumo, o Juizado de Defesa do Consumidor é competente para decidir da rescisão do compromisso (*Ciência Jurídica*, *55*:328).

497. Orlando Gomes, op. cit., p. 327-8; Trabucchi, *Istituzioni di diritto civile*, p. 669.

498. Orlando Gomes, op. cit., p. 329. A promessa de compra e venda, quando despida de efeitos reais, constitui mera obrigação de fazer, que se resolve em perdas e danos (*RT*, *416*:346). Há o contrato preliminar de compra e venda e o compromisso de venda irretratável. Já Gagliano (*Código Civil*, cit., p. 231) vislumbra na promessa de compra e venda um *contrato preliminar especial*.

tão somente, assumem a obrigação recíproca de estipular o contrato definitivo de compra e venda.

b.3. Requisitos

Possui esse novo direito real os seguintes requisitos:

1) *Irretratabilidade do contrato*, pela ausência da cláusula de arrependimento (CC, art. 1.417, 1ª parte, *RT*, *216*:230, *244*:152, *313*:202, *373*:94, *393*:312, *399*:142, *420*:161, *538*:174, *672*:176; *RTJ*, *47*:822, *48*:453; *RF*, *161*:259 e *156*:268; STF, Súmula 166). De modo que, se houver cláusula expressa permitindo o arrependimento, pode o compromitente-vendedor voltar atrás e desfazer o negócio, desde que pague a indenização de perdas e danos sofridos pelo compromissário-comprador. Todavia, pela Súmula 412 do STF, no compromisso de compra e venda com cláusula de arrependimento, a devolução do sinal, por quem o deu, ou a sua restituição em dobro, por quem o recebeu, exclui indenização maior, a título de perdas e danos, salvo os juros moratórios e os encargos do processo. Se não constar no compromisso essa cláusula, ou se pactuada a cláusula de irrevogabilidade e assentado o compromisso no registro imobiliário, o vendedor não poderá arrepender-se, tendo o comprador direito de proceder judicialmente (Dec.-Lei n. 58, art. 16) para obter a adjudicação compulsória do imóvel compromissado, havendo recusa da outorga da escritura definitiva. Logo, para que a promessa de venda seja um direito real, é imprescindível que não contenha cláusula de arrependimento.

Todavia, a irretratabilidade não obsta a resolução do contrato por inadimplemento, nem sua dissolução por mútuo acordo, de modo que se no contrato de compromisso de venda for colocada uma condição resolutiva com sanção para a inexecução das cláusulas contratuais por parte do compromissário-comprador, não perderá o contrato o caráter de direito real[499].

2) Recai sobre *bem imóvel loteado ou não loteado*, rural ou urbano, edificado ou não, desde que não seja inalienável, uma vez que o novel Código Civil, o Decreto-Lei n. 745/69 e a Lei n. 6.014/73 não fazem a distinção do Decreto-Lei n. 58/37 que no art. 11, § 1º, admitiu, em relação aos imóveis loteados, o contrato manuscrito, datilografado ou impresso, e no art. 22 exigiu para os não loteados, para que pudessem ser registrados e constituíssem direito real, constassem de escritura. Atualmente, ante o art. 22 do

499. Caio M. S. Pereira, op. cit., p. 383; Orlando Gomes, op. cit., p. 336; W. Barros Monteiro, op. cit., p. 338.

Decreto-Lei n. 58/37, com a redação da Lei n. 6.014/73, e ante a Lei n. 6.766/79 (com as alterações da Lei n. 9.785/99), esse novo direito real favorece o compromissário-comprador de imóveis, regularmente loteados, como de imóveis de qualquer outra natureza, aplicando-se até as promessas de cessão de compromisso relativo a imóvel[500].

3) Exige que o *preço* seja pago à vista ou em prestações periódicas, logo, não é condição para a constituição desse direito real a quitação no ato. Entretanto, se o compromissário-comprador comprometeu-se a pagar, parceladamente, não poderá, é claro, exigir a escritura definitiva antes do cumprimento integral de sua obrigação nem pedir ao juiz a adjudicação compulsória (*RT*, *527*:227). Realmente, prescreve o art. 15 do Decreto-Lei n. 58 que "os compromissários têm o direito de, antecipando ou ultimando o pagamento integral do preço, e estando quites com os impostos e taxas, exigir a outorga da escritura de compra e venda", e o art. 16 (com a redação dada pela Lei n. 6.014/73), que "recusando-se os compromitentes a outorgar a escritura definitiva no caso do art. 15, o compromissário poderá propor, para o cumprimento da obrigação, ação de adjudicação compulsória, que tomará o rito sumaríssimo"[501] – hoje comum, com as especificaçãoes de lei especial, se existirem, (CPC, art. 1.049, parágrafo único) embora, possa seguir o procedimento de juizado especial civil (LJE, art. 3º, II). No mesmo sentido o art. 1.418, *in fine*, do Código Civil.

---

500. Yussef S. Cahali, op. cit., p. 455; Caio M. S. Pereira, op. cit., p. 383; Orlando Gomes, op. cit., p. 342; W. Barros Monteiro, op. cit., p. 335-6. *Vide* Lei Municipal paulistana n. 9.413/81. Loteamento é a subdivisão de gleba em lotes destinados a edificação (para habitação, comércio, serviço ou indústria), com abertura de novas vias de circulação de logradouro público ou prolongamento, modificação ou ampliação das vias existentes (Lei n. 6.766/79, art. 2º, § 1º).

501. Caio M. S. Pereira, op. cit., p. 384; Orlando Gomes, op. cit., p. 336. *Vide* Lei n. 8.078/90, art. 53. Se o compromissário-comprador não cumprir o ajustado, deixando de pagar as prestações, o compromitente-vendedor poderá mover ação de rescisão contratual cumulada com reintegração de posse e perdas e danos, que, como requisito pré-processual, requer a notificação do devedor para efeito de sua constituição em mora (*RT*, *717*:160, *736*:175; Súmula 76 do STJ). A cláusula de decaimento ou de perda das prestações pagas, em favor do vendedor, no caso de rescisão contratual é nula (CDC, art. 53). Está nessa condição imóvel adquirido de construtora, mas nada obsta que possa haver a retenção, pelo vendedor, de parcela do *quantum* pago, dependendo das circunstâncias de cada caso. É a lição de M. Lígia C. Mathias, *Direito civil*, op. cit., p. 175.

Sobre possibilidade de *astreinte* na ação de adjudicação compulsória: CPC, art. 537, § 1º, I. Hoje o procedimento seria: CPC, art. 1.063; LJE, art. 3º, II.

Vide CPC, art. 1.049, parágrafo único.

4) É imprescindível a *capacidade das partes*, porque a realização de sua finalidade, pela assinatura do título translativo, apresenta-se como sua execução. Firmando a promessa irretratável de vender certo imóvel, seu proprietário assume, desde logo, a obrigação de aliená-lo, momento em que se manifesta seu *jus disponendi*. Logo, quem se compromete a vender deve ser proprietário do bem compromissado, deve ter sobre ele plena disposição e deve ser capaz. É por isso que ao anunciar a venda do imóvel deverá apresentar à circunscrição imobiliária competente a documentação a que se refere o art. 1º do Decreto-Lei n. 58/37, para que se comprove a legitimidade dos títulos e domínio exibidos. Estando tudo em ordem, o oficial do Registro de Imóveis publicará edital, dando ciência aos interessados do depósito dos documentos. Se não houver qualquer impugnação dentro de 30 dias, a contar da última publicação, o serventuário procederá ao registro. Se surgir contestação, será solucionada pelo juiz competente[502].

O compromissário-comprador e o promitente-vendedor deverão estar em pleno gozo de sua capacidade civil ou devidamente representados, de conformidade com a lei[503]. Sem embargo, pondera Orlando Gomes, "essa exigência não se justifica no rigor dos princípios, porque a superveniência da incapacidade não escusa o devedor de cumprir obrigação assumida quando era plenamente capaz. A fim de evitar, entretanto, eventuais impugnações à validade do título translativo, convém que o assine quem represente o promitente-vendedor e, se for o caso, o cônjuge. Há, porém, recurso legal mais prático: a adjudicação compulsória. Evidente que a sentença constitutiva pode ser proferida se sobrevier a incapacidade da parte comprometida a vender"[504].

Todas as restrições subjetivas existentes para a elaboração de um contrato de compra e venda valem, igualmente, para a promessa irretratável de venda, de forma que o ascendente não poderá estipulá-la com descendente, sem a anuência dos demais, e, se for casada a pessoa, indispensável será a outorga uxória ou marital em todo negócio jurídico que implique alienação do bem imóvel[505]. Logo, como a promessa de venda gera um direito sobre bem imóvel, não poderá faltar a outorga da mulher do promitente-vendedor, nem a autorização marital, se o bem pertencer à mulher, para que seja válida e eficaz, juridicamente[506], salvo se o regime for o da separação de bens.

---

502. W. Barros Monteiro, op. cit., p. 335-6; Orlando Gomes, op. cit., p. 337.

503. Daibert, op. cit., p. 455.

504. Orlando Gomes, op. cit., p. 337.

505. Orlando Gomes, op. cit., p. 337. *Vide*: TJSC, AC 2005.024863-6 (Porto Belo), rel. Des. Maria do Rocio L. Santa Rita, j. 14-8-2007.

506. Sem tal outorga ter-se-á validade suspensa (*RT*, *538*:135), pois poderá tornar-se válida com a superveniência da anuência. Será preciso obter a autorização uxória ou mari-

5) É necessário o seu *assento no Cartório de Registro de Imóveis*, pois o direito real de promessa de venda só surge a partir dela (CC, art. 1.417, 2ª parte; Lei n. 4.591/64, art. 32, § 2º, com a redação da Lei n. 10.931/2004; STJ, REsp. n. 1.297.239; rel. Min. Nancy Andrighi, j. 8-4-2014). Antes do assento registrário tem-se mero contrato de promessa de venda, que gera apenas direitos obrigacionais e não reais[507]. Com essa averbação, segundo o art. 5º do Decreto-Lei n. 58, o compromissário passará a ter direito real oponível a terceiros, não sendo mais possível a transcrição de qualquer venda posterior, beneficiando outra pessoa. Essa averbação prevalece até que seja cancelada por requerimento das partes contratantes, devido à resolução do compromisso pelo registro da escritura definitiva e por mandado judicial (art. 7º) (*RT*, *409*:187, Súmula 621 do STF). Todavia, pela Súmula 239 do STJ, "o direito à adjudicação compulsória não se condiciona ao registro do compromisso de compra e venda no cartório de imóveis". Mas o Código

---

tal, sob pena de invalidade, de responsabilidade por perdas e danos e restituição do sinal em dobro (CC, arts. 439, 420; *RT*, *544*:236). Para propor ação de rescisão do compromisso de compra e venda será desnecessária tal outorga (*RT*, *483*:145). Caio M. S. Pereira, op. cit., p. 384; *RT*, *483*:154, *494*:138.

507. Caio M. S. Pereira, op. cit., p. 384; a Súmula 168 do STF permite registro no curso da ação. *Vide RT*, *520*:155, *545*:226, *544*:145, que exigem o assento registrário, pois se ele inexistir o compromisso gerará direitos obrigacionais apenas, de modo que, se não for cumprido, resolver-se-á em perdas e danos, com devolução em dobro do sinal e correção monetária (*RT*, *524*:237). Todavia há julgados que entendem de modo diferente do nosso, p. ex. *RT*, *495*:155, *512*:158, *534*:133; *RSTJ*, *43*:458; *Ciência Jurídica*, *53*:92, considerando que, para executar coativamente em forma específica uma promessa irretratável de venda, não será preciso registrá-la porque a pretensão à adjudicação compulsória é de caráter pessoal, restrita aos contratantes. Prescinde de registro para que haja adjudicação compulsória: *RSTJ*, *42*:407, *32*:309, *29*:356, *25*:465. A ação de adjudicação compulsória independe de registro para essa corrente jurisprudencial. Se feita a averbação, ela prevalecerá até que seja cancelada por requerimento das partes, por resolução do compromisso, pela transcrição da escritura definitiva e por mandado judicial. O cancelamento do registro por mora do compromissário-comprador só poderá ser feito por força de sentença, seja loteado ou não o imóvel. "O cancelamento de averbação de contrato de compromisso de compra e venda pelo oficial do Registro de Imóveis, no processo de constituição em mora, não tem o significado de rescisão definitiva do contrato. Esse ato do oficial pode sempre ser revisto pelo juiz" (*RT*, *513*:155). "Se o compromisso particular não registrado não autoriza a adjudicação compulsória, nada impede que o juiz receba a inicial como pedido para exigir cumprimento de uma obrigação de fazer, a outorga da escritura definitiva. Se reconhecido esse direito, a sentença produzirá todos os efeitos da declaração não emitida na forma do art. 641 (ora revogado) do CPC/73" (1º TACSP, 8ª Câm. Esp., Ap. 452.491-2, Praia Grande, rel. Juiz Raphael Salvador). *Vide* ainda: Cláudio Vieira de Melo, A desnecessidade do registro do contrato de alienação fiduciária, *Revista Literária de Direito*, n. 26, p. 16 e 17.

Civil vigente exige o registro para a configuração do direito real à aquisição do imóvel.

Exige a lei, em regra, a escritura pública, uma vez que ela é da substância do ato, em todos os contratos translativos de direitos reais sobre imóveis, excetuado o penhor agrícola (CC, art. 108)[508]. Entretanto, razões de ordem prática têm levado nossos juízes e tribunais a aceitar a constituição do compromisso por instrumento particular, pois a sua insegurança estaria contrabalançada pela exigência do registro no Ofício de Imóveis, para que o compromissário-comprador adquirisse o direito real[509]. No entanto, com o advento da Lei n. 6.766/79, o compromisso de compra e venda, pelo art. 26, podia ser feito por escritura pública ou instrumento particular, o mesmo dispondo o art. 1.417 do Código Civil. De fato, somente se tem a eficácia dos direitos prometidos ou cedidos, seja o instrumento do contrato público ou particular, com seu registro no cartório de registro imobiliário (*RTJ*, *57*:758 e 893). Sem esta formalidade não há que se falar em direito real oponível *erga omnes* (Lei n. 4.591/64, art. 32, § 2º, com a redação da Lei n. 10.931/2004). Sinteticamente, pode-se dizer que o contrato deverá revestir a forma escrita e ser registrado à margem do assento do imóvel compromissado. Cabe dizer, ainda, que o contrato de compromisso de compra e venda deverá preencher as cláusulas previstas em lei, relativas ao nome, nacionalidade, estado civil e domicílio das partes; à denominação e situação do imóvel, número e data do registro, à descrição do lote, numeração, confrontações e caracteres; ao prazo, preço e forma de pagamento; aos juros sobre o débito em aberto e sobre as prestações atrasadas; à cláusula penal; à declaração da existência de ônus real sobre o imóvel; à indicação da parte a quem cabe o pagamento dos impostos e taxas[510].

b.4. Efeitos jurídicos

Depois de registrado o compromisso de compra e venda passa a produzir os seguintes efeitos:

1) *Oponibilidade "erga omnes"*, porque todo direito real é oponível a ter-

---

508. Caio M. S. Pereira, op. cit., p. 385.

509. Orlando Gomes, op. cit., p. 338. *Vide* Decreto-Lei n. 58/37, arts. 5º e 22, este com as redações das Leis n. 649/49; 6.014/73; 4.591/64, art. 35, § 4º; 4.380/64, art. 29; e 6.766/79, art. 25.

510. Yussef S. Cahali, op. cit., p. 455; Orlando Gomes, op. cit., p. 342; Súmula STF, n. 168.

ceiros, perdendo o proprietário o poder de dispor do bem compromissado, pois sobre ele se liga, imediatamente, o direito do compromissário-comprador de torná-lo seu, uma vez pago, integralmente, o preço avençado[511]. É, portanto, oponível *erga omnes* por se haver unido a ele um *direito de aquisição* e porque sua disposição está limitada em proveito do credor.

2) *Transmissibilidade aos herdeiros*, por morte do compromissário-comprador ou do promitente-vendedor[512] (*RT*, *410*:192, *418*:381, *442*:139, *505*:123).

3) *Direito de sequela*, pois, uma vez que o compromisso de compra e venda está vinculado ao imóvel, o compromissário-comprador tem o poder de buscá-lo onde quer que se encontre. Logo, se o imóvel tiver sido vendido a terceiro após o registro da promessa irretratável de venda, o adquirente o recebe onerado, e a ele é oponível o direito de receber a escritura[513].

4) *Imissão na posse*, mesmo tendo a propriedade em nome do promitente-vendedor[514], o compromissário-comprador pode usar e gozar do imóvel, responsabilizando-se pelas obrigações que gravam o imóvel, fiscais ou civis.

5) *Cessibilidade da promessa*, porque é um direito transferível, valendo a cessão dos direitos do compromissário-comprador a terceiro, independentemente do consentimento do promitente-vendedor, ficando, contudo, solidário com o cessionário perante aquele; entretanto, se houver a anuência do promitente-vendedor, não há tal solidariedade passiva[515].

Terá eficácia real a promessa de cessão de direitos, se for efetivada por instrumento público ou particular, levada a assento e averbada à margem do registro[516].

---

511. Silvio Rodrigues, op. cit., p. 333; Caio M. S. Pereira, op. cit., p. 385; Orlando Gomes, op. cit., p. 334.

512. Daibert, op. cit., p. 456; Orlando Gomes, op. cit., p. 342.

513. Esta é a lição de Caio M. S. Pereira, op. cit., p. 385. "O promitente-comprador, titular de direito real (art. 1.417), tem a faculdade de reivindicar de terceiro o imóvel prometido à venda" (Enunciado n. 253 do Conselho da Justiça Federal, aprovado na III Jornada de Direito Civil).

514. Daibert, op. cit., p. 456; Orlando Gomes, op. cit., p. 334-6. Mas tal *posse* não gera a usucapião, havendo falta de pagamento integral do preço, por ser *precária*. Logo, o compromissário-comprador não poderá mover ação reivindicatória (*RT*, *483*:113).

Súmula n. 52 da Advocacia-Geral da União: "É cabível a utilização de embargos de terceiros fundados na posse decorrente do compromisso de compra e venda, mesmo desprovido de registro".

515. Daibert, op. cit., p. 460; *RT*, *468*:160 e 138, *389*:149; *RTJ*, *57*:778.

516. Caio M. S. Pereira, op. cit., p. 386.

6) *Purgação da mora*, quando o devedor for notificado judicialmente ou por meio dos Cartórios de Títulos e Documentos e do Registro de Imóveis, desde que nela constituído, quando em atraso das prestações vencidas e não pagas, pelo prazo de 30 dias, em se tratando de imóvel loteado (Dec.-Lei n. 58/37, art. 14; Lei n. 6.766/79, art. 32) e de 15 dias, se o imóvel for não loteado (Dec.-Lei n. 745/69, art. 1º). O art. 1º e parágrafo único do Dec.-Lei n. 745/69, com a redação da Lei n. 13.097/2015, dispõe que nos contratos a que se refere o art. 22 do Dec.-Lei n. 58/37, ainda que não registrados na circunscrição imobiliária competente, o inadimplemento absoluto do promissário comprador só se caracterizará se, interpelado por via judicial ou por meio de cartório de Registro de Títulos e Documentos, deixar de purgar a mora, no prazo de 15 dias contados do recebimento da interpelação. Nos contratos nos quais conste cláusula resolutiva expressa, a resolução por inadimplemento do promissário comprador se operará de pleno direito (CC, art. 474), desde que decorrido o prazo previsto na interpelação acima referida, sem purga da mora[517].

7) *Adjudicação compulsória* (CC, art. 1.418), em caso de recusa da entrega de imóvel comprometido ou da outorga da escritura definitiva, ou na hipótese do imóvel ter sido alienado a terceiros e, havendo pago totalmente o preço estipulado (*RT*, *783*:438), ocorrendo quaisquer dos casos acima apontados, o compromissário-comprador munido da promessa registrada poderá propor a ação de adjudicação compulsória, notificando o vendedor (em contrário, Súmula 239 do STJ) a lhe outorgar a escritura no prazo de 10 dias; se, contudo, o promitente-vendedor nada alegar nesse decêndio, o magistrado adjudicará ao requerente o imóvel compromissado (Dec.-Lei n. 58/37, arts. 10 e 16, §§ 1º e 2º), cuja sentença transitada em julgado valerá como título para o registro. Ordena, portanto, o juiz a incorporação, ao patrimônio do compromissário, do bem objeto do negócio[518].

---

517. Daibert, op. cit., p. 456, 457, 458 e 460; Humberto Theodoro Júnior, Compromisso de Compra e Venda; efeitos permanentes do ato de constituição do promissário comprador em mora (Dec.-Lei n. 745/69), *Ciência Jurídica*, *42*:285; *RT*, *461*:163, *490*:160, *491*:143, *493*:145, *506*:155, *543*:138 e 158; *RTJ*, *75*:254, *85*:1002, *83*:416; *JTACSP*, *71*:112.

518. Yussef S. Cahali, op. cit., p. 456; W. Barros Monteiro, op. cit., p. 336-7; Daibert, op. cit., p. 459; Caio M. S. Pereira, op. cit., p. 386; Silvio Rodrigues, op. cit., p. 334; Ricardo Arcoverde Credie, *Adjudicação compulsória*, São Paulo, Ed. Malheiros, 1994; Sérgio Cavalieri Filho, Ação para outorga de escritura e a adjudicação compulsória: distinção, *Livro de Estudos Jurídicos*, *8*:42-57; Francisco Cláudio de Almeida Santos, *Direito do promitente comprador e direitos reais de garantia*, cit., p. 25-54; *RTJ*, *113*:919; *RJ*, *6*:168, *7*:247; *Ciência Jurídica*, *53*:92. Todavia, convém não olvidar que a Súmula 239 do STJ prescreve: "O direito à adjudicação compulsória não se condiciona ao registro do compromisso

8) Não há *resolução do contrato por sentença declaratória de falência de qualquer das partes*[519].

b.5. Execução

Ensina-nos Orlando Gomes[520] que a execução do contrato de promessa irretratável de venda cumpre-se de dois modos:

1) Pela *escritura definitiva*, que não é instrumento de outro negócio, mas a forma de um ato devido que expressa o cumprimento de obrigação oriunda de contrato no qual o intento negocial das partes foi definido e a atribuição patrimonial, determinada. Nessa escritura, a vinculação do contrato de compromisso de venda patenteia-se como sequência necessária de tal modo que, por exemplo, se entre o momento da conclusão da promessa e o da assinatura do instrumento público definitivo se der o casamento do promitente-vendedor, a outorga do outro cônjuge não será exigível, nem lhe assiste o direito de alegar anulabilidade da venda sob o fundamento de que faltou tal outorga.

2) Pela *sentença constitutiva de adjudicação compulsória*, que ordena a incorporação do imóvel compromissado ao patrimônio do compromissário-comprador, servindo de título translativo. Obtém-se a execução do compromisso de venda por esse modo, mediante processo especial e se o compromitente ou terceiro, a quem cedeu seu direito, se recusar a outorgar a escritura definitiva de compra e venda, mesmo tendo recebido o preço avençado na sua íntegra. Substitui-se, nesse caso, a escritura pela sentença ou carta de adjudicação com iguais efeitos.

b.6. Extinção

Dá-se a extinção do direito real do compromissário-comprador:

---

de compra e venda no cartório de imóveis" e que pelo enunciado n. 95 do CJF (aprovado nas Jornadas de Direito Civil de 2002): "O direito à adjudicação compulsória (art. 1.418 do novo Código Civil), quando exercido em face do promitente vendedor, não se condiciona ao registro da promessa de compra e venda no cartório de registro imobiliário (Súmula n. 239 do STJ)". Não havendo registro da promessa de compra e venda, ela gerava efeito *inter partes* e tinha natureza obrigacional e podia o interessado valer-se do art. 466-B do CPC/73, hoje sem correspondente, para obter sentença que produzisse o mesmo efeito do contrato de compra e venda, que não foi firmado. O art. 464 do Código Civil, conjugado com o art. 501 do CPC, prevê tutela específica para o caso de inadimplemento do contrato preliminar, consistente na possibilidade de se obter provimento jurisdicional que tenha os mesmos efeitos da declaração volitiva da pessoa. *Vide*: *RT*, *704*:133; *718*:235, *753*:225, *760*:225, *776*:211; *783*:438; *JTACSP*, *112*:122.

519. Orlando Gomes, op. cit., p. 342. Consulte: Lei n. 11.101/2005, arts. 49, § 1º, e 119, VI; Lei n. 10.931/2004, arts. 50 e 51.

520. Orlando Gomes, op. cit., p. 338-40.

1) Pela *execução voluntária do contrato*, pois o registro da escritura definitiva acarreta o cancelamento da averbação.

2) Pela *execução coativa ou compulsória*, com assento da carta de adjudicação no registro imobiliário.

3) Pelo *distrato* ou dissolução por mútuo consentimento, em que as partes voluntariamente, por qualquer razão, resolvem tornar sem efeito a promessa, voltando tudo ao *status quo ante*, procedendo-se ao registro de tal instrumento, para que o promitente-vendedor possa dispor livremente do imóvel que era objeto do compromisso.

4) Pela *resolução*, sendo necessário observar que ela não poderá ser feita sem a intervenção judicial. De forma que nenhuma das partes poderá, unilateralmente, considerar rescindido o compromisso havendo inexecução da outra; deverão pedir sua resolução, já que, sem a sentença resolutória, o contrato não se dissolverá. A causa mais comum de resolução é a mora do compromissário no pagamento das prestações periódicas em que se divide o preço, desde que o comprador não se utilize dos favores do art. 14 do Decreto-Lei n. 58/37 ou do art. 1º do Decreto-Lei n. 745/69, referente à purgação da mora, conforme o imóvel seja loteado ou não. Assim sendo, 30 dias depois de constituído em mora o devedor (Dec.-Lei n. 58, art. 14), rescindido estará o contrato, operando, consequentemente, a devolução ao devedor das prestações que pagou, acrescidas dos juros estipulados, e o ressarcimento dos danos causados ao vendedor, prefixado em cláusula penal obrigatória. A fim de que não haja enriquecimento ilícito do vendedor é que se exige a restituição de tudo que foi pago pelo compromissário-comprador e a restituição da posse do imóvel, sob pena de sofrer ação de reintegração de posse. A devolução das prestações e a efetivação da cláusula penal demandam intervenção judicial, bem como para a apuração da culpa na inexecução, tanto assim que a lei estabeleceu o prazo de 30 dias para a *emendatio morae* (*RT*, *514*:200, *488*:199, *522*:132, *545*:273, *544*:145), se se tratar de bem imóvel loteado.

Deve, ainda, o compromissário-comprador restituir a posse do imóvel, pois se não o fizer o compromitente-vendedor intentará ação de reintegração para reavê-lo.

5) Pela *impossibilidade superveniente*, como a destruição total do imóvel compromissado ou a desapropriação. Tal impossibilidade deverá ser oriunda de caso fortuito ou força maior.

6) Pelo *vício redibitório*.

7) Pela *evicção*.

Dissolvido o vínculo oriundo do compromisso por qualquer dessas circunstâncias, extingue-se o direito real pelo cancelamento de seu registro[521] (Lei n. 6.766/79, art. 36).

521. É o que expõem Orlando Gomes, op. cit., p. 343-4, e Daibert, op. cit., p. 458. "Rescindido o compromisso de compra e venda, o compromissário-comprador perde em benefício do compromitente-vendedor as quantias pagas, se assim se obrigou caso não cumprisse o contrato" (*RT*, *509*:167), mas tal cláusula será nula ante o art. 53 da Lei n. 8.078/90 nas relações de consumo. Sobre compromisso de compra e venda: STF, Súmulas 82, 97, 166, 167, 168, 412, 413, 489, 583, 590, 621; *RF*, *74*:437, *196*:152; *JTACSP*, *64*:57, *71*:206, *72*:10, *73*:179; *RJTJSP*, *68*:256, *79*:58, *83*:53, *81*:79, *84*:56, *82*:56, *40*:158, *72*:192, *70*:197; *RTJ*, *86*:716, *93*:222, *65*:693, *74*:399, *88*:361, *91*:171, *97*:442, *95*:282, *99*:804, *100*:1304; *RT*, *331*:142, *438*:164, *436*:497, *443*:197, *428*:262, *497*:155, *469*:39, *451*:286, *481*:191, *474*:184, *481*:160, *483*:113 e 202, *485*:148, *486*:138, *495*:142 e 155, *463*:174, *428*:268, *487*:156, *490*:161, *457*:125, *499*:157, *553*:87, *551*:88, *514*:243, *548*:187, *501*:155, *507*:17, *510*:145, *512*:158, *513*:112, *527*:227, *534*:133, *500*:131, *502*:161, *503*:74, *529*:126, *541*:134, *546*:133, *543*:138, *545*:273, *549*:244, *552*:218, *558*:249, *559*:263, *559*:176, *538*:135, *562*:182, *531*:118, *540*:137, *571*:73, *535*:131, *533*:132, *546*:133, *578*:152, *570*:233, *573*:160, *579*:104, *554*:97, *563*:144, *545*:273, *687*:69, *606*:215, *641*:147, *684*:152, *688*:80, *631*:90, *652*:102, *607*:121; *672*:174, *701*:79, *715*:174, *721*:153, *722*:309, *727*:127, *740*:240, *745*:258, *752*:287 e 364.

Quadro Sinótico

DIREITO REAL DE AQUISIÇÃO	*a*) Generalidades	Compromisso ou promessa irretratável de venda (Dec.-Lei n. 58/37, regulamentado pelo Dec. n. 3.079/38, modificado no seu art. 22 pela Lei n. 649/49, que foi alterado pelo art. 1º da Lei n. 6.014/73, Lei n. 6.766/79, arts. 25 a 36, e CC, arts. 1.417 e 1.418) é um direito real sobre coisa alheia de aquisição.	
	b) Compromisso ou promessa irretratável de venda	1. Histórico	Para proteger o bem-estar coletivo e a segurança da ordem social, coibindo uma série de abusos, o Decreto-Lei n. 58/37 conferiu ao compromissário-comprador direito real sobre o bem compromissado, pondo fim ao enriquecimento oriundo do arrependimento do compromissário-vendedor, permitido pelo art. 1.088 do Código Civil de 1916, antes da celebração do contrato definitivo, desde que respondesse por perdas e danos, não tendo o comprador nenhum direito sobre o imóvel, nem meios jurídicos para fazer com que o vendedor lhe desse a escritura prometida. Atualmente, têm os compromissários-compradores direito real sobre o imóvel comprado, direito a adjudicação compulsória, desde que adimplentes e desde que tenham seus contratos averbados no Registro de Imóveis.
		2. Conceito	É o contrato pelo qual o compromitente-vendedor obriga-se a vender ao compromissário-comprador determinado imóvel pelo preço, condições e modos avençados, outorgando-lhe a escritura definitiva assim que ocorrer o adimplemento da obrigação; por outro lado, o compromissário-comprador, ao pagar o preço e satisfazer todas as condições estipuladas no contrato, tem direito real sobre o imóvel, podendo reclamar a outorga da escritura definitiva, ou sua adjudicação compulsória, havendo recusa por parte do compromitente-vendedor.

DIREITO REAL DE AQUISIÇÃO	• *b*) Compromisso ou promessa irretratável de venda	• 3. Requisitos	• Requer irretratabilidade do contrato. • Recai sobre bem imóvel loteado ou não, rural ou urbano, edificado ou não, desde que não seja inalienável. • Exige que o preço seja pago à vista ou em prestações periódicas. • Requer capacidade das partes. • É necessário registro no cartório imobiliário.
		• 4. Efeitos jurídicos	• Oponibilidade *erga omnes*. • Transmissibilidade aos herdeiros por morte do compromissário-comprador ou compromitente-vendedor. • Direito de sequela. • Imissão na posse. • Cessibilidade da promessa. • Purgação da mora. • Adjudicação compulsória. • Não há resolução do contrato por sentença declaratória de falência de qualquer das partes.
		• 5. Execução	• Pela escritura definitiva. • Pela sentença constitutiva de adjudicação compulsória.
		• 6. Extinção	• Pela execução voluntária do contrato. • Pela execução compulsória. • Pelo distrato. • Pela resolução. • Pela impossibilidade superveniente. • Pelo vício redibitório. • Pela evicção.

Bibliografia

ABERKANE. *Essai d'une théorie générale de l'obligation "propter rem" en droit positif français*. Paris, 1957.

AEBY. *La propriété des appartements*. n. 8 e s.

AGUIAR E SOUZA. *Tratado das servidões*. §§ 248 e s.

AQUINO, Álvaro Antônio S. Borges. *A posse e seus efeitos*. São Paulo, Atlas, 2000.

ARANGIO RUIZ. *Istituzioni di diritto romano*.

ASSIS MOURA. *Da prescrição em face do condomínio*.

AUBRY e RAU. *Cours de droit civil*. v. 2.

AZEVEDO, Philadelpho. *Direito moral do escritor*. Rio de Janeiro, 1930.

AZEVEDO MARQUES. *A hipoteca*. 3. ed.

BANDEIRA DE MELLO, Celso Antônio. *Elementos de direito administrativo*. Revista dos Tribunais, 1980.

BARASSI. *Diritto reali e possesso*. v. 1, n. 50.

BARBERO. *Sistema istituzionale del diritto privato*. v. 1, n. 508.

BARROS MONTEIRO, W. *Curso de direito civil*. São Paulo, Saraiva, 1978. v. 3.

BARROSO, Lucas A.; REZEK, Gustavo E. K. *Accessio possessionis* e usucapião constitucional agrário: inaplicabilidade do art. 1.243, primeira parte, do Código Civil. In: BARROSO, Lucas A. *A realização do direito civil*. Curitiba, Juruá, 2011.

BAUDRY-LACANTINERIE. *Traité théorique et pratique de droit civil*. v. 6, n. 986.

BEAUCHET. *Histoire du droit privé de la Republique athénienne*. v. 3.

BEVILÁQUA, Clóvis. *Direito das coisas*. Rio de Janeiro. v. 1.

______. *Código Civil comentado*. v. 3.

BIONDO BIONDI. *Le servitù prediali nel diritto romano*. Milano, Giuffrè, 1954.

BONFANTE. *Corso di diritto romano*. v. 2.

BONJEAN. *Explication méthodique des Institutes de Justinien*. Paris, A. Durand et Fedone Lauriel, Ed., 1878. v. 1.

BONNECASE. *Elementos de direito civil*. México. t. 1.

BORGES, João. *O Registro Torrens no direito brasileiro*. Prefácio.

BORGES CARNEIRO. *Direito civil de Portugal*. Liv. II, § 81.

BRUGI. *Instituciones de derecho civil*.

______. *Della proprietà*. 2. ed. Torino, 1918.

BUENO, Euler. *Efeitos da transcrição no regime do Código Civil brasileiro*.

BURGARELLI, Aclibes. Natureza jurídica, validade e eficácia das convenções de condomínio após a vigência do novo Código Civil. In: *Contribuições ao estudo do novo Código Civil*. Campinas, Millenium, 2004.

BUTERA. *La comproprietà di case per piani*. 2. ed. Torino, 1933.

BUZAID. Alienação fiduciária em garantia. In: *Enciclopédia Saraiva do Direito*. v. 6.

CAHALI, Yussef. Compromisso de venda e compra. In: *Enciclopédia Saraiva do Direito*. v. 16.

CALÒ E CORDA. *La multiproprietà*. Roma, 1984.

CAMARA LEAL. *Comentários ao Código de Processo Civil*. Forense, v. 5, n. 318 e s.

CARNEIRO, Waldir de Arruda Miranda. Barulho em apartamentos pode ter origem em defeito de construção. *Tribuna do Direito*, janeiro 2001, p. 22.

CARVALHO DE MENDONÇA. *Introdução aos direitos reais*. Rio de Janeiro, 1915.

CARVALHO SANTOS. *Código Civil interpretado*.

CASELLI, Piola. *Trattato del diritto di autore e del contratto di edizione*. 2. ed. Napoli, 1927.

CASTÁN TOBEÑAS. *Derecho civil español y foral*. 9. ed. Madrid, 1957.

CASTRO, Mônica. *Direito real de superfície na Lei n. 10.257 de 2001 – uma primeira leitura*. Disponível em <www.jusnavigandi.com.br>, em 7-7-2003.

CASTRO, Vanessa Santi. Responsabilidade civil do condomínio em relação a danos sofridos pelos condôminos nas áreas comuns. *Responsabilidade civil* (org. Luiz Fernando do Vale de A. Guilherme), São Paulo, Rideel, 2011.

CENEVIVA, Walter. *Lei dos Registros Públicos*. São Paulo, Saraiva, 1979.

CHAVES, Antônio. Direitos de autor. In: *Enciclopédia Saraiva do Direito*. n. 26.

CHEVALIER. *L'effet déclaratif de la transaction et du partage*. Dalloz, 1932.

COELHO DA ROCHA. *Instituição de direito civil português*. Rio de Janeiro, 1907. v. 2, § 417.

COGLIOLO. *Filosofia do direito privado*. Lisboa, 1915.

COLIN e CAPITANT. *Cours élémentaire de droit civil français*. 11. ed.

CORNIL. *Traité élémentaire des droits réels et des obligations*. §§ 27 e s.

CORRÊA DA SILVA. Remir e remitir e seus propínquos. *RFDUSP*, *4* (5):71.

COSTA, Marcello C. Das acessões e benfeitorias. *Revista de Direito Civil*. n. 5, p. 79 e s. 1978.

COVIELLO. *Trascrizione*. v. 1.

CUNHA GONÇALVES. *Tratado de direito civil*. 2. ed. v. 11, t. 1.

______. *Propriedade resolúvel*.

CUQ, Édouard. *Manuel de droit romain*.

DAIBERT, J. *Direito das coisas*. 2. ed. Rio de Janeiro, Forense, 1979.

DAREST. *Nouvelles études d'histoire du droit*. v. 2.

DELLIYANNIS. *La notion d'acte illicite*. Paris, 1952.

DEMOGUE. *Notions fondamentales du droit privé*.

DEMOLOMBE. *Cours de Code Napoléon*. Paris, 1876. v. 12.

______. *Traité des servitudes*. t. 2.

DE PAGE. *Traité élémentaire de droit civil belge*. v. 5.

______. *Droit civil belge*. t. 5, n. 1.136 a 1.165.

DE RUGGIERO. *Istituzioni di diritto civile*. 6. ed. Milano.

DIEGO. *Instituciones de derecho civil español*. Madrid, 1941. t. 1.

DINIZ, Almacchio. *Direito das coisas*.

ENNECCERUS, KIPP e WOLFF. *Tratado de derecho civil*. v. 1, t. 3.

ESPÍNOLA. *Posse, propriedade, compropriedade ou condomínio, direitos autorais*. Rio de Janeiro, Ed. Conquista, 1956.

ESPÍNOLA FILHO. *Manual de inquilinato no direito civil vigente*. 2. ed. Rio de Janeiro.

FACHIN, Luiz Edson. *A função social da posse e a propriedade contemporânea (uma perspectiva da usucapião imobiliária rural)*. Porto Alegre, Fabris, 1987.

FERRINI. *Manuale delle pandette*. n. 533 e 553.

FORSTER, Nestor. *Alienação fiduciária em garantia*.

FRAGA. *Teoria e prática na divisão e demarcação de terras particulares*.

FULGÊNCIO, Tito. *Direitos de vizinhança.* n. 1.

_____. *Da posse e das ações possessórias.* Rio de Janeiro, Forense, 1978.

GAGLIANO, Pablo Stolze. *Código Civil comentado.* São Paulo, Atlas, 2004. v. XIII.

GAMA CERQUEIRA. *Tratado da propriedade industrial.* Rio de Janeiro, Forense, 1946.

GAUDEMET. *Étude sur le transport de dettes à titre particulier.* Paris, 1898.

GENTILE. *Il possesso.*

GERSTENBERGER, Fátima Cristina S. e GERSTENBERGER JÚNIOR, Otto G. Vade mecum *de direito imobiliário.* Rio de Janeiro, Forense, 2004.

GINOSSARD. *Droit réel, propriété et créance.* Paris, 1960.

GIRARD. *Droit romain.*

GOMES, Orlando. *Alienação fiduciária em garantia.* 4. ed. São Paulo, Revista dos Tribunais, 1975.

_____. *Direitos reais.* 6. ed. Rio de Janeiro, Forense, 1978.

GOMES y MUÑOZ. *Derecho civil mexicano.* v. 2.

GONNARD. *La propriété dans la doctrine et dans l'histoire.* Paris, 1943.

GORPHE. *Le principe de la bonne foi.* Paris, 1928.

GRANZIERA, Maria Luiza M. *Direito das águas.* São Paulo, Atlas, 2001.

GUIMARÃES, Mário. *Estudos de Direito Civil.*

HAHNEMANN GUIMARÃES. A propriedade. *Rev. Dir. Contemporâneo.* v. 3, 1957.

HARADA, K. *Desapropriação.* São Paulo, Atlas, 1999.

HEDEMANN. *Tratado de derecho civil.* v. 2.

_____. *Derechos reales.* Madrid.

IHERING. Des restrictions impostes aux propriétaires fonciers dans l'intérêt des voisins. In: *Oeuvres choisies.* Paris, 1893. v. 2.

JANSSE, Lucien. *La propriété.* Paris, 1953.

JOSSERAND. *Cours de droit positif français.* 2. ed. t. 1.

JUNQUEIRA DE AZEVEDO, José M. *Do registro de imóveis.*

KANT. *Principes métaphysiques du droit.* Trad. de Tissot.

KARPAT, Gabriel. *Condomínios – orientação e prática.* Rio de Janeiro, Forense, 2004.

KELSEN. *Teoria pura do direito.* 2. ed. v. 1.

LACANTINERIE e TISSIER. *Della prescrizione.* n. 27 e s.

LACERDA DE ALMEIDA. *Direito das coisas.* v. 1.

LAFAILLE. *Tratado de los derechos reales*. Buenos Aires, 1943. t. 1.

LAFAYETTE. *Direito das coisas*. § 25.

LASSAGA. *Naturaleza jurídica y sistematización de la ley de horizontalidad inmobiliaria*. Ed. Rosario, 1949.

LAURENT. *Principes de droit civil*. v. 9.

LAURIOL. *La subrogation réelle*. Paris, 1954. v. 1.

LEPOINTE e MONIER. *Les obligations en droit romain*.

LEVADA, Cláudio A. Soares. Os efeitos da posse em relação aos frutos e a responsabilidade pela perda ou deterioração da coisa no Código Civil de 2002. *Revista da Escola Paulista da Magistratura, 2*:53-77, 2003.

LEYAT. *La responsabilité dans les rapports de voisinage*. Paris, 1936.

LIMONGI FRANÇA. Anticrese. In: *Enciclopédia Saraiva do Direito*. v. 6.

______. *Manual de direito civil*. São Paulo, Revista dos Tribunais, 1971. v. 3.

LOMONACO. *Istituzioni di diritto civile*. v. 3.

______. *Della distinzione dei beni e del possesso*.

LOPES, João Batista. *Condomínio*. São Paulo, Revista dos Tribunais, 1982.

LOUREIRO, W. *Registro da propriedade imóvel*. v. 1, n. 176.

LOUREIRO FILHO, Lair da S. *Condomínio*. São Paulo, Oliveira Mendes, 1998.

LYON CAEN. D'évolution de la notion de bonne foi. *Rev. Trim.*, 1946.

MALUF, Adriana Caldas do Rego Freitas Dabus. *Limitações urbanas ao direito de propriedade*. São Paulo, Atlas, 2010.

MALUF, Carlos Alberto Dabus. Novo Código, condomínio e propriedade. *Tribuna do Direito*, maio 2002, p. 16.

MALUF, Carlos Alberto Dabus e MARQUES, Márcio Antero Motta Ramos. *Condomínio edilício no novo Código Civil*. São Paulo, Saraiva, 2004.

MARQUES, Cláudia Lima. Contrato de *time sharing* e a proteção do consumidor. *Direito do Consumidor, 22*:64-86.

MARTOU. *Des privilèges et hypothèques*. v. 3.

MARTY e RAYNAUD. *Droit civil*. v. 2, n. 21 e s.

MATIELLO. *Código Civil comentado*. São Paulo, LTr, 2004.

MATTIA, Fábio Maria de. Usucapião de bens imóveis e jurisprudência do STF. *Revista de Informação Legislativa*. v. 76, 1982.

______. *O direito de vizinhança e a utilização da propriedade imóvel*. São Paulo, Bushatsky, 1976.

______. *Estudos de direito de autor*. São Paulo, Saraiva, 1975.

_____. *O autor e o editor na obra gráfica*. São Paulo, Saraiva, 1975.

MAXIMILIANO. *Direito das sucessões*. v. 3, n. 1.257.

MAYER. *Droit administratif allemand*. v. 3.

MAZEAUD e MAZEAUD. *Leçons de droit civil*. Paris, Ed. Montchrétien, 1956. v. 2.

MEIRA, Silvio. *Instituições de direito romano*. 2. ed. São Paulo, Max Limonad.

MELO, Diogo L. M. de. Usucapião ordinária tabular do parágrafo único do CC/2002: questões controvertidas. In: DELGADO, Mário Luiz; ALVES, Jones Figueirêdo (coords.). *Novo Código Civil*: questões controvertidas – direito das coisas. São Paulo, Método, 2008. v. 7.

MENDES PIMENTEL. Servidão de trânsito. *RF*, *40*:296.

MERLE. *Essai de contribution à la théorie générale de l'acte déclaratif*. Paris, Ed. Rousseau, 1949.

MESSINEO. *Istituzioni di diritto privato*. v. 1.

_____. *Manuale di diritto civile e commerciale*.

MICHAS. *Le droit réel considerée comme une obligation passivement universelle*. Paris, 1900.

MIRANDA VALVERDE. *Sociedade por ações*. v. 3, n. 587.

MONIER. *Manuel élémentaire de droit romain*. v. 1.

MONTEL. *Il possesso di buena fede*. CEDAM, 1935.

MOREIRA ALVES, José. *A alienação fiduciária em garantia*. Rio de Janeiro, Forense, 1979.

MORELLO. *Multiproprietà e autonomia privata*. Milano, Giuffrè, 1984.

MORIN. *Le sens de l'évolution contemporaine du droit de propriété*. Paris, Études Ripert, 1950. v. 2.

MOTTA, A. *La malafede*.

MOURLON. *Répétitions écrites sur le Code Civil*. v. 1.

NASCIMENTO FRANCO, J. Servidão por destinação do pai de família. *Tribuna do Direito*, p. 6, dezembro 2003.

NAVARRINI. Sul tema del pegno irregolare. *Rivista di Diritto Commerciale*, 2ª parte, 1913.

NERY JUNIOR, Nelson e NERY, Rosa Maria de Andrade. *Código de Processo Civil comentado*. São Paulo, Revista dos Tribunais, 1999.

NONATO. *Aspectos da sucessão testamentária*. v. 3, n. 800.

OLIVEIRA, Gleydson K. Lopes de. *Ações possessórias*. São Paulo, Juarez de Oliveira, 2001.

OLIVEIRA FILHO. A ação da imissão de posse como modo judicial de aquisição de posse. *RF*, *104*:362.

PACCHIONI. *Corso de diritto romano*. v. 2.

PACIFICI-MAZZONI. *Della enfiteuse*. n. 32.

PELLEGRINI, Luiz F. G. *Direito autoral do artista plástico*. São Paulo, Oliveira Mendes, 1998.

PEREIRA, José Horácio C. Gonçalves. *Dos embargos de terceiro*. São Paulo, Atlas, 2002.

PERETTI-GRIVA. *Il condominio di case divise in parti*.

PINTO FERREIRA. Enfiteuse-II. In: *Enciclopédia Saraiva do Direito*. v. 32.

PLANIOL. *Traité élémentaire de droit civil*. 12. ed.

PLANIOL e RIPERT. *Traité pratique de droit civil français*. Paris, 1921. v. 3.

PLANIOL, RIPERT e BOULANGER. *Traité élémentaire de droit civil*. v. 1, n. 3.145 e s.

PLANIOL, RIPERT e PICARD. *Traité de droit civil*. 2. ed. t. 3, n. 691 e s.

PONT. *Des privilèges et hypothèques*. v. 2.

PONTES DE MIRANDA. *Tratado de direito privado*. Rio de Janeiro, 1955. v. 11 e 14.

______. *Tratado de direito predial*.

______. *Comentários ao Código de Processo Civil*. v. 6.

PORCHAT. Imprescritibilidade dos bens públicos. *Revista de Direito*, *49*:227 e s.

POTHIER. *Oeuvres*. v. 9, n. 20, 25 e 29.

PUIG BRUTAU. *Fundamentos de derecho civil;* derecho de cosas. v. 2.

QUEIROZ, Odete Novais Carneiro. *Prisão civil e os direito humanos*. São Paulo, Revista dos Tribunais, 2004.

RACCIATI. *Propiedad por pisos o por departamentos*. Buenos Aires, Ed. Depalma, 1954.

RÁO, V. *Posse dos direitos pessoais*.

RAVIART e RAVIART. *Traité théorique et pratique des actions possessoires*. n. 5 e s.

REALE, Miguel. *Nos quadrantes do direito positivo*. Ed. Michalany, 1960.

REZENDE, Astolfo. *Manual do Código Civil*. v. 7, n. 9.

______. *A posse e sua proteção*. São Paulo, Saraiva, 1937. 2 v.

RIBEIRO, Benedito Silvério. Críticas à usucapião urbana coletiva. *Tribuna do Direito*, dezembro 2002.

RIGAUD. *Le droit réel*. Toulouse, 1912.

RIZZI. *Il condominio negli edifici, secondo il vigente Codice Civile*. 3. ed. Bari, Ed. Leonardo da Vinci, 1956.

ROCHA, Clóvis P. *Das contribuições na teoria geral da acessão*.

ROCHA, Sílvio Luís Ferreira da. *Direitos reais*. São Paulo, Malheiros, 2010.

ROCHA DE LIMA, Cleni Carlos. Cancelamento do usufruto nos casos de morte, renúncia e advento do termo. *Ajuris*, v. 29, 1983.

RODRIGUES, Ruben Tedeschi. *Comentários ao Estatuto da Cidade*. Campinas, Millenium, 2003.

RODRIGUES, Silvio. *Direito civil*. 2. ed. São Paulo, Max Limonad.

ROSS. *Sobre el derecho y la justicia*. EUDEBA, 1963. Cap. VII.

ROSSEL e MENTHA. *Droit civil suisse*. 2. ed. 3 v.

RUGGIERO e MAROI. *Istituzioni di diritto privato*. v. 1, § 110.

SALEILLES. *Théorie générale de l'obligation*.

SALVAT. *Derechos reales*. Buenos Aires, 1926. t. 1, n. 1.228-1.313.

SANGIORGI. *Multiproprietà immobiliaria e fuzione del contratto*. Napoli, Jovene, 1983.

SANTIAGO DANTAS. *O conflito de vizinhança e sua composição*. Rio de Janeiro, 1939.

SÁ PEREIRA. *Manual Lacerda*. v. 8.

______. *Manual do Código Civil*. v. 8.

SARTORELLI, Renato S. e ARAÚJO, Justino Magno. *Condomínio e sua interpretação jurisprudencial*. São Paulo, Juarez de Oliveira, 2000.

SAVATIER. *Traité de la responsabilité civile*. 2. ed. Paris, 1951. t. 1.

______. *Les métamorphoses économiques et sociales du droit civil d'aujourd'hui*.

SAVIGNY. *Sistema del diritto romano attuale*. v. 1, § 53.

SCIALOJA. *Teoria della proprietà nel diritto romano*. v. 1.

SENISE LISBOA, Roberto. *Manual de direito civil*. São Paulo, Revista dos Tribunais, 2002.

SERPA LOPES. *Curso de direito civil*. 2. ed. Freitas Bastos, v. 6.

SILVA PEREIRA, Caio M. da. *Instituições de direito civil*. Rio de Janeiro, Forense, 1978.

______. Ideia de boa-fé. *RF*, *72*:25 e s.

______. *A propriedade horizontal no novo regime de condomínio*.

______. *Condomínio e incorporações*. n. 76.

SOARES, Lucéia M. Estudo do impacto da vizinhança. In: *Estatuto da cidade.* Coord. Adilson de Abreu Dallari e Sérgio Ferraz. São Paulo, Malheiros, 2002.

SORIANO NETO. *Publicidade material de registro imobiliário.*

SOUZA, Agnaldo C. de. *Condomínio em edifícios.* São Paulo, Atlas, 2001.

SOUSA LIMA, Otto. *Negócio fiduciário.*

STERNBERG. *Introducción a la ciencia del derecho.* 2. ed. Barcelona, Ed. Labor, 1930.

STOLFI. *Diritto civile.* v. 2.

TABBAH. *Propriété privée et registre foncier.* Paris, 1950. v. 2.

TARCHA, Jorge e SCAVONE JR., Luiz A. *Despesas ordinárias e extraordinárias de condomínio.* São Paulo, Juarez de Oliveira, 2000.

TEIXEIRA DE FREITAS. *Consolidação das Leis Civis.*

TEIXEIRA DE MAGALHÃES. *Águas.*

TELLES JR., Goffredo. Direito subjetivo-I. In: *Enciclopédia Saraiva do Direito.* n. 28.

TEPEDINO, Gustavo. *Comentários ao Código Civil* (coord. Antonio Junqueira de Azevedo). São Paulo, Saraiva, 2011. v. 14.

______. *Multipropriedade imobiliária.* São Paulo, Saraiva, 1993.

TERRA, Marcelo. *Alienação fiduciária de imóvel em garantia.* Porto Alegre, Fabris, 1998.

TITO FULGÊNCIO. *Da posse e das ações possessórias.* 5. ed. Forense, 1978. v. 1.

TOBEÑAS. *Derecho civil español.* 9. ed. Madrid, 1957. v. 2.

TRABUCCHI. *Istituzioni di diritto civile.* n. 174.

TRABUCCHI, Alberto. *Istituzioni di diritto civile.* Padova, Milano, 1993.

TROPLONG. *Du nantissement.* n. 573.

______. *Privilèges et hypothèques.* Paris, 1845. v. 2, n. 386.

VAN WETTER. *Cours élémentaire de droit romain.* v. 1.

VAREILLES-SOMMIÈRE. La definition et la notion juridique de la propriété. *Rev. Trim.* 1905.

VAZ, Ubiracyr Ferreira. *Alienação fiduciária e coisa imóvel.* Porto Alegre, Fabris, 1998.

VÁZQUEZ, M. B. *La propiedad de casas por pisos.*

VEIGA, Dídimo. *Direito das coisas.* n. 575.

VENEZIAN. *Usufruto, uso y habitación*. v. 2.

VENZI. *Manuale di diritto civile italiano*. n. 376 e s.

VIANA, Marco Aurelio S. *Teoria e prática do direito das coisas*. São Paulo, Saraiva, 1983.

VIDAL. *O direito real de habitação periódica*. Coimbra, Livr. Almedina, 1984.

VIEIRA MILLER. *A propriedade horizontal no Código Civil*. Coimbra, Livr. Almedina, 1968.

VILLAÇA AZEVEDO. Enfiteuse-III. In: *Enciclopédia Saraiva do Direito*. v. 32.

VITALEVI. *Della comunione dei beni*. UTET, 1884. v. 2, n. 314.

VITTUCI. Proprietà. In: *Nuovo Digesto Italiano*.

VIVANTE. Gli azionisti fiduciari. In: *Rivista di Diritto Commerciale*. *1*(1):168.

VON MAYR. *Historia del derecho romano*.

VON TUHR. *Derecho civil*. 1947. v. 2, t. 1.

WIELAND. *Les droits réels dans le Code Civil suisse*. t. 1.

WINDSCHEID. *Diritto delle pandette*. v. 2.

WOLFF, M. *Derecho de cosas*. § 72.